A marca FSC® é a garantia de que a madeira utilizada na fabricação do papel deste livro provém de florestas que foram gerenciadas de maneira ambientalmente correta, socialmente justa e economicamente viável, além de outras fontes de origem controlada.

FERNANDO
HENRIQUE
CARDOSO
**DIÁRIOS DA
PRESIDÊNCIA**
1997-1998

Palácio da Alvorada. Foto de Marcel Gautherot. Instituto Moreira Salles.

FERNANDO HENRIQUE CARDOSO
DIÁRIOS DA PRESIDÊNCIA
VOLUME 2
1997-1998

COMPANHIA DAS LETRAS

Copyright © 2016 by Fernando Henrique Cardoso

Grafia atualizada segundo o Acordo Ortográfico da Língua Portuguesa de 1990, que entrou em vigor no Brasil em 2009.

CAPA E PROJETO GRÁFICO
Victor Burton

FOTO DE CAPA E PÁGINA 2
Marcel Gautherot/ Acervo Instituto Moreira Salles

DIAGRAMAÇÃO
Adriana Moreno

NOTAS E CHECAGEM
Érico Melo

PREPARAÇÃO
Ciça Caropreso

ÍNDICE REMISSIVO
Luciano Marchiori

REVISÃO
Jane Pessoa
Huendel Viana

Dados Internacionais de Catalogação na Publicação (CIP)
(Câmara Brasileira do Livro, SP, Brasil)

Cardoso, Fernando Henrique
    Diários da presidência, 1997-1998 / Fernando Henrique Cardoso. — 1ª ed. — São Paulo : Companhia das Letras, 2016.

    Bibliografia
    ISBN 978-85-359-2721-4

    1. Brasil — Políticas e governo — 1997-1998, 2. Brasil — Presidentes — Biografia 3. Cardoso, Fernando Henrique, 1931 - I. Título.

16-02480   CDD-923.181

Índice para catálogo sistemático:
1. Brasil : Presidentes : Biografia   923.181

[2016]
Todos os direitos desta edição reservados à
EDITORA SCHWARCZ S.A.
Rua Bandeira Paulista, 702, cj. 32
04532-002 — São Paulo — SP
Telefone: (11) 3707-3500
Fax: (11) 3707-3501
www.companhiadasletras.com.br
www.blogdacompanhia.com.br
facebook.com/companhiadasletras
instagram.com/companhiadasletras
twitter.com/cialetras

SUMÁRIO

Apresentação | 11
Lista de siglas | 19

1997

2 A 16 DE JANEIRO DE 1997
    Curtas férias. Negociações para a eleição das mesas do Congresso.
    Convenção do PMDB sobre a emenda da reeleição | 29

18 A 26 DE JANEIRO DE 1997
    Tensão no Congresso. Viagem a Pernambuco | 54

27 A 31 DE JANEIRO DE 1997
    Votação da emenda da reeleição na Câmara | 72

5 DE FEVEREIRO DE 1997
    Vitória de ACM e Temer à presidência do Senado e da Câmara.
    Aprovação da emenda da reeleição em primeiro turno | 80

17 DE FEVEREIRO DE 1997
    Viagem à Inglaterra e à Itália | 89

18 A 27 DE FEVEREIRO DE 1997
    Polêmica com o Supremo. Aprovação em segundo turno
    da emenda da reeleição. Desavenças na base aliada | 99

2 A 7 DE MARÇO DE 1997
    Escolha de Aécio Neves para líder do PSDB na Câmara.
    Reflexão sobre o PT | 112

9 A 14 DE MARÇO DE 1997
    Visitas de Jacques Chirac e do chanceler cubano.
    Visita ao ABC Paulista. Encontros com sindicalistas | 118

17 a 29 de março DE 1997
    Jantar com o presidente do Banco Mundial. Intervenção federal
    no Bamerindus. Viagens ao Rio de Janeiro e ao Nordeste | 124

1º A 8 DE ABRIL DE 1997
    Reforma administrativa: negociações difíceis.
    Reunião com Itamar Franco. Desentendimentos com Sérgio Motta | 141

10 A 17 DE ABRIL DE 1997
    Reuniões com empresários. Viagem a Roraima e ao Amazonas.
    Marcha do MST | 152

19 A 29 DE ABRIL DE 1997
  Visita de José María Aznar. Reunião com o MST. Viagem ao Canadá | 162
3 A 13 DE MAIO DE 1997
  Privatização da Vale do Rio Doce. Denúncia da compra de votos | 175
14 A 22 DE MAIO DE 1997
  Ainda o escândalo da compra de votos. III Reunião das Américas.
  Iris Rezende e Eliseu Padilha entram para o ministério | 190
24 A 31 DE MAIO DE 1997
  Repercussões da entrada do PMDB no ministério. Crise em Alagoas.
  Reunião da Câmara de Relações Exteriores e Defesa Nacional | 208
2 A 15 DE JUNHO DE 1997
  Visita dos imperadores do Japão. Aprovação final da PEC da reeleição.
  Possíveis alterações na comunicação do governo | 218
16 A 25 DE JUNHO DE 1997
  Encontro com Maluf. Greve da PM. Viagem aos EUA para
  a Assembleia Geral da ONU | 230
28 DE JUNHO A 16 DE JULHO DE 1997
  Discussões sobre sucessão no BC. "Consenso de Brasília."
  Telecomunicações: leilões da "Banda B" e aprovação da Lei Geral | 242
18 A 31 DE JULHO DE 1997
  Votação da prorrogação do Fundo de Estabilização Fiscal.
  Tiroteio e troca de governo em Alagoas.
  Grave desgaste com Sérgio Motta | 259
1º A 17 DE AGOSTO DE 1997
  Gustavo Franco assume a presidência do BC. Viagem à Bahia.
  Privatização das elétricas: primeiras conversas | 279
18 A 29 DE AGOSTO DE 1997
  Viagem ao Paraguai. Mercosul e Alca.
  Crise no Conselho Federal de Educação | 291
8 A 12 DE SETEMBRO DE 1997
  Rusgas com Sarney. Desgaste com Ciro Gomes.
  Parceria entre Petrobras e Odebrecht no polo petroquímico de Paulínia | 305
14 A 30 DE SETEMBRO DE 1997
  Desgaste com Mário Covas e problemas internos do PSDB.
  Reuniões com Itamar e Arraes. Resistências à parceria Petrobras-Odebrecht | 321
2 A 13 DE OUTUBRO DE 1997
  Viagem ao Chile. Visita do papa.
  Preparativos da visita de Clinton ao Brasil | 340
14 A 30 DE OUTUBRO DE 1997
  Visita do presidente norte-americano. Ciro Gomes lança sua
  pré-candidatura à Presidência. Início da crise asiática | 354

3 A 14 DE NOVEMBRO DE 1997
Agravamento da crise asiática.
Viagem à Colômbia e à Venezuela.
Pacote econômico | 372

15 A 30 DE NOVEMBRO DE 1997
Ainda a crise asiática. Vitória na reforma administrativa.
Viagem à Guiana Francesa | 391

7 A 12 DE DEZEMBRO DE 1997
Viagem à Inglaterra. Negociações do Protocolo de Quioto.
Vitória na reforma da Previdência | 413

15 A 31 DE DEZEMBRO DE 1997
Cúpula do Mercosul. Disputas no PSDB paulista.
Férias na Marambaia | 427

1998

1º A 10 DE JANEIRO DE 1998
Leituras e reminiscências. Conversa com José Serra.
Reunião sobre o câmbio | 443

11 A 24 DE JANEIRO DE 1998
Visita do premiê canadense. Encontro com Mário Covas.
Almoço com Sarney | 459

27 DE JANEIRO A DE 4 DE FEVEREIRO DE 1998
Reflexões sobre o governo. Viagem à Suíça.
Disputas internas no PMDB e no PFL | 471

6 A 24 DE FEVEREIRO DE 1998
Almoço com Itamar. Vitórias na reforma da Previdência.
Viagens ao Nordeste | 484

25 DE FEVEREIRO A 6 DE MARÇO DE 1998
Carnaval em Ibiúna. Conversa com ACM.
Visita do primeiro-ministro da Itália | 497

8 A 20 DE MARÇO DE 1998
Convenção do PMDB. Rompimento com Itamar.
Negociações com José Serra para seu retorno ao governo | 505

23 A 31 DE MARÇO DE 1998
Serra no Ministério da Saúde. Sanção da Lei Pelé.
Viagens a Minas e São Paulo | 517

2 A 20 DE ABRIL DE 1998
A reformulação do ministério. Morte de Sérgio Motta.
Segunda Cúpula das Américas | 529

23 DE ABRIL A 4 DE MAIO DE 1998
    Morte de Luís Eduardo Magalhães. Crise no PMDB.
    Seca e saques no Nordeste | 554

9 A 15 DE MAIO DE 1998
    Votações finais das reformas administrativa e da Previdência.
    Viagem à Bahia. Negociações de paz entre Peru e Equador | 568

18 A 25 DE MAIO DE 1998
    Viagem a Espanha, Suíça e Portugal.
    Prelúdio da campanha eleitoral | 581

28 DE MAIO A 5 DE JUNHO DE 1998
    Mais negociações de paz. Lula sobe nas pesquisas.
    Conversas com empresários de mídia | 592

7 A 18 DE JUNHO DE 1998
    Viagem aos Estados Unidos. Reunião na ONU. Copa do Mundo.
    Formação da equipe de campanha | 603

19 DE JUNHO A 2 DE JULHO DE 1998
    Ainda o PMDB. Convenções dos partidos aliados. Alianças estaduais.
    Greve nas universidades. Prorrogação da CPMF | 617

3 A 15 DE JULHO DE 1998
    Início da campanha. Fernando Henrique volta a subir nas pesquisas.
    Visita de Kofi Annan | 633

17 DE JULHO A 3 DE AGOSTO DE 1998
    Primeiro comício da campanha. Visita de Nelson Mandela.
    Cúpula do Mercosul Privatização da Telebrás | 648

3 A 21 DE AGOSTO DE 1998
    Comícios e reuniões de campanha. Vantagem nas pesquisas.
    Viagem ao Paraguai. Crise na Rússia | 662

23 DE AGOSTO A 1º DE SETEMBRO DE 1998
    Viagens à Bahia, ao Paraná e ao Rio de Janeiro.
    Agrava-se a crise russa | 675

4 A 10 DE SETEMBRO DE 1998
    Programa de governo. Fuga de dólares. Visita de Fidel Castro.
    Ministério da Saúde | 686

11 A 20 DE SETEMBRO DE 1998
    Pânico e instabilidade nos mercados. Aumento dos juros.
    Conversas com Clinton e o FMI. Bastidores da privatização da Telebrás | 695

23 A 29 DE SETEMBRO DE 1998
    Discurso sobre a crise. Reta final da campanha. Câmbio e déficit | 707

3 A 9 DE OUTUBRO DE 1998
    Reeleição no primeiro turno. Negociações com o FMI.
    Ajuste fiscal em preparo | 714

11 A 24 DE OUTUBRO DE 1998
　Descanso na Bahia. Disputas políticas nos estados.
　Cúpula Ibero-Americana em Portugal | 725

26 DE OUTUBRO A 8 DE NOVEMBRO DE 1998
　Segundo turno nos estados. Equador e Peru assinam a paz.
　Programa de Estabilização Fiscal | 738

10 A 22 DE NOVEMBRO DE 1998
　Grampos do BNDES e dossiê Cayman.
　Os irmãos Mendonça de Barros e André Lara Resende se demitem | 753

26 DE NOVEMBRO A 3 DE DEZEMBRO DE 1998
　Visita do premiê holandês. Formulação do novo ministério.
　Derrota na votação do ajuste fiscal | 768

5 A 12 DE DEZEMBRO DE 1998
　Ainda os grampos do BNDES. Reunião do Mercosul no Rio.
　Encontro com Lula | 782

14 A 20 DE DEZEMBRO DE 1998
　Formação do ministério. Visita de Hugo Chávez.
　Dificuldades com Eduardo Jorge | 793

21 DE DEZEMBRO DE 1998 A 1º DE JANEIRO DE 1999
　Mais discussões sobre o futuro ministério.
　Gustavo Franco, demissionário.
　Preparativos para a posse do segundo mandato | 803

Índice remissivo | 825
Sobre o autor | 869

APRESENTAÇÃO

O que me pareceu mais surpreendente e significativo na preparação deste volume dos *Diários da Presidência* foi ver como o exercício do poder provoca, com o andar do tempo, um desgaste entre as instituições e nos próprios atores, e como de repente o mar calmo da vida política pode se encapelar. Se os timoneiros não cuidarem do navio e da rota, lá se vai o barco embora.

Entre os temas predominantes, à parte os econômicos e sociais, este volume lida o tempo inteiro com o jogo partidário e com a mídia. E de vez em quando, como se diz em um ditado alemão, um raio pode cair na cabeça em dia de céu azul. Dentre os raios — os atritos inesperados —, os mais apavorantes vieram do cenário financeiro internacional e das crises que eles provocaram ora na condução da política de câmbio e juros, ora no temor de que se interrompesse o fluxo de capitais internacionais. Em 1997 e 1998, ainda lidávamos com as mudanças da política econômica e das práticas nas finanças públicas para assegurar a continuidade do Plano Real.

Um dos equívocos mais constantes na apreciação do grande jogo político é pensar que ele depende de atos decisórios de quem comanda. Depende, como é óbvio. Mas não só: o mais difícil é compreender que as mudanças são processos que precisam ser mantidos, que requerem a continuidade das decisões tomadas, principalmente quando elas afetam formas de comportamento e implicam, portanto, mudanças culturais.

Desse ângulo, a reiteração de conversas e as tentativas de definição de medidas adequadas para resolver impasses financeiros e econômicos, incluindo-se aí choques de opinião entre ministros e demais membros do governo, são uma boa ilustração das dificuldades do processo decisório. Na vida prática as ideias só ganham força quando são aceitas pelos que devem se comportar em conformidade com elas. Não basta tê-las; é preciso que as pessoas que formam o governo e as que na sociedade serão afetadas pelas medidas se alinhem de maneira a que o efeito delas possa ser sensível e perdure.

O exemplo disso se vê na tenaz tentativa de ajustar as políticas de câmbio e juros descrita neste volume. Que presidente, ou qual governo, não desejaria manter os juros baixos e o câmbio bem ajustado? Isso por motivos óbvios, pelo maior incremento do consumo e pelas melhores condições para o investimento que, em tese, juros mais baixos proporcionam. E também por facilitar as exportações e aumentar a competitividade do país. O ideal seria obter a "justa" taxa de câmbio e manter os juros variando de acordo com o aquecimento ou com o arrefecimento da atividade econômica.

Entretanto, no meio do caminho está sempre presente a possibilidade de que, se não corretamente ajustados, esses instrumentos decisivos da política econômica (e só sabemos se estão ou não na posição "certa" ex post) venham a provocar inflação, crise na balança de pagamentos, corrida contra a moeda nacional, assim por diante, dependendo de fatores que na maioria das vezes estão fora do controle da política econômica, por exemplo maior ou menor liquidez internacional ou a relação entre os termos de troca, como os economistas se referem ao valor relativo dos produtos de exportação (em geral commodities) e os de importação. É preciso considerar ainda que, em nosso caso específico, tínhamos que adotar medidas condizentes com o objetivo prioritário de consolidar a estabilidade monetária em uma economia que havia décadas sofria os efeitos negativos de altas taxas inflacionárias.

Na leitura deste volume, se vê como eu e vários outros percebêramos a necessidade de desvalorizar a moeda e de baixar a taxa de juros muito antes de o havermos obtido. Assim como pressentíramos crises no mercado mundial. A despeito de nossa compreensão e vontade, nem sempre conseguimos agir a tempo de evitar sérios problemas. Saber não é querer e querer não é fazer.

Não escrevo estas linhas para me desculpar: diante da História não há desculpas individuais; há julgamentos, que só valem quando feitos por terceiros. Mais ainda, os julgamentos vão se desfazendo e se refazendo no decorrer do tempo. Escrevo com o mero propósito de esclarecer em que condições as decisões políticas operam. Criar condições favoráveis para que elas se deem e para que tenham consequências práticas é o desafio para quem se embrenha nos ásperos caminhos da responsabilidade política. Quem os percorre deve saber de antemão que acertos, erros, críticas e mesmo infâmias fazem parte do jogo do poder.

O exercício do poder só se justifica do ponto de vista pessoal se for encarado como missão, com objetivos definidos e o mais possível expostos e aceitos pela maioria — pelo menos nas democracias. E mais: se erros houver na tomada de decisões, eles não devem ser motivados por mera cobiça, arrogância ou vontade unilateral de impor. A conformidade íntima com tais cuidados conforta o espírito de quem comanda, embora não o absolva no juízo de terceiros que estejam mais preocupados com o curso das coisas do que com os tormentos dos poderosos.

Os exemplos da luta íngreme para obter resultados ficam também visíveis no que está por trás das idas e vindas de governadores, prefeitos, políticos e partidos no apoio às decisões presidenciais. No período em questão, o governo estava reestruturando as dívidas dos estados e municípios, fechando bancos estaduais — alguns eram verdadeiras gazuas para assaltar as finanças populares via endividamento crescente dos governos e aumento da inflação —, sem falar nos esforços para sanear o sistema financeiro privado. Os nomes dos programas ressoam até hoje, Proer e Proes. Os vaivéns estão ilustrados em muitas conversas descritas nestes anos dos *Diários*.

De tudo isso, e mais ainda das lutas propriamente partidárias, inclusive no caso da emenda da reeleição, se compôs o combustível da vida política nacional no período em exame. O jogo dos partidos e o papel da mídia, bem como, independentemente desta, mas por ela ecoado, o papel das infâmias na política, teceram o enredo do poder.

A formação do ministério como descrita no volume anterior (1995-1996) mostra o quanto os efeitos positivos do Plano Real sobre a economia, em particular para os mais pobres, e a votação consequente, esmagadora, na eleição de 1994, dotaram o presidente de enorme liberdade para a escolha de ministros quando da formação do primeiro gabinete.

Como consequência de nosso (imperfeito) sistema partidário-eleitoral, os presidentes se elegem com maioria absoluta seja no primeiro turno, como em meu caso, seja no segundo, como no caso dos demais presidentes eleitos até agora depois da Constituição de 1988. Contudo, o partido a que pertence o presidente não ultrapassa em muito, na melhor das hipóteses, os 20% do Parlamento. Logo, a formação de maiorias congressuais, condição indispensável para fazer avançar qualquer agenda governamental nos sistemas democráticos, obriga à composição de alianças. Elas em geral são malvistas pela opinião pública, pois implicam compartilhar parte do aparelho estatal e mesmo da condução política. Mas são inevitáveis. Enquanto o público pensa que o presidente tudo pode, ele sabe (e quando não sabe, pior) que sem apoio político não governa.

No início do primeiro mandato, pude nomear livremente as pessoas que escolhi para os postos-chave da administração. Construí uma casamata nas áreas que, naquele momento, eram prioritárias: toda a esfera econômica, educação, saúde, justiça, previdência, questões agrárias. Compus um quadro administrativo que, embora levasse em conta o Congresso, expressava mais diretamente o que eu pensava sobre o país e os projetos que tinha para melhorar a situação das pessoas, do Estado e da nação, tal como expus na campanha eleitoral. Nomeei quem eu bem entendi.

No presente volume, vê-se o enorme esforço que fiz para manter o essencial, cedendo aqui e ali a composições partidárias: as crises econômicas e a ação das oposições (por exemplo, as contínuas marchas do MST sobre Brasília e adjacências, o surgimento de "escândalos" e ameaças de CPI para afetar o governo) acabaram por desgastar o capital político inicial. Estes relatos mostram as ginásticas que fiz para, a despeito disso tudo, manter o rumo e evitar que o país sofresse um retrocesso. No afã de aprovar algumas reformas, tive que ceder a pressões dos partidos, sempre que possível aceitando nomes de bons ministros, mas nem sempre.

O PSDB, no geral, compreendeu que política de alianças significa sacrificar algo do partido predominante no Executivo. Houve aliados de outros partidos que também entenderam as dificuldades do país e muitas vezes me ajudaram a conter os ímpetos de seus correligionários. Sem falar naquele que foi vice-presidente durante meus dois mandatos — Marco Maciel é um exemplo de político que, fiel a suas raízes, tudo fez para que elas não dificultassem seu compromisso nacional.

Seria injusto não agradecer o desempenho de líderes e de congressistas de muitos partidos, do PSDB e de outros, que se esfalfaram para aprovar reformas de interesse público, frequentemente impopulares. E também de ministros e altos funcionários, os quais algumas vezes aparecem nestes *Diários* de modo incompleto e mesmo injusto: as gravações, repito o que disse no volume anterior, refletem o calor da hora. Se a espontaneidade é sua vantagem como depoimento histórico, é também uma limitação: as apreciações não devem ser encaradas como se eu estivesse, acima de todos e de tudo, distribuindo julgamentos. Elas mostram apenas como, do ângulo subjetivo, os acontecimentos foram percebidos por quem governava. Quando registro que um deputado ou líder esteve presente a uma reunião coletiva para reivindicar algo, não quer dizer que ele próprio o tenha feito. Da mesma forma, se alguém pediu uma nomeação em nome de terceiros (nomeação esta que em geral não foi feita), isso não implica que eu esteja responsabilizando a pessoa indicada como eventual beneficiária. Mais ainda, se me refiro a rumores que me chegaram e não volto ao tema, obviamente não estou endossando o que escutei.

Sem citar os que ainda estão ativos na política, devo dizer que a ajuda dos que presidiram as duas casas do Congresso, por mais que eu exagere minhas exasperações e avaliações nas reflexões de momento, foi essencial para a aprovação de muitas leis. Basta referir a quem já não está entre nós, Antônio Carlos Magalhães, e a outro líder político de relevância nacional, Itamar Franco. Com ambos tive relações variáveis, de proximidade e distanciamento. Ambos contribuíram, à sua maneira — bem diferente da minha —, para que o jogo democrático avançasse. Divergências de ocasião não devem toldar o juízo mais tranquilo de quem vê a História mais do que o momento.

No período em foco, ocorreram algumas das crises mais significativas de meu primeiro mandato. Uma resultou de uma calúnia, o chamado dossiê Cayman; outra, ligada ao processo de privatização das telecomunicações, proveio de uma espionagem do mundo comercial, os grampos do BNDES; ainda, depois da aprovação pela Câmara da emenda da reeleição no início de 1997, surgiram na imprensa transcrições de telefonemas, gravados clandestinamente, aludindo a uma "compra de votos"; por fim, um acontecimento do mundo real, o modo como as crises financeiras internacionais, que eclodiram com força entre nós, colocou em causa o manejo da política monetária e cambial, especialmente nos últimos quatro meses de 1998.

O Dossiê Cayman consistiu em uma papelada falsa, forjada em Miami, que atribuía a mim, a Mário Covas, a Sérgio Motta e a José Serra a propriedade de uma vultosa conta no exterior, produto não se sabia de que "maracutaia". Nunca houve sequer uma menção mais específica sobre a origem do dinheiro. Deixou-se ao sabor da especulação e mais frequentemente se atribuía a uma "privataria" — ou seja, malfeitos no processo de privatização — a possível origem de tão grande e suspeita fortuna...

Foi tão grosseira a falsificação (os falsários, anos mais tarde foram presos e condenados por tribunais americanos) que nem mesmo os políticos adversários a compraram. Não obstante, mês após mês algumas publicações voltavam ao tema e, no embate político-partidário, o assunto deu pano para manga. Não vou repetir as tentativas que fiz, e que outros também fizeram, para que se parasse de divulgar, como se sério fosse, o que era uma chantagem. Os *Diários* descrevem, no dia a dia, como fui recebendo as informações sobre o caso, minhas reações, a dos demais atingidos e o esforço, às vezes vão, de esclarecer a mídia sobre o tema.

Talvez isso explique, embora não justifique, o lamentar contínuo sobre a mídia. Não se justifica a generalização: nem todos os meios de comunicação aceitaram a versão rocambolesca e, apesar de tudo, é graças à liberdade de opinião e de imprensa que, ao fim e ao cabo, as inverdades se desfazem no ar quando sem base. Assim aconteceu com esta e com outras. Persistem, é certo, nas diatribes de adversários que se transformam em inimigos, sobretudo os que atuam nas hoje chamadas mídias sociais. Mas com esses guerreiros, quando vestem a armadura da má-fé, não há o que fazer.

Já a divulgação maldosa de escutas telefônicas clandestinas causou danos maiores ao governo e ao país. Criou-se a impressão de que havia algo de suspeito no processo de privatização. A leitura dos registros da época mostra que nada disso foi captado pelos grampos e que nada havia de suspeito na atuação dos implicados. Havia apenas interesse em aumentar, pelo incremento do número de concorrentes, o valor dos bens públicos que foram leiloados. Não obstante, o episódio provocou uma série de demissões, por iniciativas individuais alheias à minha vontade, e perturbou as mudanças que então se cogitavam fazer no governo e nas políticas econômicas.

Quanto às "compras de votos", se houve — e pode ter havido —, não foram feitas pelo governo, pelo PSDB e muito menos por mim. A diferença expressiva de votos a favor da reeleição, assim como o apoio generalizado da opinião pública e, em seguida, os resultados eleitorais, mostram que comprar votos, além de ser uma conduta imoral que reprovei com veemência quando alguma suspeita apareceu, era politicamente desnecessário. A despeito disso, as insinuações maldosas continuam até hoje...

Na época, houve acusações tão ou mais numerosas de compra de votos atribuídas a setores políticos contrários à reeleição. E não há de se esquecer de que a tese favorável beneficiava não só o presidente, mas também governadores e prefeitos. Não foi, entretanto, a ação criminosa de uns poucos, se realmente houve, o que decidiu a favor da emenda da reeleição. Foi o sentimento inequívoco da maioria, quaisquer que tenham sido as razões e mesmo as vantagens da nova instituição.

Chama a atenção o efeito das crises financeiras sobre as políticas econômicas e a impermeabilidade, naquele instante, das preferências políticas diante das crises que se avizinhavam. Vê-se que no último quadrimestre de 1998, eu estava cansado. Mesmo antes disso, manifestei dúvidas sobre se valeria a pena, em termos pessoais, obter mais um mandato. As refregas partidárias, as dificuldades com as reformas (que, afinal, motivaram-me a concordar com a reeleição para aumentar meu capital político e, assim, possibilitar que fossem concluídas) e, sobretudo, para gerir a economia abateram meu ânimo. Para isso pesava também o que eu percebia, nem sempre objetivamente, como má vontade da mídia e desinteresse dos demais atores econômicos e sociais em lutar no Congresso pelas reformas.

Fiz pouca campanha eleitoral, não abusei dos meios do poder. Quase todo o tempo minha obsessão era outra: manter a economia a prumo e continuar com as políticas sociais imprescindíveis. A vitória eleitoral foi, se assim posso dizer, uma vitória fácil e sensabor. Eu sabia (embora nem tudo) o que o futuro nos preparava, e que não seria fácil. Fui franco, o quanto podem ser os homens de poder: anunciei à nação que haveria aperto fiscal e até mesmo necessidade de apoio dos meios financeiros internacionais, inclusive do FMI. As acusações — que persistem — de que escondíamos a forte desvalorização que deveria vir — ou seja, o "estelionato eleitoral" ou o "populismo cambial" — são de má-fé. Eu disse claramente qual seria o rumo provável das coisas. E quando, em janeiro de 1999, o mercado estourou nossa política cambial, a decisão, obviamente, não foi do governo. Gostaríamos, como se lê nos *Diários*, que houvesse um "deslizamento" mais rápido da taxa de câmbio, uma depreciação suave do real, mas não uma ruptura abrupta, como aconteceu.

Os *Diários* registram também conversas e negociações com chefes de Estado que demonstram um imenso esforço para repor o Brasil no cenário internacional. A ditadura, a inflação prolongada, a falta de nitidez e persistência na condução das políticas econômicas e outros fatores mais haviam abalado nossa capacidade de influir no plano mundial. O Mercosul e os esforços do presidente Sarney para nos aproximarmos da América do Sul marcaram um momento importante da diplomacia brasileira. As linhas gerais de nossa política exterior foram preservadas: defesa da paz, do multilateralismo, o princípio da soberania nacional e da não ingerência na vida doméstica dos demais países.

Os dois volumes publicados mostram o quanto evoluímos em nossa capacidade de estar presentes na cena mundial. Mantive relações cordiais e mesmo de amizade não só com vários líderes da América Latina, mas mundiais. Para dar dois exemplos: com Mandela e com Clinton as relações pouco a pouco passaram de cordiais a de amizade, sem jamais interferir na altaneira preocupação com os interesses nacionais. Não foram de outra natureza meus contatos com Fidel Castro, Jang Zemin, Jacques Chirac, Tony Blair e tantos outros, especialmente com chefes de Estado latino-americanos. Neste volume se vê o enorme empenho despendido para lograr a paz entre Peru e Equador, pondo fim a um conflito intermitente de quase cinquenta anos. De igual monta foi a ação para preservar a democracia no Paraguai e os esforços para evitar a aprovação, pelo Conselho de Segurança da ONU, de intervenções no Iraque, ao arrepio da lei internacional.

Por fim, pode-se ver aqui meu desalento. Na mesma semana morreram Sérgio Motta — a quem tanto devo, e mesmo o Brasil tanto deve, por ter feito a revolução nos meios de comunicação que permitiu nosso ingresso no mundo da internet — e Luís Eduardo Magalhães. Este, como presidente da Câmara e, mais tarde, como líder do governo, desempenhou papel fundamental na aprovação de leis que nos permitem enfrentar melhor os desafios da globalização, reestruturando o Estado brasileiro e cortando nós que amarravam nossa economia ao atraso e ao passado.

Não bastasse isso, Mário Covas enfermou-se gravemente. A certa altura, ainda em 1998, reflito com meus botões que estou sem um sucessor natural, que os que se vão apresentar dificilmente ganharão as eleições seguintes, quatro anos depois. Talvez ganhe o Lula. Muitos pensam que será um desastre. Não é meu pensamento.

Estaria iludido? A História dirá se as oportunidades perdidas de um *aggiornamento* em nossa vida política, fazendo-se uma aliança mais coerente com o que pensávamos, foram jogadas fora. Veremos com mais detalhes, nos próximos volumes, como o processo político e minhas opiniões se desenrolaram. Até então eu tinha Lula por líder íntegro e combativo. Combativo, está comprovado. Íntegro? Deixo a interrogação. Não ouso dar resposta antes que ele próprio tente fazê-lo. Equivocado, do meu ponto de vista, faz tempo que está. Tampouco posso me arrogar a pretensão de afirmar que não errei. Só posso dizer que tentei acertar, embora algumas vezes tenha me enganado. O julgamento que vale, como eu disse antes, é o da História.

Fernando Henrique Cardoso
Abril de 2016

LISTA DE SIGLAS

ABCZ Associação Brasileira dos Criadores de Zebu
Abdib Associação Brasileira da Infraestrutura e Indústrias de Base
Abia Associação Brasileiras das Indústrias da Alimentação
Abin Agência Brasileira de Inteligência
Abinee Associação Brasileira da Indústria Elétrica e Eletrônica
Adesg Associação dos Diplomados da Escola Superior de Guerra
ADR American Depositary Receipt
AFL-CIO American Federation of Labor and Congress of Industrial Organizations
AGU Advocacia-Geral da União
Aladi Asociación Latinoamericana de Integración
Alca Área de Livre Comércio das Américas
Amcham Câmara Americana de Comércio para o Brasil
Anamatra Associação Nacional dos Magistrados da Justiça do Trabalho
Anatel Agência Nacional de Telecomunicações
Aneel Agência Nacional de Energia Elétrica
Aneor Associação Nacional das Empresas de Obras Rodoviárias
ANP Agência Nacional do Petróleo, Gás Natural e Biocombustíveis
Anvisa Agência Nacional de Vigilância Sanitária
APEOP Associação Paulista dos Empresários de Obras Públicas
Arpa Áreas Protegidas da Amazônia
Asean Association of Southeast Asian Nations
Banerj Banco do Estado do Rio de Janeiro
Banespa Banco do Estado de São Paulo S.A.
Banfort Banco de Fortaleza S.A.
BC Banco Central
Bemge Banco do Estado de Minas Gerais S.A.
Beron Banco do Estado de Rondônia
BID Banco Interamericano de Desenvolvimento
BIS Bank for International Settlements
BJP Bharatiya Janata Party
BM&F Bolsa de Mercadorias e Futuros de São Paulo
BNB Banco do Nordeste do Brasil
BNDES Banco Nacional de Desenvolvimento Econômico e Social
Cade Conselho Administrativo de Defesa Econômica
Cadin Cadastro Informativo de Créditos Não Quitados do Setor Público Federal
Caic Centro de Atenção Integral à Criança

Camex Câmara de Comércio Exterior
Capes Coordenação de Aperfeiçoamento de Pessoal de Nível Superior
CBI Confederation of British Industry
CBN Central Brasileira de Notícias
CBS Columbia Broadcasting System
CCJ Comissão de Constituição e Justiça
CDS Centro Democrático Popular
Ceal Conselho Empresarial da América Latina
Cebrap Centro Brasileiro de Análise e Planejamento
Ceei Centro Empresarial de Estudos Internacionais
CEI Centro de Educação Integral
Celpe Companhia Energética de Pernambuco
Ceme Central de Medicamentos
CEO Chief Executive Officer
Cepal Comissão Econômica da ONU para a América Latina e o Caribe
Cepisa Companhia Energética do Piauí
Cerj Companhia de Eletricidade do Rio de Janeiro
Ceron Centrais Elétricas de Rondônia
CERR Companhia Energética de Roraima
Cesp Companhia Energética de São Paulo
CGT Confederação Geral dos Trabalhadores
CIA Central Intelligence Agency
Cimi Conselho Indigenista Missionário
Cindacta Centro Integrado de Defesa Aérea e Controle de Tráfego Aéreo
CIOSL Confederação Internacional das Organizações Sindicais Livres
CIP Congregação Israelita Paulista
CLT Consolidação das Leis do Trabalho
CNBB Conferência Nacional dos Bispos do Brasil
CNE Conselho Nacional de Educação
CNI Confederação Nacional da Indústria
CNN Cable News Network
CNPq Conselho Nacional de Desenvolvimento Científico e Tecnológico
CNS Conselho Nacional de Saúde
CNT Confederação Nacional do Transporte
Codevasf Companhia de Desenvolvimento dos Vales do São Francisco e do Parnaíba
Confins Contribuição para Financiamento da Seguridade Social
Comar Comando Aéreo Regional
Conab Companhia Nacional de Abastecimento
Conadep Comisión Nacional sobre la Desaparición de Personas
Conepar Companhia Nordeste de Participações

Confindustria Confederazione Generale dell'Industria Italiana
Conic Conselho Nacional de Igrejas Cristãs do Brasil
Contag Confederação Nacional dos Trabalhadores na Agricultura
Copei Comité de Organización Política Electoral Independiente
Copene Companhia Petroquímica do Nordeste
Copom Comitê de Política Monetária do Banco Central
Cosesp Companhia de Seguros do Estado de São Paulo
Cosipa Companhia Siderúrgica Paulista
CPFL Companhia Paulista de Força e Luz
CPI Comissão Parlamentar de Inquérito
CPLP Comunidade dos Países de Língua Portuguesa
CPMF Contribuição Provisória sobre Movimentação Financeira
CPT Comissão Pastoral da Terra
Creden Câmara de Relações Exteriores e Defesa Nacional
CRT Companhia Rio-Grandense de Telecomunicações
CSN Companhia Siderúrgica Nacional
CTA Centro Técnico Aeroespacial
CTBT Comprehensive Nuclear-Test-Ban Treaty
CTEEP Companhia de Transmissão de Energia Elétrica Paulista
CUT Central Única dos Trabalhadores
CVM Comissão de Valores Mobiliários
DAC Departamento de Aviação Civil
DAS Cargo de Direção e Assessoramento Superior
Depen Departamento Penitenciário Nacional
Dieese Departamento Intersindical de Estatística e Estudos Socioeconômicos
DNER Departamento Nacional de Estradas de Rodagem
DNOCS Departamento Nacional de Obras Contra as Secas
Dops Departamento de Ordem Política e Social
DVS Destaque de Votação em Separado
EBC Empresa Brasileira de Comunicação
EDF Électricité de France
Eletrobrás Centrais Elétricas Brasileiras S.A.
Eletros Associação Nacional de Fabricantes de Produtos Eletroeletrônicos
Eletronorte Centrais Elétricas do Norte do Brasil S.A.
Emater Empresa de Assistência Técnica e Extensão Rural
Embraer Empresa Brasileira de Aeronáutica S.A.
Embrapa Empresa Brasileira de Pesquisa Agropecuária
Emfa Estado-Maior das Forças Armadas
Escelsa Espírito Santo Centrais Elétricas S.A.
ESG Escola Superior de Guerra
FAB Força Aérea Brasileira

FAO Organização das Nações Unidas para Alimentação e Agricultura
Fapesp Fundação de Amparo à Pesquisa do Estado de São Paulo
Farc Forças Armadas Revolucionárias da Colômbia
FAT Fundo de Amparo ao Trabalhado
Febraban Federação Brasileira de Bancos
FED Federal Reserve
FEF Fundo de Estabilização Fiscal
Fenaseg Federação Nacional das Empresas de Seguros Privados e de Capitalização
Fenasoja Feira Nacional da Soja
Fepasa Ferrovia Paulista S.A.
Ferronorte Ferrovia Norte Brasil
FGTS Fundo de Garantia por Tempo de Serviço
Fiej Associação Mundial de Jornais
Fiesp Federação das Indústrias do Estado de São Paulo
Fifa Federação Internacional de Futebol
Finep Financiadora de Estudos e Projetos
Firjan Federação das Indústrias do Rio de Janeiro
FM Frequência Modulada
FMI Fundo Monetário Internacional
Frepaso Frente País Solidario
Funai Fundação Nacional do Índio
Funasa Fundação Nacional de Saúde
Fundeb Fundo de Manutenção e Desenvolvimento da Educação Básica e de Valorização dos Profissionais da Educação
Fundef Fundo de Manutenção e Desenvolvimento do Ensino Fundamental e de Valorização do Magistério
FUP Federação Única dos Petroleiros
G10 Grupo dos Dez
G15 Grupo dos Quinze
G7 Grupo dos Sete
G77 Grupo dos 77
G8 Grupo dos Oito
GAP Grupo de Análise e Pesquisa
GATT General Agreement on Tariffs and Trade
GDF Governo do Distrito Federal
GEIA Grupo Executivo da Indústria Automobilística
Gerasul Centrais Geradoras do Sul do Brasil
GIE Grupo de Investidores Estrangeiros
GM General Motors
Ibama Instituto Brasileiro do Meio Ambiente e dos Recursos Naturais Renováveis
IBGE Instituto Brasileiro de Geografia e Estatística

Ibrades Instituto Brasileiro de Desenvolvimento Social
Icao Organização da Aviação Civil Internacional
ICMS Imposto sobre Circulação de Mercadorias e Serviços
Idesp Instituto de Estudos Econômicos, Sociais e Políticos de São Paulo
IDH Índice de Desenvolvimento Humano
IEA Instituto de Estudos Avançados
Iedi Instituto de Estudos para o Desenvolvimento Industrial
Ilam Instituto Latino-Americano
Inam Programa Nacional de Incentivo ao Aleitamento Materno
Incor Instituto do Coração da Universidade de São Paulo
Incra Instituto Nacional de Colonização e Reforma Agrária
Inep Instituto Nacional de Estudos e Pesquisas Educacionais Anísio Teixeira
Infraero Empresa Brasileira de Infraestrutura Aeroportuária
Inpe Instituto Nacional de Pesquisas Espaciais
Interpol International Criminal Police Organization
IOF Imposto sobre Operações Financeiras
Ipea Instituto de Pesquisa Econômica Aplicada
IPI Imposto sobre Produtos Industrializados
IPTU Imposto Predial e Territorial Urbano
IRI Istituto per la Ricostruzione Industriale
Iseb Instituto Superior de Estudos Brasileiros
ITA Instituto Tecnológico de Aeronáutica
ITR Imposto Territorial Rural
IVA Imposto sobre Valor Agregado
JB *Jornal do Brasil*
KGB Komitet Gosudarstvennoy Bezopasnosti
LDB Lei de Diretrizes e Bases da Educação
LDO Lei de Diretrizes Orçamentárias
MAS Movimento al Socialismo
MEC Ministério da Educação
Mercosul Mercado Comum do Sul
MICTI Ministério da Indústria, do Comércio e do Turismo
Mirin Ministério Extraordinário para a Reforma Institucional
MIT Massachusetts Institute of Technology
MNA Movimento dos Países Não Alinhados
Momep Missão de Observadores Militares Equador-Peru
MP Medida Provisória
MR-8 Movimento Revolucionário Oito de Outubro
MST Movimento dos Trabalhadores Rurais Sem Terra
Nafta North America Free Trade Agreement
NZZ Neue Zürcher Zeitung

OAB   Ordem dos Advogados do Brasil
OEA   Organização dos Estados Americanos
OIT   Organização Internacional do Trabalho
OMC   Organização Mundial do Comércio
ONG   Organização Não Governamental
ONU   Organização das Nações Unidas
Opas   Organização Pan-Americana de Saúde
Orit   Organização Regional Interamericana de Trabalhadores
Otan   Organização do Tratado do Atlântico Norte
P&O   Peninsular and Oriental Steam Navigation Company
PADCT   Programa de Apoio ao Desenvolvimento Científico e Tecnológico
Paism   Programa de Assistência Integral à Saúde da Mulher
Palop   Países Africanos de Língua Oficial Portuguesa
PCdoB   Partido Comunista do Brasil
PDS   Partito Democratico della Sinistra
PDT   Partido Democrático Trabalhista
PDVSA   Petróleos de Venezuela S.A.
PEC   Proposta de Emenda Constitucional
PET   Programa Especial de Treinamento
Petrobras   Petróleo Brasileiro S.A.
PFL   Partido da Frente Liberal
PIB   Produto Interno Bruto
PM   Polícia Militar
PMDB   Partido do Movimento Democrático Brasileiro
PNBE   Pensamento Nacional das Bases Empresariais
PNUD   Programa das Nações Unidas para o Desenvolvimento
PPB   Partido Progressista Brasileiro
PPS   Partido Popular Socialista
Previ   Caixa de Previdência dos Funcionários do Banco do Brasil
Proálcool   Programa Nacional do Álcool
Proarco   Programa de Prevenção e Controle das Queimadas e Incêndios Florestais no Arco do Desflorestamento
Procera   Programa de Crédito Especial para a Reforma Agrária
Proer   Programa de Estímulo à Reestruturação e ao Fortalecimento do Sistema Financeiro Nacional
Proger   Programa de Geração de Emprego e Renda
Prona   Partido de Reedificação da Ordem Nacional
Pronaf   Programa Nacional de Agricultura Familiar
PSB   Partido Socialista Brasileiro
PSC   Partido Social Cristão
PSD   Partido Social Democrático

PSDB Partido da Social Democracia Brasileira
PSOE Partido Socialista Obrero Español
PSTU Partido Socialista dos Trabalhadores Unificado
PT Partido dos Trabalhadores
PTB Partido Trabalhista Brasileiro
PUC Pontifícia Universidade Católica
Raet Regime de Administração Especial Temporária
Renfe Red Nacional de Ferrocarriles Españoles
Reforsus Projeto Reforço à Reorganização do Sistema Único de Saúde
Renor Refinaria do Nordeste
RFFSA Rede Ferroviária Federal
SAE Secretaria de Assuntos Estratégicos
SBT Sistema Brasileiro de Televisão
SDE Secretaria de Direito Econômico
SDS Social-Democracia Sindical
Sebrae Serviço Brasileiro de Apoio às Micro e Pequenas Empresas
Secom Secretaria de Comunicação Social da Presidência
Secovi Sindicato das Empresas de Compra, Venda, Locação e Administração de Imóveis Residenciais e Comerciais de São Paulo
Selic Sistema Especial de Liquidação e de Custódia
Sepurb Secretaria de Política Urbana
Sesi Serviço Social da Indústria
Siafi Sistema Integrado de Administração Financeira
Simpi Sindicato da Micro e Pequena Indústria do Estado de São Paulo
Sivam Sistema de Vigilância da Amazônia
SNI Serviço Nacional de Informações
Sofofa Sociedad de Fomento Fabril do Chile
SSI Subsecretaria de Inteligência
Stet Società Finanziaria Telefonica
STF Supremo Tribunal Federal
Sudam Superintendência do Desenvolvimento da Amazônia
Sudeco Superintendência do Desenvolvimento do Centro-Oeste
Sudene Superintendência do Desenvolvimento do Nordeste
Suframa Superintendência da Zona Franca de Manaus
SUS Sistema Único de Saúde
Susep Superintendência de Seguros Privados
Tban Taxa de Assistência do Banco Central
TCU Tribunal de Contas da União
Telamazon Telecomunicações do Amazonas
Telebrás Telecomunicações Brasileiras S.A.
Telemig Telecomunicações do Estado de Minas Gerais S.A.

Telepar Telecomunicações do Paraná S.A.
Telerj Telecomunicações do Estado do Rio de Janeiro S.A.
TJLP Taxa de Juros de Longo Prazo
TNP Tratado de Não Proliferação de Armas Nucleares
TR Taxa Referencial
TSE Tribunal Superior Eleitoral
TVE TV Educativa
UCR Unión Cívica Radical
UDN União Democrática Nacional
Uerj Universidade do Estado do Rio de Janeiro
UFRJ Universidade Federal do Rio de Janeiro
UHF Ultra High Frequency
UIT União Internacional de Telecomunicações
UnB Universidade de Brasília
UNE União Nacional dos Estudantes
Unesco Organização das Nações Unidas para a Educação, a Ciência e a Cultura
Unica União da Indústria de Cana-de-Açúcar
Unicamp Universidade Estadual de Campinas
URV Unidade Real de Valor
USP Universidade de São Paulo
USTR United States Trade Representative
UTI Unidade de Terapia Intensiva
VLS Veículo Lançador de Satélites
WWF World Wildlife Fund, hoje World Wide Fund for Nature

FERNANDO
HENRIQUE
CARDOSO

DIÁRIOS DA 1997 PRESIDÊNCIA

Estes *Diários* contam com notas de edição que têm por objetivo situar o leitor acerca de acontecimentos não totalmente explicitados na narrativa, bem como apresentar informações biográficas necessárias para a compreensão do contexto. Alguns poucos personagens não puderam ser identificados.

2 A 16 DE JANEIRO DE 1997

Curtas férias. Negociações para a eleição das mesas do Congresso. Convenção do PMDB sobre a emenda da reeleição

Hoje é quinta-feira, dia 2 de janeiro de 1997. Ainda estamos em Fernando de Noronha,* dias extraordinariamente agradáveis, muito banho de mar. Até mergulhar, mergulhamos. Peixes incríveis, uns filhotes de tubarão, barracudas. Alguém do nosso barco pescou uma barracuda. A imprensa foi tranquila, deixou que houvesse momentos de grande isolamento, a população da ilha é muito voltada para si mesma, muitos turistas, fotografias por todos os lados, muito amáveis, recebi-os com uma comissão de um movimento popular de Fernando de Noronha, outra do Conselho [Distrital] da ilha, mais o administrador. Reclamam que com a passagem da ilha para o governo estadual houve perda de benefícios, disseram que o governo federal tinha mais "prestança". Claro, naquela época o governador era o Fernando César Mesquita, amigo do [José] Sarney, que, ao que parece, fez bastante coisa aqui. A casa é admirável, embora ventosa à noite, faz muito barulho, portas e janelas que batem, fica num promontório, uma vista deslumbrante.

Ontem, recebi a visita do comandante de um caça-minas sueco,** que está aqui com 140 homens, me convidou para almoçar, eu não fui, mas pedi que viessem aqui, me trouxeram presentes, muito simpáticos todos, rapazinhos jovens, muito loirinhos, muito brancos, baratas descascadas, não sei com que aspecto vão sair desta ilha.

Os jornais dizem que a minha popularidade aumentou muito nas pesquisas. Até a *Folha* diz isso, uma coisa impressionante. No SBT, que eu vi, só gente contra. Falou o Lula, falou o Zé Dirceu, falou o d. Paulo [Evaristo Arns], falou o [João Pedro] Stédile, parecia um desfilar de gente de oposição ao governo.

O Stédile dizendo que se até eu posso comprar terra,*** por que não podem os que não têm? Ouvi falar que não há mais pessoas querendo terra, que estão recrutando nas vilas, diz ele que recruta porque são boias-frias, enfim, o de sempre. Disse que o governo não faz porque não quer, no fim admitiu que o "sociólogo Fernando Henrique gostaria de fazer a reforma agrária, mas o governo não", essa

---

* O presidente e família chegaram ao arquipélago em 27 de dezembro de 1996 para as férias de Ano-Novo.
** HSWMS *Karlskrona*, fragata caça-minas convertida em navio-escola.
*** Alusão à fazenda Córrego da Ponte, em Buritis (MG), adquirida por Fernando Henrique em sociedade com Sérgio Motta no final dos anos 1980.

demagogia já meio desgastada. Reconheceu que recebe dinheiro da União Europeia, eu não sabia.

A União Europeia, em vez de baixar as tarifas agrícolas, porque aí sim ajudaria muito o campo brasileiro, fica pagando advogados para o Movimento Sem Terra. Tudo bem. Pode até ser uma função útil, mas é um pouco desfaçatez desses europeus. Assim como os belgas que [deram] o prêmio Rainha Fabiola* ao MST... Mas enfim, isso faz parte; no fundo, mudança social é assim mesmo, o MST faz parte desse grande processo de mudança pelo qual o Brasil está passando, entendo até os exageros deles porque, se não fizerem isso, é provável que nada se mova. Ou pelo menos que não se mova com a velocidade necessária.

Falei pelo telefone com o Clóvis [Carvalho] e com o Paulo, com a Luciana, tudo bem no âmbito familiar.

HOJE É DIA 3 DE JANEIRO, já de volta ao batente em Brasília. Ontem despachei muito rapidamente no Palácio da Alvorada. Hoje de manhã o Clóvis veio aqui, assinei alguns decretos e algumas leis, fui ao Planalto à tarde para gravar o programa,** Brasília continua bastante parada.

O Luís Eduardo [Magalhães] conversou comigo pelo telefone ontem, ele volta no domingo para discutirmos as questões em pauta.

Conversei também pelo telefone com o Sérgio Motta, conversei com o Artur da Távola, que é sempre sensato, opiniões corretas, ele é favorável ao plebiscito. Eu tenho dito que para mim plebiscito é cesarismo. Se o Congresso aprovar [com um referendum], não acontece nada de extraordinário e a gente ganha.

[Paulo] Maluf foi operado, dizem que de câncer da próstata. Ontem foi enviado um telegrama a ele por seu restabelecimento e um bom 1997. Hoje parece que ele falou com toda a imprensa pelo telefone. Os médicos dizem que ele deve ficar um mês de molho. Não vai ficar nem vai desistir de nada, a operação deve ter sido bem-feita, espero que realmente tenha sucesso. A cirurgia, é claro, não a empreitada dele contra o governo.

Continuamos na corda bamba por causa das eleições na Câmara e no Senado.*** Eleições difíceis para mim porque todos querem meu apoio, e quem eu apoiar provavelmente ganha, só que sempre desagrada metade da Casa. É uma ginástica difícil.

---

* Prêmio atribuído pela Fundação Rei Balduíno a pessoas ou organizações que se destacam em ações para o desenvolvimento econômico e social de países em desenvolvimento.
** *Palavra do Presidente*, transmitido semanalmente pela Radiobrás, estatal federal de comunicação que antecedeu a Empresa Brasileira de Comunicação (EBC).
*** Eleições dos presidentes e membros das mesas das duas Casas, marcadas para o início do ano legislativo, em fevereiro.

HOJE É SÁBADO, DIA 4, pouco mais de meio-dia, meio-dia e trinta. Espero um fim de semana calmo. Estou relendo o livro do [Roger] Bastide, *Le Candomblé de Bahia*, que vai ser publicado na França em uma nova edição. Leio com muito prazer porque me recordo, para começar, do próprio Bastide, do tempo em que eu estudava com ele, do tempo que fui seu assistente, dos tempos em que fizemos pesquisas. Fiz pesquisa sobre umbanda junto com a Ruth, em São Paulo e Araraquara, depois sobre candomblé em Santa Catarina, no continente, perto de Florianópolis, em São José, também em Porto Alegre. Li toda a literatura a que o Bastide faz referência no prefácio, já tinha até me esquecido dela.

O prefácio do Bastide é perfeito, uma obra-prima. Bastide era muito maior do que nós, como seus estudantes, e depois eu, como seu assistente, imaginávamos. Até porque havia aquela pendência permanente na universidade, briga de cadeiras.* Embora o Florestan [Fernandes] fosse assistente do Bastide, na prática o Florestan queria que ele fosse embora para substituí-lo, e criou um clima meio tenso. Mas, esquecendo esse dado mais desagradável, recordo com satisfação dos tempos em que Gilda de Mello e Souza era assistente do Bastide, Maria Isaura Pereira de Queiroz, e eu também. Na verdade assistente mesmo era a Gilda e importante mesmo era a Maria Isaura, mais do que eu, que era um mero auxiliar de ensino do Bastide. Mas fizemos muita pesquisa juntos, escrevi muitos textos para ele corrigir e também fui buscar muitas datas e muita precisão de informação para os artigos dele. Ele publicou, na França, uma análise muito generosa do meu livro sobre escravidão no Rio Grande do Sul.** Nunca mais a reli, mas a tenho guardada por aí.

Este foi o lado mais aprazível do fim de semana, me dedicar a um pouquinho de etnologia, coisa que nunca foi meu forte.

Vamos lá. Os jornais, no equívoco de sempre, se preparando para transformar a questão da reeleição numa batalha dificílima. Na verdade nem sei se será tanto, estou decidido a não me envolver até certo limite no assunto, mesmo porque, como já deixei registrado, estou chegando à conclusão de que quatro anos... *ça suffit largement!* É muito chato ficar tanto tempo neste isolamento; agora estou aqui sozinho neste palácio enorme com a minha neta Isabel, que está dormindo, e com a empregada. Luciana só vem mais tarde.

Estou esperando para o almoço a Ana Tavares e a Sílvia Lauandos,*** que faz aniversário hoje, para que eu não precise ir jantar na casa dela à noite. Não quero estar em festinhas aqui em Brasília, e para ela não ficar zangada convidei-a para almoçar aqui. Ela é uma pessoa que conheço há muitos anos, sempre foi dedicada, devo certa atenção a ela.

* O sociólogo e antropólogo francês lecionou na Universidade de São Paulo de 1938 a 1984.
** *Capitalismo e escravidão no Brasil Meridional: O negro na sociedade escravocrata do Rio Grande do Sul* (tese de doutorado defendida na USP em 1961 e publicada em 1962).
*** Ex-assessora de Fernando Henrique no Senado.

Na imprensa se discute a doença do Maluf com detalhes absolutamente dispensáveis, sem notarem nada da capacidade de luta dele, que é imensa, inclusive na tentativa desesperada que ele vai fazer de insuflar o Delfim [Netto], que está no auge do deboche, para ver se podem voltar a ter importância no Brasil. Pobre Brasil.

O Lula, com seu PT se esfacelando, com o caso do [Cândido] Vacarezza,* que danifica qualquer partido, mas no PT é gravíssimo que o secretário-geral do partido receba dinheiro público. Gastaram com o partido, isso desmoraliza o PT, eles continuam sem rumo, e o que se chama de "oposição mais consistente" é essa pretensão puramente pessoal do Maluf de vir para o governo. Para fazer o quê? Sei lá! Certamente com mais espalhafato e menos competência do que nós somos capazes de fazer e com muito mais reacionarismo. Apesar de toda a crítica da esquerda, o nosso governo é um governo democrático e progressista em todos os terrenos.

Estou fazendo esses comentários apenas porque o dia está chuvoso e parei um pouquinho de ler, mas vou retornar ao Roger Bastide, que é muito mais construtivo, ameno e divertido do que a incessante intrigalhada que no Brasil se pensa ser a grande política.

A Luciana veio para buscar a Isabel, conversei com ela, falamos um pouco sobre a Ruth, que está em São Paulo numa reunião com o pessoal do Conselho do Comunidade Solidária.** Ruth enfrenta os problemas de sempre, ela não sabe muito bem onde pôr os seus esforços, se queixa de que eu não dou o apoio necessário ao Comunidade Solidária nem a ela. Na verdade é um problema difícil, porque o Comunidade não é do governo, e ao mesmo tempo está sentado perto do governo. Há sempre muitas dificuldades nessa matéria, fora as outras que também existem, de que a burocracia reage e de que alguns setores, até do Palácio, têm ciúme do programa.

No fundo a Ruth está preocupada é com a definição mais profunda da relação dela comigo e com o país. Conversei com a Luciana, que é sempre atilada e estranha, porque parece ausente, mas acompanha tudo, sabe tudo.

Telefonei para o [Pedro] Malan para falar da questão relativa ao ministro da Saúde,*** que quer participar das decisões sobre a regulamentação da CPMF. Malan disse que vai falar com ele, mas que já sabe que o Tesouro não pode ser prejudicado, no que eu concordo.

Falei pelo telefone com a Roseana Sarney. Falei com o governador interino de Minas, o [Agostinho] Patrus, depois com o Marcelo Alencar, estes dois últimos por

---

* Vacarezza era funcionário comissionado da presidência da Câmara Municipal de São Paulo, mas recebia sem trabalhar.
** Programa de combate à pobreza criado em 1995 e presidido pela primeira-dama, Ruth Cardoso.
*** Carlos César Albuquerque, empossado em dezembro de 1996 em substituição a Adib Jatene.

causa das enchentes* e, no caso do Marcelo, também para desejar um bom ano e que tudo corra bem na sua operação de catarata. Eu lhe disse que já fiz essa cirurgia e que ela é simples.

Recebi um telefonema simpático da Daniela Mercury, aquela cantora da Bahia, para felicitar pelo novo ano a mim e a Ruth, muito agradável.

Devo ter falado com mais outras pessoas, mas passei o dia lendo. Além do Bastide, quase terminei o livro sobre o Getúlio que foi feito pelo Eduardo [Mascarenhas],** psicanalista e ex-marido da Ana,*** minha nora. Ele é uma pessoa interessante, está doente, me parece, teve um câncer, mas tem vitalidade, queria ser líder do PSDB na Câmara, já me disse isso.

Eduardo escreveu um livro que, na parte histórica, digamos, para quem conhece bem os fatos da época como eu e os seus autores, talvez não tenha nada de novo, mas que do ponto de vista de um olhar não completamente voltado para a história é interessante. Sobretudo a parte pessoal do Getúlio, a parte final, que é o Getúlio avô, a solidão dele e ao mesmo tempo suas escapadas amorosas num Brasil tão diferente do Brasil de hoje, que é muito mais formal, muito mais organizado, controlador, com uma imprensa mais ativa. Qualquer coisa semelhante ao que o Getúlio fazia na época seria inconcebível nos dias de hoje.

Fiquei o dia aqui sozinho, ouvindo uma gravação que o Paulo Henrique fez pela CSN da Dalva [de Oliveira], que é uma cantora popular muito boa. Ouvi também uma cantora portuguesa, Eugénia Melo e Castro, a Ruth não gosta como ela canta o Vinicius, mas eu gosto, um modo esquisito de cantar.

O dia continuou chuvoso, triste, falei com o Malan, que me deu a ideia de sair para jantar com ele, a filha**** e a Catarina [Malan]. Depois tive preguiça, não sei se vale a pena o presidente da República sair com todo esse aparato bélico e desnecessário, Brasília está vazia, não tem ninguém. Até fiquei com vontade de dizer ao Malan: vou aí jantar com vocês, mas aí vem o tema de sempre de quem está nos governos. Existe mesmo a solidão do poder. É complicado estar relacionado com quem quer que seja. Sinto, de vez em quando, não só que há solidão, mas que a gente precisa dela para pensar, para resolver questões, quem sabe até para acomodar o espírito. É uma sensação algo estranha essa da solidão. Porque ao mesmo tempo que é um estranhamento, uma falta de relação, também é satisfatória, pelo menos para mim.

Nunca pensei nesses termos, mas há uma dimensão nessa solidão que, eu até diria a palavra gaullista, que é de grandeza, porque se a pessoa não for capaz de

---

* As regiões sul e central de Minas Gerais e o estado do Rio de Janeiro sofreram com desabamentos e enchentes causados pelas chuvas torrenciais que caíram desde o final de 1996.
** *Brasil: De Vargas a Fernando Henrique: Conflito de paradigmas*. Rio de Janeiro: Nova Fronteira, 1994.
*** Ana Lúcia Magalhães Pinto, casada com Paulo Henrique Cardoso.
**** Cecília Malan.

ficar só, se não for capaz de aguentar por longos períodos a conversa interior sem transmitir nada (eu já sou muito assim, eu transmito muito pouco o que sinto), se não for capaz disso, não consegue governar. É engolfado pelas intrigas, pelos problemas, pelas dificuldades do dia a dia. Eu não tinha certeza que existisse essa dimensão em mim. Isso até me compraz.

A Luciana, que é observadora, perguntou quando a Ruth voltava. Eu respondi que amanhã à noite. Ela disse: "Pensei que você fosse poder passar tranquilão o fim de semana todo, como você gosta". Não é bem como eu gosto sempre, mas de vez em quando é.

Enfim, está quase tudo parado às vésperas do que os jornais pensam que é uma grande batalha, a da reeleição. Pode ser até que eu perca, e a esta altura não sei se quero ganhar ou perder, mas tem uma coisa: se a reeleição não passar eu perderei muita força política. Repito o que disse: a perspectiva de mais seis anos é muito tempo, do ponto de vista pessoal é muito grande o sacrifício, mesmo para quem tem certa noção da História, como eu, e gosta de ter um papel nela.

NESSE MEIO-TEMPO, O Nelson Jobim falou comigo pelo telefone, eu telefonei, ele me ligou de volta e vai jantar comigo. São nove horas da noite.

Efetivamente o Nelson esteve aqui. Agora, meia-noite e trinta. Conversamos longamente. Sugeri a ele que se o [Sepúlveda] Pertence saísse do Supremo, como parece que vai sair, seria boa a indicação do Celso Lafer. Ele achou a ideia excelente. Eu digo: "Então cala a boca, porque nem o Celso sabe nem ninguém". Conversamos muito, Jobim fez um resumo da situação da Polícia [Federal], da situação do Ministério da Justiça. Na Polícia o trabalho feito foi realmente extraordinário. Ele disse que o [Vicente] Chelotti, que é o diretor da Polícia, botou ordem na casa, nunca mais tivemos problemas. Tiramos a Polícia Federal do noticiário policial.* Isso é formidável. O Jobim fez um bom trabalho. Eu não tenho dúvidas quanto a isso. Discutimos o que fazer com o Zé Gregori.

O Zé gostaria de ser ministro da Justiça, mas não há condições, porque o cargo vai ser disputado pelos partidos. Quem sabe secretário de assuntos de direitos humanos? Mesmo assim é preciso saber de que maneira se coloca essa questão. O Jobim gosta muito do [Milton] Seligman, eu também, ele é eficaz, tem sido um bom secretário executivo. Agora isso vai depender de como os partidos vão ver essa questão do Ministério da Justiça.

* No final de 1995, descobriu-se que agentes e delegados da Polícia Federal estavam envolvidos nos grampos do caso Sivam. O escândalo provocou a queda do chefe do Cerimonial da Presidência, embaixador Júlio César Gomes dos Santos, e do presidente do Incra, Francisco Graziano.

HOJE É DOMINGO, 5 DE JANEIRO, são quatro horas da tarde. Eu dizia ontem, antes de dormir, que se o Antônio Carlos for eleito presidente do Senado é possível que tenha que haver uma compensação para o PMDB. Não sei se o PMDB vai querer o Ministério da Justiça. Alguns podem vir a ser ministros, o Aloysio, por exemplo. O Aloysio Nunes Ferreira pode ter condições de ser ministro da Justiça. Outros também. Os calos para o PMDB vão ser o Ministério da Justiça e o Ministério dos Transportes. Há a questão delicadíssima do Iris [Rezende].

Eu ainda não tenho segurança sobre quem ganha as eleições no Senado. Embora eu leia nos jornais que estou apoiando o Antônio Carlos, na verdade o Sérgio Motta e o Tasso [Jereissati] é que estão. É claro, eles falaram comigo, mas não estou forçando a candidatura do Antônio Carlos porque acho que não cabe. Acho que ela não tem efeito positivo. Mesmo que eu quisesse forçar, imaginemos o contrário, colocando o Iris, isso não seria assim tão fácil. Com o voto secreto há um risco enorme de o Antônio Carlos não ganhar as eleições, porque sempre haverá pessoas com restrições a ele, por ele ser quem é e como é. O estilo do Antônio Carlos às vezes atropela os sentimentos dos senadores.

Vamos ver isso com calma. Vai haver um debate longo este mês, vou ter que ficar na corda bamba para ver o que acontece na Câmara e no Senado.

Hoje o Malan vem às quatro horas, mais tarde deve vir o Sérgio Motta, a Ruth chega às nove da noite, vinda de São Paulo. Passei o dia lendo de novo o Bastide. A descrição que ele faz do ritual de iniciação no candomblé da Bahia é admirável, e sempre há um contraponto com Durkheim, com uma visão institucionalizada, "sociologizante", que não é a do Bastide. O Bastide faz uma fusão das representações, das crenças, com a estrutura da sociedade, ele nunca faz a morfologia social isoladamente, é muito interessante.

Terminei de ler, *à vol d'oiseau*, o livro do Eduardo Mascarenhas sobre o Getúlio, e fiquei ouvindo música, Dalva de Oliveira, que eu estava ouvindo ontem, e os boleros da Nana Caymmi. Até agora um dia tranquilo, não falei com ninguém, só agora pelo telefone com o Malan.

HOJE É DIA 7 DE JANEIRO, terça-feira. Interrompi para atender um telefonema do Sérgio Motta, que está vindo da casa do Antônio Carlos Magalhães e disse que abriu um caminho, não sei qual seria, vamos ver.

Ontem, segunda-feira, logo depois de eu ter feito a minha natação, recebi no Alvorada o Eduardo Jorge.

Em seguida estive com o Luís Eduardo e com o Sérgio Motta. Balanço geral das coisas, verificação dos nomes dos deputados que estariam a favor da reeleição, os indecisos e os contra. Parece que temos uma maioria até razoável, por volta de 320 deputados. Fora disso discutimos a questão da Câmara e do Senado. Na Câmara parece a todos nós que a eleição do [Michel] Temer é a mais garantida e, no Senado,

Luís Eduardo está muito otimista com a eleição do Antônio Carlos. Procurei fazer ver a eles o seguinte: que eu não poderia me expor, nem o PSDB, antes da hora. Primeiro temos que assegurar a reeleição.

O Luís Eduardo sabe que, por causa dele basicamente, nós temos um compromisso forte com a candidatura do seu pai, e por causa do PFL também. Mas que eu não posso permitir que essa questão deixe o Iris irritado, porque o Iris tem sido um fiel cooperador, e sabe também o Luís Eduardo que o Sarney é o xis da questão, e o Sarney, isto eu não disse, mas penso, está jogando pelo Iris. O raciocínio é simples. Iris presidente, Sarney continua sendo uma espécie de ponte do governo federal com o Iris. Mesmo que desnecessária a ponte, ele saberá habilmente fazer com que o Iris crie algumas dificuldades para que ele possa depois negociá-las.

Antônio Carlos presidente, ninguém vai ser intermediário de ninguém, ele sozinho na cena e eu tendo de toureá-lo, e sei bem o que isso significa. Eu até disse isso ao Luís Eduardo, sem a expressão "toureá-lo", mas que eu sabia que a relação seria direta e com as dificuldades que são contíguas. Mas isso não me preocupa maiormente. O Luís também sabe dessas coisas.

Mandei chamar o Temer, que me relatou uma conversa com o Paes de Andrade.* Este achava possível submeter à votação uma recomendação, sem fechar o caso, para que se dissesse aos deputados se deviam votar assim ou assado. Eu disse: "Olha aí, Michel, não vale a pena [uma votação decisória], porque mesmo que a gente ganhe, e nós ganharíamos a recomendação, um grupo vai perder". Eu não disse a ele, mas o que eu penso é que o PMDB só se une em torno do nada. Se for para decidir alguma coisa, por mais tênue que seja, não haverá unidade alguma, e sim discursos desancando [a reeleição], o que a imprensa vai aproveitar.

O Temer me parece que encaixou, entendeu que essa é a situação.

Chamei o [Antônio] Kandir para discutirmos o avanço dos projetos do Brasil em Ação,** e também para ver com ele a questão da desburocratização*** e a situação na Câmara. Ele tem elementos para fazer crer ao João Leão,**** que é o verdadeiro inspirador, dentro do PSDB, da candidatura do Wilson Campos,***** que é melhor uma atitude mais branda. Tomara que o Kandir consiga isso. Essa gente tem muita reivindicação na Bahia. Ele e o [Mário] Negromonte,****** que eu conheço mal, todos, pelo que me dizem, são pessoas capazes de levar longe uma

---

* Deputado federal (PMDB-CE), presidente nacional do PMDB.
** Plano de metas econômicas lançado em agosto de 1996.
*** O governo preparava o lançamento de um programa de desregulamentação e desburocratização de serviços públicos.
**** Deputado federal (PSDB-BA).
***** Deputado federal (PSDB-PE).
****** Deputado federal (PSDB-BA).

querela para obter espaço. E eles têm até a justificativa de que lá na Bahia o espaço para eles é mínimo, é apertado.

Falei pelo telefone várias vezes com governadores, também com o Sérgio Motta, com os outros ministros, com o Paulo Renato [Souza], para retomar o pé das coisas.

Recebi o [Euclides] Scalco,* que me deu um panorama muito positivo do que anda acontecendo em Itaipu. Ele realmente está botando a casa em ordem, o que não é pouca coisa, e isso também como efeito do programa de estabilização, que ajudou muito a recuperação das finanças das empresas estatais.

Enfim, passei o dia inteiro no Planalto, avaliando as coisas.

Hoje de manhã recebi várias pessoas e, mais demoradamente, o Luís Carlos Santos.**

O governador do Acre, Orleir Cameli,*** me disse que dez dos onze [deputados] do Acre votam pela reeleição, e o governador do Amapá, que é do PSB,**** me disse que estava em Cuba, mas que cinco dos votos — que são os dele — ele assegura para a reeleição. Pareceu-me um pouco por fora do assunto, nem sabia a data da votação, mas é provável que votem mesmo.

Voltando ao Luís Carlos Santos. Ele teve uma longa conversa comigo hoje, mais de uma hora, fazendo sua avaliação; voltou dos Estados Unidos e disse que o Maluf tentou falar com ele. Está vendo as coisas da seguinte maneira. Primeiro, com sua visão objetiva e fria, disse: "Não adianta a gente botar o carro adiante dos bois". Eu respondi: "Eu sei que você poderia ter sido o candidato a presidente da Câmara, que o caminho era esse". Resposta: "Eu sei, mas não adianta a gente ficar pensando nisso, porque não é possível".

No fundo ele ainda pensa que talvez dê uma confusão mais adiante, depois de decidida a parada da reeleição. E acha o seguinte: que o Antônio Carlos atrapalhou a ele e ao Luís Eduardo. Ele ficou imobilizado depois que o Gilberto Miranda saiu do PMDB para ir para o PFL, apoiando o Antônio Carlos, isso já faz dois meses, o que foi uma precipitação. Dadas as ligações do Luís Carlos com o Gilberto Miranda, ele ficou como que marcado no PMDB como homem do Antônio Carlos. Então ele não pode mais atuar no PMDB.

Por outro lado, isto o Luís Carlos não me disse, ele perdeu a chance de ser presidente da Câmara porque o Luís Eduardo apoiou o Temer. Ele acha que o Antônio Carlos prejudicou muito o Luís Eduardo, a ele e a mim, por ter sido tão precipitadamente candidato, sem combinar. Como consequência, o Luís Eduardo saiu da

---

* Diretor-geral da Itaipu Binacional.

** Recém-nomeado ministro da Coordenação Política, ex-líder do governo na Câmara e deputado federal licenciado (PMDB-SP).

*** Sem partido, eleito pelo PPR (incorporado pelo PPB em 1995).

**** João Capiberibe.

jogada política para o governo; ele, o Luís Carlos Santos, está paralisado; e eu tendo que engolir o Antônio Carlos.

Segundo o Luís Carlos, ninguém quer o Antônio Carlos. Nem o PFL, o que eu já registrei aqui. Não obstante, acha que isso é mais ou menos inevitável no momento. Vê-se que o Luís Carlos Santos ainda pensa que, depois da votação da reeleição, talvez seja possível mudar as pedras do jogo. Essa análise não discrepa muito do que já se sabe a respeito de um lance realmente precipitado do Antônio Carlos, que fez o que sempre faz: por voluntarismo avançou o sinal e o filho ficou atropelado, todos nós atropelados, e ele vai em frente como se fosse um cisne branco.

Luís Carlos também me disse o que acha do Sarney, aquela história de sempre. Sarney é candidato à Presidência da República se o cavalo passar perto dele. Se não passar, aí fica a reeleição, que já garante a Roseana. Ele acha também que o Sarney vai apoiar mais o Iris do que o Antônio Carlos. Não obstante, num dos telefonemas de hoje com o Sérgio Motta, este me disse que o Antônio Carlos está convencido de que o Sarney está com ele, já lhe passou até tarefas e pedidos como futuro presidente do Senado. Isso, penso eu, não garante nada, o Sarney, de todos, é o mais hábil para alcançar seus objetivos sem que se perceba, ou quem sabe ele tenha muitos objetivos ao mesmo tempo e seja mais um tático do que um estrategista hábil. Quem vai saber disso? É difícil! É difícil! Quem sabe é quem tem uma convivência de outra índole com o Sarney, e eu não tenho.

Isso posto, quero registrar que ontem o senador [Esperidião] Amin me telefonou para relatar uma conversa que teve com o Maluf. Eu tinha dito a ele que quem sabe com um referendum, ou com um plebiscito, o Maluf topasse não entrar nessa briga cruenta. Ele me perguntou se eu mantinha essa posição. Eu disse: "Olha, Amin, a coisa agora piorou, porque o Maluf tem sido mais ofensivo, até quase grosseiro comigo". "Não, não é bem assim", ele disse.

Isso não significa que eu não queira evitar desgastes desnecessários. Eu pensava falar com ele, olho no olho, só nós dois. Agora, levar um recado ao Delfim, que passou a ser o procurador do Maluf aqui em Brasília, não tem o mesmo efeito. Ele concordou comigo e disse que iria falar com o Maluf no limite da prudência, sem dizer [textualmente] que eu propunha algo naquele sentido, apenas dando a entender. Eu disse: "Está bem, mas não se esqueça de que eu não conversei sobre esse assunto com ninguém, nem com PFL, nem com PSDB, nem com PMDB, então você tem que ir com muito cuidado". [Ele me garantiu] que saberia conduzir a situação e pediu que eu falasse com o Delfim, que vai junto com ele [ao Maluf].

Hoje telefonei para o Delfim, que disse saber que o Amin planejava procurar o Maluf junto com ele para tentarem evitar uma carnificina inútil. Uma resistência sem sentido do Maluf. Delfim sempre eufórico, reafirmando que não tem problema nenhum, que vai dar uma palavra com o Maluf. Não sei o que fará.

O certo é que o Delfim, nesses episódios, tira casquinha de todos os lados, ele não tem compromisso objetivo nem com uma coisa nem com outra, e sempre preserva a relação pessoal. Ele até me disse pelo telefone que eu sempre fui gentil com ele, o que é verdade. Mas em termos políticos a coisa é diferente. Não sei que imbróglio vai sair disso, mas de qualquer maneira sou da opinião de que sempre que seja possível evitar confusões maiores, é melhor evitá-las. No mínimo o Amin ficou com mais um elemento para se tornar mais independente do Maluf, se o Maluf insistir no caminho do enfrentamento. Ele poderá dizer ao partido e a todo mundo que tentou, que eu tentei e que o Maluf é quem está intransigente.

Hoje falei pelo telefone com Gérard Lebrun, por causa dessa infâmia nos jornais de que ele seria pedófilo. Ele ficou emocionado, não imaginou que o presidente da República, embora tivesse com ele uma amizade antiga — mas não muito próxima —, fosse telefonar. Depois a Ruth também falou com ele, estava realmente bastante emocionado e muito amargurado. Disse à Ruth que agora entende por que a imprensa pode levar alguém ao suicídio, mas garantiu que jamais faria isso. Achei que era meu dever prestar solidariedade.

Vou falar com [José Arthur] Giannotti, que vem para cá hoje. Também com esse tal de Paulo qualquer coisa, Paulo Arantes, que escreveu um artigo infame, um dicionário,* mexendo com o Giannotti, comigo, com o Celso Lafer, com todo mundo, mas de mau gosto, pedante, essa coisa estéril dessa gente que fica só num pequeno círculo imaginando que a partir de palavras de espírito, *des mots d'esprit*, é capaz de mudar o mundo. Um certo pedantismo que eu suporto cada vez com maior dificuldade. O artigo é ilegível, a Ruth me chamou a atenção, tentei ler. Nem li.

Em contrapartida, li hoje na *Folha* um artigo do [Arnaldo] Jabor muito interessante a meu respeito,** minhas reflexões na ilha de Fernando de Noronha, com um espírito fantasticamente inteligente, vivo, imaginoso. Sem esconder suas dúvidas reais, as críticas eventuais, mas com muita graça, com muito talento. Isso, sim, é gente que pensa, gente que se expõe, não é como esses grã-finos do marxismo, tipo Paulo Arantes.

Roberto Schwarz, que de vida prática não entende nada, também parece um bolsista; é verdade que é um homem de talento, mas o talento não justifica uma atitude inerte diante das transformações do mundo, tentando ver se é possível contê-las em algum esquema teórico já perempto. Faltam forças para superar os esquemas, embora tenha talento, eu reconheço, e gosto dele. Pelo menos Roberto não faz esse tipo de espinafração narcísica como esse tal Paulo Arantes, com cuja cara eu nunca fui.

HOJE É 9 DE JANEIRO, quinta-feira, são dez horas da manhã. Relatarei brevemente o que aconteceu ontem, quarta-feira 8 de janeiro.

* "Diccionário de bolso do Almanaque Philosophico Zero à Esquerda."
** "Presidente sofre com as dúvidas do ano novo.".

Despachos normais. Falei com o Luís Carlos Santos.

Recebi o deputado [Germano] Rigotto,* que foi um bom líder, me ajudou muito. Cerimônia de sanção da lei dos transportes aquaviários, que é uma coisa importante, um negócio de cabotagem, depois vim para cá.

No Palácio da Alvorada, almoço tranquilo, cheguei tarde, quase às duas horas, voltei ao Planalto para sancionar a lei de recursos hídricos, uma coisa importante na área de meio ambiente. Depois começou aquele infindável número de telefonemas, deputados, o deputado [Jorge] Maluly Neto,** que chorou por causa da situação da empresa dele,*** recebi o pessoal da Telefónica da Espanha que ganhou a CRT**** do Rio Grande do Sul, eles vieram acompanhados do Nelson Sirotsky,***** muito entusiasmado.

Recebi o Maguito Vilela, que simplesmente queria me agradecer por termos negociado bem a dívida de Goiás, ele foi muito gentil e o encontro estava marcado há muito tempo. Hoje os jornais dizem que ele foi me ver por causa da reeleição, ele nem sequer tocou muito na questão do Iris porque acha, como eu também, que entrar nessa briga é sair arranhado.

E recebi a bancada mineira, nervosa. Ela quer fazer onda por causa das enchentes em Minas, eu já tinha tomado todas as providências. Eles querem ir contra o Eduardo Azeredo, que estava fora, foi uma coincidência apenas, o Eduardo tem o direito de tirar férias. Mas aqui no Brasil é assim: tirou férias, acontece algum acidente, pronto, pobre do governante. A imprensa faz uma farra danada com a notícia e os deputados fazem coro. Um deles saiu dizendo que eu ia dar dinheiro só para os estados, sem olhar para as vítimas. Eu disse o contrário, como o ministro dos Transportes,****** ao falar dos estados, afirmei que o importante agora são os desabrigados. Enfim, esse mau-caratismo inerente a certos setores da nossa vida política, um pouco de espírito de porco e mais exibicionismo para aparecer na imprensa.

De importante mesmo, duas reuniões. Uma com Sarney, eu pedi que viesse conversar comigo e ele me perguntou se seria factível a entrada do Jader [Barbalho] no governo. Eu disse que até gosto do Jader, que tem se desempenhado bem, é um homem inteligente, corajoso, mas os jornais iriam fazer carga contra ele, com acusações de questões do passado, algumas acusações que já fizeram, que eu não sei que funda-

---

* PMDB-RS, ex-líder do governo na Câmara.
** PFL-SP.
*** Usina Alcomira, produtora de açúcar e álcool em Mirandópolis (SP).
**** Em dezembro de 1996, o governo gaúcho vendeu 35% das ações ordinárias da Companhia Rio-Grandense de Telecomunicações, estatal de telefonia, a um consórcio liderado pela Telefónica.
***** Presidente do grupo RBS, sócio da Telefónica na compra da CRT.
****** Alcides Saldanha.

mento têm, mas certamente se ele for nomeado ministro volta toda essa onda e isso prejudica o governo. Sarney no fundo concordou. Entendi que Sarney está querendo tirar o Jader do caminho, para facilitar as coisas no Senado e não dar alguma coisa ao Iris; ele acha que o Iris pensa que vai ganhar e não vai. Eu também acho isso.

O Sarney está tão assustado quanto eu com o que vai acontecer no Senado. Hoje ganha Antônio Carlos. Mas Senado é Senado. Na hora do voto ninguém sabe realmente o que acontece. Se ganhar Antônio Carlos, ele tem que ganhar com força própria. Claro que o PSDB, seguramente a maioria, vai ajudá-lo, mas não por interferência aberta do governo, porque isso não vai dar certo e não é correto, e o Iris não pode sair magoado nessa história.

Eu disse ao Sarney que era preciso segurar a Convenção do PMDB,* que o ideal era que a Convenção não decidisse nada. O Sarney acha o contrário. Que é melhor, embora a questão seja aberta, que ela recomende a reeleição; aliás, ele acha que nós temos maioria para isso, eu nunca tenho certeza, tenho muito medo das manifestações improvisadas de última hora. Em todo caso a coisa vai caminhando.

Eu disse ao Sarney que, mais tarde, vamos ter que rever a posição do PMDB e que ele é o interlocutor mais qualificado para alguma negociação que realmente envolva o partido. Acho que ele ficou contente. Ele e o Luís Carlos Santos vão jantar hoje comigo.

À noite recebi o Paes de Andrade, Amin e o Michel Temer. O Michel está assustado com a votação dele, acha que ganha, eu também acho. Mas não é tão simples assim. Ontem recebi também a direção do PSDB. Arthur Virgílio acha que, apesar de tudo, o Wilson Campos tem muita força. O Serra me telefonou à noite dizendo a mesma coisa, com base numa informação que ele obteve de um ex-assessor na Câmara. Então isso pode ser perturbador. E o Paes acha que não tem nada, que quem tem que ganhar é o Michel, que o Senado é independente da Câmara e que é bom fazer a consulta.

Ele me trouxe dados para mostrar que a maioria é a favor da reeleição. Esses dados nunca são muito confiáveis. Eu não sei quem comparecerá mesmo. Não houve mobilização nenhuma. Os governadores é que deverão fazê-la. E o Paes, de qualquer maneira, estava preocupado, porque disse que o Itamar [Franco] mandou uma nota na qual nem fala em reeleição.

Queria saber o que eu fiz com o Itamar, porque o Itamar teria mudado. Contei que não fiz nada e repeti a última conversa que tive com ele. O Paes está na dúvida. Ele ainda tem algum sonho, mas já sabe que o PMDB, majoritariamente, vem para o lado do governo. Foi uma conversa, digamos, polida e longa, amistosa, mas que não resultou em praticamente nada, a não ser em abrandar no futuro eventuais divergências mais profundas.

---

* A convenção nacional do partido sobre a emenda da reeleição estava marcada para o domingo, 12 de janeiro.

Também falei com Luís Eduardo Magalhães, porque o PMDB não deu número para levar adiante a votação da emenda da reeleição. Manobra do Henriquinho Alves [Henrique Eduardo Alves].* Eu já sabia, tinha falado com o governador Garibaldi [Alves];** acho, aliás, que ele já havia telefonado para o Henriquinho Alves. Cada um nesse momento quer puxar a brasa para a sua sardinha, mas a brasa é pequenina. Não tem nada!

Eu recebi o Tuminha [Robson Tuma], filho do [Romeu] Tuma, reclamando que os acordos havidos para a eleição do Serra não foram cumpridos. Eu disse: "Você vota como quiser". Ele falou que o pai gosta muito de mim, eu respondi que também gosto dele, que o respeito, porque quando ele era chefe do Dops*** eu estava na oposição e ele teve um comportamento sempre moderado. É um homem muito cordial e tenho afeto por ele, mas, reafirmei: "Você faz o que quiser". Ele ficou meio desiludido, imaginando que eu fosse pedir com empenho o seu voto. Não! "Vote à vontade, seu voto não vai condicionar nem a minha relação com o seu pai nem essas nomeações que foram prometidas e que não deixarão de ser feitas porque você votou contra o governo. Vote livremente!" Ele saiu meio desenxabido.

Enfim, para a opinião pública parece que está havendo uma grande negociação, e não está, são coisinhas menores, e nossa atitude tem sido até de certo descaso.

Também recebi as informações do Amin e, claro, do Delfim. Falei com o Delfim de manhã, para agradecer a interferência deles junto ao Maluf, não sei qual foi realmente, mas o Amin me disse que isso seria útil. Amin também contou a conversa com Maluf, disse que ele estava muito emocionado, com aquele olhar esgarçado de quem está sentindo que tem que ser agora ou nunca. Eu compreendo; não, não estou me matando de entusiasmo, até achei muito bom que o Maluf não tivesse topado a discussão sobre haver ou não referendum, que teria dado dor de cabeça.

E recebi uma notícia muito boa do Roberto Freire, que me disse ontem que hoje irá ao Palácio juntamente com os dois deputados do PPS mais o [Fernando] Gabeira,**** para dizer que eles vão votar pela reeleição e depois pelo referendum.

Por mim, o referendum, tudo bem. Questão em aberto.

Também o PFL veio em bloco, aí sim, maciçamente, mesmo o Raul Belém,***** que é muito ligado ao Itamar, com a tese, que ele já me havia antecipado, de voto favorável à reeleição com referendum.

Então parece que as coisas caminham razoavelmente bem.

Estamos tentando continuar a administração, mas a verdade é que as atenções ficam polarizadas em eleição, reeleição e Convenção do PMDB, e isso ocupa

---

* Deputado federal (PMDB-RN).
** PMDB.
*** Departamento (Estadual) de Ordem Política e Social.
**** Deputado federal (PV-RJ).
***** Deputado federal (PFL-MG).

a maior parte dos jornais e também o tempo de quase todo mundo. Vou tentar seguir em frente. Hoje vou discutir questões da Previdência, mas sei que é remar contra a maré.

SEXTA-FEIRA, DIA 10 DE JANEIRO. Ontem de manhã, como eu estava dizendo, recebi muitos deputados, uns quatro ou cinco. A mesma história de sempre. A mim não pedem nada. Eles simplesmente vêm manifestar apoio, pedem alguma coisa para a região, mas vagamente.

Estive com o governador Siqueira Campos,* que veio me agradecer a visita que fiz ao estado do Tocantins, e, claro, lembrou os pleitos do estado no Orçamento, que são pleitos normais.

Depois tive um almoço no Palácio da Alvorada com o pessoal da *IstoÉ*. Nada de extraordinário, eles vão fazer uma capa e dei explicações sobre o que penso dos próximos anos de governo.

Recebi o ministro das Relações Exteriores da Dinamarca,** uma conversa do tipo padrão.

De tarde também recebi deputados. O mais interessante é que vieram o Paulo Paiva,*** o Reinhold Stephanes**** mais os dirigentes da CGT e da Força Sindical. Todos entusiasmados. Por quê? Porque queriam que tirássemos uma cláusula posta numa das medidas provisórias da Previdência, que feria os direitos dos aposentados. E ela foi posta sem maior consideração, não é uma coisa grave para o governo, mexe mais com o setor privado e eu já tinha me comprometido a retirar. Isso fez com que todos ficassem muito felizes, o Paulinho [Paulo Pereira da Silva], do Sindicato dos Metalúrgicos [de São Paulo], o [Luiz Antônio] Medeiros, o [Canindé] Pegado, da CGT, e vários sindicalistas que eu conheço há muito tempo, alguns há dezenas de anos, todos muito dispostos, inclusive, a apoiar a política do governo em geral, as reformas, a reeleição, essa coisa toda.

À noite, sim. À noite eu tive um encontro com o Sarney. Ele jantou no Alvorada comigo e com o Luís Carlos Santos e mais tarde chegou o Sérgio Motta. E aí as confusões do PMDB. Parece que houve uma reunião muito dura na casa do Luís Eduardo, o Temer está vacilante, o PMDB quer fazer primeiro a eleição da mesa [da Câmara] e depois a reeleição, não sei o quê. O PMDB fica sempre com esse sentimento de ser um partido enjeitado. Aliás, o PMDB e o PSDB. Parece que são preteridos, ficam pensando que o governo não vai apoiá-los, têm ciúmes do PFL, uma coisa meio infantil.

* PPB.
** Niels Helveg Petersen.
*** Ministro do Trabalho.
**** Ministro da Previdência Social.

Eu já me referi aqui ao que está acontecendo no Congresso, que é essa falta de sentido para a ação parlamentar. Então você tem dezenas, senão centenas, de deputados inquietos que têm de encontrar fantasmas para exorcizar. Agora é este: o fantasma de que o governo vai largar o Temer.

O Sérgio Motta foi muito duro na reunião que houve na casa do Luís Eduardo, e eles no final repuseram as coisas, e os líderes do PMDB, PFL e PSDB vão, de sala em sala, apoiar o Temer.

À noite, na conversa com o Sarney, ele repetiu esta coisa toda de que o PMDB há um ano não queria participar do governo e, agora que quer participar, não reconhece a porta aberta. E que nós precisamos mostrar [o caminho]. Ele quer que eu faça uma mensagem à Convenção, o que é possível, e que chamemos os governadores para acertar com eles, pois, se houver alguma votação [na Convenção], eles têm que se mostrar firmes para o resultado ser positivo. Essa questão vai se arrastar pouco a pouco. Temos que ir por partes.

Primeiro, agora, nesse fim de semana, a Convenção. Vou chamar os governadores. Depois, temos que ver a votação na Comissão Especial. E depois, aí sim, forçar uma data para a definição, de uma vez para sempre, pelo menos no primeiro turno, da eleição e da reeleição. Os dados que o Sérgio Motta me trouxe indicam que temos perto, acho, de 320 votos. Nunca se pode confiar muito nisso, mas parece ser verdadeiro. Eles têm feito um trabalho escrupuloso, deputado por deputado, para ver se é assim mesmo.

Fora isso, também o Aloysio Miranda, meu sobrinho, casado com a Andreia [Cardoso], estava aqui. Elogiou muito a lei da telefonia do Sérgio Motta.

E o Sarney mostra que é inviável pensar em dissuadir o Iris [de disputar] a presidência do Senado. Acho que ele acredita que o Iris vai ganhar. Antônio Carlos também crê que vai ganhar. Isso vai ser milimétrico. Acho que a medida correta já foi tomada, que é separar a eleição do conjunto da mesa da eleição da presidência, para diminuir os desgastes dentro dos partidos, mas vai haver confusão. E se não ganhar o Antônio Carlos, vai haver confusão na Câmara. Todos me dizem que a chance de vitória do Wilson Campos, embora o PSDB diga que não, é muito grande.

Se ela acontecer, implicará uma confusão imensa e uma desmoralização do Congresso, das lideranças, e temo mais por esse lado que pelo outro lado de relacionamento com o Executivo propriamente dito, ou que isso afete a emenda da reeleição, porque esse é um sentimento popular. O Sérgio Motta disse bem outro dia na reunião: "Se vierem com muita armação nesse sentido, nós apelamos para o plebiscito e acabou".

Eu não quero, porque aí é realmente cesarismo. Entretanto, isso leva novamente à reflexão que já fiz tantas vezes: a crise da democracia representativa. O fato é que o Congresso está à margem da vontade da sociedade; como instrumento de pressão ele é muito pobre, sem compreender muitas vezes o sentido das transformações, enquanto nós estamos propondo transformações por todos os lados.

Ainda na conversa com o pessoal da *IstoÉ*, mostrei que praticamente não há uma área importante do Brasil na qual não tenhamos feito alguma coisa, tentado mexer para mudar. Então a sociedade está apoiando e o governo afina com a sociedade, enquanto o Congresso continua devaneando com questões que são ridículas diante do desafio nacional. Esse não é um problema brasileiro, é um problema universal, mas o que eu tenho que tentar equacionar está aqui.

  É curioso, na noite passada o Sarney concordou inteiramente com isso. Ele sabe, tem mais experiência do que eu em vida partidária e não partidária. E os partidos não representam nada. A Convenção é uma contrafação, porque os convencionais, o que eles são? Parentes, amigos, funcionários e empregados dos caciques dos partidos, quer dizer, não representam a vontade política. Na verdade, os partidos são congressuais, a substância política está nas bancadas e não na Convenção. Não obstante, faz-se a ficção de uma Convenção soberana, de que ela representa a vontade da base do partido... Ora! Os partidos não têm base, então não representam vontade nenhuma. Na verdade é tudo um artifício do mesmo jogo de pressões na cúpula para obter vantagem aqui, vantagem ali, favor de uma ou de outra liderança.

  Eu, francamente, não tenho claro como vou resolver ou equacionar essa questão política mais ampla, se realmente houver reeleição e eu continuar na Presidência. Vou precisar do apoio de gente de cabeça, de pensamento, porque não diviso com clareza o que fazer. É fácil efetuar o diagnóstico, mas muito difícil oferecer uma saída que seja construtiva a fim de mostrar de que maneira as instituições representativas vão conviver com as instituições participativas, de democracia mais direta e com executivos que serão cada vez mais fortes.

HOJE É SÁBADO, 11 DE JANEIRO. Comecemos por ontem. O dia foi até mais tranquilo do que eu podia imaginar.

  De manhã os despachos habituais aqui no Alvorada. Veio também o Pedro Malan. Fora isso houve longas discussões políticas sobre o que está em pauta, e o que está em pauta é a Convenção do PMDB, que vai ser feita amanhã, 12 de janeiro. A esse respeito, uma conversa longa com o senador Jader Barbalho. Não quero repetir argumentos, Jader veio reclamando que o pessoal do PMDB não está contente com o encaminhamento da solução das mesas, que foi mal conduzido, não sei o quê, que ele não vê razão para haver essa Convenção, que ela só vai acontecer por desarticulação nossa, do PMDB e governo. Eu disse: "Está bem, mas quem é o ministro de articulação?".

"É o Luís Carlos Santos."

"E quem colocou o Luís Carlos Santos lá?"

"Fui eu, com o Sarney", disse o Jader.

"Então?"

"Ah, mas é que ele optou pelo apoio ao Antônio Carlos."

"Não é bem assim", eu disse e expliquei como aconteceram as coisas. "Jader, não adianta nós reclamarmos."

Ele disse: "Ah, não vejo razão disso!".

"Jader, mas nós não estamos juntos, PMDB e governo?" Pois nem eu vejo razão. Então, por que não trabalhar para que estejamos juntos?

No final, apesar de todas as idas e vindas, como tem feito em outras crises, na hora H ele entra para tentar articular de maneira mais construtiva. É que o Jader esperava que eu o chamasse. Ele disse que já conversou com a ex-mulher dele, Alcione Barbalho, e os outros deputados do PMDB do Pará para dizer que devem apoiar o governo. Ele chamou mesmo essa gente, acho que pode ser que isso realmente dê certo.

Então desarticulamos essa onda, não vou repetir tudo, esse nhe-nhe-nhem da Convenção, esse vai não vai, querem ou não decidir logo a reeleição? Primeiro a eleição das mesas, depois a reeleição, porque é disso que se trata, de pressão do governo nesse sentido, a favor dos candidatos à presidência das mesas, com que eu não concordei...

Agora, não houve recepção de gente no sentido que os jornais hoje dizem, de fisiologia. Ontem recebi cinco ministros para despachar normalmente, dois ou três deputados, que, como de hábito, chegam e não pedem nada. Falam, fazem uma pequena choradeira sobre como estão sendo maltratados, mas nem conversam comigo sobre assuntos concretos.

Mas é curioso — e aí volto ao tema — como a imprensa repete o refrão: que está havendo "balcão", que não sei o quê, que é preciso ceder aqui, ceder ali, deturpam para manter a ideia de que a política não passa de um balcão. Mesmo as negociações políticas legítimas. Por exemplo, se um governador vem e me pede que o governo atenda aos reclamos do seu estado, parece que é um balcão. É uma necessidade da reprodução da política vista como uma coisa menor, mesquinha. Claro que existe esse componente, mas ele é muito menos forte do que a notícia da imprensa dá a entender.

Diga-se de passagem que hoje, 11 de janeiro, vejo na imprensa que eu teria dito para o Wilson Campos ser desligado do PSDB. Eu não disse isso a ninguém, a ninguém absolutamente, e sai em manchete de *O Globo*. É curioso a liberdade que se toma ao atribuir ao presidente e a outros personagens políticos frases, afirmações. Vi várias a respeito de como eu, no encontro com o Sarney, teria tido discussão sobre o ministério. Não discuti ministério nenhum. Já relatei como foi o nosso encontro no jantar. Mas eles dizem isso com a maior tranquilidade, e pobre da chamada opinião pública.

Chega de chorar! Essa queixa já está repetitiva. E nem é bem uma queixa da imprensa; é mostrar como existe uma função social na repetição: trata-se de uma visão da política que mantém reiteradamente distorções que, no fundo, interessam até mesmo a muitos participantes não só da política, mas também da imprensa. Eu pergunto: e quando vêm falar comigo os donos de jornal que estão num consórcio de telefonia? Será que isso também é balcão ou é simplesmente a apresentação de um negócio? E na verdade é isso; nunca me propuseram nada nem eu disse a eles que faria isso ou aquilo. Não obstante, no caso de qualquer líder político que apareça aqui, se sublinha sempre esse aspecto mais negativo da troca de favores. Claro, qualquer analista político sabe que isso também, mas não é só isso nem é o tempo todo isso.

ONTEM, SEXTA-FEIRA, jantei na casa do ministro do Exterior, [Luiz Felipe] Lampreia, com pouca gente. Além da Lenir [Lampreia] e do Lampreia, estavam lá alguns embaixadores, Osmar Chohfi, que foi cônsul em Portugal, o [Armando] Frazão, uma irmã da Lenir, e Yvone Gigliotti, que é a mulher do embaixador da Ordem de Malta, uma senhora já, mais o Paulo Renato e a Giovanna [Souza]. Tanto o Lampreia quanto a Giovanna têm boa voz, também o embaixador Frazão toca violão, a voz dele não é lá grande coisa, mas foi uma noite muito agradável, e isso em plena, como diz a imprensa, vigilância, plantão de preocupação com a reeleição... Foi uma noite bem distraída. Ruth estava no Rio com as crianças, com as netas, e eu, em vez de jantar sozinho, jantei na casa dos Lampreia.

Voltei para cá tarde da noite. Dormi.

HOJE RECEBI O Marco Maciel com alguém lá de Santa Catarina sobre uma questão empresarial. Recebi também o [Antônio] Britto* sobre a Convenção. Não vou repetir todos os assuntos, foi só para afinar o que está acontecendo.

Mais tarde vou jantar aqui com os governadores do PMDB. Falei com o Sarney, falei com o Luís Carlos Santos.

Esteve aqui o Sérgio Motta, tudo em função dessa Convenção e de ver de novo a contagem dos votos prováveis na emenda da reeleição.

HOJE É QUARTA-FEIRA, DIA 15 DE JANEIRO. O próprio fato de eu ter ficado três dias sem registrar nada indica o quanto esses dias foram atribulados. Talvez os mais difíceis em termos de horizonte, não sei se desde que assumi o governo, mas desde há muito tempo.

No sábado, dia 11, como eu mencionei, recebi os governadores do PMDB à noite. Vieram todos. Registro que o governador Maguito Vilela foi o último a chegar, per-

---

* Governador do Rio Grande do Sul (PMDB).

guntei como estava a delegação de Goiás, ele disse que firme com a reeleição, mas eu o notei um pouco escabreado. Depois do jantar os governadores se foram para o encontro com o Paes de Andrade, porque eu os alertei das manobras do Paes, e achava que era necessário que tivessem controle da Convenção. Eles, naquele momento, já imaginavam até sair da Convenção, mas achavam difícil a retirada dos convencionais porque eles tinham viajado dos seus estados para cá.

Dormi, e no dia seguinte de manhã me telefonou o Antônio Britto. Ele tinha tentado falar comigo na véspera, ainda à noite, mas era muito tarde e a telefonista não passou a ligação. Ele e os governadores haviam tido uma conversa muito áspera com o Paes de Andrade, o Paes querendo colocar em votação de uma maneira, ao ver do Antônio Britto, capciosa, o tema reeleição, embora ela não fosse objeto de decisão, no sentido de que [a Convenção] não obrigaria os deputados; condicionaria.

E, mais grave ainda, havia uma moção de postergar a decisão até a eleição das mesas. O que para mim é inaceitável. Ato contínuo, telefonei para o Sarney, que estava caminhando. Pouco tempo depois ele me telefonou. Disse que na verdade não estava caminhando, mas descansando, porque passara mal à noite sabendo que a Convenção estava muito difícil e ele teria que atuar.

Efetivamente, pouco depois o Sarney me telefonou de novo, devia ser umas dez horas da manhã, me dizendo que tinha estado com o Paes de Andrade e lhe dissera que ele não podia fazer um acerto que contrariasse os interesses dos governadores, e que o Paes cedera. Mencionei que a questão dessa moção não era aceitável por mim.

Depois, cedo ainda, veio o Sérgio Motta, que presenciou vários telefonemas, de muita gente. Britto me telefonou, o Luís Carlos Santos também, depois o Luís Carlos Santos esteve aqui para dizer que a situação era muito difícil, que, embora o Paes tivesse topado, havia muita tensão. Mais tarde me telefonaram de novo, dizendo que estavam caminhando para um acordo. Acho até que o Britto chegou a mencionar que iriam votar o primeiro turno [da reeleição] agora, o segundo depois [da eleição das mesas]. Eu disse que não queria condicionamento da emenda de reeleição com essa chantagem de me obrigar a colocar o Iris como presidente do Senado, coisa, aliás, que eu não acharia ruim se fosse por fonte própria, mas não por força minha, porque eu teria que ter distratado o compromisso que o PSDB está sustentando, que é PFL no Senado e PMDB na Câmara e apoio ao Temer.

Daí por diante a situação foi saindo de controle.

Almoçaram no Alvorada, além do Sérgio Motta, outras pessoas, como o Zé Gregori, a Maria Helena [Gregori], o Pedro Paulo Poppovic,* que assistiram a parte desse drama que se desenrolou a tarde toda.

Eles, os do PMDB, não me informaram muito, mas a certa altura me disseram que estava tudo perdido. Por quê? Porque estavam todos reunidos, governadores e

---

* Secretário de Educação à Distância do Ministério da Educação.

altas lideranças do PMDB, numa sala no Senado quando foi aprovada uma moção condicionando a eleição das mesas à reeleição ou vice-versa.

Aí eu disse que era inaceitável. Telefonei para todo mundo de volta. A Rose de Freitas* tinha me telefonado, eu disse que precisava falar com o Jader. O Jader não falou comigo, disse ele depois que não entendeu o recado. Falei com o Sarney, e disse que era inaceitável. Falei com Ronaldo Cunha Lima, falei com o Iris Rezende, enfim, com o Humberto Lucena. E fiz um apelo: "Olha, isso não vai dar certo, não posso aceitar!". Ao próprio Iris eu disse: "Não é possível, senador, assim vai atrapalhar até a sua eleição, porque me condiciona, e à bancada do PSDB, a essa afronta do PMDB. Busque uma solução".

Disseram-me que estavam buscando uma solução. Pedi ao Ronaldo que influísse junto ao Iris, falei com o Sarney outra vez. Depois fiquei sabendo que não houve tentativa efetiva nenhuma, e na tentativa final o Jader não quis assinar o documento que contornaria a dificuldade. Eu soube que antes de o Jader tomar essa decisão ele falara pelo telefone com o Sarney.

Estava claro, portanto, um quadro de traição. À noite reuni-me com o Luís Carlos Santos, o Temer, vários deputados, o [Wellington] Moreira Franco, o Aloysio [Nunes Ferreira], o Geddel [Vieira Lima], outros mais, todos exaltados. Eu disse que ia dar um jeito naquilo.

Fui dormir preocupado. Na segunda-feira de manhã, dia 13, levantei cedo, entre seis e sete horas. Eu mesmo redigi à mão um texto que era até um pouco mais duro, depois fui amenizando. Que o PMDB tomasse uma decisão: estava com o governo ou contra o governo? Se estava com o governo, que apoiasse. Se estava contra, que ficasse na oposição e perdesse os cargos que tinha. Não por causa da reeleição, eu disse, mas por causa da tentativa de me coagir a só votar [a emenda da reeleição] depois da votação da mesa.

É uma briga entre PFL e PMDB, eu sabia que ocorreria, mas estourou na minha cabeça.

Fiquei recebendo ministros até as três horas da tarde, quando fui para o Planalto. Lá reuni todo o estado-maior do PMDB, inclusive o Sarney. Talvez tenha sido um exagero chamar o Sarney, porque ele é presidente do Congresso, mas ele atuou como senador e como partidário do PMDB.

Devo dizer que no meio da tarde de domingo a Roseana Sarney me telefonou e disse: "Mandei para aí um homem da minha confiança, o João Alberto,** [eu creio], pede para ele entrar em contato com o Eduardo Jorge. Esse homem é minucioso, vai ajudar". Pois bem, esse homem votou, assinou a moção de postergação, claro que a mando do Sarney. Depois todo mundo é ingênuo, ninguém tem nada com isso.

* Ex-deputada federal (PSDB-ES).
** Secretário da Casa Civil do governo maranhense e deputado federal licenciado (PMDB).

Voltando à segunda-feira no Planalto. Reunido com todos eles do PMDB, li um texto, que não vou repetir aqui, porque existe nos arquivos, em que eu disse simplesmente tudo, com toda a franqueza. Foi um constrangimento geral.

Saíram furiosos, como se eu tivesse lhes passado um pito. Eu disse a eles: "Vocês cravaram um punhal nas minhas costas. Tirem o punhal. Faço questão de que voltem, mas revejam o comportamento do PMDB. Ou ele se comporta como governo, ou então está na oposição. E que votem [contra] na comissão especial [sobre a emenda da reeleição]".

Na mesma segunda-feira à noite — a comissão especial sobre a reeleição reunir-se-ia na terça-feira —, jantei com todos os governadores do PSDB,* todos muito exaltados, não exaltados verbalmente, mas irritados com a situação. Mais tarde os líderes e o presidente do partido** se juntaram a nós.

Ao mesmo tempo, recebi quatro deputados do PMDB, membros da comissão especial.*** São seis os membros, mas os outros dois já tinham estado comigo, o Odacir Klein e o Henrique Alves. Os quatro vieram para conversar comigo através do Paulo Renato e da Maria Elvira, que é deputada. A Maria Elvira começou a expor, eu vi que eles queriam postergar, eu disse: "Não vamos perder tempo, eu não aceito, tem que votar. Não é preciso votar amanhã, terça, pode ser na quarta-feira, mas comecem a ter comportamento de gente ligada ao governo, e deixem que a oposição faça oposição!".

Saíram comprometidos com essa atitude.

Terça-feira, ontem, recebi de manhã um bando de gente, deputados de vários partidos, não vou rememorar porque não é o caso, evidentemente a posição do PMDB teve uma repercussão enorme, a minha reação também. Estamos num momento de mar agitado, não sei o que vai acontecer, temos que parar para pensar.

Os deputados, depois de muita lenga-lenga, foram para o plenário e acabaram dando início à votação. Foi combinado que haveria uma votação pedindo adiamento para hoje e que os do PMDB votariam. Assim foi feito.

O mais importante no dia de hoje é que o PMDB entrou em ebulição. Fora que a Roseana disse: "Olha, senhor presidente, o senhor sabe, essa gente toda é assim mesmo. Meu pai está meio aborrecido, magoado, mas isso passa, ele não tinha que se meter nessa história". Ela está meio irritada por causa do secretário dela, que votou contra, não vou entrar em detalhes. A crise é do PMDB, uma briga imensa entre o Senado e a Câmara.

Recebi um recado da Rose de Freitas de que o Jader falaria comigo ontem à noite. Depois percebi que a Rose dissera ao Jader que eu é que queria falar com

---

* Marcelo Alencar (Rio de Janeiro), Eduardo Azeredo (Minas Gerais), Mário Covas (São Paulo), Albano Franco (Sergipe), Almir Gabriel (Pará) e Tasso Jereissati (Ceará).
** José Aníbal (PSDB-SP), líder do partido na Câmara; Sérgio Machado (PSDB-CE), líder no Senado; Teotônio Vilela Filho, senador por Alagoas e presidente nacional do partido.
*** João Natal (GO), José Aldemir (PB), Maria Elvira (MG) e Carlos Nelson (SP).

ele. Fez uma intrigazinha, acho que para ajudar. Eu não passei o recibo, Jader insistiu, retornou duas vezes, como se ele tivesse sido convidado por mim para vir aqui. Eu não queria ser grosseiro com ele e disse que eu tinha recebido da Rose o recado oposto. Mas estivemos até as duas desta madrugada conversando. Mais ou menos secretamente.

O Jader explicou, primeiro, que a ideia de postergação da emenda da reeleição saiu do Temer. Que o Temer fez esse pedido não muito tempo atrás, porque tinha medo de perder apoio na Câmara. E que foram os deputados que fizeram isso, não os senadores. Que os senadores embarcaram. Eu disse: "Ora, Jader, acontece que na votação eu vi todos votarem contra a reeleição [quer dizer: para eleger a mesa do Senado antes de votar a emenda da reeleição], até o Iris, na discussão comigo lá, no dia que tivemos o encontro no Congresso, disse claramente que ele mandou votar contra. Ora, não tem sentido, essa confusão total de atitudes. E eu falei com um por um de vocês, eu me sinto realmente traído. Você pode transmitir a todos eles que me sinto assim. Não há razão para eles estarem irritados. Irritado estou eu com o comportamento do PMDB". Para resumir, o Jader, no fundo, propôs que se zerasse o jogo. Que se entregasse a presidência do Senado a outro, do PFL, e, a da Câmara, a outro do PMDB.

Eu tinha ouvido algo semelhante de manhã, quando todo o PSDB veio hipotecar solidariedade à tese e a mim; ouvi essa mesma conversa do Teotônio Vilela [Filho]. Acho que se tivéssemos juízo é o que se faria. Existe um grande empecilho que se chama Antônio Carlos. Não sei o grau de generosidade que o Antônio Carlos tem para sentir que o momento é delicadíssimo, para ele e para tudo [que está em jogo], e que se continuarmos nesse caminho vou ter que afastar o PMDB, vamos tensionar a vida política nacional. Quanto à reeleição, pode-se fazer ou não plebiscito, ou fazer mais adiante, não tem tanta importância assim. Mas tumultua a vida política.

Vou chamar, hoje, o Marco Maciel para eu sondá-lo, e ter uma conversa em profundidade com o Jorge Bornhausen, para ver o que ele acha disso. Certamente ele já conversou com o Sarney; com o Iris, creio que não. Esses são os termos em que as coisas se põem.

O início de tudo isso se deveu à precipitação do Antônio Carlos em se lançar candidato. Quando temos um porta-voz tipo Sérgio Motta, que todo mundo pensa ser o meu porta-voz e que a toda hora toma posições atrevidas do ponto de vista do Senado — e ele tem que fazer isso, mas atropela —, é claro que se criam todas as desculpas para o PMDB se sentir inseguro. E talvez se sinta mesmo. Além de o PMDB ser um partido realmente hamletiano. Desde o tempo do Sarney, não sabe se está no governo ou na oposição e continua com o mesmo jogo. É o maior partido e não é partido. Esse o problema que estamos enfrentando.

De passagem, Newton Cardoso* faz pequenas manobras, ele quer também apoios para ter influência na decisão do Ministério dos Transportes. No fundo é

---

* Prefeito de Contagem (MG) pelo PMDB e ex-governador do estado.

isso que ele deseja. Nunca disse a mim, é óbvio, mas diz indiretamente. E há outros fenômenos menores da mesma natureza. Eu, francamente, se fosse possível, partia para o plebiscito, mesmo que seja daqui a três meses, preferiria imensamente, embora o plebiscito abra as forças de oposição. Mas acho que quem está na chuva é para se molhar.

Quero acrescentar que saiu um artigo bastante desagradável, assinado pelo Ricardo Amaral,* com uma referência pouco elogiosa minha, grosseira mesmo, ao Marco Maciel, em que eu me dizia insubstituível. Fiz um mergulho na memória, que podia ter sido isso? Foi basicamente o nosso Zé Gregori. Ele esteve almoçando aqui no domingo, como já registrei, e deve ter extrapolado, com base nas conversas que tivemos. Não sei, não quero cometer uma injustiça com o Zé Gregori, mas, mais de uma vez eu disse, não foi só para ele, é verdade, que o problema de algum apoio à reeleição é eu ser a pessoa que hoje une os partidos, e isso deve ter sido entendido com má-fé. Ou talvez nem com má-fé, mas com essa perversidade normal dos jornalistas, como se eu fosse insubstituível. Manchete desagradável.

RETOMANDO HOJE, QUINTA-FEIRA, 16 de janeiro. Fui ver a data na *Folha* e dou com isto: "Governo cede ao PMDB" e "FH pede desculpa a Sarney", duas inverdades.

Na realidade, ontem tudo prosseguiu normalmente, houve a votação na comissão especial,** ganhamos por 19 a 11 porque o PMDB votou a favor. Depois tive umas solenidades e o Antônio Ermírio de Moraes manifestou-se favoravelmente a que eu permaneça até 2002 no governo, o Raimundo Brito fez um discurso bom, dando conta do que estamos fazendo no setor elétrico, que é muita coisa, o Brasil retomou o ritmo de crescimento mesmo.

E o que é mais incrível, essas costuras infinitas sobre o que fazer com o PMDB continuaram o dia inteiro. Quantos votos tem, não tem, esse lero-lero cansativo. Por trás disso está a crise real. É que o PMDB percebeu que com a reeleição, eles não tendo a Câmara e o Senado, não vão ter é nada. Por quê? Não é porque eu queira, é porque eles já não são nada. Não é um partido, não conseguem se entender, não há com quem negociar, a Câmara quer uma coisa, o Senado quer outra, por aí vai. E, fundamentalmente, eles estão percebendo que saíram da História e não conseguiram se reciclar. O PFL, bem ou mal, se reciclou, grudado no PSDB e em mim, na verdade, e nas forças que me sustentam, forças de renovação.

O PMDB não conseguiu sair daquela dúvida metafísica que o persegue há tanto tempo, hamletiana: ser ou não ser? Governo ou oposição? Entretanto, não é só isso, não. É aceitar ou não a modernização do Brasil. É aceitar o novo jogo da globalização, colocar o Brasil à altura dela e melhorar a condição de vida do povo, ou ficar

---

* Repórter e colunista de *O Estado de S. Paulo*.
** A Comissão Especial da Câmara sobre a PEC da reeleição era composta de trinta membros.

choramingando que precisamos de uma economia mais autárquica, um Estado mais forte, sem saber bem o que é isso. No fundo, é um estado burocrático, meio corrupto, que faz concessões populistas e tem empresas esta5tais pouco eficientes. Esse é o drama do PMDB. Hoje ele é uma confederação, e cada parlamentar fica pensando nos seus interesses particulares. O chefe de tudo, simbolicamente pelo menos, foi o Sarney e continua sendo o Sarney. O que é, realmente, patético. O PMDB que se jogou contra o Sarney, que viveu seu primeiro drama hamletiano para saber se era ou não apoiador do governo Sarney, agora tem no Sarney sua referência maior para poder continuar no mesmo drama hamletiano! É extraordinário!

Mas com o processo que desencadeamos com a estabilização e com modificações que ocorreram antes na sociedade, a questão, no fundo, é esta: não há mais lugar para esse tipo de político. E aí não há o que os salve. Eles imaginam, então, estratégias de curto alcance. Pouco importa quem vai ser presidente da Câmara ou do Senado, isso não altera nada no Brasil. Não obstante, ficam agarrados a isso. Há, portanto, uma questão política. Não adianta contar votos na Câmara, o problema é que enquanto eles não encontrarem um caminho de saída político, eles não vão avançar.

Agora estou esperando o Luís Eduardo e o Sérgio Motta. O Luís Eduardo está muito nervoso porque percebeu manobras — que não são manobras —, expressões, vozes de todo mundo e de vários setores, no sentido de que é preciso um gesto de renúncia dos dois candidatos à Câmara e ao Senado para que esse impasse possa acabar.

Por outro lado, também existe a questão sobre a qual falei ontem com o Marco Maciel e com o Jorge Bornhausen. Ambos acham a mesma coisa, quer dizer, que seria preciso que o Antônio Carlos fizesse um gesto. Os dois sabem que o Antônio Carlos não fará esse gesto, e os dois têm receio de falar com o Luís Eduardo. Essa é a questão.

18 A 26 DE JANEIRO DE 1997

*Tensão no Congresso.
Viagem a Pernambuco*

Hoje é sábado, 18 de janeiro, mais ou menos meio-dia. Na quinta-feira eu disse que iria receber o Luís Eduardo e o Sérgio Motta, coisa que ocorreu. O Luís Eduardo disse que eu não tinha que ter recebido o Jader. Ponderei que preciso receber todos os líderes políticos. O Jader é o líder do PMDB, continua líder do PMDB. Aí desanuviei, contei como foi a conversa com o Jader, eles estavam preocupados que ele tivesse proposto a substituição do Antônio Carlos e do Temer, mas ele não propôs. Jader fez uma análise, levantou várias hipóteses, entre as quais essa e eventualmente pensou em alguém do PFL para falar sobre a questão. Jader sabe tão bem quanto eu das dificuldades desse caminho. E a própria reação do Luís Eduardo mostra que esse era um caminho inviável.

Eu soube depois que na véspera, portanto na quarta-feira à noite, no Piantella,* o Luís Eduardo, o Moreira Franco e outros mais do PMDB tiveram uma reação muito nervosa porque o Jader teria estado aqui. Enfim, um grande bulício inútil, que saiu no *Bom Dia Brasil*, com o [Ricardo] Boechat, que parece que é amigo do Moreira. Uma grande crise aberta agora com aliados fiéis e leais. Essa história de fazer política na base do botequim e do diz que diz é o que predomina em Brasília.

Mas, com calma, eu repus as coisas no lugar. Combinamos então que haveria uma reunião à tarde com o PFL, às duas e meia, articulada pelo Sergio Motta, para reavaliar a posição dos partidos na emenda da reeleição.

Fui para o Planalto, recebi lá alguns deputados, a maior parte deles para reafirmar o voto, vários deles, inclusive uns do PPB, ligados ao Álvaro Dias,** reavaliando a questão.

Voltei para cá, almocei com o Serra e com o Jobim, para dissuadir o Serra da ideia do plebiscito, ele já ia fazer um discurso a favor sem ter pensado com mais calma na questão. Nós estávamos vendo com mais detalhes as complicações do plebiscito. Isso leva um ano de discussão no Congresso e no país todo, paralisando a nação. A esse preço eu acho que não vale a reeleição, porque vai paralisar o essencial, que são as transformações que estamos operando no Brasil.

Serra entendeu, mas já deu uma declaração no jornal dizendo que o governo cometerá suicídio indo para a votação. Ele não tem ideia de qual é a real situação de forças, porque está afastado, mas falou para a imprensa.

---

* Restaurante em Brasília muito frequentado por políticos.
** Ex-governador do Paraná.

Em seguida, chegou Sérgio Motta com dados alvissareiros da reunião de avaliação da quinta-feira. Por mais rigorosos que eles tenham sido, a ideia é que mesmo considerando apenas 41 votos dos 100 do PMDB, dá para ganhar. E, segundo eles, esses 41 votos nós teríamos em quaisquer circunstâncias. Coisa que eu ponho em dúvida, e insisti na tese de que é preciso negociar com o PMDB.

Aí fui para a biblioteca me reunir com os líderes do PFL: o Bornhausen, o Marco Maciel, o Zé Jorge,* que é o presidente em exercício, mais o Inocêncio de Oliveira** e o Luís Eduardo. Depois chamamos o Sérgio Motta. Dir-se-ia à imprensa que as forças que apoiam o governo decidiram manter o cronograma, com a ideia de começar uma discussão na próxima semana, nessa que se iniciará depois de amanhã, e que se votará efetivamente lá pelo dia 29 de janeiro.

Grandes confusões, porque ao sair daqui o Inocêncio divulgou isso e o Zé Aníbal não tinha sido informado, embora tenhamos dito que era necessário reunir os líderes e informar a todos. Mas, claro, o Inocêncio anunciou ao país decisão e data, pelo menos foi o que saiu no jornal, não sei se ele divulgou mesmo a data. Na verdade, antecipou o que iríamos dizer: estamos prontos para votar, temos maioria e vamos levar adiante a votação, mas sem definir a data. Entretanto, os parlamentares que passam a informação para a mídia e esta ao público sempre ficam marcando pontos fixos dos quais resulta em seguida um recuo, e o recuo será sempre atribuído a mim, como de fato já deve ter sido escrito. Não tenho lido com atenção a imprensa, mas devem ter dito que o presidente recuou, aquela coisa de sempre.

A partir daí fomos para o Palácio, recebi o [Francisco] Weffort*** na quinta-feira, e houve infinitas avaliações, reavaliações, discussões sobre a situação, sem que isso tenha mudado em nada o curso das coisas. O curso é este. Estamos, portanto, abrindo uma temporada de tentativa de discussão com o PMDB.

Ontem, sexta-feira, só saí do Alvorada quase às quatro horas da tarde. Recebi aqui os ministros para despacho, o Kandir, recebi o ministro [Fernando] Catão,**** que é cunhado do senador Ronaldo [Cunha Lima]. Catão disse que a Paraíba já estava contornada, o governador [José] Maranhão***** se mostrou muito firme nessa tentativa de contorno. Maranhão pediu que eu falasse com o Ronaldo. Telefonei para o senador Ronaldo, que já se pôs em campo. O Ronaldo não tem nada a ganhar nem a perder nessa história, ele vai por impulso. Se o Catão, como eu pedi que fizesse nesse fim de semana, trabalhar bem na próxima semana, o Ronaldo já será uma voz de entendimento, espero.

* Deputado federal (PFL-PE).
** Deputado federal (PFL-PE), líder do partido na Câmara.
*** Ministro da Cultura.
**** Secretário de Políticas Regionais, com status de ministro.
***** PMDB.

Conversei longamente com o deputado João Almeida,* que é desafeto do Luís Eduardo e do grupo dos Magalhães. Mas antes informei o Luís Eduardo que o receberia. Dessa conversa não resultou nada, o João Almeida insistiu comigo em que a votação ficasse para depois de 15 de fevereiro e eu insisti com ele que não tinha sentido. Contei com detalhes a traição, da qual ele também foi partícipe, talvez sem a mesma gravidade porque não falou comigo e não sabia em detalhe dos acordos havidos. Atribuem ao João Almeida ligações com o Newton Cardoso. Não sei se são verdadeiras. Atribuem-lhe também ligações com o grupo Odebrecht. Provavelmente estas são mais verdadeiras. O João Almeida não é bobo; insistiu na tese da reforma política, tese que é muito boa e com a qual concordo, mas para que ela possa acontecer eu preciso ter mais força.

Almocei no Alvorada com algumas pessoas do Comunidade Solidária e à tarde, depois dos despachos de rotina, recebi o Antônio Carlos Magalhães. Veio, me parece, como vencedor no Senado, embora preocupado. Não quer que o PSDB apoie abertamente a sua candidatura. Por quê, eu não sei. Para criar complicação! O PSDB vai votar maciçamente nele, ao que me parece depois de todos os erros cometidos pelo Iris. Estava presente o Sérgio Motta, que na verdade foi o autor intelectual dessa tese de o PSDB dizer que no Senado é PFL e na Câmara é PMDB. Tese que ele levantou sem ter conversado mais em profundidade com ninguém, somente com os da Câmara, sem saber do clima no Senado.

Mas, de qualquer forma, são favas contadas que haverá disputa entre o Antônio Carlos e o Iris. E até acho que a situação recente do Iris, de muito nervosismo, decorre de ele no íntimo reconhecer que perdeu para o Antônio Carlos.

No encontro com o Antônio Carlos houve apenas uma análise da situação, nada além disso.

Depois, recebi o Michel Temer, que ficou longamente; estava o Sérgio Motta também. Michel estava preocupado que eu tivesse acreditado na versão do Jader de que teria sido ele o autor da moção de desconfiança no governo. Eu disse: "Não, eu entendo que em outro momento você eventualmente até pode ter proposto, mas tomo essas coisas todas *cum grano salis*". Michel é discreto, tímido, não é uma pessoa de audácia, mas se comporta dentro dos padrões normais de correção do Congresso, e nas circunstâncias é o melhor. Tem sido um defensor forte das teses de reforma e tido um comportamento correto. Na verdade eu apoio [a candidatura à presidência da Câmara do] Michel Temer. Nas circunstâncias, é o melhor candidato.

Nesse meio-tempo, incidente entre Sérgio Motta e Luís Carlos Santos, porque este — alguém publicou numa coluna de fofoca — disse que o Sérgio teria dito isso e aquilo dele. E deve ter dito mesmo. Eu lembrei o Sérgio: "Você fala mal de todo mundo; todo mundo também fala mal, é verdade, mas quando querem te pegar te

* PMDB-BA.

pegam pela palavra". O Sérgio já telefonou para os jornais para desmentir, enfim, tragédias que não são tragédias, são baboseiras brasilienses.

Retomando o fio da meada, depois recebi o Pimenta da Veiga e o Aecinho [Aécio Neves].* A mesma conversa. Aécio provavelmente quer ser candidato a líder do PSDB e fala em nome da bancada mineira; diz que os dois candidatos que se lançaram, o Roberto Brant e o [Carlos] Mosconi, não teriam tido apoio na bancada. Não chegou a dizer que é candidato, mas se veio com o Pimenta é sinal de que é, claro. Eu disse que devíamos discutir isso depois de resolvidas as questões, que vou falar com o Zé Aníbal para jogar a discussão da liderança de bancada para depois das eleições [das mesas], pois é muito problema junto, não dá para resolver tudo.

Em resumo, a confusão continua, e o que é pior: tenho que entrar nela, porque o PMDB me pôs nela, da maneira como foi feita a Convenção. Sarney vestiu a carapuça de que havia [levado] um pito, que o pito teria sido nele, um pouco de malandragem dos seus colegas de partido. Eu não passei um pito propriamente. Se lerem com atenção o que eu disse, vão ver que apenas me queixei do PMDB, de ter sido enganado, e perguntei: querem ou não continuar no governo?

Sarney escreveu um artigo me provocando, dizendo que vontade de príncipe não leva a nada, com vontade de império não se constrói, e que os presidentes que foram assim quebraram a cara, como Collor, Floriano e por aí foi. Não respondi, mandei apenas o porta-voz** dizer que tenho um passado de luta contra o regime autoritário, quando, aí sim, havia vontade de império. Sem eu ter dito, está entredito que ele na época defendeu o regime autoritário. Agora são todos muito democratas!

Sarney é hábil. De todos os políticos que conheço é o mais hábil. Ele é gentil, inteligente, bom conversador, esconde o jogo, nem sempre cumpre. Tenho informações de que telefonou para o Zé Aparecido [José Aparecido de Oliveira], eufórico com o resultado da Convenção. Ele deixou na mão a própria Roseana, forçando um secretário de Estado dela a votar contra, quando ele veio para votar a favor. Agora ele se queixa de que estamos criando uma briga até na família dele. Não! Ele criou a crise ao não ser leal, a expressão é essa, e quando eu disse que nenhum dos convencionais foi formado na escola da deslealdade, ele achou que era com ele. Cada um que sentisse o que quisesse, eu não devo desculpas a José Sarney.

Na verdade, são poucos [os que estão fora disso]. O PT está aí, tem um pouco de lama e não tem tantos princípios assim. Agora está se opondo à reeleição de qualquer maneira. Antes era favorável, agora não sabe se quer o plebiscito, uma confusão grande. O Miro Teixeira ajudou a aumentar a confusão porque é favorável à reeleição com o referendum, [Franco] Montoro também, enfim... Está um carnaval.

---

* Deputados federais (PSDB-MG).
** Embaixador Sérgio Amaral.

O fato é que não posso deixar isso correr solto. Tive que me meter porque preciso encerrar essa história de qualquer maneira, senão o Brasil fica paralisado numa discussão que no fundo é simplesmente a busca do poder. Eles querem saber se aumentam ou não o poder. O PMDB está em crise, tem medo de, uma vez passada a reeleição, perder completamente suas chances de poder. Por isso Sarney está metido nisso. Tem o lado pessoal, ele sempre pode sonhar em voltar a ser presidente, mas também tem o lado de poder. Qual vai ser o poder, se o Antônio Carlos for presidente do Senado e o Temer da Câmara? O Antônio Carlos aderiu às teses da renovação, eles não; fica difícil para os que não aderiram continuar grudados no poder. Não é uma questão de carguinho para cá, carguinho para lá; isso é fácil de resolver. É mais do que isso, é realmente uma expectativa de poder, uma luta de poder.

Eu talvez nem tenha percebido na hora, mas o Sarney está representando o antigo poder. Curioso, porque ele não é necessariamente isso, em outra época não foi tão "velho poder" assim, mas agora é! E o Antônio Carlos deu a cambalhota, é verdade que o Luís Eduardo ajudou muito, para representar uma parcela do novo poder. Precisaria haver mais estudos e mais paciência dos analistas para verem mais a fundo o que está acontecendo no Brasil. A crise da democracia representativa, como eu já disse, vem junto com a modernização acelerada que está havendo no país, e isso está criando uma confusão muito grande. Se fizéssemos plebiscito [sobre a reeleição], então restaria claro que o Congresso ficou à margem.

HOJE É DOMINGO, DIA 19 DE JANEIRO, são quase seis horas da tarde. Ontem o Sérgio Motta veio no fim do dia, muito aflito, porque o Clésio [Andrade], que é o presidente da Confederação Nacional do Transporte (nos jornais dizem que ele seria candidato a ministro dos Transportes, e de fato o Newton Cardoso gostaria que ele fosse, embora o Clésio não seja ligado somente ao Newton e também nem tão ligado ao Newton assim), disse que estava assustado com o valor do que se supõe sejam as manobras do pessoal do Maluf. Ele acha que não só do Maluf. Não sei quem mais estaria envolvido em dar dinheiro para deputados numa situação difícil. Clésio, habituado a esses assuntos, ficou assustado. Eu disse ao Sérgio que não podemos ir por esse caminho porque vamos perder. Ele concorda. Notei o Sérgio assustado. Ele acha que a lama, como ele chama, entrou muito profundamente e que nós podemos perder. Eu disse: "Bom, vamos tentar o caminho da negociação em vez de ir para a lama de corromper gente, que isso não dá".

Fomos jantar na casa do Luiz Felipe [Lampreia], onde estava também o Bornhausen. Uma coisa simples, agradável, um vinho excelente que eu levei, um Château Margaux 1970. Ruth não gostou da conversa, que achou muito provinciana. Hoje passei o dia todo arrumando, parece incrível, a adega, classificando vinhos para me distrair um pouco. Ao mesmo tempo li o discurso que tenho que fazer em Bolonha, onde vou receber um doutorado honoris causa, sobre aspectos da democracia, e também vi as palavras a serem ditas em Londres.*

Agora, no fim do dia, estou esperando o Rubem Belfort Mattos, meu médico oculista, que virá com a família jantar aqui. Acabou de me telefonar o Michel Temer dizendo que o Newton Cardoso ligou para ele aflito porque o Sérgio não retorna; ele quer voltar a ajudar. E a Maria Elvira anda atrás de mim também. Sinais alvissareiros.

Também tive notícias do Jader hoje, ele telefonou; enfim o PMDB está se movendo. Falei ainda com o Sandro Mabel** e ontem com o Nabor [Júnior].*** Cada um a seu modo, a gente percebe que começa a haver uma movimentação. Michel Temer já está animado, achando que não é bom votar na quarta-feira e deixar o segundo turno para depois da nova mesa. Quem sabe, vamos ver.

Diga-se de passagem também que as revistas vieram venenosas sobre o Antônio Carlos, alegando que eu teria dito que ele bateu no Luís quando era deputado. Essa história correu por aqui. Não fui eu quem disse, não tenho a menor noção de nada disso, nem se é verdade. Telefonei para o Antônio Carlos, que é objetivo. Eu disse que era intriga. Ele percebeu e, mesmo que não percebesse, para ele é mais conveniente não brigar neste momento, então se plantou. Acho que ele está fazendo uma campanha bem mais competente que a do Iris. Ele é inteligente.

HOJE É TERÇA-FEIRA, 21 DE JANEIRO. São onze horas da noite. Comecemos por ontem. A segunda-feira, dia da semana normalmente calmo em Brasília, foi também relativamente calma no Palácio do Planalto. A tal ponto que vim jantar no Alvorada, claro que às nove da noite, com o Portella [José Luiz Portella Pereira]**** e o Vilmar [Faria].*****

Durante o dia, recebi alguns deputados. Mais significativo foi o encontro com Edgardo Boeninger, ex-reitor da Universidade do Chile e diretor da Faculdade de Economia do Chile quando eu lecionava lá. Hoje é presidente do Conselho de Cooperação Econômica do Pacífico. Veio me convidar para uma reunião, no Chile, dos países da Asean.******

Houve ainda a gravação do programa, que eu normalmente tenho que fazer na segunda-feira.

* Referência à viagem presidencial à Inglaterra e à Itália, agendada para 8-13 de fevereiro.
** Deputado federal (PMDB-GO).
*** Senador (PMDB-AC).
**** Secretário executivo do Ministério dos Transportes.
***** Assessor especial da Presidência para a área social.
****** Sigla em inglês de Associação de Nações do Sudeste Asiático.

Reunião de manhã, da Comunicação Social, no Palácio da Alvorada, resultados de pesquisa todos excepcionalmente positivos, e a fofocagem normal das segundas-feiras, faz, não faz, o que vai acontecer com reeleição, sem reeleição. No domingo eu havia telefonado para algumas pessoas, os jornais dizem que passei o domingo fazendo telefonemas, quando na verdade passei o domingo arrumando e classificando os vinhos na adega e vendo a conferência que vou fazer em Bolonha. Li ainda um pouco o *De senectute*, do [Norberto] Bobbio, que tem coisas bem interessantes. E também agora, na segunda-feira, o embaixador Gelson Fonseca* me deu um livro do [Romano] Prodi,** que é o primeiro-ministro da Itália, muito interessante, porque o programa de governo dele é o que no Brasil seria chamado de neoliberal, e ele veio da esquerda mais pura.

Nada mais de especial, não fosse o almoço que tive ontem, segunda-feira, com a Roseana Sarney, que me telefonou. Ela estava aqui em Brasília, então vieram ela e o Jorginho Murad [Jorge Murad]*** almoçar comigo. Para dizer o quê? Que ela sabe que o pai foi envolvido etc. Acha que vai acalmá-lo e continua firme com a reeleição. Propôs, quem sabe, o lançamento de um terceiro candidato ao Senado, mas de outro partido ou do próprio PMDB. Alguém que se lançasse. Depois me telefonou sugerindo que Roberto Freire se lançasse, que eu falasse com o [Raul] Jungmann sobre isso. Enfim, ideias para ver se o clima muda um pouco no Senado, se ele sai da bipolaridade. Ela aparentemente está me ajudando.

Hoje me telefonou de novo e pediu que eu me encontre com Sarney na casa dela na próxima sexta-feira. Vamos ver. Em princípio vou, porque seria um encontro discreto. Estará nos jornais, certamente, mas vamos ver como isso evolui, porque queremos votar na próxima semana.

Hoje, terça-feira, recebi muitos deputados. Só para dar alguns exemplos: o [Hugo] Biehl, de Santa Catarina, que é do PPB, o senador Ronaldo Cunha Lima, que veio repetir um pouco todas as histórias e que se disse mais disposto a ajudar, e o senador Esperidião Amin, que veio dizer que é de pouca valia agora, mas que em todo caso continua com a ideia do referendum. O Neudo Campos, governador de Roraima,**** veio com cinco deputados e um senador, quatro do PPB que antes estavam comigo, tinham passado para o Maluf de novo e voltaram para nós, dizem eles. Também veio o deputado Benedito de Lira, de Alagoas,***** e o deputado Jaime Martins, do PFL de Minas Gerais.

Telefonei para meio mundo, despachei com o ministro da Justiça, o Jobim, juntamente com o general [Alberto] Cardoso, sobre os sem-terra, que se movimentam

---

* Assessor diplomático da Presidência.
** *Il capitalismo ben temperato*. Bolonha: Il Mulino, 1995.
*** Empresário, marido de Roseana Sarney.
**** PPB.
***** PFL.

muito, agitados, já se esqueceram até da terra, agora estão contra a reeleição e o neoliberalismo, ocupando terras produtivas, está todo mundo preocupado com isso, porque eles estão se excedendo, e muito. Vamos tentar mais uma vez desarmar o Pará e quem sabe o Pontal do Paranapanema. Recebi uma porção de outras pessoas, o ministro Jungmann, também de manhã, para ver como anda a reforma agrária. Enfim, muitos despachos administrativos, e muita gente, cheguei aqui em casa quase às dez da noite.

Jantei com a Ruth e agora estou fazendo esse resumo dos acontecimentos.

De objetivo na conversa com os deputados, com o Sérgio e com o Luís Eduardo, na reunião de avaliação que fizeram, as coisas melhoraram, eles estão dispostos a votar provavelmente no dia 28. Na verdade começa em 28 e vai para 29, porque o Luís Eduardo está temeroso de começar a votar esta semana. Ele acha que a oposição pode dar um golpe e receia que não tenhamos número para enfrentar a parada no momento em que a oposição desejar. As coisas, em termos numéricos, parece que estão melhorando. E no PMDB — conversei hoje com o deputado [José] Priante,* que é parente do Jader Barbalho — me parece que eles estão buscando um caminho. Tenho sido inflexível, mas com jeito, mostrando que preciso do PMDB.

Recados para lá, recados para cá, Pedro Piva** fala, falou com o senador Iris, o senador Iris mandou recado, quer a minha neutralidade, ele já tem. Na verdade eles não querem bem a minha neutralidade, querem que eu vá mais além da neutralidade. O senador Iris me parece que está mais perdido do que o senador Antônio Carlos, mas não posso garantir.

Hoje o Temer se lançou candidato. Ele falou pelo telefone comigo, pediu que eu telefonasse para o Newton Cardoso, que estava muito contrariado porque ninguém falava com ele. Agora à noite está havendo uma reunião na casa do Newton com algumas pessoas que estão contra, para ver se mudam. Sei lá se mudam, ou mesmo se vão fazer algum manifesto contra. Tão difícil tudo isso! Tudo tão lábil. E a população na torcida, daqui a pouco vai cansar, como eu também. Daqui a pouco canso desse vai não vai.

Insisti muito para que houvesse um arranque na questão da Previdência. Soube pelo Élcio Álvares,*** por telefone, que mais uma vez mudaram de ideia, que agora é o Beni Veras**** quem vai ser o relator, não mais o Vilson Kleinubing.***** O Beni Veras é bom. Tomara que seja ele, que resolvam logo para o Beni Veras poder fazer alguma coisa.

* PMDB-PA.
** Suplente de senador (PSDB-SP), substituiu José Serra durante sua permanência no Ministério do Planejamento.
*** Senador (PMDB-ES), líder do governo no Senado.
**** Senador (PSDB-CE).
***** Senador (PFL-SC).

Pedi que entrasse em votação a questão do Sérgio Machado* sobre a reforma institucional,** enfim, tentando sair desse cerco, psicológico quase, de falar somente de reeleição.

Conversei com o Vilmar Faria ontem porque o Wanderley Guilherme [dos Santos] fez um artigo realmente extraordinário, dizendo que votaria em mim, mas que eu só tenho tendência ao imperial, não sei o quê, soberbo, que isso é um perigo, com essa coisa de plebiscito, é contra as instituições. O Fábio Wanderley também... Ou seja, os cientistas políticos estão fora da jogada, como sempre. Em todo caso, pedi ao Vilmar que os chamasse aqui para almoçar um sábado, e também para eu arejar um pouco e ver outros ângulos de pensamento, ver como esse processo todo está sendo analisado.

Fora isso, por mais que tudo pareça trepidante, é um pouco a rotina.

HOJE É 22 DE JANEIRO, quarta-feira. Um dia bastante agitado, não só porque recebi muita gente, vários deputados, mas porque almocei com Jimmy Carter*** aqui no Alvorada — aliás boa impressão dele e da Rosalynn [Carter].**** Falei mais com o Jimmy Carter, uma pessoa lúcida e com ideias generosas, que está lutando por causas, sobretudo a dos direitos humanos. Gostei muito da conversa, ela foi longa. Ele veio com Bob Pastor, que foi quem me arranjou um visto para eu poder ir aos Estados Unidos. Ele era assessor para Assuntos de Segurança da administração Carter, eu estava em Princeton e eles preparavam a viagem do Carter ao Brasil. Enfim, muitas razões para eu ter gostado da reunião com o Carter aqui.

Recebi o ministro da Saúde, Carlos César Albuquerque, para discutirmos assuntos administrativos, e não menos de dez deputados, senadores, e ainda agora, no fim da noite, me encontrei no Alvorada com os senadores Carlos Bezerra***** e [José Roberto] Arruda.****** Sempre a história da reeleição. A coisa está começando a feder.

Os deputados de Roraima que estiveram comigo ontem hoje recuaram. Por quê? Aparentemente por causa da obra de uma linha de energia elétrica que vem da Venezuela, que eles querem que seja construída pela empresa local.******* E é difícil, porque a Eletrobrás, através da Eletronorte, é quem tem que fazer o investimento. O que está por trás disso devem ser contratos. Eles não dizem, mas há suspeitas e é óbvio; essas idas e vindas são muito claras, de apoio para cá, apoio para lá.

---

* Senador (PSDB-CE), líder do partido na Casa.
** Machado era relator da comissão especial sobre a reforma político-partidária.
*** Ex-presidente democrata dos EUA (1977-81).
**** Mulher de Jimmy Carter.
***** PMDB-MT.
****** PSDB-DF, líder do governo no Congresso.
******* Companhia Energética de Roraima (CERR).

Com o Acre a mesma coisa: deputados mudando de posição repentinamente. Informações mais consistentes: por exemplo, o Heráclito Fortes* esteve comigo, a pedido do Luís Eduardo, para contar que o deputado Pedro Canedo, de Goiás,** de quem sempre tive boa impressão, foi abordado por um deputado de Pernambuco, um tal de Severino Cavalcanti,*** eu creio, que é um agente do Maluf e disse ao Pedro Canedo: "Você tem uma dívida pequena e o governo não resolve a sua questão financeira. Isso é uma coisa vergonhosa". Já não é o primeiro caso.

O Eduardo Jorge me contou também que outro deputado, chamado não sei o que Baiano, do Espírito Santo,**** foi muito claro em dizer a ele que tinha problemas financeiros. O Eduardo respondeu que não queria nem ouvir esse tipo de conversa. Exemplos que já estão mostrando as garras de muitos deputados e a disposição do Maluf de comprá-los. E o pior é que a imprensa, como sempre, tem o olho voltado para o governo e não para a oposição, mesmo quando essa oposição é o Maluf.

Complicadores adicionais além dessa porcariada da Câmara: o PT apoiou o candidato do PPB à presidência da Câmara, que é o Prisco Viana,***** conhecido homem do governo militar. Não sei como é que o PT vai justificar a sua pureza nisso tudo.

Mais ainda: dificuldades dentro do PMDB. Eles não acreditam na eleição do Temer, e deputados exaltados acham que o PSDB será responsável se o Temer não se eleger. Enfim, grandes confusões. O Arruda me disse que o Iris Rezende confirmou a ele que foi ele, Iris, quem fez toda a confusão na Convenção, que ele, Iris, foi ao [Orestes] Quércia quando viu que estava perdido no Senado e estaria morto. Hoje ele está vivo graças à manobra que fez. É verdade, o PMDB realmente entupiu os canais e me obrigou a uma negociação — ou quer obrigar a uma negociação meio escusa [apoiá-los nas eleições das mesas].

Estive com o Montoro longamente. E também com o Bornhausen e o Marco Maciel. O Bornhausen, que tinha se encontrado com o Sarney, me disse que na conversa com ele surgiu a possibilidade de retomar a discussão sobre o referendum, e que ele foi muito firme com o Sarney, dizendo que íamos votar de qualquer forma na terça-feira, que o governo em certos momentos vai para ganhar ou perder, mas no fim não perde, e que o PMDB perderia tudo, porque ganha Antônio Carlos, perde o Iris e, na Câmara, sabe Deus como fica o Michel. Parece que o Sarney se sensibilizou com outro argumento do Bornhausen, que foi o seguinte: "Se o governo perder nessa legislatura que acaba agora no dia 15 de fevereiro, ele pode reapresentar na próxima, por isso é melhor votar já nesse final de legislatura". O Sarney, que é obje-

* Deputado federal (PFL-PI).
** PPB.
*** PFL-PE.
**** Nilton Baiano (PMDB).
***** PPB-BA.

tivo, achou o argumento poderoso e disse que vai dar uma resposta amanhã sobre se aceita a questão do referendum.

Eu estou, como já registrei aqui, crescentemente favorável a uma consulta popular, porque dá nojo esse tipo de toma lá dá cá que se estabelece no Congresso nos momentos de decisões de importância nacional. Montoro participa da minha opinião, e até o Luís Eduardo, que estava conversando com o Miro Teixeira, o qual também está nessa linha.

Agora à noite, o Sérgio Motta me telefonou irritadíssimo, porque o Luís Eduardo estava conversando com o Miro Teixeira. O Sérgio está enganado; o Luís Eduardo tem razão, nós temos que ter cartas na manga. O Sérgio reagiu assim porque recentemente, num momento em que falava com o Luís Eduardo, ele esteve com deputados do núcleo rebelde do PMDB, rebelde no sentido de que querem votar na próxima semana, e, portanto, são os mais próximos do Temer.

É um quadro de grande confusão. Estou com vontade de, na segunda-feira, fazer um pronunciamento à Nação, indicando que o quadro é esse, que me desinteresso de qualquer coisa que não seja a voz das ruas, que desejo que o Congresso vote e que, se passar, seria melhor haver confirmação pelo referendum. Com isso quem sabe eu junte mais deputados, sem esse toma lá dá cá inaceitável. Não dá para engolir nem creio que o governo possa se sair bem num clima dessa natureza.

HOJE É QUINTA-FEIRA 23 DE JANEIRO. Os dias agora transcorrem um igual ao outro. Desfilar de deputados. Não me pedem nada, provavelmente já pediram em outras instâncias. Vêm, trocamos opiniões, se manifestam sempre favoráveis, e sabe Deus o que acontece depois.

Fora isso, uma solenidade sobre a questão do desenvolvimento tecnológico.* A Petrobras vai perfurar águas profundas para, no ano 2000, chegar a 2 mil metros. Já vai atingir mais de mil metros agora e daqui a pouco vai alcançar 1700 metros graças a acordos entre as universidades e as empresas.

De importante, apenas a visita, agora à noite, do Jader, que veio me trazer uma informação sobre a proposta de alguns senadores para resolver a crise. Eu já tinha sabido disso na hora do almoço, pelo Bornhausen e pelo Marco Maciel. O Bornhausen esteve com o Sarney ontem e depois os dois se reuniram à noite com alguns senadores. Era introduzir na questão da reeleição o tema da fidelidade partidária, o tema da desincompatibilização, depois fazer um referendum e ainda por cima votar no dia 5 [de fevereiro], ou seja, depois da eleição das mesas, da Câmara e do Senado. É uma espécie de cilada. Por que votar depois das mesas com todo mundo ouriçado? O Jader, que é hábil, me expôs tudo isso dizendo que a grande vanta-

---

* Cerimônia de lançamento do projeto do Centro de Excelência em Produção de Petróleo em Águas Profundas da Petrobras.

gem é que haveria uma votação unânime, consagradora, e que a partir daí tudo seriam flores.

Sim, respondi, mas e o PFL? E o PSDB? Nesse caso passariam eles a criar dificuldades. Além disso, quem vai ser o presidente da Câmara? Nós queremos o Temer, mas não há certeza de vitória. E se for eleito o Prisco Viana? Como se faz, se ele é inimigo de tudo isso? Por que ele vai cumprir um calendário do qual não é partícipe? Enfim, uma série de problemas, além da questão de base da desconfiança, que continua: querem a votação somente depois da decisão das mesas.

Diz o Jader: "Bom, qualquer que seja o resultado, nós aceitamos. Já sabemos quem está na defesa do governo". Se já sabem, por que não fazer antes? Entrei numa discussão calma com ele. Também apontei algumas dificuldades do referendum, mas não fechei as portas. Pedi que ele fizesse um apelo aos senadores: se cedemos em outros pontos, por que não cederem eles sobre a antecipação? Eu disse ao Jader que o governo ganha; o problema é que eu não quero ganhar sem o conjunto do PMDB.

Estávamos nos despedindo quando chegou o Sérgio Motta, que reagiu mais exaltadamente do que eu à proposta do Jader. Mas foi bom, porque repeti na frente do Sérgio o que eu tinha dito ao Jader, de maneira que, se ele for dizer ao PMDB outra coisa, pelo menos tenho uma testemunha.

Depois, esta noite ainda, com o Eduardo Jorge e com o Sérgio revi as votações, coisa que eu já tinha feito com o Eduardo Jorge e o Eduardo Graeff.* Aparentemente temos folga para vencer, mesmo com a oposição dos senadores do PMDB. Digo aparentemente porque os rumores e algumas evidências mostram que o Maluf continua atuando e comprando votos.

É lastimável, mas é assim. Enfim, acredito que não há como escapar de um Congresso que, na hora de decisões importantes, vota parcialmente por uma questão de conveniência momentânea. É espantoso. Não obstante, acho que, dada a força do governo, nós vamos vencer, mas também tenho certeza de que haverá novas dificuldades.

O Jader tem razão, se a gente resolvesse na base da pacificação, tudo transcorreria mais facilmente. O difícil é pacificar. De que modo, se o que agrada a alguns desagrada a outros? Essa parece ser a essência do conflito político e não há do que reclamar; é preciso apenas criar condições para chegar aos objetivos almejados, condições aceitáveis do ponto de vista da decência.

Esqueci de registrar algo que me deu muito prazer. Recebi uma carta do [Albert O.] Hirschman** dizendo que ele leu o prefácio que fiz para a edição em português do livro dele,*** gostou imensamente e traduziu para o inglês, para o alemão e para

---

* Subchefe da Casa Civil para Assuntos Parlamentares.
** Economista alemão radicado nos EUA, pesquisador do Institute for Advanced Study, em Princeton.
*** *Autossubversão: Teorias consagradas em xeque*. São Paulo: Companhia das Letras, 1996.

o francês, para que ele seja publicado nas suas várias edições mundo afora. Isso me deixou muito contente.

Recebi também uma carta do [Alain] Touraine* contando, com sua generosidade habitual, que fez um prefácio de um livro que vai sair na França sobre mim.** Como eu havia proposto a ele passar uns tempos aqui para analisar o que está ocorrendo no país, perguntou se podia vir para o Brasil numa data que não entendi bem qual.

HOJE É SÁBADO, 25 DE JANEIRO. Ontem, dia 24, foi um dia denso. Bem cedinho, tomei o helicóptero para a Base Aérea, ali peguei o avião e fui para Pernambuco.

Bancada muito numerosa a de Pernambuco. Conversei com todos. Os do PSB eram três: o [João] Colaço, que é favorável à reeleição; um rapaz, creio que Ricardo Heráclito, bisneto do velho coronel Chico Heráclito, de Limoeiro; e o Gonzaga Patriota. O Gonzaga disse rápido: "Precisamos decidir isso, eu estava em dúvida, ainda estou, mas os prefeitos da minha região, os empresários, todo o povo querem reeleição". Contei por alto a conversa que tive com o [Miguel] Arraes, sem comprometê-lo, mas dizendo que eu não sentia nele uma oposição à tese. Colaço vai votar e o Ricardo Heráclito pediu apenas que eu prestasse atenção, pois ele é suplente do neto do Arraes*** e que poderia ser mal interpretado. Eu disse que ia falar com o governador Arraes, que eu chamo de Miguel, como notaram lá, e ia dizer que se ele tivesse algum constrangimento com isso, que avisasse o Heráclito.

Os outros, a mesma história, não vou nem repetir porque estão todos conosco, do PFL, PMDB, e depois o Roberto Freire, com quem conversei mais amplamente. Roberto está lutando para ter um polo de esquerda para fazer contrapeso às loucuras do PT, com o que eu concordo. Arraes quer a mesma coisa.

Na chegada a Recife, Arraes fez um discurso muito bom na assinatura de um ato sobre o metrô. Arraes e todas as lideranças, Roberto Magalhães, Marco Maciel, enfim, todos os deputados, os dele, os nossos, todo mundo, e o Arraes disse com todas as letras que eu estava inaugurando um modo novo de fazer política, porque não fazia discriminação por razões partidárias, e que Pernambuco estava atendido. De fato.

Não só assinamos um contrato de 200 milhões de reais para o metrô de Recife, que é a maior obra pública federal em Pernambuco, como anunciei um programa muito importante de erradicação do trabalho infantil. Começamos com uma bolsa para 1700 crianças da área canavieira, como também anunciei a Transnordestina,

---

* Sociólogo francês.
** Perfil biográfico do presidente escrito por Brigitte Hersant Leoni, *Fernando Henrique Cardoso, le Brésil du possible* (Paris: Harmattan, 1997). Edição brasileira: *Fernando Henrique Cardoso: O Brasil do possível*. Rio de Janeiro: Nova Fronteira, 1997.
*** Eduardo Campos, secretário da Fazenda de Pernambuco.

um trecho que vai apenas de Petrolina a Salgueiro, que está faltando. Com isso vamos fazer o entroncamento da navegabilidade do São Francisco com a estrada de ferro, que vai até o porto de Suape. Arraes também contou que estamos apoiando o porto de Suape, que ele quer inaugurar ainda no ano que vem. Foi taxativo, deu todos os sinais de que via no nosso governo um governo sério. Ele não pode dizer que apoia, porque o partido dele não está apoiando, mas na prática está. Depois conversei com o Arraes sobre o que dissera o deputado do Partido Socialista, e ele respondeu que não havia problema nenhum.

Depois seguimos para Massangana,* e foi muito comovedor. Um rapaz, um menino mesmo, que já esteve aqui em Brasília há algum tempo, fez um depoimento forte sobre a necessidade de haver apoio para as crianças saírem do corte de cana. Basta uma bolsa de cinquenta reais... Impressionante! "Cinquentinha", como ele disse. E o Arraes fez um discurso admirável, dizendo que é preciso unir forças, que ele não vai discutir filosofia e "ismos", vai discutir problemas concretos do Brasil, e que o governo está abrindo um caminho, que aquilo ali podia ser muito pouco, mas que já era um começo, enfim, uma coisa muito positiva.

Os jornais distorceram um pouco as conversas que tive no avião. Por exemplo, o deputado [Ricardo] Heráclito me falou de um Ministério de Turismo, eu disse que só discutiria ministério no começo de governo, se eu fosse eleito para um novo mandato. Hoje sai no *Jornal do Brasil* que eu já topei fazer o Ministério do Turismo; que a Transnordestina foi aprovada, para que eu a desse como promessa. Não foi assim. Antes de eu viajar para Pernambuco, como Inocêncio insistia muito na Transnordestina, telefonei ao Luiz Carlos Mendonça de Barros** para saber o que era isso, se era viável, se valia a pena. Ele acha ótimo, diz que é viável, tem recursos — recursos privados — e disse que vale a pena. Bom, de qualquer maneira são detalhes.

Quando eu ainda estava em Pernambuco, ao lado do Miguel Arraes, me telefonou o Sérgio Motta dizendo que o Sarney iria estar na casa dele, Sérgio, em Brasília, às seis e meia da tarde, para se encontrar comigo. Cheguei à capital e, depois de uma coisa meio novelesca, para evitar que a imprensa nos seguisse — ela não seguiu, embora depois tenha suspeitado da existência do encontro —, fui à casa do Sérgio Motta e lá me encontrei com o Sarney e a Roseana. Acabamos jantando lá, Sérgio até foi generoso, abriu um Magnum Petrus 82. E a conversa foi boa. Por quê?

Sarney, primeiro, não cobrou nada. Ficamos sozinhos nós dois, ele disse que entendia isso e aquilo, contei a conversa do Iris com o Arruda, sobre o Iris ter feito

---

* Joaquim Nabuco (1849-1910) passou a infância no Engenho Massangana, 35 quilômetros ao sul do Recife, hoje distrito do município de Cabo de Santo Agostinho, na região metropolitana.
** Presidente do BNDES.

realmente todo o barulho. Sarney acha que o Iris perdeu a eleição para o Antônio Carlos. Ele sabe que vamos ganhar no plenário se houver enfrentamento e disse que tinha mandado o Paulo Renato perguntar a mim, o que é verdade, se eu toparia a consulta popular. Respondi, como tenho respondido sempre, que não posso tomar a iniciativa, mas que se ela vier do Congresso, tudo bem, e que eu achava até bom consulta popular, que já tinha falado com o Bornhausen sobre isso e com o Marco Maciel. Montoro também está atuando, claro que tudo isso depende de um acordo entre partidos.

O Sarney não quer saber de desincompatibilização, mas acha que sobre fidelidade deveria se colocar alguma coisa. Me disse que prepararia uma emenda até um pouco nos moldes do que aconteceu na Argentina, com o [Raúl] Alfonsín e o [Carlos] Menem, e que, caso se diminua a porcentagem para garantir a eleição em primeiro turno, isso provavelmente atenda aos candidatos a governador, como o Newton Cardoso, que acham que perdem sempre que a eleição é de segundo turno. Eu disse que podíamos examinar isso e que tudo bem para a questão da consulta. Então o Sarney se dispôs a ajudar.

Hoje a Ana [Tavares] está aflita, porque a imprensa não conseguiu saber se eu estava lá ou não. Não me viram, portanto estão jogando verde para colher maduro. Claro que isso não tem a menor importância, mas o Sarney acha que dá muita fofoca na imprensa, o que é verdade, distorcem tudo, e quem distorce são os próprios participantes das reuniões. Não é a imprensa que distorce, é um conúbio mais amplo.

Sarney acha que devemos elevar o nível da discussão, com o que eu concordo. A conversa típica que tenho tido com os parlamentares é patética, não tanto sobre a questão da corrupção, é mais por causa da mesquinharia, do amesquinhamento da vida política, da falta de visão da maior parte dos que têm que votar em assuntos dessa envergadura.

Sarney parece que se juntou àqueles que vão votar no dia seguinte.

Quando cheguei ao Palácio da Alvorada, na volta, o Luís Eduardo me telefonou. Ele sabe que fui me encontrar com Sarney, mas não perguntou com muita firmeza nem eu comentei nada.

Agora de manhã, muitos telefonemas. Montoro quer fazer um encontro meu com o Sarney e eu não pude dizer que já havia ocorrido.

Telefonei para a Roseana, porque não encontrei o Sarney para alertá-lo disso. Ela me telefonou duas vezes e agora, na segunda vez, quando eu já estava gravando, disse que houve uma reunião do PMDB nesta manhã que não foi boa. Os senadores insistem numa posição mais dura, e o Sarney avisou que não vai para uma posição suicida e que vai liberar o pessoal dele para votar no dia 28 ou 29. Ou seja, de fato o Sarney fez o entendimento, porque a Roseana forçou bastante e também porque ele tem mais experiência, sabe que essas coisas não vão dar certo [para o PMDB].

Por intermédio da Rose de Freitas, acabei de saber que o Jader também não quer embarcar em canoa furada, creio que vai mandar liberar o pessoal.

O mais difícil é o Iris. O [Israel] Vargas,* cujos parentes em Goiás são donos das Organização Jaime Câmara de rádio, televisão, imprensa, pediu que seus primos falem com o Iris, para ver se o amolecem. Acho difícil, porque o Iris sabe, a esta altura, que está perdendo e talvez tenha que endurecer.

Esse é o clima da batalha agora.

Daqui a pouco vou me encontrar com Antônio Octávio Cintra, Fábio Wanderley e Wanderley Guilherme dos Santos. Todos têm posições teóricas ou práticas sobre plebiscito e sobre referendum, e me criticam por isso ou por aquilo. Preciso sempre dar certa atenção à área acadêmica.

Antes de relatar o encontro do almoço — agora são quase seis horas da tarde —, falei com o Sarney pelo telefone. Ele continua firme na ideia de avançar, tanto que liberou o seu pessoal para a votação. A Roseana já havia me dito e ele me disse também.

Recebi um telefonema agora há pouco do Paulo Renato, que estava com os deputados do PMDB. Parece que um deputado propôs, em nome do Iris, que eles fizessem uma declaração dizendo que votarão na terça e na quarta-feira, sob a condição de o governo não se meter nas eleições do Senado e de garantir a eleição do Temer na Câmara. Isso, naturalmente, é o óbvio, mas já é outra forma de recuo.

Vamos às discussões do almoço. O Wanderley Guilherme não veio, perdeu o avião. Vieram o Antônio Octávio Cintra e o Fábio Wanderley. Dei muitas informações ao Fábio Wanderley, que sempre espera de mim um comportamento de exemplaridade, uma coisa um pouco abstrata, como que uma conduta ideal, "refundadora" da República. Eu disse: "Tudo bem, no entanto a República precisa de mais tempo para ser refundada do que quatro anos. Como fazer isso se não houver uma posição mais firme minha, embora dentro da ética?". Dei-lhe vários elementos, a fim de mostrar que o que os jornais dizem que estamos fazendo não é o que estamos fazendo. Passei a ele os textos que li para os senadores e deputados do PMDB, assim como o discurso que fiz no PSDB. Ele ficou surpreso, pois as informações dos jornais são o oposto disso. Como se eu tivesse pedido o plebiscito.

Aproveitei para fazer o raciocínio que quero registrar aqui. Por que me opus sempre ao plebiscito? Porque o plebiscito, por um lado, põe o Congresso em maus lençóis. Assalta o Congresso através da decisão direta do povo. Por outro lado, o objeto da vitória no plebiscito, no caso, não é só a reeleição, mas eu, que passo a ser encarado pela população como um salvador. E de novo: o Congresso existe. Ou volto a fazer negociações com ele, e então vão me achar um "traidor", ou então vou ficar cada vez mais firmemente contra o Congresso, e esse é o risco da ditadura. Claro que não em sua forma extrema, mas sempre há esse risco. É um cesarismo virtual. Sempre me opus ao plebiscito, reajo menos à ideia do

* Ministro de Ciência e Tecnologia.

referendum, porque ele ocorre depois que a medida já passou pelo Congresso, e quando se tem um referendum — sim ou não — é um texto de lei, enquanto um sim ou não no plebiscito é, queiramos ou não, um sim a mim, à continuidade do governo. E junto com essa continuidade do governo federal irão os outros, governadores, prefeitos. Acho que há riscos nisso, e riscos bastante sérios para o sistema democrático.

Por isso mesmo, num telefonema longo com Britto hoje, defini os termos, concordei com algumas observações. Já que vencemos, é preciso haver generosidade. Fernando César Mesquita acaba de me telefonar dizendo que o Sarney mandou dizer aos jornais que temos votos e vamos ganhar. Sinal de que ele considera que vencemos juntos. Já que vencemos, repito, é preciso haver generosidade. Não no sentido subjetivo, mas objetivo. Não convém esmagar as parcelas do PMDB que se opõem à solução que estamos propondo. Eles se opõem por razões locais, ou seja, querem ganhar o Senado, e não porque se opõem ao direito à reeleição. Então acho que é preciso buscar alguma fórmula. Por isso não achei má a proposta, se é que é verdade, que vem do Iris, e muito menos a que veio do Sarney, em que, implicitamente, estava a ideia de que se juntava todo o PMDB ao mesmo projeto.

Muitos agora irão me criticar, não mais pelo cesarismo, mas pelo oposto: pelo capitulacionismo. Não é nem uma coisa nem outra. É compreensão da necessidade de não rachar o sistema político. E, ao contrário do que estão dizendo, desejo manter o PMDB como uma ficção de unidade, para que se possa negociar com ele e, pelo menos simbolicamente, ter a adesão do partido às reformas e às transformações que estamos fazendo.

Se eu pudesse ter dito isso com todas as letras, com exemplos, ao Fábio Wanderley, creio que ele teria entendido que essa exemplaridade, em abstrato, é uma observação sem sentido. Nessa tensão, nesse vai e vem da política, não se pode deixar que só realismo seja vitória. O realismo implica também criar condições para que dessa vitória resulte uma ação concreta e favorável aos ideais, aos objetivos que se deseja preservar. Portanto, não se pode permitir expansão de ego nem expansão de poderes além de certos limites. Ainda que fosse possível, nessa conjuntura, exacerbar os dois, ego e poderes concretos, seria muito negativo, pois poria em risco a democracia. Se, por outro lado, eu não tivesse "a humildade necessária para recompor com o PMDB", receber críticas do PSDB e da sociedade, eu não teria condições de, mais adiante, seguir com os projetos que tenho em mente. Não quero estar no governo só para governar, mas para mudar o Brasil.

HOJE É DOMINGO 26 DE JANEIRO, quinze para a meia-noite. O dia transcorreu calmo. Eu e a Ruth fomos visitar Gilda e Roberto [Cardoso de Oliveira], minha irmã e meu cunhado, na casa deles, pois eles se mudaram aqui para Brasília.

Almoçamos depois no Palácio da Alvorada, passei a tarde lendo um pouco, descansando, e agora das oito da noite até há pouco se reuniu o estado-maior da Câmara, os líderes, seu presidente, os vários líderes de partidos, alguns deputados influentes, para os aprestos da batalha final da votação sobre a reeleição, que vai se dar na terça-feira 28. Essa pelo menos é a nossa vontade. Talvez não seja possível, então irá para o dia 29.

Fora isso nenhum elemento novo, não adianta estar repetindo os fatos e argumentos que eu já apresentei aqui.

27 A 31 DE JANEIRO DE 1997

Votação da emenda da reeleição na Câmara

Hoje é segunda-feira, 27 de janeiro. Estamos nos preparando para as fases finais da votação da emenda da reeleição. Armei várias alternativas, e nem todas são do conhecimento geral. Como já registrei, venho encorajando a consulta popular, o referendum. O Sarney me entregou um texto que tinha preparado, e o Montoro também está mexendo nessa questão.

Hoje chamei o pessoal do PFL e do PSDB: vou me encontrar com eles daqui a meia hora. Pedi que o Sérgio Motta viesse antes para informá-lo, porque senão ele fica muito aflito e pode estragar tudo. Vou propor algumas alterações [na emenda da reeleição]. Dificilmente elas vão ser aceitas, mas combinei com o Sarney que proporia e, se não forem aceitas, não é meu problema. Se forem, talvez seja possível um encaminhamento com menos ruptura no PMDB. Acho difícil, porque o pessoal do PMDB, os deputados, estão querendo justamente o contrário, querem isolar os senadores. Mas eu, que tenho que pensar no Brasil e no conjunto das reformas, não acho boa tática essa de esmagar ninguém. Acho melhor somar forças. Vai ser uma operação delicada apresentar tudo isso. Agora Marco Maciel, Bornhausen, Luís Eduardo, Sérgio Motta Teotônio, Michel Temer, eles entendem isso.

Também quero registrar uma coisa. O Zé Eduardo [José Eduardo] Andrade Vieira* esteve aqui, reclamando do tratamento que o Banco Central está dispensando a ele e ao banco. Tem razão. Eles estão postergando muito a decisão, deteriorando a situação do banco. Determinei que o Clóvis chamasse o estado-maior do Banco Central, para termos uma resolução mais correta e mais rápida sobre essa matéria.

HOJE É QUINTA-FEIRA, 30 DE JANEIRO. A última terça-feira, dia 28 de janeiro de 1997, foi um dia marcante: a Câmara votou a emenda da reeleição. Não obstante, para mim foi um dia relativamente calmo. Eu me levantei, fui para o Palácio do Planalto, recebi credenciais de embaixadores da República Dominicana, da Polônia e da Croácia. Conversei com eles com muita tranquilidade, depois recebi, como é natural, alguns parlamentares que vieram reafirmar seu apoio à tese da reeleição e fui almoçar no Itamaraty, uma reunião marcada há muito tempo, do Conselho Empresarial do Itamaraty.

* O senador (PTB-PR) e ex-ministro da Agricultura do governo Fernando Henrique era acionista controlador do Banco Bamerindus, instituição que passava por dificuldades e estava na iminência de ser vendida ao HSBC.

Olavo Setúbal* e outros mais estavam bastante agradados pela maneira como fui ao Itamaraty, sem maiores preocupações, disseram que era espantoso eu não estar tenso nem estar só por conta da reeleição naquele dia. E não estava mesmo. Fui lá discutir a política de exportação.

Voltei ao Palácio do Planalto e recebi de novo uma porção de gente. Assinei também o contrato de concessão dos serviços de transporte ferroviário da Malha Tereza Cristina,** em uma cerimônia grande, discursei, muita gente lá, e nesse meio-tempo fui recebendo informações e pessoas.

Passei quase a tarde toda sozinho, o que é raríssimo, falando pelo telefone, e só no finalzinho do dia o Clóvis chegou e ligou a televisão, quando já estavam no encaminhamento da votação. Mais tarde chamei o Sérgio Amaral, depois veio o Eduardo Jorge, e ficamos assistindo ao que estava acontecendo, até se chegar ao resultado que todo mundo conhece: 336 votos a favor, os outros perderam.*** Não importa quantos votaram ou não votaram, foi uma vitória muito, muito, expressiva.

Vale mencionar que tipo de conversa os deputados tiveram comigo nesse dia e também nos anteriores. Um deles pediu que eu o atendesse para me dizer que não poderia mais votar a favor [da reeleição], porque a sobrinha tinha sido demitida, ou seria, do Ministério do Trabalho. Eu disse: "Deputado, o senhor me desculpe, mas isso não é certo, é impossível que isso ocorra assim sem mais nem menos, justamente hoje!". Na verdade, esse deputado provavelmente havia se comprometido também com o Maluf para votar contra a reeleição. Não sei... Ele acabou votando a favor. Tentou uma desculpa esfarrapada.

Outros apenas me confirmavam que iriam votar a favor, com o [Francisco] Dornelles, ou com a Rose de Freitas, ou algum outro parlamentar que estivesse influenciando na direção do voto. Queriam me reassegurar créditos, imagino.

Houve outros casos interessantes, como o do pessoal do PDT. Um dos deputados do partido, o [Luiz] Durão, do Espírito Santo, disse: "Presidente, quatro dos nossos votarão a favor e vão ser punidos; é preciso que haja algum abrigo político para eles. Digo que o PSDB e os outros partidos têm obrigação de lhes dar sustentação política.

Às vezes falavam em pleitos. Por exemplo, o deputado Fetter [Júnior].**** Que pleito ele tinha? Que eu olhasse para a metade sul do Rio Grande do Sul, ele pre-

---

* Então presidente da Itaúsa, controladora do Banco Itaú.
** Corredor de transporte de carvão da Rede Ferroviária Federal (RFFSA) no sul de Santa Catarina, concedido por R$ 18 milhões à Ferrovia Tereza Cristina S.A.
*** O placar da votação em primeiro turno foi de 336 votos a favor, 17 contra e 6 abstenções. A oposição tentou obstruir a votação e não registrou seus votos. O presidente, os governadores e os prefeitos ficaram autorizados a concorrer nas eleições de 1998. O mínimo necessário para a aprovação da PEC eram 308 votos.
**** PPB-RS.

cisava dar uma explicação ao seu eleitorado. Não sei por quê; geralmente o eleitorado está a favor da reeleição. Precisava de uma explicação para dizer por que mudava de voto.

Não vou dizer que todos fossem dessa maneira. Comigo, sim. Os que eventualmente queriam cargos ou sei lá o que mais, esses não falavam comigo, já teriam falado com os líderes, com algum ministro, e por aí vai. O fato é que quando chegam a mim é mais ritual do que conteúdo. Não obstante, nos jornais muitos até dizem que foram reivindicar pleitos para suas regiões. Reivindicaram, por exemplo, os do Amapá, sobre os funcionários públicos que estão para ser demitidos. Expliquei que não depende de mim, que é uma questão da Justiça. Outros mais tinham pleitos, por exemplo os de Roraima, depois um deles saiu dizendo que estava reivindicando vantagens para a região. Não é isso. O governador quer o Linhão que vem da Venezuela, aliás, assinei ontem esse Linhão, mas o que eles querem é saber quem constrói o Linhão. A Eletronorte, que sofre a influência, digamos, do senador [Romero] Jucá, inimigo deles? Ou o governador, ao qual estão aliados? Há problemas dessa natureza, mas eles saem dizendo coisas um pouco, senão muito, diferentes do que me disseram.

O fato é que, de uma maneira ou outra, vencemos, e de forma retumbante. Claro, depois da vitória, foram todos para o meu gabinete do Planalto e um grupo um pouco menor, à noite, para o Alvorada, muito satisfeitos e já preocupados com a votação da presidência da Câmara, o apoio ao Temer.

Devo dizer também que o Sarney mandou os filhos* votarem a favor. Aliás, a Roseana também queria isso, e tanto o filho Fernando quanto a Roseana foram ao Palácio falar comigo. Roseana ajudou: fez que, dos 18 do Maranhão, 14 votassem a favor. Um primo do Sarney, Albérico [Ferreira Filho],** votou contra, mas a Roseana me disse que ele era olheiro deles para ver o que ia acontecer com as hostes "inimigas", os adversários. Não sei. O fato é que o Sarney apoiou efetiva e ostensivamente, pareceu dar solidariedade aos senadores do PMDB.

O mais esperto de todos, e de menos classe também, foi o Newton Cardoso. Ele fingiu que teve votos, fingiu que comprou gente, coisa abjeta, fingiu uma porção de coisas, foi para cá, foi para lá, e no fim se desmoralizou e votou a favor. E quase toda a bancada mineira votou a favor mais por influência das coisas, ou seja, da vitória que viria, e da ação do Ronaldo Perim*** e de outros mais consistentes, como o Fernando Diniz,**** do que por causa do Newton, mas o Newton quis faturar [ganhar prestígio] com a questão.

* José Sarney Filho, deputado federal (PFL-MA), Fernando Sarney, empresário filiado ao PT, e a governadora Roseana Sarney.
** PMDB-MA.
*** Deputado federal (PMDB-MG).
**** Deputado federal (PMDB-MG).

Claro, o senador Iris foi procurado pelo Pedro Piva, a meu pedido, para ficar ciente de que estava cometendo um suicídio político. O Mabel, que é vice-líder do governo, pediu demissão, porque o Iris não concordou que ele votasse a favor, e por aí foi. O Jader, a quem eu também chamei no dia da votação, para dizer que o governo não aceitava as modificações propostas, fez o seu pessoal votar contra. Na verdade, a resistência ficou entre o Iris e o Jader, porque na Paraíba o Cunha Lima rachou a bancada.

No dia seguinte, ontem, quarta-feira, a agenda foi muito mais leve, porque a votação na Câmara foi sobre desincompatibilização.* Houve um erro da oposição, o Eduardo Jorge descobriu esse erro, chamou o Jobim, mostrou, o Jobim concordou, eles queriam tirar do texto uma frase que, se tirassem, como foi tirada, ficaria claro que a reeleição para o mesmo cargo não implicaria afastamento do cargo, anularia, portanto, a necessidade de desincompatibilização.**

Então foi uma batalha de Itararé, ganhamos tudo na Câmara e o dia foi mais calmo. Encontrei prefeitos e já havia alguma reivindicação, de uma espécie de moratória por seis meses da dívida; respondi com educação e gentileza, dizendo que eles tinham que cobrar mais pelo IPTU. Estavam todos eufóricos, havia mais de duzentos, trezentos prefeitos de vários partidos, aproveitei para falar da reforma administrativa, que acho importantíssima.

Depois fiz uma cerimônia muito significativa, a assinatura do acordo pelo Linhão, que trará energia da Venezuela para Roraima, com a presença de dois ministros da Venezuela. Tentei falar com o presidente [Rafael] Caldera para felicitá-lo, mas não consegui, porque ele estava em reunião de ministério. Assinamos os acordos e não houve praticamente nada de mais especial sobre a votação. Claro, telefonemas de felicitações etc. etc.

À noite jantei no Alvorada com o [Raúl] Alfonsín e o [Julio] Sanguinetti,*** com o Sarney e outros agraciados com a Ordem do Cruzeiro do Sul. Itamar fez beiço, disse que não vinha porque não fora convidado a tempo, o que não é verdade. Não veio porque está querendo fazer gênero por causa da sua, imagine só, candidatura à Presidência da República. Diz que ele é o pai do Real... Eu bem sei como foi o Real. Ridículo tudo isso.

Depois ainda passei no Mendoncinha, que é o autor da emenda da reeleição, mas dessa vez fui lá por causa do Temer. Havia muitos deputados na casa do [Marcos] Vila-

---

* Em 30 de janeiro, a Câmara rejeitou os destaques para votação em separado sobre o plebiscito e o referendo.

** O governo venceu todas as votações de destaques da emenda da reeleição. Ao contrário do que desejava a oposição, que retirou da emenda uma expressão que permitia ao candidato continuar no cargo durante a campanha eleitoral, a desincompatibilização passou a se aplicar somente a governantes que concorressem a cargos diferentes dos que ocupavam.

*** Presidente do Uruguai.

ça [sogro do Mendoncinha], antigo presidente do Tribunal de Contas [da União]. Havia uns cem deputados, mais do PFL e alguns do PMDB, para apoiar o Michel Temer.

Voltei para casa cansado; dormi e acordei há pouco.

Esse não foi um grande embate. Foi uma vitória política inquestionável, muito, muito forte mesmo, as coisas do meu ângulo transcorreram com certa placidez. Li nos jornais, em vários momentos, que havia muita tensão, mas a verdade verdadeira é que as coisas transcorreram com mais tranquilidade que eu poderia imaginar.

No dia da votação, em dado momento houve preocupação, porque eu tinha medo da traição de pessoas do PPB. O Dornelles foi um gigante. Trabalhou com muito afinco e conseguiu maioria sobre o Maluf, o que é muito expressivo.

PTB 21 sobre 23, o que também é muito forte. Enfim, vê-se que o governo tem muita força, e com a popularidade de que dispõe neste momento só alguns deputados tentam negociar de maneira baixa; a maioria age de forma correta, na hora H prevalece realmente o espírito popular.

Quanto ao PMDB, já registrei aqui, foi mais uma questão política, uma tentativa de ganhar espaço no Senado, é barganha normal. Nem é barganha, é pressão contra pressão.

Lendo os jornais, com honrosas exceções, tem-se impressão oposta. É sempre assim, não me preocupo mais com mídia, que vive desses pequenos escândalos que ela inventa, como o Caso Sivam. Voltei a ler hoje na Cristiana Lôbo,* "caso Sivam". Não há caso nenhum, houve uma tentativa de chantagem.

Corre no Senado a CPI dos precatórios,** isso, sim, grave, pois envolve senadores, governadores, e o Banco Central fica numa posição difícil. O Serra está lá. Não sei se ele terá força para enfrentar a situação como é preciso.

Em certos momentos ou o político arrisca, ou não faz nada. Eu arrisquei. Resolvemos votar, o Luís Eduardo me telefonou no dia da votação, não havia ainda um quórum expressivo, eu disse para o Luís pôr em votação, ele também queria, era arriscado e ganhamos. Há momentos em que a gente tem que enfrentar. Não me refiro só à emenda da reeleição, mas a momentos de ruptura na História, em que é preciso romper. A conciliação permanente também não é boa. É necessário convergência, como eu digo, para poder chegar a um objetivo, mas, quando você percebe que as tropas estão se dispersando, ou você dá um toque de reunir, e com força, ou as coisas não andam.

Ainda é quinta-feira, agora quase meia-noite. Quero apenas complementar.

---

* Colunista política do *Estadão*.
** No final de 1996, surgiram denúncias de emissão irregular de títulos públicos por alguns estados e municípios para o suposto pagamento de precatórios (débitos judiciais), cujos recursos foram desviados para outras finalidades.

Na conversa com Alfonsín ontem, ele me relatou trechos do encontro dele com o ex-presidente Carter nos Estados Unidos. O presidente perguntou como ele encararia a possibilidade de a Argentina partir sozinha para o Nafta,* sem o Brasil. Ele disse que seria inconcebível, porque temos uma aliança,** seria uma traição. O curioso foi mesmo a pergunta do presidente Carter a ele. No mais, quase a mesma coisa, conversamos sobre desarmamento etc.

Hoje o dia também transcorreu calmo, nada de excepcional, conversas praticamente encerradas por esta semana, longa discussão com o Sérgio Motta, o senador Arruda, o senador Sérgio Machado e o deputado Zé Aníbal sobre o que fazer no Senado. Eles não sabem se abrem ou não a questão, ou seja, se vão dizer ou não que vão votar no Antônio Carlos. Ficaram de procurar primeiro o Iris, para dar uma saída a ele, dizer que ele poderá ser presidente em outra vez; se isso não for aceitável, então vão ter condições de dizer na segunda-feira — a eleição é na terça — que apoiam o Antônio Carlos.

O Antônio Carlos me telefonou, guloso, quer mais votos, não quer só todos os do PSDB, mas também o do senador Fernando Bezerra.*** Ganhar, ele sabe que ganhou, mas quer ganhar de maneira expressiva. Alega que com isso terá mais condições de reduzir seus adversários, no caso o Jader, mais do que o Iris, a nada.

O Iris também me telefonou, conversa amável, dizendo-se disposto a concorrer, disse que sabia que aquele episódio da Câmara já tinha passado e que ele continua favorável à reeleição, que sempre foi muito leal ao governo. Respondi que sim, que tinha sido apenas um episódio e que eu ia manter a neutralidade que venho mantendo. Ele pediu que o PSDB não abrisse a questão, eu disse que estava vendo o que fazer, mas que até agora o PSDB tinha se mantido assim. Enfim, o Iris já está com uma conversa de derrotado.

Vamos ver o que resultará dessa conversa com o Iris, o Sérgio Machado e o senador Arruda.

Serra esteve aqui agora à noite, jantou comigo e mencionou que eventualmente voltará ao governo, se eu estiver disposto, porque ele vê que, com a reeleição, está sem horizonte. Sem horizonte para ser candidato em São Paulo, e não sabe se aceita a liderança do PSDB ou se disputa a liderança. Eu disse que achava que ele devia disputar ou convencer os colegas da liderança, e que isso não seria óbice para uma eventual participação no futuro no governo. Agora, fico me perguntando, em que pasta? Em que ministério? Não vai ser tão simples. Mas, se o Serra quiser, tenho um compromisso moral com ele, porque ele se jogou na campanha de São Paulo, e preciso manter o que disse naquela ocasião.

* Sigla em inglês do Acordo de Livre Comércio da América do Norte, integrado por EUA, Canadá e México.
** Isto é, o Mercosul.
*** Senador (PMDB-RN).

Amanhã cedinho vou a Sepetiba,* depois a Petrópolis para essa espécie de reentronização de Petrópolis como sede do veraneio da República.

HOJE É SEXTA-FEIRA, 31 DE JANEIRO. Estou me preparando para ir, daqui a alguns minutos, para o Rio de Janeiro. Quero apenas registrar que a *Folha* falou de "balcão de negócios da reeleição", isso no jornal de ontem. Citou a bancada de Rondônia na Câmara e disse que eles querem verbas para a conclusão da BR-364 — 4,5 milhões de reais. Ora, essas verbas estão no orçamento, a BR-364 faz parte do Plano Brasil em Ação, então não tem nada de escandaloso. Nem sei se pediram ao Eduardo Jorge, como diz a *Folha*. Idem quanto ao PTB de Mato Grosso, o jornal dá o nome de dois deputados que querem hospitais em Rondonópolis e o direito de indicar o presidente da Eletronorte. Isso é inviável, não creio que tenham sido feitas quaisquer dessas promessas a eles. A não ser a dos hospitais, que, não sei bem, depende do Reforsus. Veja como em tudo há armação.

A bancada ruralista, por intermédio de Arlindo Porto,** teria pedido liberação de recursos para os endividados acima de 200 mil reais. Não farei isso, porque sou contra.

Newton Cardoso, segundo declarações dele: querem recursos por terem sido atingidos pelas enchentes em Minas Gerais. Os recursos foram dados espontaneamente por mim antes de qualquer pessoa pedir, no dia da enchente.

Alexandre Santos, do Rio de Janeiro,*** parece que é uma pessoa séria, quer um incentivo fiscal, através do Luís Carlos Santos, para a região norte do Rio de Janeiro. Não sei se é verdade, mas, se for, é normal.

O deputado Eustáquio Paixão,**** através do ministro Dornelles, segundo a *Folha*, quer — e isto é verdade, ele veio pedir — a desvinculação do Corpo de Bombeiros da Secretaria de Segurança. Eu disse que examinaria, não tenho objeção, mas não sei se pode ser feito.

Deputado Wilson Cignachi,***** através do Luís Carlos Santos, pediu 30 milhões de reais para financiar a exportação de vinhos do Rio Grande do Sul. Não sei, provavelmente é certo, exportadores de vinho sempre pedem, mas duvido que o Luís Carlos tenha qualquer alçada nisso.

Asdrúbal Bentes,****** se falou comigo — ele aliás votou contra —, é porque quer reforma agrária no sul do Pará. É verdade, ele mencionou essa questão da reforma agrária no sul do Pará, mas como uma questão que interessa ao Estado, mais nada.

---

* Cerimônia de liberação de verbas para a construção do porto de Sepetiba, zona oeste do Rio de Janeiro.
** Senador (PTB-MG).
*** Deputado federal (PSDB-RJ).
**** PPB-RJ.
***** PMDB-RS.
****** Deputado federal (PMDB-PA).

Depois, Siqueira Campos pediu, pela bancada do Tocantins, a inclusão no orçamento da União de verbas de mão de obra de infraestrutura do Estado. É natural! Sempre querem estar incluídos lá. O governador fala comigo com reeleição ou sem reeleição, tanto faz!

A bancada do Espírito Santo falou comigo, mas nada sobre o que saiu na *Folha*. Eles querem ajuda financeira para o Estado, porque já demos em outra oportunidade. Mais nada. Vê-se, por esse depoimento ligeiro, o quanto o historiador futuro que se basear nos jornais estará perdido. Na verdade, os jornais tentaram o tempo todo dizer que houve um balcão nas negociações da reeleição. E a verdade vai ser comprovada pouco a pouco, porque nos Diários Oficiais, e também nos gastos do governo, não haverá registro do tal balcão.

É a mesma tecla em que bato sempre: a imprensa reproduz as mazelas do passado porque vive do escândalo, e o escândalo, como não existe [hoje], é inventado para dar a impressão à sociedade de que estamos à beira do abismo. Só que a sociedade acredita cada vez menos nessa beira de abismo.

5 DE FEVEREIRO DE 1997

*Vitória de ACM e Temer à presidência
do Senado e da Câmara. Aprovação da emenda
da reeleição em primeiro turno*

Hoje é dia 5 de fevereiro, quarta-feira. Fiquei sem registrar minha estada em Petrópolis e os dias seguintes.

No dia 31 de janeiro, sexta-feira, fui de manhã para a Base Aérea de Santa Cruz e de lá para Sepetiba. Um semicomício, não gosto muito disso, mas estavam lá as placas de reeleição. Fiz discurso, que está registrado na imprensa, sobre a importância de Sepetiba. Presentes até deputados do PT, o [Carlos] Santana e a senadora Benedita da Silva, e também o prefeito de Angra dos Reis.* Parece que há união geral ao redor de Sepetiba. Aproveitei essa circunstância para dizer que o governo está mudando os métodos, é preciso que o país inteiro entenda, a oposição também.

De lá partimos para Petrópolis. A agenda na cidade foi densa, mas não tensa. Na verdade, jantares fantásticos preparados pelo Claude Troisgros. Convidei muita gente. O governador Marcelo Alencar e o [Luís Paulo] Conde, prefeito do Rio de Janeiro recém-eleito pelo PFL, também estavam. No dia seguinte, artistas. Foram o [Arnaldo] Jabor, a Maitê Proença, o Cacá Diegues, várias personalidades, tudo num plano de amabilidade e alegria. Coquetel, prefeito de Petrópolis,** o povo na rua aplaudindo com sinceridade e entusiasmo, o dia inteiro na porta.

No sábado almocei na casa do [Eduardo Eugênio] Gouvêa Vieira*** com o Josa [José Antônio Nascimento Brito], do *Jornal do Brasil*, e o Roberto Irineu e o Zé Roberto Marinho, de *O Globo*, mais várias personalidades, além do prefeito e do Marcelo. Eduardo Eugênio Gouvêa Vieira é um rapaz muito ativo, que tem uma mentalidade mais arejada e aberta do que parecem ter os atuais dirigentes da Fiesp.

Também participei de um seminário organizado pela Firjan, a Federação das Indústrias do Rio de Janeiro, no Teatro Quitandinha, cheio de gente. Rafael de Almeida Magalhães**** fez um discurso muito simpático a mim. O Marcelo também, eu respondi, falei dos nossos programas de governo, me aplaudiram em pé os empresários, deputados e prefeitos que lá estavam, enfim, clima de euforia.

* José Castilho (PT).
** Leandro Sampaio (PSDB).
*** Presidente da Federação das Indústrias do Rio de Janeiro (Firjan).
**** Secretário executivo do Conselho Coordenador das Ações Federais no Rio de Janeiro.

Voltamos para Brasília no domingo, dia 2, aliás aniversário das meninas, da Joana e da Helena.* De manhã, em Petrópolis ainda, se fez um bolo com velas e a Ruth saiu com elas de charrete. Paulo Henrique estava lá também, a Luciana foi com o Getúlio [Vaz]** e a Isabel. No fim do dia, já em Brasília, recebemos o Pedro Moreira Salles;*** a Ruth tinha prometido mostrar o Palácio ao filho dele, Antônio.

Aí me telefonou o Iris Rezende, querendo marcar um encontro. Eu já havia falado com o Sérgio Machado e o senador Arruda por telefone, para dizer que tomassem a decisão que iriam tomar, que eu sabia qual era, de apoio à candidatura do Antônio Carlos, mas que deixassem claro que o governo não estava se empenhando nas eleições e que eu me mantinha neutro. Uma neutralidade relativa, porque o Iris estragou a festa.

No dia seguinte de manhã, dia 3, portanto, veio o Iris para conversarmos, e eu disse a ele o que tinha dito ao Sérgio Machado e ao Arruda. Ele queria que eu desse os votinhos, achava que tinha ganho, que é confiável, segundo ele próprio, e o Antônio Carlos não. Eu disse que tinha procurado manter a neutralidade do governo. Depois das declarações do Sérgio Motta e do Sérgio Machado, eu havia interferido para que eles não fizessem pressão nos senadores, mas achava, eu disse ao Iris, que agora a situação era diferente, porque, como ele mesmo reconhecera, cometera um erro, qual seja, ter ido a São Paulo falar com o Montoro e com o Mário Covas, quando devia ter vindo falar comigo. Na verdade, ele conversou com o Montoro, com o Mário Covas e com o Quércia, que foi quem organizou aquela Convenção que deu no que deu.

Foi um erro mesmo, e naturalmente dificulta a situação. Entretanto, eu disse ao Iris que vou manter minha atitude seja qual for o resultado, mesmo que ele perca. Ou seja, não haverá retaliação a ele nem ao seu pessoal, embora todos os goianos tenham se abstido de aparecer no dia da votação da reeleição.

Acho que isso foi o que de mais significativo houve na segunda-feira 3, além do almoço, na Granja do Torto, com os membros do Comunidade Solidária e alguns ministros. Na volta, me encontrei aqui, como tínhamos combinado, com o Carlos Wilson,**** que me disse que o pai***** retiraria a candidatura se o Prisco também retirasse. Está havendo um movimento nesse sentido. Percebi que o Carlos Wilson já tinha esgotado a chance de retirar a candidatura do Wilson Campos, e que era melhor deixar assim, mesmo porque me parecia muito difícil que o Prisco Viana retirasse a sua, e eu não queria entrar em polêmica. Eles estavam muito contentes, tanto o Wilson Campos quanto o Carlos Wilson, pelo que me disse este último, com minhas declarações de que o Wilson tinha o direito de competir e que

---

* Gêmeas, netas mais velhas de Fernando Henrique, filhas de Paulo Henrique.
** Marido de Luciana Cardoso.
*** Presidente do conselho de administração do Unibanco (fundido com o Itaú em 2008).
**** Senador (PSDB-PE).
***** Wilson Campos.

eu não era favorável a excluir pessoas, mesmo eu tendo dito que, se fosse deputado, votaria no Temer. Gostaram da declaração; pelo menos me disseram que gostaram.

Pus-me a par dos acontecimentos em Brasília, falei com o Luís Eduardo e com o Michel Temer por telefone. Houve uma reunião na casa do Luís Eduardo, o Sérgio Motta me deu contas. Estava assegurada a eleição do Michel.

Ontem, dia 4, houve a votação no Senado e o Antônio Carlos ganhou por 52 votos a 28.* Fiquei surpreso com o número de votos, o que significa que o Antônio Carlos pegou votos não só do PSDB, mas da oposição também. Nos falamos por telefone e ele foi me ver no Planalto. Já no plano administrativo, recebi uma porção de gente, retomando a questão das reformas da Previdência e da reforma administrativa.

Tudo parece andar razoavelmente bem. Depois da vitória da tese da reeleição, é claro, as águas correm para o mar. Espero que corram mesmo e que possamos fazer as reformas importantes que estávamos com tanta dificuldade de fazer.

Terminado esse tema, acho que o PSDB fez declarações pertinentes, apoiou o Antônio Carlos, mas não fechou a questão. Creio que todos votaram, mesmo o Serra deve ter votado no Antônio Carlos, apesar das fofocas de imprensa.

Quanto ao Serra, novidade. O Sérgio Motta me disse que ele o chamou para uma conversa em profundidade. O Serra está mesmo querendo voltar ao governo, como já me havia antecipado. Hoje tive outras informações nessa direção. Fiquei surpreso, porque, pelas notinhas nos jornais, parece que ele quer criar um ministério do Comércio Exterior. Isso é muito complicado, entra em choque com o Itamaraty, e o Serra, como ministro do Comércio Exterior, vai querer aumentar o grau de proteção a vários setores ou dar melhores condições aos exportadores, entrando em choque com a equipe econômica.

Não creio que seja o melhor caminho. O Serra tinha me dito também que havia a questão das mesas da Câmara e do Senado. Eu soube que, na verdade, não lhe ofereceram propriamente o lugar de presidente da Comissão de Economia,** mas agora mesmo, dia 5, acabei de falar por telefone com o Sérgio Machado, que ainda aventou essa hipótese. Vamos ver. Acho difícil que o Serra fique fora de qualquer coisa no Senado. E se ele entrar isso não impede que mais tarde eu possa abrir um espaço para ele no governo, já que, havendo reeleição, ele tem suas chances limitadas.

Ontem foi meu aniversário de casamento,*** jantei com a Ruth num restaurante novo aqui de Brasília, o Partenopea, antigo Florentino. Comemos bem, mas a imprensa chateou, porque foi tirar fotografia, a Ruth não gosta dessas coisas, então problemas complicados para nós.

* Houve também um voto em branco.
** Comissão de Assuntos Econômicos do Senado.
*** O casal presidencial completou 44 anos de casamento.

Hoje, depois da natação,* fui diretamente ao Conselho Nacional de Saúde,** onde fiz um discurso forte, dando a nova linha do governo. Lá estava cheio de gente do PT, CUT etc. e corporativistas. Fiz um discurso competente, forte, e fui embora, para que não respondessem. Não sei qual vai ser a reação deles diante do ministro.

Em seguida fui para o Palácio do Planalto, recebi o general Zenildo [de Lucena]*** e depois o presidente da Vale do Rio Doce.**** Nas discussões administrativas que tive com vários ministros, inclusive com o Malan, o Kandir etc., havíamos falado sobre a Vale do Rio Doce. Eles já tinham feito uma reunião com o Clóvis,***** que me disse haverem chegado a um entendimento: os recursos minerais vão ser 50% do BNDES. Isso resolve muita coisa, e é certo.******

Então hoje, quando o presidente da Vale, o Schettino, veio falar comigo, ele já estava tranquilo, e também porque eu já tinha dito, desde a África do Sul,******* que queria que os empregados participassem do processo de privatização. Ele estava muito contente com isso e veio agradecer minha influência decisiva nessa matéria.

Eu tinha estado ontem, dia 4, com Antônio Ermírio de Moraes e José Ermírio de Moraes. Querem comprar a Vale. Eu disse que gostaria que fosse um grupo nacional, mas que eles precisam se preparar para haver competição e devem ter, como eu disse, bala na agulha, porque precisam de recursos para botar lá e não vão comprar na bacia das almas. Tenho medo de que na última hora o Antônio Ermírio retire a oferta e fiquemos sem uma opção nacional. É minha maior preocupação.

* O presidente realizava diariamente exercícios de natação na piscina do Alvorada para tratar suas dores de coluna.
** Instância máxima de deliberação do Sistema Único de Saúde (SUS) e responsável pela aprovação do orçamento do setor.
*** Ministro do Exército.
**** Francisco Schettino.
***** Reunião do Conselho Nacional de Desestatização, órgão consultivo da política de privatização do governo.
****** Imensas jazidas de ouro haviam sido detectadas na área de Carajás e Serra Pelada (Serra Leste), no Pará, no início de 1996. Por causa dessa descoberta, setores do governo, inclusive o próprio presidente, manifestavam dúvidas acerca do edital de privatização da Vale do Rio Doce (em elaboração), pois os recursos minerais não explorados — até então de propriedade da União — acabariam cedidos para o consórcio comprador, além do patrimônio da empresa. Estabeleceu-se na nova redação do edital que o banco estatal ficaria com 50% das jazidas descobertas depois da privatização da empresa, por meio da celebração de um contrato de risco entre BNDES e consórcio comprador para a pesquisa do potencial da área.
******* Alusão à viagem presidencial de novembro de 1996 a Angola e à África do Sul.

Fora isso, houve também uma discussão com o Malan e com o presidente do Banco Central* sobre dois assuntos. Um, o dos precatórios, tema feio, está no Senado, com muita dificuldade. Houve malandragem e acho que o Banco Central ou, pelo menos, algum funcionário não foi suficientemente firme. Mas a malandragem não é deles. É do Senado e, sobretudo, dos governadores, e o [Celso] Pitta** e o Maluf também entraram nisso. É indiscutível que houve dinheiro que foi, vamos dizer claramente, desviado ou roubado. Nesse momento essa questão está sendo votada na Câmara dos Deputados. O outro assunto discutido foi sobre a chance do Michel Temer, que é enorme. Ele deve ganhar com mais de trezentos votos, e isso é bom, o governo fica cada vez mais forte.

Também o Sarney esteve comigo hoje. Disse que, agora que não é mais presidente do Senado, está comigo para valer e quer que eu o utilize à vontade. E me deu uma sugestão boa: nomear o senador Fernando Bezerra para o Ministério dos Transportes. "É um homem limpo, uma boa solução peemedebista, é um senador. Eu não direi isso a ninguém, mas acho que é uma saída alta para o Ministério dos Transportes." Ele também indicou alguém para a Justiça, o [Ronaldo] Perim, de quem eu gosto, mas isso é mais complicado, porque eu soube pelo Tasso, numa solenidade de que participei depois dessa do Ministério da Saúde (o lançamento de uma campanha contra o turismo sexual),*** que o Britto está preocupado com a presença do Rio Grande do Sul. E o Britto gostaria que o [José] Fogaça**** fosse ministro da Justiça. Gosto da ideia também. Perim e Fogaça são boas soluções e mantêm o governo num padrão alto.

Sarney falou da corrupção no DNER***** e a atribuiu ao Newton Cardoso. Eu respondi que não, que o Newton disse que indicou o diretor.****** Mas não, quem o indicou foi o Fernando Diniz, com a anuência do Eduardo Azeredo, e quem se alega estar, não sei, na chefia da malandragem não é ele, é o Wolney [Siqueira],******* que eu nem conheço e, dizem, foi indicado pelo Iris Rezende. Agora eu posso mexer ali por causa da mudança do ministro dos Transportes e da posição do Iris. Também há um diretor financeiro, ao que consta indicado pelo Ronaldo Cunha Lima, mas a pe-

---

* Gustavo Loyola.
** Prefeito recém-empossado de São Paulo (PPB) e ex-secretário municipal de Finanças durante a gestão de Paulo Maluf (1993-97).
*** Lançamento da campanha nacional contra a exploração sexual de crianças e adolescentes durante o Carnaval.
**** Senador (PMDB-RS).
***** Departamento Nacional de Estradas de Rodagem.
****** Sarney e Fernando Henrique se referem ao ex-diretor-geral do DNER, Tarcísio Delgado, ex-deputado federal pelo PFL-MG e prefeito de Juiz de Fora. Na ocasião, o diretor-geral do DNER era Maurício Rasenclever.
******* Diretor de engenharia do DNER.

dido do Quércia, que não tem mais base de apoio, e vamos aproveitar para eliminar essa possibilidade de corrupção no governo. Temos que cortar.

Ainda não sei o resultado das eleições.

São quase onze e meia da noite, ainda do dia 5. O Temer ganhou as eleições, no primeiro turno teve o exatamente necessário para vencer com maioria absoluta.* Houve dificuldade maior em alguns pontos da chapa, mas não nos principais. Isso também reforça a viabilidade do governo e das reformas.

Hoje fiz, de novo, um esforço para saber o que está acontecendo com o Bamerindus. O Zé Eduardo anda aflito, eu não falei com ele porque não quero intermediar nada, mas pedi ao Clóvis que contatasse o pessoal do Banco Central. O Bamerindus tem uma nova proposta de um banco suíço, acho que um pouco melhor do que a que havia inicialmente. O Zé Eduardo está apreensivo porque queria resolver logo a questão, antes do Carnaval, mas é inviável.

Por outro lado, o Malan e o [Gustavo] Loyola, quando estiveram comigo ontem, mencionaram a possibilidade de ver se, politicamente, seria oportuno mexer no Bamerindus agora ou se tínhamos que esperar a questão da reeleição. Eu cortei logo, disse que uma coisa não tem nada a ver com a outra. O Zé Eduardo tem demonstrado dignidade, não vai mudar de posição e, se mudar, temos uma maioria imensa no Senado. A decisão não pode ser senão uma coisa do interesse público. Eles [do BC] ficam com essas preocupações, estão com receio de tomar uma decisão que possa ser criticada, mas não poderão nunca dizer que houve influência política, porque não houve em nenhum caso, de nenhum banco, e não vai haver tampouco no do Bamerindus.

O dia transcorreu com muita gente, muita pressão das pessoas, todos muito eufóricos. Eu me reuni com o prefeito de Fortaleza.** Tasso havia pedido que eu avançasse uma conversa com ele, pois está querendo apoio do governo federal; ele é do PMDB e foi muito contra nós até há pouco, por influência do Paes de Andrade. Tivemos uma boa conversa.

Me reuni com muitos deputados que vieram me felicitar, o Élcio Álvares até colocou seu cargo de líder à minha disposição. O Élcio tem sido corretíssimo, eu não gostaria de afastá-lo. Estive com o Serjão [Sérgio Motta], que fez uma apresentação dos projetos de telecomunicação, como sempre entusiasmado. Ele está realizando algo bom, mas exagera na crítica às críticas que são feitas ao processo de privatização. Brinquei que, se ele fosse ministro do Exterior estávamos perdidos. Mas o que ele disse, na verdade, era certo. A forma é que é sempre um pouco precipitada.

* Michel Temer obteve 257 votos, Carlos Wilson 119 e Prisco Viana 111.
** Juraci Magalhães.

Conversei com ele sobre o Serra, que, tudo indica, está preparando a volta ao governo de uma maneira que não me parece a melhor. Tem que voltar com mais tranquilidade e não quebrando louça, que não vai dar certo. Também não sei o que Serjão fará com essa informação.

HOJE É SEXTA-FEIRA, 7 DE FEVEREIRO. Ontem passei o dia viajando. Fui a Santa Catarina inaugurar uma unidade da termelétrica Jorge Lacerda, esperada há muito tempo e que terminamos nesses dois anos.* Discurseira e tal, Paulo Afonso [Vieira], que é o governador,** voltou da Europa, estava muito entusiasmado, não me parecia preocupado com os precatórios. Aliás, ninguém tocou nesse assunto lá. Achei até estranho.

Juntei todo mundo, o Amin, a Ângela Amin mais o pessoal do PMDB e do PFL, dando um pouco mais de civilidade à nossa política. De lá fui ao Rio Grande do Sul, onde participei de um encontro de donos de jornais do mundo todo.*** Fiz um discurso que até me pareceu bom, mais conceitual, não vi publicado nos jornais de hoje, duvido que tenham captado o sentido do que eu disse sobre imprensa e democracia no mundo contemporâneo.

Antes disso, lançamos uma linha elétrica que vai juntar a Argentina ao Brasil em matéria de energia,**** e o Britto fez um discurso primoroso, os dois Britos, o Raimundo Brito, o ministro da Energia, que é um bom ministro, e o governador Antônio Britto, que está dando um banho lá no Rio Grande.

Do lado de fora, gritaria da CUT, PCdoB, PSTU, contra a reeleição, uma coisa assim meio arcaica. A população aplaudindo a mim, na rua... enfim, tudo que não é grupo organizado. Devo dizer que o Rio Grande está retomando um caminho. Lá também estava o pessoal do PT e do PDT, o presidente da Assembleia é do PDT,***** o prefeito em exercício de Porto Alegre, que é o José Fortunati,****** estava lá. Eu até me confundi, chamei-o prefeito de São Paulo. Gosto dele, brinquei com meu equívoco, um clima muito bom também em Porto Alegre. E voltei.

Hoje passei a manhã cuidando dos meus papéis, só vou mais tarde ao Planalto para despachar com o Clóvis e receber o Josa Nascimento Brito. Falarei também

---

* Inauguração da quarta unidade da usina a carvão, localizada no município de Capivari de Baixo, próximo a Tubarão.
** PMDB.
*** Encontro Mundial de Entidades Jornalísticas, promovido pela Associação Mundial de Jornais (Fiej) em Porto Alegre.
**** Assinatura do edital para a construção da linha de transmissão entre a usina de Garabi, na Argentina, e Itá, na fronteira RS-SC.
***** João Luiz Vargas.
****** Vice-prefeito eleito pelo PT. O prefeito era Raul Pont.

com Malan e mais nada. Vou arrumar papéis e botar minha vida em ordem. Irei amanhã para Londres e depois para a Itália, tive algumas informações telefônicas sobre o que foi feito no PMDB.

O Paes de Andrade prorrogou o mandato da executiva, uma coisa patética, ele era contra a reeleição e prorroga o seu próprio mandato junto com o da executiva! Tudo isso tendo em vista a sucessão de 1998, pois eles querem manter o PMDB na oposição e abrir um espaço para o Itamar ser candidato.

Estive também, ontem de manhã, com o Maurício Corrêa.* Ele veio, a meu pedido, conversar sobre o Itamar, que, segundo ele, é candidato. Acredita que o Itamar não tem condições, mas que vai dar trabalho, por causa do Plano Real. Aqueles que presenciaram o processo [do Real] sabem que o Itamar me deu toda a força, mas não acompanhou as coisas, foi contra várias medidas, mas não é essa a questão. O Itamar não tem condições de ser presidente da República, todo mundo que trabalhou perto dele sabe. É boa pessoa, me ajudou muito, sou grato, mas não tem condições de governar o Brasil. Já não governou, a não ser na primeira fase do seu período, em que levou o Brasil a um zigue-zague terrível, até que eu segurei a peteca. Só não quero que isso se transforme numa coisa pessoal, porque senão o Itamar tem um piti, vira uma coisa muito personalizada. Vou ter que levar isso com muito cuidado, com muito jeito.

Ainda hoje, li na imprensa um comentário da Dora Kramer e outro do Villas--Bôas [Corrêa] (só li o *Jornal do Brasil*) com a ideia de que agora o governo é imperial, "D. Fernando Henrique Primeiro e Único", diz o Villas-Bôas. Dora fala da minha arrogância e da do Maluf. Dá exemplos de arrogância, e nenhum é meu, tudo é coisa do Serjão, que cometeu a imprudência imensa de atacar sem necessidade o [Jaime] Lerner — disse que queria "esmagar" o Lerner —, o que me obrigou a pedir desculpas a ele. Depois a aliança do Serjão com o Inocêncio. A Dora diz que esses exemplos de arrogância são uma coisa terrível. Os dois disseram, em tom de brincadeira, que foi constituída uma aliança "para o mal". Depois da [emenda da] reeleição, houve mesmo petulância, mas não minha.

É curioso, tudo que "é o Planalto" sou eu, como se eu fosse tudo ou qualquer coisa que haja no governo. Realmente existe uma personalização brutal, não do poder, mas do símbolo do poder no Brasil. Se fosse o poder, eu seria mais que monarca, um ditador, um monarca absoluto. É o que eles dizem, porque atribuem tudo ao presidente. Os que me conhecem sabem que, embora hoje, com essas vitórias políticas, eu me encontre numa condição de poder excepcional, isso vem quase a despeito do meu estilo, que não é usar e abusar do poder nem me sentir, digamos, gratificado por esse inchaço de poder. Não é o meu estilo. O meu estilo é muito mais buscar as pessoas e trazê-las junto, negociar e ceder. Não obstante, vai se formando [essa impressão]; sei lá como

* Ministro do STF e ex-ministro da Justiça do governo Itamar Franco.

a História vai julgar isso. Se ela se basear nos jornais, vai parecer que sou um tremendo prepotente.

A toda hora vejo isso, até um ministro do Supremo reclamou, Celso [de Mello]. Disse que estamos abusando de medidas provisórias. Ora, nunca vi ministro do Supremo se meter a opinar assim. Marco Aurélio [Mello] também mostrou-se a favor de uma questão sobre funcionários,* e nunca vi na História ministros do Supremo opinarem. Imagina se eu passasse a dar opiniões a respeito do Supremo. É extraordinária essa inversão de papéis, e agora sou responsabilizado por essa "feição imperial". Bom, vamos lá!

---

* Mello era relator do mandado de segurança impetrado por um grupo de onze servidores civis da União contra a defasagem salarial em relação aos militares desde o governo Collor. Pela imprensa, o ministro se manifestou favoravelmente à causa dos funcionários públicos antes do julgamento, marcado para 19 de fevereiro.

17 DE FEVEREIRO DE 1997

Viagem à Inglaterra e à Itália

Hoje é 17 de fevereiro, uma segunda-feira. Depois de uma longa volta pela Europa, estou retomando as gravações. Vou registrar livremente o que aconteceu na Europa, porque essas viagens não me dão tempo sequer de gravar. São viagens pesadas. Por mais que a gente olhe o cronograma e tente fazer uma agenda mais leve, não consegue.

Vamos ver primeiro a Inglaterra, por onde fiz uma passagem rápida e positiva. Me encontrei com cerca de quatrocentos empresários ingleses e com o primeiro-ministro [John] Major, que assistiu à minha palestra.* Depois almocei com ele, com o presidente do Peru, [Alberto] Fujimori, e com o presidente do Panamá.** A conversa foi a respeito do Brasil e das minhas ideias. Estavam lá alguns ministros, o [Malcolm] Rifkind, ministro do Exterior, o ministro do Comércio*** da Inglaterra, e Leon Brittan,**** que é o homem do Mercado Comum e quem cria as maiores dificuldades às nossas negociações com a União Europeia, desta com o Mercosul e tudo mais. Leon Brittan disse que acha que em dezoito meses teremos encaminhada a questão dos produtos agrícolas.***** Eu duvido; fui enfático, no discurso e na conversa, sobre a necessidade de avançarmos nessa área, porque senão as concessões ficam unilaterais.

O discurso que fiz para os ingleses foi longo demais. Em todo caso, minucioso, e sempre interrompo [a leitura] para fazer uma ou outra observação mais direta, e às vezes bem-humorada, que os ingleses gostam. As repercussões ouvidas foram as melhores possíveis. O Clóvis Carvalho, que foi comigo, achou o discurso muito detalhado e longo. Ele tem razão. O Rubens Barbosa, nosso embaixador em Londres, que aliás é excelente e vem trabalhando muito bem, tem um pouco a obsessão de dar explicações completas. Obsessão compreensível, porque, do ponto de vista dos empresários, fica registrado e, ficando registrado com detalhes, é mais fácil eles entenderem a situação brasileira. Acho que foi apenas uma reunião, digamos assim, de promoção do Brasil, nada de mais excepcional.

Recebi muitos investidores. A conversa de sempre, de confiança no Brasil e que vão fazer o que é necessário.

---

* O presidente discursou como convidado de honra na conferência "Link into Latin America", promovida pelo governo e por empresários britânicos.
** Ernesto Balladares.
*** Anthony Nelson.
**** Comissário de Relações Exteriores da Comissão Europeia.
***** O Brasil cobrava da União Europeia a redução dos subsídios agrícolas e de outras barreiras comerciais que prejudicavam a exportação de produtos brasileiros para o continente.

Falei com o Fujimori, que foi me ver, e com o presidente do Panamá. O panamenho, muito interessado em que o Brasil tenha uma posição mais ativa na América Central, e o Fujimori em que o Brasil assuma, palavras dele, a liderança na negociação sobre Alca* com os Estados Unidos. E, claro, os americanos já perceberam a dificuldade da integração hemisférica, porque o Brasil está colocando a coisa nos trilhos: primeiro a integração do Cone Sul e da América do Sul. Claro que vai ser um tema espinhoso. O Rubens me deu um documento sobre essa matéria propondo que haja uma reunião dos quatro grandes: Índia, Brasil, China e Indonésia, para discutirmos mais em profundidade as nossas questões. São ideias boas, mas precisamos ver como se operacionalizam.

Fora isso, almoço agradável numa cidadezinha chamada Bray, perto de Londres, comida excepcional. Os deputados que foram comigo, o [Manoel Rodrigues] Palma,** o [Luciano] Pizzatto*** e o Pauderney Avelino,**** mais o senador [Gerson] Camata,***** ficaram entusiasmados com tudo que viram lá e se comportaram muito bem.

Depois tivemos recepção na embaixada, revi minha prima Maria Leonor [Bastos Cardoso], que mora em Londres, e de lá partimos à tarde para Roma.

Em Roma nos hospedamos na Piazza Navona, no Palazzo Pamphili,****** que é soberbo, extraordinário, mas com o embaixador em Roma, que é o [Paulo] Pires do Rio, não tenho a mesma intimidade que tenho com o Rubens [Barbosa], que é amigo de longa data, e com a Maria Inês, mulher dele, neta do Oswaldo Aranha. Nós nos conhecemos de longos anos.

A cidade de Roma me pareceu um pouco caída. Fiz essa observação, mas ninguém concordou comigo. Li quase todo o livro de Afonso Arinos, *Amor a Roma*, e talvez por estar entusiasmado com ele tenha me chocado um pouco certa, como vou dizer, falta de brilho da cidade, pelo menos comparada com Paris e com a Roma que já vi em momentos mais radiosos. Às vezes depende da luz do dia, dessas coisas que variam muito.

Em Roma repetiu-se tudo. Falei com os empresários na Confindustria,******* mesma coisa, os mesmos empresários presentes, o mesmo impacto, almocei com eles,

---

* Área de Livre Comércio das Américas, cuja criação fora acertada pelos países do continente na I Reunião de Cúpula das Américas, em dezembro de 1994. Segundo o acordo, a Alca deveria entrar em vigor em 2005.
** PTB-MT.
*** PFL-PR.
**** PPB-AM, vice-líder do governo.
***** PMDB-ES.
****** Sede da embaixada brasileira na Itália, construída no século XVII pelo cardeal Giovanni Battista Pamphili, eleito papa em 1644 como Inocêncio X.
******* Entidade patronal das indústrias italianas. O presidente discursou durante o seminário Brasil-Itália: Uma Parceria para o Futuro".

recebi para jantar o [Gianni] Agnelli, que estava eufórico com o crescimento da Fiat no Brasil, recebi o presidente da Parmalat,* recebi a pessoa que comprou não só a Cica, mas ainda a Bombril, para criar uma multinacional brasileira com 2 bilhões de dólares,** recebi o presidente da Stet,*** falei com o presidente da empresa de petróleo da Itália,**** com este último num banquete que oferecemos no Palazzo Pamphili ao presidente da Itália, [Oscar Luigi] Scalfaro. Ele foi simpaticíssimo, como já tinha sido no Brasil.*****

Visitei o Quirinale****** meticulosamente, depois jantei lá com o presidente e com muita gente, enfim a parcela política mais importante da Itália. Estava lá uma pessoa por quem tenho muita simpatia, Giorgio Napolitano, ex-líder comunista e hoje ministro da Justiça. Ele é do PDS,******* um partido novo, o partido comunista refeito na Itália, e ministro do Scalfaro.********

O Scalfaro conversou comigo daquela maneira que ele sabe fazer, como um velho italiano, ele é muito católico, conservador nos costumes, mas agudo na conversa, bom observador. Gosta do Felipe González, do Mário Soares, gosta muito do [Jorge] Sampaio, o novo presidente de Portugal, tem uma relação mais distante com o [José María] Aznar, gosta do rei da Espanha, desconfia do [Jacques] Chirac, não tem lá tanto entusiasmo por ele nem pelo Major. Acha o [Boris] Iéltsin uma coisa extraordinária e gosta do [Helmut] Kohl. Fez essas observações com muita tranquilidade. Estava entusiasmado com a viagem que tinha feito ao Brasil, pois sentiu como é forte a presença da Itália aqui, sobretudo em São Paulo, onde ele foi recebido por cerca de 5 mil pessoas, num estádio,********* coisa que o deixou muito comovido. E à sua filha,********** que lá estava também.

Encontrei-me mais de uma vez com o Scalfaro. Ele falou da importância da relação entre Brasil e Itália em termos com que todos concordamos.

No dia seguinte, fomos a Bolonha, onde recebi o doutorado honoris causa.*********** O reitor************ fez um discurso muito simpático e Francesca [Zan-

---

* Calisto Tanzi.
** Sergio Cragnotti. A Bombril, empresa da holding Cragnotti & Partners, comprou 80% do grupo italiano Cirio em abril de 1997. Cragnotti já controlava os dois grupos. A compra da Cica — incorporada pela Unilever em 1993 — pelo grupo Bombril-Cirio acabou não se concretizando.
*** Ernesto Pascale.
**** Franco Bernabè, presidente da ENI.
***** Scalfaro visitou o Brasil em junho de 1995.
****** Palazzo del Quirinale, residência oficial do presidente da República.
******* Partito Democratico della Sinistra, fundado em 1991.
******** Ministro do Interior.
********* Estádio do Palmeiras, em São Paulo, fundado por imigrantes italianos, em 1914, com o nome Società Sportiva Palestra Italia.
********** Marianna Scalfaro.
*********** Pela Università degli Studi de Bolonha, a mais antiga do mundo, fundada em 1088.
************ Fabio Roversi Monaco.

notti], que conheci há muito anos e que é diretora da Faculdade de Ciências Políticas, fez uma apresentação também agradável. O discurso mais laudatório foi o de Giorgio Alberti,* responsável por eu ter recebido esse doutorado honoris causa. Foi com ele que trabalhei mais de perto na Universidade de Bolonha.

Fato singular, o primeiro-ministro da Itália, [Romano] Prodi, assistiu ao doutorado. Na véspera estivemos juntos, com alguns membros do governo, meu e dele. Homem simpaticíssimo, inteligente, foi presidente do IRI,** conglomerado das empresas estatais italianas (que no passado teve um papel decisivo). É político há dois ou três anos, no máximo, e já chegou a primeiro-ministro, com uma visão bastante clara, favorável à integração europeia. Acha que o Tratado de Maastricht*** vai salvar a Itália, porque obrigará a certa disciplina. A Itália é um país plástico, um país que, diz ele, imita bem. Embora não produza tanto, desenvolveu indústria mecânica, mas não possui indústria química, por exemplo, e tem lá suas peculiaridades. Precisa de disciplina. Por causa da Previdência Social etc. Enfim, coisas semelhantes às do Brasil.

O Prodi é um grande economista, conhece o Brasil bem e me impressionou muito. Homem afável, alegre e que vive, como ele mesmo disse, divertindo-se; sua atitude é "divertente", como primeiro-ministro ele se diverte. Enfim, me pareceu uma pessoa de espírito, com senso de humor, inteligente. E me surpreendeu ele ter ido ver a entrega do doutorado honoris causa, com todo aquele cerimonial medieval, procissão de professores, togas, *capello* e tudo mais. Recebi o *capello*, o anel e o livro do reitor, de acordo com a tradição medieval, discursei em italiano, li em italiano. Eu falo muito mal o italiano, mas me viro, entendo bem e, não havendo alternativa, falo; para ler não é difícil. Claro que treinei um pouco, mas li. E gostaram, porque é um gesto de simpatia. O italiano é como o português. É uma língua pouco falada no mundo, então quando alguém fala, eles gostam.

Na volta para Roma, levei de carona o Prodi. Algo sensacional — foi sem ninguém, sem segurança, nada, uma coisa realmente memorável. Outra civilização, não é como eu vivo no Brasil, prisioneiro do cerimonial e da segurança.

Nesse mesmo dia, jantei com Agnelli e com a direção da Fiat, todos eufóricos com o desenvolvimento da Fiat no Brasil.

No dia seguinte, em Bolonha, tivemos a recepção do papa João Paulo II,**** com um cerimonial espetacular. Eu de casaca, medalhas, o papa me deu uma Ordem Piana,***** que é de Pio IX****** e não sei o que mais. Os cardeais foram cedo à embai-

---

* Professor da Faculdade de Ciências Políticas.
** Istituto per la Ricostruzione Industriale, holding estatal extinta em 2002.
*** Assinado pelos países-membros da Comunidade Europeia na Holanda, em 1992. O tratado criou a União Europeia e estabeleceu as bases legais do euro.
**** Foi a primeira visita de Estado de um presidente brasileiro ao Vaticano.
***** O presidente foi condecorado com a Grã-Cruz da Ordem Piana da Santa Sé.
****** Papa entre 1846 e 1878.

xada do Brasil na Itália me impor a ordem, depois fui recebido, na própria embaixada, pelos gentis-homens, que me levaram até o Vaticano, um marquês... Lá me esperava um príncipe, com vários outros gentis-homens. Ficamos num estado de certa ansiedade pela chegada do papa. Quando chegou, avancei para falar com ele, a Ruth ficou retida e foi conversar na outra sala com os cardeais, parece que sozinha; suponho que a Lenir Lampreia e a Maria Helena [Gregori] também. Fiquei sozinho com o papa.

O papa é simpático, tem jeito de um homem que deve ter sido determinado, a esta altura da vida me pareceu menos determinado e um pouco mais contemplativo. Os assuntos que mencionei à imprensa foram os assuntos realmente tratados. Ele foi gentil, não tocou em nenhum tema que não fosse de apoio ao Brasil e a mim, uma conversa tranquila, de mais de meia hora, em que falei da questão agrária. Não culpei ninguém, nem nesse tema nem em coisa nenhuma. Fiz lá alguns reparos sobre a falta de compreensão, muitas vezes, do que é possível fazer, enquanto as pessoas esperam o impossível. Também falei, de passagem, do número de cardeais, enfim, analisamos bastante a situação do Brasil.

Ele conversou muito sobre Cuba. Não contei à imprensa porque não quis dar a sensação de que entramos nesses temas. Curiosamente, ele teve simpatia pelo Fidel Castro* e o achou um homem de fundo cristão; me pareceu uma observação genuína do papa. Aliás, também tenho essa impressão do Fidel Castro a esta altura da vida. A de um homem mais moderado. Não sei se ele terá capacidade de romper com sua biografia e fazer o que Cuba precisa que ele faça, mas seria muito bom que ele próprio liderasse essa nova etapa pela qual o país tanto anseia — e que vai acontecer —, de mais liberdade e de uma forma quem sabe menos selvagem de socialismo e de capitalismo. Mas não creio que Fidel tenha capacidade de se ver em outro papel que não o tradicional. Talvez ele seja demasiado estátua para poder aceitar uma mudança não de função, mas de visão do mundo. Achei que o papa aposta [nessa mudança] em Cuba.

Depois conversei mais longamente com o cardeal [Angelo] Sodano, homem forte do Vaticano e seu ministro de Relações Exteriores. Também ele falou de Cuba, porém sua visão me pareceu mais conservadora. Sodano estava separado, segundo disse, de Fidel por uma ministra encarregada do culto, que era muito mais dura do que Fidel.

Com Sodano, além de falar um pouco mais sobre assuntos que eu já havia tratado com o papa, conversei sobre o pagamento aos professores de ensino religioso.** Eu disse que o ministro Paulo Renato estava formando uma comissão para

---

* Castro visitara o Vaticano pela primeira vez em novembro de 1996.
** A Lei de Diretrizes e Bases da Educação (LDB) aprovada pelo Congresso no final de 1996 estabeleceu que o ensino religioso deve ser oferecido em caráter facultativo nas escolas públicas. O governo negociava dividir os custos com a Igreja.

tratar do assunto e Sodano se deu por satisfeito. Quando falamos sobre os índios, ele disse apenas que em Roraima havia um bispo novo,* recém-chegado, que vivia cobrando dele atitudes mais firmes. Acho que queria apenas que eu dissesse ao bispo que sua demanda me tinha sido transmitida. Expliquei-lhe a questão das terras indígenas.** O Jobim estava comigo na viagem, almoçaria com os cardeais, como de fato almoçamos todos juntos na embaixada, e explicaria melhor.

Eu já tinha visitado na véspera a Capela Sistina, que está maravilhosa. Recordo dela antes da restauração. Agora ficou espetacular. Também a Capela Paulina, onde estão os últimos afrescos pintados por Michelangelo já com 75 anos, uma coisa impressionante. O Vaticano possui locais muito bonitos. No final da cerimônia de visita oficial ao Vaticano, percorre-se a Basílica de São Pedro vazia, porque quando há uma visita de Estado eles fecham a praça de São Pedro, o povo fica lá longe, há honras militares na despedida de um presidente da República. Eu, o cardeal-arcebispo de São Pedro,*** uns seis *monsignores* e o prefeito do Vaticano,**** que também é arcebispo, percorremos a basílica para vermos um dos lados da Capela de Michelangelo, a parte do transepto, diante do altar de São Pedro. Antes, em outro altar, tivemos que parar para ver melhor. Nos dois [altares] havia sido posto um genuflexório, e tanto Ruth quanto eu, claro, seguimos o cerimonial e nos ajoelhamos. Depois o arcebispo veio dizer que bastava, que podíamos ir embora. Tudo muito formal, controlado, bonito, impressionante mesmo.

Acho que o Vaticano ficou esclarecido, como aliás foi reforçado no almoço com os cardeais na nossa embaixada. Lá estava o Sodano, um cardeal da África, o cardeal [Roger] Etchegaray, um francês basco, e vários outros bispos, arcebispos e cardeais. Estava também d. Carlo Furno, que foi núncio no Brasil. Um ambiente muito descontraído, conversamos bastante, explicamos a questão dos indígenas. O cardeal Etchegaray me perguntou sobre a influência do Vicentinho [Vicente Paulo da Silva],***** porque tinha estado com ele. Expliquei que era grande, mas limitada, enfim, uma conversa civilizada. Fiz em francês, uma saudação quase familiar, de que eles gostaram. O Sodano respondeu, lendo um texto em português. O ambiente claramente reafirmava o que o papa tinha me dito: entre o Vaticano e o governo do Brasil não há diferenças, problema algum. Temos relações excelentes.

---

* D. Aparecido José Dias, presidente do Conselho Indigenista Missionário (Cimi).

** O decreto nº 1775, de 8 de janeiro de 1996, alterou as regras para a demarcação de terras indígenas, autorizando fazendeiros a questionar na Justiça a desapropriação de suas propriedades. A medida foi criticada pela Anistia Internacional e pelo Parlamento Europeu.

*** Virgilio Noè.

**** Dino Monduzzi.

***** Presidente da CUT.

Resumo assim a visita ao Vaticano: tudo repercutiu muito bem no Brasil em termos de imagem, o povo gosta de um pouco de pompa. E como era Carnaval* e eu estava trabalhando, as repercussões econômicas e mesmo as maldades habituais não ocorreram (os rumores, é ateu, não é ateu, o de sempre, isso eu já tiro de letra). Dessa vez não houve críticas maiores, embora essas viagens sejam sempre criticadas.

De política, quase nada. No almoço no Vaticano, encontrei o Luís Eduardo, falamos um pouco sobre o Jobim ser indicado para o Supremo. Vamos esperar, para não permitir que se faça alguma mexida antes da discussão do segundo turno da votação da reeleição. No mais, apenas relações de boa vizinhança com os deputados e senadores que me acompanhavam. Aliás, todos são do meu lado mesmo, não era preciso um grande esforço, apenas gentileza, e gostei da companhia deles. Assim como na ida, na volta, no avião, jogamos um poquerzinho para perder pouco ou ganhar pouco.

Chegamos aqui e passei esses dois últimos dias, sábado e domingo, arrumando livros.

Recebi o Aécio Neves ontem de manhã, domingo, ele quer se colocar como candidato à liderança do PSDB, mas diz que depende de mim. Depois recebi o Paulo Henrique Amorim para uma entrevista. Ele vai lançar um programa novo na Rede Bandeirantes.

À noite, o Sérgio Motta repassou os problemas habituais, também nada que me parecesse novo, por mim não precisava de tanta urgência na conversa, mas é que hoje as lideranças dos partidos têm um encontro, o Sérgio estará lá, por isso queria minha orientação.

No sábado, recebi o Marco Maciel, que me deu conta de que o único problema que houve foi com os índios krikati, do Maranhão, que derrubaram uma torre de energia elétrica, e a Roseana Sarney quis chamar a tropa federal.** O Marco, muito ponderado, não chamou tropa nenhuma, e agora, há poucos minutos, falei com o ministro Brito, que disse que já está tudo refeito.

O Brito, aliás, está na Amazônia vendo a questão do linhão de Tucuruí para a cidade de Altamira.*** Estava em Manaus para a inauguração de uma nova unidade termelétrica e muito entusiasmado com o programa [elétrico] que está acontecendo na Amazônia.

Falei pelo telefone com o [Alberto] Goldman.**** Ele estará comigo amanhã para conversar sobre a liderança do PMDB e possivelmente também sobre a relatoria

---

* A terça-feira de Carnaval caiu em 11 de fevereiro.
** Os krikatis — que exigiam a homologação de sua reserva, na região de Montes Altos — incendiaram duas torres de transmissão da Eletronorte. Posseiros e madeireiros, estimulados por políticos locais contrários à demarcação (prevista desde 1992), haviam invadido a terra indígena.
*** O linhão Tramo-Oeste, inaugurado em 1998, leva energia da usina hidrelétrica de Tucuruí para municípios do oeste paraense, inclusive Altamira.
**** Deputado federal (PMDB-SP).

da Lei Geral de Telecomunicações,* que é muito importante. Prefiro que [o relator] seja o Goldman, e não o Paulo Bornhausen,** que é jovem demais para uma tarefa tão complexa.

Fora isso, despacho normal com o Clóvis e o Eduardo Jorge, que já tinha estado com o Vilmar, preocupações com as questões da saúde, para que elas deslanchem, e também com a reforma agrária. Ficamos surpresos porque o ministro do Trabalho, o Paulo Paiva, retreinou, teoricamente, 120 mil pessoas nos assentamentos rurais; pelo menos colocou recursos à disposição. Desconfio que esses recursos não estejam sendo utilizados, na totalidade, para aperfeiçoar o treino anterior. O MST recebeu uma parte deles, não há controles efetivos na administração pública.

E ainda li um artigo do Giannotti,*** que não é mau, mas que foi apresentado pelo Paulo Henrique Amorim como sendo crítico a mim. Também o Lula disse uns disparates em duas entrevistas sobre gasto público. Ele não entende nada do assunto; a *Folha* também disse bobagens sobre a mesma matéria. Giannotti fez um artigo analítico, embora sempre haja no final umas inconveniências, porque ele não conhece o assunto suficientemente e fica escrevendo que é preciso mudar o ministério, para o ministério se integrar num projeto global de reformulação da democracia no Brasil. Ele está longe de saber a complexidade das coisas aqui. A crítica mais geral, eu já tinha visto num texto anterior, e até comentado com ele, não é errada. Há uma porção de coisas que se dizem agora. Só que o Giannotti também cai na ilusão — ainda não li o que ele disse no *Jornal do Brasil* de hoje — de que "agora" eu posso tudo. É a mesma ideia de que virei imperador, a que já me referi. Charges nesse sentido, com fotografia minha com a Ruth e o prefeito de Roma**** (falei também com ele em Roma), e a estátua equestre de Marco Aurélio no fundo, falando de "dois imperadores". Enfim, essa ideia de que agora eu tenho todo o poder. Ilusão.

Não tenho esse poder, numa sociedade complexa e democrática ninguém tem, e não adianta ficar me cobrando o que não posso fazer. O Giannotti cobra, não sei se de mim ou da sociedade, não fica claro, que é preciso refazer todo o sistema político no sentido da democratização. Não que eu esteja em desacordo, mas quero saber: como? Tenho que tomar conta da agenda. Saber o que se faz primeiro, o que se faz depois, e esta é a minha chave de ouro: tenho o controle do tempo. Eles pensam que eu posso fazer tudo a qualquer momento, não têm uma noção sequencial.

---

* O projeto da Lei Geral de Telecomunicações fora encaminhado pelo governo ao Congresso em dezembro de 1996. O projeto previa a criação da Agência Brasileira de Telecomunicações, precursora da Anatel, e a privatização da Telebrás, estabelecendo um novo marco regulatório para o setor. A lei foi sancionada em julho de 1997.
** Deputado federal (PFL-SC).
*** "A favor da grande política", em *O Estado de S. Paulo* de 16 de fevereiro.
**** Francesco Rutelli.

Nada mais de novo a não ser os rumores persistentes e de vários lados de que o Serra articula uma volta, eventualmente triunfal, para o governo. Triunfal quer dizer afetando a área econômica. Claro, não vai dar certo se for por aí.

É o que há para registrar. Embora eu tenha comprimido demais essa viagem, foi uma semana muito intensa, proveitosa do ponto de vista pessoal. Ruth também gostou, estava bem-disposta, alegre, o que me deixa sempre mais contente. Roma, especialmente, foi muito interessante, revi uma porção de coisas, sempre fazemos isso, mas como é bom rever certos momentos culturais tão densos de história, de civilização.

Devo dizer que o Palazzo Pamphili é extraordinário, demanda um custo alto, excessivo para o país, mas é muito bonito. A *loggia* onde jantamos é deslumbrante, quase até mais do que a sala de jantar do Quirinale. Pelo menos algum senso estético se consegue reavivar nesse tipo de viagem. Em Bolonha, vimos rapidamente uma exposição do [Giorgio] Morandi. Gosto muito dele, mas é difícil vê-lo estando eu cercado de tanta gente, de fotógrafos e tudo mais, e naquele momento havia certa ansiedade, porque diziam que haveria uma manifestação contra o doutorado honoris causa. Não houve nada. Apenas alguém distribuindo uns panfletos com um documento que não chegou a mim, dizem que de alguns intelectuais italianos, sobre a situação no Brasil.* Devem estar preocupados com a mesma coisa de sempre: reforma agrária, e tal, sempre essas incompreensões, como se o presidente tudo pudesse e nada quisesse fazer.

São nove horas da noite, ainda da segunda-feira 17 de fevereiro. Uma coisa bastante desagradável: morreu Darcy Ribeiro. Fui vê-lo no Hospital Sarah Kubistchek, ele ainda estava na cama, inchado, não tinha sido preparado, teve uma resistência extraordinária e entrou em coma hoje de manhã. Ainda ontem estava trabalhando. Coincidência, hoje escrevi uma carta a ele, endereçando um discurso que fiz na prefeitura de Roma, no Campidoglio,** em que o citava, e escrevi um bilhetinho brincalhão com ele.

Darcy foi meu amigo nos últimos quarenta anos. Roberto Cardoso de Oliveira, meu cunhado, trabalhou com ele no Museu do Índio no Rio de Janeiro. Ia tomar banho de mar e ficava na casa do meu pai,*** lá no Arpoador, no Posto 7, e conversávamos, brigávamos, discutíamos. Naquele tempo ele era casado com a Berta [Gleizer Ribeiro], me recordo da casa dele no subúrbio do Rio de Janeiro, casa simpática, modesta.

---

* Abaixo-assinado contra a desigualdade social e fundiária no Brasil, subscrito por intelectuais e sindicalistas italianos.
** Piazza del Campidoglio, onde se situa o Palazzo Senatorio, sede da comuna de Roma.
*** General Leônidas Cardoso.

Depois, coisas da vida, brigou comigo por causa da Universidade de Brasília. Ele queria trazer todos [os cientistas sociais da USP] para cá, eu não quis vir, então ele rompeu com os paulistas. Depois, pelo exílio afora, encontrei-me com ele em vários momentos. No Senado,* ajudou a Lei de Diretrizes e Bases da Educação,** deu declarações surpreendentes sobre vários assuntos, sempre foi muito companheiro meu, generoso até, amigo. Era difícil, mandão, grande imaginação, não tinha a paciência do estudo equivalente à imaginação, talvez se tivesse não sei se seria capaz de tanta imaginação. De qualquer forma, foi um antropólogo de qualidade, e o resto é indiscutível: trabalhou bastante bem na educação.*** Era uma referência. Quando punha a mão, fazia coisas extraordinárias, era uma espécie de renascentista brasileiro. O que é o barroco mineiro senão um renascimento? Hélio Jaguaribe, Darcy Ribeiro são exemplos disso. Celso Furtado é mais comedido, é mais ao meu estilo. Darcy é um dos últimos dessa geração de visão abrangente, talvez não tenha tido nunca a erudição do Hélio, mas tinha a intuição de poucos. Pouca gente tinha a intuição criativa do Darcy.

No último almoço comigo, aqui no Palácio da Alvorada, propôs a criação de novas coisas, uma universidade aberta pela televisão, veio com o croqui de um prédio de escola elementar que ele queria que eu fizesse, sempre a mesma ideia generosa, e uma arquitetura (ou do [Oscar] Niemeyer ou do Lelé [Filgueiras], arquiteto aqui de Brasília) que conteria em si própria as virtudes de transformar o mundo. Ele acreditava nesses talismãs que ia inventando. Foi uma perda, uma grande perda.

No Senado não houve outro com a verve do Darcy. Não na política, mas de modo geral. Poucos no Brasil tiveram tanto engenho. Melhor, tanta arte. Quando o conheci, ele ainda era casado com a Berta. Ela lia os livros para ele, que não lia línguas estrangeiras; era dedicada, escreveu um livro sobre arte plumária junto com ele,**** depois se separaram. Darcy teve sempre muitos amores. Deixa saudade.

---

* Darcy Ribeiro era senador pelo PDT-RJ, eleito em 1990.
** Autor do substitutivo do projeto de lei do senador Marco Maciel (PFL-PE) que deu origem à LDB. A LDB foi posteriormente batizada de Lei Darcy Ribeiro.
*** Darcy Ribeiro foi ministro da Educação durante o governo João Goulart (1962-63), além de fundador e primeiro reitor da Universidade de Brasília (1961-62). No primeiro governo de Leonel Brizola no Rio de Janeiro (1983-87), eleito vice-governador, acumulou o cargo de secretário de Ciência e Cultura e implantou os Centros Integrados de Educação Pública (Cieps).
**** *Arte plumária dos índios Kaapor* (1957).

18 A 27 DE FEVEREIRO DE 1997

Polêmica com o Supremo. Aprovação em segundo turno da emenda da reeleição. Desavenças na base aliada

Hoje é 18 de fevereiro, nove e vinte da manhã. Estou me preparando para ir ao Planalto. Apenas uns breves comentários para acrescentar ao que já anotei ontem sobre a morte do Darcy, que realmente me comoveu. Lembro-me que quando fugi do Brasil em 1964, uma das acusações que havia contra mim era de ter dado cobertura ao Darcy com um Grupo de Onze,* quando ele foi fazer uma conferência em São Paulo na Faculdade de Direito do Mackenzie. Nem me lembro do alegado, de fato falei pelo telefone com ele, aconselhando-o a não ir a São Paulo porque ele poderia ser objeto até mesmo de um atentado — na época ele era ministro-chefe da Casa Civil do Jango. Só isso. Eu não tinha nenhum contato com o Grupo de Onze. Por aí se vê que as ligações que tenho com Darcy — que tinha — eram extensas e variadas.

Li ontem à noite uns comentários que o Chico de Oliveira [Francisco de Oliveira]** fez no *Jornal do Brasil* e o Giannotti repercutiu. Há ali uma frase que vai me atormentar, ele disse que eu corro o risco de me tornar um déspota esclarecido. Meu incômodo não tem nada a ver com a análise dele, mas alguém vai pegar a frase. A análise do Giannotti é boa, salvo na parte final, porque ele não entende de partidos nem de poder real nem de ministério, não devia entrar nisso, mas a análise tem a minha concordância. Até na entrevista que dei ao Paulo Henrique Amorim me traí, disse que tinha visto a versão inicial do texto, que é verdade.

Entretanto, o Chico diz que tenho uma posição getuliana. A mesma coisa que o [Pedro] Simon*** disse outro dia e que estão todos dizendo, e que é verdadeiro também, no sentido de que há um cesarismo implícito. O Modesto Carvalhosa,**** outro que não sabe muito das coisas de política prática, falou desse cesarismo como se fosse um problema meu, quando na verdade é um problema do país. Estou justamente tentando evitar assumir um papel de César. Ao contrário, estou procurando ver se a gente institucionaliza alguma coisa diferente do sistema fragmentário de partidos que aí está. É um grande desafio, porque a sociedade avançou, mas não politicamente. As organizações da sociedade civil não sabem

---

* Os Grupos de Onze Companheiros, conhecidos como Grupo de Onze, foram células políticas ou "comandos nacionalistas" idealizadas por Leonel Brizola no final de 1963 para pressionar pela implantação das "reformas de base" pelo governo.
** Professor de sociologia da USP.
*** Senador (PMDB-RS).
**** Jurista e advogado paulista.

dialogar na área política, e a política não dá atenção à sociedade civil. Há um hiato realmente, e só com o tempo e muito trabalho se consegue tecer os fios [para juntar política e sociedade]. Não é obra de uma pessoa nem de um decreto. Acho divertido ver como as análises do Chico ao Giannotti, passando pela do Modesto Carvalhosa, todas, incidem no mesmo erro, como se a questão central fosse agora o superpoder que eu teria recebido. Na verdade [a situação] não mudou muito em termos de poder. Apenas evitei que a borrasca caísse na minha cabeça, mas isso não significa que penso ter mais poder. Tenho o mesmo Congresso, as mesmas dificuldades para fazer as reformas.

Ontem à noite o Malan esteve comigo ponderando que precisamos fazer depressa a reforma fiscal. No fundo, é não aumentar salário de funcionários, salário mínimo, salário de aposentados e cortar alguns gastos. Isso já está muito controlado. Acho que está havendo também um embate ideológico. Como a equipe econômica não quer enfrentar a questão do déficit comercial de outra maneira, ou seja, com a desvalorização do câmbio ou algum outro mecanismo que leve ao aumento das exportações, então, busca de quem é a culpa. A culpa é do déficit, e isso passa pelo mundo afora. O grande risco é o déficit fiscal. É tudo um processo. Estamos ajustando esse déficit. É duro, mas não cedemos nem cederei.

E vez por outra vem o argumento do receio de que "como agora haverá reeleição" não se façam os cortes. Eu disse ao Malan: "Deixe isso de lado, para mim reeleição depende de duas coisas, de o Plano Real estar mantido, portanto de uma moeda estável, porque é isso que dá poder de compra ao povo, e da existência da percepção de que o Brasil está se desenvolvendo". Esse desenvolvimento é basicamente da atividade privada. O governo tem que complementar com infraestrutura. Se não se fizer isso não haverá desenvolvimento e vamos ter outro tipo de crise.

Os economistas não têm resposta ao que eu digo, ficam mais ou menos presos na mesma armadilha. Por um lado, a armadilha tipo Serra (ou Delfim, eles pensam igual nessa matéria), de que tudo [se resolve com] isenção fiscal. Querem o fechamento [da economia]. Por outro lado, a armadilha de que a abertura e a estabilização não estão produzindo todos os seus efeitos porque... há déficit fiscal.

Alguns problemas são mais complicados do que esses dois extremos.

O dia transcorreu dentro da rotina. Recebi o presidente do Suriname,* conversa sobre os problemas de fronteira e integração maior do Suriname com o Brasil. Almocei com ele.

Antes Antônio Carlos foi ao Planalto discutir a agenda do Senado. Estava muito bem-disposto. Existe alguma preocupação com quem vai ser o líder do PMDB. Antônio Carlos quer o Geddel. O Goldman, que também esteve comigo, prefere o João

---

* Jules Albert Wijdenbosch.

Almeida* e eu preferia que não fosse nenhum dos dois, porque vai ser briga baiana na liderança o tempo todo.

No almoço do Suriname, conversei com o Inocêncio de Oliveira e o Sérgio Motta. Querem desfazer os blocos, não fazer blocos dentro dos partidos. Eu acho bom, mas já deu fofoca, porque o nosso líder, José Aníbal, me telefonou, ou eu telefonei para ele, dizendo que Inocêncio teria dito que o presidente da República tinha decidido com ele... Enfim, ciumeira não do Zé Aníbal, mas da bancada do PSDB, que é sempre sensível à presença do PFL e do PSDB. Há dificuldade de manejar tantos partidos com interesses tão distintos; às vezes, o que é o pior, são os mesmos interesses, partidos querendo as mesmas coisas e não podendo.

Passei no velório do Darcy, no Senado, discurso do Josafá [Marinho],** que não tinha intimidade alguma com o Darcy nem tem simpatia maior pelo gênero Darcy, então não fez um discurso com a emoção necessária. De lá voltei ao Planalto.

Apenas rotina. Recebi estrangeiros, recebi um emissário do Chirac, recebi o presidente do banco Crédit Commercial de France,*** mas tudo para dizer coisas amáveis sobre o Brasil, sobre o governo e sobre o presidente.

Falei com o Sérgio Amaral, para que ele sugerisse ao Cristovam Buarque**** um encontro meu com alguns petistas. Acabei de receber um telefonema, que, aliás, interrompeu a minha narração, dizendo que o Cristovam topou. Será no sábado na casa do Sérgio Amaral. É preciso começar a abrir um pouco com o PT e a esquerda, para ver o que andam pensando, nesse isolamento em que estão, e não ficarem só jogando pedras.

HOJE É QUARTA-FEIRA, 19 DE FEVEREIRO. O dia foi tenso, denso. Por quê? Além de receber as pessoas que normalmente vão me ver e mais um ou outro visitante, tive um almoço para discutir com o Sérgio Motta, o Luís Carlos Santos e o Eduardo Jorge o que fazer com aqueles que estão faltando com o governo. Muitos são ligadíssimos, têm posições de governo. Fomos moderados [na reação a eles], mas o pessoal precisa saber que, se está contra, é melhor ficar longe. Sem, entretanto, que isso tenha um sentido de retaliação. Se alguém é contra porque é contra, não tem compromisso com o governo, mesmo sendo de partidos que teoricamente estariam apoiando o governo, tudo bem. Mas alguns não prestam mesmo. É melhor tê-los longe.

Mas não foi essa a tensão. Foi o Supremo Tribunal Federal ter votado, por 6 a 4, a favor de estender ao funcionalismo civil o que o Collor havia dado alguns anos

---

* Deputado federal (PMDB-BA).
** Senador (PFL-BA).
*** Charles de Croisset.
**** Governador do Distrito Federal (PT).

atrás ao funcionalismo militar. Uma tremenda injustiça, porque os militares, na verdade, tiveram aumentos diferenciados conforme o grau deles, coronel, major etc., e para compensar o anterior desequilíbrio causado pelo aumento dos civis. O Tribunal não quis saber de nada, aceitou o máximo que tinha sido obtido, 28%, e mandou pagar. A pagar isso, são 8 bilhões de reais! No fluxo, ou seja, todo ano; é uma loucura, isso quebra o Brasil, quebra o Plano Real. Claro, a decisão deles se restringe aos que pediram, são onze pessoas. Mas vai ser uma enxurrada de demandas que irão à Justiça, e vamos ter que discutir caso a caso, porque o governo não vai estender o benefício de forma automática. Eles vão ter que pedir progressivamente, porque é injusto, não é um direito; é uma extrapolação de direito. E uma coisa é 28% na época da inflação e outra coisa na época da moeda estável.

HOJE É SÁBADO 22 DE FEVEREIRO. Além do STF, motivo suficiente para nos irritarmos, existe outra questão: o Zé Aníbal resolveu fazer braço de ferro com o Inocêncio por causa do almoço que tive com o presidente do Suriname, quando apoiei a ideia, a pedido do Sérgio Motta, do Inocêncio e de outros de não fazermos blocos, e sim um rodízio entre os partidos que apoiam o governo [para indicar os líderes]. O Inocêncio repercutiu, o Zé Aníbal se enciumou e fez uma grande confusão.

Eu entendo, na visão dele o PSDB tem sido sacrificado por causa da necessidade de alianças com os outros partidos, para ganharmos as votações no Congresso, mas não era necessário criar uma tempestade em copo d'água na véspera da segunda votação sobre a reeleição e das composições de comissões. Resultado: tive que interferir. O Sérgio Motta também exagerou, disse que eu ia sair do partido, que estava indignado. O que eu falo numa oitava o Sérgio fala duas ou três oitavas acima. É sempre a mesma história. Terminou tudo em paz porque tanto o Zé Aníbal quanto o Paulo Heslander,* que é o novo líder do PTB, vieram falar comigo, e eu disse que, em função de haver esse rodízio, não eram necessários blocos. Eles concordaram, mas há mágoas aí. E a aspiração, diga-se de passagem legítima, do Zé Aníbal e do PSDB de que ele seja o líder do governo na Câmara. Foi um dia muito agitado.

Na quarta-feira, dia 19, houve o vazamento de que eu teria dito ao Fernando Catão, secretário de Políticas Regionais — os fotógrafos ouviram —, que os ministros do STF não pensaram no Brasil quando votaram. E eu disse mesmo.** Para não criar uma crise com o Supremo (o comentário havia sido feito em privado), eu disse que falava do rio São Francisco. Mas, claro, todo mundo percebeu que eu tinha

---

* Deputado federal (PTB-MG).
** Durante uma reunião com Catão no Planalto, cuja cobertura fora liberada apenas para fotógrafos, e que aconteceu no mesmo horário da sessão do STF, segundo o *Jornal do Brasil* Fernando Henrique exclamou indignado: "Eles não pensam no Brasil... não é justo que se atrapalhe o que está sendo montado ao longo do tempo".

dito aquilo mesmo. Daí resultou um bate-boca, o Marco Aurélio [Mello] tem feito declarações ousadas, disse que devíamos dar um aumento de 25% em janeiro mais 10% [referente a] janeiro de 1996 e 95 e, no ano seguinte, mais 10%.* Ele é ministro do Supremo e fez a insinuação inverídica de que a economia com os salários dos funcionários foi para pagar banco falido.** Enfim, uma falta de linha.

Falei pelo telefone com o Maurício Corrêa, pedi que ele dissesse aos membros do Supremo que eu estava estranhando isso e mandei o Sérgio Amaral declarar que, assim como eu respeitava as decisões do Supremo e não as comentava, achava que os ministros do Supremo não deviam fazer comentários sobre o que se passa no Executivo. Eu disse, noutros termos, que tínhamos que manter a independência e o respeito entre os poderes. Até hoje, sábado, isso deu e continua dando farpa para cá, farpa para lá, porém nada de mais grave. Isso na quarta-feira.

Na quinta-feira, dia 20, almocei com o Fernando Gasparian,*** o Luciano Martins**** e o Gelson [Fonseca]. Vejo o Luciano um pouco inquieto, provavelmente porque ele deve discutir a questão das assim chamadas punições, ou seja, as medidas para que os reiteradamente infiéis percam lugar no governo.

O dia amanheceu com um encontro meu com os deputados Werner Wanderer,***** Silas Brasileiro,****** um grande plantador de café, e Carlos Melles,******* que também entende muito de café. Eles são da comissão que analisa a PEC que separa a questão [do aumento] dos militares [do aumento] dos civis.******** Há uma discussão, porque o ministro da Marinha********* me havia externado no último despacho, nesta semana mesmo, que ele achava que as polícias militares estavam sendo upgraded, e ele não concorda com isso. Tentei contornar, dizen-

* Mello opinou na imprensa que, além dos 28,86% concedidos aos onze servidores retroativamente a 1993 para a equiparação com os militares, todos os funcionários da União também deveriam ter reajustes salariais correspondentes ao período 1994-96, quando ficaram sem aumentos a despeito da inflação.
** Alusão ao Proer (Programa de Estímulo à Reestruturação e ao Fortalecimento do Sistema Financeiro Nacional), instituído pelo governo federal no final de 1995.
*** Ex-deputado constituinte e proprietário da Editora Paz e Terra.
**** Sociólogo, coordenador do Grupo de Análise e Pesquisa (GAP), assessoria especial da Presidência.
***** PFL-PR.
****** PMDB-MG.
******* PFL-MG.
******** Apresentada pelo Executivo, a PEC 338-A/1996 pretendia, entre outras medidas relativas à carreira militar, alterar a redação do artigo 37, inciso 10, da Constituição Federal, segundo o qual a revisão salarial de civis e militares devia ser feita sempre na mesma data. A PEC seria transformada em emenda constitucional em 1998. Wanderer era relator da comissão especial, presidida por Brasileiro.
********* Almirante Mauro César Pereira.

do para os deputados não colocarem que as polícias militares são órgãos permanentes do Estado, que dissessem que elas fazem parte do funcionamento dos estados, enfim, buscando uma fórmula para sair do impasse.

Depois recebi o Roberto Santos, do PSDB da Bahia, se queixando, com razão, do massacre que o pessoal do Antônio Carlos fez na Bahia [reação do pessoal do PFL e pressão política contra os adversários] e vai continuar fazendo; dei algum sinal de que o governo vai apoiá-los.

Recebi a Roseana, muito aflita por causa dos índios krikati, e depois o senador Osmar Dias, que volta ao partido.*

À tarde, o Amazonino Mendes** e o Pauderney [Avelino], que saiu do PPB, iria para o PFL, mas vai para o PTB. Ainda preciso falar com o [deputado] Palma, para que isso se dê de maneira razoável. Na quinta-feira, o que houve de mais expressivo foram as já mencionadas farpas intergovernamentais. À noite recebi para jantar o Pedro Malan com o Gustavo Loyola, que vieram me avisar que iriam fazer, como fizeram, na sexta-feira, portanto ontem, uma intervenção forte em mais de uma dúzia de instituições financeiras, todas comprometidas com esse esquema dos precatórios. A coisa é feia. Esses governadores e prefeitos vão pagar caro ou por terem se envolvido diretamente, ou por não haverem coibido o envolvimento de seus auxiliares num esquema que é de malandragem mesmo.

A coisa vai pegar fogo, porque o [Roberto] Requião é estabanado e o Bernardo Cabral é jeitoso, mas a verdade é que não se pode encobrir nada, nem se deve. O Banco Central tem que fazer o que está fazendo, atuar abertamente.

Nessa conversa, pela terceira vez o Loyola pediu demissão e agora acho que não tem mais jeito, dentro de dois ou três meses procederemos à substituição do Loyola. Dificuldade: o Malan quer o Gustavo Franco. Aliás, de direito seria o Gustavo Franco mesmo. Mas há implicações, vamos ver como é que eu acerto no resto da equipe. Percebe-se alguma movimentação na área do Itamaraty/Comércio Exterior, embora ele tenha negado essa questão de Comércio Exterior a mais de uma pessoa. Então, não posso colocar o Gustavo Franco sem imaginar o que vai acontecer com o Serra. É tudo um xadrez dificílimo.

E também está se aproximando o momento da substituição do Jobim e do ministro dos Transportes. Já registrei que o Sarney me deu uma boa sugestão: colocar o Fernando Bezerra no Ministério dos Transportes.

O Jader esteve comigo ontem para dizer que ele foi até certo ponto equivocado, que o Sarney é muito ambíguo. Isso para me informar que não segue mais politicamente o Sarney, que está com o governo para o que der e vier. O Sarney havia me telefonado um dia antes, na quinta-feira, para saber quando eu ia mudar o ministério. Ele não disse isso, mas a razão fundamental era essa. Suponho, pelo menos.

---

* O senador pelo Paraná estava sem partido quando retornou ao PSDB, em 1997.
** Governador do Amazonas (PPB).

Depois, ainda ontem, sexta-feira 21, recebi um telefonema do Iris Rezende. Disse que a bancada de Goiás está solidária e vai votar toda pela reeleição [no Senado].

Enfim, o PMDB está se recompondo e, portanto, à disposição. Quem serão os ministros? Aí temos a questão da Câmara. O Geddel, vi hoje nos jornais, anuncia o nome do Moreira Franco e do Eliseu Padilha.*

Do Eliseu Padilha certamente o Britto gostaria, mas temos para a Justiça a proposta do Fogaça, que o Britto tem que endossar também, e há seguramente aspirações de outros setores. Vou ter que resolver isso na minha cabeça, e com certa firmeza, porque, claro, [o ministério] vai ser do PMDB, mas a escolha do nome tem que ser minha, como aliás eu disse aos líderes do PMDB e do PSDB, quando eles me perguntaram sobre a permanência ou não dos ministros do PTB:** "Olha, permanecem porque gosto deles e são eficientes. Eu fui eleito, então sou responsável pelo Executivo". É claro que vou compor com os partidos, mas a partir de premissas de honestidade e competência técnica dadas por mim.

Em poucos instantes, deve chegar aqui o Raul Jungmann, com quem conversarei sobre o avanço da reforma agrária e a famosa marcha do MST,*** a que a mídia, por falta do que fazer, está dando enorme proporção. Há uma movimentação sustentada pela Igreja e pelo governo, porque eles pegam dinheiro do governo também, para fazer pressão. Já não é mais sobre reforma agrária, é "contra a privatização da Vale do Rio Doce". Enfim, uma espécie de polo de fixação das forças de oposição.

Não houve o jantar [com o Cristovam Buarque] na casa do Sérgio Amaral porque era dia da reunião da executiva do PT. Seria hoje, sábado. Foi transferido para quinta-feira da semana que vem, e vamos ver se se realiza.

Creio que esses foram os problemas mais relevantes a serem registrados nessa primeira semana depois do Carnaval, relativamente morna.

HOJE É DOMINGO, 23 DE FEVEREIRO. Ontem nada de novo, salvo que à noite jantei com o Boris Casoy, o Heraldo [Pereira], apresentador do SBT em São Paulo, o [Luiz Gonzaga] Mineiro, diretor do SBT em São Paulo, e as mulheres do Mineiro e do Heraldo. Conversa agradável, surpreendi-me com o Heraldo. É um rapaz inteligente. Referiu-se à publicação de uma aula que dei algum tempo atrás no México e a outra na Itália. Ele leu, entendeu, criticou, dá sempre a impressão de estar um pouco brincando, mas é inteligente. O Boris tem sido um defensor do meu governo. Depois daquele episódio há tantos anos, lá em São Paulo,**** ele ficou

---

* Deputado federal (PMDB-RS).
** Arlindo Porto Neto (Agricultura) e Paulo Paiva (Trabalho).
*** Em 17 de fevereiro de 1997, o MST iniciou em São Paulo a Marcha da Terra, com destino a Brasília.
**** Alusão ao episódio do debate eleitoral durante a campanha à prefeitura de São Paulo, em 1985, quando Casoy, o mediador, perguntou a Fernando Henrique se ele acreditava em Deus.

com tal dor de consciência que se esmera em ser mais do que correto comigo. Tem sido. As pessoas não acreditam, mas é verdade.

Passei o dia sozinho até agora. Vou receber mais tarde o Juarez Brandão Lopes e o Pedro Paulo Poppovic. A Ruth chega hoje. De novo me dediquei a arrumar livros e acabei de ler uma coisa que me deixou extremamente interessado. É um livro, primeiro belíssimo, um álbum quase de memória, de registros, do Oswald de Andrade na sua *garçonnière*. Chama-se *O perfeito cozinheiro das almas deste mundo*.* É um livro interessante, porque é como se fosse um diário, mas um diário a múltiplas mãos, escrito por todos que frequentavam a referida *garçonnière*. Lá estão alguns textos de pessoas que depois ficaram muito, muito famosas: Guilherme de Almeida, Ferrignac — na verdade, é o pseudônimo de Inácio da Costa Ferreira, creio que ele foi delegado de polícia —, Vicente Rao passou por lá, Leo Vaz, Menotti del Picchia. Conta, grosso modo, a vida rápida da *garçonnière* e a paixão do Oswald de Andrade pela mulher com quem ele primeiro se casou, que no álbum ele chama de Miss Cyclone e conhecida por todos como Deisi;** ela morreu com dezenove anos, em consequência de um aborto malfeito. É interessante, para ver a vivacidade daquela época, daquelas pessoas, e o livro é de uma beleza gráfica extraordinária.

Pelo menos para isso serviu a tarde de hoje.

QUARTA-FEIRA, DIA 26 DE FEVEREIRO. Na segunda-feira, 24 de fevereiro — aliás, dia do aniversário do meu pai, que, se estivesse vivo, faria 108 anos —, passei boa parte do dia com o presidente da Finlândia [Martti Ahtisaari]. Uma pessoa agradável, ele e sua senhora*** também. Conversamos primeiro de manhã. É um homem experiente, fez a pacificação da Namíbia, a independência da Namíbia,**** tem grande experiência nas Nações Unidas e uma visão muito coincidente com a nossa em vários aspectos. À noite estivemos num banquete no Itamaraty.

Durante o dia rumores de um bate-boca forte entre o Zé Aníbal e o Benito Gama. Benito é líder do governo, Zé Aníbal quer ser líder. Coisa muito desagradável, o Benito disse desaforos,***** parece que o Zé Aníbal teria plantado nos jornais que ele não seria mais líder, enfim, disputa entre PSDB e PFL. E isso na véspera da votação em segundo turno da emenda da reeleição, que foi votada efetivamente ontem, terça-feira, dia 25.

* Primeira edição pela Editora Globo, 1992.
** Maria de Lourdes Castro Dolzani.
*** Eeva Ahtisaari.
**** Ahtisaari foi comissário das Nações Unidas para a Namíbia em 1977-82.
***** Gama xingou Aníbal de "moleque".

O dia transcorreu calmo, só me preocupei com isso na hora da apuração, e a votação foi estrondosa: 360 e não sei quanto a 111, uma coisa assim.* Era de esperar, não teve nada de extraordinário. Todos que tinham estado em oposição no PMDB já haviam declarado voto a favor, muitos do PPB também. E no meio disso tudo houve uma pacificação relativa dos dois contendores referidos, Zé Aníbal e Benito Gama, para que esperassem pelo menos a votação.

À noite vários deles vieram aqui me ver. Mais tarde ainda recebi o Tasso com o Sérgio Motta e o Beni Veras (relator da emenda da reforma da Previdência no Senado).** Conversamos. O Beni é um homem sensível, está doente, uma espécie de Parkinson, é uma pessoa inteligente e corajosa. Vai fazer as coisas direito. Pedi que, em vez de apresentar o parecer em abril, apresentasse em março. Parece que o Sérgio Machado tinha combinado em abril. É muito tarde.

Conversamos também sobre a liderança do PSDB na Câmara, a disputa entre o Aécio Neves e o Jayme Santana,*** nome da propensão do Tasso; o Sérgio é pelo Mosconi. Não sei se vai dar certo. Por mim eu deixaria rolar solto, não sei quem ganha, provavelmente o Jayme, o Aécio seria mais próximo a mim, mas no fundo dá no mesmo. Não quanto às pessoas, mas eles vão ter que se alinhar, o Jayme também, na grande linha do governo. Ele é inimigo histórico do Sérgio, do Tasso, isso vai complicar as coisas.

E complicou. Hoje o Sérgio teve um destempero verbal com a bancada de São Paulo, dizendo que o Jayme era inaceitável. Apesar de eu ter pedido para ele não se meter, ele disse isso lá. Teve outro destempero na Câmara numa solenidade de posse de novos tucanos, atacou o PFL, defendeu o Zé Aníbal, enfim, vejo o mar encrespando.

Passei o dia mais ou menos na rotina. Almocei com o Zé Serra, conversa muito boa. Achei o Serra maduro, discutimos o futuro governo e ele numa linha de que só vale a pena entrar no governo se for para alguma coisa que ele também queira e que tenha sentido. Gostei. Voltamos aos velhos tempos de possibilidade de uma conversa franca, sem que eu fique pensando que ele quer isso ou aquilo, nem ele fique pensando que eu não quero que ele entre no governo. A conversa foi muito boa.

Depois voltei ao Planalto. Rotinas e mais rotinas de despachos, de receber gente, enfim, não vale a pena estar resenhando tudo, e à noite, aí sim, reunião até uma hora da manhã com vários economistas: o [Edmar] Bacha,**** o Pérsio [Arida],***** o An-

* A emenda da reeleição foi aprovada em segundo turno na Câmara por 368 a 112.
** Veras sucedeu Michel Temer na relatoria da reforma da Previdência.
*** Deputado federal (PSDB-MA).
**** Bacha foi assessor especial do Ministério da Fazenda na gestão de Fernando Henrique, durante a implantação do Plano Real (1993-94).
***** Ex-presidente do Banco Central (1995) e do BNDES (1993-94).

dré Lara,* o José Roberto Mendonça — Beto Mendonça** —, o Pedro Malan e o Gustavo Loyola.

Conversa boa. No geral eles disseram o seguinte. O Bacha insiste numa inovação, como ele fez com o Fundo Social de Emergência,*** uma inovação a partir do proposto pelo Raul Velloso da criação da Previdência Social casada com ativos do Estado. Uma ideia sobre a qual eu tinha lido e gostei. O Pérsio, os três, mais o Pérsio do que o André, dizendo que o câmbio tem que ser corrigido. E o Pérsio propondo que se faça logo, e da forma que já foi feito na experiência dele, que foi malsucedida,**** mas com a qual, segundo ele, nós aprendemos, e que desta vez não aconteceria nada, a não ser o susto; talvez devêssemos subir a taxa de juros um pouco mais, porque é melhor prevenir do que remediar.

Os três acham que há problemas no câmbio. Todos sabem que a imobilidade do câmbio está ligada à questão fiscal, mas não haverá grandes revoluções fiscais a curto prazo, portanto precisaríamos fazer as duas coisas juntas. Essa é a súmula da crítica. O Beto Mendonça me disse que essas palavras foram música para os ouvidos dele, porque o Pedro sempre defendia a posição do Gustavo da imobilidade da taxa de câmbio.

Eles acham também que está na hora de eu tomar decisões audaciosas. Concordo. Pedi a ajuda deles. Não no câmbio, que eles não podem, porque estão ligados ao mercado, mas na questão fiscal, na modificação do sistema financeiro, artigo 192 da Constituição. E também numa questão importante — o Pérsio tem muita imaginação —, que é como transformar o FGTS, que são dívidas do governo, em ações de companhias estatais a serem dadas aos que têm crédito nessa matéria. Ideia antiga dele, muito boa, mas que nunca foi operacionalizada. Propus que eles passem a nos ajudar. Toparam. Vamos ver se vai se efetivar.

Ah!, me telefonou, aflito, o governador de Santa Catarina, porque o Banco Central deixou de dar liquidez a alguns títulos dele por causa da CPI. Isso leva a um desastre no estado. Essa CPI [dos precatórios] vai dar dor de cabeça.

Em tempo: no jantar para o presidente da Finlândia, me encontrei com o [Sepúlveda] Pertence e a Suely [Pertence], sua esposa. Ela foi extremamente carinhosa, amável, ele também, rimos muito e desfez-se a crise entre Judiciário e Executivo.

---

* Ex-negociador da dívida externa (1993-94) e membro da equipe formuladora do Plano Real.
** Secretário de Política Econômica do Ministério da Fazenda.
*** Criado em 1994 para reforçar o caixa da União com a desvinculação de repasses obrigatórios a estados e municípios, converteu-se em 1996 no Fundo de Estabilização Fiscal, cuja vigência expiraria em julho de 1997.
**** Durante sua gestão no BC, Arida defendera uma maior velocidade na desvalorização do real. Mas o mercado reagiu mal ao aumento dos limites da banda cambial para depreciar gradualmente o real em relação ao dólar, em março de 1995.

Acho que eles estão indo além como ministros da Suprema Corte, estão fazendo declarações impertinentes. Disseram que havia excesso de concentração de poder no Executivo, não houve nada, a única coisa que aconteceu foi que temos maioria no Congresso, pela primeira vez depois de muitos anos tem-se um governo com condições de governar dentro da Constituição e da democracia.

Fica o Giannotti a dizer que há risco de despotismo esclarecido, fica o [José] Genoino* a fazer coro a isso, o PT, por exploração política, naturalmente, fala de autoritarismo, e agora os magistrados...** Na verdade os magistrados estão desgostosos porque estamos fazendo reformas, e isso vai pegar os privilégios dos juízes. Essa a verdadeira, digamos, motivação. Não existe razão para ficar dizendo que há excesso de concentração de poder ou abuso na emissão de medidas provisórias, porque não há. Ou melhor, só há o que a Constituição permite e o que meus antecessores também fizeram, e sem agir assim não se governa.

HOJE É 27 DE FEVEREIRO, mais ou menos meia-noite. O dia de hoje não teve nada de especial. Continuaram os dramas da sucessão na Câmara, a Zulaiê Cobra Ribeiro*** veio me ver, ela está com o Jayme Santana, reclamou de tudo que o Serjão falou. Ele disse que não aceitava o Jayme, que tinha que ser o Montoro, mas que o Montoro talvez precisasse ser secundado por gente mais jovem, não sei como formulou, ela é contra a escolha de Aécio para a liderança também, enfim, grande confusão.

E, claro, o Jayme Santana quer conversar comigo. O Pimenta [da Veiga] falou comigo, naturalmente porque sabe que o Aécio está preocupado. Eu disse ao Pimenta que não sei se o Aécio ganha, que para mim o melhor é haver uma eleição livre já e, claro, que se o Aécio não for ganhar o melhor é cair fora. O Jayme Santana, para mim, dá no mesmo; o que não dá é para continuar vetando sem parar.

O Tasso me telefonou, aflito, sem saber se dizia ou não o que tinha para me dizer, mas no fim disse. Ele acha que o Sérgio passou dos limites, que é preciso falar com ele, que o Paulo Henrique Amorim ficou assustado porque o Sérgio não deixava nem eu, o presidente da República, falar,**** que ele cortava, interrompia, o que é verdade, ele está superexcitado. Sérgio foi o herói da reeleição e agora está enterrando a imagem dele com esses atropelos, querendo fazer tudo que não pode, na base da imposição.

Fora isso, a questão de completar a rede concessionária da Malha Sul,***** discurso sobre isso, todo mundo aplaudindo bastante, reuniões de rotina com deputados

---

* Deputado federal (PT-SP).
** No dia 23 de fevereiro, reunidos em Macapá, os presidentes dos 27 tribunais de Justiça do país publicaram uma carta aberta na qual acusaram o Executivo de concentração excessiva de poder.
*** Deputada federal (PSDB-SP).
**** Motta acompanhou a entrevista concedida pelo presidente a Amorim no Palácio do Planalto.
***** Solenidade de concessão da malha da Rede Ferroviária Federal situada nos estados do Sul.

e, enfim, vários setores, o presidente mundial da Daimler-Benz,* que vai investir no Brasil.

Fui jantar com o Cristovam Buarque na casa do Sérgio Amaral. O Genoíno e a Marina Silva** não foram, consta que ficaram com medo [de me encontrar] nesse momento. Que momento? Ah, o negócio do MST...*** Sempre há uma desculpa para o PT ficar fora do jogo. Acho até uma grosseria que, num jantar com amigos, onde vai o presidente da República e ele se dispõe a conversar, eles tenham medo de conversar. Cristovam foi.

Cristovam sabe que o PT, no fundo, não tem mais saída. Falamos sobre o Lula. Eu disse ao Cristovam: "Se o Lula quiser conversar comigo, onde ele quiser, quando ele quiser, com qualquer pretexto, eu vou". Mas acho que o Lula — eu não disse isso — não tem mais futuro, porque ele não tem convicção, não sabe o que fazer, está perdido. O Weffort, que foi do PT, é até mais duro do que eu, na desesperança sobre qualquer possibilidade de o PT entender o que está acontecendo no mundo de hoje.

À tarde tivemos uma reunião na Comissão de Comércio Exterior,**** onde ficou clara nossa estratégia sobre o Alca, a visão de que precisamos acelerar o Mercosul, as relações com a Europa, que o grande adversário efetivo nesse processo todo vão ser os Estados Unidos. Temos que desenvolver uma política de boa vizinhança e defesa intransigente dos nossos interesses, correr com a integração da América do Sul e o apoio na Europa. Não sei se vai dar certo, mas é o que corresponde ao interesse nacional. E precisamos deixar os americanos, por um lado, sem o temor de que possamos fazer alguma coisa que os ponha em perigo, até porque não temos força para tanto, e, por outro lado, sem que imaginem que vão poder nos engolir, porque também não vão. Afinal, bem ou mal, a questão da Alca é entre os Estados Unidos e o Brasil. O resto é um pouco conversa, com a condição de que desenvolvamos com a Argentina relações especiais. Insisti muito nisso. A chave é um relacionamento estreito do Brasil com a Argentina, inclusive em certos momentos, se necessário, cedendo espaço econômico à Argentina, para ela sentir que ganha com essa parceria, em vez de ficar se sentindo sempre aquele [parceiro], digamos, dependente do Brasil. Isso não é bom. Embora objetivamente possa ser assim, temos que dar mais chance à Argentina, para ela se sentir segura no Mercosul e não ficar tentada a ser engolida pelo Nafta.

A avaliação é de que os americanos não darão ao [Bill] Clinton***** o *fast track******* que facilitaria sua política. Esta será, certamente, depois disso [da negação do *fast*

* Jürgen Schrempp.
** Senadora (PT-AC).
*** Isto é, a movimentação política em torno da Marcha da Terra do MST.
**** Câmara de Comércio Exterior (Camex), formada por ministros e secretários da área econômica.
***** Presidente dos EUA.
****** Autorização concedida pelo Congresso norte-americano ao presidente para o fechamento de acordos comerciais abrangentes com outros países sem emendas legislativas adicionais.

track], a de pescar um e outro [país isoladamente]. O primeiro peixe grande será o Chile, e isso vai dificultar a nossa vida na organização das relações comerciais do hemisfério Sul.

Eu até disse ao Cristovam [na conversa do jantar anterior], olha, o PT, no momento em que estamos nos lançando numa política de afirmação nacional, fica aí com essa baboseira de achar que o governo é neoliberal, que está repetindo o modelo americano, enfim, essas coisas que não passam de um palavrório mais ou menos perdido, a esmo.

Acho que foi isso por hoje. Não me lembro de algo mais marcante, se houver amanhã volto.

Ah, houve, sim. Esqueci de registrar que o Sarney me telefonou da Europa — parece que estava na Itália —, dizendo, muito aflito, que o PSDB, o partido do governo, teria vetado o nome dele para a Comissão de Relações Exteriores.* Fiquei indignado, porque ontem eu fiz o oposto. Na reunião com os líderes e com o Antônio Carlos, eu disse que achava que o PSDB devia dar um jeito de permitir que o Sarney fosse presidente da Comissão de Relações Exteriores. Mas, na verdade, quem ocupou o espaço foi o PMDB, que tinha opção e optou pela Comissão de Economia. Agora o Sarney quer que o PSDB abra mão da Comissão de Relações Exteriores para ele. Acho até possível, mas não dessa maneira.

Telefonei para o Antônio Carlos, que me disse que já havia avisado o Sarney da minha atitude favorável a ele; portanto, ele fez uma espécie de jogo comigo. Aumentou a voz, eu também aumentei do lado de cá. Francamente cansei dessas negaças do Sarney, que não quer nada para si e quer tudo. Está bem, acho até que para o Senado é bom que ele seja presidente da Comissão de Relações Exteriores, mas não pode exigir que o presidente da República dê a ele uma posição parlamentar que não cabe ao presidente dar. Eu não devia estar metido nisso, mas acontece que eu já tinha me metido a favor dele. Realmente é patético.

O *fast track* foi empregado por Clinton durante as negociações do Nafta, mas em 1997 a maioria republicana na Câmara era contrária à concessão da autorização especial para a negociação com a América do Sul.

* Comissão de Relações Exteriores e Defesa Nacional do Senado.

2 A 7 DE MARÇO DE 1997

Escolha de Aécio Neves para líder do PSDB na Câmara. Reflexão sobre o PT

Domingo, 2 de março. Ontem não registrei nada porque as crianças da Bia e da Luciana vieram para cá, foi aniversário da Isabel, então veio muita criançada. Também o Nê [Jovelino Mineiro] e a Carmo [Maria do Carmo] estiveram aqui, e passei o tempo todo por conta dessas questões familiares.

Na sexta-feira não aconteceu nada que merecesse registro. A única coisa, talvez, é que de manhã voltamos a avaliar as coisas e vimos com certa preocupação o desdobramento do Bamerindus. Parece inevitável que na Semana Santa haja uma intervenção do Banco Central. Os dirigentes do BC não aceitam mais a proposta do Zé Eduardo. Isso me constrange muito, pela ligação afetiva que tenho com ele, mas os argumentos são poderosos no sentido de que não há como aceitar a proposta, e eles vão ter que discutir entre um banco inglês, o Hong Kong and Shanghai Bank [HSBC], e o Safra.

Entendi que o Banco Central se inclina pelo primeiro, eu me inclino pelo segundo. Mas, como eu disse a eles, na verdade é uma questão técnica e não vou entrar em avaliações dessa natureza, porque não tenho sequer competência. Ponderei apenas que, na ordem de dificuldade para a compreensão da opinião pública e do próprio Zé Eduardo [o Safra pareceria mais palatável], porque tem ligações fortes com a imprensa no Brasil, tem colchão para amenizar e amortecer melhor as pressões que virão. Quem tem menos defesa é o Hong Kong and Shanghai, precisamente o banco pelo qual me pareceu que o Banco Central estava inclinado.

Fora isso, também avaliamos com Kandir a Vale do Rio Doce. Houve um avanço grande na discussão com o Senado, as dificuldades maiores foram obviadas, não há argumentos fortes que prevaleçam no sentido de que o Brasil não está se salvaguardando [com a privatização].

Soube pelo Benjamin [Steinbruch], que é da CSN, que o pessoal da Votorantim está preparando uma manobra para ficar somente eles e a Anglo American. Isso é ruim, porque há o risco de que a Votorantim, que tem muito interesse em alumínio, no futuro se retire da mineração e deixe a empresa só com a Anglo American. Insisto no que é bom para o Brasil. Insistirei, portanto, em tentar que haja competição entre vários grupos nacionais e não só a Votorantim.

Agora vou esperar o Sérgio Motta e mais tarde o Paulo Renato. Ontem o Sérgio veio à festa da Isabel e já começamos a conversar sobre os muitos incidentes em que ele esteve envolvido na semana passada. É sempre a mesma história, ele tem sido um leão na defesa do governo, dos interesses políticos do governo e meus e, ao mesmo tempo, por incontinência verbal, às vezes diz coisas que provocam dificuldades.

TERÇA-FEIRA, 4 DE MARÇO. Domingo à noite conversei com o Sérgio longamente. Não adianta repetir tudo aqui. Ele disse que não disse o que a imprensa disse que ele disse. Estava meio magoado porque eu não havia telefonado para ele. Eu não respondi por dois dias aos telefonemas dele, por isso achou que eu estava contra o que ele andava fazendo, ele não sabia qual era a orientação no que diz respeito à liderança.

Eu disse: "Não estou contra, mas acho que você está se metendo demais e vai ficar arranhado nisso. Você tem que desinchar". Depois da questão da reeleição, claro, todos os políticos correram para o Sérgio. Ele é competente mesmo, ele responde, é capaz de orientar. Mas entrou numa briga pessoal com o Jayme Santana. Ele me perguntou o que a Zulaiê foi falar comigo. Eu disse que ela não falou mal dele, que apenas acreditava que não havia por que entrar em guerra com o Jayme Santana; eu falei que ela até gostava do Sérgio. Mas o Sérgio disse coisas pesadas do Jayme Santana na bancada de São Paulo. Ele mesmo reconheceu. Então...

O Sérgio alegou que não tinha alternativa, que precisava enfrentar o Jayme, tentar derrotá-lo. Do ponto de vista do governo, eu achava isso um exagero, estamos pedindo demais às bancadas e fazendo descer goela abaixo candidaturas que não são as mais afins com a bancada, a situação estava posta dessa maneira. Depois o Sérgio passou para o tema Ministério das Comunicações, no qual ele dá aquele show, porque ele realmente conhece e trabalha muito bem nessa área toda.

Ainda no domingo, jantei com o Paulo Renato para discutir o Ministério da Educação. Ele também dá um show de competência; falta mexer no ensino técnico e levar adiante a reforma do ensino universitário, ele tem muita animação nessa matéria.

Segunda-feira não houve nada de especial. Recebi o patriarca da Igreja maronita,* recebi um ex-ministro da Baviera,** conversa interessante; dei umas entrevistas.

Hoje, terça-feira, o dia também transcorreu calmo. O Congresso muito nervoso por causa do PSDB. Também há a questão da composição das comissões no Senado. O Sérgio Machado queria que eu o ajudasse de alguma maneira a designar o Serra para a Comissão de Economia. Pareceu-me excessivo, ele é quem tem que designar, não precisa de mim para isso. Hoje o Sérgio Machado me telefonou e eu disse: "Pensei que você até já o tivesse nomeado. Nomeia, depois eu ajudo a cicatrizar as feridas".

Recebi o pessoal do *Estadão* para uma entrevista no café da manhã. Falei com o Hélio Rosa,*** com o Romeu Tuma, com o senador Arruda. O Arruda chamou a aten-

---

* Nasrallah Boutros Sfeir, cardeal da Igreja católica e patriarca da Igreja maronita do Líbano.
** Edmund Stoiber, ministro presidente do estado alemão da Baviera.
*** Deputado federal (PMDB-SP).

ção para as dificuldades do PSDB, que se resumem a uma coisa só: o Sérgio [Motta] ocupou todos os espaços, o Teotônio [Vilela Filho]* não tem controle do partido, e isso deixa a bancada meio apreensiva e nervosa. O Sérgio é mandão, impede que outras lideranças apareçam. Por outro lado, não há lideranças fortes. O Arruda sugere que eu chame de novo o Pimenta, o [Euclides] Scalco, o Tasso. Tudo bem, mas vai continuar o problema, o Sérgio vai ocupar os espaços.

Depois recebi o Paulo Afonso, governador de Santa Catarina, que quer me mostrar que continua no governo. Eu não tenho má impressão do Paulo Afonso. Tem essa CPI, ameaça de impeachment, ele fez como alguns outros, como ele mesmo diz. Eu disse, não; o governo da República continua lidando administrativamente de forma tranquila com o governo de Santa Catarina. Não limita a CPI. Mandei o Banco Central dar todas as informações e apurar. Agora, a questão não é política; é saber se há ou não responsabilidade.

Recebi também o ex-senador José Afonso Sancho, que vendeu o banco dele** para o Montepio do Exército e está em maus lençóis. Precisa conversar com o Malan, não vai ter muita solução.

Esta noite, jantei de novo com Serra e com o Sérgio, para discutir a questão das comunicações e o que fazer politicamente com tudo isso.

Agora estou aqui deitado, cansado, já é meia-noite. Ah! Esqueci de dizer que na disputa da Câmara ganhou o Aecinho, Aécio Neves. O Sérgio entrou para valer na disputa, e derrotaram o Jayme Santana. Todos me telefonaram muito contentes, menos o Zé Aníbal, que disse que os dois fizeram maus discursos; aliás, o do Santana foi pior que o do Aécio.

O Zé Aníbal foi um bom líder, acho que deixa a liderança com alguma saudade. Ele me disse que amanhã, às oito, há um café da manhã para discutir o Fundo de Estabilização Fiscal*** e que o Aécio disse não estar preparado para ir, vai o [Arnaldo] Madeira.**** Isso me contou o Zé Aníbal, como que dizendo: está vendo, ele pensa que na liderança são só delícias... Mas acho que, postas as coisas como estavam, com a tentativa em falso de colocar o Mosconi na jogada, não havia alternativa a não ser apoiar o Aécio.

---

* Presidente nacional do PSDB.
** Banfort, Banco de Fortaleza S.A. A Fundação Habitacional do Exército detinha 49% das ações do banco controlado pelo ex-senador Sancho (PFL-CE), em vias de sofrer intervenção do Banco Central. O Banfort foi liquidado extrajudicialmente dois meses depois, com um rombo estimado em R$ 600 milhões. Na ocasião, Sancho e oito familiares tiveram seus bens bloqueados.
*** O governo buscava apoio no Congresso para prorrogar pela segunda vez a vigência do fundo, que expiraria em julho de 1997. Uma primeira prorrogação havia sido aprovada no início de 1996.
**** Deputado federal (PSDB-SP).

Eu não entrei na jogada diretamente e pedi ao Eduardo Jorge que também não entrasse. Sei que o Eduardo Graeff apoiou o Jayme Santana e acho que o Mário Covas no final também. Não tenho certeza.

QUARTA-FEIRA, DIA 5 DE MARÇO. O dia transcorreu calmo. Conversei com o ministro Paulo Paiva sobre a viagem dele à OIT em Genebra* e sobre a negociação que ele está fazendo com a CUT, a Força Sindical e as demais centrais sobre o imposto sindical.** Parece que as coisas avançam.

Recebi o prefeito de Recife, Roberto Magalhães,*** o sr. Douglas [Warner], *chairman* do banco J. P. Morgan, e o ministro Arlindo Porto. Este me comunicou que a safra deste ano vai ser recorde, mais de 80 milhões de toneladas.**** Combinamos baixar a bola. Primeiro porque ainda não houve a safra, segundo porque isso pode diminuir preços. Mas é uma coisa boa. A cesta básica está garantida por mais um ano em termos bem moderados, isso é muito positivo.

Conversei com o Luís Eduardo Magalhães sobre tudo. Sobre a questão dos ministérios, da Câmara. Recebi também a bancada do PSDB, que elegeu o Aécio Neves. Estavam lá o Jayme Santana e o Zé Aníbal. Fiz discurso, depois chamei os três citados, para conversarem comigo no gabinete, para acalmar as coisas. Parece que passou a tempestade, não de bom grado, de mau grado, mas engoliram a decisão de ser o Aécio o líder, mesmo feito pelo Sérgio Motta, o que vai custar caro a ele e a mim, mas na circunstância não havia alternativa, embora eu preferisse ter deixado isso mais em termos de entendimento. Não deu para fazer, foi-se à guerra, ganhou-se.

Parece que o Mário Covas ficou contrariado com a eleição do Aécio porque ele tem alguma pendência com o Eduardo Azeredo, provavelmente por causa da guerra fiscal.*****

Nada de mais especial, salvo que os jornais noticiam sobre o Banco Bamerindus. Isso me preocupa, porque o Banco Central demora na resolução, já deixei registrado aqui a opinião do Banco Central, ela não é exatamente a minha, mas eles têm mais competência técnica e afinal são eles que assumem a responsabi-

---

* O ministro do Trabalho representou o Brasil na Conferência Internacional sobre Trabalho Infantil.
** O governo chegou a um acordo com as centrais sindicais para a extinção do imposto sindical compulsório, equivalente a um dia de trabalho por ano, através de um projeto de lei enviado ao Congresso.
*** PFL.
**** A previsão para a safra de grãos em 1997 era de 79,2 milhões de toneladas, aumento de 7,7% em relação ao ano anterior.
***** Disputa entre estados da federação para atrair grandes investimentos, sobretudo da indústria automobilística, através da concessão de isenções fiscais e alíquotas fiscais reduzidas.

lidade. Vão caminhar na direção do Hong Kong and Shanghai. Isso vai dar muita dor de cabeça.

HOJE É 6 DE MARÇO, mais um dia absolutamente calmo. Conversei com o Jobim sobre a designação dele para o Supremo Tribunal Federal, já assinei, amanhã deve ser publicado no *Diário Oficial*. Conversei também sobre a sucessão no Ministério da Justiça e dos Transportes. Vou deixar que a questão amadureça no PMDB. Há vários nomes, alguns bons, é cedo para decidir. Precisamos ver quem realmente tem respaldo do PMDB.

Recebi uma porção gente. O governador de Tocantins, o Siqueira Campos, que quer entrar no PSDB ou fazer uma aliança firme com o PSDB. Rotina e mais rotina.

HOJE É SEXTA-FEIRA, 7 DE MARÇO, são três horas da tarde. Acabei de ter um almoço com o deputado Arthur Virgílio,* que veio me colocar a situação dele no Amazonas e também do Amazonino, e tudo que a gente mais ou menos sabe sobre os métodos usados, que não são os mais ortodoxos. Combinei que iríamos ter um novo encontro, porque ele é do PSDB, para ver de que maneira podemos apoiá-lo. Eu disse que o Amazonino tem sido constante no apoio ao governo, mas minha constatação não vai além disso. Na verdade, o Virgílio está disputando o futuro: quem vai ser governador daqui a dois anos.

Tive a reunião do Dia Internacional da Mulher, discurso meu, da Rosiska [Darcy de Oliveira]** e do Jobim.

De manhã falei pela televisão sobre o Rio ter sido desqualificado nas Olimpíadas.*** Acho que me saí bem, falei com o [Luís Paulo] Conde, que está em Lausanne, com o Ronaldo Cezar Coelho**** e agora vou falar com o Marcelo Alencar.

Queria fazer uma pequena reflexão e repetir o que eu disse ontem de manhã aos repórteres da *Folha* que estiveram comigo no Alvorada.

Acho que o PT enveredou por um caminho perigoso, que é essa de o Lula atacar tudo, do Zé Dirceu pregar as ocupações. Este disse que o PT tem que sair pregando greve nas ruas, uma coisa infantojuvenil. Eles estão repetindo o erro histórico dos comunistas com a social-democracia, quando preferiram se aliar à direita, até

---

* Secretário-geral do PSDB.
** Presidente do Conselho Nacional dos Direitos da Mulher.
*** A candidatura Rio 2004 não ficou entre as cinco finalistas selecionadas pelo Comitê Olímpico Internacional, anunciadas numa cerimônia em Lausanne (Suíça): Atenas, Buenos Aires, Cidade do Cabo, Estocolmo e Roma.
**** Deputado federal (PSDB-RJ) e secretário estadual de Indústria, Comércio e Turismo do Rio de Janeiro, era o coordenador da campanha Rio 2004.

mesmo ao hitlerismo, do que à social-democracia. Aqui eles preferem, de vez em quando, entrar em boas relações com o Maluf, juntar num cambalacho só Brizola, João Amazonas e Lula,* tirando todo o frescor, tudo que era novidade no PT do Lula, que era um líder sindical novo. Agora a linguagem está sendo dominada pelo PCdoB. É patético.

E não querem ter diálogo com o governo, e o governo representa o setor democrático, de centro, para dizer com clareza, aberto à esquerda, e eles querem dialogar com a direita. Com isso não formulam uma nova esquerda. A nova esquerda só pode existir se ela fizer um diálogo com o governo, não para estar no governo nem para ser cooptada pelo governo, mas para discutir as teses de um governo que é reformista. Ao não perceberem isso, eles condenam o PT a se excluir do jogo, a virar PCdoB. É tão óbvio, entretanto parece que a direção do PT está embarcada nesse rumo.

---

* O PT de Lula, o PDT de Brizola e o PCdoB de João Amazonas formaram no início de março de 1997 um bloco de esquerda na Câmara dos Deputados, com 84 deputados, compondo a quarta bancada da Casa.

9 A 14 DE MARÇO DE 1997

Visitas de Jacques Chirac e do chanceler cubano. Visita ao ABC Paulista. Encontros com sindicalistas

Hoje é domingo, 9 de março. O fim de semana transcorreu tranquilo, trabalhei um pouco aqui em casa, eu e a Ruth jantamos fora ontem e hoje; hoje com o Zé Gregori e a Maria Helena e ontem na casa da embaixatriz Vera Machado,* com o antropólogo Gilberto Velho e vários amigos.

Recebi o embaixador Carlos Alberto [Leite Barbosa]** para conversar sobre o Chirac, pura amabilidade, Carlos Alberto ele sempre foi amável comigo em Paris. Me disse também que tem estado em contato com o pessoal do Itamar e acha que ele desistiu de ser candidato à Presidência.

Conversei com o Sebastião Rego Barros*** sobre a Argentina e um pouco sobre o que fazer com as coisas do Dornelles no Ministério da Indústria, do Comércio e do Turismo, que está se sentindo à margem das negociações; aliás, não houve nenhuma maior na Argentina,**** e para evitar ciumeira. Um pouco sobre o Lampreia, que está preocupado com o fato do concunhado dele ser do Banco Vetor. Acho que não é o fundamental, Lampreia deve estar com outros problemas a aborrecê-lo.

Ontem fui a Santa Catarina.***** Grande movimentação. Amin e todos os demais, Kleinubing mais o governador, a população muito contente, mas nada de extraordinário para registrar.

HOJE É 11 DE MARÇO, uma terça-feira. Recebi o chanceler de Cuba, [Roberto] Robaina. Conversa boa, ele veio agradecer os alimentos que o Brasil doou à ilha,****** ou melhor, eles querem pagar. Também falamos sobre o futuro e, pela primeira

---

* Diretora-geral do Departamento da Ásia e Oceania do Itamaraty.
** Embaixador do Brasil na França.
*** Secretário-geral do Itamaraty.
**** Pedro Malan e Luiz Felipe Lampreia viajaram a Buenos Aires para negociações com o governo argentino sobre o regime automotivo brasileiro no âmbito do Mercosul. Os argentinos se sentiram prejudicados pela edição da MP 1532, de 18 de dezembro de 1996 (convertida na lei nº 9440, de 14 de março de 1997), que estabeleceu incentivos fiscais a indústrias automobilísticas que se instalassem nas regiões Norte, Nordeste e Centro-Oeste.
***** O presidente viajou a Joinville para a comemoração oficial dos 146 anos de fundação da cidade.
****** Em outubro de 1996, o furacão Lili castigou Cuba, deixando milhares de desabrigados e devastando plantações. Na ocasião, o Brasil doou toneladas de alimentos à ilha.

vez, ouvi um alto funcionário de Cuba dizer que o mundo mudou e que Cuba vai ter que se adaptar, a seu modo, mas vai se adaptar. Quero só registrar isso. Fidel Castro mandou quarenta quilos de queijo de presente.

À noite, no Alvorada, jantar para o Chirac.* Agradável, com a alta cúpula da França, que veio com ele e com os nossos, Roberto Marinho, [Walter] Moreira Salles, Olavo Setúbal. Enfim, toda a elite que ainda fala francês mais os intelectuais, Jorge Amado, Giannotti, Luciano Martins, Lygia Fagundes Telles, Beatriz Segall, enfim, um jantar agradável, nada de especial. Na conversa comigo Chirac insistiu na necessidade de o Brasil não ficar ilhado numa relação hemisférica com os Estados Unidos, parece que essa é a obsessão francesa. Como sempre, ele é amável e simpático.

À tarde, o Congresso aprovou, em Comissão Especial, a Lei do Petróleo.** Pedi urgência urgentíssima, ela foi aprovada e deve ser votada amanhã.

Outro projeto também [deve ser votado] na próxima semana, o das medidas provisórias,*** com apoio [ou concordância] dos presidentes da Câmara e do Senado e dos relatores. Mas acho isso um pouco jogo de cena, porque sem essas medidas provisórias o país não anda. O Congresso sabe. Quem não vota [a admissibilidade das medidas provisórias] é o Congresso [e as medidas provisórias vão direto para o plenário]. Não é justo penalizar o Executivo tirando dele esse instrumento.

Muitas vezes o Executivo também tem interesse em não votar [as medidas provisórias na forma enviada], não é só o Legislativo. As forças políticas têm interesse [em ganhar tempo], para ver como a lei se acomoda diante das realidades ou as realidades diante da lei. Quem sabe? Às vezes o Congresso modifica um pouco a lei, o que gera certa instabilidade jurídica, o que em si não é uma coisa negativa numa fase de mudança. Tenho sido muito moderado no uso das medidas provisórias.

Fora isso, o artigo da Dora Kramer criticando o MST.**** O modo como ela colocou é interessante: o MST está cobrando uma espécie de imposto dos assentamentos; [o artigo mostra que] se cria um clima um pouco menos de oba-oba, menos

---

* O presidente francês e grande comitiva chegaram ao Brasil para uma visita de três dias.
** A comissão aprovou por 24 a 3 o parecer do relator Eliseu Resende sobre o projeto de lei nº 2142/1996, para a regulamentação da quebra do monopólio estatal do petróleo e a criação da Agência Nacional do Petróleo, previstas pela PEC 3/1995, a nova Lei do Petróleo. O projeto foi transformado na lei ordinária nº 9478/97.
*** Em 5 de março, a comissão especial da Câmara aprovou o substitutivo do deputado Aloysio Nunes Ferreira (relator) para as diversas PECs que tramitavam sobre o assunto. O texto aprovado ampliou a vigência das medidas provisórias de trinta para sessenta dias e fixou o prazo de cinquenta dias para sua aprovação pelo Congresso, além do limite de apenas uma reedição.
**** Na coluna "Discurso de pobre, prática de elite", a colunista do *Jornal do Brasil* acusou as lideranças do MST de desvio de dinheiro público por meio de taxas cobradas de famílias assentadas.

leniente com o MST. Conversei com o [Francisco] Urbano,* e a Contag acha claramente que a linha do MST está errada.

Acho bom registrar também que ontem, segunda-feira, recebi uns cinco, seis deputados, inclusive o Feu Rosa, do PSDB,** o Augusto Carvalho, do PPS,*** um do PT, chamado [João] Coser,**** e outros não sei de que partido, mas todos de esquerda. Eles vieram falar que o Brasil não podia excluir Cuba da reunião de Belo Horizonte [sobre a Alca].***** Eu disse: "Vocês estão enganados. A reunião de Belo Horizonte é para um acordo hemisférico, zona de livre comércio. Cuba não quer estar nisso; eles caíram das nuvens".

De fato, hoje o chanceler [de Cuba] nem tocou no assunto, o que mostra o quanto a nossa chamada esquerda está desfocada. Eu disse a eles com clareza: "Vocês estão desfocados... Estou desenvolvendo uma política inteligente de adaptação às novas circunstâncias do mundo, mas soberana, tentando defender nossos interesses, e vocês ficam cuidando de programas que não existem. Eu sei o que Cuba quer". Não disse o que é, Cuba quer linha aérea ligando a ilha com Miami, só isso. Fidel Castro pediu que eu falasse com Clinton sobre novas linhas aéreas e agradeceu que o Brasil não vive se propondo a ser "padrinho" da causa cubana junto aos Estados Unidos. "Ele não quer intermediários, nem o Brasil nem outros. Vocês ficam aí fazendo de conta que o Brasil se nega a ser intermediário, quando isso não é verdade."

HOJE É 14 DE MARÇO, sexta-feira, estou em São Paulo. Cerimônia oficial na chegada do Chirac na quarta-feira 12 e uma reunião longa com ele, transcorrida em francês, o que o deixou feliz, porque não só eu falava francês mas também o Malan e, claro, o chanceler. Nenhum ministro colocou o fone para entender a reunião. Chirac ficou muito emocionado com isso, propôs, o que já se sabia, uma aproximação do Mercosul com a Europa e da França com o Brasil. De passagem, falou dos dossiês deles, a questão é que eles querem entrar na renovação do sistema Cindacta. Também querem continuar fornecendo helicópteros.******
Eu disse que eles tinham que honrar a compra dos Tucanos, Chirac concordou, e

---

* Presidente da Contag.
** PSDB-ES.
*** PPS-DF.
**** PT-ES.
***** A capital mineira iria sediar em maio de 1997 a III Conferência Ministerial dos 34 países participantes da I Cúpula das Américas, em 1994, que lançou o projeto da Alca.
****** Desde os anos 1980, a Helibrás — *joint venture* da francesa Aérospatiale com o governo de Minas Gerais — fabricava helicópteros militares da classe Esquilo no Brasil para suprir a demanda das Forças Armadas.

parece que já há encomenda à Embraer do 145.* Também estava entusiasmado com isso. Falei da questão agrícola, do protecionismo europeu. Ele é inteligente, fez uma proposta irrebatível: por que não mudar os termos da discussão e ver a organização geral da produção na Ásia, nos Estados Unidos, na América Latina? Enfim, sair do impasse.

Depois fomos a um almoço no Itamaraty. Antes recebi o embaixador Paulo de Tarso [Flecha de Lima].** Notei-o mais cansado, menos atento aos grandes problemas e mais às pequenas questões dos Estados Unidos, enfim, do dia a dia dele nos Estados Unidos.

Recebi também o Sérgio Motta, que falou bastante, passou em revista o que está acontecendo no Congresso, tudo coisa que eu mais ou menos já sabia. No almoço que tive com o Britto na terça-feira, ele me pôs a par do que desejava. Vou deixar tudo isso cozinhar um pouco em banho-maria no PMDB.

Almoço no Itamaraty, solenidade com muita gente, Chirac simpaticíssimo, discurso para cá, discurso para lá. Depois, no próprio Itamaraty, uma conversa rápida com os líderes a respeito de muita coisa, entre as quais a votação da Lei do Petróleo, que estava para se verificar, como se verificou, na quarta e na quinta-feira. Houve muita discussão, e foi aprovada finalmente ontem, quinta-feira.***

Fui ao Rio de Janeiro, onde houve muito tumulto na inauguração da exposição do Claude Monet. A polícia não foi eficaz, deixou que um grupo pequeno mas barulhento de manifestantes contra o Chirac e contra mim se aproximasse. Na realidade, era contra o Marcelo Alencar, a questão do Banerj,**** mais não sei o quê, mas foi juntando gente, houve gritaria, xingamento, essa coisa desagradável.

Depois fomos para o Palácio Itamaraty do Rio de Janeiro, o verdadeiro. Recepção simpática ao Chirac, grande confusão, muita gente, discursos e muito calor no Rio de Janeiro. Voltamos para São Paulo.

Ontem, quinta-feira 13, fui de manhã à Fiesp, discursos de novo, meu e do Chirac, bons discursos, suponho que os dois, embora seja um autoelogio, mas já que dizem que sou vaidoso, vamos lá, bons discursos, nos despedimos do Chirac. Estava lá o Pitta, muito constrangido, porque sua situação é difícil, cada vez mais a fogueira está chegando perto dele na questão dos precatórios, e o Maluf no exterior, como se não fosse com ele.

* EMB-145, novo jato comercial produzido pela Embraer em São José dos Campos, capaz de transportar cinquenta passageiros.
** Representante do Brasil em Washington.
*** O projeto de lei para a regulamentação da PEC 3/1995 (Lei do Petróleo) foi aprovado em plenário por 307 a 107.
**** Por causa de seu rombo bilionário, o banco público do Rio de Janeiro sofrera intervenção federal em 1994 e estava em processo de privatização. Vendido ao Itaú em junho de 1997, foi o primeiro banco estadual privatizado.

Depois do Chirac, voltei à minha casa de São Paulo, para receber o Clóvis e o Kandir. Eles refizeram o orçamento em termos muito melhores, vamos evitar contingenciar quase todo o orçamento, por fim o Brasil começa a entrar nos eixos. Pouco a pouco o Tesouro vai deixar de ser quem faz a política. A política passa pelo orçamento e pelo governo mesmo. O Tesouro apenas paga. Tomara que se chegue lá.

Me pareceu que houve um avanço considerável na racionalização do uso das verbas e no modo como haverá o casamento entre o orçamentário e o financeiro. Sempre acompanhei tudo isso com muita atenção, pelo menos depois que fui ministro da Fazenda, e acho que nenhum presidente da República será capaz de governar o Brasil se não entender um pouco do orçamento, se não tentar controlar e chamar para si certas decisões, que é o que tenho feito.

Embora na maior parte dos casos o Clóvis cozinhe tudo bastante antes de chegar a mim, de modo que, quando vêm, as coisas já estão bastante, digamos, absorvidas pelos vários setores do governo, ainda assim me informo, e muitas vezes eu mesmo tenho que tomar a decisão. Esse processo está melhorando crescentemente. Espero que dessa vez a coisa tenha avançado bastante.

À noite saímos para jantar a Ruth, eu, o Duda [David Zylbersztajn],* a Bia [Beatriz Cardoso], o Luiz e a Regina [Meyer]. Jantamos no Ca'd'Oro e voltamos para casa.

Hoje de manhã, sexta-feira 14 de março, grande tensão. Por quê? Porque eu teria que ir a São Bernardo, à fábrica da Ford,** e todas as informações eram de que haveria uma forte manifestação promovida pela CUT não só contra mim — há uma eleição na CUT — mas também contra o Vicentinho;*** situação delicada. Houve dúvida se eu iria ou não, até que falei com o Mário Covas pelo telefone, ele já estava lá e não via tanto inconveniente, então decidi ir e fui.

Lá chegando, não havia nada de extraordinário, grupinhos, para variar, perto de onde desceu o helicóptero, a isso já estou habituado. Entramos num salão grande e aí, sim, havia muitos trabalhadores e um grupo, sei lá, de uns cinquenta ou cem agitadores, com cartazes e tal. A coisa transcorreu até bastante bem; ontem estive na Força Sindical,**** fiz um discurso forte para mais de mil operários, todos aplaudindo, apoiando as reformas, o Medeiros, o Paulinho. Falei, inclusive, que era favorável a que se negociasse a flexibilização da jornada de trabalho. E a CUT tem essa reivindicação, como todas as demais [centrais].

---

* Secretário estadual de Energia do governo de São Paulo, casado com Beatriz Cardoso.
** Inauguração da linha de montagem do Ford Ka.
*** Setores radicais do movimento sindical acusaram Vicentinho de "traidor" e "pelego" por ter aceitado dialogar com o governo sobre a reforma da Previdência.
**** Cerimônia de assinatura de convênio entre o governo federal e a central sindical para o treinamento e a requalificação de trabalhadores, realizada na sede do Sindicato dos Metalúrgicos de São Paulo.

Vicentinho, no discurso que fez, introduziu o tema. Disse que tinha ouvido dizer que eu havia falado isso e queria ouvir de mim, queria que eu assinasse um documento de apoio. Depois do discurso do Vicentinho [colocando as questões mencionadas], o Mário respondeu, e bem, dizendo que ele e eu estivemos nas lutas democráticas de São Bernardo.

Peguei esse gancho, falei muito da democracia, do respeito necessário. Houve no começo um pouco de vaia, um pouco de onda. Eu disse ao Serra que, se conseguisse falar, eu ganharia. Consegui e acho que marquei, como o Mário tinha marcado, posições firmes. Expliquei que sou favorável à flexibilização da jornada de 44 para 40 horas, mas não por lei, impositiva a todos, e sim nas negociações. Rebati o Vicentinho, que disse que queríamos a aposentadoria com 65 anos.* Enfim, essa imagem que eles querem fazer de um governo contra os trabalhadores.

Falei da reforma agrária que eles tinham gritado lá. Eu disse que tinha sempre recebido o MST no Palácio, que nenhum governo desapropriou mais do que o meu. Foi uma espécie de cala-boca forte. Fiz um discurso firme. De vez em quando havia umas manifestações, mas no total ganhamos, tanto o Mário quanto eu. E o Vicentinho ajudou muito, porque ele preparou [nossos discursos na entrada], disse que eu era o presidente legítimo, que eles deviam me ouvir com atenção.

Terminado isso, grande emoção dos dirigentes da Ford que estavam lá, com alguns importantes empresários paulistas. Ficaram impressionados porque não sabem como se enfrenta uma situação de massas. Tanto o Mário quanto eu, temos cancha para isso, e o Vicentinho é um homem inteligente. Eu havia proposto que se abrisse uma pauta de discussões. Acho que politicamente foi bom, depende do que os jornais vão dizer amanhã. Nunca se sabe.

De lá, fomos de helicóptero para o Vale do Ribeira, onde houve um ato. Estamos dando ordem de serviço para [a duplicação] da BR-116,** uma aspiração antiga de São Paulo. Manifestação de apoio, com grande quantidade de prefeitos e o povo. Em toda parte de São Paulo, um povo favorável. A última pesquisa foi muito positiva, 70% da população do Brasil aprova o modo como o governo faz as coisas, contra pouco mais de 20%. Foi ótimo.

---

* A proposta negociada pelo governo com a CUT em 1996 manteve os limites de idade (55 anos para mulheres e sessenta para os homens) e impôs tempos mínimos de contribuição para a concessão de aposentadorias.

** Assinatura de contratos para a restauração e duplicação da rodovia Régis Bittencourt no trecho paulista.

17 A 29 DE MARÇO DE 1997

Jantar com o presidente do Banco Mundial. Intervenção federal no Bamerindus. Viagens ao Rio de Janeiro e ao Nordeste

Hoje é segunda-feira, já estou de volta a Brasília, dia 17 de março. Fim de semana passado em Ibiúna. Agradável, Bia, Duda, as crianças também foram. Ontem à tarde vimos a Carmute — Maria do Carmo Campelo de Sousa —, o Roberto Schwarz, a Grécia [Schwarz], a Célia Galvão [Quirino], o Gabriel Bolaffi, a Clélia [Bolaffi], conversas amenas, as de sempre, perguntas sobre coisas que estou habituado a responder pelo Brasil afora.

Voltamos à noite e jantei com Tasso Jereissati. Tasso tem algumas reivindicações. Disse que o FEF, o Fundo de Estabilização Fiscal, prejudica o Ceará, como a Roseana também acha que prejudica o Maranhão. De fato diminui a receita deles, mas toma-se com uma mão e dá-se com a outra, com os programas do governo federal que transferem renda para eles.

Tasso quer meu empenho para que a GM vá para o Ceará, eu tinha até pensado que iria para Pernambuco. Falei com o Clóvis hoje de manhã para ver qual é a posição efetiva da GM,* porque acho que a decisão tem que ser mais econômica e técnica do que política. Passamos as coisas em revista, as preocupações de sempre, o que fazer com o Serjão na campanha eleitoral. Acho que o Sérgio deveria ser candidato a deputado federal, porque isso daria imunidades, e ele vai ser muito atacado no futuro, injustamente, mas vai ser. E também porque assim ele poderia dedicar-se mais abertamente à campanha sem ser ministro. É um tema difícil, delicado, Tasso também acha.

Hoje despachos de rotina. E num deles eu soube pelo Clóvis e pelo Eduardo Jorge que de fato o Stephanes tinha mandado um memorando ao Beni Veras, passando a aposentadoria para 65 anos. Eu não sabia; quando falei em São Bernardo foi de boa-fé, nem acho que se deva fazer isso agora. Vou examinar, porque depois do que eu disse piorou; mas acho que não tem muito cabimento 65 anos para o trabalhador. Com o tempo se pode chegar lá, mas é uma mudança brusca, muito repentina. Funcionário público é outra coisa. Mas trabalhador não me parece que seja necessário.

Vou falar com o Stephanes, senão o país todo vai pensar que fiz demagogia, quando não fiz. Perguntei ao Paulo Paiva e ao Serra antes de falar, ambos estavam comigo e me disseram que não havia [a proposta]. Por quê? Porque no projeto original do governo não havia. [O dispositivo que fixava em 65 anos a idade mínima para aposentadoria] foi uma ideia que surgiu agora no Senado, da qual não fui informado.

---

* A montadora norte-americana acabou escolhendo o município gaúcho de Gravataí para instalar sua terceira fábrica de automóveis no Brasil.

Acabei de almoçar com um grupo de pessoas ligado aos cartões de crédito e que vai apoiar o programa Comunidade Solidária. A Ruth está conversando com eles e estou aqui em cima fazendo este registro.

Recebi o Winston Fritsch,* que hoje está ligado ao banco** que organiza o consórcio da Gencor*** com a CSN para a compra da Vale do Rio Doce. Eu acho bom que haja um consórcio que dispute com o Antônio Ermírio, senão ele vai querer comprar aquilo barato. Não sei quem vai ganhar, mas acho bom que exista essa competição.

Agora à tarde vou receber um grupo de australianos, eles vêm com o [Guilherme] Frering.**** A empresa dele não está em condições de participar ativamente porque eles estavam em dificuldades. Não creio que possam comprar nada, mas, se houver um terceiro grupo, melhor ainda para o Brasil.

Dia 17 ainda, onze horas da noite. O que houve de importante hoje foi o jantar no Alvorada com o James Wolfensohn, presidente do Banco Mundial. Ele teve uma conversa absolutamente solta, estava aqui com o Murilo Portugal,***** que representa o Brasil no Banco Mundial, com o Pedro Parente, o Paulo Renato, o Sebastião Rego Barros e o Gelson Fonseca. Conversa solta sobre o banco. Reclamei que o Brasil tem uma participação pequena nas ações do banco, que não é proporcional ao que o Brasil é. Ele disse que eu devia falar com o Clinton, que no fundo quem decide isso é o Clinton. Veja como estamos! O presidente do Banco Mundial acha que devo falar diretamente com o Clinton, não com ele!

Mas Wolfensohn é muito ligado às ONGs e tem introduzido modificações no banco. Disse que o Brasil tinha uma das piores carteiras no banco — que os poucos projetos que fazíamos eram malfeitos — e que hoje é uma das melhores do mundo. Elogiou, portanto, o desempenho do governo. Também contou o que vai fazer no Banco Mundial, que não me parece nada tão significativo, e sim um pouco de rotina. Pedi que não se esquecesse da infraestrutura, porque temos projetos que são importantes, além da pobreza e da educação.

Em conversa com o Jobim, ele me confirmou que o PC [Farias]****** efetivamente tinha ligação com a máfia, com o dinheiro da máfia, provavelmente lavagem. Eu não imaginei que isso fosse possível, mas é verdadeiro. Pelo menos é o que a polícia

---

* Economista, participou da formulação do Plano Real como secretário de Política Econômica do Ministério da Fazenda (1993-94).
** Dresdner Kleinwort Benson.
*** Mineradora sul-africana que negociava participação no consórcio Brasil (liderado pela CSN).
**** Principal acionista da Caemi, então a maior mineradora privada do país.
***** Ex-secretário do Tesouro Nacional (1995-96).
****** O ex-tesoureiro de campanha e eminência parda do governo Collor foi assassinado em julho de 1996, em Maceió.

está dizendo. Também discuti com o Jobim o que fazer sobre o Zé Gregori, que quer criar uma Secretaria Especial de Direitos Humanos, uma espécie de subministério. Jobim me deu outros documentos preparados por ele, alterando a proposta da criação da Secretaria, tirando um pouco a pompa de ministério, que não é viável nesse momento.

Recebi ainda o presidente do Banco de Tóquio* e dei uma longa entrevista para Lou Dobbs, vice-presidente da CNN. Recebi Hugh Morgan, que é o diretor da Western Mining Corporation. Ele veio com o Guilherme Frering, da Caemi, anunciar que quer fazer um consórcio para disputar a Vale do Rio Doce. A Caemi não tem condições, imagino, sozinha, mas quem sabe se juntando a forças como essas mais tarde possa se juntar a outros competidores.

Recebi a sra. Graciela Meijide,** senadora argentina que era defensora da causa das Mães... não sei se ela veio das Mães da Praça de Maio, de qualquer maneira veio dos familiares de desaparecidos e tem grande prestígio na Argentina. Estava acompanhada pelo Chacho Álvarez, Carlos Alberto, conhecido por Chacho, que é o presidente da Frepaso [um partido político argentino].*** Estavam vindo da Europa, estão muito animados. Duvido que possam ganhar alguma coisa nesse momento, mas estão preparando uma terceira via na Argentina.

SÁBADO 22 DE MARÇO. Dia 18 tive uma reunião com o presidente da Câmara, o presidente do Senado, o relator da Câmara [sobre as modificações nas medidas provisórias], que é o deputado Aloysio Nunes Ferreira, o do Senado, o senador José Fogaça, mais os líderes do governo. Ficou claro, na conversa, que é um falso problema. Todos sabem que é necessário haver medidas provisórias, sabem também que o governo precisa reeditá-las, senão é uma espécie de decurso de prazo às avessas, o Congresso, não querendo aprovar, simplesmente não vota, com grandes prejuízos para as decisões tomadas, que são muitas vezes de emergência. O Plano Real, por exemplo, foi feito por medida provisória, a desindexação também.

Na prática, o que acontece é que o Congresso não vota. E não vota por mil razões, entre as quais algum interesse do governo. Isso ficou bem claro, basta mudar o regimento fazendo o Congresso ser obrigado a votar ou tornando mais fácil a votação [da admissibilidade das medidas provisórias].

O Fogaça fez uma ponderação correta. Disse que talvez não votem porque não haja um fórum para a discussão. É possível. É preciso, portanto, criar na Comissão

---

* Tasuku Takagaki.
** Ex-membro da Comisión Nacional sobre la Desaparición de Personas (Conadep), que investigou as violações de direitos humanos durante a ditadura militar argentina (1976-83).
*** Frente País Solidario, partido formado em 1994 e extinto em 2001.

de Justiça* da Câmara e do Senado um fórum para essa discussão ou uma comissão especial. Mas ficou visto que o meu governo, como o Fogaça disse, está editando em média 2,6 medidas provisórias por mês, enquanto o do Sarney editava mais de 5, o do Itamar cerca de 4 e o de Collor 3 e qualquer coisa. A emissão está, portanto, diminuindo.

Recebi também o Kleinubing e o Esperidião Amin, que vieram discutir assuntos mais pontuais e, claro, a CPI dos Precatórios, que está tendo desdobramentos. A CPI poderá levar, não digo que ao perigo de impeachment, porque isso depende da situação política, mas a uma desmoralização política do governador de Santa Catarina, do governador de Alagoas e agora do Pitta, eventualmente sobrando para Maluf. O Arraes está mais resguardado, me parece, vendo de longe a questão.

Recebi o deputado Aécio Neves, já como líder, ele veio conversar sobre coisas normais.

Assinamos um acordo entre a Petrobras e a Vale do Rio Doce para levar o gás de Campos, do Rio de Janeiro, para Vitória ou para Tubarão, no Espírito Santo.** Isso vai facilitar muito a industrialização das pelotas de ferro, um processo que requer energia. Assim multiplica-se por quinze o valor agregado do produto exportado.

Depois almocei no Alvorada com a Miriam Leitão, a Tereza Cruvinel e a Ana Tavares. Daqui fui ao Rio de Janeiro encerrar a reunião Rio+5.*** Esperava-se um happening, talvez até reações contrárias, não houve nada. Fiz um discurso bastante bem aceito e voltei.

No Rio me encontrei de novo com o presidente do Banco Mundial e com Maurice Strong,**** canadense que organizou a reunião de Estocolmo de 1972***** sobre meio ambiente e, entre outras pessoas, o Marcelo Alencar. Enfim, estive com todas as pessoas que lidam com a questão ambiental.

Na quarta-feira de manhã, dia 19, despachos normais. Recebi o João Mellão [Neto],****** falei longamente com o Jacques Julliard, que é jornalista do *Le Nouvel Observateur* e recebi em audiência o pessoal do Grito da Terra, um movimento ligado à Contag. Vieram também o Vicentinho [da CUT] e o Urbano [da Contag]. Eu disse de novo tudo que tenho dito sobre essa matéria. Depois chamei o Urbano e o Vicentinho no meu gabinete, juntamente com o Raul Jungmann e outros mais, para conversarmos. Urbano, como sempre, estava bastante áspero com o

---

* Comissão de Constituição e Justiça.

** Solenidade de assinatura do acordo para a construção do gasoduto Cabiúnas-Vitória, entre Macaé (RJ) e o complexo siderúrgico da Vale do Rio Doce em Vitória.

*** Evento de avaliação da aplicação da Agenda 21, aprovada na Conferência das Nações Unidas sobre Meio Ambiente e Desenvolvimento (ECO-92), realizada no Rio de Janeiro.

**** Secretário-geral da ECO-92.

***** I Conferência Mundial sobre o Homem e o Meio Ambiente.

****** Deputado federal (PFL-SP) e presidente da comissão especial sobre a reforma administrativa.

Jungmann, dizendo que agora, antes da marcha, não dá para chamar o MST para negociar, conversar, porque não vai dar certo.

Vicentinho disse que achou um ato de coragem eu ter ido ao ABC e que poucos presidentes, se é que algum, teriam condição de fazer o que fiz. O Vicentinho tem ajudado bastante. Ele sabe dos compromissos dele, mas no fundo também sabe que o governo está fazendo o que pode. É um líder perceptivo. O resultado foi o seguinte: eles acham que eu devo receber o MST. Infelizmente, esse líder do MST, Stédile, fez uma declaração inconveniente, afirmando que ele vinha dizer a mim que com o Jungamnn não dá para negociar, que preciso tirar o ministro. Aí é demais, isso dificulta qualquer coisa.

À tarde recebi o Bresser* para discutir a reforma administrativa, que está avançando. Estou exigindo marcar a votação para 2 de abril; eu já tinha dito isso na véspera, no dia 18, na reunião dos líderes e com os presidentes da Câmara e do Senado. Não quero ceder na questão do teto;** acho, entretanto, que a Câmara vai acabar buscando uma fórmula que preserve pelo menos uma acumulação no caso dos parlamentares. O governo não vai patrocinar isso.

Falei com o ministro da Saúde e, depois, com o embaixador da Argentina,*** para dar prosseguimento à conversa que tive pelo telefone com o Menem no fim de semana. Eu o deixei mais tranquilo sobre a negociação dos automóveis. Ele quer realmente a Toyota na Argentina. Eu não abri completamente o jogo sobre a cota que estamos dispostos a aceitar da Toyota, mas disse que ficasse tranquilo. Repeti isso ao embaixador. Eles agora têm que marcar uma vinda aqui do [Guido] di Tella, ministro do Exterior, para que isso seja feito.

Gravei uma mensagem preparatória para a televisão para um encontro que eu teria mais adiante no Rio Grande do Norte e voltei para jantar no Palácio da Alvorada. Era aniversário do Serra, passei na casa dele, a Ruth também, de lá viemos para cá e nos encontramos com a Renina [Katz], que tinha feito uma exposição. Ruth tinha ido à exposição e veio com umas quinze pessoas, inclusive o Cristovam Buarque e a esposa,**** para uma ceia. Trouxeram uma cantora argentina chamada Amelita Baltar, que depois cantou uns tangos muito agradáveis. Só que fomos dormir a uma e meia da manhã e no dia seguinte eu tinha uma reunião às nove e meia.

No dia seguinte, portanto quinta-feira, dia 20, tive a reunião com os governadores para apresentar o programa do Ministério da Saúde. O ministro ainda não tem a desenvoltura para enfrentar reuniões com governadores. Fez uma exposição consistente, mas talvez pouco fluente; eu sei mais — é natural, estou há muito

---

* Luiz Carlos Bresser-Pereira, ministro da Administração e Reforma do Estado.
** Parlamentares e juízes resistiam à fixação de um teto salarial único para os três poderes, na época fixado pelo governo em R$ 10,8 mil, incluindo aposentadorias acumuladas.
*** Diego Guelar.
**** Gladys Buarque.

tempo nisso — o que os governadores querem saber. Tive que interferir várias vezes, para manter a apresentação num nível de informação adequado.

Depois fui distribuir um prêmio de jornalismo que a Viviane Senna criou,* estavam lá vários dirigentes de empresas e jornalistas.

À tarde recebi o pessoal do Banco Excel** com o representante da Sygma Corporation, um grupo importante dos Estados Unidos, recebi muita gente. De lá vim correndo para o Palácio da Alvorada, para um jantar sobre política industrial organizado pelo Luciano Martins e com a presença de um rapaz chamado Edward Amadeo,*** competente em legislação trabalhista e política de emprego e economia industrial. Também veio o Luiz Carlos Mendonça de Barros, o Antônio Barros de Castro,**** o Gilberto Dupas,***** além de dois ou três ministros.

As discussões de sempre. O que está acontecendo na política industrial? Será que estamos repetindo a Argentina? A Argentina se desindustrializou depois da estabilização. Há objeções a esse argumento, porque a Argentina já estava desindustrializada antes do plano de estabilização; com o Brasil é diferente. Agora, qual vai ser o padrão do novo crescimento industrial, não se sabe. As multinacionais vão importar mais do que exportar, porque elas vêm para cá por causa do mercado interno, o que pode, portanto, acarretar um permanente desequilíbrio na balança comercial. Outros, como o Dionísio Carneiro,****** que estava presente, contra-atacaram, dizendo que não é bem assim, que precisamos olhar a balança de pagamentos e não a balança comercial.

Existe, sem dúvida, uma ponta de inquietação a respeito da balança comercial. Há a convergência de que, a esta altura, mexer no câmbio não resolve e que temos que fazer certo tipo de política industrial, como uma nova "substituição de importações", diferente da anterior: substituir certos insumos que podem ser produzidos no Brasil. Por exemplo algodão, que hoje está sendo importado. Petróleo: podemos multiplicar muito a produção e economizar de 4 a 5 bilhões de dólares na balança comercial.

Enfim, as grandes inquietações estão aí pela frente. O Luiz Carlos Mendonça de Barros, sempre mostrando que o Brasil está fazendo mais do que aqueles que não estão dentro do governo ficam sabendo, e eu também entrei nessa linha.

Mas persiste a dúvida: esse modelo será sustentável a longo prazo? Sem dúvida é preciso modificações. Quais? Não está claro, embora se saiba que é ne-

---

* Grande Prêmio Ayrton Senna de Jornalismo, atribuído a jornalistas e empresas que se destacam no debate sobre educação.
** Comprador do Banco Econômico, que sofreu intervenção do BC em 1995.
*** Professor de economia da Pontifícia Universidade Católica do Rio de Janeiro (PUC-RJ).
**** Ex-presidente do BNDES (1992-93) e professor da Universidade Federal do Rio de Janeiro (UFRJ).
***** Pesquisador do Instituto de Estudos Avançados da Universidade de São Paulo (IEA-USP).
****** Professor da PUC-RJ.

cessário acelerar a exportação. E também não está claro que seja possível frear o crescimento. Indiscutivelmente houve redistribuição de renda. Amadeo, que é mais petista, acha que há gordura na área social. Parece incrível, mas foi a afirmação dele, e ela é verdadeira. Mas se formos mexer nessa gordura o mundo vem abaixo.

Há algumas nuvens no horizonte. Não digo de público, mas acho que há. Não sei se a equipe econômica tem capacidade crítica para dar uma reviravolta nisso. Vamos ver.

Ontem, sexta-feira, dia 21, fui cedinho à Paraíba* e depois ao Rio Grande do Norte. Na Paraíba, uma discussão sobre educação bastante boa, somente para mostrar a nossa preocupação com a questão educacional no Nordeste. O jornal diz que houve manifestação contra, eu não vi nenhuma, devia ser uma meia dúzia de gatos pingados.

Depois fui a Angicos, no Rio Grande do Norte, inaugurar uma adutora a partir do que já começamos a fazer em Pataxós.** Essa adutora irá para o sertão da Paraíba. Foi emocionante. O povo estava fascinado, beijava minhas mãos a toda hora, eu ficava sem jeito, me apertavam, fiquei até dolorido de tanto abraço da população mais pobre de lá.

Depois fui a Natal, onde lançamos o Polo Gás-Sal*** que também é importante para produzir barrilha futuramente. Ambiente de grande animação.

Voltei, cheguei muito tarde ao Palácio da Alvorada.

Hoje, sábado 22, recebi na hora do almoço quatro dirigentes do Keidanren**** do Japão, entre os quais o sr. [Soichiro] Toyoda, dono da Toyota, e o representante do aço japonês, da Japan Steel; não foi o [Eishiro] Saito, foi o vice-presidente, que é mais executivo. Creio que ele veio assuntar a Vale do Rio Doce. Também o senhor, parece que Massafumi,***** algo assim, que é o presidente da Câmara de Comércio Brasil-Japão, e o sr. [Norio] Ohga, da Sony.

Vieram também o Malan, o Luiz Felipe Lampreia, o Dornelles mais o Kandir. Foi feita uma exposição detalhada da nossa situação e os japoneses da deles. Um bom encontro, os japoneses gostam muito desse tipo de reunião, mais de trabalho. Trabalhamos a manhã toda, o almoço todo. Quando estavam para ir embora, o sr. Toyoda disse que nem no Japão eles tinham encontro desse tipo, que ele ia propor

---

* Encerramento do seminário de avaliação do Projeto Nordeste de Educação Básica, programa do Ministério da Educação para a redução da repetência e da evasão escolar, realizado em João Pessoa.
** Inauguração de um trecho da Adutora Sertão Central Cabugi.
*** Projeto integrado de exploração e beneficiamento de sal, gás natural, petróleo e calcário, localizado nos municípios potiguares de Guamaré, Macau e Mossoró.
**** Federação das Organizações Econômicas do Japão, patronal da indústria nipônica.
***** Yoshiuki Suga.

a exportação de primeiros-ministros daqui para lá. Ele realmente gostou muito da reunião, eu também achei positiva.

Passei o resto do dia e da noite conversando com o Sérgio Motta, repassando todos os pontos da agenda. O Sérgio é uma pessoa abrangente, anota tudo, sabe tudo, discute tudo, apresenta muitos detalhes, mas detalhes construtivos. Foi uma reunião de três horas e agora são onze e meia.

A Ruth foi jantar na casa do Vilmar com o embaixador Gelson Fonseca, e estou aqui gravando.

HOJE É SEGUNDA-FEIRA, DIA 24 DE MARÇO. O domingo transcorreu calmo. A Bia chegou no fim do dia, ontem não houve nenhum evento político a ser anotado.

Hoje muito trabalho para um começo de Semana Santa, embora os parlamentares não estejam aqui. Recebi gente do Citicorp, dei posse no Comunidade Solidária,* discursos e nada mais.

No período da tarde, recebi muita gente, houve uma decisão sobre a Companhia Nacional de Álcalis** que vai desagradar o governador do Rio Grande do Norte, mas o grupo Fragoso Pires não tem condições de impedir o antidumping, porque na verdade não há dumping. Isso vai prejudicar a Alcanorte,*** e me preocupa, porque acabei de apoiá-la. Esse grupo Fragoso Pires tem que se repor para poder funcionar.

Recebi o Zé Eduardo Vieira, preocupado com o destino do banco dele.

Antes disso chamei o [Cláudio] Mauch**** para saber dos precatórios e ele me deu uma informação que até quero deixar registrada: a de que se forem mais fundo, o Banco Central está tentando ir, eles vão chegar na [empresa] Paubrasil e no Gilberto Miranda.***** Existe uma empresa num endereço que ele me deu, em São Paulo, onde há junção desses personagens, o que vai complicar muito a coisa dos precatórios. Mas a ordem é ir fundo, se o Senado estiver disposto a tanto.

Perguntei do Bamerindus, eles vão fazer um Raet****** e passar o controle para o banco inglês [HSBC], contra a minha opinião; eu opino, mas não decido, porque é coisa muito técnica e não posso assumir tal responsabilidade contra a opinião do Banco Central. Eu tentaria salvar o José Eduardo, parece que o negócio é "insalvável", passaria antes para o Safra do que para os ingleses, mas

---

* Solenidade de posse de três novos conselheiros e de renovação do mandato de outros quinze.
** Indústria química sediada no Rio de Janeiro.
*** Álcalis do Rio Grande do Norte.
**** Diretor de Fiscalização do Banco Central.
***** Senador (PFL-AM).
****** Regime de intervenção temporária do Banco Central em bancos insolventes.

consta que os ingleses defendem mais o Tesouro. Vamos ver. O Zé Eduardo veio falar comigo, eu não disse isso a ele, até porque não está decidido, o BC vai ter que decidir.

O Zé Eduardo reclamou mais uma vez que o Banco Central não o está ouvindo e que ele está disposto a tudo desde que seja ouvido. Também não é bem assim. Não sei se os bens dele terão que ficar indisponíveis. Ponderei ao Clóvis que o proprietário do banco é uma fundação, não é ele. Mas trata-se de matéria mais técnica e tenho mantido a atitude de não me envolver além de certo limite, e até mesmo no caso do Banco Nacional, porque a decisão tem que ser técnica e é o Banco Central quem põe a assinatura. São eles os responsáveis pelo que estão fazendo e que respondem perante a sociedade até mesmo nas ações populares.

Fora isso, preocupação com o Jungmann, porque existem críticas e ele parece abalado. A Ana [Tavares] disse que o Xico Graziano* estaria fazendo campanha contra o Jungmann. O Xico não tem força para tanto. Hoje achei o Jungmann um pouco abalado mesmo. Vou falar com ele de novo amanhã.

Confusão também na Agricultura. A área técnica toda rebelada contra o ministro Arlindo Porto. Parece que ele dá muita atenção à bancada e menos aos problemas técnicos e da administração. Isso vai dar problema. Fiquei pensando se não valeria a pena ampliar um pouco a reforma administrativa. Vou pensar nesse fim de semana, na Semana Santa, e, se for assim, vou surpreender o país mudando o ministério e alguns altos cargos.

HOJE É QUARTA-FEIRA, 26 DE MARÇO. Acabei de nadar, estou esperando os embaixadores que vão chegar aqui daqui a pouco.

Ontem, terça-feira, rotina. Entrega de credenciais, despacho com os ministros militares** sobre as promoções. Recebi Eliseu Resende, que fez um excelente trabalho na Agência Nacional de Petróleo [foi relator do projeto na Câmara]. Eliseu é realmente um homem inteligente e competente.

O mais importante, politicamente, é que tivemos a cerimônia de lançamento de um programa interessante do Ministério de Educação,*** de 1 bilhão de reais, para reequipar as universidades no nível básico e na pós-graduação. Fiz discurso.

---

* Secretário estadual de Agricultura de São Paulo e ex-presidente do Incra.
** General Zenildo de Lucena (Exército), almirante Mauro César Pereira (Marinha) e brigadeiro Lélio Lôbo (Aeronáutica).
*** Programa de Modernização e Qualificação do Ensino Superior.

Recebi um acordo* feito entre o pessoal do MST de Sergipe, o Incra e o governador.** Foi bom. Veio um dirigente nacional do MST,*** fez um discurso, ele estava sendo atacado pelo deputado [Marcelo] Déda,**** que estava presente na cerimônia, mas [o Deda] não queria que ele viesse porque seria divisionismo. Ele explicou que não era divisionismo, que ele estava fazendo um acordo. No meu discurso, aproveitei para dizer que é preciso acabar com essas briguinhas, que elas atrapalham o assentamento das pessoas, o governo tem boa-fé, está disposto, e que o ministro fez um belo trabalho. Prestigiei o Jungmann. Foi um ato significativo.

Recebi também o diretor-geral da FAO, Jacques Diouf, um senegalês, e membros da Comissão de Comércio da Câmara dos Estados Unidos. No fim do dia, o [José Aristodemo] Pinotti***** veio com o Paulo Renato. O Pinotti quer se aninhar no governo, inclusive no que ele é bom, na parte de saúde da mulher, e está mesmo rompido com o Quércia. Segundo o próprio, só ele e o Luís Carlos Santos estão efetivamente rompidos, os outros não.

Luís Carlos veio falar comigo por outra razão. O Maluf telefonou para ele, dos Emirados, para dizer que, se essa coisa da CPI dos Precatórios for adiante, ele vai botar fogo no circo; vai ver o negócio de financiamento de campanha, que ele sabe como são os financiamentos, que ele não vai morrer sozinho, que ele está com câncer. Enfim, uma confusão danada, dizendo que o Serra estaria pressionando, o que não é verdade, em todo caso vou falar com o Serra.

É claro que o Maluf dificilmente escapa, porque a imprensa vai cair na pele dele. Ele vai sempre pensar que é o governo [que o está perseguindo]; não é verdade, o governo não tem nada com isso. Eu vejo nos jornais. Esse desatinado Requião disse que o Sérgio parece pistoleiro do Planalto para matar meus opositores. Eu não tenho nada com isso. Estão morrendo porque fizeram besteira sozinhos, não movi uma palha nesse sentido nem vou mover, mas é verdade que a situação do Maluf vai ficando cada vez mais difícil.

Nesse meio-tempo, temos a questão do Itamar. Ontem fofoca nos jornais, hoje de novo, na Globo. De manhã cedo fui informado que o Itamar não viria à reunião com os embaixadores porque não iria se sentar ao lado de embaixadores nomeados por ele, como o Rubens Barbosa. Na verdade, ele me disse isso. É a explicação que ele dá para dizer que é normal não vir. A Globo, entretanto, disse que ele está fazendo beicinho por causa da sucessão presidencial.

* Assinatura do acordo para o assentamento de todas as 2 mil famílias ligadas ao MST acampadas no estado.
** Albano Franco (PSDB).
*** João Daniel.
**** PT-SE, vice-líder do partido na Câmara.
***** Deputado federal (PMDB-SP).

Enfim, grandes fofocas, que mostram também o tamanho do pessoal do Itamar. Ele não vem para não ficar igual aos outros. Ora, quem não é igual não fica igual! É uma coisa espantosa a visão de que, uma vez presidente, não se pode mais conversar com os que lhe são "inferiores". O Sarney não tem essas bobagens de não se sentar com um ou com outro porque foi presidente da República. Imagina se eu me ponho assim num pedestal como essa gente se põe. É realmente extraordinário. E depois o vaidoso, o intransigente, o onipotente sou eu! Deus me livre.

Ontem houve um almoço interessante. Vieram o Ibrahim Eris,* o Rogério Werneck,** o Armínio Fraga*** e a equipe: o Malan, o Loyola, presidente do Banco Central, e o Beto Mendonça. E ainda eu, a Ruth e a Bia. A questão é aquela mesmo. A brecha da balança comercial é preocupante. Ninguém sabe muito bem o que fazer. O único que teve uma ideia um pouco mais audaciosa foi o Ibrahim Eris, que acha que o câmbio devia flutuar, pois, flutuando, ficará próximo ao que está hoje,**** mas sem a desconfiança de ser um câmbio forçado. Os outros apostam que é preciso ir levando; na verdade estão preocupados e acreditam que é necessário acelerar as mudanças fiscais. O Armínio Fraga acha que devíamos ser mais audaciosos. Um plano audacioso para não ficar na mediocridade de crescer 4% ao ano; tudo fácil de falar, dificílimo de fazer. Entretanto, o sinal amarelo está mesmo aceso.

Enquanto eles discutiam isso, eu lia, e assinei depois, uma medida provisória que foi publicada hoje, quarta-feira***** e que dificulta a importação de bens de consumo. Ontem, obviamente, não falamos nada, mas já estamos nessa linha de, sem mexer no câmbio, tentar algumas medidas de contenção do desequilíbrio da balança comercial. Finalmente a equipe econômica reconhece que há um problema [na balança comercial].

Quero registrar que vai se avolumando minha ideia de uma mudança maior no ministério. Conversei ontem com meus mais próximos assessores, vou conversar hoje de novo, também vou falar com o Serra. Acho que as coisas não podem continuar como estão.

Falei longamente com Emílio Odebrecht****** sobre a Petrobras. Ele conhece bem. Ele trabalha na petroquímica e tem certa visão de Brasil, não é simplesmente um ganhador de dinheiro. Ele também acha que se a Petrobras não entrar firme na competição ninguém a segura [ou seja, é preciso quebrar o monopólio para haver concorrência e assim dar parâmetros à empresa]. Emílio acredita que o preço da

---

* Ex-presidente do Banco Central (1990-91) no governo Collor e sócio da Corretora Linear.
** Professor da PUC-RJ.
*** Ex-diretor de Assuntos Internacionais do BC (1991-92) e diretor do Soros Fund Management.
**** Em 26 de março de 1997, o dólar comercial estava cotado a R$ 1,06.
***** A MP 1569, de 25 de março de 1997, estabeleceu a cobrança de multa para operações de câmbio relativas à importação de produtos pagos em reais e/ou realizadas depois de 180 dias da importação.
****** Presidente do grupo Odebrecht.

importação do petróleo, do cru, seja sempre mais alto do que poderia ser, que havendo concorrência esse preço vai cair. Ele acha que é a única maneira de controlar eventuais desmandos na Petrobras.

Falamos sobre a petroquímica. Ele não acha grave que a Votorantim fique dona da Vale do Rio Doce mesmo associada à Anglo American. Mas acredita que no futuro será inevitável o *split*, ou seja, a separação da Vale do Rio Doce, com a Votorantim vendendo a parte de minérios. Vamos ver.

Problemas não faltam.

SÁBADO, DIA 29 DE MARÇO, estamos em plena Semana Santa. Vou retomar [as gravações] a partir da quarta-feira 26. Já registrei uma parte do que aconteceu nesse dia. Antes da reunião com os embaixadores, despachei com o deputado José Jorge,* presidente do PFL. No dia seguinte, parte do que eu disse estava na coluna da Tereza Cruvinel, no *Globo*, assinada pelo Tales Faria. O Tales é terrível quando substitui a titular. Ele disse o quê? Que vamos fazer um entendimento no Rio de Janeiro entre o Marcelo Alencar e o Cesar Maia.** Mencionei isso de passagem; falamos sobre todos os acordos que seriam necessários, possíveis ou impossíveis; quando forem impossíveis, se separam [o PFL do PSDB] nos vários estados da federação. Jorge é um homem inteligente, a conversa foi longa e boa, para prever o entendimento futuro.

Depois tive uma longa reunião com os embaixadores. O [Ronaldo] Sardenberg*** escreveu uma nota, juntando tudo, foi uma boa reunião. Primeiro com um grupo grande: Paulo de Tarso, Rubens Barbosa, Jorio Dauster,**** [Luiz Felipe] Seixas Corrêa***** mais os da casa, o Celso Lafer, enfim, uma vista da política brasileira. Há certa discrepância.

Uns, Jório Dauster à frente, com apoio do Luciano Martins e do Rubens Barbosa, prefeririam um choque entre Brasil e Estados Unidos na questão da Alca. Outros acham que não há tanto a perder assim, que os Estados Unidos também não ganham sempre e que a integração é uma tendência irreversível. Essa é a posição do Seixas Corrêa e, com mais moderação, do próprio ministro Lampreia. Claro que o ministro Sardenberg se alinha ao primeiro grupo.

No geral, todo mundo percebe que o nosso jogo é: relação com o Mercosul ou relação com os Estados Unidos? Para permitir avanços e dificultar a concretização do acordo de livre comércio. Chamei a atenção para a nossa falta de clareza sobre várias

* PFL-PE.
** Ex-prefeito do Rio de Janeiro (PFL) em 1993-97.
*** Ministro da Secretaria de Assuntos Estratégicos (SAE).
**** Embaixador do Brasil na União Europeia.
***** Embaixador do Brasil na Espanha.

áreas do globo. Sabemos algo das Américas e mesmo assim não sabemos muito bem o que fazer sobre a América Central nem o Caribe. Sabemos [o que fazer] sobre Europa e União Europeia, mas e a Rússia? E, mais adiante, China, Índia? Até que ponto são parceiros estratégicos como dizemos? Uma relação Brasil-China-Rússia-Índia tem mesmo sentido? Ou é mais retórica? Enfim, temos que separar o joio do trigo para ter uma ação mais eficaz, concentrar recurso naquilo que é possível fazer.

Depois almoçamos com os embaixadores e os ministros da área econômica. Malan não veio porque está doente, mas vieram o Pedro Parente,* o Kandir e o Dornelles. O Dornelles está alinhado em que a negociação [da Alca] vai ser feita, mas ninguém garante qual vai ser o fim dela; se for necessário rompemos. Kandir acha que temos que ganhar tempo para nos reforçar na nova fase da industrialização e da integração na economia mundial. Kandir, aliás, fez uma boa exposição, mostrou que não havia risco nenhum de desacertos imediatos na área cambial, na área externa em geral. Alguns embaixadores temem, sobretudo o Jorio, que haja alguma brecha comercial que nos leve a uma crise.

Foi uma reunião muito boa no sentido de esclarecer as dúvidas que temos, que não são muito diferentes daquelas que os economistas haviam discutido no almoço já registrado.

Depois disso recebi no Palácio do Planalto o Gustavo Krause,** o Inocêncio e os líderes partidários, que vieram pedir uma medida provisória para acertar a dívida dos estados e dos municípios com a Previdência. O ministro da Previdência, o Stephanes, estava lá também. Vê-se que, de vez em quando, eles mesmos pedem medida provisória.

Na quarta-feira, fizemos efetivamente a intervenção no Bamerindus, que abalou muita coisa. Nós quer dizer o Banco Central. Claro, o Zé Eduardo ficou muito aflito, queria falar comigo, no fim do dia falou. Eu o recebi com um abraço amistoso. Acho que ele compreendeu que é uma solução técnica, tinha que ser assim. Claro que não cobrou de mim outra ação, porque seria cobrar uma ação política. Queixou-se do Banco Central.

Acho que ele tem alguma razão quanto ao procedimento do banco, mas não na linha de conduta. O Banco Central buscou o mínimo gasto possível para salvar o Bamerindus. O banco inglês que vem para cá é um grande banco, é preciso autorização constitucional para entrar um banco estrangeiro. Será o quinto banco do Brasil, talvez o quinto do mundo também, um banco forte. Isso vai levar os nossos bancos a se agilizarem. Quem ganha é o consumidor, o produtor brasileiro. Espero eu, pelo menos. Não sei se mais tarde haverá outras consequências.

Nunca os banqueiros foram favoráveis à competição no sistema financeiro. Não me esqueço no Cebrap, há muitos anos, nos anos 1970 ainda, quando o [Olavo]

---

* Secretário executivo do Ministério da Fazenda.
** Ministro do Meio Ambiente e dos Recursos Hídricos.

Setúbal esteve presente a uma reunião e reclamou que era necessário haver reserva de mercado para o sistema financeiro. Hoje ele deve ter mudado de ponto de vista, mas ainda assim não sei qual é o entusiasmo dos outros banqueiros e do próprio Setúbal com a entrada de um banco estrangeiro tão forte como esse Hong Kong and Shanghai Bank.

De qualquer maneira, esse episódio encerra uma série grande de intervenções do Banco Central no sistema financeiro. Faltam o Banespa* e o Banerj, mas está claro o destino deles; fica claro também que estamos fazendo uma tremenda reorganização do sistema financeiro com um custo moderado para o contribuinte brasileiro. É verdadeiramente um sucesso. E o Loyola, que é muito atacado, teve o mérito de digerir pouco a pouco, banco a banco. A equipe do Banco Central, com todas as deficiências que possa ter, tem muitas virtudes. Nesse aspecto é indiscutível que foi um êxito.

A quarta-feira foi um dia naturalmente tenso. Com todos esses problemas, voltei para casa tarde, ficamos um bom tempo nessa história do Bamerindus. Lá estavam, no final do dia, o Clóvis, o Eduardo Jorge, o Sérgio e o Serra. O Sérgio e o Serra vieram conversar comigo um pouco antes, sobre a formação de empresas de telecomunicações, a banda B** mais os canais. O Sérgio está fazendo licitação em quantidade, o Serra queria saber como era isso, e nós, o Clóvis e eu, dissemos que não há negociação nenhuma, [a decisão] vai ser técnica, ganha quem ganhar.

Claro, os canais de FM e os canais normais de rádio, sempre há muitos por aí, claro que haverá um assédio de políticos. É possível escolher entre uns e outros, mas nada que implique qualquer comprometimento que possa levar a uma imagem do governo que não seja austera. Ficou muito claro, foi muito bom. E o Sérgio está agindo corretamente nisso. O Sérgio atropela muitas coisas, mas quanto à lisura do processo e à coragem com a qual está enfrentando a telecomunicação, não há dúvida nenhuma.

Quinta-feira, já dia de Semana Santa, passei a manhã no Alvorada, mas recebi muita gente. O general Cardoso, para assinar os atos que eu já tinha referendado com os ministros sobre as promoções na Aeronáutica e no Exército. Ele me trouxe tudo do Exército e os outros eu fiz na hora. Conversamos também sobre alguns aspectos relativos à questão dos sem-terra.

Houve um ato, do pessoal do MST de Sergipe, que fez um acordo de não invasão e selou esse acordo na minha frente. O general Cardoso acha que o Xico Graziano tem uma ideia sobre colonização mais avançada que a do Raul. Este, segundo o general, ainda vê o latifúndio à moda antiga, como um inimigo que é preciso desa-

---

* O Banco do Estado de São Paulo sofreu intervenção federal em 1994 e foi vendido ao Santander em 2000.

** Parcela da telefonia celular, dividida em dez regiões, cuja abertura ao setor privado vinha sendo planejada pelo governo. A banda A era operada pelas empresas estatais do Sistema Telebrás.

propriar, na mesma linha do MST, embora, no caso do Raul, dentro da lei. Xico quer outra linha, a que o general é mais favorável. Mas ele apoia o Raul, sabe perfeitamente que nesse momento não temos alternativa ao Raul.

Recebi, ainda na quinta-feira de manhã, o Eduardo Jorge, que veio me dizer uma vez mais que estava disposto a ir para a vida privada e me ajudar na preparação do próximo governo. Ele está desencantado, fez um bom trabalho, mas está cansado de ser vigiado. Houve um incidente menor, que aliás saiu na coluna do Jorge Bastos Moreno: o Requião andou dizendo que ele teria aceito passagens para ir a Aspen, pagas não sei por quem. É mentira.

Isso tudo vai cansando o Eduardo, além do mais a burocracia dele está em choque com a burocracia do Clóvis, ele me disse e é verdade. Difícil saber quem tem razão; esses choques burocráticos são, todos, uma bobagenzinha que nos afasta do rumo principal. O Eduardo demonstrou, mais uma vez, que quer deixar o governo. Conversei com ele sobre algumas reformas possíveis. A Agricultura, como já registrei, vai mal. Choque entre Arlindo Porto e a equipe técnica. O Bresser, que acabou a dar, de novo, declarações propondo soluções para furar o teto [do salário dos funcionários e parlamentares], quando acho isso um erro; temos que manter o teto, eu disse ao Bresser, mas ele é incontrolável. Sinto o [Israel] Vargas um pouco cansado, embora eu não tenha encontrado ninguém melhor que ele.

O Banco Central, por causa dos erros conhecidos, está há muito tempo enfraquecido porque a diretoria também está cansada e sem suporte maior da sociedade. O próprio Ministério da Fazenda — o Malan está bastante abalado. Ele tem um estilo mais diplomático-financeiro do que executivo, e não posso mexer no Malan a não ser que haja um entendimento com ele. Até pensei que pudesse ser deslocado, quando fosse o caso, para o Ministério das Relações Exteriores, porque ele é bom nessa área também. Não quero deixar o Malan longe, ele é muito correto, muito eficaz no relacionamento da economia brasileira com o resto do mundo, embora talvez seja outro que esteja cansado [de ser ministro da Fazenda]. Enfim, sinais de cansaço na máquina. Eu tenho o Ministério dos Transportes e o Ministério da Justiça [ainda pela frente], tem muita coisa já para mexer.

Depois de ter feito esse balanço com o Eduardo, combinei de receber o Jorio Dauster no domingo, amanhã, portanto. Quero sondá-lo para a Agência Nacional de Petróleo. Já tinha falado com o Eliseu Resende sobre o nome dele e com o Clóvis e o Eduardo Jorge. Vejo que ele reage porque tem problemas financeiros, preferia ficar no exterior, mas não fechou as portas.

Além disso recebi o Serra, que me contou, eu não sabia, que estivera com o Requião, o [Luís] Nassif e não sei mais quem, acho que a Mônica Bergamo, da Bandeirantes, numa conversa com esse [Fábio] Nahoum,[*] que teria feito alguma acu-

---

[*] Dono do Banco Vetor e um dos principais personagens do esquema de precatórios montado na prefeitura de São Paulo durante a gestão Maluf.

sação ao Maluf. Hoje os jornais saem com desmentidos tanto do Maluf quanto do Nahoum. Achei precipitado o Serra ter se metido nisso. Eu contei a ele que o Maluf telefonou para o Luís Carlos Santos, dos Emirados, onde ele está, reclamando, bastante aflito, disse que está doente e nós aqui numa posição política contra ele, ameaçando-o. Falou também com o Ricardo Sérgio [de Oliveira], que é diretor do Banco do Brasil,* num sentido mais construtivo de quem quer um armistício, mas disse que está com medo e fez ameaças. Acusou o Serra, na conversa com o Luís Carlos Santos, de estar se metendo nas coisas. Eu não sabia, até já registrei que o Serra não estava se metendo, mas acho que o Serra não devia ter ido a essa história do Requião. Na hora em que ele me contou, não vi gravidade. Hoje, pelos jornais, percebo [a gravidade], até porque ele vai ser desmentido por uns e por outros, quando provavelmente o Nahoum terá mesmo acusado o Maluf. Essa pequena política suja não é boa para nós.

Voltei a conversar com o Serra sobre os assuntos gerais de mudança de ministério. Tenho que pensar um pouco mais, ele pode me ajudar.

Hoje, sábado, já está toda a família aqui. Ontem, Sexta-feira Santa, passei o dia praticamente no Alvorada com o pessoal do Paulo Henrique e a Ana. Eu, a Ruth, a Helena, a Joana e a Helena Guerra, que é uma amiga da Júlia.** Fomos assistir à cerimônia da bandeira.*** Acabei de voltar, para retomar o fio da meada. Estão também aqui a Bia, o Duda com a Júlia e o Pedro.****

Ontem a Luciana andou por aqui, com o Getúlio e a Isabel. Estava toda a família e vimos um filme até tarde da noite. Na verdade isso foi na quinta-feira. Ontem eles foram ao teatro, eu fiquei com o Duda, o Paulo Henrique e o Valter Pecly***** jogando pôquer, de brincadeira, quer dizer, ganhei quinze reais e não sei quem, acho que o Valter, quinze também; o Paulo Henrique perdeu trinta reais. Hoje passamos o dia por conta da família. Catarina Malan esteve aqui há pouco com o filhinho do Pedro, Pedrinho ele se chama, e agora o Pedro meu neto foi para a casa do Pedro Malan. Vou buscá-lo daqui a pouco. O Pedro Malan está doente, como já registrei.

Hoje passamos o dia inteirinho no Alvorada, o tempo está ruim — nadei só ontem —, ficamos por conta da família, conversando e lendo. Acabei de ler uma tese de um rapaz chamado Márcio Goldman sobre candomblé.****** Tenho que escrever um prefácio ao livro do Bastide que vai sair na França e tive que me atualizar um pouco. Gostei bastante desse livro do Márcio Goldman, ele faz uma análise estru-

---

* Diretor da Área Internacional do BB.
** Neta de Fernando Henrique, filha de Beatriz Cardoso e David Zylbersztajn.
*** Cerimônia mensal de troca da bandeira nacional hasteada na praça dos Três Poderes.
**** Neto de Fernando Henrique, filho de Beatriz Cardoso e David Zylbersztajn.
***** Embaixador e chefe do Cerimonial da Presidência.
****** "A possessão e a construção ritual da pessoa no candomblé". Dissertação (mestrado em antropologia social), Universidade Federal do Rio de Janeiro, 1984.

turalista do candomblé. Análise um pouco intelectualista, mas livro bonito e bem-feito, que realiza uma revisão de tudo.

Eu me recordei da parte da literatura que eu conhecia, que é a mais antiga, chega até o Bastide e a Maria Isaura [Pereira de Queiroz], que, como eu, foi assistente dele. A Maria Isaura não falou propriamente sobre candomblé, mas, é claro, Nina Rodrigues, Arthur Ramos, aquela discussão, [Melville] Herskowitz e René Ribeiro falaram. Enfim, esse tipo de literatura que li quando acompanhava essas coisas. Agora me atualizei, lendo inclusive o mais recente trabalho do Peter Fry* — eu lera uma ou outra coisa dele, que é bom — e li vários outros jovens que nem sei quem são.

Os anos 1970 foram anos de grande decadência da literatura sociológica, socioantropológica e política. Aquela inundação do althusserianismo liquidou tudo, principalmente em termos de dominados e dominadores da maneira mais vulgar possível. Aí entrou tudo. Umbanda, candomblé passaram a ser vistos pelas lentes de uma análise política vulgar. É impressionante como houve uma queda na qualidade das Ciências Sociais do começo dos anos 1970 até meados dos anos 1980. Agora, parece, espero, que estejam retomando [a qualidade].

A tese desse rapaz é boa. Verdade que sob forte influência do [Claude] Lévi-Strauss, que também é um autor da outra época [da boa]. Mas quem sabe se retome a boa tradição e se deixe de lado essa babosseira que a Marta Hannecker vulgarizou, cuja inspiração é [Louis] Althusser e que penetrou fundo [no meio acadêmico]. Impressionante como penetrou por todos os lados. É uma coisa boba, um modo muito superficial de analisar. Enfim, nem só de política vive o homem, eu me diverti um pouco com a família e com a retomada do candomblé.

Eu e a Ruth escrevemos um trabalho, o primeiro que fizemos, talvez no fim dos anos 1940, não, deve ter sido 1950 ou 51, sobre a umbanda em São Paulo e em Araraquara. Não sei se ainda tenho esse trabalho. Naquela altura eu não seria capaz de ver todas as implicações da análise estruturalista lévi-straussiana que ainda não havia nos influenciado.

---

* Peter Fry e Carlos Vogt, *Cafundó: A África no Brasil*. São Paulo: Companhia das Letras; Campinas: Editora da Unicamp, 1996.

1º A 8 DE ABRIL DE 1997

Reforma administrativa: negociações difíceis. Reunião com Itamar Franco. Desentendimentos com Sérgio Motta

Hoje é 1º de abril, terça-feira, são oito e vinte da manhã. Domingo à noite, dia 30, recebi o Jorio Dauster para tentar convencê-lo a vir para a Agência Nacional do Petróleo. Baldados os esforços. Ele tem problemas familiares, falta de recursos, vai ter que construir uma casa em Brasília, ficará pelo menos um ano e meio ou dois em Bruxelas. Depois conversei longamente com ele sobre a questão do comércio exterior. Ele vai fazer e passar ao Lampreia um paper sobre a ação do governo nessa matéria.

Mais tarde chegou o Sérgio Motta, repassamos todos os problemas mais uma vez, sobretudo os das teles. Autorizei o Sérgio a mudar muita gente, porque há indícios de irregularidades. Indicações políticas. O sistema político é realmente terrível, porque muitas vezes os partidos indicam os piores, aprontando-se para o assalto aos cofres. Nós nos preparamos, botamos os segundos, os vices, para tomar conta, mas ainda assim há perigo.

Diga-se de passagem que os jornais noticiaram a existência de um grupo grande (muito maior do que eles disseram) de pessoas da minha confiança espalhadas em todos os ministérios — e vão continuar espalhadas — para garantir a eficiência da administração e a honestidade. Eu disse ao Michel Temer que no Ministério dos Transportes ninguém vai mexer no Portella, embora eu ache que o Portella, na sua imaturidade, tenha exagerado na aflição, com medo de ser posto para fora e também tomando posições que podiam ser mais discretas. Mas preciso de gente de confiança para evitar que haja, tanto nos Transportes como em outros ministérios, a formação de núcleos de vinculação com interesses políticos e privados de corrupção.

Ontem, segunda-feira, foi o dia mais tranquilo de quase todo o tempo em que estive aqui. Não aconteceu praticamente nada. Recebi em meu gabinete os oficiais promovidos a general. Conversei com o general Cardoso sobre a reforma agrária e li um documento que o Raul Jungmann me mandou. Bom, crítico, dizendo que o governo nunca colocou a reforma agrária como questão central porque na visão uspiana essa é uma questão do passado, de nacionalisteiros esquerdosos, e que agora está se vendo que ela está aí. É verdade, mas está aí, insisto, como um último grito meio desesperado de um setor da população que com razão grita, mas que não tem como se inserir.

Acordei hoje às seis horas da manhã e terminei de ler um relatório longo e muito bom de uma moça que trabalha na Casa Civil, e que também ajudou na campanha, sobre o conjunto de ações do governo na área rural, a reforma agrária, a questão do

Pronaf, do Proger, Procera,* desses vários programas. No fundo é um dinheirão que o governo despende para a questão agrária, e tem que fazer isso mesmo. Acontece que existe a politização do MST. Nesse aspecto, o Raul Jungmann chama a atenção para o que é verdadeiro: estamos perdendo a batalha política com o MST porque o governo não tem se antecipado. Mas não sei se antecipar resolve, porque é um movimento político com base numa realidade gritante de desigualdade e de pobreza que vai levar muito tempo até ser superada. Algumas décadas, digamos.

Além disso, vi hoje nos jornais um dirigente do MST atacando de novo o Jungmann, dizendo que ele é mentiroso. É a técnica que eles usam de desmoralização. Querem uma audiência comigo, colocando-me numa posição difícil, porque não posso dar audiência para ouvir críticas ao ministro. Vou pensar se não é melhor, em vez de conceder a audiência, a gente fazer no mesmo dia uma fala pública ao país sobre a questão agrária. Assim digo por que não dei audiência, e a verdade é que não pediram formalmente, eles impuseram.

Ontem à noite houve uma reunião dos líderes, o Sérgio Motta me deu conta no fim da noite. Cada vez mais o Sérgio participa dessas reuniões, mas, por falta de ação nossa, de ação do ministro de Coordenação Política,** a Casa Civil no meu governo não tem função política, o ministro da Justiça está para sair, então o Sérgio fica muito evidente, mas ele sempre participou construtivamente, a verdade é essa, para obter dos líderes a aprovação da reforma administrativa.

Os jornais de hoje dizem que o governo está desistindo das reformas. É mentira. Alguns líderes falam disso, eles querem atacar. Ontem o Franklin Martins escreveu um artigo dizendo que o governo envelheceu em dois anos e meio. Eles querem sempre um espetáculo por semana. O povo não, o povo quer é melhorar de vida. E isso o governo está assegurando por todos os lados, com programas muito positivos nesse sentido.

HOJE É QUARTA-FEIRA, 2 DE ABRIL, quase meia-noite. O dia foi denso e tenso. Voltamos às velhas épocas de uma Brasília mais tensionada. Por quê? Votação da reforma administrativa na Câmara. O Congresso não estava disposto a aceitar a reforma se não houvesse a possibilidade de pelo menos uma acumulação para os parlamentares. A liderança do governo concordou no final, não sabia o que ia acontecer, e mesmo assim não houve clima para votar por conta do temor de que fôssemos derrotados. Muitos telefonemas. Acabei sendo informado e concordei que não votassem.***

---

* Programas federais de concessão de crédito e geração de emprego para pequenos agricultores e assentados da reforma agrária.
** Luís Carlos Santos.
*** Foi adiada a votação em primeiro turno do relatório do deputado Moreira Franco (PMDB-RJ)

O Sérgio Motta queria que votassem e teve um chilique. Telefonou para o Michel Temer, que me telefonou depois para o Alvorada. O Michel desligou o telefone na cara dele porque o Sérgio ameaçou, disse que havia ministros do PMDB a serem nomeados, enfim, uma coisa descabida.

Por outro lado, de manhã, o Sérgio Motta deu uma entrevista arriscada. Primeiro, porque era o dia da votação no Supremo Tribunal de uma liminar que impedia o leilão da banda B de celulares.* Não era o momento de fazer declarações. Pois bem, ganhamos por unanimidade no Tribunal. Mas o Sérgio fez uma declaração (que ainda não li) onde consta que ele atacou a CNBB e d. Luciano Mendes de Almeida,** falando do "dinheirinho dele",*** repetindo indevidamente uma frase minha.**** Depois criticou o Mário Covas e a equipe econômica, e ainda por cima mexeu com a Bolsa. E falou sobre um assunto que ainda está num dos tribunais, uma questão contra a Telebrás sobre o pagamento da chamada ADR.***** Disse que isso não seria pago, o que mexeu com a Bolsa: a CVM foi obrigada a retirar as ações da Telebrás da Bolsa e impediu a venda hoje, porque começou a haver especulação a partir das declarações do Sérgio.

Ou seja, voltamos àqueles momentos em que o Sérgio desfaz todo o bem que fez, pela incapacidade de se moderar, de se controlar nas suas exasperações e na sua língua solta. É difícil, está ficando perigoso até para mim. Os governos frequen-

---

sobre a PEC da reforma administrativa (PEC 173/95), aprovado pela respectiva comissão especial em outubro de 1996. A instituição do teto salarial de R$ 10,8 mil para Executivo, Judiciário e Legislativo teve de ser abandonada pelo governo devido à resistência de parlamentares da grande "bancada dos aposentados" — como a imprensa chamava os deputados que acumulavam aposentadorias e perderiam privilégios com a reforma. Por outro lado, a oposição combatia a quebra da estabilidade dos funcionários públicos.

* Foi rejeitada a ação direta de inconstitucionalidade proposta por PT e PDT contra a concessão da nova frequência da telefonia celular à iniciativa privada, prevista para entrar em operação no final de 1997.

** Ex-presidente da CNBB e arcebispo de Mariana (MG).

*** Durante um seminário sobre telecomunicações em Brasília, Motta provocou: "Para que manter a Vale como está? Para dar dinheiro para algumas prefeituras e uma graninha para d. Luciano?". Por meio de um fundo de desenvolvimento, a mineradora oferecia auxílios e empréstimos às comunidades afetadas por suas atividades, muitos dos quais destinados a obras sociais da Igreja. O bispo de Jales (SP), d. Demétrio Valentini, da Pastoral Social da CNBB, declarou: "A gente não sabe se o Sérgio Motta está treinando ou se já assumiu o papel de bobo da corte. Por isso não damos muita importância".

**** Em entrevista a rádios católicas no final de 1996, o presidente dissera: "D. Luciano pode ficar tranquilo [com a venda], porque o dinheirinho que ele recebe, vai continuar recebendo".

***** American Depositary Receipt, ações emitidas por bancos norte-americanos com lastro em títulos de empresas estrangeiras que têm papéis negociados nos EUA.

temente são derrubados pelos que mais o apoiam ou apoiam o chefe de governo. O Sérgio tem uma relação muito intensa comigo, defende o governo, mas também tem feito declarações absolutamente inaceitáveis do ponto de vista do comportamento de um ministro. Vou ter que chamá-lo amanhã. Falei pelo telefone, ele minimizou tudo. Pedi até a transcrição do que ele disse, para poder conversar com o texto na mão e com mais tranquilidade.

Isso por uma parte. De outra, almoçou aqui o Mário Soares, e foi muito agradável. Detalhamos o livro que vamos escrever juntos sobre o Brasil, sobre a minha visão do Brasil e do mundo.* Vai ser um diálogo que depois será editado e publicado na França, aqui, nos Estados Unidos... enfim, pode ter grande repercussão. Conversamos amigavelmente no almoço, só ele e a Ruth.

À noite, recebi o Itamar Franco. O Itamar, como sempre cordial, sentou-se e desfiou um rosário de queixas: as de sempre, que o meu pessoal massacra o pessoal dele em Minas. Não sei nem quem são. Disse uns nomes que nem conheço. Voltou a falar do dentista dele demitido da Vale do Rio Doce** e que o Paulo Renato fez não sei o que com o [Murílio] Hingel.*** Eu não sabia, o Paulo Renato mudou a política, só isso. E que o Sérgio Motta maltratou o [Henrique] Hargreaves.**** Voltei a dizer tudo que já deve estar registrado a respeito de cada um desses incidentes. O Itamar me pediu então que eu o dispensasse da OEA depois da conferência de junho***** e que ele examinaria a possibilidade de ser candidato, que ia começar a conversar e que não faria nada sem voltar conversar comigo.

Falei sobre as lamúrias, enfim, o que tinha que dizer. Ele reclamou que eu disse não sei onde que a Caixa Econômica estava quebrada. Respondi: "Olha, Itamar, eu era ministro da Fazenda no seu governo, não estou atacando o seu governo, estou dizendo uma verdade". "Não! Não estava [quebrada] porque o ex-presidente, o Danilo [de Castro], que aliás votou em você e hoje é deputado,****** me deu um relatório." Eu digo: "Itamar, a Caixa estava sem publicar balanço há três anos, isso não foi para criticar você. Outro dia eu disse que o Banco do Brasil estava quebrado também, no meu governo! Não fui eu quem quebrou, como não foi você quem quebrou, é uma situação que vem de longe, da inflação. Você confunde processos estruturais históricos com acusações pessoais! Toda vez que falo do seu governo, estou falando de mim mesmo, nós fizemos juntos o governo, foi um esforço gran-

---

* O livro seria publicado no ano seguinte (*O mundo em português: Um diálogo*. São Paulo: Paz e Terra, 1998).
** No final de 1995, o dentista do ex-presidente foi exonerado do conselho de administração da Florestas Rio Doce S.A., subsidiária da Vale para produção de madeira de reflorestamento.
*** Ex-ministro da Educação durante o governo Itamar Franco (1992-95).
**** Ex-ministro-chefe da Casa Civil de Itamar Franco.
***** XXVII Assembleia Geral da OEA, realizada em Lima, Peru, de 1º a 5 de junho de 1997.
****** PSDB-MG.

de. No Real, você sabe o esforço... para fazer a URV,* que eu queria que fosse uma coisa clara, transparente...".

Meu Deus do céu! Ele não tinha ideia do que era URV. Isso, aliás, vinha de muito antes, era uma proposta do Pérsio [Arida] e do André [Lara Resende], o Itamar não tinha a menor ideia. A luta que tivemos — a luta que eu tive, eu devia ter dito — foi no gabinete dele, com os ministros dele, que não queriam fazer, inclusive o [Walter] Barelli** e o Arnaldo [Leite Pereira], ministro do Estado-Maior das Forças Armadas, o Emfa. Mas não adianta ficar remoendo a história. A história será escrita por outros, não por mim nem pelo Itamar. Ele tem papel em tudo isso, evidentemente. Eu disse que, não fora ele, eu não seria ministro, não fora a confiança dele em mim, eu também não seria candidato, tudo isso é verdade. E reconheci tudo isso, como faço sempre.

Meio patético, um pouco sem sentido, mas assim são as pessoas. Dei atenção a ele. Aqui estou imprimindo um tom um pouco mais duro, mas foi mais emocional. Da parte dele e da minha também, porque gosto dele. Depois eu disse: "Acho natural que você seja candidato, que se lance, eu talvez fizesse a mesma coisa no seu lugar".

Hoje estou com muita força, não sei como vai ser na época das eleições. É preciso, entretanto, ter uma posição no espectro. Acho que o PT vai acabar lançando o Lula, a meu ver um erro; deviam lançar o Tarso Genro,*** não para ganhar, porque não ganha, mas para lançar a semente de uma esquerda mais moderna, com maior futuro. Não sei se vão lançar.

Na direita o Maluf está completamente desatinado, é difícil. Então na verdade estou ocupando o centro do espectro. É claro que há espaço, mas precisa ser uma esquerda inteligente. E uma esquerda inteligente tem que dialogar comigo. Não comigo como pessoa, como governo. Não pode ser uma esquerda que se isole, tem que ser uma esquerda no contexto do mundo atual, forçando soluções e fazendo propostas.

O Itamar concordou com o espectro, mas acha que existe um vazio no espectro que não foi captado ainda. Naturalmente o pressuposto é que ele saberá captar.

Há um vazio mesmo. Eu não disse isso a ele. Qual é o vazio? É um nacionalismo conservador somado com populismo. Esse vazio é perigoso. À esquerda também existe um vazio, mas não há de ser preenchido pelo Itamar. Me deu a sensação, pelo que ele disse do Célio de Castro,**** que ele considera o Célio de Castro mais moderno, que ele [Itamar] está imaginando entrar no PSB, mas não tenho certeza.

* Unidade Real de Valor, unidade monetária que preparou a implantação do real e entrou em vigor em 10 de março de 1994.
** Ex-ministro do Trabalho (1992-94) e secretário estadual de Emprego e Relações do Trabalho do governo Covas.
*** Ex-prefeito petista de Porto Alegre (1993-97).
**** Prefeito de Belo Horizonte (PSB).

Depois o Itamar fez a pergunta que me pareceu a mais importante da noite: "O Zé Aparecido quer saber se você o apoia para governador de Minas". Eu disse: "Olha, Itamar, ele mesmo já me havia dito isso, e ele sabe que eu tenho o Eduardo Azeredo em Minas. Qualquer coisa depende de uma combinação com o Eduardo Azeredo. Havendo essa combinação, se eu e você apoiarmos e se o Zé Aparecido tiver força em Minas, é possível, mas são só pré-condições. Pode até dizer isso ao Zé Aparecido, mas não à imprensa, porque eu não falei nada ao Eduardo Azeredo".

Na verdade (maldade minha talvez), acho que é outra coisa. O candidato ao governo de Minas é o próprio Itamar e ele jogou o Zé Aparecido para que todo mundo pense que é o Zé Aparecido, mas no fundo ele recuaria para ser governador de Minas se houvesse um entendimento real ao redor dele. Foi a impressão que tive da conversa.*

Itamar quer sair da OEA. Eu disse que ele devia ficar pelo menos até setembro. Ele não quer mais. Tudo bem. Eu disse: "Você não me deve nada por estar como embaixador na OEA. Você foi presidente da República, tem direito a uma dignidade. Do meu ponto de vista, você fica no lugar que quiser, não precisa sair de lá, não tem constrangimento nenhum, nada". Tirante isso, o resto da conversa foi mais relaxada. Discutimos a situação de estado por estado. O que ele vê são as brechas. Em cada estado haverá dois palanques, um contra, outro a favor, eu não vou poder monopolizar os dois. No fundo é o que ele está me dizendo, e é verdade. Em alguns estados, se eu for candidato, até vou, mas em outros não.

Essa foi a conversa com Itamar, vamos ver o que vai ser declarado amanhã. Combinamos que declararíamos a primeira parte, ou seja, que ele sai da OEA, que minha opinião é que é natural que ele possa examinar a candidatura dele. Ele acrescentou uma frase de que gostei: nada impede que possamos ter um caminho juntos. Me pareceu uma boa síntese.

HOJE É SEXTA-FEIRA, 4 DE ABRIL. Ontem foi um dia difícil por causa das reações havidas às declarações do Sérgio Motta. Difícil também porque há certa perplexidade diante da decisão da Câmara de não votar a reforma administrativa. Eles não votaram basicamente porque os deputados querem ao mesmo tempo um aumento de aposentadoria, querem permitir uma acumulação de aposentadorias, mas não querem mostrar a cara, têm medo da opinião pública. Então fica esse impasse, vão postergando porque não querem enfrentar nem uma coisa nem outra.

Fora isso, recebi o presidente da Hungria e vários senadores e deputados no gabinete. Recebi o Leon Brittan, que é vice-presidente da Comissão Europeia, para falar sobre as negociações que ele está levando adiante na questão agrícola da Europa, sobre as tarifas, enfim o de sempre.

---

* Em 1998, Itamar Franco de fato foi candidato ao governo mineiro, derrotando Azeredo.

Com o presidente da Hungria, foi uma longa reunião de manhã e um jantar à noite. Eu já o conhecia, ele se chama Árpád Göncz, é uma pessoa intelectualizada, foi tradutor. Eu já tinha jantado com ele na Hungria, quando fui visitá-lo como presidente eleito.* Nesse tipo de relacionamento não há dificuldade alguma nem grande vantagem para um país nem para o outro.

Depois do jantar, chamei o Sérgio Motta para uma conversa, para passar a limpo os desmandos dele. Ele, naturalmente, disse que não foi bem assim, que não disse isso, não disse aquilo, não fez aquilo outro. Mas ele sabe que fez. Eu disse: "Sérgio, estão dizendo que você é uma metralhadora giratória, que criou dificuldade com todo mundo. O d. Lucas [Moreira Neves]** falou comigo pelo telefone, recebi o Antônio Carlos, tive que falar com o Mário Covas, porque você realmente criou uma situação muito complicada". Ele disse: "Tem um editorial da *Folha*... me chamaram de 'bobo da corte'".

Eu disse: "Pois é, enquanto você estiver na corte, tudo bem; depois acho que toda a mídia vai cair na sua pele. Eu, se fosse você, ia buscar um mandato o ano que vem, porque, quando você deixar o governo, vai ser uma pauleira em cima da outra. Mas o fundamental não é isso. É a questão com o Michel. Você disse ao Michel que o PMDB não nomearia mais ministro".

Ele retrucou: "Eu não poderia dizer isso porque isso é coisa sua!".

"Pois é, a gravidade é exatamente essa. O Michel nem me contou os termos da sua conversa com o Nelson Jobim, porque você usou palavras de calão com ele. Aliás, também na entrevista."

"Não! Não usei."

E ele usou, eu mesmo tinha visto uma parte da entrevista.

"Olha, Sérgio, você precisa murchar, porque do jeito que está é um processo que te desmoraliza e que também me desmoraliza."

Então ele retrucou que é o maior defensor do governo, o que é verdade; que ele é quem compra todas as brigas, e isso é verdade; que ele é quem lida com essa "quadrilha", foi a expressão que ele usou. Eu disse que tudo isso era certo, mas não justificava o carnaval que ele tinha armado na entrevista. Ele alegou que não foi uma entrevista, que foi uma conferência técnica. "Então, pior ainda!", eu disse.

Eu não sabia que era uma conferência técnica. Ele passou horas explicando as coisas dele. Eu comentei que ele estava fazendo um magnífico trabalho no Ministério das Comunicações, que ficava prejudicado em função das diatribes verbais dele. O Sérgio não aceita, mas sabe que tenho razão. Perguntou se eu queria que ele fosse embora, porque disse que não tem ambição pelo poder. "Não é isso",

---

* Em outubro de 1994, depois da vitória no primeiro turno das eleições presidenciais, Fernando Henrique e Ruth Cardoso viajaram para o Leste Europeu, num roteiro que incluiu Rússia, Hungria e República Tcheca.

** Presidente da CNBB e cardeal-arcebispo de Salvador, primaz do Brasil.

eu expliquei. "Você vai embora e quem faz essas reformas nas Comunicações? Não precisamos extremar. Agora, você tem que limitar seus ímpetos porque está ficando difícil."

Ele entendeu. Foi saindo meio jururu daqui, meio triste. Eu disse: "Sérgio, a sua melhor época foi quando você não falou com a imprensa".

"Pois é, levei oito meses sem falar e agora chamei a Dora Kramer..."

"Eu vi que você chamou a Dora Kramer, já se vê nos editoriais e nas notas dela, mas isso não é bom. Acho que você deve se afastar da imprensa outra vez."

Ele ficou um pouco assim. Isso vai ter um efeito pelo menos provisório, e já estou me colocando os problemas do ano que vem.

Hoje de manhã, falei pela rádio com Rondônia e Roraima, até misturei, quando falava com Rondônia pensei que fosse Roraima, disse bobagem, depois corrigi.

Em seguida recebi o Eduardo Graeff, que veio ponderar que eu devia nomear o Luís Eduardo Magalhães para líder do governo porque o que está acontecendo na Câmara é uma zorra, na expressão dele. Ele está certo. Não sei se posso fazer essa nomeação, mas ele tem razão sobre a zorra. Por outro lado, ele sugeriu que eu nomeasse o Scalco no lugar do Luís Carlos Santos, o que compensaria o PSDB. Não é má ideia. Claro, vai ser uma dificuldade com o Sérgio e tudo mais. Mas, enfim, a dificuldade é sempre a mesma. O Sérgio é fantástico, mas é monopolista, exclusivista, melhor dito, no exercício, nem é do poder, mas da gestão das coisas, quer dominar tudo. E não pode. Tenho medo que no futuro eu não tenha muita alternativa senão, como o próprio Sérgio disse, mandá-lo de volta para casa.

HOJE É TERÇA-FEIRA, DIA 8, são três horas da tarde. Passei o fim de semana em São Paulo. No sábado jantamos na casa do Giannotti com o Paul Singer e a Melanie [Berezovsky Singer], com o Adolfo Lerner, a Lídia [Goldenstein],* com o Paulo Egydio Martins** e a Lila [Brasília Byington Egydio Martins].*** Foi muito agradável. No final discuti bastante com Paul Singer a respeito da posição do PT e das reformas. O Paul não tinha ideia da reforma administrativa e era contra, sustentou que tinha mesmo que ser contra. Eu disse: "Vamos ver por quê". E fomos ponto por ponto, e ele viu que não tinha razão.

Paulo Egydio muito feliz, muito eufórico de estar conosco outra vez.

Antes do jantar, passei o sábado praticamente todo em casa, recebemos o Luiz Meyer e a Regina para ver umas mudanças na casa de Ibiúna e no apartamento de São Paulo. Almoçamos com a Bia e o Duda, depois chegaram as crianças.

---

* Assessora econômica da presidência do BNDES.
** Ex-governador de São Paulo (1975-79).
*** Mulher de Paulo Egydio Martins.

Domingo de manhã fiz um check-up, tudo bem, não vieram ainda os exames de sangue e urina, mas o resto tudo perfeito. Depois voltei para casa, passei o dia todo em casa. De novo almoçamos com a Bia e o Duda.

Tive uma reunião no sábado com o Paulo Renato e a Eunice [Ribeiro Durham],* o Abílio [Baeta Neves], que é o presidente da Capes, mais o chefe do gabinete do Paulo Renato,** o Giannotti e o Vilmar para discutirmos a reforma do ensino superior. Está boa, vai ser toda feita por decreto meu.*** É corajosa, vai provocar uma onda, sobretudo nas universidades privadas, foi uma boa discussão. Na área da educação estamos avançando, e muito.

No domingo à noite, fui abrir um seminário da Cepal.**** Fiz uma longa conferência mais para o acadêmico. Me aplaudiram de pé, felizes da vida. Hoje leio no *Estadão* o resumo que um desses jornalistazinhos, nem sei o nome, embora ele tenha assinado, fez das duas conferências. Nelas, diz ele, eu mostrei toda a minha vaidade! Minha vaidade resume-se ao fato de eu ter dito que era professor em Stanford em 1971 e que vi de perto o impacto da guerra do Vietnã. Realmente esse rapaz não tem nada na cabeça.

Como a conferência foi mais puxada para o erudito (aliás, hoje a *Folha* tem um perfil de Montesquieu, de Marx, do Hegel, um ou outro eu mencionei, en passant, nem citei), eles ficam com raiva e dizem que é vaidade. Prevalece uma pobreza de espírito enorme em nossos meios subintelectuais, que infelizmente fazem a cabeça de muita gente. Enfim... isso é desabafo.

Ontem, segunda-feira, a Ruth foi para a Índia. Ainda em São Paulo fiz uma conferência sobre questões de emprego,***** com o Paulo Paiva, o Mário Covas e outros presentes, depois voltei para Brasília. Tanto na conferência de ontem como na de domingo à noite, o Mário Covas estava presente.

O Mário estava emburrado não comigo, mas daquele jeito dele. Ele tem razões para isso, por causa da violência policial****** em São Paulo e de seu fraco desempenho no sentido de mostrar de cara sua indignação à população. Ele piscou o olho,

* Secretária de Política Educacional do Ministério da Educação.
** Edson Machado de Sousa.
*** Estava em preparo o decreto nº 2306, de 19 de agosto de 1997, que reformulou o credenciamento de novos cursos superiores e estabeleceu normas para a constituição e o funcionamento de instituições privadas.
**** I Reunião Regional de Avaliação da Cepal sobre a Cúpula Mundial sobre Desenvolvimento Social, realizada na Dinamarca em 1995.
***** Seminário Internacional sobre Emprego e Relações do Trabalho, promovido pelo Ministério do Trabalho no Memorial da América Latina.
****** Em 31 de março, a Rede Globo divulgou um vídeo amador com imagens da atuação violenta da PM paulista na favela Naval, em Diadema (Grande São Paulo), comprovando tortura, extorsão e assassinato. Dias depois, a Assembleia Legislativa paulista criou uma CPI para investigar o caso.

não foi tão forte no início e agora está recebendo uma saraivada de críticas — injustamente, porque tem feito o que pode nessa matéria.

Voltamos a Brasília ontem. Chegando aqui, almocei com o Luís Eduardo, o Zé Aníbal e o Wellington Moreira Franco para encaminhar a reforma administrativa. Propusemos uma solução que era inicialmente do Luís Eduardo: restringir a acumulação de aposentadorias aos cargos transitórios. O Luís Eduardo tinha proposto apenas aos parlamentares. Eu próprio insisti para que fosse um pouco mais geral, para os cargos transitórios, o que inclui ministros de Estado e comissionados com DAS,* porque acho justo. O pessoal está aposentado, volta a trabalhar com um cargo transitório; nessa circunstância poderia voltar a receber.

Claro, haverá reação, sobretudo dos juízes, imagino. Mas a economia é imensa. E não se trata de questão financeira; é mais moral. Mesmo assim estão votando contra! Porque muitos [deputados] têm mais do que uma aposentadoria, e isso vai acabar.

E a decisão foi tomada conversando, no almoço de ontem.

À noite, recebi no Alvorada o Cristovam Buarque, que veio me perguntar uma coisa curiosa: como eu vejo o futuro? Por trás está a seguinte pergunta: ele vai ser candidato a governador, como será possível não ficar contra mim? Ele sabe que, ficando contra mim, ele tende a perder. A equação é difícil.

Voltei a dizer que acho que no futuro o PT tem que dialogar mais com o governo e que insisto num encontro com Lula, que está se esquivando. O Cristovam disse que eu deveria falar com o Célio de Castro, prefeito de Belo Horizonte. Telefonei imediatamente, porque eu já tinha prometido telefonar. Reação muito amável do Célio, que perguntou quando pode vir a Brasília para conversarmos. Entretanto, não vejo que eles possam evoluir, politicamente, para uma situação de real diálogo, porque o PT está muito fechado, embora tenham interesse, até sincero [em dialogar].

Depois do Cristovam, recebi o Michel Temer. Insistiu que ele e o Geddel têm como candidato para o Ministério dos Transportes o Eliseu Padilha. Insistiu com muita ênfase porque acha que a solução para o cenário é transformar a Secretaria de Políticas Regionais em ministério extraordinário. Perguntei se o Fernando Bezerra aceitaria isso. Ele acha que sim, eu acho difícil. Enfim, persiste o impasse.

O Sérgio Motta já tinha me comunicado que ontem refez tudo o que disse anteriormente à imprensa. Declarações novas publicadas nos jornais de hoje, ele iria procurar o Michel Temer, e de fato o procurou ontem à noite.

Mais tarde o Serra jantou comigo. Com ele passei em revista tudo. Situação geral, não só a do Sérgio Motta, pela amizade que nos une, como também a das reformas ministeriais. O Serra acha que devo preparar um novo ministério, forte,

---

* Cargos de Direção e Assessoramento Superior, ou cargos comissionados.

até janeiro do ano que vem. Imagino que ele possa voltar ao governo, creio que também ele imagina isso. Mas foi uma conversa como sempre, que o Serra não está aflito por alguma coisa, conversa boa.

Isso ontem. Hoje de manhã lançamos, com a presença de boa parte dos ministros, um programa no setor de comunicações,* uma nova filosofia, que substitui a antiga tendência de fechar o mercado e que estimula investimentos capazes de levar à competição.

Digo de passagem que ontem, segunda-feira, lancei uma coisa interessante, chamada de Pacotaço da Paz pelos jornais, ou seja, a Secretaria Nacional de Direitos Humanos. Eu já tinha criado, mas comuniquei na reunião do domingo à noite na Cepal, presente o Zé Gregori, que foi ovacionado. Eu disse que ele seria um ministro *in petto*, como se diz em italiano, ele ficou feliz da vida, eu disse que ele seria subordinado ao ministro da Justiça, ele não reclamou, depois voltou de São Paulo comigo e outras pessoas no avião, estava contente. Então ontem confirmei a nomeação do Jobim para ministro do Supremo Tribunal Federal, assinei o ato e fizemos uma comissão para analisar os bens de judeus confiscados pelos nazistas que eventualmente tenham sido transferidos para o Brasil.** O rabino [Henry] Sobel*** estava lá, enfim, uma manhã densa de significado simbólico na luta contra a violência e pelos direitos humanos.

Não resolve as chagas que estão abertas no país, mas pelo menos mostra o nosso empenho em continuar firmes nessa cruzada por um país mais civilizado.

Hoje de manhã discutimos a nova política de importações.**** Depois conversei com o Beto Mendonça sobre um trabalho do Raul Velloso de que gostei muito, para resolver a questão das aposentadorias com ativos do Estado, criando-se um fundo. Recebi de novo o Sérgio Motta, que expôs tudo que eu já sabia, porque ele tinha me dito pelo telefone sobre suas tratativas de restabelecer relações com todo mundo. Vim para casa, almocei. Falei com d. Lucas pelo telefone, ele estava em Itaici.***** Contei que recebi agora uma carta do MST pedindo uma audiência. A carta está em termos, pedi que ele influenciasse os bispos, para que não viessem com críticas pessoais ao Raul Jungmann, porque então nada mais seria possível, eu não teria como fazer avançar a negociação.

* Cerimônia de assinatura de atos para o estabelecimento de políticas de investimento e capacitação para o setor de telecomunicações.
** Cerimônia de assinatura do decreto nº 5260, que criou a Comissão Especial para Apuração de Patrimônios Nazistas, vinculada ao Ministério da Justiça.
*** Presidente do Rabinato da Congregação Israelita Paulista (CIP).
**** Referência, entre outras medidas, à MP 1569, de 25 de março de 1997, que limitou as operações de câmbio para importação e na prática obrigou que as compras externas fossem feitas à vista.
***** Bairro de Indaiatuba (SP) onde se localiza a Vila Kostka, sede tradicional das assembleias da CNBB.

10 A 17 DE ABRIL DE 1997

Reuniões com empresários. Viagem a Roraima e ao Amazonas. Marcha do MST

Hoje é quinta-feira, 10 de abril, onze e meia da noite. Ontem aconteceu muita coisa. De manhã, fui à abertura de um seminário sobre reforma agrária no Itamaraty.* Fiz uma exposição ao estilo da que fiz em São Paulo, ou seja, um pouquinho mais acadêmica, tomando a perspectiva histórica da reforma agrária e seus verdadeiros problemas.

Na véspera, à noite, terça-feira, o Vilmar Faria e o Raul Jungmann haviam estado comigo e fiquei muito impressionado com o custo da reforma agrária e com a ineficiência do projeto de assentamento feito até agora no Brasil. Creio, inclusive, que nossos dados são precários. A verdade é que há um dispêndio de dinheiro e uma ilusão muito grande de resolver a situação das famílias. Quando se verifica que um assentamento, para ser bem-feito, custa 40 mil reais por família e há 1 milhão de famílias, são 40 bilhões! Nós nos propusemos a assentar 280 mil famílias no decorrer dos quatro anos. É um recorde no Brasil, eu disse isso lá. Tenho dúvidas sobre o modelo. Acho que é preciso descentralizar, entregar mais aos municípios, baratear o custo. E é preciso não ter a ilusão de que a reforma agrária resolve a pobreza no Brasil. Está se vendo pelos dados do que já foi feito e pela análise do que aconteceu com os assentamentos (basta dizer que nos últimos dez anos nenhum deles se emancipou, ou seja, todos continuam dependendo de algum recurso público) que talvez estejamos abrindo um novo buraco sem dar saída realmente às famílias mais necessitadas, porque falta treinamento, falta apoio àqueles que estão assentados, falta muita coisa.

Fui para o Palácio do Planalto para a rotina habitual. Recebi o presidente do Bank of America,** algo assim, um banco importante da Califórnia. Recebi deputados e parlamentares. Houve muita crise, por conta da votação da reforma administrativa. Uma novela enorme. Os parlamentares querem manter alguma possibilidade de acumular, seja aposentadoria, seja o que for. E não têm coragem de afirmar isso perante a sociedade.

Uma proposta me foi finalmente trazida, como já registrei, no almoço de segunda-feira, pelo Luís Eduardo Magalhães, que, creio, havia conversado com o Aloy-

---

* Seminário de Reforma Agrária, Desenvolvimento e Cidadania, promovido pelo Ministério das Relações Exteriores.
** David Coulter. O Bank of America liderava uma operação de captação de recursos pelo BNDES em bancos dos EUA, a primeira do gênero desde os anos 1980, quando o Brasil decretou moratória da dívida externa.

sio Nunes Ferreira. Ele achava mais razoável que só os parlamentares pudessem acumular. Então, buscamos uma forma para dizer que a remuneração do trabalho transitório poderia ser acumulada. Se a pessoa tivesse uma aposentadoria, poderia receber o salário. Isso pareceu moralizador. Pois bem. O resultado foi o inverso.

O Serra e o Sérgio Machado, que nada sabiam do assunto, protestaram, disseram que era uma indecência, outros gritaram, o PSDB se rebelou, enfim, foi muito difícil acalmar as coisas. Assumi a responsabilidade, embora ela não fosse minha e eu não quisesse nenhum furo do teto, nem esse. Mas achei que ia ser o mal menor, e os líderes também concordavam com essa posição. Não foi por outra razão senão pelo medo de não termos os votos. Quando apareceu o painel com 308 votos mais um, 309,* ou seja, o justo para aprovar, ficou provado que, se não tivesse havido algum aceno, uma aliviada na situação salarial dos parlamentares, eles não aprovariam a reforma.

Ainda assim teremos problemas, porque haverá um segundo turno e muita dificuldade pela frente. Eu até achava que a reforma já estava perdida. Tivemos sorte, ela foi votada e finalmente aprovada.

Ontem à noite, quarta-feira, dia 9, reuni no Palácio da Alvorada o Sérgio Motta, o Kandir, o Cláudio, o Bardella,** o [Paulo] Francini,*** o [Eugênio] Staub**** e o Paulo Cunha.***** Conversa longa, eles já estão mais adaptados à nova situação, o Bardella muito aflito porque precisa de encomendas, um pouco a questão de que eles sabem que o câmbio é insustentável a longo prazo. O Staub me pareceu mais atilado, ele não abre o jogo, disse baixinho a mim que sabia que é preciso corrigir [o câmbio] devagar. O Bardella queria corrigir de uma vez, rápido.

Fiz a defesa da política atual, embora eu também ache que temos que desvalorizar devagar, mas não tanto como estão desvalorizando. Eu disse que é uma aposta, que estamos substituindo um estilo de economia fechada por uma economia aberta. Disse que é preciso nos preparar para competir no futuro e, no meio do caminho, me parecia necessário tirar vantagem daquilo que temos de mais competitivo: a agricultura, os minérios e também o petróleo. Como possuímos muito petróleo, vamos poder, agora, com a abertura, substituir as importações.

Está claro que nenhum país vai viver à custa desse tipo de produtos, precisamos agregar valor. Isso leva algum tempo. Implica educação, implica — e aí, sim, o que já

---

* O placar da votação da PEC em primeiro turno na Câmara foi de 309 a 147, com 18 abstenções. A votação da emenda com o teto salarial desejado pelos parlamentares e prometido pelo Palácio (R$ 21,6 mil), o dobro da proposta inicial do governo, foi motivo de racha na base aliada e ficou para a semana seguinte.
** Presidente da Bardella S.A. Indústrias Mecânicas.
*** Presidente da Coldex Frigor Equipamentos S.A.
**** Presidente do grupo Gradiente.
***** Presidente do grupo Ultra e do Instituto de Estudos para o Desenvolvimento Industrial (Iedi).

fizemos — o lançamento do plano chamado de "investimento e competição", "investimento competitivo".* Esse plano foi lançado ontem de manhã, depois da discussão sobre reforma agrária, num programa que o Sérgio Motta impulsionou com todos os ministros da área econômica na parte de telecomunicações.** Estamos realmente abrindo possibilidades, àqueles que vierem para cá para fabricar equipamentos, de eles terem alguma vantagem. Pelo menos dificultará que importem todo o equipamento de que as telecomunicações vão necessitar. Num primeiro momento da abertura do investimento, aumentam as importações de equipamentos e de matérias com valor agregado. Eu disse a eles que temos que superar essa fase.

Hoje, quinta-feira, rotina pura. Gravação na TV Amazonas, recebi alguns deputados, o [Odílio] Balbinotti*** veio juntamente com o Álvaro Dias. Conversei com o Álvaro sobre a proposta de o Lerner entrar para o PSDB; nem pensar, ele não quer saber, eu tinha falado com o governador Jereissati para ele mexer no assunto, ele já tinha me avisado que o Álvaro não aceitava.

Esqueci de dizer que ontem falei com o [Antônio] Britto por causa do rolo das nomeações do ministério.

Lancei um programa de informatização das escolas com o Paulo Renato.**** Recebi um general chinês que é vice-presidente da Comissão Militar Central.***** Muitos despachos. Falei com o Paulo Godoy.******

Finalmente, recebi o senador Jader Barbalho e coloquei a questão do PMDB. O Jader é inteligente, ele disse: "Não dá para discutir isso assim pontualmente. Temos que ver se queremos ou não uma aliança mais sólida para o ano que vem. E, se quisermos, temos que nos colocar nessa perspectiva mais ampla de participação do PMDB". Ou seja, querem mais participação, mas com aliança firme.

Me pareceu que era isso. Então vou convocar, na segunda-feira, o Jader, o Michel Temer e o Geddel para discutirmos a questão.

Grandes aflições do Portella, que tem medo que a nomeação do Padilha, indicada pelo Michel Temer e reafirmada recentemente a mim, leve à organização de

---

* Publicação do estudo "Ações setoriais para o aumento da competitividade da indústria brasileira", realizado pelo Ministério da Indústria e Comércio.

** Anúncio da nova política industrial para o setor de telecomunicações, com a redução de alíquotas para importação de equipamentos e o lançamento de uma linha de crédito de R$ 13 bilhões gerida pelo BNDES (com participação do Eximbank japonês) para financiar a instalação de indústrias no país.

*** PTB-PR.

**** Programa Nacional de Informática na Educação do Ministério da Educação, com a previsão de compra de 100 mil computadores para 6 mil escolas públicas até 1998, ao custo de R$ 450 milhões.

***** Liu Huaqing, almirante responsável pela modernização da Marinha chinesa.

****** Presidente da Associação Paulista dos Empresários de Obras Públicas.

um grupo que controle o ministério para fins eleitorais, o que implicaria, talvez, corrupção. Enfim, temores. Temores eu também tenho, mas temos força para impedir que essa coisa degringole.

Amanhã viajo para o Norte. Vamos para Amazonas, Roraima e depois Rondônia. Várias inaugurações de obras importantes, mas a isso me referirei na volta.

DOMINGO, 13 DE ABRIL, onze e quarenta da noite.

Sexta-feira e sábado passei o dia visitando Boa Vista,* Manaus,** Itaquatiara e Porto Velho.*** Lançando projetos importantes de integração viária e hidroviária para a exportação de produtos brasileiros. Muita agitação, parece que todos os setores políticos de mais peso — sabe Deus como se forma esse peso — me apoiam. A movimentação de sempre da CUT, limitada, fazendo barulho e discurso. Estive com Rafael Caldera, porque assinamos a linha do Guri para Roraima. Trata-se de uma obra importante que está sendo feita em Roraima e em todas as regiões do Norte, como já registrei aqui e os nortistas agora estão reconhecendo.

Conversa com Amazonino. No fundo, o que ele quer? Controlar a Suframa e a estabilização do porto de Manaus, para ser privatizado. Isso entra em choque direto com Arthur Virgílio, o qual, juntamente com o senador Jefferson Peres,**** cometeu a imprudência de levar com ele o superintendente da Suframa,***** deixando a marca registrada de que o homem é ligado a ele, que é tudo que o Amazonino disse e temos negado. Enfim, percalços.

Voltamos para Brasília ontem à noite. Estava sozinho no Alvorada, então fui ver *As bruxas de Salem*, bom filme. Dormi.

Fui para a fazenda hoje com o Paulo Renato, o Jobim e o Gelson Fonseca, a senhora do Paulo Renato, Giovanna, e também — não sei o nome da moça que está com o Jobim —****** uma procuradora da Fazenda. Foi muito agradável, almocei

---

* Na capital roraimense, o presidente se encontrou com seu homólogo venezuelano, Rafael Caldera, com quem assinou atos relativos à pavimentação da BR-174 (que liga Manaus à fronteira com a Venezuela) e à construção do linhão Guri-Macaguá.

** Em Manaus, o presidente discursou no encerramento do Encontro Empresarial Brasil-Venezuela e assinou acordos bilaterais com Caldera.

*** Em Porto Velho, o presidente inaugurou a hidrovia Madeira-Amazonas e o terminal do porto graneleiro; em Itacoatiara (AM), ocorreu a inauguração de um terminal privado da mesma hidrovia, destinada a escoar a produção de grãos de Rondônia e do Centro-Oeste para os portos de Belém e Itaqui (MA).

**** PSDB-AM.

***** Mauro Ricardo Costa.

****** Adrienne Senna.

lá com os oficiais que me levaram de helicóptero e com os seguranças. Nada de extraordinário, voltei.

Acabo de jantar com o João Sayad, a Cosette [Alves],* o Paulo Renato e a Giovanna. Alejandra Herrera,** que está como assessora do Sérgio Motta, passou rapidamente aqui antes do jantar para dar algumas informações sobre o que a preocupa na lei geral de telefonia. Ela reconhece que muita coisa foi feita, mas ainda tem uma ou outra dúvida.

Depois, quando chegaram os convidados, ela foi embora, ficamos nós com o João Sayad. O problema do João: câmbio. Ele acha inevitável ter que mexer na taxa de câmbio, mas para isso precisaria haver um aperto, uma recessão primeiro, para depois mexer, e ele não acredita que dê para fazer isso antes de 1998, antes da eleição. Ele tem a mesma opinião que o Bresser. Parece que a nossa equipe econômica está teimando nessa questão do câmbio há muito tempo e agora os problemas estão ficando mais agudos.

A Ana Tavares me telefonou e leu um documento que teria sido apresentado em Itaici na reunião dos bispos.*** Um documento desses partidários violentos, criticando as medidas provisórias, citando corrupção para compra de votos da reeleição, dizendo que as políticas sociais são focalizadas, neoliberais e não universais, enfim... esse blá-blá-blá que sabe Deus se influencia alguém além dos bispos. Vamos ver como a matéria sai nos jornais amanhã. A Igreja está ficando difícil, porque houve uma "petização" da Igreja, ela perdeu o rumo com a virada da economia e da sociedade brasileira.

HOJE É 14 DE ABRIL, quase meia-noite. Estou vindo de um jantar na casa do Marcos Vinícius Vilaça com quinze membros da Academia Brasileira de Letras. Todos muito entusiasmados porque a Academia fará cem anos e há várias propostas para que eu me torne membro. Eu jeitosamente disse que não, alegando ser presidente da República para não aceitar tal honraria.**** Soube que o Celso Furtado é candidato e que terá dificuldades. Eu me empenhei dizendo que é melhor avisá-lo, porque acho que o Celso não merece uma decepção dessas. Não me espanta que ele queira ser, mas me espanta que os outros não queiram que ele seja.

Antônio Ermírio de Moraes veio me ver no fim do dia no Alvorada. Estava preocupado com os fundos de pensão, imaginando que o governo fosse utilizar recursos públicos para disputar com a Votorantim. Expliquei que não era isso, que

---

* Mulher de João Sayad.
** Consultora do Ministério das Comunicações, integrante da equipe de formulação da Lei Geral de Telecomunicações.
*** XXXV Assembleia Geral da CNBB, com o tema "A Igreja e a comunicação, rumo ao novo milênio".
**** Fernando Henrique foi eleito para a Academia em 2013.

tínhamos interesse que houvesse competição, mas que o governo não ia entrar na jogada. O governo quer competição. O Mendonça de Barros, do BNDES, estava tentando viabilizar um segundo consórcio, que é da CSN, não para que ele ganhe — ganhará quem tiver o maior lance —, mas para que não fique só um candidato, no caso a Votorantim.

Acho que o Antônio Ermírio saiu mais calmo, porque percebeu que não havia uma armadilha. Além do mais, me disse que está comprometido, já tinha até prometido a mim que se lançaria na competição. Vamos ver.

Estive com o Jader* e com o líder do PMDB** na Câmara para dizer a eles que estava disposto até a arrumar mais um ministério, disposto a transformar a Secretaria de Políticas Regionais em ministério para que pudéssemos ter um apoio mais eficaz do PMDB. Parece que eles gostaram da história.

Agora à noite o Sarney me perguntou, eu contei a proposta, disse que estava disposto até mesmo a sugerir algum nome tipo Renan Calheiros,*** de quem eu sei que o Sarney gosta.

Foi o que houve de mais impactante.

Certa preocupação com o fato de que, na Cosipa, Mário Covas não retirou os grevistas que estão ocupando navios. Talvez a Polícia Federal tenha que intervir.****
O Clóvis acabou de me telefonar, mas já era muito tarde para devolver o telefonema a ele.

Preparei um documento para responder a uma análise ideológica, malfeita, lamentável, que duas pessoas apresentaram à CNBB.***** Eu desmenti com dados, mas não adianta, porque a análise é ideológica. O que eles querem mesmo é ficar contra.

Recebi o Shimon Peres.****** Esse é um sábio. O homem está além das coisas normais, não se preocupa mais com posições de partido, está preocupado com a paz, com o povo do seu país.

Um pouquinho mais a respeito da Vale do Rio Doce. Parecia ser a joia da coroa. Hoje temos dificuldade em formar os consórcios que devem disputá-la, parece

---

* Barbalho era líder no PMDB no Senado.
** Geddel Vieira Lima.
*** Senador (PMDB-AL).
**** Em greve, estivadores do porto de Santos ocuparam dois navios atracados no terminal marítimo da siderúrgica, então o maior porto particular do país (a ex-estatal paulista foi privatizada em 1993) e paralisaram as operações de embarque e desembarque. Os trabalhadores protestavam contra a privatização dos portos e a nova concorrência da Cosipa para a livre contratação de mão de obra do terminal, sem a participação dos sindicatos da categoria.
***** "Análise da conjuntura sócio-econômico-política brasileira", documento elaborado por Ivo Lesbaupin e Antônio Abreu para o Instituto Brasileiro de Desenvolvimento Social (Ibrades), ligado à Igreja.
****** Ex-primeiro ministro de Israel (1995-96), vencedor do prêmio Nobel da Paz em 1994 (com Yasser Arafat e Yitzhak Rabin).

incrível, mas é assim. O governo tentando ter a atitude mais correta possível em todos esses episódios e alguns setores apaixonados de esquerda a criticar sem ver a realidade.

HOJE É TERÇA-FEIRA, 15 DE ABRIL, meia-noite. O dia, para minha surpresa, transcorreu calmo. Digo "para minha surpresa" porque temos a questão da reforma administrativa e a da marcha dos sem-terra.

De manhã, festa no Palácio do Planalto, ingresso do Dante de Oliveira,* e nesse meio-tempo recados de d. Luciano Mendes de Almeida, que finalmente marcou um encontro com o Clóvis para amanhã de manhã e depois vai me ver. Repercutiu bem a resposta dura que demos, eu mesmo escrevi, a um documento que tinha sido apresentado à CNBB.

Fora isso, reunião com os líderes para acertar a reforma administrativa, um pouco de amuo porque eu teria recuado de um acordo. Expliquei de onde partiu o acordo e que não recuei nada, simplesmente a opinião pública não aceitou, o ponto de vista do governo sempre foi outro. Mas, de tudo que foi apresentado, [o acordo] era o mais razoável como alternativa. Ameaças de retaliação: dizem que vão votar contra a estabilidade se não acertarmos os salários. Descobriram, numa carta que o Pertence mandou ao presidente da Câmara, com cópia a mim, que o salário efetivo dos ministros do Supremo é 12 mil e pouco. Isso vai apaziguar os deputados, porque o que eles vão ganhar, no conjunto, não é tão mau assim. Perdem algo [em comparação com os juízes do Supremo], mas não chega a ser dramático.

Depois disso, o que mais de extraordinário hoje? Uma discussão sobre o salário mínimo, se fica em 118 ou 120 reais. Para ficar em 120 reais, haverá um gasto adicional no sistema consolidado — estados, municípios e União — de 650 milhões de dólares, e só na União devem ser duzentos e poucos milhões, eu creio, ou até mais. Eu disse que politicamente não podíamos decidir apenas em termos dos índices. Parece que o índice menor a ser aplicado é o de 7% em função do custo de vida, dá quase 120 reais, 119,80, é melhor fazer logo 120 reais. Vai haver gritaria apesar do enorme esforço fiscal que isso vai significar e do pouco efeito prático. Tem mais efeito simbólico. Vão reclamar.

Tive uma reunião com embaixadores e ministros do exterior do Peru e do Equador** para discutir a questão fronteiriça deles.*** Discurso meu. Discurso, não; diálogo de encorajamento à paz.

---

* Solenidade de filiação do governador de Mato Grosso ao PSDB.
** Pelo Peru, Alejandro Gordillo (embaixador) e Francisco Tudela (ministro de Relações Exteriores). Pelo Equador, César Valdivieso (embaixador) e José Ayala (ministro).
*** Os dois países travaram um conflito fronteiriço em 1995 (Guerra de Cenepa), cuja solução foi mediada pelo Brasil.

HOJE É DIA 16 DE ABRIL. Pensei que o dia fosse ser mais agitado, por causa do MST,* mas desse ângulo foi calmo. Foi mais agitado por outras razões. Primeiro, d. Luciano Mendes de Almeida foi ao Planalto me ver, antes esteve com o Clóvis, e, claro, falei tudo o que eu penso, inclusive: "Quando eu disse que era 'neobobismo',** é porque os senhores estão confundindo tudo". No documento que ele me trouxe, de crítica à privatização da Vale do Rio Doce, eles voltaram a dizer que a "política neoliberal é responsável pela piora das situações de vida da população". Eu disse que eles estão muito enganados:

"Para começar, não existe no Brasil nenhuma política neoliberal, estamos reconstruindo o Estado e não tenho nenhuma ideia de que o mercado prevaleça sozinho, como um imperador. Em segundo lugar, não é verdade também que seja por causa de qualquer política que existe exclusão [social]. Essa exclusão, se o senhor quiser chamar assim, é do capitalismo; é própria do capitalismo no seu conjunto, e não da política 'neoliberal'. Qualquer forma capitalista sofre o problema da exclusão. Em terceiro lugar, países não capitalistas, veja a China, também enfrentam isso. Por quê? Porque mudou o modo de produzir, uma transformação que leva muita gente a ficar à margem do processo de produção, passando a ser não empregável ou não explorável — a pessoa não é sequer utilizada para ser explorada. Isso é trágico, é um problema real, mas não tem nada a ver com 'neoliberalismo', tem a ver com outras coisas, e no Brasil não se aplica neoliberalismo algum."

Expus todos os argumentos para mostrar as razões da privatização da Vale e disse que [a posição da Igreja] não se trata de uma questão ética, e sim política. "Os senhores, ao se colocarem assim, fazem isso por uma razão política, embora não queiram ou não saibam reconhecer. Que o Lula faça isso, eu entendo, porque ele quer sentar na minha cadeira, mas a Igreja também quer? Se não quer, por que entrar numa questão política disfarçada de ética?" Enfim, a conversa foi dura. D. Luciano não respondeu nada, ficou com aquele jeito assim piedoso dele, me pareceu que entendeu alguns dos nossos argumentos, meus e do Clóvis.

Antes disso dei uma aula, no próprio Palácio da Alvorada, para as duas turmas do Itamaraty que estão se formando em diplomacia.*** Falei sobre a influência cultural e intelectual da USP e repassei *à la légère* a história das ideias. Acho

---

* Véspera da chegada a Brasília da Marcha da Terra do MST.
** Em discurso na cerimônia de posse do conselho do Programa Comunidade Solidária, em 24 de março, Fernando Henrique rebatera as críticas ao "neoliberalismo" de seu governo com esse neologismo. "Só quem não tem nada na cabeça fica repetindo que o governo só se preocupa com o mercado, é neoliberal. Isso é neobobismo."
*** Cerimônia de formatura do Instituto Rio Branco, curso de preparação à carreira de diplomata.

que mostrei um percurso que eles talvez não conhecessem, pelo menos do jeito que apresentei.

À tarde, de novo a votação da reforma administrativa, acabaram votando os temas não polêmicos.* A oposição se juntou para despistar, para que não se pudesse ver quem realmente tem maioria e quem não tem. Parece que temos maioria para levar até o fim a reforma, mesmo com teto máximo.** Houve também uma briga, mais uma crise, entre o Inocêncio e o Aecinho. Tive que chamar o Inocêncio, escrever uma carta elogiosa para que ele não abandonasse a liderança, enfim os pequenos problemas de vaidades de gente com língua mole, de intriga na imprensa primando sobre os interesses do país.

HOJE É 17 DE ABRIL. Foi um dia importante, dia da marcha dos sem-terra. Parece que houve muita gente.*** Não tanto quanto eles imaginavam, nem tanto quanto os nossos torcedores dizem, mas foi bastante. No Palácio não houve nada, choveu, a marcha foi pacífica e amanhã vou receber o MST.

Brigas menores entre o líder do PFL, Inocêncio de Oliveira, e o líder do PSDB, o Aécio Neves. Brigas que não têm sentido, atrapalham as votações e ocupam os jornais com futricas. Passei a maior parte do tempo, em pleno dia da marcha, tratando de apaziguar os ânimos.

Preocupação, agora à noite, do presidente do BNDES, Luiz Carlos Mendonça de Barros, temeroso com o modo como está sendo formado o consórcio da CSN para disputar a Vale do Rio Doce. Eu disse: "Olha, Luiz Carlos, tome as decisões necessárias. Eu gostaria muito que houvesse disputa, mas tem que ser disputa. Se lhe parece que num dos consórcios a fragilidade é grande, então paciência, o Antônio Ermírio ganha pelo preço mínimo, e não é de mão beijada, porque o preço mínimo foi considerado razoável. Precisamos pensar no longo prazo. Eu gostaria muito que tivesse havido, ou venha a haver disputa, mas não pode ser a preço de empurrar goela abaixo decisões que beneficiam um lado em detrimento do outro". Essa também é a opinião do Luiz Carlos. Então provavelmente assim será feito.

Conversei também com o Raul Jungmann, nervoso, aflito, eu não o vejo tranquilo porque a situação é difícil e porque ele não percebe o processo adminis-

---

* Continuação da votação em primeiro turno com a apreciação de destaques pouco relevantes propostos pelos deputados da situação.
** Diante da grande repercussão negativa na imprensa e na sociedade, o presidente abandonara a ideia de apoiar o teto de R$ 21,6 mil para a "bancada dos aposentados" e passara a apoiar o "teto máximo" de R$ 12,7 mil proposto pelo presidente do STF.
*** Na chegada da marcha a Brasília, cerca de 30 mil manifestantes se reuniram na Esplanada dos Ministérios.

trativo do Incra andar. Ele tem muita preocupação com a mídia. A tentativa que estamos fazendo é botar o Paulo Hartung* para ajudar no Banco da Terra,** uma iniciativa do BNDES para dinamizar em bases mais capitalistas a ocupação de pequenos lotes de terra. Não sei se vai dar certo, mas é uma tentativa de resposta e, certamente, com a maré crescente do MST e com a encalacrada da reforma agrária tal como ela existe no Brasil, temos que encontrar alguma saída mais inteligente e que atenda a essa demanda social por uma solução para a questão dos sem-terra.

Agora à noite jantei com o Aznar, presidente do Conselho [de Ministros] da Espanha, ele é muito amigável, muito simpático. A senhora dele também me pareceu uma pessoa inteligente, creio que se chama Ana María [Botella Serrano]. Ela trabalhava no ministério da Economia na Espanha. A conversa foi meramente social.

---

* Ex-prefeito tucano de Vitória (1993-97).
** Hartung assumiu a Diretoria de Reestruturação Fundiária e Desenvolvimento Regional do BNDES, responsável pelo programa Banco da Terra, de financiamento da reforma agrária.

19 A 29 DE ABRIL DE 1997

Visita de José María Aznar. Reunião com o MST. Viagem ao Canadá

Hoje é sábado, 19 de abril. Ontem foi um dia importante De manhã, dei uma entrevista à CBN, depois recebi o Aznar no Palácio do Planalto. Muito simpático, há coincidência de muitas coisas entre a Espanha e o Brasil. Depois almoçamos no Itamaraty, voltei ao Palácio do Planalto e fui à festa de promoção dos novos generais. Nos primeiros dois anos já promovi 201 generais, brigadeiros e almirantes.

De tarde tive um encontro frustrante com o MST. Além desse nhe-nhe-nhem de entra um, não entra outro, acabaram trazendo aqui um tal de [Antônio Carlos] Spis, que era o líder dos petroleiros.* Vieram a Beth Carvalho, os dois bispos, d. Demétrio [Valentini] e um outro,** mais a direção do MST. Estava o [José] Rainha, que eu não conhecia, ficou sentado atrás, me pareceu até meio fascinado com as coisas que eu disse. Depois estava o Stédile à minha esquerda, o Gilmar Mauro e um outro líder, Ênio [Bonenberger]. O resto eram uns jovens, pareciam soldados, militantes, mas muito jovens, dificilmente camponeses. Enfim...

Fiquei decepcionado, porque eles trouxeram uns documentos paupérrimos de ataque ao governo. Ataque, não há outra expressão. Segundo eles, o governo não avança na reforma agrária, não entra no sério, só faz as coisas laterais. Esse ITR que foi aprovado*** é até pior do que o ITR anterior! E um conjunto de bobagens. Fui jeitoso, disse que estava lá para abrir o coração, queria cooperação, não aceitei ataques primitivos, falei como era o negócio do dinheiro do Proer, expliquei, dei detalhes, disse que havia realmente um constrangimento orçamentário, mas que, apesar disso, nós assentamos muito.

As nove medidas que eles propuseram começam por passar para 500 mil [a meta de] assentados. Ora, isso custará, sei lá, 12 bilhões de reais, se for para valer. De onde é que vou tirar isso? Não tem. Depois não tem nem tanta gente que se possa assentar. É uma ilusão.

Mas não foi isso o que me decepcionou. É a pobreza da argumentação. Esse Stédile na verdade é um padre leigo, obcecado, arrogante. Aliás, todos são arrogan-

---

* Coordenador da Federação Única dos Petroleiros (FUP).

** Esteve presente, além de d. Valentini, d. Heriberto Hermes, bispo de Cristalândia (TO), ligado à Comissão Pastoral da Terra (CPT).

*** A lei nº 9393, sancionada pelo presidente em 19 de novembro de 1996, aumentou o Imposto Territorial Rural para propriedades consideradas improdutivas, medida de estímulo à produtividade e à reforma agrária.

tes, falam com muito desembaraço, como se fossem os donos da verdade absoluta. Querem estar perto do presidente, mas têm medo de um diálogo franco, vêm com medo, mesmo na boa-fé. Estão se transformando numa oposição ao governo, mais que num movimento para dar solução ao problema dos homens sem terra. Isso me chocou. Pedi várias vezes cooperação, duvido que saia.

Terminado o encontro, falei com a imprensa na sala de briefing, senão no dia seguinte eles apareceriam sozinhos nos jornais e na TV atacando o governo, atacando, atacando, sem nenhum argumento consistente. Eles dizerem que o ITR atual é pior do que o anterior é uma coisa escandalosamente mentirosa. Assim como é escandaloso negar o muito que fizemos. Então, qual é o centro? Se isso tudo é perfumaria, se o ITR, o rito sumário,* se tudo que eles pediam e achavam impossível, e que nós conseguimos, eles agora dizem que é perfumaria, então qual é o centro da reforma agrária?

Na verdade, o centro não era a reforma agrária. O centro, para eles, é quebrar o Estado, criar uma outra ordem, coletivista, e eles não conseguem nem formular isso, porque não há espaço para tanto. Vai ser um calo não no meu sapato, mas no sapato de todo mundo daqui para a frente. Claro, esses movimentos se dissolvem com o tempo, na medida em que façamos algo mais consistente na reforma agrária.

Aí entra o Raul [Jungmann]. Eles têm horror ao Raul, mas o Raul tem que cumprir um papel político e ideológico. Não me parece que ele tenha o rumo, digamos, definido, tranquilo, para fazer as coisas. Eles chamaram o Raul de marqueteiro. Eles também são marqueteiros. E no momento justamente a função de marqueteiro foi bem cumprida pelo Raul. Acho que agora temos que pensar, com mais objetividade, como fazer para que o Raul se apoie em alguém como o Paulo Hartung para mudar o Incra no dia a dia. O Incra é um desastre. Eles reclamaram que não se assenta, que o dinheiro não chega, eu disse: "É verdade, mas vocês são os primeiros a defender esse estado de mal-estar social porque não permitem as reformas que estou propondo para melhorar o aparelho do Estado". Aí é uma contradição, uma contradição insolúvel, mas eles querem a contradição. Porque têm uma visão revolucionária, essa é que é a verdade.

Queria registrar também que ontem, sexta-feira, jantei na casa do Pimenta da Veiga com o Aecinho, o senador Arruda e o Roberto Brant. Conversa boa, solta, sobre Minas. Eles estão crentes que o Itamar vai ser candidato ao governo de Minas e creio que há até uma ponta de interesse deles, porque não são tão entusiastas assim da candidatura do Eduardo Azeredo. É possível. Itamar pode ter candidatura em Minas.

Outra questão que eu queria registrar é que fiquei perplexo com as ideias que o Pimenta tem sobre a questão agrária. Ele acha que é preciso redividir o Brasil, criar

---

* O procedimento judicial conhecido como "rito sumário" para acelerar a desapropriação de terras destinadas à reforma agrária foi instituído pela lei complementar nº 88, de 23 de dezembro de 1996.

mais estados no Norte e no Centro-Oeste e, dessa maneira, povoar essas regiões e deslocar maciçamente populações para lá. Pode até ser verdade e é até uma ideia generosa, um pouco à la Juscelino em certa época, mas não sei se isso tem viabilidade política e prática. Se o próprio Pimenta, que entende razoavelmente da situação social e do campo, vê assim, por que outras pessoas não terão visões sempre generosas de colocar gente na terra sem olhar se é possível ou não e que consequências trará?

Outro fato importante que o Pimenta mencionou, e acho que ele tem plena razão, é de que, para calar a boca do MST em termos práticos, precisamos oferecer terra abundante. Há terra para qualquer brasileiro que queira terra. Isso vai na linha do Banco da Terra, uma iniciativa que deve ser encorajada. Temos que esquecer um pouco as demandas do MST, que não são demandas, são realmente uma oposição ao governo e ao regime, e abrir perspectivas mais amplas de acesso à terra, para convencer a sociedade que esse acesso existe. Caminho longo, difícil, mas não vejo outro.

HOJE É DOMINGO, 20 DE ABRIL. Ontem foi como quase todos os sábados, eu despachando. De manhã fui à cerimônia da Ordem do Mérito Militar, sem novidade. Voltei. Fiz um programa para a TV portuguesa, três ou quatro jornalistas do mundo luso-africano e luso-europeu me entrevistando.

Depois almocei com o Eduardo Eugênio [Gouvêa Vieira] e o João Pedro Gouvêa Vieira.* Eles vieram discutir a questão do petróleo, reafirmar informações que eu já tinha tido do Paulo Cunha de que as malandragens na Petrobras são grandes. Eles acham que é preciso haver uma mudança. Expliquei que estava esperando a formação da Agência Nacional do Petróleo para então interferir nessa área que está rolando solta.

Mais tarde recebi o Mário Covas, que me trouxe uma proposta de emenda constitucional para alterar a questão das polícias militar e civil, tirando da polícia militar o aspecto investigativo e judiciário. Mário veio com muito sigilo, não sei bem por quê. Talvez para haver impacto no anúncio da medida na outra semana. Mas ela depende de emenda constitucional que eu tenho que mandar ao Congresso e lá vai ser um lobby terrível contra.

Depois vi um filme sobre a vida do Prestes,** vieram a mulher do Prestes [Maria Prestes], a filha, Mariana [Prestes], o filho Luiz Carlos [Prestes Filho], os autores do filme, o Boris Fausto, que estava por aqui, o [Otaviano] de Fiori, a Maria Delith [Balaban].*** O filme mostra um Prestes distante, gelado, errado, teimoso, com nove

---

* Presidente do conselho de administração do grupo Ipiranga.
** *O Velho: A história de Luís Carlos Prestes*, documentário dirigido por Toni Venturi, coprodutor do filme com Renato Bulcão, com roteiro de Di Moretti.
*** Secretária executiva do Ministério da Cultura, ex-chefe de gabinete de Fernando Henrique no Senado.

filhos, sem realmente ter uma relação mais aprofundada com eles, um homem ensimesmado que escrevia bastante, trabalhava muito e com uma vida um pouco entre parênteses porque ou na clandestinidade, ou na cadeia, ou em Moscou, mas não mudando muito de ideia. Um homem de fibra, mas uma fibra não se sabe bem para quê.

Me impressionou muito, eu diria, negativamente. No final, uma fotografia minha junto com ele, o Severo Gomes* e o Aldo Lins e Silva,** com um bolo enorme que parece que é do PT, eu não me lembro do fato. Lembro de ter ido à casa do Aldo Lins para almoçar com o Prestes e talvez o Aldo, que estava no PT na ocasião, tenha feito isso, e o filme termina com essa foto, simpática.

Hoje estou arrumando os livros, os papéis, as roupas, porque amanhã vou para o Canadá.*** À tarde recebi no Alvorada o Júlio César Gomes dos Santos e sua senhora,**** que vão para Roma, depois de tanto tempo que eu não falava com ele.***** Achei que era meu dever chamá-lo antes de ele viajar como embaixador na FAO.

À tarde, uma notícia muito ruim. Me telefonou o ministro da Justiça,****** e também o Cristovam Buarque, para comunicar que esta madrugada quatro jovens de Brasília, um deles filho de um juiz federal, o outro enteado de um ministro do Superior Tribunal Eleitoral, jogaram álcool e queimaram um índio pataxó que estava dormindo não sei onde, debaixo de alguma coisa aqui em Brasília.******* O índio, pelo que me disse o Seligman, foi até a pensão dele às três da manhã, encontrou a porta fechada, não o deixaram entrar, então ficou na rua, e esses miseráveis atearam fogo nele.

O Cristovam estava muito aflito e também o Seligman, não só pelo fato ser de uma violência inaceitável, repugnante, como também porque neste momento

* Ex-senador (PMDB-SP).
** Advogado e militante do PT.
*** O presidente realizou uma visita de Estado ao Canadá entre 21 e 24 de abril de 1997, passando por Ottawa, Toronto e Montreal.
**** Flávia Gomes dos Santos.
***** Gomes dos Santos foi exonerado da chefia do Cerimonial da Presidência em dezembro de 1995 por sua participação nos grampos do caso Sivam.
****** Com a saída de Nelson Jobim do Ministério da Justiça, assumiu interinamente o secretário executivo Milton Seligman.
******* Galdino Jesus dos Santos dormia num ponto de ônibus quando foi espancado e teve 95% do corpo queimado com álcool e solvente. Morreu no hospital horas depois. Cinco agressores foram denunciados por testemunhas e presos. Eram "rapazes de classe média", com idade entre dezoito e dezenove anos, além de um adolescente de dezessete anos. Em 2001, os adultos foram condenados a catorze anos de prisão e o menor a punição socioeducativa.

todo mundo pode pensar sei lá o quê. Só que nesse caso não está em jogo a violência policial, não está em jogo a política pública, eles não estavam drogados, eles não estavam bêbados, é sadismo num grau inaceitável. Ainda bem que estão todos presos! Não dá para entender, realmente temos uma civilização que chega ao paroxismo desse tipo de ato bárbaro e gratuito. É realmente revoltante.

Vou ao Canadá e isso certamente vai repercutir lá, porque passou de todos os limites. Não sei como continua existindo tanta gente no Brasil com esse espírito. Uma coisa louca, não dá para entender, realmente não dá para entender.

À noite jantei com o Boris Fausto. Conversa agradável. Repassamos as questões do nosso tempo. Coincidimos em quase tudo.

HOJE É SÁBADO, 26 DE ABRIL, estou retomando as gravações depois da viagem ao Canadá. Minha preocupação com as repercussões do crime acabou não se confirmando. O terrível assassinato de um índio pataxó pelos filhos da classe média de Brasília repercutiu pouco no Canadá. A viagem foi tranquila.

O primeiro-ministro, Jean Chrétien, tinha a proposta de fazer o Canadá se aproximar do Mercosul — isso, na verdade, concertado com o Clinton. Ele conversou longamente comigo sobre o Clinton, sobre os Estados Unidos, fez uma alusão que me pareceu interessante, que a situação americana é equivalente, hoje, à situação da França na IV República: o Clinton toma uma decisão, o Congresso bloqueia. O sistema político não tem capacidade de oferecer soluções para as questões. Ele me deu a impressão de que a proposta canadense é uma maneira de contornar a impossibilidade dos americanos de fazer o *fast track* com o Chile, portanto de avançar na Alca.

Os canadenses estão muito interessados no livre comércio. São liberais, são livrechangistas, curiosamente os do Québec mais ainda, não é à toa que o primeiro-ministro, que é *québécois*, seja favorável ao Canadá unificado.

Encaramos a proposta [de livre comércio entre Brasil e Mercosul] com as reservas que o Luiz Felipe Lampreia me havia exposto. De qualquer maneira, é possível um entendimento com o Canadá, porque é um país que tem menos barreiras aos produtos brasileiros do que os Estados Unidos. Mas é um perigo se isso for um mecanismo para acelerar a Alca pela porta dos fundos. Essa é a grande questão da nossa política comercial no mundo hoje.

Outro tema presente no Canadá foi o da prisão dos sequestradores canadenses do Abílio Diniz.* Eu não recebi a mãe da moça porque criaria um tumulto maior. O primeiro-ministro conversou comigo a respeito. Eles querem uma solução, mas não querem que se faça barulho em torno. Não houve quase nada, um cartazinho com os familiares da moça à saída do Parlamento.

* O casal Christine Lamont e David Spencer cumpria pena de 28 anos de prisão no Brasil pelo sequestro do empresário paulista em 1989.

Fora essa questão, muito interesse dos canadenses. Um almoço com cerca de quinhentos empresários, fiz uma alocução em inglês, um pouco retórica, portanto, teve efeito, aplaudiram de pé. Basta apelar um pouco para a retórica que o resultado vem. É curioso isso.

A Alcan anunciou um investimento de mais de 350 milhões de dólares no Brasil.* Há um interesse grande do empresariado canadense. Depois do jantar no Québec, uma noite agradável com inspiração de Villa-Lobos, com o Egberto Gismonti.

Além do primeiro-ministro do Canadá, há o primeiro-ministro do Québec;** eles estão obcecados pela independência do Québec. Quase ganharam o último referendum, estão se preparando para, num dado momento, lançar outro referendum. Isso me disse o primeiro-ministro com todas as letras.

No último dia, dei uma entrevista que causou algum embaraço no Brasil porque eu teria dito, não me recordo, que "é uma vergonha" [o Congresso] não andar mais depressa nas votações Lembro de ter dito que "alguns ranhetas atrapalham a votação".*** Em todo caso, preciso ver a gravação. Mas não teve uma repercussão tão grande assim, até porque é uma vergonha mesmo.

Nesse meio-tempo, enquanto eu estava no Canadá, fomos derrotados na votação de uma questão da reforma da administração pública.**** Ao voltar, vi que o Eduardo Jorge já tinha feito uma análise da derrota, que, aliás, foi melhor para nós, porque limpou a Constituição. Foi uma vitória de Pirro da oposição, mas mostra uma fragilidade do comando governista no Congresso.

Desordem absoluta. O PMDB entrou em nível de chantagem. O Sérgio Motta me contou detalhes dos encontros e das festas de que ele participou com os peemebedistas. O líder na Câmara já querendo trocar o FEF pela nomeação do ministro, o Michel Temer um pouco atordoado, mas também participando, parece que ele quer nomear esse rapaz, [Eliseu] Padilha, por quem tenho simpatia, mas parece que está havendo aí um lobby muito forte, e isso já torna a nomeação mais perigosa.

Me telefonou o Jader ontem, eu disse que não faria nenhuma nomeação sem falar com ele, e que não a faria agora.

* A empresa canadense anunciou a expansão e a modernização de suas operações de laminação de alumínio em São Paulo.
** Lucien Bouchard.
*** Segundo a *Folha de S.Paulo* de 24 de abril, o presidente disse, ao se referir à tramitação das reformas constitucionais: "Nós estamos demorando demais. As respostas estão sendo muito lentas. [...] Os que estão contra são uma influência que mina a partir de pequenos interesses, que não são partidários, são pessoais".
**** O governo teve apenas 298 votos (dos 308 necessários) na votação de um destaque proposto pela oposição para retirar do texto da PEC 173/95 um dispositivo para a criação de contratos de trabalho flexíveis no serviço público. A derrota foi atribuída ao recuo palaciano na proposta de apoiar o teto de R$ 21,6 mil.

O Antônio Carlos teve um bate-boca com o Sepúlveda Pertence. Diz o Eduardo Jorge que o Sepúlveda foi duro também, eu não sei, não vi. O Antônio Carlos me telefonou, vai estar comigo no almoço de segunda-feira. Ele também fez uma declaração inconveniente de que eu não devia falar mal do Congresso lá fora. Não falei mal de Congresso nenhum, até ressalvei o quanto ele tem aprovado medidas. Mas, enfim, o Antônio Carlos tem esse estilo um pouco espalhafatoso.

Ontem, o Luís Eduardo me telefonou, está nos Estados Unidos, usou estes termos: "O senhor vai enrolar facilmente o meu pai, é só falar bem da Bahia", deve ser algum problema da Bahia. O Sérgio Motta me falou de uma questão local da Bahia: PSDB versus PFL. Contei ao Serjão que o Luís Eduardo estava preocupado em me alertar para que eu não entrasse em choque. Não vou entrar em choque com o Antônio Carlos, não tenho razão para isso neste momento.

Falei rapidamente com o Marco Maciel, no meio-tempo também houve a questão do Lerner. O Lerner quer entrar no PSDB, como já registrei. A discussão ficou circunscrita ao Paraná, como eu havia dito ao Álvaro [Dias]. Lerner não queria isso, mas não tem outro jeito, o [José] Richa* entrou na jogada, o Sérgio Motta não gostou, Lerner me telefonou ontem, virá aqui domingo para ter uma conversa comigo e eu não vou poder me afastar da composição feita, ou seja, o Paraná decide. Acho que eles vão acabar aceitando o Lerner.** O Álvaro, na verdade, não é tão de briga assim. Em todo caso vamos ver.

Esse é o clima político.

A questão dos sem-terra continua esmaecendo.

O Fujimori fez aquela matança lá no Peru,*** acho que ele foi muito além do que era necessário, mas, enfim, ele sabe julgar a situação peruana. Eu não queria estar na pele dele, até porque não agiria dessa maneira, eu não teria a convicção íntima para mandar matar sem pestanejar, ainda que fossem terroristas os que tivessem ocupado a embaixada.

Aqui o clima parece distender um pouco com o MST. A oposição ficou eufórica porque conseguiu uma manifestação de rua. Daqui a pouco as realidades vão se impondo.

---

* Ex-governador (1983-86) e ex-senador do Paraná (1987-95) pelo PMDB, um dos fundadores do PSDB em 1988.

** O governador Jaime Lerner realmente foi candidato à reeleição (pelo PFL) e venceu o pleito de 1998.

*** Em 17 de dezembro de 1996, durante uma festa de comemoração do aniversário do imperador Akihito na embaixada do Japão em Lima, guerrilheiros do Movimento Revolucionário Tupac Amaru invadiram o prédio e tomaram seiscentas pessoas como reféns, entre funcionários da embaixada, autoridades, empresários e diplomatas. O sequestro terminou em 22 de abril de 1997 com a intervenção das forças de segurança peruanas, que mataram os quinze sequestradores e libertaram os 71 reféns remanescentes (um refém foi morto pelos terroristas durante a ação da polícia).

Recebi pesquisas do dia 23, nada alterado quanto à minha avaliação e a do governo. A população avaliou que o MST devia ter entrado em diálogo comigo, foi bom eu ter proposto. O povo continua apoiando a reforma agrária, mas começa a haver insatisfação com as ocupações.

Na questão da Vale do Rio Doce, a população passou a apoiar francamente a privatização depois da campanha que fizemos na televisão. Eu vi os resultados, e o juiz já deu a liminar suspendendo o leilão.* Há um só perigo, no Supremo Tribunal, onde pode se formar uma opinião contra e se exigir a aprovação de lei específica para cada privatização, o que seria um golpe de morte no processo. Não sei se eles chegarão a tal ponto. Acho que com algum esclarecimento, não. Em todo caso, preciso esclarecer por intermédio de terceiras pessoas.

Acho que na [privatização da] Vale do Rio Doce, temos dois consórcios; acabei de ler uma entrevista do Antônio Ermírio e do Benjamin Steinbruch, e na verdade a do Benjamin é melhor do que a do Antônio Ermírio. O Antônio Ermírio tem aquele tom de chefe de clã, mas ele terá mais apoio se ganhar, apesar de estar ligado à Anglo American. São esses paradoxos! O mais nacionalista dos brasileiros está ligado à Anglo American. E o outro, que é acusado de ser um pouco rápido nos negócios, na verdade fez um consórcio mais brasileiro do que esse. Se bem que apoiado em larga medida nos Fundos de Pensão. Hoje vou ao Rio me encontrar com o Menem. Delicada a situação Brasil-Argentina. Registrarei as razões dessa delicadeza noutra oportunidade.

HOJE É 29 DE ABRIL, TERÇA-FEIRA. Sábado passado fui ao Rio, encontrei-me com o Menem,** e a conversa foi ótima. Cheguei ao Palácio das Laranjeiras depois de ter feito uma série de fotos para uma revista chamada *Vanity Fair* e fui direto para uma sala reservada conversar com ele.

Eu disse que, no meu modo de entender, a relação com a Argentina era prioritária para o Brasil e que acreditava que a recíproca devia ser verdadeira. Ele concordou. Juntos, no Mercosul, teremos um sucesso grande. Com o que ele também concordou. Também está de acordo que o ponto de partida para qualquer outra negociação é o fortalecimento do Mercosul.

* Em 25 de abril, uma liminar concedida pelo juiz João Batista Gonçalves, da 6ª Vara Federal de São Paulo, obrigou o BNDES a suspender o leilão da Companhia Vale do Rio Doce, marcado para 29 de abril na Bolsa de Valores do Rio de Janeiro. O juiz acolheu a ação popular que solicitava a anulação da privatização da empresa por supostas irregularidades no processo. O governo recorreu ao TRF. No entanto, mais de cem liminares foram pedidas à Justiça em todo o país, seis das quais chegaram ao STJ e atrasaram o leilão, afinal realizado em 6 de maio.

** Menem veio ao Brasil para a assinatura de diversos acordos bilaterais, entre os quais a instituição de uma cota extra de importação de automóveis argentinos e compromissos de cooperação militar e judiciária.

Eu disse ao Menem que a questão dos automóveis já estava resolvida porque fizemos a medida provisória que permitiu que as empresas automobilísticas se instalem no Nordeste, isso furando um acordo automotivo, e tínhamos que compensar a Argentina. Está resolvido. Ele concordou que as medidas que foram tomadas no âmbito econômico sobre o financiamento de importações também estão [resolvidas], do jeito que o Malan propôs em Assunção. Ou seja, reavaliar os efeitos sobre o Mercosul no dia 30 de junho. Um bom resultado, comemoramos de imediato o entendimento.

O jantar saiu a contento, fiz um brinde ao meu irmão Carlos Menem, ele me beijou na face à moda árabe, enfim, selamos um entendimento muito bom. No dia seguinte, cedo, estive de novo com o Menem em uma reunião aberta diante de toda a imprensa, o que é uma coisa excepcional. A imprensa assistiu à negociação entre o Brasil e a Argentina.

Depois entrevista coletiva, tudo no mesmo tom de grande entendimento, as perguntas habituais dos repórteres, provocando: o salário mínimo, a privatização da Vale, essas coisas... Lá fora* uma gritaria que se ouvia de longe, eram os manifestantes do PCdoB, do PSTU e do PT, alguns histéricos gritando.

Saí junto com o Menem, aquela coisa um tanto constrangedora, o Menem disse que está habituado a isso, mas é uma falta total de noção das coisas, quando está um presidente estrangeiro, fazer um agravo ao presidente brasileiro por uma questão local, doméstica. É por isso que essa esquerdinha que existe aqui hoje não vai longe. Eles não têm noção do que estão fazendo, nem do momento nem da importância dos atos que o Brasil está fazendo, esse acordo com a Argentina que precisamente permite uma resistência maior à globalização selvagem. E essa gente, na sua santa ignorância ou na sua avidez para chegar ao governo (e não vão chegar), está fazendo o jogo, sem o saber, das forças mais retrógradas daqui e de fora.

Voltei para Brasília. No domingo, encontro com o Sérgio Motta, ele muito queixoso, realmente nervoso. O Sérgio foi a uma reunião na casa do Michel Temer, numa festa, e lá o Geddel, o líder do PMDB, dizia que se o Sérgio quisesse o FEF tinha que nomear logo o ministro, tem que ser o Eliseu Padilha, uma coisa explícita. Eu já tinha decidido que não vou nomear Eliseu Padilha nenhum, porque esta pressão está cheirando mal. Até tenho simpatia pelo Eliseu, mas do jeito que as coisas estão se colocando, isso está mal.

No domingo mesmo, falei com o Marco Maciel, que falou com o Marco Aurélio. À noite falei com o Marco Aurélio, porque ele está do nosso lado no Tribunal. Agradeci, tive informações de que iríamos ganhar de 7 a 4, talvez 6 a 5, mas o mais certo é 7 a 4. No dia seguinte, ontem, segunda-feira, ganhamos a votação por unanimidade e a outra com um voto contra, do Pertence.** Realmente, o Pertence, como diz o

---

* A reunião e a entrevista aconteceram no Hotel Copacabana Palace.
** O STF rejeitou uma ação direta de inconstitucionalidade proposta pela Ordem dos Advogados do Brasil (10 a 0) e um mandado de segurança do PPS (9 a 1) para cancelar o leilão.

Antônio Carlos um pouco atrevidamente, vestiu a camiseta de líder estudantil da UNE de outra época.

Ontem o dia foi de liminares pipocando por todo lado. O [Celso] Bandeira de Mello, o Bandeirinha, está frenético. Me disseram que o sogro dele, o atual, esqueço o nome... [Orlando] Zancaner,* teve os bens indisponíveis porque estava no Banespa. Isso o irritou muito, não sei se será por isso, não costumo julgar ações atribuindo intenções que não conheço. O fato é que de um tempo para cá o Bandeirinha virou paladino não sei do quê. Hoje vejo as declarações dele de que o governo é uma ditadura com pseudolegalidade! Não entendo essa posição do Bandeirinha.

É claro, subscrita também pelo [Américo Lourenço] Lacombe. Lacombe tem raiva de nós, de mim provavelmente, porque ele não foi parar no Superior Tribunal de Justiça. Não foi, aliás, porque votou sempre contra o Plano Real. Isso não é possível! As pessoas têm uma posição contrária, mas na hora das nomeações querem estar junto do governo, Lacombe também assinou uma petição nos chamando de Calabar. O Sérgio Motta telefonou para ele, são muito amigos, passou-lhe uma descompostura por causa dessa coisa de Calabar, enfim, estamos aqui num pleito estudantil, juvenil.

O grande problema é o que o Sérgio Buarque disse na defesa de tese da Paula Beiguelman:** que aqui no Brasil não existem conservadores, mas atrasados. Só que antigamente os atrasados eram os conservadores; agora além dos conservadores temos uma esquerda atrasada. O Bandeirinha não é esquerda coisa nenhuma, é apenas atrasado.

Outro capítulo: Michel Temer, PMDB inquieto. O Michel me respondendo pelos jornais sobre eu ter dito que o Congresso precisa ter coragem. Eu disse mesmo, mas não foi "ter coragem", e sim que é vergonhoso levar dois anos para votar uma lei importante. Mas na mesma entrevista eu disse tanta coisa favorável ao Congresso, que tudo isso é mera exploração.

Ontem almocei com o Antônio Carlos, dei a ele o texto na íntegra da minha entrevista no Canadá, para ele ver que foi precipitado no que disse na linha de defesa da independência do Legislativo, como se eu tivesse atacado o Legislativo. Sempre inventam uns tigres de papel. O Antônio Carlos estava preocupado com outras coisas. Sugeriu que o Roberto Brant fosse o líder do governo, eu gosto muito do Roberto Brant, mas se eu for fazer um líder agora ou será o [Arnaldo] Madeira ou, mais provavelmente, o José Aníbal. Até porque tenho problemas com São Paulo também.

---

* Ex-senador, Zancaner era diretor do Banespa quando o banco paulista sofreu intervenção federal, em dezembro de 1994.

** "Teoria e ação no pensamento abolicionista", defendida na USP em 1961 sob orientação de Lourival Gomes Machado. Sérgio Buarque de Holanda foi um dos membros da banca julgadora.

O Antônio Carlos prestou contas da questão relativa às medidas provisórias, isso vai caminhar com decurso de prazo de seis meses, vamos ver o que acontece. Já estou cansado, acho que já fizemos o grosso das medidas provisórias necessárias. Em seis meses ou o Congresso aprova, ou quero ver o que acontece numa medida importante que o Congresso não queira aprovar, que não passe pelo crivo dele. Como é que se dispõe a ordem jurídica depois?

Confusões sobre confusões. Isso no que diz respeito ao Antônio Carlos.

Ele está preocupado com a Bahia, me disse que acha que o Luís Eduardo não queria ser governador, o que ele acredita ser um erro. Concordei, mas lembrei que era cedo para julgar, que ele vai ter tempo ainda, embora o Luís Eduardo, a mim me parece, prefira ser senador. O Antônio Carlos disse ainda que ele também acha que eu devo nomear quem eu quiser do PMDB. Claro que eu vou nomear quem eu quiser.

Houve também um jantar com os governadores Mário Covas, Tasso Jereissati, Eduardo Azeredo, Marcelo Alencar mais o Sérgio Motta, o Álvaro Dias e eu. Por que esse jantar? Porque no domingo o Lerner, governador do Paraná, veio conversar comigo para dizer que ele quer mesmo entrar no PSDB, mas que a direção nacional do partido, os líderes nacionais não o têm apoiado. Ele acha que pode compor com o Álvaro Dias e disse que o Richa também acha isso; aliás, o Richa já me havia confirmado. Seria fácil, porque o Álvaro não é candidato a governador, é candidato ao Senado ou talvez a deputado federal, e o irmão do Álvaro* podia ser candidato a vice com ele.

Como eu achava bom, mas difícil, que o Lerner pudesse vir para o PSDB, achei que era preciso dizer isso com toda a clareza para os governadores. Por isso chamei essa reunião com os líderes nacionais. Todos pensam como eu. Gostariam que o Lerner entrasse, que o Álvaro concordasse, mas tinham medo de que o Álvaro não fosse concordar. E foi o que aconteceu. O Álvaro veio mais tarde e mostrou incompatibilidade total, são não sei quantos anos de oposição de uns aos outros, ele disse que se o Lerner entrar pela via do diretório ele ainda respeita, mas que mesmo assim será muito difícil. Enfim, uma posição muito dura.

Ora, isso não pode continuar desse jeito. Hoje vou telefonar para o Lerner e dizer que, baldados nossos esforços, é uma perda, mas no PSDB há esses caminhos, e o Álvaro veio para o PSDB num momento em que o Lerner não quis vir. Politicamente teria sido melhor admitir o Lerner, eliminaríamos o PDT, seria o segundo governador do PDT que viria para o governo, e isso estaria terminado. Agora acredito que a coisa ficou mais complicada, não tenho mais caminho senão dizer ao Lerner que não há essa possibilidade e esperar as consequências.

Outra questão, que acho que já mencionei, é sobre a Vale. Leio agora de manhã que os subprocuradores gerais da República, a maioria deles, escreveram um mani-

---

* Senador Osmar Dias (PSDB-PR).

festo desaforado dizendo que eu posso ser imputado de crime de responsabilidade por estar ameaçando os outros poderes. Isso está chegando ao limite. Qualquer hora darei um murro na mesa, porque não estou ameaçando poder nenhum. Eles estão cerceando a possibilidade de o presidente da República propor à nação o que bem desejar. E o que está atrás disso é uma só coisa: salários e privilégios. É uma vergonha, uma vergonha mesmo. Terei de me manifestar. Eu vou chamar o [Geraldo] Quintão* para ver, inclusive, se é possível alguma ação contra o procurador que fez isso.

Em todo caso, isso mostra sinais claros de deterioração do sistema político. CNBB contra, raiva nos setores da esquerda, os setores jurídicos, procuradores privilegiados se manifestando contra, e, por outro lado, não estou vendo que o setor econômico e, sobretudo a imprensa, que tinham uma posição mais clara, venham em nosso socorro. A situação está ficando toldada. Como sempre vou ter que dar um dó de peito. Farei isso hoje mesmo com relação ao PMDB, com os governadores do PMDB, as coisas estão chegando ao limite do suportável. Fui eleito pelo povo para fazer reformas e não para ficar me compondo seja com o PMDB, seja com interesses corporativos. As coisas vão endurecendo.

É dia 29 ainda, quase meia-noite. Só para dizer o seguinte: hoje à tarde houve muita tensão por causa da Vale do Rio Doce. Chicana para cá, chicana para lá, a resistência maior é São Paulo. Todos os tribunais regionais cassaram as liminares, porque são liminares ridículas, por exemplo: por que o edital não foi em inglês, coisas desse tipo. Mesmo os de São Paulo. Por quê? Porque o Celso Bandeira de Mello, juntamente com o Lacombe, que é ex-presidente do Tribunal — e eu não o nomeei para o Superior Tribunal de Justiça, porque ele votou sempre contra o Real —, organizaram uma coisa bem-feita com os juízes e com esse tal de [Jorge] Scartezzini;** o resultado é que eles deram a liminar. O Celso Bandeira de Mello, não estranhei, porque ele está assim mesmo. Duas ou três pessoas me disseram que ele está furioso porque a mulher dele é filha do Zancaner, que foi senador e foi do Tribunal de Contas, teve os bens indisponíveis porque estava metido no Banespa. Não sei se será essa a razão, mas o fato é que o Bandeirinha armou bem a coisa.

Agora à noite no Superior Tribunal de Justiça, parece que não se conseguiu juntar todas as liminares num só bloco para então eliminá-las. Quer dizer, há má vontade aqui também. O juiz daqui, Demócrito [Reinaldo],*** que foi indicado pelo

---

* Advogado-geral da União.
** Vice-presidente do Tribunal Regional Federal da 3ª Região (São Paulo), Scartezzini rejeitou um pedido do BNDES para suspender a liminar de primeira instância da 6ª Vara Federal, impossibilitando na última hora a realização do leilão da Vale.
*** Ministro do STJ.

Marco Maciel, na expressão do Luiz Carlos Mendonça é muito ruim, eu não o conheço. Sei que o chefe dele, o Romildo [Bueno de Souza], o presidente do Tribunal, faz declarações das mais estapafúrdias, sempre foi conservador e agora diz que é socialista, ou seja, não quer que se acabe com os privilégios do salário dele. Mas isso é assim mesmo e nós vamos continuar.

Fora isso, animação com a reforma administrativa. Acabei de ter uma reunião com os nove governadores do PMDB,* eles estão firmes, estão comigo também na eleição futura e prometeram ajuda.

Hoje morreu o Eduardo [Mascarenhas], ex-marido da Ana [Lúcia] e que foi um deputado bastante bom.** Foi pena. Teve câncer e morreu com 54 anos, é uma coisa triste. Falei hoje com o general [Benedito] Leonel,*** que também está com câncer, parece que na próstata, talvez dê para controlar. Mas a morte do Eduardo, tão jovem... Perdemos um bom deputado, que afinal é pai das irmãs das minhas netas. Foi um dia pesado.

Ah! Post scriptum: falei agora à noite com o Lerner e, para a minha surpresa, ele aceita que o nome dele seja apresentado ao diretório regional; se for aprovado, ele entra para o PSDB. Como o Álvaro disse ontem que toparia o Lerner se fosse através do diretório regional, acho que as coisas estão mais fáceis. Eu não imaginei que o Álvaro fosse entrar nessa. Ele provavelmente só topou porque acreditou que o Lerner não aceitaria esse último esforço. O Lerner está realmente querendo entrar para o PSDB, o que mostra a força do nosso partido.

---

* Divaldo Suruagy (AL), Maguito Vilela (GO), Wilson Martins (MS), José Maranhão (PB), Mão Santa (PI), Garibaldi Alves (RN), Antônio Britto (RS), Valdir Raupp (RO) e Paulo Afonso Vieira (SC).
** Deputado federal (PSDB-RJ).
*** Chefe do Estado-Maior das Forças Armadas, com status de ministro.

3 A 13 DE MAIO DE 1997

Privatização da Vale do Rio Doce. Denúncia da compra de votos

Hoje é sábado, dia 3 de maio. Estou em São Paulo, são seis da tarde. Vou fazer a reconstrução dos dias anteriores. O primeiro, quarta-feira, 30 de abril.

Tive uma reunião de manhã sobre geração de emprego e formação profissional com vários secretários de trabalho dos estados. Nela prestamos conta do que foi feito pelo governo federal nessa área. Isso para comemorar o emprego no dia 1º de maio, uma vez que salário não dá para comemorar muito, dada a pequenez do aumento do salário mínimo.

Em seguida, tive a cerimônia de lançamento da concessão da malha ferroviária do Nordeste,* que recebeu o prêmio Ferroviário do Ano.** Êxito absoluto nessa questão de ferrovias, o governo tem agido com muita competência graças ao [Isaac] Popoutchi, que é o diretor da Rede Ferroviária [Federal].***

Já se privatizou praticamente tudo, esse é o último edital de concessão. Foi uma bela festa. Repassei nossos programas não só de ferrovias como de hidrovias, rodovias e portos.

Nesse ínterim, recebi o ministro da Saúde, Carlos César Albuquerque. Autorizei-o a acabar com a Ceme e com o Inam. Ceme é a Central de Medicamentos, Inam**** é a questão de alimentação, mas na verdade é o programa do leite. O do leite estava andando devagar e não funcionava direito, vai ser feito por outros caminhos. Enquanto o problema da Ceme, o setor de [produção de] medicamentos, é roubalheira. Ele me mostrou o orçamento deste ano, cerca de 600 milhões de reais, já empenharam 50% porque souberam que iríamos repassar aos estados. O ministro me mostrou também a avaliação dos remédios, que foram comprados em condições piores que as do mercado.

Realmente uma vergonha; isso já foi objeto de inquérito, sabe Deus o que vai acontecer. Havia um ninho de gente do PPB, parece que o coronel ou o comandante da Ceme***** é sério, mas sofre pressão de diretores e deputados. Vai ser uma gritaria, mas achei bom fechar a Ceme. O César Albuquerque começa a dizer a que veio. Está indo com calma, sem propaganda, aparentemente sem jeito para o lado político,

---

* O edital do leilão da Malha Nordeste, marcado para julho, estabeleceu preço mínimo de R$ 11,4 milhões para venda dos 4700 quilômetros de ferrovias federais nos estados nordestinos.
** Fernando Henrique foi agraciado com o prêmio concedido pela *Revista Ferroviária*.
*** Presidente da RFFSA.
**** Programa Nacional de Incentivo ao Aleitamento Materno.
***** Oswaldo Muller da Silva.

mas, com habilidade, está desmontando as máquinas internas. Por trás dele, o Barjas [Negri],* que é muito bom.

Depois vim para São Paulo, onde me reuni com o presidente creio que da American Airlines,** não tenho certeza, que quer comprar aviões da Embraer. Ele tinha medo que a Embraer estivesse falida, porque a Fokker faliu e eles tinham aviões da Fokker. Estava lá o comandante Rolim [Amaro],*** que também é associado a eles. Dei a força que pude à Embraer. Isso na quarta-feira.

O dia seguinte foi o feriado de primeiro de Maio, passei o dia em casa, nada de mais extraordinário, jantamos com o Giannotti, o Roberto Schwarz, a Grécia, o Luiz Meyer e a Regina, discussão até um pouco desagradável, porque estou cansado, irritado, não pela discussão com o Roberto, mas com o petismo e tudo isso, em função do que haverá nesses dias por conta da Vale do Rio Doce.

Não vou descrever com detalhes, mas foram telefonemas incessantes.

O juiz do Superior Tribunal de Justiça, que é indicação do Marco Maciel, contraparente dele, Demétrio ou coisa que o valha, não tem coragem de tomar a decisão. Em São Paulo, conspiração. O presidente do Tribunal Regional daqui, o Scartezzini, manteve a decisão liminar contra o governo, suspendendo o leilão da Vale, numa ação movida pelo Bandeira de Mello com apoio do Lacombe. Falei pelo telefone com o Célio Benevides de Carvalho,**** meu colega do curso primário, ele me disse que o clima é contra. Em todo caso, na quarta-feira ele me dará o panorama.

A isso somam-se os fatores já conhecidos, uns por ideologia, [Dalmo] Dallari***** por exemplo, e talvez o Goffredo [da Silva Telles],****** outros por irritação com o governo, por trás há o que eles chamam de "cerceamento da justiça". Na verdade o cerceamento é às liminares para ações contra o Tesouro, porque realmente fiz isso, proibi liminares de primeira instância que estavam criando uma desordem geral nas decisões administrativas.

Telefonei nesse meio-tempo ao Pertence, para ponderar que temos que dar uma solução para essa bagunça que está havendo, esse clima, que também está passando para a imprensa, de que o Judiciário está se transformando em trincheira política, com juízes dando liminares contra o governo por nada. Reclamei não ao Pertence, mas ao Procurador-Geral,******* o fato de os subprocuradores da República me ameaçarem.

* Secretário executivo do Ministério da Saúde.
** Robert Crandall.
*** Fundador e principal acionista da TAM.
**** Desembargador do TRF da 3ª Região.
***** Professor titular de direito constitucional na USP.
****** Professor aposentado da Faculdade de Direito da USP.
******* Geraldo Brindeiro.

E na imprensa aparece o contrário: que sou arrogante porque chamei de "tosca" uma manifestação no Rio.* Ora, manifestação em que, segundo li nos jornais, estavam a Cidinha Campos e a Jandira Feghali me xingando, xingando a minha mãe, dizendo que sou ladrão e outras coisas violentas. Apenas reagi, até com muita civilidade, e disse: "Isso é apenas uma manifestação tosca". Pois bem, isso na imprensa aparece como arrogância minha.

O próprio Roberto Schwarz referindo-se a um amigo meu, suponho que o Antonio Candido, reclamou que eu estava ficando assim um pouco distanciado, um pouco arrogante, eu expliquei as circunstâncias em que usei a expressão. Enfim, são detalhes. No Brasil se tenta psicologizar tudo. Agora pela imprensa estou de mau humor, nervoso e arrogante. Mas isso passa.

No Primeiro de Maio, a Bia, o Duda e as crianças almoçaram aqui.

Ontem, sexta-feira, fui de manhã a Ribeirão Preto, visitar uma feira de agrobusiness.** Depois fui a Uberaba para a feira do Zebu,*** da ABCZ, Associação Brasileira dos Criadores de Zebu. Nas duas, muito boa acolhida. Fiz discursos. Na entrada da feira de Ribeirão, um grupinho, acho que mais do PT, suponho que de Ribeirão Preto. Em Uberaba, de dez a quinze pessoas fizeram muita algazarra, mas eram do PSTU. A população, não. População aberta.

O presidente da ABCZ**** fez um discurso rancoroso contra o MST e no fundo contra o governo, por considerar o governo tolerante com o MST. Dei uma boa resposta, que, aliás, eu li agora. Fiz de improviso o discurso em Uberaba, mas pôde ser reproduzido por não ter vaivéns, como teve, por exemplo, o da feira do agrobusiness. Este foi mais um diálogo e, embora mais vibrante para os interesses da renovação do Brasil em termos de parceria entre governo, empresários e trabalhadores, não deve se reproduzir nos jornais.

No fim do dia de ontem, vim de Uberaba aqui para São Paulo. A Edna [Nishiya] veio fazer massagem na Ruth, fez massagem em mim, jantamos na casa do Pedro Paulo [Poppovic] com a Malak [Poppovic],***** que fez aniversário, com a Lídia Goldenstein e o Giannotti, e voltamos para casa.

Morreu o Paulo Freire. Eu até quis ir lá, mas haveria muito petista. A Ruth foi hoje ao enterro, comovida. Paulo era nosso amigo, embora distanciado, as filhas também eram amigas, a Elza [Maia Freire], ex-mulher dele, era muito amiga nossa. Ele estava casado com outra mulher,****** de quem as filhas dele não gostam, pelo

---

* Em 28 de abril, um protesto contra a privatização da Vale no centro do Rio de Janeiro reuniu cerca de duzentos manifestantes, que queimaram um boneco do presidente.
** O presidente inaugurou o Agrishow 97.
*** Abertura da LXIII Expozebu.
**** José Olavo Mendes.
***** Mulher de Pedro Paulo Poppovic.
****** Ana Maria Araújo Freire.

menos a Madá [Madalena Freire Weffort]. Enfim, não foi um dia de alegrias, pela morte do Paulo Freire, mas passei mais tranquilo, arrumando papéis e descansando, porque estou extremamente cansado.

Acabei de falar com o Jungmann pelo telefone para saber como vão as coisas do Banco da Terra e como está caminhando a reforma agrária.

Ontem, antes de ir para a casa do Pedro Paulo, chamei o Michel Temer e voltei a dizer que vou restringir a participação do PMDB a dois ministérios, porque essa coisa de criar um terceiro [ministério] não vai dar certo. Uma [nomeação] vai para o Senado, outra para a Câmara. Expliquei que era difícil encontrar um senador para ministro da Justiça. Um dos nomes que ele mencionou eu também havia mencionado, é o Ramez Tebet.* Preciso aprofundar mais e saber como ele é mesmo, para ver se dá para ser ministro da Justiça. Disse a ele que achava difícil nomear o outro Eliseu [Padilha], ele ficou muito chocado. Ponderei: "Quem sabe poderíamos botar o Eliseu na liderança do governo, se o PSDB concordasse?". Depois, fiquei vendo, não vai ser fácil. Mas vamos tentar ver se compomos, porque não dá para brigar com o presidente da Câmara e com todo o grupo dele.

O Sérgio Motta me telefonou. Ele foi comigo à ABCZ, deu declarações que, pelo que eu vi, e ele me disse hoje também, foram um pouco violentas, inconvenientes, sobre a Vale do Rio Doce. Contei a conversa com o Temer, ele está muito contra o Eliseu. Vamos ver como a gente resolve essa questão.

Amanhã vamos ao Uruguai.

Estou esperando uma ligação telefônica do Wilson Martins, governador do Mato Grosso do Sul, porque o presidente do Paraguai,** que estava na feira de Uberaba, me pediu que eu indicasse alguém para acompanhar os americanos que vão verificar a viabilidade da utilização do rio Paraguai.*** Wasmosy tem muito interesse nessa questão do rio Paraguai.

Em tempo: esqueci de deixar registrado que no dia 1º de maio chamei aqui [em SP] o Gustavo Loyola, presidente do Banco Central. Chamei-o porque tive uma informação, através do ministro das Relações Exteriores, de que o embaixador dos Estados Unidos no Brasil**** havia procurado a Chancelaria para informar que haveria um escândalo sobre o ouro do Banco Central, o ouro brasileiro, que um operador de Nova York estaria fazendo alguma malandragem. Chamei então o Gustavo. Ele me explicou que já sabia, que é uma coisa que atinge não mais que 2 milhões de dólares, mas de qualquer maneira é grave, porque se trata de operadores da mesa

---

* Senador (PMDB-MS).
** Juan Carlos Wasmosy.
*** Técnicos do BID (Banco Interamericano de Desenvolvimento) realizavam estudos para a implantação da hidrovia Paraguai-Paraná, que visava o escoamento da produção graneleira do Cone Sul pelos portos de Rosário e Buenos Aires, na Argentina.
**** Melvyn Levitsky.

do Banco Central mancomunados com pessoas do banco Dresden da Alemanha mais algum banco de Nova York, passando pelo Uruguai, que compraram o ouro um pouco acima do valor do mercado e ganharam comissão.

Eu disse: "Você fura isso logo, pois daqui a pouco vai parecer que foram os americanos que descobriram e fica a impressão de que nós não sabíamos". É sempre a mesma história.

Aproveitei para conversar longamente com o Loyola. Ele não quer mais, não aguenta mais ficar no governo. Quem poderia substituí-lo? Ele me pareceu inclinado pelo Gustavo Franco, mas depois vi que não, citou o André Lara, que é uma boa possibilidade, e mesmo um rapaz que foi nomeado para lá agora, o Paolo Zaghen,* o que me mostrou que ele não está tão empenhado no Gustavo.

Questão de fundo, por trás disso, sobre a qual conversei com ele. É evidente que estamos com um problema cambial. A balança comercial não vai bem. Nesse mês de abril teremos 900 milhões de prejuízo,** quer dizer, de diferença negativa, importamos mais do que exportamos. Eu já tinha autorizado, na semana passada, o aumento do IOF, para elevar o custo dos produtos e bens duráveis.*** A próxima medida deve ser a de restrição ao prazo de pagamento, porque estamos importando muita quinquilharia e isso é difícil de pegar, mas também muito componente para eletrodomésticos, bens duráveis de consumo e muito automóvel. De novo enfrentamos um perigo grave, e eu disse ao Loyola que me parecia que, de todos os economistas com quem conversei, a ideia mais criativa era do Ibrahim Eris: aumentar a banda de flutuação do real e deixar flutuando mesmo. Isso implicaria, eventualmente, em certos momentos, alguma desvalorização, mas algo que me parece mais razoável.

Eu disse ao Loyola que preferia que se atuasse antes de qualquer coisa. Acho que não dá para esperar, esperar, esperar, e atuar depois. Não estou preocupado com a opinião pública ou com a eleição. Estou preocupado porque isso é básico para o Brasil. E não venham dizer depois que eu não quis. Por mim, tomo medidas já. Certas coisas têm que ser enfrentadas já.

Estamos postergando uma posição mais firme sobre o câmbio. Eu mesmo me deixei convencer mais pelos argumentos do Gustavo; hoje estou menos, porque os fatos mostraram o contrário, e não dá para ficar de braços cruzados vendo crescer o déficit nas contas correntes**** e o déficit da balança comercial.

Também na questão de viagens, muita viagem: 3 bilhões de dólares de viagem.***** É muita coisa. Sugeri a ele — só que eles não têm capacidade [competência jurídica]

---

* Diretor do BC para Assuntos da Dívida Pública.
** O déficit da balança comercial em abril de 1997 foi de US$ 950 milhões.
*** O governo elevou de 6% para 15% ao ano o IOF de operações de cartão de crédito, cheque especial e financiamento para pessoas físicas.
**** Em 1996, o déficit nas transações correntes do país foi de US$ 24,4 bilhões.
***** Gastos de turistas brasileiros no exterior.

para fazer isto, não cabe a eles, cabe ao setor privado — por que não um slogan? Compre o produto brasileiro, feito no Brasil, made in Brazil. Isso é fundamental, porque precisamos ter de novo o espírito anti-importação de produtos de massa. As coisas estão se precipitando nessa direção. Estamos em maio, eu sei que dura [as reservas aguentam] mais um ano,* mas e daí? Não é essa a questão, porque isso é fundamental.

E não adianta falar em reajuste fiscal, porque vai ser mais lento. Tenho insistido o que posso e vou insistir mais na reforma administrativa. Falei com o Temer de novo sobre ela. Esse é o nosso calcanhar de aquiles. Não podemos ficar coçando o calcanhar.

HOJE É DIA 8 DE MAIO, quinta-feira.

Chegamos ao Uruguai no domingo, 4 de maio. Jantamos com o Sanguinetti, eu e a Ruth. Conversa amena, só o Sanguinetti, a Marta [Canessa de Sanguinetti], mulher dele, um filho** e a nora, nada de extraordinário. Até tentei discutir mais sobre a reeleição no Uruguai, da qual eles estavam falando, mas o Sanguinetti não está entusiasmado. Acho que ele tem razão em não estar. Lá o mandato é de cinco anos e é a segunda vez que ele é presidente.

Conversamos um pouco sobre as medidas de restrição de financiamento das importações no Brasil — essas medidas deixam os uruguaios muito revoltados conosco —, porém não entramos em nada mais sério.

O Sanguinetti é um homem de grande visão, inteligente, culto, mostrou muitos quadros, me deu de presente um muito bonito de um pintor uruguaio, me mostrou a coleção que eles têm na residência oficial, tudo no plano de amizade, uma conversa de pessoas com uma visão semelhante do mundo.

No dia seguinte, segunda-feira, programa pesadíssimo. Foram os dois dias mais duros que já tive na vida em termos de viagem.*** Não vou registrar aqui porque não é necessário.

Passei em revista toda a sociedade uruguaia. [Falei com] empresários,**** dei uma conferência imponente na universidade,***** os estudantes me mandaram uma car-

* No final de 1996, as reservas internacionais do Brasil eram de US$ 60 bilhões. No final de 1997, caíram para US$ 52 bilhões.
** Julio Luis Sanguinetti.
*** Na agenda de Estado, o presidente visitou a Assembleia Geral (parlamento bicameral) e a Suprema Corte, além de assinar acordos bilaterais. Também discursou na sessão solene do Comitê de Representantes da Associação Latino-Americana de Integração (Aladi). Acompanhado de Sanguinetti, visitou Rivera, na fronteira com o Rio Grande do Sul.
**** O presidente discursou num almoço com empresários na Asociación de Dirigentes de Marketing, em Montevidéu.
***** Em 5 de maio, o presidente ministrou aula magna no anfiteatro da Faculdade de Direito da

ta reclamando do neoliberalismo e da questão dos sem-terra, mas nada descortês. Não houve nenhuma manifestação de tensão, fui aplaudido de pé, e todas as vezes, aliás, em que falei no Uruguai, aplaudido por empresários, no Congresso uruguaio onde fiz um discurso, aplaudido na universidade por todos que estavam lá, que eram muitos.

São glórias que ficam aí para quem quiser se comprazer com elas, mas não é o importante. O importante é que, efetivamente, passei a mensagem de que o Brasil precisa do Mercosul, precisa do Uruguai e que as medidas tomadas pela área econômica não afetariam o país. O Lampreia tinha me dito de manhã que recebeu um telefonema do Brasil dizendo que a última medida, uma circular* que eu nem sabia que existia, que atingia as importações, não afetaria o Mercosul. Então fui enfático. O Malan falou comigo pelo telefone e disse que não era bem assim, ou seja, de novo o Banco Central — no caso foi o Gustavo Franco — tomou medidas sem prestar atenção a que estou no Uruguai, medidas que podem prejudicar esse país. De fato elas não prejudicam, mas psicologicamente sim. Chega um desmentido a mim, eu desminto aos uruguaios, só que depois não é bem assim, e quem fica mal sou eu. Eles, do Banco Central, vão ter que engolir. Eu disse com todas as letras que não afetaria o Uruguai nem o Mercosul.

Ficou claro, inclusive nas outras conversas que tive com Sanguinetti, que o Uruguai se alinha ao Brasil na questão do Mercosul e da Alca, a posição deles é igual à nossa. Fiz um discurso muito forte na Aladi, acho que dei um sinal novo para encaminhar a relação com os Estados Unidos e a Hemisférica. Disse que não bastava [reduzir] tarifas, *aranceles*, como dizem em espanhol, mas que era preciso discutir formas de solidariedade, mudar a educação, melhorar as condições de vida da sociedade, cobrar dos países mais ricos uma atitude de outra natureza, um discurso que não seja somente sobre os interesses econômicos do Brasil e também dos Estados Unidos.

Me parece que se está formando certa noção de que o Brasil vai capitanear uma posição aberta com relação à Alca; negociando ponto por ponto, senão os americanos engolem todos nossos interesses e não dão nada em troca. O patético é que o pessoal da esquerda no Brasil não entende isso. Em todo caso, vamos em frente.

De lá fomos para Rivera e Livramento. Aí foi um vexame, porque um grupo mais numeroso, umas duzentas pessoas do PT e do PCdoB, jogaram ovos, tomates, uma pedra quase cai na cabeça da Ruth. Ao nosso lado o Sanguinetti. Eu não percebi nada, francamente, havia milhares de pessoas na rua; [havia um] grupo pequeno, se comparado aos milhares, eu não percebi que estavam fazendo tan-

---

Universidade da República (Montevidéu) com o tema "A relação entre a atividade política e a reflexão sobre política".

* Na circular 2753, de 7 de maio de 1997, o BC limitou as operações de câmbio destinadas ao pagamento de importações financiadas por prazos superiores a 360 dias.

ta arruaça. Está ficando uma coisa quase fascista, uma técnica de desmoralização da autoridade.

Por que isso?

Porque nesse meio-tempo se discutia no Brasil a questão da Vale do Rio Doce, mal explicada por nós à sociedade, diga-se de passagem. Perdemos a batalha da comunicação, e todos [de oposição] se agarraram à questão da Vale como tábua de salvação. Quem ganhou a luta [da comunicação]? O Luiz Carlos Mendonça de Barros, que fala racionalmente, com ênfase, mas que não tem força expressiva? O Serjão, com tacape, que não chega a explicar nada, apenas faz um protesto? Ou eu, dessa vez até mais discretamente? As oposições metendo o pau e uma rebelião de juristas, advogados e juízes, na verdade por causa das reformas que estamos fazendo na área administrativa que ferem privilégios e também porque andei limitando o arbítrio dos procuradores. Enfim, uma conjunção de fatores negativos.

É isso que está por trás dessa grande exaltação que se vê na chamada esquerda no Brasil. Isso foi na terça-feira, dia 6.

Cheguei muito cansado aqui, fiz uma massagem, dormi.

Ontem, dia 7, acordei e recomecei a rotina com o Eduardo Jorge e o Clóvis. Depois recebi o Luís Eduardo Magalhães para ter uma noção do que estava acontecendo no Congresso e para decidir o que fazer com relação ao PPB.

À tarde veio um grupo do PMDB.

Recebi a mensagem do [Joaquim] Roriz* de que houve uma reunião na casa dele e que resolveram me dar a possibilidade de nomear quem eu quisesse, que isso não afetaria o apoio que o PMDB dará ao governo nas reformas. Um pouco é verdade, um pouco é uma cilada, porque, como eles não conseguiram resolver a equação interna do PMDB, jogaram nas minhas mãos a bomba. Mas, achei até melhor. Continuamos na mesma nessa matéria.

À noite estive conversando com o Sérgio Motta e com o Serra. Sugeri que quem sabe pudéssemos até colocar o Eliseu Padilha na Justiça e o Aloysio Nunes Ferreira nos Transportes, porque nesse caso calaríamos a boca da Câmara, e o Senado ficaria sem nada, pois é difícil encontrar um senador para ser ministro da Justiça. O único, eventualmente, seria o Fogaça, que não junta ninguém, nem sequer o Britto, me parece. Mas eu disse isso como tentativa.

Mais tarde tive outra ideia. Quem sabe falar com o Pertence. Tenho reservas a ele, que parece um pouco *rempli de soi-même*. Pode ser um criador de casos, mas nesse momento talvez fosse bom [nomeá-lo para o Ministério da Justiça] deixar um sinal desse tipo de relação, porque mostraria que estou preocupado com o re-

---

* Ex-governador do Distrito Federal (1988-90; 1991-95).

lacionamento do Executivo com o Legislativo, e eu poderia encarregar o Pertence de mexer na reforma do Judiciário. Não sei se ele aceita, mas estou limitado nas escolhas: o Fogaça, que politicamente não acrescenta, que não soma os interesses de seu partido, ou então o Eliseu Padilha. Acho que o Pertence teria maior transcendência com a sociedade.

De qualquer maneira, é um momento delicado, vê-se que há críticas por todos os lados. Ontem recebi uma carta do Arthur Virgílio em que ele ponderava o desgaste do governo, que ele chamou de envelhecimento, e é verdade. Eu já tinha determinado ao Clóvis e ao Eduardo Jorge uma série de reuniões a respeito da reorganização administrativa do governo. Talvez seja oportuno chacoalhar mais.

Vou encontrar o Malan hoje à noite para uma conversa, segundo ele, pessoal. Temo que por causa do cansaço, do estresse e de problemas de saúde, o Malan também tenha que se afastar. Seríamos forçados, nesse caso, a mudar muito mais. Estou hesitando, mas acho que se avoluma a necessidade de dar uma chacoalhada maior. Foi grave o que houve ontem no Congresso; a oposição, no desespero, usou apitos para evitar a votação e o Temer não garantiu a reforma administrativa via manobra regimental. Acho que ganharemos, ganharemos de qualquer maneira, mas a manobra é legítima. Eles erraram no DVS,* misturando [dois DVS], coisa que não pode, porque isso implicaria recusar o DVS ou mandar que eles escolham entre um e outro em cada um dos DVS, uma ou outra matéria, isso já garantiria metade da reforma, e a outra metade fica mais fácil de ganharmos.

Isso está deixando a oposição sem saída.

O Lula não respondeu ao meu convite, ou melhor, brincou e fez ironias. O MST também não, ou seja, eles estão numa oposição à margem. Não querem participar de nenhum diálogo. E talvez a culpa tenha sido nossa por não ter dialogado antes, não sei. O fato é que hoje está se criando uma situação difícil, institucionalmente falando.

Essa questão do Congresso ficou muito ruim. Fica ruim para o Congresso em geral, ruim para a oposição, fica ruim também para o Temer e paralisa as decisões.

Me disse o Sérgio, ontem, à noite que eles já se reuniram de novo e que hoje vão chegar a um entendimento. Tomara que cheguem. Mas se vê que o clima está ficando apertado.

Eu talvez tenha que falar à nação, explicando melhor sobre a Vale. Por trás disso [da oposição à privatização] está a reeleição e a suspeita que todos têm de que estou muito forte e que devem se unir para me desgastar. Fica parecendo que estou na arena como um gladiador, com todos os leões soltos e o público vendo quem ganha. Assim é difícil, porque é muito leão para um gladiador só.

* Destaque para Votação em Separado, principal instrumento empregado pela oposição para retardar a tramitação de emendas constitucionais de interesse do governo.

Continuo no dia 8, quinta-feira, são oito e meia da noite, estou esperando o ministro Pedro Malan, e mais tarde virá o Jobim, ministro do Supremo.*

Hoje à tarde houve um acordo na Câmara, vão votar na outra semana, o que implica reconhecer que o DVS estava errado, mas daremos uma chance para que uma das opções seja votada pela oposição, a qual ainda poderá, no segundo turno, tentar tirar a segunda [opção], se conseguir.

Ainda estamos discutindo a nomeação do Pertence para ministro da Justiça. As poucas sondagens que fiz, com o Marco Maciel e com os outros com quem conversei hoje (o Eduardo e o Clóvis), foram positivas. Acham que seria uma boa saída. Vamos ver. À noite o Jobim me dirá sobre o encaminhamento dessa questão.

Estou decidido, se houver chance, a tentar o Pertence. Se não der certo, não vamos ter alternativa a não ser botar, talvez, o Aloysio na Justiça e o Eliseu Padilha nos Transportes, e depois vejo o que faço com o Senado. É uma confusão em cima da outra. É difícil, porque os partidos não têm realmente noção do que seja o desafio do governo. Aliás, nem se preocupam com isso. Nesta altura estão pensando no seu âmbito de influência dentro do Congresso ou na sua eleição futura, como é natural no sistema político em que vivemos, o que dificulta muito o exercício da administração.

Fora isso, liminares e contraliminares sobre a Vale e uma decisão no Supremo, mas que não é perigosa — essa, sim, poderia ser elemento de nulidade —, a respeito da ausência de balanços; eles não teriam sido publicados antes do leilão da Vale.** Falta de cuidado do BNDES.

Vamos ver como o tribunal do Rio decide a questão.*** Ela é substantiva e difícil. Sigmaringa [Luiz Carlos Sigmaringa Seixas]**** se mandou para lá para tentar resolver. Com trabalho, naturalmente.

* Em 18 de março de 1997, o Senado aprovou por 60 a 3 a indicação de Nelson Jobim para o STF. Sua posse no tribunal aconteceu em 16 de abril.
** Em 6 de maio de 1997, o governo vendeu 41,78% das ações da Vale com direito a voto por R$ 3,34 bilhões. O ágio obtido foi de 20% sobre o preço mínimo, de R$ 26,67 por ação. O vencedor da privatização foi o consórcio Brasil, liderado pela CSN de Benjamin Steinbruch. Mas uma liminar concedida no dia do leilão pela juíza Valéria Medeiros de Albuquerque, da 9ª Vara Federal do Rio de Janeiro, suspendeu a transferência das ações para o consórcio. A razão apontada foi a não reprodução dos balanços da Vale de 1992 a 1996 no edital do leilão — apenas os de 1994 e 1995 haviam sido anexados —, como exigia a medida provisória que incluiu essa exigência no Programa Nacional de Desestatização (MP 1481-48, de 15 de abril de 1997).
*** Em 8 de maio, a liminar da 9ª Vara foi derrubada por 10 a 5 pelo plenário do TRF do Rio e a venda da Vale pôde ser concluída.
**** Advogado do PT e ex-deputado federal (PSDB-DF).

SÁBADO, 10 DE MAIO, cinco e meia da tarde. Passei um dia um pouco sombrio. Na verdade estou desanimado. É muita coisa, muito problema. Essa gente no Congresso chantageando; é a pequena corrupção, como me foi relatada ontem pelo Barjas [Negri], secretário executivo da Saúde; é o PMDB desencontrado; é a imprensa apostando no caos; hoje de manhã, manifestantes em São Paulo, na rua Maranhão, onde eu moro, no meu apartamento, contra sei lá o quê, uma lei com a qual não tenho nada a ver, uma oposição a esta altura já peçonhenta. Tem um bom artigo, hoje, do Otaviano de Fiori que analisa isso. Há momentos cansativos. Hoje estou irritado de tanto problema.

E o impasse do PMDB na escolha dos ministros, todos eles têm seus problemas. Falei para o Eduardo Jorge ser cauteloso na conversa com o Pertence, porque hoje já estava no jornal o bate-boca entre o Pertence e o Sérgio Motta, que não para de dizer coisas inconvenientes. Vou chamá-lo, não tenho alternativa senão pedir que se afaste das articulações políticas, porque ele está criando embaraço em todo lado.

Falei com o deputado [José Luiz] Clerot* pelo telefone, ele reclamou. Rose de Freitas reclamou. Soube de conversa do Antônio Carlos com o Jader Barbalho, em que eles já punham dúvida na minha capacidade de segurar o Serjão. O Antônio Carlos teria dito que o Serjão é um pouco... ou o Jader, não sei, um pouco como o famoso PC [Farias] teria sido para o Collor. Não no sentido da corrupção, mas de que vai criando um clima insustentável. É injusto com o Sérgio, mas ele diz coisas que não pode dizer. Enfim, não têm sido dias agradáveis.

Claro, eu sempre encontro forças para reagir. Daqui a pouco vou me encontrar com o Lampreia e o Sebastião Rego Barros para discutirmos a nossa posição na Alca e, claro, me animo de novo.

Esse foi um dia espichado, eu aqui arquitetando uma fala à nação sobre a Vale do Rio Doce, falei ao Tasso sobre isso, mas falta gente, falta às vezes até hombridade às pessoas que deviam estar com mais agressividade. Não a agressividade do Serjão, que pega um tacape para me defender, e defender o governo, e faz estragos. Outros não pegam nada; podiam estar mais ativos na colocação das coisas. Vou ter que sair à arena de novo, como disse outro dia, como um gladiador.

Falei com a Ana [Tavares], mandei preparar um programa de rádio, uma apresentação minha na televisão, enfim, para tentar dar a volta por cima de novo, para ver se este Brasil não descarrila. E ele nem está tão mal assim, no sentido objetivo; ao contrário. Mas essas pessoas, por causa da reeleição, de questões pessoais, eleitorais, políticas, dessa desordem toda, e pelo fato de eu ser percebido como "forte", isso tudo está desencadeando um clima muito difícil.

* PMDB-PB.

HOJE É 13 DE MAIO, terça-feira, quase meia-noite.
Sábado tive uma reunião com o Lampreia e o Sebastião, e ela transcorreu bem. Teremos uma posição firme na Alca, defendendo nossos interesses. O discurso que eles me prepararam está bom. Mandei endurecer um pouco mais, para deixar bem claro que quem deve abrir a economia são os Estados Unidos, é o Norte, e não nós, que já abrimos até demais.

Segunda-feira, ontem, foi um dia bastante agitado. Tivemos os despachos de rotina, gravação de rádio e reunião com o pessoal da Comunicação Social,* onde se definiu que eu falaria à televisão amanhã ou quinta-feira, mas com menos ênfase na questão da Vale do Rio Doce, porque, segundo o Geraldão [Geraldo Walter],** ela já está superada na opinião pública. Não sei se é verdade, de qualquer maneira falarei, dando um recado para as reformas irem em frente e colocando o Congresso como responsável também.

Em seguida, à tarde, fui receber um prêmio do César Gaviria, que é o secretário-geral da OEA e de uma Fundação Interamericana de Desenvolvimento, que me concedeu o prêmio da Liderança Interamericana. Fundação Pan-Americana de Desenvolvimento, ela se chama. Fiz um discurso onde coloquei com clareza minha posição sobre a Alca, para que os americanos vão se habituando ao nosso pensamento.

Recebi mais tarde a deputada Vanessa Felipe, que veio se queixando do modo como o Marcelo Alencar está levando a política no Rio de Janeiro, fechando muito na defesa do interesse da eleição do filho*** para deputado federal.

Fora isso, um grande problema. O fato que se anunciou ontem, segunda-feira, e que se concretizou hoje: a denúncia de que teria havido compra de votos no Acre, feita eventualmente pelo Orleir Cameli e pelo Amazonino, para que as pessoas votassem pela reeleição.**** Eu não quis declarar nada sem saber do que se tratava.

À noite, aqui estiveram o Beto Mendonça e o Clóvis. Passamos em revista a posição da economia. O Beto também acha que, na linha do que propôs o Ibrahim Eris

---

* Secretaria de Comunicação Social da Presidência (Secom).
** Sócio da agência DM9, participara da campanha presidencial de Fernando Henrique em 1994 e da campanha de José Serra à prefeitura de São Paulo em 1996.
*** Marco Aurélio Alencar, secretário estadual de Planejamento do Rio de Janeiro.
**** Em 13 de maio de 1997, o repórter Fernando Rodrigues, da *Folha de S.Paulo*, publicou conversas gravadas por um informante — o Senhor X — com a confissão do deputado federal Ronivon Santiago (PFL-AC) de que havia recebido R$ 200 mil para votar a favor da emenda da reeleição. Os compradores teriam sido os governadores do Acre, Orleir Cameli (sem partido), e do Amazonas, Amazonino Mendes (PFL). Santiago também disse nas gravações que outros quatro deputados do Acre venderam seus votos pelo mesmo valor: Chicão Brígido (PMDB), João Maia (PFL), Osmir Lima (PFL) e Zilá Bezerra (PFL).

e, segundo eles, o Chico [Francisco] Lopes,* a ampliação da banda para a flutuação do câmbio é uma coisa necessária e, de certa maneira, urgente.

Perguntei a ele sobre a proposta do [Raul] Velloso, que eu acho muito boa, de securitização e de criação de um fundo para garantir as aposentadorias futuras. Elas seriam na base de capitalização, isto é, cada funcionário entraria em um plano de capitalização para garantir acréscimos em suas aposentadorias, a partir de um dado mínimo assegurado pelo governo. Enquanto não transcorresse o tempo de capitalização, a transição seria financiada por esse fundo com os haveres do Estado. Temos mais ou menos 100 bilhões de reais de renegociação das dívidas com os estados que podiam ser postos nesse fundo, o que daria credibilidade à nossa solvência em termos fiscais.

Foi uma discussão muito viva, o Beto é muito bom.

Nesse meio-tempo recebi o Temer. Eu disse que ele deveria ser rápido e duro na questão da denúncia sobre compra de votos a favor da reeleição. Também discuti de novo com o Temer sobre os ministros. Ele insiste, como eu já sabia e até disse que estava disposto a fazer, no rapaz do Rio Grande do Sul [Eliseu Padilha] e acha que um bom candidato para o ministério da Justiça seria o Iris Rezende. Fiquei até surpreso, porque ele e o Iris estavam em lados opostos, lembrei que talvez houvesse dificuldades com o Antônio Carlos. Em todo caso, fiquei de pensar um pouco mais sobre como resolver isso, porque me pouparia de criar um terceiro ministério para os senadores. O Iris cimenta uma boa parte do PMDB e eu tenho uma boa relação pessoal com ele.

Isso foi ontem à tarde. Hoje, terça-feira, o dia foi mais agitado ainda. Tivemos uma cerimônia de manhã sobre o Programa Nacional de Direitos Humanos,** fiz um discurso, acho que está direito.

Depois tivemos um almoço no Palácio da Alvorada com o César Albuquerque, ministro da Saúde, o Paulo Renato e o Pinotti, para eles discutirem comigo e com a Ruth sobre o Paism, que é o Programa de Assistência Integral à Saúde da Mulher. O Pinotti é inteligente e deu boas sugestões, espero que o ministro implemente esse programa.

Depois do almoço, recebi o Antônio Britto. Ele também acha que a solução é nomear aquele rapaz do Rio Grande do Sul [Padilha] e veio trazer problemas de ordem administrativa.

A *Folha* fez uma intriga de que eu teria recebido o Orleir e o Amazonino três ou quatro vezes este ano. Na verdade, não deram os dados todos, mandei dar hoje, porque houve governadores que recebi oito, nove, dez, onze vezes. Eu recebi todos.

Falei com o Antônio Carlos depois do almoço, para sondar, porque eu tinha medo da reação dele ao nome do Iris, mas ela não foi negativa. O Antônio Carlos

---

* Diretor de Política Econômica do Banco Central.
** Comemoração do primeiro aniversário da implantação do programa.

acha melhor, naturalmente, que seja o Aloysio, mas vai falar com o Iris para ver que avanço se dá nessa matéria. E me contou que o Sarney, com quem eu estive ontem, e não registrei, mostrou-se muito interessado na nomeação desse rapaz da Suframa indicado pelo Amazonino,* mas que na verdade é homem do Sarney. O Sarney disse a mim que era amigo dele, mas que não tinha indicado ninguém, que se eu não o quisesse ele iria anunciar que não o apoiava, que ele não quer se queimar mais uma vez. Entretanto, pediu ao Antônio Carlos que me dissesse que para ele é fundamental, que ele fica desmoralizado se não for indicado o cara. Portanto é dele mesmo.

Só que agora, com essa confusão com o Amazonino, é imprudente indicar, porque vão pensar que houve algum acordo que não houve, de apoio à reeleição em troca disso. O Amazonino vem discutindo a troca da Suframa há muitos meses, porque ele nunca engoliu a nomeação de alguém contra ele. Mas agora, como diz o dito, à mulher de César não basta ser honesta, ela tem que parecer, vai ser uma complicação danada.

Continuou a fofocagem imensa do Congresso, o disse me disse de que amanhã haverá referência ao Serjão nessa coisa do Norte.** O Serjão tem certeza de que não está envolvido nisso, de que tudo é uma forma de tentar atingir indiretamente o Planalto. A mesma luta de sempre.

Agora estou voltando do jantar com o Luís Eduardo, o Serra, o Britto, o Moreira Franco e o Marco Maciel, no qual discutimos a lei eleitoral.*** Conversa boa. Reavaliamos tudo, é um pouco repetitivo, [inclusive] a questão do pessoal do Norte. O Luís Eduardo é favorável, como eu também, a que cassem logo o rapaz, nem sei o nome dele, é um bando de gente muito perigosa.

Não sei se Orleir deu dinheiro ou não, pode ter dado, pelas histórias que se contam por aí,**** não sei qual foi o papel do Amazonino, e, de qualquer maneira isso, se foi feito, foi por conta deles, certamente porque Orleir queria mostrar que a sua bancada era favorável à reeleição. Agora, o método usado nunca veio a meu conhecimento.

Hoje também tivemos uma discussão com o Raul Jungmann, o Clóvis e o Luiz Carlos Mendonça de Barros sobre o Banco da Terra. Achei o Jungmann muito vago

---

* Marlênio Silva, superintendente-adjunto da Suframa.
** Em 14 de maio, a *Folha* publicou novas gravações sobre o caso da compra de votos. Nas conversas transcritas, o deputado João Maia afirmou que o dinheiro recebido para votar a favor do governo fora providenciado por Sérgio Motta e Amazonino Mendes.
*** Estava em funcionamento na Câmara uma comissão especial sobre a reforma política e eleitoral, para avaliar diversas PECs relativas ao tema.
**** Cameli fora denunciado ao STJ sob as acusações de desvio de verbas públicas, uso de números falsos de CPF e dispensa ilegal de licitação. Em abril de 1996, ele superou um processo de impeachment na Assembleia Legislativa do Acre.

nas proposições e mesmo o Luiz Carlos ainda não tem uma proposta muito clara sobre como enfrentar essa questão essencial.

Curiosamente, o Congresso votou,* à noite ainda, e avançou mais na reforma administrativa. O Moreira Franco me reafirmou isso, e, como ele mesmo disse, *la nave va*. É muito curioso esse procedimento do Congresso. Pensei que hoje fosse haver certo tumulto por causa das denúncias de corrupção. Denúncias disparatadas, imagine, o corregedor da Câmara** é alguém que tinha sido acusado na época da reeleição de ser o "homem da mala" do Maluf. Eu não estou endossando, mas é o que se dizia à boca pequena. Nosso sistema político chegou a seus limites, acho que ele não vai funcionar por muito mais tempo.

Creio que temos que mudar a lei eleitoral, mudar alguma coisa, porque eu ainda consigo, ficando um pouco distante, e com certa mística, ter a capacidade de influenciar o Congresso. Mas até quando? Bom, nem sei se terei condição de influenciar muito, porque eles estão ficando nervosos com a reeleição e com todos esses episódios. Nervosos não com a minha reeleição, mas com a eleição de cada um deles.

---

* Foram aprovadas duas emendas aglutinativas à PEC da reforma administrativa: as empresas públicas de pesquisa, como a Embrapa, ficaram preservadas da possibilidade de fechamento; e a aposentadoria compulsória de professores universitários foi mantida em 70 anos (contra 75 pela proposta da oposição).
** Severino Cavalcanti (PPB-PE).

14 A 22 DE MAIO DE 1997

*Ainda o escândalo da compra de votos.
III Reunião das Américas. Iris Rezende e
Eliseu Padilha entram para o ministério*

Hoje é dia 14, são oito e quinze da manhã, vou fazer uma gravação para a rádio Eldorado sobre a Alca. Antes quero deixar um comentário. Na conversa que tive com o Sarney depois da premiação na Fundação Pan-Americana de Desenvolvimento,* vi que ele estava muito contente por eu ter feito uma referência ao governo dele, enquanto o César Gaviria se esqueceu do Sarney no discurso que fez. O Sarney me disse que conhece o rapaz indicado pelo Amazonino para a Suframa. Disse que, mais atrás, foi amigo dele, mas que ele não tinha indicado ninguém, que ele vem sofrendo um grande desgaste porque agora o seu nome apareceu no assunto, citado pelo Amazonino, e que ele queria saber de mim se eu ia nomear ou não. Se eu não fosse nomear, ele não tinha nenhum interesse, ele simplesmente queria saber para me dizer que não tem nada com o assunto.

Ontem o Antônio Carlos me disse que, depois que o Sarney me procurou, telefonou para ele para saber se o Antônio Carlos tinha estado comigo e para lhe dizer que era essencial que eu nomeasse esse rapaz para a Suframa. O Sarney não quer é deixar a marca digital das posições que vai ocupando, mas cada vez mais se fica sabendo. É um personagem difícil de *saisir*, porque é muito agradável, é um *causeur*, um homem que tem cultura, literária sobretudo, inteligente, esperto, hábil e que ao mesmo tempo, mesmo quando está muito bem [com a pessoa] — me parece que ele até se dá bem comigo —, arma alguma coisa. Os caracteres são complicados.

O Serra é outro com quem preciso conversar com mais tranquilidade. O grau de suspeita infundada que existe ao redor do Serra, de que ele seja capaz de fazer coisas que não são exatamente o que se espera, é grande. Por exemplo no caso relativo à Suframa. Dizem que ele colocou — eu não tenho certeza — na boca do Elio Gaspari tudo que foi ouvido sobre a Suframa,** porque ele é muito contra a mudança de comando lá. Parece, sem verificação, que teria feito a mesma coisa na *Veja*. O Kandir está muito aflito, porque o Serra estaria dificultando a ação dele na Suframa, e o Kandir não é responsável [pelas mudanças]. São acordos políticos que naturalmente não têm a ver só com as eleições. É um acordo amplo com o Ama-

---

* A cerimônia aconteceu no Palácio do Planalto.
** O colunista da *Folha* tratou, em sua coluna de 11 de maio, da trama de interesses em torno da Suframa e da "fritura" do superintendente Mauro Ricardo Costa, atribuindo-a ao governador Amazonino Mendes e ao senador Gilberto Miranda, que teriam ficado contrariados com medidas moralizadoras e pressionavam o ministro Antônio Kandir.

zonino, que sempre apoiou o governo, e assim mesmo temos que pensar muito, porque a Suframa, mesmo que se mude o diretor, vai ficar sob o meu controle direto e o do ministro e, porque hoje ela é um ralo no qual se vão 6 bilhões de dólares de importações.

Ainda dia 14, quase meia-noite. Dia duríssimo, com as ondas todas a respeito do Sérgio Motta, sem base, como já disse aqui. Conversei de novo com ele, e o Sérgio não tem nada a ver com esse assunto do Norte, essa coisa de usar dinheiro, mas como ele deu declarações sobre certos deputados terem ido à sauna nus, não sei o quê,* passa a impressão de que ele andou perto dessa gente. Ele não andou, isso foi independentemente do Sérgio, mas o clima é ruim.

Eu já disse isso a ele, ele não quer acreditar, acabamos de conversar pelo telefone, ele contra-ataca dando sempre uma versão mais rósea das coisas, não admitindo. Ele acha que a *Folha* está contra mim. A informação que eu tenho é de que a *Folha*, desde o rapaz que fez a reportagem, que é o Fernando Rodrigues, até a redação toda, estão contra o Sérgio, porque ele atropelou, xingou, não sei o quê. Não quero jogar a culpa nele, ele não tem culpa nisso, mas de comportamento, sim. O comportamento dele não tem sido de modo a que ele fique separado, de uma maneira clara, da canalha que está por aí.

Agora está pagando um preço elevado por ter sido o grande batalhador pela reeleição e por todas as reformas. Acho que ele tem que se retrair, mas ele não aceita a tese de se retrair. Acho que vamos ter mais dor de cabeça amanhã.

Fora isso, mandei que houvesse uma intervenção na polícia do Distrito Federal, chamando-a para o plano federal, porque houve uma verdadeira vergonha no Ministério do Planejamento. O pessoal da Contag, cujo presidente é o Urbano, do PSDB, para competir com o MST, invadiu [o ministério].** Puseram animais na sala do Kandir, uma vergonha! Passou dos limites, fiquei irritadíssimo, queria prender todo mundo, chamei o general [Cardoso]. Ele disse que não podia prender porque não tem força [legal para isso], é a Polícia Militar que tem que prender. Enfim, um jogo de empurra.

* Segundo o *Jornal do Brasil*, durante uma reunião na residência oficial do presidente da Câmara no final de abril, Motta teria dito: "Tem deputado que só dá para conversar na sauna, sem toalha, sem nada".
** Milhares de militantes da Contag estavam em Brasília para o IV Grito da Terra. O protesto reivindicava o aumento da meta de famílias assentadas, a demarcação de terras indígenas e a votação de projetos contra a violência fundiária no Congresso. Em 14 de maio, oitocentos militantes da Contag ocuparam os dez andares do ministério comandado por Antônio Kandir (que não estava no prédio) por mais de onze horas. O governo atribuiu a ocupação a falhas da PM de Brasília, que sofreu intervenção federal.

Amanhã assino essa intervenção, porque temos que botar um paradeiro em tudo isso.

À noite recebi o Antônio Carlos e o Luís Eduardo. Conversei sobre tudo isso, sobre o PMDB. O Antônio Carlos não reage ao Iris. Estão reunidos todos eles na casa do Roriz, neste momento, para ver o que fazer, e agora já veio uma proposta. Querem trocar: botar o Iris nos Transportes e esse rapaz que o Temer quer [Padilha] na Justiça.

Acho que não pode, esse rapaz não pode ir para a Justiça. Iria o Aloysio, é arriscado botar o Iris nos Transportes. Em todo caso, vamos ver qual vai ser a reação. Tudo muito difícil. É o fim desse sistema político corroído. Se ele não está corrompido, está corroído.

E certamente esses episódios vão alcançar o governo. Pela primeira vez, tentam juntar governo com corrupção.

No meio disso tudo, o Senado votou esmagadoramente a favor da tese da reeleição.* Quer dizer, se separaram dessa chantagem que a *Folha* tentou fazer. É difícil entender a alma do Frias [Octavio Frias de Oliveira]. Acho que ele quer realmente arrebentar com o Sérgio e não vê mal em também diminuir o meu poder.

HOJE É 15 DE MAIO, quase meia-noite. Dia de novo difícil.

Fui de manhã bem cedo ver o projeto Jaíba, no Norte de Minas, quase com a Bahia. Projeto de irrigação caríssimo começado pelo Geisel, cerca de 300 milhões de dólares, fui lá para assentar o milésimo colono. No nosso governo já assentamos quinhentos, mais ou menos. Quando estiver pronto, será maravilhoso. Já é bom, mas o custo é altíssimo. Produz-se excelentemente lá, e tem efeito de demonstração. Mostra que no cerrado, quase caatinga, dá para produzir frutas de boa qualidade e o que mais se queira.

Discurso e tal, tudo bem.

Fui a Belo Horizonte.** Na saída do hotel, grande baderna. Hotel mal localizado, no centro da cidade, o Othon. Todo mundo no avião tinha me dito que era ruim, porque hoje havia reunião da Alca, os ânimos de toda a esquerda de Belo Horizonte estavam excitados. De lá fui até a casa do governador. Saí... gritarias e tal. Encontrei o Vicentinho e outros líderes [sindicais] latino-americanos da CIOSL, eu creio, ou da Orit,*** não sei de qual das duas.

---

* A Comissão de Constituição e Justiça do Senado rejeitou por 16 a 7 o adiamento da votação do relatório do senador Francelino Pereira (PFL-MG) sobre quatro emendas à PEC da reeleição, propostas pela oposição.

** O presidente viajou à capital mineira para discursar na abertura do III Encontro das Américas, realizado de 13 a 16 de maio com ministros de 34 países, para discutir a criação da Alca.

*** A Organização Regional Interamericana de Trabalhadores é o braço da Confederação Interna-

Vicentinho de pleno acordo com o governo, e todos me agradecendo, sobretudo o principal deles, um canadense, pela posição do governo do Brasil na questão da Alca e de haver diálogo com os trabalhadores.* Aproveitei para dizer: "Convençam [os demais] para que digam lá fora tudo isso que vocês estão me dizendo aqui dentro sobre a ação do meu governo no plano internacional, porque eles [os manifestantes] hoje mesmo estão fazendo protestos contra a reunião da Alca". Aí o Vicentinho, brincando sempre, meio sem jeito, disse que não, que eles não iam criticar o governo, que era uma crítica a todos os governos. Eu perguntei: "Por que todos, se o governo está de acordo com o que vocês estão propondo?".

Em seguida fui para a inauguração do hospital [da rede] Sarah. Também lá, na hora de descerrar a placa, havia meia dúzia de estudantes gritando, fazendo arruaça, mesmo dentro do hospital, embora fosse uma reunião oficial, digamos assim. Isso mostra até que ponto essa gente está ficando incômoda e desesperada.

Depois fui para a reunião da Alca. Foi um encontro grande, mil pessoas ou até mais. Discursei, expondo a posição do Brasil, e conheci a sra. Charlene Barshefsky, que é a USTR, United States Trade Representative, quem cuida do comércio exterior americano. Estive com muita gente, ministros de vários países, o Eduardo Azeredo muito amável, uma bela festa mesmo.

Claro que na porta da reunião da Alca (eu não vi, porque quando entrei já estava tudo serenado) havia uma grande manifestação convocada pela CUT contra a Alca ou sei lá o quê, jogaram coquetel molotov. Estão mudando de plano, estão no limite do que antigamente se chamava baderna. É preocupante essa atitude e esse clima que a esquerda está formando no Brasil. Esquerda radical, que não sei que visão tem do futuro.

Voltei para Brasília. Conversei com o Paulo Renato e o Sérgio Amaral sobre os acontecimentos de hoje. Viram todos que não há nada na matéria da *Folha* sobre o Serjão; eles tiveram alguma notícia da *Folha*, parece que amanhã também sai uma coisa boba sobre estradas do Acre, onde não há nada. Simplesmente não liberamos um tostão para o Acre este ano e estão tentando fazer uma campanha esquisita.

Mas são muitas coisas esquisitas. No fundo, todos querem me desgastar. Na volta, no avião, conversando com os deputados que vieram comigo, o Odelmo Leão** e o Fernando Diniz, um do PMDB, o outro do PPB, mais o ministro Arlindo Porto, do PTB, esse Fernando Diniz, de quem eu não me lembrava, disse que já tinha estado no Alvorada em alguma festa, em alguma reunião. Ele é da Comissão

---

cional das Organizações Sindicais Livres nas Américas. As centrais sindicais realizavam em Belo Horizonte o Fórum Paralelo Nossa América, para fazer contraponto ao encontro oficial da Alca.

* O governo declarou que a adesão do Brasil à Alca dependia da eliminação de barreiras tarifárias impostas pelo governo norte-americano à entrada de produtos brasileiros nos EUA, de modo a preservar o emprego dos trabalhadores do país.

** PPB-MG.

de Orçamento,* eu creio, muito hábil, muito ligado ao Ministério dos Transportes, me pareceu inteligente e hábil. Ele me disse: "Olha, presidente, prepare-se, porque a turma toda vai votar contra o FEF". Ele é bem próximo ao Newton Cardoso. Estava, no fundo, se queixando do Newton. "Vão votar contra o FEF porque eles acham que a única maneira de liquidar o senhor é votar contra o FEF, porque aí dificulta a questão [da estabilização] do Real."

Acho que ele tem razão. Preciso rever as minhas posições públicas. Tenho que fazer um discurso sobre tudo isso na televisão, porque estou na defensiva, quando devia ir para a ofensiva.

HOJE É DIA 16 DE MAIO, são nove e quarenta da manhã, já me exercitei. Não nadei, mas os treinadores vieram aqui para me aplicar os exercícios necessários para a coluna, coisa que tenho feito três vezes por semana — nadar um pouco e exercícios.

Li por alto os jornais de hoje. O clima continua ruim. No *Estado de S. Paulo*, um editorial bom, fazendo referência ao que eu disse numa entrevista que dei à Eldorado anteontem, o dia em que apareceu o chamado escândalo, que não é nenhum, do Sérgio Motta. Os outros jornais refletindo as manifestações havidas em Belo Horizonte. Alguns, por exemplo no caso do Sarah Kubitschek, dizendo que uma parte dos pacientes me aplaudiu e que outra parte gritou "Fora! Fora!". Não eram pacientes; eram militantes que entraram no hospital.

Enfim, continuam dando a impressão de que existe uma reação contra da sociedade. O mais grave é que o PT e companhia, dez ou doze deputados, foram lavar a frente do Palácio como se houvesse alguma imoralidade, alguma corrupção, juntando o Executivo ao Legislativo. E a imprensa dá destaque. Destaque também a pessoas encapuçadas, isso é verdadeiro, em Belo Horizonte, jogando coquetel molotov, uma manifestação do tipo antigo, como se aqui houvesse guerrilha ou então um governo sem força, ou autoritário, ou desmoralizado. Isso é ruim, bastante ruim.

É preciso perguntar um pouco mais profundamente: o que está ocorrendo e por quê? Os grandes incentivadores da abertura da economia e da privatização, os empresários e a mídia, correram da raia. O pessoal que queria a reforma administrativa, os governadores e os prefeitos, correu da raia. Tudo ficou como se fosse uma luta pessoal do presidente da República, e dele se cobra tudo. Estão esquecendo o passado, esquecendo o que aconteceu com o Getúlio, com o Jango, o que aconteceu com o Jânio, e por aí vai. Quando o presidente fica sozinho na luta no Congresso, ou parte para o enfrentamento ou é derrotado, porque o Congresso não aprova nada e em seguida vem o descontentamento popular.

* Comissão Mista de Orçamento, formada por membros da Câmara e do Senado.

É preciso chamar de novo às falas essas ditas elites brasileiras, que não assumem suas responsabilidades.

Mas há mais do que isso. Existe dentro do próprio governo certa incapacidade de articulação política. Decidi que vou nomear o Iris Rezende e vou nomear o Padilha. Assim vem o PMDB. Não posso governar só com pessoas próximas a mim. Ainda mais nesse momento em que a sociedade chamada civil desaparece, está sem ânimo político, ficam só os que são contra. Então tenho que fazer um pacto político. E um pacto político é sempre um pacto com o diabo, eu sei. Mas estou disposto a defender a necessidade de governabilidade.

Durará pouco. Não creio que o PMDB tenha condições de cumprir aquilo que vão me prometer. Ou seja, não só seu apoio em termos de voto agora, como não fazerem da convenção do PMDB e [da escolha] do presidente do PMDB um aríete contra o governo. Sou obrigado, por razões de política maior, a selar esse compromisso com o PMDB institucional. E o PMDB institucional não controla o conjunto do PMDB; é só uma parte do partido. Mas pelo menos amplia uma base, com a condição de que eu não fique alienando a outra parte, que é a do PFL. Todas as sondagens que fiz admitem a inclusão do Iris no sistema de governo.

O Antônio Carlos me telefonou e disse, entretanto, que existe oposição [ao acordo com o PMDB], como é normal, do Arruda [em Brasília] e agora também do Tocantins; eu não sabia que existia essa oposição.

O Sérgio me telefonou. Estava com a voz preocupada, disse que não há nada. Não há nada objetivamente, mas subjetivamente é um desastre. Parece que a *Folha* fez uma pesquisa em cima da hora, é para fazer isso mesmo, e caímos sete pontos. A *Folha* tem algum problema objetivo, não é possível, ela está em campanha contra o governo. Mas o fato é que os outros jornais, com exceção do *Estadão*, embarcam um pouco nisso.

Acho que é preciso repensar mais a fundo. Eu dizia que estamos desarticulados. É verdade. Vejo que estou muito limitado quanto aos que podem tomar alguma medida de reação dentro do sistema de governo. Vou ter que pensar muito, vou escrever um pronunciamento. E, quaisquer que sejam as circunstâncias, farei o pronunciamento, talvez, até domingo que vem, ou na segunda-feira, porque as coisas não podem ficar assim, rolando, e deixando o governo se desgastar à toa.

HOJE É SÁBADO, 17 DE MAIO, são nove horas da manhã.

Ontem o dia foi um pouco mais calmo. Finalmente resolvi e nomeei o Iris e o Eliseu Padilha. Chamei os líderes mais o presidente da Câmara e expliquei as circunstâncias. O Jader ponderou que ele se sentia ultrapassado nesse episódio porque informei primeiro o Antônio Carlos, e o Antônio Carlos estava dizendo que ele é que tinha feito o ministro Iris Rezende.

Eu disse ao Jader que, quando se faz uma coisa errada, a gente deve reconhecer. Admiti que tinha errado e que devia ter falado com ele e que não falei porque o aperto da semana tinha sido muito grande, mas que eu devia ter conversado com ele. Historiei que quem me indicou, na primeira vez que falei sobre isso, que quem levantou o nome do Iris foi o Zé Gregori no sábado passado. Depois o Sandro Mabel me telefonou, depois o Roriz me telefonou. Eu não respondi nada a nenhum deles. Fiquei pensando e tentei viabilizar.

Falei com o Antônio Carlos porque o Antônio Carlos disputou com ele e eu não queria nomear um ministro da Justiça que estivesse inimistado com o presidente do Congresso. O Antônio Carlos, provavelmente a partir daí, sondou o Iris. Sei disso porque ele me disse que faria. Mas não foi ele quem indicou o Iris e muito menos quem o convidou. Eu nem tinha falado com o Iris até aquele momento, ou seja, até ontem à tarde enquanto eu conversava com os líderes.

Encerrado o episódio, chamei os dois, disse ao Padilha que o Portella fica, o Padilha não reagiu, disse que fica quem eu quiser. Claro que vou chamá-lo outra vez, com mais vagar, para o entrosamento. Expliquei como é o governo, ele sabe, que estamos no meio de um programa, que é preciso cumprir o programa, e que em dezembro se muda o ministério dos que forem candidatos. Na verdade, os jornais hoje dizem o contrário. Que eu dei carta branca para tirar todo mundo. Eu disse a ele que todos apresentariam demissão, obviamente, mas que ele manteria o Portella e nós iríamos trabalhar em conjunto.

Depois veio o Iris. Ele historiou todas as questões, jogou no Sarney a responsabilidade do episódio da reação da convenção do PMDB à reeleição. Foi o Sarney que, exaltadamente — eu já tive mais de um registro sobre isso —, concitou-os a não aceitar a data da reeleição. E que ele, Iris, assumiu, como está registrado aqui, a iniciativa da reunião que eu fiz com o PMDB para chamar a atenção e cobrar a responsabilidade deles. Assumiu sozinho porque ficou envergonhado com a lassidão dos colegas. Eu disse que aquele ato me pareceu um ato de grandeza dele, por ter me dito, cara a cara, que ele era o responsável.

Disse que quer trabalhar comigo, aquela coisa toda, entretanto notei que o Iris resiste ao nome do secretário executivo não pelo secretário executivo, mas porque deseja ter um jurista no cargo. Eu acho que é mais do que isso. É porque o Seligman é ligado ao Arruda e o Iris ao Roriz. Não obstante, fiquei de pensar como resolver a questão.

Eu não disse nada a ninguém e chamei o Seligman aqui ontem à noite. Ele disse que já sabia e ficou de ver se vai para a presidência do Incra ou para essa fundação que o Paulo Renato criou e que junta as duas grandes fundações do Ministério da Educação,* ou quem sabe para alguma coisa do Comunidade Solidária, ou para esse fundo que estou querendo criar para acelerar os programas sociais.

---

* Fundo de Manutenção e Desenvolvimento do Ensino Fundamental e de Valorização do Magistério (Fundef), instituído por emenda constitucional em setembro de 1996. Foi sucedido em 2006 pelo Fundeb.

O resto da sexta-feira foi dedicado, em grande parte, a receber deputados e senadores.

De manhã recebi um senador de que eu gosto muito, o Zé Agripino [José Agripino Maia],* com ponderações sobre a inelegibilidade ou o afastamento dos governadores no processo de reeleição.

À tarde, recebi o senador [José] Bianco, de Rondônia,** irritado com o governo do Raupp, dizendo que é muito desmoralizado, e querendo que não se destrua o sistema da Ceme. Acha o coronel da Ceme um homem honrado, parece que é mesmo, mas fechamos a Ceme porque lá havia um grupo de pessoas unidas para assaltar os cofres.

Despachei normalmente, falei com o ministro da Marinha pelo telefone, por causa dos navios para a Namíbia.***

Dei uma longa entrevista à Maria João Avillez, que foi quem fez a biografia do Mário Soares**** e que vai editar o meu livro com o Mário. Fizemos uma longa entrevista sobre o Brasil e Portugal para o jornal *Expresso*.

O resto foram especulações desde a manhã, quando chamei o Sérgio Motta e disse a ele as coisas que tenho dito e pensado: "Sérgio, você de vez em quando rompe a hipocrisia geral e acusa. Só que quando você diz que há roubalheira, você demonstra que sabe dela e fica igualado aos que roubam. Esse é o sistema. Não dá para entrar nesse jogo de, como você disse, 'ficar nu na sauna'. Fica parecendo que você vai à sauna falar com eles. Você fala com eles, mas sem estar nu".

O que está havendo neste momento não é a discussão sobre se o Sérgio Motta participou da compra de votos ou não, porque ele não participou. Estão discutindo o estilo dele, e esse estilo irritou boa parte da opinião, irritou o Congresso, a imprensa, o meio empresarial, irritou a todos. É isso que está em jogo.

Eu não disse a ele, mas, se eu quisesse subir rapidamente em popularidade, eu demitiria o Sérgio. Seria uma injustiça, porque ele não fez nada nesse episódio e sairia taxado de comprador de votos, de corruptor. Seria uma injustiça por tudo que ele tem feito e faz em defesa do governo. Mas essa defesa se dá de maneira atabalhoada, e frequentemente ele acaba pensando que está me substituindo, como se fosse ele o grande defensor do governo, inclusive da moralidade do governo, e isso está soando cada vez mais falso.

---

* PFL-RN. Maia articulava no Senado a apresentação de uma emenda à PEC da reeleição para obrigar governadores candidatos em 1998 a se desincompatibilizar do cargo meses antes do pleito.

** PFL.

*** A Namíbia e o Brasil negociavam a doação de navios antigos da Marinha para a formação da força naval do país africano. A primeira doação foi efetivada em 2004, com a transferência de uma corveta.

**** *Soares, ditadura e revolução*. Lisboa: Público, 1996. Edição brasileira: *Mário Soares: Ditadura e revolução*. Rio de Janeiro: Record, 1997.

Chamei então o Sérgio, o Clóvis e o Eduardo Jorge e disse o seguinte: "Quando dizem que eu sou autoritário, despótico e essas coisas todas que não têm nada a ver comigo, elas têm! Não comigo, mas conosco. Por quê? Porque estamos governando o Brasil, somos dez pessoas que temos assento à mesa de decisões, com o melhor propósito de salvar a pátria, mas com a desconfiança dos demais. Não aceitamos aliados verdadeiramente, por isso resolvi chamar o PMDB e botar o Iris, botar o Padilha, porque no PMDB querem o Iris e o Padilha. Esses são os nomes que unem o PMDB.

"Ou eu faço aliança de verdade com o PMDB, ou faço como da outra vez, finjo que botei o PMDB, mas de fato botei pessoas em que eu, arbitrariamente, confio. Não que eu não possa confiar, mas estou preocupado com a relação política com o PMDB. Não dá para governar o país com um grupo de amigos, por mais bem-intencionados que eles sejam. É preciso fazer alianças verdadeiras. Aqui só tem uma, é com o PFL. Com os outros, nós não fizemos alianças, estamos num faz de conta. Estamos fechados, dentro do governo também, porque cada um está cada vez mais cioso do seu pedaço e não quer compartilhar responsabilidades.

"Nós temos que mudar o estilo, e aqui cabe uma autocrítica. Essa gritaria toda que está havendo e essa perda de prestígio é real. A pesquisa da *Folha* pode ter sido feita no pior momento, para me abalar ainda mais, entretanto ela é verdadeira. Fez isso mesmo [abalou], mas não importa. Ou melhor, importa, mas ao mesmo tempo ela dá um sinal, um indicativo, de que está havendo desconfiança. Essa desconfiança está baseada no modo de nos comportarmos. Não é na corrupção — que não existe —, mas no estilo, aí sim, soberbo, de governar. Ele é atribuído a mim, mas não é só meu, não; é nosso. E é meu porque tenho permitido que haja esse fechamento do governo.

"Eu vou abrir o governo. Vão me criticar porque vou fazer uma aliança com o Iris e com o Padilha, mas é melhor que critiquem e eu tenha força do que me criticarem amanhã por eu não ter força. Creio que isso resume as minhas decisões, a minha análise e o meu estado de espírito neste momento."

DOMINGO, 18 DE MAIO. Primeiro quero relatar o sábado.

Passei o sábado trancado no Palácio da Alvorada. Escrevi, e depois li, um primeiro rascunho do discurso sobre o que penso dizer em algum momento dessa semana que entra. Quero falar ao país.* Em geral, nesse primeiro rascunho saem desabafos, coisas impróprias, depois a gente vai burilando. Tenho que decidir sobre quando falar, para não dar a impressão de que quero tamponar a crise com a minha palavra. Toda a imprensa dirá isso, se não for bem colocado.

Recebi para almoçar o Roberto Irineu Marinho.** Ele está cem por cento solidário com o governo, só que quer mais "autoridade". Entenda-se por isso maior

---

* O presidente leu o discurso na solenidade de posse dos ministros Padilha e Rezende em 22 de maio.
** Vice-presidente executivo das Organizações Globo.

repressão, sobretudo no que se refere ao MST, às invasões de prédios públicos. Tem razão nas invasões de prédios públicos, tem razão no MST, mas isso não é uma coisa que o governo federal possa fazer. Nem é repressão; é contenção nos limites da legalidade. A ocupação de prédios públicos passou de qualquer limite e preciso fazer que seja efetivamente coibida.

Mas ele está cem por cento certo. Perguntei diretamente sobre o Sérgio Motta. Ele me disse que o considera o melhor ministro de Comunicações que já houve, que o Sérgio está fazendo uma operação brilhante, são palavras dele, ele vendeu a NEC* por 1,6 bilhão de dólares no ano passado. Nunca foi tanto assim sem propina. Diz que eles não dão propina; os outros dariam e no passado ganhariam mais. Agora está uma limpeza absoluta, fez os maiores elogios ao Sérgio e, claro, sempre uma pontinha de crítica ao estilo. Prometeu que vai estar mais alerta, atento para a necessidade de evitar que se crie um clima.

O senador Hugo Napoleão** ligou para me dizer que já relatou a Lei do Petróleo e que o Serra está colocando dificuldades para ele ser relator também na Comissão de Economia.***

Interrompi. Era a minha irmã Gilda, para me convidar para os 45 anos de casamento dela no sábado que vem. Ela agora está morando aqui em Brasília. A Ruth vai estar em São Paulo, talvez eu vá [à festa da Gilda], se eu não for para São Paulo.

Retomando o tema. O Serra está colocando dificuldades e seria bom votar de uma vez, porque liquida essa questão da Lei do Petróleo. Vamos ver, vou falar com o Serra. Já falei uma vez. Falarei pela segunda vez, a ver se consigo maior amplitude na compreensão dele.

A segunda questão é que o Josa, o Zé Antônio Nascimento Brito, o dono do *Jornal do Brasil*, me telefonou ontem à tarde.

Interrompi de novo para falar com o Sérgio. Ele quer me passar a imagem de que as coisas não estão tão difíceis quanto estou imaginando, que ele esteve com o Nizan [Guanaes]**** e mais não sei quem, ele também não quer ir à comissão da Câmara para depor.***** Tem um pouco de razão, porque não existe base, ele não foi citado, todos foram. Só se for [chamado] o Luís Eduardo também, mas publicamente não sei qual é o melhor, vamos ver amanhã.

* A NEC Brasil — fabricante de componentes e equipamentos de telecomunicações, hoje uma filial da NEC Corporation japonesa — tinha como maior acionista brasileiro o dono da Rede Globo, Roberto Marinho. A NEC era uma das principais fornecedoras das estatais de telefonia.
** PFL-PI.
*** José Serra era presidente da Comissão de Assuntos Econômicos do Senado.
**** Presidente da agência de publicidade DM9 e responsável pelo marketing da campanha presidencial do PSDB em 1994.
***** A Câmara instalou uma comissão de sindicância para apurar as denúncias de compra de votos por Motta. A criação de uma CPI sobre o tema ainda estava em discussão.

Retomando. Com o Josa, longa conversa e eu disse a ele: "O jornal, não é só o seu, são todos, não está vendo a gravidade das coisas na área social. A minha visita a Belo Horizonte foi colocada no seu jornal de uma maneira escandalosa, sete ou oito militantes gritando dentro de um hospital. Disseram que eram os pacientes, não estão mostrando o que está acontecendo, uma espécie de baderna e um clima ruim. Mesmo nessa coisa do Congresso". Ele jurou fidelidade, não sei o quê, me pediu para recebê-lo juntamente com os seus editores, a Dora Kramer, o Marcelo Pontes e a Claudia Safatle. Vou recebê-los mais uma vez, é óbvio, mas na verdade falou que perdemos a batalha de comunicação na Vale do Rio Doce. Eu disse: "É, mas a Vale do Rio Doce é um problema do governo ou do país? Por que não de vocês também? Os editoriais que eu leio estão a favor; por que não puxam o pessoal para defender aquilo que é do interesse do país? Parece que o interesse é meu, do governo, não do país!".

Esse é o clima. Mesmo no que diz respeito à reeleição, parece que eu é que sou o ávido pelo poder, que lutei sozinho pela reeleição, como se não tivesse havido toda a mídia, todo o empresariado, toda a população nas pesquisas de opinião, todo mundo a favor da reeleição. Agora parece que fui eu que me perdi porque, ambicioso, era pela reeleição. Imagina se digo a essa gente: "Tudo bem, então desisto, não vou mais ser candidato". Quero ver! Dá uma confusão enorme. Vai ter uma saída, mas a perda pode ser grande. Claro que não sou irresponsável, não posso agir assim, estou apenas mostrando que essa omissão tão ampla — não é tanto omissão, é essa personalização de tudo, eu como responsável por tudo — tem uma consequência também: a situação fica difícil para mim. Porque ou eu dou bordoada de tacape, arreganhando tudo sozinho, ou então digo: "Não, não brinco mais!".

As duas posições estão erradas.

HOJE, DOMINGO, fui para a fazenda com o Paulo Renato, o Zé Gregori, o Vilmar e as esposas, menos a do Zé Gregori. Foi um dia agradável, voltamos a conversar, repetimos as mesmas coisas, estão dispostos a atuar, são bons amigos e têm sentido político. Atuar para estabelecer uma linha de defesa do governo.

Os jornais baixaram a bola, estão circunscrevendo mais a questão [da compra de votos] à região amazônica e falando muito menos no governo federal e no Serjão. A *Folha* insiste no plebiscito e na CPI, pois só a CPI pode limpar. Eu não li, porque não quero me aborrecer além do que já estou aborrecido com a *Folha*; nem o editorial da primeira página, que dizem que é mais ou menos moderado. O resto é aquela fofocagem infinita. Me disse o Sérgio agora que tem mais uma entrevista do Senhor X. O Senhor X todo mundo sabe quem é.*

---

* Em 2013, o empresário e ex-deputado federal Narciso Mendes (PP-AC) assumiu publicamente ser o Senhor X.

O Sérgio diz que a entrevista está muito sofisticada, ele supõe que tem outras artimanhas nisso tudo, alguma armação. Eu não sei, prefiro não ter uma teoria conspiratória, também não acredito que o Maluf esteja por trás disso. Não creio que o mundo seja feito dessa maneira tão organizada e conspiratória. O Maluf está lá tentando se safar da CPI dos Precatórios, não creio que vá se envolver noutra briga. Pedi ao Sérgio que, por favor, não acusasse o Maluf disso, porque ele não tem o menor indício, quanto mais prova. Assim não cai na mesma posição da *Folha*, que fica acusando sem ter indícios.

Agora vou ficar deitado, lendo bastante, vendo um pouco de televisão. O Roberto Irineu me deixou um filme sobre o Peru, para mostrar por que o Fujimori endureceu no país. Na verdade, é uma indução para que eu veja que no Brasil não se pode repetir o caso do Peru. Claro, repetir, diz ele, na desorganização social. Ele tem certeza que eu não sou o Fujimori e não vou jamais quebrar a legalidade democrática — nem estava insinuando isso. Quis apenas chamar a atenção para os desregramentos a que muitas vezes a esquerda leva. E é verdade.

Sei lá se isso é esquerda. Não se pode mais chamar de esquerda esta confusão que se vê por aí.

19 DE MAIO, SEGUNDA-FEIRA, continuação do que já registrei.

Hoje, de novo, o Sérgio perdeu a compostura, num debate depois da apresentação que fez com jornalistas em São Paulo, na Abinee.* Não devia ter falado nada, foi falar, falou um pouco, mas uma moça perguntou se ele estava fugindo para Portugal,** ele foi agressivo, disse palavrão. Falei com ele, que disse que não foi nada disso. À noite vi a gravação e foi isso mesmo.

Estou cada vez mais convencido de que não tem solução, ou seja, vou tentar esvaziar o Sérgio das funções de coordenação política. Se funcionar, ótimo, porque ele fica sendo só ministro, e ele é um bom ministro das Comunicações. Se não funcionar, lamento, mas não vai ter alternativa.

Uma coisa importante. Falei com o Everardo Maciel, chefe da Receita.*** Ele me disse o seguinte: que conhece esse Narciso Mendes e que, quando viu tudo no jornal, não teve dúvida de que [a armação] era dele e da mulher dele, a Célia Mendes.**** Por quê? Porque a Receita Federal aplicou uma multa alta nele, acho

---

* Fórum TEC 97, promovido pela Associação Brasileira da Indústria Elétrica e Eletrônica no Palácio de Convenções do Anhembi.
** O ministro viajaria na semana seguinte a Portugal para tratar de acordos de cooperação sobre a Telebrás e em seguida tirar alguns dias de férias com a mulher.
*** Secretário da Receita Federal.
**** PFL-AC, uma das investigadas pela comissão de sindicância da Câmara.

que de 8,5 milhões de reais.* Não houve nada, nenhuma ordem nem sugestão para que a Receita mudasse a multa, embora provavelmente ela tenha recebido muitos pedidos de deputados para todo mundo. Ele disse que nunca, como no meu governo, se puniu com tanta energia. Palavra de Everardo Maciel, que se dispõe a dizer isso em público. Não obstante, é incrível que tenham entrado nessa linha de chantagem.

Ele acha que foi simplesmente uma chantagem do Mendes contra o Orleir Cameli. No fundo eles todos estão associados, parece que o Orleir tirou uma empresa do Mendes de uma das estradas que eles estão fazendo por lá, além da multa [da Receita]. Ele está praticamente falido. Essa é que é a principal razão do desespero. E ele [Mendes] queria fazer uma espécie de vingança e de chantagem contra os acreanos, acabou generalizando, e aí vem a idiossincrasia da *Folha*.

Agora, digo eu, o que é inacreditável é que o Senhor X, que é um anônimo, apesar de que se atribua a ele ser esse Mendes, e provavelmente é, seja levado a sério, sem que ninguém questione quem é a pessoa, qual é a categoria moral do acusador, nada! É como se isso não contasse. E o país assiste aterrorizado ao que parece ser o ministro Sérgio Motta comprando votos para a reeleição... Artimanhas da *Folha*. Nenhum outro jornal contestou a legitimidade desse procedimento ardiloso a partir do anonimato e, por trás do anonimato, está quem? Um bandido!

Não obstante, parece que o bandido é o Sérgio ou o governo, o que é pior.

Consequências graves.

Me telefonou o [Carlos Augusto] Montenegro** dizendo que houve uma queda sensível no apoio a mim e ao governo. Era de esperar. Podemos recuperar, mas fica trincado o cristal, e por quê? Por causa dessa coisa sinistra de um país que não procura saber das coisas com mais em profundidade, e também por causa dos nossos erros. O erro maior foi deixar o Sérgio ter tanto espaço, e deixei porque ele é muito útil noutros setores, e a sociedade deixou porque gosta disso, a imprensa gosta disso e ele se deixou embair. Tenho a sensação de que o Sérgio está com apoteose mental.

O pior é que ficam as suposições que eu estou amarrado a ele por alguma razão. Aí vêm as mais variadas [hipóteses], mulher, coisa ridícula, mentirosa. Ou então que há interesse econômico porque sou sócio, imagina você, de uma fazenda da qual hoje tenho menos de 20%, porque fui perdendo a minha parte por falta de dinheiro para expandir! Enfim... A fazenda deve valer 500 mil reais, eu tenho 100 mil reais, ridículo! Ridículo!

Fica-se sujeito a qualquer tipo de avaliação, e por quê? Pela falta de compostura. O Sérgio não tem é compostura para ser ministro. Eu sei disso e, por causa das

---

* A multa aplicada pela Receita às empresas de Mendes em 1996 foi de mais de R$ 15 milhões.
** Presidente do Ibope.

outras qualidades dele, fui deixando. Não sei em que momento vai ser possível refazer esses caminhos, mas vamos ter que refazer.

HOJE É 21 DE MAIO, são sete horas da manhã, dormi bastante mal. Inclusive acordei à noite para escrever trechos do discurso que devo fazer na posse do Iris Rezende. Não sei se vou ler o discurso ou se vou falar, como faço sempre, de improviso, mas quis organizar as ideias.

Ontem, 20 de maio, terça-feira, foi mais um dia bastante tumultuado. O Congresso não votou praticamente nada na Câmara, mas votou algo importante numa comissão, que foi a lei de telefonia.* É muito curioso o comportamento desse pessoal: gritaria, desânimo nas coisas, e de repente votam.

Não se percebe mais uma reação orgânica dos setores políticos.

À noite conversei com o Zé Aníbal depois das dez. Ele me disse que a Câmara está absolutamente sem comando. Sugeriu até mesmo que eu colocasse como líder da maioria o Luís Eduardo em vez dele, para fortalecer a Câmara. O Zé Aníbal tem crescido na minha apreciação, por ser uma pessoa com sentido político. Muitos parlamentares assinando pedido de CPI.** Eles ficam nervosos com isso de CPI, têm medo de compactuar com a podridão e não percebem que a CPI vai acabar é com o Congresso. Eles pensam que há alguma sujeira no Executivo, e não há. Ela vai acabar com o Congresso.

Praticamente não conversei com o Sérgio, a não ser de manhã, em que ele voltou a dar sua versão otimista do mundo. Sem nenhuma base na realidade, as coisas estão difíceis. Na operação da telefonia, se vê, é verdade, que está havendo um resultado positivo.

Passei o dia às voltas com assuntos internos, a questão do orçamento, discutindo com o Kandir, com o Clóvis, com o Eduardo Jorge e recebendo alguns parlamentares.

Ontem à noite, recebi no Alvorada, junto com o Clóvis, d. Lucas Moreira Neves. Foi uma conversa longuíssima, ele ficou aqui das sete e meia até às dez horas, nós jantamos, ele já tinha jantado, e tudo foi dito a ele: sobre a Vale do Rio Doce, sobre o que quer o governo, sobre a CNBB. Ele não teve um argumento contrário — nem um, nem o mais remoto.

D. Lucas me pareceu um pouco, como vou dizer, amedrontado. Não diante de nós, mas da sua tarefa, porque ele sabe onde está a razão e percebe que a Igreja está muito minada por ideias antiquadas, sustentadas por gente que não tem nível para debater mas tem paixão política. Ele prometeu que, pouco a pouco, ia sondar o

---

* O relatório do deputado Alberto Goldman (PSDB-SP) sobre o projeto de lei nº 821/95 (Lei Geral das Telecomunicações) foi aprovado por unanimidade na comissão especial sobre o tema.

** Em 20 de maio, a oposição já tinha 212 assinaturas para a criação da CPI da compra de votos no Congresso.

ambiente para ver se era possível uma conversa de uns bispos eminentes conosco, uns quinze, vinte. Me pareceu uma coisa assustadora ver o chefe da Igreja no Brasil, pelo menos o primaz do Brasil, cardeal arcebispo, candidato a papa, presidente da CNBB, sem a força necessária para que a verdade e a convicção possam se impor nas suas hostes.

Ele é uma pessoa razoável, inteligente, pouco informada sobre as coisas econômicas, evidentemente. Perguntou muito, perguntou sobre o MST, se eles são mesmo revolucionários, como é isso, e é difícil mostrar o que é e o que não é sem eu cair numa posição, digamos assim, de pura intolerância, que eu não tenho nem mesmo com o MST. Me pareceu que ele está tateando muito.

Depois explicamos a ele esse drama todo do Congresso, sobre a CPI, ele está muito preocupado em ver se o Sérgio Motta se sai bem. Curioso, o Sérgio tem muitos canais com a Igreja, não sei por que razão, e a Igreja o tem em boa conta. Aliás, ele merece. O Sérgio só é criticável por seus, digamos, desmandos verbais, mas não na parte da conduta ética propriamente dita.

Uma coisa inquietante. A Rose de Freitas apareceu esbaforida, ela tinha me telefonado dizendo que precisava falar comigo urgentemente. Me disse que tinha estado com o Roriz, que o Roriz conhecia o advogado desse pessoal,* tanto dos parlamentares acusados quanto do eventual acusador, que é "um tal de Narciso Mendes", e que ele precisava conversar com alguém do governo, porque um deles ia denunciar os outros deputados que tinham recebido dinheiro do Maluf. Enfim, podridão, eu não quis nem ouvir. Eu disse que ela conversasse com o Luís Carlos Santos.

Mais tarde o Luís Carlos esteve comigo. Ele estava lívido, tinha ido encontrar o tal advogado, disse que a podridão é grande e que esse Ronivon falou que ia contar tudo. Contar tudo significa dizer o seguinte: o Severino [Cavalcanti], que é presidente da comissão [de sindicância] da Câmara e deve apurar eticamente o comportamento deles, foi o homem que o teria comprado, por 150 mil reais, para votar no Maluf. E quando ele recebeu os 200 mil não sei de quem ele devolveu os 150 mil ao Severino e não sabe se o Severino devolveu ao Maluf. Enfim, sujeira total. E ele ainda queria 200 mil reais para renunciar,** para calar a boca!

Isso foi dito por um advogado que eu não sei como se chama. Eu disse ao Luís Carlos Santos: "Você repele isso aí, porque esse homem vai te denunciar depois. Além do mais, conversa com o Roriz, ele conhece essa gente". Mas isso é um despautério. Veja até que ponto irá essa CPI, se for formada! Ela arrebenta o Congresso. Eles pensam que a CPI arrebenta o Executivo; ela arrebenta o Congresso. Eu já estou quase no limite de dizer: criem a CPI, porque não quero dar a sensação de que estamos botando sujeira debaixo do tapete. Eu tenho responsabilidade pública, não

---

* Paulo Goiás.
** Para escapar da anunciada cassação, no mesmo dia 21 de maio os deputados Ronivon Santiago e João Maia renunciaram a seus mandatos. Haviam sido expulsos do PFL dias antes.

quero que essas coisas paralisem o Congresso, além de desmoralizá-lo mais ainda. É uma situação extremamente delicada, extremamente difícil, talvez a mais difícil desde o início do meu governo.

Vamos ver o que acontece hoje. Provavelmente hoje, a crer nas informações do Antônio Carlos, do Élcio Álvares, do Arruda e do Sérgio Machado, o Senado vota a reeleição com relativa tranquilidade. O Brasil é um país que deixa a gente perplexa. As coisas vão acontecendo como num caleidoscópio: mudam, vão e vêm, não há previsibilidade no comportamento. Diante de tudo isso, deram a impressão de que iriam paralisar o tema reeleição. Mas não; vão votar! Vamos ver.

HOJE É DIA 22 DE MAIO, três horas da tarde. Ontem, quarta-feira, tive como habitualmente, despachos internos.

Em seguida recebi o senador Iris Rezende para discutir o ministério. Ele prefere trocar o Milton Seligman e queria oferecer a ele uma secretaria das muitas que há no ministério da Justiça. Eu disse que não oferecesse uma secretaria, porque nesse caso eu daria ao Milton a presidência do Incra. Mas ele não vai fazer isso logo, ele é prudente, vai olhar primeiro. Quanto ao resto, tudo tranquilo.

Depois tivemos uma troca de quadros de uma nova artista plástica, Célia Euvaldo.*

De tarde recebi o presidente mundial do grupo Ericsson,** para dizer que vão fazer novas fábricas no Brasil.

Passei o dia tentando escrever o discurso que iria fazer hoje, como fiz. Na quarta-feira levantei às quatro da manhã, muito preocupado com tudo que está acontecendo e escrevi umas notas sobre o que vou dizer ao país na semana que vem. À tarde, para minha surpresa, votação no Senado, ganhamos a questão da reeleição por 63 a 6. A oposição ainda fez a besteira de se retirar da sala; seria na verdade 63 a 17. Mas há dois votos que seriam nossos, daria pelo menos 64 a 17, um recorde verdadeiro. Apoio maciço no momento em que se está discutindo toda essa coisa de corrupção, compra de votos na Câmara. Essa vitória foi muito boa. O Antônio Carlos agiu bem, o Jader votou, mas procurou embaraçar (ele me avisou) na questão do afastamento dos governadores, mas foi tudo tranquilo, correu muito bem.

À noite vieram aqui alguns senadores para comemorar comigo, os principais líderes, todos num ambiente de muita euforia, e sou realmente grato ao Senado por termos conseguido essa votação tão expressiva num momento difícil, delicado.

No que diz respeito à Câmara: idas e vindas. Muitos boatos. Renunciaram os dois deputados mais acusados na questão do Acre, boatos de que haveria grava-

---

* O presidente fazia um rodízio mensal de obras de arte em seu gabinete no Planalto para promover jovens artistas.

** Lars Ramqvist. A multinacional sueca inaugurara no dia anterior, em São José dos Campos (SP), sua primeira fábrica de celulares na América Latina.

ções sobre Roraima também, até pode ser, porque essa gente toda é mais ou menos equivalente nas práticas de mercadejar votos. Certamente não há envolvimento do governo federal, mas há envolvimento de um lado e do outro, de partidários da tese da reeleição e contrários nos estados referidos. Na verdade, também do setor malufista. Dizem até que houve mais barganha pelo lado do Maluf, mas não dá para provar, nem eu tenho interesse nesse tipo de coisa, que só desmoraliza o Congresso. No fundo são alguns malandros que ficam sujando o nome das instituições, e o pior é que, se você começar realmente a apertar, a instituição fica abalada.

Grandes discussões no Congresso, o governo manteve a posição de que é melhor não deixar a CPI acontecer porque a CPI é palco para atacar o governo. Está claro.

A *Folha* em campanha, querendo justamente a CPI para vender jornal, e também porque talvez ache que a CPI seja uma maneira de moralizar.

Fora isso, notícias de que os dois [deputados acusados de vender votos] tinham renunciado, queriam algum acerto. Conversei com o Luís Carlos Santos, ele não sabe de nada mais profundo, mas pode ter havido outros tipos de negociações acreanas em cima deles, sabe Deus. Espero que depois dessa renúncia as coisas se tornem pelo menos um pouco mais calmas. A comissão de [Constituição e] Justiça* tem que continuar para [investigar] os outros três deputados mencionados.

O [Ibrahim] Abi-Ackel** terminou o parecer dele na comissão investigadora, o Michel Temer me comunicou ontem à noite. Ele pede a cassação, faz referência aos governadores e diz que sobre o Sérgio Motta há apenas vagas referências, o que é verdadeiro.

Nesse meio-tempo, bastantes desavenças com o Sérgio. Ele fez de novo o que não devia ter feito. Chamou a Dora Kramer e passou todo o recado que ele supõe que seja meu de mudança de rumo no governo. Entre outras impropriedades, disse que o governo agora ia ter uma nova organização, com um ministro da infraestrutura, outro coordenando a área social, depois disse a outras pessoas, à boca pequena, que um seria ele e o outro o Paulo Renato. Isso nunca foi discutido por mim, não passou pela minha cabeça. Em vez das reformas, ação, como se não tivéssemos estado em ação até agora.

A Dora publicou tudo isso.*** O Sérgio deixou sua marca digital porque foram publicados dados de pesquisa que só eu, ele e o Sérgio Amaral sabíamos. Reclamei com o Sérgio Motta ontem à tarde, ele não gostou. Ontem à noite conversamos de novo ao telefone, e ele quer conversar pessoalmente comigo. Eu disse que sim e à noite escrevi, à mão, uma longa carta pessoal.

---

* A Comissão de Constituição e Justiça substituiu a desmoralizada comissão de sindicância da Câmara na apuração das denúncias.

** Deputado federal (PPB-MG).

*** A matéria de Kramer ganhou a principal manchete de capa do *Jornal do Brasil*: "FH vai mudar o estilo e o rumo".

Hoje de manhã eu disse ao Sérgio que, em vez conversarmos (eu iria almoçar com os governadores de São Paulo e do Rio), era melhor eu dar uma carta para ele ler com calma. Ele me pediu que eu ouvisse os argumentos dele com calma. Muito bem. Ele está abalado.

Acabei de entregar [a carta] ao Lucena,* tudo lacrado, fechado, para que o Sérgio leia a carta na Europa. Ela é muito franca, põe limites e dá a entender que ou ele para por aí, ou seja, no Ministério das Comunicações, ou na próxima eu não tenho alternativa a não ser demiti-lo, o que seria uma perda para o ministério, uma perda afetiva para mim e para ele, e gozo político para muitos dos nossos adversários.

O Sérgio tem que se remodelar, porque efetivamente está alcançando — como eu disse na carta — a minha autoridade. As pessoas não entendem por que ele fala a três por dois em meu nome, embora eu não saiba disso e embora muitas vezes não seja nem certo, como nesse caso da Dora.

Hoje posse dos ministros novos. Fiz o discurso que passei esses dias escrevendo, discurso forte. Tentei mudar o tema, insistindo mais na questão da ordem, porque o Stédile fez uma declaração conclamando, praticamente, à baderna; nós reagimos fortemente.** Isso também leva ao novo tema sobre o qual não deixei de falar, a corrupção na Câmara. Disse que não acredito que qualquer ministro meu, qualquer membro do governo, esteja envolvido, que se estivesse seria demitido e que isso seria uma grande decepção para mim. E apelei para a firmeza do Congresso.

Grande repercussão. Vamos ver amanhã pela imprensa como será.

O Iris trouxe milhares de pessoas à posse. O Padilha também fez um discurso, terminou citando Ulysses [Guimarães] na questão da corrupção.

Vamos ver o que vai acontecer.

Depois almocei com o Mário Covas e com o Marcelo Alencar, que também acha que a questão da ordem pública está se sobrepondo às demais questões, porque os governadores estão enfrentando situações muito desagradáveis, como o Mário com os sem-teto, quando, segundo o Mário, a polícia realmente se defendeu.***

---

* José Lucena Dantas, secretário particular do presidente.
** No discurso, enunciado com ênfase, o presidente asseverou: "A sociedade brasileira exige um basta a esse clima de baderna. A sociedade não quer a desordem. Pedras, paus e coquetéis molotov são argumentos tão pouco válidos quanto as baionetas. Só que menos poderosos".
*** Em 20 de maio de 1997, três sem-teto foram mortos a tiros e dez PMs ficaram feridos durante uma operação de reintegração de posse num terreno ocupado em Sapopemba, zona leste de São Paulo.

24 A 31 DE MAIO DE 1997

Repercussões da entrada do PMDB no ministério. Crise em Alagoas. Reunião da Câmara de Relações Exteriores e Defesa Nacional

Hoje é sábado, são nove horas da manhã, é dia 24 de maio.
Em primeiro lugar quero comentar a repercussão do meu discurso da quinta-feira. Foi extraordinária. Toda a imprensa, batendo muito forte, favoravelmente, ao meu chamado à ordem, e também ficou visível o deslocamento do Sérgio Motta. Tanto que o Iris disse no discurso que ele assumiria a coordenação política. Tive que corrigi-lo, dizendo que o Luís Carlos Santos também, e o Sérgio não foi citado.

Comentário sobre o fato de o Sérgio aparecer atrás de mim na televisão. Não devia ter aparecido. E também informações desagradáveis. O Sérgio teria chamado a Dora Kramer para dizer como seria o meu discurso e que eu ia anunciar mudança de rumo no governo. Ele não conhecia o discurso e eu não ia anunciar nenhuma mudança de rumo. Na questão das reformas, ele chamou mais pessoas, mais jornalistas. Todas, depois, vieram me contar que foram chamadas para o Sérgio dar um recado meu, o que é inaceitável.

No decorrer do dia, recebi muitos telefonemas e cartas de apoio por eu estar restabelecendo um clima de maior confiança na capacidade do governo de avançar. Repercussão simultânea, evidentemente, da aprovação da [emenda da] reeleição pelo Senado. Nada mais de novo no fronte, até agora pelo menos, sobre a compra de votos, que é o fronte que mais perturba porque é realmente uma prática escabrosa e inaceitável.

Sexta-feira, portanto ontem, além da repercussão positiva do discurso na imprensa, rotinas. Estive com o Marco Maciel e o Luís Eduardo Magalhães de manhã. Conversei com o Luís Eduardo no sentido de ele assumir a coordenação política. Não falei de ministério porque, na verdade, caminhamos muito mais para que ele seja líder do governo na Câmara. Para ver se isso é viabilizado, é preciso que também o Zé Aníbal e o Aécio estejam informados. O Aécio vai estar comigo amanhã. Tem que ser em comum acordo. O Zé Aníbal foi quem sugeriu isso e acho uma boa ideia, porque dá autoridade na Câmara e também diminui a presença do próprio Sérgio na Câmara.

Depois recebi o Teotônio Vilela, o Renan Calheiros e o Guilherme Palmeira,* que vieram me dizer que a situação de Alagoas é realmente incontrolável enquanto o Divaldo Suruagy estiver lá.** Segundo eles, o pessoal da Fazenda fez tudo que

---

* Senador (PFL-AL).
** Alagoas enfrentava uma grave crise financeira e institucional, com greves do funcionalismo por

pôde e está disposto a fazer mais, se o controle não estiver na mão do Suruagy. Eles querem que eu chame o Suruagy, que eu faça a mediação. Ou seja, querem uma intervenção branca em Alagoas.

Soube que o Jabor fez um comentário na televisão dizendo que não entendia por que eu não fazia uma intervenção em Alagoas. Mandei explicar a ele que não faço a intervenção porque, quando se faz intervenção, a decisão do Congresso relativa a mudanças constitucionais se paralisa. É um erro da nossa Constituição, mas é assim. Então vamos ter que chamar o Divaldo para tentar essa intervenção branca.

Recebi o Raimundo Brito, que fez uma longa exposição sobre o ministério e sobre o que ele está fazendo, e ele está fazendo muita coisa.

Depois tive uma solenidade de lançamento de um livro sobre Transportes.*

Depois do almoço, recebi os deputados de Goiás, o Jovair Arantes e o Marconi Perillo,** que é um rapaz excelente; vieram também o Nion Albernaz, prefeito de Goiânia,*** e vários dirigentes do PSDB. Arrasados com a designação do ministro Rezende. Expliquei que houve uma falha, que na verdade não era minha, era do partido, eles não terem sido avisados previamente. Depois eu disse que o Iris, se for candidato a governador, sairá do governo em dezembro. Enfim, tentei mostrar que as coisas não estavam assim tão ruins e desarticuladas como eles pensavam. São pessoas de quem eu gosto, sobretudo o Marconi Perillo, e também acho o Nion um político antigo, mas de competência.

Recebi rapidamente o brigadeiro Lôbo e fui para a reunião da Câmara de Relações Exteriores e Defesa Nacional. Aí um assunto importante: não tem mais sentido o Brasil não assinar o Tratado de Não Proliferação.**** Eu tinha combinado com o Lampreia, que fez uma boa exposição de motivos. Todos os militares aprovaram, assim como o ministro da Justiça e a Casa Civil. Sardenberg, da SAE, tem objeções não de fundo, segundo ele, mas acha que os americanos não estão reconhecendo devidamente o nosso programa espacial e o nosso programa nuclear para fins pacíficos e que devíamos, de alguma maneira, fazê-los sentir nosso incômodo. Não é essa a posição do Lampreia, que diz que a esta altura o TNP já é uma carta gasta e que os americanos não estão mais preocupados com ela, até porque, em termos

---

atraso de salários e ameaça de intervenção federal pela recusa do governador Suruagy (PMDB) em acatar ordens judiciais. Suruagy, também envolvido no escândalo dos precatórios pelo desvio de mais de R$ 300 milhões, enfrentava um processo de impeachment na Assembleia estadual.

* *Transporte humano: Cidades com qualidade de vida*, editado pela Associação Nacional de Transportes Públicos.

** Ambos do PSDB.

*** PSDB.

**** Tratado de Não Proliferação de Armas Nucleares (TNP), que o Brasil havia se recusado a assinar em 1968. O Brasil assinou o tratado em setembro de 1998.

práticos, já assinamos as Convenções que dão as garantias de que não estamos fazendo nada atômico [com vistas à bomba],* portanto é uma coisa simbólica. A reação do Sardenberg, diz ele, se vincula à preocupação de que haja na Câmara má compreensão dessa nova posição do governo brasileiro, no sentido de ser uma submissão a interesses estrangeiros.

Não há submissão nenhuma, ninguém nem fala em TNP mais, porque de fato 180 e poucos países assinaram o Tratado. Ele deixou de ser um tratado temporário, é um compromisso eterno, e o Brasil não está vocacionado para as questões [bélicas] da área nuclear, aliás proibidas pela Constituição.

Existe realmente um aspecto discriminatório nesse TNP. Qual é? É que ele fala apenas vagamente que as nações armadas atomicamente devem se desarmar. Na prática esses cinco países [que possuem armas nucleares]** não são alcançados pelas cláusulas efetivas do acordo. No entanto, hoje só quatro ou cinco países não assinaram o acordo. Cuba, não sei se Irã,*** seguramente a Índia, seguramente o Paquistão e talvez a Líbia, não tenho certeza.**** O fato é que são países que querem visivelmente fazer arma atômica, e o Brasil é o único [entre os que não assinaram] que não quer. Cuba também não quer. O Brasil é o único que, não querendo, com certeza, não assinou o Tratado. Vamos ver.

Depois dessa reunião da Câmara de Relações Exteriores, vim para o Alvorada e tive um encontro até quase meia-noite com alguns ministros. O Marco Maciel, o Vilmar Faria e o Beto Mendonça também vieram, para repensar a questão administrativa do governo. Muita ideia boa, realmente foi uma reunião interessante, que mostra que há muito o que fazer.

Ainda existe certa perplexidade com a contraofensiva dos nossos adversários. Na análise que fiz com os goianos e nas muitas outras que fizemos, verificamos que a oposição tomou certo tom de banda de música da UDN.***** Até mesmo no aspecto golpista. Naquela época, a UDN apoiava golpe militar. Agora, não existindo golpe militar, buscam muito mais disseminar certo inconformismo generalizado na área

* O Brasil é signatário do Tratado para a Proscrição de Armas Nucleares na América Latina (Tratado de Tlateloco) desde 1968. Tlateloco declarou o subcontinente uma zona livre da presença de armamentos atômicos.
** Na época, EUA, Rússia, China, França e Reino Unido eram as potências nucleares reconhecidas. Israel sempre manteve seu programa nuclear militar em sigilo. A eles se juntaram Índia e Paquistão. A Coreia do Norte explodiu seu primeiro artefato atômico em 2006.
*** O Irã aderiu ao TNP em 1968, quando o tratado foi estabelecido. A Coreia do Norte aderiu em 1985, mas se retirou em 1993.
**** Israel nunca assinou o TNP. Cuba o fez em 2002 e a Líbia em 2003.
***** Nos anos 1950 e 1960, os líderes da oposição udenista aos governos Vargas, JK e João Goulart no Congresso ficaram conhecidos como "banda de música", por se sentarem na primeira fileira do plenário e pronunciarem discursos exaltados.

social. Existe uma similitude de comportamento e talvez a mesma causa: a falta de esperança de vitória eleitoral. Nem sei se estão certos sobre isso, porque falta muito tempo para as eleições.

O ter se proclamado que eu estava fortíssimo desencadeou a reação que nos afeta agora. Espero que a gente controle esses fatores na área política, porque eles são fundamentais para que possamos ter estabilidade econômica.

De outro lado, há murmúrios de certos setores inconformados. O Sarney não gostou da nomeação do Iris. Não sei se o Sarney gostaria de qualquer outra nomeação que não fosse ou do Fernando Bezerra ou do Renan Calheiros. Eu, aliás, como já registrei aqui, preferiria. Só que não havia condições políticas para isso.

E [a nomeação] magoou também o Aloysio Nunes Ferreira, de quem sempre se fala e a quem nunca se nomeia.

Existe no ar a questão de que o Luís Eduardo virá para o governo, discussão nos jornais; estão transformando isso num debate entre quem quer e quem não quer. Dizem que se ele vier para o governo será inamovível, porque tem o Antônio Carlos, enfim... Busca-se chifre em cabeça de cavalo para a gente não morrer de tédio em Brasília. Em Brasília pode-se morrer de angústia; de tédio, pelo menos para aqueles que estão na política, é difícil.

HOJE É DOMINGO 25 DE MAIO. O dia transcorreu calmo.

Ontem à noite, como eu disse, jantei na casa da Gilda, minha irmã, com o Roberto — eles faziam 45 anos de casamento —, meus sobrinhos, a Luciana, o Getúlio. Tudo tranquilo, voltei para cá.

Hoje de manhã recebi o Aécio, para explicar o que eu estava pensando. O Aécio sugeriu que a solução seria nomear o Zé Aníbal no lugar do Luís Carlos Santos. Certamente seria uma solução, mas tem problema com o Luís Carlos e com o PMDB. Eu queria que o Aécio participasse das conversas para acalmar o PSDB.

Depois estive com o Guilherme Palmeira. O Guilherme é uma pessoa com sensibilidade política, ele acha que seria melhor designar o Luís Eduardo, líder do governo no Congresso, líder da Câmara e Senado. Para mim até facilitaria, precisa ver se isso é alguma coisa que vem do PFL. Senão, sei lá que interpretação vão dar na Câmara: se na verdade não estou querendo dar ao Luís Eduardo a posição de líder do governo na Câmara, enfim, as confusões habituais nessa hora. Mas o Guilherme está com muita vontade de ajudar. Falou também de Alagoas, das dificuldades; sinalizou que o Suruagy não estaria tão propenso a aceitar a solução que os três senadores de Alagoas me haviam sugerido, que ele se licenciasse.

Acabei de falar com o Pedro Parente para saber como está a situação de Alagoas. O Parente me disse que houve algum progresso, que eles podem efetivamente avançar um pouco mais, mas acha que o Suruagy é muito acomodatício e não resolve, que efetivamente não toma as rédeas de Alagoas.

Não sei se registrei que ontem estive com o general Cardoso de manhã. Ele conversou sobre muitos assuntos, mas disse, principalmente, que talvez devêssemos rever certas gratificações tanto para a Abin* quanto para os militares. Ele tem razão, vou conversar com a área política. Custa muito pouco, em termos gerais, o que ele está propondo e dá certo alento. Sou favorável não só aos militares; acho que é preciso dar alento a vários setores do funcionalismo, e nós estamos moles nisso. A raiz dessa moleza são resistências que existem do Clóvis e do Eduardo Jorge diante das propostas [de reformas] do Bresser.

Os jornais baixaram um pouco a poeira. O *Jornal do Brasil* um tanto agressivo na análise. Tomou declarações antigas minhas e contrapôs ao que eu disse agora. Entretanto, esqueceu de dizer que eu estava me referindo, no passado, ao regime militar e que agora estamos no regime democrático, portanto as regras de combate no regime militar são umas e no regime democrático são outras. "Pequeno detalhe": eles omitem porque querem mostrar que sou contraditório com o que disse há treze anos. Na verdade não é bem assim.

É estranho o *Jornal do Brasil*, ele vai e vem. O [Marcelo] Beraba é quem está fechando a matéria, me disse a Ana. O Beraba foi brizolista, ele não tem boa sintonia conosco, não nos afinamos bem. Mas acho que é mais do que isso. A Dora Kramer insiste porque ela não pode se desdizer, depois daquele *faux pas* do Sérgio Motta de passar para a Dora uma série de novos rumos que não correspondem ao meu pensamento. Ela bancou a matéria. Jornalista é assim, faz tudo para que a fonte e a inteireza da análise deles não sejam prejudicadas pelos fatos. A Dora é muito, muito sensível. Mas vi que a Claudia Safatle também tem um artigo um pouco nessa linha e a Cláudia é mais tranquila que a Dora.

HOJE 26 DE MAIO, segunda-feira, dia calmo. Recebi o senador Eduardo Bauzá, que foi ministro do Interior do Menem.

D. Paulo Evaristo Arns não pode comparecer a um encontro que tínhamos marcado e enviou uma carta muito simpática, me convidando para uma missa dos quatrocentos anos do [padre José de] Anchieta. Telefonei a ele agradecendo.

De manhã o senador Antônio Carlos esteve aqui para discutir questões mais gerais do governo e também para sondar a situação do Luís Eduardo. Parece que está bem para ele o Luís ser líder do governo.

O PSDB está chiando um pouco, claro. Hoje recebi o Teotônio, marquei um café da manhã com ele, com o Aécio e com o senador Arruda para discutir a questão do Luís Eduardo. Eles talvez tentem inventar um novo ministério. Sou favorável à criação de um ministério de Habitação e Saneamento. O pessoal mais progressista

---

* Agência Brasileira de Inteligência (Abin) prevista pela MP 962, de 30 de março de 1995, mas somente efetivada e regulamentada em 7 de dezembro de 1999, pela lei nº 9883.

quer que se chame de Desenvolvimento Urbano; é o certo, mas perde no título o impacto de ser um ministério para o povo, que é do que se trata. Sei dessa contradição tão terrível entre o que é certo e o que o povo espera que seja feito. Não sei se vou criar esse ministério. Vamos examinar com muita calma.

Agora à noite me reúno de novo com vários membros do governo, o Marco Maciel, o Vilmar, o Beto Mendonça. Vou ver se o Beto dá prosseguimento a esse rearranjo administrativo.

HOJE É QUARTA-FEIRA, 28 DE MAIO. Como anunciado, houve ontem o café da manhã aqui, acrescido do Sérgio Machado. Como eu havia previsto, queriam, sobretudo o Aécio, que eu criasse logo o ministério de Habitação e Saneamento, para entregar a alguém do PSDB. Ponderei que era inviável, porque teria um tremendo cheiro de fisiologia, todo mundo faria acusações disso e o tiro sairia pela culatra. Mais adiante posso criar um ministério e até entregar a alguém do PSDB que seja competente para fazer a política da área; não para fisiologia.

Mas entenderam e concordaram em relação ao Luís Eduardo, que é fato consumado. Se não houver problema adicional no caminho, o Luís vai ser o líder do governo na Câmara e encarregado, efetivamente, da coordenação política, porque os outros não têm a autoridade política dele.

Depois fui para o Palácio.

Recebi o Eliseu Padilha, ministro dos Transportes, boa impressão, parece que o Portella ter-se-ia ajeitado. À noite o Portella jantou comigo e efetivamente me pareceu que já estava de ânimo positivo com o Padilha. O Portella, sempre angustiado, exigindo de mim isso e aquilo, que eu tenho que fazer isto, tenho que fazer aquilo. Todos acham que eu tenho que fazer. Eu digo: "Por que não fazem vocês? Têm a minha autorização, têm recursos, têm verba, realizem!". Mas não, é o presidente quem tem que fazer.

Depois recebi um deputado, Zé [José] Carlos Lacerda, do Rio, com o prefeito de Caxias [Duque de Caxias], o [José Camilo] Zito,* que me apoiou na campanha para presidente. Foram ao Planalto para uma visita de cortesia.

Recebi o Pérsio Arida, que continua com as preocupações quanto ao câmbio. Ele agora está no conselho da Vale representando o Opportunity e preocupado, como eu também, porque o Benjamin, que está dirigindo a Vale, agora parece que inventou de comprar a Cesp. Eu acho que a Vale já foi demais, imagine a Cesp.** O Pérsio também acha isso. É preciso que o Benjamin Steinbruch entenda que ele

---

* Ambos do PSDB.
** A estatal energética de São Paulo estava em processo de privatização. Sua filial, a CPFL, foi vendida em novembro de 1997 para o consórcio VBC, formado pelo grupo Votorantim, pelo Bradesco e pela Camargo Corrêa, com fundos de pensão de funcionários estaduais e federais.

não pode se transformar num barão da indústria nacional apenas com mecanismos financeiros. Ele tem que se organizar. O Pérsio pediu que ele falasse com o Mendonça porque, juntamente com os Fundos de pensão e o BNDES, dá para segurar a peteca lá.

Recebi o Dornelles, sempre muito inteligente, preocupado com o avanço do Antônio Carlos, do PFL. Ele não quer que o Luís Carlos Santos saia do governo para botar o Luís Eduardo; não vai acontecer isso. Ele também quer fortalecer o Serjão, porque o acha indispensável — e neste ponto ele tem razão — na hora do contra-ataque ou do ataque às forças mais trogloditas que existem no sistema político [só o Serjão enfrenta].

Depois recebi o Luís Carlos Santos, que estava aflito, naturalmente, mas expliquei bem a situação e que não mexeremos nele. Ficou tranquilo, parece.

Além disso, telefonei para alguns senadores, entre os quais o Jader. Ele é o mais agressivo com o Antônio Carlos, com o PFL, aquela história de sempre. Vai ser muito difícil levar esse jogo por meses afora.

O Almino [Affonso],* sem que me surpreendesse, renunciou ao convite para ser relator da CPI.** Situação incômoda. Porque eu, de coração, preferia a CPI, mas sei, por outro lado, pela razão, que a CPI bota o governo no corner. Vão ficar o tempo todo martelando como se eu tivesse alguma responsabilidade no assunto, mesmo eu não tendo nenhuma nessa história de compra de votos. Por tudo que se ouve é gente ligada ao Maluf. Além disso, a questão é política, estão em cima do governo sempre.

Claro, dessa vez o PT levou um baque grande porque houve uma denúncia de Paulo de Tarso Venceslau, creio que esse é o nome, de que uma empresa lá de São Bernardo, pertencente a um compadre de Lula, teria achacado os cofres públicos para passar dinheiro para o PT.*** Essa segunda parte não se provará nunca; a primeira é verdadeira. E o que é mais grave é que esse senhor realmente protege o Lula, que mora na casa dele. Enfim, uma coisa desagradável até no plano pessoal.

Acabei de ver de manhã umas declarações muito infelizes do Lula, atacando a imprensa, ele com a cara transtornada. Enfim, o PT também entrou na berlinda.

É ruim para o Brasil dos dois lados. Só leva para o moinho a água de que todo político não presta. E esse clima de podridão, que reflete, vamos ser claros, uma podridão que existe, mas que não é generalizada, acaba dando a impressão a todos

* Deputado federal (PSDB-SP).
** Affonso renunciou à relatoria dos processos de cassação de Chicão Brígido, Zilá Bezerra e Osmir Lima na Comissão de Constituição e Justiça e recomendou a criação de uma CPI sobre a compra de votos.
*** Venceslau, ex-secretário de Finanças de São José dos Campos, acusou as prefeituras petistas de Campinas e São José de pagarem propina à consultoria CPEM, ligada a Roberto Teixeira, compadre de Lula, para acelerar a liberação de recursos do ICMS devido aos municípios.

que tudo é podridão e desvia a opinião pública dos assuntos realmente relevantes do país. Parece que o ladrão é o relevante.

Por falar nisso, também mais uma confusão para o Amazonino. Grave. Uma confusão de empreiteiras.* Estamos começando a ter um clima realmente difícil nessa matéria, e a opinião pública exigirá, com toda a razão, alguma ação mais enérgica. Há a impressão, às vezes, que a corrupção é mais espalhada do que a gente mesmo percebe. Ela não é sistêmica, não é do governo, mas é endêmica, é de funcionários, é de gente vinda do setor político, e parece que tudo isso está plugado com o Congresso. Quando se vai fechar uma boca de bandalheira tem gritaria no Congresso. Mas, se isso for levado ao extremo, é o Peru. Deus me livre dessa situação. Se eu entrar por aí, a crítica vai ser: autoritário! Como é que chamam? Fujimorista! E por aí vai. Então estamos aqui no fio da navalha. Em todo caso, já tenho o costume de andar nele.

Ainda quarta-feira 28 de maio, são onze horas da noite. O Congresso pouco disse, confusões com Lula, declarações destrambelhadas dele dizendo que no final das contas ele quer que o governo, ou eu, ou sei lá quem, seja responsável pela denúncia do tal Tarso Venceslau. Enfim, nonsense completo. É o rescaldo dessa crise.

O Almino deve estar feliz da vida porque hoje ele apareceu em meia página do *Jornal do Brasil*, porque renunciou à relatoria por ser favorável à CPI. Designei-o como primeiro vice-líder, ele votou contra a quebra do monopólio do petróleo, entendi, votou contra uma porção de coisas, nunca reclamei. É difícil que ele não perceba o que está em jogo: que isso se transforme numa tribuna para atacar o governo. Ele sabe.

Fora isso, a rotina prevaleceu.

Falei com o Beni Veras para discutir a reforma da Previdência. Exasperante. O Beni, coitado, está com dificuldade de falar. O assessor dele, que me parece aplicado, é muito inteligente. A preocupação do assessor, e o Beni concorda, é com o ponto de vista do servidor público, como compatibilizar a reforma necessária com o ponto de vista do servidor público, que teme mudanças e quer mais garantias na Constituição. Não se trata disso! Trata-se do futuro, trata-se de salvar o sistema da Previdência, trata-se de modernizar o Brasil para que possa haver aposentadoria sem abuso. Isso não passa! O Beni sabe disso, o assessor sabe disso, mas o clima do Congresso assediado por lobbies de servidores não permite que mesmo os homens

---

* Um ex-sócio de Amazonino Mendes, o empresário Fernando Bonfim, acusou o governador e seu filho, Armando Clóvis, de serem os verdadeiros donos da empreiteira Econcel, então responsável por grande parte das obras públicas do Amazonas. Apresentando conversas gravadas com os envolvidos, Bonfim admitiu ter sido testa de ferro de Mendes à frente da Econcel. O governador havia se filiado ao PFL dias antes.

mais lúcidos percebam do que se trata. E o Beni está fazendo o que pode. Vamos ver se a gente consegue, dentro dessas circunstâncias, aprovar alguma coisa.

Telefonemas de solidariedade.

O [Eduardo] Gouvêa Vieira veio me ver, simpático. Contou detalhes de uma conversa com empresários na quarta-feira, antes do meu discurso. Temerosos, já querendo colocar críticas ao governo, mas houve reação dele e de outros. Hoje também me telefonou o Gerdau [Jorge Gerdau Johannpeter]* e o Antônio dos Santos,** para me prestar solidariedade, além de d. Paulo, como eu já disse. Enfim perceberam que [os adversários] foram longe demais. Mas não sei qual é o tamanho do estrago feito por toda essa gente que não percebe que estamos fazendo o que é necessário para o Brasil. Dói, eu sei que dói, mas tem que ser feito.

E vamos em frente. Além do mais, há essas questões de disputa do poder futuro. Por falar em poder futuro, o Serjão continua em Portugal. Falei com o Bornhausen pelo telefone por outra razão e ele disse que o Sérgio está calmo. Vamos ver.

Falei com o Divaldo Suruagy a pedido dos senadores para tentar ver o andar da crise. O Divaldo Suruagy nem percebe a gravidade da situação!

29 DE MAIO, GRAVANDO. Eu dizia ontem que o Divaldo Suruagy nem percebe a gravidade da situação. Transmiti essa impressão ontem mesmo ao senador Guilherme Palmeira. A coisa é preocupante. A tensão em Alagoas é imensa, a oligarquia alagoana arrasou as finanças do estado e sangrou o povo. Eu não vejo saída senão a mais dramática. Não posso fazer intervenção porque isso paralisaria o Congresso.

É sempre a mesma história. A Constituição diz que, havendo intervenção federal, o Congresso não pode fazer reformas da Constituição, então paralisa os nossos objetivos maiores. De novo uma contradição.

Hoje o dia transcorreu calmo. A Ruth, a Bia e as crianças chegaram. Nadei bastante de manhã, fiz bastante exercício. Li bastante Alain Minc, um livro interessante, chama-se *Louis Napoléon revisité*.*** A visão que ele tem é interessante, sobretudo quando compara a visão de Victor Hugo com a de Marx sobre o que aconteceu no golpe do segundo Bonaparte. Me distraio lendo um pouco sobre análise política da história.

Recebi uma carta do Pedro Simon. Carta tipicamente dele, propondo que eu faça um pedido ao Congresso para uma consulta popular sobre a reeleição. Imagina! Se depois de o Congresso votar, de o Senado votar, quase por unanimidade, eu agora digo ao país que o Congresso não tem força, que sou eu quem tem, que o povo precisa falar diretamente. Significa um verdadeiro golpe. Mas não, propus

---

* Presidente do grupo Gerdau e coordenador do fórum Ação Empresarial.
** Deputado federal (PFL-CE).
*** Paris: Gallimard, 1996.

uma consulta [um referendo], está registrado aqui nessas gravações, propus através do Amin para o Maluf, e falei para a imprensa que eu era simpático à ideia de uma consulta popular, que a única coisa que eu não queria era forçar, era desmoralizar o Congresso. Agora seria a desmoralização total.

Claro que o Simon não visa isso. O Simon visa impedir que haja reeleição, ele quer fazer o debate, no fundo quer dar palanque para a oposição. Ele está contra porque está sonhando com os áureos dias de Itamar, quando ele (que, diga-se de passagem, era contra o Plano Real e não tinha compreensão mínima do assunto) estava no Palácio do Planalto. Ficavam em tertúlias infindáveis, o Simon brilhava nelas.

Outra anotação talvez reiterativa.

Os partidos não existem. Estou às voltas com a questão do Luís Eduardo; na verdade são as pessoas que funcionam; a inexistência de partidos e a transformação do Congresso num conjunto de interesses pulverizados é muito difícil. Talvez eu devesse ter tido uma atitude diferente, mas no caso seria uma atitude mais ao estilo da consulta popular a todo instante, [levando ao] fortalecimento do poder presidencial, com os riscos que isso acarreta.

De qualquer maneira, vai ser uma fase dura fazer de conta que nós temos uma democracia partidária representativa. Não temos, embora tenhamos muita democracia, o Congresso em pleno funcionamento. Entretanto, sem partidos para disciplinar as discussões, é realmente uma situação quase calamitosa em termos políticos.

HOJE, 31 DE MAIO, É UM SÁBADO. Acabei de nadar, mais de uma hora de exercícios, flexões, alongamentos e natação, a Bia está com os filhos aqui, a Ruth também, manhã lindíssima, li os jornais.

Vou voltar ao tema do Luís Eduardo e da coordenação política. Parece haver certo destrambelhamento vindo de Paris,* não sei de quem, mas dizem que o Luís Eduardo estaria muito aborrecido porque o PMDB estava ocupando os espaços. O Antônio Carlos falou comigo de Lisboa, eu não tinha lido os jornais, ele, suponho, viu que eu estava de boa-fé, desejando que o Luís Eduardo viesse trabalhar para ajudar nas reformas. Claro que para o Luís Eduardo, a esta altura, não tem muito significado.

Hoje os jornais já dão uma matéria mais moderada, mais calma.

Vou receber daqui a pouco o general Newton [Rodrigues], que é chefe da Sudene. Vou propor que ele seja nomeado secretário da Fazenda de Alagoas, com a perspectiva de no futuro ser candidato ao governo. Porque lá é um caos e é preciso uma intervenção branca.

Talvez eu fale mais tarde também com o Pedro Malan.

---

* Um grupo de deputados e senadores viajara a Paris para acompanhar a realização do segundo turno das eleições parlamentares francesas.

2 A 15 DE JUNHO DE 1997

Visita dos imperadores do Japão. Aprovação final da PEC da reeleição. Possíveis alterações na comunicação do governo

Segunda-feira, 2 de junho. Ontem fui ver um filme com a Ruth, *Inimigo íntimo*,* e continuei lendo o interessante livro do [Jean] Soublin, *Je Suis l'Empereur du Brésil*.**

Hoje recebi o Aloysio Nunes Ferreira e o Luís Eduardo Magalhães. Conversei mais com o Aloysio, eu devia uma conversa a ele, porque houve tanta onda de que ele seria ministro — e eu desejava mesmo que fosse — que não quero deixá-lo solto. Expliquei que o nosso problema agora é estratégico, é ver como encaminhar as eleições do ano que vem e como fazer com que uns trinta bons deputados sejam reeleitos, entre os quais ele, naturalmente, e o que fazer com os partidos, porque é necessária uma mudança. Essa mudança tem que ser feita a partir — ele acha isso também, se eu for reeleito — da minha reeleição; acho que tem que haver um sistema de apoio com dois partidos, e basta, porque não dá para ficar governando desse jeito picadinho.

O Luís Eduardo chegou junto com Aloysio e ficou mais tempo. Disse que a conversa de Paris foi uma conversa ingênua, que o Ascânio [Seleme]*** envenenou. O Malan me disse a mesma coisa, ele estava nessa conversa. O Luís Eduardo tem apenas duas ou três preocupações. Uma, a de que é preciso amaciar o pessoal todo, conversar com o atual líder para ver como fica a posição do Benito Gama. A outra, sua maior preocupação, é com o Serjão, porque ele não quer guerra com o Serjão. O Serjão não está por dentro desse assunto, porque eu não conversei com ele; foi à sua revelia.

HOJE É 3 DE JUNHO DE 1997, são oito horas da manhã. Ontem, Abreu Sodré**** estava aqui com a Carmo [Sodré Mineiro]***** e fiquei conversando um pouco com a Ana Lúcia e o Paulo Henrique. Depois eu e Ruth fomos ao Palácio do Planalto para receber o imperador e a imperatriz do Japão.******

---

* *The Devil's Own* (1997), dirigido por Alan J. Pakula.
** Paris: Seuil, 1997.
*** Jornalista de *O Globo*.
**** Ex-governador de São Paulo (1967-71) e ex-ministro das Relações Exteriores do governo Sarney (1986-90).
***** Filha do ex-governador e mulher de Jovelino Mineiro.
****** Imperador Akihito e imperatriz Michiko. Foi a primeira visita de um monarca japonês ao Brasil.

Uma hora e cinquenta ficou o imperador no Planalto. Estava planejado ficarem cinquenta minutos. Conversei longamente, inventei tudo que era história para contar aos dois. A imperatriz é muito simpática, o imperador muito reservado.

À noite, banquete no Itamaraty. De novo uma longa conversa, sobretudo com a imperatriz, que é mais loquaz que o imperador. Muito simpáticos, mas na verdade tímidos. Não sei se é timidez ou se é um traço cultural japonês. Muita gente no Palácio Itamaraty, festa elegante, o quanto pode ser elegante uma festa em Brasília.

Tenho a impressão de que tudo foi se acalmando. Reavaliar a reforma administrativa. Na verdade, muita coisa [da reforma] já passou. Estamos amargando o sabor de uma derrota que não houve. Curioso isso.

Também na conversa com o Aloysio, a mesma história, ele com a sensação de que o governo não tinha feito isto e aquilo, e o governo já tinha feito. Dizem que é falta de comunicação, no sentido de publicidade. Não é; é falta de diálogo político, e não sei se também tem a ver com o sentimento generalizado que existe no Brasil de que as coisas não vão dar certo. Mas estamos dando certo.

Ontem à noite o Dornelles me disse que no Nordeste o crescimento automotor, automobilístico em geral, chega a 2 bilhões de reais. Não é [bem assim], essa é a meta. Some-se a isso o que disse o general da Sudene, que crê que o Nordeste está renascendo, o Centro-Oeste nem se fala, o Norte também. Problemas há, sobretudo nas áreas mais consolidadas do Brasil, por causa da sensação de desemprego,* mas não creio que perdure. Se tivermos energia, as coisas vão andar.

O problema é energia. Tenho tido dias pouco agradáveis, e não só por causa da questão política. Noto que lá em casa ninguém está muito entusiasmado com a vida brasiliense, com a nossa vida ritual de Presidência, uma vida pesada do ponto de vista familiar. Ruth nunca se deu muito bem em Brasília, e com mil razões — ela tem muitas para não se dar bem —, e ultimamente noto que as coisas estão mais complicadas desse ângulo. É raro eu falar de coisas pessoais, mas creio que registrei algum tempo atrás, umas semanas atrás, que um pouco a graça de viver aqui, a graça de realizar, também do meu ângulo começa a esvaecer. Se hoje eu tivesse que discutir outra vez a possibilidade de uma candidatura à reeleição talvez eu a afastasse de plano, porque sinto que o tempo vai ser muito desgastante do ponto de vista psicológico, e para que a gente possa bem governar é preciso estar altamente motivado. A verdade é que a minha motivação já não é tão grande quanto foi.

HOJE É QUARTA-FEIRA, DIA 4 DE JUNHO, quase meia-noite. Começo pelo dia de ontem. Recebi o deputado Eliseu Resende, sempre inteligente, com suges-

---

* Segundo a pesquisa mensal do IBGE, publicada no final de maio, em abril de 1997 a taxa de desemprego foi de 5,75% nas cinco maiores regiões metropolitanas do país.

tões para a organização da Agência de Energia.* Depois o senador Jader Barbalho, longa conversa, ele também muito inteligente. Na verdade, o que ele quer é saber a minha posição sobre o afastamento dos governadores no caso de reeleição. Sou favorável. Acho que sob a forma de uma licença obrigatória, coisa assim. Ele saiu contente, me pareceu, o Jader também se preocupa com a imagem do governo e com a minha, em função dos últimos acontecimentos, o desgaste. Ele acha que é preciso passar uma imagem de mais autoridade.

À tarde me encontrei com o Iris Rezende, ministro da Justiça, para conversas de rotina. Em seguida houve uma recepção na embaixada do Japão, também o de sempre, um coquetel rápido, voltamos para casa, jantei com o Vilmar e a Ruth, discutimos tudo de novo sobre o governo. Eu estava preocupado, sobretudo, com a reunião que tive de manhã com o Tasso, o Sérgio Amaral e o Geraldão [Geraldo Walter], o da publicidade, que fez muitas críticas ao ministro da Saúde. O Vilmar concorda em parte com essas críticas. Como sempre, ele se mostra muito ativo na percepção e na organização de situações que produzam mudanças. Tem sido um colaborador realmente de primeira ordem.

Isso ontem. À noite também conversei com o Sérgio Motta, que me telefonou de Lourdes.** Só falou sobre coisas técnicas, antes ele falasse sobre coisas técnicas também com a imprensa. Comentou sobre a banda B, e quanto a isso ele é inexcedível, sabe detalhes, é honesto, diligente. A [licitação da] banda B seria aberta hoje, como foi. Muitas impugnações, vários concorrentes foram inabilitados porque não preenchiam as condições do edital. Coisas de rotina. A primeira [concorrência] aberta foi a daqui do Centro-Oeste, e deu ágio de mais de 25%.***

Hoje, quarta-feira, tive um encontro de manhã com os senadores de Alagoas para viabilizar uma solução para o estado. Como já estamos caminhando nessa direção, eles iriam combinar com o Divaldo que propusesse a mim o que na imprensa se chama de intervenção branca. A situação de Alagoas é calamitosa. Me informaram também que é muito ruim a situação da polícia. A polícia mata muito em Alagoas.

Recebi o Luís Carlos Santos, um tanto assustado com a situação desses deputados que renunciaram [acusados de haverem vendido o voto], porque estão fa-

---

* A Aneel foi criada pela lei nº 9427, de 26 de dezembro de 1996. O governo preparava a estrutura regimental da agência, aprovada pelo decreto nº 2335, de 6 de outubro de 1997.
** O ministro das Comunicações seguiu para o santuário francês depois da estada em Portugal, onde visitou Fátima.
*** O governo anunciou os catorze consórcios habilitados a participar da licitação da banda B (cinco foram desclassificados). O país fora dividido em dez regiões para a operação das empresas privadas de telefonia celular. A primeira a ser arrematada foi a Área 7 (estados do Centro-Oeste, Acre, Rondônia e Tocantins), pelo consórcio Americel (único concorrente). Controlado por fundos de pensão, Citibank, Opportunity e as canadenses Bell Canada e Telesystem, o Americel pagou R$ 338,5 milhões, com ágio de 25,4%.

zendo uma espécie de chantagem. São pessoas de qualificação baixíssima. Mas o Luís Carlos não tem nada a ver com esse assunto. São simplesmente informações que chegam a ele, pedidos de providências que ele não tomou, nem deve nem vai tomar, porque não temos realmente nada a ver com gente dessa laia.

A grande notícia foi a reeleição, 62 votos a favor, 14 contra.* Pedro Simon em abstenção, tinha votado da outra vez, deu 63 na conta, mas ele saiu [do plenário, para não votar], 62. Resultado muito bom.

Também muito bom o resultado da venda de títulos do Brasil com trinta anos de prazo.** Enfim, notícias realmente alvissareiras.

O projeto do petróleo foi aprovado no Senado, na Comissão de Justiça, fato também importante.***

Depois, à tarde, recebi o Luís Eduardo com o Luís Carlos Santos. O Luís Eduardo finalmente aceitou a liderança do governo. Isso alivia muita coisa. A Câmara continuou sem votar, agora talvez vote, mesmo porque os assuntos já são de menor importância, ou melhor, são de grande importância, mas as polêmicas já estão delimitadas.

Com relação ao Luís Eduardo, ele já sabe que a função dele é muito mais política. Claro, a imprensa vai dizer que o PFL manda no governo, o próprio Jader já me havia dito isso, não ele, o Jader sabe que não mandam, mas que a versão na imprensa seria essa. O fato é que a gente precisa governar com aqueles que têm capacidade de comando, de coordenar; o PFL não manda, mas quem manda? Eu sozinho não mando, é preciso haver uma articulação e acho que o Luís Eduardo vai me ajudar nela.

Posteriormente, vim para casa, ficamos até tarde eu e a Ruth preparando o menu da semana.

HOJE É 5 DE JUNHO, UMA QUINTA-FEIRA. O dia transcorreu calmo. O governador Cameli pediu audiência, mas o Clóvis o atendeu. Assuntos do Acre, ele quer saber por que não recebeu o dinheiro da estrada deste ano, ele pensa que é por causa das confusões do Acre, não foi. Foi mesmo falta de organização burocrática nossa. Uma coisa não tem nada a ver com a outra, a estrada é importante para o Acre, não apenas para o governador.

Almocei aqui com o Peter Fry, um antropólogo inglês que mora no Brasil há muitos anos, esteve na África. E também com o Flávio Pierucci.**** Foi agradável.

* Votação da PEC em segundo turno no Senado. Com a aprovação final, a emenda foi promulgada.
** Numa operação inédita, liderada pelos bancos Goldman Sachs e J.P. Morgan, o Brasil emitiu US$ 3 bilhões de dólares em bônus globais para refinanciar a dívida externa. A procura pelos papéis superou em vinte vezes o esperado.
*** A CCJ aprovou o parecer do relator Guilherme Palmeira para a Lei do Petróleo, com apenas dois votos contrários.
**** Professor de sociologia da USP.

Depois voltei ao Palácio e a rotina continuou implacável.

Rafael de Almeida Magalhães conversou comigo sobre os programas do Rio de Janeiro, que, segundo ele, vão muito bem. Lembrou que as coisas do Marcelo Alencar com o Cesar Maia não vão dar certo, ele tem preocupação com o Cesar; [preocupação] que não é só dele, é de muita gente, minha também. O Cesar pode ganhar a eleição do Rio e, se ganhar, será candidato à Presidência da República com a bandeira do PFL. Mas não é por isso; é ele. Tem condição de ganhar, é bom administrador, mas é um pouco imprevisível. No caso, isso é para o futuro.

Voltei para casa mais cedo e despachei agora com o Clóvis a papelada habitual. São quase oito e meia da noite e vou voltar a ler o livro do Jean Soublin, *Je Suis l'Empereur du Brésil*, sobre Pedro II.

HOJE É DIA 9 DE JUNHO, SEGUNDA-FEIRA, são três horas da tarde. Vamos pouco a pouco.

Sexta-feira, dia 6 de junho, de importante mesmo só uma reunião que tivemos no fim do dia com um grupo de ministros e ajudantes do governo, como o Vilmar [Faria] e o Beto Mendonça, para definir junto com o Marco Maciel as linhas do programa de ação para o próximo ano e meio de governo.

À noite, tomei o avião sem que ninguém soubesse e fui à Bahia, para a base de Aratu,* encontrar a Ruth, que lá estava. Conseguimos driblar a imprensa, passamos um sábado muito agradável na Baía de Todos os Santos, tomando banho de mar, e a imprensa não chateou.

Ontem fui a São Paulo, onde recebi o Jabor. Conversa muito boa, de crítica do Jabor à comunicação, ao governo. Ele está preocupado com a perda de apoio de certos formadores de opinião e da classe média. O governo não se comunica, não passa o que está fazendo. Ele sente falta até, talvez, de autoridade. Não disse isso, mas é um pouco isso. Talvez falte um pouco de ação mais afirmativa. No fundo sou eu. Ele acha que devo assumir mais diretamente a comunicação com o país. Foi uma boa conversa.

Fomos à missa de d. Paulo pelo padre José de Anchieta. Eu assisti porque d. Paulo me escreveu uma carta muito simpática, depois telefonei a ele e disse que iria, ele ficou muito contente, demonstrou amizade. Achei que era importante um gesto para d. Paulo. De lá voltamos para Brasília.

Li uma entrevista de Pedro Simon na *Folha*, lamentável; ele fala sobre o que não sabe, diz que o Comunidade Solidária fica apenas distribuindo cestas, ele não tem a menor ideia do que se trata, diz que quem manda no governo é o PFL, uma coisa desesperadora, de uma política velha. E fala da Vale do Rio Doce. Hoje ele é um despeitado, pior é que o Antônio Carlos disse isso dele!!! Na verdade estou repetindo, ele vai dizer que isso prova que o PFL manda em mim! Mas não; prova apenas

---

* Base naval da Marinha em Salvador, onde o presidente e a família passaram o Réveillon de 1996.

que ele perdeu qualquer perspectiva e se transformou num sub-sub-Lacerda,* que ataca, ataca, mas não tem o que dizer. É triste ver como as pessoas perdem o rumo. Pedro não entendeu nada de nada e hoje se aferra a um palavrório vazio, como se o PMDB pudesse ser alternativa para que houvesse alguma base política de sustentação. Mas dói ver um antigo companheiro transformando-se assim numa espécie de rábula de ideias vazias e já servidas.

Ganhamos um campeonato de tênis na França, o que foi bom para o país.** Mandei um telegrama, a Ana [Tavares] mandou, é muito oportuno.

A situação política está mais calma, vamos ver se esta semana é possível votar alguma coisa das reformas.

QUINTA-FEIRA, DIA 12 DE JUNHO. Retomo a gravação.

Na segunda-feira à noite veio o Sérgio Motta, e retomamos a conversa. O Sérgio pegou a carta que eu tinha escrito e leu quase tudo comigo, para comentar. Estava calmo, mais amadurecido, me pareceu, e não reclamou. Inclusive repetiu duas vezes a última frase da carta que eu mandei a ele, na qual eu dizia que se ele não se ajudasse a si mesmo, ainda que quisesse me ajudar, os fatos poderiam ser mais fortes que os nossos desejos. Ou seja, que acabaria havendo um final menos feliz.

Não sei se o Sérgio vai mudar de comportamento, mas acho que ele levou um banho de realidade. Eu disse a ele que bastava ver nos últimos dias as caricaturas dele na imprensa para se dar conta do que estava acontecendo. É claro que ele reclamou um pouco, disse que fez tudo com muito entusiasmo e com o meu conhecimento de quase tudo; é verdade, mas não de tudo. O problema é de estilo, de forma, não de conteúdo. Já falei bastante sobre o Sérgio. Não é preciso repetir o que eu penso nem o valor que ele tem.

O Giannotti chegou, na verdade ficou aqui da noite de segunda-feira à manhã de terça. Passamos em revista as coisas. Ele sempre preocupado com Hegel e Marx, ideias até brilhantes, sempre querendo se informar das questões locais.

Na terça-feira de manhã, dei uma longa entrevista à revista *IstoÉ*, que deve ser publicada nesse fim de semana.

Me reuni com a comissão do Quinto Centenário,*** fiz uma exposição sobre o que penso que deve ser feito.

Recebi o Richa e o Serra para discutirmos a entrada ou não do Lerner no PSDB. O próprio Richa fez críticas ao Lerner, disse que agora era melhor deixar o tempo

---

* Carlos Lacerda.
** Em 8 de junho de 1997, Gustavo Kuerten venceu o espanhol Sergi Bruguera na final do torneio de Roland Garros e conquistou seu primeiro título de Grand Slam.
*** Comissão Nacional do V Centenário do Descobrimento do Brasil, ligada ao Ministério da Cultura.

passar, porque não podia ser de improviso [a entrada dele no PSDB], melhor deixar acalmar. Em seguida recebi o Albano Franco, que veio me fazer uns pedidos razoáveis para Sergipe, e depois as reuniões de rotina. Na sequência o Esperidião e a Ângela Amin, com o Kleinubing.

Antes falei sozinho com o Esperidião. O que o Esperidião quer? Ele deseja que haja um entendimento com a cúpula do PPB, e isso inclui o Maluf. Ele sabe que o Maluf vai querer falar comigo, como já registrei aqui. O Esperidião quer que o PPB entre para a base de apoio do governo e que eu mencione isso [ao Maluf].

Na quarta-feira, dia 11, comecei o dia indo à entrega da comenda [Ordem] do Mérito Naval, e vi uma coisa insólita. Gente guiada pelo [Jair] Bolsonaro* fazendo arruaça na porta do Grupamento de Fuzileiros Navais contra o ministro da Marinha, porque ele aplicou a lei e puniu um sargento que queria passar para a reserva de uma maneira parece que fraudulenta.

Depois, quando voltei ao Planalto, recebi o ministro da Saúde. Ele me passou um relatório minucioso do que está fazendo, notadamente quanto à máfia que existia na compra de vacinas e outras questões muito cabeludas. Me pareceu que o ministro está realmente trabalhando bastante, embora isso só vá aparecer daqui a algum tempo.

Depois do almoço recebi o Conde, o [Luís] Paulo Conde, que é prefeito do Rio de Janeiro. Pessoa por quem tenho simpatia, muito bonachona, veio juntamente com o Humberto Mota** e me trouxe os planos de crescimento do Rio de Janeiro.

Depois recebi o embaixador [José Maurício] Bustani,*** recebi o Gelson, enfim, os da casa.

Nesse meio-tempo, na terça-feira, houve uma votação na Câmara e perdemos uma questão relativa ao subteto para os salários a serem fixados pelos governadores de Estado e pelos prefeitos.**** É curioso, nenhum governador, nenhum prefeito se bateu por nada. É como se a reforma administrativa dependesse do governo federal, de mim e dos líderes. Perdemos por sete votos. Se a votação tivesse sido no dia seguinte, teríamos ganho. Por quê? Porque na quarta-feira ganhamos a questão do contrato de gestão por 346 votos, então uma boa margem de segurança.***** O que está acontecendo na Câmara é mais descaso do que oposição aberta, e também falta de articulação maior. Mas creio que o Luís Eduardo começou a ter uma ação mais eficaz e, portanto, também na Câmara o efeito começa a se fazer sentir.

* Deputado federal (PPB-RJ).
** Diretor da recém-criada Agência de Desenvolvimento Urbano da Prefeitura do Rio e presidente da Associação Comercial carioca.
*** Chefe do Departamento de Organismos Internacionais do Itamaraty.
**** O governo não conseguiu alcançar o mínimo de 308 votos na votação de um destaque para a criação de um subteto salarial nos estados e municípios, menor que os pleiteados R$ 12720 do funcionalismo federal. O placar foi de 301 a 142.
***** Por 346 a 116, o governo derrubou um destaque que impedia a contratação de servidores públicos sem concurso em regime de contratos de gestão.

Nesse meio-tempo, conversei tanto com o Luís Carlos Santos que ele se acomodou à nova situação; estava talvez temeroso de que fosse dispensado do governo, reafirmei que não.

Também chamei o Zé Aníbal, porque ele encasquetou que havia sido convidado por mim para ser ministro. Quando eu tiver tempo, vou até rever esses registros para verificar qual foi a minha conversa com o Zé Aníbal nos dias que antecederam essa crise toda que resultou finalmente na nomeação do Luís Eduardo. Chamei o Zé Aníbal, como já tinha chamado anteriormente o Aloysio Nunes Ferreira.

Ontem à noite jantamos aqui muito tranquilamente e almocei com o Boaventura [Santos], meu amigo e que é professor de português da Universidade de Coimbra, e com o Luiz Carlos Bresser.

Terça-feira à noite, fui à casa do Zé Gregori, onde encontrei o Celso de Mello, presidente do Supremo Tribunal Federal,* que foi muito simpático. Dessa simpatia resultou um telefonema dele para mim hoje, me alertando sobre uma reclamação proposta pela Advocacia-Geral da União, que tentava estancar a sangria de recursos do Estado por causa dos 28%, que juízes individuais estão mandando pagar antes do acórdão do Supremo.**

Eu havia mencionado isso a ele na terça-feira e hoje ele foi gentil, me telefonou, me mandou essa reclamação e, pelo que me disse, ela tem procedência. Vai ser julgada pelo primo do Collor, o ministro [Marco Aurélio] Mello. Vamos ver o que vai acontecer.

Hoje dei uma entrevista para a *Businessweek*, gravei para a televisão.

Recebi o deputado Romel Anízio,*** depois o deputado João Carlos Bacelar**** e almocei no Alvorada. Um almoço grande, com vários formadores de opinião, a discussão foi boa. Estavam aqui o Sérgio Abranches, o Fábio Wanderley, o Paulo Sérgio Pinheiro,***** o Oliveiros Ferreira, aquele rapaz que eu gosto, do *Jornal do Brasil*, o Marcelo [Pontes], enfim, vários que opinaram sobre o que está acontecendo.

Mais tarde recebi o Humberto Mota e o Arthur Sendas,****** depois aquele pessoal da Fundação Armando Álvares Penteado. E à noite o cardeal-arcebispo de Brasília, d. José Falcão.

D. José Falcão veio me dizer que as decisões na CNBB foram manipuladas, que d. Lucas é uma pessoa razoável mas indecisa. E que o relatório do Ibrades lido nessa

---

* Celso de Mello tomou posse na presidência do STF em 22 de maio de 1997, sucedendo Sepúlveda Pertence.

** Em todo o país houve decisões judiciais favoráveis a servidores públicos que requisitaram reajuste salarial de 28,86% retroativo a 1993, concedido ao grupo de onze funcionários que acionara o STF.

*** PPB-MG.

**** PSC-BA.

***** Sociólogo, coordenador do Núcleo de Estudos da Violência da USP.

****** Proprietário do grupo Sendas, incorporado em 2004 pelo Pão de Açúcar.

assembleia [da CNBB] não foi nem comentado, ninguém o viu com antecedência, e que houve manipulação, como, segundo ele, há permanentemente, por um pequeno grupo de bispos radicais e de assessores, sobretudo da CNBB, muito ligados ao PT. Ele acha que o Vaticano sabe disso e que vai haver uma mudança em relação a d. Paulo [talvez até sua remoção]. D. Paulo, na verdade, tem uma liderança muito grande embora já esmaecida. Fiz meus elogios a d. Paulo e percebi que d. Falcão é muito reticente sobre ele.

HOJE, DIA 13, UMA HORA DA TARDE. Ontem à noite, anotei o que era principal para dizer, inclusive no que se refere ao Banco Central.

Vou ler agora o paper do Gustavo Franco e do Chico Lopes. Vimos de novo, na conversa com o Beto, o Loyola, o Malan e o Clóvis, que existe muita dificuldade para a designação do novo presidente do Banco Central. Não se chega a um acordo sobre um nome capaz de manter ao mesmo tempo o Chico Lopes e o Gustavo Franco. O Malan prefere, obviamente, o Gustavo Franco, eu acho que ele até tem suas razões. O Gustavo é combativo, mas as consequências [da nomeação] serão difíceis, porque o Beto vai ficar ressentido, não porque queira ir para lá, mas pelo estilo do Gustavo e porque dificilmente o Chico Lopes permanecerá no Banco Central.

Enfim, egos muito grandes para tarefas maiores ainda. Vamos ver como resolvemos isso.

Hoje de manhã discussão sobre o FEF* com o Kandir no Palácio da Alvorada. Acabei de receber o telefonema do governador Tasso dizendo que a Roseana estava falando com ele, e também o Almir Gabriel.** Eles não suportam mais a sangria de recursos causada pelo não recebimento, a parte correspondente ao Fundo de Participação. Fui duro e disse: "Nesse caso, tudo bem, não se faz o FEF e se cortam as transferências voluntárias do governo federal para os estados e municípios. É uma saída possível".

Falei com o pessoal do Espírito Santo hoje, com os três senadores, problemas locais, eles estão com medo das candidaturas locais, o [Gerson] Camata pode ser candidato pelo PMDB, o Paulo Hartung pode ser pelo PSDB ou então candidato a senador pelo PSDB. Ainda há o senador José Ignácio Ferreira,*** vamos ver o que acon-

---

* O FEF — sucessor do Fundo Social de Emergência, criado em 1994 para reforçar o caixa da União por meio de superávit fiscal — era composto de recursos desvinculados das despesas obrigatórias do orçamento da União. Para a criação do fundo, cujos recursos poderiam ser empregados livremente pelo governo federal, estados e municípios cederam 20% de suas receitas com repasse da União. A prorrogação do FEF enfrentava resistência de alguns governadores e prefeitos, que alegaram perda de receitas.
** Governador do Pará (PSDB).
*** Ferreira, do PSDB, foi o candidato do partido em 1998 (eleito).

tece. Eles têm sido corretos, vêm apoiando o governo, e temos feito muita coisa no plano federal no Espírito Santo.

Depois recebi o senador Humberto Lucena, com o qual conversei sobre o PMDB. Humberto é candidato à presidência do partido, terá o meu apoio, é equilibrado, conciliador, um homem honesto, apesar de toda a onda que fazem com ele.* Não é verdadeira. Ele apenas representa aquela mentalidade do Nordeste de certa época, quer nomear muita gente para o setor público. É esse o defeito do Humberto. Mas tem disposição para ajudar.

Dificuldades, as de sempre. Na área da reforma da Previdência, há a questão dos inativos acompanharem os salários dos em atividade, e na área da administração a questão da estabilidade. Expliquei melhor como eu via esses dois problemas, acho que o Humberto vai votar contra de qualquer maneira, mas creio que ficou um pouco mais esclarecido sobre o que o governo deseja, que não é nenhum absurdo.

HOJE É SÁBADO, 14 DE JUNHO. Passei a manhã aqui no Alvorada e depois recebi o vice-presidente de Cuba, Carlos Lage,** que veio me trazer uma mensagem de Fidel Castro. Fidel alega que os americanos estão apertando ainda mais Cuba. Eles sabem que essa não é a posição do Brasil.

Por coincidência, ontem sancionei uma lei que permite que se enviem umas 20 mil toneladas de alimentos a Cuba como doação. Nada de novo na posição do Lage. Um homem simpático, inteligente, acha que Cuba está saindo das dificuldades anteriores, pensa que conseguiram mostrar que sem os soviéticos a ilha pode sobreviver, e o turismo tem dado uma ajuda muito grande. Falou também sobre a política americana, torceram pelo Clinton, mas acham que ele está fraco, não pode fazer nada e que o Congresso está cada vez mais duro com Cuba.

Fora isso, recebi no Alvorada o Inter-American Dialogue: Peter Bell, Peter Hakim, Abe Lowenthal e outros. Conversa em que, de novo, tive que contar tudo sobre o Brasil. Parece que já estou com um disco preparado para isso.

À noite jantei na casa do Valter Pecly, com o Sebastião Rego Barros e a Ruth. Foi só isso.

Hoje a gente passou o dia arrumando papéis e lendo, mais tarde vou me encontrar com o Eduardo Jorge para discutir alguns problemas mais complicados, como o que fazer com ele próprio, pois está demonstrando vontade de se

---

* Em setembro de 1994, Humberto Lucena foi condenado pelo TSE e teve os direitos políticos cassados por três anos — imprimira 130 mil calendários com sua foto na gráfica do Senado e os usara na campanha eleitoral à reeleição pelo PMDB-PB. Concorreu nas eleições de 1994 e foi eleito sub judice.

** Um dos vice-presidentes do Conselho de Estado de Cuba.

afastar do governo já há um ano, e agora, com a proximidade de uma campanha eleitoral, gostaria de estar fora para trabalhar na campanha, na preparação dos materiais.

Falei com o Pedro Malan pelo telefone, está na Bahia, se encontrou com o Bacha, que vem almoçar na segunda-feira para discutirmos de novo o Banco Central.

DOMINGO, 15 DE JUNHO. Passei o dia discutindo com o Jabor, com o Sérgio Amaral, o Geraldão e a Ruth a comunicação do governo. A ideia básica do Jabor é que eu devo falar mais, televisão, entrevistas coletivas, uma sustentação geral do que é o programa, o projeto do governo. O Geraldão concorda, tudo sai fragmentado, ele acha que a população não tem noção do conjunto. É verdade. Fácil de falar e difícil de fazer. É certo que eu preciso estar mais presente na mídia. E de uma maneira que não foi ainda definida. As mudanças são muitas, temos que concatená-las.

Os jornais não estão maus. O *Jornal do Brasil* volta à questão do presidente e o sociólogo, que eu tenho que jogar textos meus de 1978 contra os atuais.* Na verdade, não conseguem, dizem que protestei contra o cheque do Banco Econômico que o Banco Central pagou** e que agora dou dinheiro aos bancos, duas inverdades. O cheque daquela época era um cheque sem fundo, foi coberto, e o Banco Econômico foi salvo.*** Agora acabamos com os do Banco Econômico e pelo menos os que sabem, sabem que foi para salvar o sistema financeiro e não os banqueiros. De resto, o que me chamou atenção foi a coerência entre o que eu disse em 1978 e o que digo agora. Mesmo o *Jornal do Brasil* querendo intrigar, não conseguiu [fazê-lo].

Me disse também o Jabor que há um artigo da Maria Sílvia [de Carvalho Franco], que eu não quis nem ler, em que ela comenta minha frase, a que ficou famosa, sobre as baionetas, como se fosse uma ameaça, quando na verdade era para desqualificar a ação semiguerrilheira de jogar pedras e coquetéis molotov [nas comitivas presidenciais]. Disse eu: "Pedras, paus e coquetéis molotov são argumentos tão pouco válidos quanto as baionetas. Só que menos poderosos". Não foi no sentido

---

* Sob a manchete "FH, de sociólogo a presidente", o jornal carioca publicou um artigo comparativo entre as opiniões de Fernando Henrique expressas no livro *Democracia para mudar: 30 horas de entrevista* (São Paulo: Paz e Terra, 1978) e seus discursos e atos na Presidência.

** No governo Geisel, em agosto de 1976, o Banco Econômico, então presidido pelo irmão do ministro da Indústria e Comércio, Ângelo Calmon de Sá, se recusou a honrar dois cheques administrativos de CR$ 200 milhões (US$ 53 milhões), alegando fraude.

*** O Econômico, presidido por Ângelo Calmon de Sá, foi liquidado pelo Banco Central em 1995. Foi o primeiro banco incluído no Proer.

de dizer que eu queria usar as baionetas, mas, sim, que a direita, quando faz, faz com mais eficácia, contra a democracia. Estão jogando pedras, o que não chega a ter grande eficácia, mas é contra a democracia. Esse foi o sentido da frase, e a exploração é a que já se sabe.

Passei o resto do dia arrumando livros. Li um pouco a autobiografia do [Norberto] Bobbio,* que é interessante, as partes sobre o desmascaramento do [Nikita] Kruchev. Enquanto arrumava os livros, peguei vários para folhear, mas nada em mais profundidade do que isso. Foi um dia tranquilo.

* *O tempo da memória: De senectute e outros escritos autobiográficos.* Rio de Janeiro: Campus, 1997.

16 A 25 DE JUNHO DE 1997

Encontro com Maluf. Greve da PM. Viagem aos EUA para a Assembleia Geral da ONU

Hoje é segunda-feira, 16 de junho, são quinze para as oito da noite. Foi um dia também calmo. Levantei, dei logo uma entrevista para a Lilian Witte Fibe, da GloboNews.

Depois despachos de rotina, fui para o Planalto, entrevista com a revista *Time*. Recebi o almirante Mauro César.

Recebi o Eduardo Menem, irmão do Carlos Menem e presidente do Senado da Argentina.

Voltei para casa e estou à espera do sr. Paulo Maluf. É uma reunião discreta, não sei o que Maluf vai dizer, provavelmente vai falar sobre o futuro dele, sobre o PPB no governo e, eventualmente, vai querer saber minha posição em São Paulo. Já me antecipei: hoje na GloboNews eu disse que de qualquer maneira apoio o Mário Covas. Depois o Antônio Carlos também deve vir tomar um café, a pedido do Maluf. Vamos ver por quanto tempo esse encontro vai ser discreto.

HOJE É 17 DE JUNHO, TERÇA-FEIRA, são oito e meia da noite. Terminei ontem dizendo que íamos ver por quanto tempo aquele encontro se manteria discreto.

Não houve encontro discreto. Antes mesmo de Maluf chegar aqui, a Ana [Tavares] me telefonou dizendo que a imprensa sabia que o Maluf estava em Brasília e, portanto, que viria aqui. Telefonei para o Antônio Carlos, que, nessas circunstâncias, decidiu não vir. E fez bem, porque as especulações devem subir a um nível insuportável.

Conversa com o Maluf: ele me mostrou uma pesquisa na qual está muito bem e os outros candidatos ao governo de São Paulo estão mal, o Mário Covas em quarto lugar; em vários itens, também nessa mesma pesquisa, eu ganho do Maluf nas eleições presidenciais em São Paulo, de 50% a 30% no segundo turno. Esse talvez seja um sinal de que ele vá preferir candidatar-se a São Paulo. Não foi taxativo. Na verdade, o que ele quer? Além de algumas questões pessoais da Eucatex* que mencionou, acha que está sendo discriminado, quer naturalmente evitar que eu fique contra ele. Não chegou a usar o termo "neutralidade", mas os jornais estão falando em neutralidade. Ele sabe que neutralidade não é possível, estou com o PSDB e com o Mário Covas. Eu mesmo disse

---

* Grupo empresarial controlado pela família Maluf.

isso ontem na GloboNews. E deve estar temeroso de que haja uma movimentação maciça do governo federal. Mostrou-se disposto a apoiar as reformas e a arregaçar as mangas para isso; me disse que está bem de saúde, aliás me deu a impressão de estar.

O que ele quer realmente é que o PFL o apoie. Isso não depende de mim, acho até que o PFL vai estar inclinado a apoiá-lo, talvez ele entendesse que eu poderia atrapalhar o PFL nessa jogada. Eu não me meto na vida do PFL, portanto ele está atribuindo a mim um poder de manobra maior do que tenho. Não que eu não o tenha, mas não estou disposto a usar o que nunca usei. Essa foi a conversa. Claro que as especulações serão outras.

Hoje recebi o [Romeu] Tuma, que acha que o PFL não deve se jogar nos braços do Maluf. Tuma, a meu ver, é candidato. Eu disse que ele tem razão, que é melhor o PFL não se precipitar. Não obstante, a Ana me telefonou de novo agora à noite, o *Jornal do Brasil* tem uma informação de que o Maluf queria que eu tivesse atuado para que o Tuma fosse seu candidato a vice. Não é verdade. Acho que o Maluf preferia outras candidaturas, eventualmente até a do Luís Carlos Santos, se o Luís Carlos for para o PFL. Por quê? Porque o Luís Carlos é ministro, e isso dificultaria colar a imagem do Mário em mim. Acho que esse é o jogo do Maluf. Não sei como o Luís Carlos vai atuar. Hoje eu soube que ele esteve com o Maluf na quinta-feira passada; o Maluf não me contou, e o Luís Carlos só me contou hoje. Vamos ver como isso evolui.

No mais, grande escândalo com o caso de contrabando da Marinha.* O almirante Mauro César não quis fazer o que a Globo tinha proposto, que era ele assumir a posição de que vai investigar. Resultado: a Receita Federal está investigando e vai investigar. Acabo de ver o *Jornal Nacional*, parece que eu é que mandei fazer tudo isso, que mandei investigar, não é bem assim, mas [a informação] veio do governo. Pelo menos o governo não saiu arrebentado nesse episódio. O que a Marinha faz é como esses sacoleiros que vão para o Paraguai. Deve ser a baixa oficialidade me parece, os recrutas, não sei. De qualquer maneira ficou mal. Vamos ver se agora, com a Receita, a coisa melhora.

O Sérgio Motta depôs hoje na Comissão de Justiça sobre a eventual compra de votos. Pelo que me disseram e pelo que vi na televisão, o Sérgio se saiu bem. Ele estava muito exaltado com o Haroldo Lima,** se bem que seja fácil exaltar-se com o Haroldo, porque ele é muito insolente. Muito gritador também.

Vamos ver, vou jantar agora com o Luís Eduardo, com o Sérgio Motta e o Tasso, e, antes deles, virá aqui o José Serra, que quer trocar algumas opiniões comigo.

* Em 16 de junho, o *Jornal Nacional*, da Rede Globo, denunciou o contrabando de US$ 125 mil em eletrônicos importados de Miami por tripulantes de dois navios da Marinha que haviam participado de exercícios nos EUA em 1996.
** Deputado federal (PCdoB-BA).

Assinei hoje a lei que vai facilitar muito a vida dos armadores e também a dos construtores navais.* Espero que assim seja, para que haja mais empresas na região litorânea, sobretudo no Rio de Janeiro.

Também me disse o Iris que foi procurado pelo Michel Temer, pelo Jader Barbalho e pelo Geddel, que querem mudar o diretor do departamento de presídios do Ministério da Justiça.** Pedi que deixassem o nome da pessoa e que pensassem mais um pouco, porque me pareceu um tanto estranho que três dos principais líderes do PMDB queiram mudar um posto tão baixo e no qual existem licitações. Não quero me antecipar com maledicências, mas me deu uma ponta de preocupação.

HOJE É 19 DE JUNHO. Estou acabando de chegar de Assunção, no Paraguai, são oito horas da noite. Fui a São Paulo ontem, dia 18, mas antes, de manhã, recebi a Roseana Sarney e o Tasso Jereissati e, ainda antes deles, o Antônio Carlos e os líderes do Senado, para discutir a reforma da Previdência; o problema grave é o da paridade entre os aposentados e os trabalhadores em atividade. Os aposentados têm razão num ponto: estão com medo de ficar com os salários defasados se não houver uma regra que, embora os separando dos que estão em atividade, garanta que eles não vão ficar sem aumentos no caso de haver inflação; também querem ser incluídos nos aumentos gerais.

Com o Tasso e a Roseana, a questão principal foi o FEF. Ambos querem que o governo pague o FEF aos estados e municípios. O Tasso fala com menos ênfase porque sabe da importância do Fundo para o Plano Real, e a Roseana com mais ênfase.

Em seguida fui à homenagem que o PSDB me prestou pelo meu aniversário.*** Um pouco forçada. Na verdade, a bancada está nervosa, inquieta, por causa da designação do Luís Eduardo e pelo meu encontro com o Maluf, ao qual atribuem agora mundos e fundos. Enfim, tudo é pretexto para mostrar que o presidente está fazendo isso e aquilo. No fundo é o medo da bancada de perder as eleições por tomar decisões no Congresso que eles supõem não serem populares. Não importa. O importante é a gente ser firme e fazer o que precisa ser feito.

De lá fui para São Paulo, era o meu aniversário, passei em família com os meus primos, meus sobrinhos, os filhos do Antônio Geraldo [Cardoso]**** mais os filhos, os

---

* A produção naval do país enfrentava sua pior crise, com queda de 90% das encomendas em relação aos anos 1980. O presidente assinou medidas de incentivo à exportação e desoneração fiscal para o setor.
** Paulo Tonet Camargo, diretor do Departamento Penitenciário Nacional (Depen).
*** O partido organizou um coquetel no Clube das Nações, em Brasília, para comemorar o aniversário de 66 anos de Fernando Henrique.
**** Irmão de Fernando Henrique.

netos, foi muito agradável, comida muito boa. Hoje de manhã levantei cedo e fui a Assunção para a reunião do Mercosul.*

Lá, o de sempre, discursos. Havia o fato de o presidente do Chile** estar um pouco amuado porque não é membro de corpo inteiro do Mercosul,*** mas ele fez um bom discurso, dizendo que ainda é possível uma interação política no Mercosul, inclusive na discussão da Alca. Eu também retomei esse tema.

Conversas com o presidente do Paraguai, que insiste em uma estranha forma de pagamento para Itaipu, sobre a qual um tal de César, que é ligado a ele, mas não sei bem que função tem, já veio falar várias vezes no Brasil. Quer falar de novo com o Malan, e o Malan tem horror ao assunto, porque ninguém entende muito que tipo de engenharia financeira é essa, e sempre há um pé atrás com eventuais dificuldades com o Paraguai.

De lá voltei para cá. No avião conversei bastante, na ida, com o Dornelles e, na volta, com o pessoal da área econômica, ou seja, o Malan e o Gustavo Loyola, e discutimos a substituição dele. Depois o Kandir veio para o Palácio da Alvorada e saiu daqui com o Eduardo Jorge para discutir como fazer a sucessão do superintendente da Zona Franca de Manaus. O Arthur Virgílio põe dificuldades, embora a pessoa indicada seja da confiança do governo — do Kandir, e não do Amazonino. Mas o Arthur Virgílio também é um homem difícil, e há aquela briga de morte no Amazonas, um quer destruir o outro e se acusam mutuamente.

A Roseana Sarney (o Clóvis acabou de falar comigo pelo telefone) segue insistindo em ter ressarcimentos pelas perdas com o FEF, como forma de poder fazer com que a bancada do Maranhão vote o FEF.

Enfim, o trivial nada ligeiro, pesado, da Presidência da República.

HOJE É SEXTA-FEIRA, 20 DE JUNHO. O dia transcorreu mais ou menos calmo, despachos habituais.

Tive um encontro com gente que está sendo apoiada pelo Pronaf, de agricultura familiar, do sudoeste do Paraná, fiz um pequeno discurso.**** Depois assinei a mensagem que pede ao Congresso autorização para assinar o Tratado de Não Proliferação Atômica, um fato importante. Presentes os presidentes da Câmara e do Senado, embaixadores etc., outro discurso.

Almocei com os editores aqui de Brasília dos principais jornais do Brasil [das sucursais], discussão habitual, as mesmas perguntas, as mesmas respostas.

* XII Reunião de Cúpula do Mercosul.
** Eduardo Frei.
*** O Chile é um Estado associado ao bloco sul-americano desde 1996.
**** Audiência com membros da Cooperativa Central Base de Cascavel (PR).

Depois fui a uma solenidade da Adesg.* Fiz uma explanação sobre o que estamos realizando na economia, no Estado, resumi um pouco a entrevista da *Gazeta Mercantil*.**

Recebi o governador de Santa Catarina, que está na iminência de sofrer impeachment.*** O Antônio Carlos tinha me pedido que eu falasse de novo com o Jorge Bornhausen, o Antônio Carlos é favorável a não haver impeachment. O Bornhausen, com quem falei, pelo contrário, me deu a impressão de ser favorável. Acho um pouco discriminatório pedir [o impeachment] só do Paulo Afonso, os outros [governadores] não vão sofrer, porque têm maioria nas Assembleias; isso vai deixar mágoas, vai tornar difícil o processo político em Santa Catarina. Não posso interferir além de certo limite porque não conheço os autos, não sei se realmente o caso é de corrupção do ponto de vista jurídico, constitucional, ou de desvios no uso de verbas. Enfim, o responsável mesmo por isso é o Pitta e, por trás, o Maluf, os quais não sofrerão nada. Responsáveis no sentido de que foram os iniciadores desse processo; pelo menos é o que a CPI dos Precatórios anuncia.

Os arrufos entre PFL e PSDB se repetem. Muita onda porque vou falar com o Itamar, como se isso fosse um grande risco para o Eduardo Azeredo.

Conversei pelo telefone agora à noite com o Mário Covas, que encontrei bem-disposto. Ele entendeu meu encontro com o Maluf. Fora isso, acho que não houve nada de mais extraordinário a registrar.

Falei com o presidente Clinton, que me telefonou, me cumprimentou pelo aniversário, pela [emenda da] reeleição, pelo TNP. Falamos da iniciativa conjunta brasileiro-americana sobre educação, um pouco rapidamente sobre a Assembleia da ONU, enfim, só amabilidades. Foi bom, porque isso vai ser noticiado amanhã pelos jornalistas, que por acaso estavam aqui no momento em que o Clinton ligou.

Amanhã cedo vou aos Estados Unidos para participar da Assembleia Geral das Nações Unidas sobre Meio Ambiente.****

QUARTA-FEIRA, DIA 25 DE JUNHO. Voltei ontem dos Estados Unidos. Cheguei lá no sábado à noite e logo fui ao teatro ver uma peça sobre o sapateado dos americanos.***** No dia seguinte, domingo, comecei a trabalhar.

---

* Solenidade de apresentação dos estagiários da Escola Superior de Guerra (ESG).
** Jornal de economia e negócios extinto em 2009.
*** Paulo Afonso Vieira foi acusado de desviar R$ 600 milhões em precatórios de Santa Catarina. Em 30 de junho de 1997, a Assembleia catarinense autorizou a abertura de um processo de impeachment contra o governador, mas ele permaneceu no cargo com uma liminar do STF.
**** Sessão Especial da Assembleia Geral das Nações Unidas sobre o Meio Ambiente e o Desenvolvimento, para avaliação da implantação da Agenda 21 nos cinco anos de sua assinatura na ECO-92.
***** *Bring in Da Noise, Bring in Da Funk*, no Teatro Ambassador, na Broadway.

De manhã me encontrei com o Itamar Franco. Ficou claro que ele não vai ser candidato a nada, embora não me tenha dito propriamente isso. Ele disse que mantém sua eventual candidatura a presidente da República, mas que não pode decepcionar os mineiros, portanto não pode recusar a possibilidade de ser governador de Minas, que o Eduardo Azeredo tem que entender que, como eu e ele somos amigos, quase me falou isso, devo naturalmente apoiá-lo. Em seguida me disse algo mais significativo, isto ninguém sabe, [perguntou se] no caso de ele não se filiar a nenhum partido [até] outubro, [limite para poder se candidatar], se eu estaria disposto a nomeá-lo para uma embaixada num país latino. Eu disse imediatamente que sim. Pensei que fosse da América Latina, depois aprofundei melhor, é a Itália que ele quer, Roma. Acho que é uma coisa boa, ele pode prestar um grande serviço ao Brasil, é ex-presidente da República, não há problema. Sugeriu que fosse designado o Carlos Alberto Leite Barbosa para o lugar dele na OEA. Isso já estava nos planos do Itamaraty, eu disse que sim, mais tarde falei sobre isso com o Lampreia. O Lampreia também conversou com ele, ficou acertado que o Itamar dirá ao Carlos Alberto quando vai sair de Washington. A mim ele disse que seria no fim do ano, lá para dezembro. Então me pareceu claro que o Itamar não vai se empenhar para ser candidato. Ele diz e desdiz essas coisas várias vezes. Os jornais, pela primeira, vez passavam a impressão de que ele seria candidato a governador de Minas e na entrevista que ele deu disse que mantém a candidatura à Presidência da República. Isso tudo no Brasil provocou grandes aflições, sobretudo nos mineiros, vaivéns, até na própria Lúcia [Flecha de Lima], mulher do Paulo Tarso e irmã do secretário de Eduardo Azeredo,* que até é um rapaz muito simpático. Estavam todos aflitos porque o Eduardo ia ser ultrapassado pelo Itamar. Na minha maneira de ver, nada disso tem base.

Na volta, ontem, a primeira coisa que eu fiz foi telefonar para o Eduardo, sem dar detalhes. Eu disse que achava que o Itamar não ia dar um trabalho tão grande quanto ele estava imaginando, mas não pude contar, evidentemente, o conteúdo da conversa, porque seria quebrar uma relação de reserva e confiança com o Itamar.

Fora isso, alguns desencontros na questão da política do álcool.** Me levaram a dizer que estávamos renovando o programa alternativo da gasolina através do álcool. O pessoal da área econômica pulou forte. O Clóvis me disse hoje que a Aspásia

---

* Amilcar Martins, secretário estadual de Cultura.
** O governo estava prestes a relançar o Proálcool com o nome de Programa de Energia Renovável. Em Nova York, o presidente negou a possibilidade de a União continuar subsidiando os usineiros segundo o novo modelo proposto para o setor sucroalcooleiro. Mas acenou com a possibilidade de criar o chamado "imposto verde", incidente sobre a venda de gasolina nos postos, para financiar a produção de álcool.

[Camargo]* não estava com a razão, embora ela não tivesse dito com todas as letras, [mas disse a mim] que a área econômica já tinha concordado com esse novo programa do álcool.

Depois do encontro com o Itamar, reunião com o representante do Clinton, que é o [Thomas] McLarty.** O McLarty foi muito amável, conversamos sobre muitas coisas, o mais significativo é que, quando ele me felicitou por termos assinado o TNP, o Tratado de Não Proliferação de Armas Nucleares, eu disse que esperávamos reciprocidade, que houvesse um tratamento melhor para nós tanto na área nuclear, pacífica, quanto na área espacial, isso ficou claro. Depois abordei vários pontos a respeito dos quais temos conversado reiteradamente. Repassamos a ideia que eu tinha sugerido ao presidente Clinton, e que o Clinton apoiou, de que o Brasil tivesse um observador, uma pessoa — não é bem um observador, um *shepherd*, como se diz — permanente para fazer o contraponto ao *shepherd* americano, para que possamos saber o que vai acontecer na conferência do G8 que vai se reunir em Londres.*** O McLarty concordou.

Falamos sobre a visita do Clinton ao Brasil,**** grande expectativa, sobre o programa educacional, o McLarty fez muitos elogios a mim, disse que sou um verdadeiro líder, e deu as razões, que era não só por causa do desempenho no Congresso, mas também pela superação das dificuldades na área social, pela pacificação no Paraguai***** e também no Peru.******

Depois, nesse mesmo domingo, fui almoçar com muita gente num restaurante chamado West View, que fica no Brooklyn. O Itamar também foi. De lá fui ver uma belíssima exposição no Metropolitan, de arte bizantina.

À noite jantei com o António Guterres, primeiro-ministro de Portugal, na embaixada de Portugal. Pouca gente, umas dez pessoas. O Guterres é uma pessoa que eu aprecio muito, é inteligente, rápido, um líder. Pena que Portugal não possa dar o respaldo que um homem como ele poderia ter na Europa. Ele tem muita visão europeia e está preocupado com a eleição do [Lionel] Jospin,******* dis-

---

* A secretária executiva do Ministério do Meio Ambiente anunciara as primeiras medidas do programa em 22 de junho, pegando a equipe econômica de surpresa.
** Enviado especial do governo norte-americano para a América Latina.
*** A XXIV cúpula do G8, reunindo os chefes de Estado de França, Canadá, Alemanha, Itália, Japão, Rússia, Reino Unido e EUA, aconteceu em Birmingham, Inglaterra, em 15-17 de maio de 1998. A XXIII cúpula acabava de ser encerrada em Denver, no Colorado.
**** A visita do presidente norte-americano estava agendada para outubro de 1997.
***** O Brasil teve papel importante na resolução da crise institucional do Paraguai em abril de 1996, quando o general Lino Oviedo tentou derrubar o presidente Wasmosy. O governo brasileiro repudiou a tentativa de golpe e respaldou Wasmosy.
****** Alusão à mediação brasileira da disputa fronteiriça entre o Peru e o Equador.
******* Primeiro-ministro socialista da França, recém-empossado.

se que o Jospin fez um programa para perder a eleição, mas ganhou, e agora está às voltas em saber como cumprir esse programa. Ele gosta muito do Tony Blair.* Está confiante no avanço do processo europeu. Acha que o Kohl enfrenta dificuldades, provavelmente os critérios de Maastricht não serão atendidos, mas que vai ser possível de toda maneira fazer o euro, a moeda única.**

Guterres tem um interesse enorme na aproximação entre Europa e Mercosul, tem visão estratégica, sabe que isso é vital para o Mercosul e que também é bom para a Europa. Sabe que nosso grande interlocutor são os Estados Unidos e que precisamos nos precaver para termos uma posição de mais força numa eventual negociação com os Estados Unidos. Não somos só nós, os brasileiros, não; os europeus também.

NA SEGUNDA-FEIRA, FOMOS à ONU, fiz dois discursos, um de boas-vindas a todos os delegados e outro como representante do Brasil.*** Vi de passagem o [Al] Gore,**** que, pelo que parece, fez em seu discurso referência ao meu. Depois almocei numa mesa com vários chefes de Estado, com o secretário-geral das Nações Unidas, o [Kofi] Annan, e tive uma série de encontros com o Chirac.

O Chirac parecia não ter mudado nada. A seu lado estava a o ministro do Exterior da França, de quem não guardei o nome,***** mas quem dava as cartas era o Chirac; nem parecia ter perdido a eleição. Tratou-me com extrema simpatia e se mostrou também muito interessado nas questões com o Brasil. Ficou à frente das negociações com a Embraer, da venda dos Airbus para o Brasil,****** e está interessado e empenhado em abrir caminhos para a França no Brasil em vários campos, como já tinha demonstrado aqui. De novo a mesma posição diante da Europa.

Estive também com o primeiro-ministro da Rússia,******* um homem mais equilibrado do que o Iéltsin, também buscando aproximação com o Brasil, mas a gente vê que é mais difícil saber em que terreno nós [Rússia e Brasil] podemos nos encontrar. Não vejo onde, não se vê isso com clareza.

No mesmo dia, o Tony Blair foi me ver no Hotel Continental, onde eu estava. Ele é muito simpático, foi um encontro rápido, mas ele disse o essencial. Blair é mais cé-

---

* Primeiro-ministro britânico, assumiu em maio de 1997.
** As notas e moedas de euro entraram em circulação em 2002.
*** Desde os anos 1940, o presidente ou representante brasileiro tradicionalmente realiza o discurso de abertura nas assembleias gerais da ONU.
**** Vice-presidente dos EUA.
***** Hubert Védrine.
****** Dois dias antes, a TAM anunciara no Salão Aeronáutico de Paris a encomenda de dez aeronaves A330 do grupo europeu Airbus, integrado pela França.
******* Viktor Chernomirdin.

tico quanto à Europa do que os outros com quem conversei, mas nem por isso desanimado. É também muito atento às coisas aqui da América do Sul. Lembrava-se bem da conversa que tivemos [num encontro em Genebra, na OIT], fez referência ao que eu havia lhe dito, que tínhamos aprendido com a União Europeia para não repetir no Mercosul os mesmos erros, e disse que está ansioso para termos uma conversa mais aprofundada quando eu for à Inglaterra em dezembro deste ano.*

Depois estivemos com o Kohl e com o [Thabo] Mbeki, que é o vice-presidente da África do Sul, também um homem muito inteligente e quem de fato comanda a África do Sul, e ainda com o primeiro-ministro de Singapura.** Lançamos uma iniciativa sobre o meio ambiente,*** o Kohl, como sempre, muito agradável, afirmativo. Ele não é arrogante; é do tipo ao mesmo tempo simpático e mandão. Fizemos nossas exposições em conjunto sobre esse tema, boa repercussão. O Brasil deixou de ser a vítima permanente de reclamações de todo mundo por causa do meio ambiente e passou a cobrar uma atitude mais construtiva dos países industrializados. Foi o que eu fiz, com tranquilidade, sem arrogância, deixando claros nossos avanços, nossas dificuldades e o que os desenvolvidos não estão fazendo.

À noite jantei com o Menem. Muito agradável também, num restaurante simpático, umas oito, dez pessoas só. A imprensa obviamente perguntou se havia problemas entre Brasil e Argentina, ambos dissemos que não, passamos em revista as coisas e ficou bem claro que nosso relacionamento é sólido. O Menem disse, brincando, que ele não precisa mais se candidatar a um terceiro mandato, porque sabia que eu continuaria presidente, e isso dá a ele tranquilidade. Enfim, clima ótimo.

Ontem, quando voltei ao Brasil, soube que o Menem demitiu o ministro da Justiça**** ontem mesmo e mudou alguns embaixadores, inclusive o do Brasil, que foi para Washington; o de Washington***** foi para o ministério da Justiça da Argentina. Portanto havia uma pequena crise na Argentina e o Menem não deixou transparecer nada.

No dia seguinte de manhã, recebi o Chico Mesquita [Francisco Mesquita Neto]****** e o Rodrigo Mesquita.******* Em seguida, o primeiro-ministro da Noruega********

---

* Visita de Estado ao Reino Unido, marcada para 1-5 de dezembro de 1997.
** Goh Chok Tong.
*** Brasil, Alemanha, Cingapura e Inglaterra anunciaram um acordo de cooperação ambiental com as propostas de criar uma instituição mundial para a supervisão do meio ambiente e reduzir a emissão de gases poluentes pelos países ricos.
**** Elías Jassán, acusado de receber dezenas de ligações telefônicas de um empresário envolvido em corrupção no governo Menem e no assassinato de um jornalista.
***** Raúl Granillo.
****** Diretor superintendente do grupo Estado.
******* Jornalista da *Gazeta Mercantil*.
******** Thorbjørn Jagland.

foi me ver no hotel, eles estão interessados em ampliar as ligações com o Brasil, e pediu meu apoio para a Gro Brundtland* na função que ela tem agora na Organização Mundial da Saúde. Também conversamos sobre meio ambiente, o que pode ser feito em conjunto etc. Depois voltei para o Brasil.

Nos Estados Unidos, dei muitas entrevistas à imprensa e à televisão. Enfim, foram dias bastante fecundos e agitados. Vi de passagem o Aznar, vi também o Prodi, que é uma pessoa extremamente simpática, mas foi só uma troca de cumprimento amável.

Na conferência do meio ambiente [na ONU], eu disse o que tinha que ser dito. Essas conferências de cúpula não resultam em muita coisa, mas repercutem bem quando os problemas são colocados da maneira correta como fizemos. A viagem repercutiu bastante positivamente aqui no Brasil, pelo que vi pela imprensa e pela televisão.

Na volta, no avião, o general Cardoso me informou que a polícia de Minas tinha feito uma rebelião contra uma decisão do governador Azeredo relativa a aumentos de salários.** Ao chegar ao Brasil, ontem à noite, o primeiro assunto com o Marco Maciel foi esse.

Em seguida vim para o Alvorada e telefonei ao Eduardo Azeredo. Sem dar detalhes, contei sobre o Itamar, porque ele estava aflito, depois conversamos sobre a polícia. Eu disse ao Eduardo, há um mês mais ou menos, que ele devia resolver logo a questão do salário, porque polícia é perigoso controlar numa situação de mal-estar como a atual. A polícia de Minas é considerada uma das melhores do Brasil. Notei o Eduardo aflito, houve um tiroteio, um rapaz foi ferido gravemente na cabeça por outro rebelado que, parece, queria atingir um coronel. Há um ambiente de desrespeito e de quebra de hierarquia na polícia mineira. Isso é preocupante.

Em seguida, informações sobre a situação política. Falei com o Luís Eduardo, que marcou um encontro comigo para hoje de manhã. Ele veio, o Zé Aníbal também. Passamos em revista as coisas, eles ainda tinham esperança de que houvesse algumas votações, e a discussão foi se faríamos ou não a convocação extraordinária do Congresso. Resolvi fazer. Chamei os líderes do Senado, inclusive o presidente Antônio Carlos, vieram todos, discutimos as matérias a serem postas na pauta, os senadores estão mais confiantes e mais desejosos da prorrogação das sessões de trabalho do que a Câmara. Na Câmara muito mal-estar e muita briga nos partidos.

---

* Ex-primeira-ministra da Noruega e diretora-geral da OMS.
** No começo de junho de 1997, a PM e a Polícia Civil mineiras lançaram um movimento grevista por reajuste salarial, concedido pelo governador Azeredo somente a oficiais e delegados. Em 24 de junho, passeatas e tumultos de rua na capital terminaram com uma tentativa de invasão da sede do governo estadual pelos agentes e soldados rebelados. O presidente em exercício, Marco Maciel, autorizou a intervenção de tropas do Exército para conter a rebelião e proteger as instalações do governo mineiro.

À tarde, passei em revista vários deputados, falei com o Inocêncio de Oliveira, com o Aécio Neves, falei de novo com o Luís Eduardo e, pelo telefone, com o Geddel, com os líderes mais expressivos da Câmara e resolvemos fazer a convocação da sessão extraordinária.* Tivemos a boa notícia de que a comissão especial da Câmara aprovou o FEF.**

Fora isso, recebi o governador da Bahia*** com um grupo de baianos ilustres do governo e do Congresso, porque o presidente da Skoda**** veio ao Brasil lançar uma fábrica de caminhões na Bahia.*****

Depois estive com o Felix de Bulhões,****** a quem convidei para ajudar na [comissão] dos Quinhentos Anos do Descobrimento.

Mais tarde estive com o Eliseu Padilha, que me deu uma boa impressão. Disse que está se entendendo bem com o Portella e que vão fazer os programas que tinham combinado, de tapa-buracos, reconstrução de estradas, estava muito animado.

Agora, à noite, aqui em casa, voltei a falar com o Eduardo Azeredo, a situação melhorou um pouco, mas continua tensa, a Polícia Militar sublevada, enfim, forte preocupação.

O [Esperidião] Amin me telefonou, estava com o Montenegro, do Ibope, que me disse que fez novas pesquisas e que a minha posição e a do governo tinham melhorado.

O governador Maguito Vilela me telefonou para me passar dados muito impressionantes, favoráveis, de uma pesquisa que aponta que tanto ele quanto eu ganharíamos estourado em Goiás. A aprovação do governo é de 78% e a menção espontânea do presidente da República foi de 39%; os outros estão em volta de 3% e 5%, ou seja, acachapante. Não dá para acreditar muito, estamos longe de qualquer eleição para saber se esses dados expressam algo além de uma simples apreciação vaga sobre os personagens envolvidos. Claro que é melhor ser bem percebido do que estar com oposições no meio do povo.

Me preocupa, não obstante, a questão das polícias, me preocupam alguns dados que tenho visto nos jornais sobre a situação da população, que poderia ser melhor do que é, me preocupa o déficit que não conseguimos controlar, me preocupa que não tenhamos atuado mais energicamente na correção do salário de algumas categorias de funcionários públicos, inclusive dos militares do Exército, isso pode

---

* O governo desejava garantir o avanço das votações de PECs e a aprovação da prorrogação do FEF durante a convocação extraordinária do Congresso no recesso parlamentar de julho.
** A comissão especial aprovou a prorrogação por acordo, sem votação.
*** Paulo Souto (PFL).
**** Vratislav Kulhánek.
***** A Skoda acabou desistindo de instalar a anunciada fábrica de caminhões na Bahia.
****** Presidente do conselho de administração da White Martins.

dar confusão mais adiante. Voltei a falar com o Clóvis sobre esse assunto, mas parece que nem a área administrativa nem a área financeira do governo se preocupam tanto quanto eu com esse tipo de problema.

Gostei da discussão com os senadores hoje de manhã. Vi que dá para fazer um acordo sobre o tema Previdência Social, que é o mais dramático que o Senado vai ter que enfrentar. Sempre fui favorável à preservação do valor das aposentadorias; o que eu não quero é que elas acompanhem eventuais aumentos dos que estão em atividade. Isso parece ser possível. Gostei.

28 DE JUNHO A 16 DE JULHO DE 1997

Discussões sobre sucessão no BC. "Consenso de Brasília." Telecomunicações: leilões da "Banda B" e aprovação da Lei Geral

Hoje é sábado, dia 28 de junho. Comecei a quinta-feira dando uma entrevista à televisão da Áustria. Depois despachos de rotina.
    Recebi o Hélio Bicudo,* que veio agradecer ter sido indicado por mim e eleito delegado da Comissão [Interamericana] de Direitos Humanos da OEA. Na conversa ele me disse que está cansado do PT, não será mais candidato a deputado e estará à minha disposição. Achei interessante.

Falei com o Roberto Santos, que estava preocupado com a filiação do Nilo [Moraes] Coelho.** Ele acha que o Nilo Coelho nasceu rico e que os outros que reclamam hoje não nasceram, se tornaram ricos Deus sabe como. Na verdade, o Nilo Coelho foi apoiado pelos baianos do PSDB que querem votos, e o Nilo Coelho tem pelo menos uns 100 mil votos.

Fora isso, rotinas, solenidades e depois o deputado Carlos Melles com a Frente [Parlamentar] do Cooperativismo.

Estive com o Paulo Paiva, com quem conversei sobre o que aconteceu na OIT quanto à posição do Brasil na questão da cláusula social.*** Sou favorável à cláusula social, acho que o Paulo Paiva também, o Itamaraty é mais reticente, mas o Paulo Paiva encaminhou bem a coisa. Para não nos pôr contra a cláusula social, fez uma pirueta. Falamos um pouco sobre Minas, ficamos de conversar à noite aqui no Alvorada.

Depois, no Alvorada, me encontrei com um grupo de senadores, o Hugo Napoleão e o senador Zé Agripino à frente. Eles querem que haja desincompatibilização de governadores e prefeitos. Acho que vai ser bom se houver uma fórmula de desincompatibilização. Tenho insistido na proposta que ouvi do Eduardo Azeredo, que é uma licença compulsória. Significa que o candidato à reeleição não perde a condição de governar, mas se afasta do controle do Executivo enquanto durar a campanha.

---

* Deputado federal (PT-SP).
** Ex-governador da Bahia (1989-91), candidatou-se a deputado federal em 1998.
*** O ministro do Trabalho viajara a Genebra para a LXXXV Reunião da Conferência Internacional do Trabalho, na qual se discutiu a adoção de uma "cláusula social" nos acordos internacionais de livre-comércio dispondo sobre a proibição ao trabalho infantil e a garantia de direitos sindicais para trabalhadores de países em desenvolvimento.

À noite, eu e a Ruth nos encontramos de novo com o Paulo Paiva e o Vilmar Faria, para discutir várias coisas, entre as quais a situação de Minas ou, como diz o Paulo Paiva, a quebra do princípio de confiança dentro da Polícia Militar, que é o que há de mais grave. Ele também acha que o Eduardo Azeredo não devia ter permitido que a situação chegasse ao ponto a que chegou. Agora resta pouco a fazer. Na verdade, nessa noite da quinta-feira, o Eduardo fez um acordo, um acordo difícil, com cabos, sargentos etc. Ele deu um aumento de 50%, já não tinha alternativa, e haverá consequências.

Ontem, sexta-feira, passei a manhã em despachos de rotina no Alvorada, gravei uma longa entrevista para a TVE com o Alexandre Machado, almocei com os principais colunistas de Brasília, a Dora Kramer, a Eliane Cantanhêde, aquela moça do *Estado de S. Paulo*,* a Tereza Cruvinel, do *Globo*, enfim, as mais influentes. Hoje os jornais publicam partes da conversa, sempre um pouco espalhafatosamente, mas nada de tão grave que eu precise pedir correção.

Depois do almoço fui para o Planalto e trabalhei até tarde da noite. Despachos de rotina, gente o tempo todo, mas nada a anotar.

Jantei aqui com um grupo de amigos e hoje, sábado, passei o dia preparando meu pronunciamento para o Real,** que provavelmente farei na véspera [do dia comemorativo do lançamento] do Real, na segunda-feira 30 de junho. O Sérgio Amaral esteve aqui, li [o rascunho do pronunciamento] para a Ruth e a Luciana, depois para a Ruth e para ele, o Sérgio [Amaral]. Amanhã de manhã vou só olhar um pouquinho o texto.

Convém anotar também que na sexta-feira despachei com Geraldo Brindeiro, o procurador-geral da República que foi reconduzido.*** Eu disse que vou assinar o termo de posse. Ele tem agido bem, custa a se expressar, é difícil conversar com ele porque não termina as frases, mas tem sido correto.

Depois encontrei o presidente Ilmar Galvão, que é o novo presidente do TSE; ele veio me ver juntamente com o Iris Rezende e o Eduardo Jorge. Aproveitei para discutir com ele a nomeação do suplente do Tribunal Superior Eleitoral, vai ser uma pessoa daqui de Brasília.****

Recebi o senador Valmir Campelo,***** que quer ser membro do Tribunal de Contas [da União] e, pelo que me contou, já está praticamente eleito.

* Cristiana Lôbo.
** Terceiro aniversário da entrada do Real em circulação, em 1º de julho de 1994.
*** A recondução de Brindeiro fora aprovada pelo Senado em 18 de junho, por 55 votos a 7.
**** O indicado foi o ministro Edson Vidigal, do Superior Tribunal de Justiça.
***** PTB-DF, líder do partido no Senado. O plenário da Câmara elegeu Campelo para o TCU em outubro de 1997.

QUINTA-FEIRA, DIA 3 DE JULHO, portanto tenho que me recordar desde domingo, dia 29 de junho.

O domingo transcorreu calmo, fiquei fazendo as gravações, que deram um trabalho imenso, eu mesmo tive que escrever, acho que o meu desempenho não saiu a contento. Não gostei do que vi depois, ficou um pouco formal, dei muitos números, muitos dados no pronunciamento oficial da segunda-feira à noite.

Passei o dia aqui, almoçamos com o Sérgio Amaral e o [embaixador Georges] Lamazière.

Ontem tive uma boa conversa com o Pimenta e com o Malan. Com o Malan foi rápido, de novo sobre o Banco Central. Com o Pimenta reavaliei a situação, expliquei muita coisa, transmiti parte da conversa com o Itamar, para que ele acalme o Eduardo Azeredo. O Pimenta está querendo participar mais ativamente, pelo que percebo, da nova etapa do PSDB, com o programa de campanha eleitoral no ano que vem. Acho bom, mas tem o problema da briga dele com o Sérgio [Motta], que notei e vou ter que aplainar.

Na segunda-feira, fui cedo a São Paulo para fazer uma conferência na CNT.* Acho que fiz uma boa conferência, foi de improviso, mas arredondei muitas ideias. Vou até mandar publicar, as pessoas que estavam lá gostaram. Voltei no avião com o Montoro, o Michel Temer e outros mais. O Montoro falou de novo no parlamentarismo com a energia que o caracteriza. Com o Michel Temer combinei um encontro no fim da própria segunda-feira.

O Michel também quer reativar o PMDB para as eleições. E eu já tinha conversado com o Jader e disse que ele conversasse com quatro ou cinco líderes do partido para virem jantar aqui e termos um acerto. O PMDB acerta o tempo todo, desacerta em seguida e reacerta, não sei em que vai dar tudo isso.

O Michel está preocupado com a reeleição, com o Quércia, ele esteve numa reunião do PMDB de São Paulo, encontrou hostilidade grande das bases quercistas, mas [os líderes com quem jantei] não têm volta para o quercismo. Segundo ele, o grupo de Aloysio, Goldman, Pinotti, Edinho Araújo,** ele próprio, Luís Carlos Santos [estão firmes]. Significa que vão ter que arranjar um modo de ir convivendo no PMDB para serem eleitos, porque eles não querem sair de lá. Precisam do meu apoio, não sei que apoio seria esse.

Fora isso, o Michel discutiu alguns problemas do Ministério da Educação, a questão dos Caics,*** uma velha pendência dos grandes grupos que os construíram. Eu disse que falaria com o Paulo Renato, porque o assunto já foi a ele algumas vezes e foi negado.

* O presidente discursou na abertura da Conferência Internacional para Integração e Desenvolvimento.
** Deputado federal (PMDB-SP).
*** Centros de Atenção Integral à Criança, escolas de educação fundamental construídas com módulos pré-fabricados a partir dos governos Collor (com a denominação Ciac) e Itamar.

Ruth estava recebendo um grupo grande de pessoas do Comunidade Solidária, foi simpático, eles estavam jantando, eu participei e depois saí para uma reunião, um jantar que o PSDB fez de congraçamento. Foi agradável. Estávamos todos à vontade, menos o Arthur Virgílio, contrafeito por causa da Suframa. Depois volto a esse tema.

No dia seguinte, portanto terça-feira 1º de julho, começamos com uma reunião de manhã com os líderes, Luís Carlos Santos, Luís Eduardo, Eduardo Graeff, Eduardo Jorge e Clóvis, para discutirmos a estratégia da reforma administrativa. Pessimismo, a reforma, tal como está sendo feita, acabará sendo pior para nós, porque o povo vai pensar que tenho condições de mudar a administração. Na verdade as mudanças são cosméticas, mesmo a questão da estabilidade não vai ao cerne, e por outra parte o teto acaba resultando num aumento de parlamentares. Enfim, muitos problemas. Resolvemos que queremos lutar pelas reformas, mas sem concessões. Se o Congresso não votar, deixaremos para mais adiante a reapresentação da reforma administrativa.

Em seguida, fui à CNI, Confederação Nacional da Indústria, para uma cerimônia de apoio ao Real.* Fiz um discurso vibrante, fui aplaudido em pé pelos empresários que estavam lá, inclusive o Gerdau e o Fernando Bezerra. O Fernando Bezerra fez um discurso formal de apoio, o Gerdau, como sempre, fez certa choradeira quanto à reforma tributária, eu me irritei um pouco com o tom, não que fosse contra mim, foi o jeito. Fiz então um discurso muito forte sobre o que já estamos fazendo, pedi apoio concreto.

Voltei para o Alvorada, onde recebi — e isto foi muito interessante — um grupo de agentes comunitários de saúde, agentes de desenvolvimento, pessoas que trabalham na base da sociedade para melhorar as condições de vida do povo.

Em seguida voltei para o meu batente [no Planalto], recebi o Roberto Irineu Marinho, preocupado com a percepção que a Marinha tem de que a Globo estaria contra ela por causa da denúncia de que haveria contrabando em navios. Isso foi apurado, não é bem verdade, a Marinha é rigorosa com o pessoal, a Globo está temerosa de que a Marinha entenda que é uma coisa institucional contra ela, quando não é. Não é mesmo.

Depois recebi o Weffort, em seguida o Roberto Freire, que veio me propor que eu apoiasse a publicação de um número da *Revista Brasileira de Política Internacional*, da UnB, para reabrir um debate sobre a esquerda. O Roberto Freire está com cabeça boa, aberta, já falei com o Rubens Barbosa para tentar uma entrevista do Tony Blair e do Anthony Giddens.** Vou ajudar nessa coisa, é preciso realmente renovar o pensamento de esquerda.

---

* Lançamento da campanha "Reforma já: O país que a gente quer é o país que a gente faz", com a publicação do documento "Real: conquistas, desafios e perspectivas", no auditório da CNI em Brasília.
** Sociólogo inglês, diretor da London School of Economics e formulador da "terceira via" para a superação da dicotomia entre esquerda e direita.

Na terça-feira jantei fora com a Ruth, o Pedro Paulo, o Zé Gregori, as mulheres e amigos.

Ontem de manhã, quarta-feira, dia 2, tivemos os habituais despachos internos, depois fui com o Sérgio Motta para a assinatura do primeiro contrato da banda B, que se refere a Brasília. O Sérgio — até fiquei com pena dele — não conseguiu se segurar, disse umas coisas inconvenientes sobre a Americel, a empresa que ganhou. Ele valorizou a Bell Canada, mas desvalorizou as outras, emitindo um sinal ruim, porque há outras áreas nas quais esses consórcios estão competindo. Ele é juiz, não devia fazer [essas referências]. Falou de reeleição, falou do "Mãos à Obra Número 2",* o que também foi inconveniente, porque no Palácio do Planalto venho dizendo o tempo todo que não estamos em campanha.

Como sempre, fez isso com boa intenção, de boa-fé, com entusiasmo, mas fui obrigado [pelas circunstâncias] a não participar do mesmo entusiasmo.

Tive um almoço no Alvorada com o Chico Lopes, o Gustavo Loyola e o Paolo Zaghen. Passaram em revista o Banco Central, a parte dos bancos estaduais, vitória importante no Banerj,** dificuldades em todos os bancos desse setor. Eles consideram fantástico que a gente tenha conseguido pelo menos frear o descalabro dos bancos estaduais, as dívidas são astronômicas no conjunto. Algumas são pequenas, mas, para a proporção dos estados, são pesadas. Discutiu-se um pouco o câmbio, vi que o Chico Lopes está muito confiante na tática atual, o Clóvis tinha me dado uma informação um pouco divergente, mas ele, Chico, me assegurou que não há que mexer em nada, deu lá razões técnicas, que não vou reproduzir aqui. Não estava presente o Gustavo Franco, e no fundo eu queria conhecer o Paolo Zaghen, para avaliá-lo e a essa questão de ele substituir o Gustavo Loyola no Banco Central. Não sei como proceder nisso. Falou-se — não nessa reunião — do Maílson [da Nóbrega],*** que é um bom nome, mas não sei se tem viabilidade. Conversei com o Malan e com o Bacha; parece que o Loyola gostaria também.

Recebi ainda o Jarbas Vasconcelos,**** homem de quem eu gosto, é um líder competente à moda dele, um pouco sertanejo, embora não seja. Ele me disse que não está animado para ser candidato ao governo de Pernambuco. É um programa de oito anos, ele tem 54, seriam oito anos de muito trabalho, o Estado se encontra numa situação financeira deplorável, mas ele vai refletir e tomar uma decisão; quer me dizer logo qual é. E veio me comunicar que pode abrir mão da candidatura, e se

---

* *Mãos à obra, Brasil* fora o título do programa de governo de Fernando Henrique, publicado na campanha de 1994.

** Em 26 de junho de 1997, o Banco Itaú comprou o Banerj por R$ 311 milhões no leilão de privatização realizado na Bolsa do Rio.

*** Sócio da consultoria Tendências e ex-ministro da Fazenda (1988-90) no governo Sarney.

**** Ex-prefeito do Recife pelo PMDB (1993-97).

o Carlos Wilson abrir mão também para um terceiro nome, ele acharia ótimo. Não sei, acho que o melhor candidato é o Jarbas;* o Carlos Wilson não vai abrir mão, vai me colocar numa posição difícil lá.

Depois recebi o Bresser, com ideias como sempre boas, e em seguida o Márcio Fortes,** também com muitas ideias, cooperativo.

Encerrando o expediente, estive com o Raimundo Brito, que passou em revista o que foi feito na área dele.

À noite, eu e a Ruth recebemos o Luciano Martins e o Gelson para jantar no Alvorada. Pensei que o Luciano fosse estar mais amargo. No início fez reparos por eu ter recebido o Maluf, por causa dos precatórios, naquele seu estilo moralista. Eu disse que o Maluf não tinha sido chamado por causa dos precatórios. Se fosse por aí, eu também não poderia receber o Arraes nem o governador de Santa Catarina, o de Alagoas, os quais tenho recebido formalmente. Isso não tem cabimento. Mas gostei de ver o Luciano. Eu tinha medo que ele fosse desistir dos trabalhos que está fazendo e entrasse numa fase de maior pessimismo. Não o achei tão pessimista assim.

Nesse meio-tempo, a questão da Suframa. Houve uma evolução durante o dia, o Sérgio me falou à noite. O Amazonino conversou com o rapaz que está lá, o Mauro [Ricardo], parece que o Amazonino deixou de pensar que ele e o Mauro estão sendo vítimas de uma manobra do Arthur. O Amazonino retira oposições ao Mauro. Não dá para entender! Minha oposição ao Mauro é por ele ter se envolvido com o Arthur, mas notei que o Kandir prefere que o Mauro fique. O Mauro ficar é bom do ponto de vista político geral, porque se vê que não há nenhuma tramoia não somente com relação à Zona Franca como da chamada "compra de votos". Em todo caso, o Kandir vai falar com o Mauro e ver se ainda é possível remendar dessa maneira. O Serra já tinha telefonado para a mulher do Mauro, eu telefonei para o Serra à noite e ele me deu conta disso.

O Luciano me disse que esteve com o Sérgio Motta e que transmitiu a ele as minhas preocupações sobre sua fala de ontem. Isso vai ter efeito negativo, o Sérgio vai ficar irritado. Ele acha que agiu pensadamente, que agiu certo, aquela coisa de sempre.

Agora estou me preparando para ir ao que se chama de *Cumbre Regional para el Desarrollo Politico y los Principios Democráticos*,*** um programa da Unesco para o qual vou fazer a conferência de abertura.

---

* Jarbas seria eleito ao governo pernambucano em 1998 por uma coligação PMDB-PFL.
** Secretário de Indústria, Comércio e Turismo do governo fluminense.
*** O presidente proferiu aula magna na abertura da V Cúpula Regional para o Desenvolvimento Político e os Princípios Democráticos, realizada no auditório do Memorial JK. O tema da reunião, cujo documento final se intitulou Consenso de Brasília, foi "Governar a globalização".

HOJE É 4 DE JULHO, estou chegando de Minas Gerais. Primeiro vou retomar o dia 3, ontem. Fiz a abertura da Cúpula, está publicado no jornal *O Estado de S. Paulo*, uma página inteira.

Depois almocei no Palácio da Alvorada com o Synesio [Sampaio Goes Filho], que é embaixador em Bogotá, e a senhora dele.

No Planalto, recebi Tabaré Vázquez, presidente do partido da Frente Ampla do Uruguai. Mais tarde, o deputado Osvaldo Coelho* e o Gérard Pierre-Charles, sociólogo e [antigo colega na Cepal] hoje um importante dirigente no Haiti do partido Lavalas — creio que se chama assim —, é o partido mais forte de lá. Pediu apoio do Brasil ao Haiti, encontro muito agradável.

À noite recebi ainda o almirante [Mário César] Flores,** primeiro ele comentou sobre seu filho,*** que parece estar com problemas com o ministro Arlindo Porto, depois, o mais importante, falou de sua visão sobre o Ministério da Defesa.**** Ele é contra a aviação embarcada na Marinha; acha melhor deixar com a Aeronáutica, embora sob o controle operacional da Marinha.*****

À noite jantamos com o Serra, conversei sobre os assuntos habituais, inclusive sobre a banda B. Ele estava preocupado com a decisão do Sérgio (acho que não registrei ainda aqui) de excluir uma empresa na qual havia fundos de pensão. O Serra disse temer a reação dos fundos. O Sérgio teve lá seus argumentos: como a empresa não alcançou o número necessário de experiências com celulares para concorrer em algumas regiões do Brasil, ele a excluiu dessas áreas e manteve a decisão da comissão julgadora, que eliminava cinco concorrentes por erros formais. Embora formais, ele me disse que ficaria muito indefeso se não seguisse inteiramente o edital. Achei o argumento bom.

Hoje passei o dia em Minas. Tive um desaguisado com o Eduardo Azeredo no helicóptero por causa das fofocas do pessoal de Minas. Reclamei dos líderes dele, que ficam falando mal de mim, como se eu estivesse traindo o Eduardo. Até me exaltei um pouco com ele. Foi bom, porque ele entrou um pouco mais na realidade.

E também fui a Curvelo e a Carmópolis. Em Curvelo, uma questão de entroncamento ferroviário****** e, em Carmópolis, a continuidade da duplicação da Fer-

---

* PFL-PE.
** Ex-ministro da Marinha (1990-92) do governo Collor e ex-secretário de Assuntos Estratégicos (1992-95) do governo Itamar.
*** Murilo Xavier Flores, ex-diretor-presidente da Embrapa (1990-95) e secretário executivo do conselho do Pronaf.
**** A criação do Ministério da Defesa era discutida no governo desde 1995. Foi efetivada em 1999.
***** Desde 1956, com a aquisição do *Minas Gerais* (primeiro porta-aviões do Brasil), a Marinha e a Força Aérea disputavam o comando das aeronaves embarcadas. Em 1998, a Marinha foi autorizada a operar seus próprios helicópteros e aviões no navio, privilégio até então reservado à FAB.
****** O presidente inaugurou um anel ferroviário de 4,5 quilômetros da Rede Ferroviária Federal no entorno de Curvelo.

não Dias até São Paulo.* Na verdade o encontro foi mais por uma razão política, para acalmar um pouco o Eduardo nessas aflições mineiras. Mas quando o Eduardo acalma gera aflições no outro lado! Havia muitos deputados, senadores, prefeitos.

Estou esperando o [Miguel] de la Madrid, ex-presidente do México, e o Patricio Aylwyn, ex-presidente do Chile, que vêm tomar um drinque. À noite vou jantar com [Osvaldo]Sunkel,**SergioMolina,***HeinzSonntag,****[Manuel]Garretón,*****aIsabel Allende [Bussi]****** e outros mais que vieram para esse encontro [da Unesco].

SÁBADO, 5 DE JULHO, uma hora da tarde, acabei de fazer a natação, de arrumar os papéis, quero registrar o que aconteceu ontem no jantar. Longa conversa com Sunkel, que retornará hoje. Ele disse que é preciso haver uma reação, porque os amigos — não sei quais — estão decepcionados por eu não assumir a liderança da América Latina, do mundo, essas coisas. Ponderei que o Brasil tem uma política clara. Nossa relação é com a Argentina. Nosso interesse é organizar o espaço sul-americano, e não chefiar terceiros mundos, nem mesmo a América Latina. E o problema é atrair o Chile e a Venezuela para o nosso eixo. O Chile dificilmente, porque tem interesses claros com o Norte. Já a Venezuela, pela primeira vez, olha para o Sul.

Nossos amigos — não sei quais — têm às vezes uma visão equivocada, não estão vendo que o mundo mudou, essas coisas que digo sempre aqui. E Sunkel aparentemente está muito desinformado sobre o que acontece no Brasil. Ele queria conversar mais, vai telefonar hoje para voltar ao assunto comigo. Acho bom, porque não posso descuidar desse lado intelectual, ideológico, para não dar a impressão de que estamos simplesmente embarcando no neoliberalismo. Sunkel sabe que não é isso, mas é preciso ter mais concreção para mostrar o que estamos fazendo. Precisamos ter atenção com a batalha ideológica.

SEGUNDA-FEIRA, 7 DE JULHO. Retomando Sunkel. Ele veio sábado à noite ao Alvorada. O Malan estava presente, explicou um pouco a economia, expliquei o crescimento econômico, a área social, resultado: quer vir para cá como embaixador, para acompanhar esse "fascinante momento da história do Brasil". Veja como

---

* Foi inaugurado um trecho de 45 quilômetros da duplicação da rodovia Fernão Dias (BR-381), concluída em 2001.
** Economista e professor chileno, assessor especial da Cepal.
*** Economista chileno, ex-ministro da Educação de Eduardo Frei.
**** Sociólogo alemão naturalizado venezuelano.
***** Sociólogo e professor chileno.
****** Deputada socialista chilena, filha do ex-presidente Salvador Allende.

há pouca consistência nas imagens e também como essa falha é nossa — falta vender ao mundo a visão de um Brasil progressista.

Ontem, domingo, fui almoçar com o Cristovam Buarque, na casa dele, com as mesmas pessoas que estavam no seminário da Unesco. Ambiente festivo. Música latino-americana, vários ex-presidentes.

À noite vi com alguns amigos e com a Ruth um filme muito bom, *O paciente inglês*.

Hoje gravei muitos programas de manhã e agora, quase uma da tarde, vou almoçar no Banco do Brasil, despachos normais.

8 DE JULHO, TERÇA-FEIRA. Gravação em continuidade com a de ontem, segunda-feira.

Recebi o Marcolino Moco, que é o secretário executivo da Comunidade dos Países de Língua Portuguesa, CPLP, juntamente com o Lampreia. Assinei a lei sobre o registro de nascimento gratuito,* e o resto foram despachos internos.

Recebi o Antônio Carlos, ele estava aflito porque recebera um fax atribuído ao Augusto Marzagão** denunciando uma conspiração minha com o Sérgio Motta e outros amigos para o parlamentarismo e a continuidade no poder. Fiquei chocado, porque o fax é de próprio punho. Pois bem, hoje pedi ao Sérgio Amaral que me desse uma carta que ele tinha recebido do Marzagão, eu também vi, uma que recebi antes, e cotejei as letras. Não me parece a letra do Marzagão. Está escrita à mão. E, se não for, é grave, porque a carta foi enviada de um fax dele. Não quero nem me aprofundar nisso.

De manhã, fiz exercício, recebi o Carlos Apolinário*** e o Marco Maciel para discutirmos a lei eleitoral. O Carlos Apolinário está com as restrições claras, como eu quero.

Depois recebi o Odacir Klein, que tem uma conversa boa, gosto do Odacir, eu precisava retomar algum contato com ele sobre o PMDB. Antes eu tinha reunido os líderes, uma reunião curiosa, porque foi para dizer que é preciso votar e que é preciso votar com urgência as reformas que lá estão. Os líderes concordam, mas percebo que falta um engajamento maior, salvo o Luís Eduardo e o Inocêncio, que achei muito ativo.

Problema com o PSDB. Em Minas, o Eduardo Azeredo reclamou da nomeação de alguém que era parente de alguém que, por sua vez, é secretário de Obras do

---

* O projeto de lei assinado instituiu a gratuidade na emissão da primeira via de certidões de nascimento e óbito nos cartórios de todo o país.

** Ex-chefe da Assessoria de Comunicação Institucional da Presidência (governo Itamar).

*** Deputado federal (PMDB-SP) e relator do projeto de lei nº 2695/97, a Lei Eleitoral, promulgada em 30 de setembro de 1997.

Newton Cardoso.* Alertei o ministro que seria inconveniente fazer qualquer nomeação sem uma negociação e sem esclarecer quem está sendo nomeado. Não obstante, foi feita a nomeação. Então o Aécio me telefonou, também o Pimenta, o Aécio, aliás, esteve comigo, todos aflitos, amanhã devo me encontrar com o Pimenta e com o Eduardo Azeredo. Mas foi desagradável.

Fora isso, chamei todos os ministros e pedi empenho na votação do FEF e da reforma administrativa. Fui bastante enfático com relação ao PMDB, que tem falhado nos votos. Ficaram de ver o que acontece. Não sei se vamos ganhar ou perder, mas pelo menos estamos fazendo um grande esforço. A situação é grave, a questão das polícias militares está se alastrando pelo Brasil, polícia civil junto,** isso vai arrebentar mais ainda os estados, pode ter efeito no plano federal. As medidas administrativas não podem ser tomadas porque não há reforma, tampouco da Previdência, ou seja, a situação fiscal está estourando, e não vejo que os parlamentares tenham sensibilidade para isso.

A oposição quer ver o circo pegar fogo, deve estar contente, mas o país vai sofrer e não vou ceder, porque seria deixar o Real. E não ceder significa dizer que, se não passarem as reformas que estamos propondo, as medidas relativas ao FEF especialmente, vamos ter que cortar muitos gastos e demitir pessoal. Vai ser um pega pra capar, mas não tem alternativa.

À tarde, recebi o sr. James Bruce, da revista *Latin Finance*,*** dos Estados Unidos. Depois tive um encontro com o [Carlos] Pedregal,**** para discutir problemas de imagem e de propaganda de governo, essas coisas.

Estou esperando agora à noite o Roberto DaMatta, o Marco Maciel e o Gelson para discutirmos o que fazer na comemoração dos quinhentos anos do Brasil.

HOJE É QUINTA-FEIRA, DIA 10 DE JULHO. Eu tinha registrado até o começo da noite do dia 8. Jantei com Roberto DaMatta, o Marco Maciel e o Gelson. O Roberto DaMatta com muitas ideias criativas sobre o que fazer para comemorar os quinhentos anos do Brasil. Para começar, disse que é preciso popularizar o Brasil dentro do Brasil, e é verdade. Segundo, disse que o Brasil tem especificidades, citou um exemplo. A Espanha fala da "conquista das Américas", os ingleses da "fundação dos Estados Unidos" e aqui é "descobrimento do Brasil". É uma coisa curiosa, tem seu sentido.

* José Roberto Menicucci.
** As polícias Civil e Militar do Ceará ameaçavam entrar em greve, assim como a Polícia Civil de Mato Grosso e as PMS pernambucana e gaúcha.
*** A revista circulou somente no encontro anual do Banco Mundial e do FMI em Hong Kong, em setembro de 1997.
**** Consultor do governo para marketing eleitoral e pesquisas de opinião.

Ontem, dia 9, já foi um dia mais complicado.

Levantei, tive a reunião habitual, depois fui receber alguns senadores. O Antônio Carlos à frente mais alguns ministros, o Stephanes, o Eduardo Jorge e cerca de dez senadores, para vermos a questão da Previdência Social. Alguns renitentes como o José Ignacio [Ferreira] e, em menor grau, o [Ramez] Tebet. Insisti na importância da reforma e até, em certo momento, endureci. Eu disse: "Não é possível, se vocês estão convencidos de que é certo, por que não votaram no que é certo? Temor do quê? Dos lobbies que lá estão? Eu não fui eleito para manter as coisas como estão; fui eleito para mudar e vou insistir, vou lutar até conseguir vencer". Eles entenderam a mensagem.

Quando eles estavam saindo, recebi uma notícia triste e dura: morreu o meu tio Carlos [Cardoso], irmão de meu pai. Eu nem sequer sabia que ele tinha piorado, depois soube que ele nem piorou, já estava doente, com complicações de um derrame que teve há alguns anos, morreu com muita naturalidade. À noite fui ao enterro [no Rio], mas antes passei o dia trabalhando.

Recebi muita gente. O Tasso, aflito com as questões da banda B, porque o irmão dele* compete numa dessas companhias e o Sérgio Motta a desclassificou. O Tasso acha que o irmão fez besteira de se meter nisso, que eles estão provocando a TV Globo,** por isso estava preocupado. O Sérgio se preocupa não com a TV Globo — pode ser que um pouco também —, mas com outra coisa. Com o modo desaforado como fizeram uma petição de liminar para manter na competição uma companhia do grupo Telet, enfim, vários zigue-zagues.

Veio também o Eduardo Azeredo com o Pimenta. O Eduardo irritado porque foi nomeado um diretor do DNER*** que ele não queria, como já registrei aqui. Diz que é ligado a um parente ou a uma pessoa que trabalha com o Newton Cardoso — é filho dessa pessoa. Na verdade eu tinha dito ao ministro para não fazer a nomeação, que daria problema, ele fez à minha revelia. Tentou me informar, não conseguiu. Falei com o Eduardo Jorge, que tentou evitar, mas era tarde.

Além do mais, o Geddel e o PMDB fizeram uma espécie de imposição: ou se nomeava o diretor do DNER de Minas, ou não dariam os votos. A coisa de sempre.

Quando o Eduardo Azeredo estava aqui, saiu a notícia de que efetivamente ganhamos a primeira parte da [perda de] estabilidade por insuficiência de desempenho, e ganhamos por um voto.**** É assim o tempo todo. Eu disse: "Está

---

* Carlos Jereissati, do grupo La Fonte, que participava do consórcio Telet.
** O grupo Globo participava do consórcio TT-2, com o Bradesco, a americana AT&T e a italiana Stet, na disputa das áreas de São Paulo e Rio de Janeiro da banda B.
*** Flávio Menicucci.
**** O governo conseguiu aprovar por 309 a 181 na votação em primeiro turno na Câmara o artigo da PEC da reforma administrativa sobre a quebra da estabilidade, que abriu a possibilidade de demitir funcionários públicos com desempenho insatisfatório ou por excesso de quadros.

vendo, Eduardo? O que você quer que eu faça? Se não for assim, perdemos as votações". São coisas menores, não têm maior incidência, não estou preocupado com o diretor de DNER de Minas. Mas o Eduardo tem essa preocupação até obsessiva com o prestígio dele, com a imagem dele, é uma coisa um pouco pequena também.

Ganhamos, foi uma vitória difícil, mas conseguimos.

E também houve um fato extraordinário: a banda B de São Paulo foi a leilão e o ágio resultou enorme, 2 bilhões acima do preço mínimo. Foram os grupos do Safra, do *Estadão* e da Bell South que ganharam.* Isso vai dar uma aliviada boa em tudo, nas expectativas e em tudo mais.

Fui ao Rio para o enterro do tio Carlos, falei com meus parentes, com minha tia Maria [Cardoso], meus primos todos e muita gente da família. [O rosto do] Carlos estava com ar sereno, ele era muito ligado a mim, ao meu pai, e de alguma forma, em certa época, foi o patriarca da família; sempre teve certa preferência por mim. Claro que fiquei sentido, mas o Carlos, na verdade, já estava com uma vida muito vegetativa, tanto que os filhos, mesmo o Carlos Joaquim Inácio [Cardoso], reconheceram que ele morreu com tranquilidade; foi melhor, ele já estava cansado de tudo isso. É possível, não sei. Quem sabe se alguém está cansado? Quem sabe se quer descansar? São perguntas irrespondíveis por terceiros.

Depois voltei para Brasília, trouxe a minha neta Joana, que tinha ficado no Rio para fazer recuperação, a Helena já estava aqui, o Pedrinho também está aqui, e caí cansadíssimo na cama.

Hoje levantei mais ou menos cedo, na verdade dormi pouco, e fui para uma reunião com o presidente da Guiné-Bissau, João Bernardo Vieira.

Tive uma reunião de trabalho no Planalto, vim para o Alvorada, reunião com trinta e poucos empresários do Ceal,** o Roberto Teixeira da Costa*** à frente, muita gente significativa do Brasil, discursos favoráveis ao governo, a maré está boa. Respondendo ao Roberto, fiz uma exposição sobre nossa política internacional, sobre a Alca.

Daqui voltei ao Planalto, passei o dia recebendo gente, nada de muito significativo. Aborrecimento porque o Sérgio Motta aumentou as tarifas dos Correios sem que houvesse uma posição equilibrada, alguns serviços tiveram aumentos expressivos,**** o Malan ficou muito zangado.

---

* No leilão da Área 2 (Grande São Paulo), o consórcio vencedor foi o BCP, que pagou R$ 2,65 bilhões, ágio de 341% sobre o preço mínimo.

** Conselho Empresarial da América Latina, fórum continental formado por grandes empresários e investidores.

*** Vice-presidente do conselho de administração do Banco Sul América e presidente da seção brasileira do Ceal.

**** O reajuste médio foi de 32,7%, justificado pelo corte de subsídios.

Além do Malan, recebi o Beto Mendonça, o Clóvis e o presidente do Banco Central, o Gustavo Loyola, para discutirmos a sucessão dele. Ficou claro que vai ser o Gustavo Franco, mas há uma tentativa para ver se o Maílson da Nóbrega aceita, porque todos têm receio do estilo do Gustavo Franco. No final, no final, vai dar Gustavo Franco, com todos os problemas que isso vai causar, repercussões com o Clóvis, que participou da tentativa de pôr o Maílson, com o Beto [Mendonça], para não falar do Serra e outros mais, que têm alergia ao Gustavo Franco e a seu temperamento difícil, apesar do valor enorme que ele tem.

No Congresso não houve a votação do FEF porque ficaram com medo de não ter número.

À noite voltei dessas discussões com a equipe mais próxima e fui ao jantar com o presidente da Guiné-Bissau. É uma pessoa de poucas palavras, herói da guerra de libertação, um homem difícil, não de convivência, mas ele não tem um espírito mais aberto e inquieto, não fez nenhuma pergunta mais efetiva sobre o Brasil. Sua mulher* me pareceu mais interessada. É a sexta vez que ela vem ao Brasil.

Acabei de ver no jornal a notícia do enterro do tio Carlos, dada pelo Ivan do Espírito Santo Cardoso, meu primo, na verdade primo do tio Carlos, filho do Dulcídio do Espírito Santo Cardoso. Ivan diz que o Carlos me ajudou muito quando eu estava no exílio, dando a impressão de que me ajudou financeiramente, o que não é verdadeiro. Verdadeiro é que eu perdi uma das pessoas que eu mais prezava, quando menino eu tinha uma relação muito forte com ele. Com o tempo a gente vai ficando vegetal, depois vira pedra. Em outra época eu teria ficado muito mais abalado do que fiquei com a morte do Carlos.

HOJE É SÁBADO, 12 DE JULHO. Passei o dia de ontem, sexta-feira, fora de Brasília. Fui desde cedo a Sergipe, a uma cidade do interior chamada Boquim, e depois para outra, na Bahia, chamada Valente.

Em Boquim, reunião sobre os agentes de desenvolvimento econômico, do BNB, Banco do Nordeste,** muito boa, grande ânimo. Todos os discursos que fiz estão registrados no jornal *O Estado de S. Paulo*, na verdade transcritos pela própria Presidência, mas pessimamente, pulando pedaços e com umas coisas incompreensíveis.

Depois fui visitar uma cooperativa de sisal [na Bahia].*** Luta grande para tirar as crianças do trabalho no sisal, é um desejo da população, fomos fazer uma pes-

---

* Isabel Vieira.
** Cerimônia de assinatura de protocolo entre o governo sergipano e o Banco do Nordeste para a revitalização da citricultura na região; e encerramento do Encontro dos Agentes de Desenvolvimento do banco.
*** O presidente estendeu o programa Bolsa Escola aos municípios da região sisaleira, com o pagamento de R$ 25 mensais a famílias cujas crianças se mantivessem estudando. Além disso, assi-

quisa para iniciar um programa nesse sentido. Milhares de pessoas na praça, como sempre, e também dez, quinze ou vinte, sei lá, do PT e outros do PCdoB fazendo um barulhão danado, isso até irrita a população, não adianta nada, mas os jornais dão a notícia, é o que eles querem. A imensa maioria da população, muito simpática. Nada de extraordinário nas conversas, nem com o Antônio Carlos, nem com o Albano Franco, nem com o Paulo Souto; apenas questões locais.

Voltei a Salvador, à noite vim para Brasília, cheguei bastante cansado dessa longa viagem e dormi mais ou menos cedo, meia-noite.

Acordei hoje depois de dormir quase nove horas, fui nadar, passei o dia arrumando vinhos com o Duda e agora estou lendo telegramas internacionais secretos do Itamaraty, como faço habitualmente todo fim de semana. Raramente me refiro a isso, mas nos fins de semana leio muita coisa que me dão tanto o Gelson, da minha assessoria, quanto o Itamaraty diretamente: telegramas, artigos de revistas estrangeiras, muitas informações. Aproveito esses fins de semana mais calmos para me colocar em dia com várias matérias.

Muitos dos telegramas que vêm até mim são ricos, pelo menos os dos principais embaixadores. Hoje, por exemplo, li sobre o que o pessoal da Bombardier, que é uma fábrica de aviões canadense, está fazendo para atrapalhar a Embraer. Li o relatório de visita de um de nossos embaixadores, [Carlos Augusto] Santos Neves, à Bombardier. Li também o do Paulo Tarso sobre a próxima visita do Clinton para cá. Outro do Márcio Dias sobre a situação do Paraguai, que é desesperadora para o Wasmosy e também para nós, porque o Paraguai sempre nos preocupa. Depois um mais simpático, um despacho do [Marcos] Azambuja para mim e para a Ruth, agradecendo nossos cumprimentos, porque ele vai deixar a Argentina; frequentemente tenho lido bons relatórios do Azambuja sobre a situação da Argentina.

No mar de relatórios de rotina, há alguns muito bons, que ajudam a gente a formar opinião mais por dentro sobre o que está ocorrendo na política internacional.

Agora vou ao cinema* com as crianças todas que estão aqui mais a Maria Helena Gregori, a Bibia [Maria Filomena] Gregori, o Duda, a Bia, a Ruth e três dos meus cinco netos que estão aqui. Hoje havia quatro, mas a Isabel foi embora. Agora estão aqui a Helena, a Joana e o Pedro. Todos no cinema, são oito horas da noite.

SEGUNDA-FEIRA, 14 DE JULHO, quase meia-noite. Dia relativamente calmo. De manhã não saí do Alvorada, recebi o [Enrique] Iglesias, presidente do BID, e fui almoçar com ele na casa do Antônio Carlos com a cúpula do Senado e da Câmara.

---

nou atos relativos ao Plano de Recuperação com Modernização e Diversificação do Polo Sisaleiro e ao Programa de Desenvolvimento da Ovinocaprinocultura no Estado da Bahia.

* Os filmes eram projetados no cinema do Palácio da Alvorada.

Conversa amena. Iglesias muito entusiasmado com a onda de investimentos que chega ao Brasil.

Depois do almoço recebi o [Antônio] Britto, governador do Rio Grande do Sul. Aflito. Ele está despencando nas pesquisas, eu também, e ele mais do que eu, segundo me disse. Ele atribui esse processo à forte reestruturação que está fazendo no Estado, política de austeridade. É possível, mas talvez não seja só isso. É recuperável, ele quer que o governo federal o ajude em alguns programas, no que tem razão.

Em seguida recebi o diretor presidente da Compaq,* ele me deu um computador feito no Brasil,** extraordinário, para exportação.

Dei uma entrevista rápida a Eliane Cantanhêde.

Voltei para o Alvorada, onde encontrei o Maurício Corrêa, que quer ser candidato pelo PSDB a governador do Distrito Federal. Para isso ele renuncia ao Supremo Tribunal Federal. Já me anunciou que o Itamar, quando vier aqui, falará comigo sobre esse assunto também. E há uma dificuldade, claro, porque temos lá o nosso senador que é candidato, e tem suas razões para ser, tem sido um bom líder de governo, o senador Arruda. Vamos ver como isso evolui. Na verdade, não creio que qualquer um dos dois tenha chances hoje de ganhar, mas com o meu apoio as chances aumentam.

Despachei com o Clóvis. Preocupações habituais, o que fazer com os recursos do programa de concessão da telefonia, vem muito dinheiro para pagar a dívida. Entretanto, como explicar de modo claro para a população que a gente paga num dia e o Banco Central aumenta [a dívida] no outro dia; dá a impressão de que estamos jogando dinheiro fora, é difícil. Temos que inventar um mecanismo mais transparente para mostrar os efeitos desse pagamento de dívida, e também deixar algum recurso para que possamos cumprir o orçamento desse ano. Acho que com isso a gente diminui a chance de ficar com um orçamento com déficit, vamos ver. Não será fácil a conversa amanhã.

Dificuldade no Senado na aprovação da proposta do Beni Veras. Discuti hoje, no fim da tarde, com os senadores, com Beni, Antônio Carlos, Sérgio Machado e Élcio Alvares. Notei que o Antônio Carlos e os demais acham que não dá para insistir numa linha de racionalidade, ou seja, separar os programas dos ativos dos que estão em inatividade. É patético, mas é isso mesmo. Então vamos propor uma fórmula que a meu ver garante, no decorrer do tempo, a perda dos salários somente dos aposentados que mais ganham, embora isso não resolva a questão de base. Enfim, há outras vantagens na emenda do senador Beni e acho que é melhor passar por cima dessa questão, porque a reforma da Previdência é um

---

* Eckhard Pfeiffer. A fabricante norte-americana de equipamentos de informática, na época a maior produtora mundial de computadores pessoais, fundiu-se em 2002 com a Hewlett-Packard (HP).

** A Compaq instalara uma fábrica em Jaguariúna (SP) em 1995.

tormento ante a falta de capacidade de uma ação racional do Congresso. Vamos ver o que dá para fazer.

HOJE É 16 DE JULHO, QUARTA-FEIRA. A votação do Fundo de Estabilização Fiscal, o FEF, foi adiada para hoje, parece que ganharemos, mesmo assim é preciso verificar.

Ontem foi um dia nervoso nas bolsas.* O Sérgio Motta deu sua pitada de mau gosto, de maledicência, de incompetência para se calar, se meteu a falar mal do Gustavo Franco no momento em que há discussão sobre câmbio,** fui obrigado a intervir para dar apoio total ao Gustavo Franco. O Sérgio fez duas. Uma, levou para o público a discussão sobre o que fazer com o dinheiro das concessões e, a outra, meteu-se a opinar sobre Gustavo Franco nesse momento. Grande reação nacional e até internacional. Fui firme e disse que no câmbio quem manda somos eu e o Banco Central, mesmo assim é um desgaste desnecessário.

Hoje temos uma comemoração da legislação da telefonia, lei extraordinária,*** o Sérgio faz um trabalho muito bom no Ministério das Comunicações e dá bicadas absolutamente equivocadas, incompetentes e sem aquele mínimo necessário de compostura que um ministro deve ter. É uma situação cada vez mais difícil para mim, vamos ver como me saio dessa vez.

À noite, reuni-me de novo com o pessoal do Senado aqui. A proposta é a que já registrei. Só que disseram ao país que a proposta é minha; é deles. Verdade que estou cedendo, estou mesmo, mas por que eles não votam? Dizem peremptoriamente que não votam. Não votam pela queda da paridade [salarial]. Então dos males o menor.

De resto é a mesma confusão de sempre. Todo mundo pensando que os grandes problemas são os da briga do PFL com o PMDB, com o PSDB, e não são. Os grandes problemas são ou a incompetência ou a incapacidade de segurar o gasto público, com essa distorção permanente de que aqui tudo que é privilégio virou direito, e são as bandeiras de oposição. No fundo são os dois partidos: o do atraso e o do progresso. O atraso pega hoje toda a esquerda, com exceção talvez do PPS, e pega a direita e parte de todos os partidos, e o progresso tem representantes dos dois segmentos, só que com peso maior no centro. É impressionante como há uma espécie de espelho invertido, as pessoas projetam que os choques entre partidos

---

* O mercado brasileiro começava a sofrer os primeiros efeitos globais da crise cambial na Ásia, que teve epicentro na Tailândia e se espalhou para Indonésia, Malásia e Coreia do Sul. A Bolsa de São Paulo caiu 15% entre 12 e 15 de julho de 1997.

** "A crise asiática mostra que o Gustavo Franco está errado", disse o ministro sobre o futuro presidente do BC, favorável a uma lenta desvalorização do real diante do dólar.

*** O presidente sancionou a Lei Geral de Telecomunicações.

são o grande problema do país. Na realidade, a briguinha de partidos não é a questão central, mas acaba vedando a questão real, de base, que é a do progresso e da reforma [versus] o atraso. O progresso beneficia a maioria e o atraso a minoria, mas isso é sempre lido de forma invertida por todos. A imprensa, que parece ter interesse em manter esse clima, torce para que aconteça no Brasil o que aconteceu na Tailândia,* tem uma espécie de vocação à catástrofe. Não sei se é para vender jornal, para ter mais emoção ou para abalar o governo. Não sei a razão disso, mas é impressionante a torcida contra.

Não obstante, nas coisas fundamentais a situação é sólida e espero que se conserve sólida. Depende muito de mim, de eu manter cada vez mais firme [o rumo], inclusive na utilização dos recursos, que não são tantos assim, na lei de concessões para o "social", entre aspas, como se o social e o econômico fossem coisas separadas. O mais importante é manter o rumo do país, e isso eu vou fazer de qualquer maneira.

Mais tarde fui à festa pelo Montoro,** gosto do Montoro, mas eu estava muito cansado.

Hoje de manhã encerrei, com uma exposição, um ato sobre gerenciamento, ao qual, possivelmente, o presidente da República não deveria estar presente, mas, para prestigiar o Clóvis e os envolvidos nisso, eu fui; estava muito cansado, todo mundo achou que eu estivesse de mau humor, mas não. O mau humor foi à tarde, por causa de toda essa confusão armada nas bolsas, por causa do Sérgio, dos desavisados que não votam o FEF, do Senado, que não consegue votar racionalmente a reforma da Previdência. Mesmo assim já superei e hoje vou enfrentar o dia de ânimo refeito.

---

* No início de julho de 1997, ataques especulativos causaram a brusca desvalorização do baht, a moeda tailandesa (até então atrelada ao dólar). A Tailândia entrou em profunda recessão e o país precisou ser resgatado pelo FMI.
** O PSDB organizou uma festa para comemorar o aniversário de 81 anos de Franco Montoro.

18 A 31 DE JULHO DE 1997

Votação da prorrogação do Fundo de Estabilização Fiscal. Tiroteio e troca de governo em Alagoas. Grave desgaste com Sérgio Motta

Sexta-feira, dia 18 de julho, duas e meia da tarde.
 Quarta-feira foi um dia bom. Votação do FEF com 361 votos a favor.* Um recorde. Também foi possível vencer no Senado — não me recordo se foi na quarta ou na quinta-feira, creio que foi na quinta — a questão decisiva da reforma da Previdência. Na reforma da Previdência aconteceu o inesperado: 19 a 2.** Claro, fizemos algumas concessões, mesmo assim...
 Na quarta-feira apenas recebi deputados e sancionei a Lei Geral de Telecomunicações. O Sérgio Motta falou pouco, como recomendei, só para agradecer, eu falei bastante, disse que o resultado das privatizações e das concessões seria integralmente dedicado a abater a dívida. Isso não quer dizer que não tenhamos recursos para alguma ação social, mas que é preciso acalmar essa preocupação existente hoje nos mercados de que vamos utilizar o dinheiro de privatizações para despesas correntes, o que não é verdadeiro.
 Almoçamos no Alvorada com a Vera Pedrosa.*** À tarde recebi o Reis Velloso [João Paulo dos Reis Velloso].****
 Recebi o ex-presidente dos Estados Unidos George Bush.
 E depois tive um encontro com um grupo de senadores e líderes do PMDB. Foi uma coisa boa, porque estavam o Sarney, o Jader, o Michel Temer, o Iris Rezende, o Geddel, enfim, a liderança mais expressiva do partido, e também os ministros, o Padilha e o Luís Carlos Santos. Coloquei a questão clara de saber se eles querem ou não marchar em aliança não só agora, mas no futuro. E fiz minhas análises dizendo que era minha convicção que só se pode governar democraticamente com os partidos, que dificilmente um partido no Brasil ganha sozinho a maioria do Congresso e que era melhor assegurar a maioria de antemão, para evitar o que eu precisei fazer dessa vez, que foi buscar o apoio do PMDB, embora o PMDB não me tivesse apoiado na campanha. Isso levou a uma dificuldade grande no relacionamento. Queixas de

---

* O governo teve 362 votos, enquanto a oposição deu 129 votos contrários à prorrogação do FEF até 1999. O mínimo para aprovação eram 308 votos, por se tratar de matéria constitucional.
** O placar da votação na Comissão de Constituição e Justiça do Senado foi de 18 a 2.
*** Embaixadora do Brasil nos Países Baixos.
**** Ex-ministro do Planejamento (1969-79), presidente do Instituto Nacional de Altos Estudos (Inae) e coordenador do Fórum Nacional, seminário de discussão econômica realizado pelo Inae em parceria com o BNDES.

cá, queixas de lá, sobretudo do Sarney, mas a disposição me pareceu antes favorável, nessa matéria.

Ontem, dia 17, quinta-feira, recebi deputados como de hábito, nada de mais significativo.

O presidente da Hyundai,* uma empresa coreana que vai investir no Brasil, muito animado.

Voltei a falar com o Iris e pedi que ele e o general Cardoso fossem a Alagoas para ver lá a crise sobre a qual já falarei.

Também recebi o Rafael de Almeida Magalhães, que veio, sempre muito amimado com o que eles estão fazendo no Rio de Janeiro e em outras partes do Brasil, com o Eliezer Batista.** Eles têm feito realmente muitas propostas boas, têm ajudado a organizar modificações de base, sobretudo em termos estruturais, de portos, estradas, telecomunicações, enfim, coisas inovadoras.

Recebi à noite o Nizan Guanaes, que veio me trazer uma proposta de campanha, "O Brasil é agora", para mostrar que não somos mais o país do futuro, senão um país que já está se realizando. Boa a campanha.

Com relação a Alagoas, o general Cardoso foi para lá juntamente com o Iris porque houve uma espécie de rebelião da polícia do Estado,*** o Divaldo me telefonou dizendo que tinha renunciado, pedindo uma licença de seis meses, o que já queríamos que ele tivesse feito há muito mais tempo.**** Recebi a bancada de Alagoas, disse a eles que o governo federal não é devedor de nada, pelo contrário, já mandamos quase 1 bilhão de reais para lá sem efeito, ou melhor, com efeito para os que sempre tiveram recursos. Tudo se desvia para deputados, desembargadores, para alguns funcionários, empreiteiras, e não pagam os atrasados há um tempo imenso.*****

Hoje de manhã fiz uma reunião primeiro com o Clóvis, com o Parente, funcionários do Tesouro e com o coronel que designamos para ser secretário da Fazenda em Alagoas,****** que me mostrou já ter um encaminhamento de solução. Mas aí chegaram o Iris e o Cardoso com ideias mais drásticas de fazer uma intervenção. Achei que era o caso mesmo, mas a intervenção paralisa as reformas administrativa e previdenciária no Congresso, porque a Constituição diz isso.

* B. J. Park. A Hyundai anunciou a instalação de uma fábrica de vans na Bahia.
** Ex-presidente da Vale do Rio Doce (governos João Goulart e Figueiredo) e membro do Conselho Coordenador das Ações Federais no Rio de Janeiro.
*** Em 17 de julho de 1997, tropas do Exército trocaram tiros com PMS e policiais civis alagoanos em greve, provocando o caos no centro de Maceió, que estava tomado por funcionários públicos em manifestação.
**** A Assembleia Legislativa alagoana estava na iminência de aprovar o impeachment do governador. Assumiu o vice-governador Manoel Gomes Barros (PTB), o Mano.
***** O funcionalismo alagoano não recebia havia oito meses.
****** Roberto Longo, coronel da reserva, fora designado pelo Planalto para o cargo em junho de 1997.

Então chamei o Antônio Carlos e o Temer para discutirmos o assunto em conjunto. O Antônio Carlos ponderou que a intervenção era uma violência, que melhor era dar uma chance ao vice-governador, porque a intervenção poderia provocar uma reação negativa no Congresso e à minha biografia. Concordei, intervenção é muito forte. Não que não se deva fazê-la, se necessário for, mas é preciso esgotar os procedimentos anteriores. E paralisar uma reforma não é uma coisa boa.

O Iris queria a intervenção já, creio que o Cardoso também, assim como o Pedro Parente. Mas, diante das ponderações, tomamos a decisão de chamar amanhã, como farei, no Rio de Janeiro, o vice-governador que tomou posse e colocar a ele questões muito drásticas sobre as condições a partir das quais poderemos ajudar Alagoas. É uma espécie de intervenção branca, que já tinha começado no tempo do Divaldo.

A situação é verdadeiramente caótica. Vamos fazer mais essa tentativa e assim, quem sabe, se ganha mais uma semana com novas votações no Congresso para, se houver uma intervenção, evitar consequências tão negativas sobre as reformas constitucionais.

Há pouco, quando eu estava gravando, me telefonou, porque eu tinha deixado recado, o ministro Celso de Mello, presidente do Supremo, com quem troquei alguns pontos de vista sobre a intervenção. Ele mesmo acha que não é preciso paralisar a reforma, basta paralisar a promulgação. Vamos ver, porque isso é uma boa pista para a gente resolver muita coisa, mesmo no caso de Alagoas.

A principal razão de eu ter telefonado para o Celso de Mello foi dizer a ele que íamos pedir a modificação dos protocolos assinados com as bênçãos do Pertence entre o governo de Alagoas e a parte judiciária, por causa da transferência de recursos para o Judiciário que eles querem que sejam automáticos e em proporções enormes. Enfim, a confusão é grande, e vê-se que não só em Alagoas.

O Britto tomou uma posição dura [sobre as rebeliões policiais], o Arraes também, o da Paraíba também. Não terei problemas em Mato Grosso. Enfim, se alastra um descontentamento na área da polícia. Claro que o PT, o PSB, todos entram juntos, mas em alguns casos a questão é salarial, em outros política — está tudo confuso —, e também, o que é mais grave, uma quebra de hierarquia. Vamos ver como a gente sai dessa.

SEGUNDA-FEIRA, 21 DE JULHO, dez e pouco da noite. Vou começar com o que aconteceu [no fim de semana]. Sexta-feira, como eu disse, fui para o Rio de Janeiro e tive lá um jantar, tudo tranquilo.

Recebi o general Zenildo. Como sempre conversa calma, boa, ele estava um pouco irritado com o que aconteceu em Alagoas, porque a polícia investiu sobre o Exército. Vê-se que o Zenildo já está no limite de aceitar essas situações.

No sábado de manhã, recebi o vice-governador de Alagoas junto com o Pedro Parente e o general Cardoso. Ele veio com o secretário da Fazenda, que é o coronel

Longo, e o secretário do Planejamento.* Estipulamos todas as condições de uma intervenção branca. Ele aceitou tudo. Vamos ver se cumpre.

Hoje, segunda-feira, o Clóvis me mostrou o protocolo, que é rígido. Corta aquelas vantagens dos usineiros, permite também limitar os gastos das Assembleias, do Judiciário, enfim, justifica-se [o apoio financeiro federal], além do mais porque o dinheiro não será do Tesouro, será um adiantamento sobre a privatização da Companhia Elétrica de Alagoas. [O governador em exercício] voltou para Alagoas, deu declarações sobre a linha combinada conosco.

No sábado ainda, saí com o governador Marcelo Alencar, fomos visitar um CEI** de Quintino, uma experiência educacional com quase 20 mil estudantes, me deu boa impressão. Depois fomos inaugurar a obra do Polo Gás-Químico,*** outra coisa marcante do Rio de Janeiro. Rafael de Almeida Magalhães fez um belo discurso, falou também o Marcelo, sempre simpático, um homem construtivo.

Almocei no [Palácio] Laranjeiras com [Fernando] Pedreira,****[Roberto] Gusmão***** e Fernando Gasparian, e as senhoras, menos a Tarsis [Gusmão]. Conversa solta.

Depois visitei o Paulo Alberto, Artur da Távola, que teve um enfarte. Encontrei-o bem.

À noite fui jantar na casa do Roberto Marinho com os acadêmicos mais o primeiro-ministro de Portugal****** e o Mário Soares. Jantar farfalhante. Dona Lily Marinho muito simpática, como de hábito. Estava toda a cúpula cultural, um pouco a empresarial, meio esnobe, do Rio de Janeiro.

No dia seguinte de manhã, domingo, fui passar em revista a Marinha. Verifiquei primeiro o Centro de Guerra de Mísseis,******* depois fui ao navio-escola *Brasil* me despedir dos guardas-marinha que vão partir,******** em seguida fomos almoçar no *Sagres*, o veleiro de Portugal, com o primeiro-ministro, com o Mário Soares e mais brasileiros ilustres. Homenagens da Marinha portuguesa.

Voltei ao Palácio Laranjeiras, ainda recebi meu primo Carlos Joaquim Inácio, a Bia e as crianças estavam conosco. Na sexta-feira o Paulo Henrique e a Ana Lúcia jantaram conosco também, com as crianças todas. A Júlia foi para Angra dos Reis

---

* Daniel Berard Filho.
** Centro de Educação Integral, escola técnica estadual no subúrbio carioca.
*** O presidente inaugurou o marco de lançamento do Polo Gás-Químico num terreno da Refinaria Duque de Caxias, no Grande Rio.
**** Embaixador do Brasil na Unesco.
***** Ex-ministro da Indústria e Comércio (1985) no governo Sarney.
****** António Guterres veio ao Brasil para a III Cúpula Luso-Brasileira.
******* Centro de Mísseis e Armas Submarinas.
******** O navio-escola *Brasil* zarpava para uma viagem de instrução dos guardas-marinha ao redor do mundo.

com o Paulo e o Pedro ficou conosco. Fora essas questões domésticas, à noite fomos à Academia Brasileira de Letras, grandes homenagens, porque é o centenário da Academia. Fiz discurso, a Nélida Piñon fez um belo discurso, também foi bom o discurso do Guterres, o primeiro-ministro de Portugal, que é uma pessoa que cada vez prezo mais, porque tem visão do mundo e porque é um homem simples, aberto.

Terminado isso, voltamos ao Laranjeiras e esta manhã fui com o Marcelo Alencar inaugurar um presídio de alta segurança chamado Bangu III. Aproveitei para mostrar o que o governo está fazendo em matéria de segurança, construindo muitos presídios, e fiz referência aos direitos humanos, ao tratamento que os presídios brasileiros dão aos presos. É preciso mudar isso e estamos começando a mudar.

Depois fui a São Paulo deixar a Ruth lá com as crianças.

Vim para Brasília, despachei normalmente e, no meio de tudo isso, a bomba maior: o Sérgio Motta deu uma entrevista à *Veja*,* que na verdade só folheie no domingo; mais tarde li com atenção. A entrevista provoca atritos com todo mundo: com o PPB, com uma parte do PSDB da Bahia, com o PMDB, com o PFL, comigo e com vários ministros do governo. Na volta de São Paulo para Brasília, vim conversando com o ministro Iris Rezende, o Lampreia, o Sérgio Amaral. Com o Clóvis também. Mas não pude tocar no assunto da entrevista do Sérgio porque eu não queria falar diante de todo mundo. O Sérgio Amaral tocou no assunto comigo reservadamente, o Clóvis também.

De lá para cá, foi só telefonema, reclamação. [A entrevista foi] uma coisa incompreensível, alcançando minha autoridade, porque ele fala sobre assuntos que não são da alçada dele. Fala como quem está por dentro, como quem vai decidir. Criou mal-estar com todos, o Malan me procurou, o Iris Rezende queria se demitir, o Michel Temer me telefonou, telefonou o Geddel, telefonou o Antônio Carlos, telefonei para o Luís Eduardo, enfim, as reações deles, sem falar do Clóvis e do Eduardo Jorge (que estava nos Estados Unidos e me telefonou também), foram todas de perplexidade. Telefonou-me o Dornelles com uma palavra de moderação, porque ele acha o Sérgio indispensável. O Amin já discursou no Senado contra o Sérgio, o [Epitácio] Cafeteira** também.

Haverá tempestade. Não se entende a razão [para o destempero do Sérgio Motta]. É claro que dessa vez ele radicalizou *à la* PSDB, cobrando uma atitude moral mais rígida do governo. Ora! Quem fez a maior parte das negociações ditas "menos corretas" não fui eu! E na área do Sérgio, certamente, há muitas nomeações que não são do meu agrado, nem do dele; são circunstâncias e ele sabe disso. Não obstante, de repente, ele vira Catão e denuncia a hipocrisia, mas unilateralmente. É uma coisa patética. Se agora eu aceito a demissão dele porque a situação é grave, ele sai como herói do PSDB e da moral pública. Se não há nada nessa direção [da

---

* "Tem de mudar" foi o título da entrevista de Motta à *Veja* de 23 de julho de 1997.

** Senador (PPB-MA).

demissão], sou eu que perco a autoridade e todo mundo vai dizer que o Sérgio põe e dispõe ao bel-prazer dele. Sinuca de bico.

Falei com o Serra pelo telefone, que entende minhas preocupações. Ele me disse que desde sexta-feira à noite sabia da entrevista, não tinha o meu telefone no Laranjeiras para me alertar, está muito preocupado, porque ele também sabe das consequências de qualquer gesto dessa natureza [demissão]. O Marcelo Alencar, que é muito amigo do Sérgio, está preocupado, disse que diria ao Sérgio com franqueza que ele está atrapalhando.

Também falei com o Almir Gabriel, que tem a mesma opinião. Eles desconfiam que o Sergio está tomando remédios para emagrecer, mas ele fica louco quando se fala disso. Acho que é deslumbramento mesmo. Me disse o Sérgio Amaral uma coisa verdadeira, que ele viu o [Rubens] Ricupero se embrulhar, e o Ricupero era muito mais organizado mentalmente do que o Sérgio; não obstante escorregou nas luzes da televisão.* Claro que não como o Sérgio, que chamou, que deu a entrevista à *Veja*. Ele não pode dizer que não disse o que disse. Das outras vezes ele dizia que não tinha dito o que estava publicado. Agora não pode dizer isso. Enfim, problema macro.

Além do mais, a situação com as polícias militares é difícil, vê-se quebra de hierarquia por todos os lados. Vê-se também o oportunismo do MST, do PT, dessa esquerdinha que se junta a qualquer reivindicação para atacar o governo de maneira cega; isso pela falta de perspectiva política, o que também é preocupante.

O Antônio Carlos fez uma apreciação interessante. Ele disse: "Você não tem inimigos, o Lula não é mais seu inimigo, não tem força para tanto; o Sérgio tomou o lugar do Lula". Essa é a sensação. Os problemas estão sempre na periferia, na copa e na cozinha. Este foi o mal: transformaram-se todos em ministros, em homens da sala de jantar, mas eles não se comportam como tal.

Há rumores e manobras de especulação, de ataque ao Real.** Isso tem a ver com as oscilações da Bolsa aqui no Brasil, especulações sobre dólar futuro e taxas de juros, enfim, a situação desse ângulo é delicada. Razão adicional para que o Sérgio tivesse calado a boca e não falado de divisão do governo num momento tão delicado da nossa vida econômica.

---

* Em setembro de 1994, no intervalo entre duas entrevistas à Rede Globo, o embaixador e ministro da Fazenda não percebeu que as câmeras já funcionavam e disse ao jornalista Carlos Monforte: "O que é bom a gente fatura, o que é ruim a gente esconde". Telespectadores equipados com antena parabólica assistiram ao episódio. Diante da repercussão negativa da inconfidência, Ricupero se demitiu dias depois.
** Na esteira da crise asiática, diversos países emergentes, entre os quais o Brasil, também sofreram ataques especulativos a suas moedas.

Já ia me esquecendo de anotar que recebi também o Almir Gabriel, governador do Pará, para reclamar da isenção do ICMS dos produtos semielaborados de exportação,* porque isso prejudica o Pará.

Depois estive com o general [John] Shalikashvili, que é o chefe das Forças Armadas dos Estados Unidos da América.** Esse general veio conversar comigo sobre uma série de questões, inclusive a do contrabando e a situação internacional das finanças. Ele é muito entusiasmado com a nossa ação no Equador e no Peru.***

Quase uma hora da manhã do dia 22, terça-feira.

Sérgio Motta esteve aqui. Conversa atritada no início, bastante atritada. Falei com muita franqueza, depois que pude falar, porque ele se defendeu o tempo todo. Tentou desqualificar várias afirmações que lá estavam [na *Veja*], como se não fossem graves. Eu disse de maneira direta que meu problema não era simplesmente ele ter mexido com esse ou com aquele, mas que tinha mexido comigo. Porque, ao fazer uma espécie, como eu disse, de denúncia da hipocrisia, ele na verdade deu a impressão de que era eu o responsável. Por quê? DNER? Demita-se! Como se não fosse, primeiro, uma portaria, uma coisa menor, e, segundo, como se ele fosse uma vestal. E isso não é o mais grave. O mais grave é essa demonstração de divisão do governo e ataque a ministros, uma coisa inaceitável.

Ele perguntou se eu queria que ele fosse embora.

Eu disse: "Olha, não é a melhor solução. Eu já tinha dito a você na última vez em que estivemos aqui, disse que não me criasse outros embaraços dessa natureza. Fica difícil, você está alcançando a minha autoridade". Ele protestou fidelidade, amor, o que é verdadeiro. Eu respondi: "Mas isso não está em jogo, não está em jogo a sua intenção, e sim a consequência [do que você diz]! A consequência é esta". Ele prometeu que vai calar a boca. Eu disse: "Você não vai se safar do PSDB, mas do Congresso [fique] fora, e também fora da mídia no que diz respeito a questões políticas. Mergulhe no Ministério das Comunicações!". Isso ficou bem claro. Não sei se ele terá condições de cumprir. Psicológicas, quero dizer. Nunca tivemos uma reunião tão atritada como a desta noite, bastante mesmo.

Em seguida, eu disse: "Sérgio, você vai se jogar nessa coisa de partidos, eu não acredito nesses partidos nem no PSDB. Não é cinismo meu, mas cada governador agora vai puxar a brasa para a sua sardinha. A brasa sou eu. E vão querer se salvar, se agarrando em mim. De todos que aí estão, o Tasso se elegeu sem o meu apoio. O Albano [Franco] também. Os outros não: o Mário [Covas], o Marcelo, o Eduardo,

---

* O governo concedera isenção de ICMS para a exportação de produtos primários e semielaborados através da lei complementar nº 87, de 13 de setembro de 1996 (Lei Kandir).
** Chefe do Estado-Maior Conjunto das Forças Armadas dos EUA.
*** Isto é, a mediação brasileira no conflito fronteiriço entre os dois países.

todos eles são fruto da minha vitória. A vitória deles foi no segundo turno, [e isso] porque eu ganhei no primeiro. O PSDB elegeu [apenas] 63 deputados e eu me elegi presidente da República por maioria absoluta. Que ninguém se engane, portanto, com isso. O PSDB não tem o que cobrar de mim, e eu também não estou cobrando nada. Os governadores não apoiaram as reformas, nem sequer vieram aqui, a não ser o Tasso, e às vezes o Marcelo, com carinho. Os outros, nada ou praticamente nada. Agora vão todos cobrar de mim. Eu não vou me abalar. Vou cuidar da minha reeleição falando com a sociedade, com o país. Ganha quem tiver claros os objetivos diante do país. É nisso que eu creio, estamos mudando o Brasil, mudando a despeito dos partidos, a despeito dessa classe política. Precisamos dela, precisamos do Congresso, o Congresso é isto: negociação o tempo todo. Todos os partidos, inclusive o PSDB.

"Não façamos agora que não entendemos o jogo político. Em nome do que [faríamos isso]? Em nome de que moral abstrata? Parece coisa da UDN!* Também não adianta ficar dando atenção apenas aos gritos dos que são próximos a nós, da intelectualidade que não sabe da política real. E tampouco da mídia, que parece querer nos arrastar cada vez mais para o buraco. Eu tenho objetivos nacionais que interessam ao povo, e vou ficar, se ficar, para a História pelo que tiver feito pelo país, não pelo que tiver feito pelos partidos, nem pelo meu, porque eles não são capazes de sustentar nenhuma política. É preciso ter uma visão clara dessa situação."

E disse mais: "Aqui eu me sinto como o Getúlio, que jogava com os partidos. Eu estou jogando com os partidos. Não o faço por cinismo. Faço por convicção de que é um mecanismo que a realidade me impõe, para eu poder, aí sim, me jogar a fundo naquilo em que acredito, nas minhas convicções, que são de mudança do país. Essa é a minha política".

O Sérgio disse: "Os formadores de opinião não acompanham".

Eu respondi: "Mas de que adianta explicar isso a eles, se também eles não alcançam o conjunto das coisas? De modo que vamos ter muita clareza sobre o processo, você pode se jogar pelo PSDB, mas o fundamental é [que se jogue] pelo Ministério das Comunicações. E saia do jogo do Congresso".

"Já saí!", o Sérgio respondeu.

É verdade, ele se afastou depois que eu falei. Mas agora tem que sair da mídia também, não pode continuar nisto, muito menos fazendo essa fragmentação do governo, criando dificuldades. "Você atrapalhou, e atrapalhou muito. A intenção não interessa. Interessa que você objetivamente atrapalhou o jogo político."

Ele foi embora meio murcho. Olhei pela janela, pelas vidraças do Palácio, para ver se ele parava, a mídia estava toda lá. Ele não parou, foi em frente.

---

* União Democrática Nacional, partido político criado em 1945 e extinto em 1965 pela ditadura militar, congregou ícones da direita como Carlos Lacerda e Eduardo Gomes sob a bandeira da moralidade.

Amanhã direi ao porta-voz para comunicar que tivemos uma conversa na qual coloquei meus pontos de vista. Fiz os reparos que achava necessários e pedi que ele se abstivesse de fazer comentários sobre o governo, sobre os outros ministérios, e de fazer apreciações político-partidárias enquanto ministro. Vamos ver se por aí, se não houver reação mais forte, a coisa é superada. Ele próprio disse que precisamos esperar para ver a reação.

HOJE É 23 DE JULHO. Na sequência do que foi dito ontem aqui, hoje continuam as repercussões da entrevista do Sérgio Motta. O mais grave foi que no final do dia o Antônio Carlos me procurou, irritado, porque o Sérgio Motta teria dito ao Geddel que o Antônio Carlos dissera no Rio de Janeiro que ele, Geddel, poderia ser derrubado por um peteleco. Em que circunstâncias houve isso? O Antônio Carlos não se lembra de ter dito ou não, mas não negou. Em que circunstâncias foi isso? O Sérgio Motta teria dito que no Ministério dos Transportes há uma ratoeira e que o Geddel é um dos responsáveis por isso, porque o ministro, segundo o Sérgio Motta, está deixando se formar um ninho de ladrões, corrupção.

Eu também me indignei. Porque isso não é verdade. E, se fosse, o Sérgio não tinha que estar dizendo a terceiros, dizia a mim e agiríamos contra a corrupção. Mas ela não existe. O ministro que lá está — eu sondei bem o Britto e o Nelson Jobim, que são os conhecidos dele — não é dessa linha. Não obstante, o Sérgio continua com esse ataque de vestal e foi dizer isso ao Antônio Carlos.

O Antônio Carlos me disse que, se o Sérgio for para cima dele — ele já não gostou dessa intriga com o Geddel —, ele vai retrucar em dobro. E que não há nenhuma razão para ele acertar a conta. Na verdade, o Sérgio ontem estava estomagado à toa com o Antônio Carlos. No fundo é um pouco de disputa para ver quem tem mais influência no governo, uma coisa patética.

Mandei que o Sérgio Amaral dissesse que eu tinha determinado que não houvesse bate-boca entre ministros, que não houvesse comentários políticos, sobretudo agora num ano eleitoral. Não sei como vai ser a reação do Sérgio. Ele deu uma entrevista, hoje, mas foi técnica, sobre a Lei Geral de Telecomunicações.

Foi isso que aconteceu. Fora a gritaria habitual.

D. Lucas apareceu no Palácio para sancionar uma lei de ensino religioso* e outra sobre o estatuto dos refugiados.** Na mesma ocasião foram deputados do PT até lá, e o resto foram despachos normais.

* A lei nº 9475, de 22 de julho de 1997, modificou um artigo da Lei de Diretrizes e Bases da Educação para tornar a religião uma disciplina optativa nas escolas de ensino fundamental do país.
** A lei nº 9475 definiu mecanismos para a implementação da Convenção Relativa ao Estatuto dos Refugiados, acordo internacional de 1951.

No fim do dia recebi o Jorge Bornhausen, primeiro sozinho e depois com o Guilherme Palmeira e com o Zé Jorge. Quando estava sozinho comigo, o Bornhausen me disse que numa próxima campanha não daria para ter o Sérgio Motta como figura central, porque isso seria buscar castigo; está todo mundo de olho no Sérgio, e o Sérgio é um prato para a imprensa, não consegue se segurar. A situação dele está ficando insustentável.

Almocei com o Luiz Carlos Mendonça de Barros, que a meu pedido estava fazendo um estudo para melhorar o desempenho dos estados, arranjar recursos para que os governadores possam arrumar as contas, porque eles não estão aguentando o arrocho grande que aí está. Conversei com o Luiz Carlos Mendonça sobre a situação do mercado, a situação das bolsas. Parece que a crise passou. Mas ele acha que em algum momento os especuladores internacionais vão tentar outra vez alguma coisa contra o Real, porque ficam o dia inteiro buscando contra quem eles podem se movimentar no plano mundial.

Quanto às polícias militares, a verdade é que a situação continua difícil. Parece que em Pernambuco houve uma seminormalização.

HOJE É DIA 23 DE JULHO, na verdade já é 24, porque são vinte para uma da manhã. Vou relatar ontem, quarta-feira, um dos dias mais agitados desde que estou aqui.

De manhã fui para o Palácio do Planalto, recebi representantes da revista do Instituto Liberal, na prática foi o Roberto Bornhausen.* Depois, deputados da bancada evangélica que vieram se queixar de uma eventual quebra de imunidades constitucionais para as igrejas evangélicas.** Fiz a sanção de lei sobre anistia de INSS,*** do deputado Feu Rosa, que aliás tem votado sempre contra o governo.

Depois voltei correndo para o Palácio da Alvorada, onde recebi o António Guterres, primeiro-ministro de Portugal, conversa boa. Na questão do Conselho de Segurança, Portugal vai nos apoiar fortemente.**** Preocupações europeias do Chirac e de todos eles a respeito da prepotência americana. Tony Blair, segundo ele, é hoje o líder mais aberto dos líderes hoje, mas é mais anglo-saxão, e não propriamente europeu. Falta diálogo porque lideranças importantes deixaram o poder, como Felipe

---

* Presidente do Unibanco e do Instituto Liberal.
** Os evangélicos temiam que dois artigos da Lei Ambiental em discussão no Senado, sobre a limitação da poluição sonora nas cidades, prejudicassem a realização de cultos, e pediram sua exclusão do texto do projeto.
*** A lei nº 9476, de 23 de julho de 1997, anistiou administradores e funcionários estaduais responsabilizados pessoalmente por infrações previdenciárias.
**** O Brasil buscava angariar apoio internacional para sua histórica pretensão de integrar o Conselho de Segurança da ONU como membro permanente.

González, na Espanha, e mesmo na França. Falamos sobre a questão dos dentistas,* que está encaminhada, sobre investimentos em Portugal.

Às quatro horas da tarde, me encontrei com o Guterres no Itamaraty, reunião de trabalho, entrevista coletiva à imprensa, jornalistas brasileiros grosseiros porque me recusei a responder sobre a crise do Sérgio Motta. Por isso agradeceram só ao Guterres e não a mim, não me fizeram qualquer pergunta, só perguntaram aos portugueses sobre a questão Brasil-Portugal. Uma coisa espantosa de provincianismo.

No meio disso tudo, crise. Que crise? De manhã o Luís Eduardo me procurou para dizer que renunciava à liderança do governo por causa da forma acintosa como o PSDB e o próprio Sérgio Motta comemoraram as declarações do Sérgio em um almoço na casa do Zé Aníbal. Todos os jornais estamparam na primeira página o Sérgio Motta rindo, comendo camarões. E o Sérgio fez circular, pela assessoria de imprensa dele, que estava tudo azul, que a conversa comigo tinha sido muito boa, enfim, fez o que costuma fazer. Fingiu que não houve nada.

Isso levou o Luís Eduardo a pedir demissão, ele ficou irritado, disse que não tem mais condições de obter votos para o governo, porque há crise nas bancadas. Pedi ao Luís Eduardo que não fosse embora, que, quanto ao Sérgio, eu falaria com ele, e por aí foi. O Luís acabou cedendo. Sem ele é muito difícil que as coisas andem na Câmara.

Soube depois que também os peemedebistas estavam nervosos. Ou seja, o desastre pela atitude do Sérgio continuou.

Mais grave ainda — fiquei sabendo pelo Teotônio, a quem telefonei para me queixar — é que o Sérgio estava reclamando da falta de solidariedade dele. Quer dizer, o Sérgio está fazendo o oposto do que tinha dito a mim que faria, do que eu pedi que fizesse. Ele não entendeu a gravidade da situação e realmente provocou a pior crise que sofri até agora. Talvez não tão grave quanto o negócio do grampo [do Sivam], porque aquilo era inaceitável. A história do Sérgio é mais no plano político do que propriamente moral. Em todo caso, muito, muito desagradável.

Resultado: mais tarde tive que falar eu mesmo à imprensa, para repetir o que o Sérgio Amaral já havia dito, que o Sérgio [Motta] não se demitiria por sua competência na área de comunicações. Mas dei apoio integral ao Luís Eduardo e também agradeci à nossa base política as vitórias que tivemos no Congresso.

É paradoxal. Ganhamos tudo de novo. Ganhamos no Senado,** na Câmara. No Senado, foi muito importante a questão da Previdência. Não fosse essa incom-

---

* Na década de 1990, centenas de dentistas brasileiros emigraram para Portugal, mas foram impedidos de exercer legalmente a profissão por uma alegada falta de equivalência entre diplomas nos dois países.
** O relatório de Beni Veras para a reforma da Previdência foi aprovado por unanimidade na Comissão de Constituição e Justiça do Senado. Houve apenas uma abstenção, do PT.

preensível, abusiva reação que o Sérgio Motta desencadeou com suas atitudes infantis e um pouco paranoicas, estaríamos comemorando só vitórias. Ninguém me causou um dano maior do que aquele que até hoje mais quis me ajudar, e ao governo, o Sérgio Motta. Eu temo não ter condições de mantê-lo. Nessa semana mesmo, se ele tomar mais uma atitude dessas, talvez eu não tenha mais alternativa.

Mais cedo ou mais tarde, ele vai tomar [atitudes inconvenientes]. E vai ser difícil. A política tem muitas agruras.

QUINTA-FEIRA, DIA 24 DE JULHO. Passei a manhã em solenidades no Palácio do Planalto,* creio que as coisas se acalmaram depois do que relatei ontem e da minha fala na televisão [aos repórteres do Planalto].

Ontem à noite recebi o Serra, que é cético sobre o Sérgio. Fez algumas críticas ao governo, ele sempre tem a visão de que o Palácio é fraco. Não é a mesma coisa que diz o Sérgio, mas na verdade o Palácio não tem o estilo dele, Serra. É um engano. Quero o Palácio como ele é. O Clóvis é administrador. Não quero transformar o Palácio [leia-se, a Casa Civil] em polo da política. Política faço eu e o coordenador político,** que está lá; se não adiantou, não é por estar no Palácio, é porque o PMDB não dá base para muita coisa.

Conversei muito com o Serra, que não sabe muito bem o que vai fazer no futuro. Foi uma boa conversa.

O Tasso almoçou comigo, tem uma visão mais pessimista por causa da situação das PMs dos estados. A coisa se agrava.

Como já registrei, o Arraes me telefonou ontem, muito aflito, porque acha que é uma rebelião, um motim, e é mesmo. Mandei hoje o [general] Cardoso ir olhar de perto, ver se há alguma coisa a fazer. Temos que ir estancando esses núcleos de rebelião, porque nem as Forças Armadas conseguem segurar as PMs do Brasil o tempo todo.

É uma situação desagradável a das PMs e o Tasso insiste que, neste momento, o Sérgio não podia ter feito o que fez. Ele acha que o Sérgio está paranoico — a expressão é minha —, diz que o Sérgio está "rivalizando comigo" — a expressão é dele —, se colocando no meu lugar. Acho que é um processo psicológico muito complicado; a política não é feita de psicologia, mas é preciso que se conheça psicologia para tomar as decisões acertadas.

Vou voltar ao Palácio do Planalto, mais rotina, e amanhã cedo irei a Corumbá e Puerto Suárez, na Bolívia. Depois, Campos de Jordão, para estar com o Mário Covas.

---

* Cerimônia de entrega do Prêmio Jovem Cientista, promovido anualmente pelo CNPq, Fundação Roberto Marinho e grupo Gerdau; e sanção da lei nº 9477, de 24 de julho de 1997, que autorizou a instituição dos Fundos de Pensão Programada Individual (previdência privada).
** Luís Carlos Santos.

Quase meia-noite da quinta-feira 24 de julho. A tarde transcorreu calma. Recebi os ministros militares para despachos de promoções normais. Recebi o embaixador Marcos Azambuja, que veio se despedir, vai para Paris como embaixador, e também o presidente da Elf, uma empresa francesa de petróleo; Jean-Luc [Vermeulen] veio dizer que vai investir no Brasil. Fiquei trabalhando até quase nove horas da noite, recebendo ministros, a crise do Sérgio já esmaecida.

Pedi que o Lucena avisasse o Sérgio que é melhor ele não me acompanhar amanhã a Campos de Jordão, porque a fofoca vai voltar. Ele recebeu mal. Tentei falar com o Sérgio, até agora não consegui. Está no dentista em São Paulo. Amanhã vou tentar outra vez.

Recebi à noite o Itamar Franco, ele veio me dizer que fica [na OEA], mas não até o fim do ano. Vai se inscrever num partido, não sabe qual ainda, e toda a pinta é de ser candidato a governador de Minas. Estava de muito bom humor.

HOJE É DIA 25 DE JULHO, acabei de chegar ao palácio do governador de São Paulo em Campos do Jordão,* onde fui recebido pela Lila [Florinda Covas]** enquanto o Mário não chega. Passei esta sexta-feira entre a Bolívia e Corumbá, no Mato Grosso. Um dia bom, assinamos com o presidente da Bolívia, Sánchez de Lozada, um documento para o início das obras do gasoduto,*** muitos discursos, depois voltei a Corumbá com o governador de Mato Grosso do Sul, Wilson Martins, com o governador de Mato Grosso, Dante de Oliveira, muita gente, finalizamos um programa para cuidar do saneamento da área do Pantanal. Mais discursos. Fui com Sarney e com Itamar. Viagem agradável na ida e na volta. Conversa franca, de amizade, divertida, o Sarney é um *causeur* muito agradável, não tocamos em assuntos políticos, só em assuntos onde há consenso. Apreciações gerais sobre o quadro brasileiro, sobre as várias possibilidades políticas, nada mais. Eles me acompanharam até São José dos Campos, lá desci, tomei o helicóptero e vim para Campos do Jordão.

Parece que hoje houve manifestações da CUT e do MST. Lá em Corumbá, nada. Um grupinho pequeno com bandeiras. O resto da cidade toda eufórica, aplaudindo, fazendo gestos de simpatia, com muito entusiasmo mesmo.

Em São José só desci na base aérea. O prefeito, que é um rapaz, Emanuel [Fernandes], e foi deputado do PSDB, me recebeu junto com o brigadeiro comandante da base aérea, e vim para o palácio de Campos de Jordão. Acabei de ver quadros admiráveis de modernistas brasileiros, muito bons, não só de boa qualidade — alguns nem tanto — mas de valor histórico. E o Palácio está recém-decorado; pode

---

* Palácio Boa Vista.
** Mulher de Mário Covas.
*** Gasoduto Brasil-Bolívia (Gasbol), com 3150 quilômetros de extensão e administração binacional. Seu primeiro trecho começou a operar em 1999.

se discutir a decoração, mas está tudo muito bem mantido. O Mário Covas deve chegar mais tarde.

SÁBADO, 26 DE JULHO, são dez horas da manhã. Ontem, quando o Mário chegou, conversamos um pouco, fomos ouvir o [Arthur] Moreira Lima tocar Piazzolla,* vimos também um grupo de jovens, alguns barras-pesadas, tocando violino, cantando, muito interessante. No teatro, recepção calorosa, com alguns poucos apupos e aplausos continuadíssimos. Depois voltamos, jantamos, conversa muito agradável. Agora de manhã é que eu vou falar de política com o Mário.

O Mário disse que está sentindo solidão no poder. É verdade. Nas horas de dificuldade, como passei esta semana em Brasília, as decisões são muito solitárias. Tem que ser assim mesmo. Não há outro jeito.

Li o livro do George Kennan, chamado *Around the Cragged Hill*,** que a Ana Tavares me deu, li um capítulo sobre filosofia política, o que é o governo, muito interessante. Ele mostra como o governo não é uma coisa agradável, é uma coisa necessária. Na verdade não é nele que se vão buscar as virtudes e os ideais; ele é um espaço para se realizar o que é necessário. Muito amargo e ao mesmo tempo muito americano, com comparações entre regimes totalitários e democráticos. No fundo, Kennan mostra que se forma um círculo de poder e que o governo distorce as personalidades pela vaidade, pelo egoísmo, e que isso é inevitável.

É verdade. Nesses últimos dias, tenho podido refletir sobre isso. O Sérgio Motta é um que o poder abalou. E não foi o único. Ao redor do que se supõe ser o poder — e, no caso, o poder máximo sou eu, pelo menos assim se supõe —, há uma luta feroz, fratricida e inútil. Acho que o Mário é mais do meu gênero. Nesta altura da vida já está mais curtido, não se deixou levar por esse ego trip do poder. Ainda bem.

É DOMINGO, 27 DE JULHO, estou em Ibiúna, é quase meia-noite. Eu estava registrando o que aconteceu em Campos do Jordão ontem, sábado.

Amanheci, tomei café e fui me encontrar com o Mário Covas. Conversamos longamente, ele declarou que não é candidato ao governo de São Paulo. Eu também nunca declarei que sou candidato. Eu disse: "Se você não for candidato, nós vamos perder e, sendo candidato, podemos ganhar. Eu tenho uma boa chance de ganhar". Acho que ele será candidato. Ele me disse que queria ajudar, por isso não seria candidato. O Mário sente que o governo [federal] não o trata bem, não gosta dele, en-

---

* Recital incluído na programação do XXVIII Festival de Inverno de Campos do Jordão.
** *Around the Cragged Hill: A Personal and Political Philosophy*. Nova York: W. W. Norton, 1993.

fim, algo sobre o Malan; ele tem uma mágoa antiga do Malan. Também porque não foi convidado para estar em Corumbá e na Bolívia. Nisso ele tem razão.* Erro nosso, da Petrobras, sei lá de quem foi.

Falei o que penso da situação do partido, do Sérgio, passamos em revista estado por estado. Eu disse: "Se não houver um comitê com você, com o Marcelo, o Tasso, o Pimenta, o Richa, não vamos ter condições de encaminhar a questão do PSDB, e o Sérgio vai conduzir tudo sozinho, e poderá entrar em choque comigo, porque ele pode vestir a camisa do PSDB de uma maneira que eu posso não aceitar, pelo estilo dele. Acho que, se nós todos estivermos juntos, isso me poupa de ter que tomar uma medida mais drástica com relação ao Sérgio". Claro, o Covas entende isso, acha, como eu, que o Sérgio é indispensável, mas que é preciso evitar que se crie de novo um constrangimento, por ele estar com a corda solta.

Excelente conversa. Voltei a São Paulo.

À noite tivemos um jantar em casa [em SP] com o Lúcio Kowarick, a Carmute, [Maria do Carmo Campelo de Sousa], o Eduardo Kugelmas, o Giannotti, enfim, um grupo de amigos, a Lourdes Sola,** a Lídia Goldenstein e também o Adolfo Leirner. Conversa agitada, como sempre nos meios intelectuais, ou seja, passa-se tudo a limpo, o Lúcio muito reticente com relação ao governo por causa da aliança com o PFL lá atrás e porque diz que há essa onda de que compramos votos, que ele nunca imaginou que eu fosse fazer isso. Aí perdi um pouco a paciência, contei tim-tim por tim-tim as coisas, mas me indignei. "Tenha a paciência, nós fazemos um governo com toda a moralidade, como nunca houve no Brasil, e vocês, que não sabem da realidade, ficam aí com essas besteiras." Enfim, uma forma de botar para fora o que se pensa.

Hoje de manhã, viemos para Ibiúna eu e a Ruth, almoçamos com o Boris e com a Cinira [Fausto],*** foi muito agradável, a Bia e o Duda estão aqui. Depois do almoço, no fim da tarde, apareceram o Leôncio [Martins Rodrigues] e o Boris. Conversamos muito agradavelmente sobre tudo, e passei aqui o resto do dia falando da reforma da casa, enfim, de coisas amenas. A Ruth voltou para São Paulo e agora vou ler um pouco, dormir e amanhã esperar o Cafu, o Jorge Caldeira, para uma longa conversa. De vez em quando ele vem registrar essas conversas, para que no futuro possa escrever alguma coisa. Ele escreveu a biografia do [barão de] Mauá**** admiravelmente bem. Não é para fazer a mesma coisa comigo, até porque não sou o Mauá, mas acho interessante que uma pessoa como o Cafu, que é tão amigo nosso, quase um filho,

---

* O projeto do Gasbol inclui um grande trecho em São Paulo, onde o gasoduto se conecta a refinarias e indústrias que absorvem a maior parte do gás boliviano.

** Professora de sociologia da USP e membro do Conselho de Reforma do Estado, órgão do Ministério da Administração instituído por Fernando Henrique em dezembro de 1995.

*** Mulher de Boris Fausto.

**** *Mauá: Empresário do Império*. São Paulo: Companhia das Letras, 1995.

tenha interesse em conversar comigo sobre a situação política, sobre como eu vejo as coisas.

HOJE É SEGUNDA-FEIRA, 28 DE JULHO, são quase seis horas da tarde, já estou de volta a São Paulo. De manhãzinha fui à cidade de Ibiúna, vi o prefeito,* os vereadores, falei com o Roque [Oliveira], comerciante de móveis antigos, ele estava muito doente, fez uma operação, fui visitá-lo, é um velho conhecido.

Na volta, passei na casa do Olívio [Gonçalves], que é um empreiteiro de pequenas obras, e na hora do almoço voltei para a nossa casa, onde já estava o Cafu, Jorge Caldeira. Almoçamos, tive uma conversa de quase duas horas com ele, tudo gravado, sobre fatos diversos, basicamente sobre como estou vendo algumas transformações no Brasil.

O general Cardoso me telefonou para comunicar que a situação estava mais calma em Pernambuco e que a repercussão da entrevista dele fora positiva. Foi convidado para falar no *Bom Dia Brasil* de amanhã e, na terça-feira, com o Boris Casoy. Eu disse que sim, mas com cuidado. Contudo, é bom mostrar os limites que o governo federal tem nessa questão da polícia militar.

Falei com o Malan duas vezes e com o Gustavo Loyola. O Loyola não aguenta mais, queria se demitir hoje mesmo. Ficou para amanhã, pedi que eles viessem aqui; o Malan ponderou que melhor não, porque a decisão é nomear o Gustavo Franco. Essa decisão, como já registrei, vai custar bastante, porque o Chico Lopes é um homem equilibrado, mas também tem aspirações. Na verdade, se mudarmos agora, é melhor botar o Gustavo Franco. O Chico Lopes insistiu muito numa terceira pessoa, de fora, o Loyola ficaria mais tempo, o que mostra que ele não quer o Gustavo. Mas tanto o Loyola quanto o Malan me disseram que seria melhor designar o Gustavo. Em todo caso, ficaram de conversar com os dois amanhã. Vamos ver se não dá maior confusão.

Agora estou em casa vendo os meus papéis. Vou fazer fisioterapia e receber no fim da tarde o André Lara Resende.

TERÇA-FEIRA 29 DE JULHO, SÃO quase seis horas da tarde.

Recebi o André Lara Resende, conversa excelente, passamos em revista os temas econômicos, ele vai trabalhar conosco na preparação de algumas ideias para o futuro, sobretudo na área financeira, mas também na da Previdência. Ele sugeriu muito que eu nomeasse o Beto Mendonça para o Banco Central, quando fosse o caso. Despistei, imaginando que fossem dizer a ele que provavelmente o Loyola aguentaria um pouco mais, mal sabia ele — eu já sabia — que haveria a demissão

* Jonas de Campos (PSD).

[imediata] do Loyola. Houve hoje a demissão combinada, e foi nomeado o Gustavo Franco. Segundo o Malan, tudo se passou bem, não houve reação negativa do Chico Lopes.

O Gustavo Franco falou comigo pelo telefone, marquei um encontro em Brasília. Ele vai calar a boca até ser aprovado, se for, pelo Senado. Se for.

Hoje o dia não foi dos mais calmos. Não só porque houve gente aqui o tempo todo, mas principalmente porque no Ceará parte da polícia se rebelou e o Tasso agiu duramente, com toda a razão. Enfrentou, vai demitir, pediu o Exército, houve tiros, o comandante da Polícia Militar foi ferido. Acho que devemos dar todo apoio ao Tasso porque ele está agindo com firmeza, como nessas horas tem que ser.

O Cardoso veio aqui no fim do dia, ele iria comigo para Vitória, mas não vai. Vai tomar um avião direto para o Ceará, para dar força ao Tasso nessa questão, como representante meu. Vê-se que há confusões graves com as polícias militares. Me disse o Tasso que a Polícia Civil também participou, alguns demitidos por ele, outros de outros estados, com CUT, enfim, uma articulação que, segundo o Tasso, escapou do conhecimento dele. O Tasso estava muito irritado e até um pouco nervoso. Falei com o general Zenildo, ele me pareceu mais calmo.

Então, dois fatos: rebelião no Ceará e a substituição do presidente do Banco Central. Para mim ela não é novidade, mas vai dar algum rumor, sobretudo no círculo mais íntimo, porque nem o Serra nem o Sérgio — e muito menos o Serra — preferem o Gustavo. Enfim, vamos em frente.

Agora à noite vou receber o Duda junto com a Ruth e amanhã cedo partimos para Vitória.

31 DE JULHO, são quase seis horas da tarde, estou voltando da minha excursão no navio de transporte de tropas *Ceará*.*

Ontem, dia 30, quarta-feira, a repercussão da mudança no Banco Central foi positiva, e mais positiva ainda a atitude firme do Tasso, apoiada por mim e pelo general Cardoso. Acho que foi uma marca de que [as desordens] passaram dos limites. E isso não diz respeito apenas à questão das polícias militares.

Também o Stédile passou dos limites no movimento do MST, e esse PSTU, que é um partidinho sei lá de que orientação, que sonha com a revolução de qualquer maneira, tem feito muita bagunça. A tendência deles é quebrar o Estado, e o inimigo sou eu. O PCdoB também está nessa, com uma visão maniqueísta. Em todo lugar a que eu vou, há sempre vinte, trinta manifestantes com bandeiras, gritando contra, vaiando, para os jornais noticiarem. Os jornais noticiam, certamente, fica

---

* O presidente e a primeira-dama viajaram com um grupo de estudantes e professores universitários premiados com um cruzeiro pelo litoral do Brasil, por seu desempenho em atividades do programa Universidade Solidária, do Comunidade Solidária.

a impressão de que houve uma grande manifestação contra, o que não é verdade mas é um fator irritante. Eles pensam que me irritam, mas não irritam. De qualquer maneira isso vai mostrando a orientação desses movimentos, e resolvemos dar um basta nisso.

Em Vitória fui recebido pelos três senadores do estado* e pelo vice-governador,** em representação do [Vitor] Buaiz.*** Ele reclamou da questão do apoio do governo federal por causa do ICMS da exportação. O caso do Espírito Santo é escandaloso, o Estado vem sendo sustentado com dinheiro do governo federal em muitos momentos de dificuldade, o Buaiz também tem lutado, porém não tem conseguido. Não tem cabimento nós darmos mais recursos ao Espírito Santo antes de eles privatizarem mais, e eu disse isso.****

De lá seguimos para o navio. Foi muito bom. Fui com o ministro da Marinha, com o almirante [Rui da Fonseca] Elia mais o comandante do navio, ele se chama [Marco] Trovão, e muitos oficiais, marinheiros. O navio pode levar quinhentas, seiscentas pessoas. Não sei quantas estavam lá, mas havia muitas, como havia também os jovens do Comunidade Solidária, emocionados, felizes. Por duas razões. Primeiro porque tomaram pé das realidades duras do Brasil carente e ajudaram a melhorar. Segundo porque descobriram que as Forças Armadas, ao contrário do que eles pensavam ou imaginavam, não são inúteis; pelo contrário, têm um papel construtivo no Brasil. Foi bonito ver isso de uma maneira espontânea.

Uma conversa longa com o almirante Elia, e boa também. Ele mostrou uma preocupação obsessiva com salários (ele é filho de professor universitário, tem filhos professores), reproduzindo a grande insatisfação do alto funcionalismo público, inclusive dos militares. Mostrou alguma inquietação por me chamarem de neoliberal. Ele sabe que eu não sou, mas acha que tenho que ser mais enfático nisso. Ele é muito antineoliberalismo, muito anti-TV Globo, inclusive atribuindo ao pobre Roberto Marinho poderes de que ele já não dispõe, pois não está mais no comando das coisas [na Globo]. Mas é uma visão preocupante, porque mostra que uma parte grande do funcionalismo — e isso pega as Forças Armadas — ainda tem o ranço de um olhar antiquado, embora eles tenham razão em muita coisa. Acho que nós — a equipe econômica e o núcleo central do governo — não estamos dando suficiente atenção às dificuldades do funcionalismo. Nisso entra o Clóvis e também o Eduardo Jorge; mesmo os mais próximos a mim têm uma visão muito dura dessa matéria. Como há dificuldades com o déficit público, uma coisa se soma à outra, e vai se tendo a impressão de que o governo é contra o funcionário, e isso é

---

* Élcio Álvares, José Ignácio Ferreira e Gerson Camata.
** Renato Casagrande (PSB).
*** Governador (PT).
**** Além de paralisar todas as privatizações, o governo capixaba questionara na Justiça o leilão da empresa energética do estado (Escelsa), realizado em 1995.

ruim. Não há muito como corrigir, mas o almirante acha que basta eu falar — não em termos de salário, mas de estímulo. Não vai bastar. É preciso mexer em salário, carreira e, sobretudo, passar a imagem de que sem governo, sem o Estado, sem os funcionários não se faz muita coisa no Brasil.

Voltei ao Rio de Janeiro, chegamos hoje de manhã, entre helicópteros e navios foram, sei lá, 24 horas de uma viagem muito boa. O mar estava calmo, a entrada no Rio é esplendorosa, uma coisa que marca. Mesmo para quem, como eu, está acostumado a andar por tantas partes do mundo, a chegada ao Rio de Janeiro é uma beleza. E o ambiente muito bom. Tirei fotografias com todo mundo a toda hora, viagem muito boa mesmo.

Conversei com o ministro da Marinha, o Mauro César [Pereira]. Ele vai ter um encontro comigo no sábado, vamos conversar inclusive sobre a criação do Ministério da Defesa.

Recebi à tarde o Iris Rezende com o general Cardoso, o Iris com seu chefe de gabinete. Ele está preocupado porque tem que tomar a dianteira e o Zé Gregori vem ocupando muito espaço nos jornais com o seu enfoque de direitos humanos e de reforma das polícias estaduais. O Iris ajudou o governo porque mostrou presença. Agora o Gregori tem que recuar um tanto [na exposição à mídia], senão o Iris vai ficar numa posição difícil. O Iris é mais duro em suas colocações sobre a reforma constitucional. O Cardoso é mais ponderado, mas tem medo de que o Iris queira apenas manter as PMs com os governos estaduais mais livres, desconstitucionalizando-as. Marquei uma reunião no começo da semana que vem para enfrentarmos essa questão, que agora está no ponto, depois do breque dado no Ceará, que teve excelente repercussão. Há clima para uma mudança.

Continuei lendo o livro sobre d. Pedro II e estou lendo também um estudo de um americano, *The Pan-American Dream*, não sei quem é o autor,* que alguém me deu. Li os jornais; quase nunca leio a *Folha*, para não me irritar, mas hoje li um artigo do Otavinho [Otavio Frias Filho] que valoriza um trabalho do Gilberto Vasconcellos,** o Giba, amigo de tantos anos do Paulo [Henrique].*** [O artigo] não é desinteressante. Conheço bem o Giba, sei do pensamento dele, um pouco weberiano e varguista. O Otavinho mostra que se trata de uma ideologia que serve para este novo momento de irritação social e de manifestações contra o sistema, que são verdadeiras; não achei mau o artigo. Clóvis Rossi volta à insinuação de que eu disse "Esqueça tudo o que escrevi... [tudo] que eu pensei". Bobagem.

Mas, sobretudo, um artigo desolador do Dalmo Dallari,**** onde ele diz que o governo deve estar preparando alguma, porque aprovou a emenda sobre efeito vin-

---

* Lawrence E. Harrison.
** Sociólogo, professor da Universidade Federal de Juiz de Fora.
*** "Enfim, uma ideologia", na *Folha* de 31 de julho de 1997.
**** "Adeus aos direitos", na mesma edição da *Folha*.

culante do Supremo Tribunal* e certamente fez isso para que o Supremo Tribunal, que tem ficado agachado diante das decisões do governo, possa aprovar alguma medida provisória que vai mexer no bolso, sei lá no que mais. Em seguida ele mesmo mostra que este próprio governo, eu, portanto, tomou duas ou três medidas que vão na direção de desanuviar a pressão que existe sobre o Supremo por parte do Executivo, pois este demanda muitas questões. Essa é a solução que ele propõe... Pois eu já estou fazendo! Ele diz que não, que o efeito vinculante foi para enfiar goela abaixo outra medida. O efeito vinculante foi pedido ao Antônio Carlos, é do Pertence, é bom e foi feito de maneira moderada, é uma coisa equilibradíssima, mas o Dalmo Dallari critica. Eu me recordo que no tempo da luta pela anistia, na casa do Ulysses, ele era contrário a anistiar os crimes sangrentos por serem contrários à fé cristã dele. É um homem atrasado.

Li de passagem mais um artigo, do Abram Szajman,** que é incrível, dá um voto de confiança a mim, mas diz: coitado do comércio, só cresceu não sei quantos por cento depois do Real. Cresceu muito! Ele mesmo mostra, mas diz que o comércio foi sacrificado, aponta não sei o que lá, que o Real nesse aspecto é uma desilusão...

O que é que essa gente quer, meu Deus? Ficam nesse cantochão de que podia ser melhor.

---

* Havia diversas propostas em discussão no Congresso sobre a criação das súmulas de efeito vinculante, modificando o artigo 102 da Constituição para tornar as decisões do STF referências obrigatórias em todas as instâncias judiciais inferiores.
** "Confiança estoica." Szajman era presidente da Federação do Comércio do Estado de São Paulo.

1º A 17 DE AGOSTO DE 1997

Gustavo Franco assume a presidência do BC. Viagem à Bahia. Privatização das elétricas: primeiras conversas

Hoje é sexta-feira, 1º de agosto, oito e meia da noite. Passei o dia no Rio de Janeiro.

De manhã recebi o prefeito Conde para tratar de assuntos da cidade. Ele é simpático, falamos quase uma hora sobre o Rio, sobre cultura em geral. Depois almocei na casa do Marcelo Alencar. Conversa boa também. Claro, ele está ansioso por ter algum recurso adicional, e tem alguma razão, não quanto ao ICMS, mas sobre o Fundo da Educação,* que faz o Rio pagar cerca de 200 milhões de reais.

Fora isso, é apoio integral, falamos um pouco das polícias, ele entendeu que é preciso fazer alguma coisa mais moderada, ponderada, mas precisamos fazer [nas reformas constitucionais]. Isso ficou muito claro. Depois chegou o Duda Mendonça,** que vendeu bem o peixe dele; mostrou o que está fazendo pelo Marcelo e, com relação a mim, enunciou ideias não muito diferentes das que me foram apresentadas pelo pessoal da DM9 de São Paulo. No fundo é um pouco mais de exaltação do que eu já fiz, contraste com o que era o Brasil antes e o que é hoje, tudo centralizado na minha pessoa, mais até do que no meu desempenho como governante. Enfim, inteligente. Ele me explicou o caso do Maluf, com quem até tem uma ligação afetiva, mas disse que gostaria muito de não ter trabalhado só com o Maluf, e o Marcelo tem sido sua ponte com setores não malufistas. Não houve nenhum acordo, nem pode, porque, claro, o Nizan Guanaes tem precedência e eles são competidores. Mas acho que convém tê-lo perto em alguma conta do governo a que ele concorra e, se ganhar, ganhou. Não comigo [mas com o governo].

Depois recebi no Palácio Laranjeiras pessoas do BNDES, com o Pio Borges*** à frente, eles fizeram a privatização da Vale. Uma irmã do Ronaldo Sardenberg, uma moça chamada Teresa [Maria Teresa Nogueira],**** parece que é muito importante nisso tudo, o consultor-geral, e vários outros. Todos eles pessoas "tipo BNDES": competentes, dedicados, então eu quis agradecer o esforço, em nome do governo.

Falei agora com o Gilberto Velho, que chegou primeiro. Estou esperando mais uns dez ou doze intelectuais do Rio para jantar, e é só.

* Isto é, o Fundef.
** Publicitário responsável pela comunicação do governo fluminense.
*** Vice-presidente do BNDES.
**** Advogada do BNDES.

HOJE É SÁBADO, 2 DE AGOSTO. Agora são oito horas da noite. Recebi à tarde o Pedro Malan, conversamos, ele vai me trazer, na segunda-feira, o candidato que o Gustavo Franco propõe para ser diretor de câmbio. Elogiei o comportamento do Chico Lopes, que foi perfeito nesse episódio todo. Relatei ao Pedro a conversa com o André, e o Pedro conversou comigo sobre suas preocupações. A de fundo são os boatos sobre a mudança de ministério no fim do ano. O que ele teme, na verdade, é alguma coisa que perturbe a coesão da equipe; por exemplo, o Serra no Ministério da Indústria e Comércio (ele não disse isso). Eu falei que só penso em fazer mudanças, digamos, de estrutura do governo, entre outubro do ano que vem e dezembro, se for eleito para um segundo mandato. Aí, sim, temos que mudar mais profundamente a estrutura do governo. Essas especulações dizendo que o Ministério da Indústria e Comércio vai se transformar em de Indústria e Emprego, e que haverá um Ministério de Arrecadação, são mero boato. Não penso em mexer em nada disso.

O Pedro estava preocupado, porque saiu no Celso Pinto* uma piada que o André Lara fez com ele: o André dizia que, num segundo mandato meu, o Pedro seria o ministro das Relações Exteriores. Ele acha que isso pode provocar onda no Itamaraty. Provoca alguma, mas não tem importância. Sei lá quem vai ser ministro do que no segundo mandato.

O Pedro disse, aliás de forma verdadeira, que a relação dele com o governo e comigo é de total lealdade. Isso é certo. Não tenho ideia alguma de tirá-lo de onde ele está, porque acho o Pedro sério, competente, faz as coisas como deve e sem barulho. Ele pode não ter a imaginação feérica de alguns outros economistas, mas persegue os objetivos com prudência e persistência.

SEGUNDA-FEIRA, DIA 4 DE AGOSTO, duas e meia da tarde. Ontem de manhã nadei um pouco e me senti mal. Cortei o cabelo, tive duas tonturas, coisa que nunca me acontece. Chamei o médico, eu estava febril, mas não com febre, 37 graus. Fiquei descansando até as oito da noite, porque ia ter um jantar aqui. Pensei que fosse gripe, mas não é nada. Ou é secura ou estresse. Ou as duas coisas juntas.

O jantar foi com o Ricardo Lagos** e a mulher dele, Luisa [Durán], que foram nossos vizinhos no Chile.*** Ele provavelmente vai ser presidente do Chile. E também com o Carlos Fuentes e a Silvia [Lemus], mulher dele, mais o Pedro Malan, o Weffort, o Paulo Renato, enfim, um grupo de amigos. Foi muito agradável, conversas sobre assuntos variados e gerais.

---

* Colunista de economia do *Jornal do Brasil*.
** Ministro de Obras Públicas do governo chileno.
*** Fernando Henrique exilou-se com a família no Chile depois do golpe de 1964.

Deitei para descansar, acordei doído nas costas, nada de especial, fui até o Planalto para a condecoração do Carlos Fuentes.*

Ruth foi para Belo Horizonte.

Almocei com o Juarez [Brandão Lopes], que discutiu comigo sobre o Incra. Juarez é um bom observador, é sério, conhece bem a questão agrária e está dando algumas ideias interessantes sobre o que podemos fazer no futuro. A grande discussão é saber se a agricultura familiar tem futuro ou não. Claro, os mais modernizadores acreditam que tudo vai passar para agrobusiness e que é perda de tempo [cuidar da agricultura familiar]. Política e socialmente, entretanto, temos que dar apoio à agricultura familiar. O Incra não tem capacidade de assentar tanta gente como estamos querendo. Há aí uma grande confusão. Mas o Juarez é ponderado. Ele está na parte mais de análise, mas conhece bem a dinâmica burocrática.

Agora vou ficar aqui no Alvorada, porque está muito seco. Lá fora deve estar entre 25 e 30 graus, com 31% de umidade relativa. Vou despachar de rotina com o Luiz Felipe Lampreia, para discutir as posições americanas, as últimas, nessa reunião de Itaipava.** Os americanos informaram que vão considerar a Argentina aliada extra Otan e que, isto é o mais preocupante, os argentinos querem que o lugar no Conselho de Segurança para a América Latina seja rotativo. Sei lá se é verdadeiro.

Vou receber o ministro da Marinha, que quer falar comigo a respeito do Ministério de Defesa e de outras ideias. Também vou receber o [Geraldo] Quintão e outros mais, gravar programas de rádio e à noite janto com o Paulo Renato e o Vilmar, que certamente vão discutir o rescaldo da crise Sérgio Motta.

O Sérgio, diga-se de passagem, não falou mais comigo. Até hoje, desde aquelas tentativas de há dez dias, não falou mais, o que acho bom, porque ele está lá meditando.

QUARTA-FEIRA, 6 DE AGOSTO, são quase dez horas da noite. Vamos retomar a segunda-feira.

O Lampreia acha que não devemos passar recibo na questão da rotatividade no Conselho de Segurança, nem entrarmos em polêmicas com o México sobre a aproximação do Mercosul com a União Europeia.*** Ele tem razão. Marcamos a posição e pronto.

---

* O escritor mexicano recebeu a Grã-Cruz da Ordem do Cruzeiro do Sul.

** Primeira reunião do mecanismo de consulta e coordenação bilateral Brasil-Argentina, realizada numa instalação do Exército em Itaipava (RJ). No encontro, diplomatas e militares dos dois países negociaram a implementação dos acordos firmados por Menem e Fernando Henrique na cúpula de abril de 1997, no Rio de Janeiro.

*** O encontro fora proposto pelo presidente da França, Jacques Chirac.

Depois, com o ministro da Marinha, foi uma boa conversa. O almirante Mauro César é um homem inteligente, falou sobre vários assuntos, sobre a criação do Ministério da Defesa, deixou comigo uns documentos, tem ideias que podem não ser corretas, mas são claras. Ele tem restrições a um grande Ministério da Defesa. Pediu que eu fizesse uma reunião, e farei, com várias pessoas, não só militares, civis também, para pensarmos em conjunto essa questão, porque ele acha que os militares entre si não se abrem.

Mostrou também disposição em cooperar mais com o governo, disse que, se tiver mais informações, melhor. Ele sabe que o governo é bem-intencionado, honesto, dá esse testemunho aos colegas de farda, mas há muitas insatisfações, eu disse, com a parte salarial e ele acha isso perigoso.

Encontrei-me com o Paulo Renato e o Vilmar à noite, o Clóvis estava aqui, foi embora, e repassamos todos os temas. Há uma aflição, disseram, porque houve uma espécie de perda do moral da tropa em função do episódio do Sérgio Motta. Eles exageram um pouco. É a mesma coisa que havia ocorrido com o Eduardo Jorge. Isso foi na segunda-feira.

Na terça-feira, ontem, de manhã, recebi o Pelé.* Foi interessante. O Pelé está na briga pela moralização dos esportes. Hoje houve uma grande confusão por causa de umas declarações do [João] Havelange,** mas o Pelé aguentou firme a briga.

Depois estive com o Jobim, que veio discutir sobre as polícias. Hoje saiu no jornal, maldosamente, que o Jobim esteve reunido com o Eduardo Jorge, o Clóvis e eu. Foi acaso. Na verdade ele veio simplesmente trazer sua contribuição para a questão das polícias, falar sobre o que ele tinha feito [quando ministro da Justiça].

Depois do almoço estive com o ministro Eliseu Padilha. Despacho de rotina. Voltou-se ao episódio Sérgio Motta, mas o Eliseu é esperto, percebeu que não era um assunto para estar remoendo.

Muita rotina na terça-feira. No fim da tarde, estive com o Iris, o Gregori, o general Cardoso e os demais do Palácio para discutirmos o que fazer com as polícias. Grande debate. O Iris quer fazer uma proposta de desconstitucionalização e desmilitarização da polícia. De imediato, sem nem mesmo conversar com mais ninguém. O Zé Gregori deu sua lista de várias providências, há certa tensão entre os dois. Eu disse que tudo bem, mas que primeiro quero falar com os governadores, coisa que marquei de fazer amanhã à noite aqui. Não posso entrar numa briga dessas sem saber o que pensam os governadores.

* Ministro dos Esportes.
** Presidente da Fifa. Havelange declarou que o anteprojeto da Lei Pelé representava uma afronta aos estatutos da federação e que, se a lei fosse aprovada, o Brasil seria desfiliado e não participaria da Copa de 1998 na França. No entanto, a Lei Pelé, ou lei nº 9615, que extinguiu o passe e codificou os direitos dos torcedores, foi aprovada pelo Congresso e promulgada pelo presidente em 24 de março de 1998.

Depois desse encontro, uma reunião com o Luciano Martins e várias pessoas da equipe econômica. O Luciano apresentou os resultados da pesquisa dele com os 33 principais grupos econômicos do Brasil. Foi interessante porque ele mostra que todos avançaram, todos se internacionalizaram, quer dizer, estão exportando mais e superaram a crise. Ele expôs isso brilhantemente. Estavam no fundo do poço em 1990 e 1991, começam a se recuperar em 1992, em 1993 e no Real pegaram uma carreira grande. E o Luciano, que no passado provavelmente não acreditava que fosse ser assim, mostrou que a indústria está firme e que não está havendo desindustrialização. Pelo menos quando se olha para os grandes conglomerados. O Luciano levantou a questão, o [Gilberto] Dupas também, de saber se num país como o Brasil tem sentido nos preocuparmos em termos de *global players*. Se no Brasil, com esse mercado interno tão grande, nossos grandes grupos vão ficar muito mais aqui dentro, no mercado interno, embora exportando, mas sem serem *global players*.

Estavam presentes também o Kandir e o Beto Mendonça e discutimos se é preciso mesmo haver uma política industrial ou se já a temos, como nos parece. Temos um projeto de Brasil, que agora está acoplado com esse élan do setor produtivo nacional. Foi uma boa reunião.

Hoje, quarta-feira, duas sanções de lei. Uma é a Lei do Petróleo, inclusive com a criação da Agência Nacional do Petróleo [ANP],* a outra o contrato de telecomunicações da banda B de São Paulo e do Nordeste.** Discurso do Sérgio Motta, que eu vi pela primeira vez depois de toda a crise. Ele estava bem. Deixou uns papéis aqui para eu olhar depois, vou ler, sobre coisas da área dele. Foi muito positivo o encontro.

Depois encontrei o Michel Temer e voltei para cá. Encontrei-me com Lorenzo Zambrano, que é o presidente da Cemex, uma grande empresa de cimento do México.

Despachei com o Raimundo Brito.

Muitos outros despachos mais.

Agora à noite acabo de ter uma reunião longa com o grupo que está tentando repensar as formas de atuação para este um ano e meio de governo. Não preciso repetir quem são, porque já está registrado.

Perguntaram sobre a questão eleitoral e eu disse: "Olha, tanto o Lula quanto eu fizemos a mesma coisa. Na verdade o Lula afastou todos os adversários [inter-

---

* A lei nº 9478, de 6 de agosto de 1997, quebrou o monopólio da Petrobras na exploração, refino e distribuição de petróleo e derivados, criou a ANP e o Conselho Nacional de Política Energética. Pela mesma lei, a Petrobras foi autorizada a se associar com empresas estrangeiras.

** Cerimônia de assinatura dos contratos de concessão da banda B aos consórcios BCP (Grande São Paulo) e Vicunha (Bahia e Sergipe).

nos] dele e vai ser candidato. Em nossa banda, duvido que hoje haja um candidato [alternativo]. Nós também os afastamos. Acho que com certa habilidade consegui limitar as aspirações do Maluf, do Itamar, do Sarney, enfim, de todo esse pessoal que dizia que seria candidato. Hoje é difícil que algum deles se apresente. Portanto, nossa questão é governar direito, evitar qualquer coisa na área de corrupção, manter a inflação baixa". Diga-se de passagem, a inflação nunca esteve tão baixa como nos últimos meses, pouco mais de 5%.* Isso foi louvado pelos jornais e também aproveitei como mote para o meu discurso.

Enfim, creio que o momento de mais aflição da crise, tanto das polícias quanto da crise relativa ao Sérgio Motta, passou.

HOJE É TERÇA-FEIRA, 12 DE AGOSTO, vamos primeiro à quinta-feira, dia 7. De manhã, recebi o Geraldo Brindeiro, o general [Benedito] Leonel, o senador Carlos Wilson, fui para a cerimônia de lançamento do Pronaf-Rotativo do Banco do Brasil e, depois, assinei um acordo de combate à febre aftosa.** Muita gente. Aproveitei para fazer um discurso forte, dizendo que estamos vendo os resultados do Plano Real, crescimento da economia, rumo do país. O Pronaf, que é para os pequenos produtores familiares, está dando certo. Aumentamos muito. Este ano será cerca de 1 bilhão de reais. Agora falta completar as reformas, a administrativa e a da Previdência. Como havia muitos parlamentares, inclusive a senadora Emília Fernandes, do Rio Grande do Sul, que sempre vota contra tudo, aproveitei para dizer que sem o apoio efetivo do Congresso as coisas não vão caminhar.

Depois fui para um almoço do pessoal do jornal *O Dia*, do Rio de Janeiro, uma repórter fez uma entrevista bastante vibrante, não sei se vai sair.

Depois estive com o Vargas e com o Jungmann. Este veio me trazer, conjuntamente com o Paulo Hartung e o [Milton] Seligman,*** os planos da reforma agrária, que avançaram muito. Curioso é que os três, que têm origem no Partido Comunista, não acreditam na eficácia da reforma agrária. Ou melhor, indagam se esse tipo de reforma agrária [que estamos fazendo] é mesmo o destino mais adequado para os recursos que estão sendo lá aplicados. Mas são eles que estão fazendo [a reforma agrária], e estão fazendo bastante nessa área. Há até um programa, que acabei de ler agora à noite, para os próximos cinco anos, que destina 16 bilhões de reais para o assentamento de 1 milhão de famílias. Segundo esse documento, isso abarca todo o conjunto de famílias que dependem de terra no Brasil. Ambicioso. Mas pelo me-

---

* Em julho de 1997, a inflação medida pela Fundação Getulio Vargas acumulou alta de 5,7% em doze meses.
** Protocolo do Ministério da Agricultura para a implantação e o desenvolvimento do sistema unificado de atenção à saúde animal e vegetal.
*** Presidente do Incra.

nos os três que estavam falando comigo já têm uma noção mais clara do que pode e do que não pode ser feito, vamos ver.

À noite tive um encontro importante no Palácio da Alvorada, para discutir a crise das polícias, com a Roseana, o Mário Covas, o Marcelo Alencar, o Azeredo, o Antônio Britto, o Paulo Souto, o Tasso Jereissati e o governador [José] Maranhão, da Paraíba. Com eles veio o ministro da Justiça, que expôs o tema da desconstitucionalização das polícias.* Todos concordaram. Alguns temem a proibição da candidatura de policiais.** A Roseana acha isso perigoso neste momento, que vão nos acusar de autoritarismo, creio que o próprio Tasso também balança um pouco, o Britto também, assim como o Mário Covas. Mas o Azeredo defende muito a proibição, diz que [permitir candidaturas] é o começo do fim de tudo.

De qualquer maneira a receptividade foi boa. Vamos ver se isso avança.

Na sexta-feira, dia 9, fui cedo à Bahia com todo o comando baiano, o Antônio Carlos, o Luís Eduardo, o Geddel foi pelo PMDB, o Raimundo Brito, o governador Paulo Souto. Viajamos todos juntos, vários deputados também. Na Bahia fomos ao lançamento da Asia Motors,*** que é a primeira fábrica de automóveis importante na Bahia. Depois fui à inauguração de uma unidade da Oxiteno, do Paulo Cunha,**** e em seguida assisti à assinatura do contrato feito em Salvador com um grupo espanhol que ganhou, junto com alguns brasileiros [a licitação], da empresa de energia elétrica da Bahia.*****

Foi tudo muito bem. A Bahia avança, nós avançamos. Discursei de novo. Como sempre havia lá um grupinho de uns trinta, quarenta gritando impropérios, os mesmos de sempre, e uma massa de alguns milhares de pessoas. Aproveitei para iniciar o meu discurso — o Antônio Carlos tinha mencionado a presença deles, dizendo: "Eu peço silêncio a todos os brasileiros que estão aqui, homens e mulheres, fiquem em silêncio para que nós possamos ouvir as vozes da caverna, dos homens do atraso, olha como eles são, olha como eles falam. O Brasil quer diálogo, está feliz" —, por aí, aplaudiram e tal. Depois fiz um discurso mais substancioso, para mostrar que comemorávamos o início da indústria automobilísti-

---

* Na emenda constitucional em preparo pelo governo, o principal item era a desconstitucionalização das polícias, isto é, a retirada da menção a elas na Constituição, para que a União e os Estados pudessem regular o setor de segurança por leis ordinárias. Além disso, a extinção da Justiça Militar dos estados, com a transferência do julgamento de crimes contra a vida cometidos por PMs para a Justiça comum.

** O governo desejava proibir que policiais civis e federais se candidatassem a cargos eletivos.

*** Lançamento da pedra fundamental da fábrica de vans da Asia Motors (subsidiária da Hyundai) em Camaçari.

**** Ampliação da planta de óxido de eteno da Oxiteno, empresa do grupo Ultra.

***** Em 31 de julho, a estatal baiana de energia (Coelba) fora vendida por R$ 1,7 bilhão para o consórcio formado por Iberdrola Energia, Banco do Brasil e Previ.

ca no Nordeste, o que é muito importante. Enfim, louvei o crescimento do Brasil e voltei para cá.

Chamei o Geddel no avião para discutir a lei eleitoral [das restrições aos candidatos à reeleição], ver o que queremos. Eu não quero muita coisa, mais precisamente, nada; quero que as definições sejam claras sobre o que posso ou não posso fazer [durante a campanha eleitoral]. O Geddel me informou que na quarta-feira o PMDB quer falar comigo, para dizer se eles aceitam ou não participar do mesmo palanque na reeleição. Segundo o Geddel, eles querem botar isso como um fato definitivo para o Sarney. Vamos ver.

No dia seguinte a isso, dia 9, fui à ponte rodoferroviária que liga Mato Grosso a São Paulo.* Obra importante que vai viabilizar a Ferronorte.** Lá me encontrei com o Mário Covas, que estava um pouco escabreado, não queria aparecer nas fotografias, era chamado sempre, mas fazia um pouco de... como eu diria... um pouco de manha. Acho que foi porque (eu só soube depois) não haviam combinado o programa direito com ele.

Dali fomos para Santa Fé do Sul,*** ainda comemoração da inauguração da ponte. Fomos a uma escola. Aí foi pior, porque o Paulo Renato falou e depois passou para mim a palavra. Não estava programado para ninguém falar, mas o fato é que [o Paulo] não deu a palavra ao Mário Covas. Resultado: parece que o Mário se aborreceu. Há uma coisa a registrar na visita a essa escola: lá estava d. Demétrio [Valentini], primo do Stédile, que me aplaudiu com muito entusiasmo. Chamei-o até onde eu estava, tiramos fotografia, e o prefeito da cidade**** me disse que ele fala bem de mim lá em Santa Fé do Sul. Não dá para entender, ele é o padre encarregado da Comissão Pastoral da Terra e é dos mais radicais. Tomara [que fale bem]. Acho que é assim mesmo. As pessoas têm lá suas ambivalências.

À noite fui jantar na casa do Paulo Cunha. O Mário Covas, que era esperado, não apareceu. O jantar foi agradável. Os jornais disseram no dia seguinte que eles tinham cobrado de mim a reforma tributária; não é verdade, ninguém cobrou coisa nenhuma, foi um jantar muito simpático. Brinquei que de juros e de taxa de câmbio eu não sabia nada, eles riram, foi agradável. Estava lá boa parte do PIB brasileiro, reunido na passagem da direção do Iedi das mãos do Paulo Cunha para as mãos do Eugênio Staub.

No dia seguinte, domingo, fiquei em São Paulo, era Dia dos Pais, morreu o Betinho [Herbert de Souza], a Ruth foi ao enterro no Rio. Almocei na casa da Bia com o

---

* O presidente foi a Rubineia (SP) para visitar o canteiro de obras da ponte rodoferroviária sobre o lago da hidrelétrica de Ilha Solteira, com 3,4 quilômetros de extensão, orçada em US$ 550 milhões.
** Ferrovia privada que liga o interior de São Paulo às áreas produtoras de soja em Mato Grosso, inaugurada em 1998.
*** O presidente também foi a Aparecida do Taboado (MS), do outro lado da ponte em construção.
**** Antônio Favaleca (PMDB).

Pedro e a Júlia, levei o Nê, o Jovelino Mineiro, para lá, o Duda e a Ana Teberosky, que foi a orientadora da [tese da] Bia na Espanha. Depois a Ruth chegou, fomos para casa, arrumei papéis e voltei para Brasília.

Ontem, dia 11, foi um dia mais ou menos calmo, como toda segunda-feira. De manhã despachei normalmente aqui, recebi o Gustavo Franco,* recomendei a ele que não desse entrevistas à imprensa, que dirigisse colegiadamente o Banco Central, coisa que ele não faz, e que não deixasse de informar ao Beto Mendonça e à área da Fazenda sobre o que eles iriam fazer. E, sobretudo, que falasse comigo sobre câmbio e juros. Ele me deu uma longa explicação sobre a situação dos bancos, mostrou preocupação com o Banco Boavista** e até mesmo com o Bradesco, eventualmente, daqui a uns cinco anos. Disse que estão fazendo um bom trabalho, o BC, nos bancos estaduais, muita gente quer comprar o Banespa. E, como sempre, acha que a taxa de câmbio não é o mais importante, está se ajustando, tem muito dinheiro chegando. Insisti, então, na taxa de juros e pedi que me preparasse um encontro para eu saber dessas coisas com maior profundidade.

Gravei meu programa de rádio e no almoço me encontrei com o Ignacy Sachs.***

Depois do almoço, encontro com o chanceler do Chile, José Miguel Insulza. Ele deu boas informações sobre a visão que eles têm das ofertas americanas de venda de aviões e falou do receio de que o Brasil transforme a Argentina num aliado preferencial. Eles não gostam nada disso e também querem uma aproximação maior com o Mercosul.

Recebi o Iris Rezende, despacho de rotina. Ele quase não falou da questão das polícias.

Voltei tarde para casa, jantei, fiquei vendo papéis e fui dormir.

Hoje, terça-feira, depois de eu ter nadado de manhã, recebi o Luís Eduardo Magalhães e os líderes para discutir a Lei Eleitoral. Em seguida tive uma reunião de avaliação do programa Brasil em Ação,**** que faz um ano. Foi muito positivo, muito interessante a discussão. Kandir fez um bom trabalho na coordenação do Brasil em Ação.

Ainda é dia 12, terça-feira, são quinze para as nove da noite. Vou receber daqui a pouco o Jaime Lerner e o Marco Maciel. Agora parece que o Lerner quer entrar no PFL.***** Vamos ver o que acontece.

---

* No mesmo dia, Franco foi aprovado para a presidência do BC pelo plenário do Senado, com o placar de 56 a 10. A transmissão de cargo aconteceu em 20 de agosto de 1997.
** O banco da família Paula Machado foi adquirido pelo Bradesco em 2000, por um valor simbólico.
*** Economista e professor franco-polonês.
**** Plano federal de investimentos com previsão de gastos de R$ 54 bilhões em 42 projetos.
***** A filiação de Lerner ao PSDB paranaense fora rejeitada pelo diretório estadual do partido.

À tarde, nada de especial. Sancionei a lei de subvenção da borracha.* Estiveram lá a Marina Silva e vários deputados, parece que contentes. Depois estive com o Reinhold Stephanes e com o Paulo Cabral.**

O Luís Carlos Santos me informou que, efetivamente, dia 11 de setembro ele vai para o PFL. Isso implica extinguir o cargo dele, não quero mais ninguém nessa posição. Implica também muita confusão em São Paulo.

13 DE AGOSTO, QUARTA-FEIRA. Ontem, depois do jantar, o Marco Maciel e o Lerner vieram aqui. O Lerner quer entrar no PFL já que não pode ir para o PSDB; e quer condicionar sua filiação a uma aliança prévia com o PSDB através de um acordo com o Álvaro [Dias]. É difícil. Podemos insistir. Falei com o Sérgio Motta hoje de manhã para que ele tome as providências devidas. Agora, pelo telefone, eu soube pelo Sérgio Motta que amanhã, às onze horas, o Álvaro irá falar com ele.

Também o Scalco, hoje de manhã, me disse que o Brizola vai antecipar uma visita que fará ao Lerner, para tentar evitar que ele saia [do PDT]. Eu tenho um pouco de receio, porque o Lerner já está nesse jogo há muito tempo, e vai não vai, acaba não indo.

Ganhamos o FEF, em segundo turno, 342 votos,*** os jornais todos fizeram muito escândalo, um escarcéu, com a notícia requentada do [Banco] Nacional. Só para botar que a Ana, minha nora, foi indiciada; é uma coisa bastante desagradável, cruel com ela, embora sem efeito prático. A mesma notícia, muito tempo atrás, manchete em todos os grandes jornais e também nas televisões.

Fora isso, recebi o presidente mundial do Hong Kong and Shangai Bank**** em uma conversa protocolar.

O Luís Carlos Santos me trouxe, de passagem, o Newton Cardoso, que me disse ter oferecido ao Itamar a candidatura ao governo de Minas [pelo PMDB]. O Itamar desconversou quando indagado sobre a conversa que teve comigo. Ele ainda não mordeu a isca, mas o Newton acha que ainda pode [mordê-la], e nesse caso quer saber qual é o destino dele. Certamente quererá vir para cá, o que não é viável.

Muitos despachos o dia inteiro, almocei com o Beto Mendonça para me informar sobre a economia.

Agora vou jantar com o Giannotti, que está aqui em Brasília, e o Vilmar.

---

* Lei nº 9479, de 12 de agosto de 1997, que instituiu o pagamento de subsídios federais aos seringueiros e cooperativas produtoras de borracha.
** Presidente da Associação Nacional de Jornais (ANJ).
*** A prorrogação da vigência do FEF até dezembro de 1999 foi aprovada por 342 a 121.
**** William Purves.

HOJE É SEXTA-FEIRA, 15 DE AGOSTO. Ontem acordei, fiz a minha natação e fui dar entrevista ao João Doria Jr.*

Depois, no Palácio do Planalto, assinei um decreto sobre óleo diesel para pescadores.** Recebi o senador Mauro Miranda*** com as bancadas de Goiás e de Minas para abrir uma estrada.****

Tive um almoço do Fórum Nacional da Construção Pesada, com o Paulo Godoy, no Hotel Bonaparte.***** Meu discurso está publicado nos jornais. O *Jornal do Brasil* fez uma intriga imensa, dizendo que disse que o que é bom para o Brasil é bom para os Estados Unidos, quando eu não falei nada disso.****** Eu disse que a estrutura de emprego no Brasil é semelhante mais à estrutura americana do que à europeia, isso por causa da mobilidade espacial, e que portanto não há razão para pensar nos mesmos termos os problemas de desemprego quando se compara Brasil e Europa, mesmo porque a comparação melhor seria com os Estados Unidos, e daí não deriva nada [de que o bom para o Brasil é bom para os EUA]. Reclamei para a Ana [Tavares] do que o *Jornal do Brasil* disse.

Depois falei com o Paulo Paiva e com o pessoal da Força Sindical. Eles querem uma agenda trabalhista, aliás, possível.

Recebi o Dante de Oliveira, que reclamou da situação financeira do estado dele. E recebi o desembargador Paulo Medina, o presidente da Associação dos Magistrados Brasileiros. Curiosamente foi gentilíssimo, pois é dos que mais me atacam. Foi lá para me dizer que vou receber uma comenda da Ordem da Associação dos Magistrados na reunião deles em Pernambuco.

Depois vim para o Palácio da Alvorada e à noite despachei com uma porção de gente — com o Clóvis, em especial, para discutir a questão delicada do GDF,******* pois o Eduardo Jorge está em choque com o Pedro Parente sobre atenderem as reivindicações do Cristovam. O Eduardo acha que devemos ser mais restritivos, que estão dando recursos demais ao Cristovam, o Pedro Parente está botando na cabeça do Malan que o Eduardo Jorge está se imiscuindo na área da Fazenda, enfim, assuntos desagradáveis.

Discutimos com o Clóvis ontem e hoje de manhã retomamos a questão sobre o que fazer com o setor elétrico depois que houver a privatização. A Eletrobrás

---

* Apresentador do programa *Sucesso*, da rede CNT.
** O decreto nº 2302, que regulamenta a lei nº 9445, de 14 de março de 1997, estabeleceu a concessão de subsídio federal ao óleo diesel destinado ao consumo de embarcações pesqueiras de todo o país.
*** PMDB-GO.
**** As bancadas mineira e goiana foram buscar apoio do presidente para o projeto de duplicação da BR-050, que liga São Paulo a Goiás através do Triângulo Mineiro.
***** O almoço homenageou o presidente pelo primeiro aniversário do programa Brasil em Ação.
****** A principal manchete de capa do *JB* de 15 de agosto de 1997 foi "FH prefere modelo americano".
******* Governo do Distrito Federal.

gostaria de ser um grande banco de financiamento do setor elétrico. Só que não havendo mais setor elétrico estatal isso não tem muito sentido. Esses recursos deveriam passar para o BNDES. O Eduardo Jorge pondera que o BNDES vai ficar com muita força. Eu contra-argumentei que o Kandir tem uma proposta de passar esses recursos para diminuir a dívida, assim, na verdade, o BNDES não ficaria com recursos adicionais.

Só depois disso vim para o Palácio da Alvorada, onde recebi os líderes e vice-líderes do PSDB na Câmara mais o Teotônio. Eram umas trinta pessoas. A reunião foi boa. As reclamações de sempre. A angústia deles é saber como vão se reeleger, porque o governo, dizem, não lhes dá os bônus, só os ônus. Eu contra-argumentei que eles têm que se colar mais na defesa, com convicção, das posições do governo, que é isso que elege, que certamente não vamos desamparar o PSDB, mas que eles precisam se apropriar das obras do governo federal como obras deles e não ficar acanhados diante da primeira crítica que apareça.

Hoje de manhã, já sexta-feira — agora são quatro e meia da tarde —, passei o dia despachando aqui. Tive uma longa reunião com o Kandir e os assessores dele, o Martus [Tavares]* e o [Waldemar] Giomi** para fechar o orçamento. Isso é sempre delicado, esses dois assessores do Kandir são muito dedicados e competentes. Fechou-se o orçamento com as reclamações daqui e dali, haverá mais reclamações, tem muita gente atrás de mim por causa disso hoje, e o cobertor é curto.

Depois voltamos a abordar a questão da Eletrobrás e discutimos longamente com o Paulo Renato o que vamos fazer na Educação. Quero pegar 400 milhões de reais do programa de concessões e oferecer integralmente à educação básica, para pôr todas as crianças na escola. Começou a se montar um bom programa, acho que isso vai ficar bem.

Estou com o Paulo Henrique aqui, eu e a Ruth almoçamos com ele, eu queria conversar com o Paulo Henrique, mas até agora não foi possível. Acabam de chegar aqui o Eduardo Graeff e o Alemão [Enilson Simões], um rapaz que foi ligado ao Lula no passado e hoje está numa dissidência da Força Sindical,*** imagina a quantas andamos nessa área trabalhista.

---

* Secretário executivo do Ministério do Planejamento.
** Secretário de Orçamento Federal.
*** Social Democracia Sindical.

18 A 29 DE AGOSTO DE 1997

Viagem ao Paraguai. Mercosul e Alca. Crise no Conselho Federal de Educação

Segunda-feira, dia 18 de agosto. Na sexta-feira me encontrei com o senador Arruda e com Eduardo Jorge. Tive a sensação nítida de que o Arruda, se instado a vir para o governo, abre mão da candidatura ao governo do DF. Ele disse que precisa ser candidato a governador porque não pode ficar com a imagem de que corre da raia e porque quer evitar a candidatura do Roriz. Diante da hipótese do Maurício Corrêa, notei que ele não é contrário. Claro, prefere que seja ele o candidato, mas me deu a sensação de que, se houver necessidade de apertar, ele abre mão para o Maurício. Isso seria, a meu ver, um suicídio para o Maurício. Em todo caso vou falar com o Maurício para ver do que se trata.

O fim de semana foi calmo. Sábado chegaram aqui a Carmo e o Nê. Jantamos em casa do Lampreia, com o Roberto Teixeira da Costa, o [João Geraldo] Piquet Carneiro* e as mulheres. Paulo Henrique também foi.

No sábado e no domingo não houve nada de especial. Fui à fazenda com o Nê, o Paulo Henrique, o Getúlio e a Carmo, voltamos para cá e ficamos vendo um filme. No sábado vimos um filme de um iraniano chamado... — não me lembro agora — sobre a história de um tapete;** depois outro filme, uma homenagem à história do cinema. Tudo tranquilo, dias maravilhosos.

Lá na fazenda tudo bem, o gado está bonito, eu me divirto cada vez que vou lá, embora não entendesse quase nada disso, estou pouco a pouco entendendo. O Nê, que entende bastante do assunto, está entusiasmado com o cruzamento do nelore com o aberdeen angus [que estamos fazendo]. Parece que esse tipo aberdeen — o nome todo eu não apreendi — que temos está na latitude mais tropical em que já se criou esse gado. Isso me alegra, porque é uma inovação; não é para ganhar dinheiro, embora não seja mal ganhar, mas, além de manter patrimônio, estamos inovando. É disso que eu gosto realmente, de fazer uma coisa bonita. A fazenda, depois de dez anos de muito sacrifício, está com jeito de uma fazenda simples mas bem cuidada.

Hoje, segunda-feira, despachos de manhã com o Clóvis; com o Eduardo Jorge discussão sobre o trivial ligeiro do Congresso. Ontem à noite tive um longo despacho de cinco horas com o Sérgio Motta. Ele tentou voltar aos temas políticos, fui evasivo nas respostas, até porque estava cansado, era quase meia-noite. Mas não deixo

---

* Advogado, membro do Conselho de Reforma do Estado.
** *Gabbeh* (1996), com direção de Mohsen Makhmalbaf.

de admirar a competência e a laboriosidade do Sérgio Motta na parte das Comunicações. Temos preocupações nessa área: a instalação desse novo modelo, dessas agências, a falta de pessoal. O que nos alegra é ver o Brasil se transformando com certa velocidade.

Hoje almocei com o Zé Eduardo Andrade Vieira. Conversamos só sobre o Paraná, gosto do Zé Eduardo, ele é um homem bom, correto. Perdeu o banco, falamos só de política e ele disse que pode vir a ser candidato ao governo do Paraná. Acho que não tem a mínima possibilidade. E gostaria de ter aliança com o Álvaro; ele pode ter, pode ser até candidato ao Senado. Por quê? Porque o Lerner me telefonou ontem dizendo que já saiu do PDT. O Brizola xingou, como é habitual, a mesma coisa sensabor, e o Lerner vai entrar no PFL, se é que vai, porque o Andrade Vieira me disse que talvez ele pudesse ir para o PSD.* Estamos na fase de muda dos pretensos candidatos ou dos reais candidatos nos vários partidos.

19 DE AGOSTO, TERÇA-FEIRA, uma hora da tarde. Continuando o registro do que aconteceu ontem, dia 18. De interessante, apenas a visita de Richard Gephardt, que é o líder do Partido Democrata na Câmara dos Deputados dos Estados Unidos, acompanhado de um jovem deputado Kennedy, filho do Edward Kennedy.** Conversa boa, eles são favoráveis a que a Alca vá mais devagar do que o governo americano está querendo. O Gephardt é muito protecionista nos Estados Unidos e ligado aos sindicatos.

Fora isso, a preocupação sobre o que vai acontecer esta semana na reforma administrativa e na votação da mudança de regimento da Câmara.

À noite fui ao cinema do Alvorada com a Ruth ver um filme de criança chamado *Batman*.***

Hoje conversei longamente com o Luís Eduardo, e depois com o Moreira Franco, sobre as reformas do regimento para reduzir o número de DVS.**** É importante, para lá na frente podermos atravessar a reforma da Previdência.

O orçamento está fechado, conversei com o Kandir pelo telefone, acertamos a questão das bolsas, que, pelo menos na parte científica, vão ser mantidas. Estamos acertando a questão dos transportes, embora com muita resistência do ministro Padilha e do Portella, porque eles têm ambições maiores, querem realizar mais depressa as obras, o que será difícil, pois os recursos estão escassos.

* Partido Social Democrático, fundiu-se em 2003 ao PTB.
** Edward Kennedy Jr.
*** *Batman & Robin* (1997), dirigido por Joel Schumacher.
**** A votação de cada DVS implicava a necessidade de o governo atingir dois terços dos votos em plenário, disposição do regimento interno da Câmara aproveitada pela oposição para atrapalhar a votação das PECs de interesse do Planalto.

Depois fui à inauguração de uma mostra de fotografias que todo ano os repórteres fotográficos credenciados no Planalto fazem. O Antônio Carlos apareceu lá porque foi convidado por um deles, me acompanhou. O Sarney foi convidado, mas não apareceu.

Vi agora no jornal que o Zé Eduardo teve os bens liberados pela Justiça.* Ontem no almoço ele não comentou, nem eu, eu não sabia sequer que havia uma ação. Temo que façam uma ligação entre o meu almoço com ele e a liberação dos recursos pela Justiça. Não tem nada uma coisa a ver com a outra, mas como aqui a política se faz por interpretações de coincidências formais, de repente vêm problemas por aí. Mas não creio.

Agora vou almoçar com a Danielle Ardaillon** e com o Eduardo Graeff para discutir a questão dos meus papéis pessoais, da minha documentação, do meu arquivo. No fim do dia vamos ter uma reunião agitada, porque virão cerca de cem pessoas do PPB. O Maluf não virá. Vou telefonar ao Maluf para agradecer o telefonema dele outro dia, e também para dizer que compreendo que ele não venha, e até acho bom. Penso isso porque hoje termina a CPI*** e poderiam fazer essa ligação, quando não há nada entre uma coisa e outra. A reunião de hoje foi pedida pelo Amin e pelo Dornelles há muito tempo, para dar ao PPB a sensação de que eles não estão desligados da base do governo; eles dizem que quase não têm nada no governo, o que aliás é verdadeiro.

Eles ainda não estão desejosos de ter. Desejosos talvez até estejam, mas não estão formulando o desejo e, se formularem, vamos ter muitos problemas, porque não é fácil, os lugares estão todos ocupados, e a esta altura quero tornar cada vez mais técnica a administração, porque já me cansei dessas pressões políticas para obter tal e tal cargo e depois se mostrarem ineficientes. Nem todos, mas muitos assim são.

DIA 21, QUINTA-FEIRA, são onze horas da noite. Retomemos a terça-feira passada. Depois do almoço com a Danielle, fui encontrar o Manuel Monteiro, que é o presidente do Partido Popular**** de Portugal. Ele falou bastante e o tempo todo, eu quase não fiz observação alguma.

---

* A Justiça Federal bloqueara os bens de Andrade Vieira durante a liquidação do Bamerindus.

** Antropóloga, assessora de Fernando Henrique para a organização de seus documentos pessoais na Presidência.

*** O relatório final do senador Roberto Requião foi aprovado pela CPI dos Precatórios em 18 de agosto de 1997, mas recebeu votos em separado da oposição e do PPB. A CPI sugeriu o indiciamento de vários políticos e funcionários públicos, além de corretores e banqueiros envolvidos no esquema.

**** Centro Democrático Social — Partido Popular (CDS-PP).

Me encontrei com o Dornelles, despachos normais, depois veio à tona o tal encontro com a bancada do PPB, que transcorreu muito bem, sem novidade. O Amin fez um discurso hábil, como sempre. Eu respondi. Eram oitenta pessoas e muitas votam constantemente contra mim. Inclusive o Bolsonaro se deu ao luxo de vir. Tem me atacado muito. Enfim, é simplesmente para que possamos continuar tendo votos do PPB nas reformas. Roberto Campos* estava presente. Falou em inglês para que os outros não entendessem que o Congresso é o melhor lugar do mundo, mas tem os piores homens do planeta, e riu muito.

À noite, ainda encontrei o Duda e o Aloysio Miranda, meu sobrinho casado com a Andréia [Miranda, filha do meu irmão Antônio Geraldo], e discutimos longamente o modelo da Aneel, a agência energética, e também um pouco a questão do petróleo, o que fazer com a Petrobras. Até insinuei que o Duda poderia ser presidente da Petrobras; aliás quem disse isso foi o Aloysio, e concordei. O Aloysio é muito competente também.

Ontem, dia 20, tomei café da manhã com o Roberto Civita,** que veio em visita mais ou menos protocolar, preocupado com a consulta pública que o Sérgio Motta fez sobre os canais que não são de televisão aberta.*** Vai ser uma consulta formal, porque foram muitas respostas e não haverá tempo de ler tudo. Ele acha que há risco de se fazer uma regra de competição genérica de controle e não cidade por cidade. Me informou que vai mudar a redação. Mudar, não; dará um [ano] sabático ao Mario Sergio [Conti].**** Está escolhendo entre quatro candidatos para substituir o Mario Sergio. Dois da linha, digamos, mais ponderada e dois mais do tipo repórter que faz um pouco de espalhafato. Me deu a sensação que vai preferir estes últimos.

Voltei ao Palácio do Planalto para os cumprimentos oficiais de generais que promovi recentemente. Eram poucos, vim cedo para casa e almocei com a Ruth e com o Duda. Fui encontrar o Olavo Setúbal, que estava otimista com o Brasil e simpático como sempre.

Paulo Tarso [Flecha de Lima] passou por lá para me deixar o livro dele,***** depois recebi o Maguito Vilela com o Iris. Maguito quer algum apoio, algum recurso, imagino, para o estado dele, Goiás. Reclamou, como todos os governadores, do ICMS. Se esqueceram de que a decisão foi perfeitamente acordada com o pessoal da Fazenda de alguns estados. Enfim, é assim mesmo.

Voltei para o Alvorada, onde tive um encontro com o Gustavo Franco mais o Chico Lopes, o Clóvis, o Malan e o Beto Mendonça, para discutirmos a política mo-

---

* Deputado federal (PPB-RJ), ex-ministro do Planejamento (ditadura militar).
** Presidente do grupo Abril.
*** A Abril disputava concessões de TV a cabo em São Paulo.
**** Diretor de redação da revista Veja.
***** Caminhos diplomáticos. Rio de Janeiro: Francisco Alves, 1997.

netária e a política cambial. Na realidade, eles mantêm firme a ideia de que não se deve mudar nada, pelas circunstâncias, e os argumentos são poderosos.

Só preocupa não haver uma alternativa mais clara na emergência de um ataque à moeda, que não temos como evitar.

No meio dessa conversa, apareceu aqui o José Rainha [Júnior],* trazido pelo [Luiz Antônio] Medeiros, que veio com um antigo militante sindical chamado Tarcísio [Pereira], que conheci há muitos anos.

Hoje comecei o dia na natação. A Ruth também nadou, com os professores do Sarah Kubitschek.

Depois fui para o Palácio do Planalto, recebi o Constantine Vaitsos,** em seguida o deputado José Lourenço,*** o deputado Marcus Vicente**** e a família do índio pataxó Galdino, que foi queimado aqui em Brasília. Estavam muito, vamos dizer, compungidos e demonstraram muita correção, me deram um documento também adequado, agradeceram a minha solidariedade, eu disse a eles: "Estou solidário, não posso reagir senão com indignação à violência havida, embora eu não queira me pronunciar sobre a Justiça".***** Mas fiquei mesmo com pena de ver. Eles vieram todos a caráter, como indígenas, ao lado do pessoal do Cimi e de outras ONGs, foi muito tocante. Também [veio] o presidente da Comissão [de Direitos Humanos da Câmara], um deputado que deve ser do PT [Pedro], Wilson.****** Uma gente que me tocou.

Depois assinei um decreto para criar o Conselho Interministerial do Açúcar e do Álcool,******* discurseira.

Almocei no Alvorada com a direção toda do PSDB. A direção formal. Quer dizer, os líderes, o Teotônio, a Ruth almoçou também, eles vieram discutir o de sempre. Como vamos nos organizar para ganhar as eleições, a necessidade de eles estarem colados a mim, para que isso possa acontecer com mais facilidade, um canal aberto, enfim um pouco de choradeira, um pouco de reclamação correta e um pouco de falta de uma ideologia que cimente tudo o que estamos fazendo, o que é verdadeiro.

---

* Líder do MST.
** Economista grego.
*** PPB-BA.
**** PSDB-ES.
***** Em 12 de agosto, a juíza Sandra de Santis Mello, da Justiça de Brasília, atenuara as acusações contra os assassinos de Galdino, convertendo o homicídio triplamente qualificado da peça de acusação do Ministério Público em lesão corporal seguida de morte.
****** PT-GO.
******* Decreto nº 5652, de 21 de agosto de 1997.

Voltei para o Planalto, recebi o presidente da Câmara Brasileira da Indústria da Construção, o deputado [Luiz Roberto] Ponte,* conversa sobre a construção civil, encontro rápido.

Falei com o general Cardoso, transmiti a ele a vinda do Rainha, o Cardoso ficou entusiasmado com a possibilidade de algum avanço nessa matéria.

Também falei com o Pedro Parente, porque o Wasmosy está pressionando para fazermos um acordo com os paraguaios que não é aceitável nos termos em que ele propõe. Depois voltei para o Palácio da Alvorada, onde me encontrei com o dr. [Ermes] Pedrassani, presidente do Tribunal Superior do Trabalho, juntamente com Marco Maciel e com o ministro do Trabalho. Pedrassani quer reformular a legislação trabalhista, eu também quero, e, para a minha surpresa, ele estava preocupado com a aposentadoria dos magistrados.

Diga-se de passagem que ontem o ministro Celso de Mello, presidente do Supremo, me pediu uma audiência, veio ao Alvorada no fim do dia e, na audiência, mencionou a mesma questão. Não em nome dele, que é favorável à universalização dos princípios, mas em nome da magistratura, que deseja um estatuto especial para os magistrados. O que me surpreendeu foi ver que eles pensam que fui eu quem propôs essa redução das aposentadorias que pode chegar até a 30% a menos de salário.** Não fui eu; foi o Senado que optou por essa alternativa que considero injusta e de difícil aprovação na Câmara.

Eu prefiro outra coisa: separar o provento da aposentadoria do provento da atividade, de tal maneira que se possa aumentar os que estão em atividade sem ter que aumentar os inativos, mas garantindo o poder de compra dos inativos e não lhe fazendo reduções, como foi proposto no Senado. Até hoje não entendi o porquê dessa decisão prevalecer no Senado. E a magistratura fica achando que eu é que estou propondo essa quebra na renda; então querem o regime especial.

SEXTA-FEIRA, DIA 22. Ontem, com a família do índio Galdino, foi uma conversa sofrida mas boa, eu disse que me solidarizava com eles pela brutalidade do atentado, da morte, e eles mesmo disseram, no texto que me enviaram, que sabem que eu não posso me envolver na decisão direta da Justiça. Não obstante, os jornais, hoje, destacam esse fato como negativo, como se o presidente da República devesse interferir na [decisão da] Justiça. Uma coisa muito tosca [acontece] neste nosso país, e a imprensa a torna ainda mais tosca porque, em vez de explicar e mostrar por que não, dá a impressão de que, se eu quisesse, poderia forçar a decisão da

---

* Ex-deputado federal (PMDB-RS).
** Os lobbies de aposentados reivindicavam a paridade salarial entre ativos e inativos e lutavam contra a proposta de redução salarial de 30% no ato da aposentadoria, apoiada pelo governo para desbloquear a tramitação da PEC da reforma da Previdência no Senado.

juíza. Imagina, depois quando eu quisesse outras coisas com que a opinião pública não estivesse de acordo, como seria? Ditadura! No fundo, o que está por trás disso é um pedido para que o presidente seja um ditador.

É uma e meia da tarde, daqui a pouco vou a Assunção.* Esta manhã tive uma reunião com todos os ministros militares, mais o Cardoso e o Gelson, para discutir a posição da Argentina. Visão de todos eles: trata-se de manobra americana para dividir o Mercosul, e temos que ser, disse o almirante Mauro César, mais duros com os americanos e com os argentinos, porque ambos recuarão. O Leonel na mesma linha, um pouco mais brando. O Lôbo e o Zenildo em outra posição, mais próxima ao que já estamos fazendo: minimizar a crise e continuar no nosso caminho, sempre com a ideia de que os argentinos têm que ser nossos aliados e que não devemos entrar numa linha direta de confrontação com os americanos, porque não é o caso, mas no fundo todos acham que é a mesma história.

É curioso como existe um pensamento nacional brasileiro muito... muito forte nas Forças Armadas, definindo como "nacional brasileiro" uma coisa antiamericana. Mesmo entre os que parecem ser bastante democratas. Isso reflete uma realidade. A presença brasileira no continente é a única que pode contrariar, até certo ponto, os interesses americanos, e pode ser também uma dor de cabeça para eles, como se está vendo na questão da Alca e do Mercosul. Nós temos que seguir o nosso caminho, que não é de confrontação, mas de autonomia.

Depois tive uma longa reunião com vários ministros e com a área de comunicação social. No final eu disse a todos claramente: "Daqui por diante, a ligação direta com partidos e com políticos é gol contra a minha candidatura. O povo não entende isso. Os partidos vão querer que eu faça campanha rente a eles, para a reeleição. A reeleição é um fato novo, uma pessoa no exercício da Presidência ser candidato. Tenho que moldar a atitude, o comportamento, vocês têm que entender que as pesquisas mostram distanciamento do governo com o povo e de politização da imagem do governo. Isso resulta basicamente dessa conversa infinita com o Congresso e os partidos. Nós vamos precisar ter uma atitude diferente, e vai ser muito duro, porque os políticos não vão entender".

DOMINGO 24 DE AGOSTO. Dando continuidade ao que eu registrei, na sexta-feira fui ao Paraguai. Viagem tranquila, ao chegar fiz uma declaração a respeito da suposta crise entre Brasil e Argentina, reafirmando nossa posição, mas sem dizer que no Paraguai ia se resolver a questão do ponto de vista de segurança, porque a questão não está posta nem [o Grupo do Rio] é o âmbito adequado.

* O presidente viajou ao Paraguai para a XI Reunião de Chefes de Estado e de Governo do Mecanismo Permanente de Consulta e Concertação Política (Grupo do Rio), realizada num hotel de luxo em Assunção.

Muita solenidade, nada de novo. Encontrei-me na embaixada, nesse mesmo dia, com o presidente do México, Ernesto Zedillo. Ele tinha três questões. Primeiro, quer rodízio na cadeira do Conselho de Segurança, contrariamente a tudo que o México sempre quis e sempre disse, que era não participar do Conselho. Quer rodízio porque, depois da posição da Argentina, ficou muito difícil para ele. Eu disse que era inviável para nós, que mantínhamos nossa candidatura, que até àquela altura, aliás, não era nem candidatura, mas depois das declarações do Menem não tínhamos como recuar.

A segunda questão foi a participação do México na Aladi; ele quer manter as vantagens que sempre teve, embora pertença ao Nafta. O Brasil também se opõe a isso, mas vamos negociar até dezembro alguns itens da pauta comercial e depois veremos. Eu disse que prorrogaríamos as negociações até dezembro.

E a terceira questão foi a Alca. Diz ele que, no caso da Alca, México e Brasil têm o mesmo objetivo, mas por razões diferentes, ou seja, não tomar uma decisão já sobre o acordo, ir levando, quanto mais tarde melhor. Melhor para o México porque ele já está no Nafta e, com isso, eles já têm as preferências e evitam concorrência, que haverá se nós todos entrarmos para a integração hemisférica. E para o Brasil é melhor porque ganhamos tempo para nos preparar para a competição. Nesse ponto achei positivo.

No dia seguinte, ontem, sábado, reunião pública. Antes me encontrei com o Menem, que já chegou preparado para o entendimento. Disse que jamais vai brigar com o Brasil por causa do Conselho de Segurança, combinamos que não discutiríamos a questão em público, que manteríamos nossas conversas privadas, que quando ele viesse ao Brasil, em novembro, então afinaríamos melhor a posição, no suposto de que não haja decisão na Assembleia Geral [da ONU] em setembro. Para nós, se houver decisão é melhor, porque ela se faz independentemente dessas conversas, e no plano mundial temos mais margem de manobra.

Fizemos declarações públicas dizendo mais ou menos isso. Eu até inovei, e repeti, como disse no plenário: por que a América Latina não se junta para pedir mais de uma cadeira, em vez de ficar discutindo por uma cadeira? Se a Europa vai ficar com quatro se houver reforma, a Ásia com três, por que uma só? O Menem, pelo jeito, gostou da ideia, porque disse a mesma coisa à imprensa, independentemente de mim.

O resto foi o habitual das reuniões do Grupo do Rio, sem muito significado, porque na verdade não existe quase nada que una esse conjunto de países.* Quando se fala de Mercosul, existe algo concreto. Até a América do Sul. Mas agora com o México ligado ao Nafta, com a América Central mais as Antilhas, a ideia de América Latina e Caribe é uma ideia abstrata, sem muito sentido prático em termos de negociação. Tanto assim que os europeus, o Chirac, já registrei aqui, propôs um encontro Mercosul e União Europeia. Os mexicanos ficaram enciumados e propu-

---

* O Grupo do Rio é formado por todos os países da América Latina e alguns do Caribe, inclusive Cuba.

seram que fosse esse Grupo do Rio com a União Europeia, depois toda a América Latina com a União Europeia. Assim vai se perdendo a possibilidade de se fazer uma agenda, isso passa a ser mera retórica.

Voltei ontem à noite para cá, hoje passei o dia no Palácio da Alvorada, a Ruth está em São Paulo, só vai chegar à noite.

O Sérgio Motta esteve aqui, passamos em revista questões do Ministério das Comunicações. Me preocupa um rumor que ouvi a respeito de um arranjo que teria havido, e que não houve, entre o governo e as empresas que vão distribuir a banda B. Em todo caso, sem dizer ao Sérgio, comecei a testar com pessoas esse rumor, e pelo jeito realmente é falso. Mas essa falsidade acaba tendo aparência de verdade. Eu disse ao Sérgio que deveríamos recuar muito da discussão nos tribunais sobre quem tem razão e quem não, que deixemos o Tribunal resolver, ganhe quem ganhar; se ganhar a Globo ou perder no Rio, o mundo não vem abaixo. Se a Odebrecht não for qualificada, o mundo não vem abaixo.*

Não temos nenhuma razão para um empenho desse nível, para beneficiar A, B ou C, até porque não estamos pedindo nada em troca nem para A nem para B nem para C, nem mesmo apoio político. Na verdade a Globo está numa linha de independência. O primeiro governo que convive com uma Globo independente é o meu. Tenho condições de enfrentar, não há por que não, e ela também. Então, não precisa ter tratamento preferencial do governo e não terá.

O mesmo vale para todas as empreiteiras e empresas grandes. Estamos refazendo o Brasil, elas estão participando de oportunidades, vão ganhar dinheiro, mas ganham por conta própria, não em função de acordos conosco. Não haverá acordos.

Hoje, no fim da tarde, recebi o Maurício Corrêa, que volta a manifestar interesse em se candidatar a governador do Distrito Federal pelo PSDB. Eu disse a ele que já tinha conversado com o Arruda. Acho que se a gente quiser mesmo, o Arruda cede. Vamos ver. O Maurício me disse que o Itamar já está de novo com a ideia de ser candidato a presidente da República, falando de novo em PMDB, e que ele viria aqui com o Itamar. Não sei.

Me aconselhou também a chamar o Marco Aurélio [Mello], ministro do Supremo, para ele resolver logo a questão do embargo que fizemos de uma declaração dele a respeito dos 28% [de aumento] dos funcionários. Ele acredita que o Supremo acabe acompanhando a decisão dele, Maurício, que é de dar os 28%, mas não para quem já recebeu aumentos. Se for assim, acho que dá para enfrentarmos isso de maneira mais tranquila.

* O consórcio Telet, desclassificado da disputa pela área da banda B correspondente ao Rio de Janeiro (onde a Globo concorria pelo consórcio TT-2), recorrera ao STJ para participar da licitação. O consórcio Avantel — integrado por Odebrecht, Camargo Corrêa, Unibanco, a norte-americana Air Touch e Empresa Folha da Manhã S.A. — apelou ao mesmo tribunal para impugnar a vitória do consórcio Tess para a banda B da Área 2 (interior de São Paulo).

TERÇA-FEIRA 26 DE AGOSTO. Ontem nada de excepcional. Assinamos mais um contrato de telefonia celular.* Recebi Roberto Magalhães, prefeito de Recife, o chanceler da Guiana** e também o governador da Paraíba, José Maranhão. Este reclamou de que o [Fernando] Catão*** estaria destinando todas as verbas para prefeitos do interior que são inimigos dele, é possível.

Na tensão sobre esse negócio de banda B, o Sérgio Motta concordou que era melhor não sair como espadachim, deixar a Justiça decidir, mas no fim do dia ele já estava aflito porque a Justiça iria atrasar. Telefonei ao Marco Maciel para ver como ele encarava a questão, eu sempre preferindo que o Sérgio não saia como espadachim, porque vão interpretar que as decisões serão "truncadas".

Jantamos ontem à noite aqui eu, a Ruth, o Celso Lafer, o Sebastião Rego Barros, o Gelson e a Tite [Maria Cristina Rego Barros], mulher do Rego Barros. Muito agradável. Perguntei ao Celso Lafer se ele teria interesse em no futuro ir para o Supremo. Não foi muito conclusivo, mas acho que tem.

Hoje, terça-feira, também nada de especial, cerimônia de entrega das credenciais ao novo embaixador da Argentina.**** Recebi o Vitor Buaiz e a bancada do Espírito Santo, para reclamar e pedir mais apoio. O Vitor continua cético quanto a uma saída para o PT. Hoje, também, muita fofoca, porque o Ciro Gomes disse que se interessava em sair candidato à Presidência pelo Partido Socialista [Brasileiro], muitos me telefonaram desde ontem sobre isso. Acho que estamos nos atrasando em puxar o Ciro mais para perto de nós, porque ele pode dar dor de cabeça.

Trocamos os quadros no meu gabinete, o Daniel Feingold foi o artista plástico escolhido, vieram todos aqui, porque ele não conhecia o Alvorada.

QUARTA-FEIRA, 27 DE AGOSTO. Ontem à tarde recebi a Yeda Crusius***** com o Montoro e dona Lucy Montoro,****** sobre um seminário que farão a respeito de mulheres na cultura da América Latina. ******* Recebi o Albano Franco, pedidos habituais de apoio ao governo dele no Sergipe.

Hoje de manhã, longa entrevista para o Roberto Pompeu [de Toledo], da revista *Veja*. Uma entrevista mais conceitual.

---

* Assinatura do contrato com o consórcio BSE (Safra, Bell South, grupo Estado, RBS e Splice), um clone do BCP, vencedor de São Paulo, para a exploração da banda B na Área 10 (Alagoas, Ceará, Paraíba, Pernambuco, Piauí e Rio Grande do Norte).
** Clement Rohee.
*** Ministro da Integração Regional.
**** Jorge Hugo Herrera Vegas.
***** Deputada federal (PSDB-RS).
****** Mulher de Franco Montoro.
******* Promovido pelo Instituto Latino-Americano (Ilam), presidido por Franco Montoro.

Eu já tinha falado com o Bresser-Pereira sobre a minha preocupação com o aumento dos militares e dos professores [universitários]. O Bresser é um pouco reticente sobre o aumento dos professores. Acho que é preciso dar alguma coisa, porque a situação não está fácil.

Recebi o governador do Piauí.* Mesma coisa que o Albano Franco, só que quer que [o governo] também apoie o Piauí por causa da negociação das dívidas, quer vender a empresa elétrica dele** para um grupo americano. Diz que vale uma fortuna, duvido muito que isso seja efetivado.

Depois, ato com o ministro da Saúde para o Reforsus,*** com recursos para reorganizar hospitais. Discursos normais.

Ontem à noite, o ministro Celso de Mello e também o ministro [José Carlos] Moreira Alves**** vieram para conversar comigo e com o Eduardo Jorge sobre a reforma da Previdência no que toca aos magistrados. Como são pessoas competentes, corretas, gostei da conversa, umas ponderações daqui outras dali. Assumi com eles o compromisso de que no ano que vem começaremos a discutir o Estatuto da Magistratura, discretamente, com alguns ministros do Supremo.

Hoje almocei com o Vilmar Faria, a Ruth foi para São Paulo, o Vilmar veio aqui, discutimos muitas coisas, entre as quais a preocupação dele com as universidades, que coincide com a minha. Há que dar apoio ao Paulo Renato nessa matéria.

Entre parênteses: o Giannotti fez mais um desabafo. Eu não vi, mas dizem que ontem atacou a política educacional no [programa do] Boris Casoy na TV, porque, disse o Giannotti, deve haver uma política mais restritiva na criação de universidades.***** Deixou mal o Paulo Renato. Ele não tinha o direito de fazer isso, porque estamos lutando para melhorar. Ele perdeu uma batalha [no Conselho Nacional de Educação], mas não perdeu a guerra, e está se esquecendo de que o fato de ser meu amigo lhe dá notoriedade neste momento. Parece o amigo do presidente criticando o presidente, embora ele tenha dito que não era eu o criticado, mas o Paulo Renato.

Já vi até um editorial do *Jornal do Brasil* dizendo que um homem de cultura ligado à universidade, eu, no caso, tem que aceitar o repto do professor Giannotti, que passa a ser o grande moralizador das universidades. É fácil fazer média à custa de não ter responsabilidade continuada com a coisa pública. Responsabilidade esporádica e grito moralizante é tudo que o Giannotti sempre criticou, especialmen-

---

* Francisco de Assis Souza, o Mão Santa (PMDB).
** Companhia Energética do Piauí (Cepisa). Passou ao controle da Eletrobrás em outubro de 1997.
*** Assinatura de contrato para a execução dos projetos do Reforsus.
**** Ministro do STF.
***** José Arthur Giannotti era membro do Conselho Nacional de Educação, órgão responsável pela avaliação de cursos e autorização de funcionamento de faculdades, centros universitários e universidades particulares.

te na *Folha*. Ele sempre criticava a *Folha* por falar em termos de ética da convicção, quando na política a ética não pode ser da convicção, tem que ser da responsabilidade. Ora, isso é Weber. O Giannotti não é kantiano, seguidor da moral absoluta, não crê na lei como expressão da moral. Se ele pensa assim [*à la* Weber], não deve dizer "eu não brinco mais", porque fizeram uma coisa errada. Ora, política não é assim; a gente tenta, tenta, tenta, até mudar as coisas, e não simplesmente proclama o fim último.

QUINTA-FEIRA, 28 DE AGOSTO, duas e meia da tarde. Ontem à tarde, recebi a Fundação Luso-Brasileira.* Muitos despachos internos. O Roberto Bornhausen com o Pedro Moreira Salles. Juan Somavía [meu amigo do Chile],** que é candidato a [diretor-geral da] OIT, e, durante a tarde toda, discussão sobre a Lei Eleitoral.***

O Luís Eduardo no fim do dia, quase noite já, me telefonou para dizer que o PFL e o PSDB perderam para o PMDB e o PPB, que se aliaram às oposições. A razão é a seguinte: tempo na televisão; isso é vital para os partidos e eles não abrem mão. PSDB e PFL querem [dividir o tempo na TV pela] média do número de deputados que cada partido tinha no início da legislatura e no final. Querem contar os deputados que tinham no início, porque tinham mais deputados e isso aumenta os minutos de televisão. Muito difícil vencer esse ponto.

Por outro lado, o Maluf quer ter muitas inserções. Para ele é bom [rejeitar a proposta], e é bom para os demais. Erro dos que forem na conversa dele.

Depois vim para o Palácio da Alvorada assistir a um filme feito pelos pernambucanos,**** vieram o Marco Maciel e muita gente, inclusive o ministro do Tribunal de Contas,***** que é de Pernambuco, todos os ministros de Pernambuco.****** O filme é interessante, tinha umas partes antigas feitas por um Benjamin Abrahão, que teria filmado na época original do cangaço com o Virgulino, o Lampião.

Depois que foram embora, fiquei discutindo com o Paulo Renato a crise da universidade até quase meia-noite.

Hoje de manhã, fui para o Palácio do Planalto, onde entramos na roda-viva.

---

* Instituição de fomento às relações entre Portugal, Brasil e os países de língua portuguesa, com sede em Lisboa.
** Economista e professor chileno, assessor especial da Cepal.
*** A Câmara aprovou por unanimidade o relatório do deputado Carlos Apolinário. Os governadores candidatos à reeleição e o presidente foram autorizados a permanecer em seus cargos durante a campanha de 1998.
**** *O baile perfumado* (1997), com direção de Lírio Ferreira e Paulo Caldas.
***** Marcos Vilaça.
****** Gustavo Krause e Raul Jungmann.

Chamei o [Germano] Rigotto,* depois a bancada do PMDB, inclusive os dois senadores, o [José] Fogaça, que é sempre construtivo, e o Pedro Simon, que estava amável, querendo pedir apoio ao Rio Grande e ao Britto. Eu disse que sempre dei e continuaria a dar, mas a questão já não é dar mais 2, ou 3, ou 10, ou 20 milhões [para o estado], a questão é outra; é política, e também o fato de as reformas não andarem no Congresso nem no Senado nem na Câmara. O Senado está cortando o pouco do que o Beni tinha conseguido,** portanto a responsabilidade é do Congresso.

Depois recebi o deputado Severino Cavalcanti, malufista, que foi um dos que chefiaram a campanha contra a reeleição. Ele veio com o Luís Carlos Santos, para dizer que agora está do lado do presidente. Vamos ver.

Discutimos a privatização da Cesp e de Furnas. Decidimos fazer primeiro a da Cesp não só porque é bom para São Paulo como porque assim não se jogam as duas, Furnas e Cesp, ao mesmo tempo. É muito dinheiro e o mercado não dispõe de tantos recursos, e assim também não precisamos discutir Furnas no início do ano que vem, quando a questão eleitoral vai envenenar a discussão sobre privatização.

Problema sério: o Supremo Tribunal começou a votar ontem o aumento dos 28%, e, contrariamente ao que me tinha dito no Alvorada, o Maurício Corrêa votou com o Marco Aurélio, para não haver compensação. Depois o Maurício disse ao Jobim que ele votou como vereador e também disse ao Quintão pelo telefone, hoje, que estava meio perturbado em razão da presença de líderes sindicais, porque ele quer ser candidato ao governo do DF. Votou contra o país para defender pseudos interesses eleitorais. É espantoso. Entretanto o Jobim votou a favor e o Ilmar Galvão pediu vistas. Parece que houve uma combinação entre os ministros, disse-me o Jobim, pela qual o Ilmar Galvão não conhece o agravo feito pelo procurador-geral da União, ou seja, salva a cara do Marco Aurélio, mas reconhece que precisamos descontar o que já foi pago. Vamos ver o que vai sair disso.

São estas as questões que estão ocupando o meu tempo substantivamente: os 28%, a lei eleitoral e a privatização das energéticas. Não é mau como aperitivo.

SEXTA-FEIRA, DIA 29, estou esperando o helicóptero para me levar à fazenda, são quatro horas da tarde.

Ontem, quinta-feira, pela tarde continuei os despachos, recebi o presidente da Igreja Luterana [do Brasil]*** e o presidente do Conic, que é uma comissão de igrejas cristãs do Brasil.**** Vieram alguns bispos alemães, discutimos a reforma agrária.

* Deputado federal (PMDB-RS).
** O Senado inseriu emendas com regras especiais de aposentadoria para o Judiciário e restaurou a paridade entre ativos e inativos.
*** Humberto Kirchheim.
**** Conselho Nacional de Igrejas Cristãs do Brasil.

Eles parecem mais razoáveis, entendem a problemática, as dificuldades e o esforço do governo.

Depois recebi o Sérgio Arouca,* boa conversa, o Sérgio com a cabeça muito aberta. Telefonemas o dia todo o tempo todo.

Hoje de manhã, despacho desde as dez horas, o Kandir veio com o [Waldemar] Giomi e com o Martus [Tavares], secretário executivo do ministério, mais o Amaury Bier** e ainda o subchefe do departamento de orçamento, trazer o orçamento. Bem-feito. Fizeram um trabalho extraordinário. Estamos pouco a pouco ajeitando as contas públicas de tal maneira que, no ano que vem, espero que o orçamento seja executado sem que eu tenha que fazer decretos de contingenciamento, ou seja, o financeiro [os recursos a serem executados] vai ser igual ao orçado. Seria uma maravilha.

Recebi, ainda hoje de manhã, o general Cardoso, o ministro Iris, o Luís Eduardo Magalhães, líder do governo, o Clóvis, o Eduardo Graeff e o Eduardo Jorge, sobre a PEC que desvincula os militares*** e a PEC que faz com que haja a possibilidade de as polícias militares estarem fora da Constituição, e que os governos estaduais possam mantê-las da forma que quiserem.

Depois dei longa entrevista, na verdade continuei a anterior, para o Roberto Pompeu, não preciso estar dizendo o que disse, que foi muito mais conceitual e deve ser publicado na *Veja*. Acho que ficou boa, talvez um pouco abstrata.

Almocei com o Roberto Pompeu e com a Ana [Tavares], e agora, depois de despachar com o Lucena e com o Clóvis, estou aqui à espera do helicóptero. Vou para a fazenda, onde fico lendo uma porção de coisas, papéis, documentos e livros, e espero voltar para Brasília no domingo na hora do almoço.

---

* Deputado federal (PPS-RJ).
** Chefe da assessoria econômica do Ministério do Planejamento.
*** Isto é, a desvinculação entre as polícias militares e o Exército, do qual são forças auxiliares e reservas, segundo Constituição de 1988.

8 A 12 DE SETEMBRO DE 1997

Rusgas com Sarney. Desgaste com Ciro Gomes. Parceria entre Petrobras e Odebrecht no polo petroquímico de Paulínia

Segunda-feira 8 de setembro. Levei um longo tempo sem gravar.
Fui à fazenda na sexta-feira, dia 29 de agosto, e lá passei o fim de semana. Li bastante, me distraí. Fiquei sozinho, sozinho com 22 pessoas, entre seguranças, médico, pilotos, todos ficaram na fazenda. Fui visitar um acampamento dos sem-terra* no sábado, dia 30 de agosto, resolvi ir lá ver. Foi tudo muito bem. Está nos jornais. Fui de surpresa, não estavam os líderes, fui tratado quase carinhosamente. Fiquei bastante impressionado com a disposição e a pobreza daquela gente, e vendo um pouco no horizonte a falta de possibilidade de aquilo dar certo a longo prazo.

Nesse mesmo dia, fui a Buritis, fui sozinho também, ou quase, com quatro ou cinco pessoas, ajudantes de ordens e o motorista, que almoçaram comigo, conseguimos driblar a imprensa. Lá encontrei o prefeito** que diziam ser do PT e padre; é ex-padre e não é PT, é PPS. Está fazendo muita coisa boa por lá. E me apoia, segundo ele; me disse que está melhorando a educação e a saúde. Reclamou da saúde. Há dez médicos do SUS em Buritis e um deles ganha 4 mil reais, me pareceu um absurdo, não sei se será verdadeiro.

Voltei domingo para Brasília, dia 31. Mais à noite tive uma reunião com o pessoal do PSDB. Primeiro veio o Sérgio Motta e logo em seguida chegaram o Mário Covas, o Eduardo Azeredo, o Pimenta, o Teotônio e o Richa. Discutimos a situação do PSDB. Não vou repetir o que penso, pois já anotei aqui algumas vezes. O Mário reclamou do ICMS, no que ele não tem nenhuma razão, e reclamou de maneira pouco simpática. Eu disse que os estados não iriam perder dinheiro, ele disse que estão perdendo, o que não é verdadeiro, vou mandar uma carta explicando, mas ele teve uma posição construtiva com relação a outras questões.

A mais debatida foi a questão do Ciro. Está todo mundo preocupado com a posição dele.*** Eu disse que não tinha falado com ele porque o Tasso me recomendara que não o procurasse. O Tasso conhece bem o Ciro e achou que ele ia ficar com a bola cheia, difícil de controlar. Certo ou errado, no Ceará eu tenho que seguir o Tasso, e não o Ciro, que pula para cá, pula para lá, dá argumentos ad hoc, nunca

---

* O presidente visitou um assentamento em demarcação pelo Incra na fazenda Nova Itália, vizinha da Córrego da Ponte.
** José Vicente Damasceno.
*** Gomes, filiado ao PSDB, articulava com o PPS, o PSB e o PV a criação de um novo partido com vistas às eleições de 1998.

rompeu comigo, nunca o maltratei, nunca falei mal dele, está fazendo uma grande onda aí: foi para Harvard, lá escreveu um livro lamentável com o [Roberto] Mangabeira Unger,* depois fez reuniões com o Itamar, com a esquerda, imagina, com o Zé Dirceu!, e parece que com alguns latino-americanos para "combater o neoliberalismo". Naturalmente, o pressuposto é que o neoliberal sou eu. Basta eles lerem o que está escrito na revista *Veja*, que saiu ontem, domingo,** para ver que isso não tem sentido. E o Ciro sabe. Ele quer se colocar na sucessão.

Na segunda-feira, 1º de setembro, começou a Semana da Pátria. Passei em revista a guarda de honra diante da bandeira, que foi trocada na Praça dos Três Poderes. Depois a solenidade do fogo simbólico, do fogo da Pátria. No Palácio do Planalto, no Anexo, dei uma entrevista coletiva à imprensa. Fiz o habitual, uma introdução otimista e relativamente curta, com base em dados, que o Sérgio Amaral me preparou, depois um bate-bola com a imprensa de dez perguntas, todas razoáveis, salvo a primeira da *Folha*, que tentou voltar ao tema da, aspas, "compra de votos", como assunto eleitoral.

D. Angélico [Bernardino]*** falou disso de novo, ontem, 7 de setembro. Vê-se que nem alguns padres têm seriedade.

Depois tive um almoço na Granja do Torto, reunião ministerial, bastante boa, sem novidade maior a não ser que a linguagem estava afinada tanto na área social como na econômica, fusão entre as duas, a preocupação do governo. O Kandir fez uma grande apresentação sobre o orçamento, boa e convincente.

Voltei para o Alvorada e jantei com a Roseana Sarney, que havia me telefonado pedindo esse encontro, juntamente com o Jorge Murad, a Ruth e, mais tarde, o Sérgio [Motta]. Antes de o Sérgio chegar, ela manifestou preocupação com a posição do pai, que foi procurá-la e quer se lançar candidato à Presidência. Ela disse que é contra, no fundo acha que o pai se sente maltratado por mim. Eu disse: "Mas o que é isso? Um raio na minha cabeça em dia de céu azul! Eu o trato com toda a consideração". Ela alegou que ele não se sente partícipe das decisões de governo e voltou ao tema da escolha do ministro dos Transportes e do Fernando Bezerra, já registrado aqui. Respondi que ele tinha que ter criado condições no PMDB, e elas não foram criadas. O Sarney falou com o Fernando Bezerra, o qual deu com a língua nos dentes, me escreveu uma carta, ficou tudo muito difícil, política é assim. "Mas você não voltou a procurá-lo para explicar tudo isso a ele", ela insistiu, o que é verdade. Acho que até compreendo a reação do Sarney, realmente não tenho muita disposição

---

* *O próximo passo: Uma alternativa prática ao neoliberalismo*. Rio de Janeiro: Topbooks, 1996.
** "As razões do presidente", entrevista de catorze páginas assinada por Roberto Pompeu de Toledo na edição de 10 de setembro da revista.
*** Bispo auxiliar de São Paulo.

de dividir as decisões do dia a dia do poder com ele, não há razão para isso. Trato-o bem, dou o espaço que ele merece e de que muitas vezes necessita, mas também não preciso exagerar, colocá-lo no centro das decisões, pois ele nem me apoiou propriamente nas eleições; a filha, sim, mas ele não.

De qualquer forma, ela insistiu muito que eu falasse com ele, com o irmão também, com o Zequinha [José Sarney Filho], que há coisas concretas a conversar, que eu telefonasse com urgência para ele, para marcar esse encontro.

No dia seguinte, terça-feira, 2 de setembro, ela voltou a me ver de manhã, aflita — tinha estado com o Clóvis —, me dizendo que não era para eu procurar diretamente o Sarney, que o Sérgio Motta é que devia fazê-lo. Pedi isso ao Sérgio, assim eles especificariam melhor as coisas. O Sérgio o procurou não no mesmo dia, mas no seguinte. E, mais recentemente, me transmitiu o que o Sarney quer. Não há divergência política. O que há são questões concretas: estradas no Maranhão, um empréstimo do BNDES para o Maranhão, negociações no Amapá nas quais ele está incluído e espera um apoio [para obter anúncios] de cerca de 1 milhão de reais às empresas do grupo de comunicação dele no Maranhão,* que vão mal na parte de rádio. Foi o que ele disse ao Sérgio. A mim não disse nada até hoje sobre isso.

Enquanto isso, na *IstoÉ* de 7 de setembro, para corresponder à entrevista que dei à *Veja*, [Sarney] ele deu uma entrevista na qual disse ser candidato, que ele fez um governo eminentemente social, que o Plano Real é seu neto porque ele fez o Plano Cruzado, que somos um governo neoliberal, que prefiro inaugurar penitenciária em Bangu a obra hidrelétrica, enfim. Uma postura crítica que encobre a angústia dele por não ter votos para ganhar.

VOLTANDO AO DIA 2 DE SETEMBRO, terça-feira. Nessa semana chegou aqui não só o primeiro-ministro do Líbano** como o presidente de Portugal.*** Vou falar sobre eles daqui a pouco.

Vou dizer, pela ordem, o que aconteceu no dia 2. Estive com o senador Renan Calheiros, que veio conversar sobre o FEF, do qual ele é relator. Mostrou algumas demandas que tem, para saber como poderá atender às pressões dos estados. Eu disse que é até razoável ampliar o número de municípios atendidos pelo Comunidade Solidária. Pedi que o Kandir examinasse, ele acha razoável. As outras demandas são menos razoáveis.

Além disso, falou sobre Alagoas, indagou se posso antecipar o avanço de salário atrasado de Alagoas para ajudar o governador, isso a partir de janeiro. Segundo

---

* Sistema Mirante de Comunicação, do qual fazem parte a Rede Mirante (afiliada da Globo) e a rádio Mirante FM, sediadas em São Luís.
** Rafic Hariri.
*** Jorge Sampaio.

ele, o governador está fazendo tudo que deve fazer. Parece que está mesmo; se for verdade, também corresponderemos.

Recebi o *chairman* de um banco japonês. Recebi o Paulo Afonso, governador de Santa Catarina, que veio com o [Nelson] Wedekin [ex-senador], secretário da Fazenda, e com o senador Casildo Maldaner.* O que ele quer? Que Santa Catarina não seja discriminado. Eu disse que por mim não será. Acontece, disse ele, que o Esperidião Amin, juntamente com o Vilson Kleinubing, está numa guerra sem quartel no BNDES, em toda parte [para o governo catarinense não conseguir empréstimos], e assim eles não conseguem equilibrar [as contas públicas].

Tomara que se equilibrem, porque isso não tem nada a ver com política, senão com o Tesouro. Eu disse: "Conversem com o Eduardo Jorge, certamente o governo federal não vai discriminar por motivos de briga local". Entretanto, ainda que eu não possa julgar direito, me parece que a posição do Paulo Afonso ficou muito difícil, e a intransigência dos outros também foi muito grande. Perda para quem? Para o estado de Santa Catarina e para a moral pública. Fica a impressão de que há podridão, e não se prova se há ou não.

Jantei no Itamaraty com o primeiro-ministro do Líbano.

Na quarta-feira, 3 de setembro, recebi o pessoal de Roraima. O senador Romero Jucá veio acompanhado do Teotônio Vilela, do deputado José Jorge, presidente do PFL, e da Teresa Jucá.** Veio dizer que é preciso não dar recursos federais ao governador Neudo Campos, porque eles [o pessoal do governo] estão repassando a empreiteiras e levando vereadores, e sobretudo prefeitos que eram do PSDB e do PFL, a apoiar o Neudo sob o argumento de que ele é candidato ao governo. Claro que para nós é mais adequado que venha a Teresa Jucá, que parece administrar melhor.*** Mas não posso deixar de dar recursos; o que posso fazer, eu disse a eles, é aumentar a fiscalização.

Recebi o senador Humberto Lucena, que veio falar da Paraíba.

(A Ruth acabou de chegar com o Valter Pecly, para discutir a mudança de móveis porque o Clinton vem aí.)

Retomando. O Humberto, naturalmente, não quer que o [governador] Maranhão saia do PMDB, e estava com medo de que eu o estivesse incentivando. Não estou, estou apenas monitorando. Gosto do Maranhão e acho que todos eles acabam se compondo ao redor do PMDB. Vamos ver.

Depois fui almoçar na embaixada do Líbano, já falo sobre isso. Despachos normais na sequência. No fim do dia recebi a Aspásia Camargo, secretária executiva do Ministério do Meio Ambiente, para discutir sua ida para o centro de estudos

---

* PMDB-SC.
** Ex-prefeita de Boa Vista, mulher de Romero Jucá.
*** Teresa Jucá foi candidata ao governo roraimense em 1998 pelo PSDB, e derrotada por Neudo Campos.

internacionais que o Lampreia está organizando.* Ela não estava muito motivada, mas expliquei a importância do centro.

Para minha surpresa, hoje, dia 8 de setembro, no Rio de Janeiro, parece que já mudaram de ideia sobre o convite para a Aspásia, o que vai nos criar um problema, porque ela já está de malas prontas. Mais ainda: ela não está com uma boa química no ministério e o Sérgio Moreira já teria sido contatado para o lugar dela.**

Depois tive um longo despacho com o Marco Maciel e vim para o Palácio da Alvorada para um encontro com o general Leonel e o general Cardoso. Assunto: Ministério da Defesa. O general Leonel fez um trabalho bastante detalhado, ele é favorável à criação do Ministério da Defesa, houve muita discussão nas várias forças. Os vices-chefes do Estado-Maior de cada uma das armas fizeram outra proposta, que na prática não muda quase nada. Leonel insiste que é melhor assumir logo a mudança, mas não já; ele acha, com razão, que uma medida desse tipo deve ser implementada entre outubro e dezembro do ano que vem.

Notei o general Cardoso um pouco mais ansioso por alguma definição [do projeto], porque ainda falta um ano para chegar à decisão. O general Leonel disse que podíamos, nesse meio-tempo, lá por abril, criar o comando unificado da Amazônia, ficando a sede do Exército em Manaus, onde já está. Depois criaríamos um na Amazônia ocidental, outro na oriental, entregando o comando de um para a Aeronáutica e do outro para a Marinha, e com isso começariam a trabalhar em conjunto. Gostei de ver o estudo do general Leonel. Até pensei que ele, depois do problema de saúde que teve, estivesse um pouco desanimado, mas não. O homem foi persistente, trabalhou discretamente e fez uma proposta corajosa. Vamos ver o que dá para fazer.

Na noite desse mesmo dia 3, quarta-feira, a Bia veio a Brasília e ficou até há pouco, quando voltou para São Paulo.

Na quinta-feira, dia 4 de setembro, fui ao encerramento do seminário do Programa Brasil em Ação,*** e me parece que tive sucesso no que eu disse. Nada de muito novo, mas talvez pela forma mais organizada como disse. O fato é que estamos começando a perceber, no conjunto, como as coisas estão andando.

Na volta tive um encontro muito interessante: almocei com o Paulo Renato, o Paulo Paiva, o Vilmar, o Ricardo Paes de Barros,**** o Marcelo Neri,***** o José Márcio

---

* Centro Empresarial de Estudos Internacionais (Ceei), ligado ao Ceal.

** Aspásia Camargo se tornou membro da Comissão de Políticas de Desenvolvimento Sustentável e da Agenda 21 Brasileira e foi substituída por Sérgio Moreira na secretaria executiva do ministério.

*** I Seminário do Programa Brasil em Ação, realizado no Centro de Treinamento do Banco do Brasil, em Brasília.

**** Professor de economia da Universidade Yale.

***** Economista do Instituto de Pesquisas Econômicas e Aplicadas (Ipea).

Camargo* e o Cláudio Consídera.** São pessoas que entendem muito de distribuição de renda, de pobreza, de educação e assuntos ligados a esses temas. Fizeram uma análise muito boa. Quase tudo já está publicado, mas os estudos apontam que a variável crucial para alcançar menor desigualdade é a educação. Já se sabia, mas eles mostram com muitos e muitos dados, e também que o salário mínimo tem importância maior [para a redução da pobreza] do que a que os economistas costumam lhe atribuir. Pedi até que apresentassem isso tudo de novo quando estivessem o Malan e o Kandir.

Depois do almoço recebi o Norman Gall, diretor do Instituto Braudel*** em São Paulo, com um grupo de estrangeiros, que fizeram umas perguntas mais ou menos superficiais sobre o Brasil.

Recebi ainda o Aloysio Nunes com o [José Antônio] Barros Munhoz,**** que já foi ministro da Agricultura, hoje é outra vez prefeito de Itapira***** e vai apoiar o Aloysio. Recebi também o Edison Lobão,****** a respeito do problema da Polícia Militar.

Mais tarde fui ao Itamaraty inaugurar a mostra chamada Herança Barroca******* e voltei para jantar com o meu pessoal, a família estava aqui por causa do Sete de Setembro.

Na sexta-feira, dia 5 de setembro, despachos normais, conversei com o Clóvis, que tinha falado com d. [Raymundo] Damasceno******** sobre a atitude da CNBB, que estava preparando o Grito dos Excluídos. Que façam o Grito dos Excluídos, tudo bem, mas na verdade é uma manifestação contra o presidente, contra o governo, é cartão vermelho para a política chamada neoliberal, enfim, a Igreja servindo de palco para o PT ter alguma audiência e a imprensa, ávida por notícia, claro que vai dar grande relevância. D. Damasceno, como de hábito, disse que a CNBB não está apoiando oficialmente, cada bispo fará o que quiser. Na verdade é um jogo um pouco falso da CNBB; eles estão realmente dando muita entrada à oposição por mil razões, que até compreendo.

Depois fiz a assinatura de mensagens de projetos de lei na área de direitos humanos, gravações de vídeo para o Yom Kippur dos judeus e por último fiquei por conta da presença do presidente de Portugal, Jorge Sampaio. Tivemos não só a recepção oficial como um jantar no Itamaraty.

* Professor de economia da PUC-RJ.
** Economista do Ipea.
*** Instituto Fernand Braudel de Economia Mundial.
**** Munhoz foi ministro da Agricultura durante três meses no governo Itamar (1993).
***** PMDB.
****** Senador (PFL-MA).
******* Exposição de esculturas, objetos e pinturas dos séculos XVII a XIX, comemorativa da Independência do país.
******** Secretário-geral da CNBB e arcebispo de Aparecida (SP).

No dia seguinte, sábado, fiquei em casa e nadei muito, fiz exercícios, só falei no fim da tarde com o Sérgio Amaral para preparar o que eu diria no domingo, 7 de setembro, festa que fizemos para os meninos que tinham saído do trabalho forçado.* Queríamos chamar a atenção para o fato e mostrar o programa que está sendo feito. Convidamos os meninos para virem assistir ao *Castelo Rá-Tim-Bum* [no dia 7],** que teve, aliás, grande êxito junto à criançada e a mim também. Gostei.

Ficamos em família no resto do dia, conversando e nada mais, o Paulo Henrique veio com as meninas, veio o Duda, estavam todos, a Luciana também apareceu, foi tudo muito tranquilo.

O domingo do Sete de Setembro foi um dia totalmente cerimonial. O presidente de Portugal já estava aqui às oito e vinte da manhã, saímos juntos para a parada do Sete de Setembro, desfile militar, povo na rua, aplausos, gente ligada ao Iris e ao Arruda, naturalmente. Depois houve uma cerimônia cívica no Alvorada, para chamar a atenção para as crianças que tiramos do trabalho penoso, e um relato sobre o que fizemos na área dos direitos humanos. Veio também a Daniela Mercury, que fez uma apresentação simpática, ela é embaixadora da Unesco, depois cantou uma música mostrando a necessidade de prestar atenção nas crianças.

Mais tarde fui entregar o prêmio Camões*** lá no Itamaraty a um escritor angolano chamado Pepetela.****

E a Daniela Mercury almoçou conosco.

Ainda recebi o círculo diplomático, uma coisa bastante morosa e um pouco monótona também, apertar a mão de cada embaixador, ao meu lado o presidente de Portugal, a Ruth e a Maria José Ritta.***** Depois jantamos na embaixada de Portugal.

HOJE, SEGUNDA-FEIRA, DIA 8 DE SETEMBRO, levantei cedo de novo e fui ao Rio de Janeiro para a abertura da cerimônia da reunião da Academia de Ciências do Terceiro Mundo.****** Sou membro há muitos anos dessa Academia, mas

---

* O presidente recebeu crianças de rua assistidas pela Casa da Cidadania, do Rio de Janeiro, e ex-trabalhadores da região sisaleira da Bahia, beneficiados pelo programa de erradicação do trabalho infantil do governo federal.
** Apresentação do grupo de atores e músicos do programa homônimo transmitido pela TV Cultura de São Paulo.
*** O prêmio Camões é concedido anualmente pelos governos brasileiro e português a personalidades literárias do mundo lusófono.
**** Pseudônimo de Artur Carlos Maurício Pestana dos Santos.
***** Mulher de Jorge Sampaio.
****** A VI Conferência Geral da academia aconteceu no Rio Palace Hotel.

nunca participei de nada mais ativamente, o [Israel] Vargas, que foi seu presidente, organizou uma boa reunião, com bons cientistas. Fiz uma exposição muito entrecortada porque eu não podia falar em inglês e a tradutora teve dificuldade de fazer tradução simultânea e sucessiva, isso é muito chato. No meio corrigi um pouco em inglês, para precisar melhor o pensamento, parece que gostaram, não sei por quê, pois achei minha exposição sensabor.

De lá fui almoçar no Laranjeiras com o Lampreia, o Daniel Klabin* e uma porção de pessoas, o Malan também, alguns assessores meus mais o Roberto Teixeira da Costa e o Olavo Batista Filho.** Eles estão tentando organizar o centro a que já me referi, do qual a Aspásia seria diretora executiva, mas cujo convite não se concretizou.

O Marcelo Alencar esteve no Laranjeiras, ele foi me receber de manhã e me acompanhou à Academia do Terceiro Mundo. Uma solenidade para premiar empresas que estão dando muita atenção à educação,*** com resultados concretos de experiências educacionais. Foi tudo bem.

Hoje, 8 de setembro, Dia Mundial da Luta contra o Analfabetismo, li dados, Paulo Renato também, mostrando que o Brasil avançou muito na área de educação primária e que está ao alcance da nossa mão fazer o que eu tinha dito ontem, 7 de setembro, que deveríamos fazer: não ter mais crianças fora da escola.

Os jornais apresentaram isso como uma promessa, até promessa de campanha. É revoltante, eu não fiz promessa nenhuma, esse é um desafio que não é meu, é nacional, até porque a educação primária não pertence ao governo federal. Estou chamando a atenção, motivando, e parte da mídia fica o tempo todo corroendo a possibilidade de termos mais decência no Brasil, porque transforma tudo numa coisa mesquinha e menor, como se eu quisesse simplesmente fazer promessas do tipo que não se cumpre. É lamentável.

Estavam presentes o Roberto Marinho, o Emílio Odebrecht, o Carlos [Eduardo] Moreira Ferreira, da Fiesp, e depois eu os convidei para uma conversa rapidinha antes de eu viajar. Voltei para Brasília, aonde cheguei há pouco tempo, com o Valter Pecly e com a Ruth. Discutimos alguns pormenores sobre a vinda do Clinton ao Palácio. As mudanças são necessárias, o estofamento está todo rasgado. Até o pretexto é bom, porque ninguém vai poder dizer que estamos gastando dinheiro, repondo umas fazendas rasgadas. A vinda do Clinton justifica isso e o Valter vai tentar fazer alguma coisa para melhorar a aparência do Palácio.

Agora algumas considerações sobre os visitantes.

Dos governantes que vieram aqui, o [primeiro-ministro] do Líbano é obsessivo pela ideia anti-Israel. Talvez até excessivo, todos os discursos dele muito irados con-

---

* Membro do conselho de administração da Klabin Papel e Celulose e presidente do Ceal.
** Advogado, consultor de direito internacional.
*** Cerimônia de entrega do prêmio Educação para Qualidade do Trabalho, concedido pelo Ministério da Educação a experiências bem-sucedidas na educação de jovens e adultos.

tra Israel. Comigo muito simpático, apoiou a entrada do Brasil para o Conselho de Segurança, me convidou insistentemente para que eu vá ao Líbano, dizem os libaneses que há no Brasil 10 milhões de libaneses e de descendentes, não sei se haverá tantos, mas há muitos, então a visita tem importância nacional e internacional. Irei ao Líbano se puder e também devo ir a Israel, porque no ano que vem faz cinquenta anos da criação do Estado de Israel.* Vai ser um equilíbrio difícil, mas o Itamaraty cuidará disso com precisão. Não há muito que fazer com o Líbano senão em termos políticos. Não se trata de importação, exportação, nada disso.

Houve também a presença do Maluf. O Itamaraty o convidou sob o pretexto de que já haviam convidado a irmã e o irmão, não sei se foi só isso, tentei evitá-lo porque poderia haver má interpretação. E de fato houve. Os jornais fotografaram o Maluf beijando a mão da Ruth, a Ruth sorrindo porque... ia fazer o quê? Não podia amarrar a cara. Mas aí começam boatos, rumores maldosos, o governo está protegendo o Maluf, essas coisas de que eu não gosto e que não são verdadeiras. O Maluf me chamou num canto, queria falar comigo, pediu uma audiência, falou na saída e os repórteres viram, acharam que eu tinha falado algo particular com ele, de fato falei, mas muito rapidamente. Ele disse que estavam atrapalhando a rolagem da dívida do Pitta e que está difícil [rolá-la] depois dos precatórios. Eu disse que ia falar com o Malan. Já falei e o Malan disse que não é verdade, que ele já estava cuidando do assunto, que tinham rolado a dívida.** Enfim, não sei se haverá alguma outra coisa, além disso, nessa questão.

O presidente de Portugal, Jorge Sampaio, é um velho conhecido meu. Eu o conheci há uns dez anos, quando ele esteve na minha casa em São Paulo, depois conversamos algumas vezes, visitei-o quando fui oficialmente a Portugal.*** É uma pessoa de grande categoria intelectual, vem da esquerda, com uma visão muito nítida sobre o que deve ser feito entre Brasil e Portugal, na mesma linha do Guterres e do Mário Soares.

Há dificuldades sobre os dentistas, agravadas agora pela não reciprocidade de direitos políticos, que os portugueses têm no Brasil e os brasileiros não teriam em Portugal, porque uma emenda constitucional não foi aprovada na semana passada. Aqui acusaram Jorge Sampaio de responsável. Ele não é; ele é presidente, não é primeiro-ministro, portanto fica obrigado a promulgar as leis. E me disse que a questão maior não é com os brasileiros, não haveria dificuldade em dar direitos políticos aos brasileiros; é com os africanos. Não me disse isso, mas ficou explícito. "Não é com você, mas você me entende." Os africanos são muito

---

* O presidente não visitou os dois países ao longo de seus oito anos no Planalto.
** O Senado aprovara em junho uma rolagem de R$ 430 milhões da dívida da prefeitura de São Paulo, estimada em R$ 50 bilhões da época.
*** O presidente realizara uma visita de Estado a Portugal em julho de 1995 e participara da reunião inaugural da CPLP em julho de 1996, em Lisboa.

numerosos em Portugal, poderiam ter um peso político, e eles não querem que tenham, imagino eu.

Jorge Sampaio foi o tempo todo uma figura destacada. Ficou muito comovido, muito contente por assistir à parada de Sete de Setembro comigo. Chamou minha atenção, e eu depois a dele também, para o fato de que cada um dos nossos batalhões parecia ter tido origem em Portugal ou com a vinda de d. João VI, ou na Independência. Tudo isso é habitualmente mencionado no desfile, não foi pela presença dele.

Gostou muito de ver esse enraizamento profundo entre uma ex-colônia e sua metrópole, hoje dois países que mantêm boas relações, sendo que o Brasil, seguramente, tem maior peso econômico e político do que Portugal. Claro que Portugal nos apoia na questão do Conselho de Segurança e que, claro, desde que assumi o governo tenho dito palavras mais alentadoras sobre Timor Leste,* e fiz de novo a mesma coisa por ocasião da visita do Sampaio. Ele é uma pessoa que merece toda a consideração, como o Mário Soares; e acho que Guterres tem se mostrado um operador de primeira. E de visão também.

Como já registrei, foi publicada na revista *Veja* uma entrevista longa que dei ao Roberto Pompeu, que ficou boa. A edição reproduziu tudo que eu tinha gravado, ele cortou alguns trechos, mas transcreveu fielmente, são as palavras tais como eu disse. Até algumas coisas que eu preferia que não tivessem reproduzido, e pedi que não reproduzissem, eles publicaram. Mas ficou bom. Cortaram, entretanto, as referências [elogiosas] que fiz ao Jorge Sampaio, ao Mário Soares e ao Guterres. Não sei se tiraram temerosos de que fossem mais um comentário ocasional, que eu estivesse aproveitando a *Veja* para fazer política externa, ou se é preconceito por serem portugueses, aos quais não se dá a mesma atenção dada aos franceses, aos espanhóis, aos ingleses. Se for isso — não penso que seja —, seria de lamentar.

TERÇA-FEIRA, 9 DE SETEMBRO, é quase meia-noite. De manhã, reunião no Palácio da Alvorada para despachos.

De mais interessante foi a visita do Raul Jungmann. Ele disse que o pessoal [do PFL] em Pernambuco quer que ele concorra como deputado federal, e desejava saber minha opinião. Não parecia, a meu ver, encantado com a hipótese; queria saber como eu o via. Eu disse: "Olha, Raul, eu vejo você com um papel político-ideológico fundamental. O novo diretor do Incra, o Seligman, é um rapaz de quem eu gosto, eficiente, mas não tem o mesmo perfil que o seu. Saindo, você causaria uma perda para o governo, sua presença no governo não depende de partidos". Ele mesmo

---

* A ex-colônia portuguesa na Oceania, emancipada em 1975 e invadida pela Indonésia, reivindicava sua independência com apoio da ONU e de Portugal.

sabe disso. "E ficar no PPS é bom, é bom para o governo e é bom para você. Ser candidato? Não sei se você ganha muita coisa com isso."

Aí ele me fez as seguintes ponderações: que o Antônio Carlos está apoiando o Carlos Wilson contra o Jarbas [Vasconcelos], que o Antônio Carlos quer fazer uma base no Nordeste, provavelmente para apoiar a candidatura do Luís Eduardo para 2002, que ele conversou com o Arraes não faz muito tempo. O Arraes não estava entusiasmado com o Ciro, tiveram uma conversa recente. O Raul tem a impressão de que o Arraes não está embarcando na candidatura Ciro. Afinal, por que iria colocar um competidor dentro do PSB? Não sei, me parece difícil, mas não impossível. O Raul rememorou alguns episódios do tempo em que ele estava no governo Itamar,* para mostrar que desde então tem me apoiado, porque aceitou o [nosso] projeto [de governo] com entusiasmo.

Contou vários casos, as dificuldades com o Roberto Freire, o Itamar querendo aprovar a todo custo o projeto do Roberto Freire (eu sei disso porque era ministro da Fazenda quando esta história começou) de reincorporar os 30 mil [funcionários] que o Collor teria afastado do governo. Muitos já tinham até sido indenizados e ainda assim iam ser reincorporados, esses absurdos da visão muito nossa, benevolente com tudo que seja relativo ao servidor público.

Contou também uma coisa que me impressionou muito [do tempo do governo Itamar]. Quando foram discutir um aumento de salário para funcionários, parece que o Ricupero era contrário e ele, Jungmann, também. O Itamar queria — e deu — o aumento, o que custou caro, mais tarde, em déficit fiscal. Isso mostra bem a atitude de certo tipo de político brasileiro e até que ponto foi um milagre fazer o [Plano] Real, pois até o próprio Itamar tinha dificuldade não em me apoiar como pessoa, mas em entender e subscrever a política que estávamos adotando.

Depois almocei com o Ronaldo Cezar Coelho. Conversa agradável, em que ele me falou sobre um projeto de ligação entre o Rio e Niterói por meio de um túnel passando por São Gonçalo. O Ronaldo é cheio de imaginação, de ideias, acha que é preciso criar um Ministério de Desenvolvimento Urbano. Ele até seria um bom ministro, me pareceu. Perguntei se estaria disposto a não ser nem candidato a deputado, se fosse para ser uma coisa desse tipo. Gosto do Ronaldo, ele é criativo. Falamos também sobre a lei delegada,** da qual ele quer ser relator na Câmara. Acho justo e fiquei de conversar mais adiante com o Luís Eduardo.

Tive uma reunião com o Antônio Carlos e os líderes do Senado, o Élcio [Álvares] e outros mais: o Lúcio Alcântara,*** que é o relator da lei eleitoral, e o Beni Veras, rela-

---

* Jungmann fora secretário executivo do Ministério do Planejamento (1993-94).
** O projeto de lei complementar 123/89 em tramitação na Câmara previa, entre outras medidas sobre a elaboração, a redação e a alteração das leis, a regulamentação das leis delegadas para substituir as medidas provisórias, cujo número era considerado excessivo pelo Legislativo.
*** Senador (PSDB-CE).

tor da reforma da Previdência. Na Previdência, os juízes têm restrições à igualdade com o resto do funcionalismo civil, propondo escrever na lei "no que couber serem iguais", para haver brecha para alguma diferenciação. O Antônio Carlos foi reticente, eu também, o Élcio está entusiasmado com a ideia. O ministro Celso de Mello também é reticente. Entretanto, ele traz um mandato dos colegas do Tribunal: com exceção de apenas um, que acho é o Marco Aurélio, os demais são favoráveis a essa diferenciação dos magistrados. Ele foi falar com o Antônio Carlos, depois eu também falei com ele, pois o Antônio Carlos tinha me ligado. Vamos deixar que o Senado delibere, embora eu não possa defender publicamente o ponto de vista deles, porque não é o que eu penso. O Antônio Carlos também fez a ressalva, me deu a sensação de que os senadores vão apoiar essa concessão aos magistrados. Vai ficar mal perante a opinião pública, mas talvez viabilize a reforma, até porque o Tribunal tem força para atrapalhar se não houver alguma concessão ao corporativismo deles.

Eu não morro de amores pela fórmula que o Senado encontrou para reduzir aposentadorias, mas não quero me opor muito porque acho drástico tirar 30% de um juiz do Supremo, e dos outros mais ainda, quando vão para a aposentadoria; seria passar do vinho para água, me parece difícil de aprovar.

À tarde, recebi o vice-presidente da África do Sul, o [Thabo] Mbeki. Homem brilhante, conversa franca. Ele já tinha estado com o chanceler, muito agradável, querendo coincidências conosco, tem dificuldade em nos apoiar na questão do Conselho de Segurança, uma vez que para a situação africana é melhor o rodízio do que um representante único. No resto, acordo muito grande conosco.

Depois recebi Jutahy Magalhães Júnior,* o Jutahyzinho, que veio em nome do PSDB da Bahia me dizer que vão me apoiar. Querem saber se conviria eles lançarem um candidato único de outro partido, com o compromisso de que esse candidato não faria força pela eleição de um rival a mim e a eles. Eu disse que sim, sempre haverá dificuldades locais. Foi a primeira vez que falei com o Jutahy depois que ele não me apoiou na eleição passada. Veio cheio de expressões de amizade. Acho que foi verdadeiro.

Depois tive um encontro no Palácio da Alvorada com o Duda Mendonça, com alguém que trabalha com ele em pesquisa e com o Eduardo Jorge. O Duda veio, a pedido do Marcelo Alencar, me trazer novas observações sobre comunicação e desempenho, possibilidades eleitorais. Nada de muito novo, mas ele é uma pessoa talentosa e não quero marginalizá-lo no processo geral de propaganda, até porque ele vai apoiar o Maluf, e esse é um complicador danado. Quem sabe amenize os ataques ao Mário Covas.

Fora isso, repercussões positivas da entrevista que dei à *Veja*. Os que criticaram, criticaram de maneira irresponsável, particularmente o pessoal partidário. A Dora

---

* Presidente do PSDB-BA e ex-ministro da Ação Social (1993-94) do governo Itamar.

Kramer escreveu um artigo brilhante a favor. Hoje *O Estado de S. Paulo* deu o editorial, o *Jornal do Brasil* também, parece que a entrevista fez realmente sucesso.

HOJE É 10 DE SETEMBRO, quarta-feira, meia-noite. O dia transcorreu calmo, mas agora estou cansado.

Esteve aqui o Alain Touraine, que está hospedado no Alvorada junto com o Luciano Martins. Depois do almoço, longa conversa. Touraine tem ideias muito claras sobre o Brasil, nem sempre, me parece, embasadas, mas é o estilo dele. Acredita que falta "institucionalidade", que está havendo uma espécie de *malaise* na classe intelectualizada. Achou os universitários quase raivosos, é verdade, que está diminuindo o sentimento de cidadania. Com esse ponto não concordo. De resto, como sempre, o Touraine é construtivo e tenta acertar. Os jornais reproduziram o que ele disse, quase tudo errado, sempre na base de um pouco de intriga, um pouco de simplificação.

O Serra também esteve aqui. Eu não falava com ele havia algum tempo, almoçou aqui com o Touraine. Antes conversei um pouco com ele sobre o Sérgio Motta, alguns problemas na área de comunicações, e sobre a compra de votos. Eu queria saber se a *Folha* iria voltar ao tema. Ele me disse que parece que não. Não sei, mas fiquei com a pulga atrás da orelha com a pergunta feita na entrevista [coletiva] que dei. Pode ser só cisma. Aliás, é uma infâmia, porque não tenho nada a ver com isso, nem o Sérgio. Ficam sempre tentando buscar alguma podridão.

Repercussões da minha entrevista na *Veja*, todas muito positivas. Há alguns setores da esquerda irritados. Parece que o Roberto Campos fez referências mais elogiosas e disse que o presidente que faz essas "análises" o surpreendeu. Eu não li. Em todo caso, parece ter sido assim.

No resto do dia, despachos com o ministro da Saúde, o ministro dos Transportes, discussões sobre a formação da Anatel.* O Sérgio Motta mandou quase todos os nomes [para a Anatel], todos funcionários do ministério. O Clóvis acha que tem que abrir para outros setores, eu também acho, mas não vai ser fácil, o Sérgio fica muito tomado de paixão sagrada pelo que está fazendo. Deu uma longa entrevista de duas horas e dessa vez não disse nenhuma impropriedade política, o que já é uma vitória.

O debate sobre o projeto de emenda constitucional que diz respeito aos militares** avançou, apesar dos temores dos generais Cardoso e Zenildo. O Luís Eduardo não quis votar porque o quórum estava baixo, mas parece que aprovarão essa [PEC] também.

No Senado, tudo mais ou menos calmo. Sobre a legislação eleitoral, questiúnculas que estão sendo discutidas, e as que não são [questões menores], são mais de

---

* A criação da Agência Nacional de Telecomunicações fora prevista pela Lei Geral promulgada em julho de 1997. A agência foi instalada em 5 de novembro do mesmo ano.

** Isto é, sobre as polícias militares.

interesse dos partidos do que da eleição presidencial. A imprensa, em todo caso, vai atribuir a mim tudo que acontecer nessa matéria. Agora à noite, além do Touraine e do Luciano, jantou também conosco o João Roberto [Marinho].

O João Roberto se fez acompanhar de toda a cúpula da Globo, o Evandro [Carlos de Andrade], que é da TV Globo, o Merval [Pereira], que é do jornal *O Globo*, mais os grandes repórteres da Globo de Brasília, da televisão e do jornal. Foi muito agradável e simpático, vieram com as mulheres também. Não houve nada de político, só congraçamento, gostei bastante.

DIA 12 DE SETEMBRO, SEXTA-FEIRA, MEIA-NOITE. Quinta-feira recebi uma porção de deputados que estavam na agenda, nada de muito especial. À tarde, recebi o governador do Rio Grande do Norte, Garibaldi Alves, juntamente com o senador Fernando Bezerra. Eles querem que eu mexa com o senador Geraldo Mello,* para que ele fique na coligação com eles. Tinham ouvido dizer que eu iria nomear o José Agripino Maia para ministro, o que poderia criar confusão, e que o Geraldo Mello poderia querer se candidatar a governador.

Eu não cogitei de nomear ninguém, pelo menos por enquanto. Até gosto muito do Garibaldi, o Fernando Bezerra tem sido um senador muito leal ao governo. Em todo caso disse que iria falar, como falei, com o Sérgio Motta e com o Tasso a respeito do caso. Parece que todos pensam da mesma maneira.

Antes encontrei o Tasso e o Sérgio Motta, das sete horas da noite até as nove, para passarmos em revista a situação do partido. O Tasso anda mais confiante no Ciro, pensa que o segurará no PSDB. Passamos em revista várias situações estaduais.

Depois chegaram nossos convidados, o Touraine e o Luciano, eu tinha convidado o Weffort para vir jantar e também o Gelson. Houve uma conversa agradável sobre o Brasil em geral. Touraine tem informações variadas.

Hoje levantei cedo e despachei no Palácio da Alvorada.

De mais significativo recebi o Serra, passamos em revista as coisas. O Serra se queixou da nomeação do Gustavo [Franco], mas se queixou de leve, e discutimos um pouco a situação dele. Eu o vi lúcido, achando que em São Paulo ele está marcado para perder, portanto não quer entrar [na disputa]. Acha que o Mário Covas vai ser candidato, eu temia e ainda temo que o Mário, na hora H, possa desistir e não tenhamos alternativas. Se o Maluf ganha é ruim, porque o Maluf será candidato à sucessão em 2002 e vai perturbar todo o sistema. O Serra concorda, mas acha, e eu também, que temos que reforçar o Mário.

O Serra começou a discutir comigo se ele fica no Senado, onde automaticamente vai ficar na "oposição", como disse, porque qualquer observação que ele fizer os jornais já o porão contra, o que é verdade. Eu disse que nesse caso só restava a

* Senador (PSDB-RN).

ele voltar para o governo. Começamos a falar sobre o governo, fui no avião com ele, só nós dois, no voo para São Paulo, discutimos o assunto, nada conclusivo, mas foi bom. O Serra é muito inteligente e tem noção de muita coisa. Enfim, fiquei de continuar conversando com ele.

Em São Paulo fui ao lançamento de um polo petroquímico.* Na última hora o Rafael de Almeida Magalhães e o Eduardo Eugênio Gouvêa Vieira fizeram saber que não estavam contentes com o que iria ser feito lá, que um dos acordos entre a Petrobras, a Odebrecht e o grupo Ultra daria exclusividade aos dois parceiros para futuras explorações petroquímicas, e eles estavam se sentindo um pouco à margem.**

Falamos sobre isso com o Mário Covas, que já tinha recebido a mesma reclamação do [Max] Feffer.*** Na verdade, todos querem uma ligação com a Petrobras.

Mais tarde chegou o Raimundo Brito, que explicou que isso era coisa que vem de um ano, que eles já sabiam que é assim mesmo, que é por causa da escala. O fato é que o Brito fez um bom discurso explicando a situação, dizendo que nada impede que a Petrobras continue apoiando os demais polos petroquímicos do Brasil. O Mário fez um discurso caloroso a meu favor e eu também a favor dele.

Em seguida recebi o pessoal da Ford, para me anunciar que vão fazer mais uma fábrica de motores, mais 300 milhões em Taubaté, e com isso são 2,8 bilhões [de reais] de investimentos da Ford em São Paulo nesses dois anos e meio.

De lá fui receber, primeiro, o Manuel Marín, o Manolo Marín, que é o vice-presidente da Comissão Europeia. Ele fez um relato da situação da América Central, do desespero por estarem levando a pior tanto com a Nafta quanto com o Mercosul. Estão desamparados. Quanto à Colômbia, ele, Marín, conversou com o [Ernesto] Samper,**** acha que [o Samper] está errando em não apoiar logo o Mercosul e pediu que déssemos uma atenção grande aos países andinos e aos países da América Central. Disse que vai fazer o possível para os acordos com Europa, União Europeia e Mercosul. A União Europeia e o Chile avançam para que esse polo não seja tragado pelos americanos. Estes, segundo Marín, além da questão do "selo verde" ou do selo social,***** estão falando agora em narcotráfico, em guerrilha, enfim uma série de exigências políticas que atrapalham os países do continente.

---

* Solenidade de assinatura de atos relativos ao Polo Petroquímico do Planalto Paulista, em Paulínia (SP), no Palácio dos Bandeirantes.
** Eduardo Eugênio e Rafael temiam que o Polo Gás-Químico de Duque de Caxias ficasse à margem dos investimentos da Petrobras.
*** Presidente da Companhia Suzano de Papel e Celulose e Suzano Petroquímica.
**** Presidente da Colômbia.
***** Certificações internacionais concedidas a mercadorias produzidas segundo normas de proteção ao meio ambiente e aos direitos trabalhistas eram cada vez mais exigidas pelos países ricos para importar produtos do mundo em desenvolvimento.

Depois fui com o Mário Covas e os outros para o lançamento do Fórum de Davos, onde o sr. [Klaus] Schwab* me recebeu, fiz um discurso inflamado sobre o futuro do Brasil, muito aplaudido. À saída [do Hotel Renaissance, onde houve os encontros], havia um piquete de grevistas da Empresa de Correios e Telégrafos bloqueando a rua. Queriam falar comigo, mandei que entrasse uma comissão de cinco, aquelas coisas normais de movimento de greve, uns rapazes jovens, um com qualquer coisa de movimento socialista no peito, todos dizendo que era preciso negociar para acabar a greve [dos Correios], que já leva dez dias. Eu disse que eu era o presidente da República, que nem sabia dos termos da reivindicação, nem nada disso, que havia um negociador, que o máximo que eu podia fazer, e que faria, era falar com o ministro Motta e dizer que eles queriam acabar a greve, para ele ver qual seria a perspectiva mais favorável.

Saímos sem nenhuma manifestação, parece que havia uns cem ou mais [pessoas] em um grupo de manifestantes, mas não amolaram nada.

Daí fomos para o aeroporto, tomei o avião, vim para cá.

Aqui acabo de conversar longamente com Touraine, o Luciano foi dormir mais cedo, sobre, não preciso nem registrar, vários aspectos do Brasil que fui passando a ele e que já estão registrados aqui muitas vezes.

---

* O fundador e presidente do Fórum Econômico Mundial — que se reúne anualmente em Davos, na Suíça — veio a São Paulo para o evento de divulgação do fórum de 1998 na América Latina.

14 A 30 DE SETEMBRO DE 1997

Desgaste com Mário Covas e problemas internos do PSDB. Reuniões com Itamar e Arraes. Resistências à parceria Petrobras-Odebrecht

Hoje é domingo, 14 de setembro. Ontem, sábado, fui à fazenda com Touraine, Luciano Martins, Paulo Renato e Jobim. Foi um dia muito agradável, apenas conversas não políticas. Pude explicar muitos problemas ao Touraine, por exemplo como funciona o Supremo Tribunal Federal, esse tipo de questão.

Depois voltamos para o Alvorada e recebi o senador Arruda e o Maurício Corrêa. O Maurício queria fazer um ultimato ao Arruda: se ele deixar de ser candidato, o Maurício deixa o Supremo Tribunal e vai ser candidato. O Arruda disse que até ajuda a construir uma posição para o Maurício vir a ser candidato, mas que ele não pode tomar a iniciativa porque vai parecer, aos que têm trabalhado para ele ser candidato, que foi rejeitado, o que provavelmente vai ser pior para o governo e para que o Maurício possa ser candidato, porque ele [Arruda] se desmoraliza.

O Maurício muito insistente, fiquei com a sensação de que no fundo ele não quer se arriscar a deixar o Tribunal. Acho uma coisa pouco sensata, pois a convenção vai ser daqui a quase um ano. Como garantir que ele realmente vai ser candidato? O Arruda condiciona a que haja apoio de outros partidos, está sendo renitente em contar com esse apoio. Diz que virá automaticamente, mas não quer dar provas de que virá antes da decisão. Para resumir, fiquei de conversar hoje, domingo, com a Maria Abadia [do PSDB]* e com o deputado do PFL, o Osório [Adriano], juntamente com o Arruda, para ver o que dá para fazer, porque o Maurício vai aos Estados Unidos falar com o Itamar.

No meio disso há uma impressão desagradável, como se o Maurício fizesse barganha: vindo para o PSDB, o Itamar ficaria mais impossibilitado de ser candidato contra mim. Eu não estou preocupado com a candidatura do Itamar.

Aliás, acabei de ler uma entrevista do Ciro na *Folha*. Cheia de... não é nem maldade, é leviandade. Esse rapaz é um precipitado, fica respondendo àquilo que ele imagina que sejam as minhas decisões sobre ele, que eu teria manobrado para ele ser governador do Ceará, e eu não manobrei coisíssima nenhuma. Não estou preocupado com ele, acho o Ciro uma pessoa, como é que eu vou dizer... de pouca densidade, um exibicionista, está obviamente aproveitando todas as brechas para fazer o nome dele, mas sem estar apoiado num trabalho consistente.

O Ciro foi ministro porque o Itamar o fez, para botar um nome que naquele momento nos servia.** Como ministro o Ciro foi um desastre, como governador do Ceará,

---
* Secretária de Turismo do Distrito Federal e ex-deputada federal.
** Ciro Gomes substituiu Rubens Ricupero no Ministério da Fazenda em setembro de 1994.

segundo o Tasso, foi péssimo administrador. É um rapaz precipitado, ataca um, ataca outro; não há uma palavra minha sobre o Ciro, e fica aí o Ciro me atacando para aparecer, para conseguir uma projeção maior do que ele deveria ter realmente. É um sub-Lacerda, um sub-Collor, bom mesmo é que fique lá pelo Ceará ou venha para a Câmara, que faça o que quiser, mas me deixe em paz. Já estou cansado de gente desse tipo. Todos agora, para tirar uma casquinha, atribuem a mim o que eu não penso, atribuem a mim um comportamento que não tenho. Claro que ele vai lá e diz que eu sou honesto e de boa-fé, mas ao mesmo tempo vem com uma porção de coisas sem sentido.

Com o Luciano e o Touraine conversamos sobre velhos conhecidos nossos. Alguns com alguma tristeza. Luciano foi amigo do Pierre Naville, que foi secretário do Trótski. Morreu o Pierre Naville.* Não tive relação com ele, em compensação com o François Furet tive,** sempre gostei do Furet. Fiquei chocado, ele morreu há dois meses, estava jogando tênis e teve qualquer coisa, caiu, bateu a cabeça, mas porque já tinha tido uma paralisação, qualquer coisa cerebral. Touraine disse que foi uma coisa súbita.

Perguntei do Michel Crozier,*** velho companheiro meu e amigo de outras épocas. Eu gostava muito também da mulher dele, a Cristina [Crozier], filha de um ex-exilado espanhol que conheci na casa deles, tradutor da Unesco, foi embaixador da República. Cristina era bastante perturbada e se suicidou, morreu um ano antes da Adriana [Arenas], mulher do Touraine. Eu também gostava muito da Adriana, uma mulher extraordinária, pensar nessas coisas me entristecem, o próprio Touraine também [fica triste]. A gente fica lembrando dos amigos e vendo que muitos já se foram, é uma primeira sensação da velhice. O Touraine tem 72 anos, seis mais do que eu, está bem-disposto.

Ontem à noite conversamos, curiosamente, mais no plano humano do que no plano sociológico. Falamos sobre a Marisol [Touraine], filha do Touraine, que hoje é deputada do Partido Socialista, encarregada das questões sociais. O Touraine perguntou dos meus filhos, um por um, enfim, rememoramos um pouco coisas de quarenta anos.

Hoje à noite chega o Mário Soares. Vai passar uns dias, vamos fazer aquele nosso diálogo.**** Preciso estar bem-disposto, para que seja um diálogo bastante vivo entre nós.

Nesta noite vamos ver aqui um filme chamado *Canudos*.***** Vem o diretor e os atores, acho que foi coisa organizada pelo Malan, e o Mário virá para um jantar depois disso.

---

* Sociólogo francês morto em 1993.
** Filósofo e sociólogo francês.
*** Sociólogo e professor francês.
**** Para o livro *O mundo em português*.
***** Longa-metragem de 1997 dirigido por Sergio Rezende.

Ainda é domingo, dia 14, quase meia-noite. Só para acrescentar: foi uma tarde agradável. Recebi o Arruda com o Osório [Adriano] e a [Maria] Abadia, eles não querem saber da candidatura do Maurício, ficou bem claro, o Maurício já tinha telefonado para o Osório.

Recebi à noite uma grande quantidade de pessoas para ver o filme *Canudos*. Estavam o general Zenildo, Pedro Malan, Catarina, Paulo Renato, os autores, o diretor do filme, Sérgio Rezende, a mulher dele, que é produtora,* e alguns dos atores, a Cláudia [Abreu], o Paulo Betti, o [José] Wilker, enfim, um grupo grande de umas vinte pessoas. Foi muito agradável, nota-se que o Betti e o Wilker são os que mais têm me atacado nas campanhas eleitorais, sempre a favor do PT. Estavam extremamente simpáticos, o Betti fazendo elogios à minha entrevista na *Veja*, sabe Deus até que ponto ele sente isso mesmo, mas me pareceu sincero, sei lá.

Algo a registrar: o Mário Covas telefonou para o Sérgio Motta e para o Serra. As coisas vão se complicando em São Paulo.

HOJE É QUARTA-FEIRA, 17 DE SETEMBRO, duas horas da tarde. Ontem passei a manhã gravando com o Mário Soares, gravamos por mais de três horas. Depois fui ao Palácio do Planalto, para os despachos habituais.

Como eu previa, a questão com o Mário Covas se agravou. O Mário não disse, mas a interpretação é de que ele teria deixado de ser candidato por causa da Lei Kandir, do ICMS. O Sérgio, muito nervoso com isso e com outras coisas mais. Falei com o Teotônio e com o Aécio, que também estão aflitos. Aflitos com a situação, aflitos com o fato de o Ciro continuar me atacando, aliás muito e pesadamente.** Falei com o Tasso de manhã, que disse que o Ciro continuava na mesma posição, não tinha saído do PSDB, e eu engolindo isso tudo calado, pois não convém entrar num bate-boca com o Ciro.

Por outro lado, também não vou passar recibo desse negócio do Mário Covas, embora já haja muita pressão, e reclamei com o Teotônio e com o Aécio, porque dá a impressão até de que houve alguma perseguição a São Paulo, quando São Paulo, como eu já mostrava na carta que enviei ao Mário, foi apoiado enormemente pelo governo federal.

O Mário faz isso com certa frequência, renuncia, busca carinho, apoio, deve ter lá na alma dele alguma coisa contraditória de não querer mesmo ser governador. Talvez um pouco receio de perder na campanha, de perder para o Maluf, e ao mesmo tempo deve estar convencido de que tem razão no negócio do ICMS. O fato é

---

* Marisa Rezende.

** "FH traiu o PSDB" foi a manchete de capa da entrevista concedida por Ciro Gomes ao *Jornal do Brasil* de 17 de setembro de 1997.

que o Mário não é uma pessoa de personalidade fácil, embora publicamente sempre se comporte numa linha de correção. Ele agora fez um mal ao PSDB, primeiro porque acirrou toda essa sensação de perda do PSDB, segundo porque em São Paulo todos os deputados e prefeitos que estavam se encaminhando para o PSDB devem ter ficado perplexos com o Mário não ser candidato.

À noite jantei com o Serra, com o técnico de pesquisas, o [Carlos] Pedregal, e discutimos um pouco com um jornalista, o Fernando [Lemos], a situação eleitoral. Mas tudo bem, calmo, acho que há muita aflição no PSDB, mas isso tem que passar, porque a eleição está muito distante.

Hoje de manhã telefonei para o Marcelo Alencar e reclamei da questão do Mário, eu não queria fazer uma reunião de governadores, para não acirrar as tensões que já existem, mas pedi que ele ajudasse o PSDB a ver a realidade.

Tensão no Senado nesta manhã porque o Élcio Álvares e o Sérgio Machado se comprometiam numa votação a favor da computação dos votos brancos para as legendas, e o PMDB é contra porque fez um acordo na Câmara.* Eu tinha falado com o Iris, o Jader mandou me dizer que ele precisava respeitar um acordo graças ao qual a oposição apoiara o teto de televisão para o PMDB.** Eu disse ao Iris que entendia a posição do Jader, e isso foi transmitido ao Senado como ordem minha para votar a favor da posição do Jader. O Élcio reclamou, eu falei com ele de novo, finalmente houve a votação, e a posição definida pelo Élcio ganhou por 35 a 30. Na verdade, pelas informações que tenho do Eduardo Jorge, se vencesse o ponto de vista contrário até seria melhor para os partidos grandes, mas na Câmara vai acabar havendo nova discussão, e a imprensa faz um carnaval, como se eu estivesse empenhado na lei eleitoral.

Não estou. Estou empenhado em que os partidos que constituem teoricamente a minha base não briguem entre si e possam chegar em condições de me apoiar se eu for candidato à reeleição. Não tenho outro interesse a não ser esse, e, claro, nas coisas que contam para o Brasil. São brigas entre partidos. E os partidos cada vez despertam menos entusiasmo na população, e devo confessar que em mim também.

DOMINGO, 21 DE SETEMBRO, são nove e meia da noite, estou chegando de São Paulo.

Quarta-feira à tarde recebi sindicalistas, imprensa, fotógrafos, depois diretores de revistas, a Celina do Amaral Peixoto,*** que me disse que vai para o PFL, o sr. [José

---

* Emenda do Senado reverteu o texto da Lei Eleitoral aprovado na Câmara no quesito votos brancos, que continuaram a ser computados como válidos. Sua exclusão do cálculo do quociente eleitoral teve como consequência prática estimular as candidaturas de partidos pequenos.
** O cálculo do tempo de televisão dos partidos, feito com base no número de parlamentares, adotou como referência o início da legislatura, favorecendo o PMDB e o PPB.
*** Diretora de Desenvolvimento Institucional da Firjan.

Miguel] Vivanco, que é diretor do Human Rights Watch, uma ONG muito influente, que veio me dizer algo interessante: que o governo do Brasil mudou tudo, favoravelmente, reconhece os erros, enfim... Uma coisa simpática, embora eles [em geral] sejam muito duros e críticos.

Recebi o senador Onofre Quinan,* e sua mulher [também parlamentar],** despachei com o Clóvis e, mais tarde, voltei para o Palácio da Alvorada, onde, de novo, gravei extensamente com o Mário Soares para o livro que estamos fazendo.

Na quinta-feira de manhã, já no dia 18, o telefone não parou, grandes crises do PSDB, as de sempre, nem preciso repetir, confusões, todos muito nervosos.

Fui para o Palácio do Planalto, gravei uma entrevista com a Mônica Maluly, que é filha do deputado [Jorge] Maluly,*** uma entrevista simpática.

Recebi depois a Zulaiê [Cobra Ribeiro] com toda a bancada do PSDB de São Paulo. Vieram para reclamar, saíram daqui tosquiados. Eu disse: "O PSDB tem que parar com a choradeira em público, não vou fazer apelo nenhum ao Mário Covas, não é isso que ele quer", e fui apoiado pelo Madeira e pelo Zé Aníbal. "Temos que ter mais confiança em nós próprios e entender que a eleição é daqui a muito tempo, que eu vou continuar a fazer a administração do Brasil, e o Mário e eu temos um entendimento bom, não vai haver briga nenhuma, fiquem tranquilos."

Depois recebi o Paulo Paiva com um grupo dedicado à legislação trabalhista. Interessante, vários técnicos, o Amauri Mascaro,**** que é um bom técnico, o Márcio [José Márcio Camargo], a quem já me referi aqui, o Edward Amadeo, um rapaz que me pareceu muito bom, fez doutorado em Barcelona, foi assessor da CUT — eles todos estão avançando nas reformas da legislação trabalhista.

Depois do almoço, recebi o Rafael de Almeida Magalhães. Ele veio com o Marcelo Alencar e o Eliezer Batista, o que era natural, porque íamos discutir Sepetiba, e trouxe também o Eduardo Eugênio Gouvêa Vieira e a Celina do Amaral Peixoto. Todos aflitos por causa de um contrato entre a Petrobras e várias empresas, entre as quais a Odebrecht, assinado em São Paulo. Para eles o contrato dá exclusividade à Odebrecht, colocando a Petrobras numa posição difícil. Achei o Eduardo Eugênio muito perturbado. Parece que depois ele teve uma conversa com o Clóvis e os outros também que não foi boa.

Hoje no avião, quando eu vinha de São Paulo com o Clóvis, voltei ao tema. Eu já tinha pedido ao Eduardo Jorge que chamasse aqui, discretamente, o almirante Arnaldo [Leite Pereira], que é diretor da Petrobras,***** para que o Clóvis se informasse melhor sobre o que de fato aconteceu. Ponderei ao Clóvis sobre a necessida-

---

* PMDB-GO.
** Lídia Quinan, deputada federal (PMDB-GO).
*** PFL-SP.
**** Professor de direito trabalhista da USP.
***** Diretor de Transportes da estatal.

de de esclarecer isso, e talvez fazer um aditivo no contrato, porque não queremos nada que dê margem a privilégios, o que seguramente não houve. O que houve foi uma visão estratégica do ministério e da Petrobras de que é preciso concentrar para crescer na petroquímica. Entretanto é necessário fazer isso de um modo que as outras empresas brasileiras não se sintam sem saídas. Pelo menos é o que eu acho.

Recebi o Augusto Nardes* cercado de rainhas da festa do milho,** coisa de rotina.

Depois o governador Cameli, do Acre, já agora do PFL, cercado de deputados e senadores para reclamar que não chegam recursos lá. Na verdade não é coisa nossa; todas as liberações [de verbas] estão encaminhadas.

Depois o senador Lúdio Coelho*** e o prefeito de Dourados.**** Parece que o PSDB trouxe esse prefeito que era do PMDB e que vai ser candidato.

Tive uma reunião com o Tasso, o Albano Franco, o Fernando Catão, o Gustavo Krause e outros mais a respeito do *El Niño*,***** com alguns técnicos dos Estados Unidos e daqui do Brasil, fenômeno que preocupa muito por causa da seca.

Enquanto eu estava na reunião, me chamou pelo telefone o Luís Eduardo, muito aflito porque o Sérgio Motta teria dito ao Paulo Cordeiro****** que havia uma "quadrilha" no Ministério dos Transportes. Esse deputado Paulo Cordeiro (não sei se o Sérgio disse mesmo isso a ele) terá transmitido a história a muita gente. Estava muito irritado com o Sérgio e teria contado o boato também a outro deputado, que é o relator da lei eleitoral, deputado de São Paulo, do PMDB, da Assembleia de Deus, cujo nome está me escapando neste momento,******* que estava brigando com o Sérgio por qualquer coisa de emissora de rádio que ele queria e que o Sérgio não achou correto.

O Luís Eduardo estava aflito porque o ministro dos Transportes, o Eliseu, naquele instante estaria procurando o Jobim, e se o Jobim confirmasse que havia uma denúncia desse tipo, ele pediria demissão. Falei com o Jobim, que não sabia de nada e contou que o que houve foi outra coisa: o Eduardo Jorge comentou com ele, também já tinha comentado com o Eliseu, que na imprensa havia qualquer coisa nessa direção e que era preciso desmentir, porque na verdade o Eduardo não sabia de nada nem ninguém lhe trouxera nenhuma notícia dessa natureza. Mas o Sérgio, que é boquirroto, pode ter dito mesmo.

---

* Deputado federal (PPB-RS).
** IX Festa Nacional e Internacional do Milho, em Santo Ângelo (RS).
*** PSDB-MS.
**** Antônio Braz Melo.
***** O *El Niño* — aquecimento anormal das águas superficiais do oceano Pacífico que costuma provocar estiagens prolongadas no Nordeste brasileiro — foi um dos mais fortes da história no verão de 1997-98.
****** Deputado federal (PTB-PR).
******* Carlos Apolinário.

Na hora do jantar, vim correndo depois de muitas reuniões de trabalho e gravei com o Mário Soares de novo, até meia-noite, e terminamos nossa gravação. Foram dezessete horas de fita.

No dia seguinte, sexta-feira, como eu já tinha terminado a gravação com Mário Soares, imaginei que fosse ter uma manhã tranquila. Engano! Ledo engano. Foi telefone o tempo todo. Tive que receber o Teotônio Vilela, que me telefonou para se queixar de que saíra na Dora Kramer uma notícia dizendo que a cúpula do PSDB queria derrubá-lo porque ele não estaria mais à altura da direção do partido. Segundo ele, isso tudo foi passado à Dora pelo Sérgio Motta. E aí me contou que houve um almoço na casa dele, Teotônio, com o Sérgio Motta, e que o Sérgio descompôs com palavrões toda a direção, a alta cúpula do PSDB, senadores, deputados, ele próprio, porque eles não queriam aceitar que o Nilo Coelho ficasse no PSDB. Na verdade eles não têm condição de rejeitar o Nilo, porque 80% da bancada deseja que o Nilo Coelho fique, por causa dos votos que ele pode trazer.

Essa questão já deveria ter sido resolvida lá atrás, agora é uma complicação grande. O Sérgio havia se referido a ela pelo telefone, dizendo que tinha dado um prazo à Executiva, depois do qual se demitiria [da Executiva] caso o Nilo não fosse exonerado. Até aconselhei o Sérgio a fazer isso mesmo. Ele é vogal da Executiva, assim ele fica só nas Comunicações, porque o clima está insustentável. Acalmei o Teotônio, disse que iremos prestigiá-lo. A Ana telefonou em meu nome para a Dora Kramer, o desmentido já saiu publicado. Enfim, mais uma crise.

Ao mesmo tempo, recebi o [Amílcar] Gazaniga, presidente dos Correios. Por quê? Porque o Sérgio queria demiti-lo, toda a direção do Correio seria reestruturada. Há casos graves, um é protegido do Jorge Bornhausen, outro do Amin, então PPB e PFL não gostaram do tratamento que o Sérgio estava dando. Não vou entrar em detalhes, mas é muito mais uma coisa de forma do que propriamente de discordância. E tive que apagar mais esse incêndio. Apaguei. Espero que tenha apagado.

Fui a São Paulo, era aniversário da Ruth, noite agradável em casa do Luiz Meyer e da Regina, só com os amigos mais íntimos e a família.

Passei o dia seguinte, ontem, em São Paulo, com os netos e com o Paulo, a Bia etc., a Luciana não foi. Passei lá discutindo, porque o Paulo está separado da Ana [Lúcia], coisa que pode trazer alguma complicação, eu gosto da Ana.

Isso no sábado, passei o dia todo em casa. À noite vimos um filme, eu e Ruth, *Perfume de mulher*, com o Al Pacino, muito bom.

Depois discuti com a Ruth por causa da recandidatura. A Ruth também acha que preciso ser mais duro com o Sérgio, e ela tem razão. Acha como muitas outras pessoas, que em geral não têm tanta razão. Reclamou muito, não foi agradável.

Hoje, domingo, não houve nada de mais, salvo que no fim do dia encontrei-me com o Mário Covas no aeroporto [de Congonhas] para falar sobre o Sérgio, ver se tomamos alguma medida, até mesmo para acalmá-lo do ponto de vista clínico, ele está com demasiada excitação.

Com o Covas tive ainda uma boa conversa sobre o partido, apelei para que ele, o Tasso, o Marcelo, o Pimenta, o Sérgio e o Teotônio deem um pouco de rumo ao partido, senão ele vai se esfrangalhando à toa. Expliquei que recebi o Hélio Costa* e disse a razão — para ele não sair do PFL —, e lá em Minas isso já apareceu como traição ao Eduardo Azeredo. Desse jeito não se faz política.

Diga-se de passagem que almocei com o Pimenta da Veiga na sexta-feira, dia 19, antes de ir a São Paulo, e discuti tudo isso com muita calma para que ele esclareça as questões mineiras e transmita lá o que eu penso.

Informações de que o Itamar deve entrar para o PMDB de Minas; parece que vai ser candidato ao governo de Minas.

Voltei. Devo dizer também que o Zé Dirceu me telefonou no sábado, para reclamar que o Iris estaria convocando fazendeiros para pagar a polícia, o que eu não acho que seja verdade. Contei ao Zé Dirceu a minha fala na reunião dos secretários de Segurança, na terça-feira, dia 16,** saiu nos jornais, foi uma fala mais do que equilibrada e democrática.

Hoje no avião, quando eu vinha para cá, soube pelo Zé Gregori que o Plínio [de Arruda] Sampaio*** e o Zé Dirceu o procuraram com a mesma história, mas agradecidos porque eu respondera prontamente ao telefonema. O fato é que eles já estão mais calmos, sentiram o golpe, parece que havia uma reação maior de fazendeiros no que diz respeito às ocupações incessantes feitas pelo MST, e eles próprios, o próprio Zé Dirceu disse, em muitos casos perderam o controle da coisa, e nós também não temos como controlar os fazendeiros.

HOJE É DIA 23 DE SETEMBRO. Ontem foi um dia normal dentro da confusão que é a vida brasiliense. Recebi o presidente da Costa Rica, José María Figueres, passei o dia com ele na Conferência sobre o Desenvolvimento Sustentável, no Itamaraty.**** Almoçamos, discursos, depois do almoço fui para o Planalto, gravei programa de rádio, despachos internos.

* Ex-deputado federal pelo PMDB-MG e pré-candidato ao governo mineiro pelo PFL.
** O presidente reunira os secretários de Segurança e os superintendentes da Polícia Federal de Amazonas, Rio Grande do Norte, Pernambuco, Maranhão e Roraima para discutir o combate ao narcotráfico e ao tráfico de armas, além do desarmamento no campo. Na ocasião, Fernando Henrique condenou os choques entre fazendeiros e sem-terra. "Nós não podemos assistir de braços cruzados à violência crescente. [...] O desarmamento de todos é necessário. Dos fazendeiros também. Em certas regiões do Brasil, principalmente dos fazendeiros [...]."
*** Ex-deputado federal, secretário de Assuntos Agrários do PT.
**** I Conferência Latino-Americana sobre Desenvolvimento Sustentável e de Competitividade.

Recebi Raúl Granillo Ocampo, ministro da Justiça da Argentina. Conversas normais sobre o que está acontecendo na Argentina, a amizade do Brasil com o Mercosul, essas coisas.

Um dia dedicado à Costa Rica e à Argentina. Na verdade, com o presidente da Costa Rica foi muito interessante, porque ele quer uma aproximação maior com o Brasil, eu falei sobre o Conselho de Segurança, ele falou sobre a necessidade de termos uma visão conjunta da Alca, enfim, coincidências de pontos de vista.

Tive um encontro, às sete horas da noite, com Francisco Urbano, que é do PSDB e presidente da Contag. O que ele veio discutir? Se fica ou não no PSDB, porque tem interesse em ir para o PPS. Na verdade, queria ficar no PSDB e ouvir de mim que eu daria apoio à candidatura dele para deputado federal no Rio Grande do Norte. Diga-se de passagem, ele acha que o senador Geraldo Mello, pessoa de quem eu gosto e ele também, dificilmente se candidatará, porque não sente apoio suficiente do governo federal e sente medo de arriscar. Por outro lado, o Urbano tem horror de que o Geraldo Mello apoie o Agripino Maia; ele prefere que apoie o Garibaldi Alves. Problemas de província, muito complicados para eu tentar encaminhar.

Fora isso, lavrando a crise do PSDB, o Sérgio Motta apresentou carta de demissão, fez uma conferência de imprensa espalhafatosa, nada além do que é esperável das atitudes normais do Sérgio.

Hoje, terça-feira, dia 23, acordei com a Marília Gabriela me entrevistando para um programa que vai sair dia 8 de outubro, um programa ouvindo o povo.* A Marília é competente, fez a coisa direito.

Depois fui à sanção do novo código de trânsito,** discurso sobre isso, muitos abraços, prefeitos.

Almocei no Palácio da Alvorada com o Octavio Caraballo, que dirige o grupo Bunge & Born, um dos maiores grupos [agrícolas] não só da Argentina e do Brasil, mas também dos Estados Unidos. Um grupo de porte mundial. Pois bem, ele propôs que haja um encontro, numa fazenda dele, entre mim, o Menem, alguns empresários brasileiros e outros argentinos, mais algumas pessoas de governo, para definirmos nossa parceria estratégica de forma mais concreta e termos uma visão estratégica em nível mundial. Foi uma boa conversa. Estavam presentes o Jovelino Mineiro e o José Roberto Mendonça de Barros, para dar sequência no que diz respeito a nós.

Depois voltei ao Palácio do Planalto e lá recebi líderes evangélicos que vieram reclamar da Lei Ambiental, porque há um dispositivo que exige silêncio à noite e eles têm pregações, disseram que a lei seria contra eles. Expliquei que nem passou pela cabeça do governo nada contra eles e que eu resolveria isso com uma penada,

---

* A apresentadora do programa *SBT Repórter* entrevistou o presidente e o confrontou com perguntas gravadas por brasileiros de várias regiões.
** Código de Trânsito Brasileiro, ou lei nº 9502, de 23 de setembro de 1997.

se fosse aprovada a lei, criando um dispositivo na medida provisória dizendo que a lei não se aplicaria aos cultos. Saíram contentes.

Depois estive com o senador Ney Suassuna* para conversar sobre orçamento. Ele também veio dizer que chegaram a um acordo na Paraíba, vão fazer uma união ao redor do [José] Maranhão, que é o candidato, e que qualquer que seja a decisão do PMDB eles ficarão comigo se eu for candidato.

Bem-vindo, porque o Itamar está voltando a falar de ser candidato [à presidência] pelo PMDB, e isso assusta o Ciro, naturalmente. Ele se excedeu em destampatórios mil e agora tem mais um pela proa: o Itamar. E o Itamar está com uma conversa antiga de que a equipe econômica não estaria querendo se lembrar dele, querem borrá-lo da História, enfim, uma coisa um pouco passadista. Vai dar trabalho.

Hoje jantei com a minha irmã Gilda e com o Roberto, meu cunhado, porque morreu a mãe dele e eu ainda não tinha falado com os dois. Vieram minha prima Vera Dulce [Cardoso Stefanini], o Roberto [Luís Roberto Cardoso de Oliveira], filho da Gilda, e a Jô, mulher dele. Conversamos sobre um pouco de tudo e sobre a Funai, porque eles entendem mais da Funai.

Quando estávamos conversando, o Paulo Renato me telefonou — ele jantava na casa da Roseana com o Sarney — para comentar um episódio do Antônio Ermírio [de Moraes] que se não registrei vou registrar: o Antônio Ermírio me telefonou desdizendo uma entrevista que deu à *Veja*. O Paulo Renato tinha se indignado porque ele criticara a educação, de modo que escreveu uma carta ao Antônio Ermírio, que também se desculpou com ele, Paulo Renato, por telefone. Pedi então que o Sarney viesse ao telefone. O Sarney, então, me contou mais uma vez uma velha história sobre o Antônio Ermírio, que eu já conhecia e tinha contado a algumas pessoas. História originariamente me trazida pelo Rafael de Almeida Magalhães. Ele, Rafael, havia levado, quando o Sarney era presidente, um convite ao Antônio Ermírio para ser ministro de Infraestrutura, numa mudança grande do ministério e da organização do aparelho de governo. O Antônio Ermírio aceitou, e ele e o Rafael vieram jantar no Alvorada, para que o Sarney reafirmasse o convite. Aí o Antônio Ermírio, emocionado, disse que não podia mais aceitar porque na véspera soubera que tinha uma mancha no pulmão. O Sarney ficou preocupado e solidário. No dia seguinte telefonou várias vezes para o Antônio Ermírio, que não o atendeu. Foi uma maneira de cair fora. As pessoas são realmente complexas.

Falei com o Luís Eduardo sobre algumas votações, marcaram a data da votação da reforma administrativa para 15 de outubro. A lei eleitoral, como já disse, não me preocupa muito, embora a imprensa ache que ela esteja sendo feita à minha medida para que eu ganhe a reeleição, como se isso fosse necessário e possível. São os interesses partidários que estão em jogo. Desejo apenas que na propaganda eleitoral se evite demasiados truques, [ao estilo] de venda de sabonete, [desejo] que haja

---

* PMDB-PB. Presidente da Comissão Mista de Orçamento do Congresso.

mais [a difusão de] um programa político, de propaganda política propriamente, não tanto de marqueteiros.* Não tenho nenhuma reivindicação a não ser que as regras sejam claras.

Nada mais específico aconteceu, pelo menos que eu soubesse, apesar do destempero no PSDB. O Serjão se afastou da executiva do partido em virtude da entrada do Nilo Coelho.

O Sérgio esteve hoje comigo, despachando, sempre muito bem na área específica das comunicações. Na área do PSDB, manteve seus pontos de vista, achei bom que se afastasse, por ele e pelo PSDB, acho que [será salutar] que o Sérgio fique uns três meses mais ligado às comunicações e o Teotônio com a sua equipe, lá, tentando [acertar as coisas] com apoio até do próprio Sérgio. Falei com o Mário Covas sobre a necessidade de fortalecermos o PSDB. O Mário está de acordo em ajudar, o Tasso também. Acho que poderemos fazer um bom time para levar o PSDB a uma situação melhor do que a atual, que é de muita desordem interna, medo das eleições, a ideia de que sem meu apoio eles perdem, e que eu não apoio, que não sou solidário, enfim esse nhe-nhe-nhem habitual.

SÁBADO, DIA 27, são sete horas da noite.

Na quarta-feira, dia 24, além dos habituais despachos, entrevista para *El Mercurio*,** porque irei ao Chile.

Depois recebi o ministro Homero Santos, presidente do TCU, que veio me trazer a aposentadoria do Paulo Afonso. Em seguida houve a solenidade da sanção da lei que dá amparo às artes cênicas,*** uma coisa que o Weffort fez, com muita resistência da Receita, mas que tem um grande efeito não só para as artes cênicas, mas para os livros, museus, enfim, uma extensão da Lei Rouanet. Propus que se chamasse Lei Sarney-Rouanet-Weffort, que é justo.

Almocei com o Almir Pazzianoto,**** que fez um panorama sombrio da Justiça do Trabalho. Ele é favorável à sua extinção e me disse que não aguenta mais ficar lá. Gostaria que eu arranjasse alguma coisa para ele no meio do ano que vem. O Almir é muito valioso, embora seja uma pessoa de temperamento às vezes difícil; não no sentido do convívio, é que ele tem um pouco das artimanhas do caboclo. Mas é um homem de grande valia.

* Entre os pontos da lei eleitoral apoiados pelo governo no Senado, estava a proibição de imagens externas, trucagens e efeitos especiais nos programas partidários do horário gratuito.
** Jornal de Santiago do Chile.
*** Assinatura da MP 1589/97, que alterou a Lei de Incentivo à Cultura para beneficiar os setores de artes cênicas, edição de livros e música erudita, além de estimular a circulação de exposições de artes plásticas e as doações de acervos para bibliotecas públicas e museus.
**** Presidente do Tribunal Superior do Trabalho (TST).

Depois do almoço, recebi o José Antônio Nascimento Brito, o Josa, do *Jornal do Brasil*, que veio me pedir, mais uma vez, para não pagar as dívidas da maneira proposta. Já propusemos tudo, até pagar em 96 vezes, não pagam. Ainda assim parece que há um projeto de lei para facilitar mais o pagamento, vou ver se é possível aprová-lo, mas é muito difícil. Reclamou do Sérgio Motta, porque ele [Josa] está metido nas questões de telefonia* e não está sendo bem atendido, essas coisas. Na verdade, o Sérgio está se defendendo.

Reclamei dele também. O *Jornal do Brasil* faz manchetes que não tem nada a ver [com o texto], dá um enorme destaque ao Ciro. O *JB*, ao que consta, pagou uma parte da estadia do Ciro nos Estados Unidos, a pedido do Tasso, eu sei que foi isso, eles têm uma relação mais profunda com o Ciro.

Eu disse que ele precisava prestar atenção nos donos dos jornais, porque não é uma questão minha, não é só uma questão do governo, é tudo. É um negativismo permanente — até o Sete de Setembro virou data de protesto — e o jornal dá grande relevo a isso. Josa culpa *O Globo*, diz que *O Globo* e a TV Globo mudaram de orientação por causa da atitude do pai no passado, estão querendo deixar de ter um comprometimento permanente com o governo. Foi isso, disse, que mudou a atitude deles, *JB*, também. É uma nova etapa da vida política e pública brasileira, eu disse.

Temos que ver como ir levando, apenas ponderei que um governo não resiste à permanente desmoralização de tudo, embora às vezes com razão, mas raramente. Via de regra é pelo gosto de criticar. É complicado.

Depois tive uma reunião de rotina sobre a comemoração dos quinhentos anos.

Recebi um pessoal da Frepaso e da UCR, um dos grupos de oposição na Argentina, que agora se juntam. Vieram com mensagem de boas relações com o Brasil simplesmente para reafirmar que para eles o Mercosul é mais importante do que tudo. Foi uma boa conversa.

Tive um jantar com o Antônio Carlos Magalhães, o Sérgio Motta e o Luís Eduardo. Jantar no qual se verificou que há uma vontade, sobretudo do Antônio Carlos, de participar do eixo das negociações políticas. É claro que nas políticas eleitorais, sim, mas nas políticas em geral é mais complicado, embora, reafirmo, o Antônio Carlos tem ajudado o governo. Ele estava muito irritado com o Celso de Mello, porque tinha proposto a ele, como a mim também, em nome da Corte, como ele chama o STF, que fechássemos um pouco os olhos para a luta corporativa deles, embora ele, Celso de Mello, fosse contrário. O Antônio Carlos também é contrário, eu também. Não obstante o Congresso aprovou, com dez votos contra, um regime especial para os juízes,** e o Celso de Mello criticou o Congresso depois. Foi isso que desagradou o Antônio Carlos.

---

* A empresa controladora do *Jornal do Brasil* integrava um consórcio com a Rede Bandeirantes e o SBT para a disputa de licenças de TV a cabo.

** Em 24 de setembro, o Senado aprovara em primeiro turno, por 59 a 12, o substitutivo do senador Beni Veras para a PEC da reforma da Previdência. O juízes e parlamentares foram contemplados

Fora isso, reavaliações dessas continhas [eleitorais] que se fazem na vida política, de tudo e de todos, e das chances de cada um, do Ciro, do Itamar, revisão geral.

Comecei o dia seguinte, quinta-feira 25, com a gravação de um pronunciamento sobre o Programa Toda Criança na Escola.* Parece que ficou um pouco curto, mas bom. A repercussão na imprensa dos programas sociais é mínima. Eles gostam de cobrar a ausência de programas sociais, mas não gostam dos programas sociais.

Mais adiante recebi toda a bancada do Tocantins, que veio junto com os líderes do PMDB, um difícil equilíbrio para ver o que se faz, porque lá todos brigam com todos.

Recebi a Ruth Escobar de manhã, veio um pouco chorosa porque não estou dando a atenção necessária a ela como amigo, chorosa no sentido literal. Ela estava, claro, sentida pela morte do filho, o que é uma coisa trágica, imagino o que deva ser o sofrimento, mas não entendi bem o porquê dessa cobrança. Não vou repetir aqui a defesa que faço da minha luta para me manter com certa integridade psicológica.

Depois fui fazer a teleinauguração, como se chama agora, da última turbina de Xingó.** Das seis que estão em Xingó, produzindo 3 mil megawatts, cinco foram inauguradas pelo meu governo. Nós realmente retomamos o crescimento do nosso país.

Ainda na quinta-feira, almocei no Alvorada, a Ruth chegou depois do almoço.

Voltei [ao Planalto] para receber o presidente da Shell,*** que trouxe uma ideia interessante: fazer uma usina geradora de energia com gás liquefeito em Suape, Pernambuco. Eu me entusiasmei.

Recebi a Rita Camata,**** que quer discutir o que se faz para que a região do norte do Espírito Santo ganhe os benefícios da Sudene. Conversei com a Rita sobre o que está acontecendo no Espírito Santo.

Eu já tinha recebido o nosso Paulo Hartung, que me disse que ia para o PTB, e recebi também o prefeito atual, que é muito bom, o Luiz Paulo [Vellozo] Lucas.***** Eles acham que os senadores estão unidos e não vão dar espaço ao Paulo Hartung. Não sei, o PSDB pediu para ele ficar. Mas acho que a Rita não quer que o [Gerson] Camata****** seja candidato; não foi o que ela disse, mas eu sinto.

Depois recebi o Eduardo Azeredo, que desta vez veio falando mais de política do que de qualquer outra coisa. O Eduardo não se aguenta e no finalzinho recla-

---

com uma brecha legal para permitir um regime de aposentadorias diferenciado dos demais servidores. O teto máximo de R$ 12720 foi mantido.

* O presidente falou à nação em cadeia de rádio e TV sobre as ações educacionais do governo e anunciou a meta de chegar a 100% das crianças em idade escolar matriculadas.

** O presidente acionou a nova turbina da usina hidrelétrica de Xingó, no rio São Francisco (fronteira AL-SE), através de um link de satélite instalado no Palácio do Planalto.

*** David Pirret, presidente da Shell do Brasil.

**** Deputada federal (PMDB-ES).

***** Prefeito de Vitória (PSDB).

****** Rita é mulher de Gerson Camata.

mou do DNER, dizendo que está havendo alguma irregularidade. Eu disse: "Bom, se houver, me traga a pessoa que eu demito". É sempre assim, as coisas são vagas e eu não posso demitir. Mas quem sabe... Na conversa com o Eduardo Azeredo, eu disse a ele da minha conversa com o Hélio Costa e que iria receber o Itamar.

De fato, na quinta-feira recebi o Itamar no Alvorada às sete e meia da noite. O Itamar veio me dizer o que eu já sabia: que vai entrar para o PMDB e que não sabe se vai ser candidato a presidente da República ou ao governo de Minas. Disse que as filhas não querem que ele seja candidato, o que é uma maneira de deixar a porta aberta. Fiquei com a sensação de que o que o interessa neste momento é o governo de Minas, pelas perguntas, pelo modo como ele está encarando as coisas.

Transmiti a ele a minha conversa com o Hélio Costa e também outra muito interessante que tive esta semana com o Arlindo Porto e com o Paulo Paiva. Ambos estiveram em contato com o Hélio Garcia.* O Hélio Garcia mandou me dizer o seguinte: que é preciso arrumar Minas e, para arrumar Minas, é preciso haver uma composição e que não podemos esquecer de duas pessoas: do Itamar e do Eduardo Azeredo. Sobretudo não esquecer, na composição, do Eduardo Azeredo. Ora, como ele [Garcia] é candidato ao Senado, entendi que abriria mão da candidatura [ao governo] para acomodar uma composição mineira. Num ponto (eu não disse isso tudo ao Itamar, apenas em parte), o Hélio Garcia tem razão. É preciso arrumar Minas e é difícil arrumar Minas porque não há tantas vagas quanto aspirações. O Itamar, numa pesquisa que o Eduardo Azeredo me entregou outro dia, perde para ele. Perde bem. Para mim, nem se fala. Para a Presidência. Mas, de qualquer maneira, isso é uma questão estatística. Na verdade há um problema político e ele pode reverter essa situação. Tenho realmente que arrumar Minas.

O Itamar me enviou depois, por fax, a carta que ele mandou ao Paes de Andrade, onde ele não se coloca como candidato. Ele fez bem, do seu ponto de vista, entrou num grande partido; não se compromete com nada. Pediu para ficar pelo menos até janeiro em Washington, o que coloca um problema para o Carlos Alberto [Leite Barbosa, embaixador deslocado de Paris para substituir o Itamar na OEA]. Também me disse que o Carlos Alberto está na fazenda dele aqui, não precisa ser [embaixador na OEA] já. Vou ter que conversar com o Lampreia sobre o que fazer com o Carlos Alberto, porque ele já tem muito tempo de afastamento. De qualquer forma, isso indica que o Itamar está com bom senso, porque vir agora para cá é pior. E pediu que eu não me esquecesse de falar com o Bambino [Sebastião Rego Barros] sobre o Zé Aparecido, para esse instituto da língua portuguesa.**

No dia seguinte, sexta-feira, quando voltei de uma viagem que já vou relatar, recebi uma carta do Bambino, por portador, dizendo que ele tinha falado com o Zé Aparecido e com o Itamar, mas que em seguida o Zé Aparecido telefonou para ele

---

* Ex-governador de Minas Gerais (1984-87 e 1991-95) e líder petebista.
** Instituto Internacional da Língua Portuguesa, vinculado à CPLP.

dizendo que o seu médico não aceita que ele assuma essa responsabilidade. Então o Zé Aparecido pediu que o Bambino mandasse uma carta ao Itamar, cujos temas são mais ou menos combinados ou ditados por ele, eu tenho aqui a cópia dessa carta. Assim se encerra o episódio Zé Aparecido e o Instituto da Língua Portuguesa. O Zé ficou contente porque, claro, fiz um gesto de consideração com ele, mas não creio que o Itamar tenha ficado contente.

Em seguida ao encontro com o Itamar, recebi o Miguel Arraes, que veio juntamente com o Raul Jungmann tarde da noite, para que a presença dele não fosse registrada. O Arraes analisa com tranquilidade. Ele acha que o PFL — e nisto coincide com a minha análise — está organizado para os próximos lances, mas que, fora isso, está uma confusão. O PT é um partido em extinção, o PSDB em ebulição, ele só vê o PFL arrumado. Acha que tem que haver um caminho novo na esquerda. Esse novo, para ele, será uma candidatura que não a do Lula. Que seja... ele falou do Cristovam.

Eu disse: "Mas por que não a sua?". Imagino que no fundo ele gostaria de ser o candidato, e acho até que seria bom. Arraes é lúcido na análise. Ele acha que eu ganho a eleição, mas que é preciso evitar que eu fique engessado, depois da eleição, pela força da direita. Ele tem toda a razão. Se a esquerda não fosse tão pouco estratégica, já há muito tempo teria feito isso para me permitir, se eu ganhar um próximo mandato, ter um jogo à esquerda.

O Miguel Arraes é um homem que vê assim. Ciro entrou para o PPS, ou vai ser candidato, ou vai ficar perturbando lá, tem uma visão mais mesquinha, personalista, de aparecer, e para aparecer tem que me atacar. E o Ciro não é de esquerda, não tem visão da História, tem até certo impulso meio moralista, meio antiga UDN, parece sincero, não sei se é hipócrita, mas tem uma visão muito tosca da vida política. O Ciro imagina que o que me falta é coragem, mas o que falta a ele é sabedoria. Não adianta levar a ferro e fogo; quem levar a ferro e fogo neste quadro brasileiro quebra a cara.

O Arraes acha isso também, acredita que não há no quadro mundial brecha para nada e que é preciso tomar cuidado porque, com a pressão americana, se houver aqui um governo engessado pela direita, estamos realmente mal. Não é bem direita, essa é uma palavra dele, acho que é muito mais o que eu digo sempre, é o atraso grande que existe aqui. Sem dúvida nenhuma, a visão estratégica do Arraes é melhor.

Depois fui encontrar a Ruth na casa do Zé Gregori, ela estava jantando com o [Fernando Gasparian], a Dalva e o ex-embaixador da Venezuela aqui no Brasil, o [Sebastián] Alegrett e a mulher dele.* Voltei logo porque no dia seguinte, ontem, sexta-feira, eu ia cedo a Petrolina** e depois a Juazeiro.***

---

* Cristina de Alegrett.

** Solenidade de assinatura do decreto de lançamento do Programa de Apoio e Desenvolvimento da Fruticultura Irrigada do Nordeste.

*** Cerimônia de descerramento de placa alusiva ao lançamento do Programa de Apoio e Desenvolvimento da Fruticultura Irrigada do Nordeste, na abertura da X Feira Nacional da Agricultura Irrigada.

Fui para levar adiante o programa das plantações irrigadas, que estamos apoiando muito, e também para lançar um programa novo de fruticultura, um projeto que vai inovar, porque junta empresários grandes com empresários médios. Dez empresários que se comprometem a ampliar a área irrigada, enfim uma coisa bonita.

De Petrolina, onde estive com todos os Coelho, fui à inauguração da continuidade do projeto Nilo Coelho,* chamado Maria Teresa, que era a mulher do Nilo Coelho. Inaugurei, fiz discurso e tal, montei a cavalo para espantar o pessoal em volta, imaginando que ia sair nos jornais a fotografia que saiu.

Depois fui a Juazeiro inaugurar uma feira; era desnecessário ter havido tom de comício, comício é ruim para mim neste momento, mas não teve jeito.

Depois fui a Salvador assistir à assinatura do contrato da Odebrecht com a Stora, uma empresa sueca;** vão colocar, os dois juntos, 1,7 bilhão de dólares numa fábrica para produzir celulose. Era melhor eu ter evitado a ida porque neste momento a Odebrecht está sob o fogo da imprensa por causa de um contrato com a Petrobras.*** Mas era um evento marcado fazia muito tempo, uma coisa não tem relação com a outra e não me meti até agora nessa questão da Petrobras. A coisa é complexa, prefiro que isso seja visto, primeiro, no nível dos interesses da Petrobras, o nível técnico, depois no nível jurídico, pela SDE**** ou então pelo Cade,***** que é o que vai acontecer.

Voltei ontem extremamente cansado. Hoje de manhã saí cedo e fui ao Paraná inaugurar os Jogos da Natureza, uma coisa bonita em Foz de Iguaçu que o Lerner inventou, espetáculo bonito, com os filhos do Vinicius de Moraes, que cantaram, e com o Jacques Morelenbaum mais a Denise Stoklos, que fez a representação de um texto escrito pelo Rafael Greca.****** Estava lá também o presidente Wasmosy, do Paraguai, a solenidade foi rápida e bonita.

Voltei para cá, já tinha almoçado, descansei um pouco, eu e a Ruth acabamos agora de fazer exercício e natação, veio o pessoal do Sarah para isso. À noite fomos jantar na casa do embaixador Zoza Médicis [João Augusto de Médicis].*******

Amanhã vou de novo a São Paulo, para o Palácio do Trabalhador,******** um encontro com a Força Sindical, eles estão formando jovens, filhos de trabalhadores,

---

* Projeto de irrigação para fruticultura desenvolvido pela Codevasf nos municípios de Casa Nova (BA) e Petrolina (PE).
** A joint venture originou a Veracruz Florestal, cuja fábrica foi instalada em Eunápolis (sul da Bahia).
*** Alusão à parceria entre Petrobras e Odebrecht para a construção do polo petroquímico de Paulínia.
**** Secretaria de Direito Econômico do Ministério da Justiça.
***** Conselho Administrativo de Defesa Econômica, ligado ao mesmo ministério.
****** Ex-prefeito de Curitiba (PFL).
******* Embaixador do Brasil na China.
******** Sede da Força Sindical, no bairro paulistano da Liberdade.

com recursos do Ministério do Trabalho.* Depois, às três horas da tarde, vou ao congresso mundial da Assembleia de Deus,** no Campo de Marte, para ter uma presença equilibrada na questão de católicos e protestantes, que está ficando séria no Brasil.

SEGUNDA-FEIRA, 29 DE SETEMBRO. No sábado à noite, o Serra falou comigo e disse uma coisa que me preocupou. Agradeci a interferência que ele fez na revista *Veja*, porque iam fazer uma maldade com o Paulo Henrique e a Ana. Ele explicou ao Mario Sergio [Conti] qual é a situação real da separação dos dois, que por enquanto ainda é provisória.

O Serra me disse o seguinte: que sairia na *Veja*, como de fato saiu, uma nota sobre a Odebrecht, e que havia o risco de sair uma notícia de que eu teria telefonado dez vezes para o Raimundo Brito para mandar fazer o contrato com a Odebrecht, e quem informou isso ao Mario Sergio teria sido o Antônio Carlos Magalhães. Embora rompido com o Mario Sergio, o ACM telefonou para ele e disse isso. Não é verdade; eu nunca discuti contrato nenhum com o ministro. Falei, eventualmente, sobre o polo petroquímico de Paulínia há um ano, porque, quando fomos lá, havíamos prometido a duplicação do polo do Rio Grande do Sul, assim como fiz com o Polo Gás-Químico do Rio de Janeiro. Nunca entrei em detalhes nem tinha ideia de quais eram os grupos que se associavam,*** embora soubesse que a Odebrecht, por ser o maior, estava nisso.

Já registrei a posição do ministro [Brito]. O Rafael [de Almeida Magalhães] queria que suspendêssemos o ato porque haveria irregularidades. Sabedor disso — eu soube pelo ajudante de ordens que me trouxe o fax no avião —, mostrei ao Serra que, aliás, relatou o episódio ao Mario Sergio. Quando chegamos ao Palácio dos Bandeirantes, o Mário Covas e eu chamamos o Clóvis e o ministro [Brito]; o Duda já estava lá. Eu perguntei ao ministro do que se tratava. O ministro deu as explicações, que são as mesmas que ele continua dando, que se trata de uma questão de escala, que o verdadeiro competidor é [a Dow Chemical] em Bahía Blanca, na Argentina. Disse que não havia nada de extraordinário nesse contrato, que é do mesmo gênero do que foi feito em outros locais, como os já citados, do Gás-Químico do Rio de Janeiro. No entanto, quando se compara, pelo que me dizem não é bem assim.

De qualquer forma, pedi que o ministro dissesse isso em público: que se tratava de um acordo sobre Paulínia e não de um acordo genérico para todo o Brasil,

---

* Cerimônia de formatura do primeiro curso de informática promovido pelo convênio entre o Ministério do Trabalho e a Força Sindical.
** II Congresso Mundial das Assembleias de Deus.
*** Também entraram no projeto do polo petroquímico de Paulínia os grupos Itaú e Ultra.

que é um dos pontos de discórdia. O que não ficou bem é que a *Veja* não apenas registra que eu teria telefonado [para interferir], o que é mentira, como diz que sou amigo de Emílio [Odebrecht] e que Emílio contribuiu para as campanhas desde quando eu não tinha o prestígio que tenho hoje; é verdade, ele contribuiu, como todos. Acontece outra coisa, porém: sou mais amigo do Rafael do que de Emílio. Com Emílio tenho uma relação formal, o Rafael é meu amigo e o Eduardo Eugênio é uma pessoa com quem tenho uma relação do mesmo gênero da que tenho com Emílio. Apenas a questão aqui é de avaliação objetiva, mas a amizade que *Veja* avalia é uma insinuação maldosa. Vou pedir que o Sérgio Amaral faça uma notinha desmentindo, e vou falar com o Mario Sergio.

Fui a São Paulo, ontem, domingo. Na Força Sindical foi uma apoteose, o [Luiz Antônio] Medeiros é muito esperto e fez um discurso para cima. Falou mal dos parlamentares que votaram a favor de privilégios para juízes e parlamentares. Eu peguei o mote no final do discurso, disse que era contra também e que o presidente do Congresso tinha me garantido que eles iriam eliminar o [artigo] da aposentadoria dos parlamentares, como de fato irão. Claro, o povo aplaudiu de pé. Aliás, desde que eu cheguei lá, foi muito calorosa a manifestação de apoio dos trabalhadores. Três mil e tantos receberam diploma, com as famílias.

Depois, à tarde, no Campo de Marte, havia mais de 200 mil pessoas, e o pastor* até se excedeu e falou na minha reeleição. Falou de várias coisas favoráveis, eu fiz um discurso pacificador, como adiantei aqui, terminei citando [a palavra] "Aleluia", que eu devia ter mencionado no início, pois é a palavra que eles gostam de dizer.

Voltei para Brasília e aqui estou hoje de manhã, arrumando as coisas, para viajar para o Chile amanhã cedo.

Terça-feira, estou no Chile,** viagem tranquila, fiquei lendo, conversei um pouco com o Weffort, o Gelson e o Benito Gama, que estavam no avião. Chegamos aqui, coisas protocolares, almocei na embaixada, comemos muito bem, tudo muito agradável.

Depois do almoço recebi o [Thomas] McLarty, o enviado especial do Clinton, que estava no Chile, para discutir pormenores da visita dele ao Brasil, sobre o que vamos dizer. A intenção deles é a de que haja uma sensação de coincidência de pontos de vista e não de briga entre Brasil e Estados Unidos. Combinou-se uma pequena agenda, isso vai ser posto no papel, o Luiz Felipe Lampreia estava presente.

---

* José Wellington Bezerra da Costa, presidente da Convenção Geral das Assembleias de Deus no Brasil.

** O presidente viajou a Santiago para participar como observador da reunião preparatória da IX Conferência Anual da Apec (Cooperação Econômica Ásia-Pacífico), realizada no Canadá em novembro de 1997.

Dei muitas entrevistas à imprensa no Chile, uma à televisão e a três jornais diferentes em momentos diferentes.

Recebi o [Enrique] Iglesias, que também estava aqui e veio me agradecer o lançamento da candidatura dele para a reeleição na presidência do banco [BID], e agora estou descansando. Vou jantar somente com o pessoal da comitiva e talvez com o Osvaldo Sunkel. Antes disso passo para inaugurar uma exposição do Di Cavalcanti.*

Amanhã, dia de intenso trabalho.

---

* A mostra aconteceu no Museo Nacional de Bellas Artes.

2 A 13 DE OUTUBRO DE 1997

Viagem ao Chile. Visita do papa. Preparativos da visita de Clinton ao Brasil

2 de outubro, quinta-feira, estou a bordo do avião presidencial, indo para o Rio de Janeiro, onde vou receber o papa.*

Só para registrar uma reflexão que fiz outro dia a respeito do comportamento do Mário Covas. É curioso como se repete a ideia de que ele não vai concorrer. Dessa vez imagino que ele esteja realmente preparando esse caminho. Anda dizendo aos que entram para o PSDB que entrem, mas que não contem com ele como candidato, porque não quer decepcioná-los mais adiante. Essa é exatamente a "questão ética" na perspectiva do Mário. A ética do comportamento pessoal, não da responsabilidade política weberiana. Ele não se preocupa tanto com os efeitos da sua ação do ponto de vista global, e sim com seu comportamento com aos demais indivíduos. É curioso: no Brasil [a ética pessoal] tem enorme efeito positivo, enquanto a responsabilidade política, no sentido forte da expressão, parece hipocrisia. Há uma inversão na análise do comportamento dos homens públicos. É só um parênteses.

Com relação ao Chile, uma retificação. Eu não inaugurei a exposição do Di Cavalcanti, como disse aqui, no dia da chegada. Recebi vários amigos. Ricardo Lagos, eventual candidato à presidência do Chile e atual ministro de Obras Públicas, a Tencha Allende [Hortensia Bussi], viúva do Allende, que estava lá, muito simpaticamente, várias pessoas do meu tempo de Cepal, enfim um ambiente agradável.

Depois fomos jantar, só o pessoal da casa, diplomatas e o Oswaldo Sunkel.

No dia seguinte, ontem, um dia muito intenso. Conversei no café da manhã com empresários brasileiros e chilenos,** cerca de quinhentos. Disse-lhes, para mostrar como o Brasil estava recobrando força econômica e o êxito nas relações do Chile com o Brasil, que a primeira vez que fui ao Chile como chanceler havia apenas trinta e poucos empresários, e veja agora.

Visitei os presidentes do Senado*** e da Câmara,**** e recebi deste uma medalha.***** Almocei com o presidente [Eduardo] Frei, discussão de trabalho, Frei apoia explicitamente o Brasil no Conselho de Segurança, discutimos assuntos delica-

---

* João Paulo II veio ao Brasil para o II Encontro Mundial do Papa com as Famílias, realizado no estádio do Maracanã. Foi sua terceira e última visita ao Brasil.
** O presidente discursou no café da manhã de abertura do Encontro Empresarial Brasil-Chile, promovido pela Sociedade de Fomento Fabril do Chile (Sofofa).
*** Sergio Romero.
**** Gutenberg Martínez.
***** Medalla al Mérito Cámara de Diputados de Chile.

dos, como a situação do Paraguai e da Colômbia,* as dificuldades com o [Lino] Oviedo,** os temores sobre a Argentina, não sobre a relação Brasil-Argentina ou Chile-Argentina, mas que o Menem possa perder força na Argentina. Falamos sobre os Estados Unidos, a posição dos americanos de colocar sempre dificuldades.

Na terça-feira, tive um encontro com o representante do Clinton, o embaixador *at large*, como eles chamam, McLarty, enfim, recordamos tudo isso, os pontos de acordo Chile-Brasil são muito grandes.

Ainda fiz uma longa conferência, principal razão da minha visita, para um grupo de empresários da área do Pacífico e da Ásia Pacífico, com o pessoal do Chile, do Peru e também da Ásia. Fiz a conferência, aplausos generalizados, encontrei muitas pessoas amigas.

Voltamos à embaixada, agora estou no avião com algumas pessoas, entre as quais Eduardo Eugênio Gouvêa Vieira, um dos interessados no caso do contrato da Odebrecht com a Petrobras. Ele é contra, é do grupo Ipiranga, vamos almoçar eu, ele, sua senhora e o Márcio Fortes. Não perderão a oportunidade de falar contra o acordo Petrobras-Odebrecht.

Tive uma boa conversa com o Gelson, meu assessor diplomático. Contou algumas coisas do testemunho dele sobre a fase final do governo Collor.*** Ele tem uma memória escrita sobre aqueles dias, sobretudo as conversas infindáveis do Celso Lafer, do Zé Gregori, do Hélio Jaguaribe mais o ministro da Justiça na época, o Célio Borja. Depoimento muito interessante para ver as mudanças de posição e a perplexidade deles diante de uma realidade que mudava celeremente, e muitas vezes eles não compreendiam. Tomara que o Gelson publique esse texto.

5 DE OUTUBRO, DOMINGO, estou no segundo andar do Palácio Laranjeiras. Há aqui uma série de salões magníficos que misturam tudo que é estilo e que impressionam o visitante menos acostumado a distinguir a arte. O Palácio Laranjeiras me foi cedido, gentilmente, pelo Marcelo Alencar desde o início do governo. É uma residência mais do que adequada para recepções, talvez seja incômodo para residir, por isso o Marcelo não mora aqui, nem eu moraria, mas é um monumento à burguesia brasileira do começo do século, a qual, talvez por isso mesmo, faliu. Os donos do Palácio Laranjeiras eram os Guinle, que depois de viverem anos aqui cederam tudo ao governo para pagar dívidas.****

---

* Em 1995, o presidente Ernesto Samper foi acusado de associação com o narcotráfico durante a campanha eleitoral do ano anterior, chegando a ter seu visto de entrada nos EUA cancelado.

** O general, autor de uma tentativa frustrada de golpe, continuava a articular sua candidatura à presidência do Paraguai nas eleições de 1998 pelo Partido Colorado.

*** Gelson Fonseca foi chefe da assessoria diplomática do Planalto no governo Collor.

**** Construído entre 1910 e 1914, o Laranjeiras se tornou propriedade federal em 1947 e foi cedido pela União ao estado do Rio de Janeiro em 1975.

Cheguei na quinta-feira, diretamente do Chile, para receber o papa, uma recepção calorosa. Achei o papa melhor, mas a maioria das pessoas o achou muito combalido. Desceu a escada do avião devagarzinho, sozinho, se aproximou de mim, foi muito simpático. Dei um abraço apertado nele e depois fomos fazer nossos discursos. Ele discursou num português bom, mas falando lentamente.

Em seguida saímos a pé, como sempre acontece nessas ocasiões, havia muita proximidade entre a arquibancada e o papa. Resultado: confusão, todos queriam pegar no papa, essa mania brasileira de tocar nas pessoas, sobretudo as crianças. Mas foi muito simpático, com um calor humano agradável. Teria sido uma imagem ruim, se tivesse havido formalismo.

O papa tomou o helicóptero que serve a mim e eu tomei um helicóptero das Forças Armadas. Tentamos descer no Laranjeiras, o tempo estava ruim, não conseguimos, fomos para a base aérea do Santos Dumont, esperamos um pouco, fomos bem recebidos pelo comandante, um brigadeiro simpático, a mulher dele, filho e tudo mais, o povo também, muito simpático. De lá viemos para o Laranjeiras [de carro].

No Laranjeiras passamos o final da quinta-feira em família.

Na sexta-feira de manhã, o papa veio ao Laranjeiras, com os convidados especiais, notadamente o Sarney, o Itamar e muitos familiares. Um encontro agradável, e minha conversa com ele foi bem diferente do que as pessoas imaginam. O papa falou basicamente sobre política internacional. A preocupação dele é a hegemonia americana. Vê-se que tem uma visão na qual as questões nacionais pesam bastante. Não confia muito na unidade europeia em termos político-culturais. Acredita que cada nação europeia está enraizada não num sentimento nacionalista, segundo disse, mas na noção de sua diferença, e que vai continuar sendo assim. Pareceu-me uma visão polonesa do mundo europeu. Muito favorável a que nós, no Brasil, tenhamos uma posição ativa. Ele falava sempre dos Estados Unidos e da América do Sul como que dando ênfase à posição do Brasil na América do Sul, como contrapeso à política americana. A favor da China, a favor da Índia. Enfim, falou bastante do mundo depois da queda do Muro de Berlim, à qual se referiu, explicitamente, como o fim do comunismo.

Perguntou de novo sobre a Teologia da Libertação, sobre o marxismo na Igreja, falou nomeadamente no frei [Leonardo] Boff, tudo isso com distanciamento, discutimos questões sociais, sempre ele propondo os temas. Expliquei a situação dos índios no Brasil porque ele tinha mencionado os índios (no discurso), perguntou quantos eram, ficou surpreso de ser apenas 300 mil para uma população de 160 milhões. Na Bolívia e no Peru, ele disse, não é assim. Eu disse que, claro, lá era o oposto, mas que aqui era assim.

Eu acrescentei: "O senhor se referiu aos afro-brasileiros, é um contingente grande da população, mas a identidade afro-brasileira só existe numa elite, não na massa. Para a massa, a identidade é de brasileiro, este é um país mestiço". Pus a minha mão sobre a dele e disse: veja a diferença das nossas cores, aqui é tudo assim, moreno. Ele foi extremamente simpático, não tocou na questão do aborto,* de que todo Brasil falava, tampouco abordou qualquer assunto constrangedor.

O pano de fundo disso foi uma exploração (claro que o papa nem soube) que o jornal *O Globo* fez com uma declaração da Ruth. Ela declarou que não havia relação entre a vinda do papa e o processo de legalização de práticas de aborto — acho que não era nem "legalização", mas aplicação das exceções previstas em lei para o aborto pelo sistema hospitalar público —, que a relação era zero entre a vinda do papa e o processamento disso no Congresso. A tradução foi que o papa não tem influência no Congresso. Além disso, ela disse que era preciso obedecer a Constituição, e a Constituição diz quais são os casos em que o aborto é praticável.** Resultado: ela é a favor do aborto.

D. Eugênio [Sales]*** esteve aqui com o papa, a Ruth conversou com ele, d. Eugênio veio dizer a mim que não déssemos atenção ao episódio. D. Lucas foi muito receptivo ao não repisar a questão, disse que daria uma resposta oportunamente. Um vice-presidente da CNBB**** tem feito declarações imprudentes. Foi infeliz o modo como a Ruth expressou seus pontos de vista, mas não teve maiores consequências. Claro que vão usar isso como sempre usam. Mas o fato é que, na conversa com o papa, nada. Muitos carinhos com a família, uma belíssima fotografia com o Pedro no colo, também com a filha do Carlos Eduardo [Cardoso],***** deu um beijo nela, saiu em todos os jornais, tudo muito simpático.

Isso na sexta-feira. Depois almoçamos com a Carmute, que tinha vindo ver o papa (ele desperta realmente curiosidade, é interessante, mesmo entre os intelectuais mais céticos). À tarde recebi o alfaiate, para eu fazer uma roupa aqui no Rio, para variar um pouco. Depois o [João] Havelange veio me convidar para ir a Paris assistir ao primeiro jogo do Brasil na Copa do Mundo.****** Não tocou na Lei Pelé, nem caberia. É um homem educado, tem classe.

No sábado de manhã, recebi os padres que vieram com d. Damasceno, secretário-geral da CNBB. Ele trouxe um padre holandês com uma influência imensa

---

* O projeto de lei nº 20/1991 — para regulamentar o Código Penal e tornar obrigatória aos hospitais da rede pública a realização de abortos em casos de estupro ou de risco de vida para a gestante — tramitava no Congresso. O aborto já era previsto por lei para esses casos desde 1940, mas o projeto enfrentou forte resistência das bancadas católica e evangélica. Em 20 de agosto, o projeto fora aprovado pela Comissão de Constituição e Justiça da Câmara por 24 a 23.
** Isto é, o Código Penal.
*** Cardeal-arcebispo do Rio de Janeiro.
**** D. Jayme Chemello, bispo de Pelotas (RS).
***** Andreia Viana Cardoso, sobrinha-neta de Fernando Henrique.
****** O sorteio das chaves da Copa do Mundo da França colocou Brasil e Escócia na partida de abertura, em 10 de junho de 1998.

na Europa e conhecido como padre Toucinho;* me pareceu de direita. Um grupo grande de padres veio aqui. Há uma ação da Igreja no Brasil que eles querem que se considere de utilidade pública, para que possam levantar fundos. Trabalham aqui há 37 anos. Todos elogiaram enormemente os avanços feitos pelo governo. Eu me refiro mais aos padres brasileiros presentes, alguns quase torcedores. D. Damasceno assentia com a cabeça.

Lá fora, naturalmente, não disseram nada disso à imprensa. Diante de mim, louvores. Lá fora, reticências. É sempre esse o comportamento dos que vêm falar com o presidente da República. Nunca ousam dizer ao presidente — não digo nem dizer o que pensam — o que está sendo comentado. Fazem só elogios e lá fora não têm a coragem de sustentar isso, mesmo que com algumas críticas. Algo que não seja crítica não aparece. E só aparece a crítica para dar a impressão ao país de que são pessoas de grande independência — mas depois de pedirem recursos ao presidente da República.

Não me refiro em particular a esse grupo, eles eram estrangeiros, não devem ter nada a ver com isso, mas a atitude geral é essa.

Em seguida recebi o Jorge Serpa,** que veio conversar sobre uma série de visões que ele tem do mundo, mas que também alegou estar havendo problemas na área de telecomunicações. Não no ministério, mas nas compras havidas, suponho eu que pelas empresas de telefone, de material para a banda A. Enfim, que teria havido insinuações de suborno. Eu disse que ele tinha que ser específico. "Se você me especificar o que está acontecendo, eu atuo imediatamente; preciso saber do que se trata." Ele não me deu nenhum elemento efetivo.

Falou também sobre a Petrobras. Disse que sabe de coisas, da necessidade de substituir o Galvão [Orlando Galvão Filho],*** o que é verdadeiro, já há muito tempo, só não o fiz porque preciso estar calçado. Também discutimos um pouco a composição do Conselho [Nacional] do Petróleo. Ele sugeriu — o que eu já tinha ouvido também — o nome do general Leônidas Pires Gonçalves**** para presidente do Conselho de Administração da Petrobras, para diminuir a força do [Joel] Rennó.***** Tenho receio, não sei como está o general Leônidas, há muito tempo não falo com ele para saber que posições tem. Quero botar o almirante [Mário César] Flores na Agência Nacional do Petróleo. Essa coisa de

---

* Werenfried van Straaten, cuja alcunha deriva de sua atuação na distribuição de alimentos a pobres e refugiados da Alemanha depois da Segunda Guerra Mundial.
** Advogado e empresário.
*** Presidente da BR Distribuidora e diretor financeiro da Petrobras.
**** Ex-ministro do Exército (1985-90) do governo Sarney.
***** Presidente da Petrobras.

petróleo, convém militarizar um pouco, para ter um contrapeso ao privatismo que existe por aí.

Depois tivemos um almoço, eu e a Ruth. Ela estava de mau humor por causa da reação da imprensa aos comentários dela [sobre aborto], embora a Dora Kramer tenha feito um artigo muito bom. A Dora tem sido excepcional na coragem em defender seus pontos de vista.

Fomos à tarde, com as crianças, ao museu do Niemeyer em Niterói.* Um rapaz, um general comandante da brigada, nos recebeu muito bem, e o coronel. Visitamos o museu, estava lá o prefeito de Niterói,** que é o filho do Roberto Silveira,*** estava também o Roberto D'Ávila, que foi quem avisou que nós iríamos. É um museu bonito. O prefeito pediu apoio para a Fundação Niemeyer. Na saída, havia um pequeno grupo de manifestantes, que eu já sabia, desde a véspera, que estaria lá, porque o Serviço de Informação**** captara, pouca gente. Os jornais falam em trinta, mas acho que não eram nem trinta gritando "fascista", "traidor", esse palavreado típico do desespero de uma esquerda que perdeu o rumo. Nem sei se é esquerda ou se é lúmpen. Falei com alguns manifestantes que eram a favor, batiam palmas e tal.

Depois vim para cá e aqui ficamos vendo a festa do papa no Maracanã; eu a sobrevoei, havia muita gente, [o papa fez] um discurso muito anacrônico sobre família e sobre aborto, sem nenhuma novidade, nenhum carisma, aí eu vi um papa no que há de mais tradicional. Uma festa feudal. E as crianças ali gritando e tal, crianças que certamente não vão obedecer o papa.

Hoje de manhã, houve uma missa campal imensa lá no aterro [do Flamengo], aí sim muita gente, o papa falando um português admirável e um espanhol pior. D. Eugênio falou para a Ruth que havia excesso de segurança, providenciei para diminuir, é o medo que o pessoal tem de atentado. Já falei com d. Eugênio, que ficou contente com as providências que tomei. Nesta manhã me telefonaram pedindo um médico meu para acompanhar um cardeal italiano que passou mal aqui no Brasil, e autorizei. Agora vou para a piscina com a Ruth, a Bia, o Duda e as crianças. Depois do almoço sigo para São Paulo e eles para Brasília.

HOJE É 7 DE OUTUBRO, TERÇA-FEIRA, são quatro horas da tarde, estou de novo em Brasília. Estive em São Paulo no domingo, como registrei. Lá jantei com o Mário Covas, o Tasso Jereissati e o Sérgio Motta. O Sérgio havia estado em minha casa umas duas horas antes, para despacharmos a rotina do Ministério das Comu-

---

* Museu de Arte Contemporânea de Niterói, projetado por Oscar Niemeyer e inaugurado em 1996.
** José Roberto Silveira (PDT).
*** Ex-governador do estado do Rio de Janeiro (1959-61).
**** Subsecretaria de Inteligência (SSI).

nicações. Não me canso de dizer que ele está fazendo um trabalho admirável, bem-feito, é muito esforço, uma coisa realmente correta.

No final do jantar, o Mário me mostrou os dados sobre o ICMS. Ele mudou a base de comparação e, dessa forma, o resultado difere muito dos dados do governo federal. Aí passa a ser uma discussão de outra natureza: qual é a base correta? O Mário, porém, não saiu dos seus pontos de vista, quer dinheiro, fora do ICMS. Num dado momento, antes de me mostrar esses números — os quais levarei ao Kandir —, ele reclamou. Eu disse para ele e o Tasso: "Acontece o seguinte, nós estamos numa situação em que o governo federal está fazendo ginástica para manter o Real. Viram o que aconteceu em Hong Kong?* Eu não posso abrir o cofre, não posso criar a toda hora um desequilíbrio fiscal, nós temos déficit. Dentro desse contexto, o governo federal tem feito o possível e o impossível para atender aos estados. Temos que viver na realidade das coisas. Eu não sou o senhor absoluto do dinheiro. Dinheiro é imposto". Não fui duro, que não é o meu estilo, mas fui claro ao especificar que temos limites e que temos que manter o Real.

Fora isso, o Tasso fez um depoimento sobre o Ciro. Disse que foi "enganado pelo Ciro". Expressão dele. Que o Ciro prometera, no último dia [de filiação] que ia sair sozinho do PSDB e, enquanto prometia, estava tendo conversas inclusive com o líder dele, o Tasso, na Assembleia estadual** e com outros deputados, para tirá-los do PSDB. Achei o Tasso realmente irritado com o comportamento do Ciro. O Tasso reclamou do Planalto, de mim, pelo fato de o Sérgio Machado ter feito um jantar para o Ciro. "Ué, mas eles são amigos, trabalharam juntos, não fui eu quem mandou fazer o jantar!", eu disse. Falou também do Aecinho querer promover um encontro do Ciro comigo, e por aí foi.

"Mas, Tasso", eu disse, "acontece que na prática eu não tive encontro nenhum, e o que se diz hoje a respeito de coisa minha com o Ciro, eu disse a todo mundo, estava lá o Mário presente, o Sérgio [Motta] também, numa outra reunião, você estava ausente, eu disse que não iria buscar o Ciro porque quem fazia qualquer ligação com o Ciro no Ceará era você, porque lá o comando é seu." A registrar: o Ciro enganou o Tasso e o Tasso passou o recibo de estar irritado.

Na segunda-feira de manhã fomos a Sumaré inaugurar uma fábrica da Honda,*** [empresa] japonesa, o Mário e eu. O Mário fez discurso, eu fiz discurso e, depois dessa discurseira toda, voltei para Brasília. Despachei no avião com o Sérgio Amaral e aqui descansei um pouco.

---

* No início de outubro de 1997, Hong Kong se tornou a "bola da vez" na crise cambial que varreu o Sudeste Asiático.
** Manuel Veras, deputado estadual (PSDB).
*** A Honda foi a primeira montadora de veículos de passeio a se instalar no Brasil depois da Fiat, em 1976, com investimento de US$ 100 milhões na fábrica de Sumaré (SP).

Agora vou arrumar os meus papéis, receberei em seguida o Tasso Jereissati, além [de cuidar] dos despachos de rotina, e à noite janto com o [Gianni] Agnelli e com o conselho administrativo mundial da Fiat.

SÁBADO, 11 DE OUTUBRO. Como se vê, a semana foi pesada, não tive tempo nem de fazer meus registros habituais.

Na terça-feira jantei com o Agnelli, veio o [Henry] Kissinger também, todos muito entusiasmados com o desenvolvimento da Fiat no Brasil. Era o *board* mundial da Fiat. Agnelli é um homem inteligente. Falamos sobre a Itália, ele estava preocupado, se desculpou por não poder estar no dia seguinte, quarta-feira, dia 8, no almoço que teríamos aqui com um grupo de líderes mundiais de empresas, porque precisava voltar para a Itália para ver como estava a situação do Prodi,* ele sustentando o Prodi, o que eu acho correto.

O dia começou com a cerimônia Medalha do Estado-Maior das Forças Armadas, depois dei muitas entrevistas no Planalto à CNN, à CBS, à CBN, por causa da vinda do Clinton.

A Ruth almoçou comigo e, logo depois, foi para São Paulo. Na quarta-feira, dia 8, seria a defesa de tese [de doutoramento] da Bia.

Voltei ao Palácio do Planalto, recebi o governador de uma província do Japão, Oita,** que queria fazer um *hub* portuário para se conectar com o porto de Sepetiba.

À noite, ainda recebi o Paulo Renato, recebi o Vilmar, para discutir as questões da área social do governo, e o mais interessante é que esteve aqui o Cristovam Buarque. Veio dizer que é candidato à reeleição e que teme haver uso da máquina contra ele. Por máquina, leia-se Arruda e Eduardo Jorge. Disse que o governo esteve muito correto com ele, não tem queixa nenhuma, mas acha que daqui em diante as coisas vão ficar mais difíceis. Enfim, se mostrou disposto a um diálogo permanente.

Ele compartilha da visão do Arraes, e da minha também, de que seria preciso uma esquerda que dialogasse. Mas também sabe que o candidato vai ser o Lula. Ele acha isso inevitável, o Lula não deixa nenhum outro candidato aparecer, Cristovam se sente assim um pouco fora da água no PT, mas não vai sair do PT, também acho que não convém. É curioso como já há certa visão na esquerda de que é preciso mudar o rumo, mas há falta de condições ou, no caso de alguns — não é o caso do Cristovam —, há covardia moral e intelectual para dar uma guinada.

Deixei de registrar que nessa mesma terça-feira recebi o Ricardo do Espírito Santo Salgado, que é presidente do grupo Espírito Santo, de Portugal. Eles compra-

---

* Em 10 de outubro o Partido de Refundação Comunista retirou o apoio à coalizão parlamentar liderada pelo primeiro-ministro Romano Prodi. O ministério caiu. Prodi, no entanto, conseguiu refazer sua base de apoio e continuou à frente do governo.

** Morihiko Hiramatsu.

ram o Banco Boavista no Rio de Janeiro. Os portugueses estão entrando firme no Brasil. Veio com Olavo Monteiro de Carvalho, que me trouxe um artigo interessante também: apoiando o Pelé na luta contra o Havelange.

Na quarta-feira, dia 8, despachos de rotina de manhã, depois fui responder às perguntas dos correspondentes da imprensa americana no Brasil. Uma hora de entrevista em inglês. Não há questão que eles não consigam formular de maneira adequada, nós demos informações, dados, essas entrevistas estão publicadas, não preciso registrar nada aqui.

Depois almocei no Alvorada com aquele grupo de líderes empresariais. Foi muito interessante. Notadamente, me impressionou bem o presidente do grupo, acho que é da [Asea] Brown Boveri,* não tenho certeza, da Alemanha de qualquer forma. E o da General Electric,** grandes líderes, junto com o Kissinger, o presidente da Rhône-Poulenc,*** todos eufóricos com o que está acontecendo no Brasil. Fiz uma exposição primeiro lá embaixo, no cinema, e perguntei: "Quais são as críticas?". O francês disse uma coisa interessante: "Não há crítica nenhuma, só ouvi coisas boas e, quando é assim, fico olhando no horizonte, para ver de onde virá a catástrofe. E acho que a catástrofe virá da Argentina". Eu disse que não acreditava que a Argentina não fosse entrar em parafuso, mas que via um clima de muita crença no que estava acontecendo no Brasil.

Depois do almoço, fui receber o Hiroshi Okuda, o diretor-presidente da Toyota Motor Corporation, que veio com o Mário Covas, para anunciar uma empresa em São Paulo.****

Ainda recebi o Eliseu Padilha, ministro dos Transportes, para despacho de rotina e depois fui a São Paulo, de surpresa, para um jantar na casa da Carmo e do Nê em comemoração à tese da Bia,***** aprovada com louvor. Em latim, é *summa cum laude*. Ela se saiu muito bem, me telefonou à tarde para dizer que tinha sido aprovada, eu não disse que iria vê-la, ela até falou comigo num tom seco pelo telefone, querendo evitar questões, foi muito agradável. A Bia tem feito um esforço extraordinário, superou seus problemas de saúde, é uma menina brilhante.

Voltei para Brasília, cheguei às duas da manhã, esgotado.

Na quinta-feira, dia 9, recebi o senador Kleinubing com o Beto Carrero e a Aspásia Camargo, que está com um horizonte um pouco apertado depois que saiu da secretaria executiva do Meio Ambiente, mas vamos ajudá-la.

Depois o senador [Eduardo] Suplicy veio discutir o programa de renda mínima. Educado, foi uma conversa boa. Queria que eu visse um longo discurso que

---

* Rainer Hahn, presidente mundial da alemã Bosch.
** Dennis Dammerman.
*** Jean-René Fourtou.
**** O presidente da Toyota anunciou a instalação de uma fábrica da empresa em Indaiatuba (SP).
***** *Ensinar a ler e escrever: Análise de uma competência pedagógica*, defendida na Faculdade de Educação da USP sob orientação de Marta Kohl de Oliveira e co-orientação de Ana Teberosky.

ele fez no Senado, eu vi pela televisão do Senado, mas não tive paciência de escutar porque era muito longo, muito lento. Deu a entender que eu teria apoiado o projeto de uma senadora Fernandes, do Rio Grande do Sul, o que não é certo. Eu disse que uma sugestão que ele, Suplicy, me trouxe era correta. Provinha do professor [Philippe] Van Parijs,* que eu já conhecia e que tem uma ideia correta: a de que não se pode dar um plus fixo na renda mínima; ela deve ser proporcional ao que a pessoa já recebe, para incentivar o trabalho. O Eduardo tem ideias generosas, frequentemente não factíveis. É o caso desses grandes projetos, como ele os está definindo, que custariam, na sua integralidade, 34 bilhões de reais, o equivalente a outra folha de salário do pessoal da União. Não temos de onde tirar o dinheiro.

Depois disso vim para o Alvorada e almocei com o pessoal do PMDB: Michel Temer, Jader, Geddel Vieira Lima, Eliseu Padilha, Iris Rezende e Fernando Catão. Vieram me responder à questão que eu tinha feito sobre o apoio à reeleição. Todos estão motivados e vão fazer uma reunião. O que eles queriam saber de mim é se eu garantiria neutralidade no caso de disputas locais. Eu disse que sim, salvo em São Paulo, onde, naturalmente, tenho o meu título de eleitor. Eu disse também que precisaríamos ter um comitê que me ajudasse a definir se, em certos casos, convém sair da neutralidade para assegurar a vitória de quem tem mais chances e que seja ligado a mim.

Voltei ao Planalto e lá recebi o pessoal de uma empresa espanhola importante, de gás natural,** que está investindo fortemente no Brasil. Mais tarde tivemos uma longa reunião sobre o orçamento, com as questões de sempre. O Pedro Malan insistindo em que tenhamos um superávit primário pelo menos de 0,6 — na verdade vai ser 0,55, pelas contas do Kandir, e queríamos 0,8. Não é 0,8 porque houve um erro no modo como se apreciam as contas do FAT, e não porque houve aumentos de gasto.

Insisti muito nisso porque o pessoal da Fazenda quase sempre tende a achar que os outros ministérios estão gastando. Não foi isso. Houve realmente uma contenção muito grande.

Foram longas reuniões, intermináveis, na sala de orçamento, é sempre assim.

Depois vim para o Palácio do Alvorada, onde jantei com alguns jornalistas que a Ana trouxe, inclusive o Moreno, o Jorge Bastos Moreno, e também o Marcelo Netto e a Ana Paula Padrão, que são da Globo; eles são casados. Marcelo é diretor da Globo em Brasília e tem ajudado muito.

Dia 10, sexta-feira, tomei café da manhã com o Miro Teixeira, que tinha me pedido esse encontro. O Miro está na mesma linha do Cristovam, na mesma linha, no fundo, do Arraes, enfim, toda a esquerda experiente percebeu que o caminho

---

* Filósofo e economista belga, professor da Universidade Católica de Louvain.
** A Gas Natural, espanhola subsidiária da Repsol, arrematara a Companhia Distribuidora de Gás do Rio de Janeiro (CEG) no leilão de privatização da estatal, em julho de 1997.

tomado está errado, e ele [Miro] está se afastando do Brizola. Vai lançar um programa, já lançou, de reforma na Constituição, quer uma miniassembleia revisora. O objetivo dele, segundo me disse, seria criar as condições para propor na reforma política uma mudança do sistema partidário, para que possa haver outra situação política no Brasil, da qual derive uma esquerda dialogante. Vamos ver se esse grupo caminha. Seria muito, muito bom.

Depois do Miro, fui à Granja do Torto me encontrar com um grupo chamado Jornalistas Amigos da Criança. Longa discussão sobre criança, uns vinte, trinta jornalistas, alguma desinformação, certas provocações de, digamos, raiz petista, embora [o grupo] não seja necessariamente do PT. É sempre a mesma história, o governo não faz nada, não sabem o que o governo está fazendo; a gente diz o que está fazendo, eles acham pouco, enfim, aquele nhe-nhe-nhem. Fiquei contente porque estavam comigo várias pessoas, todas mulheres, diretoras de departamentos do Ministério da Justiça, da Saúde, do Trabalho, da Educação, e elas responderam com muita firmeza, a Lúcia Vânia* também, com muita precisão, estamos fazendo bastante coisa.

Voltei para cá, me encontrei com o ex-senador Jarbas Passarinho, ele veio falar do sobrinho dele** que quer ser ministro do Tribunal [Regional] Eleitoral ou de Justiça, nem me lembro, e também de sua posição eleitoral no Pará, como candidato a senador, que ele considera boa. Me deu uns dados de pesquisa.

Em seguida tive um almoço com o Mario Sergio Conti e o Ancelmo Gois, da revista *Veja*. A questão principal era a visita do Clinton. O Mario Conti não gostou, porque queria ser convidado para o jantar do Clinton e não foi; ele percebeu que não seria e de fato não foi. A Ana acabou de me telefonar, explicando que isso de convidar uns jornalistas e outros não quebraria as normas, aquela confusão toda.

Depois do almoço não saí do Alvorada. Por quê? Porque recebi um pessoal da Tectel, uma empresa de consultoria. Vieram com o Rafael de Almeida Magalhães, o Eliezer Batista mais alguns ministros, sendo o Kandir o principal, para expor a questão de Sepetiba [do porto] como um *hub*, uma ideia boa.

Em seguida, reunião com a equipe de ministros sobre as discussões com o Clinton. Já volto ao tema.

Fiz as gravações habituais e fiquei aqui porque a Ruth ia chegar. Ela chegou e vimos um programa de televisão meu com a Marília Gabriela e outro da Ruth com a Lilian Witte Fibe. Não gostei muito do meu [programa] com a Marília porque ficou, de um lado, "a pobreza", "o povo" e eu do outro, de gravata e paletó, muito distante, dizendo coisas sensatas, mas não sensíveis.

Voltando ao tema principal, a visita do Clinton. Uma dor de cabeça atrás da outra. Primeiro o relatório do Departamento de Comércio, o tipo da coisa ameri-

---

* Secretária nacional de Assistência Social do Ministério da Previdência Social.
** Ronaldo Passarinho, advogado e ex-deputado estadual.

cana. O jornal *O Globo* esquentou [o assunto] — o relatório já existia fazia algum tempo —, dizendo que, segundo o relatório americano, havia uma corrupção endêmica no Brasil. O tolo do embaixador [Melvyn] Levitsky, em vez de minimizar, disse que o relatório era equilibrado. Crítica generalizada no Brasil. O embaixador, no dia seguinte, recuou, afirmando que não há corrupção no Brasil. Pediu desculpas.

Ao mesmo tempo, as exigências da segurança do Clinton são grandes, querem trazer bazucas, o Exército brasileiro e a Polícia Federal não concordam. Nem eu. Mas não é só isso. *O Globo* publicou ontem uma declaração da dona Neuma, da Mangueira, um pouco assim como quem diz aos americanos: Olha, se quiserem vir, venham,* mas não com muito luxo; aqui a gente recebe bem todo mundo, mas não com essa pressão que está havendo.

O Antônio Carlos me telefonou dizendo que eles [a segurança americana] não querem deixar que mais do que dez senadores cumprimentem o Clinton, o que cria uma dificuldade para o Antônio Carlos, que está a ponto de cancelar a recepção no Congresso. Já falei com o Lampreia, porque seria um caso grave.

Agora vejo que um ministro do Supremo** não vem ao jantar do Clinton por causa disso. Mais uma coisa desagradável, que vai incentivar o Antônio Carlos a não ficar para trás.

Estamos tratando a visita do Clinton com pruridos nacionais, esquecendo que a nossa luta é estratégica, de longo prazo. Temos que ver os interesses nacionais, temos que discutir com eles com firmeza para que não nos engulam na Alca, mas esse tipo de atitude não ajuda, apenas vai mostrar irritação — o que aliás é compreensível, porque a atitude americana é mesmo insolente. Certamente o Clinton não é sabedor disso. Falei com o Luiz Felipe ontem, para que ele avisasse ao embaixador americano que as dificuldades estão aumentando.

Me chama a atenção parte da mídia colocar o ânimo da população contra a visita do Clinton. O antiamericanismo no Brasil estava esmaecido. Temo que essa visita possa reacendê-lo, e é patético, porque a ideia do Clinton é oposta a isso. A mídia não vai perder a vasa de criar mais uma dificuldade, mais um conflito. É curioso este estado de alerta permanente.

Temos sérios embates com os americanos. Não se trata, contudo, de saber se o Clinton vem com mais ou menos segurança, se o pessoal dele é mais ou menos grosseiro; o que importa são nossos interesses efetivos na questão do Mercosul e da Alca. Estou manobrando de maneira competente, me parece, hábil, e levando a

---

* Por problemas de segurança, havia dúvidas se a comitiva presidencial dos EUA confirmaria a visita agendada à Vila Olímpica do morro da Mangueira, no Rio, em 15 de outubro. Dias antes, dona Neuma, líder histórica da comunidade, declarou ao *JB*: "Se o Bill Clinton quiser vir, será recebido de braços abertos; mas, se não, o problema é dele. A Mangueira continuará linda como sempre foi". Clinton foi à Mangueira.

** Celso de Mello.

melhor. Mas nosso sistema se move por alertas, por brados emitidos pela mídia; ela não é a culpada, é o sistema todo. É uma situação interessante a nossa, nervosa. Claro, não sei se isso pega a massa, mas nossa elite está sempre pronta a entrar num falso conflito. O verdadeiro conflito existe, choques de interesses reais entre o Brasil e Estados Unidos.

Talvez sejam até grosseiros com o Clinton, desnecessariamente. A culpa de quem é? Dos americanos, porque eles são mestres em enfiar os pés pelas mãos na diplomacia.

Hoje, sábado, vou ficar lendo a papelada relativa ao encontro com o Clinton. Já nadei, a Ruth tem uma reunião com o pessoal do Comunidade Solidária sobre Comunicação, vou passar o dia aqui meio preguiçosamente, lendo textos que não são dos mais estimulantes. Temos que nos preparar para discussões sobre meio ambiente, clima, Alca, sobre todos esses assuntos, além de tráfico de drogas e contrabando, temas nada agradáveis.

HOJE É SEGUNDA-FEIRA, 13 DE OUTUBRO. Ontem, domingo, no final da tarde o Rui Mesquita* esteve aqui, simpaticamente, para conversar sobre os temas que estão em jogo, a questão da Alca, da Argentina, do Maluf em São Paulo. Ele está muito preocupado com a eventualidade da volta do Maluf.

Curiosamente, temos muitos pontos de vista em comum. O Rui me disse há tempos que eu tinha demorado um pouco para ficar inteligente, referindo-se às minhas posições sobre o desenvolvimento do Brasil, a abertura do capital etc. Agora disse que ele é quem está ficando burro, cada vez mais convencido de que não se pode abrir [o mercado] sem prestar atenção, que tem que haver certo equilíbrio. Enfim, estamos efetivamente nos encontrando.

Mais tarde veio o Pedro Malan, conversou também com o Rui sobre alguns temas, o Malan como sempre transmite muita confiança. Foi bom.

Jantei tarde com a Ruth, o Valter [Pecly] e a Ana.

Hoje, segunda-feira, despachei com o ministro da Aeronáutica, que colocou vários problemas sobre a Infraero, algumas preocupações com o brigadeiro Adyr [da Silva]** e também sobre os programas da Aeronáutica que a Força vai fazer.

O Sérgio Motta me telefonou, tinha estado no Pará e teve a impressão de que o comandante do I Comar, comando aéreo do Norte, está preocupado (como eu também estou) com a resolução precipitada do Senado que tira a possibilidade de os militares terem estatuto previdenciário especial. Isso está errado. Eles têm realmente características que tornam necessário um regime especial.

Continuei lendo documentos.

* Diretor de *O Estado de S. Paulo*.
** Presidente da Infraero.

Ontem o Antônio Carlos me telefonou (depois de ele próprio haver admitido ao *Globo* que iria suspender a visita do Clinton ao Senado) para dizer que chegaram a um entendimento. Hoje me telefonou de novo, dessa vez dizendo que tinha ajudado a segurança americana, porque a Polícia Federal estava botando obstáculos à presença de policiais e seguranças brasileiros e americanos na cúpula externa do Congresso, e o Antônio Carlos acha que é razoável, eu também acho.

Tive um dia de preparativos para a visita do Clinton. Dentro de meia hora, saio para recebê-lo no Itamaraty, depois eles vêm ao Alvorada. Um calor desesperador, coisa que eu temia bastante. A Ruth e eu queríamos jantar fora, [nos jardins do Palácio], e o Itamaraty não concordou. Na sala de jantar do Alvorada vai ser um calor insuportável, porque o dia está muito quente. Não que seja sempre quente aqui, mas em um dia como hoje [é insuportável], acho que já é efeito do *El Niño*.*

Fui tirar fotografia com as moças do conjunto** que vai tocar aqui, vamos ver como será tudo essa noite.

Os jornais começam a dar importância mais substantiva à visita do Clinton, deixaram um pouco de lado as brigas. Hoje a Dora Kramer escreveu um artigo muito bom sobre o nosso caipirismo, a atitude de achar que com palavras grosseiras se mudam as coisas, quando na verdade temos que tomar decisões maduras em defesa do nosso interesse, e que toda essa pataquada, como ela disse, só reforça os preconceitos sobre o Brasil [no exterior].

---

* Na época não havia ar-condicionado no salão de jantar.
** Apresentaram-se o Didá Banda Feminina, grupo de percussão da Bahia, e a cantora Virgínia Rodrigues.

14 A 30 DE OUTUBRO DE 1997

Visita do presidente norte-americano. Ciro Gomes lança sua pré-candidatura à Presidência. Início da crise asiática

14 de outubro, terça-feira. Continuidade dos meus encontros com Clinton. O jantar, ontem, no Palácio da Alvorada, foi excelente. Antes tivemos um brinde no Itamaraty, uma coisa rápida, fiz um discurso e o Clinton outro. Eu próprio escrevi o discurso. Quer dizer, mudei bastante o projeto que veio do Itamaraty, depois, com o Gelson Fonseca, dei o polimento, acho que ficou equilibrado e firme. A repercussão parece ter sido boa.

O encontro no Palácio da Alvorada foi festivo, muita gente significativa do Brasil, Clinton e Hillary [Clinton]* visitaram os aposentos privados, ele olhou tudo, olhou o banheiro, o nosso quarto, ficamos conversando na sala de estar. Ele me disse coisas interessantes. Por exemplo, que iria pensar se diria que o Mercosul não é incompatível com a Alca. Ele entende a nossa posição, o que me pareceu muito bom. Falou amplamente sobre a questão climática.

Hoje, portanto no dia seguinte ao jantar, tivemos um longo encontro de manhã, só eu e ele, na minha sala, cerca de meia hora. Clinton voltou a falar desses assuntos. Eu pedi que ele dissesse em público o que me tinha dito sobre o Mercosul. Na entrevista à imprensa que realizou aqui no Palácio do Alvorada depois do breve almoço, ele realmente disse com clareza que apoiava o Mercosul e respeitava a posição do Brasil; falou muitas vezes da posição de liderança do Brasil.

Mais importante, em nossa conversa privada: passamos em revista a situação do Paraguai e da Argentina e muito rapidamente a da Colômbia. Primeiro o Paraguai: a posição do Clinton é igual à nossa. Precisamos respeitar o jogo democrático. Ele me disse: "Se o [Lino] Oviedo for eleito, nós dois temos condições de chamar esse cidadão e dizer a ele que foi eleito democraticamente e vai ter que se manter dentro de certos princípios, princípios do Mercosul, de respeito à democracia, e [falar da] nossa preocupação com o tráfico, o contrabando e até mesmo com o terrorismo em Ciudad del Este".

Essa é a posição do Itamaraty. Já era antes dessa conversa. Em relação à Argentina, ele também deixou claro que é sabedor dos problemas de corrupção, embora não tivesse fincado o pé nisso. Considera que o Menem deu uma colaboração muito grande para o rumo da Argentina. Perguntou a minha opinião. Eu disse que achava que o Menem tinha feito uma grande transformação na Argentina e que hoje a relação do Brasil com a Argentina é estável. Portanto não nos interessa criar uma instabilidade com ataques ao Menem.

---

* Primeira-dama dos EUA.

Ele disse que iria à Argentina com preocupação, por causa da questão eleitoral,* que não pode se envolver, e acha que é preciso manter uma posição, embora discreta, de apoio ao governo argentino e ao Menem, por causa do Mercosul etc.

Em relação à Colômbia, apenas mencionei, mais uma vez, minha preocupação com a existência de inúmeros guerrilheiros; a Colômbia precisa de estabilidade sem pressão [sobre a questão do narcotráfico]. Ele me disse que vai acabar com as certificações,** que são instrumentos permanentes de pressão americana sobre alguns países da América Latina, realmente inaceitáveis por eles. Foi muito taxativo nisso.

O mais interessante foi sobre Cuba. Clinton me disse que ele e Fidel Castro estavam entendidos até a derrubada dos aviões.*** Entendidos quanto à suspensão do embargo. E que cada passo era dado pelos dois lados com conhecimento recíproco e com o firme propósito de chegar, até o término do mandato dele, ou mesmo antes, à eliminação do embargo. De repente, derrubaram os aviões. Diz ele que o Fidel Castro tem horror ao cubano que fez a invasão aérea,**** mas que provavelmente a derrubada ocorreu por falta de informação da Força Aérea cubana de que, naquela circunstância, talvez fosse melhor não atingir os aviões. Ele reafirmou seu interesse em mudar o relacionamento entre Estados Unidos e Cuba. Pediu que quando eu estiver com Fidel Castro passe essa mensagem a ele. Disse mais (neste caso me pediu reserva): que iria conversar com o papa para que, em sua viagem a Cuba, fosse novamente o portador das boas-novas de uma caminhada contra o embargo. Vi o Clinton como um homem genuinamente aberto, falando desses assuntos com paixão democrática, com sinceridade. Tive a melhor impressão da conversa.

Trocamos ideias também sobre o Conselho de Segurança. Ele me perguntou como devia proceder nessa matéria. Eu disse que nós iríamos com cautela. Reiterei o que havia dito aos argentinos, que preferíamos a amizade deles a uma cadeira no Conselho de Segurança. Eu disse ao Clinton que marchamos para uma candidatura, que já temos o apoio de Chile, Venezuela, Peru, Uruguai, enfim, apoios crescentes, e que acreditamos que eles devem vir naturalmente, que seria ruim uma participação americana no sentido de eles nos outorgarem alguma coisa, não é o caso. Ele concorda com essa posição e disse ser contrário à posição argentina de rotatividade e favorável à nossa de haver uma só cadeira. Uma só cadeira, os argentinos leem Brasil.

Com relação a outros assuntos, disse que irá trabalhar diretamente para conseguir suspender as restrições ao aço brasileiro e ao suco de laranja.***** Suco de

---

* A argentina celebrou eleições legislativas em 26 de outubro de 1997.
** Isto é, os "selos verdes" e "selos sociais" exigidos para a importação de produtos da América Latina.
*** Alusão à derrubada dos aviões da ONG Hermanos al Rescate pela Força Aérea cubana, em fevereiro de 1996.
**** José Basulto, fundador da Hermanos al Rescate.
***** Eram os dois produtos brasileiros com maiores sobretaxas de importação dos EUA, que che-

laranja, ele disse, tem a ver com os produtores da Flórida, que já foram muito prejudicados ou se sentem prejudicados pelo Nafta e têm medo de novos prejuízos. Na Flórida os democratas sempre perderam e ele ganhou lá. Está disposto a mexer para facilitar a entrada do suco de laranja brasileiro.

Quanto ao aço, disse que tem muitas implicações com os produtores americanos e com questões legais. Ele acha que também poderá fazer algo. De passagem, falou das fibras ópticas e dos veículos, eu não respondi nada, não estou sabendo de fibras ópticas. Sobre veículos, creio que vamos levando, que o assunto está praticamente resolvido a nosso favor, até porque os produtores americanos também estão ganhando dinheiro com nosso regime automotivo.

Mencionei o interesse do Lampreia em ser subdiretor-geral da Organização Mundial do Comércio, disse ao Clinton que seria bom para o Brasil, que o país estava participando crescentemente do comércio internacional e desejoso disso.

Ele comentou que não via concorrente para mim nas próximas eleições e reafirmou tudo que tem sido dito a respeito não só das nossas relações pessoais como da relação do Brasil com os Estados Unidos, demonstrando entusiasmo com a possibilidade de uma cooperação na área espacial.

Falei da importância também da cooperação nuclear.

Isso tudo foi revisto pelos nossos chanceleres em uma reunião que se seguiu à nossa, particular, e também mais tarde, na reunião ampliada do conjunto de ministros.

Vim ao Palácio da Alvorada para esperá-lo, e ele deu uma entrevista à imprensa onde foi magistral nas respostas, na direção já assinalada. Procurei ter um papel mais à margem, por achar que o show era dele e não meu. Falei o que tinha que falar, mas sem grandes exibições. Acho que houve uma espécie de balé bem articulado entre nós dois e que a opinião pública deve ter apreciado o modo como o tratei, com hospitalidade e, ao mesmo tempo, marcando nossas posições e nossos pontos centrais no que diz respeito à Alca e, portanto, à importância do Mercosul, nossos interesses, nossa visão social, e por aí fui.

Ainda hoje, no fim do dia, recebi todo o pessoal da área econômica para discutir orçamento. Uma discussão sempre árida. Posteriormente, fiquei aqui com a Ruth e a Bia e acabamos de rever na televisão o que aconteceu no dia de hoje.

SEXTA-FEIRA, 17 DE OUTUBRO. Ontem, quinta-feira, saí cedinho e fui ver as manobras militares na região de Santa Maria, a uma cidade ao lado de Santa Maria, Rosário do Sul,* eu creio, e tudo muito bem, coisa militar, encontrei o Sanguinetti.

---

gava a US$ 450 por tonelada no caso do suco de laranja, então cotado a US$ 1,2 mil por tonelada na Bolsa de Nova York.

* O presidente foi ao Rio Grande do Sul para a solenidade de encerramento de um exercício conjunto entre as Forças Armadas de Brasil, Argentina e Uruguai.

Conversei com ele sobre a vinda do Clinton, o Sanguinetti gostou do modo como as coisas se processaram, das preocupações com o Paraguai, que são comuns. No mais, nada além das festividades militares.

À tarde fui a Uruguaiana. Lá assinamos um protocolo, o início de um processo de trazer gás da Argentina e de iniciar [a construção de] uma geradora de energia em Uruguaiana,* o que redime a região, que não tem energia.

Muita festividade, a cidade toda me tratou muito bem, as ruas, fui visitar um grupo de pessoas que estão em situação difícil porque houve inundações,** fiz isso por conta própria, a imprensa atrapalhou bastante porque foi para lá e não me deixou conversar com ninguém, mas a repercussão foi positiva.

À noite fui a um churrasco na fazenda de uma família amiga onde dormi.*** O rapaz que é dono da fazenda é também acionista do grupo Ipiranga, aliás são os fundadores do grupo, o tio dele, Francisco Bastos, o criou. Fomos muito bem tratados, recebi as lideranças do Rio Grande, o Britto estava lá com todas as lideranças: vice--governador,**** deputados da região, de vários partidos, isso se repetiu em todo o Rio Grande, todos os partidos juntos: PPB, PTB, PFL, PMDB, PSDB. Parece, segundo o Britto, que eles brigam muito entre si, mas se uniram e houve um clima de concórdia.

Hoje de manhã recebi na fazenda um grupo de pequenos proprietários rurais, reunidos pela Emater, produtores de vários tipos, ótima reunião; levantaram questões que eu não sabia, outras que eu sabia, estava comigo o Arlindo Porto, ministro da Agricultura, que deu conta do recado, explicou tudo, o que o governo está fazendo, o que não está, um ambiente de entendimento. Aliás, à noite, o presidente da Federação da Agricultura do Rio Grande do Sul***** reconheceu o esforço imenso do governo. Mudou o clima nesse sentido, estão vendo que o governo está fazendo o que pode para melhorar a situação da produção no Rio Grande, sobretudo agrícola; pecuária também, mas sobretudo agrícola.

Depois desse encontro, uma fofoca que eu já conhecia: aquele rapaz****** que é filho do Olavo Pires, senador,******* tem muita raiva de todo mundo em Ron-

---

* Assinatura de autorização para a construção da usina térmica de Uruguaiana e para o início das obras do gasoduto Brasil-Argentina até Porto Alegre.

** Em outubro de 1997, a cheia do rio Uruguai deixou mais de 10 mil desabrigados no oeste do Rio Grande do Sul.

*** Estância Itapitocaí, da família Martins Bastos.

**** Vicente Bogo (PSDB).

***** Carlos Sperotto.

****** Emerson Pires, deputado federal (PSDB-RO).

******* Olavo Pires, senador pelo PTB, foi assassinado a tiros dias depois de vencer o primeiro turno das eleições ao governo de Rondônia, em 1990. Com a morte de Pires, o segundo turno foi disputado pelo segundo e terceiro candidatos mais votados, respectivamente Valdir Raupp e Osvaldo Piana (vencedor).

dônia, e a mágoa tem razão: assassinaram o pai dele e não se consegue apurar os fatos. Mas ele não tem razão de ter feito o que fez. Fingiu numa gravação que teria havido uma troca entre mim e o Raupp (suponho que seja isso, não me ficou muito claro), para o Raupp me apoiar no PMDB para a Presidência. Não houve nada disso.

O Raupp fez o que todo mundo fez, me pediu que visse a possibilidade de arranjar, através do BNDES, recursos para eles [para o governo do estado] em troca da privatização, como ocorre em todos os estados.* Fizemos assim com vários [estados] e vamos continuar fazendo. O destino que eles dão ao dinheiro, não sei, são eles que sabem. Certamente vão utilizar para obras ou o que seja. Se as oposições locais quiserem, que obstaculizem lá, mas eu não posso, como presidente da República, tomar esse partido.

O PFL** está muito contra porque [os beneficiados] são governadores do PMDB. O que eles querem é que o governo não dê a esses governadores condições de governabilidade. Ora, se eu ajudei em Alagoas foi pela situação dramática! A mesma coisa com Espírito Santo, Distrito Federal, Mato Grosso, onde o Dante [de Oliveira] é do PDT. Por que não fazer só porque os caras são do PMDB? Isso vai dar dor de cabeça, a imprensa não aprofunda, mas logo insinua, como a *Folha* sugeriu, embora faça e depois desfaça, parece que também o *Globo*, o *Jornal da Globo*, o *Bom Dia Brasil* falaram como se fosse compra de votos. Até a *Gazeta Mercantil* entrou nisso, realmente é patético, uma coisa não tem nada a ver com a outra, é luta local do PFL com o PMDB, não é nem do PFL [nacional], é coisa local que querem transformar num escândalo nacional. Não tem a menor base.

O Clóvis acabou de me telefonar, ele virá aqui para eu assinar os decretos que resolvem a situação da companhia de eletricidade do Piauí e de Rondônia. Acho que não há por que impedir isso. Eles [os governadores] foram eleitos, os governos tiram o melhor proveito dos recursos. Cabe aos partidos controlar o uso em suas regiões. Meu medo era esse, não cabia a mim inviabilizar o governo desses governadores para dar vantagem ao PFL. Assim é demais.

Estou esperando o Zé Eduardo Andrade Vieira que vem com umas ideias sobre o modo de resolver a dívida dele com o Bamerindus, ou vice-versa, não sei bem o que é. Vou atender o Zé Eduardo porque sempre tive muita consideração pessoal por ele, embora me pareça que tenha sempre propostas um tanto sonhadoras.

SEGUNDA-FEIRA, 20 DE OUTUBRO, são três horas da tarde. Na sexta-feira estive com o Zé Eduardo. Ele tem uma proposta, quer acelerar o processo de trans-

---

* O programa de empréstimos a empresas estaduais incluídas em programas de desestatização já fora estendido a catorze estados.
** Em Rondônia, o PFL articulava a candidatura oposicionista do senador José Bianco (eleito).

ferência de bens seus das holdings para o *bad bank*.* Vou falar com o Gustavo para ver se é possível ou não, temos que ver.

Fora isso, me disse que é candidato a governador do Paraná, portanto vê-se que a minha observação procede, o Zé Eduardo continua sonhador.

Assinei também um processo relativo à Ceron, a companhia de eletricidade de Rondônia, e mais tarde falei com o Hugo Napoleão, que não queria isso. Ele já sabia, eu disse: "Vocês tomem medidas, para mim é melhor que isso tudo seja para pagar a dívida com o governo federal". O senador Antônio Carlos já havia mencionado isso para mim, nada a opor; claro que eu não posso parar o processo de privatização.

Sábado à noite jantei na casa do Lampreia, era aniversário dele.

Estamos ainda usufruindo os efeitos da visita do Clinton, lendo jornais, alguns papéis. Li muitos livros no sábado e domingo, um de poesias do Neruda com fotografias das casas dele,** um livro de memórias que me interessou muito, do Augusto Frederico Schmidt.*** Li também um panfleto muito bem-feito pelo presidente do Queens' College, chamado [John] Eatwell, de críticas ao sistema internacional, baseado em expectativas desse fluxo imenso de capitais que condicionam as economias reais dos países. Li ainda um relatório muito interessante sobre a agricultura brasileira que o Nê me mandou — encaminhei tudo para o Clóvis e para o Eduardo Jorge esta manhã.

Enfim, passamos um dia mais intelectualizado. Ruth estava se preparando para viajar para São Paulo, como foi hoje. Vai em seguida a Paris e depois a Oslo.****

Ontem a Luciana veio aqui com o Getúlio e a Isabel, depois com o Valter [Pecly] e com a Marie Hélène [Moreira],***** fomos ver um filme muito bom, do Ettore Scola, chama-se *Una giornata particolare*,****** sobre o fascismo na Itália, muito bem-feito. O Valter veio discutir questões relativas à nossa viagem à Inglaterra,******* que é uma viagem com muito cerimonial, vai ser pesada, de efeito meramente simbólico, mas importante.

Hoje de manhã recebi ministros para os despachos normais, Ruth foi embora e acabei de almoçar com o André Lara Resende,******** que tem ideias criativas não só sobre a Previdência como sobre saúde e assistência social. É uma espécie de Pla-

---

* Referência à "parte ruim" do Bamerindus quando da venda do banco ao HSBC, em março de 1997.
** *Una casa en la arena*. Barcelona: Lumen, 1984.
*** *As florestas: Páginas de memórias*. Rio de Janeiro: Topbooks, 1997.
**** Na capital norueguesa, a primeira-dama e o ministro do Trabalho, Paulo Paiva, participaram da Conferência da OIT sobre o Trabalho Infantil.
***** Mulher de Valter Pecly.
****** *Um dia muito especial* (1977).
******* Visita de Estado ao Reino Unido, de 1º a 5 de dezembro de 1997.
******** Em outubro de 1997, Lara Resende foi contratado como assessor especial da Presidência para a reforma da Previdência Social.

no Real para o social. Vamos ver; se funcionar, será uma virada grande do governo, e darei toda força ao André e à equipe. Vai depender também de como eu mude o ministério para dar vazão a essas ideias. Fiquei bastante bem impressionado com a disposição e a criatividade do André.

Parece que o PPS lançou o Ciro com um discurso morno, propondo exatamente o que estamos fazendo. Curioso esse rapaz: ambicioso, carreirista, tem talento, não é vulgar, mas atropela muito, e o comportamento dele nos últimos tempos deu má impressão. Eu tinha dele uma melhor impressão, quis até que fosse ministro, já registrei mais de uma vez que eu queria reatar as relações com ele, mas de repente talvez tenha sido melhor [não reatar]. Se for candidato, talvez dê trabalho, mas não é uma pessoa, digamos, construtiva. Ele não gosta que se diga, mas é um fenômeno tipo Collor, uma coisa de aparecer, algo assim.

Também me telefonou o Miro Teixeira, muito entusiasmado com o projeto que ele apresentou para uma Constituinte parcial a partir de 1999. O Miro está querendo se aproximar, disposto a chegar até a dissidência no PDT. É uma boa coisa. O PMDB continua com suas idas e vindas habituais, seu jogo de cena. O Sarney também. Agora inventou que não ter vindo ao jantar do Clinton é um grande problema político. O Sarney é sempre assim, um homem com talento, com capacidade de atrapalhar e muito personalista. Não no sentido do Ciro, que é de espetáculo. O Sarney não é de espetáculo; é de reclamação, e de reclamação persistente, às vezes com efeitos positivos para ele.

DIA 21 DE OUTUBRO, TERÇA-FEIRA. Estou acabando de chegar de Alcântara, no Maranhão, fui ver a base de lançamento de foguetes, VLS.* O Brasil vai construir o primeiro satélite de certo porte. Nós o faremos inteiramente aqui.

De manhã, tive apresentações de credenciais de embaixadores e fui para Alcântara. Na ida conversei com o ministro Lôbo, também com o Vargas, com o Sardenberg e com o brigadeiro encarregado da parte da Aeronáutica no projeto.** A conversa girou sobre as dificuldades que tivemos para conseguir chegar a ponto de lançar nosso satélite, e todo o pessoal da Aeronáutica, com justa razão, muito satisfeito com o fato.

Na volta vim com o Sarney. Diga-se de passagem que ontem à noite telefonei para pedir à Roseana que ele se juntasse lá. Eu tinha convidado a Roseana, ela me sugeriu que o Sarney, que estava no Maranhão, fosse convidado. Achei bom porque assim acaba essa fofocagem sobre se ele foi ou não convidado para a cerimônia do Clinton. Na volta viemos conversando, eu e o Sarney sozinhos na cabine. Ele reclamou das questões habituais: que não tem recebido apoio no Amapá, que é preci-

---

* Veículo Lançador de Satélites.
** Reginaldo Santos, diretor do CTA, Centro Técnico Aeroespacial.

so ter linguagem de oposição para conseguir voto. Para que ele mude o discurso, tenho que dar os instrumentos necessários para ele explicar no Amapá que está conseguindo o que eles querem; acho que basicamente é uma estrada, não tenho certeza. Pedi que me dissesse com objetividade quais eram esses instrumentos, porque o governador também queria a estrada — ele é contra o governador. Ele disse que eu ficasse tranquilo, que ele vai se alinhar, que acha que foi marginalizado do PMDB, o que é verdade, não por mim, mas pelo próprio PMDB. Reclamou mais uma vez da questão do Fernando Bezerra, que não foi nomeado ministro, apesar de ter sido combinado, e eu respondi que foi posto no jornal, o que atrapalhou tudo.

Passamos em revista várias situações estaduais, falamos sobre o Itamar. A opinião dele não é muito diferente da minha: o Itamar não é candidato a presidente, acho que no fim fica como embaixador, o Sarney acha que talvez. Eu disse que se o Itamar quiser ele ganha em Minas. Sarney se entusiasmou com essa hipótese e mostrou horror à eleição do Maluf em São Paulo, e tenho a mesma opinião. Se o Maluf se elege em São Paulo e, por azar, o Brizola no Rio, bela viola, voltamos ao passado.

Cheguei e vi nos jornais que eu tinha pedido desculpas ao Sarney por ele não ter sido convidado para a festa do Clinton. Telefonei para a Ana Tavares para saber o que era isso. Ela disse que [a notícia] foi da Maria Lima* e que veio do Congresso.

O Antônio Carlos me mandou uma carta sobre essa questão do Sarney, não precisava mandar carta nenhuma, porque não houve gafe em não se convidar o Sarney.

Aliás, a Tereza Cruvinel também falou em gafe hoje. Não sei onde estão com a cabeça, eu convido quem quiser e o Sarney não é de nenhuma maneira figura obrigatória num jantar com o presidente dos Estados Unidos ou com qualquer outro presidente, embora seja presidente da Comissão de Relações Exteriores do Senado. Se fosse no Itamaraty, tudo bem, mas na minha residência eu convido quem eu quiser, mantida certa institucionalidade. Talvez o presidente do Senado. O Sarney fez um pouco de charme em função disso, mas a mim não disse uma palavra.

Rescaldos do Ciro. O Sarney tem horror a ele, acha o Ciro parecido com o Collor, já registrei aqui minha opinião sobre ele, o rapaz é ambicioso, mas um tanto vazio. O Cesar Maia cunhou uma expressão muito maldosa, disse que ele era "bala perdida". Recentemente vi no jornal outra expressão sobre o Ciro, na mesma direção, que me pareceu caracterizá-lo bem.

HOJE É 22 DE OUTUBRO. Rotinas, o dia inteiro recebendo gente, deputados e ministros, almocei com o ministro Padilha, dos Transportes, preocupação com o

* Repórter de *O Globo*.

fato de o PSDB estar reclamando que o PMDB não se decide logo a quem apoiar na reeleição e que isso atrapalha o trabalho grande que eles estão fazendo no PMDB, eu concordo.

O Congresso votou em segundo turno a PEC dos militares,* uma reforma constitucional para dar tratamento diferente a servidores civis e militares, não sei ainda quantos votos foram, mas foi bom terem aprovado.

O PSDB entusiasmado em votar a reforma administrativa, não sei se isso vai durar.

Recebi uma pesquisa em que tenho 41% num caso e 44% em outro, contra vários candidatos. Ganho no primeiro turno nos dois casos. Há probabilidade de chegar a 50%. O ponto de partida parece que vai ser entre 40% e 50%, não sei, isso nunca se sabe, só na hora.

Conversei com o Sérgio Amaral sobre a questão de sempre. Tenho a preocupação de que a situação brasileira possa ser reversível. Por quê? Maluf ameaça ganhar em São Paulo, Cesar Maia ameaça no Rio de Janeiro, há a ameaça de sabe lá quem em Minas Gerais, Brizola é candidato, o Ciro desponta como um novo líder do gênero um pouco tresloucado... Enfim, vê-se que a minha presença, a nossa equipe de governo, não representa a média brasileira. É um bom momento para aprofundar um pouco mais as análises sobre o Brasil.

Se houver um segundo mandato e no segundo mandato nós formos capazes de continuar imprimindo esse ritmo, digamos assim, mais maduro ao Brasil, talvez fique irreversível uma recaída de tipo mais populista ou direitista, ou de destrambelhamento *à la* Ciro, e, mesmo que ocorra, se as estruturas estatais e as da sociedade estiverem consolidadas, talvez tenhamos um horizonte mais limpo para o país.

Mas não nos iludamos. O que eu represento, o que o meu governo representa, não é a média do Brasil, é um momento do Brasil.

23 DE OUTUBRO, QUINTA-FEIRA. Dia cansativo. Trabalhei muito. Levantei cedo, gravei programas para o PSDB de Brasília e do Ceará, fui a uma solenidade dos militares da Aeronáutica,** voltei para continuar as gravações, recebi gente incessantemente aqui, senadores, o PTB veio almoçar em bloco para dizer que apoia a minha candidatura à reeleição.

Voltei ao Palácio do Planalto e tive uma reunião com os ministros militares, mais o Clóvis e o Sardenberg, para começarmos a discutir o Ministério da Defesa. O Cardoso me alertou que eu devia dizer duas coisas com clareza. Primeiro,

---

* A PEC 338/96, enviada pelo governo ao Congresso em março de 1997, foi aprovada em segundo turno pela Câmara com o placar de 379 a 58. A PEC alterou o regime constitucional dos militares, inclusive sua política de remuneração e aposentadoria, desvinculada da dos funcionários civis.
** Solenidade do Dia do Aviador e da Força Aérea, na Base Aérea de Brasília.

que íamos mesmo dar início ao processo da criação [do ministério] no segundo semestre do ano que vem. Segundo, que será um só ministro, um só ministério. O começo da reunião foi tenso. Eu falei bastante, do jeito que costumo fazer, expus-lhes minhas razões, disse que não se tratava de fazer economia, que a Defesa é mais importante do que isso, muito menos de demonstrar subordinação dos militares aos civis, que nada há a demonstrar sobre isso no Brasil. Eram outras razões.

O Zenildo disse: "Não é mesmo; é para racionalizar", deu uma palavra de apoio. O da Marinha fez comentários em outra direção, mas ele tem sido leal, o Lôbo não sabia do assunto, quando foi nomeado ministro, eu não conversei com ele [sobre o MD], foi nomeado no meio do caminho.* O Leonel falou pouco e eu fui embora. Parece que a reunião deu bons resultados. O Clóvis ficou com eles, com o Cardoso, e me deram o relatório, agora no final, com a diretriz presidencial que eu tinha deixado lá, exatamente com os dois pontos já mencionados.

O resto do dia foi muita trabalheira.

O Michel Temer me procurou para mostrar as dificuldades das votações das reformas na Câmara, ele quer aprovar a reforma administrativa, eu também quero. Ele acha que a da Previdência não passa na Câmara este ano, talvez no outro, prefere votar só depois das eleições, enfim, o de sempre. Não que ele não queira votar, mas não está vendo clima. Tem dificuldades, todo mundo se queixando da [falta de] liberação de emendas parlamentares.

O Luís Carlos Santos veio me dizer o que o Dornelles já me tinha dito, que o Maluf quer vir aqui antes da convenção do PPB, para também declarar que vai dar apoio à minha candidatura no PPB. Enfim, isso vai dificultar um pouco as coisas no PMDB, que não se resolveu até agora, mas no geral as coisas marcham bem.

Grandes fofocas de que a *Veja* vai fazer uma reportagem sobre alianças dentro do governo. O Antônio Carlos, através da Propeg, parece que ganhou uma licitação para fazer a propaganda do Brasil em Ação. Isso não tem nada a ver com o ACM, que na verdade queria outra agência, ganhou essa. O Sérgio Amaral conduziu a coisa, nunca o Antônio Carlos teve nada a ver com o assunto, e também foi uma licitação normal, como qualquer outra, mas estamos em momento de busca de escândalos.

O Luís Costa Pinto, da *Folha*, fez uma reportagem dizendo que estamos gastando mais que nunca em propaganda. O Sérgio Amaral disse que os dados estão errados. A *Folha* fez editorial, a *Veja* vai atrás, enfim, não me preocupo muito com essas coisas, desde que realmente não tenha havido, como não houve, nenhuma tramoia. Isso são ondas que vão e que passam porque não têm consistência, mas o clima é pré-eleitoral, portanto mais tenso.

Já estou deitado, são dez da noite, a Ruth foi hoje para a Europa.

* O brigadeiro Lélio Lôbo assumiu o Ministério da Aeronáutica em novembro de 1995.

Interrompi para conversar longamente com o Sérgio Motta sobre telecomunicações. Hoje ele falou por cinco horas na televisão, em circuito fechado, entrevista à imprensa,* sentiu-se um pouco mal, mas estava entusiasmado com o que está fazendo nas telecomunicações, e aliás está fazendo bem mesmo.

Em seguida falei com o Jorge Serpa. Curioso, este homem, que teve influência em governos passados, que possui uma imaginação grande, hoje já não é tão conhecido das pessoas como foi antigamente; é um homem imaginoso. De vez em quando falo com ele sobre temas gerais, por exemplo a viagem do Clinton, o que fazer com a ordem internacional, esse tipo de assunto. No entanto, a imagem que ficou dele foi a de não digo lobista, mas de um articulador de grandes interesses, de grandes negócios.

Pode ser que tenha sido. Hoje eu o sinto como um homem não dos grandes interesses, mas dos pequenos, com imaginação sobre o que está acontecendo no mundo e no Brasil. Sua imaginação continua bastante vigorosa.

Entre parênteses: li, como disse aqui, um livro do Augusto Frederico Schmidt, que no passado foi ligado ao Serpa e tem um pouco o mesmo estilo. Uma gente brasileira com certa cultura, muita imaginação, alguma visão pública e, ao mesmo tempo, homens vistos como advogados de interesses econômicos fortes e sempre acusados ou suspeitos de ser manipuladores.

Pode ser que o Jorge tenha sido, comigo não. Tem mais prestado informações sobre assuntos gerais. Acho que ele perdeu a influência de que gozava na Globo, não sei se tem em outros meios de comunicação, mas ainda dispõe de muita informação. Convém, de vez em quando, ouvi-lo.

Fora isso, estou esperando falar com o Malan sobre a crise de Hong Kong,** que é sempre preocupante. Mais uma crise, mais uma corrida especulativa, as taxas de juros vão lá para cima, sei que o Brasil não tem nada com isso, mas sabe Deus se de repente não ricocheteia aqui, e isso é preocupante. Em termos gerais, são vários os problemas na economia internacionalizada para os quais a gente fica sem resposta, sem haver um controle possível deles.

Meu primeiro discurso na Cepal, quando estive lá, depois de presidente em 1995, foi sobre isso. Mas não adiantou muito. Não sabemos o que fazer, creio que os governos no mundo não sabem o que fazer para controlar ou disciplinar esse capitalismo que virou especulativo.

---

* O ministro anunciou à imprensa o modelo da privatização das empresas componentes do Sistema Telebrás e da Embratel, e declarou que esperava leiloar toda a telefonia fixa e celular (banda A) antes do segundo semestre de 1998. As estatais estaduais foram agrupadas em três grandes grupos para o leilão: São Paulo; Centro-Oeste e Sul (mais Acre e Rondônia); e Norte-Nordeste mais Minas Gerais, Rio de Janeiro e Espírito Santo.

** Em 23 de outubro de 1997, a Bolsa de Hong Kong — na época a segunda maior do mundo em volume de ações — caiu mais de 10% no rastro da crise cambial.

SEXTA-FEIRA 24 DE OUTUBRO, são onze horas da noite. Estive em Minas Gerais hoje de manhã. Com muitos deputados, ministros, fui até Uberlândia e de lá a Indianópolis, uma cidade perto, onde inaugurei uma usina.* Depois voltei a Uberlândia, para inaugurar um poliduto da Petrobras.

Visitei Uberlândia propriamente dita, fui à Associação Atlética do Banco do Brasil e lá fiz uma palestra sobre saúde pública, num ato sobre saúde.** A população me recebeu carinhosamente, ao longe manifestações, vinte, trinta pessoas da CUT, MST acho que não tinha, vi de longe, e muita alegria das professoras, crianças, do povo, fotografias, discurso.

Voltei, fiquei despachando à tarde no Planalto com o Clóvis e o Vilmar, discuti o programa de renda mínima. O Clóvis veio me dizer que a questão do Ministério da Agricultura está complicada, o ministro [Arlindo Porto] está sendo acusado pelos assessores, inclusive pelo secretário executivo*** e pelo Murilo Flores,**** que cuida da parte de desenvolvimento rural para famílias mais pobres na agricultura. Os dois mais o [Francisco] Turra, que é o chefe da Conab, estão contra o ministro, porque ao ver deles faz muita politiquice.

Na volta, um deputado, que aliás é bom, grande produtor de café, Silas Brasileiro, tinha me dito o contrário, que o ministro é muito hábil e que precisa ter mais força no ministério. Vá Deus saber como é isso, quem tem razão. O Clóvis não gosta do procedimento do ministro, por não ser muito aberto com seus auxiliares e criar dificuldades. Mas tenho visto bom desempenho político do ministro. Preciso aprofundar para julgar melhor, ele é do PTB, e senador, portanto não é tão simples assim.

Passei o resto do dia aqui. Nadei no fim da tarde, fiz exercícios, estou sozinho no Palácio. Fui ver um filme muito ruinzinho, que era o único disponível, li um pouco, vou ler um pouco mais, depois dormir e amanhã devo passar o dia, espero, sem novidades, trabalhando, revendo meus papéis. No fim da tarde devo receber o Pimenta da Veiga e, à noite, o Boris [Casoy] vem jantar. Acho que virá com a Ana, o Eduardo Jorge e também a mulher do Eduardo Jorge, Lídice [Caldas Pereira].

Tenho também que conversar com o Malan, quero saber melhor sobre a Bolsa de Hong Kong, a corrida contra a moeda em Hong Kong e a crise das bolsas.

SÁBADO 25 DE OUTUBRO. Pimenta da Veiga almoçou comigo, passamos em revista a situação política, conversas antigas retomadas e preocupações sobre

---

* Usina Hidrelétrica de Miranda, com potência de geração de 400 MW. Entrou em operação em 1998.
** Cerimônia de lançamento do manual *Os consórcios e a gestão municipal em Saúde*, do Ministério da Saúde, sobre a constituição de consórcios intermunicipais no âmbito do SUS.
*** Guilherme Silva.
**** Secretário de Desenvolvimento Rural do Ministério da Agricultura.

eventuais candidatos que possam nos fazer frente, medidas relativas à campanha e, naturalmente, sem que ele me tenha explicitado, preocupações com o controle da campanha, diga-se Sérgio Motta.

Jantei com o Boris Casoy, o Eduardo Jorge, a Ana e a Lídice, tudo muito simpático. O Boris tem sido um constante não digo defensor do governo, mas explicador de algumas situações. Saiu daqui há pouco, quase uma hora da manhã.

DOMINGO, DIA 26, vou me referir ao que aconteceu ontem, sábado. Terminei de escrever o prefácio do livro do [Roger] Bastide sobre candomblé e li um livro bastante interessante sobre o sistema constitucional americano, alemão, italiano e brasileiro. Não acabei, é a tese de doutorado de um rapaz que não conheço, bem-feita.

Li bastante, como de hábito nesses dias em que estou aqui, nadei um pouco.

Hoje passei o dia em Pirenópolis, na casa do Sérgio Amaral, festa, a cidade toda na rua, muita alegria, fui ver as igrejas reconstruídas,* o Weffort estava lá também, muitas pessoas, alguns embaixadores, mas, sobretudo, o povo na rua, muito aberto, muito simpático.

Voltei, encontrei-me com o Pedro Malan, discuti questões relativas à Petrobras. Eles [no Ministério da Fazenda] descobriram que a Petrobras está registrando o preço de petróleo mais alto via Cayman, para poder ter uma reserva de liquidez maior, e o Pedro vai protestar, com toda razão; sabe Deus como eles fazem essas coisas.

Alertou-me que não há nenhuma relação entre [a situação do] Brasil e a crise na Ásia, no Sudeste da Ásia, Hong Kong e tudo mais; que o momento, contudo, volta a ser delicado. No fundo o Pedro veio me dizer: cuidado, não podemos aumentar o salário mínimo, não pode haver baixa de juros, é isso. O pior é que ele tem razão, esse sistema globalizado é a tirania do capital financeiro, do pior capital financeiro, o especulativo.

Quando eu estava conversando com o Pedro, chegou a Alejandra Herrera, rapidamente, para falar de telefonia. É difícil cumprir a vontade do Sérgio de privatizar tudo em meses.

SEGUNDA-FEIRA, 27 DE OUTUBRO. De manhã recebi longamente o Roberto Pompeu de Toledo, para fazermos um livro aprofundando os temas da entrevista.** Foi bom, registrei muita coisa, vamos ver como sai o livro, serão várias sessões desse tipo.

---

* A matriz de Nossa Senhora do Rosário, concluída em 1732, estava em obras de restauração com verbas federais. O presidente também foi à igreja de Nosso Senhor do Bonfim (1754).
** *O presidente segundo o sociólogo: Entrevista de Fernando Henrique Cardoso a Roberto Pompeu de Toledo*. São Paulo: Companhia das Letras, 1998.

A tarde devia ter sido calma, mas fomos confrontados com um problema: as bolsas despencaram no mundo todo e a de São Paulo despencou 14%.

Recebi o André Lara Resende, às três e meia da tarde, que me explicou o que ele está fazendo, ou pretendendo fazer, com a Previdência; é um plano muito imaginativo, que substitui a reforma que está no Congresso. Conversei com ele sobre a situação internacional. Ele não vê nada no Brasil que leve a pânico, mas, como todo mundo, também não acredita muito que as bases do sistema internacional sejam sólidas e mencionou que o [Alan] Greenspan, do [Federal] Reserve, do Fed, está insistindo na fragilidade de tudo e ninguém está vendo isso.

O André é mais clássico, acha que quando a balança de pagamentos piora as coisas ficam difíceis, sobretudo quando há crise no sistema bancário. Crise do sistema bancário, no Brasil não há. Temos cerca de 4% de déficit na balança de pagamentos, mas a verdade é que os países que tinham acima disso estão caindo, um por um, e vamos acabar ficando na cabeça da fila. É a visão do André e isso, psicologicamente, será ruim. No ano que vem, por haver eleição, haverá muitas apostas em que as coisas podem piorar. Ele tem medo do ano que vem, não deste.

O Malan transmitiu ao Sérgio Amaral uma visão mais calma.

Eu, entretanto, não estou tão tranquilo. Essa questão do sistema internacional — desde a minha primeira fala na Cepal, quando fui eleito presidente, até hoje — continua me atormentando. O sistema está de cabeça para baixo, e esse capital especulativo, os chamados "derivativos"* comandam o real. Real, aqui, quer dizer a realidade, o processo econômico produtivo real, o que é uma inversão forte. Eu não saberia dizer, não tenho formação econômica suficiente para analisar a esse nível, mas acredito que isso vai gerar uma possível crise mundial de consequências imprevisíveis. Tomara seja só um mau pressentimento, mas quero deixar registrado.

À noite, com o Luciano Martins, o Sérgio Amaral e o embaixador Gelson, discutimos os problemas do governo, os de sempre e outros, o que fazer, como fazer, a política industrial e os dados fortes, da educação, da estabilidade. Repassamos um pouco de tudo para ver se o Luciano se motiva para uma ação mais diretamente ligada ao dia a dia do governo.

Agora é quase meia-noite e quarenta, eles foram embora e vou dormir.

TERÇA-FEIRA, 28 DE OUTUBRO, quase meia-noite. Meus pressentimentos não eram equivocados. O dia foi tormentoso. Ontem, antes de dormir, depois do que registrei aqui, liguei na CNN e vi que Hong Kong estava despencando.**

---

* Produto financeiro especulativo cuja remuneração tem como referência o preço de outro(s) ativo(s).
** A Bolsa de Hong Kong caiu mais 6%, levando a Bolsa de Nova York a ter sua maior baixa da história. Na véspera, São Paulo fechara com queda de 15%. O pânico se alastrou nos mercados financeiros.

Dormi, acordei cedo um pouco preocupado, dei uma longa entrevista ao Roberto Pompeu de Toledo, três horas de entrevista para o livro.

Em seguida falei pelo telefone com o Malan, ou melhor, com o Gustavo Franco, que me confirmou que naquela hora as coisas estavam difíceis. Houve uma corrida contra o real, evidentemente isso é sigiloso, gastamos 9 bilhões de reais* para segurar a moeda. No meio da tarde, me informei de novo com o Malan, e depois, no fim da tarde, finalmente [a pressão] havia cedido. O Gustavo me disse que o ataque especulativo iria ceder, que logo as forças do mercado perceberiam o ataque e o registrariam. Ou seja, houve um ataque especulativo contra o real. Não sabem de início quanto foi, mas vão calcular e vão dizer qual foi [o prejuízo].

No fim da tarde, o Gustavo fez uma declaração, eu tinha falado com o Malan sobre essa declaração, pedindo um tom otimista, vitorioso, parece que ele passou esse tom e o Afonso Camargo** me telefonou para me felicitar por causa disso. Também o Paulo Renato, que jantou aqui com o pessoal da Educação, estava nesse mesmo tom, de que havíamos vencido a crise.

Como eu disse, no fim do dia o Malan veio aqui, com o Beto Mendonça e o Pedro Parente, para me falar da importância de eu ficar atento. Eu já estava, obviamente, sobretudo para a necessidade de que o Congresso votasse algumas reformas, porque precisamos dar ao mundo a sensação de que estamos caminhando. Tomamos algumas medidas nesse sentido, vamos ver o que o Congresso fará.

Na verdade, o Antônio Carlos já me tinha dito que, se fosse necessário, ele viria dos Estados Unidos, onde se encontra, para acelerar algumas medidas. Vamos ver amanhã o que acontece. Parece que conseguimos superar o mais difícil. As bolsas voltaram a crescer, São Paulo fechou com alta de 6% e a Bolsa americana reagiu.

Mas estivemos à beira de um crack, de uma crise mundial. Não creio que ela esteja afastada de vez, talvez apenas espantada. Vamos ver.

Discutimos à noite a Educação com o Paulo Renato, o Vilmar e a Maria Helena [Castro], que é a diretora do Inesp, o instituto de avaliação do MEC, antes do jantar alguns técnicos vieram conversar comigo. Eles estão fazendo um trabalho admirável, botando as estatísticas em dia, e gora, pela primeira vez, o Brasil está *up to date* com suas estatísticas educacionais e pode fazer, como está fazendo, as políticas educacionais baseadas em análise da realidade.

Agora vou ver na televisão se há alguma novidade adicional pelo mundo.

DIA 29 DE OUTUBRO, QUARTA-FEIRA. Na verdade já estou na quinta-feira 30, é uma hora da manhã. Dia pesado a quarta-feira. Primeiro porque continuei gravando com o Roberto Pompeu aqui de manhã. Depois, solenidade militar. Pas-

---

* As reservas brasileiras eram de US$ 62 bilhões em outubro de 1997.
** Deputado federal (PTB-PR).

sei a receber pessoas à tarde, nada de significativo que precise de registro, no fim do dia recebi o pessoal da área econômica, o Gustavo Franco, o Pedro Malan, o Pedro Parente e também o Kandir, além do Clóvis. Relato do que aconteceu ontem na Bolsa e da especulação contra o real. Jogaram pesado, não vou dar cifras aqui, as perdas foram elevadas para poder sustentar o real, vão ser recuperadas, eu imagino, pelo menos em parte.

Quem jogou contra? Claro que a raiz está lá fora, mas o acelerador da especulação está no Brasil: quase todos os fundos de investimentos, os bancos de investimentos. Nomeadamente, o Pactual, o Garantia, o BBA — não ficou bem claro como foi o jogo do BBA —, o Matrix, o fundo manejado pelo [Luis Paulo] Rosenberg* e pelo que foi presidente do Banco Central há mais tempo, o [Ibrahim Eris], e também o banco da Votorantim (o Antônio Ermírio acabou de me dizer que o banco dele é diferente, que é para a produção) jogou pesadamente contra o real; perderam, quebraram as pernas. Vamos saber amanhã e nos dias que vêm o quanto isso danificou o sistema [financeiro]. Parece que não atingiu nenhum banco grande, foi basicamente o sistema de bancos de investimentos, mas jogaram muito pesado contra o real. O Gustavo Franco conduziu o processo com competência e frieza. Conseguiu ganhar a parada ontem, mas vai haver consequências financeiras.

Não estou convencido, como já registrei, de que as coisas estejam superadas.

Agora à noite falei com o [Enrique] Iglesias, que me telefonou, preocupado, de Washington, dizendo que está se falando um pouco do Brasil lá e também que o Fundo Monetário [Internacional] está em contato com a Argentina e com o México para dar garantias a eles por três anos; que eu saiba estamos fora disso. Ele pediu que eu lembrasse ao Malan que seria útil conversar com o Fundo Monetário. Vi uma declaração do Stanley Fischer, vice-diretor executivo do Fundo, defendendo nossa posição. Quando eu estive com ele, o Stanley Fischer estava um pouco queimado com o nosso pessoal, pelos arroubos havidos nas últimas reuniões do Fundo em Cingapura e Hong Kong. O fato é que estamos sentindo que a crise é mais profunda do que parecia.

Amanhã os jornais deverão falar alguma coisa sobre a tremenda especulação dos que jogaram contra o real.

DIA 30 DE OUTUBRO, QUINTA-FEIRA, um dos dias mais tensos desde que assumi o governo, razão simples: as bolsas continuam inquietas, a nossa desabou,** até agora todos os esforços têm sido pouco eficientes. Passei o dia recebendo informações do governo e de fora do governo.

---

* Linear Investimentos, gestora do fundo Tiger.
** A Bolsa de São Paulo caiu mais 10% ao fim do dia.

De fora do governo, o Chico Pinto [Francisco Pinto]* me telefonou, depois também o André Lara, que hoje é meu assessor. Todos com a ideia de que é preciso perceber que não se trata de uma crise passageira, mas de algo mais profundo. O Banco Central agiu bem, mas só no primeiro aspecto, para controlar o real.** Quanto ao resto, há uma crise de liquidez. Um choque de liquidez. Há necessidade de mexer nos juros. Precisamos dar sinais muito claros de que o governo está disposto a ir até o fim na defesa do real.

Falei com o Mendonça de Barros. O Luiz Carlos estava muito aflito porque na privatização da CPFL, em São Paulo, já existe o temor do sócio americano*** do grupo da Votorantim de que não seja possível seu comparecimento no Brasil. O Luiz Carlos está disposto a ajudar a fazer uma composição, para viabilizar a privatização da CPFL. Achei bom. Autorizei.****

Depois disso, almocei com o Portella e o Eduardo Jorge para discutir assuntos do Ministério de Transportes. Todos me pareceram menores, tive dificuldade em seguir a conversa porque estava pensando no essencial, no principal.

Fui mais tarde para o Planalto. Recebi o presidente da Confederação de Indústria da Suíça***** e um diretor-presidente da Roche****** aqui no Brasil, confiantes no país, querem investir mais.

Em seguida recebi o Luiz Fernando Cirne Lima******* juntamente com alguém do grupo Ipiranga e o Jorge Gerdau. Continuam confiantes, o Gerdau sobretudo. Curioso. Os empresários diretos continuam confiantes.

Recebi uma porção de gente até tarde e telefonemas o tempo todo. Telefonema de lá longe, de Nova York, do Armínio Fraga, na mesma linha do que já tinham me dito de manhã o Chico Pinto e o André Lara.

Falei várias vezes com Gustavo Franco. Falei com o Malan.

No final do dia, o Gustavo me disse que as taxas de juro iam subir. O Malan, em conferência telefônica comigo e simultaneamente com o Beto Mendonça e com o Pedro Parente, também disse isso. Quando eles me contaram eu já sabia pelo Gustavo. Deram mais detalhes. Subida forte. Vamos mais que dobrar as taxas

---

* Ex-colaborador do Plano Real e secretário estadual de Transportes do Rio de Janeiro.
** O dólar se manteve no patamar de R$ 1,10.
*** AES Corporation.
**** O consórcio VBC (Votorantim, Bradesco, Camargo Corrêa) acabou não encontrando sócios estrangeiros para o leilão da CPFL, marcado para 5 de novembro de 1997, e se associou a fundos de pensão.
***** Fritz Blaser, presidente da Union Patronale Suisse.
****** Hansruedi Wipf.
******* Diretor superintendente da Copesul, petroquímica gaúcha então controlada pelos grupos Ipiranga e Odebrecht.

de juro.* Espero que seja provisório. De toda maneira, perdas grandes para a velocidade de crescimento do Brasil.

Mais tarde vim para o Alvorada e recebi o Sérgio Amaral com o [Antonio] Lavareda e a Fátima Jordão.** Discutimos um pouco a mensagem do governo. Tudo ficou em suspenso, não se sabe [o que fazer], até para avaliar as consequências dessa crise. De qualquer modo elas foram grandes.

Recebi telefonemas de muita gente, também de Antônio Carlos que estava nos Estados Unidos. Do Tasso, que não pude responder, do Marcelo Alencar, com quem falei. Percebe-se em todos um tom de inquietação na voz, e não é para menos. Vamos ver como sair dessa.

O que está acontecendo é o seguinte: muitos bancos brasileiros, bancos de investimentos, entraram na corrida especulativa e foram financiados por bancos americanos. As agências desses bancos lá fora estão muito endividadas e os bancos americanos estão tentando ganhar na margem — ou seja, os depósitos que eles fizeram lá e que eles agora têm que pagar — e ampliar a margem requerida nos últimos tempos para [apostar no mercado de] derivativos futuros. Também querem que os bancos brasileiros vendam seus portfólios, suas ações a preço de banana: Telebrás, Petrobras. Parece que estão fazendo circular rumores de que o Brasil é a bola da vez. Embora desmentida, a onda é essa.

Não há nada na economia real que leve a isso, nada. Nem mesmo os endividamentos do governo. A crise é de outra natureza, mas o governo provavelmente vai ter que abrir uma linha de crédito para garantir os que especularam contra o real, para garantir que eles não quebrem, porque se quebrarem será pior.

Recebi um telefonema do presidente em exercício da Bolsa de São Paulo.*** Aflito. Não me explicou o porquê. Não me deu sugestões. Mas eu entendi. Ele quer mais recursos: crise de liquidez, preocupadíssimo com o futuro das bolsas, como se eu não estivesse! E como se fosse possível resolver com medidas rápidas. Eles não se preocuparam quando estavam em plena subida desarrazoada de preços e das ações, nem quando jogaram contra o real. Certo, não foi o presidente da Bolsa nem as bolsas que jogaram contra, foram os especuladores, só que hoje em dia capitalismo e especulação estão fundidos, esse é o drama.

---

* A Taxa Básica do Banco Central (TBC), precursora da Selic, saltou de 1,58% para 3,05% ao mês (mais de 36% ao ano).
** Socióloga e consultora de marketing político.
*** Alfredo Riskallah.

3 A 14 DE NOVEMBRO DE 1997

Agravamento da crise asiática. Viagem à Colômbia e à Venezuela. Pacote econômico

Segunda-feira, 3 de novembro. Quando ontem a fita terminou, eu já estava deitado. Vamos recapitular. Sexta-feira fui visitar a base dos fuzileiros navais no Rio de Janeiro. Lá tivemos uma recepção muito bonita, desfiles, exercícios de tiro e, no final, dei declarações à imprensa. Perguntaram várias vezes quando iríamos baixar os juros, usei a expressão "Só Deus sabe" e depois acrescentei: "Assim que for possível, o quanto antes". Mas esse "só Deus sabe" deu a impressão de que a coisa é mais grave do que pode ser.

Devo registrar que, antes de ir ao Rio, gravei longos depoimentos, como estou fazendo quase todos esses dias, para o livro que estou escrevendo com o Roberto Pompeu, aprofundando os temas da minha entrevista da *Veja*. Já registrei que tinha escrito o prefácio para o livro do Bastide sobre o candomblé da Bahia. De modo que tenho alternado agitação, tensão, com depoimentos analíticos e mesmo com escrevinhação de tipo intelectual. Se eu não for capaz de alternar e só me deixar levar pelo torvelinho das crises sucessivas que marcam os governos, não governo com a serenidade necessária.

Retomando. Apesar da expressão "só Deus sabe", dei uma entrevista serena porque estava o tempo todo apostando no recuo [do ataque especulativo], e isso no dia seguinte à tragédia. Eu disse: "Não é assim, estamos nos defendendo, é um momento difícil". Os repórteres queriam saber quem eram os especuladores, se havia ataque especulativo, eu me esquivei, mas é óbvio que a imprensa sabe e quer levar a coisa pelo pior caminho. Eu me esquivei, mas não perdi o objetivo, que é não deixar que tudo se derreta numa espécie de redemoinho de tragédia. Não! Temos um programa de desenvolvimento, o Brasil é um país com muitos recursos, está no rumo certo, precisamos manter essa direção, essa retórica.

Depois fui à base de Mangaratiba, onde fui excelentemente bem tratado por um oficial simpático, Mário Sérgio,* a senhora dele também simpática, por outros que me acompanharam, pelo imediato cujo nome não gravei. No dia seguinte, sábado portanto, passei o dia na praia, fazendo um passeio de barco. Fui a ilha Grande, desci incógnito num lugar chamado Abraão e lá só no final me reconheceram, com muita alegria, fotografias, autógrafos, alguns diziam: "Olha, o melhor de tudo é estar com você", essa coisa. Um rapaz da Petrobras, mergulhador, reclamou do salário, brincando, eu também brinquei, disse que a Petrobras tinha muito dinheiro, podia resolver, enfim, um clima de confiança no presidente.

* Capitão Mário Sérgio Sousa.

Voltei, jantei com o pessoal da base e no domingo, ontem, havia nevoeiro de manhã, foi difícil sair de lá, saí num helicóptero da Marinha que voou baixo, quase ao rés do mar, margeando o litoral lindíssimo do Rio de Janeiro. Não havia sol, mas foi uma viagem boa.

De lá, fui a Pirassununga, desci na cidade* e fui almoçar na fazenda do Roberto Irineu Marinho, em Minas Gerais. Fazenda bonita de café, não muito grande, mas bem instalada, confortável, agradável. O Paulo Renato estava lá, eles queriam muito que eu ficasse o fim de semana. Não fiquei, mas almocei num clima muito ameno, não discutimos nenhum assunto sério. A Giovanna** cantou. Estavam lá o Roberto Irineu, o João Roberto, eu tinha levado no meu avião o filho do Roberto Irineu,*** estavam com as esposas,**** o Toninho Drummond, um rapaz chamado João Araújo, que dirige a empresa de discos deles,***** pai do Cazuza, estava a mãe do Cazuza também, chama-se Lucinha [Maria Lúcia Araújo], enfim, um ambiente dessa natureza. Voltei para Brasília.

Já em Brasília, ontem, domingo, recebi o Pedro Malan. Ele me fez um relato da visão dele e da equipe. No fundo, o que dizem? Nós aumentamos os juros, eu sabia, claro, conversamos antes, os juros estão lá em cima, isso não pode durar muito. Mas para não durar muito precisamos acelerar as reformas. Claro, não é pelo conteúdo delas, é pelo significado simbólico. O mundo de hoje é assim. Precisamos também dar um sinal fiscal mais duro, como se pudéssemos endurecer mais, e por fim tomar medidas de incentivo às exportações. Lembrei a ele que acho também necessário não penalizar a construção civil e assegurar à agricultura bons resultados. Precisamos de medidas que garantam certo nível de estabilidade e de emprego. Daqui a pouco, às onze horas desta segunda-feira, o Malan e o Pedro Parente virão aqui. Chamei o Clóvis também, para ver que medidas são essas.

Ontem ainda, domingo, recebi outro telefonema do Antônio Carlos e combinei de ele estar aqui ao meio-dia. O Antônio Carlos tem se mostrado atento e prestante.

À tarde, terei um encontro com os líderes do PFL. Vou falar com os do PMDB, falei com o Aécio Neves, do PSDB, porque temos que manter esse clima de união. Fiz apelos à união. Sobre o PPB, o Maluf está me telefonando, me telefonou três vezes. Ele chega hoje a São Paulo, vou marcar um encontro com ele aqui em Brasília. O Antônio Carlos me disse que o Maluf teria dito nos Estados Unidos que sou o candidato preferencial dele. O Antônio Carlos não aceitou a expressão, e tem razão, ou eu sou o candidato dele ou não sou. Ele vem aqui fazer o quê? Isso mostra que

---

* O presidente aterrissou na Base Aérea de Pirassununga, de onde seguiu de helicóptero para a fazenda de Roberto Irineu Marinho.
** Giovanna Xavier Souza, esposa de Paulo Renato Souza.
*** Roberto Marinho Neto.
**** Karen Marinho, mulher de Roberto Irineu; Gisela Marinho, mulher de João Roberto.
***** Gravadora Som Livre.

o Maluf já começou a ter cócegas. Todos, ou muitos, apostam, como urubus em carniça, que as coisas irão tão mal que não haverá condições de eu ser candidato. É cedo para avaliar, isso não ocorre assim, as pesquisas não mostram isso.

Depois da crise, a *Folha* tentou fazer um carnaval, não conseguiu, houve uma queda [nas pesquisas de popularidade], mas não foi grande; no *Estado* não houve queda nenhuma, nem no apoio a mim nem no apoio ao Real. São algumas pessoas querendo tirar proveito desse momento duro, o que é natural.

Hoje de manhã, vi uma coisa que me inquietou: o *Jornal de Brasília* dizendo que o Itamar teria cedido às pressões do Clinton sobre o Sivam. [Não houve isso.] Há uma carta do Clinton ao Itamar um tanto impertinente e uma do Itamar ao Clinton comunicando o avanço havido, quer dizer: que a Raytheon teria ganho a licitação do Sivam e pedindo que os Estados Unidos comprassem os Tucanos. É verdade, eu mesmo, uma vez pelo menos, mencionei ao Clinton, já como presidente, a necessidade de eles comprarem nossos Tucanos, e eles não compraram.* Acho que isso vai provocar certa reação do Itamar e, no contexto, será uma coisa meio militar nacionalista contra os Estados Unidos, que deve ser verdadeira. Nosso problema é saber como se organiza a política de prestigiar nossa produção sem nos levar ao caminho do isolamento. Temos feito isso. Na Embraer temos vendido graças à minha ação presidencial direta — não só a ela, mas tenho atuado e continuamos tentando desenvolver o nosso projeto. Acabamos de lançar o vls, que, infelizmente, fracassou.**

Ontem à noite falei com o Serra, que tinha me telefonado mais de uma vez, ele estava na Argentina. Com uma visão não só sombria, mas no limite confirmatório [de suas crenças], porque ele sempre foi contrário a essa taxa de câmbio. É verdade que a taxa está alta mesmo, e ela é a raiz desses problemas e das dificuldades com que temos de lidar. Acho que o tranco levado pela equipe econômica deveria alertá-los, devia ter alertado antes, perdemos algumas oportunidades de corrigir o câmbio.

Fiz uma contraofensiva discreta no Serra, dizendo que precisamos avaliar a Bolsa de Hong Kong e a Bolsa de Nova York, verificar se, na quarta-feira, venderemos a CPFL. O Sérgio me disse que falou com a Elena Landau*** e que ela comentou que, de qualquer maneira, a CPFL já teria um ágio menor, porque o preço mínimo é alto. Eu disse: "Bom, mas não é essa a questão; o problema é saber se se vai ven-

---

* Os caças Super Tucano da Embraer acabaram não sendo incluídos no programa de compras da Força Aérea norte-americana, contrapartida comercial desejada pelo governo brasileiro para a vitória da Raytheon na licitação do Sivam.
** O lançamento do Veículo Lançador de Satélites vls-1 (primeiro protótipo nacional do gênero) com um satélite de coleta de dados também desenvolvido no país terminou com a autodestruição de foguete e carga aos 65 segundos de voo.
*** Consultora da AES na privatização da CPFL, ex-diretora de Infraestrutura e Desestatização do BNDES (1995-96).

der, e eu soube pelo Duda que deve haver pelo menos dois consórcios garantidos". Senti que o Serra não tinha essas informações, mas a tese dele é que não haverá ágio grande. Eu também acho. Eu disse: "O importante não é ter ágio grande, é conseguir vender para mostrar que estamos levando adiante o programa de privatizações e que temos recursos".

Acho que se tivermos calma, serenidade e firmeza retomaremos os fluxos de investimento produtivo. Mas as lições da crise têm que ser tiradas.

Primeiro foi um soluço capitalista clássico. As pessoas ficam dizendo que é porque [o mercado] está globalizado. Claro, por isso os efeitos [da crise] se fazem sentir em várias partes, mas o fenômeno é que a Bolsa estava realmente superavaliada nos Estados Unidos, aqui, em Hong Kong, em toda parte. A crise acontece quando estamos no auge da bonança. Não sei se a economia americana vai entrar em processo de arrefecimento, a economia europeia e a japonesa certamente irão. Isso provocará abalos maiores entre nós, com a ressalva de que temos um mercado interno grande e podemos compensar os efeitos negativos se a equipe econômica entender, como eu entendo, que ao mesmo tempo é preciso reativar certos setores para compensar tudo isso.

Repito: partem sempre do pressuposto de que o governo é neoliberal. Eu não sou, de modo que vamos atuar no sentido não keynesiano, porque pode dar a impressão de mais gastança, com aumento de déficit, mas de criar condições de trabalho. Sem aumento de déficit [externo], porém, é possível verificar onde [podemos atuar]. Por exemplo, na construção civil, que não pressiona importações, ver como podemos avançar nisso, ou, quem sabe, dificultando viagens ao exterior, medidas que num contexto normal seriam abusivas, mas que agora podem vir a ser tomadas.

É sempre assim: é preciso tirar partido das dificuldades quando elas ocorrem, senão elas dominam. Minha disposição é firme nessa direção.

AINDA É SEGUNDA-FEIRA, 3 DE NOVEMBRO, são onze horas da noite. O dia transcorreu mais ou menos calmo. Assinei decretos de regularização de terras indígenas em áreas que correspondem a meia França.* Vieram grupos indígenas, eles dançaram. Recebi embaixadores, depois passei o dia em reuniões.

Primeiro vários ministros, com o Luís Eduardo, para discutir a situação fiscal, ou melhor, orçamentária, e discutir também o que fazer com as emendas parlamentares.

Depois reunião com o PFL. Estavam queixosos, como já registrei, dos empréstimos, desses adiantamentos de privatização do BNDES que dão recursos a [alguns] governadores contrários aos candidatos do PFL. Eu disse que havia contradição entre a necessidade da privatização e do saneamento dos estados, e o fato de que al-

---

* O presidente assinou a homologação de 22 terras indígenas em todo o país, somando 250 mil quilômestros quadrados. A França tem 643 mil quilômestros quadrados.

guns governadores [do PMDB] vão ser beneficiados com isso, mas o povo também. E que iríamos evitar que eles usassem os recursos eleitoralmente.

À noite, um jantar sobre política industrial. Presentes o André Lara, o Beto Mendonça, o Sérgio Abranches, um rapaz chamado [Paulo] Fleury, a Lídia Goldenstein, o Clóvis e eu. Boa reunião, ideias inovadoras para mostrar que até mesmo o conceito de trabalho está mudando, a noção de indústria também, com grande dinamismo. Uma observação que me chamou a atenção é que no sistema *just on time* é impossível haver importação de componentes. Os componentes têm que ser fabricados no próprio país. Portanto, com o tempo vamos ter um aumento da produção interna, mesmo na área automobilística; e com aumento das exportações, sem aumentar as importações.

Muito otimismo do Beto Mendonça e até do André. O André fez observações que, vindas dele, são curiosas: disse que não podemos cair na armadilha de olhar tudo do ângulo meramente fiscal e aumentar o superávit, numa visão estrita, ortodoxa, para atender aos reclamos dos mercados internacionais; estes cada vez vão inventar algo novo para exigir uma prova de bom comportamento. Temos que seguir adiante com uma visão mais otimista, mais nossa também, de crescimento, e não cair num contorcionismo que resulte em recessão. Eu apoio inteiramente as ideias do André.

As bolsas se comportaram favoravelmente, todas já subiram, a de Hong Kong, a de Nova York subiu 3,5%, São Paulo subiu entre 8% e 9%, até um pouco mais, houve uma desanuviada no clima.

QUARTA-FEIRA, 5 DE NOVEMBRO. Ontem, terça-feira, um dia muito intenso. De manhã, depois de ter nadado, fui me reunir com os líderes e presidentes da Câmara e do Senado para mostrar a importância de as reformas caminharem. Excelente reunião. Todos estão imbuídos desse espírito porque levaram um susto com a crise.

Nesse meio-tempo, fui entregar as medalhas da Ordem do Mérito Cultural no Salão Oeste do Palácio. O Weffort fez um belo discurso. Havia uns vinte agraciados, alguns muito expressivos,* fiz um discurso e voltei à reunião.

Depois vim correndo para o Alvorada, já eram quase duas da tarde, almocei, descansei um pouco, voltei ao Palácio do Planalto, onde recebi muita gente: o ministro da Saúde, o diretor da Organização Pan-Americana de Saúde,** jornalistas do sindicato internacional de jornalistas*** e os jornalistas nacionais.**** Recebi também o senador Fernando Bezerra, enfim, uma tarde agitada.

---

* Entre os condecorados de 1997, estiveram Jorge Gerdau, José Ermírio de Moraes, Joseph Safra, Marcos Vilaça, Lúcio Costa, Luiz Carlos Barreto e Hilda Hilst.
** Ciro de Quadros, diretor do programa especial de vacinas e imunização.
*** Federação Internacional de Jornalistas.
**** Federação Nacional dos Jornalistas.

Entre uma coisa e outra, notícias boas. As bolsas de São Paulo e do Rio subiram moderadamente, a de Nova York não caiu, o Banco Central voltou a comprar dólares no piso, ou seja, ganhando dinheiro com relação ao preço de venda, e ao mesmo tempo se confirmou que haverá o leilão da CPFL e que quatro grupos estão inscritos.*
O clima desanuviou um pouco.

À noite, antes de vir jantar, inaugurei uma exposição de cooperativismo, no Congresso Brasileiro de Cooperativismo, fiz outro discurso, longo, não tão longo quanto o da manhã, muita gente, milhares de pessoas aplaudindo em pé porque falei de agricultura, um clima melhor.

Voltei para cá e jantei com o José Luis Reyna, embaixador do México, que foi meu aluno e meu assistente no Chile e está voltando para o México. Ele passou mal no Brasil, teve uma doença, *estafilococos aureus*, que pegou no Rio Grande do Norte.

Parece termos superado o embate maior do resultado da crise.

Hoje recebi o Paulo Maluf às oito e meia da manhã. Ele, insistente, queria almoçar, não foi convidado para almoço, e sim para o café da manhã, insistiu muito com o Lucena, com o Antônio Carlos e com todo mundo, porque quer dar a impressão de que não foi só café da manhã, enfim, vamos servir umas frutas a ele.

A Ana reagiu, não sabia da vinda do Maluf, eu me esqueci de avisá-la, não foi maldade, o Eduardo Jorge me telefonou à noite para me contar isso, ela teme que o Maluf ocupe a pauta. Vou dar uma entrevista coletiva agora de manhã, eu saio dessa, tiro de letra.

Ontem também falei com o [Alexandre] Scheinkman, que é diretor do Departamento de Economia da Universidade de Chicago, um economista bom, brasileiro, ele me telefonou para dizer que estamos na linha certa. E sempre a história de que o governo precisa mostrar vontade fiscal, que está disposto a cortar. É um regime realmente incrível esse que se montou no mundo, no qual estamos todos como bonecos pressionados pelas forças de mercado.

Mas não vamos cair nessa conversa [do mercado] com a facilidade que eles pensam. Uma coisa vai ser a retórica, outra vai ser a prática, na qual vamos preservar nossos interesses, interesses de gente que trabalha na produção, o empregado. Enfim, vamos ver como o dia se desenrola hoje.

Fiz uma exposição curta e respondi a doze perguntas na televisão. Todos me disseram que foi tudo muito bem. Realmente não tive nenhum embaraço em responder às questões e coloquei meus pontos de vista do modo mais objetivo possível, com esperança e otimismo.

Passei o dia trabalhando normalmente. Recebi os nove profissionais [conselheiros da Anatel], fiz novo discurso, também sempre para cima.

---

* Além do VBC, os consórcios liderados pela Light, a belga Tractebel e o Banco Opportunity entraram oficialmente na disputa pela estatal paulista, cujo preço mínimo fora fixado em R$ 1,8 bilhão. O VBC arrematou a CPFL por R$ 3 bilhões, com 70% de ágio.

No fim do dia, lá pelas sete horas, recebi o Serra já no Alvorada; agora são onze da noite. Ele veio com algumas ideias razoáveis, mexer na TR* e acabar com o imposto de renda de títulos públicos.

Depois recebi o Clóvis para o despacho normal. Estava aflito porque a área econômica está preocupada, o Gustavo com novos sinais de corrida contra o real. Estão inventando que o Banco Central vai comprar dólar na metade da banda.** Mais uma confusão e também reclamações de vários economistas de fora e daqui, e de jornalistas, de que eu não teria fixado o quanto será cortado nesse aperto fiscal.

QUINTA-FEIRA, 6 DE NOVEMBRO. Daqui a pouco vou à Colômbia.***

Hoje de manhã apenas um ato sobre um prêmio de valorização do trabalho, muitas conversas e alguns despachos. A situação continua um pouco tensa nas bolsas.

Almocei na casa do embaixador da Inglaterra,**** ao meu lado o dirigente inglês do Lloyds Bank no Brasil,***** que acredita ser cedo para avaliar as consequências de todo esse tremor, mas que não vê, por enquanto, nenhum abalo maior no que diz respeito à credibilidade do investimento externo no Brasil.

HOJE É SÁBADO, 8 DE NOVEMBRO, quase meia-noite. Estou voltando da ilha Margarita, na Venezuela. Vamos recapitular.

Depois do almoço com o pessoal do Lloyds Bank, na quinta-feira, viajei para a Colômbia. Para Cartagena. Antes recebi o Clóvis e o Kandir para discutir eventuais cortes no orçamento por causa da situação externa.

Paramos em Manaus, conversei com o Amazonino Mendes, que está meio estomagado com o governo por causa da privatização do porto de Manaus, que não sai, Ele se sente postergado por influência do Arthur Virgílio, mas foi ao aeroporto me receber. Estávamos numa conversa mais ou menos normal, quando eu disse que a decisão do porto está para ser tomada. Ele mostrou certa descrença. Telefonei

---

* Instituída pelo Plano Collor II em 31 de janeiro de 1991 e ainda hoje em vigor, regulada pelo BC, a Taxa Referencial consiste no principal indicador de correção monetária e juros do mercado financeiro. A TR determina, por exemplo, o rendimento das cadernetas de poupança.
** Isto é, por um preço inferior ao teto da banda de variação cambial. Entre 1995 e 1997, o dólar oscilara entre R$ 0,82 e R$ 1,10.
*** O presidente viajou a Cartagena para uma reunião de trabalho com seu homólogo Ernesto Samper, na qual assinou acordos bilaterais de cooperação judicial e combate ao narcotráfico; e à Venezuela para participar da VII Cúpula Ibero-Americana de Chefes de Estado e de Governo.
**** Donald Haskel.
***** David Thomas, presidente da Câmara de Comércio Britânica no Brasil e da subsidiária brasileira do Lloyds Bank.

ao Clóvis, que confirmou que é uma questão burocrática. Parece que ele ficou um pouco mais alegre. Ele tem razão nessa matéria. O Arthur está obstaculizando a privatização por motivos de prestígio político.

Cartagena: muita tensão por causa da posição do presidente Ernesto Samper. Ele é muito visado no mundo, mais pelos Estados Unidos, mas com repercussões gerais. Quase não recebeu nenhum visitante estrangeiro no seu mandato.

Ao lá chegar, honras militares. Demoradas, com pompa, para demonstrar que ele estava contente com a minha ida a Cartagena. Um calor fortíssimo. A tropa da Marinha, bem formada. Passamos em revista a tropa, ele me levou a um hotel admirável em Cartagena, Santa Clara, localizado em um velho convento. Uma coisa muito bem-feita, bonita, o meu quarto era estupendo, uma suíte enorme. O presidente foi embora, nós ficamos para jantar. Fui dormir, acordei cedo no dia seguinte, tinha pedido que me fizessem uma massagem, fizeram, a dor melhorou bastante. Pincei um nervo qualquer quando saí da natação, no Brasil, na quinta-feira.

Passamos o dia por conta do presidente Samper. Surpresa geral. Visitamos a cidade a pé, grande popularidade do Samper.

Fomos a uma reunião reservada, boa, sobre meio ambiente e sobre a conferência de Quioto.* Brasil e Colômbia têm um acordo sobre narcotráfico. Estavam comigo o general Cardoso e o [Vicente] Chelotti, da Polícia Federal.

De lá fomos visitar uma igreja do século XVI,** tiraram fotografias, andei pelas ruas da cidade com ele e fomos ao centro de convenções para uma entrevista coletiva. Por mais que os jornalistas provocassem, não houve nada de extraordinário, porque temos habilidade suficiente para sair das ratoeiras preparadas, alguns até dizendo que o Samper tinha sido acusado de ligações com o narcotráfico, essas coisas que jornalistas dizem para incomodar. Na verdade a acusação não é de narcotráfico; é de que ele teria recebido dinheiro para a campanha. Ele se saiu bem.

Eu tenho admiração pessoal pelo Ernesto Samper. É um homem preparado, lutador, e — não quero entrar em detalhes — provavelmente houve esse tal dinheiro dos narcotraficantes na campanha eleitoral. O Clinton, em conversa comigo, me avisou que iria mudar a certificação [que os EUA davam aos países que "se comportavam bem" na luta contra o narcotráfico]. O Samper gostou muito da conversa com o general [Barry] McCaffrey,*** enviado do Clinton. O embaixador dos Estados Unidos na Colômbia é uma pessoa realmente muito ardida, chama-se Miles Frechette, tinha ido embora naquele dia. Deu declarações duras mesmo antes de partir, insolentes, na resposta a uma pergunta também insolente. Ao que o Sam-

---

* Alusão à Conferência das Nações Unidas sobre Mudanças Climáticas realizada em dezembro de 1997, em Quioto (Japão), que resultou no Protocolo de Quioto, acordo internacional para a redução das emissões de gases do efeito estufa.
** Igreja de San Pedro Claver, de 1580.
*** Diretor do Office of National Drug Control Policy, o "tzar antidrogas" do governo americano.

per respondeu: "Pois é, o embaixador vai embora e Ernesto Samper continua aqui como presidente da Colômbia".*

Depois disso fomos à residência de verão do presidente em Cartagena,** muito bonita, almoço com o pessoal de Cartagena, assunto café, o presidente da união dos cafeicultores*** conversou comigo, todos preocupados com a supersafra do Brasil, e rumores, naturalmente, da situação econômica, das bolsas, algum eco ainda muito remoto na Colômbia. Eles não estavam percebendo a gravidade da situação.

Nesse meio-tempo, em minha visita à igreja, falei pelo telefone com o Malan, que estava muito aflito. Tinha havido uma nova corrida, na sexta-feira de manhã, contra a nossa moeda. No final da tarde, falei de novo com ele. O Banco Central conseguiu segurar um ataque, mas perdeu 1 bilhão de reservas. Situação preocupante.

Depois tomamos o avião para a ilha Margarita, onde íamos participar da reunião dos chefes de Estado ibero-americanos. A bordo, o Gelson sugeriu que eu voltasse antes, e concordei.

Chegamos à ilha Margarita duas horas depois, e lá já estava o Lampreia, que já sabia — alguém dissera a ele — que eu iria regressar logo ao Brasil. Na ilha, ontem, dormi cansadíssimo, e ontem à noite mesmo, depois de um jantar, conversei com o Iglesias, que foi ao meu apartamento. Ele me disse que a situação era de muita preocupação porque Brasil, Rússia e Coreia tinham entrado no radar de observação das bolsas e que era preciso tomar alguma atitude dura. Repeti que a situação era razoável, ele sabe, não tinha nada de tão dramática, e mesmo essa situação relativamente desfavorável se devia à alta taxa de juros que pesava no orçamento. Quando aumentamos a taxa de juros, aumenta o déficit fiscal, mas esse "mundo de espelhos" do capitalismo, nessas horas, põe todo mundo sob o controle de uma coisa difícil de precisar, chamada "bolsa" e a opinião da "bolsa".

O Iglesias sugeriu que eu falasse com o [Michel] Camdessus,**** com quem ele também iria falar para saber alguma coisa sobre o Fundo Monetário Internacional. Que eu falasse com o Stanley Fischer, vice-presidente do FMI, que ajudou tanto a gente na feitura do Real. De fato ele conversou com o Fischer***** e no dia seguinte, hoje, me disse que o Fischer também achava a situação do Brasil diferente da dos demais países. Mas ele estava preocupado, porque era preciso antecipar [o movimento especulativo] com declarações duras para acalmar a Bolsa.

Mais tarde o Iglesias falou com o Camdessus e me aconselhou a falar também. Liguei para o Camdessus, ele estava em Paris e me disse o seguinte: "Você se lem-

---

* Frechette afirmara ao jornal *El Tiempo* de Bogotá que "o presidente colombiano nunca mais entrará nos EUA".
** Casa del Fuerte de San Juan de Manzanillo.
*** Jorge Cárdenas, gerente-geral da Federación Nacional de Cafeteros de Colombia.
**** Diretor-gerente do FMI.
***** Diretor-gerente adjunto do FMI.

bra do que fizemos no Plano Real; eu disse a você que iríamos fazer um pacto de amizade, demos uma solução para o Real, mantenho a minha posição. Vamos fazer o mesmo pacto de amizade, fazer o possível e o impossível para sustentar o Real e a posição do Brasil. Nós podemos fazer já, com o Fundo Monetário, com o Banco Mundial, o que fizemos com o México e com a Indonésia.* Faremos com o Brasil uma barreira forte de recursos para desencorajar especulações; o Pedro Malan precisa falar comigo". Ele também acha que é preciso antecipar as notícias duras de corte de orçamento.

[Camdessus] está por dentro de tudo, ele faz parte desse mundo em que, num dado momento, a irracionalidade parece ser racional, então são necessários gestos. Transmiti ao Malan, por telefone, a informação do Camdessus, pedi que falasse com ele, deve ter falado, não sei. Não sei porque ainda não vi o Malan.

Passamos o dia, portanto, em estado um tanto tenso. Hoje não, é sábado, as bolsas estão fechadas, mas as repercussões...

Falei com [José María] Aznar, que me disse que a Europa está calma e a Espanha confiando muito no Brasil.

Falei com o Jorge Sampaio e com o Guterres, mesma posição, mas todos sabem que há problemas pela frente.

Falei com o Ernesto Zedillo** longamente, fomos juntos no ônibus e ele me disse que no México foi a mesma coisa e que eles conseguiram superar da maneira que superaram, com uma crise muito grande também. O Menem, que estava conosco, tem a mesma experiência na Argentina, e todos olham para o Brasil.

Procurei manter a aparência de tranquilidade, mas sem subestimar a gravidade da situação. Minha preocupação, que também é a do Iglesias, é a seguinte: o Sudeste da Ásia vai afundando, e muito. O Lampreia voltou da Malásia assustado com Mahathir [Mohamad],*** que acha que isso tudo é uma luta de judeus contra muçulmanos e quer manter uma posição não racional. A Indonésia, na opinião de alguns daqueles que ouvi, entrou numa linha mais racional, agora tiveram que fechar bancos dos filhos do Suharto. Preocupação com Japão, já perdeu o ritmo, e Coreia. Se a Coreia entrar em parafuso, vai complicar ainda mais a Ásia. Há dúvida também sobre se a China é realmente capaz de sustentar Hong Kong.

Antes de viajar, recebi, pelo Marco Maciel, uma nota do [Olavo] Setúbal chamando a atenção para os gastos com passagens aéreas e com as remessas de lucros

---

* Em fevereiro de 1995, o FMI liberara um empréstimo stand-by (fundo de reserva para emergências econômicas) de US$ 18 bilhões para o México, que sofria os efeitos da desvalorização cambial do final de 1994, na crise conhecida como Efeito Tequila. No final de outubro de 1997, atingida pela crise asiática, a Indonésia fechou um acordo do mesmo tipo, num total de US$ 7,3 bilhões.
** Presidente do México.
*** Primeiro-ministro da Malásia.

e dividendos para o exterior, que são muito grandes. O Setúbal teria comentado com o Marco Maciel que não está confiante sobre se a China segurará Hong Kong. Mesma coisa eu ouvi nas conversas que tive na ilha Margarita.

A reunião em si foi uma xaropada, cada presidente recitando o que estava escrito nos seus papéis, salvo o Guterres, que foi brilhante. O Jorge Sampaio também leu uma coisa que a gente vê que foi ele que escreveu. Gostei do que o Aznar disse.

Houve uma espécie de pequeno debate entre o novo presidente da Nicarágua,* que é um direitista, com Fidel Castro. Só não foi um debate porque cada qual leu seu texto. O Fidel com mais história atrás dele, com energia, mas voltando aos velhos temas: Cuba luta sozinha contra o monstro capitalista que aí está, engolindo vocês todos, levando-os à pobreza.

Conversei com o Fidel e transmiti a ele o que o Clinton havia me dito. Que ele, Clinton, assim que puder vai retomar caminhos de degelo no bloqueio econômico a Cuba. Fidel ficou contente, disse que considera o Clinton uma pessoa decente e que o Clinton tinha escolhido o melhor mensageiro, que era eu. Fez elogios a mim e ao Brasil, pela nossa posição, que ele chamou de digna, pelo modo como estamos nos relacionando com os Estados Unidos e nessa viagem do Clinton. Fidel não me pareceu pior do que da última vez que o vi, apenas mais magro. Mas não o achei alquebrado como da outra vez.

Tanto ele como o Robaina, o chanceler, muito solícitos conosco, com o Lampreia, uma visível atitude de... não diria de aproximação, mas de dizer: o Brasil não faz essas coisas solertes que os outros países fazem com Cuba. Nem nos corremos a prestar favores nem ficamos jogando pedras. Aliás, eu disse a ele que transmiti o recado do Clinton, mas que nunca me propus, nem me propunha, a fazer ponte entre ele e o Clinton, porque acho que eles terão outros canais. Ele apreciou esse tipo de franqueza.

Depois disso resolvi mesmo voltar para cá.

Voltamos, falei o tempo todo com muita gente do Brasil sobre as medidas a serem tomadas, acabei de conversar pelo telefone com o Clóvis, está tudo organizado, amanhã às três horas iniciaremos reuniões e vamos ver se dá para anunciar, acho que na segunda-feira, antes da abertura da Bolsa, vamos ter que fazer uma pirotecnia, fazer a apresentação de cortes muito duros, embora eu também ache, como os outros, que isso vá até ajudar, e poderemos tirar partido para levar adiante as reformas necessárias. Mas a questão é outra, tem a ver com a percepção de que as contas correntes do Brasil, as transações em conta corrente, têm dificuldades de financiamento externo, e isso provoca uma quebra de confiança. Mas não houve quebra de confiança; houve uma realização de perdas, uma crise normal no capitalismo, de supervalorização, especulação. Não creio que seja diferente de outras, só que, claro, hoje afeta um conjunto maior de países porque ela se dá simultanea-

---

* Arnoldo Alemán.

mente, e fica-se em uma espécie de jogo de sinuca: você tenta jogar na bola 7 e às vezes a bola branca vai para a caçapa.

HOJE É DIA 9 DE NOVEMBRO, DOMINGO. Tomei conhecimento, agora de manhã, em conversas com Paulo Renato, Luiz Carlos Mendonça de Barros e Kandir, de algumas repercussões e também do avanço na definição de algumas medidas fiscais. À tarde vamos nos reunir para tomar as decisões.

Li os jornais, aquela lenga-lenga habitual, informações fragmentárias. Os adversários do governo aproveitam para cair em cima, fazendo uma razia para destruir tudo. Os que são favoráveis ao governo se encolhem um pouco, fica todo mundo na espreita.

Boa entrevista do Domingo Cavallo.* Este diz coisa com coisa, foi no *Estado de S. Paulo*, onde ele mostra com objetividade o que aconteceu na Argentina, o que está acontecendo aqui, o que é preciso fazer, o que está sendo feito. Haverá custos, obviamente, mas temos que ir em frente.

É um pouco cedo para avaliar, mas acredito que, se tivermos competência para não entrar em pânico e tomar as medidas necessárias, podemos, como registrei, tirar partido dessa situação difícil. Nos próximos meses tenho que mergulhar na gestão da economia e deixar de lado qualquer outra especulação, seja política, seja até mesmo de inovações administrativas, para um momento de maior desafogo. Neste instante preciso mostrar ao país que estamos com o leme seguro.

10 DE NOVEMBRO, são nove horas da manhã. Quero retornar ao que disse ontem à noite. Às cinco da tarde, me reuni com a equipe econômica. Não vou resumir tudo. Houve certa surpresa para mim, e por duas razões: primeiro, o Gustavo disse que ele também jogou contra os especuladores na Bolsa de Mercadorias e Futuros. Significa que através do Banco do Brasil fomos fazendo posições e desfazendo as apostas contra o real, o que levou a um comprometimento bastante grande de algumas posições de futuro. Segundo, que as perdas relatadas pelo Gustavo foram muito maiores do que eu imaginava, num total entre BM&F e desembolso efetivo de reservas de mais de 14 bilhões de reais.

Isso me preocupou, só fui informado dessa magnitude ontem. O Gustavo continua insistindo que temos que jogar agora todo o peso do país contra os especuladores, porque o Banco Central, sozinho, não aguentaria. Entramos em uma rodada de discussão e o André, com a inteligência e a inquietação permanentes dele, fez uma pergunta que me pareceu pertinente: não será melhor desvalorizar o real? Ele disse que nunca tinha feito essa pergunta (na verdade, a mim ele tinha feito, na

---

* Ex-ministro da Economia do governo Menem.

semana passada). Ela é inquietadora, porque a resposta já está implícita. Claro que, imediatamente, se viu que era melhor nem falar no assunto naquele momento, mas todo mundo percebeu que ele já tinha sido posto na mesa.

Em seguida, e isto também isso me preocupou, a posição do Chico Lopes. O Chico disse que ele não compartilhava do otimismo do Gustavo e dos colegas sobre a nossa capacidade de resistir à especulação. Por consequência, achava que não poderíamos ir sangrando reservas sem tomar alguma atitude, que não deveríamos fazer como o México. Ou seja: antes que houvesse uma perda muito grande de divisas, era melhor avançar na desvalorização, flutuando. Claro, ele tem horror à flutuação, porque num primeiro momento ela pode levar a 30%, 40% ou 100% de desvalorização até encontrar o ponto de equilíbrio.

A posição dele me preocupou, porque o Chico Lopes é um dos baluartes da política de juros controlados, de minidesvalorizações. Por tudo que está registrado das nossas discussões anteriores, se vê que ele é um dos mais ortodoxos nessa matéria. Depois disso, [fizemos uma] rodada sobre um pacote de 20 bilhões de reais, entre aumento de impostos e corte duro de gastos.* Não houve um desacordo básico entre os membros da equipe, discordaram num ou noutro pequeno ponto específico, mas todo mundo achando que era preciso fazer um esforço grande para mostrar que temos capacidade de atuação na área fiscal.

Claro, as consequências virão. O Congresso vai reagir, a sociedade vai reagir, ninguém vai entender, enfim, vamos passar por maus momentos, mas não tenho alternativa, como já declarei aqui e ali, e em público, a não ser enfrentar a crise diante da proporção que ela está tomando, sem pensar em expectativas eleitorais.

Hoje de manhã li no *Globo* Franklin Martins reconhecendo isso e, ao mesmo tempo, dizendo que [minha ação] talvez tenha um sentido político-eleitoral, porque o terreno em que se situará o debate sucessório será o da defesa do real. Com esse tipo de raciocínio, não há solução. Faça eu o que fizer, sempre será em função de interesses que não são só os do país...

Óbvio que eu preferia imensamente que nada disso tivesse ocorrido e que o debate se desse ao redor das formas de crescimento, dos efeitos sociais do tipo do modelo de desenvolvimento, porque até agora o real proporcionou vantagens objetivas à população brasileira.

Daqui em diante entramos numa etapa de indefinições, e no sentido mais forte da palavra, porque as definições não virão só daqui de dentro. Virão da nossa reação também, mas basicamente dos desafios de fora que abrem brecha para essa

---

* Foram anunciadas 51 medidas no pacote econômico de 10 de novembro de 1997, entre as quais: corte de 2 bilhões no Orçamento; congelamento dos salários do funcionalismo público até 1999; extinção de 70 mil cargos públicos; restrição às importações, inclusive com a diminuição do limite de compras de turistas no exterior; subida de vários impostos e taxas da União (Imposto de Renda da Pessoa Física, taxas de embarque em aeroportos etc.); e aumento dos combustíveis.

especulação é feita agora na Bolsa de Mercadorias e Futuros. Ela não custa muito [aos especuladores] porque eles só fazem o depósito na margem, uma margem de garantia que eles depositam na BM&F, portanto podem apostar muito mais. Ainda bem que o Banco Central também descobriu um modo de contra-atacar nos mesmos termos. Fica claro que o cassino está aberto de novo, só que em vez de ser o cassino da ciranda inflacionária é o cassino das apostas contra o câmbio, contra as moedas.

Falei também com o Enrique Iglesias ontem à noite. Ele achou o pacote forte, corresponde a 2% do PIB, mas como tudo nesta vida vai depender do que os outros acham, e não sabemos ainda o que aconteceu [nos mercados]. Não sei sequer como foi a Bolsa de Hong Kong, porque não liguei o rádio esta manhã.

Agora vou me encontrar com o Menem.*

Hoje vai ser um dia difícil porque tenho muito cerimonial e, ao mesmo tempo, vamos ter que disparar telefonemas, conversar com líderes do Congresso, enfim esse jogo de convencimento que não é fácil. O Malan e o Kandir devem estar daqui a pouco na televisão explicando o que já está nos jornais, porque no Brasil tudo, tudo vaza. Li nos jornais todas as medidas, apesar do cuidado em não propagá-las ontem à noite. São os técnicos de segundo e terceiro escalão e também a famosa vontade de aparecer, de ter boa relação com os jornalistas — eles passam tudo para a imprensa.

Continuação de 10 de novembro, quase meia-noite. Foi um dia puxado, como eu antecipara.

Com o Menem foi ótimo, eu o recebi de manhã, em reunião privada, depois reunião com os ministros, almoço com todo mundo em um clima muito bom. O Menem deu declarações muito positivas sobre as medidas que tomamos. A relação Brasil-Argentina é hoje de primeira ordem. Praticamente estamos nos coordenando em tudo. O Menem concordou na hora com a generalização da medida de mais 3% de alíquota de importações,** porque isso resolve o problema da Argentina com a taxa de estatística. E também resolve o nosso problema, ou melhor, ajuda. Enfim, coisas muito, muito positivas.

Houve a apresentação [à opinião pública] das medidas pelos ministros e pelos técnicos. Algumas reclamações de que eles não teriam explicado de maneira suficientemente convincente, mas nunca se sabe se é verdade. Fui à sala de imprensa do Planalto, dei algumas declarações, dizendo que as medidas são impopulares, que eu sabia disso, mas as tomava pelo Brasil e que elas visavam simplesmente

* O presidente argentino veio ao Brasil para uma visita oficial de três dias.
** Os governos brasileiro e argentino criaram uma sobretaxa de 3% sobre a Tarifa Externa Comum do Mercosul para combater os efeitos da crise asiática.

defender o real e não prejudicar quem quer que fosse. Realmente a pressão sobre o real diminuiu. O dólar futuro caiu, as bolsas nem tanto. Hong Kong, que eu não tinha visto, caiu um pouco, Nova York não teve elevação, enfim, no mundo também as coisas continuam bruxuleantes, mas o importante é que não são as bolsas [de ações que caem], é a moeda. Falei com o Gustavo Franco no fim do dia, e parece que houve uma reação positiva antes, embora no finalzinho tenha havido alguns boatos sobre os *bradies** (títulos da dívida externa brasileira que estão na mão dos bancos coreanos), mas é boato.

O Setúbal, com quem me encontrei no jantar do Menem, de onde estou vindo, fez um discurso de saudação bastante positivo para a Argentina e para nós. Ele me disse que achou as medidas corajosas, que nunca duvidou que eu as tomasse, talvez eu mesmo duvidasse, mas ele não. Respondi: "Eu também não, nunca ousaria [não tomá-las], eu teria que tomar". Ele achou que [o que fizemos] foi no limite certo. Mais um pouco haveria uma reação social muito forte e menos um pouco seria uma decepção para os mercados. Ele acha que os mercados vão se acalmar no Brasil.

Entretanto, teme o Japão. Ele crê que uma crise no Japão pode ter uma repercussão mais grave. Não sabe até que ponto Hong Kong aguenta, porque, se não aguentar, isso vai bater direto na Argentina. O Setúbal disse isso ao Menem, com todas as palavras. Depois moderou um pouco, a Argentina tem uma situação mais sólida do que o Brasil, tanto é que ele está querendo comprar mais bancos lá.

A situação é sempre difícil de avaliar, porque os que chegam perto de mim sempre elogiam, me cumprimentam. Por outro lado, a brincadeira da mídia e das oposições vai ser, mesmo que ela não tenha nenhuma consistência, dizer que tudo vai mal, que vai haver desemprego, recessão, tragédias. Até antecipei que no Brasil isso não dá certo.

De qualquer forma, [as consequências] dependem só dos resultados. Se atravessarmos o temporal, tudo bem; se ficarmos enrascados nele, tudo mal. *Verba volant*, não me preocupo muito com as opiniões neste momento, me preocupo mais com os mercados. A tragédia do nosso sistema é que o povo não entende o cassino capitalista, mesmo alguns empresários não entendem, alguns comentaristas também não, e o cassino comanda. A irracionalidade do sistema comanda, e neste momento ela é grande, se vê com clareza. Porém é o sistema que está aí, e não adianta chorar pitanga: ou nos defendemos, ou somos engolfados.

E [no mundo atual] não há autarquia possível. Logo, nos preparemos cada vez mais para enfrentar com galhardia os desafios que estão vindo e que virão com mais força, só que sobre isso a consciência da liderança política é menor. O próprio Antônio Carlos, que tem apoiado e apoiou de novo as medidas (O Sarney também

---

* Títulos emitidos por países emergentes na renegociação de suas dívidas externas no âmbito do Plano Brady (1989), formulado pelo secretário do Tesouro, Nicholas Brady.

apoiou), disse: "Imposto de renda para as pessoas físicas, não! Por que não pegar as empresas?".

"Ora! Se pegarmos as empresas agora, é tiro no pé, coisa de que não estamos precisando."

"Por que não pegar as que ganharam muito?"

"Porque estamos precisando delas! Além do mais, as empresas passam para o consumidor o aumento de imposto."

O fato é que temos que aumentar imposto de pessoa física mesmo. A classe média-alta brasileira acredita que paga muito imposto, o que não é verdade. Entretanto, em comparação com os muito ricos, é verdade. Então fica essa tragédia no Brasil: nossa sociedade injusta e hierárquica transforma medidas corretas em medidas discriminatórias. Enfim, é do jogo.

QUARTA-FEIRA, 12 DE NOVEMBRO, quase meia-noite. Ontem, despachos normais de manhã. Almocei na embaixada da Argentina, fui com o Menem para São Paulo e voltei. Os discursos estão registrados.* O Menem teve um comportamento muito positivo de apoio às medidas tomadas no Brasil e de confiança em mim e no real. O Mário Covas fez uma boa saudação, externando o mesmo ponto de vista.

No almoço na embaixada da Argentina, encontrei o Gustavo Franco, perguntei como estava a situação e ele disse que estava ótima. O BC tinha voltado a comprar dólares, parecia tranquilo. Entretanto, no fim do dia recomeçou a boataria a respeito de bancos e da situação do Leste Asiático.

Hoje, quarta-feira, o dia inteiro foi tenso. A Bolsa teve que suspender o pregão às cinco horas da tarde, e assim mesmo no fim do dia caiu 10%. A Bolsa de Nova York e as bolsas da Ásia também caíram. Recebi do Setúbal um documento do Bankers Trust** dizendo que acreditam que a Coreia e o Japão não vão resistir à pressão, o que significa que dificilmente teremos condições de resistir.

Recebi depois uma visita do pessoal do PMDB, que veio hipotecar solidariedade e declarar apoio.

Agora à noite, jantamos com os governadores Tasso, Mário Covas, Marcelo e Eduardo Azeredo mais o Sérgio, o André e o Malan. Discussão boa, mas tensa porque não se pôde dizer tudo que o André pensa, ou seja, que temos de nos preparar para uma alternativa. Perguntei ao Malan, que me falou também da necessidade de um plano de contingência. Significa, na prática, desvalorização do real, e por consequência cai por terra o castelo montado de que teríamos condições de suportar

---

* Os presidentes discursaram no encerramento do Encontro Empresarial Brasil-Argentina, promovido pela Fiesp e realizado no Hotel Maksoud Plaza.

** Banco norte-americano adquirido em 1998 pelo Deutsche Bank.

as pressões externas porque a nossa situação não era de grande vulnerabilidade. Daqui em diante tudo vai ser de muita dificuldade.

QUINTA-FEIRA, DIA 13 DE NOVEMBRO, são três e pouco da tarde. A manhã foi mais tranquila. As bolsas da Ásia abriram em alta, também a de Nova York e a do Brasil. Não houve pressão sobre o real. Não sei agora à tarde, porque não veio o resultado e tudo é muito volátil.

Dei uma longa entrevista de manhã ao Roberto Pompeu para o livro que estamos fazendo, discutimos o papel da mídia, religião, para sair um pouco desses temas tão angustiantes como os mercados.

Recebi o Pedro Parente, o Pedro Malan, o Kandir, junto com o Eduardo Jorge e o Clóvis, para definirmos o que fazer com o imposto de renda da pessoa física. O Antônio Carlos criou um transtorno, disse à imprensa que isso era contra a classe média e que ele era contrário à aprovação. A imprensa pegou isso como rastilho de pólvora, porque imaginou que [a crise] ia ser uma catástrofe. Eu já disse ontem que não, que [o pacote de medidas] era igual ao que se fez com o Fundo Social de Emergência.* O imposto sobre a pessoa física apenas passa de 15% para 16,5% ou então de 25% para 27,5%. Não é nenhuma catástrofe, mas [a pecha] pegou.

Vamos insistir no aumento do imposto de renda e não em aumento da alíquota da CPMF; é um pouco como uma queda de braço com o Antônio Carlos, que quis tirar seu pedaço dessa história. Os jornais declaram hoje que o Congresso não vai votar o pacote. Ora, o Congresso só tem que votar o imposto de renda, o resto são medidas administrativas ou provisórias que independem do Congresso. Mas já fizeram a onda.

Ontem ganhamos tudo, CPMF,** ganhamos também a questão relativa à redação final da reforma administrativa.*** Enfim, uma vitória muito grande.

Conversei com o Luís Eduardo. Ele concorda que temos que mandar o [projeto de aumento do] imposto de renda de pessoa física e disse que, se for necessário, o governo vai enfrentar [o problema] criado pelo Antônio Carlos; ele sabe que [o governo] ganha. Eu concordei que ganha, mas disse que é ruim. O Luís Eduardo insistiu: "Eu sou líder do governo, se for necessário sigo o governo". Tudo bem, acho eu, mas haverá de se tentar algum entendimento.

Acabei de receber um telefonema do Clóvis dando conta desse entendimento. É que o Pedro Parente almoçou com o Antônio Carlos e com o Luís Eduardo. O Antônio Carlos pediu que eu o chamasse, bem como ao Temer, para dizer que, como

---

* Isto é, em volume de recursos adicionais obtidos pela União.
** O governo venceu por 283 a 118 a votação na Câmara do projeto de lei para prorrogar a vigência da CPMF até 1999.
*** A Câmara aprovou por 267 a 143 a redação final da PEC da reforma administrativa.

se trata de mandar ao Congresso um projeto sobre imposto de renda da pessoa física, nós o mandaríamos e deixaríamos a negociação para o Congresso; ele não falaria nada contra e não diríamos que o Congresso vai ter que engolir o projeto, pois o Congresso é soberano. Depois, pouco a pouco, eles digerem. Se for assim mesmo, está bem.

Os problemas são fugidios na História, eles dependem de uma agenda de oportunidades. As bolsas não desabaram. Conversei longamente com o Beto [Mendonça]. Se desabarem, vamos ter que pôr em prática, logo, uma política de desvalorização e dizer isso com clareza. Resta discutir que tipo de desvalorização. Deixamos flutuar o real ou se faz uma banda larga, como os russos fizeram.* Isso o Beto Mendonça e o André vão discutir amanhã em São Paulo.

O que não posso é perder o timing, como perdemos várias vezes, por teimosia. Na verdade, foi teimosia do Gustavo Franco, endossada pelo Parente, pelo Malan e também, no fundo, com o meu consentimento, porque eu poderia ter forçado mais. Forcei algumas vezes, mas não o suficiente, porque eu também acreditava que a liquidez do mercado internacional resolveria nossa aflição.

O curioso é que nos papéis que o Beto me deixou ele existe com muita clareza sobre as consequências da crise da Ásia, sobre o que aconteceria depois. Certamente haveria um ajuste nosso. Um documento de julho já dizia que nossa trajetória macroeconômica era insustentável pelo aumento da vulnerabilidade. Apesar desses alertas, não houve uma ação consciente e consequente de todos nós e da equipe econômica em particular. Por isso eu também sou responsável perante o Brasil, porque não ouvi os argumentos com a abertura com que deveria ter ouvido. Estava muito confiante nas análises do Pedro Malan, do Gustavo e do Chico Lopes.

É verdade que, passado o momento de alerta, quando eu chamava os demais economistas para se reunirem com a equipe e comigo para discutirmos, eles voltavam atrás, não peitavam a posição do Gustavo. O Clóvis é testemunha disso. Mais de uma vez tentamos, eu tentei, chamá-los para que eles definissem a política cambial, e até hoje nada. Pela primeira vez, no domingo passado, houve uma discussão desse tipo. Contudo, quando forcei, falei com o Pedro — tudo isso está registrado —, que ficou de reparar, primeiro, as desavenças entre eles. Agora entendo quais eram: o Beto querendo forçar uma modificação da política cambial e os outros se opondo.

O leite está derramado. Quem sabe ainda teremos a possibilidade, a sorte, de seguir adiante, se não houver novas ameaças imediatas. Com algum espaço de tempo, imagino que conseguiremos retomar o fôlego e, a um custo muito alto, é verdade, ainda teremos condições de refazer o caminho de maneira mais consequente.

---

* Em 1996, o governo russo estabeleceu uma banda cambial flutuante para tentar recuperar a economia do país, muito dependente das exportações de bens primários.

O fim da tarde de hoje foi tranquilo também. As bolsas fecharam bem: a de São Paulo a 3,5%, a do Rio um pouco mais baixo, e não houve sangria de dólares no Brasil. Houve certo alívio. Agora vivemos assim no dia após dia.

Fora isso, houve muita coisa. Estive com o Antônio Carlos e com o Michel Temer. O Antônio Carlos insiste na questão do imposto de renda da pessoa física, para mostrar a soberania do Congresso e dele. Apesar de todas as tentativas do Pedro Parente e do Luís Eduardo, ele age — como também agiu no caso do grupo Econômico — como um político com senso de oportunidade, talvez eleitoral, de presença na mídia, não sei.

Pedi que o ACM pelo menos não deixasse transparecer sua objeção, o que ele, aliás, não quer mesmo. Está de acordo conosco, que a votação tem que ser depressa. Ele está ajudando em tudo, há apenas essa história de querer ter um espaço próprio com a questão do imposto de renda. Vamos lá.

À noite pedi que viessem aqui o presidente do Supremo, o Celso de Mello, o vice-presidente, o Carlos Velloso, e o mais antigo, que é o Moreira Alves. Conversei longamente com eles, expus a situação, eles não sabiam dos detalhes nem tinham entendido o quadro completo. Transmiti o que sabia, a conversa foi muito boa.

Ainda despachei com o Clóvis agora à noite, acabei de dar uns retoques para [uma entrevista] à *Veja* sobre o quadro atual, para que não saia coisa muito disparatada.

15 A 30 DE NOVEMBRO DE 1997

Ainda a crise asiática. Vitória na reforma administrativa. Viagem à Guiana Francesa

Sábado, 15 de novembro, onze horas da manhã. Acabei de nadar junto com a Ruth, para fazer um pouco de exercício, e li por cima os jornais. Falei com o Clóvis, que me disse que mandou a medida provisória do imposto de renda* e também a retificação de um erro que foi feito com as Kombis da Volkswagen.**

Ontem, sexta-feira, foi um dia bem mais calmo. Passei a manhã dando outra longa entrevista ao Roberto Pompeu, para o livro que estamos fazendo, depois fui ao Palácio do Planalto e estivemos com o chanceler de Cingapura, [Shunmugam] Jayakumar. Foi interessante para ter uma visão de Cingapura, que é um país extremamente livre-cambista e próspero, no Sudeste da Ásia.

Depois gravei uma mensagem sobre o Juscelino Kubitschek de mais de meia hora, recebi gente interna, falei por telefone com vários ministros sobre a situação econômica, com o Gustavo Franco, com o Luiz Carlos Mendonça de Barros, enfim, passei em revista a tropa, e parece que os mercados se acalmaram, isso é o mais importante. A bolsa subiu, isso já não tem tanta importância, ela sobe, desce, mas não houve corrida contra o real, ontem não houve pressão em cima do real pelo segundo ou terceiro dia consecutivo. As notícias agora dependem muito do que acontece no Sudeste da Ásia e lá tudo continua muito preocupante.

Falei com o Itamar por telefone e avisei que iria hoje, sábado, ao casamento da filha dele*** no Rio. Vão estar lá todos que fazem bastante onda contra mim, sei lá, o Paes de Andrade, o Ciro Gomes. O Sarney irá também, mas ele já está mais acomodado. Estão excitados com a hipótese ou a possibilidade da minha fragilização por causa da crise econômica, o que é verdadeiro; estão mais assanhados. Imagina o Itamar governando o Brasil num momento como este... seria fantástico. Ou o Ciro. O Ciro é um grande demagogo. O Itamar é uma pessoa de caráter, o Ciro é mais duvidoso, porque é oportunista, não no sentido do Itamar, de aproveitar a oportunidade. O Ciro cria, ele faz declarações que não são verdadeiras, finge que sabe das coisas. Na verdade é mais irresponsável [do que oportunista]. Mas tem uma boa retórica, então neste momento está excitado. Espero que o país não se excite junto com ele.

* A MP 1602/97 foi rapidamente aprovada pelo Congresso e convertida na lei nº 9532, de 10 de dezembro de 1997.
** O utilitário fora erroneamente excluído da categoria de carro popular no pacote de medidas de 10 de novembro, o que elevaria seu preço em mais de 25%.
*** Fabiana Franco.

Li um livro do [John Kenneth] Galbraith* sobre as crises, que o Serra tinha me mandado. Um livro interessante, que alerta. Só que ele acha que a crise é uma espécie de psicose coletiva, uma mania que dá num dado momento, e não faz relação direta dela com o sistema produtivo. Eu fico mais com Marx. Claro que no desencadeamento a crise parece uma mania, mas ela não se desencadeia em qualquer momento, há sempre certas condições. Acho que estamos diante de uma crise típica do capitalismo, apenas ele está globalizado: o que acontece em um país vai parar no outro mais depressa, pois o sistema é globalizado. Ainda não temos sinal algum de que a crise tenha alcançado as economias realmente desenvolvidas. Mas cedo ou tarde os Estados Unidos vão ter que dar uma freada, por isso o Brasil precisa parar logo com essa especulação aqui e ajustar-se.

Falei pessoalmente com o Beto Mendonça, e ontem o André me deu sinal de que já havia conversado com ele, Beto, no sentido de que tem que ser feito um plano alternativo. Na minha imaginação, que não sou economista, deveríamos sair deste buraco já, apertando [no plano fiscal], para em seguida soltar [baixar], a taxa de juros, num dado momento fazer, ou tentar ver se dá para fazer, alguma coisa tipo banda larga [no câmbio], se é que ainda dá. Se desse, seria ótimo; e [adotar] políticas anticíclicas. Os economistas ortodoxos vão ficar irritados comigo, mas vou insistir nesse ponto de vista. Em todo caso, é uma questão em aberto.

Em continuação do que está gravado, quero dizer que acabei de ler um relatório do general Cardoso sobre a visita que ele fez ao general McCaffrey, encarregado do controle das operações antinarcotráfico nos Estados Unidos. O general Cardoso está muito envolvido nisso e acho muito importante, porque, se não atuarmos já no controle do narcotráfico, no futuro esse problema será uma grande dor de cabeça para o Brasil. Mas eu queria fazer outro comentário.

Ontem o general Cardoso me disse uma coisa extraordinária e positiva: "Presidente, há invasões diárias no Brasil por causa da terra e a sociedade aceita; será que isso não é um modo de o Brasil evoluir, de acompanharmos a sociedade, verificar que a lei não prevalece porque não tem atrás dela a vontade do povo?". Curiosamente é o que está acontecendo mesmo. O governo não está reprimindo, o Incra está se adaptando à situação, com a condição de que eles estejam ocupando terras realmente improdutivas. É um avanço, um avanço pela força, não pela lei. Mas obriga a que a sociedade ande mais depressa na distribuição de terras. Todo mundo sabe que sou cético quanto aos resultados disso a longo prazo, mas em termos de pressão social, da pobreza, da necessidade de desconcentrar a posse da terra, acho que o general tem uma visão que no passado seria difícil de imaginar

---

* Economista canadense naturalizado norte-americano, professor aposentado da Universidade Harvard e ex-embaixador na Índia do governo John Kennedy.

que um militar tivesse, uma visão democrática. Democracia, aliás, mais avançada do que a formal.

Eu concordei com ele, acho que temos que ir com jeito, evitando choques, evitando que a direita agrária imagine que isso é o fim do mundo, mas ao mesmo tempo contemporizando e não criando situações que sejam contra os que não têm terra e que precisam dela.

HOJE É DOMINGO, DIA 16. Ontem, sábado, fui ao Rio assistir ao casamento da filha do Itamar. Tudo transcorreu bem. A festa foi simpática,* sem nenhuma pretensão, mas elegante. Alguns políticos e... surpresa para mim, o Ciro Gomes me esperando na porta. Segundo o Sarney, ele fez questão de estar na porta. Isso no mesmo dia em que ele [Ciro] mencionou que eu não teria autoridade moral para falar de pobres. Não dá para aceitar, eu custo a dizer estas coisas, mas, diante do comportamento dele, não posso me limitar a dizer que ele é oportunista. É pior do que oportunista; esses vaivéns não demonstram bom caráter.

Já a conversa com o Itamar e com o Sarney foi social e muito amistosa. Sabe Deus o que vai acontecer.

Hoje, domingo, li os jornais de manhã, um bom artigo de Suely Caldas** sobre a Previdência, sobre o que o André Lara estaria preparando para a área. Neste momento parece que sou eu o responsável por não termos avançado na reforma da Previdência... Todas as dificuldades do momento vão acabar sendo percebidas, pelos chamados formadores de opinião, como incapacidade do governo.

O Rogério Werneck*** deu uma boa entrevista, mas, claro, disse que o presidente Fernando Henrique tem horror ao confronto. Ora, meu Deus, acabo de me confrontar com tudo, até com meus interesses eleitorais, no entanto se mantêm essas visões superficiais que confundem polidez, boa educação e até bom humor com falta de vontade de brigar quando é necessário. Não brigo quando não é [necessário], mas, quando é, tenho dado demonstrações tranquilas de que brigo. Enfim, não é esse o problema.

Escrevi um prefácio para o livro do Tony Blair que vai ser publicado aqui, *Britain, a New Nation*.**** Me distraí com ele porque relata problemas muito semelhantes aos nossos. Aqui logo seria acusado de "neoliberal".

A Bia me deu notícia de que a *Veja* publicou algumas páginas sobre o namoro do Paulo [Henrique] com a Theresa Collor. De início pensei que fosse brincadeira, não imaginei que o Paulo fosse entrar tão rapidamente numa atividade desse tipo

---

* Realizada na sede do Jockey Club Brasileiro no centro do Rio.
** Colunista de economia de *O Estado de S. Paulo*.
*** Economista, professor da PUC-RJ.
**** *New Britain: My Vision of a Young Country*. Londres: Westview Press, 1997. Edição brasileira: *Minha visão da Inglaterra*. Brasília: Linha Gráfica Editora/Instituto Teotônio Vilela, 1998.

com uma pessoa que, obviamente, vai chamar a atenção de toda a mídia. Me pareceu uma coisa arriscada para ele, não para mim — sou maduro para aguentar tudo isso. Ele vai ficar exposto à mídia pela segunda vez,* e em muito pouco tempo. A mídia não vai perdoá-lo. Mas em questões do coração, ou mesmo de personalidade, não há muito que fazer, não há muito como opinar.

Até agora, cinco horas da tarde, fiquei organizando meus papéis. Daqui a pouco vamos receber Maria de Lourdes Pintassilgo,** que vem nos fazer uma visita e vai ficar hospedada no Palácio. Tem uma reunião, amanhã, patrocinada pela Ruth.***

SEGUNDA-FEIRA, 17 DE NOVEMBRO. O dia transcorreu calmo. De manhã, tomamos café eu, a Maria de Lourdes Pintassilgo e a Ruth; conversamos um pouco, depois despachei com o Clóvis e, em seguida, outra longa conversa com o Roberto Pompeu para o livro que estamos preparando.

Almocei com a Danielle [Ardaillon] e com a Ruth para discutir meus arquivos, meus documentos, fiquei de fazer os *Diários da Presidência* no futuro, essas coisas.

Fui para o Palácio do Planalto. Substituímos o quadro que fica na minha sala por outro de um artista jovem, bom, aliás. Depois fiquei lá.

Recebi o presidente de uma companhia de gás da Espanha,**** muito entusiasmado.

Recebi também o André Lara, que fez um comentário. Numa conversa dele com o [Stanley] Fischer — foi professor dele —, este disse que existe a percepção de que há certa fragilidade no sistema bancário brasileiro. O André respondeu que não era verdade. Depois, claro, que há a percepção de supervalorização do real e... não me lembro qual foi o terceiro dado que o Fischer deu, talvez que não havia respaldo político [no Congresso para aprovar] as medidas. Enfim, especulações dos que estão longe do Brasil. Até aquele instante, contudo, o Fischer não veria nenhuma vantagem de o Brasil se aproximar do Fundo. Na verdade, o Fundo vale para dar dinheiro a troco de medidas de controle orçamentário. Temos mais de 50 bilhões de reservas e já adotamos as medidas, a observação parece razoável.

O André continua relativamente pessimista. Acha que as dificuldades não passaram ainda, por causa da Coreia.***** Depois tive um encontro longo com o André e com dois técnicos do Ipea. Um deles, acho que o Chico Oliveira, fez uma exposição

---

* Alusão à separação de Paulo Henrique e Ana Lúcia Magalhães Pinto.
** Ex-primeira ministra de Portugal.
*** Seminário sobre a saúde da mulher realizado no Ministério da Justiça pelo Conselho Nacional dos Direitos da Mulher.
**** Antonio Brufau, presidente da Gas Natural, subsidiária da Repsol.
***** No início de novembro de 1997, as bolsas sul-coreanas sofreram quedas históricas na esteira da crise asiática.

muito boa sobre a reforma da Previdência. Se for verdadeiro o que ele expôs — e aposto que o André adota as análises —, não precisaríamos nem mexer na Constituição, a não ser num ponto, não fundamental, para facilitar esse fundo [que ele funcione]. Se isso for verdadeiro, vai ser realmente uma bola de cristal para começarmos, já em janeiro, criando regras novas que permitam uma opção entre o regime atual e o regime futuro. Essa opção é o que precisa ser discutido mais, para ver se constitucionalmente é possível ou não. De qualquer maneira, abre-se um horizonte.

No fim, conversamos bastante sobre a situação. Estavam presentes o Pedro Malan, o Pedro Parente, o Clóvis, eu, a Ruth, o André, os dois irmãos Mendonça. O André explicitou sua preocupação, vi o Luiz Carlos Mendonça mais otimista, acho que o Beto Mendonça está no ponto intermediário, o Pedro Malan mais cabisbaixo. O problema é sempre o futuro.

O André me disse que ele o Beto Mendonça já estão discutindo para ver se é possível alguma fórmula de mudança no regime cambial para fazer frente ao futuro, para não dizer que desvalorizamos. Quem sabe seja uma fórmula. Vamos ver.

Vim para casa, jantei. Telefonei para várias pessoas, para o governador do Mato Grosso, o governador de Santa Catarina, para pedir que haja uma aceleração nos apoios, precisamos da votação da reforma administrativa na quarta-feira. Falei ainda com o pessoal da Paraíba, com o ministro [Fernando] Catão, enfim, tomei as medidas necessárias para apertar o voto, porque é muito importante ganhar a reforma administrativa na quarta-feira.

O Sérgio Amaral me disse que foi procurado pelo Cristovam Buarque, que achava que, diante das circunstâncias do Brasil, era necessário um esforço para que o PT participasse [das decisões]. Eu disse ao Sérgio Amaral que estou sempre aberto. O Sérgio já tinha dito isso ao Cristovam. Quem não está aberto são eles, o próprio Cristovam não tem como sustentar esse tipo de posição. Em todo caso, quem sabe, vamos ver.

Também telefonei para o Zé Jorge, presidente do PFL, por causa da reforma administrativa e porque o Antônio Carlos continua se dizendo contra o aumento de imposto de renda. O Zé Jorge disse que o PFL é contra o aumento de imposto de renda. Mas não nessas circunstâncias, ponderei, e pedi que recebesse o Everardo [Maciel] na executiva do PFL para que ele lhes mostrasse do que se trata.

O Antônio Carlos está indo longe demais nessa oposição, porque as coisas são necessárias e ele, está claro, tira proveito político. Contudo, há limites para isso também. Não podemos continuar assim, porque dá a impressão, lá fora principalmente, de que há incapacidade de aprovarmos a reforma sobretudo por causa do imposto de renda de pessoa física. Se o Antônio Carlos quiser me testar, eu ganho dele. Só que não quero ganhar, porque politicamente é um prejuízo.

TERÇA-FEIRA, 18 DE NOVEMBRO, são três horas da tarde. A manhã foi até calma, a situação das bolsas e do dólar melhores, a Coreia bamboleante, mas parece que os japoneses fizeram uma espécie de Proer que, no Brasil, estão brincando de chamar de Proerro, com setenta e poucos bilhões de dólares.*

Chamei o Luís Eduardo para conversar, longa conversa. O Ronaldo Cezar Coelho tinha dito que achava que o Antônio Carlos estava meio magoado porque eu não estaria dando consideração ao Luís Eduardo. Isso não é certo, sempre dei muita. Conversei sozinho com o Luís Eduardo. Ele está desanimado com o Congresso. Nós dois sabemos, e até nos referimos a isto, o custo de aprovar as coisas. Não o custo financeiro, fisiológico. O custo psicológico, e às vezes até moral, de ouvir gente que não deixa passar um pedido de voto em benefício do país sem que venha com a réplica de pedir um pequeno favor. Mesmo os melhores. O Miguel Arraes. Telefonei hoje para ele pedindo que nos ajudasse. Ele vai ajudar, mas já pediu empréstimo [no BNDES]. Cada governador sempre vem com algum pedido, se não de imediato, para mais adiante.

Não são todos. O Arraes até entendo, por causa do momento que ele vive. Citei seu exemplo porque ele aproveitou a oportunidade. Muitos pedem. Não são coisas graves, às vezes querem uma audiência comigo. Até um deputado, boa pessoa, o Roberto Santos — pedi que votasse, ele vai votar, mas quer uma audiência para discutir as estradas. É natural que seja assim, mas há os que não são como o Arraes ou o Roberto Santos, que fazem pedidos, digamos, legítimos. Tem gente, como diz o Luís Eduardo, que só pede coisas "que têm cofre no meio". Ficamos lutando para defender o cofre e o avanço do Brasil, e na imprensa aparece como se fosse uma troca fisiológica.

Isso cansa o Luís Eduardo e a mim também. Mas cansa muito o Luís Eduardo, eu o sinto abatido. Ele não confia no Congresso, diz: "Ah, não, meu pai está com ilusão, ele é otimista, acha que o Congresso vai fazer uma porção de coisas, e não vai". Enfim, dá um pouco de tristeza ver um rapaz de tanto valor como o Luís Eduardo já desencorajado com o Congresso.

É verdade que há também o problema da Bahia, a decisão sobre se ele vai se candidatar a governador ou vai para o Senado. Acho que no fundo do coração ele não deseja ir para o governo. Há muitos problemas.

Essa sensação de um meio político que, mesmo diante de problemas graves do Brasil, não se comove, ou pelo menos não se comove suficientemente, tem que ser registrada, porque é verdadeira.

Acho que vamos ganhar a [votação da] reforma administrativa. Claro, vai haver uma ou outra concessão aqui e ali, a imprensa vai dizer que houve demasiadas concessões — concessão, eu digo, na própria reforma; o importante é avançar, e nós vamos avançar.

Hoje, até para a minha surpresa, acabarei tendo um dia não muito tenso. Ainda vou dar audiência a alguns poucos parlamentares e depois a Ruth oferece um coquetel para

---

* Dezenas de bancos, corretoras e seguradoras do Japão seriam incluídas até o fim da década no programa de resgate estatal, que injetou mais de US$ 100 bilhões em instituições problemáticas.

as embaixatrizes, mas não vou comparecer. Espero que possa ter tempo de conversar à noite com o Iris. Creio que o Iris virá com o Roriz, que é candidato ao governo de Brasília. Se o Arruda sabe, morre de ciúme, mas é necessário ouvir o Roriz, porque ele tem alguma influência no PMDB, e o Iris quer que ele não se sinta, digamos, posto à margem.

Li nos jornais que o Quércia e o Requião se compuseram para me combater. Extraordinário! O Requião chamava o Quércia de ladrão, tinha o Disque-Quércia,* e o Quércia chamava o Requião de "Maria Louca". Agora estão juntos. É uma coisa meio patética como se dão esses arabescos na política. Achei o Quércia, pela fotografia, um tanto marcado, envelhecido. Eu não o vejo há algum tempo, noto que está meio cabisbaixo, meio fora do terreiro. De qualquer maneira, quando volta, quer ser galo. É sempre assim.

Agora são nove horas da noite. Participei da distribuição de um prêmio de qualidade total,** depois recebi o Franco Montoro, para discutir parlamentarismo, a Zulaiê, e o ministro Jungmann, que está muito contente por estar cumprindo a meta de 80 mil assentados deste ano.

A Ruth estava aqui com as embaixatrizes, acabei de vê-las.

Estou esperando o Iris Rezende e o Roriz.

QUINTA-FEIRA, 20 DE NOVEMBRO. Retomemos a questão do Roriz. Naturalmente ele tem medo da máquina do governo federal em cima dele, gostaria muito de uma aliança do PSDB com o PMDB, o que é dificultado pela candidatura do Arruda. Falou muito mal do Arruda, deu dados do comportamento desleal dele. O Arruda foi o grande aliado do Roriz, o grande protegido dele. O Roriz fez o Arruda senador, e o Arruda não quis mais saber dele. Eu disse que vou ver o que posso fazer, pedi que ele e o Iris fossem reservados sobre o encontro.

Resultado: hoje os jornais estampam a presença dos dois comigo. Só estavam os dois, eu não disse nada a ninguém, a não ser ao Eduardo Jorge no dia seguinte, ontem à noite portanto, o vazamento não pode ser do Eduardo. Um dos dois vazou, é sempre assim.

Ontem foi um dia importante, ganhamos a reforma administrativa na Câmara por maioria esmagadora: 351 votos contra 133. O Senado também aprovou, por fim, o FEF.*** As bolsas acalmaram e houve a privatização da energia elétrica do Mato

---

* Em 1991, o senador paranaense lançara um serviço telefônico para receber denúncias de corrupção contra Orestes Quércia, que acabava de deixar o governo de São Paulo.
** Cerimônia de entrega do Prêmio Nacional de Qualidade, atribuído anualmente pela fundação homônima.
*** A aprovação em segundo turno da PEC que prorrogou o FEF até o final de 1999 se deu por 54 a 15.

Grosso do Sul com pouco mais de 80% de ágio. Lá fora as coisas também estão mais controladas, embora eu ainda tenha preocupações com a Coreia. O Japão se aguenta melhor. Se conseguirmos limitar a questão à Coreia e se os americanos socorrerem a Ásia para evitar desvalorizações galopantes que levem a vantagens competitivas muito fortes nas exportações dos asiáticos, acho que atravessamos este temporal.

Ontem mesmo o Copom, a comissão que faz a política monetária, baixou um pouco a taxa de juros,* dando um sinal de que as coisas estão se desanuviando.

Hoje, portanto, o clima é mais eufórico.

Os deputados não quiseram votar a estabilidade, nem as lideranças. Houve uma disputa entre PSDB e PMDB contra PFL, mais o PSDB do que o PMDB. O PSDB queria votar, eles até podiam ter ganhado, mas os outros não quiseram, com medo de que, ao não votar a estabilidade ontem, ou melhor, ao perder, que isso empanasse a vitória [a aprovação da reforma administrativa]. A estabilidade interessa aos governadores e prefeitos, não à União. Hoje já dei sinal para que assim fosse, senão o PSDB vai transformar a vitória de ontem numa derrota de amanhã por causa da estabilidade. Não podemos perder e, de fato, a estabilidade não afeta o conjunto da reforma.

Mas foi um dia importante.

Ontem, dia 19, fui de manhã [à cerimônia do] Dia da Bandeira, depois de ter gravado com o Roberto Pompeu no Alvorada.

Almocei com a Ruth Escobar, queixosa de falta de atenção. Ela queria ser ministra da Cultura, e foi nomeado o Weffort, que ela apoiou. Agora tem grande mágoa de não ter sido ela. Reclamou de mim e tal, disse que eu me fechei, que não fui solidário, essas coisas.

Hoje de manhã gravei de novo [com o Roberto Pompeu], fui a uma solenidade no Palácio do Planalto para lançar um serviço financeiro imobiliário** que é um avanço na ativação da construção civil no Brasil e voltei para almoçar. Estou às voltas com uma viagem que vamos fazer ao Amapá, ciumeira de deputados para ver quem vai comigo, quem não vai, quem vai até Goiânia. Temores do Sarney de que haja manifestações contra, porque no Amapá o governador é o Capiberibe, que faz um jogo de oposição, enfim, coisas habituais que dão certo nervosismo, mas não têm nada a ver com os grandes rumos do país. Estes, pelo jeito, melhoraram algo com a aprovação das medidas com que temos contornado a crise.

SEXTA-FEIRA, 21, QUASE MEIA-NOITE. NA quinta-feira à tarde, fui de novo ao Palácio para uma solenidade do dia de Zumbi.*** Houve a outorga de posse

---

* A Taxa Básica do BC caiu 4,92%, para 2,90% ao mês.

** Sanção da lei nº 9514, de 20 de novembro de 1997, que regulamenta o setor privado de financiamento habitacional e crédito imobiliário.

*** Dia Nacional da Consciência Negra, data da morte de Zumbi dos Palmares.

de terra para o que chamam agora de quilombolas, ou algo assim.* Foi emocionante, um rapaz de um quilombo do Pará** não conseguiu falar, tentou três vezes, ficou mudo, e eu fiz um discurso também emocionado. Vale a pena ver o que está acontecendo nessa matéria, tanto em relação aos negros como à terra. Fiz o anúncio de que havíamos desapropriado 4,7 milhões e hectares de terra e de que vamos cumprir a meta de 80 mil assentados este ano. Quando terminar o próximo ano, tudo correndo bem, teremos feito de assentamento 30% a mais de tudo o que já foi feito no Brasil em trinta anos.

Recebi gente, as bolsas continuam calmas e cumpri a rotina de receber deputados, conversar por telefone com os líderes.

Quinta-feira à noite voltei ao Planalto para dar uma entrevista à CNN. Não gostei da entrevista porque foi improvisada. Eu não ouvia direito o que me perguntava o jornalista econômico da CNN*** e fiquei dizendo muita coisa, falei depressa, não achei bom. À noite mesmo, examinei com especialistas o que eu tinha dito e minha sensação foi que eles também não gostaram, embora não tenham dito nada.

Hoje de manhã gravei o programa do PSDB. Longa gravação, mais de uma hora. Discutimos um pouco, e o que quero registrar é que fiquei chocado com o Geraldo Walter, o especialista de marketing político da dm9. Ele apareceu lá com o Nizan e o pessoal da GW.**** O Geraldo Walter está destruído, destroçado, pelo câncer no fígado. Fiquei chocado de ver um homenzarrão daquele caído como ele estava.

Não gostei do tipo de gravação que eles queriam, que era um diálogo com populares. Já fiz isso e é complicado, porque dá a impressão de que estou lá em cima e os populares lá embaixo; não é bom. O Nizan deu algumas soluções, e tampouco o pessoal da GW, o [Luiz] Gonzalez e o Rui [Oliveira Marques], que estavam lá, gostaram desse formato. Vamos ver o que sai.

Cedo, às nove da manhã, eu já tinha recebido o Zé Aníbal, que veio me falar da importância de apressarmos o passo na reforma. Sugeri ao Zé Aníbal que dissesse ao Mário Covas que há muita pressão do pessoal do Pitta para obter algum empréstimo. O Pitta está numa situação desesperadora e o Serra está me azucrinando, porque não quer que se dê empréstimo. Eu disse: "Vai lá, fala com Mário Covas, o Mário deveria pedir pela cidade de São Paulo, assim tira esse eventual cheiro de malufismo, e a gente socorre São Paulo porque tenho socorrido o Brasil todo". Não é justo, neste momento, não sinalizar de alguma forma que estamos sensíveis às

---

* Foi beneficiada a comunidade do quilombo de Oriximiná (PA), que obteve a posse definitiva de sete terrenos.

** Atílio Régis de Melo. O quilombola paraense não conseguiu falar, mas quebrou o protocolo para fixar um broche com a expressão "Negro sim" na lapela do presidente.

*** Fernando Henrique foi entrevistado ao vivo pelo apresentador Lou Dobbs no programa *Moneyline*.

**** Produtora de vídeo sediada em São Paulo.

demandas que afetam a população, desde que eles nos deem as garantias, como darão necessariamente.

Não sei como vai ficar isso. O Maluf anda atrás de mim pelo telefone. Deve ser por isso. Não falei com ele porque não tive tempo.

Fui ao Rio.

No Rio fiz o fechamento da reunião dos exportadores.* Discurso bastante vibrante, fui muitíssimo aplaudido, havia uma manifestação na rua do pessoal acho que da Saúde, dos mata-mosquitos, da dengue, que dizem podem ser atingidos pelas medidas [fiscais]. Uma gritaria infernal, recebi um deputado que veio em nome deles, deputado lá do Rio, Carlos Santana, um moço simpático do PT, muito jeitoso, meio malandro. Eu disse que não receberia ninguém porque não tem cabimento e que eles enviassem a reclamação ao ministro da Saúde, e que eu certamente não vou desmontar a máquina do Estado. Vou ver a reclamação com atenção.

Soube que essa gente é contratada precariamente há sete anos, é uma vergonha. Ou se contrata mesmo, ou se põe para fora todos, se forem inúteis; vou ter que ver isso. Os problemas do passado estouram na minha mão, como sempre.

Depois fui à Firjan, 170 anos da Firjan. O Eduardo Eugênio fez um belo discurso, eu fiz um razoável, tomamos o avião de volta, houve uma tempestade, custou muito chegar a São Paulo. Eu tinha fisioterapia. A Ruth foi para a casa do Zé Gregori comemorar com a Bibia [Maria Filomena Gregori],** que apresentou a tese de doutoramento dela. Eu não fui, estou muito cansado e amanhã cedo vou a Campinas para ver o Síncroton.*** Neste momento estou vendo pela televisão o Paulo Nogueira [Batista] Júnior**** fazer críticas ao governo. Basta criticar que eles são chamados à televisão.

Foi muito interessante o que aconteceu hoje no Rio de Janeiro. Senti que o setor empresarial e a classe média que segue as questões econômicas estão solidários conosco. Acho que o povão também. Vamos ver se a gente supera tudo isso. Está muito bem tomar medidas duras, mas também temos que analisar com mais calma o que fazer para aliviar pressões em grupos específicos, principalmente a classe média. Vamos ver o que dá para fazer.

Fofoca é uma só. O Antônio Carlos. Falei com ele hoje de manhã e ele me disse que sabia que eu estava magoado com ele, que ele também está magoado comigo, mas que isso não vai prejudicar o andamento das reformas. Eu não estou magoado

---

* XVII Encontro Nacional do Comércio Exterior, promovido pela Associação de Comércio Exterior do Brasil, no Hotel Glória.
** Filha de José Gregori.
*** Acelerador de partículas com aplicação em pesquisas físicas, biológicas e nanotecnológicas. Fernando Henrique se refere ao Laboratório Nacional de Luz Síncroton, inaugurado em 22 de novembro de 1997, em Campinas (SP).
**** Economista, professor da Fundação Getulio Vargas.

coisa nenhuma, não é o meu estilo. Ele falou à imprensa, pelo que vi hoje, botou para fora as mágoas. Claro que, se formos disputar com o Antônio Carlos, nós vamos ganhar, mas ao ganhar perdemos. Não quero entrar em choque com ele, que é presidente do Senado, que tem ajudado muito o avançar das coisas no Senado. Seria uma vitória de Pirro.

Quando fui ao Rio, estavam no avião o Moreira Franco e o Ronaldo Cezar Coelho. O Ronaldo criativo, ativo, muito dedicado, cheio de ideias, inclusive sobre criar uma tributação sobre o que ele chama de ganhos espúrios de receita, daqueles que têm dinheiro em renda fixa e outros mais e que, com essa taxa de juros, vão lá para cima. Claro que vale a pena tributar essa gente e, quem sabe, aliviar até mesmo o [aumento geral do] imposto de renda.

Problema: o PSDB vestiu a camisa para aprovar o imposto de renda, como prova de fidelidade ao governo. O Aécio e os outros. A briga é realmente do PFL com o PSDB, muito mais do que a questão real. Acho que deveríamos discutir mais a fundo, para ver se há alguma alternativa melhor.

SEGUNDA-FEIRA, 24 DE NOVEMBRO, quase meia-noite.
No sábado de manhã, dia 22, fui a Campinas, na inauguração do Síncroton. Revi alguns antigos colegas, uns que sempre foram meio distantes: o [Oscar] Sala,* que eu homenageei, ele estava muito adoentado, de cadeira de rodas; o [Crodowaldo] Pavan,** que sempre teve uma posição mais próxima ao Quércia, mas que nunca foi meu inimigo, pelo contrário, tivemos relações cordiais; estava o Alberto Carvalho da Silva,*** eu o vi, mas não pude falar com ele; e muitos dos que estavam organizando o Síncroton, notadamente o professor Cylon Gonçalves da Silva,**** um homem de muito valor — Síncroton é uma peça importante da engenharia tecnológica nacional. Estava lá o diretor técnico, um engenheiro civil,***** parecia um homem competente, muitos pesquisadores.

Falei das dificuldades e das coisas que estão se fazendo na área de ciência e tecnologia e vim embora. Pequena provocação na imprensa sobre o Antônio Carlos, eles disseram que, para voltarmos à lua de mel, faltava carinho. Eu respondi, rindo: "Então já voltamos, porque eu gosto muito dele", e saí. Fui diretamente a Ibiúna, onde passei o sábado e o domingo arrumando móveis, pregando quadros na parede, porque a Bia fez uma reforma em Ibiúna. O Maluf me telefonou aflito por causa de um empréstimo de 300 milhões de reais para a prefeitura. Está um drama.

* Professor aposentado da USP, pioneiro da física nuclear no Brasil.
** Biólogo, professor aposentado da Unicamp e ex-presidente do CNPq.
*** Médico e professor aposentado da USP, especialista em nutrição.
**** Diretor do Laboratório Nacional de Luz Síncroton.
***** Ricardo Rodrigues.

O Mário Covas, com quem cruzei no Síncroton, não quer se corresponsabilizar pelo empréstimo [ao Maluf]. Acho, entretanto, que ele entende que eu deva dar. Mas o PSDB é ouriçado, não quer saber disso. Seria uma discriminação não socorrer o Pitta neste momento. Sem dúvida que é contra algumas regras, mas já fizemos isso várias vezes e acho que deve ser feito às claras.

Não tenho preocupação eleitoral; pelo contrário, isso é uma bobagem, porque quem vai votar em mim, se eu for candidato mesmo, independe da posição do Maluf. O Maluf é que vai ter que correr atrás. A questão é outra, são os votos no Congresso. E aí, a despeito da opinião do PSDB e do próprio Sérgio Motta, que é contrário — o Sérgio acabou entendendo —, o Luís Eduardo apoiou também. Nós precisamos dos votos deles.

Domingo à noite, ontem, fomos à Hebraica,* grande manifestação da comunidade judaica, de novo discurso, aquela coisa de sempre, estava lá o Mário Covas, o [Arnaldo] Madeira veio falar comigo, falou do ICMS de novo, que o Mário continua queixoso, perdi um pouco a paciência, perdi a paciência com o Sérgio Motta também, que veio cobrar a questão do empréstimo de São Paulo. Esbocei a ideia de não ser candidato por estar cansado, eles se preocuparam, o Sérgio quis marcar um encontro comigo, como de fato fez hoje.

Hoje de manhã fui ao Rio de Janeiro e fiz uma palestra para os alunos do curso de altos estudos das Forças Armadas:** Aeronáutica, Marinha e Exército, uns oitocentos oficiais, palestra ampla, tentando explicar a crise, o governo, as propostas, o de sempre. Eu estava muito tenso por razões domésticas, não foi uma boa palestra, imagino, não sei o quanto eles perceberam. Razões domésticas que não vêm ao caso registrar, mas que me aborreceram bastante, então eu estava sem ânimo.

De lá fui a um almoço com os correspondentes estrangeiros.*** Ali eu já estava com o ânimo um pouco melhor, porque fui espicaçado por perguntas boas, pertinentes, sem intrigas. Respondi a várias questões, acho que a repercussão no exterior será boa se eles transmitirem direito, como acho que farão. E no Brasil também, porque sempre sai algo aqui.

Voltei para Brasília e não parei até agora. Por quê? Tive que despachar com Clóvis, despachar com o Kandir. Sobre o ICMS de São Paulo e dos outros estados, o Kandir não vê possibilidade senão de uma forma muito pequena: dar 150 milhões a São Paulo e não dar a isenção que estava marcada para o ano que vem. Aceitaram

---

* Jantar comemorativo dos cinquenta anos da Federação Israelita do Estado de São Paulo, no Clube Hebraica, na capital paulista.
** Curso de altos estudos de política e estratégia da Escola Superior de Guerra.
*** Realizado na Associação Comercial do Rio de Janeiro.

a proposta de Waldeck Ornelas.* Ele vai falar disso com o Covas, que certamente não vai gostar. Mas o Covas não gosta nunca, ele quer tirar o máximo para São Paulo, é o estilo dele. E não reconhece o que já fizemos, e muito, por São Paulo.

Depois falei pelo telefone com o Teotônio, o PSDB que vir aqui; virá na quarta-feira tratar das mesmas coisas, naturalmente. Conversei com meio mundo, chamei o Luís Eduardo, ele veio com o Sérgio Motta. Definimos uma estratégia de como negociar com o Congresso, defini também com o Pedro Parente, essa negociação vai ser só mais tarde, vamos jogar fechado, mas num dado momento negociaremos o que for melhor para garantir os 20 bilhões de recursos adicionais. Claro que é preciso acalmar o PSDB para de novo não transformar isso numa derrota. Tenho que tomar cuidado porque o Antônio Carlos está blasonando muito, posando de candidato, deixando-se levar pela vaidade. Neste momento, não é mau, desvia um pouco as atenções de mim, mas também pode criar empecilhos mais adiante entre PSDB e PFL.

Claro que o PMDB já está vendo aí uma brecha, o Jader anda contente com esse afastamento do PFL via Antônio Carlos. Afastamento que não houve. Contei ao Luís Eduardo e ao Sérgio, telefonei para o Antônio Carlos, que falou de mágoa, eu disse que não tenho mágoa nenhuma, não sei quais serão as dele, o Luís Eduardo me disse que também não sabia. Claro que a posição do Luís Eduardo é difícil por ser líder do governo e filho do Antônio Carlos. Qualquer coisa que ele faça ou vai mal para um, ou vai mal para outro, mas esse é um rapaz realmente de caráter, de quem eu gosto, compreendo a posição dele. Acho que vamos ter que deixar espaço para algum tipo de negociação [sobre o imposto de renda], mas desde que o Antônio Carlos não faça nenhum ruído, porque isso cria problemas no mercado.

Questão de mercado: crise no Japão, falência do quarto banco de investimentos japonês, ou de uma corretora, não sei,** grandes preocupações, mal terminou a Coreia*** entra o Japão. Isso é o que vai preocupar agora. A Bolsa de São Paulo fechou em queda, ou seja, a situação continua instável. Esse é o principal problema, parece que os políticos têm muita dificuldade em enxergar. Não é astúcia, não; é dificuldade de enxergar mesmo.

Amanhã vou ao Amapá e, na Guiana, irei encontrar o Chirac; irei ao Amapá por causa do Sarney, como já disse aqui.

* Senador (PFL-BA). Ornelas propusera uma PEC para compensar, através do remanejamento de verbas do FAT, os efeitos da Lei Kandir em estados atingidos pela isenção de ICMS para a exportação de produtos primários.
** No início de novembro de 1997, foi à breca um dos dez maiores bancos japoneses, o Hokkaido Takushoku Bank, além de uma importante seguradora. No dia 24 de novembro, a corretora Yamaichi Securities, quarta maior do país, pediu falência. O governo resgatou as três instituições.
*** A Coreia negociava com o FMI o acesso a uma linha de crédito stand-by de US$ 21 bilhões.

HOJE É TERÇA-FEIRA, 25 DE NOVEMBRO, é quase meia-noite. Estou chegando de um longo périplo pela Guiana Francesa,* por uma cidade chamada Saint-Georges-de-l'Oyapock — Oiapoque no Brasil —, e também estive em Macapá.

O dia amanheceu com a perspectiva sombria da Bolsa de Tóquio, que caiu muito por causa das falências,** todas as bolsas caíram, mas eu nem soube do resultado de hoje porque passei um dia amazônico. Fui com o Sarney e com vários parlamentares a essas regiões longínquas.

Mal descemos em Macapá, entramos num avião Brasília, aterrissamos em Oiapoque, muita gente no aeroporto, o prefeito —*** que parece é do partido do governador, o Partido Socialista Brasileiro — teria feito propaganda dizendo que não iria [me receber] se eu visitasse a cidade, ele mesmo de alto-falante na mão disse que [minha visita] era um absurdo. Entretanto, me tratou muito bem, ele e a mulher, tiramos fotografias, vários vereadores, deputados federais do PSDB, pessoas locais, parece que o PSDB, porque estou no governo, chegou até a fronteira do Oiapoque. Talvez não só porque estou no governo, mas ser um partido de governo.

Não ficamos em Oiapoque. Na volta de Saint-Georges-de-l'Oyapock, aí, sim, sobrevoei a cidade, vi o local onde há uma bandeira e uma cruz dizendo que ali começa o Brasil. Não havia ninguém nas ruas, foi onda do prefeito.

A Saint-Georges-de-l'Oyapock fui de helicóptero. Atravessei o rio Oiapoque e me encontrei com o Chirac, ele amabilíssimo, simpático como sempre, a população local também. Muitos brasileiros de Oiapoque, na cidade muito festejo, e a conversa com o Chirac foi interessante no seguinte sentido: ele estava preocupadíssimo com a situação internacional, ele vinha da Ásia, esteve com o Mahathir. Voltou impressionado com a situação da Malásia e propondo que sejamos ouvidos no G7. Propõe que o G15 seja ouvido pelo G7 e que o Mahathir mande uma carta ao Tony Blair — a reunião do G7 vai ser em Birmingham — sobre esse assunto.

O Lampreia interferiu para dizer, com razão, que o Mahathir tem uma posição muito alucinada sobre a crise, acha que ela é uma conspiração dos judeus contra os muçulmanos e se recusa a tomar medidas racionais, como elevar as taxas de juros. O Lampreia ficou impressionado, porque estava em Kuala Lumpur quando aconteceu a crise, numa reunião do G15.****

---

* Primeira visita de um chefe de Estado brasileiro ao departamento francês de ultramar. Fernando Henrique e Jacques Chirac assinaram acordos de cooperação para a construção da rodovia entre Macapá e Caiena e da ponte sobre o rio Oiapoque. A rodovia parou em Oiapoque, no lado brasileiro, e a ponte não saiu do papel.
** A Bolsa de Tóquio caiu 5,11%, a Bolsa de São Paulo subiu 0,89%.
*** João Neves.
**** Grupo de cooperação informal entre países da África, da Ásia e da América Latina.

Não obstante, acho boa a ideia do Chirac, porque temos que pressionar o G7* para ampliar bastante. O Chirac é muito amistoso. Me deu uma carta fechada que ele escreveu à mão, pessoal, eu não li ainda, sobre essas questões.

Depois falamos a respeito de uma ponte sobre o rio Oiapoque, ele diz que vai fazer, e também sobre as estradas que vão ligar Macapá até a capital da Guiana, Caiena, e de lá haverá ligações para Georgetown e para Paramaribo. Isso daria uma ampliação possível de comércio, de turismo etc. Há um pouco de sonho nisso, mas enfim, aquela região precisa de um respiradouro. E é a primeira vez que a França, através da Guiana, e a Guiana especificamente se voltam efetivamente para o Sul, para o Brasil, e vejo o governador do Amapá muito entusiasmado. Ele é do Partido Socialista, é preservacionista, eu o acho simpático. Os políticos locais têm horror a ele, não sei com base em quê. Sua irmã, a Raquel Capiberibe,** essa é uma exaltada.

Na volta estivemos em Macapá, num forte bonito, uma obra realmente marcante de engenharia militar dos portugueses, do século XVIII. Fortaleza de São José de Macapá — acho que se chama assim o forte —, e se via todo o rio Amazonas, que, naquele trecho, tem apenas oito quilômetros de largura, ou pouco mais que isso; mais adiante tem vinte quilômetros, até o outro lado da margem; é um rio extraordinariamente portentoso, ali o ambiente é quase mágico. Do lado de fora da muralha, havia uma gritaria de gente do PSTU, parece que uma meia dúzia de gatos pingados. Alguns atribuíram a zoada ao governo, a Raquel Capiberibe, não sei se é verdade, suponho que seja mais intriga. O pessoal do governo estava muito simpático, cordial, e os nossos, exaltados.

Sarney fez um discurso bom, afirmativo, dizendo que estive em oposição a ele em muitos pontos quando era presidente e a mesma coisa ele em relação a mim, mas que o momento agora é de união. Enfim, deu todas as dicas de aproximação, e no avião, tanto na ida como na volta, sobretudo na volta, entramos em detalhes. Ele fez declarações de simpatia a mim, eu a ele, o Sarney é mesmo um grande *causeur*, uma pessoa de convívio muito agradável, de boa formação cultural, não é um político comum. Curioso que a imagem que ficou do Sarney não corresponde ao que ele é. Ele tem coisas que eu admiro. Primeiro, é realmente um escritor. Bom ou mau, isso é outro assunto; ele é um escritor. Tem vocação artística e literária. Em segundo lugar, ele tem amor pela política, paixão. Possui casa em Macapá, fala com todo aquele pessoal, vai ao Oiapoque, o desnível é imenso (ele conversou comigo sobre isso), não há nem o que falar, mas o Sarney, no fundo, tem amor à nossa gente. Eu também tenho, nesse lado nos identificamos. É curioso, não temos muitas outras identidades. Ambos temos paixão por livros e outras coisas mais, mas a nossa biografia não tem coincidências. Não obstante, nos encontramos nessa espécie de paciência amorosa com esse povo tão díspar e, sobretudo com esse meio políti-

---

* Grupo dos sete países mais ricos do mundo, menos a Rússia.
** Deputada federal (PSB-AP).

co brasileiro tão desigual, com setores às vezes ainda tão rudes. No caso do Amapá, são pessoas simples, lutadoras, se vê, fortes, algumas podem ser até violentas.

Na volta, eu e o Sarney chegamos a mais detalhes da aproximação dele comigo, me parece são favas contadas. Ele acha que o Itamar também já está falando em termos da reeleição da Roseana e tal. O Sarney, preocupado sobretudo com a Ásia. Ele me contou de uma conversa que teve com o Kissinger: este dizia que os papéis [títulos de dívida] asiáticos estão fora da realidade, vão ter que baixar muito de preço, e que os americanos vão precisar impor disciplina no Japão e na Ásia. O Sarney acha que isso vai levar a uma espécie de alteração [na ordem] mundial. É possível, vamos ver o que acontece.

Voltei cansado, porque a viagem foi realmente longa, mas satisfeito de ver um pedaço do Brasil que eu não conhecia.

Vou registrar os acontecimentos do dia 26 de novembro. Na verdade, já é dia 27, porque é uma hora da manhã. O Serra saiu daqui agora. Primeiro, a quarta-feira 26, dia de grandes vitórias. Vencemos no Congresso, na Câmara.

De manhã vencemos na Comissão de Constituição e Justiça a questão da Previdência,* a reforma vai prosseguir na Câmara não como emenda nova, mas como emenda que vem do Senado e, portanto, vai direto para a comissão especial e desta para o plenário. Podemos ter esperança de votá-la até janeiro. Não é fácil, mas há esperança.

Segundo, vitória esmagadora da questão da estabilidade, portanto da reforma administrativa, foram 324 votos a favor, 16 a mais do que o quórum mínimo.** Não foi fácil, foi uma vitória sofrida, os líderes se empenharam, o governo se empenhou, telefonei para muita gente, não houve nenhuma concessão chamada fisiológica, houve apenas estímulo e decisão de vencer. Foi importante, não vou recapitular com quem falei, porque falei com todos os líderes, com muitos deputados, foi uma vitória. Eu estava um tanto apreensivo hoje, porque, se não vencêssemos tudo, todo o esforço feito para a vitória da reforma na semana passada ficaria desmoralizado por uma derrota pequena em uma matéria que, em si, não teria consequências, mas que simbolicamente, com a sanha que há na imprensa para criar fatos escandalosos, teria sido uma derrota.

Recebi o Serra, tivemos uma boa conversa, inteligente. O Serra conhece muito da parte econômica, da questão relativa à TR, da necessidade de tirar a TR como um

---

* O governo venceu por 35 a 14 a votação sobre o desmembramento da PEC da reforma da Previdência. O relator designado para a comissão especial foi o tucano paulista Arnaldo Madeira, vice-líder do partido na Câmara.

** O placar da votação do ponto mais polêmico da reforma administrativa, a quebra da estabilidade dos servidores públicos, foi de 326 a 154. O governo teve dezoito votos a mais que o necessário.

índice geral de juros que vira índice de preços e afeta os mutuários que vão pagar a casa própria e tudo mais. Falamos sobre a crise mundial, sobre o que fazer com o câmbio, vi um Serra ágil, desprendido. Gostei e fiquei de conversar mais adiante com ele de novo.

Essas foram as coisas que mais me impressionaram hoje, essa conversa com Serra e a vitória obtida, a muito custo, a custo de muito empenho, que terá efeitos positivos.

Quanto ao mundo, o Japão continua envolvido em certa indefinição. Aqui a nossa Bolsa reagiu, câmbio futuro caindo. Se essa situação se mantiver, teremos possibilidade de aumentar as nossas margens de manobra aqui no Brasil.

Fora isso, a "crise", entre aspas, entre mim e o Antônio Carlos, que não existe na verdade. O Antônio Carlos está fazendo as piruetas dele, como eu imaginava, e hoje parece que há um pouco de disputa entre o PSDB e o PFL, entre o Serjão e o Antônio Carlos, quem tem mais projeção, essas coisas. Falei com o Tasso também, que veio do Ceará para ter um encontro — devem estar tendo essa noite — com o pessoal do PFL e com alguns do PSDB, para botar água na fervura. O Sérgio não gostou da iniciativa do Tasso, mas acho que ela é boa. O Sérgio não gosta de iniciativas que não sejam dele. Não se deve exagerar nessa questão. Eu a mencionei ao Marco Maciel hoje; ele está de acordo comigo que é preciso o Antônio Carlos refrear um pouco seu ímpeto de aparecer e de mostrar suas diferenças com o governo. Em matéria de popularidade, neste momento é fácil; é só pegar uma medida antipática, como o aumento de imposto, e ficar contra. Mas do ponto de vista da responsabilidade nacional, não é assim que se deve proceder. Politicamente, nota 10; civismo, nota 4, para ser generoso.

E justifico o meu 4: o Antônio Carlos continua comandando o Senado bem, acelerando o que é necessário acelerar. Não posso dizer que haja uma total irresponsabilidade. É parcial.

Devo anotar também que a cúpula do PMDB, ou seja, o Jader, o Michel Temer, o líder* mais o Padilha estiveram comigo para mostrar preocupação com os fatos gerados pelo Antônio Carlos. Estão solidários com o governo. Ou seja, havendo brecha entre o PSDB e o PFL, está aí o PMDB para substituir o PFL na função de aliado principal. Isso não é um mau sinal, mas não preciso exagerar, porque não existe uma crise real entre o PFL e o PSDB nem do Antônio Carlos comigo. É uma dessas crises que aparecem de vez em quando na política. Hoje li um artigo bem-feito da Dora Kramer que resume a verdadeira posição. O Antônio Carlos não está jogando para ser candidato à Presidência, eu não estou com uma perda de prestígio que me leve a não mais ser o favorito e o Antônio Carlos, como o político de qualidade que é, capaz de populismos, como demonstrou na Bahia, consegue fazer os arabescos necessários para se manter na linha de frente da mídia; mas com isso não está querendo abalar uma candidatura ou uma aliança.

* Geddel Vieira Lima.

HOJE É SEXTA-FEIRA, DIA 28. Vamos começar pela quinta-feira. Entrega de credenciais dos embaixadores de Portugal,* Chipre** e Bolívia,*** e uma reunião com as lideranças do Congresso, ou seja, com o Arruda, o Élcio Álvares, o Luís Eduardo mais o Roberto Brant, que é o relator da emenda sobre o imposto de renda,**** o Ronaldo Cezar Coelho, e também o Malan, o Pedro Parente, o Clóvis e o Eduardo Jorge.

Discutimos o encaminhamento das reformas possíveis, inclusive da medida provisória que mandamos ao Congresso. Há muitos caminhos para o entendimento, não os deixei fechados, eu disse que não queria fechar naquele momento. Ficou claro que poderíamos reduzir a carga do imposto de renda sobre os que menos ganham. Poderíamos trocar esse mecanismo pela tributação dos lucros adicionais na renda fixa, porque há muita gente botando dinheiro na renda fixa que vai ganhar muito com a subida dos juros, e não é razoável que alguns ganhem por causa da necessidade que temos de subir os juros para salvar o real.

No meio disso, fui com o Kandir assistir a uma solenidade sobre transporte urbano. Voltei para casa para almoçar, a Ruth tinha chegado de São Paulo, vim tarde para o almoço.

Voltei à rotina no Palácio do Planalto.

Antes da reunião com os líderes, eu tinha chamado a cúpula do PSDB para uma discussão mais profunda. Eles concordaram que eu assumisse o comando do processo; eu disse que, concordassem ou não, eu assumiria o controle, mas eles estavam abertos a um entendimento com o PFL por causa do jantar que o Tasso organizou e da compreensão do PSDB sobre o momento. Devo dizer que o PSDB agiu firme, apoiou o governo e entendeu. Endureceu na posição, porque se não endurecesse teria havido modificações muito grandes no texto da medida provisória e não teríamos tido a vitória que tivemos.

À tarde, portanto, fiquei nessas negociações, falando com um, com outro, pelo telefone.

Fui ao Dia Nacional de Ação de Graças na catedral, um *Te Deum*, de lá trouxe o Antônio Carlos para o meu gabinete, conversamos sobre o que era possível fazer. Ele havia almoçado com o Ronaldo Cezar Coelho e com o Luís Eduardo, já estava sabendo por alto dos termos em que as coisas se encaminhavam. Eu disse que nos preparamos para isso e combinamos que a votação seria na quarta-feira da semana que vem, e que eu iria dizer ao país, em termos genéricos, qual era o meu entendimento sobre a matéria.

O Antônio Carlos até mesmo sugeriu algumas frases a serem ditas, para atender aos que possuem menos, enfim, algo nessa linha.

---

* Francisco Knopfli.
** Andros Nicolaides.
*** Gonzalo Montenegro.
**** Isto é, da MP 1602, integrante do pacote econômico de 10 de novembro.

Depois, ainda fui a um congresso de turismo, fiz outro discurso lá. De manhã falei sobre ônibus, à tarde sobre turismo. Mais uma dessas tantas reuniões que fazemos no Brasil com tanta facilidade.

À noite cheguei em casa cansado, dormi, e acordei hoje cedo para fazer meus exercícios. Chamei de volta os principais atores desse processo, ou seja, o Roberto Brant, que é o relator, o senador Arruda, que é o líder no Congresso, mais o Pedro Parente — o Pedro Malan iria a São Paulo e o Pedro Parente ficaria no comando dessa questão —, o Kandir, o Eduardo Jorge, o Clóvis e definimos mais no detalhe como seria o relatório do Roberto Brant. Eu disse que iria telefonar para todas as lideranças de vários partidos para dizer como iríamos encaminhar a questão e que, se tudo estivesse certo, hoje à tarde eu faria, informalmente, um anúncio das medidas pelo rádio, daria um briefing pela televisão, rádio e jornais. Coisa que fiz depois de receber um texto do Ministério da Fazenda, elaborado inicialmente pelo Arruda, com os pontos principais do que iríamos anunciar como margem de entendimento.

A Fazenda precisou que iríamos substituir a tributação dos que pagam até 15% de imposto de renda pela tributação da renda fixa e que os que pagam 25% passariam a pagar 27,5%. Fiz essa declaração, expliquei, elogiei o Congresso, as medidas tomadas por ele, elogiei todas as lideranças, já tinha falado com elas, com o Odelmo [Leão], com todos. Já no fim do dia, quando eu estava dando uma entrevista para preparar minha viagem à Inglaterra, uma para a Reuters, outra acho que para o *Times*, me toca o Antônio Carlos.

Decepcionado. Mais do que isso, irritado, porque ele tinha sido — não usou a expressão — enganado, que o combinado não era isso, era que iríamos substituir a tributação daqueles que ganhassem mais de 5 mil reais. Isso foi o que ele combinou com o Ronaldo Cezar Coelho e entendeu que também comigo. "Comigo não", eu disse, "porque eu nem sabia desse combinado, recebi hoje, agora, o texto, fiz tudo de boa-fé." Ele já ameaçando que então não presidiria a sessão e faria um discurso contra, e que ele poderia ganhar. Eu respondi: "Olha, Antônio Carlos, não me interessa ganhar de você; o que me interessa é o Brasil ganhar e estarmos juntos". Enfim, vi que a situação era grave, fiquei muito aborrecido, vim para o Alvorada, eu tinha que encontrar o Itamar, telefonei para o Luís Eduardo aqui do Alvorada, consegui localizá-lo.

Expliquei ao Luís Eduardo a situação, ele disse que iria falar com o pai, que, se não houvesse outro jeito, ficaríamos contra. Pouco depois — já estava eu com o Itamar — o Luís Eduardo telefonou dizendo que o Antônio Carlos iria me telefonar. De fato isso ocorreu em seguida.

Falei com o Antônio Carlos e ele recuou. Eu disse que, com a minha fala, eu já tinha assumido um compromisso, que ele precisava manter a minha autoridade, que não podia pedir que eu voltasse atrás. Na verdade, quando ele falou comigo antes, não tinha visto nem ouvido as minhas declarações. A imprensa fez intriga e ele se declarou contra antes mesmo dessa segunda conversa comigo, embora na primeira fala ele tivesse prometido não dizer nada à imprensa, porque eu ainda iria tentar alguma manobra.

O Luís Eduardo deve ter dado uma dura nele, ele deve ter ido ouvir a minha fala e viu que estava num beco sem saída. Recuou. Pediu apenas que eu falasse com o Roberto Brant, coisa que fiz, porque ele precisava ter alguma margem de manobra, enfim o de sempre. Veja que risco corremos! Numa situação delicada do Brasil, o Antônio Carlos quase entorna o caldo por vaidade e por ter se deixado manobrar por jornalistas. Me disse depois o Arruda que foi o Tales Faria quem telefonou para o Antônio Carlos, espicaçando-o, da mesma maneira como me disse o Teotônio que foi feito com ele, uma provocação, dizendo: "Ah, o PSDB perdeu tudo...". Intrigas. A vida da política brasileira é feita assim.

Finalmente, tudo mais calmo. Falei com todo mundo de novo, trabalheira louca. Parece que as coisas se reencaminham. Claro, haverá interpretações, eu recuei, não recuei, o governo cedeu isso, embora tivesse insistido muito, nuns 20 bilhões, que era o objetivo do pacote. Ao lado do objetivo, há sempre esse joguinho político.

Retomando o fio da meada, estava aqui o Itamar, ele conversou comigo amigavelmente. Minha sensação é a mesma, o Itamar não será candidato. Se for é a Minas. Acho que não será nem a Minas; acabará indo para alguma embaixada. Teve uma conversa muito amistosa comigo.

O Paulo Henrique chegou com as duas meninas, a Helena e a Joana. Conversamos um pouco com ele, foram embora, fiquei no telefone o resto da noite, até agora, quase meia-noite, repondo as coisas e tentando ver se na minha ausência de fato sairá essa votação tão necessária ao Brasil, sem esses zigue-zagues do Antônio Carlos. E vejam: trata-se de um político com qualidades, mas que não percebe o que está em jogo. Sem a noção de responsabilidade nacional, coloca acima de tudo uma coisa menor, uma demagogia para atender à classe média. Não sei nem se é realmente isso ou apenas um braço de ferro com o PSDB e, no fundo, comigo. Mas não é o momento. Certos setores, os dominantes da nossa classe política, não percebem o momento; esta cegueira é uma coisa extraordinária.

DOMINGO, 30 DE NOVEMBRO. A sexta-feira à noite, depois daquela tempestade toda, das idas e vindas do Antônio Carlos e do Itamar, foi um dia mais calmo.

No sábado, os jornais já estavam melhor. Claro, o Antônio Carlos não deixou de falar do piso de 5 mil reais de renda para começar o desconto. Tirou isso do Ronaldo Cezar Coelho, embora este me tenha dito que apenas de passagem falou no assunto com Antônio Carlos, que não houve compromisso nenhum. Mas os jornais, grosso modo, além de registrar que o PFL ganhou — é claro que um ou outro do PSDB deu a mesma versão —, mostram que houve um entendimento e que tudo vai passar. Tomara. Hoje também, domingo, pelo menos o *Globo*, e até a Tereza Cruvinel, que tem estado azeda ultimamente, disse que vou viajar para Londres com tudo resolvido. Vamos ver se é assim mesmo.

Ontem, além de telefonemas para amarrar as coisas, organizamos a viagem. O Lucena e o Getúlio vieram almoçar. O [Michel] Rocard* veio jantar aqui e convidei também o Marcelo Alencar, o Wellington Moreira Franco e o Zé Aníbal, que trouxeram as esposas,** foi muito simpático. O Rocard não falou nada de novo, a não ser de sua preocupação com a África e da obsessiva vontade francesa de contraposição aos Estados Unidos. Eles veem o Brasil como um elemento importante nesse jogo. Mas não deixou clara a questão do Jospin, tentou explicar a política do Jospin, justificou-a em termos da tradição estatal francesa.

À parte isso, tivemos uma conversa — primeiro com o Zé Aníbal — sobre o Arthur Virgílio, que tem me mandado cartas incompreensíveis, semidesaforadas. Ontem estava convidado para jantar, não veio e não entendi a razão. Agora compreendi: nós estadualizamos o porto de Manaus para privatizá-lo, e o representante federal do porto*** era indicado por ele. O Arthur tem também, no mínimo, a anuência [na designação do representante federal] da Zona Franca e alguém na telefônica.**** Não obstante, gostaria de ter o controle do Amazonas, a briga com o Amazonino é feroz e ele imagina que eu tenha feito algum acordo com o Amazonino por causa da reeleição. Não houve entendimento nenhum, muito menos para compra de deputados, com o que eu jamais concordaria.

O que há é o estilo amazônico de ação política, e o Arthur fica sempre na iminência de imaginar que tudo o que fazemos é porque existe uma aliança profunda, essas coisas que os políticos provincianos inventam. Só que o Arthur não deveria mais ser provinciano, mas ele é e ameaça romper, me atacar, me criticar. Queria a nomeação de dezesseis pessoas, me disse o Eduardo Jorge, eu nem tomei conhecimento direito, mas o Zé Aníbal transmitiu um clima de grande apreensão. Parece que o Mário Covas tentou acalmar o Arthur Virgílio.

Depois, também tive uma conversa com o Marcelo Alencar, mais delicada. Primeiro uma boa questão — o Marcelo é uma pessoa cooperativa. Ele vai ter uma perda muito grande na educação no Rio de Janeiro, é preciso haver uma compensação ao Estado. Eu me refiro ao programa de valorização do professor, o estado do Rio transferirá a municípios muitos recursos. Depois ele me entregou uma carta, que ainda não li, com outras reivindicações. Mencionou um assunto importante sobre a Petrobras. O [Márcio] Fortes se candidatar a presidente da Petrobras. Preciso ver com calma, porque não sei das ligações dele com o pessoal do Eduardo Eu-

---

* Ex-primeiro ministro da França.
** Célia Alencar, Clara Moreira Franco e Edna Matosinho, respectivamente.
*** Serafim Meirelles.
**** Telecomunicações do Amazonas (Telamazon), privatizada em 1998 no leilão do Sistema Telebrás.

gênio Gouvêa Vieira e com a Petroquímica União, e petróleo é muito complicado, também não sei se ele realmente tem tutano para dirigir a Petrobras. O Marcelo não foi insistente, apenas trouxe a pretensão. Eu disse que iria olhar o conjunto da questão do petróleo* e que ele, Marcelo, faria parte do processo; não decisório, mas de aconselhamento, até porque daqui para a frente vou precisar dele, do Tasso e do Mário mais próximos a mim, para montarmos um esquema capaz de garantir que não só a eleição seja tranquila, mas que não haja corrupção.

Fora isso, hoje, domingo, arrumamos as malas, fomos nadar, eu, a Ruth, o Paulo Henrique, todos, fizemos exercícios, telefonema para cá e para lá, mas nada que mereça registro.

---

* Isto é, a Petrobras e seu novo conselho de administração, além da presidência da Agência Nacional do Petróleo.

7 A 12 DE DEZEMBRO DE 1997

Viagem à Inglaterra. Negociações do Protocolo de Quioto. Vitória na reforma da Previdência

Domingo, 7 de dezembro, vou tentar recuperar a semana toda que passei na Inglaterra. Quero alertar que daqui a pouco, se for possível, devo falar pelo telefone com o Clinton. Vou gravar nossa conversa, porque assim fica mais fácil para os posteriores registros do Itamaraty.

Inglaterra.

Foi uma viagem calma, passamos a segunda-feira viajando, chegamos lá, o inevitável jantar na embaixada, simpático e com pouca gente.

Dormimos, levantei cedo para provar a casaca e em seguida fui para a CBI, que é a confederação dos industriais da Inglaterra. Foi muito interessante, havia muita gente, não sei dizer quantas pessoas, talvez quinhentas, seiscentas. Fiz um discurso lido, entremeei, como sempre faço, com observações diretas e no final recebi uma ovação. Fui saudado pelo presidente da British Airways,* na mesa estava o presidente do Hong Kong and Shangai Bank e todo o empresariado inglês com alguma relação com a América Latina. O aplauso prolongado foi impressionante, como foi dito pelo relações-públicas de lá, pelo próprio presidente da CBI** e por outras pessoas. Foi o maior que já ouviram naquela ambiente, disseram. E lá, quatro vezes por ano, vão presidentes de quatro países diferentes. Entendi como um apoio à política do Brasil, à política econômica. Na verdade não houve um brilho especial na conferência, houve muito mais uma afirmação [do Brasil].

Fomos almoçar com a rainha*** e ser apresentados à família real e aos funcionários do Palácio de Buckingham. Cumprimos toda a cerimônia de chegada, não vou descrever, está tudo registrado por aí. Depois a rainha nos levou, juntamente com o príncipe Philip,**** a mim e à Ruth, aos nossos aposentos no Palácio de Buckingham, que eram extraordinariamente confortáveis e amplos.

Almoçamos com a rainha, a família e o staff dela. Almocei ao lado dela e da duquesa de Grafton,***** me parece. Quem me ciceroneou foi um visconde, um jovem chamado Alan Brooke, visconde de Brookeborough, do condado de Brook.

A conversa com a rainha e com a duquesa de Grafton foi muito agradável. São pessoas altamente informadas. A duquesa trabalhou como enfermeira durante a

---

* Robert Ayling.
** Adair Turner.
*** Elisabeth II.
**** Duque de Edimburgo e marido da rainha Elisabeth II.
***** Lady Fortune FitzRoy.

guerra e trabalha com a rainha há mais de quarenta anos. É uma *Lady-in-Waiting*, como eles chamam lá, assim como o visconde de Brookeborough era o meu *Lord-in-Waiting*.

A rainha me pareceu uma pessoa inteligente, tem um olhar rápido, parece às vezes voluntariosa e irônica. Essa primeira impressão foi se confirmando no decorrer dos dias.

Não vou descrever cada um dos eventos na Inglaterra, porque seria longo. Direi das minhas impressões gerais. Houve vários banquetes. O primeiro nos foi oferecido pela rainha na noite de nossa chegada. Antes disso, eu e a Ruth fomos tomar chá com a rainha-mãe,* uma figura encantadora, 97 anos, lúcida, falou sobre tudo conosco, sobre o Brasil, sobre gado, sobre aberdeen angus, sobre a família, foi muito agradável. Muito simpática mesmo a velhinha.

À noite jantamos num banquete, desses que somente há na Inglaterra. Curiosamente, confirmando minha impressão, a rainha me disse: "Essa minha família não me obedece, é muito desorganizada". Estávamos em uma sala contígua ao salão de jantar; a rainha pôs todo mundo em fila para a procissão de entrada no salão de banquetes, tendo nos apresentando, um por um, sua vintena de parentes. Ela puxando a fila e eu a seu lado, à nossa frente, sem nos dar as costas, o lorde camareiro, conde de Airlie,** e um conde ou visconde que não sei como se chama. Quando passávamos pelo salão, a rainha não olhava para ninguém, olhava fixo à frente, todas as mulheres fazendo reverência, os homens baixando a cabeça, muita pompa mesmo.

No jantar, a conversa com a rainha foi interessante. Ela mostrou grande conhecimento de situações internacionais, falou sobre [Winston] Churchill,*** com quem teve pouca intimidade, pois era muito jovem quando ele foi primeiro-ministro. Ela teve nove primeiros-ministros, fez referência a Margaret Thatcher, por quem mostrou certa pontinha de reticência, dizendo que era uma mulher determinada, insistente, mas que ficou muito tempo no governo. Curiosamente, disse que acha ruim ficar muito tempo no mando. Fez uma apreciação superficial, mas simpática, do jovem primeiro-ministro que estava no jantar, Tony Blair. Falou sobre [François] Mitterrand,**** que foi se despedir dela já sabendo que ia morrer. Disse que Mitterand não falava inglês, que tinha intérprete e isso dificulta as coisas. Enfim, conversas desse gênero, nada de especial, e comentários sobre o Brasil. Fez um discurso muito amável, eu também, falou do Pelé, disse que podia me tratar como um antigo amigo, tal a amizade da Inglaterra [com o Brasil]. Enfim, formalidades.

---

* Condessa Elizabeth de Snowdon, viúva do rei George VI e mãe da rainha Elisabeth II e da princesa Margaret.
** Sir David Ogilvy, conde de Airlie e *lord chamberlain* da rainha.
*** Ex-primeiro ministro britânico durante a Segunda Guerra Mundial e de 1951 a 1955.
**** Ex-presidente da França (1981-95) morto em 1996.

O tempo todo foi assim. Relações, digamos, muito agradáveis.

O segundo dia, quarta-feira, foi muito pesado, embora na verdade todos os dias tenham sido pesados; tive muito trabalho. Recebi de manhã uns vinte e poucos empresários ingleses, sobretudo financistas, inclusive o presidente do Banco da Inglaterra,* todos sem exceção apoiando o governo brasileiro, com expectativas de investimentos, sem grandes preocupações com os investimentos no Brasil, acreditando em nós. O mais desabrido dos elogios veio do presidente do Banco da Inglaterra, que pediu para estar presente à reunião.

Na saída, ainda conversei com o pessoal da British Petroleum e também com o presidente do Banco Bilbao Viscaya,** que vai investir no Brasil. Conversei com muitos empresários ingleses — não é o caso de registrar aqui — sobre investimento, investimento, investimento.

Depois fui à London School of Economics receber o grau de doutor honoris causa com o nosso fantástico Anthony Giddens, que fez um discurso muito simpático. Eu respondi, fui dar a aula magna, me senti meio mal, fiquei tonto e, com medo de desmaiar, me sentei. Os jornais daqui disseram que pulei partes do discurso para acabar depressa, o que não é verdade. Li todo o discurso e ainda respondi a duas ou três perguntas amáveis, uma do [Alfred] Stepan,*** outra de um professor inglês.**** Lá fora uma gritaria, gente de ONGs inglesas e estudantes brasileiros, mas sem perturbar o ambiente. Tony Giddens ficou preocupado por eu ter me sentido mal. Ele havia estado na véspera no banquete da rainha.

Fui almoçar com o pessoal da [Universidade de] Oxford no Palácio de Buckingham, muito agradável também, simpático, porque estavam lá velhos amigos: o Stepan e a Nancy Stepan, que trabalham hoje em Oxford; o Leslie Bethell, diretor de estudos brasileiros em Oxford; o [Eric] Hobsbawm,***** com aquela sua permanente simpatia; o [lorde Roy] Jenkins, que me deu de presente uma biografia admirável sobre Gladstone****** — passei os olhos nela. Lord Jenkins é importante em Oxford [uma espécie de reitor],******* enfim, estava lá a cúpula de Oxford que lida com problemas internacionais e latino-americanos, acrescida de alguns amigos, velhos conhecidos meus mais uns poucos de nossos ministros. Ambiente agradável.

E assim foi durante todo o dia.

* Edward George.
** Emilio Ybarra.
*** Cientista político norte-americano, professor da Univesidade Columbia (Nova York) e então professor visitante do All Souls College da Universidade de Oxford.
**** Fred Halliday, deão da London School.
***** Historiador britânico, professor do Birkbeck College da Universidade de Londres.
****** Roy Jenkins. *Gladstone*. Londres: Macmillan, 1995.
******* *Chancellor* da universidade.

À tarde fui com o Pelé a um clube de futebol, o Chelsea. O Pelé fez um sucesso danado, a imprensa brasileira, que sempre quer pegar no pé da gente, gozou, porque no dia seguinte saíram mais notícias sobre o Pelé do que sobre mim, o que é natural, a Inglaterra está preocupada com futebol e não com o governo do Brasil. O Pelé foi muito positivo, recebeu uma medalha da rainha,* todo mundo no Brasil disse que ele virou cavaleiro e é verdade. A Inglaterra distribui essas honrarias e o tal visconde que me acompanhava levava muito na brincadeira as honras. A mim deram uma Ordem, chamada "Order of the Bath". Ninguém soube me explicar o significado.** É a segunda ordem mais importante da Inglaterra, a primeira é a Ordem da Jarreteira, são só 26 pessoas. Essa Ordem de Bath tem uma capela especial em Westminster para seus membros — me levaram para vê-la —, os *knights* da Order of the Bath na Inglaterra são tratados como Sir.

Enfim, solenidade, solenidade, solenidade.

Para encerrar a quarta-feira, tivemos um jantar extraordinário no Guildhall que só na Inglaterra é possível fazer: todo mundo com as vestimentas especiais, dá quase a impressão de ser carnaval, eu estava ao lado da duquesa de Gloucester,*** que é uma dinamarquesa, o marido é primo da rainha, ela é muito agradável, simpática, conversou comigo a noite toda. Do meu outro lado, Lord Mayor,**** homem de grande envergadura, fez um discurso simpático que eu retribui, botei umas frases em português, traduzi para o inglês, fui aplaudidíssimo. Eram mais de setecentas pessoas, gente cheia de tiaras, essa coisa toda da nobreza, e empresários. Na entrada para o Guildhall, no Conselho da City de Londres, uma solenidade medieval. Eles conseguem juntar um alto formalismo, até ostensivo, com uma informalidade pessoal extraordinária. É algo que vale a pena ver de perto. Só os ingleses são capazes disso. Em outro lugar seria ridículo. Na Inglaterra fica formal e ao mesmo tempo com um calor que só os ingleses sabem produzir.

No dia seguinte fui a Cambridge, uma solenidade extremamente tocante. O coro dos meninos do King's College cantando o hino nacional brasileiro, o príncipe Philip me colocando o chapéu de doutor, um discurso em latim do orador de Cambridge***** me comparando — vou levar caricatura no Brasil durante um mês — a Júlio César, fazendo a ressalva de que Júlio César venceu pelas armas e eu pelos votos... Disse que eu representava o ideal platônico de governante, enfim, só ama-

---

* O ministro dos Esportes foi condecorado com a Ordem do Império Britânico no grau de cavaleiro, usualmente concedida a personalidades das artes, ciências, humanidades e esportes.
** O nome da comenda se refere ao ritual de limpeza e purificação prévio à sagração dos cavaleiros medievais.
*** Birgitte Henriksen, mulher do príncipe Richard, duque de Gloucester.
**** Richard Nichols. O cargo corresponde a uma espécie de prefeito honorário da City, área central de Londres.
***** Anthony Bowen.

bilidades, quem sabe com alguma ponta de ironia... Fiz um rápido agradecimento, quis voltar a ver o Clare College, onde sou *fellow*, fui com a Ruth e uns poucos acompanhantes. Depois seguimos para a livraria da universidade e lá me encontrei com David Lehman, antigo amigo meu, hoje professor em Cambridge. Lá também estava o Winston Fritsch,* os dois com roupa de doutor porque ambos são doutores por Cambridge, e na rua muita gente, tudo muito simpático, muitos aplausos.

Voltamos a Londres, onde almocei com Tony Blair. A impressão que tive dele é que estava um pouco mais moço do que da outra vez em que o vi; me pareceu um pouco perdido no estilo, não no que dizia. As preocupações dele são com o mundo do futuro, um mundo que para ele depende das integrações, a Inglaterra vai ter que se integrar com a Europa e sabe Deus o que vai acontecer com a Europa. Ele não morre de amores pela política do Jospin, embora goste dele. A Alemanha é um ponto de interrogação porque ninguém sabe o que vai acontecer com o Kohl e com quem vai sucedê-lo. Ele acha que se o [Oskar] Lafontaine** for candidato contra o Kohl, este ganha mais facilmente. Se for o Gerhard Schröder,*** será mais difícil, porque o Schröder é mais atual.

A outra preocupação do Tony é com a necessidade de quebrar os isolacionismos, ele acha a direita isolacionista. Fala muito bem do Clinton, que para ele é centro-direita; sabe-se que eles têm uma ligação forte. Além disso, Blair se preocupa com o narcotráfico, crê que há certa desordem no mundo. Me pareceu que ele vê a questão da desordem como a mais desafiadora.

Passei com mais detalhes para o Itamaraty minha conversa com o Tony Blair.

Na conversa anterior, que foi mais aberta, com mais pessoas presentes, Blair falou de meio ambiente e sobre o que o Brasil ia oferecer na OMC em termos de serviços. Expliquei que a Constituição limitava nossa possibilidade de oferta, mas que ainda assim estamos abrindo serviços financeiros.**** Eu disse que, entretanto, para mim o ponto central era a agricultura, que a Europa tinha que se abrir. Ele concorda, os ingleses sempre concordam, mas ele sabe que é difícil. Eu disse que esse é o impasse que temos que superar. Durante o almoço a conversa foi muito boa. Ele não sabe quase nada sobre o lado de cá do mundo. Tanto ele quanto seu assessor, Peter Mandelson,***** que parece ter muita influência sobre o Tony, insistiram sobre a importância do meu papel pessoal nas coisas internacionais, porque, disseram eles, há pouca gente com a possibilidade que eu tenho de ter uma ação mais aberta.

Aproveitei para dizer tudo o que eu pensava a respeito da ordem internacional, da reunião de Birmingham, que o G7 não pode ser um diretório para mandar no

---

* Ex-secretário de Política Econômica do Ministério da Fazenda (1993-94).
** Presidente do Partido Social-Democrata Alemão (SPD).
*** Presidente do Senado alemão e líder social-democrata.
**** Blair e Fernando Henrique falam da abertura da importação de serviços pelo Brasil, constitucionalmente vedada para alguns setores.
***** Deputado trabalhista e ministro sem pasta do gabinete Blair.

mundo, eles têm que ouvir países como o Brasil, Índia, China. Não me insinuei para ir ao G7, até porque o Brasil não é um país rico, mas disse que tinha que haver um diálogo prévio. Ele respondeu que ia ver se era possível fazer algo para a participação brasileira já em Birmingham. Fiquei de mandar sugestões, algumas dei em público, na entrevista coletiva, sobre como atuar no plano internacional para aumentar o grau de informação sobre os fluxos de capital e também para dar mais força ao Banco da Basileia, na Suíça, o BIS,* para que ele possa regulamentar os bancos centrais.

Eu disse também que o mundo em que estamos vivendo é "novo". Nele não são os bancos que fazem o grande fluxo financeiro, e sim os fundos de investimentos e os fundos de especulação, os quais têm uma volatilidade muito maior do que os bancos, e todos estão alavancados. Contei que no Brasil estávamos pondo regras para alertar o investidor da alavancagem, portanto do grau de risco que ele corre. Falei muito com ele sobre a questão financeira internacional e insisti em que o Brasil queria ter uma participação mais ativa no processo regulatório. Ele disse que ia ver o que dava para fazer.

Referi minha conversa com Chirac e a sugestão do Mahathir e ao Grupo dos 15 via Mahathir. Tony Blair também tem muitas restrições ao Mahathir.

A impressão sobre o Tony Blair foi a de uma pessoa que ainda não tem o domínio completo da situação. Ele me contou que o banquete da véspera foi o primeiro banquete de Estado a que ele compareceu no Palácio de Buckingham — ele me esperava à porta junto com a rainha. Notei que ele estava um tanto inseguro e, de fato, sua posição como primeiro-ministro, pelo protocolo, é estranha: ele fica muito depois de todos os convidados de famílias nobres, aquela coisa de a realeza ainda manter certa distância do poder político. Diga-se de passagem que a rainha se queixou de que nos últimos anos ela só transforma em lordes políticos os que estão para se aposentar. Ela atribui isso, parcialmente, à perda de força da monarquia, que não dispõe de apoios novos, são os velhos que vão para a Câmara dos Lordes. Neste momento há um forte ataque aos lordes hereditários, aos *peers*, os pares do reino, que são duzentos e tantos. Nada justifica que eles pertençam à Câmara dos Lordes.** Na palavra do próprio lorde Alan Brooke, meu acompanhante, também jovenzinho — o avô dele foi primeiro-ministro,*** o pai era visconde,**** ele herdou o título —, ele não tem preparo para isso, não é político nem quer ser. Tem uma visão bastante irônica da nobreza inglesa. No fundo é uma gozação que ao mesmo tempo demonstra grande respeito à própria posição e às hierarquias inglesas.

---

* Bank for International Settlements, conhecido como o "banco dos bancos centrais", com sede em Basileia, Suíça.
** Em 1999, uma reforma legal limitou a 92 o número de pares do reino com assento na Câmara dos Lordes.
*** Basil Brooke, primeiro visconde de Brookeborough e ex-primeiro ministro da Irlanda do Norte.
**** John Brooke, segundo visconde de Brookeborough.

Voltando à política, dei ao primeiro-ministro Tony Blair a tradução [para o inglês] do prefácio que escrevi para o livro dele; ficou contente, naturalmente, pediu que eu pusesse uma dedicatória. Preciso, depois, pegar um livro em português e dar a ele com dedicatória. Não tive a gentileza de fazer uma dedicatória no meu prefácio, apenas passei-o para que ele visse quantas coincidências há, de ponto de vista e de situações, entre Inglaterra e Brasil, por mais distantes que estejamos. É bom que eles também comecem a perceber isso, que o mundo hoje é um só mesmo. O Tony Blair ainda vai levar algum tempo para assumir a liderança que pode assumir, por sua juventude, pelo apoio interno que está tendo e pelas modificações que está fazendo na velha Inglaterra. Esse é um lado muito positivo. Os jornais ingleses diziam o mesmo que dizem de mim aqui, que a classe média vai pagar o preço do ajuste, essas coisas.

Nessa quinta-feira, último dia, houve um jantar na embaixada.

De novo toda a realeza lá. Foi impressionante, dizem que é raro, mas estavam, além da rainha, o duque de Edimburgo, o príncipe Charles — que, aliás, é bastante bolha, não dá para conversar —, o príncipe Andrew, o príncipe Edward, um pouco estranho. O príncipe Andrew é mais simples, assim do gênero militar, me pareceu. O duque de Kent,* o duque de Gloucester, a duquesa, que achei muito simpática, estava também um príncipe chamado Michael de Kent** com a mulher, Marie Christine, que é uma escandalosa. Enfim, a nobreza inglesa. Eram setenta pessoas, um ambiente muito agradável, os brasileiros estavam encantados com o clima aristocrático e de boas relações. Achei a rainha um pouco mais fechada do que antes. Falou muito comigo no jantar sobre a doença da vaca louca, que preocupa os ingleses enormemente.

Estava também a princesa Margaret, e aí ouvi diálogos muito interessantes, porque ela solicitou um martíni seco para a rainha, que ficou zangada e disse: "Oh, Maggie, já disse a você que não vou beber". Maggie, Margaret, insistiu noutra coisa que o pai delas dizia sempre: quando o vinho cheira a *almond* [amêndoa], é sinal de que não está bom. A rainha respondeu: "Ah, que bobagem". Cheirou o vinho e disse: "Mesmo que não esteja bom, mal não nos vai fazer". O meu estava delicioso e o da rainha também. Era um vinho de excelente qualidade, foi implicância da Margaret, que, diga-se de passagem, toma uísque sem parar. Fui gentil com ela depois que a rainha foi embora.

Enquanto estávamos na Inglaterra, no Brasil votaram tudo que queríamos. Eu tinha anunciado, no meu primeiro dia em Londres, na conferência da CBI, que iríamos ganhar. De fato, na própria terça-feira o Congresso aprovou tudo.*** Houve alguns probleminhas, mas problemas menores, a aprovação do pacote foi muito boa.

---

* Príncipe Edward, irmão da rainha.
** Primo da rainha.
*** O Congresso aprovou em 2 de dezembro de 1997 a MP 1602/97, que aumentou o IRPF para sa-

Quando voltei da Inglaterra, recebi uma pesquisa muito boa também, estamos voltando aos índices de confiança e a população está 80% a favor de que o Congresso aprove logo as medidas que o governo mandou. As coisas estão entrando na normalidade. Vamos ver se é isso mesmo.

O Eduardo Jorge me informou detalhadamente das dificuldades sobre a questão do Amazonas, com Arthur. Sobre a questão do Pará, a mesma coisa, o Almir não quer que se nomeie não sei quem que o Jader quer. A questão de São Paulo. Parênteses: São Paulo está cada vez mais complicado. O Sarney me disse que acha que o Mário Covas quer ser candidato a presidente da República. Não sei se ficou totalmente fora de propósito isso, mas as chances do Mário são pequenas. Entretanto, há sempre referências de que em São Paulo a Juventude [do PSDB] é contra mim, que o secretário de Transportes do Mário,* que é grande amigo dele, está falando de mim com baixo calão, não sei se é verdade. O Mário quis ser candidato a vida inteira, o que é natural; contudo é difícil que neste momento tenha possibilidade, não só porque é difícil que os outros o aceitem, como é difícil ele ganhar. Isso vai criar certa tensão e estão todos de boca aberta para pegar uma vaga. É normal que assim seja.

As pesquisas mais recentes estão boas, normais. Estamos voltando a ter chances de um apoio mais amplo da sociedade. Acho que conseguimos ultrapassar a tormenta maior. Todas as indicações são favoráveis. Nas privatizações, vendemos a Empresa Energética de Sergipe com um ágio de um pouco mais de 90%, o Banco Meridional com mais de 50% de ágio. É extraordinário que com todo esse tremelique no mundo as pessoas continuem investindo fortemente aqui.

Problema: o Sérgio Motta está doente de novo, o *Jornal Nacional* disse que era câncer, não é, de novo é uma inflamação no pulmão, mas essas inflamações sucessivas vêm enrijecendo os alvéolos, ele vai tendo dificuldade para respirar, isso com o tempo vai acabar enfraquecendo o coração. Ele continua muito ativo, mas é preocupante. Ele fará falta se tiver algum problema mais sério. Espero que não tenha.**

Falei com o Luís Eduardo por telefone, coisas formais, e com Teotônio, que marcou um encontro com o pessoal do PSDB. O PSDB continua inquieto. A razão é a eleição, eles imaginam que não têm recursos. Interrompi para atender uma ligação do Clinton na qual, depois de amabilidades sobre a visita ao Brasil, ele informou o seguinte:

---

lários maiores que 1800 reais e suspendeu incentivos fiscais (placar entre deputados: 288 a 112; senadores: 48 a 11). No dia seguinte, foram aprovadas com pequenos ajustes outras seis MPs do pacote econômico, com votações semelhantes.

* Michael Zeitlin.

** Motta sofria de doença inflamatória intersticial pulmonar, que provoca o aparecimento de cicatrizes nos alvéolos pulmonares. Em 1996, fora hospitalizado com infecção pulmonar bacteriana. Um ano antes, sofrera infarto e implantara três pontes de safena e uma mamária. Depois da última internação causada por problemas pulmonares, Motta passara a ser frequentemente visto com um cilindro de oxigênio portátil.

O vice-presidente Al Gore está a caminho de Quioto para informar que os países industrializados chegaram a um acordo para definir metas de redução da emissão de gases poluentes;

Clinton quer que eu o ajude a fazer os países do G77* entenderem que a questão do clima é global, portanto, independentemente do que os países industrializados façam para reduzir as emissões, elas aumentarão, e com um custo alto, porque China, Índia e os demais países em desenvolvimento continuarão a emitir gases de estufa;

Portanto, é necessário um esforço para que também estes países do G77 assinem a cláusula 10 de Quioto,** abrindo-lhes a possibilidade, se assim desejarem, de, a qualquer tempo, proporem metas a que seriam submetidos;

Em contrapartida, os países em desenvolvimento precisam buscar alternativas para a energia futura, como alguns já estão tentando. Tudo isso, disse Clinton, voluntariamente e sem sacrificar o crescimento econômico;

Para tanto, é importante buscar um entendimento para o desenvolvimento limpo, no espírito de corresponsabilização que ele propôs a Quioto. Porém, de modo desigual, porque os desenvolvidos têm maior responsabilidade na emissão de gases. Precisaremos criar um mecanismo que permita aos países desenvolvidos se creditarem de investimentos, nos países em desenvolvimento, em novas tecnologias de energia e de redução de emissões;

Dessa forma os países desenvolvidos se creditariam da redução que obtivessem nos países em desenvolvimento para o cômputo de suas metas. Assegurou-me que não se trata de uma manobra para os Estados Unidos não cumprirem as metas por eles acordadas.

Já transmiti [essa conversa] ao Itamaraty, vou discutir a questão no Brasil e tentar um entendimento. Registrei no gravador para ficar mais fácil a transmissão ao Itamaraty.

Gravo na segunda-feira, 8 de dezembro, quase às onze horas da manhã. Ontem recebi o Paulo Renato e o Augusto Franco,*** a Ruth foi preparar a reunião do Comunidade Solidária.

* Grupo de países da América Latina, da África, da Ásia e da Oceania, formado em 1964 para defender os interesses do mundo em desenvolvimento na ONU, hoje com mais de 130 membros.
** O artigo 10 do Protocolo de Quioto estabelece que países signatários devem criar programas nacionais "quando apropriado e na medida do possível" para reduzir a emissão de poluentes, bem como comunicar seus resultados às Nações Unidas, mas sem supervisão internacional obrigatória.
*** Diretor técnico da Firjan.

Hoje de manhã falei com o Mário Covas, que quer que eu receba o [Luiz] Marinho, da CUT de São Bernardo,* por causa do desemprego lá, sobretudo na Volkswagen. Eu disse que sim, também vou falar com o Paulo Paiva hoje à tarde e com o Paulinho da Força Sindical.

Acabei de ler uma nota confidencial do Paulo Tarso [Flecha de Lima] sobre o encontro dele com [Alexandre] Kafka, do Fundo Monetário.** O Fundo Monetário — o Camdessus — acha que as decisões no Brasil foram acertadas e que a situação está sob controle.

O Mário Covas está na linha de que agora precisamos dar sinais claros de que os juros vão baixar. Há uma grande aflição no país sobre o assunto. Vou ter que travar uma luta com o pessoal da área econômica, sempre mais conservador do que o necessário. Eles são drásticos para subir os juros e muito mais lentos para baixá-los. Entendo que não se deva baixar rapidamente, como todo mundo gostaria, mas temos que dar sinais, porque a situação melhorou consideravelmente graças às medidas tomadas e ao apoio do Congresso. Tudo foi muito positivo.

Como se viu no registro da minha conversa com o Clinton, ele é um homem mais aberto do que a média dos líderes mundiais e do que os líderes americanos. Acho que a proposta dele tem caminho. Falei com o Vargas juntamente com o Lampreia. O Vargas está em Quioto. A posição do [embaixador Antonio Augusto] Dayrell de Lima*** é mais de brigador, segue o velho estilo do Itamaraty, contra os americanos. O Vargas é menos assim. Eu disse: "Cuidado, porque estamos encabeçando uma luta terceiro-mundista, protegendo China e Índia, e não temos o mesmo problema de emissão de gás, precisamos olhar o lado do nosso compromisso mundial". Acho que o Luiz Felipe entendeu, o Vargas mais ou menos e o Dayrell, que ouviu a conversa mas não respondeu nada, não deve ter gostado.

Em todo caso é uma dificuldade, e o nosso ministro do Meio Ambiente não foi a Tóquio. Vamos ficar na mão do pessoal mais de base científica [Ciência e Tecnologia] e do Itamaraty. Vamos ver como evolui.

Ontem me encontrei no fim do dia com o Luís Eduardo Magalhães. Tivemos uma boa conversa, pusemos em ordem as votações, tudo parece que vai transcorrer relativamente em calma. Tomara.

Hoje trabalhei bastante, trabalho de rotina, despacho, o orçamento, questões dessa natureza. Cheguei tarde ao Alvorada, recebi o PSDB. Vieram o [Teotônio] Vilela mais o Aécio e o Sérgio Machado. Estavam aflitos porque, dizem, o partido está se sentindo isolado de mim, conversas que estou acostumado a ouvir.

* Presidente do Sindicato dos Metalúrgicos do ABC Paulista, filiado à CUT.
** Diretor executivo do FMI, representante do Brasil.
*** Diretor do Departamento de Meio Ambiente e Temas Especiais do Itamaraty.

Também houve alguma reclamação por causa do Arthur Virgílio, que está ameaçando romper com o partido, romper comigo. Tudo porque tiramos o porto de Manaus das mãos dele e o demos ao Amazonino. O porto vai ser privatizado e, para privatizar, primeiro tem que ser estadualizado e o Arthur está irritadíssimo com isso. Quer o Incra como compensação, essas coisas bem amalucadas. Expliquei ao pessoal do PSDB que vamos tratar o Arthur Virgílio com muita consideração porque ele é secretário-geral do partido, mas não podemos acatar as pressões, mesmo que ele ameace romper. Ele vai dizer que eu tenho um acordo com Amazonino por causa da reeleição, o que não é verdadeiro.

HOJE É TERÇA-FEIRA DIA 9. Fui cedo ao Rio Grande do Sul e Argentina. Tivemos um encontro reservado com o Menem, que falou sobre o tráfico em geral e um pouco sobre o terrorismo em Ciudad del Este. Estão apavorados com isso. Na volta, eu soube, pelo general Cardoso, que eles querem fazer uma operação conjunta Brasil-Argentina na fronteira do Paraguai, para prestar serviço aos americanos que estão pressionando por causa da falta de controle [na fronteira]. É verdadeira essa falta de controle. Resta ver se tem sentido esse movimento encorajado pelos argentinos, um pouco oportunisticamente, um pouco repentino. Acho discutível.

O Menem como sempre muito simpático, inauguramos a ponte que vai de São Borja a Santo Tomé, foi marcante, era um desejo histórico daquela região do Rio Grande do Sul. É a segunda ponte sobre o rio Uruguai, a primeira fica entre Uruguaiana e Paso de Los Libres. Depois fomos a São Borja, grandes manifestações, uma porção de prefeitos, dezenas, senão mais, talvez cem prefeitos, clima muito bom. Depois fui a Porto Alegre para inaugurar uma extensão do metrô, o Trensurb. Manifestação, nem era da CUT, era do PSTU, um pessoal muito agressivo; uma gritaria, a maioria da população do nosso lado. O Britto, como sempre, levando tudo com muita competência. Fui e voltei no avião conversando com deputados e alguns ministros. Cheguei aqui extremamente cansado, é uma viagem atrás da outra.

Mandei um fax para o Clinton e, como já tinha registrado, cedemos num ponto na *joint implementation*,* um tópico importante sobre meio ambiente, mas não no de nos comprometermos com algumas metas de redução de emissões. Agora vi nos jornais que o Clinton fez o que me disse: houve certa flexibilização dos países industrializados, que também vão aceitar limitações [na emissão de CO2]. Tudo que eu considerei anteriormente fica com mais força ainda. Vou pensar em como consigo mo-

---

* Definido no artigo 6 do Protocolo de Quioto, o mecanismo conhecido como *joint implementation* (implementação conjunta) permite que, sob certas condições, os países signatários adquiram unidades de redução de emissão (UREs ou "créditos de carbono") de outros países para atingir as metas de seus programas nacionais de controle da poluição atmosférica.

ver a posição brasileira; claro que com jeito, porque temos conosco a China, a Índia e essa turma do Grupo dos 77. Essas movidas são sempre difíceis no plano internacional.

10 DE DEZEMBRO, quase meia-noite, o dia transcorreu calmo, embora tenha havido crise de novo nas bolsas asiáticas, com quedas grandes. Também aqui a Bolsa caiu. Tive um almoço com os militares no qual acalmei uma crise. A situação financeira está difícil, não sei como poderia conceder o reajuste de uma das gratificações dos militares. Voltei para conversar com o Gustavo, com quem discuti bastante. Isso depois de uma longa manhã em que tivemos o Prêmio Nacional de Direitos Humanos. Discurso sobre o tema, enfim, o périplo normal de um presidente no fim de ano.

Com o Gustavo conversei sobre os juros. Ele sabe que vai ter que baixá-los, estamos discutindo a que nível. Tentei ver se dava para baixar antes da reunião do Copom, que vai ser na próxima quarta-feira, mas o Gustavo me mostrou o inconveniente de agir precipitadamente, pois o mercado pode pensar que estamos atuando por causa de pressões políticas, da Volkswagen,* não sei o quê. Não é por isso [que estamos baixando], é porque a situação financeira está permitindo uma abertura maior.

Provavelmente vamos deixar a decisão para quarta-feira, e o que discutimos é se a taxa de juros cai dos 3% ao mês para 2,7%, para 2,6% ou para 2,5%. Pode ser que chegue a 2,6%, 2,5%, mas achei o Gustavo mais inclinado aos 2,6%. Alguns querem menos, 2,2%. Se a taxa de juros cair de 3% para 2,6%, já será um sinal forte para o mercado, desde que ela continue a baixar. Eu não gostaria que houvesse uma queda rápida e depois tivéssemos que voltar a subir em poucos dias.

Outra ponderação foi do Demóstenes [Madureira de Pinho], diretor do Banco Central:** talvez devêssemos aproveitar a oportunidade para mexer um pouco mais rapidamente no câmbio. Achei bom, vale mais a pena manter a taxa de juros um pouco apertada e mexer no câmbio do que baixar demais a taxa de juros e não poder mexer no câmbio. O câmbio é um problema. O Gustavo acha que ele não é um problema para as exportações, mas é para as importações. Eu acho que é para as duas.

No Rio Grande do Sul, de onde acabei de vir, os calçados dificilmente vão recuperar certos mercados, sobretudo agora por causa da Ásia. Também reconheço que a melhor maneira de fazer ajuste não é via redução do câmbio. De qualquer modo, acho que está criada uma situação para avançarmos. O Gustavo mencionou a possibilidade de se ampliar a faixa, a banda, porque eles têm medo que daqui a seis ou sete meses haja nova pressão por causa das eleições, e a banda ampliada daria uma facilidade maior para uma flutuação futura, ou uma quase flutuação. Discussões

---

* A montadora alemã anunciara a demissão de 10 mil funcionários no ABC paulista e a redução de 20% nos salários da linha de produção. As centrais sindicais anunciaram uma greve, entre cujas reivindicações estava a diminuição dos juros pelo governo federal.
** Diretor de Assuntos Internacionais.

bem interessantes. O Clóvis está reclamando que eles não discutiram nada disso na reunião da Câmara de Política Econômica. Entendo que matérias dessa delicadeza não possam ser ventiladas em grupos que não sejam os estritamente necessários.

Falei com o Paulo Paiva, que já avisou o Mário Covas da nossa posição na negociação com os trabalhadores da CUT. Eu disse que era melhor esperar os resultados da negociação com a Força Sindical e manter a posição de que o governo não se intromete nas negociações do que eu me precipitar a receber o Marinho e entrar na onda da Volkswagen de fazer com que o custo do ajuste passe para o governo. Diga-se de passagem, a própria Volkswagen vai ter que ajustar.

O Sérgio Motta, com quem falei pelo telefone há pouco, me disse que conversou com o Miguel Jorge,* que disse que o custo do trabalhador em São Carlos, na fábrica deles, é metade do custo do trabalhador em São Bernardo, e ainda assim é um pouquinho mais caro do que o custo do trabalhador em Belo Horizonte. Enfim, São Bernardo é uma espécie de Detroit nossa, com todos os inconvenientes disso.

Conversei agora à noite a respeito do meu programa de fim de ano com o Carlos Pedregal, que está me ajudando a ter algumas ideias. A Câmara está custando a colocar em votação a Previdência na Comissão de Constituição e Justiça, eles estão resistindo. Por outro lado, hoje votaram a Lei Pelé, que é uma coisa importante, popular.** Talvez isso tenha servido de justificativa para não terem colocado em pauta, na Comissão de Constituição e Justiça, a votação da Previdência; porque faltou número. Acho vergonhoso que o PMDB e o PFL tenham dado número. Imagino que eles queiram manter a rédea um pouco apertada, para que eu não fique muito livre das eventuais pressões dos deputados.

Hoje, para minha surpresa, o Arthur Virgílio veio conversar junto com o Teotônio. O Arthur falou mal de mim na imprensa, disse que eu era "fraco com os aliados e injusto com os amigos", com os "fiéis de sempre", ou seja, com o PSDB. Veio e me disse que estava convencido de que tinha errado, que ele ia por um caminho errado porque o que estou fazendo é importante para o Brasil, enfim, essas coisas. Fingi que eu não sabia o que ele disse aos jornais, eu não tinha lido mesmo, passei por cima, sei que outros vão querer que eu vá à forra, mas não é meu estilo. Também não dei trela a ele, Arthur, para que viesse com quaisquer exigências; apenas anotei, fiquei contente dele reconhecer o erro e pronto.

SEXTA-FEIRA, 12 DE DEZEMBRO. O dia foi bom. Ganhamos a votação na Comissão de Constituição e Justiça do Senado sobre a reforma da Previdência,*** com um recuo: não nos comprometemos que a lei dará alíquota zero para a contri-

---

* Vice-presidente para Assuntos Corporativos da Volkswagen.
** A Lei Pelé foi aprovada na Câmara em votação simbólica dos líderes partidários.
*** O governo venceu por 15 a 2.

buição dos atuais aposentados. Acontece que hoje, com a medida provisória que pusemos em marcha,* considerada constitucional pelo Supremo Tribunal, eles já estão pagando 11%. É um absurdo a reação do Congresso brasileiro em defesa de prerrogativas dos aposentados; não se trata de nada injusto. Os aposentados do setor público em conjunto contribuem com essa alíquota [de 11%], com 2 bilhões de reais e têm direito a gastar [recebem em benefícios] 16 bilhões. Quem paga? O povo. Mas esse argumento racional, que não é emocional, não passa por lá. Mas, fora isso, vencemos.

A situação internacional piorou, com deterioração grave na Coreia. Depois da minha conversa com o Gustavo e, hoje, com o Malan, fico um pouco assustado. Aliás, o Kandir e outras pessoas também têm a preocupação de que, se baixarmos muito os juros, pode acontecer que teremos que subir de novo, podemos aparentar inconsistência, vão ser decisões difíceis. O pessoal da Volkswagen, o pessoal da CUT pressionando, querem falar comigo. O Paulo Paiva explicou que não me aconselhava o encontro com a CUT antes de termos a coisa esclarecida. Ele perguntou ao pessoal da CUT o que eles queriam do presidente. Baixar os juros!, foi a resposta. Ora, é o que estamos tentando fazer. Depois de baixados os juros, depois que houver um entendimento entre CUT e Força Sindical —ou pelo menos que eles tenham terminado a seu modo as negociações —, aí, sim, talvez coubesse uma reunião com o presidente.

Meu primeiro impulso sempre foi falar, mas nessa matéria os ministros têm mais noção do dia a dia do que eu, que estou mais distanciado das relações entre as várias centrais sindicais, que são sempre ásperas.

O Covas falou com o Clóvis pelo telefone, voltou a reclamar que está perdendo arrecadação, como se fosse só ele, só São Paulo, que tudo foi feito para contrariar apenas São Paulo. Estranha essa atitude do Mário, ele leva ao paroxismo o sentimento de que São Paulo se prejudica e o Brasil se beneficia. É uma maneira de ser sofredor. Isso dá votos? Talvez, mas nem se trata de votos, não sei bem o que é. Mostra humanamente solidariedade. O Clóvis vai amanhã falar com o Covas sobre o Duda, para ver se ele pode ir para a ANP, Agência Nacional do Petróleo. Vai ser outro problema. Não sei como o Mário vai encarar isso, se é uma coisa boa para São Paulo, o que certamente é, ou se é falta de apoio meu ao governo dele. As coisas desse ângulo vão se complicando.

Amanhã cedo vamos a Belo Horizonte. Haverá manifestações da CUT, aquela coisa de sempre, vamos comemorar os cem anos da cidade, depois vou ao Rio.

Hoje muito trabalho, noto toda a equipe cansada. Os ministros, os principais auxiliares, os secretários executivos, os que trabalham, que são muitos, estão todos esgotados. Acho que devíamos adotar a regra de parar no fim do ano. Mas eu falo e não faço.

---

* MP 1596-14/97, convertida na lei nº 9528, de 10 de dezembro de 1997.

15 A 31 DE DEZEMBRO DE 1997

Cúpula do Mercosul. Disputas no PSDB paulista. Férias na Marambaia

15 de dezembro, segunda-feira, são dez e meia da noite. Vou retomar o pé. Sexta-feira passada, portanto dia 12, fui de manhã a Belo Horizonte.* Centenário da cidade, se imaginava que a CUT ia fazer muita manifestação, montaram um superesquema de segurança desnecessário, não houve nada, cinquenta gatos pingados que eu nem vi. O prefeito Célio de Castro, discurso literário, eu também. Respondi usando o mote que ele e o Eduardo Azeredo deram.

De lá fui ao Rio de Janeiro, onde recebi algumas pessoas. O pessoal da *Manchete*, o Jaquito [Pedro Jack Kapeller],** o Carlos Chagas e o Fernando Barbosa Lima foram me visitar me levando votos de um bom fim de ano, uma caneta da *Manchete*, e também, claro, foram pedir uma cota não sei do que do Ministério das Comunicações. Não era comigo.

Depois recebi o [Luiz Carlos] Mendonça de Barros e os irmãos Frering, o Guilherme e o Mário. Estamos terminando de acertar pela enésima vez o Jari.*** Dessa vez me diz o Mendonça que é definitivo, e é importante para o Amapá. Houve uma sucessão de erros, mas parece que os Frering não foram dos piores. Perderam bastante e agora vão ter que botar algum dinheiro para depois cair fora do negócio. Isso foi acertado.

Conversei longamente com o Luiz Carlos sobre a petroquímica, reafirmando o que eu havia dito ao Malan: recebi o Emílio Odebrecht, no Planalto, preocupado com a petroquímica. Estão todos preocupados, é preciso que eles se entendam e eles não se entendem. No fundo é a coisa de sempre. Se o governo não entra, o setor privado nacional não se organiza e depois reclama que as multinacionais tomam conta de tudo. O Luiz Carlos tem sensibilidade, vamos ter que entrar nisso. Ele sugeriu que o Beto [Mendonça de Barros] fosse ministro da Indústria. Eu disse o que o Malan tinha me dito — o Malan ou o Clóvis, é a mesma coisa — e achei bom, mas vamos ver como isso evolui.

Depois fui visitar a Ana Lúcia, a Luísa, a Manuela, a Helena e Joana. Uma boa conversa sobre a separação entre a Ana e o Paulo, conversa muito amigável. Peguei

---

* O presidente discursou na cerimônia oficial do aniversário da capital mineira, realizada na Serraria Souza Pinto, centro de convenções da Fundação Clóvis Salgado (estadual).
** Presidente do grupo Bloch e diretor da Rede Manchete.
*** O grupo Caemi negociava com o BNDES e bancos credores a reestruturação da dívida do Projeto Jari, complexo de produção de celulose na divisa entre Pará e Amapá.

as meninas, levei-as à casa do Paulo, onde jantei com ele e as meninas, depois voltei para o Laranjeiras.

Sábado de manhã, solenidade na Marinha do Brasil, na Escola Naval. Entrega de espadins, tudo muito bonito, disciplinado, muito organizado.

No ar, uma nuvem. O general Cardoso me falou, no avião, sobre a reação do pessoal da Aeronáutica à compra dos aviões pelo almirante Mauro César [Pereira].* O almirante foi rápido e, de alguma maneira, forçou a barra. Embora eu tenha dito que estava em princípio de acordo e que iria discutir na Câmara de Relações Exteriores e Defesa Nacional, não houve discussão. Pensei que eles fossem apenas tomar preços, no entanto eles tomaram foi a decisão, e compraram os aviões. Isso, no passado, deu na crise do porta-aviões, originou uma crise com Castelo Branco. Fiquei temeroso de uma crise assim.

Combinei com o Cardoso que ele vai dizer ao Mauro César, na própria festa da Marinha, que os aviões não podem vir para o Brasil agora, que é um ano difícil, um ano eleitoral e que não se pode criar mais uma dificuldade.

Ato contínuo, fui almoçar na Base Aérea com o ministro Lôbo [da Aeronáutica]. Conversamos sobre o assunto com franqueza, simplicidade e sinceridade. O Lôbo é mais razoável. Acha que foi uma forçação de barra, que é contraproducente, que esses aviões vão requerer mais despesas, porque não são suficientes para os fins da Marinha e que isso tinha que ser discutido dentro de uma política de defesa mais completa. Ele tem razão e concordou comigo que por agora é melhor discutir primeiro a Política de Defesa, não internalizar os aviões. Ele sabe que os aviões estão comprados, que mais cedo ou mais tarde virão para a Marinha, mas ele contemporizará a crise. Estava com outra preocupação, sobre o Departamento de Aviação Civil, porque o pessoal está forçando muito as privatizações e eu, aí, estou com o Lôbo. É preciso ir mais devagar. Vou falar com o Clóvis, não dá para forçar. Primeiro, porque não temos condições de garantia de eficiência do serviço; segundo, porque também não dá para abrir tantas frentes ao mesmo tempo. A atitude do Lôbo foi muito boa. Depois ele foi de avião comigo e com o Paulo Renato para São José dos Campos, onde fui paraninfo.**

Quando, de manhã, entrei na Escola Naval, nesse mesmo sábado, fui fortemente aplaudido pelas famílias dos militares que lá estavam. Um dos almirantes me disse que aquilo é muito raro, eu não sei. Achei interessante, porque são famílias de classe média e de classe média baixa, o que, aliás, me surpreendeu em se tratando da Marinha.

---

* Em dezembro de 1997, a Marinha comprou 23 caças A-4 Skyhawk usados da Força Aérea do Kuwait, para equipar o porta-aviões *Minas Gerais*, ao custo de US$ 70 milhões.
** O presidente paraninfou os engenheiros formandos do Instituto Tecnológico de Aeronáutica (ITA).

Já o ITA é de classe média-média, paulista. Fui paraninfo por escolha deles, por isso fui à solenidade, fiz um discurso. O [Aldo] Miyaguti* insistiu [para eu ir]. Dei uma medalha a um rapaz, um capitão, que teve notas altíssimas no ITA; já havia dado uma medalha a um rapaz da Marinha que ganhou muitas notas altas, enfim uma coisa bonita. Discursei sobre a importância dessas escolas na formação da elite, não da "elite". A elite no sentido democrático, a meritocracia brasileira e fui aplaudido fortemente no ITA, mostrando que a classe média, ao contrário do que dizem, continua firme.

De lá fui a São Paulo, onde recebi os amigos, o Giannotti, a Carmute, o Luiz Meyer, recontei as histórias a eles, eles querem saber tudo.

O Clóvis falou comigo pelo telefone e disse que conversou com o Mário Covas sobre a possibilidade de o Duda ir para a Agência Nacional do Petróleo. O Mário parece que reagiu razoavelmente, mas sempre dizendo que a escolha não é dele, que não é ele quem indica, que São Paulo anda para trás... Aquela coisa do Mário de ficar ranheta para poder reclamar da vida e talvez avançar um ponto nos objetivos, todos legítimos, de melhorar a administração de São Paulo. Mas, enfim, o procedimento é tinhoso.

No dia seguinte, domingo, ontem portanto, fui a Montevidéu.** Em Montevidéu, o de sempre, fui para a casa do embaixador José Artur Denot [Medeiros]*** e da Thera [Regouin Denot Medeiros], sua mulher. Estavam presentes todos [os das embaixadas], aquela coisa de sempre. Jantei com Sanguinetti.

No jantar com Sanguinetti estavam também o [Enrique] Iglesias, o Manuel Marín, que é vice-presidente da Comissão Europeia, o diretor da Unesco**** e os presidentes, ou seja: o Frei, o [Hugo] Banzer,***** eu... quem mais? O Menem e o Wasmosy.

Eu tinha conversado com o Wasmosy, na embaixada, antes de ir para o jantar. Wasmosy foi nos contar sobre o Paraguai. Patético. Ele acha que houve fraude na eleição interna do Partido Colorado e que o fraudador é o mesmo que fraudou no Partido Liberal, porque tem a mesma caligrafia, os peritos atestaram. Ele acredita que, no fim, o Oviedo, que está preso por razões disciplinares****** e não por causa da questão política, não vai ser candidato. Enfim, o Wasmosy tem lá seus sonhos e fica difícil saber onde entra a realidade e onde entra o sonho, quem tem e quem não tem razão, é aquela confusão paraguaia. Eu disse a ele que o Brasil ia ficar com os procedimentos democráticos. Nossa única ponderação foi essa; não tomamos parte na vida do Paraguai.

* Major-aviador e ajudante de ordens do presidente.
** O presidente viajou ao Uruguai para a XIII Reunião de Cúpula do Mercosul.
*** Embaixador do Brasil na Aladi.
**** Federico Mayor.
***** Presidente da Bolívia. Gonzalo Sánchez de Lozada renunciara em agosto de 1997.
****** Depois de vencer a convenção do Partido Colorado, Lino Oviedo (general da reserva) fora condenado a dez anos de prisão militar pela rebelião de abril de 1996.

Na casa do Sanguinetti, o principal foi a conversa do Iglesias sobre a crise asiática, mostrando a importância de nos diferenciarmos mais dos asiáticos. Ele disse que ouviu do pessoal do Fundo Monetário que o Brasil está fora do radar pelas medidas que tomamos, mas ele, Iglesias, não está calmo com relação à Coreia. As pessoas não acreditaram no pacote coreano e o Japão ainda tem que deglutir um caroço imenso, a crise do sistema bancário. Há nuvens no horizonte, embora elas não estejam, por enquanto, pingando na nossa cabeça. A que passou de raspão já foi embora. Mesmo assim, temos que ficar olhando para o horizonte e manter nossas medidas.

Tenho que receber os sindicalistas, com a insistência do Mário Covas e também do Marinho, da CUT, que quer politizar a questão. E o Mário dizendo que tenho que baixar as taxas de juros. Eu não sou irresponsável, também acho que precisamos baixar, mas olhando as condições do mundo. Parece incrível que um homem da importância do Mário Covas, ou do Carlos Eduardo Moreira Ferreira, que também fez um discurso completamente fora de esquadro — criticado pelo Eduardo Eugênio Gouvêa Vieira e por um belo editorial do *Estadão* —, não tenha noção do que está acontecendo no mundo e de que precisamos defender nossa economia de toda maneira. Não podemos brincar com isso, ainda que nos custe, como está nos custando.

Da conversa em Montevidéu resultou que os presidentes iriam manifestar apoio uns aos outros pelas medidas tomadas para enfrentar a crise, e muita cooperação. E que a América Latina, ou pelo menos o Mercosul, é diferente da Ásia e aqui se tem melhor condição de investimento.

Voltei à embaixada cansado, dormi, hoje acordei cedo e tivemos o dia inteiro uma reunião infindável, sem maior importância, porque o importante já havia sido decidido: o Brasil não aceitará mais as preferências que o México tem conosco no comércio exterior, baseadas nos acordos da Aladi, dado que ele entrou para o Nafta e não houve acordo deste com o Mercosul. E também porque houve a postergação da decisão de o Pacto Andino* entrar no Mercosul. Foi o Brasil quem propôs esperar essa decisão, eu achei bom, porque acho importante aproximar o Pacto Andino do Mercosul.

Continuo pensando que temos que dar mais ênfase ao comércio com a América do Sul. É nesse espaço que estamos vendendo nossos produtos industriais. Nosso mercado é a América do Sul. Claro, commodities vão para a Europa, mas para produtos industriais é a América do Sul. E estamos nisso. Quem sabe essa crise possa ser útil.

Fazendo um paralelo forçado, assim como as guerras e as crises mundiais facilitaram a industrialização do Brasil no passado, talvez agora tenhamos mais consciência da importância da América do Sul e do nosso mercado e possamos, claro, sem fechar as portas ao exterior, nos concentrar mais no nosso entorno. Vou levantar essa questão para a equipe econômica, para quebrar um pouco a ideia obsessiva

---

* Bloco econômico sul-americano formado por Bolívia, Colômbia, Equador, Peru e Venezuela.

da globalização e da liberalização. Vamos liberalizar, mas é preciso ver como. Da mesma forma, temos que ver de que maneira aproveitar melhor as oportunidades para reforçar a presença do Brasil e ampliar as trocas com a América do Sul.

Voltei para cá depois dessas reuniões, que são muito protocolares. Dei uma entrevista coletiva à imprensa, o Marco Maciel me recebeu, parece que está tudo calmo no Brasil, vamos ver como essa semana avança.

SEXTA-FEIRA, 19 DE DEZEMBRO. Eu não registrei o dia a dia porque foi uma semana, digamos, mais festiva.

Na terça-feira, dia 16, tive uma reunião com os presidentes da Câmara e do Senado para definir a pauta da convocação extraordinária. Houve uma pequena tensão entre Michel Temer e Antônio Carlos sobre a data da convocação. Antônio Carlos teve argumentos mais sólidos no sentido de quanto antes melhor, porque ganharemos prazos. Apoiei essa solução, claro que a imprensa vai achar que é mais uma ligação do PFL comigo. Não é. Foi uma decisão racional, para que tenhamos tempo de aprovar a reforma administrativa na convocação extraordinária. O Senado poderá fazê-lo se a convocação for a partir do dia 6, e assim se justifica a convocação; é um avanço grande nessa matéria.

A Previdência vai ser mais difícil, não vamos poder votá-la na convocação extraordinária, mas vamos avançar de qualquer maneira.

Outro problema. O Serra está nos Estados Unidos, me telefonou, depois me mandou uma notinha dizendo que nenhum dos projetos dele foi contemplado na convocação extraordinária. Pedi ao Clóvis que visse isso, para colocar algum. O principal objetivo dele é o projeto relativo à TR. A equipe econômica é contrária. Hoje, sexta-feira, os jornais publicam que o Conselho Monetário [Nacional] diminuiu ontem a TR. Não sei se isso vai satisfazer o Serra. De qualquer forma é um problema.

Dei posse ao pessoal da comemoração do V Centenário do Brasil* na terça-feira, entrega de medalhas humanitárias,** depois tive uma conversa com o ex-senador Raimundo Lira, da Paraíba. Ele quer ser candidato a governador, isso vai criar uma confusão com o [José] Maranhão. Enfim, a briga vai ser geral.

Diga-se de passagem, falei com o Rio Grande do Norte. O Henrique Alves me telefonou, dizendo que também o Geraldo Mello ia lançar-se candidato contra o Garibaldi, mais uma confusão, dessa vez no PSDB. O ano de 1998 vai ser muito difícil, porque não dá para segurar a vontade de cada partido, de cada pessoa, e é natural que eles se digladiem. Todos vão tentar ver como eu me posiciono, pois

---

* Cerimônia de posse dos comitês assessores da Comissão Nacional para as Comemorações do V Centenário do Descobrimento do Brasil.

** Condecorações atribuídas pelo Exército a personalidades de destaque na área de filantropia.

as pesquisas continuam mostrando que estou com uma boa margem de vantagem sobre meus eventuais adversários e que, portanto, vou ter condições de força, de prestígio.

Na terça-feira jantei com o Tasso Jereissati. Conversa de irmãos sobre a situação, eu disse que o Covas está forçando muito em São Paulo, queixando-se crescentemente. Eu ainda não sabia que o novo diretório estadual de São Paulo, chefiado pelo [Antônio Carlos Mendes] Thame, tinha feito uma carta, não me entregaram oficialmente, uma carta quase desaforada, cobrando a falta de atenção do governo federal a São Paulo. E quem escreveu foi o Osvaldinho [Osvaldo Martins],* assessor do Mário. Obviamente é uma manobra e o Mário está ciente dela.

O Sérgio Motta já falou com ele, reclamou, eu fiquei realmente irritado porque temos apoiado enormemente São Paulo. É o estilo do Mário de governar; ele precisa ter um inimigo e o inimigo é o governo federal. Na verdade, eu. O Mário nunca aceitou na cabeça dele o fato de o presidente ser eu e não ele. Não vai aceitar nunca. Foi contra a reeleição, quase se colocou como candidato. Faz de conta que não está nessa posição, mas é claro que está olhando para ver se sobra para ele. Isso eu até entendo; o que eu não entendo é esse estilo de governar atacando os outros e jogando a responsabilidade sobre os outros. Ele não está percebendo que com a alta dos juros todos nós sofremos, e não só São Paulo.

É verdade que ele tem uma atitude compreensiva com os sindicalistas e eu não os recebi. Não os recebi para forçar a negociação na Volkswagen. Ela está se realizando. O Paulo Paiva tem sido hábil e informado sempre ao [Luiz] Marinho — que é o líder da CUT em São Bernardo, na Volkswagen — que as coisas estão avançando. Mais tarde vou recebê-los. O importante é ver que as coisas estão avançando.**

Na quarta-feira, dia 17, de manhã, depois de receber o orçamento, tive uma conversa com os relatores da peça,*** que foi entregue ao Antônio Carlos com toda pompa. Também conversei com o almirante Mauro César, ministro da Marinha, sobre a situação delicada da Aeronáutica e da Marinha por causa da compra dos aviões. Reafirmei o que o general Cardoso já havia dito a ele, que não dava para trazer esses aviões agora para o Brasil, sem antes passarmos pela Câmara de Defesa. Ele tentou dizer uma segunda vez que era melhor trazer logo os aviões, repliquei que não, vamos ter primeiro a reunião da Câmara de Defesa em janeiro para ver o que se faz. A Aeronáutica está fragilizada com muitos problemas e não quero agravar essa fragilidade e muito menos a liderança do ministro Lôbo, que tem sido competente

---

* Secretário de Comunicação do governo paulista.
** Em 18 de dezembro, o Sindicato dos Metalúrgicos e a Volkswagen chegaram a um acordo para suspender as demissões e a redução de salários ao câmbio da implantação de um programa de demissão voluntária.
*** Senador Jefferson Peres e deputado Aracely de Paula (PFL-MG).

e leal. O Mauro César é competente também, mas é mais forçador de barra. Ele tem seus objetivos mais determinados. Isso vai ser um problema.

Eu soube pelo Clóvis e, também pelo Sardenberg, que as negociações para o avanço da criação do Ministério da Defesa marcham bem. Um pouco lentamente, mas marcham bem. O Zenildo falou comigo e disse que iria apressar isso. Ele é o mais decidido nessa matéria.

Assisti à entrega do primeiro relatório do Conselho Empresarial Brasileiro para o Desenvolvimento Sustentável, feita pelo Felix de Bulhões. Um bom trabalho, a questão do meio ambiente está avançando bastante.

Depois tive um almoço no Palácio do Alvorada com o grupo que está fazendo a proposta da reforma do Estado.* Pessoas importantes: o Antônio Ermírio, a Celina [do Amaral Peixoto], o [Luiz Carlos] Mandelli,** o Maílson da Nóbrega, o Antônio Maciel,*** o Hélio Mattar,**** o Geraldo Piquet [João Geraldo Piquet Carneiro],***** o [Jorge] Wilheim,****** o Joaquim Falcão,******* a Lourdes Sola — uma conversa boa com várias sugestões, que já estão nos jornais.

À tarde recebi o Germano Rigotto com as Rainhas da Uva,******** o Raimundo Brito, aí, sim, uma longa conversa, em que discutimos a política da petroquímica, porque estou preocupado com isso. Preciso organizar o debate, juntar o governo ao redor de uma ideia mais clara sobre o que fazer. Falei também com o Raimundo Brito sobre a questão do petróleo. Caminha a indicação do Duda para ser presidente da ANP. Diz o Clóvis que o Mário Covas reagiu, na sexta-feira passada, dizendo que entendia, mas que eu não contasse isso como uma indicação dele, nem que eu imaginasse que o Duda iria indicar seu sucessor. Era só o que faltava. O Mário sempre botando essas pedrinhas. Não sei como resolver essas questões com o Mário.

Em seguida, recebi o embaixador do Paraguai — o que o Wasmosy retirou do Brasil — Dido Florentín. Parece que ele é amigo do Oviedo, por isso o Wasmosy o mandou embora, mas ele foi muito correto, nem tocou no assunto comigo.

Jantei na casa do Zé Eduardo Vieira com o pessoal todo do PTB, um jantar ameno. Havia dois ou três deputados que estão sempre contra o governo, quise-

---

* Membros do Conselho de Reforma do Estado.
** Economista, ex-presidente da Federação das Indústrias do Rio Grande do Sul.
*** Presidente do grupo Itamarati, ex-secretário executivo do Ministério da Indústria, do Comércio e do Turismo.
**** Executivo do grupo Dako, ex-coordenador do Pensamento Nacional das Bases Empresariais (PNBE).
***** Advogado, ex-secretário executivo do Ministério da Desburocratização (governo Figueiredo).
****** Arquiteto, coordenador da Conferência Habitat II da ONU.
******* Advogado, membro do conselho do Comunidade Solidária e presidente da Fundação Roberto Marinho.
******** XXII Festa Nacional da Uva, inaugurada em Caxias do Sul (RS) em fevereiro de 1998.

ram tirar fotografia comigo, é sempre assim quando chega a hora da eleição. O Zé Eduardo muito amável, a senhora dele* um pouco assim ressabiada, ela deu umas declarações ácidas quando o Zé Eduardo perdeu o banco por causa da intervenção do Banco Central, mas o Zé não passou recibo. Mais tarde chegou o Eduardo Azeredo, que é muito apoiado pelo PTB. Estava o governador de Alagoas, o [Pedro] Pedrossian,** que é candidato no Mato Grosso do Sul, enfim as forças do PTB. Me telefonou também o Hélio Garcia. O PTB está bem, os ministros estavam presentes, nenhum problema.

Ontem, quinta-feira, dia 18 de dezembro, tirei fotos para a revista *Veja*. Às onze e pouco eu tinha uma cerimônia sobre o piso assistencial do SUS, do Ministério da Saúde,*** que é importante. Fiz um discurso para apoiar. Pela primeira vez, sinto que o Ministério da Saúde encontrou o caminho da prevenção mais que do hospital, uma coisa boa, gostei mesmo.

Depois, despacho com o dr. Quintão.

Almoço no Palácio da Alvorada com o pessoal da *Veja*.

Recebi depois do almoço o Zé Ermírio de Moraes com a família, para me agradecer a ação do governo.

Recebi o Benjamin Steinbruch, que veio discutir o que fazer com os compromissos da Vale do Rio Doce na Salobo**** e na estrada de ferro em Pirapora,***** e falar sobre a possibilidade de fazer peletização de minério tanto em Sergipe quanto em Pernambuco, um plano bom. Ele acabou de perder uma licitação na Venezuela por 80 milhões de dólares [de diferença]. Pena, porque acho que o Brasil podia ter entrado mais firme nessa matéria.

Tivemos um jantar de fim de ano na casa do Luiz Felipe Lampreia com três ou quatro casais amigos.

Acabei de redigir apressadamente o que vou dizer no fim de ano para o país, coisas só sentimentais. Agora vou me dirigir à Granja do Torto, onde teremos a última reunião do ministério neste ano.

Esqueci de registrar que o Bill Rhodes,****** que foi negociador da dívida brasileira pelo lado dos bancos, me telefonou para me convidar para fazer uma palestra

---

* Tânia Vieira.
** Ex-governador do Mato Grosso do Sul (1991-95).
*** Apresentação do Piso Assistencial Básico, novo modelo de financiamento das ações e serviços básicos do SUS.
**** Salobo Metais S.A., joint venture da Vale com a Mineração Morro Velho (Grupo Anglo American) e participação do BNDES, para exploração e refino de cobre.
***** Ramal ferroviário Corinto-Pirapora, cujas obras de renovação tinham investimento da Vale.
****** Vice-presidente do Citibank.

numa reunião que o FED, o Federal Reserve, terá nos Estados Unidos. Estava muito entusiasmado com as ações do governo brasileiro, achando que tínhamos nos diferenciado da Ásia e que isso é muito importante. Disse também que a situação em vários países asiáticos continua bastante preocupante; ele foi bem minucioso sobre o que já se sabe. O que importa para nós é que a sensação sobre o Brasil parece ter sido positiva.

HOJE É DIA 20, SÁBADO. Ontem, sexta-feira, nada de muito especial. Apenas a crise, a chamada crise, com São Paulo se agrava. O Thame me disse que não iria mandar a tal carta do diretório para mim, mas mandou, suprimindo o parágrafo em que eles criticavam socorros feitos ao Paraná e não à cidade de São Paulo. É desagradável. A gente não sabe como lidar com o fato, mas se criou em São Paulo uma percepção de que o governo federal persegue o Mário Covas. Chamei o Ricardo Amaral, que é um jornalista confiável, e dei os dados a ele. Eu disse: "Olha tudo o que fizemos por São Paulo, porque não quero eu entrar nesse bate-boca".

No fundo, no fundo, o Mário está mais ou menos desiludido porque não consegue firmar a candidatura dele ao governo de São Paulo, sempre teve a aspiração de ser candidato à Presidência da República e não consegue explicitar nem uma coisa nem outra. Tem que encontrar elementos de acusação para justificar por que não é candidato ao governo de São Paulo. Daqui a pouco o PSDB vai dizer que apoiei o Maluf e impedi o Mário de ser candidato, quando não é nada disso. Eu gostaria muito que o Mário fosse candidato, que se firmasse. Já deixei registrado aqui e tenho dito aos meus interlocutores que nada mais perigoso do que o Maluf se eleger governador de São Paulo. Vai ter um cofre enorme nas mãos, vai ser candidato a presidente da República no primeiro instante, e daí em diante quem o segura? E vai ser um fator de aglutinação da direita ou do pensamento mais conservador, mais atrasado no Brasil. É o óbvio ululante.

Eu não tenho culpa de o pessoal do PSDB de São Paulo ser tão tosco na política, não ter a capacidade mínima de fazer as coisas com uma visão mais ampla, e querem me transformar em algoz do Pitta. Mas o Pitta está pedindo, sei lá, 300 milhões em um empréstimo, para o qual tem garantias. Eu dei milhões para São Paulo — não milhões, bilhões para o Mário Covas. Dei é modo de dizer, algumas coisas foram obras mesmo, outras foram empréstimos. Para o Pitta é empréstimo. Já estão dizendo que vai ter outro empréstimo no BNDES, o qual, pelo que eu sei, não está em marcha. Tudo é a insatisfação do Mário Covas.

O problema é que o Mário não tem nenhum projeto de governo alternativo ao meu. O Mário, na verdade, tem uma conduta que no passado se qualificaria como "pequeno-burguesa", uma ética pessoal pequeno-burguesa encobrindo seu egoísmo, uma vontade de poder pessoal. Ele governa São Paulo como se fosse o Brizola. O partido é a expressão humilde da vontade dele. Eu não faço isso com o

PSDB nacional, nunca fiz em nenhum lugar, nem com o PSDB nem com ninguém. São estilos diferentes. As virtudes do Mário são conhecidas. É honesto, trabalhador, duro, tem sido leal nos momentos necessários, mas tem a limitação dessa visão pequeno-burguesa do mundo. Ele vem do janismo, que também tinha uma visão moralista; ele nunca foi de esquerda.

Hoje a esquerda se confunde com um estilo de conduta e, nesse sentido, faz parecer que, ao se ter esse comportamento pequeno-burguês, se está tendo uma posição de esquerda. Não é verdade. Não existe nada nessa conduta que esteja gerando progresso social ou progresso econômico. E mais: não estão vendo que estamos diante de uma situação difícil no mundo e que a minha obrigação é defender o país, a moeda e, para isso, preciso das reformas, e para fazer as reformas preciso dessa ampla aliança. Isso é o claro. E esta realidade não tem por que se manifestar mais tarde em alianças eleitorais.

As alianças eleitorais dependem da capacidade, em cada estado, de as pessoas agirem de forma politicamente competente, coisa que parece que o Mário não está fazendo.

Eu já disse e repito: para ele ganhar as eleições, tinha que ser menos rabugento, sorrir mais. Ora, em vez disso faz o seu "rabugismo" voltar-se contra o governo da República. Nunca acusa a mim pessoalmente, mas fica minando os segundos e terceiros escalões: é o Malan que é ruim, é o Kandir que é ruim, é o Mendonça que é ruim, é o Gustavo Franco que é ruim, todos aqueles que fizeram deste país um país mais estável, mais competente do ponto de vista econômico, um lugar mais digno para viver. Ele devia ter mais humildade, em vez de atacar e de jogar pedras nesse pessoal que tem se matado [de trabalhar]. Eles cometem erros como todos nós, mas não é possível tratá-los como inimigos de São Paulo. É um absurdo.

O Mário só funciona com inimigos imaginários. Num primeiro momento, foi o Montoro, depois o Ulysses, agora, veladamente, sou eu. Veladamente por causa das relações pessoais, que sempre foram muito preservadas. O inimigo imaginário seria eu, para justificar a conduta dele um tanto irascível. Talvez estejamos perdendo demasiado tempo em análises quase psicológicas de uma situação política que tem algo de desagradável, que é o fato de eles [o PSDB paulista] estarem querendo minar minha qualidade de peessedebista. Eu é que fundei o partido — junto com outros, claro —, que dei as ideias iniciais; certamente não foi o Mário. Nem deu as ideias nem foi dos primeiros a vir para o partido. Veio arrastado, arrastado por mim e por outros. Hesitou muito em sair do PMDB porque duvidava, talvez com razão, em qual âmbito teria melhores condições de ser candidato à Presidência da República com chances de êxito.

Teve no PSDB. O discurso sobre o choque do capitalismo, que foi feito em grande medida pelo Serra e por mim, dava o caminho das pedras. Ele fez o discurso e recuou, porque, como não tem formação intelectual de esquerda, ficou sem palavras para dizer à ala da esquerda do PMDB que passou para o PSDB. Ficou paralisado, sem perceber que tínhamos que fazer aquilo que, mais tarde, o Collor tentou fazer e que, na prática, quem está fazendo sou eu, que é uma grande reforma no capitalismo.

Outro dia o Cristovam Buarque disse: "Quem não quiser ser administrador do capitalismo que não se coloque como candidato no momento atual". É verdade. Não há alternativa de um regime produtivo à vista, mas há alternativa de sociedade. Há alternativas no modo de levar esse sistema, de forma que o mercado não seja a única força ou nem mesmo a predominante, pois em muitas áreas não pode ser sequer predominante. Há muitas alternativas, mas é preciso entender as regras do jogo. Quem não as entender quebra a cara.

O Mário acabou entendendo, acabou entrando na privatização, muito influenciado pelo Duda, mas acabou entrando, custou muito a fazer a negociação da dívida do Banespa, como já registrei aqui, custou a entender que não estávamos perseguindo o Banespa. A dívida de São Paulo, nesse meio-tempo, deu um salto enorme, porque os juros foram altos e agora ele vem dizer que o governo federal o perseguiu em tudo.

Talvez eu tenha dado tempo demasiado a estas considerações. Deixei escapar um pouco meu amargor, minha tristeza de ver essas coisas contra mim no meu estado, no meu partido, por parte dos que, se lá estão, foi porque ganhei as eleições no Brasil, senão não estariam lá.

Outro assunto. Hoje fizemos festa de Natal no Palácio da Alvorada. Todos os funcionários, ambiente muito simpático, todos mesmo, cozinheiro, porteiro, garçom, segurança, oficiais. Uma mostra desse Brasil que ainda tem marcas tão sofridas no rosto, mas já se vê também surgir uma nova geração mais forte. Os filhos, os netos são mais altos, mais fortes, mais bonitos mesmo. O ambiente foi muito agradável.

Passei quase toda a manhã rabiscando o que li aqui há pouco, a mensagem de fim de ano, e também na piscina, nadando. Os netos estavam conosco, a Isabel, a Júlia, o Pedro, eu, a Ruth, os rapazes que vêm do Sarah Kubistchek, da Rede Sarah, que são pessoas muito boas, [que acompanham meus exercícios físicos], um é o professor Maurício e outro o Magella. Demos uma champanhe para cada um, é gente boa.

Preocupações com as crises no Japão, na Coreia, que continuam graves. Assisti ontem a uma mesa-redonda, na GloboNews, da Miriam Leitão com o Armínio Fraga e o Paulo Leme;* estavam mais otimistas, mesmo assim acho que o quadro ainda está pouco desanuviado.

A reunião, ontem, do ministério foi tranquila, um balanço positivo, na verdade mexemos em quase todas as áreas do Brasil. Foi uma boa reunião. Hoje vi nos jornais de Brasília uma nota positiva sobre ela. Se não fosse esta crise, teríamos tido um ano de 1997 brilhante. Com a crise foi um bom ano.**

---

* Vice-presidente do Banco Goldman Sachs.
** O crescimento do PIB em 1997 foi de 3,4%.

DIA 27 DE DEZEMBRO, SÁBADO, estou aqui estirado numa rede na restinga da Marambaia, na base de treinamento dos fuzileiros navais.

Vamos rememorar um pouco.

Fiquei em Brasília nos dias 22 e 23. Houve apenas o lançamento de mais títulos de emissão de posse de assentamentos rurais, uns 80 mil assentados.* O Raul atuou com a competência habitual ao expor os pontos de vista do governo, mostrou os avanços havidos.

No dia seguinte, recebi no Planalto os comentaristas, os repórteres da imprensa e fotógrafos.

Discutimos muito a questão do Rio de Janeiro. O Marcelo Alencar está reclamando, e com alguma razão. Ele precisa de apoio, pois recebeu uma cassetada de 300 milhões de reais no Fundo de Educação, dinheiro que o Estado vai passar para os municípios por causa da massa de escolas primárias que os municípios do Rio sustentam. Achei dureza do Ministério da Fazenda, vou insistir [na ajuda]. Falei com o Marcelo pelo telefone, quando eu já estava em Ibiúna, no dia 23 à noite, porque fui diretamente de Brasília para Ibiúna no dia 23.

Todos os dados da nossa economia mais favoráveis. Aliás, visto em retrospectiva, é espantoso. O Natal foi excelente, vendeu-se muito, o pessimismo habitual de que haveria uma catástrofe não aconteceu. Dizem alguns que o Natal de 1997 foi até mais expansionista do que o de 96, que já foi extremamente expansionista. Ou seja: aumento de vendas sobre vendas já aumentadas. Isso tem um lado bom neste momento, porque precisamos manter o ritmo de crescimento da economia.

O André Lara Resende almoçou comigo no dia 23 para falar da Previdência e um pouco do resto das coisas. Ele está mais animado, mais interessado em participar, me pareceu, até mesmo do desenho de um futuro governo.

No avião, na ida para São Paulo, para ir a Ibiúna, fui com o André, o Beto Mendonça e o Clóvis. Conversamos um pouco sobre o desenho do futuro governo. Notícias por todos os lados de que o André vai ser ministro. Ia ser da Previdência Social, passou a ser do Planejamento, e o Beto, da Indústria e Comércio. Isso foi uma conversa que o Malan teve comigo há algum tempo, não bati o martelo para nada, e, claro, essas notícias vão atrapalhar, dificultar, complicar as coisas.

A preocupação com a Coreia está um pouco amainada, houve um apoio mais eficaz de fundos internacionais, do Fundo Monetário e dos Estados Unidos, valorização das bolsas e do próprio won, a moeda coreana. Parece que as coisas lá também estão tomando certo jeito de controle.

Nas questões nacionais, nenhuma novidade, as coisas permanecem bem, dentro das circunstâncias.

---

* A cerimônia de concessão de títulos de posse definitiva se intitulou "Terra prometida, missão cumprida".

Fui considerado o Latino-Americano do Ano pela *Newsweek* e o Tony Blair pela Europa. Foi bom neste momento de tanta dificuldade para o Brasil, é um bom sinal e foi uma boa surpresa para mim. Parece que a rainha da Inglaterra fez colocar no clipe dela de fim de ano a nossa viagem à Inglaterra. Também um sinal de simpatia.

As pesquisas eleitorais não valem nada nesta época, muito longe das eleições, mas acalmam os que gostam de ver tragédias. Todas boas, sem exceção. Boas e boa para o real, boas para mim, para o governo, enfim, para hipóteses de candidatura. Foi um fim de ano menos dramático do que imaginávamos em outubro. Graças a uma ação muito decidida de todos nós e ao apoio do Congresso, que foi muito grande mesmo.

A imprensa aguça muito a briga com São Paulo, insistindo que São Paulo é maltratado e que demos 300 milhões de empréstimo ao Pitta por dois meses. São Paulo recebeu 59 bilhões por trinta anos! Não há lógica, na política é assim.

Falei pelo telefone [com Covas], mas não disse a ninguém. Falei só para felicitá-lo pelo fim do ano, conversa de amizade de parte a parte. A imprensa diz que não nos falamos, está bem...

Passamos calmamente. O Paulo Henrique foi para Ibiúna, as filhas do Duda também, além das minhas netas. A Luciana ia, mas não foi. De lá viemos para a Marambaia. Chegamos ontem, isto aqui é muito agradável, simples, bastante simples mesmo, estamos cercados de militares, de famílias de militares que não nos perturbam, nos vemos de vez em quando na praia e só. Aqui estamos a Ruth, a Bia eu e as crianças. O Paulo foi para Alagoas, porque está com essa paixão pela Theresa Collor. A Luciana ficou de vir, mas não veio porque está gripada. Vou falar com ela para ver se vem no dia 30. O Duda virá no dia 30 e iremos assistir o Réveillon no Forte de Copacabana, mas ninguém sabe. Nada mais a registrar a não ser muito sol e muito calor, dormindo bastante, estamos recuperando energias.

FERNANDO HENRIQUE CARDOSO
DIÁRIOS DA PRESIDÊNCIA
1998

1º A 10 DE JANEIRO DE 1998

Leituras e reminiscências. Conversa com José Serra. Reunião sobre o câmbio

1º O de janeiro de 1998, quinta-feira. Continuamos na Marambaia, nada mudou. Duda chegou. Fui ao Rio de Janeiro no dia 30 para assinar o orçamento da República* e o trouxe para cá. Dei uma rápida entrevista à imprensa, ela não nos descobriu aqui, temos passeado de barco, ido à praia, e li muito.

Li um livro enorme sobre os intelectuais franceses, presente do Marcos Azambuja. Tem uma parte dedicada a [Maurice] Barrès, outra sobre André Gide e outra sobre [Jean-Paul] Sartre.** O tema é a pequena história dos intelectuais franceses, a constituição da chamada intelligentsia na França. Trata-se de um trabalho apaixonante para quem, como eu, viveu lá boa parte desse período, sobretudo os vários trechos a respeito de Nanterre.***

Li também um livro do Peter Drucker**** e de um empresário japonês sobre a Ásia,***** interessante mas superficial, ligeiro. Outro livro interessante que li foi o do [Albert O.] Hirschman, uma entrevista grande que ele deu a algumas jornalistas italianas.******

---

* O presidente sancionou a lei orçamentária de 1998 em solenidade realizada na sede do 3º Comando Aéreo Regional, no centro do Rio. Na ocasião, Fernando Henrique garantiu que a área social não seria atingida pelos cortes previstos pelo pacote econômico, que já somavam R$ 4 bilhões.
** Michel Winock. *Le Siècle des intellectuels*. Paris: Seuil, 1997. Edição brasileira: *O século dos intelectuais*. Rio de Janeiro: Bertrand Brasil, 2000.
*** A Universidade Paris X, em Nanterre (subúrbio da capital francesa), atualmente denominada Paris Ouest Nanterre La Défense, foi o epicentro estudantil das ocupações e protestos de rua que paralisaram a França e desafiaram o presidente Charles de Gaulle em maio de 1968. Fernando Henrique lecionou em Nanterre em 1967-68.
**** Consultor e escritor austro-americano (1909-2005), guru da administração de empresas e do marketing de negócios.
***** O livro registra discussões entre Drucker e Isao Nakauchi. *Drucker on Asia: A Dialogue between Peter Drucker and Isao Nakauchi*. Oxford: Butterworth-Heinemann, 1997. Edição brasileira: *Drucker na Ásia: Um diálogo envolvente entre Peter Drucker e um dos maiores empresários do Japão*. São Paulo: Pioneira, 1997.
****** Entrevista concedida em 1994 a Carmine Donzelli, Marta Petrusewicz e Claudia Rusconi e transformada em livro (*Passaggi di frontier: I luoghi e le idee di un percorso di vita*. Roma: Donzelli, 1994). Fernando Henrique lia a versão francesa, *La Morale secrète de l'économiste*, tradução de P.-E. Dauzat. Paris: Les Belles Letres, 1997. Edição brasileira: *A moral secreta dos economistas*. São Paulo: Editora da Unesp, 2000.

Li ainda um que o Duda me trouxe, sobre a história do Brasil contida em relatórios secretos que existem na Inglaterra e nos Estados Unidos, relatando episódios interessantes que aqui passaram despercebidos.* Numa entrevista que Jânio [Quadros] deu ao neto dele, Jânio John [Quadros Mulcahy], ele conta as razões pelas quais renunciou. Foi um erro, ele esperava que houvesse reação de todo mundo, dos militares, escolheu o dia 25 de agosto por ser um dia simbólico para as Forças Armadas.** Eu nunca tinha ouvido falar dessa entrevista, mas ela existiu. Só não sei se o que o Jânio disse foi fielmente reproduzido pelo neto. Espero que sim.

Há outras coisas interessantes. O [Alfredo] Stroessner*** ter dado um passaporte para o Jango Goulart ao mesmo tempo que o Geisel também estava preparando um para ele. Conta que houve ordens para bombardear o Brizola no tempo da revolução pela legalidade, em 1961,**** enfim, curioso. Tenho me dedicado basicamente a isso.

Os jornais não têm nada de novo, estão cozinhando um pouco do que já se sabe, tentando buscar algum escândalo, mas não encontram. Nos últimos tempos o mundo todo está um pouco assim com este mormaço. Mormaço da temperatura e também do espírito.

Nada que seja excitante por aqui, a não ser, talvez, o prazer da natureza. Tem sido extremamente agradável este convívio mais próximo com os meus netos, com a Ruth, com a Bia e com o Duda.

Recebi a visita do ministro da Marinha, rápida, cortês. Não pudemos ir no fim do ano ao Rio de Janeiro porque havia problema para o helicóptero pousar à noite aqui, na volta.

Vou me preparando, porque as batalhas virão em seguida. Serão grandes e profundas, eu creio. Difíceis de ser enfrentadas.

Tenho lido mais os jornais e com um pouco mais de atenção. A *Folha* é hoje um jornal de oposição. Já fazia oposição ao governo, transforma fatos em crítica.

---

* Geneton Moraes Neto. *Dossiê Brasil: As histórias por trás da história recente do país*. Rio de Janeiro: Objetiva, 1997.

** Jânio Quadros renunciou à presidência da República no Dia do Soldado de 1961, atribuindo seu gesto inesperado à pressão de "forças terríveis" nunca identificadas.

*** Ex-ditador do Paraguai (1954-89).

**** Nas semanas seguintes à renúncia de Jânio Quadros, o governador do Rio Grande do Sul, Leonel Brizola (PTB), resistiu à tentativa de golpe para alijar o vice-presidente João Goulart (seu cunhado e correligionário) da linha sucessória. Com respaldo do comandante do 3º Exército, sediado em Porto Alegre, Brizola se entrincheirou no Palácio Piratini, sede do governo gaúcho, e iniciou a Campanha da Legalidade, mobilização nacional através de transmissões de rádio que denunciou a conspiração contra Jango (que se encontrava em viagem oficial à China). O comando da FAB chegou a cogitar o bombardeamento do palácio. Em 7 de setembro de 1961, Jango afinal tomou posse depois de aceitar a redução de seus poderes através de uma fórmula parlamentarista (sistema revogado por plebiscito em janeiro de 1963).

Por exemplo, o desemprego, que é um dado real, é tratado como se fosse um problema só do governo, e por aí vai. No editorial sobre a pesquisa que eles fizeram e eu sou favorito, dizem que é porque eu aceito apoios de A a Z. Como se fosse eu o responsável pela inexistência de um sistema de partidos, querem que eu crie um sistema de partidos quem sabe no futuro; não depende de mim. É um processo complicado, no momento em que há uma crise no mundo todo, cobrar de mim que eu faça reviver um sistema de partidos que espelhe a sociedade. É o ideal do jovem jornalista da *Folha*, ou seja, ele quer que repitamos a estrutura de partidos que caracterizou a Europa depois da Segunda Guerra. É muito difícil.

A intriga da minha relação com o Covas continua, mas está diminuindo. O Duda foi designado presidente da Agência Nacional do Petróleo.* No dia 30, conversei com Marcelo Alencar, que estava no Rio, sobre isso. Marcelo foi um gentleman. Ele tinha um candidato, que vai ser membro da diretoria,** mas nem tocou no assunto da diretoria. Muito elegante.

HOJE É DIA 4 DE JANEIRO, vou dar continuidade à gravação anterior aqui em Brasília, pois terminou a fita lá na Marambaia.

Eu dizia que David [Zylbersztajn] foi nomeado presidente da Agência Nacional do Petróleo, ele tem muitas qualidades. Nos últimos dois dias, os jornais já reconhecem isso, embora um ou outro faça referência ao fato óbvio de ele ser meu genro. Mas também há elogios, na verdade a nomeação foi bem-aceita.

Faço um rápido retrospecto da estada na Marambaia. Visita, além do almirante Mauro César, só uma, do Lampreia, que passou ontem lá, sábado, com a Lenir; conversamos um pouco sobre a viagem a Israel. Hoje, de volta para cá com Lampreia e com Malan, voltou-se ao assunto, e é possível que se cancele a viagem a Israel, porque existe possibilidade de queda do gabinete do [Benjamin] Netanyahu.***

Fora isso nada de mais importante, só conversas agradáveis. Na Marambaia, além das leituras que já mencionei, li *Autobiografia de Federico Sanchez***** e comecei *Saudações de Federico Sanchez,****** do [Jorge] Semprún. É muito interessante. Ele faz uma análise de sua participação como ministro da Cultura do Felipe González,******

---

* David Zylbersztajn foi indicado para um mandato de três anos à frente da ANP.
** Eloi Fernández y Fernández, secretário estadual de Ciência e Tecnologia do Rio de Janeiro.
*** Primeiro-ministro de Israel.
**** Tradução de Olga Savary. São Paulo: Paz e Terra, 1979.
***** Tradução de Eloisa Araújo Ribeiro. São Paulo: Paz e Terra, 1995.
****** Semprún integrou o gabinete espanhol entre 1988 e 1991. Federico Sánchez era seu pseudônimo.

mostra a implicância que Felipe tinha com o Alfonso Guerra,* porque este, sempre com uma visão menor, só via o partido, enquanto ele, González, pensava o tempo todo no interesse nacional, no interesse geral, e não partidário. Semprún mostra como o Felipe González, com a necessária política de equilíbrio, de composições políticas inevitáveis (como se vê na composição do ministério), se mantinha fiel ao que ele e o [Carlos] Solchaga, que era o ministro da Economia, haviam decidido: dar mais racionalidade à Espanha e levá-la à integração europeia.

Eu não quero fazer paralelo, mas, por exemplo, na página 68 da tradução da Paz e Terra (que, aliás, está bem-feita, embora eu preferisse ler em espanhol), vê-se com clareza a similitude com a situação brasileira. Com o fato de hoje os partidos não representarem senão interesses muito segmentados, clientelísticos, e que é preciso ter uma vontade política mais ampla.

Vendo agora essa briga com o Mário Covas, cada vez mais vou me convencendo de que o que ele desejaria mesmo, acho até que subconscientemente, é ter sido ser candidato a presidente da República e, com a reeleição, isso foi tolhido. Ele não está bem em São Paulo e agora argumenta, como ainda hoje me disse o Sérgio pelo telefone, que eu teria mudado minhas opiniões. Quais opiniões? Será por causa dos juros? Será que ele acha que os juros estão altos porque eu quero? Não percebe que a situação no mundo, da crise da Coreia, não permite a baixa dos juros? No fundo, vai tentar, mais adiante, atribuir o fracasso [eleitoral] dele a eu ter me aliado com o Maluf, coisa que não fiz.

O Maluf é que percebeu que não tinha condições de ser candidato a presidente da República, se jogou em São Paulo e prefere não me hostilizar lá. Além disso, quem recebeu apoio do Maluf, explicitamente, foi o Mário, no segundo turno da eleição anterior em São Paulo; eu nunca recebi, nem digo que o Mario estava errado em receber. Mas se ele não estava errado, por que eu estaria errado em receber os votos dos malufistas? É óbvio que o argumento dele é fraco. Acho que o Mário nem tem noção de que está ressentido com a reeleição, mas no fundo está. Sérgio Motta falou longamente com ele esses dias em Santos e me relatou há poucos instantes a conversa. O Mário vai armar alguma. O Sérgio ainda está na dúvida se ele será candidato [à Presidência] ou não. Acho que não será; ele vai querer se colocar no partido como guardião da boa moral política.

Voltando à leitura do Semprún, ele mostra que não faz mal nenhum um pouco de realismo na política, ter uma noção clara de qual é o interesse coletivo e apontar transformações efetivas, sem nos perdermos na nuvem ideológica. No caso do Mário, nem é nuvem ideológica, é racionalização. Qual é a diferença política entre nós? Nenhuma. Ele não está tendo apoio eleitoral completo da população. Acho que fez um bom governo do ponto de vista do saneamento das finanças e da administração,

---

* Vice-presidente do governo espanhol (1982-91) e vice-secretário geral do Partido Socialista Obrero Español (PSOE).

mas um mau governo em termos de política, porque não soube se colocar diante de São Paulo, não soube se colocar como o chefe de um Estado que é metade do Brasil, não foi nem ao exterior (foi só uma vez, correndo), para dar maior visibilidade a São Paulo e para atrair mais recursos para o estado, ficou numa política menor de pequenas restrições. E o governo federal apoiou o governo de São Paulo em tudo. Entretanto, eles queriam que eu perseguisse o Pitta, que eu não desse o empréstimo de 300 milhões por três meses com garantias absolutas. Ora, dei para todo mundo, dei para Cristovam Buarque, mandei dar recursos para o Arraes, para governadores do PMDB, para o Buaiz, para a prefeitura de Porto Alegre, que é do PT, então por que cobrar isso de mim? Não é justo. Na verdade é uma cobrança de desespero, porque eles não foram capazes de construir uma situação vencedora em São Paulo.

Eu lamento e continuo disposto a apoiar o Mário porque acho que o Maluf é um atraso para o Brasil e não tem responsabilidade com as finanças públicas. De modo que não é verdade que eu não esteja com a visão muito clara da necessidade de apoiar o Mário. O que eu não tenho é essa visão provinciana, dessa política que tomou conta de uma parte do PSDB e que pode até pôr em risco a hegemonia futura do partido.

Mas voltemos ao que andei lendo.

Acabei de ler o ótimo livro que já mencionei, que ganhei do Azambuja, *Le Siècle des intellectuels*. Há nele a polêmica, ou as polêmicas, as diversas posições divergentes entre Sartre e [Raymond] Aron. Relendo, Aron tinha mais razão que Sartre. Sartre, sobretudo no final da vida, ficou uma dessas figuras que mesmo velho resolve manter uma atitude de rebeldia que é bonita. Entretanto essa rebeldia, no plano político mais geral, se transforma em tragédia, porque as pessoas acabam apoiando, como Sartre apoiou, maoísmos, a Revolução Cultural, totalitarismos de diversos tipos, em nome de uma revolução que não vem.

Aron permaneceu, sem dúvida, numa posição conservadora, mas teve mais lucidez. Acho que melhor do que isso seria uma posição como a do Touraine, sem o conservadorismo do Aron, mas que assume uma visão mais realista, assim como fazem outros intelectuais da França e do Partido Socialista. O próprio Jospin é um homem que eu não posso criticar desse ângulo. Não tenho noção suficiente da França para saber se o que ele está fazendo lá tem base na realidade ou não. De qualquer maneira, do que eu não gosto é de posições descoladas do processo real.

Li hoje na revista *Veja* a declaração de um historiador que publicou há anos um livro muito interessante, para o qual emiti parecer editorial favorável, sobre os holandeses no Brasil,* o Evaldo Cabral de Mello, irmão do João Cabral de Melo Neto. Na entrevista ele até faz elogios a mim exatamente porque diz que uma coisa são as teorias e que ninguém é eleito para implementar teorias; é eleito para governar, e ele acha que sou um governante com dedicação. Os que lerem com mais atenção

---

* *Olinda restaurada: Guerra e açúcar no Nordeste 1630-1654*. São Paulo: Edusp, 1975.

as coisas que escrevi (aliás, recebi da Danielle um artigo de um americano que pergunta se não leram o que escrevi) irão ver que minha evolução vem de longe, que é uma evolução madura, eu não estou indo ao sabor da última moda. Tenho horror ao neoliberalismo, não se trata disso, é que realmente o mundo mudou.

E a questão dos partidos não está equacionada. Ninguém sabe o que fazer com eles nem agora nem no futuro. E também ninguém sabe o que fazer sem eles, porque não é possível democracia sem partidos. Mas não há mais canais que realmente ajudem a sociedade a avançar, e a comunicação direta entre sociedade e partidos dificilmente modificará o que eles são na essência: oligarquias partidárias que sustentam interesses clientelísticos. A discussão é antiga, sobre a lei de bronze dos partidos, das oligarquias partidárias, sobre a burocratização. É antiga, mas está estourando por causa da sociedade de massa, por causa da mobilização da sociedade civil.

Não é possível cair no engano da pura sociedade civil nem é possível ficar parado na ideia de que o partido é tudo. Acho que um compromisso, no caso (mais uma vez a ideia de compromisso, meu Deus), pode permitir uma saída democrática que leve ao avanço, que seja portanto progressista e que tome em consideração as possibilidades do futuro e as condições daqueles que mais necessitam.

A estada na Marambaia foi bastante proveitosa. Tomei muito sol, me distraí, estive na cidade de Itacuruçá,* fui muito bem recebido pela população local, abraços, beijos, cerveja por todo lado que passei. Além disso, muito sol, muito mar, coisas de que eu gosto. O pessoal lá em casa também estava ótimo, meus netos, foi realmente uma coisa boa.

E mais: o trópico é formidável, porque lá todos estavam conosco, os seguranças, os pilotos que tinham me levado, os da Marinha que ficam de guarda na Marambaia, os ajudantes de ordens. Todos levaram as famílias, os filhos, as mulheres, e em pouco tempo todo mundo de calção de banho junto com o presidente da República. O respeito não se perde, mas não fica aquela distância desnecessária, e sim uma convivência muito amável. Todos tiraram fotografia comigo, os cozinheiros também, chamei o garçom para ir à praia comigo, os seguranças. Todos tomaram banho de mar, foi uma situação curiosa, algo que dissolve as hierarquias, que requer outro tipo de comportamento, menos protocolar. Eu gostei. Foi uma experiência vital importante.

Agora aqui em Brasília me esperam muitas dúvidas, primeiro é ver se o Congresso consegue se reunir mesmo, apesar da convocação extraordinária. Espero que sim. Vou fazer o possível e o impossível para que isso ocorra.

Queria também registrar que na Marambaia pensei muito no Ulysses e no Severo [Gomes]. Eles morreram ali perto.** Duas figuras que tiveram um longo conví-

---

* Distrito do município de Mangaratiba (RJ).
** Em 12 de outubro de 1992, o helicóptero no qual viajavam o deputado federal Ulysses Guimarães e o ex-senador Severo Gomes caiu no mar, perto de Angra dos Reis (RJ). Além dos dois políticos pemedebistas, morreram suas mulheres e o piloto. O corpo de Guimarães nunca foi encontrado.

vio comigo. O Severo, uma amizade que começou por volta de 1961, 62 talvez, quando eu estava fazendo uma pesquisa sobre empresários. Creio que foi o Procópio Ferreira de Camargo, meu grande companheiro, quem me apresentou ao Severo. Nós tínhamos o hábito de jantar em casa do Procópio, às vezes na casa do Severo, eles eram grandes cozinheiros, a Ruth também cozinhava.

Quando houve o golpe de 64, Severo ficou do lado dos militares, nós contra. Mesmo assim ele frequentava o Cebrap, mesmo quando foi ministro do Geisel.* Tivemos casas vizinhas na Picinguaba.** Ele descobriu essa casa, estávamos juntos, ele e eu com Juarez Brandão Lopes, fazendo uma pesquisa. Publiquei depois um livro sobre a ocupação da Amazônia no Sul do Pará.*** Severo tinha uma fazenda lá, eu fui com Juarez fazer a pesquisa, ficamos um longo tempo conversando. Lá ele me contou que tinha essa casinha, que me arranjaria uma, como me arranjou, uma casa de pescadores, passamos muitas férias juntos.

Depois, emprestamos a casa para o Eduardo Suplicy. Fui passar um tempo na Europa. Quando voltei, Eduardo tinha começado a fazer uma casa lá em cima do morro, levou toda a parentela dele, a praia ficou mais agranfinada. Mais tarde vendemos a casa [para comprar as terras em Buritis] para a Yara Homonay, que tinha sido noiva do Paulo Henrique. Até hoje ela tem essa casa.

Lá passamos muitos verões com Severo, muito agradável. Severo tinha um espírito de grande curiosidade, sabia muitas coisas de botânica, antropologia, história, latim, era um homem de uma cultura vasta e de uma curiosidade maior ainda. Inteligente, rápido, perspicaz, brincalhão, irônico, competia um pouco comigo, sempre amigavelmente. Eu o acompanhei quando ele perdeu o filho Pedro, que passava as férias conosco, em um desastre de automóvel. A Henriqueta [Gomes]**** nunca mais se recuperou disso. Depois Severo foi para o Senado, um pouco difícil para mim, tinha o Almino, tinha o Severo, os dois eram meus amigos.***** Severo era mais próximo, Almino mais antigo na amizade, e eu sempre tendo que pilotar conflitos dessa natureza. As pessoas não entenderam, votei no Almino, eu era presidente do PMDB de São Paulo, ajudamos bastante o Almino. Não adiantou, o Severo tinha mais força do que ele, na verdade representava mais São Paulo.

Tivemos um excelente convívio no Senado. Hoje, se o Severo fosse vivo, teríamos alguma dificuldade, porque sua posição era ultranacionalista. Na fazenda

---

* Severo Gomes foi ministro da Indústria e Comércio (1974-77) do governo Geisel.
** Praia em Ubatuba, litoral norte de São Paulo.
*** Fernando Henrique Cardoso e Geraldo Müller. *Amazônia: Expansão do capitalismo*. São Paulo: Brasiliense; Cebrap, 1977.
**** Mulher de Severo Gomes.
***** Em 1982, Severo Gomes derrotou Almino Affonso, o segundo mais votado nas eleições paulistas ao Senado. Apenas uma cadeira estava em disputa. Segundo as regras da época, Affonso se tornou suplente de Gomes.

dele, a Fazenda Jardim, em São José dos Campos, ele tinha uma estátua de louça do marquês de Pombal, não sei se a família ainda a conserva. Era uma fazenda fantástica, com o telhado mais bonito que eu já vi no Brasil, do século XVIII. Pois bem, ele tinha essa vocação pombalina, ou seja, a burocracia e o Estado é que deveriam levar as coisas adiante. Como empresário nacional, possuía a visão do protecionismo, muito antiamericana, anti-imperialista. Ao mesmo tempo, embora tenha ajudado o golpe de 64 e servido ao governo militar,* manteve a integridade pessoal quanto aos direitos humanos.

Quantas vezes fui à casa dele denunciar a tortura! Uma vez com Chico de Oliveira e com Fred Mazzucchelli [Frederico Mazzucchelli].** Hoje o Chico me ataca sem parar, naquele tempo dei a cobertura que podia a ele. Coisas da vida. E o Severo, hoje, estaria numa posição próxima à do Fernando Gasparian. Ele tinha uma percepção mais rápida das mudanças do que o Gasparian, mas acredito que manteríamos a amizade, como mantenho com Gasparian, mas seria muito difícil o entendimento político.

Ulysses era outra coisa. Tive uma convivência muito grande com ele, numa certa época diária, como o Osvaldo Manicardi, que era secretário dele, pode testemunhar. Falávamos pelo telefone, pessoalmente, ele ia ao Cebrap da rua Morgado de Mateus,*** ia lá e conversávamos muito. Começou a ir ao Cebrap em 1973, quando ele ainda era na rua Bahia.**** Depois fizemos o programa do MDB, chamado assim em 1974, eu, o Paul Singer, o Chico, o Weffort e vários outros. O Chico de Oliveira, o Bolívar [Lamounier]***** e eu fomos uma vez a Brasília convencer o MDB do nosso programa. Acho que foi na casa do Amaral Peixoto [Ernâni do Amaral Peixoto],****** estavam presentes o Tancredo, o Montoro passou de raspão, Ulysses e João Pacheco e Chaves,******* grande amigo de Ulysses e meu também, apesar da diferença de idade.

Convivi muito com Ulysses, aprendi muito com ele. Seu estilo não era o meu. Ulysses era mais autoritário no comando, mais fechado, mais reservado e menos sabedor das coisas da economia, mais interessado na política pura e até mesmo no que hoje se chamaria de politicalha. Ulysses não era da politicalha, mas sabia que uma dose dela era indispensável. Aceitava uma dose maior de fisiologia do que eu sou capaz de aceitar. Ulysses nunca entrou na corrupção, mas nunca tomou a luta

---

* Além de ministro da Indústria e Comércio do governo Geisel, Gomes foi ministro da Agricultura do governo Castello Branco (1966-67).
** Professor de economia da Unicamp e ex-secretário da Fazenda de São Paulo (governo Fleury).
*** Na Vila Mariana, bairro paulistano.
**** Em Higienópolis, bairro paulistano.
***** Cientista político, diretor-presidente do Instituto de Estudos Econômicos, Sociais e Políticos de São Paulo (Idesp).
****** Ex-senador (PMDB-RJ).
******* Ex-deputado federal (PMDB-SP).

contra ela como bandeira, nunca teve essa preocupação e sempre foi uma pessoa com vocação de poder. Não entendeu, na década de 1980, a mobilização do sindicalismo; tentei levar o Lula para o MDB, para ser chefe do movimento sindical, eu e o Airton Soares.* O Ulysses não entendeu o alcance desse gesto naquela altura.

Também nunca teve muita simpatia pelos então exilados, Brizola, Arraes. Achava que Arraes era o chefe do comunismo no Brasil, isso ele me disse. Eu disse que não, que o Arraes era católico. O Ulysses não sabia nada sobre a esquerda. Recordo uma noite em que estávamos no Tarantella** e o Teotônio Vilela ou o João Pacheco disse: "O [Alberto] Goldman é comunista". Ulysses protestou imediatamente, ele não sabia que Goldman era ligado ao Partido Comunista. O Ulysses não sabia nada sobre a esquerda naquela época, mas tinha comando, dignidade, e coragem também. Tinha um estilo. E não era um homem que fizesse qualquer coisa pelo poder. Não.

Foi doído para ele, no episódio da eleição indireta,*** passar o comando político ao Tancredo. Historicamente, Ulysses era o comandante, mas ele não conseguia atrair mais gente, é curioso. Viu-se isso mais tarde na campanha direta, quando ele foi candidato à Presidência, na campanha conduzida pelo Quércia.****

Ele também se aliou ao Quércia contra mim, contra o Mário Covas, em São Paulo. Depois, quando saímos do PMDB, eu me lembro, fui à casa dele, eu era líder do PMDB no Senado e ele presidente da Câmara, presidente do partido e chefão. Eu disse que ia sair, ele perguntou por quê. Eu disse: "Porque em São Paulo não estou disposto a apoiar o Quércia mais uma vez". Ele respondeu: "Tem razão, lá provavelmente o candidato vai ser ele, mas você vai deixar de ser presidente do Senado. Você pode ser presidente do Senado, você é líder". Eu disse: "Não, não estou mais disposto a isso".

De fato, estávamos querendo criar o PSDB, Ulysses não fez nada, não moveu uma palha para impedir. Ele gostava de mim como gostava dos outros. Do Mário, não sei até que ponto, mas eles eram companheiros. E Ulysses não moveu uma palha para nos segurar. Ele era muito frio, muito realista. E, coitado, morreu naquelas águas. Foi uma tragédia.

Quando cheguei a Brasília, fiquei sabendo que, nas mesmas águas, morreu também o Eduardo Tapajós, dono do Hotel Glória, também de helicóptero.***** A Ana Tavares esteve com ele, almoçou com ele em companhia da família dela, eu

---

* Ex-deputado federal (PT-SP).
** Antigo nome do restaurante Piantella.
*** Isto é, a disputa entre Tancredo Neves e Paulo Maluf na eleição indireta à Presidência da República em 1984.
**** Ulysses Guimarães obteve 4,73% dos votos no primeiro turno das eleições presidenciais de 1989, ficando em sétimo lugar.
***** O acidente aéreo que matou Eduardo Tapajós ocorreu em 4 de janeiro de 1998.

não sabia. Ana me contou hoje. Tapajós foi embora porque o tempo estava ruim. A mesma coisa de sempre: tempo ruim, problema no rotor, o helicóptero cai, só que nesse caso Tapajós ficou preso, morreu porque não conseguiu se desprender da cadeira. Tive pouca convivência com ele, mas era um homem simpático, educado. Enfim, esses mares de Angra dos Reis têm essa dupla atração, uma maldita, porque é perigoso, mata, e a outra a beleza deslumbrante do trópico, como acabei de registrar.

HOJE É DIA 7 DE JANEIRO. O Congresso retomou as atividades. Frequência surpreendente. Ontem havia mais de trezentos deputados e senadores presentes. Um bom sinal.

Tive uma longa conversa com Antônio Carlos, muito amistosa, ele está disposto a continuar colaborando na aprovação das reformas. Estava preocupado com as intrigas, os jornais estão dizendo que ele é quem manda. Ele disse que sabe que não manda e que não se mete em nada, o que é verdade. Não se mete mesmo na administração e afirmou que nunca fala com os ministros, qualquer coisa que precisa fala sempre comigo. Também é verdade. Curioso, a imagem das pessoas não corresponde à realidade. O Antônio Carlos tem uma imagem no nosso meio muito pior do que a realidade. Ele é sensível, inteligente. Ele coopera. Ocorre que é um pouco nitroglicerina, é estourado, às vezes pode botar fogo no circo. É o oposto do Sarney, por exemplo, que nunca põe fogo no circo, mas põe mais dificuldades no dia a dia. Tropeça-se mais com o Sarney no caminhar do que com Antônio Carlos. Com Antônio Carlos, dá-se uma caminhada, de repente pode haver um obstáculo grande. É um estilo diferente do estilo mais tranquilo do Sarney e do meu também. De qualquer forma, não posso me queixar da cooperação do Antônio Carlos.

Falei com o Temer por telefone. Estarei com ele hoje. Chamei-o porque a viagem a Israel me preocupa. Já registrei aqui. Ontem conversei muito sobre o assunto com o [Joseph] Safra,* com Luiz Felipe Lampreia e com o embaixador Gelson Fonseca, e o Luiz Felipe percebeu que a viagem a Israel é uma pedra no meu sapato por causa da posição de direita muito nítida do primeiro-ministro, do Bibi [Benjamin Netanyahu]; isso pode ter repercussões. O momento é ruim para ir a Israel, e o Luiz Felipe achou melhor cancelar a viagem. A ideia do Safra é a mesma, ele tinha se disposto a ir falar com Bibi e obter um adiamento, mas o Luiz Felipe achou mais correto fazer esse pedido daqui. Por isso combinarei com Antônio Carlos e com Temer, que dirão ser necessária minha presença aqui para ajudar nas votações. Isso alivia a questão da viagem a Israel e tira um peso político. Claro que eu quero ir a Israel, mas em outra oportunidade.

* Presidente do Banco Safra.

O único fato a ser registrado aqui, à parte os jornais insistirem em que estou em campanha, é que fui ao aniversário do Arruda; ele me convidou de última hora. Achei melhor ir porque havia muitas intrigas envolvendo a mim e ele, sobre eu estar apoiando o candidato do PMDB, o Roriz. Mas não fui só por causa disso; fui porque ele me pediu e achei conveniente ir. Passei uma hora lá, com gente que estou cansado de conhecer. Foi simpático. Hoje a imprensa disse que eu só estava lá como candidato, apoiando um candidato. Isso não tem solução.

O problema sério é o PSDB, como já registrei. A relação com Mário Covas está cada vez mais difícil. O Sérgio Motta tem estado com ele, o Tasso também. O Tasso preocupado, mas não abriu o jogo, não me disse exatamente qual foi a conversa. Virá aqui no começo da semana que vem. Acha que eu também estou muito prevenido contra o Mário. Não estou. Estou magoado, porque vejo nos jornais a "mágoa" do Mário. Mágoa do quê, se nós o ajudamos sem cessar? Porque dei uma pequena ajuda ao Pitta? Mas eu dei a todos! Por que não dar, se estão apoiando as reformas? Não tem lógica, e São Paulo, o governo do Mário Covas, teve um apoio muitíssimo maior em tudo. Mas reclamam. Reclamam que levaram seis meses para obter a aprovação de uma doação de trens espanhóis.* Alguns sabem como é a burocracia, outros não; imaginam um veto político e não a resistência burocrática. É um assunto delicado.

Ontem à noite chamei o Madeira. Eu gosto dele, é equilibrado e talvez seja o amigo do Mário, dos antigos, que tem maior fluidez de relacionamento político com ele, porque Madeira tem independência política. Conversamos. No início me pareceu que também ele estava prevenido, no sentido de que haveria alguma restrição. Eu disse: "Politicamente, só se eu fosse maluco iria querer a eleição do Maluf em São Paulo, que vai ser um tropeço para o Brasil e para mim, em particular, se eu for reeleito. Para piorar, veja aqui a carta que recebi do Thame. Uma carta insolente. E na versão inicial estava pior ainda, me acusava de estar privilegiando o Paraná, quer dizer, o Jaime Lerner, de favorecer o Pitta e perseguir São Paulo. Você sabe, Madeira, a enorme quantidade de projetos que nós aprovamos em favor de São Paulo".

Ainda ontem fiquei sabendo que na eclusa de Jupiá** 75% do dinheiro é federal. Eles não tiveram nem o cuidado de me consultar sobre a data da inauguração e marcaram no dia 15. Ontem, Mário mandou me telefonar para saber se eu posso ir. Dia 15 eu não posso. Ele disse que o dia 15 era uma homenagem ao Duda, porque o Duda se afasta do governo de São Paulo no dia 15. Bom, me botaram numa sinuca.

---

* Em agosto de 1997, o governo paulista anunciara o pagamento de quase R$ 100 milhões à Renfe (estatal ferroviária da Espanha), sem licitação, para a adaptação e reforma de 48 trens urbanos usados, recebidos em doação da mesma empresa.

** Usina Hidrelétrica Engenheiro Souza Dias, no rio Paraná (fronteira SP-MS), inaugurada em 1974. Em janeiro de 1998, foram concluídas as obras da eclusa na barragem de Jupiá, parte do sistema hidroviário Tietê-Paraná.

Pois que inaugurem sem a minha presença. O governo federal apoiou decisivamente a construção da eclusa de Jupiá, como dezenas de outros projetos.*

Conversei com o Kandir, que está preocupado com a resistência ao plano de contingência para enfrentar o agravamento da situação na Ásia. Ele se preocupa não só com o Japão mas com a China também. O que fazer? Me disse que conversou com Roque Fernández, ministro da Economia da Argentina, e que o Roque seria favorável até mesmo a certas medidas não "elegantes", quer dizer, aumento de tarifas [de importação], para defender o Mercosul. Kandir acha que é preciso isso e queria ver se era possível a Heloiza Camargos [Moreira]** examinar algumas medidas e também um rapaz da área econômica, que é bom, o Amaury Bier. Eu disse que tudo bem, mas com cuidado, porque isso é de outra área. Eu não contei a ele, mas na sexta-feira tenho uma reunião com André, Chico Lopes, Malan e Beto Mendonça para discutirmos alternativas. É bom ver, porque esse é um problema que vai continuar.

Chamei o Gelson e disse que eu talvez aceite o convite para fazer uma apresentação em Nova York, em março, para o pessoal ligado à área econômica.*** Mas só se tivermos uma apresentação de programa consistente, e não apenas ideias gerais sobre alternativas. Só se anunciarmos um programa mais enérgico diante da crise do mundo. Pedi que ele conversasse de novo com o Luciano, para que este sondasse até mesmo pessoas que têm uma visão mais restritiva da abertura econômica do Brasil, como os amigos dele do Rio de Janeiro. Na verdade, entre os amigos do Luciano, pensei mesmo foi no [Antônio Barros de] Castro. Quem sabe o Castro tenha ideias aplicáveis ou úteis, porque temos que alargar o horizonte. Nesses dias houve um aprofundamento da crise que está havendo na Ásia.

HOJE É 9 DE JANEIRO, SEXTA-FEIRA. Na última gravação, do dia 7, eu falava do possível agravamento da crise na Ásia. Há ainda o temor de que até a China passe por um processo de decomposição, ou pelo menos de ajuste, que leve a uma perda de valor da sua moeda.**** E no resto do mundo? No Brasil, as bolsas obedecem, neste momento, exclusivamente ao que acontece em Nova York. Subiu em Nova York, sobe aqui; caiu em Nova York, cai aqui, o que mostra a preocupação imensa com a situação internacional.

---

* A construção da eclusa de Jupiá integrou o plano Brasil em Ação.
** Economista do Ipea e ex-secretária de Política Econômica do extinto Ministério da Economia (governo Collor).
*** O presidente acabou recusando o convite do Economic Club de Nova York, influente fórum empresarial norte-americano.
**** Apesar de não ter sido diretamente atingida pelo furacão financeiro que assolou a Ásia em 1997, a China precisou tomar medidas para preservar o valor de sua moeda e a saúde dos bancos estatais.

O Congresso continua no vaivém de sempre. Não sei por que o Temer não instalou a comissão da Previdência.* No Senado as coisas avançam, e avançam bem, uma medida sobre relações de trabalho já está em votação.** Hoje falei com o relator da comissão da reforma administrativa, que é o senador [Romero] Jucá,*** e ela também avançou. Creio que no Senado vamos conseguir com tranquilidade a aprovação do que é importante para o país. Na Câmara nunca se sabe, porque os interesses são múltiplos.

No dia 8, nada de especial. Apenas um escândalo falso, feito pelo irmão do Roberto Requião, Maurício.**** Ele telefonou para o Ministério da Saúde e gravou uma conversa — a que ponto chegamos! — na qual um funcionário teria dito que para liberar alguma verba era preciso que o Palácio, ou seja, o Luís Carlos Santos, autorizasse. Não há nada aí, é natural que haja facilidade ou dificuldade para a liberação das malditas emendas parlamentares em função de interesses locais.

Emílio Odebrecht esteve comigo, tinha estado com o Mário Covas e voltou com a sensação de que o Mário é realmente candidato. Também tenho essa sensação. Parece que agora os sinais de que o Mário será candidato [ao governo de SP] estão mais claros. Isso vai acabar tranquilizando um pouco a área do PSDB que estava tão inquieta, e essa tentativa de me fazer responsável pelas dificuldades paulistas vai diminuir, senão será um suicídio eleitoral em São Paulo, com prejuízo grande para o Mário, e também me afetando, porque querem passar a imagem que eu estou apoiando o Maluf, o que não é verdadeiro. Não tenho mais nada a registrar.

Na verdade há, sim, um registro a fazer ainda: o Serra esteve comigo anteontem, portanto dia 7, e tivemos uma longuíssima e boa conversa. Ele mostrou as dificuldades que vê no governo: eu montei um governo, como já disse tantas vezes, sem que na Casa Civil tenha algum [ministro ligado] à política. Foi de propósito:

---

* Por falta de quórum, com a ausência de muitos parlamentares do PMDB, o presidente da Câmara decidiu adiar a instalação da comissão especial sobre a reforma da Previdência, já aprovada no Senado.

** Estava em tramitação final no Senado o projeto de lei nº 1724/96, para a criação de contratos coletivos de trabalho temporário e de bancos de horas, com redução de encargos trabalhistas para as empresas. Em 14 de janeiro de 1998, o PL foi aprovado em plenário por 51 a 23, e em 21 de janeiro convertido na lei nº 9601.

*** Jucá, vice-líder do governo no Senado, era relator da matéria na Comissão de Constituição e Justiça e rejeitou todas as emendas propostas pela oposição para atrasar a tramitação da PEC.

**** Deputado federal (PMDB-PR). Maurício Requião telefonou para o ministério e gravou um assessor do chefe de gabinete do Ministério da Saúde afirmando que as emendas do parlamentar somente seriam aprovadas com a chancela de Luís Carlos Santos. Roberto Requião reproduziu a gravação do irmão no plenário do Senado e acusou o ministro da Coordenação Política de ser o chefe do "mercado de emendas e votos no Congresso".

como seria possível reorganizar o Estado brasileiro com um político na Casa Civil? Seriam o dia inteiro denúncias do tipo dessa que o Requião fez. Nesse sentido montei um governo realmente muito mais técnico que político. Mesmo assim ficam aí a me acusar de estar transigindo com os políticos.

O Serra acha que eu não o queria no governo e que isso foi uma das motivações para ele se candidatar à prefeitura [de São Paulo]. Até certo ponto pode ser certo, naquele momento a tensão era muito grande na área econômica, mas eu disse a ele que, pelo meu temperamento, eu sempre prefiro o contraditório. E a decisão de concorrer em São Paulo foi dele; na época ele me disse que o fazia por causa de uma birra com o PFL. Ele confirmou na conversa de anteontem.

Mas a melhor parte da conversa foi quando ele se aprofundou mais e disse que se sentia incomodado comigo por ter certa desconfiança, fundamental, da minha — ele não usou esta expressão, mas no fundo é a expressão — lealdade. Não tinha segurança na relação. Eu pedi um exemplo e ele deu o de um funcionário do Itamaraty que teria sido — e foi mesmo — algoz lá [no Chile], ligado aos militares, era dedo-duro, e que numa sessão do Senado em que ele, Serra, não estava presente, teve sua indicação para embaixador posta em pauta.* Serra se sentiu humilhado. Eu disse: "Serra, você acha mesmo que eu falei com o Antônio Carlos para botar na pauta de votação? Que eu me intrometo nesses detalhes?". De fato eu não me intrometo, mas a mágoa dele se dá porque ele queria que eu tivesse pelo menos retirado a mensagem, qualquer coisa assim. Serra parou por aí e disse: "Discussão com detalhes não dá certo". Não dá mesmo, porque temos uma série de diferenças de visão de mundo.

Aproveitei para dizer: "Serra, acho que você é o caso de maior perda líquida de vantagens comparativas que eu já vi na República. Poucos têm o seu talento, intelectualmente você pode se comparar com muito pouca gente, comigo e pouca gente mais na área política. Seu preparo intelectual é enorme. Você tem também uma série de outras características positivas, é determinado, honesto, tem sentido público, não obstante está no ponto mais baixo de sua carreira". Ele mesmo tinha usado essa expressão para mim. "Acho que você tem que perceber que é um problema seu. Você sabe que eu o queria como ministro de algo na área social e não na área econômica, mas você quis o Planejamento, e deu no que deu; não podia ser diferente [choques com a área econômica]. Hoje as circunstâncias são as mesmas, mas há tanta coisa importante a fazer no Brasil... Por que não fazer? Veja um ministério que tenha sentido para você. Na próxima rodada eleitoral você não tem chance, deve pensar em 2002, tem que se fazer até 2002. Eu acho uma perda enorme

---

* Em abril de 1997, o Senado aprovou a indicação do embaixador Fernando Fontoura para a representação brasileira na República Dominicana. Em 1969, Fontoura era secretário da embaixada brasileira em Santiago, e intimidou o ex-presidente da UNE, então exilado no Chile, ameaçando confiscar seu passaporte.

você não estar inserido no sistema político brasileiro ou até mesmo em algo mais amplo do que o sistema político."

Ele concordou e perguntou qual eu achava ser o problema dele. Eu respondi:

"Para mim, você não conseguiu ter liderança. Quando foi ministro do Planejamento, não liderou. Eu, que não era da área econômica, quando fui ministro da Fazenda, liderei."

"Mas você não era economista", ele disse.

"Pois é, o problema é que não dá para ficar disputando na área da nossa profissão; é preciso ter uma visão mais ampla."

Acho que no fundo ele concordou, absorveu bem a crítica. Na verdade nem é uma crítica, é uma constatação e a minha lamúria pela perda grande. Acho que isso abre perspectivas para ele voltar ao governo, assumindo alguma função que não seja aquela mais tradicional.

Ainda é dia 9, quase meia-noite. Serra voltou aqui, almoçou comigo, e a minha percepção foi acertada. Ele pediu que discutíssemos as diferentes possibilidades de seu ingresso no governo e falou até no Ministério da Saúde. Gostei.

Hoje à noite tive um jantar com Pedro Malan, André Lara, Beto Mendonça e Pedro Parente. Não vou entrar em detalhes do que se discutiu sobre a Previdência, mas abordamos outra questão central, o câmbio. O Pedro voltou a suas teses de que devemos prosseguir nas reformas, mostrar que temos um caminho pela frente, na área fiscal, na Previdência, para fortalecer a situação do país ante as expectativas externas. Já o André defendeu com veemência que isso não bastaria para acalmar a percepção de que existe uma valorização excessiva do real. O Pedro [Parente], mais cauteloso, acha que é possível haver, através de uma pequena abertura, um pequeno cone, uma flutuação da banda superior mais ampla do que a que temos permitido hoje na definição do valor do real. Isso permitiria, progressivamente, a correção da sobrevalorização. Ressaltamos todos que é preciso saber a opinião do Gustavo Franco, porque basicamente é ele quem hoje encarna a nossa política.

O André disse que tinha conversado com o Chico Lopes e que estava de acordo com algumas coisas do Chico. A principal preocupação do André é a seguinte: havendo uma mexida no câmbio, ela será nominal ou real? Ou seja, volta a haver um pouco de inflação ou não? Não voltaria a inflação se houvesse uma mexida de 10% [no câmbio]. Ele considera que o efeito seria extraordinariamente positivo nas contas do Brasil e fortaleceria muito a percepção externa do país. Ele defende isso, embora tenha dito que prefere um cone mais amplo, ou seja, define a alteração do piso da banda com a abertura progressiva, sob a forma de cone. Digamos, definir que em três, quatro anos haverá 15% de desvalorização e deixar o mercado antecipar o que vai acontecer progressivamente. Ele prefere de novo um salto de 10%, a mesma discussão que tínhamos em 1995.

Discutiu-se muito as consequências disso. Roberto Mendonça, embora eu ache que ele pensa como o André, diante do Pedro [Malan] fica mais tímido nas suas posições, não defendeu esse ponto claramente, contemporizou um tanto. A consideração que o André faz é a seguinte: externamente, a desvalorização será bem recebida; ele tem dúvida do que ocorrerá internamente, por causa da retórica que usamos, de forma errada, de que é preciso defender a paridade do real com o dólar. Temos que defender o poder de compra do real, não a paridade com o dólar. Ou seja, se a inflação afeta ou não os salários. Foi se formando essa outra ideia equivocada, que hoje nos amarra. Ele tem medo de que, ao dar esse salto de 10%, provoquemos aqui uma desilusão interna, que depois teria como consequência uma valorização apenas nominal.

O Pedro Malan teme outra coisa: que havendo esse salto de 10%, não tenhamos condição de resistir aos ataques especulativos que eventualmente ocorram. O André contra-argumentou: "Ora, se conseguimos resistir hoje, quando temos 60 bilhões nas reservas, por que não resistiríamos amanhã, quando tomarmos alguma medida que apenas vai fortalecer a percepção que os outros têm sobre o nosso futuro?".

Essa discussão, delicadíssima, foi feita de modo muito reservado e não teve como objetivo, neste momento, prescrever uma ação, e sim clarear os horizontes. Mas foi importante.

11 A 24 DE JANEIRO DE 1998

Visita do premiê canadense. Encontro com Mário Covas. Almoço com Sarney

Hoje é dia 11 de janeiro, domingo, onze e meia da noite.
No sábado, dia 10, eu, Pedro Malan, André, Lampreia e Gelson tentamos ir até a fazenda de Buritis, mas os helicópteros não conseguiram vencer a chuva. Voltamos, almoçamos juntos por aqui e jogamos conversa fora.

Passei o resto do dia no Alvorada, a Ruth está em São Paulo, vai para o Rio amanhã, domingo.

À noite recebi repórteres do *Globo*, três ou quatro, conversa fiada também, dei minhas informações, minha visão a eles. Trouxeram um novo diretor da sucursal [de Brasília] que se chama Dacio [Malta].

Hoje, domingo, além de ter feito um pouco de esporte de manhã, recebi o Fabio Feldmann,* que me trouxe notícias da evolução da situação em São Paulo. Até positivas. Ele também acha que o Mário acabará sendo candidato. Esteve com o Richa, que também disse que o Mário estava numa situação difícil, acha que eu estou muito afastado do Mário e também dele, Richa. Enfim... Até tentei falar com o Richa em Curitiba, não consegui, depois, enquanto eu conversava com o Fabio, chegou o Sérgio Motta.

O Sérgio ficou aqui nove horas, despachando o tempo todo, e boa parte foi sobre as iniciativas que está tomando. Nesse aspecto, ele é um colosso. Está refazendo tudo, as teles, repassou tudo comigo, muita coisa eu já sabia, mas com o Sérgio não adianta, ele tem que ir aos detalhes. É uma pessoa que não fica na superfície, mergulha mesmo nas questões, como mergulhou no ministério, e está fazendo uma obra extraordinária na reformulação do ministério.

Falou sobre a saúde dele, um dos pulmões está apenas com 40% da capacidade. Não há uma gravidade maior, mas ele tem desenvolvido novamente certas infecções e vai ter que tomar cortisona... já está tomando e precisa se cuidar. Não vi que tivesse outra intenção senão de continuar firme, trabalhando no governo.

Voltamos a repassar velhas questões, certos ressentimentos, minha reação depois que ele deu aquela entrevista para a *Veja*. Eu disse que a entrevista era muito ruim, voltamos aos três ou quatro pontos de sempre, sobre Maluf, qual o sentido de Maluf ter vindo aqui, enfim, repetimos tudo, mas chegamos a um bom entendimento.

Sérgio me pareceu com uma postura boa e disposto a trabalhar de forma mais cooperativa na campanha. Não cooperativo comigo, que isso ele sempre foi, mas

---
* Secretário estadual do Meio Ambiente de São Paulo.

aceitando a presença de outras pessoas na definição dos rumos; ele aceitava, mas depois impunha, no seu estilo, uma folhinha de conduta. Agora quem sabe ele vá ter uma abertura maior para um trabalho efetivamente de cooperação, até porque a gente amadurece no exercício do governo.

O embaixador Paulo Tarso passou por aqui enquanto o Sérgio estava, ficou uns quarenta minutos, conversa agradável sobre os Estados Unidos, nada de extraordinário, apenas uma visita de cortesia.

Passei o resto do dia organizando meus papéis, me preparando para receber o primeiro-ministro do Canadá,* falei com o Duda pelo telefone sobre a ANP, muita intriga, negócio do [Joel] Rennó. Rennó está assustado, falou comigo pelo telefone, eu o tranquilizei, porque não é o momento de mudanças de diretoria, mas o Duda parece que tem se saído bem nas entrevistas. Pelo menos todo mundo tem me dito isso. Acho que ele vai se firmar na ANP.

Nada mais a registrar neste diário falado, até porque é fim de semana. As notícias das bolsas estão paralisadas e as políticas são inexistentes. No Brasil, o weekend — pelo menos nesses tempos de janeiro, como não há crise — é tranquilo.

HOJE É SEGUNDA-FEIRA, DIA 12 DE JANEIRO. De manhã, conversei uma hora e meia com Domingo Cavallo, que foi muito gentil. Ele pediu para me visitar e contou coisas bastante preocupantes, sobretudo sobre a área político-moral. Acha que o Menem não tem condições de reagir à máfia do [Elías] Jassán. Não que o presidente participe dela, mas é chantageado. E não que ela mande na Argentina, mas há áreas estratégicas em que a máfia está infiltrada, como correios, alfândega, além de estar envolvida com drogas. Ele acha que essa gente tem muita força e que isso vem de longe, já estava presente no tempo de Alfonsín, que também não tinha autoridade sobre eles. E que os americanos sabem disso, mas pouco, não consideram prioridade. Coincide com as informações que eu tinha, como se pode ver no registro da minha conversa com Clinton, que está mais preocupado em saber do alinhamento da Argentina com eles do que de drogas.

Cavallo confirmou que o Menem pensa que consegue muita coisa ao demonstrar ser amigo dos americanos; ele está convencido de que isso é mais importante do que qualquer outra coisa. Cavallo contou coisas bastante escabrosas, inclusive que provavelmente é verdade que um filho de Menem foi metralhado e ninguém teve condições de apurar o crime. Disse também que as acusações

---

* Em substituição ao chefe de governo canadense, que adiou a visita ao Brasil para supervisionar o socorro a vítimas de enchentes no nordeste do Canadá, o presidente se reuniu com Roméo LeBlanc, governador-geral. O cargo equivale ao de representante oficial do(a) monarca da Grã-Bretanha, que é chefe de Estado do Canadá e dos demais países-membros da Commonwealth.

feitas pela mulher do Menem* podem ter fundamento. Isso é muito preocupante e mesmo entristecedor.

À tarde estive conversando com o [Euclides] Scalco sobre o Paraguai. A mesma coisa, mas num outro plano, no da corrupção, do dinheiro, das grandes dificuldades em Itaipu. Existe a preocupação, em setores civis do Paraguai, de que no Brasil setores militares estejam apoiando o Oviedo. Não estão apoiando, apenas não querem cortar pontes. Mas existe também o temor de que haja lá uma coisa mais grave, um golpe do próprio Wasmosy. O Scalco não sabe também o que mais se pode fazer além do que estamos tentando, ou seja, preservar a todo custo o estado de direito e respeitar a decisão popular. Pode ser formal, mas é o que se pode fazer para assegurar uma relação correta com os paraguaios.

Na rotina administrativa, nada de mais significativo. Almocei com o pessoal do *Jornal do Brasil*, Dora Kramer, Rosângela Bittar, Claudia Safatle e também o Marcelo Pontes. O de sempre. O bombardeio em cima de mim para saber quem vai ser ministro, quando, quais são os temas de campanha, o que vai acontecer com a Ásia.

No que diz respeito à crise da Ásia, o Cavallo disse duas coisas. Primeiro, ele acha que a Ásia devia ficar por conta do Japão. Os americanos não deixam, por causa da hegemonia. Não querem que os japoneses organizem as relações comerciais e financeiras com o Sudeste da Ásia. E isso prorroga a crise. Ele diz que não estão fazendo com o Sudeste da Ásia o que fizeram com o México, quando se jogaram a fundo para salvar o México. Cavallo tem medo de que isso signifique uma crise prolongada com efeito sobre a Argentina, sobre o Chile, sobre o Brasil, e por aí vai. Não já, mas ele tem essa preocupação. Hoje começaram de novo rumores sobre um ataque especulativo ao real. Sem base. Mas quando começam os rumores é desagradável.

Cavallo deu outra sugestão que me pareceu interessante: diante da situação, o Brasil não tem, segundo ele, senão que manter a postura atual de valorização, de manutenção do valor do poder de compra do real. As pessoas lá de fora vão achar tudo cada vez mais difícil, porque as taxas de juros elevadas acarretam um déficit fiscal muito grande e vai chegar a um ponto em que pensarão que não dá para aguentar, e vão fazer apostas contra o real. Tem razão. Então, diz ele, por que não permitir que haja depósitos em dólar no Brasil? Não a circulação do dólar na economia do Brasil, mas no banco, deixar depósitos em dólar. Com isso, as pessoas não teriam por que fugir do real, até porque o dólar manteria a paridade próxima à taxa atual. E continuaríamos fazendo as minidesvalorizações, como sempre fize-

---

* Zulema Yoma, ex-mulher de Menem, denunciou que o helicóptero em que seu filho Carlos Menem Junior viajava na região de Rosario, em 15 de março de 1995, sofreu um atentado a tiros. A hipótese oficial da investigação era de que o aparelho se chocara contra cabos de uma linha de transmissão elétrica. Arquivado em 1998, o caso — marcado pelo sumiço de provas e pela morte de testemunhas — foi reaberto em 2010 e permanece sem solução.

mos. Isso teria a vantagem adicional, disse ele, de que seria possível fazer empréstimos em dólar, na taxa que seria convergente com a taxa de juros internacional. Me pareceu uma sugestão criativa.

O Malan não disse nada, era apenas uma conversa, vamos ver como isso se desdobra com o Banco Central. É uma ideia.

Agora, à noite, acabei de ter uma reunião com o Tasso, Eduardo Jorge e Sérgio para discutir o de sempre: o partido, o que fazer e o que não fazer, o Mário Covas, enfim, esse picadinho que temos encaminhado para os preparativos da organização do partido para as campanhas, um ajeitamento interno do PSDB.

13 DE JANEIRO, TERÇA-FEIRA, SÃO DEZ DA NOITE. Hoje de manhã, rotina habitual, fui na hora do almoço à casa do Sérgio Motta me encontrar com Almir Gabriel. Almir agora deseja um entendimento com o Jader Barbalho na suposição de que ele, Almir, seria candidato a governador e o Jader eventualmente iria para o ministério. Com todas as dificuldades que isso implica. O Jader, pelo que sei, quer ser presidente do PMDB. Eu disse: "Ministério, só se for o da Justiça, porque é mais seguro, há poucas implicações para o Jader. Mas é difícil". No automóvel, na volta, Almir sugeriu o oposto: ele ir para o Senado e de lá para o ministério — aí é mais fácil —, e o Jader, governador. É uma possibilidade mais concreta.

Fora isso, apenas um registro a respeito de uma conversa minha com o general Cardoso. O general me disse que eles estão preocupados, pelas informações que têm, com a situação no Paraguai, onde as coisas estão se acirrando.* Oviedo está muito confiante em que o Brasil não permite um caminho de golpe, entretanto, agora está um pouco menos. Segundo o general Cardoso, pelas fontes dele há um temor de que a opinião paraguaia considere o Brasil como anti-Oviedo.

O Oviedo já tem planos de tropas de reserva, de pontos estratégicos que seriam ocupados, inclusive Itaipu, isso nos preocupa muito. Acabei de falar pelo telefone com o Lampreia, transmiti isso a ele. Lampreia me disse que já conversou com o nosso embaixador lá, o Márcio [Dias], para dizer ao Wasmosy que teríamos uma reação muito forte se ele viesse para o caminho do golpe, inclusive fechando algumas fronteiras e pedindo para o Paraguai ser excluído do Mercosul, e por aí vai. Vamos ver. Isso vai dar confusão.

* O general Lino Oviedo — que estava em prisão domiciliar — era o virtual candidato do Partido Colorado às eleições presidenciais paraguaias, marcadas para maio de 1998. Entretanto, o presidente Wasmosy dava sinais de que não permitiria a candidatura do general golpista, que desfrutava de grande popularidade entre os militares. Ambos os lados ameaçavam deflagrar uma ruptura institucional.

Lampreia também me deu conta de uma conversa que teve com a Madeleine Albright, secretária de Estado dos Estados Unidos. Ela se disse perplexa com a questão na Ásia, disse que não entende de economia, mas que países considerados por todos como muito bons agora estão em situação desesperadora. Eles acompanham com muita preocupação os acontecimentos na Ásia e têm muita confiança na reação do Brasil. Disse que o Clinton confia no governo daqui. Falou também do Paraguai, a mesma preocupação, acreditando que o Brasil pode ter uma ação mais construtiva do que eles no Paraguai, o que é verdade.

Fora isso, o Temer está acelerando a reforma da Previdência, que continua andando.*

HOJE É SÁBADO, DIA 17. Fiquei alguns dias sem registrar. Com as idas e vindas do Congresso, houve um avanço. Pelo menos o Senado tem votado de uma maneira persistente e consistente o que se pediu. Agora aprovaram a reforma administrativa na Comissão de Constituição e Justiça.

No dia 14, quarta-feira, tive um encontro com Luciano Martins, Gelson Fonseca e Sérgio Amaral. Eles acham aconselhável que eu aceite o convite do Economic Club de Nova York para falar lá. Trata-se de um círculo prestigioso, mas, se eu for, é necessário que eu tenha uma posição mais firme com relação à crise internacional. Não em termos políticos apenas, mas sugerindo instituições capazes de lidar com a crise. E aparentemente isso não existe. Há a tese do Luciano, que resume o estado da arte nessa matéria, mas não vejo ideias muito inovadoras.

Conversei pelo telefone com o presidente do Equador,** para estimulá-lo nas negociações que ele vem fazendo com o Peru. Ele mostrou muita disposição para resolver a diferença entre seu país e o Equador, que vem se arrastando há dezenas de anos. Tomara que seja possível.

Na quinta-feira, dia 15, recebi de manhã o pessoal do Canadá. O primeiro-ministro, Jean Chrétien, meu antigo conhecido, ficou retido em virtude de condições climáticas adversas e só chegou na sexta-feira, ontem, quando pude, enfim, me encontrar com ele em São Paulo. Em Brasília foi representado pelo governador-geral, Roméo LeBlanc,*** que eu conheci quando estive hospedado em sua residência no Canadá. A reunião foi boa. Houve um encontro no Itamaraty de governadores do Brasil e ministros que são governadores de província do Canadá, seguido de almoço. Um clima bom, os empresários canadenses vieram junto com aquilo que

---

* A votação da reforma na comissão especial da Câmara foi marcada para 4 de fevereiro numa reunião dos líderes partidários com Michel Temer.
** Fabián Alarcón.
*** Ex-ministro da Pesca e dos Oceanos (1974-84).

eles chamam o Team Canada, a equipe canadense, geralmente ligada ao primeiro-ministro, que o acompanha em todas as viagens.

Encontrei-me com Eduardo Azeredo, que está mais contente, até porque está mais firme em Minas. Também me encontrei com Francelino Pereira,* que veio preocupado, porque não vê a decisão do Itamar. Francelino não gosta do Eduardo Azeredo. Ele quer dar uma cor própria ao PFL de Minas e para isso precisa de uma candidatura. Queria minha opinião. Eu disse que acho Itamar realmente imprevisível, mas que não senti nele uma vontade específica de ser governador de Minas. Se isso for verdadeiro, Francelino vai ter que se entender com Eduardo Azeredo.

Mais tarde, no Palácio da Alvorada, me encontrei com o governador Marcelo Alencar, conversa amigável de umas três horas, sobretudo sobre São Paulo, mas também sobre o Rio. O Marcelo não é homem de exigências e tem certa visão da política brasileira. Gosto do jeito dele, sei que enfrentará dificuldades para se reeleger, mas tem se mostrado uma pessoa de capacidade política.

Depois disso, recebi também a Isabel Allende [Bussi], filha de Salvador Allende, que foi minha aluna e é minha amiga. Veio me agradecer uma ajuda que dei para a sua eleição no Chile. Pedi que do Chile alguém a ajudasse a que ela tivesse mais condições materiais para enfrentar as eleições. Ela veio com o embaixador chileno em Brasília.**

A questão do Mário Covas foi muito discutida por mim e pelo Marcelo, como já tinha sido discutida por mim e pelo Sérgio Motta. Na sexta-feira, ontem, tomei a decisão de procurar o Mário, quase de supetão, para passar uma borracha nesse mal-estar que foi desencadeado entre o PSDB de São Paulo e o presidente da República. Não vou repetir o argumento.

Ontem, em São Paulo, lá estava o Chrétien, como disse, almoço enorme,*** seiscentas pessoas, discurso dele, discurso meu, clima positivo, Mário Covas na mesa, Chrétien ladeado por nós dois. Conversa boa, fluente, em inglês, o Mário fala mais inglês do que eu imaginava, estava relaxado, eu havia telefonado de manhã dizendo que gostaria de vê-lo mais tarde e que iria ao Palácio dos Bandeirantes.

Depois desse almoço fui para casa, em seguida até o antigo apartamento da Luciana, ver como estavam meus livros, e à tarde me encontrei com o Mário Covas. A conversa foi boa, eu disse que precisávamos ter uma visão estratégica do PSDB. Nós já havíamos encaminhado a extensão do mandato do Teotônio, a razão é simples: precisávamos encontrar um presidente que não fosse polêmico. Além disso, claro, não tem sentido o Tasso ser presidente do partido, porque ele está governando o Ceará; nem ele nem Mário e muito menos o Sérgio Motta, que está

---

* Senador (PFL-MG).
** Heraldo Muñoz.
*** Almoço com empresários canadenses e brasileiros, realizado num hotel do complexo World Trade Center de São Paulo.

ocupadíssimo com as privatizações do Ministério das Comunicações, além de ter um problema de saúde. Ele precisa se cuidar mais.

O Mário não gosta da ideia de extensão de mandato, nem eu, mas ele viu que, na situação atual, era a única coisa realista a fazer e concordou. Eu disse a ele também que eu tinha preocupações sobre o futuro do PSDB. Repeti as análises, acho que o Eduardo não se elege, que é difícil a eleição do Marcelo Alencar, mas que vamos lutar. No resto do Brasil, faremos um ou outro governador, uma certa bancada, mas, se São Paulo falhar, a coisa complica. E em 1999 nós não teremos o quadro atual. Por quê? Porque todos os partidos já estarão pensando em 2002, na sucessão. Em São Paulo evidentemente a solução natural seria a candidatura dele, Mário Covas. Ele me disse que eu já tinha manifestado essa opinião de modo até temerário, afastando concorrentes, e que ele fora o primeiro a me dizer, em julho, que não seria candidato. O Mário reconhece que agora existem muitas pressões, companheiros, como ele diz, estão pressionando, a situação é difícil.

Eu tinha feito uma exposição a ele sobre a situação econômica, para evitar que Mário imaginasse que a taxa de juros não diminui porque eu não quero. Covas estava um pouco surpreso com a minha preocupação com a continuidade da crise na Ásia. Tivemos uma longuíssima conversa, e saí convencido de que ele será candidato. Não me disse isso, mas quase. Pedi que, se porventura vier a recusar, por favor explique que a decisão teria sido tomada em comum acordo comigo. Não direi nada à imprensa antes, mas quero saber como proceder, se faço um apelo a ele, se não faço, enfim, que nós dois combinemos os passos. Ele concordou. Estava de bom humor.

Na saída, ainda se referiu ao fato de que eu roubei o Duda, que tomou posse ontem, sexta-feira, na Agência Nacional do Petróleo. Eu disse, ainda bem que você não acreditou nas interpretações, porque disseram que eu o tirei de governo de São Paulo porque você iria demiti-lo. Ele riu, eu também, porque isso não tem nada a ver com a realidade. O Mário Covas gosta muito do David e vice-versa, embora o David saiba das limitações do governo de São Paulo e provavelmente o Mário tenha as suas reservas quanto ao fato de o David estar muito ligado a mim, e politicamente poderia ser complicado. Tenho certeza que Mário jamais retaliaria se eu estivesse brigando com ele, o que não é o caso.

Foi uma conversa de velhos amigos. A imprensa não acredita, nem as pessoas mais próximas, mas o fato é que o Mário Covas e eu nunca chegamos a ter, pessoalmente, nenhuma dificuldade intransponível nem agora nem em outras ocasiões no passado. Claro que há competição, ele gostaria de ter sido presidente, gostaria que não tivesse havido a reeleição, para ele poder se candidatar, mas os argumentos que dei a ele quanto ao futuro são verdadeiros. Ou seja: se o Mário ganhar em São Paulo, temos um grande ativo para o PSDB e, mesmo que não ganhe, se ele participa e tem uma boa votação em São Paulo, sua presença política está garantida, porque 2002 não vai repetir o passado.

Em 2002 o PFL terá um candidato,* acho que nas condições de hoje será Antônio Carlos e não outro. O Maluf será candidato imediatamente, não se sabe o que vai acontecer com o PMDB, e por outro lado a esquerda ficará fortalecida. Opinião que o Mário também tem, e veementemente. Nessas circunstâncias, eu creio, e disse isto a ele, é preciso fortalecer o PSDB e fortalecer um diálogo entre o PSDB e os outros partidos de esquerda.

Infelizmente o PPS lançou o Ciro como candidato, mas o Ciro não tem outro espaço político a não ser me atacar quase pessoalmente, o que dificulta o diálogo. Mas vou manter a abertura com o Roberto Freire, acho que é importante um diálogo com Arraes e tudo mais, quem sabe até com o PT. Ele, Mário, tem mais condições de fazer isso do que eu, porque venci o Lula e, digamos, neutralizei toda a direita, o que faz com que eles imaginem que eu esteja à direita, embora não estejam certos. Acho que o Mário também gostou do argumento. Aliás, ele tem capacidade de análise política. Esse foi o nosso encontro.

HOJE É SEGUNDA-FEIRA, DIA 19. Ontem, domingo, foi um dia calmo. Revi o texto do livro das conversas com Roberto Pompeu de Toledo, uma entrevista longa, tomando em consideração as observações do embaixador Gelson. Depois passei o dia em família, um pouco de piscina, fiquei olhando papéis, organizando a vida, recebi a minha irmã, a Gilda, e os filhos dela.

Esta segunda-feira também foi calma. Mas preocupante. A Câmara, mais uma vez, não deu número. Nem na sexta-feira nem nesta segunda. É uma coisa grave, mostra um descaso das lideranças, sendo que hoje havia apenas três deputados do PSDB e nenhum líder. Luís Eduardo estava lá, mas nenhum líder do PSDB. Ora, assim não é possível.

Acabo de falar pelo telefone com o Fabio Feldmann, que queria saber do resultado da minha conversa com o Mário Covas. Eu contei que foi bom, não dei muito detalhe do conteúdo, para manter a reserva. Fabio tem ajudado bastante. É uma pessoa de quem eu gosto crescentemente. Acho que teria sido um bom ministro do Meio Ambiente.

O primeiro-ministro Jean Chrétien, do Canadá, me telefonou para dizer que indicou uma pessoa, [Marc] Lalonde, para ser o negociador da parte dele.** Falei com o Gelson, pedi para ele falar com o Lampreia, para convidar aquele advogado

---

* O PFL não lançou candidatura própria à presidência em 2002. Preferiu apoiar Ciro Gomes, pela coligação Frente Trabalhista (PPS/PTB/PDT/PFL).
** Enviado canadense para a negociação bilateral do litígio entre a Embraer e a Bombardier, ocasionado por acusações mútuas de concorrência desleal através de subsídios estatais indiretos. Juntas, as duas fabricantes de aeronaves detinham quase 70% do mercado mundial de aviação regional. Em julho de 1998, a controvérsia comercial e diplomática foi levada à OMC.

amigo do Celso Lafer, Olavo Batista [Filho], para que seja o nosso negociador com os canadenses.

Longas conversas: com o Marco Maciel, um pouco para passar em revista as coisas políticas em geral. Com o Bresser, sobre a reforma administrativa. Chamei também o Jader Barbalho para uma conversa amanhã.

TERÇA-FEIRA, DIA 20 DE JANEIRO. Apenas rápidas anotações. A Câmara continua sem votar. Sem presença. Antônio Carlos hoje fez críticas severas à falta de comando político na Câmara, isso pode criar algum embaraço posterior para o Michel Temer. Conversei com o Jader Barbalho, que me disse que eles vão controlar o PMDB.

Itamar falou comigo pelo telefone, me perguntou se estava de pé o meu acordo de Nova York com ele. Ele se refere à embaixada na Itália. Eu disse que sim.

Recebi agora à noite o Medeiros e o Paulinho, da Força Sindical. Além de reivindicações tópicas sobre o Ministério do Trabalho e uma coisa positiva que farão amanhã, (nós vamos promulgar a lei sobre contrato por tempo determinado), o que eles queriam era não aceitar, na reforma da Previdência, o limite de idade de 53 anos para aposentadoria. Argumentei, mostrei que os dados são catastróficos e que, além do mais, não se justifica moralmente alguém se aposentar com menos de 53 anos. Eles estão interessados é nos aposentados do setor privado, que estão influenciados pela cúpula do sindicalismo. Eu disse que era difícil algum DVS alterar essa parte da lei sem voltar ao Senado, mesmo que houvesse alguma brecha na lei, o que acho que não há, e a situação na Previdência é catastrófica.

Falei com [Luiz Fernando] Emediato, que é assessor deles* e conhece bem a Previdência. Ele me disse: "É assim mesmo, presidente, a situação é muito ruim, mas essa gente não pensa, eles não querem saber de nada, só querem garantir essa vantagem".

Eles já tinham dito ao Michel Temer que queriam convocar uma manifestação para o dia 11 de fevereiro.** Medeiros cancelou a manifestação na hora. Na verdade, não tem manifestação nenhuma, é mais para ameaçar. Eu disse também que preferia enfrentar a situação, mesmo que perdesse, mesmo que isso me custasse votos, voto eleitoral, pois isso é uma coisa de interesse público e tal. É uma escaramuça da Força Sindical! Imagina a CUT!

22 DE JANEIRO, QUINTA-FEIRA. Tenho dois registros, creio que são importantes. Primeiro, tive uma longa conversa com Luiz Marinho, presidente do Sindicato dos

---

* Conselheiro da Força Sindical.
** O governo esperava aprovar a reforma da Previdência no plenário da Câmara nesta mesma data.

Metalúrgicos de São Bernardo,* acompanhado de vários outros sindicalistas, e também de gente do Dieese. Conversa boa. Quando se veem as reivindicações deles, ela são de participar no âmbito da definição de políticas. Claro que eles ainda têm um pouco de nostalgia das câmaras de negociação que deram origem a alguns acertos na indústria automobilística.** Mostrei as diferenças com o mundo atual, com a situação do Brasil de hoje, mas disse que achava justo que eles participassem de discussões. É preciso criar um âmbito para elas, sobretudo no que diz respeito à política industrial.

Respondi às objeções deles quanto à política de juros, de câmbio e de emprego. Mostrei o que o governo está fazendo, o que o governo pensa. Creio que eles ficaram até um pouco surpresos, porque, quando se vê a prática, as diferenças entre o que eles propõem e o que estamos fazendo com realismo, não existem. Eu disse: "Está bem, tem que criar primeiro um contexto para as discussões. Segundo, precisa acertar o câmbio... Vocês querem o quê? Que o trabalhador pague o custo do ajuste e não a empresa?". Enfim, fomos argumentando. Mas o clima foi bom, eu concordei que precisamos criar esses âmbitos.

A outra reunião foi para a definição de uma política para a petroquímica. Foi bem interessante. Estavam presentes o Luiz Carlos Mendonça de Barros, um diretor do BNDES, Eduardo [Fingerl],*** Pedro Malan, Gustavo Franco, o ministro de Minas e Energia, Raimundo Brito, Clóvis, eu, Eduardo Jorge e Kandir. Há duas posições.

A majoritária é a do ministro de Minas e Energia e do BNDES, mas com apoio do Kandir, no sentido de que é preciso criar condições para a fusão das empresas petroquímicas brasileiras, para que façam frente ao mercado, que é oligopólico e está ocupado por grandes empresas internacionais. Outra, a do Malan, vê com preocupação a existência de um complexo petroquímico ligado ao Estado, porque isso poderia criar problemas futuros para o Tesouro. Contra-argumento: se não se fizer algo, as empresas existentes vão entrar em parafuso e pressionar o Tesouro. O próprio BNDES, que é sócio da petroquímica, vai ficar com problemas graves.

Nos próximos anos não haverá problemas. Mas, olhando com dez anos de prazo, ou se faz uma grande indústria petroquímica, ou não há como funcionar. Isso é bom para a Petrobras também, porque ela terá que voltar a ter uma ação, agora não como guarda-chuva, mas como empresa associada. Haverá a valorização dos ativos da Petrobras e dos seus lucros, bem como do seu desempenho através da utilização da matéria-prima em produtos mais sofisticados, os derivados do petróleo.

Gustavo Franco está preocupado com o fato de o Banco Central ter herdado do Banco Econômico, do Ângelo Calmon de Sá, o controle de uma parte de Camaçari,

---

* Presidente do Sindicato dos Metalúrgicos do ABC Paulista.
** Alusão às câmaras setoriais automotivas que funcionaram durante os governos Sarney e Collor, por sua vez inspiradas no Geia (Grupo Executivo da Indústria Automobilística), criado em 1956 pelo governo JK.
*** Diretor da Área de Mercado de Capitais.

Conepar, a indústria petroquímica da Bahia.* Temos que ver como se faz a venda disso sem que o Banco Central tenha prejuízo. Foi uma discussão bastante interessante.

Fora isso, o trivial ligeiro de receber parlamentares; o mais importante foram os dois fatos acima.

Agora à noite, acabei de ter uma conversa longa com Roberto Freire e Raul Jungmann. Roberto Freire veio com um objetivo claro, quer que eu autorize o Raul a ser candidato a deputado federal por Pernambuco pelo PPS, mesmo que seja ministro. Ele sai e depois volta como ministro e deputado do PPS. O Raul me pareceu muito reticente. E o que estava em jogo é a posição do Ciro, que certamente pode criar uma situação de campanha constrangedora. O Roberto acha que o Ciro terá capacidade de ter a visão estratégica da importância de uma aliança do governo com esse tipo de esquerda mais *aggiornata*.

O Raul tem dúvidas de que o Ciro, pelo temperamento e pela falta de formação política à esquerda, tenha essa visão estratégica, e ele tem medo de ficar deslocado. Certamente O Raul é meu aliado e está convicto do que o governo está fazendo. Ele tem bom caráter. Mas Roberto foi convincente. Eu disse: "Bom, vamos ver, vamos falar com Ciro, se ele vier aqui, vamos dizer em que condição o Raul participaria da campanha". Quem vai decidir, em última análise, é o próprio Raul, mas eu não me oponho e acho bom um diálogo à esquerda.

HOJE É SÁBADO, 24 DE JANEIRO. Ontem comecei gravando o programa *Certas palavras*,** no qual participo pela quinta vez, para falar de livros. Depois recebi uma delegação de ciclistas*** que veio apoiar a nova lei, o novo Código de Trânsito.

À tarde, estive com o presidente da Peugeot-Citroën, Jean Folz, que veio fazer um grande investimento no Rio de Janeiro.****

Hoje, sábado, estou aqui arrumando papéis e ouvindo música, a Ruth foi para São Paulo e eu, mais tarde, recebo o presidente do Equador. Estamos discutindo as condições para assegurar a paz entre o Equador e o Peru.***** Eu ia me esquecendo

---

* Em julho de 2001, a Conepar — holding de participações na indústria petroquímica pertencente à massa falida do Banco Econômico — foi vendida aos grupos Odebrecht e Mariani por R$ 970 milhões, com financiamento do BNDES. A aquisição da Conepar era disputada desde 1997 por Odebrecht e Ultra.

** Programa de entrevistas sobre livros e literatura transmitido pela Rádio Gazeta de São Paulo.

*** O presidente recebeu representantes da Campanha Bicicleta Brasil — Pedalar É Um Direito.

**** O governo federal, por meio do BNDES, investiu US$ 300 milhões (de um total de US$ 650 milhões) na instalação da fábrica da holding francesa PSA, controladora da Peugeot e da Citroën, no município fluminense de Porto Real. Outros R$ 100 milhões foram aportados pelo governo do Rio de Janeiro.

***** Em 19 de janeiro de 1998, reunidos no Rio de Janeiro, representantes do Equador e do Peru entraram em acordo sobre o cronograma de desarmamento da zona fronteiriça em disputa.

de algo importante: o Sarney almoçou comigo ontem, sexta-feira, e passamos em revista a situação do PMDB. Ele me disse que não concorda com primeiro tirar o Paes para só depois, em junho, fazer a indicação do candidato a presidente da República pelo PMDB, que isso é golpe para o grupo do Jader se fortalecer e exigir de mim mais coisas. Ele não tem condição de ficar contra o Paes, vai ficar neutro até na convenção. Não sei, ele vai fazer o jogo de que é candidato; me garantiu que não é, por muitas razões, não está com disposição anímica, não se sente motivado para competir comigo. Me elogiou bastante, o que ele faz com frequência nas nossas conversas. Acho que é sincero quando diz que não tem disposição anímica e que prefere não competir comigo, até porque ele tem 14% e eu 45% nas pesquisas,* ele sabe, mas não é só por isso.

Acho que realmente o Sarney não teria muitas condições, por vontade pessoal, e também pelo partido, o PMDB, não é fácil; ele não gostaria de correr esse risco. Não me disse, mas a incerteza conta. Falou também que depois do dia 8 [de março]** ele adere integralmente à campanha da reeleição. Mas insistiu muito que seria um erro alienar o Paes; acha que seria possível um processo mais negociado e trazer o Paes. Se não se trouxer o Paes, pelo menos evitar uma fratura maior no PMDB. (Eu não posso opinar, porque o PMDB não é o meu partido.) Ou seja, no começo o Sarney vai ficar na postura de "não ajudo, mas não atrapalho" e, depois de algum tempo, na postura de "eu ajudo", se o PMDB me escolher como candidato à reeleição.

Disse que Itamar está bem, que ele certamente não é candidato à eleição presidencial. Acha difícil também que seja candidato em Minas, embora o Newton Cardoso já tenha dito umas cinco vezes que abriu mão — não para Itamar, porque Itamar nunca topou. Agora Newton é candidato. Também não sei se isso vai ser para valer até o fim. E que Itamar disse ao Sarney que se separou da June [Drummond], depois de quatro anos, e está entristecido, mas que não tinha sentido ele se casar com uma pessoa trinta anos mais moça do que ele. Comentário meu: acho um erro do Itamar. A June me parece ter qualidades, é discreta, tem mais mundo do que a maior parte das pessoas daqui, fala inglês bem, trata Itamar bem. Contudo, o problema não é meu, é dele, e isso talvez faça o Itamar desistir da [embaixada na] Itália, se é mesmo que era ela quem mais queria ir para lá.

---

* No final de janeiro de 1998, o Ibope publicou pesquisas sobre a aprovação do presidente e as intenções de voto para as eleições de outubro. Fernando Henrique obteve 57% de avaliações favoráveis sobre seu governo (eram 70% em março de 1997) e 45% na pesquisa eleitoral, contra 20% de Lula e 7% de Ciro Gomes. No cenário em que Sarney aparecia entre os candidatos, com 12% das intenções, o presidente caía para 42%.

** Data marcada para a convenção nacional extraordinária do PMDB, convocada para definir a posição do partido nas eleições presidenciais.

27 DE JANEIRO A 4 DE FEVEREIRO DE 1998

Reflexões sobre o governo. Viagem à Suíça. Disputas internas no PMDB e no PFL

Hoje é terça-feira dia 27 de janeiro. Domingo à noite houve uma conversa longa com o Serra, depois de um churrasco feito pelo Paulo Renato, presentes Sérgio Motta, Raul Jungmann, Gelson Fonseca, José Gregori. José Gregori e Sérgio Motta despacharam comigo antes, nada de muito especial, Zé Gregori me deu alguns conselhos sobre o relacionamento com a Igreja e com a intelectualidade, me pareceram procedentes, e o Sérgio, repassando todas as questões dele, reafirmou que achava que o grupo Odebrecht ia disputar a banda B, coisa que ocorreu hoje efetivamente.*

Na conversa com o Serra, voltamos a todos os pontos de vista. Ele na verdade prefere ficar na área do emprego sem dar o nome de emprego. "Desenvolvimento Social" ou algo do gênero. Eu prefiro que ele vá para a Saúde.

Ontem, segunda-feira, recebi o presidente do Equador, que veio agradecer a minha interferência no conflito Equador-Peru e dizer que ele ia fazer uma consulta popular. Ele acha que 90% da população é a favor da paz com o Peru. Tem razão, como político que ele é, precisa se respaldar para assumir um compromisso forte como esse entre Equador e Peru. Ele estava muito contente com a ação do Brasil.

Hoje não houve nada de mais, dei uma entrevista de meia hora na CNN em inglês. Fizeram perguntas pelo mundo afora, nada de muito complicado nem de muito especial; é difícil fazer entrevista assim interplanetária entre Estados Unidos, Brasil e o resto do mundo, e numa língua estrangeira, perguntas várias, eu ouvia mal, mas parece que a coisa não foi tão ruim.

Jantei agora aqui com Vilmar e com Barjas Negri para discutir o Ministério da Saúde, que continua difícil, porque o ministro [César Albuquerque] não tem desembaraço político. É um homem bom, vem tentando corrigir as coisas, combater certas formas de corporativismo e também de corrupção, além do clientelismo, mas falta a qualidade negociadora. De todo modo, se o Serra não topar ir para a Saúde, o ministro fica, porque já da outra vez não encontrei outro melhor e continuamos na mesma. Apenas vamos ter que antecipar certas decisões, porque o financiamento da Saúde para 1999 não está garantido, a CPMF acaba e nós vamos buscar outra fórmula. O Barjas tem trabalhado muito bem lá, com muita competência.

* O consórcio Avantel anunciou sua desistência do processo judicial movido no STJ contra o consórcio Tess, vencedor da área do interior de São Paulo da banda B. Mas o Avantel reiterou sua disposição de participar do leilão da banda A.

Na segunda almocei com Juarez Brandão Lopes, que está trabalhando bem lá no Incra.* Juarez acaba de fazer uma operação de câncer no estômago, mas está muito bem. Ele é competente, vai se aprofundar na questão da reforma agrária, do Pronaf etc. Na conversa com Juarez voltei a dar meus argumentos habituais sobre essa matéria, a tese do governo.

É uma coisa curiosa esse governo. É composto basicamente de gente como nós: Juarez, eu e tantos mais, profissionais, universitários quase todos, nenhum ligado a empresa, nenhum ligado a banco, nenhum ligado a sindicato, é um governo quase com uma espécie de visão mannheimiana:** os intelectuais fazendo a mediação de todas as classes.

Nós temos interesse público e fomos capazes de propor um projeto, um programa para o Brasil, em um momento em que os partidos não têm programa, não têm projeto, em que não existem alternativas postas. É curioso que a mídia não registre isso, os jornalistas também não. Os partidos têm uma influência mínima no governo. No Congresso têm muito, e o governo precisa de uma interação com o Congresso, que é o que dá toda essa onda da imprensa, muitas vezes negativa, com o governo. Mas nas decisões de política, melhor dito, não. Nesse plano as decisões são tomadas por esse grupo de pessoas, umas trinta, quarenta, todos com as mesmas características de universitários, com sentido público. É curioso como ninguém tem chamado a atenção para isso.

O Márcio Moreira Alves escreveu uma série de artigos dizendo algo, mas em outra direção, como se fossem os amigos da "República de Ibiúna".*** Também é isso, mas é mais amplo do que isso, e não são necessariamente amigos. Há muitos amigos que não estão no governo e há outros, que não são amigos, que vieram para o governo. Mas todos com o mesmo espírito, numa tentativa de universalizar a educação, a saúde, fazer reforma agrária, organizar o Estado de outra maneira, fazer as privatizações, manter o Estado como alguma coisa importante, refeito. Nada de neoliberalismo.

E fomos confrontados com o atraso, um atraso que perpassa todo o país, atraso clientelístico; são setores políticos ligados com a burocracia via clientela, às vezes para facilitar acesso ao setor financeiro do governo.

Não há influência de um partido, especificamente, nas decisões de governo, nem do PSDB, muito menos do PFL, ou menos ainda do PMDB. Há pessoas nesses partidos com uma visão semelhante, mas os partidos enquanto tal, como organização, não.

---

* Diretor do Núcleo de Estudos e Pesquisas Agrárias, assessoria do Ministério do Trabalho.
** Escola sociológica vinculada à obra de Karl Mannheim (1893-1947), fundador da sociologia do conhecimento.
*** Alusão ao município do interior paulista onde se situam os sítios de Fernando Henrique, Luiz Carlos Bresser-Pereira, José Serra e José Gregori.

É uma situação esdrúxula e perigosa. O que garante a sustentabilidade do modelo? A minha eleição, a minha reeleição. Fora isso, nada, porque foi um acaso juntar um grupo tão amplo de gente com essa mesma visão, na inexistência de partidos orgânicos. É uma espécie de intelectualidade disponível e orgânica em termos do bem geral. Será que não estou racionalizando? Um pouco é isso.

É evidente que a outra questão é a dominação na sociedade. Aí, sim. Os capitalistas, os banqueiros, os empresários, os sindicalistas, a Igreja, as Forças Armadas, a mídia são fatores permanentes de poder, e esse poder não se dissolve quando existe uma eleição. O poder político é apenas um aspecto da dominação geral, e isso as pessoas confundem e imaginam que, pelo fato de um grupo qualquer aceder ao poder político, ele tem a capacidade de substituir as formas de dominação na sociedade. Não tem. A menos que haja uma revolução.

Claro que também existe um jogo. Nesse jogo os que acedem ao poder político passam a ter peso no processo todo. Passam, portanto, a ter uma participação mais ativa no sistema de dominação. À medida que o poder político se torna mais fluido e até mais permeável, ele reflete mais os interesses de classes que não são as dominantes. São interesses das classes dominadas, por exemplo, a generalização da educação, o acesso à saúde, a ampliação do mercado de trabalho, a reforma agrária, tudo isso que já mencionei aqui, existe, então, evidentemente, uma ampliação do processo de dominação. Se antes ele era fechado e controlado pelas antigas elites, passa a ter uma configuração diferente. Da mesma maneira, a participação maior dos sindicatos, de certo tipo de mídia ou de certo tipo de presença religiosa (uma religião mais interessada na sorte dos excluídos), também faz com que haja um alargamento do sistema de dominação.

Isso é sociologia, a mais corriqueira, que infelizmente muitas vezes nem os analistas políticos dos jornais, nem os políticos, nem a academia, se dão conta, e isso é lamentável. Fazem às vezes análises superficiais. Imaginam que o partido tal ou qual, geralmente o PFL, está mandando. Isso é equivocado. Ou supõem que com a substituição pelo partido tal ou qual haverá maior participação popular. Não necessariamente. Que haverá maior presença dos interesses populares. Não necessariamente. Essa crosta ideológica impede que se analise com realismo os processos políticos, atrapalha muito a percepção adequada do espectro político brasileiro. E, sobretudo, dificulta a percepção adequada do sentido histórico do meu governo.

Daqui a pouco embarco para a Suíça. Zurique, Berna, Davos.* Eu não registrei, mas ontem, segunda-feira, estive com o senador Tuma, que veio falar sobre São Paulo. Ele continua interessado em que o PFL não apoie o Maluf, e gostaria talvez

---

* Além de participar do Fórum Econômico de Davos, o presidente foi recebido em visita de Estado pelas autoridades suíças.

de ser o vice do Mário Covas, o que, do ponto de vista eleitoral, não seria má solução para São Paulo.

Ontem, ainda, recebi o senador Carlos Bezerra, do PMDB do Mato Grosso, interessado em fazer um acordão em Mato Grosso, com Júlio Campos,* e ver se eu posso apoiar todos eles juntos.

Hoje de manhã recebi Valdo Cruz, da *Folha*, repeti um pouco o que está registrado da minha visão do jogo político. Recebi o Jefferson Peres, que é senador do Amazonas, um idealista com boas ideias sobre a região amazônica, vou aprofundá-las com Vilmar Faria e com a Marina Silva.

Depois recebi o Geddel Vieira Lima, que veio com o Jackson Barreto** e com o prefeito de Aracaju,*** que é uma pessoa simpática, trabalhadora, e também com o deputado que os apoia lá.**** Eles vão se juntar àqueles que querem que o PMDB fique na linha da reeleição. Claro que isso vai dar algum problema com Albano Franco, eu disse a ele. É claro também que eu não vou poder partidarizar nem para um nem para outro, embora o Albano seja meu amigo, seja do PSDB, e isso já dê certa vantagem a ele.

Almocei com o Sérgio Motta, com o Luís Eduardo, e mais tarde chegou Eduardo Graeff, para analisar a emenda da Previdência. O Sérgio Motta está entusiasmado, parece que o próprio Luís Eduardo acredita que dê para passar. Eduardo Graeff está preocupado com a decisão que acabou de ser tomada no Senado, de considerar prejudicada uma votação sobre privilégios de juízes; como o Senado já recusou uma vez, a proposta volta agora sob a forma de emenda administrativa da Câmara. Antônio Carlos colocou em votação para que não fosse aceita.*****

Ou seja: foi considerada prejudicial. A implicação disso é que a Câmara também pode reclamar, e agora podem recusar um pedaço da reforma previdenciária aprovada pelo Senado sob a alegação de que votaram contra antes, e isso pode complicar.

---

* Senador (PFL-MT). Nas eleições de 1998, o PMDB e o PFL participaram de uma ampla coligação em torno da candidatura de Júlio Campos ao governo mato-grossense, de oposição a Dante de Oliveira (PSDB).
** Ex-deputado federal (PMDB-SE) e ex-prefeito de Aracaju, liderança do PMDB sergipano.
*** João Augusto Gama (PMDB).
**** João Alves (PFL-SE).
***** O Senado aprovou em votação simbólica uma questão preliminar apresentada por ACM para suprimir da PEC da reforma administrativa o privilégio de aposentadoria integral para magistrados, já aprovado pela Câmara. O argumento foi de que os senadores haviam rejeitado o tema durante a primeira tramitação. Sinalizou-se, assim, uma quebra do acordo assumido entre os líderes aliados na Câmara e no Senado para manter intacto o texto das reformas administrativa e da Previdência e acelerar sua aprovação — quaisquer alterações ocasionariam o retorno automático das propostas à Casa de origem. Deputados do PFL e do PMDB ameaçaram retaliar na votação da reforma previdenciária, que passava pela segunda tramitação na Câmara.

Também é possível que mais tarde, nos tribunais, alguém possa arguir de que, como não houve duas votações na Câmara e no Senado, houve só a recusa pelo Senado, não pode ser promulgada, mas acho que politicamente está certo.

HOJE É DOMINGO 1º DE FEVEREIRO, cheguei esta madrugada, cinco e meia da manhã, de Davos, na Suíça. Vou registrar o que aconteceu na quarta, quinta, sexta e sábado.

Cheguei à Suíça na quarta-feira, dia 28 de janeiro.* No primeiro encontro que tive, à tarde, com um grupo grande de suíços, falei em francês, estava inspirado e fluente, a reunião foi boa. Houve boas perguntas e muitos aplausos. Estavam presentes os mais importantes empresários locais, até porque a reunião foi feita pela União Suíça do Comércio e da Indústria: chama-se Vorort.**

Em seguida, tive um jantar com um grupo menor de dirigentes pesos pesados da Suíça.*** Isso significa: Nestlé, Swatch, Credit Suisse e por aí vai. O jantar foi em inglês. Perguntas e respostas o tempo todo, clima, diria eu, de euforia com o Brasil. O sr. [Christoph] Etter, que é o presidente da Câmara Latino-Americana na Suíça, muito entusiasmado, assim como, ao meu lado, o presidente da Vorort, sr. [Andres] Leuenberg, e os demais empresários. Realmente um clima digno de registro, positivo.

No dia seguinte, quinta-feira, fui visitar Berna. Estive com o presidente da Suíça, Flavio Cotti, que já havia estado no Brasil. Cinco conselheiros federais**** presentes, o poder político da Suíça, clima excelente, não se pode dizer menos do que isso. A conversa foi multilinguista, ele falava em italiano, de vez em quando em francês ou inglês. Tivemos um encontro normal bilateral entre presidentes e ministros, não há problema algum entre Brasil e Suíça, que é o quinto ou sexto investidor no Brasil. Muita preocupação com o que vai acontecer com a União Europeia e o Mercosul. A Suíça, que não pertence à União Europeia, teme ficar de lado. Nós dissemos que não havia perigo algum. Notei certa preocupação dos suíços com o ouro dos nazistas guardado lá***** e de como isso teria desmoralizado o prestígio do

---

* O presidente desembarcou em Zurique.
** Atualmente denominada Economiesuisse.
*** O presidente proferiu conferência num jantar promovido pela Câmara de Comércio Latino-Americana na Suíça.
**** O Conselho Federal, na ocasião presidido por Flavio Cotti, é constituído por sete ministros dos cantões da Federação Suíça. O órgão exerce a chefia do Estado e do governo sob a presidência rotativa de seus membros, em base anual. Em 1998, os sete integrantes do Conselho Federal eram, além de Cotti, Jean-Pascal Delamuraz, Ruth Dreifuss, Arnold Koller, Moritz Leuenberger, Adolf Ogi e Kaspar Villiger.
***** Num relatório publicado pelos EUA em maio de 1997, o Banque Nationale Suisse foi acusado de comprar centenas de toneladas de ouro do governo nazista durante a Segunda Guerra Mun-

país. Perguntaram se tinha havido algum reparo à minha visita à Suíça em virtude desse assunto, eu disse que não, que no Brasil esse tema não chegou a ser uma grande questão.

Posteriormente, reunião na casa do embaixador Didu Alves de Souza [Carlos Alberto Alves de Souza],* também muito agradável. Voltamos de Berna para Zurique, dei longas entrevistas à *Economist*, ao *Financial Times* e ao *Neue Zürcher Zeitung* — NZZ, que foi boa. Publicaram uma página inteira, com fotografia, aliás foram dois dias de entrevistas e fotos. O embaixador Alves de Souza disse que o jornal tinha um representante no Brasil muito contra o país e que agora o reconhecimento público da nova etapa do Brasil se dava em função do prestígio que deram à minha visita.

No dia seguinte, sexta-feira, fomos a Davos, para uma reunião que ocorreu entre sexta e sábado. Fiz uma apresentação sobre o Brasil** e tive vários encontros. À noite, houve um jantar com o que há de mais representativo em termos de capital internacional, organizado pelo Peter Sutherland, presidente do Goldman Sachs International,*** que é muito amigo do Lampreia e conhecido meu desde os tempos da União Soviética; nos conhecemos lá na Rússia. Ele foi de uma generosidade incrível se referindo a mim e ao Brasil. No jantar eram três mesas, com os dirigentes internacionais e suas senhoras. Eu rodei de mesa em mesa. Havia vários [empresários], entre os quais o [Robert] Shapiro, da Monsanto, que é dono da segunda maior empresa de computadores dos Estados Unidos.**** Enfim, grandes investidores, o presidente da Nestlé,***** um ambiente seleto e também uma reação muito positiva.

No sábado de manhã, ontem, participei de uma mesa-redonda com George Soros, Leon Brittan e John Sweeney, da confederação sindical americana, a AFL-CIO. Este com uma visão igual, ou quase, à do Vicentinho, uma visão catastrófica da globalização, de que ela vai levar ao desemprego. Por outro lado, o Brittan é muito tradicional no seu laissezfairismo e, por paradoxal que pareça, o George Soros e eu na mesma posição.

Soros é inteligente, ele tem essa ideia da reflexividade, que eu já havia lido num debate dele com o Giddens. No fundo é uma ideia simples, a de que o mercado é virtual, a expectativa que se tem do futuro molda o futuro, os mercados financeiros são por definição instáveis, por isso mesmo a política econômica precisa incluir

---

dial, provenientes das reservas de bancos centrais de países invadidos e do saqueio de bens de vítimas do Holocausto.

* Embaixador do Brasil em Berna.

** A primeira exposição de Fernando Henrique na sessão plenária do Fórum Econômico Mundial teve o título "Brazil: The Making of a Continental Giant". Numa sessão posterior, o presidente palestrou sobre o tema "Complementing the Market Economy".

*** *Non-executive chairman* da subsidiária internacional do Goldman Sachs, com sede em Londres.

**** Louis Gerstner Jr., presidente da IBM.

***** Helmut Maucher.

um componente moral capaz de restringir essa instabilidade através de políticas apropriadas. Não é muito diferente do que eu digo no paper que levei para lá. Tanto Soros como eu pedimos a criação de instrumentos para dar um pouco mais não digo de regulação estrita, mas de capacidade de reação. Partindo da noção de que o mercado reage a expectativas, é conveniente, portanto, que as informações sejam adequadamente apresentadas. Por exemplo, o ataque especulativo que ocorreu ao Brasil se deu por falta de informação, não obstante as situações do Brasil e da Ásia serem completamente diferentes.

Depois e antes disso, recebi várias personalidades. Quero relatar aqui as principais. O McLarty, representante pessoal do Clinton, veio discutir o que vai acontecer em Santiago.* Voltei a falar da importância de tratarmos, em Santiago, da questão da educação. Eu disse também que o *fast track* é difícil de ser obtido, mas que gostaríamos que fosse. No fim, pedi que levasse meu abraço de solidariedade ao Clinton pela confusão que está havendo nos Estados Unidos por causa do relacionamento extraconjugal do presidente com uma estagiária da Casa Branca.**

McLarty fez a revisão dos temas e falou também sobre Peru e Equador. A preocupação maior dele é com Peru, Equador e Paraguai. Temos a mesma preocupação.

Recebi o presidente da Polônia, que me impressionou profundamente bem. Ele se chama Alexander Kwaśniewski, um nome impronunciável, me pediu que o chamasse de Alexander e me convidou para voltar à Polônia.*** Um rapaz jovem, dinâmico, inteligente; fez uma análise profunda da situação na Rússia e disse que o Iéltsin precisa ser preservado, que ele tem dois valores fundamentais para o mundo: a democracia e a integração da Rússia ao sistema mundial. Duas prioridades que nunca houve na Rússia, nem o [Mikhail] Gorbatchóv**** tinha essa preocupação.

* A II Cúpula das Américas, na qual prosseguiram as discussões sobre a criação da Alca, foi realizada em 18 e 19 de abril de 1998 na capital chilena.
** Em 21 de janeiro de 1998, o *Washington Post* publicou gravações de conversas telefônicas de Monica Lewinsky, estagiária da Casa Branca de 22 anos, nas quais contava a uma amiga detalhes de seu relacionamento amoroso com o presidente. Clinton, que já era investigado por supostas fraudes imobiliárias, foi acusado de perjúrio e obstrução da Justiça por ter negado e depois admitido a existência de relações sexuais com Lewinsky. O escândalo, que acabou revelando outro caso extraconjugal de Clinton, ocasionou um processo de impeachment no Congresso que se estendeu até 1999 e quase lhe custou a Presidência.
*** Em agosto de 1980, Fernando Henrique assistiu como observador às negociações entre o sindicato Solidariedade e o governo comunista durante a greve que paralisou o estaleiro Lênin, em Gdansk.
**** Ex-secretário-geral do Partido Comunista (1985-1991) e ex-presidente da União Soviética (1990--91). Último líder da potência comunista, dissolvida em 1991, Gorbatchóv lançou as políticas de *glasnost* ("abertura") e *perestroika* ("restruturação") que liberalizaram o regime soviético e distenderam a Guerra Fria nos anos 1980.

Gorbatchóv era muito mais preocupado com o direito de expressão e de liberdade do que propriamente com a generalização da democracia. Alexander acha que a sociedade civil continua inexistindo na Rússia, portanto ainda pairam dúvidas sobre como as coisas vão evoluir. Esse Alexander me impressionou e quer relações de aproximação com o Brasil.

Outro que me impressiona muito é o ministro das Finanças da França,* [Dominique] Strauss-Kahn. Homem moderno, disse que a França está melhor do que parece, que hoje ela é menos estatizante e menos, digamos, esclerosada do que se diz; ele acha que a França vai ter um desempenho razoável. O primeiro-ministro Jospin mostrou energia na questão dos desempregados, Strauss-Kahn perguntou muito sobre as relações do Brasil com a França, ele sabia como estava a EDF, que comprou a Light,** falou de outros interesses franceses, da necessidade de mantermos mais contato. Eu o convidei a vir ao Brasil. Ele conhece perfeitamente o Brasil. Conhece toda a Amazônia, de Iquitos a Manaus, o Nordeste, o Sul, Minas Gerais, gosta imensamente, tem entusiasmo pelo que existe no Brasil. Muitos franceses têm isso, e entusiasmo pela nossa natureza. Mas o mais importante é que ele é um homem bem informado sobre a França, sobre o mundo. Em relação aos temas globais, as preocupações são as mesmas.

As mesmas que me foram expostas depois pelo Larry Summers, que é o subsecretário do Tesouro americano. O Larry fez uma análise da Ásia igual à que fazemos e que é também a do francês [Strauss-Kahn]. A China é a grande incógnita: se ela aguentar [a crise financeira], ótimo; se não, será uma dificuldade imensa. Quanto ao Japão, por enquanto incapacidade política até de reengenharia. O Japão ainda não tomou todas as medidas que deveria. Larry acha que o perigo foi controlado. Indonésia é um caso à parte, pode se deteriorar.

Em relação ao Brasil, mostrou alguma preocupação, porque acha que as nossas contas não são tão transparentes quanto pensamos. "Contas" se refere a "contas de capital". Sobretudo ao endividamento não visível de empresas e de curto prazo. Eu disse que faria essa pergunta ao Malan. Ele tinha dúvida também sobre as eleições, sobre o que vai acontecer. Eu já havia dado uma resposta taxativa na Suíça, repeti várias vezes em Davos que eu seria louco se desvalorizasse o real e, se desvalorizar depois das eleições, pior ainda; seria como o Cruzado 2.*** Eu disse que vamos man-

---

* Ministro da Economia, das Finanças e da Indústria.
** No leilão de privatização da Light, realizado em 1996, a estatal francesa comprou 34% das ações com direito a voto e dividiu o controle da empresa com grupos norte-americanos e uma subsidiária do BNDES.
*** Plano econômico lançado pelo governo Sarney em novembro de 1986, menos de uma semana depois das eleições para os governos estaduais e o Congresso. O Cruzado 2 se compôs de medidas impopulares, como o descongelamento de preços — tabelados desde o Cruzado 1, implantado dez meses antes — e o aumento de impostos e tarifas.

ter a política baseados na ideia de que as reservas estão crescendo e que estamos exportando mais. Ele fez algumas objeções, lembrou que também no México em certo momento as reservas cresceram, enfim, eu não quis aprofundar muito porque ele é economista e eu não, mas ele tem dúvidas.

O Larry lançou um alerta, disse que, embora não seja a área dele, acha que o Mercosul está sendo percebido cada vez mais como uma intensificação do comércio intrazona em detrimento do comércio com outras zonas. Ou seja, sem o *fast track*, os americanos vão atacar mais o Mercosul, porque o Mercosul passa a ser realmente um instrumento muito poderoso para Brasil e Argentina. Essa é a minha leitura. Ele, quando fez críticas a nós, à nossa política, sempre disse que talvez não estivesse bem informado e que se baseava em opinião de terceiros, mas queria saber e conversar comigo. O Larry é inteligente, poderoso e normalmente pouco agradável. Lá foi muito agradável. Aliás, comigo sempre foi. Recordou que há quatro anos, em 1994, nos encontramos na crise da dívida do Brasil para solucioná-la* e que de lá para cá as coisas mudaram muito. Me felicitou pelo que fizemos no Brasil.

Estive com o presidente do Cazaquistão,** não é a primeira vez que o encontro; ele também deseja, e muito, relacionar-se com o Brasil. Vamos mandar o embaixador [Ivan] Canabrava, que é responsável pela área,*** visitar brevemente o Cazaquistão.

Estou dando apenas algumas pinceladas do que foram esses dias, dias bons, sempre de promoção de uma nova imagem do Brasil e estabelecimento de nexos mais diretos com as pessoas que têm peso no mundo. Ao mesmo tempo, foi bom para eu me informar sobre como anda o mundo e como o mundo vê o Brasil.

Tivemos também uma boa reunião com os presidentes do Mercosul, voltaram às perguntas sobre a capacidade de o Brasil reagir a algum ataque, um clima geral muito positivo.

HOJE É 3 DE FEVEREIRO, TERÇA-FEIRA, são três horas da tarde. Primeiro, voltando ao domingo.

No fim do dia, Sérgio Motta veio aqui. Ele estava um pouco encabulado, queria me falar sobre o bate-boca havido na posse do Andrea Matarazzo,**** quando ele cri-

---

* Em abril de 1994, no final da gestão de Fernando Henrique no Ministério da Fazenda, o governo brasileiro aderiu ao Plano Brady e transformou a dívida externa com credores privados em títulos com prazos e condições de pagamento mais favoráveis.
** Nursultan Nazarbayev.
*** Subsecretário de Assuntos Políticos do Itamaraty.
**** Novo secretário de Energia do estado de São Paulo.

ticou, no seu discurso, o modo pelo qual a Cerj* e a Light foram privatizadas.** Houve repercussão. O Marcelo Alencar não gostou. Tampouco o Brito. Ontem Antônio Carlos reagiu. O Sérgio Amaral disse que cada ministro se ocupasse de sua área, e hoje o Sérgio me telefonou por achar que Sérgio Amaral estava errado. Eu disse: "Não, ele não fez nada errado, disse o óbvio". Enfim, nada demais, apenas "mais uma do Serjão", com se diz aqui.

Ontem, segunda-feira, dia 2, recebi de manhã o novo embaixador do Brasil no Paraguai. Bernardo Pericás veio com o nosso ministro em exercício, o Rego Barros, o Bambino.

A situação do Paraguai evolui mal. Wasmosy não tem muita alternativa, está na mão dos comandantes. Os comandantes atuais não querem Oviedo, que está preso, tentou um habeas corpus, mudaram o juiz, porque o juiz negaceia, e há um entendimento de que eles vão querer liquidar a situação do Oviedo no Tribunal Militar,*** sem apelo ao Tribunal Constitucional,**** aos tribunais civis. Isso poderá provocar uma reação dos oficiais ligados ao Oviedo e talvez de parte da população que o apoia. O Bernardo Pericás vai ao Paraguai com instruções de ser bastante explícito na minha mensagem ao Wasmosy: não aceitamos a quebra do estado de direito e da democracia.

Hoje de manhã, terça-feira, falei com Sanguinetti, que tem o mesmo ponto de vista. Essa instabilidade no Paraguai vai ser um problema complicado com que vamos ter que lidar daqui para a frente.

Ontem estive também com Marco Maciel, que me deu conta da viagem que fez à América Central.***** Conversei ainda com o ministro da Marinha, muito feliz, naturalmente, porque comprou os aviões. E depois com Raul Belém, que é ligadíssimo ao Itamar e veio fazer um apelo para que eu o convencesse a se candidatar ao governo de Minas Gerais. Porque o Itamar, ele disse, está pronto para isso. Não sei. Falei com Zé Aparecido pelo telefone, que me disse que Itamar queria conversar comigo, no mesmo estado de espírito, depois novamente mostrou interesse pelos

---

* A Companhia de Eletricidade do Rio de Janeiro, responsável pelo abastecimento de 59 municípios fluminenses, fora leiloada em novembro de 1996 por R$ 605 milhões (ágio de 30,3%). O vencedor foi o consórcio Chilectra, formado pela Empresa Elétrica do Paraná, Sociedade Paranapanema de Eletricidade, EDP e Endesa.
** Motta afirmou que as duas estatais privatizadas eram "uma vergonha para o programa de privatizações do governo federal". O estado e a cidade do Rio de Janeiro sofriam com apagões frequentes e tarifas elevadas.
*** Suprema Corte de Justicia Militar.
**** Corte Suprema de Justicia.
***** Durante a visita oficial de Maciel a vários países da América Central — entre os quais Honduras, onde representou o Brasil na posse do novo presidente, Carlos Roberto Flores, em 27 de janeiro —, Michel Temer assumiu interinamente a Presidência da República.

Palop,* os países de língua portuguesa, e pela nomeação do secretário da CPLP... Fiquei de falar na volta com Zé Aparecido.

Independentemente disso, há fofoca grande. Sarney declarou à imprensa, hoje, que se Itamar for candidato, ele o apoia. Ato contínuo, Sarney me telefonou — eu já tinha lido a notícia — para perguntar o que eu achava do que ele dissera. Assim ele ficou de fora da corrida eleitoral, fica só Itamar fazendo jogo duplo, ou triplo, nem sei que jogo ele está fazendo. Sarney reafirmou que está na linha combinada comigo, que ele não vai entrar na briga. Isso não garante que não entre. Quero fazer este registro porque as pessoas são um tanto ambíguas.

Eu não sei o que o Itamar vai dizer ou deixar de dizer, a esta altura deve estar todo empavonado para ser candidato a presidente da República. E tem o Ciro, que fez uma declaração lamentável ao *Correio Braziliense*, contando fatos inverídicos — disse que eu trato o Serra a palavrões, quando todos sabem que não é do meu estilo dizer palavrão —, enfim um pouco mitômano. Ciro já disse que apoia o Itamar, já desdisse, disse que não vai ser vice de novo, enfim, está caindo no ridículo. Se não fosse o Brasil, não seria perigoso. Sendo o Brasil, esse estilo meio populista, meio Jânio Quadros não sei bem no que vai dar.

Fui à posse do Reginaldo de Castro para presidente da OAB.** Sala cheíssima do auditório Petrônio Portela, fui muito aplaudido na entrada, na saída e depois do discurso. O Reginaldo fez os ataques de praxe às MPs, criticou um pouco a situação social do Brasil, nada muito grave. Eu, no discurso, disse que quanto às medidas provisórias, o governo já estava de acordo com o Senado, que aprovou uma nova regulamentação, e eu coloquei na pauta da convocação extraordinária para a Câmara resolver. Mas a Câmara não resolve, porque é difícil mesmo solucionar essa questão, todos sabem que sem medida provisória não se governa. Todos sabem que a mudança não avança mais porque a Câmara não dá número e o governo também não tem interesse maior em dar número, é um imbróglio grande.

Sou o segundo presidente da República a assistir a uma posse da OAB. O primeiro foi o Juscelino. Como esse setor dos advogados é muito sensível e, por princípio, é muito contra o governo, contra as privatizações e tudo mais, achei que foi importante ir lá. Estavam muitos dos ex-presidentes da entidade, acho que todos os vivos: o Evandro Lins e Silva, o Raymundo Faoro, enfim, todos. Eu fiz um discurso firme, tranquilo, sem confrontação, não era o caso nem me interessava.

As preocupações com a Previdência continuam. Os números mostram claramente que a Previdência vai em déficit crescente e também que os parlamentares reagem em função de forças setoriais: os juízes estão fazendo um lobby imenso porque não querem se submeter à regra geral. O Jefferson Peres não quer que os

---

* Acrônimo de Países Africanos de Língua Oficial Portuguesa.
** Presidente do Conselho Federal da OAB. A solenidade foi realizada no Auditório Petrônio Portela do Senado.

aposentados paguem contribuição alguma, sempre assim com uma visão que pode até ser justa na sua especificidade, mas que no contexto é negativa, porque a situação é grave. A Previdência gera um déficit crescente e o Congresso, discutindo o assunto há dois anos e meio, quase três anos, não toma uma posição. Agora estamos fazendo tudo para ver se damos pelo menos um passo, por modesto que seja, para paralisar essa situação de endividamento crescente.

Os jornais registram que houve superávit no Tesouro Nacional.* Só que o povo não vai entender, porque linguagem técnica é muito difícil. Mas houve um pequeno déficit operacional e nominal. Veja, é difícil explicar ao país essa situação, até porque boa parte do déficit é consequência dos juros. Mas temos dois pontos de déficit: juros e Previdência, um amarrado ao outro. Por isso é preciso resolver a Previdência, para que não se fique mantendo essas taxas de juros altas, sob o pretexto da realidade do déficit.

HOJE É DIA 4 DE FEVEREIRO, uma quarta-feira, dez horas da manhã. Ontem à tarde nada de extraordinário, o Paulo Paiva veio falar comigo, preocupado com a situação de Minas, a confusão das candidaturas, ele ainda não vê a coisa clara e isso vai ficar assim até muito longe.

No meio disso, Itamar briga com o pessoal do PMDB, Sarney faz de conta que apoia Itamar, Itamar faz de conta que é candidato a presidente da República, tudo isso cria um ambiente de fofoca política e não tem nada a ver com os objetivos nacionais. Eu no meio disso, preocupado em fazer avançar as reformas.

Outra dificuldade: choque forte entre Antônio Carlos e Michel Temer por causa da interpretação sobre o que fazer com um texto modificado por uma das Casas: se se remete ou não o projeto para a outra Casa antes de se promulgar a reforma; se se promulga a parte aprovada nas duas Casas e a outra não; ou se não se faz nada. Enfim, confusões que vão perturbar.

Por enquanto estamos conseguindo manter o prumo. Na verdade é o que tenho feito. Não entro em briga, não compro confusão, dou até a impressão de que não estou ligando nem mesmo para alguns abusos. Por exemplo, o Sérgio Motta — é o temperamento dele — criou de novo uma dificuldade para mim, ele nem percebe, essa confusão que ele arrumou agora, uma crítica à política,** crítica justa em si, mas que não pode ser feita do jeito que ele fez. Caberia a mim fazer e não a ele. Tenho que relevar tudo porque o Sérgio é parceiro nas brigas do Congresso e também no partido. Faço de conta que não vejo.

Por quê? Porque tenho objetivos, e eles são levar avante o Brasil, fazer as reformas. Essa é a minha obsessão, e a toda hora ficam dizendo: "Ah, o presidente se

---

* O governo anunciou que o superávit primário em 1997 foi de 0,7% do PIB.
** Trata-se do mesmo episódio da crítica à privatização da Cerj e da Light.

preocupa com a reeleição e não com as reformas". Tremenda injustiça. A reeleição é condição para fazer as reformas que já estavam perdidas antes da reeleição e agora foram recuperadas não só pela possibilidade de reeleição, mas pela crise asiática. É difícil, porque a gente vê o prumo do país e outros estão vendo a pequena política o dia inteiro. Não posso nem revidar, e fica essa coisa pequenininha. O Ciro agora disse que não quer ser ameba como eu, ou seja, não oferecer resistência ao meio..."* Eu ofereço uma tremenda resistência, mas ao que é fundamental: à mudança de estruturas, à mudança do Brasil, não a essas bobagens daqui e dali que entusiasmam os políticos de província.

Teotônio também esteve comigo, preocupação, crise no Amazonas de novo, agora não por causa do Amazonino, mas do Bernardo Cabral e do deputado Euler Ribeiro,** porque a nomeação do representante do Incra seria de alguém ligado ao deputado Arthur Virgílio e eles perdem, não pode ser, enfim... Com tanta coisa importante no Brasil, o pessoal sempre na mesma. Os interesses locais prevalecem sobre tudo.

Nesta manhã ainda nem pude sair do Alvorada, por causa dessa discussão entre Antônio Carlos e Michel; vou tentar uma solução apaziguadora. Vou ficar conversando pelo telefone e pessoalmente com vários parlamentares para ver se a gente avança.

---

* "Não quero ser uma ameba. Ameba por ameba, basta o Fernando Henrique", disparou o pré--candidato do PPS, no registro do *Jornal do Brasil* de uma reunião com artistas e intelectuais no Rio de Janeiro, em 2 de fevereiro. Gomes explicou que "ameba" seria uma "metáfora para a ausência de resistência ao meio".

** PFL-AM.

6 A 24 DE FEVEREIRO DE 1998

Almoço com Itamar.
Vitórias na reforma da Previdência.
Viagens ao Nordeste

Hoje é sexta-feira, dia 6 de fevereiro, estou em Fortaleza. Vamos reconstituir um pouco. Na terça e na quarta-feira, dias 3 e 4, não houve nada de especial, mas ontem, sim.

Tive um almoço com Itamar que está registrado nos jornais. Ele me disse que ficou muito irritado com o Jader, que o desafiou; estava tudo indo na direção certa, como tínhamos combinado, ele ia ficar no canto dele, mas não podia ser desmoralizado. Por isso aquela carta dele ao Paes de Andrade e ao Sarney.* Parece que Paes de Andrade e ele não vão participar da convenção do PMDB no dia 8 de março. Disse que volta para os Estados Unidos, pediu que eu o exonerasse imediatamente, assim também teria uma desculpa por ter vindo falar comigo: para dizer que não ficaria mais na OEA. Ele vai permanecer pelo menos até 30 de março, dia da desincompatibilização. Disse que está pensando em alugar um apartamento em Nova York e ficar lá com a filha.** Eu sugeri: "Fique na casa do embaixador da OEA". Ele retrucou que não podia porque o Carlos Alberto — que Itamar me pediu que eu nomeasse embaixador — o estava atazanando, enfim ele quer ir logo para lá. Estava um pouco aborrecido com o Carlos Alberto, que, pelo que consta, não fez nenhuma pressão direta sobre ele. São as sensibilidades de cada um. Itamar disse que não vai se meter na convenção e que, na volta, depois do dia 8, nós conversaremos; que eu o chame, se quiser, e que a conversa será sobre Minas.

Ele acha Minas fundamental, que nada no Brasil se resolve sem Minas, é o sentimento mineiro, aquela coisa toda, me deu a sensação de que, se não for à convenção, se o PMDB se recusar a ter candidato próprio, então será candidato em Minas. Ele deu essa indicação indiretamente ao Pimenta da Veiga, que deve transmiti-la ao Eduardo Azeredo. Itamar parecia nervoso. Claro, se ficar no Brasil vai alterar um pouco o quadro mineiro, será candidato. Avisei também ao Paulo Paiva da conversa com o Itamar e da minha preocupação de que ele possa querer ir para Minas.

* Em 30 de janeiro, Paes de Andrade anunciou à imprensa que Itamar Franco, Roberto Requião e José Sarney assinariam um documento de formalização de suas pré-candidaturas pelo PMDB. Durante uma reunião da Executiva do partido, dias antes, o líder do governo no Senado, Jader Barbalho, desafiara os eventuais postulantes pemedebistas ao Planalto a se comprometerem por escrito.
** Georgiana Franco.

Itamar foi embora, deu uma boa entrevista à imprensa, amistosa, e assim ficaram as coisas.

Sarney já tinha me dito, por telefone, que não seria candidato, telefonou muito irritado para o Jader porque este teria falado alguma coisa a respeito dele, não me recordo o quê, o teria chamado à luta. Hoje Sarney veio comigo no avião para cá, para o Nordeste, como registrarei.

Ontem ainda, quinta-feira, tive um encontro importante com o embaixador [Bill] Richardson, representante dos Estados Unidos nas Nações Unidas.* Hoje houve repercussão nos jornais sobre uma declaração do Lampreia.** Os jornais selecionaram a parte mais guerreira do Lampreia, embora, quando se lê no contexto, ele tenha declarado exatamente o que combinamos, ou seja: os americanos não nos pedem sequer apoio; eles pedem compreensão. Não pedem nosso voto; pedem que compreendamos a posição deles. A posição americana é de que existe um mandato na ONU e que o Iraque não está obedecendo a ele — há, portanto, a possibilidade de uma ação militar; eles acham que essa autorização já está contida no mandato da ONU, por isso não vão pedir um novo mandato, específico.

Perguntei se estavam seguros do que iria acontecer caso bombardeassem e eles me disseram que sim. Estava presente também um almirante,*** assessor militar do Richardson, e um rapazinho que, me disseram, especialista em Iraque, muito confiante, que tinha umas análises que me pareceram um pouco clichês sobre o país. Disse o Richardson que eles não acreditam que possam alcançar o Saddam Hussein;**** eles não sabem onde ele se encontra. Estão convencidos de que há armas bacteriológicas e químicas e dispostos a um ataque fulminante, sem tropas no solo.

HOJE É DIA 7 DE FEVEREIRO, SÁBADO, interrompi a gravação do dia 6 em Fortaleza. Faz umas duas horas que cheguei a Brasília, já nadei, fiz um pouco de exercício. Agora vou retomar o fio da meada.

---

* Bill Richardson veio ao Brasil (membro rotativo do Conselho de Segurança) pedir o voto favorável do país à proposta norte-americana de uma nova intervenção bélica no Iraque com mandato das Nações Unidas. A crise militar no golfo Pérsico voltara a se intensificar em janeiro, com a recusa do governo iraquiano em permitir a inspeção de seus arsenais de armas de destruição em massa por representantes da ONU. Além das inspeções, o Iraque já sofria diversas sanções internacionais e bloqueio de grande parte de seu espaço aéreo, decorrentes da derrota na Guerra do Golfo (1990-91).
** Depois de participar da reunião de Fernando Henrique com Richardson, o ministro das Relações Exteriores declarou à imprensa que o Brasil "se dispunha a apoiar" uma ação armada dos EUA contra o Iraque.
*** Edward Hunter.
**** Ditador do Iraque.

Eu estava falando sobre o encontro da quinta-feira, dia 5, com o embaixador Richardson, que disse estarem os americanos convencidos de que vão ter êxito na operação [contra o Iraque]. Não sei o que vai acontecer.*

Na quarta-feira houve uma vitória espetacular na comissão especial da reforma da Previdência, de 23 a 0,** para a proposição ser aprovada. Mas houve muita coisa desagradável, xingamentos, Vicentinho subiu nas cadeiras do Congresso, para acalmar, é verdade, mas de qualquer maneira um espetáculo deprimente*** que, creio, nos dará uma vitória mais fácil no plenário na próxima quarta-feira.

As coisas avançam, tortuosamente é verdade, com tumultos, mas avançamos nas reformas fundamentais do Brasil. Acabei de telefonar para o Beto Mendonça pelo seu aniversário e ele me deu um panorama bem mais otimista do que está acontecendo, até mesmo sobre investimentos e emprego. A arrecadação foi muito boa, por causa das mudanças do pacote que fizemos no ano passado. As coisas parecem estar tomando um rumo melhor. Também houve um aumento das reservas do Brasil.

Ontem de manhã fui a Sergipe, viagem cheia de gente no avião. Conversei longamente com Sarney, como se nada houvesse sobre Itamar. Sarney continua fazendo parecer que está firme no embalo da minha candidatura. Sabe Deus.

A primeira cidade que visitei foi Aracaju, com Albano, muitos deputados, muita gente, distribuição de casas;**** não gosto muito desse tipo de evento, mas parece que para Albano era essencial que eu fosse, então fui. Tudo muito bem, discurso para cá, discurso para lá. De Aracaju fomos ao Maranhão inaugurar um aeroporto.***** A Roseana fez um discurso afirmativo, declarou apoio a mim, me disse que, já que o pai não é candidato, ela pode me apoiar. Fiz um discurso de solidariedade ao bom trabalho que ela tem realizado no Maranhão, isso tudo acompanhado de toda a bancada, senadores, deputados, muita gente. De lá embarquei para o Ceará,

---

* Em dezembro de 1998, sem autorização expressa da ONU, caças norte-americanos e britânicos bombardearam pesadamente o Iraque, inclusive palácios ocupados por Saddam Hussein, quartéis e outras instalações militares.

** O placar foi de 24 a 0. A oposição se retirou da votação.

*** Dezenas de manifestantes ligados à CUT, secundados por deputados oposicionistas, invadiram a sala da comissão especial para tentar impedir a votação da PEC. Houve tumulto, com socos e empurrões. Transferida para o plenário, a reunião continuou sendo obstruída pelos invasores, chamados à calma por Vicentinho de cima de uma das mesas. O presidente da Câmara chegou a acionar a PM brasiliense para desocupar o plenário, mas os manifestantes concordaram em sair pacificamente.

**** O presidente inaugurou um conjunto habitacional batizado com o nome do governador e candidato à reeleição, Albano Franco. Além disso, assinou atos referentes à erradicação do trabalho infantil em Sergipe.

***** O presidente inaugurou o novo terminal de passageiros do aeroporto de São Luís.

onde fui recebido pelo Tasso e também pelo prefeito, o Juraci Magalhães, um líder importante do PMDB. Estou tentando ver se ele e o Tasso se entendem no Ceará.

Depois da chegada a Fortaleza, tive um coquetel na casa de hóspedes do governo, oferecido aos deputados estaduais. Vieram de todos os partidos,* muita animação, aparentemente todos muito entusiasmados, mesmo no Ceará — o Ciro é de lá —, com a minha candidatura. Vamos ver se é isso mesmo na hora do voto.

Depois jantei na casa do Tasso. Eu estava extremamente cansado da viagem, tinha ido ao coquetel, tomado alguns uísques, não bebi nada na casa do Tasso. A conversa em geral foi amena, com o Tasso tive algumas conversas particulares sobre como evitar a utilização prematura de gente que se diz qualificada para receber fundos para a campanha. Não há ninguém qualificado, todos os fundos, para mim pelo menos, quero que sejam absolutamente transparentes, sem intermediários e tudo lançado nos livros. O Tasso concorda. Ele está preocupado com a privatização da Companhia Energética do Ceará,** acha que a forma de privatização está errada, o que levará a um aumento grande de tarifas. Se for verdade, é muito ruim. Já basta o programa do Rio de Janeiro de privatização da Light fazendo essa confusão. O processo de privatização acaba sendo atacado como um todo e até o da Light, como se ele fosse responsável por isso. Na mesa expliquei ao Tasso que havia falado com Chirac por telefone, para conseguir que a EDF venha para a privatização da Light, porque até agora não há quem queira comprar; mostrei que as coisas são mais difíceis do que parece. A conversa com o Tasso foi muito boa, como sempre é, e também com os ministros que lá estavam, o Lôbo, o Paulo Renato, Sérgio Amaral, os senadores do Ceará*** etc.

No dia seguinte, hoje, fomos de manhã a uma cerimônia de lançamento do programa Toda Criança na Escola.**** Os postos de recrutamento parecem ser um sucesso, pelos números que o Paulo Renato deu, discurso para cá, discurso para lá. Tenho muito empenho no Toda Criança na Escola e na educação em geral, repeti que vamos fazer uma revolução branca na área educacional.

Dali fomos inaugurar o aeroporto de Fortaleza,***** que é extraordinário, bonito, grande, imponente, quase de Primeiro Mundo mesmo. Claro que, saindo pela porta, entra-se direto no Terceiro Mundo, em algumas vielas de Fortaleza, mas

---

* Na ocasião, deputados e prefeitos do Ceará e de outros estados nordestinos entregaram a Fernando Henrique um documento solicitando apoio federal para o início das obras de transposição do rio São Francisco.

** Leiloada em abril de 1998, a Coelce passou ao controle do grupo Endesa.

*** Lúcio Alcântara, Sérgio Machado e Beni Veras (PSDB).

**** Solenidade de abertura da Semana Nacional da Matrícula, evento ligado ao programa Toda Criança na Escola.

***** Fernando Henrique inaugurou o novo terminal de passageiros do aeroporto internacional da capital cearense.

não há dúvida de que o Ceará está mudando para valer. Fiz um discurso entusiástico sobre o Ceará. D. Cláudio Hummes, que era bispo de Santo André quando o conheci e agora é arcebispo de Fortaleza, estava lá, muito simpático. O Lôbo fez um discurso reivindicando participação do Ministério da Aeronáutica no conjunto das ações que estão sendo levadas adiante, reclamou da imprensa por incompreensões sobre os recursos da Infraero e os da Aeronáutica. Os da Infraero vão para aeroportos e não para Aeronáutica; enfim, questões dessa natureza. O Tasso fez um discurso bonito de agradecimento a mim e ao povo do Ceará, mas foi muito específico, dizendo o quanto estamos fazendo ali. É muita coisa mesmo. Estamos reestruturando a economia do estado, sempre em parcerias, com o meu apoio. Tasso não é de rasgar elogios. Mas não é nem elogio; é reconhecimento. Ele é dessas pessoas que dizem as coisas como acha que são.

Depois tomamos o avião de volta para cá.

No avião tivemos uma conversa eu, o general Cardoso e o ministro Lôbo, sobre a briga entre Aeronáutica e Marinha. O Lôbo é um homem construtivo, uma pessoa que admiro cada vez mais. Ele disse que bastaria fazer um novo decreto e substituir o antigo, do Castello Branco,* delimitando o que a Marinha pode fazer, incluindo essa aviação aeroembarcada. E também restringindo, senão a Marinha vai fazer patrulhas, o que já é exagero. Claro, a aprovação da aviação embarcada vai me custar a aprovação de um plano de reequipamento da Aeronáutica, plano, aliás, que Lôbo me apresentou já há dois anos.** Não inova, mas preciso injetar ânimo à força. Só por isso já valeu a viagem, porque evita um problema macro. Curioso que o Tasso dizia que eu devia ir mais depressa na Infraero, privatizar tudo, DAC, passar para os civis. As pessoas, mesmo os melhores, como é o caso do Tasso, precisam ter um pouco mais de trato dos assuntos de espada no Brasil. Do ponto de vista de Brasília, vão ver que tudo é mais difícil do que parece à primeira vista. E há mais fatores de interferência do que se pode imaginar, portanto não dá para atuar com a desenvoltura que se imagina quando se vê de fora.

Hoje houve dois incidentes desagradáveis. Um com um rapaz do Comunidade Solidária, que morreu num desastre de automóvel em Alagoas. A Ruth ficou muito preocupada com o rapaz e depois com as repercussões. Acho que ela exagera nos seus receios, porque foi um acidente. Ele tinha 23 anos, bebeu com os amigos, foi para outra cidade, enfim, uma fatalidade. É uma coisa triste e, para a família, muito sofrida.

Depois um incidente grave no Paraná, sobre o qual fui informado ainda em Fortaleza: houve um massacre, realizado por gente encapuzada, de camponeses que haviam ocupado legitimamente, parece, terra já desapropriada por mim. Por-

---

* Decreto nº 56309, de 21 de maio de 1965.

** Projeto FX, licitação internacional para a renovação da frota brasileira de caças supersônicos. Renomeado como FX-2 no governo Lula, o processo se arrastou até 2013. A escolha final foi o modelo JAS 39 Gripen NG, da sueca Saab.

tanto, uma *vendetta*.* Isso está ficando feio no Paraná. Jungmann falou comigo por telefone, tomou todas as medidas políticas possíveis. Ele teme que haja uma organização de fazendeiros mais violentos no Paraná e que seja atuação dessa gente. Claro, o MST vai reclamar, mas nesse caso já tínhamos desapropriado. A questão fundiária, como diz o Raul, é de violência política e social e precisa ser reprimida. A polícia do Paraná foi avisada pelo Incra que podia acontecer alguma coisa e não tomou providência alguma. Polícias militares são uma dor de cabeça. As polícias em geral uma dor de cabeça no Brasil. São ineficientes e, quando querem, violentas. Não têm solidariedade com o governo, quanto mais com a sociedade.

Isso vai me dar dor de cabeça. O general Cardoso está atento, mas esse episódio é, sobretudo, um sinal muito ruim da intensidade do conflito social. Claro que o MST acirra, mas isso não justifica atos dessa barbárie, e no Paraná, um estado bem mais avançado do ponto de vista cultural do que muitos dos estados onde esses massacres ocorrem.

HOJE É DIA 12 DE FEVEREIRO, QUINTA-FEIRA. Vou registrar desde segunda-feira, dia 9.

No dia 9 recebi o ministro da Saúde, que me preocupa por estar inquieto e inseguro. Faz um esforço visível para acertar as coisas, algumas já entraram nos eixos, mas se vê que está politicamente fragilizado.

Antes gravei um programa para a TV Senado, depois estive com o senador Sérgio Machado, que falou de ser candidato ao governo no Ceará, e fui jantar na casa do Sérgio Motta com o Geraldão, da DM9, o Nizan Guanaes, o Eduardo Jorge e o Sérgio Amaral. Foi quase uma homenagem ao Geraldão. Ele está com câncer terminal, é um homem que me ajudou muito na campanha de 1994 e que dificilmente terá condições de participar desta. Ele embarcava para os Estados Unidos naquela noite, numa tentativa desesperada de recorrer à medicina alternativa.

Dia 10, terça-feira, café da manhã no Alvorada para discussão com jornalistas. A jornalista do *Estado* é uma pessoa muito agradável. Depois despachei com o general Zenildo, apenas rotina, AGU, em seguida recebi o pessoal da Fenasoja** e o governador Garibaldi Alves, do Rio Grande do Norte, que veio com Henrique Alves

* Em 7 de fevereiro de 1998, a fazenda Boa Sorte, em Marilena (noroeste do Paraná), foi invadida por dezenas de homens armados, que expulsaram as setenta famílias de sem-terra que ocupavam a propriedade, já designada para desapropriação. Um lavrador foi morto com um tiro na cabeça, e outros dois, feridos. Horas antes, os mesmos encapuzados haviam desocupado à força outra fazenda na região. Mandantes dos crimes, dois fazendeiros e um empresário de segurança privada foram condenados em 2012 e 2013.

** O presidente foi convidado para a abertura da XII Feira Nacional da Soja, em Santa Rosa, pelo vice-governador gaúcho, Vicente Bogo, e pelo prefeito Júlio Osório (PMDB).

e com o senador Fernando Bezerra. Todos são candidatos, tenho simpatia pelo Garibaldi, mas o Geraldo Mello, do PSDB, quer concorrer com ele, o que vai complicar bastante as coisas.

Nessa terça-feira, para a alegria de todos nós, o Senado aprovou a reforma administrativa por 59 a 18,* com muito empenho de Antônio Carlos e dos líderes. Uma vitória muito boa, marcante.

Na quarta-feira, dia 11, de novo a questão dos universitários, lançamento de programa de incentivo à graduação no MEC.**

Antes, de manhã, eu tinha recebido o Paulo Maluf acompanhado do Luís Eduardo Magalhães e do Luís Carlos Santos, a pedido do Luís Eduardo e do Sérgio Motta. Na verdade, o conjunto da liderança queria o apoio do Maluf, para o PPB dar uma sustentação maior na votação [da reforma da Previdência] que transcorreria à tarde. Nada além disso foi tratado com ele, salvo insinuações constantes do Maluf lembrando que precisa do PFL e que eu não atrapalhe e impeça o PFL de ficar com ele, esse tipo de conversa.

Depois recebi o pessoal de Santa Catarina, o governador com a bancada, o presidente do [PMDB catarinense], o Luís Henrique [da Silveira], prefeito de Joinville, que é meu amigo. Vieram reclamar do BNDES, disseram que não estou dando apoio político a eles. Na verdade, querem um adiantamento de empréstimo como antecipação do resultado de uma privatização que não tem a autorização da Assembleia.*** Expliquei tudo, mencionei que o PMDB, em Pernambuco, tem posição oposta, não quer que eu dê dinheiro ao Arraes, por isso o PFL e o PPB em Santa Catarina também não querem que eu dê dinheiro ao PMDB. Isso inibiu o ministro dos Transportes, o Padilha, que vinha com igual pretensão de não dar dinheiro em Pernambuco. Mostrei a eles que é assim no Brasil inteiro e que não é por aí que se resolvem as coisas.

À tarde tive uma reunião muito simpática com o pessoal da Federação do Comércio de Combustíveis,**** com o Dornelles, e lá para o fim do dia um encontro com o [Jorge] Bornhausen no Alvorada.

No encontro com o Bornhausen, passamos em revista as coisas, ele se encaminha para obter apoio do Amin à minha candidatura, mas devagar, porque diz que Santa Catarina não entenderia um apoio rápido, e ele não confia no Amin. Discutimos o Rio de Janeiro e ele disse que gostaria de trazer o Marcelo para o ministério e que houvesse apoio ao Cesar Maia. É pouco provável, em todo caso falarei com o Marcelo com jeito, para ele não pensar que estou contra a sua candidatura. Discu-

---

* Placar da votação em primeiro turno.
** O presidente e o ministro Paulo Renato Souza lançaram uma gratificação para professores universitários da rede federal que lecionam em cursos de graduação.
*** O governo catarinense pretendia vender seu banco estadual (Besc), federalizado em 1999 e incorporado pelo Banco do Brasil em 2009.
**** Federação Nacional do Comércio Varejista de Combustíveis e de Lubrificantes.

timos também que vai ser difícil colocar o Zé Aparecido na CPLP, porque nem os portugueses nem o próprio Jorge Bornhausen, que é embaixador em Lisboa, querem. Em todo caso, disse que iria ver lá em Portugal como o Jaime Gama,* que é o segundo no governo, reage a essa possibilidade.

Ainda na quarta-feira, vitória retumbante na Câmara dos Deputados, onde ganhamos por 346 a 150 e tanto** a votação sobre a reforma da Previdência. Foi marcante, o painel mostrou uma diferença muito forte, imensa, o que demonstra que valeu a pena ter tido esse empenho todo. Se não tivéssemos nos empenhado, não conseguiríamos chegar a esse resultado.

Jantamos com Vilmar, Ruth estava aqui, discutimos um pouco a situação do Ministério da Saúde, a eventualidade de o Serra ser ministro da Saúde.

Hoje, quinta-feira, recebi alguns deputados, sancionei a lei sobre crimes ambientais,*** uma coisa importante, fiz um discurso meio dubitativo porque não estava com muito ânimo, passei a tarde com despachos mais ou menos de rotina e, finalmente, recebi no Alvorada todos os líderes e presidentes da Câmara e do Senado, para discutirmos o conjunto das reformas. Ofereci um coquetel rápido em homenagem a eles e em agradecimento pelo esforço do Congresso.

Amanhã cedo vou a Pernambuco e, em seguida, a Alagoas.

HOJE É DIA 16 DE FEVEREIRO, SEGUNDA-FEIRA. Como previsto, na sexta-feira passada fui a Pernambuco. No avião, muito cheio de gente, conversamos com os líderes das várias bancadas, o Carlos Wilson me informou que está fazendo acordo com o PPB. Os do PPB me confirmaram que o Carlos Wilson é candidato.

Depois recebi o pessoal do PMDB, o deputado [José] Chaves mais o deputado Sílvio Pessoa,**** que me disse que eles apoiam o Jarbas [Vasconcelos], que é importante não dar dinheiro ao Arraes, porque existe muita onda de corrupção, portanto eu não deveria dar adiantamento para a privatização da companhia elétrica de lá.*****

Depois os do PFL, que também querem a mesma coisa, que não se dê dinheiro ao Arraes. Mas não falaram de maneira tão enfática quanto os do PMDB.

Em Pernambuco fui à inauguração de algo muito interessante, o Programa de Erradicação do Trabalho Infantil na Zona da Mata.****** Vamos tirar crianças do traba-

---

* Ministro de Negócios Estrangeiros.
** A PEC recebeu 151 votos contrários na votação em primeiro turno.
*** Lei nº 9605, de 12 de fevereiro de 1998.
**** Ambos do PMDB-PE.
***** Companhia Energética de Pernambuco (Celpe), para cuja privatização o BNDES na semana anterior adiantara R$ 700 milhões ao governo pernambucano.
****** A solenidade comemorativa dos resultados do programa na região sul da Zona da Mata pernambucana ocorreu em Palmares.

lho pesado da cultura da cana e levar para a escola. O programa está sendo bem-feito, atinge quase 30 mil crianças. São 100 mil ao todo, como a Lúcia Vânia disse lá, o Arraes falou que apoia. Chamam de Programa Mão Amiga. É um programa federal, só que lá ninguém sabe. Vários prefeitos, inclusive aquele que falou em nome de todos, que é do PSB, do Arraes, propondo minha continuidade administrativa. A cena foi boa, os professores com muito entusiasmo.

Em seguida, fomos até Surubim inaugurar uma barragem.* Estavam os três candidatos: Arraes, o Jarbas Vasconcelos e o Carlos Wilson. Arraes recebeu uma vaia, acho que do pessoal do PFL, não tenho certeza, o Jarbas ficou no palanque, meio escondido, e eu me movi entre eles.

Depois segui para a Base Aérea de Recife, onde assinamos os contratos para a Transnordestina, uma obra importante.** Arraes fez um discurso com um profundo agradecimento a mim.

De lá fui a um hotel em Maragogi, Alagoas, onde conversei com o Téo Vilela [Teotônio Vilela Filho], com o governador, o Mano, e com os senadores Guilherme Palmeira e Renan Calheiros. Todos pré-candidatos ao governo, menos o Guilherme, que quer se candidatar ao Senado. Na frente está uma moça do PT, Heloísa Helena,*** e o Ronaldo Lessa,**** do PSB. O governador me deu boa impressão. Alagoas está melhorando, o Téo ansioso para ser candidato desta vez, nunca quis, agora parece que quer. Todo mundo simpático, autógrafos, fotografias e tal.

Em seguida fomos a uma grande reunião, em Arapiraca, dos agentes comunitários de saúde e médicos de família, muito impressionante.***** Fiz um discurso mais ou menos inflamado que depois me deu dor de cabeça, porque falei que era preciso ter vergonha na cara,****** entenderam que eu estava criticando os nordestinos da Câmara dos Deputados, em Brasília.

O próximo evento foi inaugurar uma subestação chamada Teotônio Vilela,******* que vai melhorar a energia elétrica de Alagoas e de uma parte de Sergipe. Por fim, voltei para Brasília no sábado, no fim do dia, quando recebi a Rose de Freitas, que veio falar sobre o Espírito Santo.

---

* Barragem de Jucazinho, responsável pelo abastecimento de água de Caruaru e outros municípios do agreste pernambucano.
** Fernando Henrique assinou protocolos para as obras da ferrovia e a construção de um gasoduto.
*** Deputada estadual.
**** Ex-prefeito de Maceió.
***** O presidente também assinou a liberação de verbas para a construção do sistema de abastecimento de água e da rede de esgoto de Arapiraca.
****** Segundo o *Jornal do Brasil*, na ocasião Fernando Henrique enumerou três necessidades urgentes do Nordeste: "água para beber, atenção básica para o povo e vergonha na cara de quem o dirige".
******* Localizada em Messias, a 35 quilômetros de Maceió.

Ontem, domingo, foi o Raul Jungmann quem esteve aqui, queria conversar sobre Pernambuco, sobre o que aconteceu lá, estava muito ferido, ele não é candidato pelo PPS. Raul tem visão política, foi uma boa conversa.

Serra almoçou aqui para discutir a posição dele no futuro ministério. Ele, acho eu, aceita a Saúde, mas queria mesmo um ministério de emprego, de desenvolvimento social, tendo o FAT ou FGTS nas suas mãos. Não sei, é difícil, embora ele tenha mais entusiasmo por essa área. Apesar de ter disposição de vir para o governo, houve nos jornais uma crítica dele a cortes de bolsas de estudo.* Pode até ter razão, mas é inadequado que faça isso neste momento.

Hoje, segunda-feira, nada de especial. Recebi o senador [Hugo] Faingold, representante do Julio Sanguinetti, do Uruguai, porque vamos ter em Brasília uma reunião do Círculo de Montevidéu.** Conversas genéricas sobre a nova postura pós-neoliberalismo.

Depois recebi deputados, mais questões internas, grande preocupação com um erro não proposital do governo. O Congresso mudou a Constituição no que diz respeito aos vencimentos de militares, e os artigos da Constituição objeto de emendas do Congresso não podem ser regulados por medida provisória. Eu ia dar um aumento em uma gratificação aos militares por meio de medida provisória. Como foi anunciado que as folhas de pagamento já estão rodando, não se pode mais fazer medida provisória. Grande impasse.

Discutimos também vários assuntos de interesse do governo com Clóvis e Eduardo Jorge, sobretudo a necessidade de pensar mais profundamente na reforma constitucional.

Mandamos uma mensagem ao Congresso, um relatório correspondente ao State of the Union*** para os americanos.

Recebi o Mário Covas, ele veio reivindicar a construção de presídios, atrasada por problemas burocráticos. Ele quis mudar o programa de desembolso, para novos investimentos, o BNDES luta contra porque acha que os preços não serão mais adequados. Isso atrapalha São Paulo. Mário se queixou também do baixo nível de atividade que prejudica o recolhimento de ICMS. Isso tudo em bons termos.

Esses foram os fatos principais, o Congresso está em semirrecesso, nada de mais dramático.

Problema grave: Paraguai, onde a confusão continua. O Pericás, nosso embaixador, fez uma declaração de que queremos a democracia, mas sabe-se que a si-

---

* O senador criticou a extinção de mais de mil bolsas de estudos do Programa Especial de Treinamento (PET) da Capes, destinadas a estudantes de graduação. O corte de 50% do programa fora previsto no Orçamento de 1998.

** Fórum de discussões sobre a globalização criado por Julio Sanguinetti em 1996, congregando políticos, empresários e intelectuais da América Latina e da Europa.

*** Relatório anual apresentado pelo Executivo norte-americano ao Congresso.

tuação é difícil. Tenho a sensação de que a esta altura Wasmosy é prisioneiro da cúpula militar e quer passar logo o poder para quem quer que seja, talvez para o presidente da [Suprema] Corte,* só não para Oviedo, por isso não vão querer deixar que este concorra às eleições.

Problema mais grave ainda é a crise do Iraque. A posição do Brasil foi de entender a pressão americana, embora prefira o caminho diplomático. Ainda mantemos essa posição. Não obstante, os americanos estão preparando a intervenção militar. A pergunta que fiz ao embaixador Richardson foi: "Muito bem, vocês vão ganhar pela superioridade militar, vão destruir o país, mas e depois, o que acontece no dia seguinte?" Já registrei aqui minha perplexidade com as análises um pouco clichês que os americanos fazem sobre o Iraque. Creio que eles vão causar um novo desastre internacional, por mais que sejam competentes em matéria de técnica militar; não creio que vão resolver grande coisa. Pode até agravar a situação no Oriente Médio, com consequências sobre o petróleo.

Vamos ver o que acontece.

HOJE É QUINTA-FEIRA, DIA 19 DE FEVEREIRO, são dez da manhã. Vou registrar o que aconteceu na terça e na quarta.

A semana continuou no mesmo tom, com o Congresso em recesso. Não obstante, muita pressão de gente pedindo audiência.

Na terça-feira, dia 17, tive uma reunião com o pessoal da *Gazeta Mercantil*, com líderes empresariais brasileiros,** alguns deles de Brasília. Fizeram um discurso pedindo que o governo passe para a iniciativa privada o gasto social, como se fosse possível. Meu discurso foi mais doutrinário, sobre o que vai acontecer no próximo século, e de um ponto de vista diferente, não sei se eles perceberam, insistindo em que temos de novo um quadro no qual é preciso uma ação coordenada não só de governo e de empresas privadas, mas também da própria sociedade civil, do Terceiro Setor etc., e com novos valores: pós-liberal, pós-comunista, pós-social-democrata, pós-tudo.

Recebi o presidente da Nextel,*** ele está muito interessado em investir no Brasil.

O pessoal do Luís Henrique, que é de Joinville, veio com o ex-governador do Paraná, Mário Pereira,**** presidente do diretório do PMDB no estado, mas que está afastado. Ele voltaria a atuar se tivesse uma posição de prestígio no governo federal que lhe permitisse uma ação política mais ampla. Gostei dele, me passou uma boa impressão, vamos ver se isso dá em alguma coisa.

---

* Raúl Sapena.
** O presidente discursou no Fórum de Líderes Empresariais, promovido pela *Gazeta Mercantil*.
*** Keith Grinstein, presidente da Nextel International, braço mundial da norte-americana Nextel.
**** Ex-governador do Paraná (1994-95).

No fim da tarde, recebi aqui no Palácio da Alvorada o Humberto Lucena junto com o Ronaldo Cunha Lima. Conversa para boi dormir. Ronaldo tem autonomia, posição favorável para uma candidatura própria, e também acha que para o PMDB é melhor. Mais adiante, em junho, vai apoiar minha candidatura, porque acredita que o Itamar desiste e que o Sarney não será candidato. Na verdade, é um jogo complexo. Não insisti, pedi apenas que ele não fechasse questão, porque a Paraíba quer votar a nosso favor. Os jornais também exploram, dizendo que houve mais uma derrota minha, com a história de interferir no PMDB, essa coisa de sempre.

Ontem, quarta-feira, o que houve de importante foi um contato telefônico com Chirac sobre a crise do Iraque. O Brasil e a França apoiaram no Conselho de Segurança o envio do Kofi Annan a Bagdá, na tentativa de pressão diplomática. Chirac quer isso, eu também, fizemos declarações, mas continuo convencido de que os americanos vão atacar.

Recebi o ministro Dornelles, recebi o ministro Iris, que me trouxe o secretário-geral do PMDB* com o intuito de ver se ele se aproxima do governo; ele sempre foi contra a minha candidatura

Sancionei uma lei sobre o projeto do serviço voluntário.** Recebi o deputado [José Saraiva] Felipe,*** que é do grupo mineiro mais jeitoso, reclamando do que está acontecendo no Ministério dos Transportes, o que aliás me preocupou; vou falar com Padilha. Teria havido um fechamento [via aprovação de emendas] de projetos ao redor de poucos parlamentares, isso tem implicações desagradáveis, porque pode haver conotação de financiamento de campanha. Vou falar com Padilha sobre o assunto, isso não pode ser assim.

Almocei no Alvorada com o João Saad, o Johnny Saad,**** e a Andrée [de Ridder].***** Eles reclamaram do Sérgio Motta, que não permitiu uma revisão dos critérios da licitação no cabo. Eles vão entrar na Justiça, mas na verdade querem negociar. Sérgio não abre negociação.

Conversei com os ministros militares e com o Itamaraty sobre o Paraguai. Disse que o assunto deve ser conduzido pelo Pericás e pelo Itamaraty, porque eu vejo que os militares brasileiros têm muita ligação com Oviedo, na verdade torcem por ele.

Recebi o Márcio Dias, ex-embaixador do Brasil no Paraguai, que disse que Oviedo é realmente o chefe do crime organizado no Paraguai. Durma-se com um barulho desses!

---

* Marcos Lima, deputado federal pelo PMDB-MG.
** Lei nº 9608, de 18 de fevereiro de 1998 ("Lei do Serviço Voluntário").
*** PMDB-MG.
**** Presidente e vice-presidente da Rede Bandeirantes, respectivamente.
***** Assessora da presidência da Bandeirantes.

O resto do dia foi mais ou menos rotina, refazer LDO, discutir com Kandir o orçamento, ele também está preocupado com o que vai acontecer com o seu pessoal quando deixar o governo.

Tive também um encontro que não registrei, na terça-feira à noite, com André Lara Resende, que falou sobre a Previdência e um pouco sobre o novo formato do governo.

Sinto um certo cansaço de tudo isso porque, na verdade, reeleição é bonita da boca para fora, mas para quem já está aqui entrando no quarto ano de governo é um cansaço enorme.

25 DE FEVEREIRO A 6 DE MARÇO DE 1998

Carnaval em Ibiúna. Conversa com ACM. Visita do primeiro-ministro da Itália

Hoje é quarta-feira, dia 25 de fevereiro, são três da tarde, voltamos de Ibiúna. Passamos o Carnaval em Ibiúna, Ruth, eu, a Helena e a Joana, filhas do Paulo, e a Júlia, filha da Bia. Saímos só uma vez para almoçar num restaurante lá perto, fomos muito bem acolhidos, fotografias, palmas.

Depois só visitamos amigos. Hoje almocei na casa do Boris Fausto e da Cinira, outro dia na casa do Zé Gregori com Maria Helena. Recebemos uma aluna da Ruth, a Cristina [Ana Cristina Martes], e o marido dela, Ronaldo Macedo. Coloquei em ordem toda a minha papelada. Acabei de ler o livro do Ted Goertzel, uma biografia intelectual minha,* está razoável, corrigi algumas coisas. Li muito, notadamente um texto do embaixador Gelson Fonseca sobre legitimidade nas questões internacionais.** Escrevi um artigo sobre reforma do Estado para publicar na revista do Cebrap,*** que o Giannotti pediu. Giannotti esteve lá conosco junto com Roberto Schwarz, foram visitar o Gabriel Bolaffi,**** enfim, os amigos mais antigos, o Pedro Paulo Poppovic, o Barão Ottaviano de Fiore.***** Foi uma espécie de volta aos tempos em que eu não era presidente e em que as coisas eram mais fáceis.

Persiste a crise do Iraque. O Chirac****** me telefonou para pedir apoio do Brasil à posição francesa de sustentação do Kofi Annan, coisa que fizemos, conversei o tempo todo com Luiz Felipe Lampreia e com Gelson Fonseca, também falei com Celso Amorim******* pelo telefone. Recebi, por fax, a cópia do acordo que o Annan fez com Bagdá na véspera de ser apresentado ao Conselho de Segurança; parece que houve avanços.******** Não sei qual vai ser a reação dos americanos, porque o Brasil susten-

---

* *Fernando Henrique Cardoso: Reinventing Democracy in Brazil*. Boulder: Lynne Rienner, 1999. Edição brasileira: *Fernando Henrique Cardoso e a reconstrução da democracia no Brasil*. São Paulo: Saraiva, 2002.
** *A legitimidade e outras questões internacionais: Poder e ética entre as nações*. São Paulo: Paz e Terra, 1998.
*** "Notas sobre a reforma do Estado". *Novos Estudos Cebrap*, nº 50, pp. 5-12, mar. 1998.
**** Sociólogo ítalo-brasileiro, professor da Faculdade de Arquitetura e Urbanismo da USP.
***** Secretário nacional do Livro e da Leitura do Ministério da Cultura.
****** A França e a Rússia eram as maiores opositoras ao bombardeio do Iraque.
******* Embaixador do Brasil na ONU.
******** Em 23 de fevereiro, Kofi Annan anunciou um acordo com Saddam Hussein, provisoriamente aceito pelos EUA. Hussein concordou em abrir seus palácios presidenciais, suspeitos de abrigar

tou a posição da França e do Kofi Annan. Enfim, parece que afastamos a ameaça de uma guerra iminente no Iraque.

Embora não seja verdade, noticiaram que estou empenhadíssimo na convenção do PMDB. Intrigas também dizendo que estou irritado com Sarney pelo que ele anda fazendo. Na verdade, tenho boas razões para estar irritado com Sarney, porque ele é inteligente, como já registrei aqui várias vezes, sabe das coisas, mas é de uma ambiguidade permanente. Agora parece que vai gravar, não sei se é verdade, está anunciando pelos jornais, vai gravar um apelo para as pessoas votarem por uma candidatura própria no PMDB. A mim diz que já saiu por aí fazendo minha campanha, já fizemos acordos no Maranhão, no Amapá, não dá para entender. É um jogo muito estranho, também tem que dar os descontos dos jornais.

Fora isso, um episódio infausto, o filho do Zé Aníbal morreu afogado,* conheci o garoto, esteve aqui uma vez, no Palácio da Alvorada. Isso me deixou bastante amargado. Embora tenha tido contato breve com o rapaz, tive um choque. Deve ser uma coisa tremenda perder um filho de 16 anos.

Duda esteve ontem em Ibiúna com a Bia e veio para Brasília conosco. Conversamos um pouco sobre a Agência de Energia,** sobre petróleo. Parece que Mário Soares está atrás de mim, deve ser por causa do livro que fizemos.

Irei ao Palácio do Planalto para despachos de rotina, mas há pouca coisa a fazer nesta Quarta-Feira de Cinzas.

HOJE É SÁBADO, DIA 28 DE FEVEREIRO. Retomando: na quinta-feira passada, dia 26, continuou o dia modorrento de Brasília. A única coisa importante foi uma reunião com o pessoal da reforma agrária — o Seligman, o Raul Jungmann, o general Cardoso e o ministro Iris Rezende — para vermos o que fazer diante das ameaças do MST de mais ocupações. Como o ano é eleitoral, o MST está ficando nervoso.

Dei uma entrevista à *Veja*, eles vão publicar neste fim de semana uma pesquisa sobre a minha imagem, alguma coisa assim. Sempre perigoso, porque não se sabe o que fazem com os números.

No mais, rotina sobre rotina e discussão a respeito das mudanças no ministério, feitas com Eduardo Jorge, Clóvis e Vilmar. Já estamos começando a desenhar alguma coisa mais consistente, à qual já voltarei.

A sexta-feira foi tranquila, reunião de manhã com despachos de rotina. Entrevista ao Canal 23,*** que é do Alberico de Souza Cruz. Entrevista a uma TV do Piauí,

---

arsenais químicos e biológicos, ao acesso "imediato, irrestrito e incondicional" de inspetores de armas da ONU.
* Ulisses Pontes se afogou numa praia em Ubatuba (SP).
** Isto é, a Aneel.
*** Rede de Televisão Comunitária, vendida a uma igreja em 2000.

que até foi bastante interessante. Reunião com o pessoal que organiza a minha agenda de viagens internacionais. O Fred [Frederico Araújo],* o embaixador Gelson e o Valter Pecly.

Falei com o Kofi Annan justamente para reforçar a posição do Brasil de apoio às gestões que ele está fazendo no Iraque. Fiquei sozinho porque a Ruth foi a São Paulo. Assisti, também sozinho, a um filme até que bastante interessante, se chamava *O cineasta da selva*,** sobre um cineasta português que veio para o Brasil no fim do século passado e fez muitos filmes sobre a Amazônia.

Hoje, sábado, passei o dia aqui, almocei com o Hélio Campos Mello, diretor da *IstoÉ* e que foi fotógrafo. Um bom rapaz. Queria me fotografar. Fora isso, fiquei lendo, trabalhando, olhando os papéis, também vi uma partida de futebol, do Botafogo contra o São Paulo, bem divertida.***

Telefonemas. Sempre o mesmo assunto, a convenção do PMDB. Me telefonou o governador da Paraíba, [José] Maranhão, para dizer que a notícia que saiu no *Estado de S. Paulo*, de que ele estaria rompido comigo e apoiando uma chapa Itamar/Ronaldo Cunha Lima, é fantasiosa.

E declaração ao Paulo Afonso [Vieira], a quem liguei para dizer que as providências que ele pediu que fossem tomadas, ou seja, um contato do ex-senador [Nelson] Wedekin com o Rubem, já haviam ocorrido e que, fosse qual fosse a posição dele [Vieira] na questão da convenção, isso não alteraria a definição, se for legal, de algum apoio a Santa Catarina pelo BNDES. Agi assim para me vacinar, porque vão dizer que dei dinheiro ou que não dei dinheiro. Qualquer coisa que eu faça será vista em função dessa convenção.

Pois bem! Hoje saiu nos jornais que provavelmente Paulo Afonso vai me apoiar por outra razão, porque eu poderia interceder junto ao Ministério Público para ele não ser acusado por causa dos precatórios. Em primeiro lugar eu não faria isso; em segundo lugar, o Ministério Público é independente; e, em terceiro lugar, ele nunca me pediu tal gestão.

Enfim, a nossa política é feita de pequenas intrigas que geram apaixonados debates. Ouvi outro dia *A voz do Brasil*, é um Deus nos acuda. É só pau no governo da maneira mais irresponsável por muita gente, e qualquer coisa [o responsável] é sempre o governo: cai um edifício no Rio de Janeiro,**** certamente o governo é o res-

---

* Embaixador, chefe do Cerimonial do Itamaraty.
** Documentário biográfico de 1997 sobre Silvino Santos (1886-1970), com direção de Aurélio Michiles.
*** Primeira partida da final do extinto Torneio Rio-São Paulo, disputada no estádio do Morumbi e vencida pelo Botafogo (3x 2).
**** Em 22 de fevereiro de 1998, desabou parcialmente o edifício Palace II, na Barra da Tijuca, matando oito moradores e deixando 150 desabrigados. O edifício foi interditado e implodido seis dias depois, após um novo desmoronamento sem vítimas. O proprietário da construtora do Palace II, Sérgio Naya, era deputado federal por Minas Gerais (sem partido, eleito pelo PP). Naya fugiu para

ponsável. Enfim, *se hay gobierno yo soy contra*... Mas com o povo não é bem assim, pelo menos até agora.

Na convenção do PMDB, no dia 8, acho que não vai haver muita surpresa, mas nunca se sabe.

A outra questão diz respeito à composição do governo. O Vilmar Faria, que aliás virá aqui daqui a pouco, deu umas sugestões boas: criar o Ministério do Emprego e do Desenvolvimento Social e, ao mesmo tempo, o Ministério do Desenvolvimento Urbano. Isso no contexto de botar o Serra na Saúde, deslocar o Paulo [Paiva] do Trabalho para o Ministério do Planejamento, colocar — sugestão minha — no Ministério do Trabalho e Desenvolvimento Social o Seligman (que está brigando com o Jungmann) e nomear algum técnico para o Ministério do Desenvolvimento Urbano. Isso mostraria uma atenção do governo com o conjunto da área social, só não mexeríamos no Paulo Renato. Acho uma boa solução, desde que o Serra aceite e desde que seja possível fazer essas outras nomeações e os partidos não gritem muito.

Estamos começando, no silêncio, a encaminhar a solução para as mudanças ministeriais.

HOJE É DOMINGO, 1º DE MARÇO. Passei o dia lendo e arrumando papéis e livros. Ruth deve chegar daqui a pouco.

Antes quero fazer algumas reflexões. Sarney, por tudo que me informam, continua num jogo mais que ambíguo. Agora, pelo telefone, eu soube pelo Sérgio Motta que ele gravou vinte minutos de programa do PMDB e fez spots convocando a convenção para votar por candidato próprio. Ele deverá ter candidato. Está enganando todo mundo, à filha, pensa que está enganando a mim, não sei se consegue, provavelmente não, mas é uma alma realmente complexa.

Fora isso, uma entrevista da Ruth Hargreaves* no *Jornal do Brasil* que me magoou, porque ela diz que fui ingrato com Itamar. Ora! Itamar fez o que quis. Foi embaixador, sem ser, em dois países.** Viajou sem parar acompanhado da sua trupe, custou centenas de milhares de reais, ou meio milhão, aos cofres para manter

---

os EUA logo depois da tragédia e foi cassado por quebra de decoro parlamentar. Chegou a ficar preso durante alguns meses em 1999, mas foi absolvido em 2005. Determinou-se que a causa do desmoronamento fora um erro de projeto, e não o emprego deliberado de materiais de baixa qualidade pela construtora, como se suspeitou na época.

* Secretária particular de Itamar Franco.
** O ex-presidente representou o Brasil sucessivamente em Portugal (1995) e na OEA (1995-98), sediada em Washington.

o status. Atacou o governo quando quis, eu nunca disse uma palavra de recriminação, me mantive olimpicamente afastado dos muxoxos dele. Agora a Ruth diz que todo mundo sabe que o Itamar acompanhou o Real passo a passo... Itamar, até hoje, não sabe o que é economia. A Ruth estava zangada por causa do irmão, Henrique Hargreaves, que saiu dos Correios, já registrei aqui. Ele veio me trazer uma carta do Tribunal de Contas [da União] o isentando de culpa. Na lei, mas não na moral. Fez um acordo com [Mauro] Durante,* ia receber 40 mil reais** por mês como consultor, e agora são vítimas...

HOJE É TERÇA-FEIRA, 3 DE MARÇO. Ontem, segunda-feira, dia morno, hoje também.

Continua rolando a novela do PMDB. Idas e vindas. Ontem me telefonou o governador de Santa Catarina para dizer que provavelmente todos irão acompanhá-lo. Insinuou que vai apoiar as coligações comigo, com o governo. Disse que não tem nada a ver com o que se diz por aí sobre trocas de favores, mas está preocupado com a liberação de recursos do BNDES para Santa Catarina. Respondi que a liberação seria feita independentemente da posição que ele tomasse.

Telefonou Humberto Lucena, está enfermo e sendo operado hoje. Lucena, como já registrei, é um político à antiga, mas honrado. Ele me disse que o Ronaldo está criando muita confusão lá, que eles iam tentar abrir a questão [do candidato do PMDB na convenção]. Hoje de manhã me telefonou o senador Ney Suassuna, aliás duas vezes, porque numa delas eu estava atrás do Ronaldo Cunha Lima para ele dizer que abriu a questão. Suassuna disse que o Ronaldo [teria declarado] que o resultado vai ser de 30 a favor de uma candidatura própria e 3 a favor da coligação, mas na verdade não é isso; ele acha que vai dar meio a meio e que poderemos até ganhar. Não sei.

Enfim, vai ser remo a remo. Eu não estou diretamente envolvido nem muito preocupado com isso, porque o PMDB virá sempre dividido, mas é melhor que venha, pelo menos formalmente, por causa do tempo de televisão*** e para não ficarem me atacando via gente tipo Requião ou Quércia. Itamar não aguenta até o fim, acaba entregando a peteca a outro.

Quero registrar uma conversa longa que tive com Antônio Carlos ontem sobre o encaminhamento das medidas que estão no Senado. Mas não foi isso o mais importante. Ele abriu o coração sobre o Luís Eduardo, sabia que o filho tinha conversado comigo. Luís Eduardo disse a ele que não quer ser governador da Bahia e que ia

---

* Ex-presidente do Sebrae.
** O contrato de Hargreaves com o Sebrae para atuar como lobista era de R$ 23,6 mil mensais.
*** Estavam em jogo os 22 minutos do PMDB no horário eleitoral, o maior tempo de TV entre os partidos.

dar uma palavra definitiva hoje. Antônio Carlos acha que em parte o Luís Eduardo não quer sair daqui porque me estima. É um exagero, eu respondi, ele não quer ser governador por outras razões, mas é verdade que me dou bem com ele e que Antônio Carlos sabe que a minha posição seria definitiva para Luís Eduardo se definir. ACM falou de tudo isso com muita emoção, não foi da boca para fora.

Eu disse que precisávamos respeitar a decisão do Luís Eduardo e que me pareceu, em nossa conversa, que ele realmente não quer ser governador da Bahia. E que ele tinha que entender que ser presidente da República é destino. Eu virei presidente, eu disse ao Antônio Carlos, mas, se tivesse sido eleito prefeito [de São Paulo], talvez não fosse presidente hoje. Comentou o Antônio Carlos: "Certamente não seria". Pois é, não adianta a gente querer trapacear o destino. Acredito que o Luís Eduardo, no momento, quer mesmo ficar em Brasília, vai ser eleito senador e, se eu me eleger presidente, eu gosto do Luís Eduardo, ele é útil, é bom, competente, eu o trago para o governo.

Antônio Carlos mostrou preocupação, e ele está certo, com a chefia futura da Bahia. Futura quer dizer depois dele morto. Claro que o Luís Eduardo, sendo governador, terá mais condição de ser o chefe; se não for... Entretanto, eu disse, quem pode controlar isso? Quem sabe quem morre primeiro? "É difícil", eu disse a ele. "Se você morrer primeiro do que eu, você sabe da minha amizade pelo Luís Eduardo." Aí Antônio Carlos fez uma ponderação: ele acha que politicamente eu gosto de duas pessoas, do Luís Eduardo e do Tasso, e que o Tasso vai ter que ser governador no Ceará. Eu concordo. Só que o Tasso deve colocar um bom vice para poder sair. Eu respondi: "O Tasso e o Luís Eduardo são de fato duas personagens que surgiram. E tem o Serra, que no entanto dificilmente vai ser eleito pelo voto direto. É um homem com qualidades. São os três que vejo com qualidades". Uma conversa que me pareceu sincera da parte do Antônio Carlos; ele está preocupado.

Antônio Carlos é um homem curioso porque, com a fama que tem (já teve mais) de atrabiliário, de conservador, hoje começa a ser mais respeitado nos círculos informados do Brasil. Ele é realmente impulsivo de temperamento. Não quero imaginar que ele seja fácil de ser guiado, porque não é, mas tem algumas qualidades pessoais. De repente vão dizer que estou aderindo ao neoliberalismo; longe disso. Aliás, Antônio Carlos não é neoliberal; é um chefe político tradicional, inteligente, muito intuitivo, e não posso deixar de registrar — aliás, o Élcio Álvares me disse isto hoje — que nos ajudou imensamente como presidente do Senado, e até agora não me fez nada de que eu pudesse reclamar. E espero que não faça.

Por fim: Sarney. Continua a dança de gato e rato. Serjão teve uma conversa com ele e parece que Sarney se posicionou mais favorável a nós, ou melhor, não se metendo tanto para tirar votos [nossos na convenção do PMDB]. Antônio Carlos relatou que, numa conversa que teve com Sarney, este disse: "A única pessoa capaz de ganhar sou eu, mas como não sou candidato o governo vai ganhar".

Hoje é sexta-feira, dia 6 de março. Quero recapitular a quarta-feira.

Até pelo menos umas três e meia da tarde, meu dia ficou por conta do Romano Prodi,* uma pessoa brilhante, marcante, que está resolvendo problemas antigos da Itália. Passamos em revista a situação da Itália e do Brasil. Em nossa conversa privada, ele chamou minha atenção para a ideia do Tony Blair de criar um grupo de centro-esquerda que incluirá o Clinton, ele, Prodi, a mim e, quem sabe, outros mais.** Prodi acha que eu e ele devemos ficar atentos, que só devemos entrar nisso se for para sermos também protagonistas de primeira linha. Se não, vai ser uma coisa anglo-saxã, sem maior enraizamento no mundo latino, na América Latina. Ele também acha que é preciso evitar que essa iniciativa seja um renascimento da Segunda Internacional,*** com quem o Labour [Party] inglês, assim como o Partido Socialista francês, ainda tem muitos vínculos. Ele não acredita que a Internacional ainda seja um instrumento portador de futuro. Isso ele tinha me dito no jantar da terça-feira, aqui em casa [no Alvorada], um jantar simpático, com todos os personagens oficiais e alguns não oficiais.

No almoço do Itamaraty, na quarta-feira, dia 4, Prodi reafirmou essa questão. Eu concordei. Ele vai falar com Blair na Europa e depois me telefona para nos entendermos sobre o que fazer com essa espécie de articulação internacional para uma Nova Esquerda, um novo progressismo.

Hoje à tarde recebi o Benjamim Steinbruch, que tinha me pedido uma audiência para discutir a mudança da sua diretoria.**** Eu disse que era um problema dele, embora eu entenda ser necessário ter um brasileiro à frente da Light. Ele queria dizer que está disposto a fazer grandes investimentos na área siderúrgica, sobretudo com base na Vale do Rio Doce e na CSN. Parece um plano ambicioso, mas na direção correta.

À noite despachei com Malan, que veio me explicar o que estava acontecendo com as contas. Há um déficit muito mais contábil, em função do modo pelo qual, pelas contas do FMI, se computa o déficit em reais. A opinião pública jamais entenderá isso.

---

* O primeiro-ministro da Itália, acompanhado de uma comitiva de cinquenta empresários, veio ao Brasil em visita de trabalho. Foi a primeira viagem oficial de um chefe de governo italiano ao país.
** Em outubro de 1999, reuniram-se em Florença (Itália) os presidentes e primeiros-ministros de Estados Unidos (Bill Clinton), Alemanha (Gerhard Schröder), França (Lionel Jospin), Inglaterra (Tony Blair), Itália (Romando Prodi) e Brasil (Fernando Henrique Cardoso), alinhados à "Nova Esquerda" proposta pelo premiê britânico.
*** Idealizada por Friedrich Engels, a Segunda Internacional congregou partidos social-democratas, trabalhistas e socialistas entre 1889 e 1916. É criticada pelo marxismo ortodoxo por sua adesão ao "nacionalismo burguês", cujo acirramento conduziu à Primeira Guerra Mundial.
**** Isto é, dos presidentes das empresas privatizadas com participação acionária de Steinbruch.

Ontem, quinta-feira, dia da semana em que reservo as manhãs para atender deputados, vieram o Jaime Martins,* o Aloysio Nunes, o Aécio Neves e outros.

Depois do almoço, recebi a deputada Esther Grossi,** com gente ligada à alfabetização. Fora isso, passamos o dia discutindo propostas do Paulo Renato e do Vilmar Faria para uma reunião que vamos ter sobre políticas mais específicas de emprego. Isso vazou. Vazou via Aécio Neves, o próprio Sérgio Amaral declarou, o Clóvis ficou aflito com o vazamento, vamos mesmo ter que enfrentar o tema, porque o desemprego subiu*** e não dá para tapar o sol com a peneira.

Ontem à noite, recebi o Temer, acompanhado do Geddel, muito preocupados. Primeiro porque houve um golpe baixo, o Paes de Andrade colocou declarações antigas do Jader e do próprio Temer no programa de televisão do PMDB, dando a impressão de que eles estavam na oposição. Eu disse ao Temer: "No domingo, nessa convenção, vai haver quebra-pau. Se preparem, vocês sabem como é a tradição dessas convenções agitadas do PMDB". Outra preocupação do Jader, e também do Michel e do Geddel, é, naturalmente, com o ministério. Eu disse que só podemos discutir isso depois do dia 8. A preocupação real é do Jader, que claramente está querendo ser ministro dos Transportes. Ponderei os inconvenientes. Apesar das qualidades políticas dele, isso vai ser lido pelo país como uma coisa complicada para o PMDB. Em todo caso, precisamos avaliar com calma, porque também não tenho como desembarcar o Jader de tudo; ele está numa posição muito combativa no PMDB.

Muita fofocagem. Inventaram que o Sérgio Naya**** teve a execução [de dívidas]***** de suas empresas suspensa no Banco do Brasil por intervenção do Planalto. Mentira, e finalmente consegui que o presidente do Banco do Brasil****** declarasse isso.

Acabo de ler na primeira página da *Folha* que o Planalto mandou liberar verbas de construção para mudar votos na convenção.******* Enfim, não tem solução. A imprensa diz sempre que o governo está comprando não sei quem, nem acabei de ler a notícia para não me irritar mais.

---

* PFL-MG.
** PT-RS.
*** Segundo o IBGE, a taxa de desemprego em janeiro de 1998 foi de 7,3% (contra 4,3% em dezembro de 1997), a mais alta desde 1985.
**** Dono da construtora Sersan, incorporadora do edifício Palace II.
***** As empresas de Sérgio Naya deviam R$ 75 milhões à União.
****** Paulo César Ximenes.
******* Na matéria "Planalto promete verba para conquistar votos do PMDB", com chamada de capa, o jornal paulista enxergou fisiologismo nas negociações para demover o partido de lançar candidatura presidencial própria.

8 A 20 DE MARÇO DE 1998

Convenção do PMDB. Rompimento com Itamar. Negociações com José Serra para seu retorno ao governo

Hoje é domingo, 8 de março. Estou acabando de assistir às primeiras cenas de pugilato livre na convenção do PMDB,* porque agora tudo é transmitido pela TV Câmara. Uma vergonha, uma coisa deprimente, gritarias, "Uma, duas, três, cinco mil", que é um grito provavelmente do MR-8,** mas não sei se são eles, pode haver confusão de vários lados lá. Deprimente.

Ontem não houve nada de especial, salvo um bom jantar com Bia, Duda, Ruth, eu, Lampreia, Lenir, Valter Pecly e a Marie Hélène, na casa dela.

Passei o dia aqui, tentando ler, conversando com Vilmar e preocupado com a situação do Ministério da Saúde. O Paulo Renato me telefonou dizendo que o ministro queria pedir demissão na segunda-feira, amanhã, porque não aguenta mais a pressão da imprensa, que o *Estado de S. Paulo* o derruba a toda hora, e também pelo fato de o Serra ter consultado muita gente para saber se aceita ou não ser ministro da Saúde, se vale a pena ou não. Acabou dando base ao rumor geral de que ele vai ser ministro da Saúde. A situação do César Albuquerque é muito difícil.

Tenho que resolver isso. Ou o Serra vai mesmo para o ministério, ou tenho que reforçar o César com todas as deficiências que ele possa ter para enfrentar o Congresso. Ele é um ministro correto, luta no ministério, a dificuldade é política. Vamos ter que aprovar a CPMF,*** não sei se ele vai ter força para isso, e é mais um peso em cima do resto do governo para extrair do Congresso o financiamento da saúde. O Serra extrairia isso.

Minha conversa com Serra na sexta-feira foi longa e inconclusiva, embora eu ache que ele esteja tendendo mais a aceitar a Saúde. Ele tem resistências. Resistências psicológicas, acha que não foi bem tratado no governo, e até por mim, não vê o que ele também provocou para gerar essas situações. Eu disse algo sobre isso a

---

* Realizada no plenário da Câmara, a convenção nacional do PMDB teve claques uniformizadas, apitaços e bate-bocas, com diversas cenas de combate físico entre partidários e opositores do apoio à reeleição de Fernando Henrique, reproduzidas na primeira página de todos os jornais. Itamar Franco e Roberto Requião foram hostilizados e quase impedidos de discursar em favor da candidatura própria.

** O Movimento Revolucionário Oito de Outubro foi fundado no Rio de Janeiro em 1964 como dissidência armada do Partido Comunista. Após a redemocratização, vários de seus ex-militantes se integraram aos quadros do PMDB. Na ocasião, o MR-8 se compôs com a ala antigoverno sob a liderança de Orestes Quércia.

*** Isto é, a prorrogação do imposto provisório além do limite legal, 1999.

ele, mas não adianta, porque não é só uma questão psicológica, é também de visão. Ele é "rupturista", acha que com vontade se faz tudo de uma vez. Eu acho que é preciso ter capacidade de convencer e ir modificando gradualmente. Mais ainda: ele acredita que suas ideias rupturistas fazem acontecer. Por exemplo, acha que o Itamaraty é inadequado para fazer comércio exterior. Eu digo: "Bem, mas quem é competente? Quem discute na OMC, em Bruxelas?".

"Do pessoal do Itamaraty, ninguém", ele diz. "Devíamos criar uma carreira de diplomatas economistas no [Instituto] Rio Branco."

"Está bem, mas isso leva vinte anos..."

Quer dizer, ele tem uma visão voluntarista das coisas.

Mesma coisa com a proposta dele de criar um ministério de Desenvolvimento Social e do Trabalho, incluindo, naturalmente, Caixa Econômica [Federal], BNDES. Eu digo: "E você acha que depende de um gesto meu? Pois bem, faço uma medida provisória e crio o novo ministério. E aí? As burocracias se opõem, o passado vai levar um ano sendo liquidado progressivamente". Isso não tem solução, cada um tem uma visão. No fundo, o problema é que o Serra não é o presidente da República. Se fosse, poderia tentar fazer o que imagina, só que teria dificuldades para ser rupturista e voluntarista, porque a sociedade democrática de hoje não aceita mais esse tipo de atitude. É o que me parece, mas pode ser que de repente as coisas mudem.

Fora essa preocupação grande com o Ministério da Saúde, há outra: Antônio Carlos me pôs numa fria pela pressão que fez para que atendêssemos as vítimas do Palace II. Quando você vai ver, juridicamente é dificílimo, porque não há condição de atender um grupo e não outros. Na verdade, a responsabilidade civil é do Sérgio Naya, ele é quem deve indenizar as vítimas, não o governo. Há muitos problemas e vou ter mais esse pepino desnecessário.

Grande auê também por causa do desemprego. O rumor, como mencionei, surgiu pelo Aécio Neves, e depois o Sérgio Amaral confirmou, de que vamos ter "pacotes contra o desemprego". Ora, contra o desemprego não há pacote! É política de longo prazo e investimentos. Em todo caso, vamos ser obrigados a conviver com o desemprego, que é um problema da globalização. Continuo achando que a aceleração do desemprego ainda não deve ser considerada uma questão dramática para o Brasil, mas o governo tem que estar atento a isso, e é uma bandeira política.

Esses foram os principais fatos, vamos ver como será a convenção do PMDB. Nela, curiosamente, não estou propriamente em jogo, nem mesmo Itamar. Como já devo ter registrado, são duas vertentes: uma é saber se me apoiam agora ou em junho, porque eles não terão um candidato próprio; a outra é: quem vai ser o dono do PMDB? O grupo do Paes, que está usando Itamar? Ou o grupo de parlamentares que está usando a candidatura de apoio ao governo como instrumento de luta? Essas são as questões em jogo. Já mandei dizer isso ao Itamar através do Augusto Marzagão, que veio me ver para sondar a minha reação. Depois [mandei dizer] também por outros caminhos, via Zé Aparecido. Espero que Itamar não fique contaminado de ódio, porque ele corre o risco de ser ofendido na convenção – ali os métodos são horrorosos. Espero que Itamar não tenha uma reação emocional e queira romper com tudo. Espero que aceite o resultado do partido, para em junho* haver outra candidatura. É isso que está em jogo.

HOJE É DIA 9 DE MARÇO. Ontem vencemos na Convenção. Foram 389 votos contra 303. Então, resultado tranquilo quanto aos números, mas ocorreu aquilo que se sabia. Itamar foi ofendido, não pôde fazer direito seu discurso, ficou irritado, todo mundo ofendeu todo mundo, Requião fez baixaria, enfim, o episódio mais deplorável possível. Os jornais, hoje, dizem que nós compramos —** não comprei ninguém — e voltam a falar de Santa Catarina, e que eu teria nomeado o Mário Pereira*** para diretor da Telepar,**** mas o pessoal esqueceu que ela vai ser privatizada, dizem que falei por telefone com todos os chefes de diretório [estadual do PMDB]... Até seria legítimo falar, mas não falei.

Acabei de saber que Itamar deu uma declaração dizendo que foi tudo comprado, que ele vai para a convenção [estadual] em junho. Quer dizer, perdeu a tramontana. Eu temia isso, preferia ter evitado, mas foi impossível. Ontem telefonei para Itamar, ele mandou dizer que não estava. Depois telefonou para mim, eu estava no cinema vendo *Ricardo III*,***** um bom filme do Al Pacino.

Fora isso, hoje recebi aqui o príncipe de Orange,****** sucessor da rainha da Holanda.******* Conversa normal, de diplomatas.

Depois estive com o pessoal do PMDB, que veio me felicitar pelo resultado das votações. O fato é que vencemos essa etapa do PMDB. Agora temos que vencer, nesta semana, as votações no Congresso sobre a reforma da Previdência.

E assim segue a vida, de dureza em dureza vamos avançando.

* Último mês para a realização das convenções nacionais e estaduais dos partidos antes das eleições de outubro.
** A imprensa noticiou que dezenas de delegados da convenção "viraram" seus votos na última hora por conta de barganhas de cargos e verbas com o governo. O grupo paranaense antes fechado com Roberto Requião foi contemplado com a presidência da estatal de telefonia do estado, a Telepar; o governador de Santa Catarina recebeu R$ 150 milhões em empréstimos da Caixa Econômica Federal para realizar obras no estado; e os parlamentares da Paraíba e do Ceará foram atendidos com a inclusão da transposição do São Francisco no programa Brasil em Ação.
*** Presidente do diretório paranaense do PMDB.
**** Telecomunicações do Paraná S.A., privatizada em 1998.
***** *Ricardo III — Um ensaio* (*Looking for Richard*, 1996). Documentário sobre uma montagem da tragédia histórica de William Shakespeare, peça e filme dirigidos e estrelados por Al Pacino.
****** Willem-Alexander, príncipe de Orange-Nassau e atual rei dos Países Baixos.
******* Rainha Beatrix. Abdicou em favor do filho em 2013.

HOJE É QUINTA-FEIRA, DIA 12, uma hora da tarde. Na terça-feira, dia 10, recebi o conselho consultivo da Anatel.* Fiz um discurso. Encontrei o ministro Lampreia, o Rego Barros, na segunda-feira eu tinha jantado com eles na casa do embaixador Fred. E me encontrei com eles agora, mais o Gelson, para discutir minha programação de viagem para o exterior.

Nesse meio-tempo, muitas reuniões de trabalho e o de sempre: fofocas sobre o ministério, já é cansativo até de reproduzir, e as indecisões do Serra, que agora resiste mais a vir para o Ministério da Saúde, quer o Ministério do Trabalho e do Desenvolvimento Social. A decisão de passar o ministro Paulo Paiva para o Ministério do Planejamento foi tomada e, na terça-feira, jantei aqui no Alvorada com Hélio Garcia, Paulo Paiva e Arlindo [Porto]. Hélio Garcia disse coisas extraordinárias, revelou muita sabedoria política. À entrada, deu declarações à imprensa, ressalvando suas relações com Itamar, e disse ter sido um absurdo o que fizeram com Itamar [na convenção], que foram insultos. Na conversa comigo demonstrou muita preocupação com Itamar, recomendando que o deixemos calmo. Itamar fez declarações realmente desastrosas, teceu uma acusação genérica ao governo, de haver comprado votos, perdeu a calma. Hélio Garcia, que sempre esteve do lado contrário ao do Itamar, sabe jogar bem e me deu impressão de que neste momento se preocupa com uma possível aproximação entre Eduardo Azeredo e PFL. Pela primeira vez o notei um pouco acre com Eduardo Azeredo. Ele me considera muito forte em Minas, acha que vou ganhar bem lá, que a vitória será nossa.

Perguntei-lhe diretamente se seria candidato, ele pensou primeiro que era ao governo, eu disse que não, depois percebeu que eu falava do Senado e disse que me responderia quando pudesse. Posteriormente me mandou um recado pelo Paulo Paiva, dizendo que vai me telefonar assim que tomar uma decisão.

Ontem, quarta-feira, dia 11, nada de especial. De manhã, despachos de rotina e uma boa solenidade sobre os portos no Rio de Janeiro, contrato de arrendamento dos terminais,** fiz um discurso mostrando quanto avançamos.

De tarde recebi o pessoal da sinagoga de Recife com o Weffort. Encontrei o Paulo Hartung, candidato ao governo do Espírito Santo, ele me deixou sua carta de renúncia [do BNDES]. Vai haver uma briga feia no Espírito Santo, mas ele é candidato. Veio com o prefeito de Vitória, chama-se Luiz Paulo [Vellozo Lucas]. São problemas permanentes de disputa para os quais não temos solução. Vai haver briga mesmo lá, porque cada qual acha que tem chance, o Zé Ignácio acha isso, o Paulo Hartung também, mas quem tem chance mesmo é o Camata. Vamos ver o desdobramento disso.

---

* Solenidade de apresentação dos membros do conselho consultivo da agência.
** Cerimônia de assinatura de contratos de arrendamento dos terminais de contêineres da Companhia Docas do Rio de Janeiro, no porto carioca.

Hoje de manhã tivemos a solenidade do gasoduto São Paulo-Rio Grande do Sul.* O que me chamou a atenção foi nenhum governador ter vindo. Eles devem estar muito atrapalhados com seus governos.

À tarde, com Kandir, discutimos a Lei de Diretrizes Orçamentárias do ano que vem, conversa finalizada com a pergunta angustiada dele sobre o que vai acontecer no seu ministério. Eu lhe disse que ficasse calmo, pois a solução seria manter todo mundo.

Também foi autorizada, na sexta-feira passada, a transferência do secretário de Política Econômica, Beto Mendonça, para a Secretaria Executiva da Câmara de Comércio Exterior, com função quase ministerial.

Por outro lado, o rapaz que estava lá com Kandir, Amaury Bier, passa para a Secretaria de Política Econômica. Claro que mais tarde haverá uma série de dificuldades com o secretário executivo do Planejamento, Martus [Tavares], que é um bom funcionário, porque o Paulo Paiva, se for efetivamente nomeado ministro do Planejamento, vai querer levar a turma dele. Será complicado. Melhor manter o Martus não porque o Paulo seja ruim, mas porque precisa dar continuidade.

Recebi o Paulo Godoy, com a questão da banda B e sem nada de mais especial, e também o Jorge Bornhausen, como sempre jogando corretissimamente, mostrando mais ou menos o perfil das pessoas do PFL. Vão indicar gente com um feitio mais técnico, na linha do que eu tinha pedido a ele, e sem mexer na distribuição regional. Ele me disse que não fecharam com Maluf. Isso é outra preocupação, o PFL de São Paulo queria fechar. Acho que Antônio Carlos insiste na mesma linha.

Conversei com Luís Eduardo sobre a candidatura dele, são favas contadas, vai para a Bahia.** Ele acha que não tem alternativa, que precisa enfrentar seu destino político. Não vai com muita felicidade, mas vai com determinação.

SEXTA-FEIRA, 13 DE MARÇO, na Granja do Torto, reunião do ministério. Isso depois de ter passado a manhã no Alvorada, quando, entre outras coisas, recebi a direção do PSDB, e direção quer dizer Teotônio Vilela e os dois líderes, aflitos com o que fazer com as eleições. Expliquei a eles que o presidente da República não pode se meter nas eleições de partidos no que se refere à organização de recursos materiais, coisas desse tipo, e que eles têm que ter suas articulações próprias, sem envolver o governo. Eles sabem disso. Lembrei que, no nosso caso, é ainda mais grave do que em qualquer outro partido. Mas é uma aflição compreensível. Não foram insistentes e acho que entenderam minha posição.

* Assinatura do contrato de construção do trecho SP-RS do gasoduto Brasil-Bolívia.
** Isto é, disputar o governo da Bahia.

Em seguida recebi o Serra, com quem fui ainda mais taxativo: "Olha, Serra, é a Saúde, e não é 'ou'. É a Saúde. Tenho minhas razões, pelo governo, pelo Brasil e pelo que eu penso ser melhor para você. Das dificuldades, você já sabia". Ficamos de nos reunir no outro domingo.

HOJE É SEGUNDA-FEIRA, DIA 16. Na sexta-feira, depois da reunião da Granja do Torto, de balanço de emprego e sobre questões de desenvolvimento do Brasil, para motivar a equipe ministerial e dar notícias mais positivas à imprensa quanto à preocupação com desemprego, fui ao Rio de Janeiro e, no sábado, a Petrópolis.

Em Petrópolis foi muito agradável, almocei com Marcelo Alencar e com o prefeito Leandro Sampaio. Depois tivemos uma reunião com a área da cultura no Museu Imperial, com Weffort e uns cem, 150 produtores culturais. Salvo um pequeno incidente com a Ruth Escobar, que fez uma demagogia e depois tentou um aparte quando eu estava falando — eu a cortei —, foi tudo muito bem, com muitos aplausos. O Weffort realizou um bom trabalho. Demos muitos recursos para a cultura, eles sabem disso. Multiplicamos por cinco, de 80 milhões de dólares para quase 400 milhões de dólares, essa área avança: produção cultural, cinema sobretudo, mas também artes cênicas, música e dança. Vê-se que o Brasil avançou um pouco não por causa do governo, mas o governo ajudou nas articulações.

Depois fui à inauguração do Palácio de Cristal.* Palácio bonito, discursos bons, o Eduardo Eugênio Vieira fez um discurso mais político.

À noite, jantar demorado com muita gente da *society* carioca, não eram muitas pessoas, umas trinta, estava a Lucia Hippolito, que eu não via fazia muitos anos, uma socióloga, ou historiadora, que estava um pouco excitada, falou demais, e amigos: o Luciano Martins, o Rafael de Almeida Magalhães, o João Roberto Marinho e outros mais, foi um clima distendido.

No dia seguinte, ontem, eu tinha que ir para a fazenda do Ronaldo Cezar Coelho em Vassouras, onde haveria um almoço grande, mas as condições climáticas não deixaram. Baixou o "ruço", como se chama a neblina em Petrópolis, onde passei quatro horas e recebi alguns familiares. O Paulo Roberto e Ivan Cardoso — o Ivanzinho, Ivan Espírito Santo Cardoso —,** e nada mais.

Cheguei ontem à noite a Brasília e hoje de manhã recebi o Eduardo Jorge para despacho.

Na semana passada vi o Roberto Brant, que me parece uma pessoa bastante interessante; ele está temeroso com as eleições, mas vai ganhar. Tenho certeza de que será [reeleito] deputado.

---

* O marco histórico de Petrópolis foi reinaugurado depois de quatro meses de restauração financiada pelo governo federal.
** Cineasta, primo do presidente.

Pesquisas da *Folha*, no fim de semana, muito boas.* A *Folha* um pouco aflita porque, apesar de todas as dificuldades, a minha sustentação é muito alta, e um pouco queixosa porque, diz, a democracia exigiria o contraditório. A culpa não é minha, o contraditório está aí, é o Lula. Ou queria que fosse Itamar? Não sei.

Essa mágoa do Itamar não tem razão de ser, é mágoa de mineiro, dizendo que não sabe como fiz isso com ele. Ora, eu não fiz nada! Foi ele quem fez. Meteu-se a ser candidato e entrou num partido que nunca foi o dele, no qual não tinha enraizamento, por puro lance político. Perdeu porque eu também não ia deixar as coisas acontecerem sem que a gente articulasse. As vaias que levou não foram dadas por mim. Ele vive dizendo que os meus líderes fizeram uma onda contra ele. Não foram os meus líderes, e sim os líderes do partido dele. Política não é feita de mandar flores. Claro que eu preferia que não tivesse havido vaias.

O Zé Aparecido ainda está pretendendo articular, como antes... Não sei se Itamar vai ser candidato ao governo de Minas. Ele já foi mais longe do que podia imaginar. Saiu-se razoavelmente bem como presidente, com nossa ajuda, mas não deveria insistir, porque não tem condições pessoais e políticas para enfrentar as dificuldades do momento. Devo dizer que poucos vão ter coragem para isso. É difícil.

Eu próprio, se estou [na briga], é porque não tenho alternativa. Na verdade, estou cansado.

Continuação da terça-feira, 17 de março. Quase meia-noite.

De manhã fui ver, com os do PFL, sugestão de alguns nomes para novos ministros. Também falei sobre o Maluf. Eles [líderes do PFL] disseram que não iriam precipitar o acordo com Maluf, mas que ele conta como inevitável para esse apoio [à minha candidatura] a vinculação do PFL de São Paulo [à candidatura dele]. Eu pedi para postergar.

Recebi a rainha Silvia, da Suécia. Bom encontro. Eu a recebi depois que ela falou com a Ruth sobre um seminário que quer fazer no Brasil sobre abuso sexual de crianças.

Depois, uma longa reunião com o Zé Vargas [Israel Vargas] sobre desenvolvimento científico e tecnológico.** Ele prestou contas do que foi feito nesses dois, três anos, eu também falei, pedi um pouco mais de compreensão da comunidade acadêmica para o diálogo.

---

* O Instituto Datafolha apurou que, no cenário eleitoral mais provável (sem candidatura do PMDB), Fernando Henrique tinha 41% das intenções de voto, com Lula em segundo lugar (25%), seguido de Ciro Gomes (10%). Em cenários alternativos, Itamar Franco e José Sarney apareceram com 15% e 14%, respectivamente, com Fernando Henrique caindo para 35%.

** Cerimônia de assinatura de contrato do Programa de Apoio ao Desenvolvimento Científico e Tecnológico (PADCT).

Mais tarde recebi Albano Franco, e ele foi taxativo: fez um acordo, isso é inacreditável, com o maior adversário dele, Jackson Barreto, do PMDB, que já foi prefeito e vai surpreender não só Sergipe, mas muita gente no Brasil. Vai deixar mal o PFL de lá.

À tarde, depois que almocei com a Ruth, recebi Manuel Fraga, presidente da Galícia,* em seguida despachos de rotina, o ex-prefeito Celso Giglio de Osasco, com os líderes do município, todos me apoiando muito.

Recebi o representante do governo do Canadá, Marc Lalonde, e o nosso, o Olavo Batista [Filho]. Estão tentando acertar a questão relativa à luta entre Embraer e a Bombardier canadense. Pelo jeito procuram encontrar uma solução para evitar que o Canadá recorra contra o Brasil na OMC.

À noite, depois de me despedir deles, o Serra jantou aqui. Voltamos a repassar tudo. Fui, de novo, taxativo, fiz mais pressão para ele ir para o Ministério da Saúde e não para o ministério que ele quer, do Trabalho e Desenvolvimento Social, com BNDES, Caixa Econômica, Desenvolvimento Urbano, ou seja, um superministério. Não dá para fazer a esta altura. Ele ainda está na dúvida, mas pouco a pouco vai caminhando para a pasta da Saúde. Preciso falar, de qualquer maneira, com o Carlos [César] Albuquerque, para ver como fazemos isso, para não deixar o Carlos Albuquerque nem numa posição de fritura nem sem apoio no futuro.

Mário Covas é candidato. Falei pelo telefone com Teotônio Vilela, pensando nos preparativos para o lançamento da candidatura dele. Havia boatos de que ele iria renunciar para se sentir mais à vontade na recandidatura, o Serra me disse que o Mário não pensa nisso, a conversa não foi dessa maneira. Parece que o Geraldinho Alckmin [Geraldo Alckmin] também quer ficar firme [como vice, sem assumir].

Falei com o Geraldinho Alckmin hoje de manhã pelo telefone, para sugerir o nome de Almir Pazzianoto para senador por São Paulo. Isso me foi pedido pelo Paulo Renato.

HOJE É DIA 18, QUARTA-FEIRA, são dez horas da manhã. Já fiz exercício e nadei. Há outra preocupação a me atormentar. O Grupo Tortura Nunca Mais anunciou que um tal de Fayad** participou, como médico, de um centro de tortura no Rio de Janeiro. Curioso, porque há cinco anos ele foi promovido a general no governo Itamar. Nunca ninguém reclamou de nada. Agora houve uma fusão de duas partes administrativas na repartição em que ele é vice-diretor.*** Grande gritaria. É uma

---

* Cargo equivalente ao de governador da comunidade espanhola.
** O general Ricardo Fayad Agnese foi acusado de participar de torturas no Doi-Codi do Rio de Janeiro e na Casa de Morte (centro clandestino de extermínio em Petrópolis) entre 1969 e 1974. Seu registro médico fora cassado em 1994.
*** Subdiretor de Saúde do Exército.

situação delicada, porque ele recorreu [da decisão] do Conselho Regional de Medicina que cassou seu registro de médico, e o Tribunal de Justiça do Rio deu ganho de causa a ele e apelou para o Tribunal [Regional Federal] de Brasília, está sub judice, o que cria uma situação delicada. O ideal seria que ele mesmo se afastasse, mas não sei; noto meus amigos muito preocupados com o assunto, o que me preocupa ainda mais. Isso é sério. Pegar um caso e iluminar chama sempre a atenção. Tortura é inaceitável, entretanto não posso cometer uma arbitrariedade, porque houve anistia. Que eu saiba, até agora ele não tinha sido acusado de nada, pelo menos formalmente, e estamos dando reparação a todos que participaram das lutas, mesmo aos que participaram de ações armadas. Não é tão simples resolver. Isso me preocupa

HOJE É 19 DE MARÇO, QUINTA-FEIRA, são oito e meia da manhã.

Na noite de ontem, uma reunião para discutir a comunicação social do governo com nossos técnicos mais o Tasso, que apareceu por aqui, o Sérgio Amaral e o Sérgio Motta.

Depois eu e Eduardo Jorge fomos a um jantar pelo aniversário de Geddel Vieira. Pura sociabilidade, grande entusiasmo.

Retomada da votação das emendas da Previdência, hoje leio nos jornais que Itamar me chamou de "enguia" porque o porta-voz disse que o general que está sendo acusado de ter sido conivente com a tortura foi promovido a general por ele, Itamar. Foi mesmo, não é pecado [promover sem saber], mas não é falso dizer que foi. Simplesmente o porta-voz declarou que quando houve a promoção não se fez nenhum barulho, por que o barulho agora? Itamar disse que o responsável por tê-lo nomeado sou eu, e eu não o nomeei.* Parece coisa de criança, mas vai me incomodando.

Fui procurado, ontem, pelo Clésio Andrade, presidente da CNT. Mineiro, PFL, mais mineiro do que PFL, candidato a deputado. Ele veio me dizer que houve uma reunião em Minas e que o Armando Costa,** que é muito contra mim e contra o governo, e muito a favor de uma candidatura própria [do PMDB], mais o Zé Alencar [José Alencar Gomes da Silva],*** ex-presidente da Federação das Indústrias do Estado de Minas Gerais, disseram que o Zé Alencar estaria disposto a assumir a presidência do partido [PFL mineiro] no lugar do Clésio e que isso permitiria ao Itamar ser lançado candidato do PMDB com o apoio do PFL. Queriam saber como eu via essa articulação, se eu podia ajudar. Eu disse ao Clésio que Itamar tem que parar de fazer essas coisas. Não encorajei a candidatura, embora não a tenha negado, porque não quero me meter em Minas.

* O ministro do Exército assinou a nomeação de Agnese para a Subdiretoria de Saúde em janeiro de 1996. No início de abril de 1998, o presidente determinou a exoneração do ex-torturador.
** Deputado federal (PMDB-MG), presidente do diretório mineiro do partido.
*** Presidente da Coteminas.

Ele me mostrou umas pesquisas em que o Itamar fica longe de mim para presidente da República, mas poderia ganhar de Eduardo Azeredo [para governador]. Poderia; não sei se ganha. Nem sei se vai ser candidato.

Por outro lado, o Eduardo Jorge me disse que Newton Cardoso mandou, pelo Saraiva Felipe, um recado de que queria conversar comigo secretamente sobre Minas. Eu não quero conversar secretamente com ninguém. E mais: eu disse ao Clésio que não estou disposto a oferecer nenhum ministério ao Newton Cardoso. Quero parar com as especulações, os mineiros que se entendam. Se é que vão conseguir.

HOJE É SEXTA-FEIRA, 20 DE MARÇO, um dia tenso. Tive muitos despachos, desde com o ministro da Aeronáutica até uma discussão interessante a respeito dos novos índices do PNUD* sobre desenvolvimento humano. Demos um salto imenso. Quando publicarem esses dados em junho, vai se ver que o Brasil atingiu, pela primeira vez, a faixa dos países de melhor desenvolvimento humano.** Isso inclui saúde, educação, esperança de vida, mortalidade infantil, nível de analfabetismo e renda. Pelo famoso índice que sempre se dizia que estávamos muito mal. Eu vi todos os gráficos. Na verdade, o Brasil melhora incessantemente nesses índices desde 1970, mas o salto em 1995 foi muito forte. Vamos ver se aí param de falar esta bobagem de que o governo não se preocupa com o social! Social é isso. Está melhorando, e bem.

Mas o dia foi tenso porque, primeiro, Sérgio Motta está com problemas de saúde, vai aos Estados Unidos averiguar o que tem no pulmão. Uma inflamação que não cessa. Depois, porque o Serra continua no seu vai não vai sobre para qual ministério ir. Isso está desgastando a todo mundo, a mim, a ele e, sobretudo, ao ministro da Saúde, o Carlos César Albuquerque.

Carlos César veio aqui hoje. É um homem correto, leal, fez o que pôde no ministério. Não tem grandes dotes como político, não tem eloquência, capacidade de se relacionar, foi maltratado pela situação, e até por mim, que podia tê-lo chamado há mais tempo para falar de sua substituição. Não era minha ideia fazer isso do jeito como foi feito. O Serra sempre deixa as coisas amadurecerem; até agora, já depois de eu ter recebido a carta de demissão do Carlos César, o Serra ainda não resolveu. Ficou de me telefonar e não telefonou, estava querendo condições e não sei o quê, parece que está fazendo um grande favor em aceitar ser ministro da Saúde.

* Programa das Nações Unidas para o Desenvolvimento, conselho da Assembleia Geral da ONU para assistência econômica, social e institucional a países em desenvolvimento.
** O Brasil obteve um Índice de Desenvolvimento Humano (IDH) de 0,809 em 1998 e ficou em 62º lugar mundial, o suficiente para incluir o país pela primeira vez entre o grupo de nações com alto desenvolvimento humano (IDH maior que 0,8).

Pedi ao Carlos César que espere até segunda-feira e disse que vamos aproveitá-lo em alguma coisa no governo. Já falei com Paulo Renato para que o Carlos César seja coordenador dos hospitais universitários. Ele merece, e até mais que isso. Vamos ver qual vai ser a decisão do Serra.

Agora mesmo o Sérgio Motta me telefonou. O Serra falou com ele, é uma fofocagem infinita, o Sérgio Motta tentando ajudar. É essa ansiedade do Serra, a vontade de que todas as precondições estejam seguras para ele ter êxito, o medo de assumir e, ao mesmo tempo, a desconfiança de que não vou fazer o que eu disse que vou fazer. Ele quer que eu garanta o que eu não posso garantir, que ele vai ter não sei quantos milhões a mais, como se isso dependesse só de uma vontade do rei. Serra não entendeu que na democracia o jogo é mais complicado, que eu posso dar uma ordem, no dia seguinte sai no jornal que estou gastando dinheiro público sem prestar atenção ao déficit, e começa um desgaste enorme. O voluntarismo, em política, é sempre um desastre.

Isso me desgastou demais. Estou cansado, irritado, passei o dia por conta disso.

Fiz um programa na TV com o Serginho Groisman,* acho que no SBT, com a juventude, alguns participantes irreverentes, outros com perguntas preparadas. A gente dá uma longa explicação, eles acham que se está fugindo do tema, enfim, não é fácil. O Serginho Groisman foi quem fez as perguntas mais complicadas, por exemplo, o que eu achei da questão sexual do Clinton. Como é que eu posso falar em público sobre o presidente dos Estados Unidos?! Depois esse negócio de maconha, se sou favorável à liberalização, depois sobre aborto, enfim, só perguntas difíceis, a história do Maluf... Eu respondo, mas não tem cabimento. Eu me dou ao trabalho de ir lá, um luxo para ele, de participar de um programa difícil, aberto, perigoso, vou com tranquilidade, eu, o presidente da República, e parece que não é nada, uma banalidade, me tratam assim como se eu fosse um idiota qualquer. Tenho que me habituar a isso.

Além disso, Itamar. Ele realmente passou de todos os limites, fica falando mal de mim para todo mundo. Ora, até ontem eu era um amigo fraterno. Ele perdeu a convenção do partido dele. Queria que eu fizesse o quê? Que o apoiasse por manter uma candidatura contra mim? Ele ainda é meu embaixador! Se eu quisesse responder ao que ele falou (disse que era uma questão de moral), poderia ter rebatido com muita facilidade: "Eu jamais, sendo embaixador, diria o que o embaixador Itamar disse sobre o presidente da República que o nomeou e de quem ele é representante pessoal até hoje!". Mas eu não entro nisso, não dá! Todo mundo sabe que Itamar terá dificuldades para governar Minas, quanto mais o Brasil. E se ele faz de conta que é uma reserva moral do país, é só para criar dificuldade. Eu entendo. Mas no plano pessoal ele passou dos limites. Na próxima, não terei alternativa a não ser dar uma resposta, o que não é bom, mas terei que fazer isso. É difícil eu me conter diante de tantos desabridos verbais.

* Apresentador do *Programa Livre*, do SBT.

Hoje tive uma boa discussão com um grupo da Fundação João Pinheiro sobre o Índice de Desenvolvimento Humano, quando isso se publicar, vai ser bom ver que realmente o Brasil está avançando também na área social.

Continuação do dia 20, sexta-feira, só que agora são três e meia da tarde.
Almocei com Paulo Renato e, antes, recebi o Richa. Falei muito com o Richa sobre o Paraná e as mudanças do ministério.
Serra me telefonou ao meio-dia, dizendo que virá aqui hoje à noite, não me falou nada sobre o ministério. Continua com as dúvidas dele. O Vilmar também me telefonou, para saber o que dizer ao Serra, que já o está enlouquecendo de tanto usar o telefone. Eu tive uma ideia. Se o Serra não topar e não puder aceitar as condições que existem, vou convidar o Scalco para ministro da Saúde. Vai ser uma surpresa. Acho que é um homem bom, correto, pode trazer bom resultado.
Também me telefonou o Sérgio Motta. Estava em Manaus, a caminho dos Estados Unidos. Estou muito preocupado com o Sérgio, a coisa pode não ser tão simples. Mesmo com esse problema de insuficiência respiratória e com tudo que ele me apronta, vai fazer uma falta imensa, porque ele tem uma enorme capacidade de trabalho, é de uma lealdade e de um empenho colossal; vez por outra vai além do limite, mas em geral é um esteio. Vai ser muito ruim a ausência dele, sobretudo agora que temos uma votação no Congresso. É preocupante, justamente agora, no final da reforma da Previdência.
Telefonei para o Zé Aníbal. Finalmente tomei coragem para mandar um abraço para ele pela morte do Ulisses, seu filho, que, por uma razão talvez até pouco compreensível, porque nunca tive tanta proximidade assim com ele, me abalou muito.
Ainda, para registrar, falei com a Ruth longamente por telefone. Ela está em Paris e me contou sobre o Salão do Livro. Chirac foi com ela, Chirac muito entusiasmado com o Brasil, mandando muitos presentes para mim. Ela foi ao Eliseu* para os dois chegarem juntos ao Salão do Livro. Chirac dedicou toda consideração à Ruth, e ela, como sempre, se desempenhou brilhantemente. Ruth me deu conta dos nossos vários amigos que estão lá e me queixei com ela da situação a que estou exposto por causa das oscilações do Serra.

---

* Palácio do Eliseu, sede da Presidência da República francesa.

23 A 31 DE MARÇO DE 1998

Serra no Ministério da Saúde. Sanção da Lei Pelé. Viagens a Minas e São Paulo

Hoje é segunda-feira, dia 23 de março.
No sábado de manhã, conversei com o Richa sobre a situação em geral. O domingo, ontem, comecei almoçando com o Pimenta da Veiga, passamos em revista a questão mineira. Ele está muito por dentro. Que fazer com Itamar? Ele coincide com a minha opinião: nada. Deixar o Itamar se esvair pelo menos desse ódio que resolveu ter por mim agora, súbito. O Pimenta acha que Itamar está numa situação muito difícil em Minas porque, politicamente, não tem como dar curso à candidatura dele. Conversei a respeito da situação do governo e, sobretudo, da situação pré-eleitoral, da minha decisão de afastar Eduardo Jorge para que ele se ocupe mais da campanha. Pimenta está de acordo. Ficou de conversar, como fez, com o genro do Paes de Andrade,* porque parece que Paes de Andrade quer um ponto de acomodação para não ser posto para fora da presidência do PMDB, e esse ponto de acomodação seria a possibilidade dele ter uma candidatura a deputado pelo Ceará com alguma viabilidade. Isso implicaria um acordo entre PMDB e PSDB no Ceará. Acho difícil, porque o Tasso não é dado a esse tipo de acordo com o PMDB; talvez com Juraci Magalhães, sim, mas dificilmente com o genro do Paes.

Hoje à tarde o Eduardo Jorge, o Clóvis, o Vilmar Faria, o [Sérgio] Cutolo,** o Malan e também o Paulo Paiva. Expliquei a eles que eu havia tido uma conversa telefônica ontem com Serra e que ele se dispôs a assumir o Ministério da Saúde.

Na verdade, essa conversa foi neste sábado, o Serra veio aqui à noite e passamos tudo em revista. Eu disse que não tinha mais tempo, ele também já veio para aceitar, porque, me disse, a situação ficou de tal maneira que não vir seria ruim para ele e para mim. Concordei e disse que a situação tinha sido criada pelos rumores que chegaram à imprensa depois da vinda do ministro da Saúde na sexta-feira, quando ficou claro que o Serra conversou com muitos médicos, que relataram isso à imprensa.

Serra disse que não falou nada, que não foi nada disso, mas falou, e falou muito. As conversas preliminares em que ele ainda hesitava entre vários ministérios acabaram vazando e criaram uma situação muito difícil para o ministro e para mim. Se for uma fritura de ministro, para o país o cozinheiro sou eu. E de fato tenho que assumir a responsabilidade, embora eu não tenha vazado nada nem querido desmoralizar o ministro. Situação embaraçosa.

---

* Eunício Oliveira, presidente do PMDB-CE.
** Presidente da Caixa Econômica Federal.

Na manhã de ontem, domingo, chamei Eduardo Jorge antes do Pimenta e disse que íamos fazer o ato de nomeação do Serra. Eduardo queria a nomeação, mas como não gostou do zigue-zague do Serra se retraiu. Só o Vilmar continua favorável. Então achei bom escrever uma nota ao Serra, disse a ele que ia mandar por fax, mandei, registrando o que me pareceu necessário sobre os pontos fundamentais da conversa que tivemos, para que depois o Serra não possa dizer que eu disse que ia dar isso ou aquilo e que não dei porque cedi a pressões, essas coisas.

Então hoje à tarde comuniquei ao grupo mencionado que o Serra iria para a Saúde. Depois discutimos os outros ministérios. Longa discussão, boa, para formular qual seria o melhor arranjo. Decisão: o melhor arranjo é criar um ministério extraordinário do Desenvolvimento Urbano e dar a incumbência dele ao Cutolo, que sai da presidência da Caixa, mas continua no conselho da Caixa e também com a Secretaria de Política Urbana, a Sepurb, que está no Ministério de Planejamento e que dá as normas para saneamento e habitação. Com isso ficou vago o Ministério do Trabalho. Na conversa, citei o nome do Scalco. Eu tinha falado do Scalco com o Eduardo, com Clóvis e com a Ana — com a Ana o mencionei na emergência de o Serra não aceitar a Saúde. Todos acharam bom o nome do Scalco. Então pedi que sondassem o Pedro Parente sobre o Scalco, já sabendo a resposta, porque o Pedro Parente é presidente do conselho de Itaipu e conhece o trabalho do Scalco em Itaipu. Como não poderia deixar de ser, a resposta foi positiva. Soube disso ontem à noite.

Também ontem à noite, estiveram aqui entre setenta e oitenta pessoas, para a reunião do Círculo de Montevidéu.* Ofereci um jantar ao [Bill] Richardson, o embaixador americano nas Nações Unidas; ele tem status de ministro nos Estados Unidos. Veio o Julio Sanguinetti, o Jordi Pujol, que é o presidente da Catalunha lá na Espanha, o prefeito de Madri, Alberto Ruiz-Gallardón, uma pessoa bastante interessante, entre outros personagens.

Ainda sobre esta segunda-feira, dia 23: no fim do dia, liberei a informação de que o Serra seria o novo ministro. Antes disso, porém, chamei o César Albuquerque, que veio com Paulo Renato. Conversamos, expliquei que o Serra tinha aceitado e propus que ele assumisse uma posição no exterior, coisa sobre a qual já conversei com Iglesias e Paulo Renato; ele vai ser consultor do BID. Na verdade, ficará no Brasil, mesmo como consultor do BID, para alguns assuntos que interessam ao Paulo Renato. Depois, eventualmente, irá para a Opas, em Buenos Aires.

Participei de manhã, na Granja do Torto, da reunião do Círculo de Montevidéu. Foi muito interessante, um paper do [Michel] Camdessus** foi lido pelo

---

* Terceira reunião plenária do fórum internacional.

** O diretor-gerente do FMI preconizou a redução dos gastos militares mundiais e o incremento de investimentos sociais para promover o crescimento econômico.

Sanguinetti, sempre muito entusiasta e brilhante, às vezes um pouco excessivo na quantidade de palavras que profere, mas no geral são de boa qualidade, Sanguinetti é afirmativo e de espírito aberto. Também me impressionou muito o que disse o alcaide de Madri. Ele fez uma crítica, está registrado nos anais, e eu fiz uma exposição que as pessoas gostaram e que vai servir de elemento para a minha conferência em Salamanca.* Já falei com os meus redatores, para que transformem o que eu disse oralmente num texto legível, para Salamanca.

Depois fui correndo para o Planalto participar da cerimônia sobre a transformação do ensino de nível técnico.** Estavam lá o Paulo Renato e o Iglesias. Muita gente na plateia fiz outro discurso.

Em seguida, a rotina dos despachos, dei uma entrevista para a Manchete, depois vim para o Palácio da Alvorada, falei com o Camata sobre Espírito Santo. Camata poderá ser candidato a governador se não se viabilizar a candidatura do José Ignácio. Só assim. Pelo menos foi o que ele me disse.

Recebi o [Vicente] Bogo para conversar sobre o Britto no Rio Grande do Sul. Bogo é resistente a não ter candidatura [própria do PMDB], mas não totalmente. Acho que antes de junho dá para ele mudar de ideia, é um homem ponderado. Até me arrependi de ter sido tão enfático sobre estar intervindo lá. Porém eu disse que ia apoiar o Britto, porque o Britto é fundamental no choque com o PT.

Fui a uma recepção na embaixada do Uruguai, coisa social, voltei para cá, mandei entrar o Scalco, que já estava aqui, e lhe ofereci o Ministério do Trabalho. Chamei depois o ministro Paulo Paiva, para conversarmos juntos. Scalco ficou de responder. Ele tem muito cuidado com Itaipu e não gostou da sugestão que eu tenho para lá, que é o Mário Pereira, que foi governador do Paraná. Prefere outros, isso vai me criar certo embaraço com o PMDB do Paraná, mas, enfim, faz-se o que se pode fazer e não o que se gostaria.

Nesse ínterim, o Sérgio Amaral me informou que a Maria Silvia Bastos [Marques], que hoje é presidente da CSN, talvez aceite o Ministério do Trabalho. Seria uma jogada mais importante até do que a do Scalco.

Fui franco com o Scalco, disse que se ele não quiser ou não puder, tenho alternativa, não falei quem; ele ficou de pensar, eu o senti um tanto ressabiado. Não comigo, mas com a situação, muito nova para ele. Em todo caso, ficou de pensar, amanhã vai conversar com uns e outros e no fim vai acabar, acho eu, aceitando. Se não aceitar vou tentar a Maria Silvia.

* O presidente viajou à Espanha em visita de Estado entre 20 e 22 de abril de 1998, ocasião em que receberia o título de doutor honoris causa da Universidade de Salamanca. Mas, em razão da morte de Luís Eduardo Magalhães, em 21 de abril, Fernando Henrique adiou a cerimônia e retornou ao Brasil. A cerimônia de atribuição do doutorado honorário ocorreu em 2002.
** Cerimônia de lançamento do Programa de Expansão da Educação Profissional.

HOJE É QUINTA-FEIRA, 26 DE MARÇO. Vamos recapitular. Semana pesadíssima.

Na terça-feira, dia 24, depois dos despachos normais, recebi no Alvorada o Almir Gabriel para discutir as chances da aliança dele com o Jader. Vou dar a possibilidade de um ou outro ser candidato ao governo. Além dos despachos de rotina, mandei fazer a eclusa de Tucuruí* e outras coisas do gênero. É muito difícil o entendimento, me pareceu, porque o Almir é candidato ao governo e quer que o Jader seja ministro da Justiça. Ele acha que nos Transportes não, mas que na Justiça daria para pôr.

Depois fui terminar a reunião do Círculo de Montevidéu na Granja do Torto. Fiz novo discurso, dessa vez rápido, e voltei para cá.

À tarde, sancionamos a Lei Pelé. Aí, sim, fiz um discurso forte, de apoio ao Pelé, à democratização do esporte, à moralização, tudo isso.

Em seguida recebi o Henrique Meirelles, do BankBoston, na sala de audiência, vieram umas quarenta pessoas. Outra falação, dessa vez em inglês, mas eu estava afiado nesse dia.

Depois despachos normais. Recebi o presidente da Siemens,** que veio dizer que vai investir mais no Brasil. Recebi o chanceler do Uruguai, Didier [Opertti], e vim para o Palácio da Alvorada, onde tive primeiro um encontro com o pessoal do PPB, Maluf à frente. Estavam todos: Delfim, Amin, uma tropa enorme, que eu recebi junto com o Dornelles. Vieram sugerir o nome do Botafogo [José Botafogo Gonçalves]*** para ministro da Indústria e Comércio. Eu já sabia disso, tinha até aprovado de antemão. Na conversa privada entre mim e o Maluf, na biblioteca, ele se mostrou preocupado com o segundo turno em São Paulo, imaginando que eu fosse fazer e acontecer. Eu disse a ele o que tenho dito a todo mundo: que preciso ter uma posição discreta, na medida em que pessoas de vários setores me apoiam. Depois ele insistiu que eu passe o Ministério do Trabalho para o PTB e indicou o Almir Pazzianoto. Só que estamos conversando com o Scalco e também com a Maria Silvia Bastos. Eu respondi que não, que, se fosse o caso, teria a oferecer o Ministério da Agricultura, porque eu poderia deslocar o Arlindo Porto, e para lá temos um bom candidato do PPB, o atual presidente da Conab, chamado [Francisco] Turra, do Rio Grande do Sul.

No dia seguinte, ontem, quarta-feira, o Maluf desencadeou uma onda a favor do Turra, e agora estou resolvendo essa questão.

Maria Silvia falou com Malan, eu tinha pedido que o Malan falasse com ela, e ela não topou ir para o Trabalho. Ficamos, portanto, com esse problema.

---

* Iniciada em 1981, a obra foi retomada pelo governo federal, através da Eletronorte, para viabilizar a navegabilidade do rio Tocantins. A inauguração ocorreu somente em 2010.
** Heinrich von Pierer.
*** Embaixador, subsecretário-geral de Integração, Assuntos Econômicos e Comércio Exterior do Itamaraty.

Depois desse encontro com o pessoal do PPB, recebi no Alvorada, ainda na terça-feira, o Álvaro [Dias], do Paraná, que veio discutir comigo suas chances. É curioso, porque me pareceu que ele não está com vontade, realmente, de se candidatar ao governo. Álvaro é muito complicado, e acabamos discutindo a possibilidade de ele lançar sua candidatura ao Senado e não ao governo; ele não se candidataria ao governo e o PFL, com o governador Jaime Lerner, não se candidataria ao Senado. Só que agora o Álvaro não quer isso. Talvez mais tarde; por enquanto quer ver se tem chances de ser candidato ao governo. Me disse que de maneira alguma apoiaria o Requião.

Tive um jantar com o Beto Mendonça, o André Lara Resende e o Clóvis. O Malan tinha me informado que o André estava muito preocupado por causa do Ministério da Previdência, que não iria ficar nas mãos de quem ele queria, o Rogério Werneck. Ele é um bom técnico, é lá do Rio de Janeiro, um economista, mas sem base política. Expliquei bastante isso, fiquei até a uma hora da manhã nesse jantar para convencer o André de que estou fazendo o máximo possível para melhorar o Brasil, nas condições reais do Brasil, com todo esse problema político em cima, com os apetites que há, e que não dá para pensar abstratamente em quem é o melhor. Acho que o André voltou a se motivar. Mas ele tem altos e baixos e está um pouco à margem, por isso também entra nesses altos e baixos.

O dia seguinte, ontem, foi a quarta-feira 25 de março.

De manhã tive um encontro, aqui no Alvorada, com Antônio Carlos, Luís Eduardo, Tasso Jereissati, Eduardo Jorge, e Moreira Franco. Eles queriam discutir muitas coisas e, principalmente, o ministério. Há uma briga dentro do PFL, o Antônio Carlos não aceita as indicações. Não aceita porque não acha boas as indicações que me foram trazidas pelo Jorge Bornhausen. Diz que são pessoas do Marco Maciel, que quer resolver o caso de Pernambuco botando sua turma; de resto o Bornhausen quer pôr um paranaense. Ele estava muito zangado com isso, e todos são contrários à formação desse Ministério de Desenvolvimento Urbano no qual queremos colocar o Cutolo. Luís Eduardo soltou uma frase que me impressionou: que Cutolo é odiado no Congresso. Ouvi essa mesma história do Aécio Neves e também do Teotônio.

O Cutolo é muito bom, está fazendo um trabalho competente. O Congresso às vezes fica nervoso porque as emendas parlamentares não saem. Elas não saem não por causa do Cutolo, mas porque às vezes o Planejamento prende, a Fazenda prende, e o Cutolo leva a culpa. Mas achei um clima pesado. Também foram muito claros que a nomeação do Jader seria um desastre. Antônio Carlos foi enfático, o Tasso também.

O Tasso disse que eu não posso fazer nada que vá contra as minhas chances de eleição e que algumas nomeações podem contrariar o Antônio Carlos. Este disse que não podia falar do Jader porque já tinha um acordo com ele sobre sua reeleição na presidência do Senado para o próximo ano. Enfim, clima dificílimo.

Fiquei de conversar com o Jader para aplainar tudo isso e para ver se, pelas boas, levo o Jader para a posição de não se candidatar a ministro da Justiça, porque é um pouco forçado.

Depois fui receber o Zenildo, para a rotina de promoções.

Falei com Iris, que disse que vai mesmo embora do governo, que há um apelo muito grande para que ele seja candidato [ao governo de Goiás] e que ele queria deixar no seu lugar o atual secretário executivo, o José de Jesus [Filho]. Ele sabe que Jader é candidato [à vaga], claro, mas acha José de Jesus a solução mais natural, por ser desembargador. Essa foi a conversa.

Fui para a cerimônia de lançamento do programa Sesi — Educação do Trabalhador. De novo discurso e tal, diante das federações todas e da Confederação Nacional da Indústria. Depois chamei o Fernando Bezerra para conversar um pouco com ele. Voltei para casa.

Depois do almoço recebi o William Steere, presidente da Pfizer, uma farmacêutica, despachos normais, e despacho também com o ministro da Marinha sobre promoções. No fim do dia, me encontrei com o Jader.

Conversamos longamente, passamos em revista o Pará, passamos em revista o PMDB e, por alto, a questão dos ministérios. Ele não abriu o jogo, eu também não, não dei chance para ele dizer o que pensa sobre o Ministério da Justiça. Conversa demorada, eu estava muito cansado e tenso, achei o Jader também um pouco tenso.

Daí fui jantar na casa de Eduardo Jorge com o [Carlos Augusto] Montenegro, do Ibope. Montenegro fez uma análise, ele tem muitas pesquisas, disse que vai sair uma pesquisa em que tenho 40% dos votos e os outros, juntos, 31%. Ele acha que a minha vitória será tranquila, até mesmo no primeiro turno, não vê possibilidade de derrota. Enfim, muito otimista. Voltei tarde para casa.

Hoje de manhã eu teria um encontro com o pessoal do PMDB, mas eles não foram. Por quê? Michel Temer me telefonou, disse que no *Globo* saiu a notícia de que o Jader estava cogitado [para o ministério] e de que ele tem um dossiê pesado, não sei o quê. E que também saiu um artigo no *Globo*, uma espécie de editorial, dizendo que eu não posso ficar amarrado a isso, que ele [Jader] é um líder regional, não um líder nacional. Enfim, se opondo à nomeação do Jader.

Claro, o Jader atribui isso ao Palácio e mais diretamente a mim. Ele esteve aqui na véspera e parece que um jornalista contou ao ministro Padilha que naquele dia que eu tinha estado com ele um jornalista do *Globo*, Tales Faria, teria telefonado a ele perguntando como fora a reunião.

Isso me deixou com a pulga atrás da orelha, porque eu não disse a ninguém que o Jader viria aqui, a não ser ao Eduardo Jorge, e creio que à Ana e ao Clóvis. Só avisei na portaria quando cheguei, em cima da hora. Então é muito estranho que algum jornalista tenha sabido da reunião. E o Tales está dizendo para todo mundo que era o Planalto quem estava fazendo montagens contra o Jader. Claro que isso o enfureceu, ao PMDB também, grandes problemas.

Almocei com o Padilha, para ver o que fazer. Depois falei com Moreira Franco, ficamos o dia no "faz, não faz". Telefonei para o Jader, ele não me devolveu o telefonema e depois eu mandei o porta-voz dizer, discretamente, que tinha respeito e solidariedade a ele pelo que fez como líder do PMDB e na minha defesa na convenção do PMDB. Não sei se isso vai clarear o Jader, mas, se não clarear, para mim chega. Não vou ficar mendigando para que Jader entenda dificuldades objetivas que são dele, não minhas. Dizer que ele tem um dossiê pesado não é novidade, iria sair, como saiu, antes da nomeação, porque o nome dele entrou em jogo.

Isso apareceu como um grande problema, e é chato mesmo, passei o dia por conta disso.

Fora essa questão desagradável, estive com d. Lucas, que veio reclamar do que se fez com os índios tupi, tupiniquim e guarani lá em Aracruz.* Explicamos que não havia nenhuma razão, que era manipulação, eles estavam invadindo terras da Aracruz e que as ONGs é que estão manipulando. D. Lucas ficou muito preocupado, mas não tem coragem de dizer em público o que nos disse: que na própria Igreja, na Alemanha e na Suíça, não há mais nem doutrina nem obediência nem disciplina. A questão está difícil.

Recebi também o Fernando Lira, que é candidato a uma vaga no Tribunal de Contas.

À tarde, recebi o Peter Sutherland, presidente** da British Petroleum, e o ministro [Antônio de Pádua] Ribeiro, que foi eleito presidente do Superior Tribunal de Justiça. Tive uma reunião da Creden, a Câmara de Defesa, por causa da questão de Roraima, que está mal parada.*** De fato o governo talvez tenha demorado, mas a realidade é que não temos experiência em lidar com incêndios nas florestas. As florestas são úmidas, normalmente nelas não há incêndio, porque chove. Dessa vez, por causa do *El Niño* não choveu. Não houve vítimas humanas, mas as florestas estão queimando. O Lula já vai lá fazer demagogia, os argentinos mandaram aviões e gente para ajudar a apagar o fogo, o que põe a pulga atrás da orelha, porque um avião da Aeronáutica argentina foi lá. Enfim essas confusões todas.

Parece que agora começa a haver alguma ação mais organizada para conter o fogo em Roraima, mas há o anúncio, mais grave, de que poderá haver um fogo

---

* Um padre holandês, Winfridus Overbeek, teve seu visto de permanência revogado pela Polícia Federal sob a acusação de instigar politicamente os índios que reivindicavam a demarcação de suas terras no município do norte capixaba (a decisão foi revertida pela Justiça). A reserva indígena estava ameaçada pela expansão das plantações de eucalipto da Aracruz Celulose.
** *Non-executive chairman.*
*** O estado teve quase 25% de seu território — 4 milhões de hectares de floresta e cerrado — devastados por incêndios iniciados no final de 1997 (estação seca na região), que se estenderam até abril de 1998, quando as chuvas retornaram. O Brasil precisou pedir ajuda internacional para extinguir o fogo.

mais amplo, daqui a alguns meses, em toda a faixa de fronteira entre a savana e a floresta, por causa da seca, por causa do *El Niño*.

Agora recebi um telefonema do Paulo Paiva, que estava com o ministro da Agricultura, Arlindo Porto. Sugeriu que quem sabe eu pudesse botar o Arlindo Porto no Trabalho, de maneira que o Turra fosse para a Agricultura. Paulo Paiva falou disso com Arlindo, que ficou perplexo com a ideia. Eu conversei com Arlindo por telefone. Ele é de boa índole, mineiro, não foi muito negativo, mas também não disse que sim, porém faz o que eu quiser... Amanhã vou com ele para Minas inaugurar a rodovia Fernão Dias.

Depois irei a São Paulo, passo no Mário Covas para dar um abraço nele, parece que vai se lançar candidato neste fim de semana. Vou jantar na casa do Bresser e passar o fim de semana em São Paulo.

HOJE É DOMINGO, 29 DE MARÇO, são oito horas da noite, estou acabando de voltar de São Paulo.

Na sexta-feira fui para Minas Gerais.* Em Minas tudo bem, discussões, duplicação da Fernão Dias, discussão com os prefeitos, trabalhadores, pequenos empresários, Eduardo Azeredo, ministro Padilha, tudo sem novidade.

A única novidade foi que informei a Eduardo Azeredo a possibilidade de o Arlindo Porto ser transferido para o Ministério do Trabalho. Arlindo foi no avião comigo, era seu aniversário, e notei que ele não está satisfeito com a ideia. Tem medo que isso seja visto como prêmio de consolação. Ele iria para o Japão. Eu disse que devia ir, que ia ministro e voltava ainda ministro da Agricultura.

Caí talvez na besteira de dizer ao Paulo Heslander, que me perguntou aflito — ele é o líder do PTB — o que iria acontecer com Arlindo. Eu disse: "Nada, ele não vai sair do governo; pode não ficar na Agricultura, mas permanece no governo". E não disse mais nada. Resultado: Paulo Heslander, ato contínuo, foi contar ao próprio Arlindo, à Regina [Assumpção], que é suplente dele no Senado, e ao Eduardo Azeredo que o Arlindo iria deixar o Ministério da Agricultura! É impressionante a irresponsabilidade verbal dos nossos políticos. Quem me contou essa história foi Eduardo Azeredo. À tarde ele me telefonou para informar desse procedimento do Paulo Heslander.

Não falei com o Hélio Garcia, ele não apareceu lá, como estava prometido. Mas à noite, falei com Paulo Paiva, que esteve com Hélio Garcia e disse que o Hélio está bem e que não se preocupa com eu nomear ou não o Arlindo, que ele não se mete em nomeações, indicações. O Paiva está preocupado pelo Arlindo e também pelo Ministério do Trabalho.

* O presidente visitou o município de Nepomuceno, onde inaugurou a primeira fase da duplicação da rodovia.

Depois segui para São Paulo, fui visitar o Mário Covas que tinha acabado de declarar a seu secretariado que seria candidato. Isso foi combinado. Pensei que ele fosse anunciar no sábado, mas antecipou, tudo bem. Tive uma boa conversa com ele, junto com o Paulo Renato, fotografias, preferi não dar declarações ali para evitar explorações.

Jantei na casa do Bresser com os intelectuais que estavam no seminário sobre reforma do Estado,* com o Claus Offe,** o Manuel Castells,*** o Boaventura Santos, de Portugal, e outros mais, muita gente brasileira. No final desse jantar, muito agradável, fui à imprensa e fiz declarações sobre a dificuldade do presidente da República se comportar numa campanha eleitoral com reeleição. Tenho que ser muito prudente. Disse que eu tinha ido visitar Mário Covas, porque eles resolveram perguntar sobre o PSDB, e que meu candidato é, obviamente, do PSDB. Pois bem. No dia seguinte o *Estadão* afirmou que eu não ia pisar no palanque do Mário, quando o que eu disse foi uma coisa diferente. Eu disse que ir a palanque não parecia o mais adequado para um presidente em exercício e talvez não tivesse eficácia. Os outros jornais noticiaram corretamente a questão.

No sábado fiquei em casa. Almoçamos com Giannotti, o Luiz Meyer e a Regina, o Castells e Jordi Borja, outro sociólogo**** espanhol. Conversamos sobre muitas coisas e o dia inteiro recebi telefonemas, porque saiu nova notícia a respeito do Jader, na linha das anteriores, e sobre comprometimentos do Jader em sua história pregressa, sem nenhuma insinuação maior.

Por telefone, falando com Padilha, falando com Britto, eu soube que no Rio Grande do Sul, na prévia, decidiu-se que o PSDB não vai lançar candidato próprio. Isso foi um esforço grande da direção do partido, do Arthur Virgílio, do próprio Britto, meu também, porque declarei que apoio o Brito em qualquer circunstância. Foi bom.

Falei com o Michel Temer longamente. O Michel é sensato, perguntou o que eu quero. Quero evitar escândalo, mais nada. Se for possível, uma indicação feita pelo próprio Jader, talvez o Ramez Tebet, um nome que surgiu mais pelo Michel e que acho mais fácil colocar no governo, porque também é senador, tudo bem, eu não teria dificuldade nisso.

Acabo de receber um telefonema do Hargreaves confirmando que virá aqui logo mais. Está espantado com a entrevista do Itamar para a *IstoÉ*, na qual ele faz insinuações sobre uma mulher que eu teria [nomeado] no governo dele, mas não especifica quem nem por quê. Ele insinua que [Djalma] Morais***** teria participado

---

* Seminário Internacional "Sociedade e reforma do Estado", realizado em 26-28 de março de 1998 pelo Conselho de Reforma do Estado no Memorial da América Latina, em São Paulo.
** Sociólogo alemão.
*** Sociólogo espanhol.
**** Geógrafo e urbanista.
***** Ex-ministro das Comunicações do governo Itamar.

de financiamento de campanha, o que deixa mal o Morais, ele e quem mais tenha recebido recursos. Não sei quem terá sido, eu certamente não fui. E também diz que o traí, essas coisas todas, e que o Zé Aparecido era o primeiro candidato dele, o Britto o segundo e eu o terceiro. Diz que quem fez o Plano Real foi o Ricupero, enfim, um samba do crioulo doido, numa linha de agressividade completamente descontrolada. Itamar tem uma sensibilidade exagerada e uma ambição enorme que eu nunca percebi, uma vontade de ser presidente que Deus me livre. Se tivesse dito isso com mais franqueza, o povo quem sabe até ia aceitar.

Falei há pouco com o Britto e disse que não podemos perder o Jader, mas que também não podemos nomeá-lo ministro da Justiça. Ele respondeu que não vão deixar o Jader ser presidente do partido. Assim é difícil. Acusar é fácil. O Jader é valioso politicamente, mas tem esse problema de despertar memórias que não são das mais agradáveis para ele e que certamente provocarão um desgaste imenso no governo.

Agora vou agora receber o Padilha, vamos girar em torno desse tema.

Estou preocupado com essas questões todas. Hoje, em São Paulo, conversei amplamente com a Ruth sobre elas. Todo mundo está percebendo a minha tensão. Ainda bem que a Edna, como sempre, me fez uma massagem muito boa, competente, me aliviou, primeiro ela fez em mim, depois na Bia.

Agora outro problema também me deixou tenso. Falei com Marco Maciel por telefone, amanhã teríamos um café da manhã aqui no Alvorada, apenas eu, ele e Bornhausen, e isso já saiu nos jornais. Ora, só nos três sabíamos e nenhum dos três disse nada a ninguém. Eu não disse e os dois não são de dizer. Se todo mundo sabe tudo o que acontece aqui, vou mudar o café para o [Palácio do] Jaburu.* Eu vou sozinho, falei com o meu ajudante de ordens, o major Aldo [Miyaguti], que é bastante discreto, ele pode ir comigo, não tem problema, num carro que sai por um portão lateral para evitar a imprensa e impedir que haja de novo um furo sobre o PFL estar negociando comigo antes de negociar no próprio partido.

Fora isso, entreguei ao Roberto Pompeu a revisão feita por mim e revista pelo Gelson Fonseca e pelo Eduardo Graeff do livro que estamos preparando, eu e o Roberto Pompeu. Tem algumas coisas um pouco arriscadas lá, mas achei interessante o texto. Não é um livro, é uma longa entrevista.

Esqueci de registrar que falei com Sérgio Motta, que voltou dos Estados Unidos com um ânimo enorme. Mas as informações que tive tanto dele quanto de sua médica, dra. Carmen [Valente Barbas], com quem falei agora por telefone, são preocupantes. Ele está com baixa capacidade respiratória, a moléstia é progressiva, autoimune aparentemente, os americanos deram um remédio experimental, para ver

---

* Sede da Vice-Presidência da República.

se dá certo e segura a progressão da moléstia. Senão, ele vai ter uma vida bastante dificultada e, em qualquer circunstância, vai precisar sempre de um tubo de oxigênio com ele. Se não funcionar, vão tentar um transplante de pulmão mais tarde. Transplante de pulmão numa pessoa como ele, que já tem uma ponte de safena e é diabética, não é uma operação fácil. Em todo caso, ele está com uma energia extraordinária, o mesmo de sempre, é coisa de admirar.

Também esqueci de dizer que ontem o Serra esteve lá em casa. Conversamos bastante bem. Ele está mais entusiasmado com as questões substantivas do Ministério da Saúde, e hoje de manhã combinei que ele tomará posse na terça-feira, mas sem discurso. Discurso ele fará no Ministério da Saúde, porque não vou aguentar oito discursos no Planalto, e a ciumeira de um partido com outro só vai agravar.

HOJE É SEGUNDA-FEIRA, 30 DE MARÇO. Ontem à noite tive uma longa conversa com o Padilha e depois com o Hargreaves.

Padilha veio com os temas organizados e notei duas preocupações nele. Primeiro, insistiu muito em que eu não posso deixar de convidar o Jader para ministro, sob pena do Jader se sentir acuado, essa coisa toda. Depois, percebi que ele acha que o Britto não quer o Jader como presidente do partido. Ele não me disse, mas pretende resolver esses dois casos. Logo, Padilha deseja, principalmente, que eu convença o Jader a se candidatar ao governo do Pará. Como se fosse fácil! Ou, então, que ele fique na campanha.

Depois Hargreaves veio aqui, reservadamente, me dizendo que está sem falar com Itamar. Itamar rompeu com a Ruth Hargreaves, está sem contato com o José de Castro,* enfim, com todos. Zé Aparecido é quem tem uma influência dominante sobre ele, junto com o Mauro Santayana. E, incidentalmente, um pouco também o [Alexandre] Dupeyrat.** Itamar está muito chocado, magoado comigo por causa da fotografia. Eu disse: "Tenha paciência! Fotografia de quem ganhou na convenção... o sujeito vem me dizer que ganhei e eu vou chorar?".

Na entrevista que deu à revista *IstoÉ*, cheia de inverdades, Itamar disse que está magoado porque eu não protestei contra a humilhação pela qual ele passou (na convenção do PMDB). Eu disse ao Hargreaves: "Olha eu o avisei, não sou o responsável, eu não queria que acontecesse assim. Mandei recados ao Itamar o aconselhando a não ir lá". Itamar ainda é embaixador e continua dizendo essas coisas a meu respeito. Na *IstoÉ* fez insinuações inaceitáveis sobre os ministros dele, não tem cabimento, ele perdeu o rumo. Ah, mas é uma questão emocional... Eu não sei se é emocional mesmo ou se Itamar se fixou nisso para ter desculpas, para ser agressivo.

---

* Ex-advogado-geral da União do governo Itamar.
** Ex-ministro da Justiça (1994-95) do governo Itamar.

Hargreaves queria mesmo era deixar um canal aberto, porque ele acha que Itamar está perdido e que é preciso reconstruir a nossa relação. Ele queria que, de público, eu dissesse que não estava solidário com o que foi feito com ele. Eu disse: "Eu tenho dificuldade, ele está me atacando o tempo todo, a entrevista da *IstoÉ* é uma infâmia". Itamar disse que o Zé Aparecido era o candidato dele, depois seria o Brito e depois eu. Que lealdade que eu deveria ter com ele? Ele está enfiando os pés pelas mãos.

Hoje tomei o café da manhã no Palácio do Jaburu com Marco Maciel e Jorge Bornhausen, conversa civilizada. Eles abriram a possibilidade do Krause permanecer no governo, na pasta em que está, ou de ir para a Previdência, e aí eu nomearia um senador para o lugar do Krause. Eles querem manter também a parte relativa à articulação política. Isso eu não sei como vou resolver, depende de uma conversa com o PMDB. A outra possibilidade que está me ocorrendo agora é o PMDB ter um bom nome também para o Ministério do Trabalho. Isso daria uma boa aliviada em muitas questões. Mas não sei se eles têm um nome aceitável para o Ministério do Trabalho. De repente pensei até no Fogaça, mas não sei se vai dar certo. Estou aqui dando tratos à bola o tempo todo.

Interrompi a gravação porque o Paulo Paiva me telefonou para dizer do desastre que pareceu a ele e a todos os mineiros a entrevista do Itamar e que também o Arlindo Porto está muito sensibilizado. Dificuldades também nessa área, mas vou ter que resolver.

2 A 20 DE ABRIL DE 1998

A reformulação do ministério. Morte de Sérgio Motta. Segunda Cúpula das Américas

Hoje é quinta-feira, 2 de abril, são quase dez horas da noite. Vou resumir rapidamente os fatos desta semana e depois farei a análise da reforma ministerial, que é a questão mais grave.

Na terça-feira, tive uma reunião sobre a seca do Nordeste, uma coisa complicada.*

Recebi o deputado [Luiz] Piauhylino,** que veio falar sobre Pernambuco, porque eles vão apoiar o Carlos Wilson, do PSDB.

Depois recebi o Iris Rezende, que me trouxe a carta de demissão. Ele gostaria que o José de Jesus ficasse no governo. Ainda me reuni com o embaixador Bornhausen, o Luís Eduardo e o Marco Maciel.

À tarde recebi o presidente do País Basco*** e uma chanceler da República Eslovaca.****

Recebi o Bresser, que veio me alertar para algumas consequências da reforma administrativa, as quais me deixaram muitíssimo preocupado, pois delas resultará um aumento de salário para deputados e juízes, porque não foi fixado o subteto.*****

À tarde, estive com d. Serafim Fernandes [de Araújo], arcebispo de Belo Horizonte, muito contente porque foi nomeado cardeal e veio me dizer que ele deve a mim, indiretamente, o cardinalato, porque eu pedi ao papa mais um cardeal para o Brasil.

Antes dele recebi d. Aloísio Lorscheider, que é hoje o cardeal de Aparecida; ele veio me convidar para uma inauguração importante em Aparecida.******

Devo dizer que na terça-feira, dia 31, eu recebi d. Lucas Moreira Neves, que veio falar sobre os índios que invadiram as terras da Aracruz, cujo chefe era um agitador, e nós expulsamos; demos os dados todos a d. Lucas. Conversei com ele sobre o que está acontecendo com os sem-terra, que continuam fazendo invasões. D. Lucas concorda com nosso ponto de vista, só não tem a força para impor-se na CNBB. Nós reclamamos, ele não diz nada, fica constrangido.

* A seca na região em 1997-98, ocasionada pelo *El Niño*, foi uma das mais intensas já registradas.
** PSB-PE.
*** José Antonio Ardanza. O presidente da comunidade autônoma do norte da Espanha se intitula *lehendakari* em basco.
**** Zdenka Kramplová.
***** Limite salarial para funcionários dos estados e municípios, inferior ao do funcionalismo federal. Sem a fixação do subteto, o Legislativo e o Judiciário estaduais poderiam pleitear isonomia com os vencimentos dos servidores da União.
****** O Centro de Apoio ao Romeiro, construído ao lado da Basílica de Nossa Senhora Aparecida, foi inaugurado em 30 de maio de 1998, com a presença de Fernando Henrique.

Hoje, quinta-feira, fiquei aqui no Alvorada.

De manhã recebi Bornhausen e Esperidião Amin, para discutir a situação de Santa Catarina, onde desejam que o PMDB entenda a posição deles e faça aliança mesmo sem ter papel de destaque. Eles saíram daqui tarde.

Também recebi o Téo Vilela e o Aécio, preocupados com quem vai ser o secretário executivo do Ministério do Planejamento. Eles querem manter o Martus e também estão preocupados com o Portella. Ele quer desistir de ser secretário executivo do Ministério dos Transportes, porque ficou aborrecido quando não foi nomeado ministro.

No fim da tarde, ainda fui à posse do presidente do Superior Tribunal de Justiça. É a primeira vez que um presidente da República vai a uma solenidade dessas, uma hora e meia de discursos, longos, com muitas referências pessoais, familiares, um pouco provinciano. Mas o conteúdo não era mau, sobretudo do representante da OAB, o Reginaldo [de Castro], que foi meu advogado, e do presidente do tribunal, o Pádua Ribeiro.

Também à tarde, recebi o Zé Gregori logo depois do almoço. Veio comentar a nomeação do Renan Calheiros* para o Ministério da Justiça. Ele queria ressaltar que continuava com a Secretaria Nacional de Direitos Humanos, como uma coisa mais ou menos à parte, o que é verdade.

Depois recebi também Sérgio Amaral e fui falar formalmente com o pessoal do PFL sobre o ministério. Já entro em detalhes.

Agora à noite estiveram aqui Clóvis e Serra. Serra voltou de viagens ao Rio, a Minas e a São Paulo, já na função de ministro da Saúde, e veio falar sobre o financiamento da área, como era normal, sobre o que eu prometi como financiamento do próximo ano. Também falou sobre um sr. [Luiz Roberto] Barradas, um médico de São Paulo que me ofendeu, ao que parece. Eu ia nomeá-lo secretário, mas ele disse que eu estava desviando recursos da CPMF, então não quis assinar sua nomeação. Vamos ver como a gente faz.**

Esta semana está sendo uma das mais desagradáveis desde que assumi a Presidência. Por quê? Não por causa do Itamar. As coisas com ele já passaram, não têm maior significado. Ronan Tito veio falar comigo que o Zé Alencar, o vice-presidente do PMDB,*** mostra disposição para ajudar a que o Itamar volte à realidade. Essa questão não está me preocupando.

O que me preocupa mesmo, no fundamental, é a reforma do ministério. O Jader estava muito estomagado com notícias que saíram nos jornais, sobretudo no

---

* A indicação do senador pemedebista para o Ministério da Justiça foi oficializada neste mesmo dia. Calheiros tomou posse em 7 de abril.
** O secretário-adjunto de Saúde do estado de São Paulo foi indicado para atuar como secretário particular de José Serra no Ministério da Saúde.
*** Vice-presidente estadual do PMDB-MG.

Globo, mas também no *Estadão*, sobre o prontuário dele, e atribuindo a divulgação "ao Planalto". Desde a semana passada tem havido vaivéns nessa matéria. Finalmente Jader me telefonou devolvendo a ligação que eu fizera para ele na semana anterior, e marquei um encontro. Ele veio ao Palácio do Planalto na terça-feira de manhã, portanto dia 31. Na conversa que tivemos aqui, olho no olho, eu disse a ele uma porção de coisas, e ele me revelou que realmente ficou magoado, mas que não estava mais. No dia em que jantei na casa de Eduardo Jorge, estive com Jader aqui, como registrei, um jornalista ficou sabendo e telefonou para ele em seguida para descobrir o que ele tinha conversado comigo. O jornalista foi o Tales Faria, pelo que me disseram. Não faço ideia de como o Tales ficou sabendo desse jantar; tentei averiguar, não consegui, só pouca gente sabia da vinda do Jader, ele é de confiança. Enfim, nunca se sabe.

Mas o fundamental: o Jader disse que nunca se colocou como candidato ao Ministério da Justiça, que sempre se colocou como candidato ao governo do Pará, e, claro, reiterou que tem um papel nacional. Não sei se ele era ou não candidato a ministro. Dava a impressão de ser, mas, pela sua reação, deixou de ser. Em todo caso, depois da minha conversa, ficou de encaminhar um nome do PMDB para o Ministério da Justiça. Eu disse que não tenho restrição nenhuma, que não farei vetos. Tive que dizer isso, senão ele próprio iria se sentir vetado.

No mesmo dia, ele teve uma reunião com os líderes do PMDB, me telefonou, marcou outro encontro comigo e, à tarde, veio me dizer que o nome que eles queriam era o do Renan Calheiros.

Ele já tinha conversado sobre o Renan no dia anterior, e politicamente a análise é correta. O Renan faz ponte entre eles, especificamente entre Jader e Sarney; e também resolve a questão de Alagoas, com Teotônio. Enfim, há algumas vantagens. Minha preferência era o Ramez Tebet, mas eu não tinha condições de brecar mais um nome do PMDB, porque assim não dá para fazer nenhuma aliança.

Vai haver um desgaste relativo, porque o Renan foi líder do Collor.* Foi o primeiro a romper com Collor, por questões de liderança e antes dos escândalos, mas, de qualquer maneira, a imprensa vai explorar isso. Ele foi um presidente correto da Comissão de Orçamento, o Teo gosta dele. O pessoal do PSDB não vai gostar, mas reação muito maior seria com Jader. Com o Tebet, ele é menos conhecido, não haveria essa reação. O melhor para mim seria o Fogaça, mas nunca consegui fazê-lo ministro. É curioso. Dessa vez nem tentei, porque não dava.

Nesse mesmo dia, os líderes do PMDB trouxeram formalmente a lista com os nomes, indicando o Renan. A escolha formalmente é minha, mas na prática foi isso. Muito bem, no que diz respeito ao PMDB, portanto, ficou resolvido. Mantém-se o Padilha e o Renan passa a ministro da Justiça.

---

* Como deputado federal pelo extinto PRN, Calheiros foi líder do governo na Câmara até o final de 1990. Rompeu com Collor ao não receber seu apoio nas eleições para o governo de Alagoas.

Faltava resolver o PFL, história que teve muitas idas e vindas nos últimos dias. Eles afastaram a primeira proposta, porque continha nomes técnicos. Em seguida, numa conversa que tivemos no Palácio do Planalto com Bornhausen, Marco Maciel e Luís Eduardo Magalhães, o nome indicado foi o do senador Waldeck Ornelas para a Previdência e o do Guilherme Palmeira para ministro da Coordenação Política, no lugar do Luís Carlos Santos. Eu disse que haveria alguma dificuldade, mas que, por ser o Guilherme,* eu tentaria. Ainda ontem à tarde, me procurou o Teotônio. Eu tinha dito a eles que avisaria o Teotônio, para saber da sua reação, e este me contou que o Guilherme não queria aceitar. Eu disse: "Mesmo que o Guilherme não queira, mande que ele venha aqui no Palácio do Planalto". Às oito e meia da noite, ele veio. Achei que ele iria topar; embora estivesse um pouco hesitante, me pareceu que queria. Eu disse: "Guarde isto para você, mas, por razões muito pessoais, eu gostaria muito que você aceitasse. Você foi meu companheiro de campanha, depois não pôde continuar, mas sempre foi correto, um homem inteligente, é meu amigo". Não é clientelista. Luís Eduardo me telefonou à noite, para checar como tinha sido a conversa. Mais tarde me disse que fez isso a pedido dos seus companheiros de PFL, temerosos de que eu fosse dissuadir o Guilherme de ser candidato [ao governo de Alagoas].**

Ontem de manhã todos do PFL aparecem de novo, desta vez preocupados. O Bornhausen me disse claramente que achou que eu havia dissuadido o Guilherme, expliquei que não fui eu. Eles estavam preocupados porque, se não fosse o Guilherme, o que fazer? Eu disse: "É difícil mexer no Ministério da Coordenadação Política, mas quem sabe o do Trabalho..." Fui ganhando tempo.

Aí pensei melhor e resolvi a questão. Telefonei para o Luís Eduardo e disse: "Em vez de mexermos no Ministério da Coordenação Política, devíamos criar um Ministério da Reforma Política e Judiciária". Uma sugestão, porque eu tinha falado com Eduardo Jorge e concordado que, em ano de eleição, quando não há o que articular, era melhor isso do que estar na Coordenação Política, com a vantagem de que assim evitaríamos criar um chamariz de protestos.

O Luís Eduardo foi falar com o Marco Maciel, o Marco me telefonou com objeções, queria mudar o nome, ficou Ministério Extraordinário para a Reforma Institucional. Marco colocou uns pontos a serem estudados por esse ministério, que foi apelidado de Mirin, Ministério da Reforma Institucional. Isso mostra seu pouco alcance.

Feito isso, ficaram de bater o martelo, esperando o PMDB. Ontem, quarta-feira, resolvi com o PMDB que nomearia o Renan, tudo isso com visitas formais de lideranças.

* O senador pefelista foi candidato a vice-presidente da chapa de Fernando Henrique até agosto de 1994, quando renunciou e foi substituído por Marco Maciel. Palmeira foi acusado de favorecimento a empreiteiras através de emendas do Orçamento da União.

** O PFL cogitava lançar Guilherme Palmeira como candidato ao governo alagoano, o que afinal não ocorreu.

Hoje os líderes do PFL vieram formalmente, ou seja, Hugo Napoleão* e Jorge Bornhausen, mais tarde chegou Inocêncio,** e batemos o martelo para o Waldeck Ornelas na Previdência e o [Antônio] Freitas Neto*** nesse Mirin.

O que aconteceu de fato?

Acho que houve um erro de condução do Jorge e do Marco Maciel. Eles indicaram o Waldeck para empurrar o Guilherme, e estou querendo o Guilherme na Coordenação Política. Como o Guilherme não quis ficar, eu disse não para Coordenação Política e eles ficaram num mato sem cachorro. O Waldeck é ligado ao Antônio Carlos, só que o Antônio Carlos não propôs o Waldeck. Foram eles, os líderes do PFL, que propuseram. Então a bancada do partido ficou muito estomagada, e ela precisa indicar algum outro senador para compensar. Daí o nome do Freitas Neto.

Hoje tentei ver se passava nas articulações o nome do senador mineiro que me seria mais útil, Francelino Pereira — mais útil por causa de Minas. Eles resistiram, tinha que ser o Freitas por causa do Hugo Napoleão [ambos do Piauí]. Enfim, foi o equilíbrio interno do PFL, ou o desequilíbrio, que levou a essa solução.

Os comentaristas vão dizer que foi uma solução precária. Eu sei que é assim, mas o que estou fazendo? Salvando primeiro o Ministério da Previdência, que vai ficar em boas mãos. Diga-se de passagem que o ministro da Previdência, Reinhold Stephanes, me trouxe sua carta de demissão na quarta-feira, mas me disse que estava disposto a ficar. Se me tivesse dito isso dois dias antes, ou ao PFL, ele teria continuado ministro da Previdência. Não dava mais para recuar.

Então botamos lá o Ornelas. E pagamos um preço baixo, que foi nomear o Freitas Neto — ex-governador do Piauí, eu conheço há alguns anos, foi deputado federal, deputado estadual, é um homem sério — para um ministério que, na prática, não existe. Então eu nomeio o Renan para evitar o Jader e para ter o PMDB. Pago com esse ministro da Reforma Institucional, para assegurar que eu tenha o Waldeck, mais competente, no Ministério da Previdência Social.

Isso é o conjunto, me parece, da questão PFL e PMDB.

Na verdade, há outro problema relativo à Agricultura, estou insistindo muito para ficar mesmo o Turra. Ele é uma invenção nossa, é do PPB [do Rio Grande do Sul], mas o PPB não teria muitos outros Turras. Ele é bom, um técnico competente, Clóvis gosta dele, Britto também, todo mundo acha que ele é um homem direito, na Conab fez uma boa coisa. Arlindo Porto, o ministro, está na Austrália, voltará mais tarde para o Brasil. Eu propus a ele que fosse para o Ministério do Trabalho. Ele passou a espalhar que era prêmio de consolação, fez um carnaval.

A bancada [mineira] hoje quis falar comigo, falar com Clóvis, não recebi ninguém. Chamei o Zé Eduardo Andrade Vieira e disse: "Olha, Zé, convidei o ministro

---

* Líder do partido no Senado.
** Líder na Câmara.
*** Senador (PFL-PI).

Arlindo, na semana passada, para ser ministro do Trabalho, para abrir vaga para o PTB" e expliquei as razões. No dia seguinte, ele se arrependeu e foi embora. Eu disse a ele que podia viajar, continuaria ministro da Agricultura e na volta conversaríamos. Agora ele está precipitando a volta. Não entendo como o PTB pode se sentir lesado quando é oferecido ao partido o Ministério do Trabalho. O Partido Trabalhista não quer o Ministério do Trabalho! Com o FAT, com toda a questão da renovação sindical... É uma loucura! E ainda fazem passar nos jornais a ideia de que estou fritando o ministro Alindo Porto, quando não é isso! Eu o convidei, estou à espera de que ele volte e me dê uma resposta.

E assim estamos. Ele não vai aceitar, é o que parece.

Do ponto de vista público, esse zigue-zague, esse nhe-nhe-nhem, é muito desgastante, tudo fica como se fosse barganha. Na verdade estou tentando equacionar o ministério da melhor maneira possível diante das pressões dos partidos, pressões para que eu responda aos interesses deles; preciso deles para a votação iminente, outra vez, da reforma da Previdência. E, no caso do PMDB, para evitar confusão na convenção de junho.

Política não se faz simplesmente com o desejo nem nomeando quem se quer para os lugares, ou os melhores; é preciso compor forças. Isso, no Brasil, passa por uma coisa impura. Na verdade, é um jogo desagradável, há muitos interesses, muitas vaidades, todo mundo quer um ministério. Portella, que é secretário executivo dos Transportes, rapaz de quem eu gosto, deseja ser ministro, não pode, então quer pedir demissão. É um negócio muito complicado, é difícil acertar todos os ponteiros, reclamam daqui, reclamam de lá, eu é que sei como penamos.

Repito: semana MUITO desagradável, estou extremamente fatigado, pela primeira vez extremamente desmotivado, porque vejo muita dificuldade para resultados pequenos. Eu sei que isso passa. É raro eu ficar nesse estado de irritação e desânimo, mas no momento é como me sinto. Porque não são os ministros que eu queria, eu não gostaria de compor o ministério dessa maneira, mas fico sozinho. O Serra ainda hoje me disse: "Ah, você não exerce o seu poder!". Quer dizer, o meu poder para fazer a vontade dele, naturalmente. "Você fica sozinho, não chama ninguém..." Como chamar? Se todos têm seus interesses, se cada um puxa do seu lado, tenho que ficar arbitrando mesmo, e a decisão final é solitária. É duro, terrível, mas é assim.

Uma palavra final: ainda no Trabalho, se não der certo o Arlindo, vou tentar uma mulher. Não estou conseguindo. Sérgio sugeriu hoje a Bia Azeredo [Beatriz Azeredo], acabei de nomeá-la para o BNDES.* Eu tinha falado com a Ruth sobre a Teresa Lobo,** falei da Sônia Draibe.*** Estou levantando nomes, Maria Hermínia Tavares de Almeida...**** Não é fácil, não tenho conseguido. Vou tentar.

* Superintendente da Área de Desenvolvimento Regional e Social do banco.
** Conselheira do Comunidade Solidária.
*** Professora de economia da Unicamp.
**** Professora de ciência política da USP.

HOJE É SÁBADO, 4 DE ABRIL. Ontem à noite recebi o Arlindo Porto, o ministro da Agricultura, que veio com Paulo Paiva. Arlindo não quer mais ficar no governo, queria que eu assinasse sua exoneração ontem mesmo, porque assim ficaria disponível para alguma coisa em Minas. Argumentei bastante, mas ele não quer.

Hoje passei o dia aqui, trabalhando nos textos do meu livro com Mário Soares, com quem vou conversar amanhã.

No fim da tarde, recebi o Malan e o Paulo Paiva, voltamos a falar sobre nomes. Conversei também com Vilmar, e surgiu o nome de Edward Amadeo para o Ministério do Trabalho. Ele foi mais ou menos ligado ao PT, um bom economista do Trabalho, gosto dele, tem coisas favoráveis, boa disposição, boa aparência para ser ministro. Vamos ver.

Mais tarde surgiu o nome da Celina [Vargas] do Amaral Peixoto, mas ela é do PFL e hoje candidata a deputada, não está fácil escolher uma mulher. Sugeri até que Weffort fosse para o Trabalho e botaríamos a embaixadora Vera Pedrosa na Cultura. Mas é muito complicado. Isso quanto ao ministério.

A imprensa continua um pouco menos ácida, mas me atacando muito, sobretudo por causa do Renan ter sido líder do Collor e o apoiado, como tantos outros. É para pegar no pé.

Acho que já registrei aqui a questão do general Fayad. Graças à firmeza e habilidade do general Cardoso, o general [Fayad] acabou se licenciando e foi exonerado da função de subdiretor de Saúde do Exército. Foi muito difícil, o alto-comando se solidarizou com ele, mas o Cardoso trabalhou firme, e perceberam que era inviável. Zé Gregori também ajudou. Acho que passamos por essa demitindo o homem sem criar uma grande celeuma nas Forças Armadas.

Anda por aqui o [Paul] Krugman, economista que admiro. Pelo que li, deu algumas opiniões no sentido de que não se deve mexer no câmbio nem baixar a taxa de juros, porque ainda há desconfiança lá fora sobre a economia brasileira. Ele não dá muita importância ao déficit porque, disse, há países, inclusive a Austrália, com um déficit equivalente ao do Brasil, com déficit nas contas correntes há dezessete anos e que conseguem se financiar porque há confiança em sua economia.

Fui ao cinema agora à noite com o Zé Gregori, a Ruth, a Maria Helena, o Pedro Paulo, a Malak e o Vilmar. Assistimos, aqui no Palácio mesmo, a uma versão moderna de *Romeu e Julieta*, do Shakespeare.*

HOJE É DIA 6 DE ABRIL, onze horas da noite. Por incrível que pareça, passei estes dois últimos dias trabalhando com Mário Soares no livro que estamos fazendo em conjunto. Ele me faz perguntas, eu respondo. Os detalhes estão com um

---

* *Romeu+Julieta (Romeo+Juliet*, 1996), longa-metragem com direção de Baz Luhrmann.

pouco mais de profundidade do que no livro que fiz com Roberto Pompeu. Poderá haver alguma superposição. Temos que cortar.

Isso me ocupou enormemente, ao mesmo tempo que estava aqui discutindo ministérios e confusões múltiplas. A questão dos ministérios terminou, hoje nomeei Edward Amadeo para a pasta do Trabalho. Uma coisa boa. Ele é jovem, competente, um grande economista da área, e saímos do sistema de partidos.

Haverá problemas, muitos, porque o PTB reclama. Arlindo Porto veio me apresentar sua demissão. Ato contínuo, procurei quem eu nomearia [para o ministério do Trabalho], buscamos uma mulher, lembramos da Celina do Amaral Peixoto, já registrei, mas acabamos concluindo que é melhor fazer alguma coisa mais estável, porque as mulheres lembradas não tinham muito a ver com o quadro de problemas do Trabalho. Então ficou esse rapaz.

Vai haver problema no PFL, porque há mágoas do Inocêncio. Agora soube que também o [Edison] Lobão está magoado porque não entrou ninguém do Maranhão, foi gente do Piauí... Enfim, é a pequena política perturbando os rumos do Brasil.

Imprensa inquieta, e agora não sei qual é o argumento. Questionar a presença do Renan por ele ter trabalhado com Collor, como se outros não o tivessem feito, foi só para reclamar. Estão dizendo que eu teria inventado uma pasta para o Freitas Neto. Até certo ponto é verdade, foi para acomodar o PFL.

Fora isso, as brigas habituais sobre o orçamento.

Serra me mandou uma carta dizendo que não pode dispensar a pessoa que nomeou como seu secretário particular [Luiz Roberto Barradas] e que, dizem, me ofendeu. Ele, Serra, até seria levado a pedir demissão, porque já fez o convite. Achei um pouco de exagero do Serra. Os amigos às vezes colocam as coisas em termos realmente inaceitáveis. Enfim, vamos lá.

HOJE É SÁBADO DA SEMANA SANTA, DIA 11, portanto estou sem registrar há alguns dias, e houve coisas importantes.

Primeiro, o Ministério do Trabalho. A aceitação foi boa. O ministro fez uma declaração um tanto ingênua de que "há uma crise de emprego". Há mesmo, mas ao dizer isso desata toda uma reação da CUT e dos sindicatos. De todo modo foi bem-aceito por ser um bom técnico.

O PTB continua inquieto. Creio que o Zé Eduardo entendeu, na conversa que teve comigo, que o ministro da Agricultura continuaria na Agricultura. Não foi o que eu disse. Eu disse que havia convidado o Arlindo para o Ministério do Trabalho. Arlindo teve um comportamento extremamente correto, foi à posse dos ministros, fez discurso. Ainda hoje, sábado, telefonei para ele, estava em Minas descansando, para lhe mandar um abraço reconhecido, pela atitude correta que tomou.

Quanto ao resto dos ministérios, rotina.

Chamei o Serra mais uma vez, para falar da carta que ele me mandou sobre o tal Barradas, garantindo que este não tinha me acusado de nada. Eu disse que já havia encerrado esse assunto. Quando vim no avião com o Clóvis para cá, na quinta-feira, mandei fazer a nomeação do Barradas.

Serra estava aflito por causa do Sérgio Motta, sobre quem já vou fazer um registro longo.

Creio que na quarta-feira, dia 8, dei uma aula magna de manhã numa faculdade, ou universidade — agora é tudo universidade —, de reabilitação da Rede Sarah.* Fiz um discurso acadêmico. Antônio Carlos me telefonou eufórico, disse que fui brilhantíssimo, recebi algumas manifestações assim, até da Tereza Cruvinel. Apesar de eu ter feito, ela disse, uma referência desnecessária ao Zé Aparecido e a não sei mais quem, reconheceu que foi uma aula de nível.

E a imprensa, como não tem muito do que se ocupar, se ocupou do meu discurso. Tomou as palavras de Weber como se fossem uma afirmação minha, de que é preciso omitir. Eu não disse bem isso, mas, enfim, ao falar sobre a diferença entre a ética de responsabilidade e a ética de valores finais, eu teria dito que não a mentira, mas a omissão às vezes se impõe. E que a ambiguidade é própria da política.** Como se não fosse. Pois bem. Na verdade, minha tese não era weberiana, estava sugerindo o contrário, usei outros autores para dizer que houve uma pan-politização das profissões e dos saberes em geral, e que hoje não basta pensar no saber separado da ética e do poder, porque o saber é poder. Minha tese era, de certa maneira, não diria antiweberiana, mas pós-weberiana. Os jornais, então, destacaram que na minha política prática eu faço isso, eu faço aquilo... E lá vem uma falta de compreensão tanto dos níveis em que coloquei as questões na aula quanto no que faço na política prática. E não falta quem diga coisas completamente patéticas. Quando se diz alguma coisa que tem um pouco de nível, há quem fique ao mesmo tempo deslumbrado e com raiva. Então se começa a buscar fragilidades comportamentais para ver se comprometem "o pensador", como se eu fosse um pensador de tal monta, que tampouco sou.

* Centro Sarah de Formação e Pesquisa.
** Aludindo aos ensaios sobre ciência e política no livro homônimo de Max Weber, as palavras de Fernando Henrique foram: "No caminho da política, dificilmente aqueles que proclamam o que irão fazer fazem. Muito frequentemente, o fato de proclamar impede que se faça, e aí entra, de novo, a questão da ética da responsabilidade. Do ponto de vista de uma ética final de convicções, há que proclamar. Do ponto de vista de quem mede as consequências dos seus atos, de quem quer modificar uma situação, não há que proclamar. Dir-se-á: isso significa que, na ética da política, a ambiguidade, a mentira são partes constitutivas? Não. A ambiguidade, talvez; a mentira, não. Mas, em certos momentos, cala-se. O homem de Estado não pode dizer tudo o que sabe, sob pena de, ao proclamar, prejudicar o Estado, a nação e o povo. Ele é obrigado a não dizer. O homem de ciência é obrigado a dizer". A aula magna foi noticiada na capa do *Jornal do Brasil* com a manchete "FH diz em aula que há duas éticas". E, na *Folha de S.Paulo*: "Ética do político é diferente, diz FHC".

Nada de mais especial a registrar na área política. Continua ainda o rescaldo do ministério. Muita preocupação de todos com relação à votação da Previdência. Isso ainda pode dar aborrecimentos.

Falei muito de leve com o Luís Eduardo sobre a matéria, também com Eduardo Jorge e com Clóvis. Discuti com Eduardo Jorge a possibilidade de trazer Scalco para ser chefe de campanha e não para substituí-lo [no governo]. Havia um pouco de rusga entre Eduardo Jorge e Clóvis para saber quem substituiria Eduardo Jorge. O Eduardo preferia que fosse Eduardo Graeff, enquanto o Clóvis achava que Eduardo Graeff ia ficar deslocado [do trabalho na Câmara] e se dispôs a ele mesmo substituir interinamente [Eduardo Jorge]. Mas hoje o Clóvis me telefonou, concordando com o nome do Graeff. Ponderei que prefiro, primeiro, conversar com Scalco, o que farei amanhã, domingo, quando voltar para Brasília.

Nada disso, entretanto, me preocupou muito. O que realmente me deixou preocupado e penalizado, o que me causou inquietação, foi a situação do Sérgio Motta. Ele precisou voltar para o hospital, para o [Hospital Albert] Einstein.* Quando o Serra jantou conosco no Alvorada, na terça à noite, me passou o telefone do dr. [Bernardino] Tranchesi, que é o médico que acompanha o Sérgio, seu clínico e cardiologista, a quem telefonei. Ele foi bastante pessimista na conversa comigo. O Sérgio teve uma nova infeção, além da infeção de base que já tem nos interstícios dos alvéolos, que vai enrijecendo os alvéolos. Pelo que entendi, foi essa nova infeção que agravou o quadro, e ele foi internado. Na quinta-feira, quando vim de Brasília para São Paulo, tentei visitá-lo, mas não consegui. A Wilma [Motta]** me pediu que eu não fosse, porque ele estava muito inquieto com uma máscara nova. Ele foi para a UTI assim que chegou e está lá até agora.

Ontem falei com a Wilma e de novo com o médico. Wilma me disse que tinha tido oportunidade de conversar com o Sérgio sobre uma ideia, que era minha também, de que ele se afastasse para se cuidar e que passássemos para o Mendonça [Luiz Carlos Mendonça de Barros] o controle das privatizações. O Sérgio sugeriu que fosse designado como seu substituto o secretário executivo,*** o que é de praxe, e que se criasse um conselho, que já existe lá,**** tendo outras pessoas como responsáveis, inclusive o presidente da Telebrás,***** o presidente da Anatel,****** enfim, uma decisão correta.

Acabei de falar com Mendonça. Por sugestão do [José] Prata, que é chefe de

---

* Hospital localizado no bairro paulistano do Morumbi.
** Mulher de Sérgio Motta.
*** Juarez Quadros.
**** Comissão Especial de Supervisão das Telecomunicações, criada no início de 1997 para coordenar a privatização do setor.
***** Fernando Xavier.
****** Renato Guerreiro.

gabinete do Sérgio, o Mendonça poderia assumir a função de uma espécie de controlador do processo de privatização, ou presidente desse conselho. Isso é bom, porque não conheço os outros [membros], e esse é um processo que envolve 20, 30 bilhões de reais, portanto de alta responsabilidade. Preciso de alguém da minha estrita confiança, como o Sérgio e como também o Mendonça é. Isso ficará bem.

Quem não vai bem é o Sérgio, acho que sua vida está correndo risco. Ele se debilitou muito, abusou, mas não foi por isso. Os remédios que os americanos lá em Denver deram a ele diminuíram sua capacidade de reagir. Ele desenvolveu uma doença autoimune, alguma coisa assim, portanto ficou com dificuldade para reagir às novas infeções. Agora lhe deram doses cavalares de cortisona, continua na UTI porque está sem condições de respirar direito, e na UTI, mesmo com oxigênio sendo fornecido ao organismo em doses muito fortes, seu sangue está aproveitando apenas 90% desse oxigênio, quando deveria estar perto de 98%. Me disse o médico que ele já tem um pulmão comprometido e outro 40% comprometido. A situação é grave.

Sérgio tem sido extraordinário como ministro e como baluarte do PSDB. Por mais que ele seja aqui e ali inconveniente, e é, ele é de uma lealdade a mim fora de série, de uma capacidade de trabalho extraordinária, de uma dedicação plena, e vai ser muito difícil substituí-lo nesses impedimentos que espero sejam transitórios. É o que eu espero, mesmo não estando convencido. Tenho a sensação de que o Sérgio não vai viver muito e isso me deixa abalado, porque é um amigo. Se estou politicamente preocupado, humanamente nem se fala, porque tem a questão da família e tudo mais.

Fora isso, tudo calmo aqui em Ibiúna. Visitas dos amigos, dos vizinhos, discussão com Zé Gregori sobre a extradição dos que sequestraram o Abílio Diniz, especialmente os chilenos,* que estão fazendo pressão, com greve de fome, e os canadenses. Ultimamos os acordos com Chile e Canadá para que os sequestradores cumpram a pena em seus países. D. Paulo, que intermediou a liberação do Abílio, foi áspero com Zé Gregori. Na ocasião, ninguém dizia que era uma coisa política; agora virou política, é como se eles todos [os sequestradores] fossem idealistas. O advogado do Abílio não está gostando, mas Abílio foi muito correto. Se for necessário [mandar os sequestradores embora] por questões de Estado, ele não vai reclamar, e d. Paulo está insistente por razões humanitárias.

Entretanto, o que fazer com os outros sequestradores que estão presos e há muitos com motivação política?** Minha tendência sempre foi darmos uma solu-

---

* Além do casal de canadenses Christine Lamont e David Spencer, participaram do sequestro dois argentinos, cinco chilenos e um brasileiro, integrantes do Movimento de Izquierda Revolucionaria, baseado no Chile, e de um grupo guerrilheiro de El Salvador. Os condenados estrangeiros, que cumpriam pena na Casa de Detenção do Carandiru, em São Paulo, entraram em greve de fome para retornar a seus países.

** Na ocasião do crime, que terminou com a intervenção da polícia, o resgate de US$ 30 milhões, supostamente destinado à guerrilha salvadorenha, não chegou a ser pago. O PT de Lula foi acu-

ção ao caso expondo à sociedade as razões pelas quais vamos liberar esses sequestradores. Por que são estrangeiros? A razão política da participação deles não está clara. O Supremo Tribunal não aceita com facilidade. Não houve uma solução jurídica. As penas, por sua vez, foram extremamente elevadas, o tribunal agiu com paixão ao condenar alguns a 28 anos e outros a 26, é coisa muito forte. São problemas do passado que estouram na minha mão.

Mas nada disso me preocupa tanto quanto a saúde do Sérgio Motta.

Acabei de fazer, aqui em Ibiúna, a revisão do livro do meu diálogo com Mário Soares e até achei mais interessante do que estava imaginando de início. Fiz uma leitura geral para ver como está. Me parece mais explicativo do que a entrevista que dei ao Roberto Pompeu.

HOJE É TERÇA-FEIRA, 14 DE ABRIL, são onze horas da noite.

Domingo voltei para Brasília e me encontrei com Scalco e com Eduardo Jorge. Combinei com Scalco que em junho ele virá para o comando político da campanha e que Eduardo Jorge sairá da Secretaria-Geral, dando lugar ao Eduardo Graeff.

Enquanto conversávamos, lá pelas dez da noite recebi um telefonema da Bia me informando que a Wilma Motta estava chamando os amigos para irem ao Einstein, porque o Sérgio tinha piorado. Também o Paulo Renato me disse a mesma coisa.

Localizei a Ruth num restaurante e pedi que ela fosse lá. Quando falei novamente com ela, Ruth já estava no hospital e o Sérgio numa situação muito ruim, com 95% de oxigênio injetado nos pulmões, porque ele não tinha mais capacidade pulmonar. Foi uma noite de aflição.

Entretanto ontem, segunda-feira, dia 13, aniversário de Paulo Henrique, houve notícias de melhora do Sérgio. Hoje o Bernardino Tranchesi me deu informações mais alentadoras e a Wilma, por telefone, me falou que o Sérgio já estava com 35% de respiração própria. É possível, portanto, que ele saia dessa crise mais aguda, embora vá restar o problema de base dos alvéolos.

De qualquer maneira, isso é um transtorno imenso para ele, para a família, para mim, como amigo e como presidente, e também para o PSDB. Já registrei a falta imensa que o Sérgio fará se não puder atuar com sua mesma energia do passado.

Na segunda-feira não houve nada de excepcional. Gravações de programa de rádio, conversa com o senador Lúcio Alcântara, jantar com o pessoal da *Época*, que é a nova revista do grupo Globo, a ser lançada em maio. Falei com vários jornalistas, alguns cujo nome não conheço. Também passamos o dia vendo bons resultados de pesquisa sobre como a população tinha aceitado os novos ministros.

---

sado de ter conexões com os sequestradores por simpatizantes do candidato Fernando Collor de Mello. Mas tal hipótese foi posteriormente descartada pela investigação.

Hoje, terça-feira, foi um dia relativamente calmo, mas com uma má notícia. Morreu Humberto Lucena. Passei no velório dele no Senado. Eu gostava do Lucena. Assinei a lei que o anistiava,* isso me causou um enorme prejuízo de compreensão e popularidade, mas assinei com consciência, porque Lucena era um homem honesto e aquilo foi mais uma armação política paraibana do que propriamente um desregramento. Era prática tradicional no Senado — eu nunca recorri a ela, mas muitos senadores sim — fazer calendários [na gráfica do Senado], e ele os fez em época não eleitoral. Não obstante, a mídia tratou Lucena como o exemplo vivo de uso de recursos públicos. Mesmo assim, enfrentei aquele momento de má vontade da opinião pública e assinei sua anistia. Não me arrependo. Ele estava muito mal, com problemas renais, circulatórios, de coração, operações. Foi uma pena, morreu.

Fora isso, conversas com o general Cardoso sobre problemas no relacionamento da CIA com nossos serviços de informações. Tentativa da CIA de penetração, contrainformações do nosso lado. Pessoas ligadas aos nossos serviços vinculadas demasiado à CIA. Enfim, problemas de espionagem que hoje não são de grandes espionagens, porque não há motivo para tanto, mas é um lado do mundo que continua existindo, e sei muito pouco dele. Por sorte não preciso saber mais, porque o momento não exige que o presidente se meta nessas questões de espionagem de nível menor, no nível mais de minúcias, me parece.

Preparativos para ir à reunião da Alca, que vai ser em Santiago.

Fiz várias reuniões de análises internas sobre como se pode reorganizar o orçamento.

Reunião com líderes dos partidos para forçar a votação da emenda da Previdência e medidas provisórias sobre pessoal, funcionalismo, que têm que ser aprovadas antes da promulgação, pelo Antônio Carlos, da emenda da reforma administrativa.

E também uma reunião com os governadores do Ceará, do Rio Grande do Norte e da Paraíba sobre a seca, que está se avizinhando, já se mostrando forte no Nordeste.

Conversei pelo telefone com Luiz Carlos Mendonça de Barros, que ficou olhando a privatização das teles. Já fiz a nomeação do interino do Sérgio, que é o secretário executivo, [Juarez] Quadros, isso foi bem recebido.

Muito mal recebida, isso sim, foi a notícia dada pelo Zé Gregori lá em Ibiúna. Ele viu que tinha respaldo, eu não mandei que falasse, mas ele anunciou que haveria extradição de presos políticos.** Reação muito forte da opinião [pública], para

---

* Em 7 de fevereiro de 1995, o presidente sancionou a lei nº 8985, que anistiou Lucena e outros quinze parlamentares condenados à inelegibilidade pela Justiça Eleitoral por causa do uso irregular da gráfica do Senado.

** Gregori anunciou que os presos seriam expulsos ou deportados, atos que implicariam sua libertação no país de origem, o que não ocorre em casos de extradição. Em 1999, os estrangeiros condenados foram expulsos e o brasileiro, indultado.

ela são os sequestradores do Abílio Diniz, e sabe lá se são políticos. Reação muito forte mesmo, vi nos jornais de hoje, isso tudo porque não foi feita a preparação adequada. Gregori foi pressionado por d. Paulo e pelos círculos de ativistas pelos direitos humanos, que são poucos e em geral têm razão, mas às vezes extrapolam. Estão criando um caso sobre um assunto que não é propriamente político. Mas, enfim, vai passar como se fosse.

Assinei hoje o acordo de extradição dos canadenses. Não concordei em expulsá-los porque expulsão implicaria eles voltarem livres para seu país. Concordei em fazer um acordo para que cumprissem a pena no país de origem, e isso parece que desagradou a todos. É só o que posso fazer no momento.

QUARTA-FEIRA, 15 DE ABRIL, meia-noite mais ou menos. O dia transcorreu modorrento como os anteriores.

A discussão mais importante foi sobre o financiamento futuro da Saúde, Serra propondo algumas vinculações que, no passado, eram odiadas por todos os economistas, inclusive por ele. Agora reconhece que não há saída senão ampliar o prazo de vigência da CPMF e vincular receitas dos estados e municípios para os gastos da Saúde. Certa tensão na reunião porque o pessoal da Fazenda prefere não discutir aumento de gastos e o Serra quer discuti-los para a área da Saúde. Isso já era sabido.

Recebi um grupo de familiares de Monteiro Lobato, inclusive a Joyce [Campos Kornbluh], que foi minha colega em São Paulo no fim da adolescência, ela é neta de Monteiro Lobato. Veio também Weffort e [Paulo César] Ximenes, presidente do Banco do Brasil.*

Conversei com Ximenes para saber se é imperiosa ou não a necessidade de fazer a privatização de gerenciamento de fundos do Banco do Brasil, saber se seria melhor fazer já ou depois das eleições. Não por temor às eleições, mas porque a privatização pode ser contaminada por uma discussão mais política. Ele concordou comigo.

Despedida do Eduardo Jorge, no lugar dele por enquanto fica o Eduardo Graeff. Graeff não tem perfil de secretário executivo. O Eduardo Jorge foi quem quis assim, para manter certo controle da área. Isso ficou combinado com Graeff e comigo também.

No mais, discussões menores. O Congresso cassou Sérgio Naya.** Muita gente contra a cassação. Na verdade ela é um clamor da opinião pública, e ocorreu.

* Lançamento das comemorações dos cinquenta anos de falecimento do autor de *Sítio do Picapau Amarelo*.

** A votação no plenário da Câmara terminou com 277 deputados a favor da cassação de Naya por quebra de decoro parlamentar, vinte além do necessário. Houve 163 votos contrários.

Conversei com [José] Prata e Alejandra [Herrera] sobre o Ministério das Comunicações, para sentir o que está acontecendo do ângulo de quem trabalha lá não na posição de mando.

Nada mais especial a registrar, a não ser que não foi muito bem a privatização do sistema de distribuição de eletricidade em São Paulo.* Sei lá por quê.

Baixamos a taxa de juros para 25%,** já é uma boa puxada para baixo — ela estava em 42% em outubro — e, com isso, nos aproximamos das taxas anteriores a outubro. Estamos com mais de 70 bilhões de dólares nas nossas reservas. O ritmo de crescimento [do PIB] ainda não foi grande, deve estar ao redor de 2%;*** catastrófico não é, mas também nada muito brilhante.

Conversei com o José Alencar, que é dono de um enorme conjunto de empresas têxteis no Brasil, é mineiro, vice-presidente do PMDB. Ele me disse que no PMDB estão pensando que o Itamar, via Zé Aparecido, fará uma campanha nacional para depois disputar a convenção do partido em junho. Provavelmente perderá e, nesse caso, refluiria para Minas Gerais, onde seria recebido, glorioso, para ser candidato ao governo. Um pouco fantasioso, mas onde há fumaça há fogo. Transmiti isso ao pessoal do PMDB, sem dar a fonte, porque eles têm que se acautelar, senão daqui a pouco Paes de Andrade arma outra, porque o homem é teimoso.

Continua uma melhora pequena, quase estacionária, da saúde do Sérgio, mas com esperança de sobrevida. Vê-se agora a imensa falta que ele faz. Todo mundo se queixando da ausência dele.

Houve uma promoção de generais, 90% do nosso efetivo de generais foi promovido por mim.**** No meu discurso, respondi indiretamente a uma presumida declaração de um general americano sobre uma intervenção na Amazônia para garantir o meio ambiente.***** Não me referi a ele, nem creio que tenha dito o que dizem, mas fiz de forma inteligente para que o pessoal percebesse.

---

* O leilão de privatização da Eletropaulo Metropolitana, estatal paulista de distribuição de energia — a maior do país no setor —, realizou-se em 15 de abril de 1998. A Light foi a única concorrente a se apresentar. A ex-estatal fluminense levou 75% das ações ordinárias por R$ 2 bilhões, o preço mínimo. Os consórcios liderados por Bradesco, Votorantim e a norte-americana Enron também estavam habilitados, mas não participaram do leilão. A venda da Eletropaulo chegou a ser suspensa por uma liminar concedida pela Justiça a um mandado de segurança impetrado por sindicalistas. Não houve compradores para as ações da distribuidora da Baixada Santista e Vale do Paraíba, mesmo caso da Companhia de Transmissão de Energia Elétrica Paulista (CTEEP).
** A taxa básica de juros anterior era de 28% ao ano.
*** O ano terminaria com o PIB praticamente estagnado, crescendo à taxa de 0,04%.
**** Isto é, 90% dos generais então na ativa haviam sido promovidos por Fernando Henrique.
***** O general Patrick Hughes, diretor da Defense Intelligence Agency (inteligência militar norte-americana), teria dito numa palestra universitária, no início de 1998, que "se o Brasil decidir utilizar a Amazônia de maneira que coloque em risco o meio ambiente dos Estados Unidos,

HOJE É DIA 17 DE ABRIL, SEXTA-FEIRA. Estou dormindo na embaixada do Brasil no Chile, neste casarão imenso* que foi construído pelos avós ou bisavós do Gabriel Valdés.** Estive muitas vezes hospedado aqui, onde já houve muita confusão, festas, esta é uma casa realmente impressionante. Fica na Alameda, que no passado foi a principal rua de Santiago e hoje é uma avenida monumental no centro da cidade.*** O casarão de 1872 ainda impressiona.

Ontem, 16 de abril, eu ainda estava em Brasília. Dia normal. Reunião de manhã com condecorações aos cientistas brasileiros,**** alguns velhos companheiros meus, como Alberto Carvalho da Silva, o Chaim Honig,***** que eu não via fazia muitos anos, também a Ruth [Nussenzveig], mulher do Victor Nussenzveig,****** os dois são grandes cientistas, hoje moram nos Estados Unidos, o [Adib] Jatene, enfim, dezenas de cientistas. Fiz um discurso complementando o que disse o Zé Vargas, tomei a questão da imaginação nas ciências, bordei um pouco mais o que eu já tinha dito no Sarah.

Depois alguns aborrecimentos. O Portella, que não quis ser secretário executivo do ministério do Meio Ambiente, quer retirar todo o pessoal dele, quer ficar na Presidência da República. Engraçado esse fascínio que a Presidência exerce, como se aqui houvesse coisas objetivas para fazer, no sentido de realizações materiais e obras ou então de gestão de empreendimentos. A Presidência faz a política, os ministérios é que são os realizadores. Mas esse é outro assunto.

Conversei também com o Guilherme Palmeira, que veio à posse do ministro Freitas Neto. Fiz a defesa do Mirin e conversei com Guilherme sobre a questão do Teotônio em Alagoas. Notei que ele não acredita que o Teotônio possa ganhar. Ele acha que o Mano, o atual governador, tem mais chance que o Teotônio. Vai ser difícil.

À noite recebi o Eliseu Padilha no Palácio da Alvorada. O Eliseu veio me dizer que já sabe que o Portella não quer ficar. Pediu que Clóvis chamasse o Portella, porque pretende aproveitar algumas pessoas da equipe dele. Falamos um pouco sobre o PMDB, do que eu soube pelo José Alencar, que o Itamar quer fazer um pé-

---

precisamos estar prontos para interromper esse processo imediatamente". O governo dos EUA não confirmou nem desmentiu oficialmente a frase do general. O problema ambiental fora listado por Hughes ao lado do narcotráfico e do terrorismo entre as maiores ameaças à segurança nacional dos EUA.
* Palacio Errázuriz.
** Senador chileno, opositor da ditadura de Pinochet. O Palacio Errázuriz, construído no século XIX pelo minerador Maximiano Errázuriz, foi adquirido em 1907 pelo advogado Aurelio Valdés Morel, um dos muitos tios-avós de Gabriel Valdés. O Brasil comprou o palácio em 1941.
*** Avenida Libertador Bernardo O'Higgins.
**** Cerimônia de entrega da Ordem Nacional do Mérito Científico.
***** Matemático e professor aposentado da USP.
****** Casal de pesquisadores em parasitologia e medicina tropical da Universidade de Nova York.

riplo nacional para depois ficar em Minas, que o PMDB tem que analisar isso com certa rapidez.

Apesar da rotina da administração e da política, ontem almocei com o pessoal mais ligado a mim, da assessoria: o Gelson, o Vilmar, o Luciano Martins, chamei o Sérgio Amaral, o Eduardo Graeff, o Weffort e o Celso Lafer, para discutir um pouco a necessidade de termos uma ação ideológica mais ativa no governo. O Luciano falou que o governo está perdendo prestígio, não popularidade. Isso significa os intelectuais, a mídia, a alta classe média. É verdade. Estamos fazendo uma política voltada para o povo, e o pessoal da alta classe média, que se quer muito ligado ao povo, na verdade não gosta quando se faz uma política ligada ao povo, porque isso mexe com os recursos disponíveis para a alta classe média, e mesmo para a classe média, diminuindo-os.

O problema da reforma no Brasil é este: não é só a elite que reage, a elite depende menos do Estado. Quem depende do Estado é a classe média, a alta classe média, a classe média universitária ou que passou pela universidade, essa é que esperneia. Então a perda de prestígio é com esse pessoal que acha que estou fazendo uma política que não é do povo, neoliberal, como alguns mais radicais dizem, o que não tem nada a ver com a realidade.

No fundo o que eles não querem ver é a realidade das mudanças. E o pessoal que sabe disso, como esse que estava no almoço, equacionou a questão. Resolvemos que vamos participar mais ativamente, começando por mim, do Fórum Velloso.* Luciano Martins, o Vilmar e outros vão se encarregar de fazer uma espécie de proposta de discurso meu para o Fórum Velloso, idem para a revista *Daedalus*,** que será publicada nos Estados Unidos. O Sérgio Amaral citou a necessidade de termos um pouco mais de atividade no Ipea. O Weffort falava numa espécie de novo Iseb.*** Evidentemente, o Luciano Martins logo reagiu contra, por razões compreensíveis. Mas a ideia de ter uma base institucional para pensar um novo Brasil não é má. Desde que as pessoas realmente se dediquem a isso.

No fim do dia eu ia à casa do [Luiz Carlos] Madeira, que é um advogado amigo do Jobim, mas o Serra me telefonou para dizer que o Sérgio estava mal. Recebi também informações da Wilma, dos médicos, e o Serra ponderou que eu devia ir a São Paulo ver o Sérgio. Tomei a decisão de ir, e inopinadamente fui. Cheguei à meia-noite e pouco e fui para casa. A Ruth estava me esperando, já sabia que eu ia

---

* Isto é, o fórum de discussões coordenado pelo economista João Paulo dos Reis Velloso com promoção do BNDES.
** Revista editada pela American Academy of Arts and Sciences.
*** Criado em 1955 no governo Café Filho, o Instituto Superior de Estudos Brasileiros — órgão do antigo Ministério da Educação e Cultura destinado ao ensino e pesquisa de ciências sociais — atuou como um polo irradiador da ideologia nacional-desenvolvimentista até seu fechamento pelo golpe militar, em 1964.

chegar. Conversamos um pouco, todos dormimos mal, aflitos, e hoje de manhã fui ao Einstein ver a Wilma e depois o Sérgio. A conversa com a Wilma foi boa, ela é forte. Conversamos sobre a situação dela, da família, dos recursos do Sérgio, perguntei se ela tinha noção [das questões materiais]. Acho que ela tem mais do que parece. Falamos também, claro, da saúde do Sérgio. A Wilma ainda tem alguma esperança, mas eu acho que é vã. Os médicos estavam lá e me levaram até a UTI. Coitado do Sérgio. Cheio de máquinas, aparelhos, respira por aparelho, tudo é aparelho nele. Aquele corpanzil imenso. Eu chorei.

Depois fui falar com a televisão toda, que estava no hospital. Eu, ao lado da Wilma, disse coisas fortes sobre o Sérgio, que ele estava muito emocionado com o editorial do *Jornal de Brasília*, do [Luiz] Gutemberg,* e disse que é preciso separar o joio do trigo. O Sérgio é trigo. Eu disse isso porque essa gente vive fazendo aleivosias, insinuando que o Sérgio é o meu PC [Farias], coisa infame. Ele sempre foi um militante, um homem de generosidade, um lutador, nunca foi PC de ninguém, muito menos meu. É sempre essa maldade da política, desses que hoje, como eu disse antes, pertencem a certo setor da classe média, ao funcionalismo, às profissões que passam pelas universidades, à intelectualidade, esses são os que acreditam que o Sérgio é PC, que tudo é podridão.

Chile. Passei primeiro na Bolívia,** falei com o general [Hugo] Banzer, o presidente, para assinar um acordo importante com ele, sobre a continuidade de uma estrada que vai permitir, de fato, a ligação bioceânica. São 350 quilômetros entre Puerto Suárez, que fica na Bolívia, em frente a Corumbá, no Brasil, com Santa Cruz de la Sierra, e daí vai até o oceano Pacífico.*** Conversamos um pouco sobre o gasoduto, sobre o Paraguai, depois vim e cheguei ao Chile.

No Chile, fiz um discurso na chegada, formal, mas falando sobre o sentido da Cúpula [das Américas]. Depois fui para a embaixada, onde vi na televisão a notícia de que, no Paraguai, o general Oviedo ficou fora do combate eleitoral porque a Suprema Corte decidiu confirmar a sentença de dez anos de prisão que os militares tinham dado a ele. Isso pelo menos marca uma página nova no Paraguai.

Passei o dia na embaixada, recebi algumas pessoas que haviam pedido audiência. Em primeiro lugar, o general McCaffrey, chefe da luta antidroga dos Estados Unidos. Boa conversa. Ele me deu um presente, não sei o que é, se um livro, uma

---

* O jornalista elogiou enfaticamente a atuação de Motta à frente do Ministério das Comunicações.
** A comitiva presidencial fez escala em Santa Cruz de la Sierra.
*** A Rota Rodoviária Bioceânica, corredor viário de 3500 quilômetros de extensão, é uma via de integração continental que liga Santos a portos do Chile e do Peru através da Bolívia. No Brasil, o principal trecho da Bioceânica é a BR-262 entre Três Lagoas e Corumbá (MS). Os presidentes também assinaram uma declaração conjunta sobre integração energética.

coisa assim, disse que era para me homenagear, porque ele acha que eu tenho um papel distinto na América Latina e que tenho sido um exemplo inspirador para outros na luta antidroga.*

Perguntei a eles sobre a Colômbia. Eles não acreditam mesmo no Ernesto Samper nem no candidato do Samper,** nem mesmo se a María Emma Mejía, ex-ministra da Educação e do Exterior, uma mulher de certa presença, estiver na chapa como vice-presidente. Vejo que eles torcem pelo [Andrés] Pastrana,*** mas não acreditam na equipe do Samper, que consideram comprometida. Eu disse que achava bom eles terem mudado de posição com a Colômbia [sobre as certificações], perguntei detalhes, sobre os quais eu já tinha falado com o general Cardoso, da luta antidroga.

Depois recebi o Fujimori, muito entusiasmado com a ação do Brasil na reconciliação entre Equador e Peru. Ele está disposto a dar direito de livre-comércio e navegação ao Equador, sob a condição de o Equador oferecer garantias nas fronteiras terrestres; parece que vamos indo bem. Se isso for feito, será um marco nas relações interamericanas. Fujimori veio me dizer que minha posição e a do Brasil foram essenciais. Quanto à minha talvez ele exagere; quanto ao Brasil é verdade, nós ajudamos bastante.

Em seguida, recebi o primeiro-ministro do Canadá, Jean Chrétien, pessoa de quem eu gosto. Ele veio agradecer minha ação, a nossa, do governo, com os sequestradores canadenses, porque assinei os atos de extradição. Ele acha que os sequestradores são loucos, que agora não querem extradição, querem expulsão, e estava contente com minha decisão de assinar o tratado. Falamos sobre Bombardier e Embraer. Ele também está satisfeito. Fizemos o que pudemos, agora a irredutibilidade é das empresas. Avancei um pouco o sinal, falamos sobre Cuba. Ele tem boas relações com Cuba, achei bom, e disse a ele. Enfim, há muito afinamento entre Brasil e Canadá.

Posteriormente, tivemos um jantar com o pessoal da embaixada e outros amigos, o mundo oficial brasileiro, e agora estou me preparando para dormir. Recebi um telefonema antes, porque o papa me mandou uma carta muito boa, reconhecendo o que fizemos na reforma agrária, dizendo que estamos fazendo uma reforma de acordo com os princípios da doutrina social da Igreja. Vai ser uma bomba no Brasil, é muito positivo, e se deve exclusivamente a uma pessoa: Raul Jungmann.

Além da carta do papa, recebi aqui o fax de uma carta que o Tony Blair me mandou, comentando a entrevista que dei à *Veja*. Ela é significativa. O primeiro-ministro britânico menciona que vamos continuar nosso debate e que temos

---

* O governo brasileiro discutia a formulação da Política Nacional Antidrogas, cuja coordenação foi entregue em junho de 1998 à recém-criada Secretaria Nacional Antidrogas, vinculada à Casa Militar da Presidência da República.

** Horacio Serpa, ex-ministro do Interior, candidato pelo Partido Liberal.

*** Ex-prefeito de Bogotá, candidato pelo Partido Conservador.

muitas coincidências. Escreveu o texto à mão, como é habitual. Acho impressionante que hoje o mundo tenha uma problemática que não é muito distinta aqui, na América do Sul, da que prevalece na Europa e nos Estados Unidos. Na verdade, como tenho repetido ultimamente, o Cone Sul é o Ocidente longínquo, distante; o Extremo Oeste, hoje, somos nós. Ocidentais distantes, mas ocidentais.

HOJE É DIA 18 DE ABRIL, SÁBADO, estou em Santiago do Chile, na embaixada do Brasil, é praticamente meia-noite. Voltar ao Chile sempre é bom para mim. Santiago, que era tão sem vida, sem grandeza, quando aqui morei, hoje é uma cidade moderna. "Moderna" não é uma boa palavra; é uma cidade agradável, que tem dinamismo. Recebi muita gente que eu conheço a vida inteira e outros que conheço da minha vida internacional, depois de ter ido para a Chancelaria* e para a Presidência, mas que são próximos a mim, de forma que continuo me sentindo confortavelmente em casa aqui no Chile.

Quanto à Cúpula das Américas, o Brasil obteve vantagens imensas. Fizemos um acordo em Buenos Aires entre Pacto Andino e Mercosul, isso sem o *fast track*. A reunião se desfigurou. O que salvou um pouco foi a discussão sobre educação, que eu mesmo lancei há muito tempo, quando dei ao Clinton a sugestão de que deveríamos nos concentrar no tema. Isso, porém, não substitui a expectativa do acordo, que não houve, de integração comercial continental.

Conversei ontem, como registrei, com Fujimori, sobre a briga de fronteira entre Peru e Equador. Transmiti a opinião do presidente [Fabián] Alarcón** e do chanceler [José] Ayala. Ambos foram decisivos dessa vez para a configuração das coisas, parece que depois de tantos anos Equador e Peru vão fazer realmente as pazes.

Hoje o dia foi tomado pela presença do Clinton e por outras conversas que tive.

Nas conferências gerais, cada um dos presentes fez seu número, mas eu tive uma conversa com Clinton. Ele a havia pedido, me disse que estava muito satisfeito por termos superado nossas dificuldades econômicas, agradeceu a liderança que tenho exercido no Brasil e no continente e afirmou que estava muito contente com isso. Conversa boa, só eu, o Lampreia e o Gelson, da parte brasileira, e, pela americana, ele, a Madeleine Albright, secretária de Estado, e o Fred Bergsten, o secretário

---

* Fernando Henrique foi ministro das Relações Exteriores (1992-93) antes de assumir a pasta da Fazenda no governo Itamar.

** Ex-presidente do Congresso equatoriano, Alarcón substituiu Abdalá Bucaram na presidência depois de seu impeachment, em fevereiro de 1997. A vice-presidente Rosalía Arteaga chegou a prestar o juramento presidencial, mas o Exército e o Congresso rechaçaram sua posse, alegando "vazio constitucional". Em julho de 1998, Jamil Mahuad venceu o segundo turno das eleições presidenciais e foi empossado no início de agosto.

de Assuntos Estratégicos.* Clinton, como sempre, muito à vontade, e eu também. Expliquei bastante as coisas do Brasil, o que fizemos, reforma, o de sempre. Mas ele perguntou do *"fire"*, do fogo em Roraima, e expliquei o que era. Combinamos que vou aos Estados Unidos, à conferência sobre narcotráfico que haverá na ONU,** e depois almoçar com ele, almoço de trabalho. No fundo não é nada, é para estarmos juntos, um pouco de simbologia política.

Falei de Cuba com Clinton. Ele disse que depois da visita do papa os cubanos estão achando que tudo pode acontecer, mas que o Fidel não quer ceder nada. Clinton acha razoável que o Fidel mantenha o contrato social do tipo que existe em Cuba, mas que permita uma liberalização democrática. Clinton tem razão, Fidel não pode levar tudo de graça. Por que, afinal, manter o regime tão rígido hoje em dia, quando já é desnecessário?

Eu disse a ele que o Brasil tem uma posição de boas relações com Cuba, contra a lei Helms-Burton, uma relação de independência, nunca fomos ponte, nem queremos ser, entre Estados Unidos e Cuba, e que todas as vezes que eu falo, como falarei aqui, é para encorajar Cuba a se reintegrar ao sistema interamericano e latino-americano. Falo também para encorajar Fidel a dar passos democráticos, embora eu não tenha sentido nele, em nossa última conversa, quando transmiti o recado do Clinton (disse ao Clinton que o transmiti com prudência), vontade de mudar muito. Não vejo que Fidel tenha essa disposição. Mas preciso fazer um gesto de abertura ao Fidel.

Depois voltei à embaixada e recebi mais gente, aquela coisa habitual do mundo diplomático e da política internacional. Voltei de um jantar agora, no Palácio de la Moneda,*** jantar agradável, todos os presidentes ali, alguns com as mulheres, sentei ao lado da Hillary [Clinton] e, no outro lado dela, estava o Clinton. Como o pessoal não fala inglês, a conversa foi basicamente entre mim e Hillary, conversamos longamente e depois o Clinton se juntou. Gostei muito. Ela é realmente inteligente e participante, defendeu o marido. Disse que foram muito difíceis esses últimos meses, mas que ele é um forte, que é psicologicamente forte e sabe que tem de vencer a direita nos Estado Unidos. Ela dá toda a força a ele. Me disse isso com todas as letras, que tinha sido muito duro, mas que eles estavam superando a crise.

Depois conversamos sobre Tony Blair e Tony Giddens. Ela está por dentro de tudo, mencionou a necessidade de estabelecermos relações mais próximas entre os que se entendem nessa área, eu citei não só o Giddens, mas o Prodi e o Guterres, de Portugal. Eu disse que tínhamos o Círculo de Montevidéu, do Sanguinet-

* Chefe do Conselho de Assessores Econômicos (Council of Economic Advisers) da Casa Branca e diretor do Institute for International Economics.
** Realizada entre 8 e 10 de junho de 1998, a XX Sessão Especial da Assembleia Geral da ONU discutiu o problema mundial das drogas.
*** Sede da presidência do Chile.

ti, que aqui na América Latina eu só via, além do Sanguinetti, o presidente da Venezuela,* que está muito velho, mas é um bom sujeito, de valor e de nível, com condição de participar de um diálogo desses, o que os demais [presidentes] não têm. Ela ficou muito entusiasmada, contou ao Clinton nossa conversa anterior e o Clinton se entusiasmou mais ainda. Disse que era preciso levar adiante o projeto [da Terceira Via], lutar contra a direita reacionária e que o Partido Democrata também deve fazer isso.

Clinton disse que quando o Tony Blair foi eleito todo mundo dizia que ele seria uma repetição dele, Clinton, mas que não é. Ele acha que Tony Blair vai ficar dez anos no governo, e ele, Clinton, quando sair do governo, vai se dedicar ao aprofundamento dessas ideias. É preciso institucionalizá-las. Mencionei no discurso feito na cúpula a noção de um novo centro político e que Giddens está propiciando condições [intelectuais] para que esse centro seja dinâmico e avance nessa direção.

Aí começamos a falar sobre a sucessão do Clinton, sobre o Gore, fiz minhas restrições ao Gore, que, a meu ver, é um pouco autossuficiente e distante, não emite simpatia. Hillary concordou imediatamente, embora sem ser efusiva. Clinton defendeu o Gore e disse que não, que ele é filho de um senador do Sul** que foi contra a Guerra do Vietnã e que o Gore é muito bom, muito divertido, tem senso de humor, mas que é um pouco inseguro; enfim, o defendeu como tinha que fazer. Nunca imaginei que fosse possível ter uma conversa tão aberta com o presidente dos Estados Unidos sobre a sucessão dele e sobre seu partido. Clinton falou com muita franqueza. Eu tenho cada vez mais admiração — a palavra é essa — pelo Clinton. Ele é fácil de conviver, é inteligente, está por dentro dos assuntos, se coloca numa posição progressista. No dia em que Clinton deixar de ser presidente dos Estados Unidos, vamos sentir uma falta imensa dele.

Eu já tinha dito isso hoje ao Lampreia, depois da conversa com Clinton, e repeti para Hillary. Ela estava muito à vontade, é uma pessoa encantadora, essa é a verdade. Perguntou sobre a Ruth, o que estamos fazendo, falamos mal do Mitterrand e bem do Chirac, ela gosta do Kohl, eu também, enfim, temos muitas afinidades na percepção do mundo, das pessoas. É incrível que se trate do presidente dos Estados Unidos e de sua mulher. Ele é o homem mais poderoso do mundo, e, vou lhe dizer, aqui no Brasil estaria no PSDB. Não sei se isso significa uma coisa boa para ele, mas é para mostrar a proximidade dele com o pensamento progressista mais atualizado, menos preconceituoso. Curioso é que o nosso mundinho meio esquerdoso não vai nunca entender isso que estou gravando aqui, mas é a expressão do meu sentimento, e acho que é assim mesmo.

Conversamos intensamente. No final se juntou a nós o Jean Chrétien. Creio que ele pertence ao mesmo grupo [de pessoas], acho o Chrétien um pouco mais

* Rafael Caldera.
** Albert Gore, senador pelo Tennessee.

formal politicamente, como pessoa ele é até bastante informal, mas como cabeça é um liberal mais clássico do que o Clinton. Clinton não é um liberal, é um social-democrata, nos termos de hoje, embora não se deva dizer isso, porque ele nunca pertenceria a uma Internacional Socialista. As internacionais socialistas se opõem ao diálogo que o Blair está propondo. Sugeri o nome do Prodi, acho que ele pertence à mesma família político-ideológica. É bom ver que existe uma família político-ideológica nova, que contém desde Prodi, Tony Blair, Clinton até um brasileiro como eu e, quem sabe, como eu disse, Sanguinetti. Eu comentei: "Não é possível que nos Estados Unidos vocês não tenham mais gente na universidade disposta a isso". "Ah, não, a intelectualidade está na mão da direita; os que não são de direita são antigos." É curioso. *Plus ça change plus c'est la même chose!*

HOJE, SEGUNDA-FEIRA, 20 DE ABRIL, são nove horas da noite. Eu estava no Chile, como registrei até o dia 18.

Ali, de manhã, reuniões normais, todas as vezes que pude expressei a opinião do Brasil de maneira muito livre. Na solenidade de encerramento, falariam [Eduardo] Frei e Chrétien, que vai ser o próximo anfitrião.* Como o Clinton quis falar, os chilenos pediram que eu falasse também. Eu não imaginava que seria um encerramento solene. Pensei que ia ser na própria reunião, apenas algumas palavras finais na mesma sala. Mas não. Foi no Palacio del Congreso de Chile, eu conhecia o lugar, ele é formal, uma antiga casa em Santiago [e não em Valparaíso, onde está hoje o Congresso],** muito bonito, cheíssimo, onde mal cabia todo mundo.

O Frei fez um discurso entusiasmado, o Clinton um discurso um pouco mais burocrático e depois me deu a palavra.

Eu tinha dito ao Lampreia que ia ser difícil, porque eu não havia escrito nada. Mas eu precisava falar, tocar no assunto Cuba. Eu tinha participado de uma conversa do Clinton com vários presidentes das ilhas do Caribe, quando ele disse que, por um lado, era necessário estar sempre de olho no Congresso [americano] e, de outro lado, que era preciso haver algum progresso na democratização na Ilha para ela poder avançar. Voltou à ideia de intercâmbio entre o contrato social de Fidel, que é bom, e a democracia, que também é boa. Ele disse que Fidel tinha que fazer isso. Eu, que concordo com essas ideias, as mencionei de passagem no final do meu discurso, e o fiz de maneira elegante.

Falei também do que está acontecendo entre Peru e Equador, que os presidentes estão fazendo um trabalho corajoso de pacificação. Nem sei mais o que eu disse, o fato é houve uma ovação. Todos se levantaram, para mim foi emocionante, até

---

* A III Cúpula das Américas foi realizada em Québec, no Canadá, em 20-22 de abril de 2001.
** O Congresso Nacional chileno foi transferido para a cidade portuária em 1990, depois do final da ditadura militar.

quero rever o que eu falei. Não sei se eu disse mesmo tantas coisas, se foi o ambiente, se foi o modo de dizer, se faltavam palavras sobre Cuba e eu as disse, não sei o que foi; só sei que eletrizou o ar. E me emocionou.

À tarde recebi uma homenagem da Fundación Felipe Herrera,* e foi a mesma coisa. Sala repleta, Isabel Allende [Bussi], [Alejandro] Foxley,** o presidente da Corte Suprema do Chile,*** o José Miguel Insulza, ministro das Relações Exteriores, o Iglesias, ambos falaram. Fiz um discurso um pouco menos profundo porque eu estava muito cansado, mas a acolhida foi comovedora; cada vez que volto ao Chile me sinto muito apoiado... Malucha Solari,**** enfim, muitos amigos, tudo aquilo me deixou quase chorando. Voltei para o Brasil.

Cheguei aqui e dez minutos depois telefonou a Fernanda [Boueri]***** para dizer à Ruth que o Sérgio tinha morrido. Morreu ontem, dia 19, às onze e quarenta e cinco da noite. Devo ter chegado ao Brasil às dez para a meia-noite e aqui em casa um pouco depois de meia-noite. Foi um choque. Telefonei para Wilma. "Choque" não é bem a palavra, porque eu sabia que ele ia morrer, mas na hora é aquela dor.

Hoje levantei, fui ao Palácio, recebi o núncio,****** que me trouxe uma carta do papa, já referida aqui, em que o pontífice elogia o que estamos fazendo na reforma agrária. Ele veio com o ministro da Reforma Agrária. O núncio é muito expressivo em apoiar o governo diretamente e em dizer que não entende como a CNBB não tem uma posição contra essa máfia — foi a palavra dele — de assessores que distorcem tudo. Disse que o governo está tendo uma posição muito próxima do que a Igreja Católica acha correto e que o considera aberto às relações com a Igreja. Jungmann aproveitou para contar que o cardeal do Rio havia telefonado para ele, ficaram quase uma hora no telefone, por causa de um artigo da Dora Kramer dizendo que havia chegado o momento de haver diálogo entre governo e Igreja.

O núncio acha que faltou coragem para o caminho [de aproximação] não ter sido feito e disse que sabe que eu e d. Lucas nos tratamos por "você" quando estamos sozinhos. Ele não entende por que falta [cojones], a expressão forte foi dele, e disse que alguns cardeais e bispos têm uma posição mais viril. Disse ainda que a maioria dos bispos acha o mesmo que ele, mas que ficam silenciosos, e os outros ficam silenciados pela barulheira dos assessores, que são pessoas que perderam o rumo porque se apegaram a uma forma de revolução que já não existe.

---

* Instituição privada de fomento e valorização da cultura latino-americana, criada para homenagear o legado do ex-presidente do BID morto em 1996, com sede em Santiago.
** Senador e ex-ministro da Fazenda chileno.
*** Roberto d'Ávila.
**** Bailarina e coreógrafa chilena, viúva de Aníbal Pinto, ex-diretor da Cepal.
***** Médica pneumologista, prima de Ruth Cardoso.
****** Alfio Rapisarda.

Depois disso, fui para a televisão, li a carta que o Sérgio me mandou, a mensagem de um homem realmente digno como foi o Sérgio, corajoso. Foi a despedida a mim, a última coisa que ele fez lúcido, depois entrou na UTI, não falou com mais ninguém. Eu li para o país todo saber, dei uma cutucada dizendo que, apesar disso, muita gente fazia insinuações, como se o Sérgio não fosse um militante da mais pura cepa. Não sei que palavras usei para repelir essa maldade de insinuações que sempre fizeram contra o Sergio, comparando-o ao PC Farias; só se fosse na aparência, porque, quanto à conduta, eram água e vinho. A verdade é que sempre tivemos uma vida política limpa e o Sérgio diz isso na carta. Às vezes, as pessoas querem confundir as coisas. Muitos dos seus adversários, aliás, estavam hoje no seu enterro, os mesmos que nos atazanam. Eles sabem que o Sérgio abrigou, quando pôde, boa parte dessa esquerda, sobretudo a esquerda católica e comunista, PCdoB, alguns foram para o PT, outros ficaram no PCdoB, muitos foram a vida toda apoiados materialmente pela empresa do Sérgio.*

Sérgio deixou um vazio incomensurável.

Chorei, chorei bastante, todos nós choramos. Tasso então nem se fala, Luís Eduardo, Antônio Carlos, Sarney. Vejam o espectro de pessoas que o Sérgio comoveu com sua morte! Ele era querido por suas virtudes, às vezes estourado, impunha suas vontades muitas vezes, desbocado, mas tinha tantas qualidades que tudo isso sumia diante da dedicação dele, da capacidade de trabalho, da inteligência, da lealdade. Perdi um grande amigo. Eu disse hoje que ele era um irmão. Curioso, nunca fomos de grandes afetividades físicas, de grandes abraços, nem de dizer palavras primorosas um para o outro. Pelo contrário, tivemos sempre uma relação aparentemente mais distante do que os outros poderiam imaginar. Mas na hora em que o vi morto, chorei. Foi-se um pedaço da minha vida. Certas questões políticas e de organização só o Sérgio era capaz de enfrentar. Só com ele eu conversava. Não conversas íntimas, não as pessoais. Ele nunca foi amigo meu desse tipo, mas no que diz respeito à minha vida pública, não tenha dúvida, foi um grande amigo e eu o perdi.

Cheguei a São Paulo praticamente esta madrugada, quinze para a meia-noite, de ontem. Fui ao enterro e voltei para Brasília.

Vou à Espanha com um bando de gente cumprir meu papel. Assim é a vida de um homem público. Não é fácil.

---

* Durante a ditadura militar, Motta — ex-membro da Ação Popular, organização da esquerda católica — ofereceu auxílio financeiro e emprego a militantes na clandestinidade através de sua empresa de engenharia, a Hidrobrasileira S.A.

23 DE ABRIL A 4 DE MAIO DE 1998

Morte de Luís Eduardo Magalhães. Crise no PMDB. Seca e saques no Nordeste

Hoje é 23 de abril, quinta-feira, no Brasil nove e meia da noite. Ao registrar o que registrei, mal sabia o que ia acontecer. Volto da Espanha com mais uma morte!

Lá, mal chegamos, fui recebido pelo rei e pela rainha.* Paulo Henrique, Helena e Joana também foram, ficamos conversando com o rei simpaticamente por quase uma hora, depois de ter passado em revista a tropa, as homenagens de estilo.

O rei enfronhado sobre as coisas, sobretudo as de Cuba, América do Sul, América Latina, Ibero-América, tinha visto pela televisão meu discurso sobre Cuba, gostou muito. Falou comigo em português, nos tratamos por "tu" e "você", já faz algum tempo que é assim. Ele é um homem muito simples, muito agradável.

Isso posto, recebi o Aznar, conversei com ele bastante bem, tinha lido a minha entrevista ao *El País*, falamos sobre o euro, sobre o que está ocorrendo na Europa, as preocupações dele com o que vai acontecer na Alemanha, acredita que o Kohl perca, não sabe quem é o Schröder, acha que a Itália deu saltos importantes, apesar da dívida de 120% do PIB. Acha que a França ainda vai se haver com muitas dificuldades por causa do estilo do Jospin, e ele, Aznar, não é muito favorável a esse estilo de política. Gosta do Blair, contou que este, a mulher e os filhos passaram o weekend de Páscoa com ele na Espanha. Achou Blair com o estilo assim de marketing do Clinton e disse que o Blair é muito ligado ao Clinton. Falamos sobre o Brasil, perspectivas, enfim, conversa amena. Cuba. Ele concorda com o que eu disse ao *El País*, acha que o Fidel não está disposto a mudar, que encarna um papel e não vai ser fácil desencarnar desse papel.

Dei uma entrevista à TV espanhola** e fomos ao jantar na casa do nosso embaixador,*** jantar com pouca gente, eu não estava com grandes alegrias, nem podia estar. Recomendei que fosse uma coisa relativamente discreta para uma embaixada, não havia mais que quarenta pessoas.

Durante o jantar veio a informação de que o Luís Eduardo tinha tido um enfarte. Um mal-estar. Mandei ligar para Antônio Carlos e falei com ele pouco depois. Antônio Carlos confirmou a notícia, mas disse que estava tudo sob controle, Luís estava no Hospital Santa Lúcia.**** Mas achei ACM tenso, preocupado, e também fi-

---

* Rei Juan Carlos I e rainha Sofía.
** Televisión Española (TVE), canal estatal.
*** Carlos Garcia.
**** Hospital em Brasília.

quei. Voltei para a mesa, contei o fato para o Zé Roberto Marinho, que ficou muito apreensivo, como todos nós, porque Luís Eduardo é indispensável.

Tudo bem, voltamos ao Palácio de El Pardo,* onde estávamos hospedados. Duas e meia da manhã fui acordado pelo ajudante de ordens, major Villaça [José Luiz Villaça Oliva], que é sempre discreto, mas disse que precisava me dar um recado; ele estava com o Fred, o embaixador Frederico [Araújo], e com o ministro Valter Pecly.** Percebi logo que tinha morrido o Luís Eduardo.

Acordei a Ruth. Ana [Tavares] desesperada, era muito amiga do Luís Eduardo, mais tarde chegou o Zé Gregori, que tinha recebido a notícia diretamente. Preparamos uma nota, que escrevi de punho, ajudado pelo Zé Gregori e pelo Malan, que chegou também com a Catarina. A nota foi lida pelo Zé Gregori ao lado da Ana e do Pedro Malan. Não tínhamos certeza sobre o que fazer e fomos dormir.

Eu não dormi. Nem mesmo tomando os calmantes que o [Roberto] Camarinha, o médico da Presidência, me deu, consegui dormir.

De manhã estávamos no café quando chegou o Lampreia com a Lenir. Sensatamente, o Lampreia disse que achava melhor cancelar tudo na Espanha, e concordei.

Então fui ao rei, no Palácio de la Zarzuela. Expliquei a ele, que se mostrou muito compreensivo e, mais ainda, solidário. Falei com a rainha por telefone. Depois fui ao Palácio de la Moncloa,*** falei com Aznar, de novo expliquei tudo, marcamos um encontro para maio, porque tenho que ir a Lisboa, para a Expo-Lisboa, e também a Genebra,**** e disse que voltaria à Espanha. Eles compreenderam. Também por telefone falei com o presidente da Galícia, Manuel Fraga, muito simpático, muito solidário, pedi à Universidade de Salamanca para desfazer meus compromissos espanhóis.

Tomamos o avião e viemos para o enterro de Luís Eduardo em Salvador.

Foi uma viagem perturbadíssima. Dormi porque, aí sim, me deram uma pedrada [de soníferos] e consegui dormir várias horas.

Chegamos a Salvador, fui ao velório, depois ao enterro. Antônio Carlos desesperado, naturalmente. Todos os políticos, eu também. Basta reler os registros que aqui estão para que se veja o quanto o Luís Eduardo era importante para mim, pessoalmente, politicamente. Até mesmo no episódio mais recente, também está registrado, sobre ele ir ou não [à disputa eleitoral] para o governo da Bahia. Sei que ele não queria ir, mas acabou cedendo. Também está registrada minha conversa com Antônio Carlos me dizendo que Luís Eduardo tinha que ir [disputar o governo] porque era

---

* Uma das residências oficiais da família real espanhola em Madri.

** Embaixadores no topo da carreira recebem o título de ministro. Pecly era ministro de segunda classe.

*** Sede da presidência do governo espanhol.

**** Fernando Henrique viajou em maio de 1998 a Lisboa para assistir à abertura da Exposição Mundial (Expo '98).

preciso haver um chefe na Bahia. Até comentei: "E quem sabe quem vai faltar primeiro, você, eu, quem?"... mas não imaginava que fosse ser o Luís Eduardo. "Se você morrer primeiro", eu disse, "o Luís Eduardo tem uma relação comigo de tal natureza que não acontece nada, temos uma relação fraterna." Pois bem, morreu o Luís Eduardo.

Eu tive um choque danado, a Ruth também. No velório aquela coisa incrível, muita gente, empurra para cá, empurra para lá, fui aplaudido em todo o percurso desde que cheguei à Bahia, nem liguei para isso, realmente estava perturbado.

Voltei para Brasília, aqui estamos, vou tomar um banho de imersão com água quente para ver se repouso um pouco. Mandei cancelar, já estavam cancelados, meus compromissos. Lucena me disse que haverá uma missa para o Sérgio no sábado, celebrada por d. Paulo, na catedral da Sé, mas não tenho mais ânimo de ir lá. Se fizerem uma missa aqui, eu irei, para recordar muito o Sérgio.

Estamos no pior momento psicológico desde que assumi a Presidência. Sem falar da Previdência, que vai ser difícil, caso se consiga votar. Em todas as declarações, eu disse que a melhor homenagem que poderíamos fazer ao Luís era votando.

Não é essa questão. A questão é que lá se foram meus dois braços, um direito, outro esquerdo, digamos assim, dos dois lados que eu tinha de operação no Congresso. E que se entendiam entre si, às vezes com uma ou outra encrenca, mas se entendiam. E comigo também. Vai ser uma perda essencial. Está difícil.

Uma nota final sobre a imprensa. Toda ela, desde a morte do Sérgio, agora mais ainda, se desmancha em elogios, fala em perdas, em dificuldades para o governo, reconhece, enfim, o que esses homens significaram, mas só depois da morte vêm as coisas. Alguns até falando sobre a dignidade do governo como se não tivéssemos sempre preocupação com a dignidade, como se a nossa luta não fosse para proteger o cofre de bandidos, não fosse para fazer as alianças indispensáveis para levar avante o Brasil, para fazer um Brasil melhor.

Precisa que as pessoas morram para que essas verdades elementares sejam ditas por essa gente. Nem sei como qualificar isso. Os intelectuais, muitos deles ressentidos, invejosos e ignorantes. Outras pessoas, profissionais da intriga, sempre vêm o lado ruim, o lado negativo, nunca reconhecendo que na nossa ala mora também a grandeza.

Quanto eu sofri porque quis o Luís Eduardo como vice na minha chapa para presidente da República! Todo mundo achava isso o fim, que Antônio Carlos iria mandar. Hoje pranteiam Luís Eduardo, que merece o pranto, mas não mereceu os preconceitos de que foi vítima por ter nascido num certo ambiente e tomado posições da chamada "direita" na época da Constituinte. Mas era um homem direito. Em algumas coisas talvez tivesse uma formação realmente de direita, se é que no Brasil isso existe.

Já o Serjão era apenas, esse sim, um pragmático na hora de fazer os acordos, atropelava e se via mais o que ele fazia pela incontinência verbal. Mas nada que não fosse para o bem do país, nunca nada que fosse para proveito pessoal ou de grupos, no sentido menor. E esses fomentadores de intriga não percebem que, em vez de construir uma nação, estão destruindo (na verdade não vão conseguir, mas querem) tudo que há de melhor. Em nome do quê? Em nome de sabe lá que ideias abstratas que muitas vezes eles não abraçam na prática, querem ter um espaço de poder, esse sim um poder ilegítimo, porque não exposto, um poder escondido, uma neutralidade que não têm... Mas não é hora de ajustar contas.

HOJE É SEXTA-FEIRA, DIA 24 DE ABRIL, vou terminar o que estava dizendo na quarta-feira. Eu dizia que não era hora de fazer balanços porque a emoção pode perturbar a análise. Mas a minha reação não pode ser diferente diante do que se vê no Brasil, uma espécie de queima em vida dos homens públicos, que são colocados em altares quando mortos. Isso é abjeto. Não sei o que é mais abjeto, se o altar depois da morte ou se o que fazem enquanto a pessoa está viva, só suspeitas, julgamentos de intenções, e todas as intenções são más.

Fui para a fazenda ontem, dia 23, no fim do dia.

Antes o dia transcorreu com muita pressão. Falei pelo telefone com meio mundo, com Sarney, Jader, Padilha, Marco Maciel, falei com vários ministros, com Aécio, procurei reanimar o pessoal e dizer que precisamos votar. Falei com Michel Temer, ele ficou de vir aqui, se atrasou um pouco, não conseguiu chegar. Despachei com Clóvis e fui para a fazenda.

Fui com o Paulo Henrique, a Ruth, a Joana e a Helena, fomos passear um pouco, ver boi, essas coisas, para melhorar o ânimo. Foi lá que li os jornais do dia sobre o enterro do Luís Eduardo. Muita desinformação. A Eliane Cantanhêde, por exemplo, no comentário da *Folha*, diz que chamei os ministros no enterro de Luís Eduardo e comuniquei a eles que eu ia assumir o controle político do processo. Não é certo. Primeiro, não chamei ministro nenhum. Não havia nem clima para isso, não houve o fato. Segundo, não preciso avisar que vou assumir o controle do processo, o controle é meu, sempre foi. Mesmo com Luís Eduardo, com Sérgio Motta, o tempo todo o controle do processo e da articulação geral sempre foi meu. Eu já estava fazendo isso, não precisava avisar ninguém, vou fazer o que é da minha obrigação como presidente da República. Isso para dar um exemplo.

Janio de Freitas, que nunca li, não leio, e no qual passei os olhos, diz que eu teria feito um acordo com Luís Eduardo para ele ser presidente da República, que depois mudei de ideia e que o Sérgio Motta fez um acordo com Mário Covas. Primeiro, eu nunca disse a Luís Eduardo que o apoiaria para presidente da República, nem o Luís queria. Ele não estava preocupado em ser presidente da República nesta altura dos acontecimentos, tudo isso é invenção. Os meus registros aqui mostram que as nossas conversas foram de outro tipo, que discuti se ele ia para Bahia ou ficava aqui, se ia ser ministro ou o que quisesse. Não discutíamos a Presidência, as uvas estavam muito verdes.

Quanto ao Mário Covas, é o óbvio. Se o Mário ganhar a reeleição, ele é o candidato natural do PSDB. E eu sou do PSDB, não preciso fazer acordo com o Mário para isso, será automático. Nem é questão de saber se gosto ou não gosto, são fatos da vida.

Mas é assim que se dão notícias e que se fazem as análises. Espero que os historiadores do futuro não se deixem levar pelas descrições falsas de eventos.

Os episódios que dizem ter acontecido na Espanha são imaginativos, sobre quem tomou a decisão de voltar, se o Itamaraty se opôs. O Itamaraty não se opôs coisa nenhuma, até já registrei que o Lampreia foi o primeiro a querer que eu voltasse. Os daqui ficam dando informações para se beneficiarem como protagonistas na história, e jornalista não checa a fonte, vai em frente. Mas isso é coisa menor.

Na fazenda tive muita saudade do Sérgio. Nós a fizemos juntos, ele descobriu a terra, terra nua, não valia nada, um hectare valia um par de sapato. A casa de madeira do Wander [Gontijo], que hoje é o nosso administrador, ainda está lá, ao lado da pocilga, como para mostrar o que era aquilo antes e o que é hoje. Wander hoje tem automóvel, casa na cidade, tem luz, televisão, enfim, tem tudo. Tudo, em termos, mas vive bem, porque as coisas melhoraram.

Isso foi feito pelo Sérgio e por mim. Fomos lá muitas vezes, noites afora, pela estrada de lama, era uma trilha, nem estrada era, numa Parati vermelha que eu tinha em Brasília para isso. Para isso, não; era a que eu tinha. O Sérgio ia sempre guiando, porque achava que sabia dirigir na lama, não sabia, atolava. Uma ocasião atolamos quatro vezes na ida para a fazenda, chegamos de madrugada para o churrasco.

E dormíamos, eu e ele, numa casa que ainda existe e hoje é escritório, ao lado da casa principal. Isso por anos a fio. Não havia nada. Nem uma cerca. Sérgio andava a pé naquilo tudo. A cavalo também. Fizemos tudo, pusemos cerca por cerca, tudo que sobrava do que eu ganhava no Senado punha aqui, e sobrava quase tudo, porque eu não gasto, como todo mundo sabe. E o Sérgio era o dínamo daquilo, eu não teria ânimo para fazer sozinho.

Fomos muito companheiros lá, quantas vezes passeamos pensando em política, nas nossas coisas, conversando. Aliás, sem nunca, como eu já disse aqui, termos tido propriamente intimidade pessoal. Mas com muita fraternidade no sentido político, de companheirismo, de trabalho. Lá pensei no Sérgio o tempo todo, era inevitável.

Voltei para cá e já falei com Luciano Martins, que vai para Cuba [como embaixador]. Eu e o Gelson conversamos com ele, lhe transmiti as instruções, ele vai ser visto lá como emissário meu, embora não seja. Eu lhe expliquei o porquê das minhas falas sobre Cuba, sem dizer o conteúdo contei da minha conversa com Clinton, a que eu transmiti ao Fidel Castro há algum tempo na ilha Margarita, e expliquei por que eu disse que não devíamos ser ponte entre a Ilha e os Estados Unidos: porque isso não agrada nem a Cuba nem aos Estados Unidos; agrada apenas aos basbaques daqui. Eu disse a ele que na prática devemos ter um papel construtivo e que quero que o Luciano tenha esse papel construtivo em Cuba, e que se houvesse algum sinal de abertura, dissesse que isso ajudará muito a suspender o embargo, o que é óbvio. Dito por intermédio de um emissário meu, tem mais peso.

Agora vou receber Paulo Renato e Vilmar para conversar sobre a greve da universidade* e outras coisas mais, uma enorme quantidade de telefonemas, e vou seguir adiante nas rearticulações, para que possamos avançar mais e mais nas reformas.

HOJE É DOMINGO, 26 DE ABRIL, onze da manhã, estou esperando o Bornhausen.

Ontem, sábado, a registrar só a imensa confusão causada sem querer pelo Serra. Ele me telefonou dizendo que achava Inocêncio um bom nome para líder [do governo na Câmara], que isso facilitaria a votação da [prorrogação da] CPMF. Acontece que ele falou com Inocêncio, que entendeu como sendo um convite meu. Falei com Inocêncio posteriormente, não fiz convite nenhum. Hoje há confusão nos jornais. Ontem já havia. Agora Inocêncio diz que vai me trazer uma lista de cinco nomes.

A primeira parte do que o Serra fez estava combinada. Ou seja, dizer ao PSDB que não reivindicasse nada para não criar uma dificuldade com o PFL. Ele me falou do Inocêncio, até achei boa ideia, mas eu não o autorizei a convidá-lo, porque precisava trabalhar, preparar... Resultado: grande confusão.

Serra está pensando no Ministério da Saúde, mas todo mundo acha que ele está querendo substituir o Sérgio Motta. Não. Ele está pensando na parte dele, o Ministério da Saúde, e o Inocêncio, para facilitar a CPMF. Mas não tomou os cuidados devidos, e agora lá vou eu ter que fritar o Inocêncio, se não tiver que engoli-lo. As pessoas fazem política precipitadamente.

Jantei com Pimenta, passamos em revista as coisas, eu disse ao Pimenta que tinha a intenção de colocar o Scalco na coordenação da campanha, ele achou bom, só ele e Eduardo Jorge sabem disso, e o próprio Scalco.

Desencadeei vários processos, telefonei ao Teotônio para ver se o Sérgio Moreira assume a superintendência da Sudene,** porque o general [Newton Rodrigues] saiu. O Teotônio telefonou de volta, disse que o Sérgio está reticente, só aceita se for também assessor da Presidência, que a Sudene não tem força, que o Tasso teria dito que a Sudene está para se extinguir, que o Banco do Nordeste terá preeminência. É muito difícil assim. As pessoas [do nosso lado] não percebem que, havendo

---

* Servidores e docentes das universidades federais estavam em greve por reajuste salarial e melhorias no plano de carreira. Os professores reivindicavam 48,65% de aumento.
** A Sudene, para cuja chefia foi indicado o ex-secretário executivo do Meio Ambiente, era diretamente subordinada à Presidência até sua extinção, em 2001. Em 2007, no governo Lula, a Sudene, reativada, foi vinculada ao Ministério da Integração Nacional.

espaço, temos que ocupar e trabalhar pelos ideais que defendemos. Mas vou continuar tentando.

HOJE É SEGUNDA-FEIRA, 27 DE ABRIL. São quase nove horas da noite.
Primeiro, o que aconteceu ontem, domingo. Dia de intensíssima atividade. Por quê?

De manhã recebi o Jorge Bornhausen e o Marco Maciel, expliquei a eles a questão do Inocêncio, já estava tudo nos jornais de uma maneira muito exagerada, que eu teria convidado Inocêncio, tudo mal-entendido. Serra me disse por telefone que não transmitiu nenhum convite meu, apenas é a opinião dele, Inocêncio. É possível que Inocêncio tenha precipitado os acontecimentos. O PFL gostou, mas está temeroso por duas razões: se Inocêncio for líder do governo, ele tem que deixar a liderança do PFL, e aí complica. José Lourenço* é vice-líder e não agrada o todo dos pefelistas. Segundo, não se sabe a opinião de Antônio Carlos, o que é um problema. Hoje à noite, Antônio Carlos chega da Bahia, vou estar com ele e ver como ele reage a isso. Não deve ser uma boa reação, porque essa coisa do Inocêncio é precipitada.

Depois conversamos sobre o Rio de Janeiro. De fato parece que o Marcelo Alencar, numa conversa com o Jorge Bornhausen, aventou a possibilidade de se aliar ao Cesar Maia. Tudo estava tranquilo até que hoje de manhã vi que o PT não aceitou no Rio de Janeiro a aliança com o PDT para o candidato deles, o [Anthony] Garotinho.** Isso pode modificar um pouco o quadro do Rio. Marquei um almoço com Marcelo na próxima terça-feira.

Ontem, domingo ainda, almocei no Alvorada com o Zé Gregori e a Maria Helena. Ruth voltou da missa do Sérgio, que foi muito emocionante. D. Paulo muito carinhoso, falou de mim, dela, do governo, aliás d. Paulo deu uma entrevista ao *Jornal do Brasil* muito simpática a mim. E nada de mais especial, a não ser a discussão sobre os sequestradores.*** D. Paulo prometeu ao Marco Maciel resolver a greve de fome e que as coisas se encaminhariam. Não sei. Aconteceu hoje, não tive tempo de me informar.

À noite recebi primeiro o Jader, depois o Padilha. Jader disse que o Paes de Andrade não abrirá mão da presidência [do PMDB], o que vai dificultar a discussão da candidatura em junho. Chamei o Padilha, e ele também concorda com essa tese. O Jader esteve com Quércia, e inicalmente eles concordaram numa posição mais

---

* PFL-BA.
** Dias depois, o PT fluminense sofreu intervenção do PT nacional e a senadora Benedita da Silva foi lançada como candidata a vice de Garotinho. A candidatura própria de Vladimir Palmeira foi abortada.
*** Os sequestradores provenientes de países latino-americanos continuaram em greve de fome depois da extradição do casal canadense.

dócil; mas em seguida Jader reagiu contra isso, porque o Paes telefonou para ele e disse que não havia acordo possível.

Então, combinei ontem à noite, com o Jader e o Padilha, que era melhor cuidar logo da questão do Paes.

Hoje o Paes impetra uma liminar para não ser destituído do conselho político, qualquer coisa assim.* Continuam as tratativas.

Falei com o Britto, que também é um pouco resistente, ele não gosta do Jader.

Conversei com a Roseana Sarney, que também falou mal do Jader. Falou mal, não; fez a crítica dela, dizendo algo do pensamento do Sarney, que acha que o Jader divide mais o partido do que o Paes. O Jader quer uma desculpa para não se candidatar no Pará e quer garantir a situação dele aqui. Essas seriam as razões pelas quais o Jader está buscando ficar em Brasília. Mas não foi diretamente a mim que Sarney disse isso; esse boato eu ouvi de terceiros.

Depois passei o dia em reuniões com o pessoal do PSDB, com toda a liderança, para dar satisfação do que estamos fazendo. Eles também se opõem à nomeação do Inocêncio.

Ainda tive uma reunião para discutir o financiamento da Saúde, com o Serra e os ministros da área econômica. Avançamos um pouco nessa direção.

Agora estou esperando o Prata, para conversar sobre o Ministério das Comunicações. Eu tinha conversado antes com o Mendonça de Barros, que me contou, ninguém está informado disto, que o André Lara toparia substituir o Mendonça na presidência do BNDES até o fim do ano. Isso vai ter uma repercussão diversificada no governo. Não sei. Covas não gosta muito do André, pelas ligações dele com a PUC do Rio,** mas acho que é uma solução possível. Serra reage muito a colocar o Mendonça nas Comunicações, temeroso de que isso desorganize o BNDES e que o Mendonça não tenha o jogo de cintura necessário para lidar com os políticos. Não me parece que seja tanto assim. Acho que esses foram os principais acontecimentos.

---

* Depois da derrota na convenção extraordinária sobre o apoio à reeleição de Fernando Henrique, o presidente nacional do PMDB sofreu fortes pressões para renunciar por parte do grupo governista liderado pelo senador Jader Barbalho — pretendente declarado ao cargo — e dos ministros da Justiça, Renan Calheiros, e dos Transportes, Eliseu Padilha. O deputado cearense, aliado de Itamar Franco, propusera a realização de prévias internas para insistir na tese da candidatura própria do partido. Na iminência de ser destituído numa reunião do conselho político da executiva do partido, marcada para 29 de abril, Paes de Andrade obteve liminar da 7ª Vara Cível de Brasília para continuar à frente do PMDB até a realização da convenção nacional, em junho.

** O Departamento de Economia da universidade carioca, onde Lara Resende se formou, é historicamente ligado à ortodoxia liberal. Além de Resende, entre os membros da equipe formuladora do Plano Real também estudaram e/ou lecionaram na PUC-RJ: Pérsio Arida, Gustavo Franco, Pedro Malan e Edmar Bacha.

Daqui a alguns instantes vou me encontrar com o Antônio Carlos; será a primeira vez que ele vem depois da morte do Luís Eduardo.

Nesse meio-tempo, grandes problemas, porque a Globo abraçou a causa da seca. Vi no *Jornal da Globo* a notícia de que havia 10 milhões de pessoas famintas. É um exagero. E hoje falaram com a Ruth, querem fazer uma grande campanha de solidariedade. Parece que basta mandar alimentos para lá. Alimentos até que nós deveríamos ter, armazenados no governo. O problema é que distribuir é uma operação lenta e complexa. Decidi dar um pulo no Nordeste para ver de perto o que está acontecendo.

HOJE, SEXTA-FEIRA, 1º DE MAIO. Passei a semana sem registrar nada porque foi uma semana muito tensa e cheia de acontecimentos.

Vamos retomar a segunda-feira à noite, quando fui à casa do Antônio Carlos para recebê-lo de volta da Bahia. Foi de novo comovedor, praticamente estava só a família. Encontrei o Tuma e o [Pedro] Piva lá, mas eles saíram logo. Fui com Marco Maciel e, depois das condolências, Antônio Carlos chamou a mim e ao Marco e me disse algo muito tocante. Disse que havia em alguns jornais informações, algumas intrigas, de que era o Luís Eduardo quem fazia a ponte entre nós dois e que, na verdade, não há nenhuma palavra dele de agravo a mim, nunca, nem mesmo na crise do Banco Econômico. É verdade. Antônio Carlos nunca entrou em choque comigo, em termos pessoais, porque sabia da estima enorme que eu tinha pelo Luís Eduardo, isso sempre o limitou muito.

Ele pôs a mão em mim [no joelho] e disse: "O Luís morreu. Para mim, agora, o senhor é o Luís", como que desfazendo as intrigas possíveis. Foi muito forte e emocionante, e para mim também.

Terça-feira de manhã, dia 28, levantei cedo e fui à missa em homenagem a Luís Eduardo. Muita tensão emocional, muito sofrimento.

Depois, reunião de ministério* de homenagem ao Sérgio Motta e ao Luís Eduardo. Os jornais noticiaram, eu mesmo redigi meu discurso, com leves toques de aperfeiçoamento... literário, digamos assim, pelo Eduardo Graeff, correção de estilo e de clareza no que eu ia dizer. Também lá foi muito forte a emoção, tanto no discurso do Antônio Carlos, que repetiu de alguma maneira o que me tinha dito em privado, e disse chorando, com muita força, como na boa homenagem ao Sérgio Motta que o Serra fez. Todos disseram a mesma coisa: apesar de serem de partidos diferentes, ambos se identificavam com o bem do Brasil. Isso não foi dito de forma explícita, mas é o que estava lá. Curioso, mas nesses momentos de tensão, as diferentes correntes político-doutrinárias como que se

---

* Foi a 16ª reunião ministerial desde a posse de Fernando Henrique, em 1995.

esmaecem e se vê que há muita coisa capaz de permitir um trabalho produtivo em conjunto.

Em seguida, encontrei forças para fazer um discurso no VII Encontro Nacional dos Interlocutores do Comunidade Solidária, sobre a chamada política social do governo. Fiz a defesa dela, dei um pau no pessoal do MST e em alguns da Igreja que ficam dizendo que é preciso fazer saques,* isso é uma vergonha. Estão transformando a seca em tribuna para ataques descabidos ao governo, para fazer campanha política. Vão dizer que estou contra os que saquearam. Os que saquearam estão famintos, têm todas as justificações do mundo para tentar comer. Não é isso. Estou criticando os que incitam os saques por razões eleitoreiras. Os saques só atrapalham uma organização que possa atender os próprios flagelados.

De lá vim almoçar com Marcelo Alencar. Para minha surpresa, Marcelo repetiu quase ipsis litteris o que Jorge Bornhausen havia me dito, com uma diferença. O Marcelo (acho que ele quer retirar a candidatura) teria uma boa ação a fazer: coordenar a minha campanha no Rio. Talvez ele tenha uma ação mais ampla nacionalmente, isso daria a ele a justificativa, mas, e essa é a nuança, ele preferia um teste, me sugeriu Dornelles, pediu-me que falasse com ele.

Mário Covas veio na hora do café, duas e meia da tarde, muito bem-disposto, muito firme. Mário, nessas horas, é sempre uma pessoa com grandeza — em todas as dificuldades, como durante a implantação do real. No dia a dia ele é difícil, turrão e tal, mas na necessidade conta-se com Mário.

Enviei uma mensagem [à Câmara], depois do almoço, em homenagem ao Luís Eduardo e depois tive vários despachos aqui mesmo com o Lampreia, sobre como reorganizar minha agenda de viagens. Também discutimos a reação de Cuba. Cuba não gostou do que eu disse em Santiago. O ministro [Roberto] Robaina chamou o nosso embaixador para dizer que havia estranhado, como se eu tivesse dito algo contra Cuba, quando na verdade eu quis apenas dar o caminho para Cuba reingressar no seio da comunidade interamericana fazendo algumas concessões no plano dos direitos humanos, da democracia. Eu não estava discutindo a forma do regime democrático, mas, enfim, parece que os cubanos ainda têm um viés muito antiquado.

Fui à missa em homenagem ao Sérgio Motta. De novo a mesma emoção, o coro cantou uma música do Cartola de que o Sérgio Motta gostava muito, choramos todos.

Wilma veio no carro comigo para o Alvorada, jantou conosco aqui, também a Renata [Motta]** e o Marcelo [Sérgio Motta], sobrinho deles. Depois o Tasso chegou

---

* No final de abril de 1998, iniciou-se uma onda de saques a supermercados e caminhões em vários municípios atingidos pela seca no interior do Nordeste. Depósitos da Conab também foram atacados. Membros da CNBB e do MST foram acusados de estimular e promover o saqueio de alimentos e outras mercadorias.
** Filha de Sérgio Motta.

muito aflito, porque o PSDB o está pressionando para ou assumir a presidência do partido, ou ser ministro das Comunicações, ou abraçar a minha campanha. Enfim, eles querem um substituto do Sérgio Motta. A inquietação, por trás, é ver os financiamentos de campanha, como se fosse possível obtê-los a partir do governo federal. Eu já disse ao Tasso, e ele também concorda, que isso é uma loucura, os financiamentos têm que ser locais, e eu disse que no meu caso devem ser absolutamente transparentes, registrados. Só faltava essa, porque a partir daí é claro que, mesmo que o dinheiro de todos os deputados seja registrado, o peso vai cair nas minhas costas. E não se justifica. O Tasso pensa como eu.

O Serra chegou mais tarde, expus tudo isso a ele, porque o Tasso acha que ele deve ter uma participação mais ativa na questão da presidência do partido por ser ministro, e ministro tem peso político. Acho certo, o Serra precisa se envolver na questão do Inocêncio, desde que de forma apropriada, e não precipitada.

Isso na terça-feira. Fiquei preocupado, porque significa que o PSDB está querendo mexer, indicar ministro para o Ministério das Comunicações, e eu já tinha dito que a escolha é minha.

Na quarta-feira, 29 de abril, de manhã, antes do despacho sobre financiamento da Saúde com Clóvis, Paulo Paiva, Malan e os principais assessores, eu tinha chamado o Mendonça. Ele havia conversado com André Lara, eu já sabia. Mendonça topava ser ministro das Comunicações, André no BNDES. Quando o Clóvis chegou, chamei-o e disse que as coisas podiam ir por esse caminho; ele concordou. Como o André é um tanto instável e dificilmente ficará por muito tempo, isso significa um seguro para a volta do Mendonça ao BNDES, quando as privatizações terminarem no Ministério das Comunicações. Comunicamos ipso facto aos outros, que estavam na sala ao lado, na biblioteca. Telefonei para o André, confirmando. Mal sabia ele que eu tinha combinado tudo isso com o Mendonça anteriormente. É que essas coisas têm que ser feitas com muito cuidado.

À tarde, houve a solenidade de assinatura do acordo de proteção às florestas, com o Banco Mundial,* Krause fez um discurso brilhante e até me tirou a possibilidade de fazer uma coisa mais interessante, porque eu não queria repetir. Recebi o governador do Piauí, o Francisco de Assis, o Mão Santa, que queria reclamar (acho que ele tem razão), porque vendeu a empresa elétrica,** passou para Eletrobrás e agora os novos diretores estão contra ele, ele não consegue mais nada lá, enfim, esse tipo de questão que sempre ocorre em momentos pré-eleitorais.

* Cerimônia de anúncio do programa Arpa (Áreas Protegidas da Amazônia), lançado em parceria com o Banco Mundial e o World Wildlife Fund (WWF), atualmente denominado World Wide Fund for Nature. A meta do programa era incluir 10% da floresta amazônica em parques nacionais até o ano 2000. Simultaneamente, o presidente decretou a criação de três parques nacionais e uma reserva biológica nos estados de Roraima e Rio de Janeiro.
** Cepisa, atualmente denominada Eletrobras Distribuição Piauí.

Imagine o clima de tensão que anda por aí e também as discussões sobre quem sucederá o Luís Eduardo. Antônio Carlos me telefonou, sugeriu que seja o [José Carlos] Aleluia.* Ele acha que Inocêncio não devia acumular o PFL com a liderança de governo, acha que o Inocêncio deveria ficar com o PFL.

O Moreira Franco acha que deve ser Aloysio Nunes, acha que seria um excelente nome, difícil chegar lá.

Na quinta-feira, ontem, 30 de abril, retomamos um pouco a rotina, recebi Inocêncio à tarde, depois de ter dado posse, de manhã, ao Mendonça, já nomeado. A nomeação foi muito bem recebida, o anúncio ocorreu na véspera, a do André Lara também muito bem aceita pelos meios econômicos e pela imprensa. Depois estive com Tasso, conversei um pouco com a Wilma. Eu já tinha conversado com ela na terça-feira e, na quinta-feira, pedi que ela viesse almoçar comigo. Ela veio depois da solenidade de posse, para discutirmos as questões do Sérgio, minha relação com ele, a fazenda, à qual nunca prestei atenção, não sei a quantas andamos, não sei de que tamanho é o prejuízo, preciso examinar isso, ou se não há prejuízo, enfim, essas coisas todas. Indaguei muito da organização da vida particular do Sérgio. Diz ela que está tudo em ordem e que o Sérgio previa que ia morrer, havia alguns outros problemas sendo cuidados, Wilma diz que não há maiores preocupações. A casa onde ele morava aqui [em Brasília], nós vamos ocupar para a campanha eleitoral, para termos um escritório discreto de campanha, como já fizemos antes.

Na quinta-feira, depois do almoço estive com Inocêncio, que se comportou muito bem, disse que preferia ficar com o PFL. Ponderei que nesse caso era melhor não nomear ninguém já. Ele concordou e eu disse: "Então vamos deixar os vice-líderes tomando conta". Ele observou que, se eu indicar um vice-líder já, vai dar briga, que tudo dá briga, então seria melhor deixar como está. Acho Inocêncio extremamente cooperativo. Claro que a imprensa vai dizer que queimei Inocêncio, ele sabe que não, e está realmente com disposição de trabalhar.

Falei com o ministro Renan Calheiros sobre o Ministério da Justiça, apenas rotina.

Recebi também o Iris na quarta-feira, não registrei, ele me trouxe um nome para secretário de Políticas Regionais, parece que é bom, era secretário do Planejamento do Maguito.** Estou verificando, mas vou nomeá-lo na terça-feira. Isso resolve. No mesmo dia em que empossei o Mendonça, dei posse também ao Sérgio Moreira, que finalmente, e com entusiasmo, aceitou a Sudene com o objetivo precípuo de cuidar da seca em nome do governo federal.

Resta a resolver a questão do Portella, que saiu do Ministério dos Transportes meio amuado, preciso colocá-lo em algum lugar, vou dar uma solução para isso. Ontem o Jungmann, que veio falar comigo e com o Urbano sobre a Contag, sugeriu que Portella fosse presidente do Banco da Terra. Me parece bom.

---

* Deputado federal (PFL-BA).
** Ovídio de Ângelis.

Também recebi a nova diretoria da Contag. Urbano sai e entra o Manoel [José dos Santos], que eu já conhecia, um líder lá de Pernambuco. Tanto o Urbano quanto esse Manoel são velhos membros do Partidão, o Manoel é hoje do PT e Urbano do PSDB. Vieram umas dez ou doze pessoas, aquela coisa de sempre, gente boa, simpática. Alguns mais antigos, que conhecem o problema, alguns mais moços, mais ressabiados comigo, naturalmente. Fiquei conversando longamente com eles para que sentissem qual é a minha disposição, essa coisa habitual.

Vim para o Palácio da Alvorada, mas não sem antes falar com Teotônio, presidente do PSDB e candidato ao governo de Alagoas. O Renan já tinha me alertado que ele é menos candidato do que o outro, o Mano, atual governador, que não quer retirar a candidatura. Propus ao Teotônio que se fizesse uma pesquisa, parece que ele está na frente e, nesse caso, haverá uma boa razão de eu dizer ao Mano que apoiarei o Teotônio, apesar de ele [até agora] não ser candidato. Há o risco de esse Mano ser apoiado pelo Collor se eu apoiar o Teotônio. E há o risco maior de o Ronaldo Lessa, do PSB, ganhar, porque ele tem muito apoio em Alagoas, e, com o desastre causado pelo Divaldo, é capaz mesmo de ganhar.

À noite chegaram a Bia, o Duda e as crianças. Amanhã, sábado, iremos à fazenda.

Hoje à tarde receberei aqui somente uma pessoa, o Eduardo Jorge, para discutir um pouco o futuro dele na nova campanha.

HOJE É SEGUNDA-FEIRA, 4 DE MAIO.

Na sexta-feira, além do Eduardo Jorge, há a registrar um telefonema do Guilherme Palmeira, pedindo que eu falasse com o governador de Alagoas, o Mano, porque ele teria cedido ao Guilherme e às minhas ponderações no sentido de Alagoas ter uma candidatura única, com o Teotônio. Fiz isso. Fiquei de me encontrar com o governador de Alagoas na próxima quarta-feira, depois de amanhã, portanto, para ver se a gente encaminha essa questão.

Fomos à fazenda no sábado, nada de extraordinário, voltamos. Ontem, domingo, fui de manhã ao Rio de Janeiro participar de um encontro chamado InterAction Council,* que reúne ex-presidentes e ex-primeiros-ministros, coisa que o Sarney está patrocinando. Fiz um discurso e voltei. Nada a registrar de especial, não aconteceu nada de notável.

À noite, veio um grupo de pessoas que estão trabalhando com a Ruth no Comunidade Solidária, o advogado de Pernambuco, Zé Paulo [José Paulo Netto], e vários outros, membros ativos, o [Augusto] de Franco. Fiquei aqui trabalhando, refazendo minha aula magna para o Sarah. À noite vi, por acaso, um debate com-

---

* A entidade realizou no Hotel Glória sua 16ª reunião plenária, presidida pelo senador José Sarney. Entre os participantes estiveram os ex-premiês da Alemanha, Helmut Schmidt, e do Canadá, Pierre Trudeau.

pletamente sem pé nem cabeça a respeito do que eu teria dito [na aula do Sarah], conjecturas sem a menor objetividade. É assim, uma aula não pretensiosa vira uma polêmica nacional...

Hoje, segunda-feira, levantei cedo e fui com o Sérgio Moreira ao Ceará ver a seca.* Encontrei o Tasso e fomos a uma cidade próxima, a uns sessenta quilômetros de Fortaleza, onde havia o que eles chamam de seca verde. A população me recebeu bem, visitei uma escola, fui a uma plantação queimada, os repórteres sempre evitando mostrar contradições, mas o fato é que a seca já é chamada de "seca verde" porque choveu recentemente na cidade. Há dois anos, parece, não chovia. De qualquer maneira há certa umidade, os açudes estão todos cheios.

Por que tanta celeuma sobre a seca? Porque depois da chuva agora em março, haverá seca, a região ficará toda encrostada dentro de poucos meses. Mas há certa articulação local — o bispo estava lá, d. Benedito [Francisco de Albuquerque]** — importante, que permite eco. De fato há dificuldades, apesar de uma maior tranquilidade, graças a certa capacidade de organização. O Tasso tem experiência nisso. Acho que há uma espécie de exploração pela mídia e, claro, pelo MST e por setores da Igreja, que querem mostrar a tragédia nacional, que de fato existe. Entretanto, desta vez, comparado com o que eu vi em 1993, a coisa está muito mais sob controle. A situação vai se agravar, mas ainda não se agravou. Há tempo, portanto, de nos organizarmos para enfrentar a seca.

---

* O presidente foi a Tejuçuoca, a 120 quilômetros de Fortaleza, um dos municípios onde se registraram saques. No mesmo dia, o pré-candidato do PT à presidência, Luiz Inácio Lula da Silva, visitou outra região do Ceará afetada pela seca.

** Bispo de Itapipoca.

9 A 15 DE MAIO DE 1998

Votações finais das reformas administrativa e da Previdência. Viagem à Bahia. Negociações de paz entre Peru e Equador

Hoje é 9 de maio, sábado, vou retomar as gravações a partir do dia 5, terça-feira. O mais importante a anotar é a visita do presidente da Índia, Narayanan.* Ele chegou na terça-feira de manhã, chegada oficial, tivemos uma discussão sobre Brasil e Índia, depois uma apresentação de artistas à tarde e, à noite,** jantar no Itamaraty. No dia seguinte, almoço no Hotel Naoum Plaza, que ele me ofereceu.

O que de mais marcante ocorreu na visita? Basicamente eu ter confirmado a visão que tenho dos líderes indianos. São sábios. Ele é um homem do Partido do Congresso,*** tive boa impressão tanto dele quanto da mulher,**** nascida em Burma***** e que a Ruth já conhecia, pois foi hóspede oficial deles na Índia. É uma senhora com uma visão muito objetiva da realidade indiana, e os dois, ela disse, têm uma opinião favorável sobre o governo atual da Índia, que é do BJP.****** É um partido nacionalista, mas parece que continua modernizando a Índia. Conversei com Narayanan sobre a Sonia Gandhi,******* que opinião ele tem dela, se ela é mesmo uma líder. Ambos disseram que a Sonia era a única expressão de liderança do Partido do Congresso. Ela fala híndi e tem a mística dos Gandhi. Isso mostra que a maioria do Congresso continua sendo um partido dependente de um cimento quase metafísico para poder juntar tantas partes separadas.

Narayanan apresentou a Índia como um país que se moderniza, mantendo vários pontos de vista muito diversos. É um país profundamente democrático, que tem a tolerância como valor, disse ele, citando sempre [Jawaharlal] Nehru******** e Gandhi. Enfim, uma pessoa extremamente versada, agradável, um diplomata de carreira, bastante intelectualizado.

---

* Kocheril Raman Narayanan. Foi a primeira visita oficial de um chefe de Estado indiano ao Brasil.
** Apresentaram-se o flautista Hariprasad Chaurasia e um grupo de dança clássica indiana.
*** Indian National Congress, uma das duas maiores forças políticas do país.
**** Usha Narayanan.
***** Um dos antigos nomes do atual Myanmar.
****** Bharatiya Janata Party (Partido do Povo Indiano), agremiação do primeiro-ministro A. B. Vajpayee, empossado em março de 1998.
******* A viúva do ex-primeiro ministro Rajiv Gandhi, de origem italiana, era deputada pelo Partido do Congresso e líder da oposição.
******** Primeiro chefe de governo da Índia independente (1947-64) e liderança histórica do Partido do Congresso.

Em termos concretos, há muito pouco a fazer entre Brasil e a Índia. Fechamos um acordo sobre os zebus, para importação de sêmen.* Temos outro acordo na área tecnológica, mas basicamente Brasil e Índia são competidores quanto ao que produzem. A vinda dele dá prosseguimento à minha visita à Índia há dois anos,** mostra a disposição deles, no plano internacional, como é também a nossa, de manter a identidade. Isso tem como objetivo, nos dois casos, de imediato, quem sabe, o Conselho de Segurança. E, mais ainda, são dois grandes países que precisam exercer influência nas suas respectivas áreas.

No dia seguinte, quarta-feira, dia 6, houve votação [da reforma da Previdência] na Câmara e a derrota do governo por um voto.*** Um voto que se atribui ao Kandir,**** que votou abstenção e não a favor do governo. É um pouco injusto, porque outros governistas faltaram, mas o Kandir é quem vai levar a culpa disso.

Outro voto contra foi do Rigotto, mas parece que ele já era contra mesmo. De qualquer maneira, o que eu acho interessante é que isso mostra que o governo tem força, porque 307, mesmo que não sejam 308, numa matéria espinhosa como a da idade mínima para a aposentadoria, mostra que temos força. Perdemos por acaso, podíamos ter ganho.

Na quinta-feira, eu soube pelo Eduardo Graeff que houve um engano na votação. Deve estar registrado nos jornais, é o fato de que eles tiraram um inciso e deixaram outros dois.***** Isso deu uma conotação até pior do que eles [as oposições] queriam, porque agora a aposentadoria requer duas condições: pagamento de 25 anos de contribuição e no mínimo sessenta anos de idade para as mulheres e 65 para os homens. Claro que esse não era o objetivo do Congresso, e não se pode dizer também que era o objetivo do Kandir votar contra o governo. Portanto, é difícil julgar só os objetivos; é preciso julgar aquilo que está

---

* Depois da recepção oficial em Brasília, o presidente indiano viajou a Uberaba (MG) para visitar a Exposição Nacional do Zebu (ExpoZebu), gado de origem indiana.

** Fernando Henrique viajara à Índia em visita oficial em janeiro de 1996.

*** O governo obteve 307 votos na votação de um DVS da oposição (que reuniu 148 votos) sobre os prazos para aposentadoria, um dos principais pontos da reforma. O Planalto contabilizou 98 "traições" na base governista, incluindo abstenções, num quórum total de 466. Desse modo, a Câmara derrubou os limites de idade (sessenta anos para homens e 55 para mulheres) que haviam sido aprovados em primeiro turno. "A reforma da Previdência acabou", sentenciou o vice-líder do PSDB, Arnaldo Madeira, e relator do substitutivo da PEC 33/1995.

**** O ex-ministro do Planejamento reassumira seu mandato de deputado federal (PSDB-SP). Kandir alegou ter se enganado no momento da votação eletrônica, escolhendo abstenção, quando desejava votar a favor do governo.

***** Por equívoco, a burocracia da Câmara modificou apenas um dos dois incisos do parágrafo 7º do artigo 201 da PEC, sobre os limites de idade e contribuição para aposentadoria, o que gerou ambiguidade jurídica.

expresso. Isso vai dar uma grande confusão na votação que se fará na semana que vem.*

Vê-se como é difícil haver mudança na área de Previdência Social.

Na quarta-feira, fiquei bastante irritado com a decisão tomada pelo Congresso. À noite, quando soube do assunto por telefone (eu mesmo me informei), pensei: "Se ninguém está me avisando do resultado, é porque foi ruim". De fato a derrota decepcionou os nossos líderes também. Eu estava irritado porque [a perda da votação] foi uma coisa tremenda e imaginei que tinham derrotado também o tempo de contribuição. No dia seguinte, com mais calma, vi, primeiro, que não tinham derrubado o tempo de contribuição, e, segundo, que havia esse engano. Isso vai dar margem a algumas negociações que podem vir a ser positivas.

Na quarta-feira, ainda, recebi o juiz** de uma fundação chamada Anamatra, que é contra os advogados classistas.*** E me pareceu correta a posição dele.

Recebi o Rubens Barbosa, que me deu notícias do Tony Blair. Ele sempre me traz documentos e mostra o que está acontecendo na Inglaterra. Rubens é trabalhador e colabora com ideias.

No dia seguinte, quinta-feira, dia 7, houve uma cerimônia com Britto sobre o Rio Grande do Sul.**** Foi boa, falei com o mesmo entusiasmo com que, na véspera, eu tinha me dirigido ao país pela mídia. Disse que era preciso não desanimar e continuar com a reforma da Previdência, reafirmei que o governo teria outros instrumentos e que iríamos vencer na semana seguinte. São coisas que tenho que dizer para manter alto o moral das pessoas, dos líderes também. O Britto fez um belo pronunciamento.

Recebi o chanceler da República Checa.*****

Depois recebi os líderes empresariais do Keidanren.****** Fiz uma longa exposição sobre a situação do Brasil, eles são muito disciplinados, ouviram.

Depois, uma gravação de rádio e jantar com Mendonça de Barros e com o André Lara, os dois novos dirigentes, um do Ministério das Comunicações, o outro do BNDES. Dei a eles a notícia da confusão feita pela oposição, ficaram mais aliviados,

---

* Foram adiadas as votações de outros destaques polêmicos ao texto do substitutivo da PEC, entre os quais a redução de 30% em aposentadorias acima de R$ 1200,00 em relação ao salário da ativa.

** Gustavo Alkmin, presidente da Anamatra.

*** A Constituição de 1988 reservava a advogados representantes das categorias profissionais 20% das vagas de juízes em tribunais trabalhistas, o chamado "quinto constitucional", dispositivo vedado com a aprovação da PEC 24/1999.

**** Assinatura de protocolo de intenções para o desenvolvimento da metade sul (mais pobre) do estado do Rio Grande do Sul.

***** Jaroslav Šedivý.

****** Federação das Organizações Econômicas do Japão, entidade patronal japonesa.

desanuviados, e discutimos as questões relativas ao BNDES e ao Ministério das Comunicações, inclusive a abertura da telefonia fixa para o capital estrangeiro, que está sendo definida.

Mais tarde tive uma conversa sobre a petroquímica no Brasil, porque recebi informações de dificuldades no Banco Central para o leilão de venda do antigo grupo da Bahia, controlado pelo Ângelo Calmon de Sá,* que a Odebrecht quer comprar. A Odebrecht está empenhada em fazer uma grande empresa petroquímica.** Acho certo e, num despacho que tive com o Raimundo Brito, ele me deu detalhes sobre o avanço das negociações. Transmiti tudo ao André e ao Mendonça, porque a impressão que se tem é de que o BNDES e o Banco Central estão dificultando a compra pela Odebrecht desse antigo grupo da Bahia, do Ângelo, beneficiando com isso a Dow Chemical. Não que tivessem esse objetivo, mas seria esse o resultado. Da conversa com eles surgiu a suposição de que eles [BNDES e BC] querem simplesmente impor condições mais vantajosas para o governo no leilão; podem ter medo de que a Odebrecht compre com dinheiro emprestado e que não tenha dinheiro da holding [envolvido]. Temem que o endividamento não da holding, mas das empresas subsidiárias, fique muito forte e que isso, no futuro, perturbe o bom funcionamento das coisas.

Ontem, sexta-feira, fui a Salvador e, depois, ao interior, visitar a zona da seca, a duzentos quilômetros de Salvador.*** Lá chegando, fiz as declarações de praxe, eu já sabia da situação da seca, há toda uma tensão: as pretensões do MST, os saques, as lutas dos líderes religiosos e do PT, e a necessidade de organizar a distribuição de alimentos. Distribuir alimentos é a pior alternativa. O melhor é dar trabalho a essa gente, estamos tentando organizar as frentes de trabalho,**** mas é tudo caro, difícil. Tive uma reunião com o Portella, ontem à noite mesmo, depois que voltei da Bahia. Convidei-o para ser o articulador, em Brasília, das ações de combate aos flagelos da seca. A reunião foi também com o Sérgio Moreira, superintendente da Sudene. Eu e a Ruth discutimos com os dois o que fazer.

Nesse meio-tempo nomeamos o novo secretário de Políticas Regionais, Ovídio de Ângelis, que é de Goiás e me foi indicado pelo Iris; ele está ansioso para participar

---

* Conepar.

** A aquisição da Conepar garantiu à Odebrecht o controle acionário da Companhia Petroquímica do Nordeste (Copene), então a maior indústria do setor no país. A "superempresa" criada pela Odebrecht em 2002 foi batizada de Braskem.

*** O presidente foi a Nova Brasília, distrito de Ipirá, a 180 quilômetros de Salvador, onde visitou moradores e anunciou o refinanciamento de R$ 500 milhões em dívidas de pequenos agricultores através de uma linha de crédito do Banco do Nordeste.

**** No começo de 1999, com o agravamento da seca, quase 1 milhão de trabalhadores e suas famílias dependiam das frentes de trabalho abertas pelo Departamento Nacional de Obras Contra as Secas (DNOCS).

ativamente da questão da seca. Há muita gente trabalhando para mitigar os efeitos do flagelo, é preciso controlar um pouco esse pessoal e organizar melhor o trabalho.

Fora isso, tive contato direto com os pobres flagelados da seca, até chuviscou quando eu estava lá, o que foi inusitado. Voltei a Salvador e participei, perto dali, na Praia do Forte, de um seminário de investidores em turismo.* Fiz a apresentação de grandes projetos do Brasil para o futuro. Se puder, vou repetir essa apresentação no Rio de Janeiro, na próxima segunda-feira. Tenho um texto preparado pela minha assessoria, depois de uma discussão comigo, mas acho melhor fazer discursos de improviso.

Hoje é sábado. De manhã ficamos eu e a Ruth fazendo exercícios de natação na piscina e de alongamento com o pessoal do Sarah. Almoçamos, estamos organizando nossos papéis e lendo.

Devo receber mais tarde o Andrea Matarazzo e o Eduardo Jorge para discutir a organização de uma eventual futura campanha.

Recebi um telefonema do Marcelo Alencar, que me disse ter saído da campanha eleitoral e colocado seu vice, Luiz Paulo,** como candidato. Talvez seja um primeiro passo para o Marcelo, depois, fazer um acordo entre o PSDB e o PFL para apoiar o Cesar Maia. Com tudo que isso significa para o futuro. Cesar, se eleito governador, o que aliás não é fácil, será um político ativo, talvez um complicômetro para o futuro. De qualquer maneira, é o povo que vai decidir.

Quando estive com Marcelo antes desse telefonema, senti que ele queria sair da briga, mas depois pensei que ele queria voltar. Mais tarde, depois que eu e o filho dele [Marcelo] falamos com Dornelles, me deu a impressão de que queria manter sua candidatura. Dornelles até achou que ele tinha chances de ganhar. Mas não.

Não se sabe quem tem razão sobre [o engano na votação] da Previdência. Eu não tenho uma interpretação firmada. Como disse à imprensa, eu não sou advogado. Estão dizendo [que houve engano]. Me parece que foi isso mesmo: a oposição errou ao votar do jeito que votou, retirando um inciso, mas se esquecendo de ver o contexto. Um dia isso acabará se resolvendo.

HOJE É DOMINGO, 10 DE MAIO. Acabei de fazer uma massagem com o massagista da embaixada da China, que de vez em quando vem aqui, e é razoavelmente bom.

Quero fazer umas observações.

Primeiro sobre a seca. Hoje vi no *Jornal do Brasil* uma entrevista do Celso Furtado. Saudosista, entusiasta do MST, diz que não sabe bem quem eles são, o que

---

* Fernando Henrique discursou na abertura do Encontro Internacional sobre Investimentos em Turismo no Nordeste, realizado num hotel da orla soteropolitana.
** Luiz Paulo Corrêa da Rocha, vice-governador do Rio de Janeiro (PSDB).

eles estão fazendo, mas que gosta [deles]. Até eu já disse no livro que fiz com Roberto Pompeu que o MST tem um papel construtivo, mas agora estão "se passando", como se diz em espanhol. Celso também fala do latifúndio com uma visão um pouco antiga.

A seca é realmente uma tragédia. O que vi no Nordeste, no Ceará, e agora, na Bahia, é constrangedor. Primeiro, porque vai continuar havendo seca, é um efeito climático. Nesta região do Planalto Central também há seca. E a seca mata tudo, deixa tudo cinzento. Aqui as secas também são habituais. Em segundo lugar, a renda [no Centro-Oeste] é mais elevada. Essa é a questão. O problema do Nordeste não é a seca, é a pobreza. E não é só a exploração que havia no passado, com a exploração política, e até financeira das secas. É que a pobreza é estrutural; ela é muito grande. Com seca ou sem seca, aquele pessoal no campo está na pior. E, quando vem a seca, o lado mais rico do Brasil olha para lá e vê como aquilo é terrível. E é mesmo. Visitei uma casa num povoado chamado Nova Brasília, na Bahia, perto de Ipirá. A pessoa que morava lá tinha dez filhos e cada filho tinha não sei quantos outros filhos, todos sem energia elétrica, energia de nenhuma espécie, magros, subnutridos, uma coisa constrangedora. É fácil dizer que a gente precisa acabar com a pobreza; difícil é acabar com ela. É algo realmente revoltante.

Por mais que eu fique aqui fustigando os aproveitadores da seca, como agora o MST, o fato é que o descaso é grande. Nós, no poder federal, não temos os meios locais, o poder local é que teria que dar uma solução mais direta para tudo isso. Temos feito o possível, com os programas do Comunidade Solidária, mas vai levar tempo para este país ter uma cara decente.

Repito o que digo sempre: o Brasil não é subdesenvolvido; é injusto. Ainda ontem, li o livro de um francês, ligado a um centro universitário de Paris, sobre relações internacionais do Brasil.* Em sua análise da política externa, ele diz que o Brasil é um país de Primeiro Mundo, já desenvolvido. Eu digo isso sempre, temos 5 mil dólares de renda per capita, 800 bilhões de PIB, não dá para justificar tanta pobreza. Quando digo que o nosso problema já não é de subdesenvolvimento, mas de injustiça, é para chamar a atenção, fazer uma gritaria, para clamar que ainda existe pobreza, miséria e desatenção.

Os jornais de hoje trazem que o Marcelo Alencar teria declarado que deixou o governo; melhor, deixou a candidatura ao governo para facilitar a minha reeleição. Eu nunca pedi isso a ele! Pelo contrário, eu disse que se estivéssemos no mesmo palanque estaria muito bem para mim. Mas as minhas costas são largas e, claro, neste Palácio, mesmo falando com um e outro, a gente só vê [o que acontece] pelos jornais.

* Amado Luiz Cervo, Denis Rolland e José Flávio Sombra Saraiva (orgs.). *Le Brésil et le monde, pour une histoire des relations internationales des puissances émergentes*. Paris: Centre d'Études sur le Brésil; Harmattan, 1998. O centro pertence à Universidade de Paris-Sorbonne.

É sempre essa coisa desagradável do poder. Primeiro, você é vítima de tudo que é crítica e não pode rebater, nem deve. Aliás, o Elio Gaspari deu um passo atrás, pediu desculpas publicamente por ter criticado minha citação de Maquiavel,* reconheceu que o que eu tinha dito estava certo. Para mim, é o de menos, Maquiavel não vai mudar a vida dos brasileiros. Nas coisas que mudam a vida dos brasileiros, tudo é tratado [não pelo Elio] como se eu fosse irresponsável, como se não estivesse olhando ou como se pudesse olhar tudo e, se quisesse mesmo resolver, resolveria.

Palácio é uma coisa impessoal, nunca estou sozinho, há sempre o ruído de algum empregado. Ontem vi um que mexia nos livros.

Eu não consegui ter, desde que fui para o Chile, uma biblioteca como eu gosto. Primeiro, porque a Ruth não gosta do jeito que eu gosto. Eu gosto de muitos livros, mesmo que não vá usá-los. Segundo, porque nunca tive instalações adequadas. Na verdade, a nossa vida material, pessoal, sempre foi muito inferior ao nosso status. Não estou reclamando, mas é assim, sempre vivemos muito modestamente para o status que temos, e não temos condições materiais mínimas de poder colocar os livros de maneira decente. Agora meus livros estão parcialmente — na verdade a maior parte — no apartamento que foi da Luciana em São Paulo,** que fica longe da minha casa. Não me dá prazer ir lá. E aqui [em Brasília] eu tenho alguns livros, mas tudo um pouco desorganizado.

A impessoalidade dos palácios é terrível. A gente acaba levando uma vida cigana, você não tem um lugar seu. Isso faz falta. Estive pensando, vi outros ex-presidentes, é um pouco assim com todos, porque depois que você é uma figura pública passa a viver em locais que não são seus e também a não contar mais com a possibilidade de ter a paz necessária para um mínimo não só de reflexão, mas de encontro consigo mesmo.

---

* O presidente citou *O príncipe*, tratado político do filósofo florentino, no discurso proferido na reunião do InterAction Council, no Rio: "No momento das reformas, o político deve ser muito cuidadoso, porque os que melhor vão se beneficiar com as reformas ainda não sabem disso. E os que começam a perder sabem de imediato. Isso é Maquiavel". Em sua coluna na *Folha*, em 6 de maio de 1998, Gaspari acusara erroneamente o presidente de adulterar o texto original, que diz: "Ademais, deve-se considerar que não há coisa mais difícil de lidar, nem mais duvidosa de conseguir, nem mais perigosa de manejar que chefiar o estabelecimento de uma nova ordem. Porque aquele que a introduz tem por inimigo todos os que se beneficiavam da antiga ordem e, por amigo, os fracos defensores que dela se beneficiariam; fraqueza que em parte deriva do medo dos adversários, que tinham as leis a seu lado, e em parte da incredulidade dos homens, que na verdade não creem nas coisas novas, a menos que se assentem numa experiência sólida" (*O príncipe*, cap. vi, tradução de Maurício Santana Dias. São Paulo: Penguin Classics Companhia das Letras, 2010).

** Na avenida Higienópolis, em São Paulo.

Hoje o dia está nublado, meio frio, daqui a pouco vou ao Rio de Janeiro porque amanhã faço um discurso no Fórum do Velloso* e tenho também a abertura de uma Conferência Internacional de Aviação.** Já estou com os textos preparados, vou relê-los agora que disponho de calma, tanta que pude me dar ao luxo de fazer essas anotações.

Ontem, no fim do dia, o Andrea Matarazzo esteve aqui com a família. Conversamos muito, Andrea é secretário de Estado do Covas, sempre foi ligado a mim, politicamente. Depois de certo tempo, ele se tornou muito próximo do Sérgio Motta também. Conversamos sobre a família dele, a família Matarazzo, ele acha que são uns quatrocentos Matarazzos. Segundo ele, todos continuam ricos, alguns muito ricos, e da geração dele só Andrea trabalha. A fortuna foi construída pelos bisavós e um pouco pelos avós.*** Impressionante como uma larga fortuna dura para manter dezenas, centenas mesmo de pessoas. E muitos são condes, príncipes do Vaticano.**** O Andrea tem algum espírito crítico a tudo isso e, ao mesmo tempo, certo orgulho de ser Matarazzo.

Conversamos também sobre a possibilidade de ele me ajudar na campanha, tanto na mobilização de gente quanto na parte financeira, porque ele tem muitas ligações com todo mundo e é um homem sério, se pedir recursos para a campanha, todo mundo vai saber que é para a campanha mesmo, e não para roubar.

HOJE É TERÇA-FEIRA, DIA 12 DE MAIO. No domingo, à tardinha, fui ao Rio de Janeiro. Lá jantei com Paulo Henrique e com pessoas mais próximas, depois fui dormir.

Amanheci passando mal, devo ter comido alguma coisa que não me fez bem. Assim mesmo, fui à conferência da Organização da Aviação Civil Internacional e, depois do almoço, ao BNDES, onde fiz uma exposição durante quase uma hora e com muita energia. A imprensa hoje explorou uma frase solta, eu disse que "diante da miséria, nós precisávamos atender com a Previdência Social os vagabundos que se aposentam com menos de cinquenta anos".***** To-

---

* Abertura do X Fórum Nacional do BNDES.
** Cerimônia de abertura da conferência mundial da Organização da Aviação Civil Internacional (Icao) sobre a adoção da navegação aérea por satélite pelas empresas de transporte de passageiros e cargas, realizada no Riocentro.
*** Andrea Matarazzo é bisneto de Angelo Andrea Matarazzo — irmão de Francesco Antonio Maria Matarazzo, fundador do império industrial da família — e neto de Giannicola Carmine Matarazzo.
**** De origem plebeia, o patriarca Francesco Matarazzo foi o primeiro da família a ser agraciado com um título de nobreza papal, atribuído pelo Vaticano a milionários e potentados católicos que se destacam por fazer doações e financiar obras filantrópicas da Igreja.
***** Segundo o registro do discurso no BNDES disponível na Biblioteca da Presidência, as palavras de Fer-

maram isso como mote e deixaram de lado o principal do que eu falei lá, uma exposição abrangente sobre o que fizemos no governo. Muita gente, auditório lotado, fui aplaudido de pé e, não obstante, nada disso passa, porque a imprensa não quer que passe.

Tomei o helicóptero, depois o avião e lá caí com febre, por isso hoje passei o dia no Palácio da Alvorada, recebi o vice-presidente da Assembleia da China,* o ministro da Marinha, o Jarbas Vasconcelos, que veio falar comigo sobre a seca. Recebi uma porção de pessoas com quem eu tinha que conversar, como o Tuma, e agora à noite tive uma reunião longa com os mais criativos da equipe econômica, para discutir o déficit fiscal. O André Lara estava presente, vamos fazer propostas inovadoras na área da Previdência, na área trabalhista e talvez na dos impostos, para dar um empurrão a mais, porque na questão fiscal não é o déficit do Tesouro que preocupa, esse não existe; é o déficit da Previdência** e dos juros.

O próprio André disse que era preciso resolver a questão do ovo e da galinha, tal como tinha sido colocado pelo Chico Lopes, ou seja: câmbio e juros. Eles anunciaram que abriram um pouco o câmbio*** e que, eventualmente, podem até desvalorizar mais, devagarinho, para permitir uma redução da taxa de juros.

Acabamos de ganhar, agora à noite, as votações das medidas provisórias que tinham que ser aprovadas para que se pudesse promulgar a reforma administrativa.**** Isso o Antônio Carlos fará. Fez bem hoje, eu fiz uma pequena negociação para permitir isso: demos uma gratificação aos funcionários de nível médio do Ministério de Ciência e Tecnologia.***** Pressão de quem? Do PPS. Não sei se tinha lógica ou não, mas 27 milhões de dólares por ano é o que custa essa gratificação; ela não

---

nando Henrique foram: "[...] O valor médio dos benefícios concedidos pela Previdência Social cresceu muito. Esses benefícios precisam ser mantidos. E, para isso, se precisa da reforma da Previdência, para que, realmente, aqueles que se locupletam da Previdência não se locupletem mais, não se aposentem com menos de cinquenta anos, não sejam vagabundos num país de pobres e miseráveis".

* Um dos doze vice-presidentes do Congresso Nacional do Povo.
** Em fevereiro de 1998, o déficit fiscal do governo (incluindo a Previdência Social) atingiu 6,53% do PIB, ou R$ 58,6 bilhões.
*** Em 12 de maio de 1998, o dólar comercial estava cotado a R$ 1,145.
**** O texto final da reforma administrativa, aprovado em segundo turno pelos senadores em 12 de maio de 1998, vedou alterações na estrutura da administração pública através de medidas provisórias. Após acordo com a oposição, o presidente do Senado atrasou a promulgação da PEC de modo que onze MPs que passariam a ser consideradas inconstitucionais fossem aprovadas. Entre os temas dessas MPs estavam a dívida previdenciária de estados e municípios (MP 1608-14/98) e a reorganização institucional da Presidência da República e dos ministérios (MP 1651-43/98).
***** O governo estendeu a gratificação por desempenho das carreiras de nível superior a 10 mil funcionários de nível intermediário, até o limite de R$ 370,00.

chega a abalar os cofres e permitiu a aprovação de onze medidas provisórias, algumas das quais muito importantes.

É isso que chamam de "barganha". Só que como essa foi feita com a esquerda, os jornais não vão dizer que houve "barganha" nenhuma; vão dizer que houve um avanço na remuneração dos trabalhadores.

HOJE É QUARTA-FEIRA, 14 DE MAIO. Dia tenso, porque havia votação do final da reforma da Previdência no primeiro turno e porque a imprensa estava muito agressiva comigo. Sobretudo *O Globo*, dizendo que eu teria chamado de vagabundos os que, num país de pobres, se aposentam antes de cinquenta anos. Pesquisa para cá, pesquisa para lá, e todos os jornais falaram, sobretudo *O Globo*, que se excedeu. Na primeira página, fotografia do Reinhold Stephanes, que foi ministro da Previdência, autor da reforma e que se aposentou com 48 anos, como todo mundo sabe. Isso para atrapalhar a reforma é uma maravilha! Até telefonei para o João Roberto Marinho. Eu disse: "Desta vez é sozinho que eu vou ganhar, está tudo contra". Ele ficou meio sem jeito e disse para eu ver o editorial sobre o meu discurso no BNDES. Eu disse que o editorial foi bom, mas que todas as matérias estavam contra. Eu não quero nada por mim, mas desse jeito até se perde [a votação].

A Marluce Dias, superintendente da Globo, almoçou aqui com a Ruth. Estava muito indignada, como o João Roberto também. Não obstante, a sensação que eu tive [lendo as matérias nos jornais] é que não era uma questão contra mim; era para atrapalhar a reforma. Mesmo assim ganhamos.* Ganhamos todos os destaques. Trabalho bom, feito em conjunto pelos partidos, pelos líderes. Foi importante, porque encerrou esse pedaço da reforma. Outros pedaços poderão vir, mas esse está encerrado.

Estive agora à noite com o [José] Rainha, que quer ir para o Nordeste ajudar o encaminhamento da questão do MST na luta contra o governo, na questão da seca. Eu chamei o Sérgio Moreira, que amanhã virá aqui se encontrar com Rainha. Rainha pediu o encontro, porque a posição do MST é mais agressiva do que a dele, que está disposto a uma atitude mais de diálogo. Não no sentido de concordar conosco, muito menos comigo, mas de evitar um recrudescimento dos saques. Ele falou com simpatia desse [Jaime] Amorim,** um dos principais agitadores de lá. Quem sabe seja um bom rapaz. É só questão de rumo.

---

* O governo venceu por 333 a 149 a votação sobre a exigência de idade mínima para a aposentadoria de trabalhadores da iniciativa privada já no mercado de trabalho (48 anos para mulheres e 53 anos para homens). Vitória palaciana (334 a 138) também na votação do destaque referente à regra de transição entre regimes de aposentadoria por idade e tempo de contribuição.

** Líder do MST em Pernambuco.

HOJE É SEXTA-FEIRA, 15 DE MAIO.
Nesses dias de votação andei recebendo vários empresários. Hoje o dia voou, recebi o vice-presidente executivo da Exxon,* que vai investir em petróleo.** Depois o pessoal do grupo Monteiro Aranha com o pessoal da Dominium Energy, três executivos representantes do *board*. Também querem investir.*** Isso tem sido uma constante, tanto que nem registro mais.

Mas vamos ao que aconteceu ontem. Fui a Goiânia e de lá fui a Acreúna, onde passei a manhã numa manifestação boa,**** 15 mil pessoas na rua, bem organizada. Por erro nosso, acho que do Cerimonial, o [Pedrinho] Abrão***** estava lá, uma coisa meio constrangedora, eu não sabia que ele iria, nem poderia ter ido na comitiva. Mas foi. Os jornais, claro, aproveitaram e deixaram de lado a manifestação em Goiás.

Voltei para o Alvorada, recebi o Jader Barbalho, discutimos o futuro da participação do PMDB na campanha, recebi o Jorge Bornhausen, também para acertar alguns pontos. Estou transferindo a Eduardo Jorge o contato com esse pessoal, para que ele possa ir organizando a campanha.

Além disso, tive o encontro com o Rainha e o Sérgio Moreira. Foi complicado, confuso, porque não tínhamos acertado direito os horários. O Rainha não podia ser visto, para não terem uma impressão equivocada dele, mas no fim deu certo. O Sérgio Moreira entrou em contato com o Rainha, que deverá ir ao Nordeste ver se tem algum diálogo com a Sudene.

Isso posto, jantei com o Nizan Guanaes. Mais tarde chegou Eduardo Jorge, para discutir a campanha. Nizan mudo e pessimista, porque uma das nossas pesquisas, a do Lavareda, mostra que a avaliação do governo de ótimo e bom caiu para um nível bastante baixo: 32% apenas. Em geral estamos próximo dos quarenta em ótimo e bom. Ele estava abalado; eles têm uma noção sumária de pesquisa. Mostrei

---

* Steve Cassiani, vice-presidente da Exxon Exploration. A Exxon, sucessora da Esso, atualmente se chama ExxonMobil, nomenclatura resultante da fusão com a Mobil em 1999.
** A gigante norte-americana se associou à Petrobras para a exploração de petróleo e gás em novas áreas licitadas pela ANP na Bacia de Campos.
*** O grupo norte-americano se consorciou ao Monteiro Aranha para participar do leilão de privatização das Centrais Geradoras do Sul do Brasil (Gerasul), subsidiária da Eletrosul, realizado em setembro de 1998 e vencido pela belga Tractebel.
**** O presidente viajou ao interior de Goiás para assistir ao início simbólico da colheita de algodão e às festividades comemorativas do 22º aniversário de Acreúna.
***** Deputado federal (PTB-GO). Em 1996, quando era líder do PTB na Câmara e relator da Comissão Mista de Orçamento, Abrão foi acusado de cobrar da empreiteira Andrade Gutierrez uma propina de 4% para manter no orçamento da União a verba para a construção da barragem do Castanhão, no Ceará. O deputado goiano enfrentava um processo de cassação por quebra de decoro na Câmara. Foi absolvido pelos colegas parlamentares no final de maio de 1998.

a pesquisa do Vox Populi que o Vilmar tinha me passado. Não é sobre o governo, é sobre mim, eu tinha subido três pontos na avaliação do Vox Populi. Sozinho, eu estaria empatado no primeiro turno com os demais candidatos. Nada disso vale, é cedo ainda, o desgaste é muito grande, por mil razões.

Tem lógica o que o Nizan diz, ele acha que não temos que vencer a batalha da comunicação agora, mas o achei muito aflito. Ele percebe que o governo não reage aos estímulos, a comunicação não é o forte de nenhum governo, de nenhuma burocracia, acha que estou diminuindo a minha agenda cívica e aumentando a agenda política. Eu não tenho alternativa, porque preciso lidar com o Congresso, por causa das reformas, e também porque tenho que articular minha candidatura.

É um pouco de aflição dos marqueteiros com essa coisa da imagem, ele diz que estou desgastando a minha imagem. É verdade, mas tenho que cumprir vários papéis. Nada é assim tão fácil.

Saiu mais animado, ele queria até desistir, porque acha que não tem a competência do Geraldão para esse tipo de articulação. Decidiu que é melhor ampliarmos a equipe e trazermos o Duda Mendonça como consultor, que era tudo o que eu queria, mais o Fernando Barros, da Propeg. Concordei.

O dia de hoje foi ainda mais carregado porque ontem o Fujimori me telefonou dizendo que queria vir aqui, almoçar secretamente comigo. O presidente do Peru almoçar secretamente com o presidente do Brasil é meio difícil! Eu tinha uma agenda pesadíssima: amanhã cedinho embarcamos para a Espanha, eu havia me comprometido com Nizan a gravar um texto para a televisão,* para sair hoje, coisa que fiz, e também tinha me comprometido com o novo ministro de Políticas Regionais, Ovídio [de Ângelis], a fazer uma reunião seminministerial mais alguns altos funcionários para discutirmos a seca, coisa que também fiz.

Além do mais eu precisava cortar o cabelo, essas coisas normais da vida, e ia receber o Adam Michnick, que conheço há muitos anos, ele foi um dos inspiradores do movimento do Solidariedade, Solidarność,** vinha ao Brasil, queria falar comigo e marcamos esse encontro. Hoje ele é diretor de um grande jornal de Varsóvia,*** exerce uma influência muito forte na Polônia, enfim, uma agenda realmente duríssima. E a cumpri.

Serra esteve aqui agora à noite para discutir de novo — ele tem razão — o orçamento da Saúde. O pessoal da área econômica não libera as verbas, está enrolando,

---

* Pronunciamento em cadeia nacional de rádio e TV sobre a tramitação final da reforma da Previdência.

** Um dos intelectuais inspiradores das greves operárias e da fundação do Solidariedade, em 1980, Michnik veio ao Brasil para participar de um seminário internacional sobre mídia e percepção social promovido pela Unesco e pela Universidade Cândido Mendes, no Rio de Janeiro.

*** *Gazeta Wyborcza*.

já dei ordem para liberar, agora acho que vão liberar, porque não há alternativa, enfim, milhares de coisas, telefonemas a toda hora e de todo tipo.

O encontro com Fujimori durou três horas, ele veio com uma equipe de jornalistas. Claro, antes de cruzar a fronteira eles avisaram a todas as agências do mundo que estavam vindo para cá, quando chegou ao Alvorada havia mais de cem jornalistas. No final do almoço, demos uma entrevista sobre os limites do Equador, porque há uma polêmica na região do Cenepa, uma polêmica antiga, aliás, já com escaramuças militares, e ele está com medo de que haja tiros de um lado e de outro. Falei por telefone com o presidente do Equador, pedindo que ele fique de sobreaviso com tiros.

Na verdade, Alarcón não está preocupado com tiros; está preocupado é com o laudo jurídico-técnico que desfavoreceu o Equador; eles não tinham razão mesmo. Nós forçamos um pouco uma semivitória do Equador e propus que inventássemos uma fórmula, que criássemos uma espécie de Parque da Paz dos dois lados da fronteira. O Fujimori concorda, mas acha que precisa ser com as fronteiras demarcadas. Alarcón não chegou a concordar, mas eu disse que o Brasil ia fazer uma proposta construtiva. Gosto do Alarcón, é um homem que tem coragem e mover o Equador, nesse caso, é muito difícil.

Se tudo der certo, será um êxito extraordinário e em 31 de maio firmaremos o acordo de paz em Brasília. Será para mim muito bom, porque acho que se encerra o último ponto de conflito na América do Sul.

Amanhã, às sete e meia da manhã, embarco para a Espanha.*

---

* Continuação da visita de Estado interrompida pela morte de Luís Eduardo Magalhães. ACM assumiu interinamente a Presidência, pois Marco Maciel e Michel Temer também estavam fora do Brasil.

18 A 25 DE MAIO DE 1998

Viagem a Espanha, Suíça e Portugal. Prelúdio da campanha eleitoral

Hoje é dia 18, segunda-feira, são dez horas da manhã. Estou em Madri, no Hotel Ritz, um hotel do qual sempre gostei muito. Estive aqui mais de uma vez. Velho hotel, de estilo europeu, em bom estado e o pessoal de serviço é o mesmo que me atendeu no Palácio de El Pardo.

Passei o sábado viajando, nada de especial, eu e Malan trocamos algumas informações durante a viagem, alguns documentos, um documento muito interessante do Edward Amadeo, ministro do Trabalho, sobre o mercado de trabalho, onde, pela primeira vez, há dados sobre a oferta de emprego e distribuição dos desempregados por idade e gênero, e também sobre os chefes de família. Curiosamente, só 4% dos chefes de família estão desempregados, mas 10% ou 11% de seus filhos estão. E um pouco mais de mulheres: 6%. Também há dados mostrando que o emprego diminui na zona metropolitana e aumenta no interior dos estados em que estão essas zonas metropolitanas.

Ontem, domingo, foi um dia de trabalho com Aznar e com o ministro do Exterior,* reunião tranquila. Passamos em revista os principais problemas do euro,** da formação da União Europeia, relações da União Europeia com o Mercosul, dos dois com Cuba, nós com Estados Unidos, relações econômicas Brasil-Espanha, relações políticas, velhos temas debatidos por pessoas que se conhecem e que vão ao longo das mesmas linhas. É curioso, tanto faz Aznar, Tony Blair, mesmo Jospin ou eu, ou Bill Clinton. As apreciações são cada vez mais parecidas. E ficam aí os ideólogos a discutir quem é de direita.

Por falar nisso, ontem saiu no jornal, na *Folha*, uma entrevista do [Thomas] Skidmore.*** Impressionante, mostrando uma intimidade comigo que nunca teve. Diz que durante cinco anos trabalhamos juntos. Creio que no Wilson Center, em Washington.**** Isso quer dizer que uma vez a cada seis meses nos víamos em reunião. Diz que acompanhou de perto o trabalho do Cebrap. Ele estava na Ford Foundation, nunca acompanhou muito de perto. Até aí tudo bem. Então começa a discutir a motivação para eu ter deixado de ser socialista. Aliás, nem mostra texto para

---

* Abel Matutes, ministro de Assuntos Exteriores.
** Em 1º de janeiro de 1999, começou a circulação interbancária do euro e fixaram-se as taxas de câmbio relativas entre as moedas nacionais.
*** Historiador e brasilianista norte-americano, professor da Universidade Brown.
**** Entre 1977 e 1982, Fernando Henrique integrou o conselho acadêmico do Woodrow Wilson International Center for Scholars.

dizer o que eu fiz, qual é a evolução do meu pensamento, se fui isso ou aquilo, se passei a ser aquilo outro, nada. Só alegações. E, entre as alegações, está que eu queria conhecer a rainha da Inglaterra, ser amigo dela, que preferi conhecer a rainha da Inglaterra a ser socialista. É de um ridículo atroz.

A academia não perdoa o fato de eu ser uma pessoa de certo prestígio, até mesmo mundial, na área política. Então diz ele que eu deixei a academia pela política e que agora só penso no poder. Como se alguém que estivesse na política, presidente da República, pudesse pensar em outra coisa que não no poder! E como se isso fosse o pecado de quem está na política. De um subjetivismo e de uma superficialidade realmente extraordinários. E o que há de mais extraordinário é que os brasileiros vão lá conversar com Skidmore como se ele fosse autoridade em alguma coisa. Escreveu um livro jornalístico, *De Getúlio a Castello*,* e agora deita regras. Ah... e diz que sou dissimulado, e que só Getúlio foi mais dissimulado do que eu. A partir do quê? Ele nunca conversou comigo depois que fui para a Presidência. Nunca! Para dizer que "quando converso as pessoas saem certas de que estou de acordo com elas". Esqueceu de que fechei bancos de uma maneira dura,** brigando com todo mundo, brigando à minha maneira, é claro, e que tomei as posições mais duras na crise da Ásia, que enfrentei a questão das reformas. Diz que "nunca digo não". Meu Deus, digo não o tempo todo! O fato de eu ser polido é confundido com não ter opinião, e isso dito por alguém que se considera historiador!

Também há um artigo do [Luiz Gonzaga] Belluzzo*** que li por cima. Ficou queimado porque eu disse que o grupo de Campinas**** defende uma política industrial à antiga. Não tive paciência de ler tudo. Pois bem. Mexi com eles.

De qualquer maneira o que mais me deixa assim, com um sentimento de comiseração por esse pessoal da academia que fica me estilingando, é que eles não conseguem aceitar o fato de que venci na área política. Não me refiro ao Belluzzo, que tem outros pontos de vista, aderiu ao PPS, foi quercista na época do Quércia e agora é PPS, ou seja, ex-comunista. E o incoerente sou eu...

Hoje vou encontrar o rei, um grupo de empresários e fazer pouca coisa mais. A visita tem como objetivo demonstrar consideração à Espanha. Na última vez, saí daqui correndo por causa da morte do Luís Eduardo no Brasil, mas a visita de agora não tem mais a densidade que teria do ponto de vista diplomático, tal como foi concebida inicialmente, nenhuma festa grandiosa nem muitos contatos com a sociedade espanhola. Chegamos aqui no meio do feriado,***** portanto não há

---

* *Politics in Brazil 1930-1964*. Nova York: Oxford University Press, 1967. Edição brasileira: *Brasil: De Getúlio a Castello (1930-64)*. São Paulo: Companhia das Letras, 2010.
** Alusão aos bancos Econômico e Nacional, resgatados pelo Proer.
*** Professor de economia da Unicamp.
**** Isto é, os economistas ligados à Unicamp.
***** O dia de San Isidro (Isidoro), padroeiro de Madri, é comemorado em 15 de maio.

visita às Cortes,* que estão fechadas, até o Museu do Prado está fechado. É muito mais para repor relações em nível alto entre Brasil e Espanha através de contatos com o primeiro-ministro e o rei.

Daqui parto para Genebra hoje, e amanhã tenho uma reunião na OMC,** onde devo me encontrar com Blair. O Clinton já deve ter ido embora, o Fidel Castro deve continuar por lá, a OMC é importante. Farei um discurso forte em defesa do multilateralismo, contra as barreiras, sobretudo as agrícolas, que entravam o comércio e prejudicam o Brasil.

HOJE É QUARTA-FEIRA, DIA 20 DE MAIO. Acabamos de chegar a Lisboa. Almocei com o Guterres e vim para a embaixada, onde estou descansando.

Ontem, como antecipei, tive a reunião da OMC. Fiz um discurso que repercutiu, reclamamos das barreiras agrícolas. De certa maneira, o discurso foi o oposto do que Clinton tinha dito no dia anterior.***

Tive dois encontros significativos. Um com [Nelson] Mandela,**** mais afetivo, que disse que dia 21, 22 de julho vai ao Brasil. Na verdade, o que o Mandela queria de mim é que o Brasil não largasse o Movimento dos Não Alinhados.*****

O outro encontro foi com Tony Blair. Passamos em revista muitas coisas. Insisti para que ele fosse ao Brasil antes da cúpula, do *summit*, da Europa com a América Latina, em maio,****** para conhecer melhor o país. Depois discutimos a necessidade de ele obter na Europa o mandato de negociador, para poder levar adiante o acordo entre Mercosul e União Europeia. Falei sobre a Alemanha. Tony Blair acha que Schröder pode perder, que o Kohl é forte. Também comentei sobre o diálogo [entre líderes progressistas] que ele está propondo. As visões são coincidentes, ele tinha falado recentemente com o Clinton e com a Hillary sobre o

---

* As Cortes Generales, parlamento bicameral espanhol, são compostas do Senado e do Congreso de los Diputados.

** II Conferência Ministerial da OMC em 18-20 de maio de 1998, com sessão comemorativa do cinquentenário do Gatt (General Agreement on Tariffs and Trade), acordo multilateral de comércio internacional antecessor da organização.

*** O Brasil declarou oposição à proposta americana de antecipar as negociações sobre produtos agrícolas no âmbito da OMC, previstas para 2000 pela Rodada Uruguai do Gatt (1993).

**** Presidente da África do Sul.

***** O Movimento dos Países Não Alinhados (MNA), fundado em 1961, congrega nações em desenvolvimento da Ásia, da África e da América Latina, e surgiu como alternativa aos blocos capitalista e socialista durante a Guerra Fria. Na ocasião, Mandela era seu secretário-geral. O Brasil nunca se tornou membro pleno do MNA, e até hoje mantém o status de país observador.

****** A Cimeira do Rio de Janeiro — I Reunião de Chefes de Estado e de Governo da América Latina, do Caribe e da União Europeia — aconteceu em 28 e 29 de junho de 1999.

assunto, estava muito contente, disse que o Clinton também, por causa da nossa reação à Índia na questão do acordo nuclear. Vamos ter um memorando de entendimento nuclear para simbolizar que o Brasil não apoia aventuras como os testes nucleares na Índia.*

Depois conversamos bastante sobre como desenvolver com mais profundidade as relações do Reino Unido com o Brasil. Dei um panorama do que estamos fazendo no Brasil, enfim, uma conversa bastante boa, sobretudo quanto à continuidade do diálogo ao redor da Terceira Via. Tony Blair referiu-se várias vezes de forma muito positiva a mim, ao que fazemos no Brasil e ao interesse que ele tem na ampliação desse diálogo à margem da Internacional Socialista.

Estive com Fidel Castro mais de uma vez. Ele estava contente com o discurso que fiz. Tirou uma fotografia muito eufórica comigo e até brincou, dizendo que no Brasil iriam falar que ele está me apoiando na campanha [à reeleição]. Depois conversei um pouco com ele, porque o Lampreia vai visitá-lo, e eu disse que, dependendo da conversa que eles tenham, se for construtivo, eu também irei a Cuba mais tarde.**

Fidel fez um discurso do jeito dele, atacando os Estados Unidos. Tivemos um almoço no qual conversei com o presidente da Comissão Europeia, que é de Luxemburgo.*** Nessa mesma conversa estavam o presidente Mandela, o presidente da Confederação Helvética**** e outros mais (uns dez chefes de Estado).***** Nesse almoço, Fidel disse achar importante que haja o fortalecimento da OMC, mas de uma OMC que seja livre da dominação de um só país. Disse também que era preciso botar ordem no mundo, senão não se resolve nem a fome nem a questão atômica, numa conversa aliás sensata. Disse que tinha que estar praticamente sempre contra os Estados Unidos, mas que estava muito interessado em saber a opinião do Clinton sobre ele e sobre Cuba.

---

* Em 11 de maio de 1998, a Índia testou com sucesso sua primeira bomba de fusão termonuclear, além de quatro artefatos de fissão. O país asiático — que, assim como o Brasil, negociava com os EUA sua adesão ao TNP — não conduzia testes atômicos desde 1974. A ONU e as potências mundiais condenaram os testes indianos e impuseram sanções econômicas ao país, posições apoiadas pelo Brasil.

** Em novembro de 1999, Fernando Henrique se tornou o primeiro presidente brasileiro a visitar oficialmente a ilha caribenha, por ocasião de uma reunião ibero-americana.

*** Jacques Santer.

**** Flavio Cotti.

***** Kjell Bondevik, primeiro-ministro da Noruega; Ivan Rostov, primeiro-ministro da Bulgária; o príncipe Sidi Mohammed, de Marrocos; Janez Drnovšek, primeiro-ministro da Eslovênia; Edison James, primeiro-ministro da República Dominicana; Goh Chok Tong, primeiro-ministro de Cingapura; Ryutaro Hashimoto, primeiro-ministro do Japão; Daniel Duncan, primeiro-ministro da Costa do Marfim; Jean Chrétien, primeiro-ministro do Canadá; Tony Blair e Fidel Castro.

Quando Fidel cruzou comigo e com Tony Blair conversando no corredor, foi até um pouco agressivo, não queria falar com Tony. Isso por causa de um documento que ele e o Prodi firmaram na véspera,* o qual, na versão do Tony Blair e do Prodi — que também estava presente nessa miniconversa no corredor —, na verdade ajudava. Fidel, entretanto, achou o documento hieroglífico e acusou a Inglaterra de que lá havia trabalho infantil, não me lembro, 800 mil crianças trabalhando (vi essa notícia no *Jornal do Brasil*). Tony Blair ficou muito surpreso. Fidel cobrou dele a Lei Helms-Burton,** e Tony disse que a lei não era dele, mas dos Estados Unidos. Depois Fidel disse para mim: "Esse rapaz é um pouco", não me lembro o que ele disse, se "insolente" ou "arrogante", qualquer coisa assim. Eu respondi: "Não, ele é apenas mais jovem, não me parece arrogante, é mais jovem, por isso tem esse ar". Enfim, não há uma relação de simpatia entre Fidel e Tony Blair.

Na Suíça, eu estava na embaixada com Celso Lafer, uma casa extraordinária, um parque belíssimo, os Alpes atrás, dá gosto de viver na Suíça dessa maneira. Até foi repousante.

Hoje almocei sozinho com Guterres, e foi ótimo. Ele disse o seguinte: primeiro, que espera que o Brasil tenha um papel mais ativo no Mercosul, no sentido da institucionalização. Acha que vai acabar dando mau resultado se não houver alguma coisa que prenda os países, porque em muitos governos pode haver confusão. Depois, acredita que o Brasil pode ter um papel forte na CPLP e na política africana. Disse que Portugal nada tem contra isso, ao contrário. Ele vê o Brasil com um papel em tudo.

E no que diz respeito à Europa? Primeiro, certa decepção dele com Tony Blair. Ele acha que o Tony tem tudo para assumir a liderança da Europa, mas não quer.*** Fica com uma visão muito "anglo", muito ligada aos americanos e ao Clinton. Segundo, a Europa está a tal ponto, que ele pensa que o Kohl ficar na Alemanha é melhor do que o Schröder, porque pelo menos é uma referência europeia. Claro que ele não está dizendo isso porque o Schröder é socialista. É social-democrata. Mas é o pensamento profundo dele, Guterres acha que o Kohl segura a Europa.

Outro ponto importante: com a falta de liderança, a Europa hoje é somente uma coisa mecânica, o euro segura um pouco o continente, mas a visão política está desaparecendo.

Guterres também acha, e eu concordo, que a China é um país mais fácil do que os outros, Japão, Índia. A China, diz ele, continua sendo exatamente como sempre: "confuciana", tem burocracia, responsabilidade, como se viu agora na crise de

---

* Em declaração conjunta, Prodi e Blair condenaram o trabalho infantil nos países em desenvolvimento.

** O Cuban Liberty and Democratic Solidarity Act, conhecido como Lei Helms-Burton, ampliou as sanções econômicas a Cuba na esteira do caso do abate dos aviões da ONG Hermanos al Rescate.

*** Blair ocupava a presidência rotativa do Conselho Europeu.

Hong Kong. O Japão é um país de outro mundo, de outra cultura, fechado, não assume responsabilidade. Acrescentei que a Índia me parece com a mesma índole. Ele acha, e eu também, que a Rússia é um problema, mas tem que ser puxada pela Europa. A Rússia é eslava, possui algo de fundamentalista na alma, conversei sobre isso com ele. Eu tenho dito várias vezes: a Europa não pode deixar a Rússia se desgarrar. Enfim, essa é a visão dele.

Para Guterres a França está paralisada. Quanto à Itália, a Europa fechou os olhos para os arranjos [contábeis] do euro, de Maastricht, que o Prodi fez para ingressar na União Europeia. Disse que a Espanha acabou entrando corretamente. Espanha e Portugal agora têm alguns atritos porque seus interesses são diversificados, uma vez que [disputam] recursos que vêm da União Europeia. Ele acha que em geral estão trabalhando bem, que sem dúvida Aznar é de direita, mas correto.

Guterres vê Portugal como um país pequeno, sem condições de se impor, mas que está numa posição de vanguarda. Por exemplo, ao se abrir para o Leste e defender que a União Europeia incorpore novos países, ainda que isso prejudique Portugal num primeiro momento. Ele acha a Espanha perigosa no que diz respeito a investimentos. Na eletricidade, na telefonia, nos bancos, creio que foram esses os setores que mencionou. Eu disse: "Há investimentos espanhóis no Brasil, temos um porte maior, mas é um alerta que vou transmitir à nossa área econômica". Ele acha que os espanhóis jogam pesado nessas áreas e que é preciso não deixar que eles avancem, por meio de uma clara posição política para freá-los, como ele faz em Portugal.

Acho o Guterres estupendo, sempre achei. Ele tem noção de que não podem fazer muito, por causa do porte de Portugal. Mas na verdade quem tem um pensamento bom sobre a Europa de hoje, sobre o mundo de hoje, é Guterres.

Continuo em Lisboa, são sete horas da noite.

Passei a tarde na embaixada, onde fui bem recebido pelo embaixador Synesio [Sampaio Goes] e pela Eleonora [Kraemer].* Isto aqui é muito agradável, eu nunca tinha entrado na nossa embaixada.** Me recordo dela vagamente, há muitos anos, mas acho que não entrei. Não sei se foi quando Tancredo esteve por aqui ou se foi antes da eleição. Não me lembro da embaixada por dentro.

Passei a tarde descansando e lendo. Li alguns ensaios de Isaiah Berlin, muito interessantes, um sobre o Churchill,*** eu já havia lido em Genebra, outro sobre o

---

* Mulher do embaixador brasileiro.
** Instalada na Quinta de Mil Flores, construída na segunda metade do século XVII e comprada pelo Brasil em 1987.
*** "Mr. Churchill in 1940", originalmente publicado em *The Atlantic*, 1949. Edição brasileira: "Winston Churchill em 1940", em *Estudos sobre a humanidade: Uma antologia de ensaios*. São Paulo: Companhia das Letras, 2002.

Roosevelt,* porque o Celso Lafer estava entusiasmado com o Roosevelt. Fiquei mais entusiasmado com Churchill. Que gigantes eram esses homens! Eu já tinha visto filmes e documentários sobre o Churchill e sobre o Roosevelt. Em Roosevelt, transparecia no documentário que eu tenho em Brasília, exatamente o que o Isaiah Berlin diz. Um homem de bem com a vida, com energia, sempre alegre, brincando, sempre vendo as coisas de um ângulo que fazia com que ele absorvesse mesmo as dificuldades. Não sabia que ele era obcecado por intrigas nem que fazia políticas dúplices com muita satisfação. Ele brincava também com isso, o que parecia impossível a Churchill. Este era, digamos, mais trágico, mais fechado em si próprio e com capacidade de sentir de longe o rumo da História. Um homem sabidamente com força verbal, de expressão. Os dois ensaios de Berlim sobre esses líderes são realmente muito interessantes.

Recebi à tarde uma chamada telefônica do presidente do Equador, Alarcón, que está preocupado com a aproximação da data final do acordo sobre a fronteira Peru-Equador. Ele quer que se busque uma solução digna para a questão do Cenepa, na cordilheira do Condor, um dos pontos de litígio. Na verdade é uma questão de pendor nacional, porque aquele matagal não serve para muito, embora esteja sendo disputado. Eu tinha sugerido, quando conversei com Fujimori, que se fizesse ali um Parque Internacional da Paz. Agora pedi ao Gelson Fonseca, por telefone, que ele transmita ao [Ivan] Canabrava, que é o nosso diligente embaixador encarregado de discutir essa questão e que irá a Buenos Aires amanhã, essa sugestão [de um parque], em vez de uma fronteira com marcos no solo. Que fizéssemos uma fronteira moral com apoio dos garantes.** Enfim, temos que buscar uma solução criativa para dar algo digno ao Equador. Seria muito positivo encerrarmos essa página sangrenta da história desses dois países, que já dura 56 anos,*** e que pudéssemos fazer um acordo no fim deste mês. Seria realmente glorioso. Vamos ver.

HOJE É SEXTA-FEIRA, DIA 22 DE MAIO, estou encerrando minha visita a Portugal em Lisboa.

Ontem passei o dia por conta da inauguração da Expo '98, que foi uma festa bastante imponente, dentro das limitações de um país que gosta de ser discreto, mas que tem muita força.

* "The Only Light in the Darkness", *The Atlantic*, 1955. Também incluído em *Estudos sobre a humanidade* ("Presidente Franklin Delano Roosevelt").
** Além do Brasil, mediavam as negociações de paz Chile, Argentina e EUA.
*** Alusão à guerra de 1941, primeiro dos três conflitos fronteiriços travados entre Equador e Peru no século XX. A origem da disputa de limites entre os dois países na região do rio Cenepa, ao pé da cordilheira do Condor (região amazônica), remonta ao período colonial.

Não houve conversa que precisasse de registro, presentes chefes de Estado, o rei da Espanha, o príncipe herdeiro do Marrocos,* o presidente da Alemanha,** vários presidentes africanos, mas sem momentos para conversas mais substanciosas.

Almocei com Hélio Jaguaribe,*** Celso Lafer e outros amigos mais. O Hélio muito preocupado com a situação do governo, porque ele acha que não estamos conseguindo comunicar ao país o que estamos fazendo e que há um desempenho ainda modesto da máquina administrativa. No Brasil há muito nervosismo, porque pela pesquisa da Vox Populi eu teria caído alguns pontos.**** Na verdade há um pouco de jogo, porque tenho as pesquisas anteriores da Vox Populi, há oscilação para cima e para baixo de um ou dois pontos, nada de tão grave, é parte do jogo político. E há a informação de uma pesquisa nova, feita pelo Lavareda. Nela, pelo que Eduardo Jorge me disse, mantemos o mesmo patamar, nada novo, talvez até seja bom esse susto.

Falei com Paulo Renato por telefone, ele aflito porque a greve dos [professores e servidores] universitários não cede, e também por essas questões [eleitorais]. Me disse que o Tasso está muito negativista, ele sempre foi, e nessas horas isso fica exacerbado. Talvez não entenda muito o jogo geral eleitoral. Imagina que se possa consertar tudo do dia para a noite. Nada ocorreu de maior monta, a não ser que as agitações continuam e parece que viraram [e saquearam] um caminhão hoje no Rio de Janeiro, em Pernambuco ontem, são aspectos ruins, uma coisa negativa.

O resto é aquela banalidade habitual e o risco que o país corre de não ter uma elite de substituição. Se por acaso o Lula viesse a ganhar, imagina o que aconteceria com o Brasil, que está se preparando para dar um salto grande no próximo milênio. Tenho a sensação de que a elite brasileira não sabe de sua responsabilidade. E o povo, que sabe menos ainda, é natural que reaja emocionalmente. O que não é natural é que os chamados "homens do poder" sejam tão pouco conscientes dos próprios interesses, pelo menos pelo que transparece nos jornais.

Em Portugal, nada de novo. O presidente da Alemanha acha cedo para fazer prognóstico sobre quem vence as eleições na Alemanha, o clima é de certa desconfiança quanto a quem ganha e aos caminhos do Kohl.

Tive um encontro breve com Mário Soares por conta do nosso livro. Há certa ciumeira entre Jorge Sampaio e Mário Soares. O jornal, hoje, diz que cometi uma gafe ao me referir, na chegada ao aeroporto, ao Jorge como se fosse o Mário, mas não é verdade. Engasguei, mas não disse nada. Está na moda agora dizer que estou

---

* Sidi Mohammed, coroado em 1999 como Mohammed VI.
** Roman Herzog.
*** Diretor do Instituto de Estudos Políticos e Sociais da Universidade do Estado do Rio de Janeiro (Uerj) e um dos fundadores do PSDB.
**** Em 21 de maio, o instituto divulgou levantamento eleitoral com queda das intenções de voto em Fernando Henrique (de 36% para 34%) e aumento das de Lula (de 22% para 25%).

cometendo gafes, que estou cansado, tenso, essas coisas. Cansado estou mesmo. Esta noite não dormi muito bem. Não sei, muitos dias fora, antigamente não era assim, com o tempo a gente vai ficando mais acostumado até mesmo ao Palácio da Alvorada, e acaba pensando nele como se fosse a própria casa.

Daqui a alguns instantes vou visitar o túmulo do [Pedro Álvares] Cabral em Santarém,* e farei um discurso para começar a criar o clima para os quinhentos anos do Descobrimento. Estarei com Jorge Sampaio de novo, Mário Soares, o bispo de lá** e outras tantas personalidades, encerrando a viagem com um seminário dedicado ao mundo latino-americano e ao Brasil.***

HOJE É 23 DE MAIO, SÁBADO, estamos aqui em Brasília depois de ter trabalhado e arrumado as coisas e de eu ter nadado um pouco para me refazer da viagem. Dei uma longa entrevista ao *Zero Hora* a respeito do meu livro sobre a escravidão no Brasil Meridional, li os jornais.

O Ibope**** mostra que eu não perdi nenhum átomo, nada de votos, entre o último *survey* que fizeram, que acho foi em março, e o de agora. Lula ganhou dois pontos, o Ciro, essas coisinhas, então dá empate. E isso é visto como se eu estivesse perdendo força, que vamos para o segundo turno, e catástrofe à vista. Os eleitores do PSDB vão ficar nervosíssimos. Houve realmente um abalo em função de muitas coisas, da exploração da seca, que foi uma seca global, da queimada de Roraima, que agora vim a saber queimou muito mais na Venezuela e na Guiana do que no Brasil e nem foi muito maior do que em outros anos, mas tudo isso, digamos, está se não nocauteando o governo, colocando-o nas cordas. São vários episódios que, claro, acabam criando certo desgaste, acho até interessante que esse desgaste seja pequeno. Pelas pesquisas de hoje do Ibope, praticamente mantenho os 39%, o que é altíssimo. Mas a onda vai continuar.

Li também uma crônica do Zuenir Ventura, de quem eu até gosto. Ele é do velho Partidão, que já mudou e virou PPS, mas é curioso que relatou extensamente o que eu fiz lá fora, disse que falei em várias línguas, como o Rui [Barbosa], e que também atuei como protagonista e não como simples coadjuvante, barrando os americanos. Não obstante, diz ele, parece até que o Brasil é um país dos sem-

---

* O presidente visitou o túmulo de Cabral, na igreja de Nossa Senhora da Graça, e também a casa onde o navegador residiu a partir de 1503, cognominada Casa do Brasil.
** Manuel Pelino Domingues.
*** Fernando Henrique discursou no encerramento do V Fórum Euro-Latino-Americano, instância informal de diálogo entre personalidades políticas dos dois continentes. A reunião aconteceu no Centro Cultural de Belém.
**** A pesquisa divulgada em 22 de maio mostrou Fernando Henrique com 38% e Lula com 22%. Por outro lado, a popularidade do presidente caiu de 70% para 49%.

-problemas, porque [não me referi aos] sem-terra. Uma coisa curiosa, mesmo um homem inteligente como o Zuenir, para escrever [a favor] tem que incluir uma impropriedade. Imagina se um presidente pode ir ao exterior para falar dos sem-teto, dos sem-terra, dos sem-não sei o quê! Cobram o impossível. Se eu fizesse isso, seria atropelado no Brasil por todos os lados: "Ai, meu Deus do céu, um presidente que não sabe representar o país...". Não podem negar que eu represento bem, então ele reconhece o que faço, mas... aí vem essa picada, que não chega a ser má-fé. Isso é um pouco o tom geral, e o Zuenir não é dos mais agressivos, ao contrário, mas é um pouco o tom geral da mídia hoje. No fundo cobram o que sabem que é impossível, mas cobram. Eu estou na berlinda, não tem jeito. Há certa má vontade.

Não falo dos cronistas do cotidiano, como Tereza Cruvinel, porque ela é aflita, nervosa, gosta de escrever coisas do tipo "Agora o PSDB tem que sair do salto alto". Pode ser até verdade, mas é o PSDB, não sou eu que estou de salto alto. Diziam que "a vitória ia ser uma coisa fácil", e já dá de barato que estou perdendo entre os formadores de opinião. Eu procuro os dados, e nenhum diz isso. Nem podem dizer, porque dados de pesquisa são mais agregados, não informam se proveem de formadores de opinião ou não. E quando se verifica com mais detalhe, vê-se que a pesquisa não difere muito das anteriores, embora os dados possam ser apresentados, mesmo os da pesquisa do Ibope, com sensacionalismo, criando a sensação de que posso perder a eleição. No fundo, a lógica é de mercado, e eles se pensam críticos.

Recebi um relatório do Sérgio Amaral, que falou com o Marcos Coimbra.* É estranho o Marcos Coimbra, porque as pesquisas que eu tinha e nas que saem de novo os eleitores variavam ao redor de 36% a meu favor, enquanto a outra foi 34%, o que é razoável, está na margem de erro. Ninguém fala de margem de erro, é como se eu tivesse caído. E de repente, agora em maio, apareceram umas pesquisas do Marcos Coimbra, que eu nunca vi (seriam duas, três, aliás). Numa eu estaria com 36, noutra com 39 e noutra igual à dos 34. Essa de 39 nunca ninguém viu. Acho que aí há certa montagem.

HOJE É 25 DE MAIO, SEGUNDA-FEIRA. Ontem, domingo, recebi à noite Eduardo Jorge, Richa, Scalco, Tasso, Pimenta e Teotônio para discutir a campanha. Informei que ia botar o Scalco no comando da campanha, como executivo. Discutimos estado por estado, tudo bem, até que o Tasso teve um momento de irritação, no jantar, por causa da seca. Ficou nervoso, falou alto, eu também falei alto com ele. Tasso disse que não havia atendimento, que não estamos fazendo as coisas como é preciso fazer, uma coisa desagradável. Hoje o Tasso pediu desculpas e eu disse: "Com a nossa amizade, você não tem do que se desculpar, no fundo todo mundo está meio nervoso mesmo, e é preciso reclamar das coisas que estão erradas".

---

* Presidente do Vox Populi.

Isso é fruto, me parece, das pesquisas. Gozado como essas pesquisas deixam as pessoas extremamente ansiosas, nervosas, preocupadas mesmo antes da hora, mesmo que não haja uma razão específica para tanto, que não tenha havido nenhuma tragédia. É um pouco resultado disso e um pouco porque temos feito muitas besteiras nos últimos tempos. Eu inclusive. Palavras infelizes ditas aqui, ali, exploradas pela mídia.

Discuti com o Teo se ele será ou não candidato. Ele quer ser em Alagoas, o que vai dificultar as acomodações.

Hoje, segunda-feira 25, dia de muito trabalho. Passei a manhã discutindo com o Ted Goertzel, aquele rapaz americano que escreveu um livro sobre a minha trajetória intelectual. Corrigi algumas questões factuais. Ele fez um trabalho sério.

Depois recebi o Clóvis com o Graeff e almocei com a Ruth, que ia a São Paulo. Passei a tarde no Planalto, despachando, depois vim para cá, conversei com Antônio Carlos e Eduardo Jorge, Tasso e Nizan sobre a campanha. Usei muito a nova pesquisa do Ibope, que me dá uma votação boa. Gostei, sobretudo, da técnica que eles usaram de fazer a mesma pergunta sobre em quem a pessoa votaria depois de um longo questionário; o bom resultado dá ânimo ao pessoal. Claro, percebo que há problemas reais, preocupações efetivas, mas não posso deixar que as pessoas caiam numa espécie de desânimo.

Fui ao Itamaraty para a comemoração da Embrapa,* fiz uma conferência rápida, voltei, o Nê estava aqui para conversar sobre a fazenda e para ver se damos uma solução para o rolo com a morte do Sérgio.

Fiquei aqui respondendo telefonemas incessantemente, acabei de falar com Fujimori, que me propôs uma jogada de risco, mas boa, que é chamar aqui os dois, ele e o presidente do Equador, para tentar a paz, diz ele, antes que o Clinton faça isso. O Brasil é que deve ter a liderança do processo. Uma atitude positiva.

---

*Abertura da reunião do Grupo Consultivo Internacional de Pesquisa Agrícola (Cgiar, na sigla em inglês), rede internacional de instituições científicas integrada pela Embrapa. Em 1998, o tema do encontro foi "Mobilizando a ciência pela segurança alimentar global".

28 DE MAIO A 5 DE JUNHO DE 1998

Mais negociações de paz.
Lula sobe nas pesquisas.
Conversas com empresários de mídia

Hoje é quinta-feira, dia 28 de maio, quase dia 29, porque já é tarde da noite. Na terça-feira de manhã, os habituais encontros no Palácio da Alvorada, despachos internos. Estive com o ministro Paulo Paiva, do Planejamento, rotina, longo despacho com Marco Maciel. Recebi Eduardo Azeredo, governador de Minas, muito aflito porque o problema financeiro de Minas está difícil, e também porque não sabe se Itamar é candidato ou não, aquela confusão toda.

Paulo Paiva, quando falou comigo, disse que havia o risco de o Hélio Garcia tomar uma posição que não fosse de apoio ao Eduardo. Diga-se de passagem, esse risco é baixo. Hoje, quinta-feira, parece certo que ele vai realmente sair da política. Sair da política quer dizer que ele não será candidato ao Senado. Isso complica a situação do Eduardo Azeredo.

Esses dias têm sido muito trabalhosos. Tenho estado dia e noite conversando sobre a campanha, discutindo com os líderes do PMDB, agora à noite também com PFL e PSDB, não vou entrar em detalhes porque são discussões infindáveis sobre a convenção: onde fazer, onde não, mas o que perpassa na preocupação de todos são as pesquisas. Há uma guerra entre elas. Na da Vox Populi, caí mais ainda. Agora tem uma Brasmarket, da *IstoÉ*, que vai ser publicada no fim de semana, em que eu fico com 33%, algo assim. Enfim, que eu devo ter caído não há dúvida.

Ontem, quarta-feira, dia 27 de maio, resolvi dar uma entrevista coletiva. Foi aqui nos jardins do Palácio da Alvorada e teve extraordinária repercussão tanto ontem quanto hoje. A bolsa melhorou, esclareci uma porção de pontos, parece que foi tudo positivo.*

---

* Os mercados mundiais estavam nervosos com a iminência de uma crise financeira na Rússia — que em 27 de maio triplicou sua taxa básica de juros para tentar evitar a fuga de capitais e a desvalorização do rublo — e a baixa do iene japonês em relação ao dólar. O índice da Bolsa de São Paulo acumulava queda de 20% desde o início de maio. Na coletiva, Fernando Henrique anunciou que o governo estudava um plano de reestruturação da Previdência Social para equacionar o déficit fiscal, elaborado pela equipe de André Lara Resende. A proposta a ser enviada ao Congresso previa a divisão dos trabalhadores da iniciativa privada em três faixas de renda, das quais somente a inferior (até cinco salários mínimos, ou R$ 650,00) teria aposentadorias integralmente financiadas pela União. As duas faixas superiores teriam financiamento compartilhado com fundos de pensão (entre cinco e dez salários mínimos) e previdência complementar (acima de dez). As bolsas paulista e carioca fecharam em alta de 3,3% e 2,8%, respectivamente.

Recebi ontem o secretário de Defesa dos Estados Unidos, [William] Cohen, conversa sem nada especial, mais protocolar.

Discuti com Paulo Renato a greve dos professores.

Tive, como de hábito, almoço de trabalho, depois jantei com André Lara Resende e com o Mendonça de Barros, para discutirmos BNDES e as privatizações do Ministério das Comunicações.

Hoje o dia também foi puxadíssimo, porque de manhã fiz uma conferência sobre o problema brasileiro de qualidade e de produtividade.*

Recebi o senador Amin, recebi o Gilberto Mestrinho,** que veio com o Arthur Virgílio, fizeram as pazes, e parece que também com o Amazonino.

Almocei com Sardenberg, que fez uma viagem ao Sudeste da Ásia e veio me explicar que a situação lá é mais grave do que imaginávamos. Ele acha que serão no mínimo entre dois e cinco anos de paralisação.

Recebi o novo presidente do Paraguai, Raúl Cubas Grau,*** uma visita de cortesia.

Recebi o governador Albano Franco, para discutir as forças políticas de Sergipe. Esqueci de falar agora à noite com Jorge Bornhausen, vou ter que falar, sobre uma eventual candidatura de João Alves, do PFL, que pode atrapalhar a candidatura do Albano.

Tive ainda encontros à noite. O Geddel veio me trazer sua posição: ele acha melhor o próprio Newton Cardoso ser o candidato do PMDB em Minas, não o Itamar. Diga-se de passagem, recebi um telefonema do Hargreaves me pedindo que eu ajudasse a que Itamar fosse candidato a governador. Agora vem o Geddel ponderar que é melhor deixar Itamar fora de tudo, que de qualquer modo o Itamar ficará contra mim, opinião compartilhada pelo Antônio Carlos e até certo ponto pelo Padilha, e eu também penso assim.

Acho que de agora em diante Itamar não tem solução. Ele tomou um rumo que não conseguiu reconhecer: o de que queria ser candidato à Presidência. Quando isso ficou desvendado, voltou a raiva para cima de mim, porque sou presidente e candidato à reeleição. Então vai ser muito difícil, e também não quero dever ao Newton Cardoso a retirada da candidatura dele para benefício do Itamar. Fico devendo ao Newton e Itamar me ataca. Ele vai abrir palanque para não sei quem. Então talvez seja melhor deixar a coisa correr solta em Minas. O melhor é que seja o Newton e não o Itamar? Enfim, ourivesaria muito delicada.

---

* Solenidade de lançamento das metas nacionais mobilizadoras do Programa Brasileiro da Qualidade e Produtividade (PBQP), do Ministério do Planejamento.

** Ex-governador do Amazonas, candidato ao Senado pelo PFL.

*** Cubas foi eleito pela Asociación Nacional Republicana (Partido Colorado), e não escondia a simpatia pelo general Lino Oviedo, cuja sentença de prisão se recusou a cumprir.

No meio disso, minha preocupação com a crise mundial. Em 1994 tivemos a crise do México, com repercussão sobre nós em 1995. Em 1997 a crise do Sudeste da Ásia, que repercute em nós até hoje, 1998. Estão se seguindo as crises. Tenho medo de que a bolsa de Nova York, que está lá em cima, de repente despenque, e aí sim a coisa vem toda abaixo. Não sei, a esta altura dos acontecimentos, se é mais vantagem ser eleito presidente da República ou não, porque tenho um pouco de receio do que vem pela frente. Mas digo isso só para deixar registrado. Na verdade, se eu não for reeleito, o Brasil perderá uma oportunidade histórica. Não por mim, mas por tudo que isso significa, pela desordem que virá depois, porque se ganha o Lula, não haverá condições de governabilidade, serão novas ilusões populistas sob a capa esquerdista, grande agitação, demoraremos anos para conseguir de novo essa brecha histórica.

Pode ser que eu pense enviesado porque sou o presidente hoje, mas não consigo ver muito diferente disso. É remar contra a maré. Vê-se que estamos vivendo dias delicados, dias difíceis, não há como negar. Embora as pesquisas possam ser manipuladas na sua divulgação, elas refletem um estado de ânimo, e o estado de ânimo do Brasil neste momento é mais pessimista, mais negativo.

Por isso fiz ontem um discurso para cima. Mas não dá para resistir à fracassomania continuada da nossa mídia; ela acaba minando a resistência. E a mídia reflete o nosso meio político. Neste momento, o meio empresarial também está abalado pelas altas taxas de juros, embora as estejamos diminuindo. Estamos espremidos entre a imperiosa necessidade de ajuste fiscal e o clamor de todo mundo pelo social, o que significa gastos, que estamos fazendo o máximo possível, mas que não vão resolver. Há ainda o fato de que realmente existe uma espécie de ansiedade quanto ao futuro. Esse corredor estreito por onde o Brasil está passando me preocupa. E me preocupa sermos esmagados. Se não formos todos, pelo menos eu ser esmagado nesse processo.

HOJE É DOMINGO, 31 DE MAIO. Sexta-feira fui à inauguração da ponte rodoferroviária, uma obra importante ligando a Fepasa* com a Ferronorte. Discurso para cá, para lá, Mato Grosso do Sul, São Paulo, clima de otimismo. Realmente é uma dessas obras estruturadoras, sonho antigo, de décadas, que conseguimos fazer neste governo.

Voltei com o Geraldinho Alckmin, discuti com ele no avião a situação de São Paulo, do Mário, achei que o Alckmin tem equilíbrio, ele acredita, como eu, que Mário pode ganhar no segundo turno.

Depois vim a São Paulo, e nada mais de extraordinário aconteceu. Fiquei aqui até que a Ruth chegasse e depois fui jantar com um grupo grande de empresários,

---

* Administradora da rede ferroviária do estado de São Paulo, federalizada em janeiro de 1998 e privatizada em novembro do mesmo ano.

os de sempre, os mais ligados a nós, e outros que eu nem conhecia, uns vinte, assustados, porque a pesquisa da *Folha* [Datafolha] que ia sair no dia seguinte dava uma queda minha de 7 pontos, de 41 para 34, e uma subida do Lula de cerca de 24 para 30. Eu disse a eles: "Nada grave, mas agora não dá mais para brincar de 'tá para cá ou tá para lá'. Eu não consigo segurar". A mídia, desenfreada como está, tem um reflexo, como mostra a pesquisa da *Folha*. O Safra me disse que tinha estado com o Frias, que o Frias havia passado os números da pesquisa, estava muito aflito, também passou ao Serra, ao Paulo Renato, mas o problema é que eles criam um clima de sensacionalismo negativo.

Ontem, sábado, fui de manhã a Aparecida. D. Aloísio Lorscheider, um velho amigo, queria que eu fosse à inauguração do Centro de Apoio ao Romeiro. Recebi aplausos na igreja, bastante gente, umas 5 mil pessoas. De novo, dessas umas cinquenta pessoas eram do MST; hoje vejo até no *Estadão* que havia cem pessoas do MST vaiando. Não dizem que havia 5 mil aplaudindo. Nem que vaiaram a bênção do d. Aloísio também. A agressividade dessa esquerda é impressionante. Estão certos de que estão fazendo a revolução, uma coisa curiosíssima, uma revolução simbólica. E claro que o alvo de tudo sou eu, porque agora não há mais luta de classe; luta-se contra o Estado e eu represento o Estado.

Almocei em casa, e passei o dia conversando com o Duda, com a Bia e com os netos. E, ao telefone, falando com um, com outro, com Serra, que acabou de chegar para conversarmos, com Paulo Renato, com o Zé Gregori e com os demais amigos, todos fazendo suas avaliações, e elas seguem na mesma direção, coincidindo em certa aflição, mais isso do que perplexidade mesmo. Se esse sentimento tomar vulto, vai ter consequências. Vamos ver a minha conversa com o Serra agora.

HOJE É TERÇA-FEIRA, DIA 2 DE JUNHO, são duas e meia da tarde.

A conversa com Serra, no domingo, foi boa. Ele estava aflito, mas com ideias construtivas, acha que o Paulo Renato deve vir para o programa de governo,* que é imprescindível fazê-lo. Coisas dessa natureza. Ele não estava com um pessimismo catastrófico.

Voltei para Brasília, à noite fiz um programa com Boris Casoy,** talvez longo demais, acho que respondi um pouco longamente demais às perguntas, mas para o público um pouco mais intelectualizado foi bem.

Ontem, segunda-feira, já foi um dia mais pesado. Primeiro porque de manhã recebi o Eduardo Jorge e depois os presidentes do Equador e do Peru. Estamos nessa negociação importante de acordo de paz. A conversa entre nós três foi excelente,

---

* Isto é, para a elaboração do programa de governo da candidatura à reeleição.
** O jornalista do SBT foi ao Palácio da Alvorada para entrevistar o presidente e candidato no programa *Passando a Limpo*, transmitido ao vivo todos os domingos.

eu mais ouvi. O Alarcón fez uma proposta concreta que não consta nem constará de acordos, porque depende do Fujimori aceitar. Ele [Alarcón] quer que seja formalizada toda a fronteira, menos um pedacinho dela, onde seria feito um parque binacional. Mas ele garante toda a fronteira, portanto dá grandes ganhos de tranquilidade ao Peru. O Fujimori é frio e bom negociador. Mauad entusiasmado, inteligente, colocou as cartas na mesa. Eu, sem me manifestar, fiquei do lado do Alarcón, mas sei que vai ser difícil fazer com que Fujimori aceite ceder um pedacinho de terra no qual haveria dupla soberania, seria binacional.

Enquanto estávamos reunidos, recebi um bilhete do Gelson dizendo que um documento que o Itamaraty tinha me mandado, secreto, para me orientar nessas conversas, tinha ido parar na imprensa.* Isso me deixou gelado. Quando vi que o documento era aquele que eu pensava, foi um constrangimento generalizado. Dos presidentes, dos assessores, o documento contém detalhes, avalia o Peru, avalia mal, ou melhor, coloca o Peru em maus lençóis, opina que o Equador tem que camuflar a perda de soberania, um desastre absoluto.

Quando vi esse documento, que li na madrugada de ontem, segunda-feira, depois da entrevista e do jantar com o Boris, achei a linguagem forte para ser do Itamaraty, mesmo que tivesse sido dirigido a mim, presidente da República. Imagina isso na mão da imprensa. Pois foi parar lá. E por quê? Porque o Gelson transmitiu o texto para para o Palácio do Planalto, disse que era secreto, e o ajudante de ordens me deu o documento. Só que eu não sabia que, nesse mesmo dia, a Ana, quando viu que havia uma nota à imprensa, pediu uma cópia e o ajudante de ordens deu a cópia não só da nota à imprensa, mas do documento. A Ana passou ao rapaz que trabalha com ela, o qual entregou à imprensa — desnecessariamente, ninguém leu. Uma cadeia de irresponsabilidades. Gravíssimo. Tive que fazer das tripas coração para desautorizar o documento em público, constrangido. Isso pode prejudicar as propostas de paz, seguramente criará dificuldades no Equador e no Peru. Enfim, achei um desastre de proporções alarmantes. A maré continua péssima para o meu lado.

Ontem tive ainda uma reunião com o pessoal do Inpe, que me mostrou coisas interessantes. Primeiro, a queimada em Roraima foi menor do que se divulgou, menor que no ano passado e muitíssimo menor do que na Venezuela. Não obstante, tivemos que pagar um preço altíssimo, porque a Rede Globo colocou no ar como tragédia. Segundo, e isto é preocupante, [o Inpe] me mostrou os dados do *La Niña*,**

---

* O documento sigiloso de seis páginas foi distribuído por engano à imprensa. O texto sugeria a criação do parque ecológico internacional na área disputada e afirmava que tal projeto atenderia "ao desejo equatoriano de camuflar a soberania peruana na zona". Mais tarde, Fernando Henrique desautorizou o informe do Itamaraty num pronunciamento conjunto com Fujimori e Alarcón.

** Resfriamento anormal das águas orientais do Pacífico que costuma se seguir a ocorrências do *El Niño*.

que está acabando. Mas não resolve a questão: o Nordeste vai continuar seco. Parece que vai chover apenas na zona da mata e que não haverá inundações na região sul do Brasil. Já é alguma coisa, se os dados forem verdadeiros.

Nesse meio-tempo, confusões. Hargreaves tinha me telefonado no domingo dizendo que o Geddel colocou na boca do Tales Faria tudo que ele [Geddel] tinha dito a mim outro dia sobre a candidatura do Newton Cardoso. Ele é contra a do Itamar, que eu acharia a do Newton até melhor. Ele não podia usar meu nome, nem a ideia foi minha. Chamei o Padilha. Reclamei. Padilha falou com Geddel, mas o Tales Faria botou no jornal [*O Globo*]. Acabei de falar com Hargreaves agora, ele está em Belo Horizonte. Vamos ver o resultado da minha reunião com Newton. Eu não queria mais ter essa reunião. Jamais gostei da ideia de ter essa reunião com Newton, é uma forçação de barra do PMDB. Em todo caso, vou recebê-lo, junto com o Padilha, e dizer que não quero me meter em Minas, façam o que quiserem lá. Além do mais, meu candidato é Eduardo Azeredo, que dificilmente ganha, mas é meu candidato e do meu partido. É muito difícil a situação em Minas e as pesquisas estão chegando a um ponto de dramaticidade. Lula empatado comigo!* E não é falso. Por todos os lados, várias pesquisas, a realidade é essa mesmo.

Falei com o João Roberto Marinho, que está assustado, ele vem conversar comigo hoje. E também hoje, janto com o Frias.

Ontem reuni o pessoal da Sudene, discuti longamente a questão da seca com o Sérgio Moreira e o ministro de Políticas Regionais. Estamos tomando as medidas necessárias, mas leva tempo. Não é uma batalha perdida, é uma batalha, isso sim, inglória, porque é lutar contra a tragédia da seca. Isso é muito difícil, mas vamos lutar, e temos que lutar, por causa do povo de lá.

Hoje de manhã, reunião com a direção do PFL, que me trouxe o programa social deles, programa de renda mínima, uma coisa um pouco formal, meio chocha, as pessoas estão perdendo o gás, pensam que posso perder as eleições e já ficam todas de crista baixa.

Agora à tarde, vou lançar um programa das teles,** a Bolsa caiu, os empresários estão assustados, enfim, começa a se criar o clima que eu menos gostaria que fosse criado: de pessimismo e falta de horizontes. Não só por causa da minha eleição, mas por causa do Brasil. Isso vai dar confusão.

Esqueci de registrar que jantei ontem com Andrade Vieira, e por questões pessoais. Gosto do Zé Eduardo, ele está irritadíssimo com o Banco Central, magoado conosco, diz que não dei atenção a ele, ao PTB, é verdade tudo isso, é um sujeito que

---

* A Pesquisa Datafolha divulgada em 30 de maio mostrou empate técnico entre Fernando Henrique e Lula (34% a 30%, com margem de erro de 2%).

** Assinatura de contratos de concessão de serviços de telefonia fixa entre as operadoras do setor (companhias estaduais do Sistema Telebrás e empresas privadas) e a Anatel, com a fixação de metas de qualidade e universalização até 2005.

me ajudou muito na campanha anterior [1994]. Conversei longamente com ele, nesse aspecto foi bom.

Antes desse jantar, Antônio Carlos veio me fazer algumas ponderações, algumas até estão nos jornais, porque, disse ele, iria me dizer algumas verdades. Verdades óbvias, que eu devia ter feito isso ou aquilo, ter uma atitude mais dura, demitir pessoas, fazer escândalo sobre a não conquista de certos objetivos, enfim, no estilo dele. Porém fez isso tudo com muita vontade de que eu ganhe a eleição, não foi absolutamente constrangedor, foi amistoso.

HOJE É QUARTA-FEIRA, DIA 3 DE JUNHO, já passou de meia-noite.
O dia de ontem transcorreu com a tensão habitual desses últimos tempos, que não têm sido fáceis; recebi muita gente. Jantei com o Frias pai. Eu, ele, o Serra e o Paulo Renato. Ele disse da admiração profunda que tem por mim, do medo tremendo de o Lula ganhar. Afirmou que preciso ganhar no primeiro turno, que sou o maior presidente da República que já houve. Eu também disse o que achava, que não era por mim, que era algo mais, e reclamei das manchetes da *Folha*. Ele disse que a *Folha* tem esse estilo independente que eu ajudei a criar.* Respondi que não reclamo da independência, mas da distorção permanente do que acontece, sobretudo das manchetes, dei exemplos. Mas não adianta avançar muito, ele é sincero ao dizer que quer a minha vitória, mas também é sincero ao querer ganhar espaço na mídia e está muito feliz com a *Folha* como ela é. Uma conversa longa, terminou agora, há poucos instantes, depois do jantar, amistosa como são as grandes amizades. É curiosa essa elite brasileira tão desencontrada.

Ontem também apareceu lá o Newton Cardoso com o Padilha. O Newton veio saber se quero que ele seja governador de Minas; se eu quiser, para que eu pedir ao Itamar. Eu disse que não quero me meter em Minas, quem quer que vá disputar, se estiver comigo, eu não vou atrapalhar. Foi a expressão que usei: não vou atrapalhar. Eu não disse que ajudaria, porque tenho Eduardo Azeredo, que é do meu partido. Mas não confio muito nas versões que vão sair dessa conversa, embora ele tenha estado junto com Padilha. Antes eu tinha mandado dizer ao Hargreaves que eu ia falar com Newton. E já soube que o Eduardo Azeredo ficou nervoso, falou com alguém, acho que com Paulo Paiva, sobre esse encontro. Paulo me disse que é óbvio que eu tinha que falar com o Newton, porque é melhor que o candidato seja o Newton do que o Itamar. Penso assim também.

Estive também com João Roberto Marinho. [A conversa] não foi no mesmo tom da que tive com Frias, porque o João é mais discreto e temos uma diferença grande de idade. Ele está muito preocupado. Eu disse aos dois [Frias e Marinho]: "Se não houver uma vontade coletiva para eu ser candidato, eu não preciso ser".

---

* Fernando Henrique foi colunista da *Folha* entre as décadas de 1970 e 1990.

"Não, não é possível, tem o Lula aí."

"Ora, não quero ser candidato só porque vem o Lula! Ou tem gente que acha que está bem o governo do jeito que estou fazendo, ou então não vale a pena."

Fui bastante direto, claro. Não creio que isso mude muito as coisas, mas estamos vivendo um momento difícil, é muito duro resistir a essa pressão desencontrada e negativa.

Estive também com Valdir [Raupp] e com o [José] Bianco, de Rondônia, a coisa de sempre: ele [Raupp] é candidato, os outros não querem que ele seja, PSDB, PFL, PMDB... e ele está ligado a mim.

O trivial ligeiro: o episódio de ontem, o vazamento do papel do Brasil sobre Equador e Peru, parece que não teve repercussão tão negativa. O Itamaraty assumiu a culpa e a responsabilidade, mas não foi ele o culpado. Foi um descuido da assessoria de imprensa e de um ajudante de ordens. Falei com o Sebastião Rego Barros, que achou melhor não aprofundar.

HOJE É DIA 4 DE JUNHO, QUINTA-FEIRA.

Ontem, quarta-feira, foi, como registrei, um dia muito agitado, houve votação no Congresso. Ganhamos as votações da Previdência mais uma vez. Segundo turno, com 331 votos,* votamos três destaques, está praticamente assegurado, mesmo que a oposição ganhe um ou outro destaque, não será suficiente para alterar essa vitória.

Recebi muita gente o dia inteiro, reuniões de trabalho, sobretudo com a área econômica, preocupada com o déficit, e eu a dizer que não se deve discutir déficit neste momento; deve-se agir e não falar, porque somos nós os primeiros a levar as dificuldades para a mídia e depois a mídia nos engole.

Repercussões positivas da entrevista que dei ao Boris Casoy, nenhuma pesquisa nova, muito nervosismo por causa das pesquisas. É natural, Bolsa aberta, o Congresso votando a Previdência, os boatos ficam mais ou menos soltos, mas não houve nada que mudasse o rumo das coisas.

Itamar se lançou candidato a governador de Minas, com tendência a apoiar [a candidatura do] Ciro. Foi ao PMDB dizendo que me permitiu assinar a cédula do real, enfim, essas bobagens sobre quem fez o real. É patético, mas o Brasil é assim.

Muita conversa telefônica para me informar das coisas, um informar ao outro.

Continua a preocupação com a seca.

* Foi de 331 a 137 o placar da votação final do texto básico do substitutivo da PEC 33/1995, com três abstenções. O governo também derrotou destaques da oposição sobre pontos já rejeitados no primeiro turno, como os limites de idade de 60 e 55 anos. Contudo, a PEC só foi promulgada meses depois, em dezembro de 1998, por causa de sucessivas faltas de quórum (frequentes em ano eleitoral) e da apresentação de novos DVS por deputados oposicionistas.

Na terça-feira, assinei a regulamentação do programa de renda mínima,* coisa que no futuro terá importância.

Ontem, quarta-feira, solenidades sobre meio ambiente,** depois recebi o pessoal da Mata Atlântica.***

Tive ainda uma reunião com o pessoal do *Diário Popular*,**** que veio me convidar para a inauguração da gráfica do jornal. Achei até curioso, o jornal hoje é do Quércia. Ele começou dizendo que José Maria Lisboa [fundador do jornal] era compadre do meu avô,***** que até havia uma fotografia do meu avô na antiga gráfica do *Diário Popular*.

À noite tive uma conversa com o Jorge Serpa, que veio a Brasília com ideias genéricas mas boas.

Agora vou me encontrar com os líderes do PMDB, que já estão no Palácio para discutir o de sempre, ou seja: como se faz no diretório para obter apoio à minha candidatura, as reivindicações dos estados. Uma coisa, eu diria, exasperante.

HOJE É SEXTA-FEIRA, 5 DE JUNHO.

Na reunião de ontem com os líderes do PMDB, foi isso mesmo que eu havia dito: preocupação com Minas Gerais, com o atendimento a Santa Catarina, que não pode ser feito, e assim foi. O mais significativo no resto do dia foi que recebi o Luiz Felipe Lampreia, porque tínhamos o que fazer.

De manhã, depois de eu ter feito meus exercícios, recebi o Tasso e o Antônio Carlos, junto com Eduardo Jorge, passamos em revista as coisas. Tasso pessimista, ele tem razões, no Ceará as coisas não vão bem, tenho uma votação muito baixa lá.

Depois tive um almoço no Palácio da Alvorada com Inocêncio, que saiu daqui dizendo que o Ibope ia dar um resultado positivo; eu não tinha ainda os dados, era apenas uma previsão. De fato, hoje foram publicados os dados do Ibope, a situação

---

* Programa de Complementação de Renda Familiar. O presidente assinou a regulamentação da concessão de apoio financeiro a prefeituras participantes do programa, cuja meta anunciada era garantir renda mínima a 3 milhões de famílias com filhos de zero a catorze anos matriculados em escolas públicas, com o pagamento de R$ 30,00 (50% pelo governo federal e 50% pelos municípios) por criança. O salário mínimo era de R$ 130,00, equivalentes a R$ 555,00 em fevereiro de 2016 (correção pelo IGP-DI).
** Cerimônia de assinatura de atos relativos à Semana do Meio Ambiente.
*** A ONG SOS Mata Atlântica.
**** Jornal paulistano fundado em 1884, porta-voz dos republicanos paulistas. Com sua venda às Organizações Globo, em 2001, foi rebatizado como *Diário de S. Paulo*.
***** Marechal Joaquim Inácio Batista Cardoso, que, como alferes, participou dos movimentos republicanos em 1889.

melhorou um pouco, 28 para o Lula e 33 para mim. É melhor do que antes, de qualquer forma ainda preocupante.*

Depois do almoço com Inocêncio, recebi o Kandir, que se pôs à minha disposição, até mesmo para voltar ao governo, se for o caso.

Recebi Luciano Martins, que veio dar conta da viagem dele a Cuba.

E Dornelles, lúcido, propondo ideias sobre micro e pequenas empresas e sempre disposto a me ajudar no PPB. Essas ideias do Dornelles sobre as micro e pequenas empresas podem ter impacto, são muito positivas. Creio que a área econômica vai reagir bastante.

À noite falei com o Serra por telefone, queixoso porque a área econômica não está liberando os recursos necessários para ele levar adiante o que acredita ser importante. Eu também acho importante, embora estejamos cheios de restrições financeiras.

Hoje, sexta-feira, falei duas horas no rádio de manhã. Rádio Bandeirantes,** Rádio CBN, numa tentativa de contato direto com a população.

Depois me encontrei com Nizan e sua equipe para os primeiros esboços da campanha. Estava muito cansado, eu não tinha dormido bem à noite, tinha falado muito no rádio, devo ter dado a impressão de estar desanimado, não é verdade.

Fiz uma reunião na sala do segundo andar do Palácio do Planalto, e falei sobre a seca do Nordeste e as decisões necessárias.*** Isso diante das televisões pode ter um efeito positivo, a mídia vai dizer que é campanha eleitoral.

Almocei com a Ruth e com o Paulo Henrique e recebi depois do almoço o Clésio Andrade. Clésio propõe que o PFL apoie o Itamar e com isso o freie na campanha contra mim. Ele diz que o Itamar vai ganhar em Minas e pode fazer um rombo grande na minha votação. Mostrou uma pesquisa recentíssima, mas continuo com 40% e Lula com 20 e qualquer coisa. Então não bate muito essa opinião, embora o Itamar esteja forte em Minas. Sugeri ao Clésio que fique na observação e que, no limite, o PFL lance um candidato, para depois negociar com Itamar, que espere até ao limite, mesmo que eles do PFL não queiram apoiar o Eduardo Azeredo. Veja como é complicado.

---

* Pelo Ibope, Fernando Henrique caiu seis pontos percentuais em relação à pesquisa anterior, enquanto Lula subiu quatro, mas sem o empate técnico registrado pelo Datafolha dias antes (Ciro Gomes tinha 7-8% segundo ambos os institutos). Por outro lado, na mesma data o Vox Populi publicou levantamento que mostrou Fernando Henrique com 31% e Lula com 30%.

** Na entrevista à rádio paulista, perguntado sobre a ascensão de Lula nas pesquisas, Fernando Henrique asseverou: "O Brasil não vai nunca eleger o caos. Eu represento a estabilidade, a organização e o progresso. Não acredito que o Brasil cresça no tumulto, na desordem. Quanto ao caos, vamos evitá-lo".

*** O presidente discursou durante uma reunião de acompanhamento das ações do governo no combate à seca.

Hoje, depois do Clésio, recebi o Wilson Quintella, daquela Agência de Desenvolvimento Tietê-Paraná,* e passei o resto do dia discutindo com o meu pessoal o que fazer em face da situação, que é difícil, e agora à noite estou tentando organizar meus papéis. Amanhã iremos eu e a Ruth para os Estados Unidos, onde estaremos com os Clinton em Camp David.**

Confesso que a esta altura dos acontecimentos parece cruel eu ter que me preocupar, da forma como vou ter que me preocupar, com a reeleição, quando o Brasil está urgindo ações de outra natureza. E os oponentes não têm condições de levar adiante nenhum projeto nacional consistente no mundo de hoje. Mas as coisas são assim. Exceto que hoje a Globo deu esse Ibope, parece ser no Rio, de maneira mais positiva, e o Boris, como sempre, comentou bem uma pesquisa Vox Populi que, obviamente, é uma contrafação, porque a pesquisa, suponho eu que encomendada pelo Paes de Andrade, diz que o Lula e eu estamos empatados, com 30% cada um. Só que 73% da população teria dito que não tem candidato, não sabe em quem vai votar. É a guerra de pesquisas. Ainda bem que o Boris cortou no ar essa questão.

As informações do general Cardoso, que vêm do setor de informações, mostram uma ação crescente do MST e certo recrudescimento da UNE por causa da greve dos professores. Temos que colocar um ponto final nessa greve que está nos desgastando bastante.

---

* Diretor executivo. A agência é uma instituição privada de fomento às áreas de transportes, energia, saneamento e telecomunicações na região da hidrovia Tietê-Paraná.
** Residência campestre da presidência norte-americana, localizada na zona rural do estado de Maryland. Fernando Henrique foi recebido em visita de trabalho.

7 A 18 DE JUNHO DE 1998

*Viagem aos Estados Unidos. Reunião na ONU.
Copa do Mundo. Formação da equipe de campanha*

Hoje é domingo, dia 7, dez e meia da noite. Estou em Camp David, o lugar de retiro dos presidentes dos Estados Unidos. Acabamos de jantar, eu e Ruth, Bill Clinton e Hillary, acompanhados do [Thomas] McLarty, grande amigo dele, da esposa, do Sandy Berger, *advisor* para *security issues*,* também grande amigo dele, do Paulo Tarso e da Lúcia. Foi muito agradável. Depois o Bill me chamou para uma reunião só com ele, na biblioteca, onde conversamos por uma hora mais ou menos. A visão de mundo dele é muito interessante. Quero gravar para deixar registrado logo.

No geral, ele está dando força ao Tony Blair, para que este se integre mais à Europa. Ele deu sinais, pessoalmente, de que os Estados Unidos não vêm a integração da Europa com preocupação, querem encorajar o Reino Unido, de maneira que o Tony Blair possa assumir a liderança da Europa. Imagina que Kohl não vence as eleições, ele gosta muito de Schröder e diz que assim todo mundo fica do mesmo lado. Lado social-democrático. Ele, o Tony Blair, eu e todo esse pessoal da Europa. Elogiou muito o Guterres, como eu também, e disse que vê com bons olhos [a Terceira Via].

Quanto à China, tem muita esperança, porque depois do Deng Xiaoping** veio o Zeng [Qinghong],*** e agora o Jiang Zemin,**** todos na mesma direção. Ele acha que a China vai ter um papel equilibrador. Disse uma coisa interessante: é preciso ver de que maneira a China vai colocar a sua grandeza. Se for com o objetivo de ter um papel integrador na Ásia, pacificador, fazendo comércio, abrindo-se para o mundo, para a Ásia em particular, ele acha bom. Disse que os chineses têm muita preocupação com a desagregação do país, têm, como ele diz, um *nightmare*; é preciso olhar qual é o *nightmare* de cada país. O da China é a desagregação do império. Por causa dos senhores da guerra***** e por causa da Guerra do Ópio.****** Ele disse

---

* *National Security Advisor*.
** Morto em fevereiro de 1997, o ex-líder supremo da China aposentara-se em 1992.
*** Presidente do Comitê Central do Partido Comunista da China.
**** Presidente da China.
***** Entre 1916 e 1928, o território da China republicana foi retalhado em zonas autônomas controladas por chefes militares conhecidos como "senhores da guerra".
****** Houve dois conflitos entre os impérios britânico e chinês em torno da comercialização de ópio, em 1839-42 e 1856-60 (com participação francesa). Além da completa submissão chinesa à "diplomacia de canhoneira" das potências ocidentais, as Guerras do Ópio tiveram como principal consequência geopolítica o desmembramento de Hong Kong, cedido pela China aos ingleses em 1842.

que acha legítima essa preocupação dos dirigentes chineses. Eles centralizam politicamente, ao mesmo tempo que abrem a economia do país.

Quanto ao Japão, ele considera que o [Ryutaro] Hashimoto,* apesar de tudo, é quem tem as melhores condições de fazer com que o país continue num caminho mais aberto, mais responsável. Os japoneses exportam muito e importam pouco, e há muita resistência a isso, mas ele acha que apesar da desagregação do sistema político e da falta de uma liderança capaz de se opor à burocracia japonesa, há caminhos e que Hashimoto continua sendo quem pode fazer o melhor.

Confia que o Iéltsin leve a Rússia para uma direção também mais moderada.

Falou do Irã com entusiasmo. Ele acha que é preciso dar apoio ao que está acontecendo lá, à liderança moderada do Irã.**

Quanto à América Latina, ele reconhece o papel do Brasil e o meu, em particular, porque acha que somos três ou quatro líderes no mundo e que seria um desastre se o Brasil não percebesse isso e não me reelegesse, pelo que podemos desempenhar no mundo. Tem preocupação com a Colômbia, eu também, não sabe muito bem o que fazer. Ele acha que o Brasil deve entrar em ação na Colômbia, sabe que no resto da América do Sul temos condições de atuar de maneira construtiva. Ponderei as dificuldades da Venezuela e da Argentina. Ele concorda. Acha que o Carlos [Menem], de quem gosta muito, representou um papel importante, mas que não deve se candidatar mais uma vez. E acha que essa senhora que tem hoje possibilidades de se eleger,*** talvez não possua a visão do mundo necessária para que a Argentina continue a ter um papel mais ativo.

Ele confia muito no papel do Brasil e acha que devemos jogar juntos não só aqui, mas no Irã, por exemplo, no conflito Índia-Paquistão,**** enfim, quer uma parceria grande com a Europa, Estados Unidos e América do Sul, e na América do Sul, com o Brasil. Repetindo essa questão da *greatness*, qual é o *nightmare* de cada país: a Rússia tem medo da invasão, da invasão napoleônica; os americanos, diz ele, não podem invadir a Rússia, nem vão, mas é preciso prestar atenção nas obsessões dos países.

---

* Primeiro-ministro.

** O reformista Mohammad Khatami assumira a presidência da República Islâmica do Irã em agosto de 1997 e começara a implantar um programa de abertura política.

*** Elisa Carrió, deputada pela UCR e pré-candidata às eleições presidenciais de outubro de 1999, destacou-se na oposição a Menem.

**** Entre 28 e 30 de maio de 1998, o Paquistão revelou possuir armas nucleares ao explodir sete artefatos de urânio e plutônio, em reação aos testes atômicos da Índia no início do mês. Os testes paquistaneses elevaram a temperatura do conflito intermitente entre os dois países pelo controle da região da Cachemira, originado na partição pós-colonial de 1947, à qual se seguiram as guerras de 1965 e 1971.

Quanto a Cuba, considera Fidel Castro um homem íntegro e que cumpre a palavra. Deu vários exemplos, inclusive depois da destruição dos aviões que eles [cubanos] derrubaram. O Fidel Castro assumiu a responsabilidade pessoal, e ele acha que temos que insistir mais com Fidel, de quem tem uma visão simpática. Acha o Congresso americano um desastre. Por causa dos republicanos. Por isso, acredita que eles [o Congresso] vão dar autoridade [negociadora] a ele, mas não mandato,* para fazer o que eles querem fazer no mundo todo, essa coisa intervencionista à qual ele é contrário.

Foi uma conversa muito aberta e muito construtiva.

Perguntou o que ele podia fazer para ajudar na reeleição. Eu disse: "Muito pouco, mas pode haver interações favoráveis ao Brasil e que favoreçam a mim de raspão, no que diz respeito, por exemplo, às áreas deprimidas do ABC [de desindustrialização].** Ele disse que têm experiência na matéria [Detroit], vai mandar um técnico para nos ajudar nessa questão. Perguntou como era possível que o Brasil não percebesse a importância da minha reeleição para o equilíbrio, até mesmo hemisférico, do mundo. Eu respondi: "Acho pouco provável que não percebam, não creio que essa onda do Lula possa vingar, mas em política nunca se sabe o que vai acontecer, é difícil antever".

Ele disse que o problema dessa senhora da Argentina [Carrió] é que o social só pode ser feito com o rumo econômico certo. Isso é o mais difícil de entender dessa nova vaga representada, segundo Clinton, por ele, Tony Blair e eu. É uma nova vaga baseada na compreensão do papel dos governos diante dos mercados, da necessidade de que haja uma linha econômica correta, para que seja possível avançar socialmente e fortalecer a paz e a democracia.

Acho que esses são os pontos mais representativos da conversa que tenho na memória. Eu disse a ele que, se tivesse algum problema, telefonaria.

Foi um jantar também extremamente elegante o que fizemos, na volta, na embaixada em Washington.*** Acho que as embaixadas do Brasil são dos últimos baluartes da vida cortesã. É difícil imaginar algo de tão bom gosto mundo afora. Talvez só no que resta da aristocracia decadente da Europa...

HOJE É DIA 9 DE JUNHO, UMA TERÇA-FEIRA. Depois do que registrei em Camp David no dia 7, quero acrescentar que segunda-feira cedo tomei café da manhã com Clinton, Hillary e dois casais que estavam com eles. Foi uma continuação

---

* Isto é, o *fast track*.
** O ABC paulista, uma das áreas metropolitanas mais atingidas pela alta do desemprego, era o maior bastião eleitoral do PT.
*** Sediada na Villa McCormick, mansão neoclássica construída em 1908. Foi adquirida pelo Brasil em 1934.

muito agradável do encontro anterior. De lá Clinton foi para as Nações Unidas* e eu também. Cheguei depois dele, não ouvi seu discurso, em que ele citou o Brasil e a mim, num gesto sincero de simpatia.

Conversei com Clinton sobre o Banco Interamericano de Desenvolvimento, uma disputa meio burocrática entre brasileiros e americanos a respeito de uso de verbas de moeda local. Não entrei em detalhes com Clinton, mas manifestei que o melhor era cooperar nessa área. Foi talvez o único ponto concreto mencionado, porque eu não quis fazer da nossa estada uma reunião para reivindicar, para dizer que o Brasil precisa disso ou daquilo. Ela teve um sentido mais simbólico, e mais efetivo também quanto ao Brasil ter uma participação mais ativa no mundo. Foi boa a tática. O Lampreia, que ontem voltou comigo no avião, disse que a Madeleine Albright recebeu instruções do Clinton de que na próxima sexta-feira o G-7 e o G-8 já vão se reunir com mais quatro países: o Brasil, a Argentina, a Austrália e a Indonésia. Em razão do quê? De serem países capazes de ter um papel ativo na paz entre o Paquistão e a Índia.

Tive um encontro grande com uns oitocentos funcionários e empresários americanos do Council of The Americas e da Americas Society,** no qual me fizeram uma homenagem. Estavam lá a Martha Muse,*** o David Rockefeller,**** enfim, os personagens desses setores da opinião americana. Aproveitei para explicar a questão do déficit. Embora eu tenha discursado em português, por pressão do pessoal do Brasil (por causa das eleições, não entendo bem por quê), as perguntas e respostas foram em inglês, para explicar melhor minha visão do déficit. Eu disse que ele está melhorando estruturalmente, embora esteja condicionado pela crise asiática e também pela Previdência. Não falei sobre o que há de grave, mas sobre as perspectivas.

Isso no que diz respeito a Nova York. Além do mais, conversei com Chirac, conversa mais protocolar e simbólica, ele muito interessado na Cúpula Latino-Americana e Europeia, que vai ser no Rio de Janeiro. Falamos também sobre os capitais franceses que estão vindo para cá. Lembrei que a presença da Ruth em Paris foi um êxito grande.

Depois estive com Fujimori e com [Fabián] Alarcón. Continuação das conversações entre Peru e Equador. Difíceis, há um pedacinho de terra de uns cinquenta quilômetros quadrados indispensáveis para o Equador e que o Peru não aceita ceder. Isso vai se prolongando além do limite. Fujimori, como já registrei, é um negociador frio, senti Alarcón no limite do desespero, porque ele não tem mais margem de manobra.

---

* Os dois presidentes compareceram à sessão especial sobre drogas da Assembleia Geral das Nações Unidas.
** As duas entidades associadas, sediadas em Nova York e voltadas às relações EUA-América Latina, organizaram um almoço em homenagem a Fernando Henrique.
*** Diretora da Tinker Foundation, instituição de fomento às relações EUA-América Latina.
**** Fundador da Americas Society.

Ontem voltei para cá. No avião conversamos com os deputados que me acompanharam e os senadores. O Tuma, o Mendoncinha [Mendonça Filho]* e o Elias Murad,** nada de especial a registrar.

Aqui, de manhã, vi os jornais. Estão mais calmos depois do susto que levaram por causa de Lula e com o que falei ao Frias e ao pessoal da Globo. Parece que estão distorcendo menos o que acontece. Não peço mais do que isso. Que não distorçam sistematicamente.

Agora vou conversar com Eduardo Jorge sobre o que está acontecendo com a campanha e, em seguida, vou ao Palácio do Planalto.

HOJE É QUARTA-FEIRA, DIA 10 DE JUNHO.

Como eu disse ontem, fui ao Palácio do Planalto à tarde e assinei o decreto regulamentando o Banco da Terra,*** depois uma longa cerimônia de entrega de credenciais. Tive um encontro com o senador Arruda e com o bispo [Carlos] Rodrigues,**** da Igreja Universal. Até pensei que o bispo fosse vir com alguma conversa que eu não pudesse escutar,***** mas não, foi mais a questão deles [evangélicos] serem levados mais a sério, que ninguém dá bola para eles, que eles fazem um grande trabalho social que não é reconhecido, esse tipo de coisa. Foi melhor do que eu imaginava.

À noite cheguei bem tarde em casa, porque fiquei trabalhando, despachando. Botei o pijama, jantei com a Ruth e caí na cama para dormir.

Hoje acordei cedo, falei duas horas pelo rádio,****** depois dei uma aula para os alunos do Instituto Rio Branco,******* em seguida fui ver o jogo do Brasil contra a Escócia******** em companhia do Eduardo Graeff, do Paulo Renato e do Serra. Ganhou o Brasil, 2 a 1, apertado.*********

---

* Deputado federal (PFL-PE).
** Deputado federal (PSDB-MG).
*** O decreto nº 2622, de 9 de junho de 1998, regulamentou a lei complementar nº 93, de 4 de fevereiro de 1998, que criou o Banco da Terra.
**** Articulador político da Igreja Universal do Reino de Deus e candidato a deputado federal (PFL-RJ).
***** Membros da cúpula da Universal e a TV Record haviam sido multados em R$ 265 milhões pela Receita Federal.
****** Em seu programa semanal *Palavra do Presidente*, transmitido pela Radiobrás, o presidente apresentou depoimentos de agricultores nordestinos atingidos pela seca que recebiam auxílio do governo federal.
******* Fernando Henrique discursou no almoço de formatura da turma de egressos do Instituto Rio Branco.
******** Partida de abertura da Copa do Mundo da França.
********* O time de Zagallo venceu com um gol de César Sampaio e um gol contra escocês num lance de Cafu.

À tarde ainda fui para o trabalho, recebi o Turra, ministro da Agricultura, com os programas de revitalização do setor.

Recebi o Toninho Drummond para discutir minha ida ao jantar com o João Roberto e com Antônio Carlos, que faz muita questão desse jantar. Já tive a conversa que precisava com o João Roberto, mas Antônio Carlos faz questão de ir reclamar da Globo. Eu só quero uma coisa: que eles não sejam facciosos na distribuição da informação Brasil afora, porque têm uma força imensa, formam opinião e estão formando uma opinião muito negativa.

A esse respeito, no rádio, hoje de manhã, percebi que há uma grande crosta contrária por parte dos comentadores. Muito contra o governo, contra tudo. Muito maior do que eu podia imaginar. Sinto uma reação grande, neste momento, da sociedade contra mim, como símbolo deste governo. Uma coisa repentina, como se (me vem à memória a teoria dos curtos-circuitos)* tivesse ocorrido um curto-circuito! Vamos ver como a gente faz para encapar de novo os fios. Não é fácil, é preciso ter muita calma.

Eduardo Jorge acaba de me dizer que a Febraban encomendou uma pesquisa ao Ibope, e deu que o Lula está só dois pontos atrás de mim, e que no segundo turno ganharia. Bom, é cedo para avaliar, mas tudo isso são sinais, e preocupantes.

Isso deixa meus aliados nervosos. Hoje passei o dia telefonando a vários deles. Sinto que continuam aflitos. Daqui a pouco, receberei o Álvaro Dias, candidato ao governo do Paraná, e sei que mais tarde virá o ministro dos Transportes, que é rápido no gatilho, deve ter percebido as dificuldades.

HOJE É DIA 12 DE JUNHO, SEXTA-FEIRA.

Álvaro Dias veio com pesquisas que eu já conhecia. Ele está à frente do Lerner em algumas delas. Veio me fazer um apelo: deixar de ser candidato ao governo e se candidatar ao Senado. Mas ainda está na dúvida. Eu disse: "Diante desses números, você não tem o direito de fazer apelo algum, você tem que refletir, deixa a cabeça pensar e veja bem no fundo do seu coração o que você quer". Informei também que nomeamos o Scalco coordenador político da campanha, pois Scalco é inimigo dele, e a pessoa que Scalco indicou para substituí-lo em Itaipu estava rompida com o Álvaro. Eu não sabia, só soube na hora de vir para o Palácio da Alvorada. Falei com o Scalco ontem e já acertamos que o substituto será outro.** Ficou mais ou menos bem a coisa no Paraná. Vamos ver como evolui.

---

* Fernando Henrique formulou a "teoria do curto-circuito" pela primeira vez em seu discurso de despedida da presidência da Associação Internacional de Sociologia, em Nova Déli, em 1986. O assunto é explorado em *O presidente segundo o sociólogo*. Segundo a teoria, as mudanças decisivas na sociedade contemporânea se dão por meio de eventos imprevisíveis e dramáticos de conflagração social, como o Maio de 1968 na França e a Primavera Árabe.
** Altino Ventura Filho.

Claro, o Zé Eduardo Andrade Vieira fazendo das dele para fingir que vai lançar um candidato a presidente da República, dizendo coisas disparatadas aos interlocutores e fazendo um pouco de marola, mas, fora isso, o Paraná está com o rumo definido.

Veio aqui também o ministro dos Transportes. O Eliseu Padilha está alerta aos problemas, conversamos muito. Ele se disse um pouco apreensivo com algumas informações equivocadas, não havia dados de que no Rio Grande do Sul tivesse havido uma catástrofe [eleitoral]. É possível que haja, mas na média a pesquisa que a *Folha* vai publicar provavelmente amanhã mostrará que nada mudou, fica em 33 a 30, antes era 34 a 30. Ou seja: não houve uma alteração significativa nos números gerais. Padilha tinha muitas ideias, como sempre.

Pedi que ele voltasse aqui hoje, sexta-feira, para conversar comigo e com Pedro Malan, Paulo Paiva e Eduardo Jorge, para vermos o que é realista fazer. Ele está interessado em ativar a construção civil, todo mundo fala em construção civil. Li um relatório que o Serra me deu (daquele rapaz que é amigo dele e está trabalhando com a Maria Emília [Mello de Azevedo]* na Sepurb e é o responsável pela política de habitação ou por boa parte dela)** e me causou surpresa. A quantidade de casas que fizemos é enorme, via Caixa Econômica, via Habitar Brasil,*** com dinheiro direto do orçamento. Eu nem sabia. É sinal de que os estados e municípios não falam que é verba federal. Temos o propósito de utilizar recursos para que a iniciativa privada retome a construção civil, isso tem efeito grande sobre o emprego. Então vamos conversar hoje à tarde sobre essa questão.

Padilha disse outras coisas sobre o PMDB, o que faz, o que não faz, noto que o próprio Padilha, como o Renan, estão mais inclinados a que o Itamar seja candidato em Minas, tudo no pressuposto de que ele não me ataque. Eu não acredito, acho que Itamar é incontrolável, está mordido porque não vai ser candidato a presidente. Itamar é de impulsos. Ainda assim, não quero me meter profundamente em Minas, relatei tudo isso ao Eduardo Azeredo, acho que estou entre a cruz e a caldeirinha, porque o Itamar se comportar direito é melhor para mim, o eleitorado dele é mais consistente do que o meu e a minha votação em Minas [sem ele contra] cresce. O Newton Cardoso, mesmo se comportando direito, me apoiando pelo conceito, não agrega muito e vai me prejudicar em certas camadas em Minas [que ficarão chocadas] com uma campanha a meu favor. Eu disse claramente que ter o Itamar comigo é melhor, mas não se pode querer tudo.

---

* Secretária de Política Urbana do Ministério do Planejamento.
** Edson Ortega, diretor de Habitação da Sepurb.
*** Programa de habitação popular lançado durante o governo Itamar Franco, com financiamento do BID.

Ontem foi feriado,* de manhã fui a uma solenidade da Marinha, era dia do almirante Barroso, distribui medalhas.** Antes disso, gravei para as rádios. Os locutores pareciam um pouco mais favoráveis, tanto no Amazonas quanto em Santa Catarina. Depois voltei para o Alvorada e gravei mais programas de televisão. Tive uma conversa com Paulo Renato por causa da greve dos professores de universidade, para ver como a gente encaminha essa questão. Paulo fez novas propostas, ele é fértil em ideias.

Passei a tarde mexendo nos meus papéis. À noite, depois de termos jantado com a Luciana, fomos ver um filme aqui, *Titanic*,*** até interessante na primeira parte; a segunda é meio chata, repetitiva. Estávamos eu, a Ruth, o Paulo Renato e a Maria Helena Gregori.

Hoje de manhã peguei o avião em Brasília e fui à inauguração da usina de Serra da Mesa,**** que me impressionou. É uma obra gigantesca, nós a fizemos neste governo para agregar uns 1300 megawatts. Hoje apertei um botão que gerou não sei quantos megawatts, apertei outro botão que inaugurou um usina no sul de Goiás, em Corumbá, outro tanto de megawattss, 375 megawatts***** ou coisa que o valha. Eu sei que só hoje foram 800 megawatts,****** o que corresponde, por exemplo, a tudo que Brasília consome de energia elétrica. Quando ficar pronto o projeto de Serra da Mesa, o do chamado Alto Tocantins,******* vamos ter duas Brasílias iluminadas. Faremos a interconexão do sistema elétrico brasileiro Norte-Sul, Nordeste, Norte, Centro Oeste, estamos fazendo as obras para tal. Tudo vai ser uma rede só, é um programa fantástico que o país não sabe. Aliás, muita gente mencionou em Serra da Mesa que o país não sabe o quanto o estamos modernizando.

Depois fui à cidade onde fica a usina de Serra da Mesa, acho que se chama Minaçu, havia muito entusiasmo, muita gente, umas 5 mil pessoas, num local coberto e nas ruas, clima de muita receptividade.

---

* Corpus Christi.
** Cerimônia do Dia da Marinha Brasileira. A data homenageia a vitória na Batalha do Riachuelo, em 11 de junho de 1865, no rio Paraná. A esquadra brasileira foi comandada pelo almirante Francisco Manuel Barroso da Silva.
*** Longa-metragem de 1997 dirigido por James Cameron.
**** Com capacidade de geração de 1275 MW, no rio Tocantins, norte de Goiás. O presidente inaugurou a primeira das três unidades geradoras (425 MW cada). A construção de Serra da Mesa começou em 1986 e foi concluída com uma parceria entre Furnas e uma operadora privada.
***** Fernando Henrique inaugurou remotamente a primeira das três turbinas da usina (125 MW cada), localizada no rio Corumbá, entre os municípios goianos de Caldas Novas e Corumbaíba. A construção de Corumbá se iniciou em 1982.
****** Isto é, 550 MW.
******* O projeto de aproveitamento hidrelétrico do Alto Tocantins inclui outras três usinas a jusante de Serra da Mesa, inauguradas nos anos 2000.

Voltei para Brasília, onde estou, e vou me encontrar no final da tarde com os ministros mencionados [Malan e Paiva] para discutir que projetos são viáveis ou não.

HOJE É DOMINGO 14 DE JUNHO. Como registrei, voltei na sexta-feira, tive de novo uma reunião com os ministros mencionados, viu-se que era possível fazer alguma coisa mais enérgica na área da habitação, pena não termos feito antes. É preciso ver o que fazer com o aval solidário* para agilizar o Proger e outros programas do governo para que as pessoas possam ter capital de giro, enfim, coisas de que se fala há algum tempo e nunca foram realizadas.

Agora, a área econômica se assustou e deixou de pensar só no grande, no macro. Não sei se há tempo para recuperar.

Ontem, dia 13, sábado, declarações desastradas do Brizola** dizendo que eu sabia o que acontecia no Banco Nacional porque o Paulo Henrique era casado com a Ana Lúcia e que, a despeito disso, recebi grossas somas do Banco Nacional. Não fui eu, foi na campanha, está registrado nos livros, foi em 1994. O Banco Nacional quebrou em novembro de 1995, tudo é fantasmagoria do Brizola, mas pode pegar o iluso. Só que não vou processar o Brizola, porque é tudo que ele deseja. Eu queria que algum líder dissesse alguma coisa contra, mas os nossos líderes são desinformados desses detalhes.

Passei o sábado com a Ruth, nada de especial na área política. Fiquei trabalhando no meu discurso para a convenção, não sei qual convenção, em que momento, em qual partido, mas trabalhei nele e ficamos conversando tranquilamente.

Hoje recebi o general Cardoso, que tem sempre informações. Ele é espírita e pessoas com quem está em contato possuem algumas informações na área da energia, esse tipo de preocupação.*** Conversei longamente com ele e com seus informantes, e agora vi a pesquisa da Folha. Dá empate técnico do Lula comigo no primeiro e no segundo turno,**** que é a novidade, não sei quanto isso é confiável.

Falei com o Britto por telefone ontem. A situação [eleitoral] do Rio Grande do Sul aparece como 46 a 26 e, em outras pesquisas feitas na região, a diferença é de seis pontos. É difícil saber, nesta altura, qual é a fidedignidade delas. Não que as

---

* Modalidade de garantia de empréstimos cuja responsabilidade é compartilhada entre todos os tomadores, associados em grupo. O governo estudava implantar o mecanismo para substituir a necessidade de avalistas e outras exigências financeiras para empréstimos a empresas.
** Candidato a vice-presidente pelo PDT na chapa de Lula.
*** Videntes pressagiavam uma seca de grandes proporções no Centro-Sul do país, que paralisaria a geração hidrelétrica.
**** Na pesquisa de 14 de junho para o primeiro turno, Fernando Henrique tinha 33% e Lula, 30%. No segundo turno, 45% a 44%.

pesquisas estejam manipuladas, mas depende muito do momento da informação. Não obstante, vê-se que está formado um quadro preocupante.

À tarde vou receber o Antônio Carlos, o Tasso mais o pessoal da equipe de marketing, com Nizan. À noite vou ter um encontro com Antônio Carlos e o João Roberto Marinho na casa do Toninho Drummond, para repetirmos a conversa que tivemos. É bom não no sentido de me apoiar, que seria contraproducente, mas de não se criar o clima de que está tudo mal.

Aliás, li hoje no jornal *O Estado de S. Paulo* um editorial mostrando, coisa que eu já sabia, que o Nordeste está crescendo mais depressa que o resto do Brasil. *O Globo* também diz isso. O progresso que houve nesses anos estava escondido. Iluminadas apenas as dificuldades, que são seculares, ficando em cima de mim a culpa da poeira dos séculos.

Vamos enfrentar essas eleições em condições muito mais adversas do que jamais imaginei, porque houve a seca e também porque temos de novo turbulências no Japão.* Sabe Deus o que vai acontecer.

A mim preocupa gravemente o que ainda possa ocorrer no plano internacional, porque os espasmos atuais são precursores de uma depressão, uma coisa mais séria. Eu acho isso. Enfim, que fazer a esta altura senão enfrentar? Vamos ganhar as eleições, se ganharmos, em condições difíceis, e não será aquela vitória que reforçará o poder político; vai ser uma vitória arranhada e depois vamos ter que enfrentar turbulências; resta saber se vale a pena tudo isso. Mas agora é tarde para essa indagação.

HOJE É DIA 18 DE JUNHO, QUINTA-FEIRA, são oito e meia da manhã. É dia do meu aniversário.** Acordei às seis horas, estou aqui sozinho porque a Ruth foi para São Paulo. Vou para São Paulo ao meio-dia. Dormi cedo ontem, sempre preciso dormir mais do que cinco, seis horas.

Essa semana, como foi? Foi bastante mais animadora, digamos, por algumas razões.

Primeiro, na segunda-feira, além dos despachos normais, gravei um programa com a Miriam Leitão*** e depois fui a Tucuruí e Altamira, no Pará. Os jornais registraram, a televisão também, uma festa bastante receptiva não só porque havia muita gente — umas 10 mil pessoas numa festa, na outra entre 30 mil e 40 mil — mas, sobretudo, porque na rua a cara das pessoas, o sorriso, o ar de apoio me deram energia.**** Além do mais, fizemos uma coisa importante: a linha de Tucuruí está ilu-

---

* Na véspera, o iene atingira sua cotação mais baixa em oito anos, causando queda generalizada nas bolsas asiáticas e mundiais.
** Fernando Henrique completou 67 anos.
*** Programa *Espaço Aberto*, da GloboNews.
**** No discurso em Tucuruí, Fernando Henrique prometeu acabar com o desemprego: "Assim

minando toda a região da Transamazônica, estamos duplicando [a energia de] Tucuruí.* Isso vai começar agora, e também a eclusa,** que permitirá a navegabilidade dos rios Tocantins e Araguaia praticamente nas proximidades de Brasília até Belém do Pará. É uma coisa realmente importante.

Voltei às onze e meia da noite. Na ida foi comigo o [Jarbas] Passarinho, encontrei-o um pouco mais alquebrado, mais envelhecido, foi também o Jader, os ministros da área dos Transportes, lá estava o Raul Jungmann, que fez um bom discurso, aliás todos fizeram, o pessoal dos assentados deu depoimentos. Encontrei em Altamira uma situação hospitalar lamentável, os médicos da Presidência que foram ao hospital disseram que não há anestesista, não havia coisas elementares. O Serra já tinha demitido, segundo me disse Almir Gabriel, o responsável pela Funasa local, que era ligado ao PFL do Pará e que, segundo o Almir, era um corrupto. Devia ser mesmo porque a coisa era lamentável.

Na terça-feira, dia 16, dei uma entrevista na rádio de manhã, aqui no Alvorada; tenho feito isso de forma um pouco sistemática. Dou entrevistas duas ou três vezes por semana, falo com seis, sete, oito rádios em toda parte do Brasil, e é muito interessante, porque é possível a gente sentir, através do comunicador, o clima que anda reinando pelo país.

No Rio de Janeiro, clima pesado: "neoliberalismo", esse tipo de coisa, "desemprego crescendo", "o Estado se retraindo", "dívida". No interior, varia. Por exemplo, vi no Mato Grosso um clima melhor, em São Paulo, Ribeirão Preto, um clima melhor. Já falei com muitas cidades, e é bom, porque dou explicação direta, gosto de rádio. Isso eu tenho feito e vou continuar fazendo até que a lei me proíba. A partir de certa data não poderei mais.***

Pela manhã, recebi também o deputado Maluly Neto, que veio falar sobre questões relativas ao álcool. É uma dor de cabeça, nunca conseguimos resolver o programa do álcool. Sempre fui favorável a que se mantivesse um programa de energia alternativa, mas o governo não o equaciona bem, a Petrobras é muito resistente, o Ministério da Fazenda também, por causa do preço elevado do álcool, e do outro lado há 500 mil pessoas trabalhando no álcool, além disso há todo o Nordeste e o preço diferenciado da produção no Nordeste e no Sul... enfim, é complicado.

---

como nós, juntos, derrubamos a inflação, eu não tenho medo de dizer que nós vamos derrubar o desemprego, juntos, fazendo a reforma agrária pacífica [...], sem demagogia, sem saque".

* O presidente inaugurou o Tramo-Oeste da Eletronorte, linha de transmissão estendida ao longo do traçado da rodovia Transamazônica.

** Foram reiniciadas as obras da segunda eclusa da barragem de Tucuruí, paralisadas desde o início dos anos 1990. A eclusa foi concluída em 2010.

*** O limite estabelecido pela Lei Eleitoral de 1997 é de três meses antes do pleito. Em 1998, 4 de julho.

Agora o Maluly reclamou que as grandes distribuidoras não estão comprando dos produtores e os produtores estão reclamando que o preço futuro do governo seria 41 [centavos por litro] e os produtores estão vendendo a menos de 30. Acontece que eu falei com o Clóvis e o Clóvis conversou com o Sérgio [Prado],* irmão da Lúcia Prado, e o Sérgio, que produz no interior de São Paulo, diz que 18 ou 19 é o custo de produção, portanto 30 está bom. É difícil saber.

Acabou de entrar aqui o Martins, que é o garçom-chefe, para me felicitar. Aliás, todo pessoal de serviço está me felicitando com muita simpatia aqui no Palácio, pelo meu aniversário.

Ainda na terça-feira 16, recebi o Fernando Bezerra com o Artur Donato** e com o Zé Pastore [José Pastore],*** eles vieram trazer uma proposta para uma questão de relações de trabalho e também dizer do apoio que vão dar.

À tarde houve o jogo do Brasil com o Marrocos,**** assisti aqui com vários ministros: Serra, Paulo Renato, Eduardo Graeff, Bresser.

À noite tive um encontro no Alvorada com uma parte do comando da campanha.***** Reunião tensa porque estavam o Scalco, o Eduardo Jorge, o Teotônio, o Antônio Carlos, o Jorge Bornhausen e o Padilha, enfim, um esboço de comando de campanha. O problema é que o PSDB está criando muitas dificuldades nas alianças. Como no Maranhão, por exemplo, o Jaime Santana****** insiste em atacar a Roseana — não é ele, é o grupo todo —, [Sebastião] Madeira******* também atacou no programa de televisão do PSDB, isso às vésperas da reunião do diretório do partido e da convenção, na qual preciso do Sarney. É realmente uma insensatez. Além disso, eles querem apoiar o [Epitácio] Cafeteira.******** Ora, entre a Roseana e o Cafeteira, não há dúvida que prefiro a Roseana, que é boa governadora. Mas não é só lá. O PSDB fez aliança com o PPS em Brasília, o Arruda fez isso, o próprio Tasso está amarrado com o Ciro, vai ser uma confusão danada e não se sente que o par-

---

* Usineiro e representante da União da Indústria de Cana-de-Açúcar (Unica) em Ribeirão Preto.
** Vice-presidente da CNI.
*** Professor de economia da USP.
**** Brasil 3 x 0 Marrocos, em Nantes, com gols de Ronaldo, Rivaldo e Bebeto.
***** Assim se estruturou o comando da campanha à reeleição de Fernando Henrique: no conselho político, Euclides Scalco, Teotônio Vilela, Jader Barbalho, Jarbas Passarinho e Jorge Bornhausen; Eduardo Jorge, coordenador operacional; Euclides Scalco, coordenador político; Carlos Pacheco, coordenador do programa de governo; Luiz Carlos Bresser-Pereira, tesoureiro. Subordinados a Jorge, o coordenador de imprensa, Antônio Martins; o coordenador de marketing, Nizan Guanaes; Antonio Lavareda, pesquisas; e Pedro Paulo Poppovic, material de propaganda. Havia ainda um "conselho político informal", composto de Scalco, Jorge, Tasso Jereissati, Eliseu Padilha, Antônio Carlos Magalhães, José Serra, Paulo Renato Souza, Marco Maciel e Marcelo Alencar.
****** Deputado federal (PSDB-MA) e membro da executiva do partido.
******* Deputado federal (PSDB-MA).
******** Candidato a governador pelo PPB.

tido esteja num bom momento, por falta de comando. Vamos levando e o Teo, o Teotônio Vilela, é uma pessoa correta, ótima, fico até com pena de ter pressionado tanto o Teo, o que nem é justo.

Ontem, quarta-feira, dia 17, fiz de novo as entrevistas de rádio e depois fui à cerimônia do Dia do Diplomata:* discurso, recepção de pessoas, entrega de medalhas e tal.

Depois do almoço no Itamaraty, solenidade sobre as rodovias BR-050 e BR-153, uma duplicação que vai fazer a conexão de todas essas rodovias centrais entre São Paulo e Minas, e de Minas com o Centro-Oeste, uma coisa importante.** O Mauro Miranda organizou de um lado e o Odelmo Leão de outro. Foi muito bom, presença muito grande de gente dessa região, uma festa agradável.

Ouvimos o Turra, ministro da Agricultura, e em seguida anunciei as novas bases de financiamento da safra agrícola.*** São muito boas. Hoje de manhã, ouvi o [Luiz] Hafers**** falando que "não comparando com o passado, mas no futuro, em vez de produzir 80 milhões de toneladas [de grãos], devia-se produzir 150...".***** Contrastado com o ideal, com a maravilha, tudo é pouco, mas ele não disse que a taxa de juros caiu, que os juros do produtor rural é 8,75% e que os juros do produtor familiar, mais pobre, é 5,75%, que são os juros mais baixos desde os anos 1970. Acho que a repercussão da questão dos juros foi boa.

À noite tive novamente um encontro no Alvorada, dessa vez com Jorge Bornhausen, [Alcides] Tápias, ****** Jorge Gerdau e Emílio Odebrecht. Todos aflitos com as eleições, para saber como articulavam o esforço empresarial para ajudar a criar um clima de mais otimismo. Gerdau até propôs que eles não demitissem mais ninguém. Vê-se que há um começo de virada.

É certo que ontem, quarta-feira, o Congresso votou e derrubou uma coisa simbolicamente importante, o redutor de aposentadoria para quem ganha salários altos.******* O redutor poderia chegar a 30%, mas isso seria difícil, porque muitos

---

* Cerimônia de entrega da Ordem de Rio Branco, comenda diplomática atribuída pelo governo brasileiro a personalidades com serviços meritórios em diversas áreas. Entre os condecorados de 1998, estiveram o escritor Paulo Coelho e o presidente da Firjan, Eduardo Eugênio Gouvêa Vieira. A cerimônia geralmente é realizada no Dia do Diplomata, em 20 de abril, mas fora adiada por causa da visita de Estado de Fernando Henrique à Espanha.
** Audiência com a Comissão Especial do Corredor Centro-Leste, projeto de duplicação do eixo rodoviário SP-MG-GO.
*** Lançamento do Plano de Safra 1998-99.
**** Presidente da Sociedade Rural Brasileira.
***** A safra de grãos 1998-99 foi de 82,5 milhões de toneladas. A marca de 150 milhões de toneladas foi atingida em 2010.
****** Presidente do conselho de administração do grupo Camargo Corrêa.
******* O governo perdeu na Câmara a votação do destaque para estabelecer um redutor de até

funcionários já tinham trabalhado bastante tempo. De qualquer maneira, privilégio no Brasil não se derruba, é duro. Do ponto de vista da economia para a Previdência, é muito pouco, mas do ponto de vista simbólico seria um passo para mudar esse sistema de tantos privilégios para os funcionários públicos, e para os graúdos, porque de 1200 reais [de pensões] para baixo não haveria redutor. Ainda assim o Congresso, a chamada base do governo, por dois votos derrubou [a proposta].

Chantagem também em Santa Catarina. Eu, no começo, tinha boa impressão do governador, mas estou vendo que realmente deve ter se emitido precatório, porque a cada eleição ele vem aqui querendo que o BNDES, que o Banco do Brasil [deem socorros]. Acabei de falar pelo telefone com Padilha, pedindo que esquecesse esse assunto, já fui até acusado injustamente pelo Itamar de ter comprado o apoio de Santa Catarina na convenção do PMDB, coisa que não fiz nem farei; mas eles votaram contra [o projeto do redutor], porque é assim: eles votam contra porque não vêm o interesse nacional.

À noite, o Eduardo Azeredo me telefonou, ele tinha estado comigo à tarde na solenidade das BRs 050 e 153, para dizer que provavelmente o próximo Vox Populi, pelas informações do Marcos Coimbra, vai dar uma diferença grande a meu favor. Vou ficar parece que com 34 ou 35 e o Lula com 27 ou 28. Vamos ver se é verdade, mas o sinal é bom. Se isso acontecer, reforça nossa chance de levar adiante as reformas e tudo mais.

O clima hoje ainda é de relativa indecisão, melhorando um pouco. Brizola disse muita besteira, o Ciro foi oportunista, vi na telinha do computador que havia uma carta dele a mim, não sei se mandou mesmo, dizendo que o que me restava de escrúpulos...* Se ele fez isso, vou devolver, dizendo que carta de oportunista, de carreirista, não merece minha atenção.

O clima desse pessoal mais espevitado, certo de que já ia para o governo, está assim. Encontrei o Cristovam Buarque na festa do Itamaraty, e o Cristovam, que é uma pessoa que respeito e de quem gosto, reclamou o dinheiro do Ministério da Fazenda [que não libera as verbas]. Ele disse: "Você sabe que esse pessoal [da oposição] não é capaz de governar o Brasil, mas eu não posso dizer isso". Eu sei que ele não pode dizer, mas ele sabe que não dá para governar o Brasil na base de Brizola, Lula, dessa alegria geral de gente que está dando marcha a ré. Temos que seguir no rumo e estou confiante de que vamos seguir.

30% sobre a aposentadoria de funcionários públicos na faixa salarial acima de R$ 1200,00 (já aprovado em primeiro turno). O resultado foi de 306 a favor do redutor e 151 contra, quando seriam necessários 308 votos para aprovação. Desse modo, o funcionalismo do Executivo federal e os magistrados preservaram o direito à aposentadoria integral.

* Em entrevista ao *Jornal do Brasil*, Ciro Gomes acusou o presidente de se valer dos contatos com donos de redes de televisão para limitar suas aparições em programas de entrevistas. "Fernando Henrique está revelando uma falta de escrúpulos chocante", disparou o candidato do PPS, que anunciou o envio de uma carta a Fernando Henrique sobre a suposta intervenção presidencial na mídia.

19 DE JUNHO A 2 DE JULHO DE 1998

Ainda o PMDB. Convenções dos partidos aliados. Alianças estaduais. Greve nas universidades. Prorrogação da CPMF

Hoje é sexta-feira, dia 19 de junho.
Ontem fui a São Paulo passar meu aniversário lá. Antes recebi o Pedro Malan com o Stanley Fischer, que é hoje quem manda no FMI. Ele é o segundo do Camdessus, mas quem tem mais influência, aliás com razão, porque é um homem preparado tecnicamente, competente.

O que houve nessa conversa? Stanley fez um panorama do que está acontecendo no mundo. Disse que estava preocupadíssimo até o momento da decisão americana de se juntar aos japoneses para defender o iene, que foi correta e forte.* Porque se o iene caísse, isso afetaria definitivamente a Ásia, a China não teria condições de segurar a moeda, afetaria Hong Kong, teria consequências nos Estados Unidos e nós entraríamos numa situação muito delicada, a começar pela Rússia, que tem fragilidades grandes. A Rússia possui uma liderança técnica competente, mas não uma liderança política. A Duma** está na mão dos antigos comunistas e o Iéltsin é o Iéltsin, uma pessoa que não dá para saber bem o que vai fazer, que acabou de nomear um primeiro-ministro jovem e com pouca experiência.***

Stanley tem medo, por essas razões, do que aconteça na Rússia, que está pedindo mais dinheiro ao Fundo Monetário. Tem medo de que seja um saco sem fundo, se os russos não tomarem as medidas necessárias, e teme que não as tomem. Disse que será injusto com o Brasil, e ele conhece o país, porque haverá a consequência de contágio aqui se acontecer alguma coisa na Rússia. Embora reconheça o que fizemos no Brasil, não apenas salvamos a situação econômica do país, mas também a do Mercosul — são palavras dele —, acha que o impacto foi mundial.

Isso dito, vê-se que a situação mundial continua preocupante, como tenho registrado várias vezes, embora sem informações técnicas tão precisas quanto as do Fundo Monetário. Preocupante e que vai se arrastar por algum tempo. Stanley Fischer mencionou algo até mais arriscado. Ele acha que nos próximos dois meses pode ocorrer "alguma coisa". Se não ocorrer, estamos salvos. Acrescentou: tomara que seja só depois de dois meses porque [se ocorresse em] dois meses seria antes

---

* Os governos japonês e norte-americano se coordenaram para intervir no mercado de câmbio. Com a consequente subida do iene, o índice da Bolsa de São Paulo disparou 7%, seguindo o clima de alívio dos mercados mundiais.
** Câmara baixa do Parlamento russo.
*** Serguei Kirienko, 36 anos, durou apenas cinco meses à frente do gabinete russo.

das eleições, e nesse caso seria um problema gravíssimo para todos nós. Ele também sabe que não há muito o que fazer.

Com relação ao Brasil, ponderações dele: *exposure*,* nossa dívida externa** está crescendo muito, não a dívida pública, mas a privada; ele acha que precisamos olhar para esse lado e para a questão fiscal. Aí eu e o Malan explicamos — Malan explicou com mais detalhes — a situação fiscal real, para que ele não se assustasse além do limite. Na sua opinião, o Brasil teve um avanço grande ao sanear o sistema financeiro, e que isso torna a situação do Brasil muito diferente da situação da Ásia. Ou seja: o Proer e nossa coragem de fechar bancos privados e continuar limpando os estaduais é o que tem dado ao Brasil uma melhor posição hoje.

Esses são os pontos principais a guardar da conversa com Stanley Fischer.

À noite, em casa [em São Paulo], Giannotti, Luiz Meyer e a Regina, o Serra, o Boris e a Cinira, mais o pessoal da família, foi agradável. Tomamos bons vinhos, conversamos bastante, dei informações sobre as pesquisas [eleitorais], que melhoraram, todo mundo gosta de ouvir, estavam todos assustados, não sei até que ponto elas melhoraram mesmo, nem sei se é coisa a ser considerada, se já há um sinal mais consistente, mas, enfim, dá certa desanuviada.

Vê-se que os jornais, depois do susto que levaram, deixaram de fazer do pessimismo a matéria cotidiana e estão apresentando não só as dificuldades, mas também algumas alternativas.

Antes de ir a São Paulo, recebi um telegrama do Jader. Ele mais o Geddel e o Padilha foram ao aeroporto conversar comigo sobre a situação do PMDB, porque eles não conseguiram derrubar o Paes. Estavam todos exaltados e me sugeriram que eu liberasse o PMDB, porque acham que o Paes vai sabotar a convenção.

Fiz uma declaração nessa direção, dizendo que tenho muitos amigos no PMDB, que gostaria de ter apoio, mas que não quero servir de pretexto para o PMDB se desgastar mais perante a opinião pública com essas atitudes em que uma minoria se antepõe à vontade da maioria de maneira tão férrea. Esse também é um gesto arriscado. O Sarney escreveu hoje um artigo na *Folha*, típico, atacando o Plano Real; no fundo, ele tem a dor de cotovelo do Real pelo contraste com o Plano Cruzado. Não que o plano fosse mau, mas ele não teve a audácia de enfrentar a situação fiscal e deu no que deu. Diz que eu fico falando de globalização, que eu tinha todas as condições para segurar o real de outra maneira, [critica] a taxa de juros, entra nessa cantilena neopopulista, como agora dizem ao referir-se ao Lula.

Sarney pode ser candidato, mas não vai ser, porque não tem condições. Acho que Itamar, a esta altura, não volta mais a essa candidatura [presidencial], pode

---

* Proporção da dívida externa atrelada a títulos de curto prazo cotados em dólar.
** Em dezembro de 1997, a dívida externa total do Brasil era de US$ 200 bilhões, dos quais US$ 127 bilhões do setor privado.

ocorrer o pior, o Requião se embandeirar a ser candidato só para me atacar, para destruir tudo. Não sei.

De qualquer maneira, acho — foi o que eles me disseram — que o lado que está favorável a mim tem força se não para vencer, pelo menos para tirar número da convenção a fim de que ela não se realize. O quadro é ruim no PMDB.

Isso foi ontem, dia 18. Hoje voltei para Brasília e já tive uma longa conversa com Scalco sobre o começo da campanha, as situações políticas estaduais, o trivial que vai ser pesado nas próximas semanas.

Sobre este dia 19, nada de mais especial. Lancei o Programa Nacional Antidrogas,* fiquei despachando no Palácio da Alvorada e conversei com Eduardo Jorge e com o Bresser.

Conversei por telefone com Eliseu Padilha, que me disse que a revista *IstoÉ* vai lançar uma pesquisa para entusiasmar o Sarney a ser candidato pelo PMDB, mostrando que ele divide votos aqui e ali. O Sarney escreveu um artigo hoje na *Folha*, já referido, em que dá asas a que seja possível imaginar que ele venha a ser candidato a presidente da República. Eu disse ao Padilha que se o Sarney quiser ser candidato, que seja. Duvido que se lance, porque perde a cadeira senatorial no Amapá, que ele tem garantida. Mas é um zigue-zague permanente.

Também falei com Hargreaves, que estava preocupado com o encontro que terei no domingo com Hélio Garcia. Em Minas já falam do Hélio como candidato ao governo. Falei com o Paulo Paiva, que me esclareceu que isso não tem a menor viabilidade e que o Hélio Garcia tinha tido uma excelente conversa com o Itamar, com quem ele está querendo compor. Ele provavelmente não será candidato a nada. Fiz uma ligação ao Hargreaves para esclarecer a questão. A política do disse me disse, da intriga, que é o cotidiano, é uma perda de tempo enorme e na verdade só leva a uma ou outra irritação eventual. Mas isso faz o gozo das almas de alguns políticos.

HOJE É DOMINGO, DIA 21 DE JUNHO.

Ontem, sábado, fui de manhã à cidade de Rolândia, no Paraná, para a comemoração dos noventa anos da vinda dos primeiros imigrantes japoneses.** Reunião muito simpática, muita gente, o Lerner lá.

Voltei e fui a três convenções: a do PPB, com Maluf; a do PFL, com Antônio Carlos, Jorge Bornhausen e Marco Maciel; e a do PSDB.***

---

* Cerimônia de assinatura da MP 1669/98, que criou o Conselho Nacional Antidrogas e a Secretaria Nacional Antidrogas. A primeira versão da Política Nacional Antidrogas foi publicada em 2002.
** A cerimônia aconteceu no Centro Agrícola de Rolândia, com a presença do chanceler japonês, Keizo Obuchi.
*** As convenções do PPB e do PFL, que ratificaram o apoio à reeleição de Fernando Henrique, aconteceram no Congresso. A reunião nacional do PSDB ocorreu na Escola de Música de Brasília. A coli-

Com Maluf aconteceu o que eu já imaginava, ele levantou meu braço na convenção [do PPB], isso vai sair em toda parte, ele não vai à do PSDB, para evitar vaias, por isso eu não quis fazer festa única [de todos os partidos], porque haveria onda para cá e para lá.

No PFL foi mais conceitual, reunião tranquila.

A do PSDB foi entusiasmada, uma boa convenção. Li meu discurso, repercussão pequena, afinal eram seis da tarde de um sábado, mas a repercussão geral no PSDB foi boa, na mídia e na TV também.

Hoje passei a manhã tirando fotografias para a campanha. Quatro horas de poses incessantes, cansativo.

Depois recebi o Jader Barbalho com Eduardo Jorge e o Padilha, para me contarem das dificuldades do PMDB, como eles estão, como não estão, como é que vão fazer, tentando anular para cá e para lá, e também a questão de Minas. Eles queriam que eu falasse com Newton Cardoso; segundo me disseram, ele está esperando um telefonema meu para desistir em favor do Itamar. Acho isso muito difícil. Vou me encontrar daqui a pouco com o Hélio Garcia. Já falei ao Eduardo Azeredo desses encontros, foi ele quem pediu, e a minha posição vai ser, se eu falar com o Newton — isso ainda nem é certo —, dizer o que já disse antes: a decisão é dele, não entro nessa história, não atrapalho, mas também não sou responsável por ele desistir da candidatura. Primeiro vou conversar com Hélio Garcia daqui a instantes.

HOJE É 23 DE JUNHO, TERÇA-FEIRA.

Minha conversa com o Hélio Garcia foi longa e inconclusiva. Ele me disse que vai falar com Itamar. Contou a conversa dele com Newton, que tampouco foi conclusiva. O Hélio acha que todas as candidaturas em Minas são frágeis, inclusive a de Eduardo Azeredo, por quem ele não tem muita simpatia; falou até mesmo que Eduardo não teve cuidado com o genro dele. Ele me deu a sensação (o Paulo Paiva também) de que não estava entusiasmado em encontrar-se com Itamar no dia seguinte, embora isso ajudasse o Eduardo. Disse que precisava sondar o que estava acontecendo. Depois falei com Pimenta no telefone, que me disse que também iria sondar com Itamar uma candidatura ao Senado, para ver as chances. Os mais maldosos imaginariam que ele [Garcia] quer ser candidato a governador, eu não creio nisso.

Tudo isso foi relatado depois ao Marcelo Alencar, com quem me encontrei. Eu disse que falaria com Cesar Maia, com quem estive de fato, conversa rápida, amena, o Cesar falou apenas sobre segurança pública, saúde e emprego (os temas dele). Gostaria que o governo federal apoiasse esses temas — não há dúvida sobre

---

gação de Fernando Henrique e Marco Maciel também contou com o PTB e o PSD. Dividido, o PMDB ofereceu apoio informal.

a necessidade disso — garantiu que não vai mais bater no candidato atual do Marcelo [Luiz Paulo Corrêa da Rocha]. Para a candidatura ao Senado, está pensando em alguém; mencionei o nome do Moreira. Falei disso com o Eduardo Eugênio e com a Celina [do Amaral Peixoto]. Os dois querem, Marcelo também, Moreira [Franco] como candidato, apesar da candidatura do Márcio Fortes.* Se Moreira for candidato, Marcelo ficará com Moreira.

Depois recebi gente da minha campanha, à noite tive um coquetel onde contei ao Marcelo a conversa com o Cesar Maia; o Marcelo teve boa reação.

Voltamos para Brasília, era dia de jogo do Brasil, perdemos por 2 a 1 para a Noruega,** foi pena, jogaram mais ou menos. Durante o dia todo fiquei aqui, tive programa de rádio, recebi os grão-mestres da maçonaria que me apoiam, depois alguns ministros, como o Krause, que veio para falar da seca na área sul da floresta amazônica. Recebi incessantemente ligações: Serra reclamou dos recursos para a Saúde, como faz habitualmente, deveriam estar liberados, de fato não foram, também porque ele quer bastante.

Recebi o Paulo Renato, discutimos como resolver a votação de um projeto para um aumento dos professores universitários.***

E mais telefonemas, incessantes, sobre a questão mineira. Finalmente o Newton Cardoso. O Bornhausen veio conversar comigo. Eu disse que talvez fosse o caso de apertar o Francelino [Pereira] para ele se juntar ao Eduardo. Alguém tinha me dito à noite, no dia em que Hélio Garcia veio aqui, que ele achava que o Newton teria me dito que não ia fazer acordo. Enfim, uma confusão danada. Depois que recebi essa informação, eu a transmiti ao Paulo Paiva, que acabou de me telefonar, agora quase meia-noite, para dizer que a confusão é grande e que o último dado é que Francelino Pereira seria o vice do Itamar e o Newton Cardoso se candidataria a senador; ninguém sabe ao certo. Disse também que o Clésio Andrade estaria meio aborrecido porque queria ser o candidato.

Falei também com o Pimenta, que me deu conta desse boato, pedi que transmitisse ao Eduardo Azeredo o que eu sei. Falei depois, de novo, com o Marco Maciel, dizendo que seriia bom ver como vai ficar o PFL em Minas, de repente pode ficar numa posição difícil, porque se o Hélio Garcia se lançar candidato ao Senado ele faz um acordo em branco com Itamar e o pessoal do PFL vai espirrar. Nesse caso, seria melhor continuar com o acordo com Eduardo. É tudo muito confuso. A sucessão em Minas é a mais delicada de todos os estados do Brasil.

* Fortes se candidatou a deputado federal pelo PSDB-RJ.
** Bebeto marcou o gol brasileiro na última partida da primeira fase da Copa, em Marselha. O Brasil perdeu de virada.
*** A greve universitária já somava 86 dias, a mais longa da história até então. Os professores exigiam a reposição de perdas salariais, mas obtiveram do governo uma gratificação de estímulo à docência.

Hoje ainda é dia 23, agora quase meia-noite. O dia transcorreu como têm sido todos esses, com muita agitação.

De manhã fui a São Paulo, para o lançamento de uma programação.* Mário Covas presente, íamos ter um encontro, não tivemos, mas foi tudo bem.

Depois voltei para cá e fui ao Planalto, trabalhei bastante.

Estive com Montoro, ele reclamou de uma medida provisória que permite o trabalho do comércio [aos domingos],** projeto caro ao Israel Vargas, velho amigo meu.

Despachamos sobre várias matérias, tudo rotina.

O Congresso não teve número para votar a lei que reajusta o pessoal das universidades, Paulo Renato está aflito, falou comigo hoje à noite. A oposição não deixou votar.

Professores em greve, sem falar conosco, greve de fome,*** d. Lucas Neves falou com Paulo Renato, que lhe passou uma descompostura — embora a descompostura do Paulo deva ser gentil —, apelando a d. Lucas e à CNBB. Recebi também a informação de que o papa resolveu levar d. Lucas para Roma.**** Se ele for embora, penso que quem vai ficar aqui é um bispo da ala mais dura. D. Lucas é considerado conservador, mas o que ele é mesmo é impotente com todo tipo de loucura que aparece na CNBB.

À noite, jantei com o pessoal da RBS, para ver como estava a situação no Sul. Parece que são muito favoráveis [a mim], dentro da correta independência jornalística. Eles têm um papel grande lá e, se não fizerem campanha contra [já é bom], e não vão fazer.

Conversei agora, tarde da noite, com o ministro Padilha. São muitas confusões mineiras adicionais. Agora parece que o Hélio vai ser candidato pela chapa do PMDB, em uma combinação com Itamar. Como eu já tinha imaginado, há problemas na executiva do PTB com Zé Eduardo, que ficou muito sem jeito porque transmitiu ao partido dele uma versão do encontro que teve comigo completamente diferente do que houve. Mas vai continuar me apoiando, foi apenas um pouco de diz que quer mas não quer, essas coisas habituais em nossa política.

Conversei muito a respeito do PMDB com Padilha. Soube que o Britto vai se licenciar para assumir a campanha, ainda muita confusão no PMDB do Rio Grande do Sul.

A Roseana me telefonou dizendo que o pai ia mandar uma carta ao PMDB desistindo mesmo de ser candidato, e que ela desistiu do PSDB. Vou mandar Eduardo

---

* Cerimônia de entrega de chaves de apartamentos do conjunto residencial São Cristóvão, em Osasco, na região metropolitana de São Paulo, construído em parceria pelos governos estadual e federal.
** MP 1620-34/98, baixada em fevereiro de 1998.
*** Dezesseis docentes da UnB estavam em greve de fome desde 15 de junho para pressionar o governo a conceder o reajuste salarial da categoria.
**** O cardeal-arcebispo de Salvador foi designado para o cargo de prefeito da Congregação para os Bispos, no Vaticano. Seu sucessor no comando da CNBB foi o bispo de Pelotas, d. Jayme Chemello.

Jorge à convenção dela da sexta-feira, para mostrar que minha posição é clara a favor dela.

Saiu hoje um novo Ibope em que a minha diferença para Lula passou para 8 pontos e, no segundo turno, para 10 pontos.*

O Copom se reuniu, baixou a taxa básica de juros para 21% ao ano; é uma boa sinalização e ainda dá para fazer umas duas desvalorizações até outubro.

HOJE É 25 DE JUNHO, QUINTA-FEIRA, são onze horas da noite.

Acordei, fiz duas horas de programa de rádio, bem melhores do que as iniciais, os comunicadores mais abertos.

Nadei e fui para uma cerimônia com o Serra e alguns ministros, um convênio sobre a saúde da mulher.** Serra fez um bom discurso e eu soube que, à noite, o *Jornal Nacional* deu as notícias com ênfase.

Voltei para casa, almocei com as colunistas Dora Kramer, Tereza Cruvinel, Cristiana Lôbo, a do *Correio Braziliense* mais o Valdo Cruz. Conversa viva, o problema maior é que eu seria responsável por minguar o PSDB.*** Expliquei o que se passa, mostrei que não havia nada disso, espero que elas tenham percebido que jogam nos meus ombros culpas que não tenho.

Falei com Eduardo Azeredo, que disse que o PFL vai ficar com ele, o que vai equilibrar mais a parada com Itamar. Montenegro me telefonou dizendo que acha que Itamar ganha em Minas. Não é essa a sensação do Pimenta, eu não sei o que vai acontecer, mas sei que, pelo Vox Populi, minha diferença com Lula em Minas foi para 11%. Também as pesquisas do Ibope foram boas.

Recebi d. Lucas Neves que, como eu já disse, foi nomeado para Roma e estava muito feliz com isso, vai ser o prefeito da Congregação dos Bispos; também foi nomeado bispo de uma diocese em Roma,**** são sete bispos de Roma cardeais. Está muito feliz e *papabile*, como ele mesmo insinuou. Reclamei da CNBB, e ele disse que a CNBB não tem mais salvação, a deriva é muito grande. Dá por perdida a CNBB, via assessores. É curiosa essa observação, vinda do presidente da entidade! Se eu dissesse aos jornais, o que não farei, ninguém ia acreditar.

Depois disso, discussões de matéria administrativa com Clóvis e com Dante de Oliveira, que é candidato à reeleição em Mato Grosso e tem algumas reivindicações.

* No primeiro turno, 36% a 28%. No segundo, 48% a 38%.
** Cerimônia de assinatura de convênios sobre o sistema de emergências e atendimento a gestantes de alto risco no SUS.
*** O presidente foi acusado por setores do PSDB de privilegiar alianças eleitorais com outros partidos em detrimento dos candidatos tucanos.
**** Diocese de Sabina-Poggio Mirteto, uma das sete dioceses suburbicárias de Roma.

Longo despacho com o Vargas, enfim a rotina da vida de presidente da República, voltei para casa.

Recebi Álvaro Dias, que desistirá mesmo de ser candidato ao governo e vai ao Senado. Mandei uma carta que Rafael de Almeida Magalhães rascunhou, dizendo que entendia o gesto e que haveria um "novo ciclo dele em Brasília". Eu me referia ao Senado, ficou um pouco ambíguo, ele vai ter a sensação de que o quero como ministro, vai ser uma dor de cabeça. Não é o que está dito na carta, expliquei-lhe que se tratava do Senado, mas as palavras vão embora, *verba volant*.

Também falei com [José] Eduardo Andrade Vieira, que disse que o PTB continua rebelde, as bases, não sei o quê. Estou ficando cansado desse lenga-lenga, apoia para cá, não apoia para lá, que apoie quem quiser!

Nada de mais monta para anotar. Ruth vai para a Europa amanhã, vai para São Paulo hoje.

HOJE É 27 DE JUNHO, UM SÁBADO, o Brasil vai jogar com o Chile, é um jogo decisivo para a classificação. São duas e meia da tarde, estou chegando de Santa Catarina.

Ontem viajei para o Rio Grande do Sul. Lá estive com Britto, fui com todo mundo, seguimos para Osório, para a BR-101,* fomos a uma reunião também em Osório, visitei a General Motors.** O MST alugou vários ônibus e levou manifestantes para ocupar a fábrica, houve enfrentamento com a polícia, coisa desagradável, mas não vi.*** Eles estão abusando desse tipo de ação simbolicamente revolucionária.

Depois houve uma coisa infausta, morreu o pai do Paulo Renato,**** fiz questão de ir, fui de helicóptero até o Grêmio, onde ele estava sendo velado, rapidissimamente, voltei, peguei o avião e fui para Santa Catarina.

Fui a Joinville. Antes passei em Navegantes, do outro lado da BR-101, para ver um túnel importante que está sendo feito lá, presentes todas as lideranças, grandes confusões, porque lá estavam o Amin, o Bornhausen, o governador, todos brigados. O próprio Luís Henrique, prefeito de Joinville, está brigado com o governador; de lá fomos a Joinville, dei uma entrevista à RBS, foi a melhor coisa que fiz por lá. Fui à inauguração de um centro de convenções***** impressionante que o Luís Henrique fez, falei na praça pública, alvoroço, havia entre cem e 150 pessoas do MST, PT e das

---

* Cerimônia de início das obras de duplicação da rodovia no trecho urbano da região metropolitana de Porto Alegre.
** O presidente visitou o terreno onde a fábrica de automóveis era construída, em Gravataí, região metropolitana de Porto Alegre. A inauguração oficial aconteceu em 2000.
*** Doze sem-terra e seis PMs se feriram. Um manifestante foi preso.
**** Renato Souza.
***** Centreventos Cau Hansen, da Fundação Cultural de Joinville.

universidades fazendo barulho, atrapalharam a festa o tempo todo, foi bem desagradável. Havia muita gente do povo e sem ser de povo.

Depois um show da Gal Costa e do Milton Nascimento, aí recebi uma ovação das 7 mil pessoas que lá estavam, mas os cinquenta que ficam na rua é que fazem o barulho que a imprensa publica.

Hoje de manhã fui a Jaraguá do Sul. É uma cidade de 100 mil habitantes mais ou menos, industrializada, de nível elevado, a população é um terço italiana, um terço alemã e, como dizem lá, um terço brasileira! Foi tudo bem, o prefeito, a Associação Comercial,* a cidade toda muito favorável. Também em Joinville a rua foi muito favorável. Curioso esse sentimento que às vezes engana a gente, porque o povo é gentil [não quer dizer que apoie].

Voltei. Recebi um telefonema do Hargreaves, preocupado porque o PFL, como eu já sabia, fechou um acordo com Eduardo Azeredo e ficou com a vice-governança de Minas.** Romperam, portanto, o acordo, ou a possibilidade de acordo, com o Itamar. Isso leva Itamar para os braços de Patrus Ananias*** e Célio de Castro; ambos se dispõem a apoiar Itamar para governador, tendo Patrus como senador. Isso complica, porque empurra o Itamar para o Lula, embora o Itamar diga que não. Eu disse ao Hargreaves que não podia ser, que não teria nossa concordância, embora eu não possa fazer muita coisa contra.

O Hélio Costa também queria ser candidato ao Senado pelo PFL. Bornhausen, entretanto, me disse que estava tudo certo, que ele ia ser deputado.**** Acabo de receber um fax dele [Hélio Costa] dizendo que quer se candidatar ao Senado. Liguei para ele, como para Bornhausen também, ele não estava, tinha ido a um velório, e atendeu o deputado João Magalhães.***** Estou esperando para falar com ele, ver do que se trata.

Diz o Hargreaves que se o Hélio Costa for candidato ao Senado isso acalma a situação do PMDB, porque o partido ficou isolado em Minas sem o PFL. Ou se isola PMDB, ou o Eduardo. Claro que é melhor isolar o PMDB.

No PMDB nacional, grande confusão. Os juízes deram ganho de causa a Paes de Andrade contra o grupo dissidente.****** Ou melhor, o dissidente é o Paes, uma

---

* Solenidade comemorativa do sexagésimo aniversário da Associação Comercial e Industrial de Jaraguá do Sul.
** Clésio Andrade foi candidato a vice-governador na chapa de Azeredo.
*** Ex-prefeito petista de Belo Horizonte, candidato a governador.
**** O PFL integrou a chapa de Murilo Badaró (PPB).
***** PMDB-MG.
****** A ala governista do PMDB agendara para o dia seguinte, 28 de junho, uma convenção paralela à oficial, dominada pelas correntes simpáticas à candidatura própria. Paes de Andrade, ameaçado de destituição pela executiva do partido, entrou na Justiça para impedir a realização da convenção paralela e transferiu a convenção oficial do Auditório Nereu Ramos da Câmara para o Ginásio

coisa esdrúxula. Agora parece que vai haver uma só convenção num estádio de futebol, estádio não sei de quem, vai haver briga, o pessoal dito governista vai ser chamado às pressas para ir à votação. Ou votam, e dizem eles que nós ganhamos, ou não há votação e fazem confusão... Tudo muito vago no PMDB.

Itamar, segundo Hargreaves, se recusa a ir à convenção. Sarney mandou uma carta desistindo também. Acabei de falar pelo telefone com o Padilha, com o Geddel e com Michel, eles vão esvaziar a convenção. Não darão número. Significa o fim do PMDB. Talvez a gente tenha que enfrentar isso. Só que a minha preocupação é com Minas, porque acho que Itamar vai deslizar para o PT e isso pode complicar a votação por lá. Veremos depois.

Vou assistir ao jogo de futebol* aqui com o Jovelino, porque a Ruth foi para a Europa, para Genebra.** Vou jantar na casa do Lampreia, jantar de confraternização.

HOJE É TERÇA-FEIRA, DIA 30 DE JUNHO.

Jantamos no Lampreia, lá falei com o Malan para revermos a medida provisória sobre o Cadin, que é para os inadimplentes, conversa muito agradável e nada mais.

No domingo, passei a manhã conversando com o Jovelino a respeito da fazenda de Buritis, que era minha e do Sérgio. O Nê vai comprar a parte do Sérgio, havia muita desordem nas contas dele da fazenda, o Nê vai botar tudo em ordem.

Passei o domingo aqui, trabalhando. Recebi o Eduardo Jorge para despacharmos coisas da campanha.

Ontem de manhã, segunda-feira, fui ao Rio de Janeiro, inauguramos uma parte do porto de Sepetiba,*** ficou muito bonito, o porto funcionando, tudo muito bem, discursos habituais. Depois dei uma entrevista para a TV Manchete no [Palácio] Laranjeiras.

Participei, em seguida, de um seminário para investidores,**** no Hotel Rio Palace, contando o que vai acontecer com o Brasil de 1999. Cheguei a Brasília no fim da tarde, muito gripado.

Nilson Nelson, capaz de abrigar 20 mil pessoas. Entretanto, por falta de quórum, a convenção terminou com a retirada do PMDB da disputa presidencial. A legenda não participou de coligação formal nem declarou apoio explícito a Fernando Henrique.

* O Brasil goleou o Chile por 4 x 1 na partida de oitavas de final da Copa, jogada em Paris: dois de César Sampaio e dois de Ronaldo.

** Representando o governo brasileiro, a primeira-dama discursou na abertura da conferência mundial da ONU sobre aids.

*** Foram entregues as obras da primeira etapa da modernização e ampliação do porto.

**** Fernando Henrique discursou na abertura do "II Seminário Eixos Nacionais de Integração e desenvolvimento", promovido pelo BNDES e pela *Gazeta Mercantil*.

Recebi o Clóvis e o Eduardo Graeff para despachar; cortei o cabelo, gravei um programa de rádio, o último dessa série (agora a lei eleitoral não permite mais), e ainda recebi para o jantar Antônio Carlos e o Serra, para discutirmos o financiamento da Saúde. O Serra insistindo muito em que se votasse a CPMF na comissão [especial da Câmara]. Mais tarde chegou o Scalco, demos uma repassada geral nas coisas, estado por estado, a situação das alianças... O de sempre.

Minas continua indefinida, mas o Eduardo Azeredo lavrou um tento porque pegou os partidos principais.* Itamar ficou só com o PMDB,** periga que ele agora se alinhe com Ananias como senador e, nesse caso, abre uma porta para o Lula.

Outras situações difíceis são as da Paraíba... Aliás, acabo de falar com Michel Temer por telefone, porque lá [o governador] Maranhão,*** que é um aliado corretíssimo, ganhou tudo [na convenção]; agora o pessoal que votou contra está querendo uma aproximação. Marcaram uma audiência e já está anunciado que vem Ronaldo [Cunha Lima] no estado, dizem que eles vão virar a meu favor, enfim, essa baixaria que sempre fazem na política regional. Vou ter que postergar o encontro, para que não fique mal com o Maranhão, cujos deputados eu já tinha avisado que iria receber. Essa é a situação, de maneira geral, os estados estão se encaminhando.

No Espírito Santo muita confusão, o Franklin Martins escreveu um artigo dizendo que o PSDB se queixa muito de mim, nem sempre é justo, mas em alguns casos é isso, e citou o estado de Minas. O que fiz e o que deixei de fazer está registrado aqui, vamos ter que agir com muita prudência e muito equilíbrio. Cita o Espírito Santo, onde eu não me meti porque não me senti moralmente à vontade para pressionar o Paulo Hartung a deixar de ser candidato ao Senado e ser deputado. Ele queria candidatar-se a governador, tinha chance e levou um golpe na convenção. Não me meti ali, repito. Apenas pedi que o Serra transmitisse ao Paulo Hartung que se ele decidisse, por conta própria, ir para a Câmara, eu teria gosto em aproveitá-lo no governo se formos eleitos. Ele é competente.****

Como uma das colunistas que almoçaram comigo outro dia escreveu, tenho as costas largas, de tudo sou culpado.

No Paraná, a mesma coisa. Confusão de novo, por brigas locais. Ontem me telefonou o Lerner, me telefonou o Álvaro, mas não atendi, porque não posso me meter em tudo que é briga local.

---

* O PSDB mineiro se coligou a PFL, PPB, PTB e a mais três pequenos partidos.
** A coligação de Itamar Franco, candidato do PMDB ao governo mineiro, teve Newton Cardoso como candidato a vice e incluiu PPS, PL e sete legendas nanicas. O candidato a senador do PMDB-MG foi José Alencar, sem coligação.
*** O PMDB paraibano preteriu Cunha Lima (que permaneceu no Senado) e se coligou a PFL, PPB e PSDB para a reeleição de Maranhão.
**** Hartung concorreu ao Senado pelo PSDB.

No meio disso, Sarney fez um discurso dizendo que apoiava o Paes e que, desse modo, apoiava simbolicamente o PMDB. Disse também, numa entrevista "quebra queixo" para a *Folha*, como poderia subir em palanque se ele está com a rótula inchada? Não pode nem subir um degrauzinho, quanto mais em palanques. Ou seja, não apoia ninguém. Sarney não consegue me apoiar; não apoiou em 1994, não vai apoiar de novo agora, por uma questão psicológica. Ele imagina que tenha feito um bom governo, até fez, mas mal sabe o quanto se prejudicou ao não conduzir a Constituinte, ao não ter condições de enfrentar o PMDB, ao ter deixado o Brasil do jeito que deixou, com uma inflação galopante, ao não ter sido capaz de segurar o Plano Cruzado. Enfim, tem lá seus pecados. E as virtudes, que eu sempre reconheço, na questão da América do Sul, da América Latina, que ele valorizou.* E foi tolerante como presidente, porque não é homem de perseguições, isso é verdade, ajudou na redemocratização.

Tenho pena da Roseana, vai fazer novas operações,** ela tem sido correta comigo, batalhadora, mandei Eduardo Jorge apoiá-la, briguei com o PSDB do Maranhão por causa dela e não por causa dele. Ele [Sarney] vai para lá, vai para cá, disfarça. É uma das figuras mais difíceis de se entender, porque é amável, inteligente, culto, mas não consegue manter uma linha de compromisso. Faz zigue-zague, assume mais de uma posição, é uma das figuras mais cabalísticas da política brasileira.

Nesta terça-feira vamos ter a tentativa de votação da Previdência. Duvido que votem e vamos ter rotina o resto do dia. Vou almoçar com Mário Covas*** para ver se a gente acerta meu comportamento em São Paulo e, sobretudo, o dele. Ele precisa ter energia para ganhar as eleições.

HOJE É QUINTA-FEIRA, DIA 2 DE JULHO. São onze da noite.

Retomando o fio da meada, almocei com Mário na terça-feira. A conversa correu bem, ele me pareceu seguro, não estava emburrado, pelo contrário. Conversamos amistosamente sobre como fazer coincidir nossos interesses eleitorais, inclusive em termos de recursos da campanha. Pensamos num mutirão para obter recursos, temos tantas dificuldades quanto ele nessa matéria, não sabemos fazê-lo e queremos agir com correção e discrição.

Eu disse que o fato de ele se afastar [provisoriamente do governo de São Paulo] não me abalava em nada, os jornais tentaram intrigar, mas não conseguiram. Ele acha que o Maluf está numa situação difícil, Mário se mostrou confiante.

---

* A Declaração de Iguaçu, assinada em dezembro de 1985 por José Sarney e seu homólogo argentino, Raúl Alfonsín, lançou as bases políticas da criação do Mercosul em 1991.
** A governadora do Maranhão retirara um nódulo benigno do pulmão em 8 de junho e, no início de julho, extraiu útero, trompas e ovários.
*** A coligação do PSDB-SP para a reeleição de Mário Covas reuniu PTB, PSD e PV. O PFL aliou-se ao PPB de Paulo Maluf.

Não houve número para a votação na terça-feira, tampouco na quarta-feira, ontem, 1º de julho. Muito zigue-zague na votação da lei que dá gratificações aos professores das universidades.*

No fim do dia, veio o Xico Graziano, para discutir um pouco São Paulo. Ele mostrou preocupação com o Mário. Acha que no interior os prefeitos não estão contentes, há certo desânimo, para ele é difícil o Mário ganhar. Me falou também da importância de eu apoiar os rodeios. Já fui a Barretos, participei na eleição passada de um rodeio,** ele gostaria que eu voltasse lá. Enfim, coisas dessa natureza.

À noite, mais tarde, veio o Clóvis, para assinarmos uma enorme quantidade de papéis, atos, decretos e leis.

O Paulo Renato me telefonou seguidamente por causa da votação da matéria das universidades, que foi adiada para o dia seguinte, quarta-feira de manhã. Mas na quarta-feira foi votada direitinho, não houve problema algum.***

A quarta-feira transcorreu do mesmo jeito, sem nada de novo no front da Previdência.

À noite, jantei na casa do Dacio [Malta], representante do jornal *O Globo*.**** Estavam o João Roberto, o Zé Roberto Marinho, um primo deles, acho que se chama Luiz Vasconcelos,***** a Ana e o Toninho Drummond. Conversa animada, muito agradável, não entramos em detalhes de nada mais preocupante, até porque o sistema Globo me parece que acertou o passo, não está com aquela atitude derrotista, está mostrando o Brasil de um ângulo um pouco mais otimista, que é tudo que eu quero. Não precisa que me apoiem. Individualmente, todos votam em mim, tenho certeza.

Fora isso, a Bia passou o dia aqui, almoçou comigo, à noite eu a vi de passagem, porque o pessoal do PTB veio comunicar que iria apoiar minha candidatura, foi [a decisão na convenção] por 121 a 90, mais apertado do que se imaginava.******

Falei com Zé Eduardo, ele não pôde vir [para a convenção], disse que me ajudou. Depois recebi uma comissão de cinco ou seis deles. Isso já virou um pouco rotina.

Recebi o presidente do Banco Santander, da Espanha,******* homem inteligente, muito simpático, desses com quem dá gosto conversar. Ele vai colocar muitos recursos aqui,******** tem muita fé no Brasil.

---

* Lei nº 9678, de 3 de julho de 1998. A gratificação à docência criada pela lei ocasionou um reajuste médio de 31%. A greve se encerrou alguns dias depois.
** Festa do Peão de Barretos.
*** O projeto de lei nº 4605-B/98, que deu origem à lei nº 9678, foi aprovado por 286 a 72.
**** Diretor da sucursal brasiliense do jornal carioca.
***** Diretor-geral de *O Globo*.
****** Setores do PTB desejavam se coligar ao PPS de Ciro Gomes para lançar candidatura a vice-presidente.
******* Emilio Botín.
******** Em 1998, o Santander comprou o Banco Noroeste e, em 2000, o Banespa.

Também fiz uma palestra para os oficiais da Escola Superior de Guerra,* essa palestra foi na terça-feira.

Ontem de manhã, 1º de julho, houve a comemoração do Plano Real.** Fui ao Banco do Brasil assistir a uma solenidade, como de hábito produzida, bem-feita. Discursei, Malan também, tudo muito simpático, um clima positivo sobre o real.

Hoje, dia 2, foi um dia mais ou menos morto, porque o Congresso já está entrando em recesso. Pressões finais de alguns governadores que desejam resolver alguns casos de financiamento,*** dificuldades.

O Serra conseguiu aprovar no Congresso a emenda sobre a vinculação de verbas da CPMF com a Saúde.**** Eu, francamente, preferia que fosse só a CPMF. A reação do Pedro Malan e do Pedro Parente foi muito forte, desde ontem recebi notas técnicas contra. Hoje o Pedro Malan me telefonou aborrecido, até um pouco áspero, achando que eu estava em conluio com o Serra. Ele não me disse isso, mas o suposto é esse. Eu queria mesmo é que se aprovasse a CPMF; essas vinculações [do imposto com a Saúde] são muito complicadas.

Isso vai me dar trabalho, vou ter que botar o Serra e o Malan juntos, eles não são fáceis, ou melhor, o Serra não é fácil. Hoje houve uma solenidade na área da saúde,***** Serra foi muito bem na exposição, agentes comunitários de Saúde, mais recursos que ele está distribuindo para aumentar a quantidade de agentes.

Depois eu disse a Serra que havia uma forte reação da área econômica. "Ah, isso passa", ele falou. Não é bem assim, não passa, não. Na semana que vem precisamos ter uma reunião para discutir, e não ficar essa incerteza sobre o que o governo quer e o que não quer na área da saúde.

Serra tem razão, alguma concessão [de verbas para a Saúde] precisa ser feita, mas vincular toda a CPMF e aprovar a contribuição só por dois anos, aí já é demais, o Pedro tem razão. Está irritado, sobretudo porque a área econômica nem foi ouvida nem sondada nessa matéria.

Agora à noite reunião com Bresser e Eduardo Jorge para discutir o plano financeiro da campanha.

* O presidente discursou na solenidade de apresentação dos estagiários da Escola Superior de Guerra.
** O lançamento do Plano Real completou quatro anos.
*** Expirava o prazo previsto pela Lei Eleitoral para a concessão de novos empréstimos e financiamentos do governo federal aos estados e municípios.
**** A comissão especial da Câmara criada para analisar a prorrogação da CPMF estendeu a vigência do imposto provisório até 2000 e destinou sua arrecadação integralmente ao SUS, além de impor a vinculação progressiva à Saúde de outros impostos da União, estados e municípios. A previsão do Ministério da Saúde era dispor de um orçamento de R$ 30 bilhões para 1999, 20% superior ao de 1998.
***** Lançamento de projeto de educação à distância para agentes comunitários de saúde.

Recebi senadores do Espírito Santo* com Padilha.

De manhã, fui ao Senado, estava todo o PMDB que afina comigo, que é a maior parte, uma festa boa de apoio à minha candidatura, até animada. Fiz discurso, depois fiquei preocupado, porque parece que não é permitido [discurso durante o período eleitoral] no Senado. Antônio Carlos, que estava presente, disse que não houve erro nenhum.

Telefonei para saber da Roseana, que se operou de novo. Quem me atendeu foi o Sarney, com quem falei só sobre a filha. Eu o senti mais bem-disposto do que eu imaginava, quero dizer, sobre a Roseana, é bom sinal, significa que a ela passou bem na operação. Não tocamos em assuntos políticos. Não tenho ânimo de discutir política com ele.

Soube que Itamar teve um piti em Minas porque ninguém o citou na comemoração do Plano Real. Na realidade eu me referi ao governo anterior. Mas hoje ele disse que o sr. Fernando Henrique é isso e aquilo, que quem fez o real foi o Ricupero, enfim, coisas de Itamar.

Acabei de falar pelo telefone com o Paulo Paiva e com Hélio Garcia, para ver se este se entusiasma para ser candidato ao Senado, mas ele não disse nada de conclusivo.

Recebi ontem um telefonema do Pedro Moreira Salles, muito preocupado porque o Banco Real — eu já sabia disso fazia um mês ou mais — está sendo vendido; eles queriam comprar em associação com alguns bancos americanos, ele me disse quais, eu já esqueci. Mas um banco holandês, o ABN Amro Bank,** fez uma oferta grande e o Pedro acha que o Banco Central está de prevenção contra ele porque é banco nacional. Nacional? Mas não está também associado?

Telefonei para o Gustavo Franco, isso ontem, para saber do que se tratava. Gustavo disse que a oferta do banco holandês é infinitamente mais favorável que a do Moreira Salles. Além do mais, essa é uma transação privada entre o Banco Real, que é privado, e os outros bancos. O Banco Real está bem, não tem nenhum tipo de problema, simplesmente é um negócio privado, não posso interferir, não caberia. Não foi a mesma coisa que aconteceu na compra do Banco Nacional [pelo Unibanco], porque ele estava quebrado, com muitas dificuldades. O Banco Real está em bom estado financeiro.

Fora isso, a situação econômica. Almocei com o Beto Mendonça e com o Clóvis. O Beto, preocupado com a área externa, acha que precisamos, na área interna, forçar ainda mais a queda da taxa de juros, reduzindo drasticamente o IOF. Eu concordo. Vou até apertar a área econômica nesse sentido. Segundo Beto, Chico Lopes também tem essa posição, entendeu que com essa taxa de juros se cai num círculo

---

* Élcio Álvares e Gerson Camata.
** Em julho de 1998, o banco holandês comprou o Banco Real, de Aloysio Faria (quarto maior banco privado do país) por R$ 2 bilhões. Em 2007, o ABN Amro foi comprado pelo Santander.

vicioso. Nós não conseguimos reduzir o déficit, a economia não deslancha, portanto a arrecadação também não. Finalmente parece que estão todos vendo que não se trata só de combater o déficit via contenção de gastos de governo; trata-se também de uma política mais agressiva de redução da taxa de juros.

O adiamento de tais medidas se dá por medo das circunstâncias externas, pelo receio de que com a redução da taxa de juros haja uma paralisia de recursos para o Brasil. Não creio nisso, eles até podem diminuir, mas os recursos flutuantes.

Falei esta tarde com o Luiz Carlos Mendonça de Barros, que me disse que está muito animado com a privatização das teles,* o interesse é grande e vamos, além disso, vender a banda A mais o que chamam de "espelho", empresas que ainda estavam na banda fixa.** Agora, com a utilização de transmissão pelo éter (e não por cabos fixos), a concessão vai dar alguns bilhões de reais a mais. Tudo isso é um horizonte alvissareiro.

Acho que a nossa dificuldade passa a ser externa, se houver alguma confusão internacional. Se não houver, seguiremos navegando bem, e acredito que quanto à eleição, com calma, vamos vencer. Vejo o Lula muito desarvorado, o Vicentinho a dizer bobagem, que fui financiado por sonegadores, por isso não fizemos a reforma tributária, uma coisa abaixo da crítica. Não vejo possibilidade desse pessoal se organizar para ser uma alternativa de poder.

---

* O leilão das empresas do Sistema Telebrás e da Embratel estava marcado para 29 de julho.
** O governo vendeu concessões para a operação de concorrentes privadas das teles a ser privatizadas, chamadas de "empresas-espelho".

3 A 15 DE JULHO DE 1998

Início da campanha.
Fernando Henrique volta a subir nas pesquisas.
Visita de Kofi Annan

Sexta-feira, dia 3 de julho. Hoje praticamente não houve nada a não ser o futebol. O Brasil ganhou por 3 a 2 da Dinamarca, um jogo sofrido.* Assisti junto com Vilmar, que almoçou comigo e discutiu vários problemas da campanha, os programas de governo etc. O Vilmar tem sido um colaborador excepcionalmente valioso. Discreto, inteligente, ativo, acho que ele precisaria ter uma posição de maior relevo, não sei se está disposto a isso, pelos seus traços psicológicos. Mas que ele é excelente, disso não tenho dúvida.

Vimos o jogo aqui, depois finalmente falei com Pedro Moreira Salles, para dizer o que ele já tinha sabido pelo Gustavo sobre a situação do Banco Real.

Telefonei para o Quércia para dizer que não vou à inauguração do parque gráfico [do *Diário Popular*]. Conversa cordial. Vou enviar o Mendonça.

Vou receber agora (são sete horas da noite) o Jorge Bornhausen. Passei o dia simplesmente vendo papéis.

O Hargreaves estava preocupado com as declarações um pouco destemperadas do Itamar por não ter sido citado na comemoração do Plano Real. Eu disse a ele que não se preocupasse com isso, que não vou responder a essas coisas.

HOJE É SÁBADO, 4 DE JULHO. Ontem, no fim do dia, fui ver um filme, *Mr. Magoo*,** ri bastante, depois fiquei ouvindo discursos do Churchill, muito interessantes.

Consegui dormir bem, ainda estou muito gripado. Acordei, comecei a ler um livro que o Prata me deu ontem, *Presidents as Candidates*, de uma senhora chamada Kathryn D. Tenpas.*** A descrição que ela faz de campanhas presidenciais nos Estados Unidos e do papel dos partidos é muito parecida com o que acontece aqui: sociedades de massa, meios de comunicação mais o poder presidencial destroem os partidos. Destroem os partidos como instrumentos até mesmo para as eleições. É o que está muito claro no texto, já li três capítulos. Independentemente da consciência que os presidentes têm do fato, cada vez mais a campanha é controlada

---

* Partida das quartas de final da Copa, disputada em Nantes, com dois gols de Rivaldo e um de Bebeto.

** Longa-metragem de 1997 dirigido por Stanley Tong.

*** *Presidents as Candidates: Inside the White House for the Presidential Campaign*. Nova York: Garland, 1997.

pela Casa Branca, e, mal se elege, o candidato já começa a pensar na reeleição; o staff dele é o maior interessado na reeleição e praticamente assume o comando da campanha. É uma coisa demolidora sobre as máquinas partidárias, que vão desaparecendo crescentemente.

Está muito claro que algo semelhante acontece no Brasil e que também aqui as máquinas partidárias não são essenciais nem mesmo para coletar votos. Essencial passa a ser a capacidade de comando, a força institucional do governo e, naturalmente, a capacidade de expressão, de comunicação do presidente. Não quer dizer que ele ganhe eleição, pode não ganhar no momento em que haja uma desconfiança generalizada. Em todo caso, é muito difícil para o ocupante ser outra vez candidato.

É realmente impressionante como há uma semelhança imensa nas novas formas de política nas sociedades de massa e nas dificuldades que elas impõem para os controles tradicionais da vida pública. Crescentemente, o próprio sistema de escolha dos presidentes dos Estados Unidos passou para as mãos das [eleições] primárias. Ou seja, os chefes de partido perdem peso e o eleitor direto ganha mais peso. Não sei se isso ocorre no Brasil, porque entre nós o eleitor tem peso, mas indiretamente; ninguém vai colocar como candidato alguém que não tenha impacto sobre a opinião pública. É muito interessante esse tipo de semelhança.

Não recebi praticamente ninguém aqui hoje. Extraordinário. Almocei com o Marcelo Netto e a Ana, eles foram embora logo. Fiquei o dia inteiro lendo, li uma porção de coisas mais um livro sobre a política americana. Li também um livro sobre o Ratinho,* uma espécie de autoidentificação do Ratinho, para entender melhor esse fenômeno da comunicação. Li ainda um livro do W. H. Auden,** li a introdução do Zé Paulo Paes [José Paulo Paes]*** e do João Moura Jr.,**** muito interessante, um inglês difícil, tradução ao lado. E ouvi muita música.

Fui passear a pé. O dia estava deslumbrante, o céu de Brasília, no poente, é inacreditável, nenhuma nuvem, eram quase seis da tarde, andei por aqui [no parque do Palácio da Alvorada]. Cumprimentei um guarda perto do lago e perguntei se ele conhecia o rapaz que morreu ou se matou.***** Ele não conhecia. Perguntei quanto tempo eles ficam de guarda. A cada quinze, vinte minutos, trocam a guarda. Então

---

* Carlos Massa e Beto Junqueira. *Coisa de louco!*. Porto Alegre: L&PM, 1998. Depoimento autobiográfico do apresentador e ex-deputado federal Carlos Massa, cujo programa *Ratinho Livre*, na Record, tinha grande audiência.
** *Poemas*. Seleção de João Moura Jr., tradução e introdução de João Moura Jr. e José Paulo Paes. São Paulo: Companhia das Letras, 1994.
*** Poeta, ensaísta e tradutor paulista.
**** Poeta e tradutor carioca.
***** Em 21 de junho, o soldado do Exército Weslley do Nascimento, do Batalhão da Guarda Presidencial, se matou com um tiro de fuzil numa guarita dos jardins do Alvorada.

não é uma coisa cansativa, eles mudam, indo de guarita para guarita, e depois de duas horas vão embora.

Em seguida fui até os portões, cumprimentei a população porque não tinha jornalistas perto. Um dos meus seguranças foi me seguindo, conversamos um pouco sobre futebol, sobre o jogo de hoje, foi muito emocionante, e a Argentina acabou eliminada.* Eu preferia que a gente ficasse com a Argentina e não com a Holanda, porque os holandeses são competentes, jogam um futebol técnico. Os argentinos são do nosso estilo, um futebol mais brilhante. Não sei o que vai acontecer.

Hoje foi um dia tranquilo em Brasília, coisa rara. Um dia esplendoroso. As tardes de Brasília, nesta época de começo de seca, são muito bonitas. E também a vegetação do cerrado. Raramente registro questões relativas às sensações da natureza, mas hoje, perdido neste enorme jardim do Alvorada, tive vontade de registrar. Só mais tarde um guarda me viu, quando eu já estava perto do laguinho de meio metro de profundidade e de dois de largura que separa o público do gramado do Alvorada, único palácio do mundo sem muro. Estava cheio de gente lá. Então conversei com eles um pouquinho. Havia umas vinte pessoas passeando por ali. Em Brasília [as pessoas] são assim. Quando não há jornalistas nem guardas, tudo funciona a contento.

Falei por telefone com a Gilda, minha irmã. Amanhã recebo meu sobrinho, filho dela, o Luís Roberto, que é da Universidade de Brasília e tem um doutorado em antropologia em Harvard. Ele veio recentemente do Canadá, um rapaz bem centrado. Pedi que ele trouxesse aqui uma meia dúzia de professores amanhã para conversarmos sobre essa crise da universidade. Quero entender um pouco melhor no que estamos errando. Vi o Paulo Renato muito aflito com a universidade. Fizemos uma proposta que me pareceu boa e continua essa greve tão longa. Há algo de simbólico que está errado, de que eu preciso me inteirar melhor. Quem sabe assim, informalmente, com uma geração de jovens doutores, eu possa começar a tomar o pulso da universidade. Isso vai ser amanhã.

HOJE É TERÇA-FEIRA, DIA 7 DE JULHO, são oito horas da noite. Vamos retomar o fio da meada.

Domingo almocei com o grupo de professores da UnB e foi muito bom. Eram seis pessoas, sete talvez, oito comigo. E com o Luís Roberto, meu sobrinho. Eles todos contra esse grevismo, a favor da avaliação de mérito e entusiasmados com algumas mudanças na universidade. Isso já valeu por si, valeu mesmo. Uma boa, eu diria até mesmo uma excelente conversa.

À noite, no domingo, me reuni com Paulo Renato, Weffort, Vilmar e Luciano Martins, um grupo que vai discutir o programa de campanha. Foi também uma boa reunião, não preciso entrar em detalhes.

---

* A seleção argentina foi derrotada pela holandesa (1 x 2) nas quartas de final da Copa.

Ontem, segunda-feira, dia 6, passei a manhã no Palácio da Alvorada. À tarde, recebi o Luiz Sandoval, presidente do grupo Silvio Santos. Veio muito simpaticamente com um grupo de pessoas de lá, trazer observações sobre a campanha do ponto de vista do povo. Foi interessante ver como eles encaram uma porção de questões, sobretudo como devo falar com o povo. Deram bons palpites em termos de popularização. Isso eu realmente preciso fazer. Temos que nos esforçar para discutir temas do povo, tais como ele os coloca, porque é muito diferente das nossas questões, que são todas estruturais. Precisamos falar de uma forma mais pessoal, mais humana.

Diga-se de passagem, ontem à noite reuni o conselho político da campanha, com os representantes de todos os partidos, e basicamente essa também foi a opinião deles, com ênfase, sobretudo do Amin, que tem noção das coisas e de política, e também do Jader Barbalho. Defendi a seguinte posição: nada de comícios, nada dessa questão "estrutural", nada de questões sobre organização partidária e muito mais conversa direta, pessoal com o povo, mesmo com os desempregados. Conversar com eles, sentir a alma deles, e eles sentirem a minha também.

Ruth voltou da Europa e também de São Paulo. Conversamos sobre a participação dela no programa, pedi que ela participasse, e sobre outras coisas nossas, a respeito da Beatriz, que vai se mudar para o Rio, coisas dessa natureza.

Hoje, terça-feira, fiquei aqui no Palácio da Alvorada e recebi, de manhã, o Paulo Pimentel,* para explicar a ele, a pedido do Scalco, que ontem esteve aqui com o grupo do comando da campanha, o que aconteceu no Paraná. O Lerner envolveu o Paulo Pimentel, depois puxou o tapete dele na candidatura ao Senado e depois na vice-governadoria.** E eu não tive nada com isso, nem sabia que o Paulo Pimentel estava metido nessa história, quis explicar a ele para evitar confusões.

Tive um almoço com o [Will] Hutton, autor de dois livros, um sobre o Estado que temos e outro sobre o Estado que teremos.*** É um homem muito ligado ao [Peter] Mandelson, ao Tony Blair e ao Tony Giddens. Foi muito interessante. No almoço, também o Sérgio Amaral, o Gelson, o Vilmar. Tínhamos conversado com o Paulo Renato sobre a Terceira Via, ele [Hutton] é um homem que vai nessa direção, foi agradável.

Depois disso, assistimos ao jogo de futebol. Sofremos. Finalmente ganhou o Brasil por pênaltis, com defesa do Taffarel.**** Isso é importante, o Brasil todo se emo-

---

* Ex-deputado constituinte e proprietário dos jornais *O Estado do Paraná* e *Tribuna do Paraná*, além de quatro canais de televisão afiliados do SBT.

** A vaga de vice na chapa da reeleição de Lerner foi ocupada por Emília Belinati (PTB). O candidato da situação ao Senado foi Álvaro Dias (PSDB).

*** *The State We're in: Why Britain Is in Crisis and How to Overcome It* (1995) e *The State to Come* (1997). Edições brasileiras: *O Estado que temos hoje* e *Como será o futuro Estado*, ambos lançados em 1998 pelo Instituto Teotônio Vilela, *think tank* do PSDB.

**** Após o empate no tempo normal e na prorrogação (1 x 1, com gol de Ronaldo), o Brasil venceu

ciona em coesão nacional com o futebol, aí a bandeira nacional volta, o hino nacional, uma coisa realmente comovedora, eu torci para valer e sofri bastante.

Ruth foi ao Ceará, volta amanhã, e agora vou ter uma reunião com a área econômica, para discutir questões mais substantivas de taxa de juros, taxa de câmbio, o que fazer com as taxas de juros para pequenos produtores, elas estão muito elevadas, enfim, questões objetivas.

As pesquisas continuam chegando, são razoáveis. Ainda estou perdendo no Rio Grande do Sul, mas por pouco, no Rio por diferença grande, no resto do Brasil estou ganhando, mas não dá para confiar muito nas pesquisas, até porque neste momento alguns institutos, sobretudo o Vox Populi, claramente estão torcendo para que um terceiro candidato cresça nas pesquisas e haja segundo turno, o que é natural, para que [a disputa] fique mais excitante. Ainda não sei o que vai acontecer.

O PT lançou o seu programa, com Lula. Muito vago, não tem nada de novo, talvez seja até útil para eles, uma coisa assim sem precisão, sem consistência. Acho difícil que pegue no Brasil. Enfim, barbas de molho.

HOJE É DOMINGO, 12 DE JULHO, dia da final entre Brasil e França.

Vamos reconstituir pouco a pouco.

Na quarta-feira de manhã, tive reunião no Ibama, a apresentação de um programa de controle de queimadas,* uma boa reunião. Eu disse que a minha dificuldade é saber se, com base nas informações disponíveis, que hoje são claras, vamos ter capacidade de reagir a tempo.

Em seguida, voltei para o Palácio da Alvorada e recebi o deputado Odelmo Leão para conversar sobre política mineira. Odelmo, líder do PPB e de Uberlândia, disse que ele e o Virgílio Galassi, também de Uberlândia e do PPB, não se sentem muito confortáveis com Eduardo Azeredo. Não obstante, quem chefia a campanha de Itamar lá é o Zaire Rezende.** O Virgílio é o prefeito e o Zaire é contra o prefeito e contra tudo mais, porque ele é mentalidade PT. Aliás, eu soube, acho que pelo Hargreaves, que o Zaire telefonou para o Itamar pedindo que ele deixasse entrar um pessoal para fazer campanha do Lula no palanque dele em Minas. O Zaire sempre foi contra tudo que é renovação no Brasil, ele pensa que é de esquerda, mas é atrasado, embora um homem direito. Eu disse ao Odelmo que falaria com Eduardo,

---

a Holanda nos pênaltis (4 x 2) na semifinal da Copa, em Marselha. O goleiro Taffarel defendeu dois pênaltis.

* Cerimônia de lançamento do Programa de Prevenção e Controle das Queimadas e Incêndios Florestais no Arco do Desflorestamento (Proarco), na sede do Ibama, em Brasília.

** Deputado federal (PMDB-MG).

mas que era importante que ficassem com Eduardo. Creio que esse foi o recado principal do Odelmo.

Em seguida, recebi o Jaime Lerner, que veio me contar a versão dele do que aconteceu no Paraná. Disse que se desgastou muito, mas que as coisas agora estão em ordem. Eu disse — ele já sabia — que tinha estado com o Paulo Pimentel, ele reclamou que o Álvaro custou muito para tomar a decisão de ser candidato ao Senado, Álvaro reclama que Lerner não cumpriu o combinado, mas depois foi obrigado, eu disse, porque nós pressionamos. Enfim, essas coisas da política regional. Lerner alertou que podia ser perigoso caso o Álvaro retirasse a candidatura, porque provavelmente uma parte dos eleitores do Álvaro iria para o Requião.*

Almocei com o Ari Carvalho, dono do jornal *O Dia*, que nos fins de semana vende 1 milhão de exemplares. Na banca, direto. É o jornal mais popular do Rio de Janeiro e hoje está ganhando fôlego de grande imprensa, no sentido de ter editoriais e de querer participar mais ativamente. Não é a primeira vez que me encontro com Ari Carvalho, antigo jornalista do *Última Hora*,** jornal que ele comprou do Chagas [Freitas], e comprou também o *Diário Popular*. Foi ele quem vendeu o *Diário Popular* para o Quércia. Não sei que idade ele tem, é um homem bem cuidado, preocupado demais com a saúde, talvez hipocondríaco, não sei. Eu o vi poucas vezes na vida. É gentil, sou gentil com ele também. O que ele desejava mesmo era alguma coisa na área de UHF,*** que todos reclamam. Não entendo do assunto, pedi que falasse com o Mendonça e disse que, se for legítimo, tudo bem. Ele tem sido discreto esses anos todos, mantém uma aproximação, mas eles não são um jornal que tenha, digamos, sangue da política na boca; tem sangue de outras coisas na boca. Com Marcelo Alencar, relação tensa, ele não gosta do Marcelo.

Depois despachos de rotina no Palácio do Planalto, bastante trabalho na Secretaria de Comunicação, tivemos uma reunião lá à tarde. Devíamos ter tido outra com o Serra e Pedro Malan, mas o Serra viajou. Era para discutir o orçamento e, sobretudo o financiamento futuro da Saúde. Nem Serra nem Malan querem a reunião. Tentei remarcá-la mais para o fim da semana, mas não deu certo também, porque o Malan tinha ido para o Ceará. Serra me perguntou qual o motivo da reunião, quando ele veio aqui outro dia. Eu respondi, ele tinha medo que fosse para segurar as ações dele na Saúde, por falta de dinheiro. Eu disse: "Não, é para harmo-

---

* Candidato ao governo paranaense pelo PMDB.
** Vespertino sediado no Rio de Janeiro com filiais em várias capitais, fundado em 1951 por Samuel Wainer. Ari Carvalho comprou o jornal em 1973 do grupo empresarial liderado por Maurício Nunes de Alencar, para o qual Wainer — pressionado pelo governo Médici e seu representante local, o governador biônico da Guanabara, Antônio Chagas Freitas — fora obrigado a vender o diário em 1971. A *Última Hora* deixou de circular em 1991.
*** Isto é, a concessão de canais de televisão em UHF, captados por antenas parabólicas.

nizar sua posição com a do Malan, precisamos pensar no futuro, porque, tudo bem com a CPMF, mas as vinculações são malvistas".

Deixei de registrar e convém fazer isso agora, que na noite de terça-feira, dia 7, depois que a Ruth viajou, tive uma reunião com a área econômica: pelo Banco Central, estavam presentes o Gustavo Franco e o Chico Lopes; Fazenda, o Pedro Malan, o Pedro Parente; Paulo Paiva, ministro do Planejamento; o Clóvis; o Beto Mendonça, do Comércio Exterior; e o Luiz Carlos Mendonça, ministro das Comunicações. Boa reunião, discutimos o que eles já tinham debatido na tarde dessa mesma terça-feira, que era a ideia de reduzir fortemente o IOF, porque houve retração em maio e em junho também. Não é a questão só de ganhar a eleição como os jornais vão dizer; é que realmente houve retração econômica no momento em que imaginávamos fosse haver expansão. E a taxa de juros está muito alta na ponta. Não adianta mais, ela vai continuar alta, mas não adianta baixar a taxa do Banco Central, a taxa do juro primário, porque na verdade é o juro do crediário que está alto. E o IOF recai diretamente sobre o consumidor. A taxa é de 1,5% nas operações financeiras comuns, entre empresas, inclusive para a compra de imóveis comerciais, e baixamos de 15% para 6% para as operações individuais. Isso deve reduzir a taxa de juros no cheque especial e no crediário. Se bem que boa parte dessa taxa de juros, realmente extorsiva, não vai ter mais nada a ver com o governo, e sim com o sistema financeiro brasileiro, que não empresta, a não ser para o próprio governo, e que não arrisca nada, não gosta de arriscar.

Diga-se de passagem, nesses dias houve a resolução da venda do Banco Real para o banco holandês. Muita gritaria. Aqui vieram tanto [Lázaro] Brandão, do Bradesco, como o Roberto Setúbal, do Itaú e presidente da Febraban, além do próprio [Aloysio] Faria, proprietário do Real, e dezenas de outros empresários de igual porte das áreas produtivas, sobretudo da automobilística e também da área agrícola. Muito bem. Tanto Roberto Setúbal quanto Brandão não reclamaram da questão do Real, e o Aloysio Faria estava muito contente por ter vendido para os holandeses. Na verdade, eles não quiseram comprar, o Banco Central ofereceu, através do Aloysio Faria. No final, o Unibanco, como já registrei, tentou alguma coisa, mas com um bilhão de dólares abaixo da oferta holandesa. Além disso, o monopólio dos bancos comerciais na mão dos banqueiros brasileiros tem resultado no que estamos vendo: juros extorsivamente altos, acusação ao governo de que o Banco Central é que põe os juros lá em cima, quando, na verdade, não é bem isso. Os custos dos bancos são elevados e, mais do que isso, eles não querem emprestar a não ser com garantia, para evitar a inadimplência. Fui olhar a inadimplência em cheques, ela ainda é muito baixa, pouco mais de 2%, nada que justifique taxas de juros tão elevadas.

Quando estive com o presidente do Banco Bilbao Viscaya,[*] ele me disse que iam começar uma política agressiva de baixa de taxa de juros, o que acho muito

---

[*] Em abril de 1998, o BBV comprara por R$ 500 milhões o controle do Excel Econômico, instituição sucessora do banco de Ângelo Calmon de Sá.

bom, porque só assim os nossos entram nisso também, vão perceber que têm que concorrer, que baixar os juros.

Isso não quer dizer que eu seja favorável à desnacionalização do setor; pelo contrário. Agora, com a venda do Banespa, devemos fazer força para que os grupos nacionais se organizem, reforçando os bancos nacionais; mas é preciso manter a competição. Uns 30% de propriedade estrangeira para competir não faz mal a ninguém no mundo de hoje. Isso foi na quarta-feira.

Eu disse que na terça-feira à noite estávamos discutindo essas medidas com o pessoal da área econômica, e elas me pareceram positivas. Também fizemos uma avaliação da situação mundial, e as preocupações continuam rigorosamente as mesmas.

Depois do almoço recebi o [Melvyn] Levitsky, o embaixador americano que está indo embora.* É um homem de carreira, mais ligado à questão do narcotráfico** do que a outros temas, um homem correto. Passou quatro anos aqui, ele não é muito de estilo diplomático, mas não criou nenhuma dificuldade maior, a não ser na viagem do Clinton, quando foi muito duro.*** Mas teve que engolir a reação do Clinton, mais hábil, e favorável a nós.

Na quinta-feira à tarde, conversei com Edward Amadeo, foi um longo despacho a respeito de medidas para a flexibilização do mercado de trabalho e algumas leis para incentivar a empregabilidade. O Edward Amadeo é um bom técnico e me parece uma boa pessoa também. Não tem experiência política, mas isso ele acaba aprendendo. Essas pessoas com muita experiência política às vezes fazem coisas que não são lá às mil maravilhas do ponto de vista do comportamento, porque já estão muito viciados. Nem todos, mas muitos são assim.

À noite, tive um jantar no Palácio da Alvorada com intelectuais. Aqui estavam: Bolívar [Lamounier], o Maílson [da Nóbrega], Sérgio Abranches, o Paulo Sérgio Pinheiro enfim, um grupo grande de intelectuais, para motivá-los para a campanha. Notei alguns muito pessimistas, sobretudo o [Gilberto] Dupas. As pessoas sabem pouco do que está acontecendo. Veio também o João Sayad, ele parecia o Paul Singer, fazendo perguntas que me soaram ingênuas. Não sei se são ingênuas mesmo ou se é o estilo dele. E com uma visão também pessimista. Os que estão mais longe do governo é que têm essa visão pessimista; os mais próximos, com uma visão mais otimista. É normal que assim seja. Não creio que o jantar tenha sido grandemente produtivo, mas pelo menos foi grato reencontrar pessoas que eu não via fazia tempo.

---

* Levitsky foi sucedido no posto por Anthony Harrington.

** Indicado no governo George Bush, Levitsky foi subsecretário de Estado e chefe do Bureau for International Narcotics and Law Enforcement Affairs entre 1989 e 1993.

*** Alusão às exigências exorbitantes do staff norte-americano da segurança de Clinton, durante sua visita ao Brasil em outubro de 1997.

Nessa quinta-feira, também veio falar comigo o Pedro Pedrossian, candidato ao governo de Mato Grosso.* Ele veio me dizer quem ele era: que não é corrupto, como disseram no passado, que é um lutador, um inovador, que na idade em que está ainda tem prestígio popular.

Na sexta-feira, dia 10, recebi muita gente de manhã. Primeiro o Serra, para discutir orçamento e também porque ele sempre tem muitos problemas, intervenções [na administração] que precisa fazer, ele está atuando com muita coragem e competência.** Agora mesmo, fará uma em Juiz de Fora que vai dar dor de cabeça, porque lá o Tarcísio Delgado, o prefeito,*** está usando o dinheiro do SUS para pagamento de pessoal, em vez de pagar diretamente a área de Saúde.**** Vai dar confusão com Itamar. Enfim, é preciso fazer.

Depois recebi o Paulo Hartung e o Luiz Paulo Vellozo Lucas. Rose de Freitas se acoplou, mas não assistiu à conversa, só no final, eles têm medo que eu vá apoiar muito fortemente o Élcio Álvares. Eu disse que o Élcio foi um líder leal, vai ser candidato ao Senado e Paulo Hartung também. Agora eles estão com medo que se liberem verbas. Eu respondi: "Nós só estamos liberando o que é de direito. Não sendo de direito, não será liberado".

Recebi o Paulo Godoy, presidente da Apeop, muito aflito porque, com a morte do Sérgio Motta, quer era muito amigo dele, não tem mais contato com ninguém, num momento em que poderia, eventualmente, ajudar na campanha. O Paulo Godoy há muitos anos tem sido um rapaz correto conosco, sempre ligado ao PSDB. Ele tem nem sei bem o que na área de energia elétrica,***** nem sei qual é o porte das empresas dele.

Tive ainda uma pequena reunião com o Eduardo Jorge, o Nizan, o [Antônio] Martins e a Ana, sobre comunicação, questão de imprensa, e eu e a Ruth almoçamos com Nizan. Foi boa a conversa, o Nizan é inteligente, hábil, está obcecado com a ideia de que a campanha tem que ser ao redor do emprego e do desemprego, apesar das dúvidas que tenho. Discutimos um pouco o que fazer com a vinda do

* Pelo PTB.
** O ministro da Saúde interviera em escritórios regionais da Funasa e nos hospitais federais do Rio de Janeiro, onde foi desmantelado um esquema de superfaturamento de medicamentos e insumos hospitalares. No início de junho de 1998, Serra relatara ter recebido ameaças da máfia de falsificação de remédios, também combatida pelo ministro.
*** Pelo PMDB.
**** Após uma auditoria do Ministério da Saúde, Serra determinou a suspensão do repasse de verbas do SUS à prefeitura de Juiz de Fora e sua transferência para o governo estadual. Além de não pagar as contrapartidas municipais, Delgado retivera pagamentos devidos a prestadores de serviços dos hospitais locais, que entraram na Justiça.
***** Godoy presidia a Alusa Companhia Técnica de Engenharia Elétrica, integrante do consórcio Tess na exploração da telefonia celular da banda B do interior de São Paulo.

Mandela,* o que fazer sobre o futebol, o campeonato do mundo, como me comporto, se vou à França ou não [para a final da Copa]. Ele acha que não devo ir, eu também acho.

Depois, à tarde, fui ao Palácio do Planalto. Tive uma reunião boa sobre a seca, onde se vê que houve muito avanço, depois uma reunião com o ministro de Políticas Regionais, Ovídio de Ângelis, com o Sérgio Moreira e os vários ministros das áreas concernidas. Houve grande avanço aí, há muitos recursos postos à disposição. O que falta, como sempre, é organização na base, articulação, capacidade de cobrança e de realização. É curioso, porque o governo federal reagiu de maneira correta, apesar de todas as críticas ou por causa mesmo das críticas. Mas não sei que efeito isso vai ter, porque o problema, como eu digo sempre, está mais embaixo: falta organização de base. Mas foi uma boa reunião.

Recebi o Tasso Jereissati e fiz os despachos de rotina. O Tasso preocupado com o açude do Castanhão,** parece que vão paralisar a obra, falei com Mendonça de Barros para ver no BNDES o que pode ser feito para que ela não pare, porque é uma obra importante. Também falei com ele sobre o Ciro. Ele disse que o Ciro ainda tem presença no Ceará, que eu não o subestime, que vai ser difícil nossa posição no Ceará. Ele não pode atacar frontalmente o Ciro, no que eu concordo, e vão ficar cobrando dele, o Tasso acha isso errado, ele vai fazer, tenho certeza, o que puder para me ajudar. Mas o Ciro é do Ceará, tem presença lá, os prefeitos são amigos dele, e amigos do Ciro também. Enfim, o que vai pesar mesmo é o fato de que estou melhor no resto do Brasil e o Ciro está bem só no Ceará. Um dia perguntei ao Tasso se seria possível o que me disseram, que o Ciro, num programa evangélico de televisão, chorou e disse que foi traído por mim. Não sei traído no quê! Em nada, a última vez que falei com ele foi para convidá-lo para ser ministro da Saúde. Depois quando o pai dele morreu*** telefonei para lhe dar os pêsames, mais nada. O Tasso disse que ele às vezes entra em depressão e que fala assim mesmo e que deve estar sentindo isso agora que está sem pé.

Saí para jantar com a Ruth num restaurante de Brasília, sozinhos. Lá encontramos por acaso o Zé Gregori, uma moça chamada Beth Vargas**** e a Gilda Portugal Gouvêia,***** mas não ficamos juntos; jantamos só nós dois e no final tomamos um café com eles. Fui sem avisar ninguém daqui, foi bom, não houve imprensa, nada para incomodar.

---

* O presidente sul-africano chegou ao país para uma visita de Estado em 21 de julho.

** Obra de abastecimento hídrico de Fortaleza que ocasionara as denúncias de propina contra o petebista Pedrinho Abrão.

*** José Euclides Ferreira Gomes, ex-prefeito de Sobral morto em junho de 1996.

**** Diretora do programa Universidade Solidária e ex-secretária executiva da Comissão Especial de Mortos e Desaparecidos Políticos do Ministério da Justiça.

***** Socióloga, assessora especial do Ministério da Educação.

Ontem, sábado, passamos o dia aqui arrumando coisas, como costumo fazer nessas ocasiões. Era aniversário do meu cunhado Roberto [Cardoso de Oliveira], que fazia setenta anos, e à noite fomos jantar na casa da Gilda, minha irmã. Muitos professores da universidade [UnB], inclusive o reitor,* clima agradável, muitos eu conhecia, outros não, uma coisa simpática e familiar.

Não passei muito bem, estava um pouco... não sei se febril, meio cansado, no fundo é estafa mesmo e tinha dormido mal na véspera. Não houve nada de mais especial na área política, apenas um telefonema ou outro.

Alguma preocupação com a Roseana Sarney, porque acabei de saber neste instante, quando interrompi um pouco — eu soube pela Ana Tavares —, que ela fez outra operação. Coitada, a terceira no espaço de um mês, por causa de aderências no intestino. Vou telefonar para lá. Tenho telefonado, tenho falado com Sarney, nunca toquei em assunto político, só em assunto familiar, para não haver desavença. No familiar não há, porque, como tenho registrado, gosto da Roseana, e neste momento tenho uma simpatia especial, porque ela deve estar sofrendo muito com esses zigue-zagues de saúde.

Fora isso, pesquisas da *Folha* que saíram hoje. Eu já sabia, o resultado é de 40 a 28. Por mais que a *Folha* queira distorcer, e distorceu, por exemplo, nos gráficos de votação, a vitória é muito forte. Não há como negar que recuperamos o que havíamos perdido. Ninguém sabe muito bem por quê. Quando a gente olha os gráficos que a *Folha* publicou, e os nossos também são assim, sazonalmente, em maio há uma descida e depois recomeça a subida. Claro que deve ter havido a seca, o incêndio ou a minha expressão infeliz de chamar de "vagabundos" quem se aposenta com menos de cinquenta anos, enfim, essas coisas todas pesadas, ninguém sabe exatamente o que levou a diminuir o apoio. E a *Folha* mostra que o que se diz da propaganda do governo também não parece consistente para a recuperação. Apenas pouco mais de 20% da população se deu conta de que houve propaganda de realizações do governo. Acho que é mais pelo clima geral e certamente pelo custo de vida, ou do feijão e do arroz, ou talvez um pouco por esse clima mais otimista da Copa, pelo esquecimento do salário mínimo, que é baixo,** e pelo fato da imprensa, da mídia, estar dando mais notícias do que o governo realiza, e também, inegavelmente, o governo, até pelo susto que tomou, está realizando mais.

Por sua vez o Lula não consegue, e o Brizola menos ainda, dizer coisa com coisa. O programa, como já registrei, os pontos que eles apresentaram não são consistentes, eles não conseguem esconder que essa coisa de [Plano] Real não é com eles, eles não gostam, é uma coisa penosa para o PT admitir, por causa da derrota passada e por causa da inflação. A visão da esquerda é sempre de que um pouco de inflação é

---

* Lauro Morhy.
** Em maio, o governo reajustara o salário mínimo em 8,33%, de R$ 120,00 para R$ 130,00. A inflação em 1997 foi de 5,22% (IPCA).

bom, eles nunca afirmam que a inflação corrói o salário dos pobres, e eu continuo achando, como tantas vezes já disse, que se eu ganhar a eleição será por causa da estabilização, por não haver corrupção no governo e, quem sabe, porque inspiro uma imagem pessoal que não é negativa.

Eu vi, aliás, numa pesquisa do Ibope que declaradamente mandamos fazer, que o único político considerado de forma mais favorável do que desfavorável em todos os estados do Brasil sou eu, comparado com todos os políticos nacionais e com a maioria dos políticos locais. Dos locais, apenas na Bahia Antônio Carlos tem um conceito melhor do que o meu, e não me lembro no Rio de Janeiro... no Rio estou mal. É mais desfavorável do que favorável lá. No Rio Grande [do Sul], os políticos são bem considerados, mas no resto é como se fosse: político é uma coisa ruim, menos o presidente da República. Quem sabe por eu ser presidente, quem sabe pelos fatos já ditos aqui, acho que a Ruth ajuda bastante, porque o comportamento dela é discreto e firme, a minha família tem sido exemplar, nenhuma confusão, e mesmo o Paulo com esse problema [do Banco Nacional] nunca teve nada a ver com o governo, realmente acho que tudo isso conta. O país sabe que pelo menos está em mãos de gente que não está aqui para fazer o mal, que tenta fazer o bem, embora nem sempre conseguindo. Tomara que continue assim.

Daqui para a frente é só futebol, só futebol e a necessidade imperiosa para os brasileiros de autoafirmação, de ganhar. Não sei se vamos ganhar, espero que sim, mas há sempre certa angústia. Convidei muita gente para assistir ao jogo comigo aqui, se ganharmos vai ser uma festa enorme. De toda maneira eu os receberei, os futebolistas [da seleção], na terça-feira que vem, de manhã, no palácio. Quero uma coisa discreta, oficial, para evitar dizerem que estou usando o futebol como propaganda, porque não preciso e não seria correto; o clima é suficiente para me ajudar.

HOJE É A QUARTA-FEIRA, 15 DE JULHO. No domingo eu estava na expectativa de vitória no futebol, e perdemos.* Teve muita gente aqui para ver o jogo, no fim acabou ficando só o Zé Gregori para ver um filme comigo, *O advogado do diabo*.**

A semana transcorreu normalmente.

Na segunda-feira de manhã, esteve aqui o Kofi Annan, secretário-geral das Nações Unidas, que recebi no Palácio do Planalto. Uma conversa muito boa, palavras um pouco tradicionais, grandes elogios ao Brasil pelo que fez em setembro na participação na Assembleia da ONU, pela tentativa de acabar o conflito Equador-Peru, e por aí vai. Simpatia grande pela nossa entrada no Conselho de Segurança. Assinei

---

* O Brasil foi derrotado pela França por 3 x 0 na final da Copa, jogada em Paris.
** *The Devil's Advocate* (1997), longa-metragem dirigido por Taylor Hackford.

em seguida, na frente dele, atos importantes para a entrada do Brasil no CTBT,* que controla os mísseis, e também o Tratado de Não Proliferação Nuclear.** Fiz um discurso firme, ele gostou também. Almoçamos no Itamaraty, novos discursos etc.

À tarde, recebi o sr. Francis Mer, o novo presidente da Usinor, que comprou a usina de Tubarão,*** um francês, um pouco insolente mas inteligente.

Despachei com o general Leonel.

Recebi o Carlos Velloso, ministro do Supremo, que veio agradecer — e trouxe com ele a pessoa — a nomeação de Aldir Passarinho para o Superior Tribunal de Justiça.

No dia seguinte, ontem, dia 14, a seleção brasileira chegou. Derrotada. Nós aqui a transformamos em uma seleção se não vitoriosa, pelo menos em uma seleção confortada, reconfortada. Milhares de pessoas na rua, boa festa no Palácio do Planalto, ousei bastante, porque era um risco receber os derrotados, e deu certo. Eles vieram emocionados, sobretudo o Dunga, o Bebeto, o próprio Zagallo, enfim, uma coisa bonita. Achei o Ronaldinho [Ronaldo] um pouco alheio a tudo, convidei alguns deles para o almoço com Mandela, e eles ficaram de vir. O Ronaldinho, fiquei de telefonar para ele, porque senti até solidariedade.**** Esse rapaz carrega o peso enorme do seu êxito. Sei o que é isso; em outra proporção, mas sei. É muito difícil.

À tarde, fui a Belo Horizonte, para um congresso de municípios,***** eu na corda bamba. Mas foi bem, fiz uma referência simpática ao Itamar e muitos elogios ao Eduardo Azeredo. Ele ficou contente. Discursei de improviso, os prefeitos querem, naturalmente, maior participação nos tributos e tenho que mostrar que eles precisam melhorar a gestão e gastar os recursos de forma adequada. Foi o que fiz, com elegância, para não magoá-los, mas sem prometer mundos e fundos aos prefeitos.

Voltei para Brasília e hoje, quarta-feira, passei a manhã discutindo o programa Brasil em Ação para 1999 e para os anos futuros. Uma parte disso pode ser usada na campanha como prognóstico de futuro, mas é importante a gente não exagerar nas promessas.

---

* Comprehensive Nuclear-Test-Ban Treaty, tratado multilateral para o banimento dos testes nucleares do planeta, estabelecido pela Assembleia Geral da ONU em setembro de 1997 com apoio brasileiro. Na presença de Annan, Fernando Henrique assinou a ratificação brasileira do tratado.
** Ratificação da adesão do Brasil ao TNP.
*** Em 1998, a Usinor, gigante francesa da siderurgia, adquiriu a ex-estatal Acesita, controladora da Companhia Siderúrgica de Tubarão. Hoje integra o conglomerado ArcelorMittal.
**** Ronaldo, artilheiro da seleção, sofreu convulsões horas antes da final da Copa e teve atuação apagada na partida.
***** O presidente discursou na abertura conjunta do XV Congresso Mineiro de Municípios e do IV Congresso Mineiro de Associações Microrregionais de Municípios, no Minascentro.

Recebi o Jarbas Vasconcelos,* um tanto incomodado com as declarações insistentes do Carlos Wilson,** insinuando que Jarbas viria aqui disputar o meu apoio; Jarbas foi corretíssimo esse tempo todo. Ele veio com o Mendoncinha, e eu disse que iria dar uma declaração, que dei, dizendo que ele não veio pedir apoio nenhum e que era eu que agradecia o apoio deles.

Almocei no Alvorada com o Fernando Gasparian e com o Luciano Martins. Discuti com o Fernando a possibilidade de publicar o meu livro com o Mário Soares [pela Paz e Terra], porque não deu certo com a Companhia das Letras. O Luiz Schwarcz não está muito contente, aliás com razão, com a forma final do livro, que não é final, precisa ser melhorada. Fernando é menos exigente, eu melhorei, mexi na minha parte e agora o Eduardo Graeff, com um jornalista que não lembro como se chama, está reorganizando os capítulos. Bartô, Bartolomeu [Brito], foi do *Estadão*. Depois vamos ver se publicamos, o Mário já está de acordo. Almocei e voltei ao Palácio do Planalto, onde recebi o Temer e o Geddel, preocupados com a eleição dos deputados do PMDB, querem saber que tipo de apoio terão, essas coisas.

Depois recebi o governador de Rondônia, aflito porque não resolvem os casos dele. Despachei com o advogado-geral da União adjunto,*** porque o Quintão está em férias, e recebi com Malan um diretor do Banco Mundial chamado [Joseph] Stiglitz,**** eu creio, uma pessoa interessante, com uma visão que vai além do Consenso de Washington.***** Foi conversa de quase uma hora.

Recebi Iris Rezende, que veio com o Sandro Mabel me dizer que, apesar do PSDB ter lançado um candidato****** sem chance, segundo ele, e no meu entender também, a diferença [nas pesquisas] de 65% para 6,5% é grande, vamos perder esse bom deputado que se candidatou, que é Marconi Perillo. Parece ser bom, mas não vai ganhar a eleição. Era preciso que ele não se lançasse por duas razões: para não criar dificuldades com Iris e também para termos mais deputados bons do PSDB. Não me ouviram e agora, como todos, vão cobrar meu apoio, porque querem ter alguém que os catapulte à vitória impossível. Cada um tem que vencer sozinho, não há apoio que leve à vitória. Ou pelo menos apoio distante, como é o caso do

---

* Candidato ao governo pernambucano pelo PMDB.
** Candidato pelo PSDB.
*** Cléber José da Silva.
**** Vice-presidente sênior e economista-chefe do Banco Mundial.
***** Receituário macroeconômico ortodoxo prescrito para países em desenvolvimento em 1989 pelo economista britânico John Williamson, do Institute for International Economics, sediado em Washington. Entre as medidas sugeridas por Williamson, tachadas de neoliberais por seus opositores, incluem-se disciplina fiscal, desregulamentação financeira, privatização de estatais e liberalização dos mercados de câmbio e comércio exterior.
****** Marconi Perillo.

presidente da República. Por outro lado, vão se queixar de que não os apoio. Eu disse que não deviam se lançar.

Isso se repete. O Carlos Wilson fez a mesma coisa em Pernambuco, só que eu não disse a ele com todas as letras, porque até achei que havia chances do Arraes apoiar o candidato, podia ter apoiado. Nesse caso, eu não falei para não se candidatar, disse que disputasse, se tivesse essa possibilidade. Agora fica patético. Não vai ter chance e sou eu quem fica na berlinda. E o PSDB a me cobrar fidelidade, lealdade, esquecendo que não tiveram lealdade estratégica ao próprio partido, que é ganhar as eleições presidenciais e fortalecer a bancada. Cada um puxou a brasa para a sua sardinha e agora querem que eu, como presidente da República e como candidato, os puxe para a vitória. Um pouco infantil essa atitude, mas é assim. Vai ser um desgaste enorme nesse tempo todo. Ainda bem que só faltam dois meses para as eleições.

17 DE JULHO A 3 DE AGOSTO DE 1998

Primeiro comício da campanha. Visita de Nelson Mandela. Cúpula do Mercosul. Privatização da Telebrás

Hoje é sexta-feira, dia 17 de julho.
 Ontem fui a João Pessoa, Patos e Monteiro, na Paraíba e depois visitei uma frente de trabalho* e fui à cidade de Coremas, onde há um sistema d'água chamado Curema-Mãe d'Água, visitar uma adutora que vai levar essa água para a baixada de Sousa.** Uma obra importante, paralisada há cinquenta anos. Paralisada, não. Não realizada há cinquenta anos. A represa existia, mas não havia o que fazer com a água dela.
 Falei com a população de Monteiro, muito simpática, o governador Maranhão ao meu lado, os candidatos ao Senado também, o Ney Suassuna e o [Raimundo] Lira.*** Nenhum incidente, foi tudo agradável, viajei oito horas de avião e helicóptero para chegar a esses vários locais. Foi cansativo nesse sentido, mas tudo bem.
 Hoje de manhã recebi o [Marconi] Perillo, que veio com o Nion [Albernaz], prefeito de Goiânia, e outros mais, inclusive o Fernando [Cunha], que foi meu colega na Constituinte, um sujeito por quem sempre tive respeito e que é candidato ao Senado.****
 Repetimos as coisas, o Nion estava muito entusiasmado com sua candidatura [pelo PSDB], afirmando que vai haver uma virada em Goiás. Eu disse o que acabei de gravar nesta semana: que o presidente não faz governadores, o povo é quem decide. Se houver realmente essa corrente forte, vai dar certo; senão, não. Para que ele não fique com expectativa de que vou catapultar a candidatura dele.
 Antes eu tinha recebido o Raul Belém, que veio pedir pelo Zé Aparecido na questão da CPLP. Expliquei a situação: Zé Aparecido não aceitou o convite que lhe fiz. Agora, na última hora, vem com um abaixo-assinado; é tarde. O Belém me disse que ele, em Minas, abriu um movimento pelo Itamar, por mim e pelo Hélio Garcia. Diferente do movimento que vai ser aberto também pelo Zé de Castro; ele e o Zé de

---

* Na primeira etapa do roteiro pelo sertão paraibano, em Monteiros, o presidente visitou uma frente de trabalho que construía escolas e poços artesianos.
** Em Coremas, segunda etapa do roteiro, Fernando Henrique entregou a primeira parte do sistema de irrigação para fruticultura na região de Sousas, abastecido pelos açudes Curema e Mãe d'Água. Inaugurados em 1957 por Juscelino Kubitschek, eram os dois maiores do Nordeste.
*** Além do pemedebista Ney Suassuna, Tarcísio Buriti (PPB) também disputava o Senado com apoio do Planalto. Lira não se candidatou em 1998.
**** Pelo PSDB.

Castro não estão se dando muito bem. Belém gostou bastante da minha atuação, quando fui a Minas fazer a abertura do congresso dos municípios.

Recebi ainda o Júlio Campos com [Eduardo] Rodrigues Palma e com Carlos Bezerra, candidatos ao governo de Mato Grosso.* Algumas reivindicações, vieram trazer o programa de campanha, não sei o quê.

Ainda saí correndo daqui para ir prestigiar o general Cardoso na abertura de uma reunião do colégio de presidentes de Conselhos Estaduais de Entorpecentes. É uma articulação da Secretaria Antidrogas e lá conheci o juiz [Wálter] Maierovitch, que vai ser o responsável por essa área. Não sei, não me deu a impressão de ter uma presença forte. Minha sensação coincidiu mais com a do Serra, que o acha um pouco exibicionista e não confiável. O Cardoso gosta dele. Tenho que me fiar no Cardoso e esperar que ele esteja certo. Também não tenho nada contra, é apenas uma impressão, mais nada.

Agora vou almoçar, depois recebo Eduardo Jorge para discutir coisas de campanha e em seguida vou ao Planalto cumprir uma agenda mais ou menos simples com o ministro Brito e o embaixador do Japão, Chihiro Tsukada. Vou receber ainda o Célio de Castro, o prefeito de Belo Horizonte, que vem falar comigo sobre a Frente dos Prefeitos** e sei lá o que mais, algo eleitoral.

HOJE É TERÇA-FEIRA, DIA 21 DE JULHO, são onze horas da noite. Vou retomar o fio da meada.

Sobre o encontro de sexta-feira com Célio de Castro: a conversa foi tranquila, ele tem uma reivindicação no Banco Central, que não aprovou um empréstimo que ele obteve, porque há uma resolução do Conselho Monetário [Nacional] que proíbe que se façam esses empréstimos a estados e municípios, por uma razão de equilíbrio fiscal.

Fora isso, foi uma conversa amena. Ele não acredita na vitória do Lula, acha que vamos ganhar, e não foi mais longe na discussão. Acha difícil também que o Itamar ganhe, pelas características de comportamento do Itamar e pela aliança com Newton, que teria dificultado a apresentação de Itamar aos mineiros Essa a opinião do Célio.

Fui a Porto Alegre para o lançamento da minha candidatura junto com a do Britto.*** Festa boa, está registrada nos jornais, e sem nenhum incidente, pelo contrário. Muita gente, umas 20 mil pessoas, toda a liderança política, almocei com

---

* Palma (PTB) candidatou-se a vice-governador na chapa de Júlio Campos (PFL). Bezerra (PMDB), à reeleição no Senado.
** Castro presidia a Frente Nacional dos Prefeitos.
*** Comício de lançamento da candidatura à reeleição, primeiro evento oficial da campanha com a presença de Fernando Henrique.

os líderes políticos locais, mais de mil pessoas.* Nada mais a comentar a não ser o clima muito positivo. Isso no sábado.

Passei o domingo aqui em casa, reuniões... Reunião com o Vilmar, com o pessoal do Comunidade Solidária e nada mais que me recorde.

Segunda-feira, ontem, também foi um dia tranquilo, não vou registrar nada de especial, salvo que jantei com Mandelson, ministro do Tony Blair, homem próximo a ele, com muita influência. O jantar foi no Itamaraty, ele fez observações interessantes sobre a Inglaterra, o Brasil, a Terceira Via, sobre os encontros que devo ter com Tony Blair no futuro. Está propondo um em setembro, na Assembleia da ONU, propus que tivéssemos um encontro em janeiro/fevereiro na Amazônia, com Tony Blair, o Prodi e o Clinton, uma coisa de impacto.** Ele gosta de Jospin, o que me surpreendeu, pensei que colocasse o Jospin um pouco mais no gênero "socialista estatal", mas não. Acha que o Schröder não tem o domínio do partido na Alemanha, que pode ganhar, mas não vai dominar a máquina partidária, porque Oskar Lafontaine é quem controla o partido. Fora isso, fez recomendações úteis sobre o tom da minha campanha, da minha candidatura. Achei interessante saber como apresentar as coisas e os muitos outros comentários que fez. Ele conhece pouco o Brasil, mas é perceptivo. Convidei-o para vir ao almoço no dia seguinte, que foi hoje, com o Mandela, e ele veio.

Hoje de manhã vieram Mandela e a Graça Machel,*** que é uma pessoa extremamente simpática. Os dois, aliás. A certa altura, Mandela quis conversar sozinho comigo. Pediu meu apoio para as questões da África se eu vier a ser eleito aqui. Entendi que esse apoio tinha um significado material, além do político. Disse a ele que eu veria o que seria possível fazer junto a brasileiros que têm interesse pela questão sul-africana. Achei curiosa essa observação dele, com franqueza, são sinais de confiança em mim ao me transmitir a sua preocupação eleitoral na África do Sul.****

O almoço transcorreu extraordinariamente bem. Quase toda a elite negra do Brasil compareceu. Pelé e o Pitta não vieram, o Pitta porque não convidei, para não partidarizar a questão, e Pelé por estar fora do país. O resto da elite negra veio, inclusive Vicentinho, o [Paulo] Paim,***** a Benedita da Silva, o Abdias do Nascimento, do PDT,****** o bispo d. Gílio [Felício],******* ligado ao arcebispo da Bahia, um conjunto grande de negros influentes do Brasil. A Dulce Pereira, da Fundação Palmares tam-

---

* Numa churrascaria no parque da Harmonia.
** O encontro foi realizado em Florença, em novembro de 1999.
*** Mulher de Nelson Mandela e viúva do ex-presidente moçambicano Samora Machel. Machel e Mandela haviam se casado dois dias antes, quando o líder sul-africano também completara oitenta anos.
**** A África do Sul se preparava para realizar eleições gerais em 1999.
***** Deputado federal (PT-RS).
****** Senador pelo Rio de Janeiro.
******* Bispo auxiliar da arquidiocese de Salvador.

bém veio, além, o que é normal, de representantes de países amigos, da cúpula do governo e de alguns funcionários importantes, tudo muito alegre, muito agradável.

Voltei depois ao Palácio do Planalto para os encontros normais. Esperei o Lampreia, para discutir o que vamos fazer na Argentina, em Ushuaia, numa reunião do Mercosul à qual estará presente também o Mandela.* Sugeri, por intermédio do Paulo Tarso e do Lampreia, uma candidatura brasileira para a presidência do BID. Cogitou-se a certa altura que Iglesias pudesse ir para OMC, perguntei ao Lampreia se realmente ele não quer ir, respondeu que não quer, e, quanto ao BID, falou-se de Malan e do Paulo Renato. Acho que o Malan tem mais chance do que o Paulo Renato. Não sei é se ele tem interesse.

À noite, agora, o Aloysio [Nunes Ferreira] me telefonou para dar informação sobre Minas, e jantei aqui com o Zé Serra, que está fazendo um belo trabalho no Ministério da Saúde. Ele veio conversar sobre as demissões que fará de pessoas da Vigilância Sanitária** envolvidas com farmácias. Embora não seja um envolvimento comprometedor do ponto de vista da Vigilância, quem trabalha no Ministério da Saúde não pode dar nome como se fosse responsável por farmácia em Brasília. Serra demitiu 25 ou trinta, uma coisa bastante dura e importante.

HOJE É QUARTA-FEIRA, 22 DE JULHO, são dez e meia da noite, estou voltando do comitê eleitoral, pela primeira vez fui lá não para assistir a um debate, mas para eles darem explicações a mim do avanço do [projeto de] programa de governo. Ruth ficou lá, participando da discussão do programa.

De manhã recebi o Wilson Campos, que veio dizer que o Marco Maciel está esmagando toda a bancada do PSDB em favor do PFL. Ele próprio está preocupado com a sua reeleição. Esse Carlos Wilson, na verdade, fica como candidato porque está pensando no segundo turno, para se fortalecer numa posição no segundo turno e negociar com o Jarbas. Foi o que ele me disse.

Recebi peessedebistas da Bahia, com Arthur Virgílio, peessedebistas esses que querem apoiar o Antônio Carlos: o Mário Negromonte, o João Leão e o Jabes [Ribeiro], prefeito de Ilhéus.*** Depois recebi o Secretariado Nacional da Mulher [do PSDB].

Almocei aqui e fui encontrar o Serra no Palácio do Planalto para um despacho e para gravar para a televisão o nosso programa eleitoral.****

---

* XIV Reunião de Cúpula do Mercosul.
** Alusão à máfia de falsificadores de remédios investigada pela polícia e pelo Ministério da Saúde desde junho, na qual atuavam fiscais da extinta Secretaria Nacional de Vigilância Sanitária (atual Anvisa).
*** PSDB.
**** O horário eleitoral começou a ser transmitido em 18 de agosto. O tempo de televisão das candidaturas presidenciais ficou assim distribuído: 23 minutos e 40 segundos diários para a coligação

Despachei com o advogado-geral da União, despachos de rotina, e com o general Zenildo, que me deu uma notícia que me agradou: a promoção do general Cardoso para general de divisão.*

Voltei para o Alvorada e combinei com Luiz Carlos Mendonça de Barros que vamos adiar de dez a vinte dias o leilão das teles, com um propósito simples. É que as operadoras americanas estão com medo de entrar no leilão porque a Anatel não deixou completamente claro qual é a regra em certas matérias; com isso, diminui a probabilidade de elas competirem no leilão. Se não competirem, as empresas a serem leiloadas poderão ser arrematadas sem ágio, pelo preço mínimo, o que não é bom. Então vamos prorrogar esses dias. Haverá muitas críticas, mas temos que defender o interesse nacional.

Depois recebi o Guilherme Palmeira, que veio me mostrar a difícil situação de Alagoas. Diz ele que há problemas com o cumprimento dos nossos objetivos de botar em dia o pagamento dos funcionários alagoanos. Vou verificar o que está acontecendo. A situação de Alagoas é complexa mesmo. As chances de vitória sempre me pareceram pequenas, acho que o Teotônio, ao desistir, fez um bom negócio, porque vai ser muito difícil conseguir ganhar em Alagoas, dado o desgaste da elite local.

HOJE É DOMINGO, DIA 26 DE JULHO. Vou registrar o que aconteceu a partir da quinta-feira, dia 23.

Fui a Ushuaia, na Terra do Fogo, quase na Antártica, para a reunião do Mercosul. Saímos daqui às onze horas para chegar lá no final da tarde. Antes de sair, recebi um telefonema de Luiz Carlos Mendonça de Barros, falando em comemorarmos o milionésimo telefone com a tarifa chamada "Sérgio Motta", de cinquenta reais.**

Até Ushuaia, li uma porção de coisas que eu queria ler e li bastante de um livro muito interessante do [Daniel] Cohn-Benedict:*** *Une Envie de politique*,**** muito bom o livro. Ele modernizou sua cabeça, realmente vale a pena traduzir para que os brasileiros vejam como as coisas evoluíram na Europa.

Cheguei a Ushuaia e tive um jantar-coquetel com os presidentes que já estavam lá, muita gente, coquetel é a forma mais desagradável de reunião, não dá para

---

União, Trabalho e Progresso (Fernando Henrique); 10 minutos e 8 segundos para a União do Povo/ Muda Brasil (Lula, com PT-PDT-PSB-PCB-PCdoB); e 2 minutos e 30 segundos para a Brasil Real e Justo (Ciro Gomes, PPS-PL-PAN).

* Alberto Cardoso era general de brigada, patente inicial do generalato.
** Em Nova Lima (MG), o ministro das Comunicações fez a entrega simbólica da milionésima linha telefônica habilitada com tarifa reduzida para famílias de baixa renda, de R$ 50,00.
*** Deputado verde pela França no Parlamento Europeu, um dos líderes da agitação estudantil de maio de 1968 e ex-aluno de Fernando Henrique em Nanterre.
**** Com Lucas Delattre e Guy Herzlich. Paris: La Découverte, 1998.

fazer sala, não dá para comer direito, e às onze e pouco da noite fui deitar. Vi um pouco de televisão, vi lá a Maria Creuza cantando ao lado de uma argentina que cantava um zamba, com Z, mas muito ruim. Na Argentina há uma grande discussão pela televisão entre os políticos sobre o fim do menemismo, a discussão é uma bagunça total.

Na sexta-feira, dia 24, passei o dia reunido com os presidentes do Mercosul, Mandela foi lá.

Primeiro, algumas observações sobre Ushuaia. O lugar é lindo. Um pouco como aquela experiência que tive na Antártica,* de fim de mundo. Uma cidade que não é nenhuma beleza em si, mas a baía é bonita, o estreito de Beagle, que fica bem à margem do estreito de Magalhães, é impressionante. A sensação é de estar no fim do mundo. Dizem os argentinos que é a cidade mais austral do planeta. Na verdade, há um porto em frente, mais abaixo ainda, o chileno Puerto Williams, porque do outro lado do estreito de Beagle fica o Chile.

A reunião do Mercosul foi normal.** Menem se manifestou mais uma vez favoravelmente à minha reeleição, portanto contra Lula, também Wasmosy, Sanguinetti, todos reafirmando que, qualquer que seja o presidente, o Brasil não vai mudar de linha.

Mandela fez um discurso convencional, leu cansadamente, mas quando falou de improviso falou bonito e com força. Vê-se que ele tem uma presença muito simbólica, a África do Sul representa um valor para a África. Conversou comigo com muita satisfação, perguntou da Ruth, falei com a mulher dele, a Graça Machel, outra pessoa muito agradável. Eles foram quem mais interesse me despertaram nessa reunião, porque o resto foi rotina. Nenhuma conversa entre presidentes que mereça um registro à parte.

Voltamos para Brasília na sexta-feira, cheguei tarde da noite.

Ontem, sábado, passei o dia trabalhando, lendo, terminei de ler o Cohn-Benedict e também examinei meus papéis. À noite vieram algumas pessoas, o Sérgio Moreira veio conversar com a Ruth e aproveitei para falar um pouco com ele. Depois veio a Maria Helena Gregori e a embaixatriz Zoza Médicis,*** simpática.

Hoje fui cedo a São Paulo com a Ruth. Fui à Força Sindical paraninfar uma turma de 3 mil formandos,**** foi muito bom. O pessoal da Força Sindical estava lá, gente dos sindicatos, aquela massa de trabalhadores se requalificando, uma recepção ca-

---

* Em 1990, quando era senador, Fernando Henrique visitou a base brasileira na Antártica a convite da Marinha, acompanhado de Cesar Maia, então deputado federal.
** Foi assinado o Protocolo de Ushuaia, que estabeleceu a observância plena ao regime democrático como requisito fundamental para a entrada e permanência de países no Mercosul.
*** Adriana Médicis.
**** Formatura da segunda turma do Programa de Educação Profissional de Qualificação e Requalificação do Trabalhador, no Palácio do Trabalhador.

lorosa tanto para mim como para o presidente do sindicato, que é o [Luiz Antônio] Medeiros, ele entusiasmado, foi uma coisa boa.

Depois passei na casa da Roseana Sarney, em São Paulo, para vê-la. Está muito magra, abatida, fez quatro operações num mês só,* não é brincadeira.

De lá fui para casa, almoçamos, falei com Andrea Matarazzo sobre a campanha eleitoral que ele está coordenando em São Paulo.**

Eu e Ruth fomos visitar o Antonio Candido e a Gilda [de Mello e Souza], conversa amena, tocando em vários temas. Achei o Antonio Candido bem, a Gilda também. Eu temia que o Candido estivesse mais caído, fez oitenta anos. Dei a ele um livro, o fac-símile de uma edição com um só exemplar, escrito à mão, dos *Vinte poemas de amor e uma canção desesperada*,*** bonito livro. Na conversa tocamos um pouco nas minhas atividades, um clima dos velhos tempos, presente também a Ana Luisa [Escorel], filha deles, foi bom ver a Ana Luisa.

Depois fomos para o aeroporto, vim com a Gilda, minha irmã, com o Roberto mais a Luciana, o Getúlio e a Isabel, minha neta, de volta para Brasília. Paulo Renato veio também, mal falei com ele. Recebi das mãos dele uma proposta de governo, para a campanha, me pareceu razoável, coisa sintética.

Fora isso, as pesquisas continuam a dar bons resultados, por volta de 40, 41, 39 para mim e 23, 24, 25 para o Lula. A minha impressão é de que é capaz de dar primeiro turno.

HOJE É QUARTA-FEIRA, DIA 29 DE JULHO. Ontem, além de gravar um programa para a campanha, recebi Almir Gabriel, uma conversa normal.

À tarde, estive com o almirante Mauro César promovendo almirantes na Marinha.

Recebi a Frente Nacional dos Prefeitos e outras associações de municípios, é claro, querem aumentar a participação deles no bolo [tributário]. Foram muito discretos, mas certamente não saíram muito felizes com o que eu disse. Não que eu tenha sido evasivo, apenas descrevi as dificuldades efetivas que há nessa matéria.

Voltei para casa, a calmaria em Brasília é grande, estamos em época de campanha e, como o Congresso está em recesso, a calma é muito maior do que quando ele funciona. Muda muito o clima o Congresso estar ou não funcionando.

Despachei novamente com Clóvis sobre vários assuntos, inclusive o de mais dor de cabeça, que são os 28,86% dos funcionários que o Supremo Tribunal Federal mandou pagar, e ainda há pressão de grupos de funcionários que querem aproveitar a oportunidade para ter suas vantagens acrescidas. Algumas até são de direito,

---

* Além do nódulo pulmonar, do útero e dos ovários, Roseana extraiu um tumor de mama e aderências no intestino. Todas as cirurgias foram realizadas no Hospital Sírio-Libanês, em São Paulo.
** Matarazzo coordenou a campanha de Fernando Henrique em São Paulo.
*** Coletânea poética de Pablo Neruda originalmente publicada em 1924.

mas não agora, quando temos que nos ater à decisão do Supremo Tribunal e dar aumentos exatamente na mesma proporção que o tribunal declarou no seu acórdão, porque senão seria uma coisa equivocada por parte do governo. A questão da remuneração é um problema sério.

O ministro da Aeronáutica também despachou comigo ontem e me mostrou seu holerite, quanto ganha, é realmente um valor muito baixo: 4 mil reais e qualquer coisa. É muito pouco para quem tem cinquenta anos de atividade e é ministro de Estado. Essa é a situação do Brasil. Por causa principalmente da Previdência, das aposentadorias precoces, que têm um peso enorme na folha de salários, não se pode pagar adequadamente quem está em atividade.

Não obstante, até agora o Congresso reage muito a modificar esse sistema e nós não conseguimos nenhum progresso efetivo. É lamentável.

Hoje, quarta-feira, tive nova gravação de programas de manhã. Recebi o senador Ney Suassuna para me dar conta do que está acontecendo na Paraíba. Todos os dados que me dão por telefone, e também os dele, é que minha candidatura avança bem. O Britto me disse isso, chegou do Rio Grande do Sul. Hoje, Antônio Carlos chegou da Bahia, parece ser certo que as coisas continuam caminhando bem.

Almocei com algumas médicas e com a Ruth a respeito do programa de saúde da mulher que o Serra está deslanchando, e deslanchando de maneira eficiente. Pela primeira vez vamos fazer análises sobre câncer do útero de maneira massiva no Brasil. Isso é muito importante.

Por falar nisso, Serra me telefonou dos Estados Unidos, preocupado com a medida provisória que devo assinar modificando alguma coisa nos planos de saúde, há aí um choque entre ele e Malan.* Pensei que não houvesse, pensei que as coisas fossem mais fáceis, Serra me telefonou e eu disse que não via problema. Mas há problemas, porque o Serra não discutiu com a Fazenda a proposta dele de que a Susep, que é um órgão do Ministério da Fazenda,** seja ouvida junto com o Ministério da Saúde nas decisões sobre os planos de saúde. Me parece justo, mas, tal como ele fez, dá a impressão de que há uma imposição à Fazenda, e a Fazenda ficou com medo de que os aumentos [das mensalidades] ou negativas deles sejam usados politicamente. Tudo por prevenção de parte a parte. O Serra é uma pessoa que tem demonstrado na prática ser alguém excepcional, porém não consegue corrigir certos problemas de relacionamento. Mesmo alguém cordato como Malan, mas também teimoso, obstinado e desconfiado, se sente inseguro com as manobras do Serra. Tudo desnecessário. Eles não veem que é necessário haver convergência nas políticas dos dois. Cabe a mim arbitrar.

---

* A MP 1685-2/98 alterou diversos artigos da lei nº 9656, de 3 de junho de 1998, que regulamenta o mercado de planos de saúde privados.
** Superintendência de Seguros Privados.

Hoje, às três horas da tarde, houve o leilão das teles, foi um sucesso estrondoso, mais de 20 bilhões no leilão, uma coisa extraordinária, nós próprios ficamos muito surpreendidos com o resultado positivo.* Reação de sempre: de queimar coisas na rua, de pequenos grupos e, claro, Lula, Brizola etc. Mas a realidade vai se impor de maneira avassaladora, é um passo adiante na modernização do Brasil.

Tudo isso graças ao trabalho excepcional do Sérgio Motta, que foi um dínamo nessa matéria, o Brasil deve ao Sérgio, à coragem e à audácia dele, a sua competência e capacidade de trabalho, a transformação total do sistema de telefonia; e devo dizer também que o Mendonça substituiu o Sérgio à altura.

HOJE É 31 DE JULHO, SEXTA-FEIRA, são oito e meia da manhã, estou me preparando para ir a Pernambuco e ao Ceará, e domingo vou fazer um checkup de rotina em São Paulo.

Ontem, nada de extraordinário, na pesquisa do Ibope caí dois pontos, fiquei com 40, o Lula caiu 5 pontos, ficou com 18, o Ciro subiu 1 ponto, ficou com 6, e Enéas [Carneiro]** tem 3, ou seja, continua dando primeiro turno e uma diferença maior ainda de Lula comigo. Isso são flutuações, nada de mais preocupante se as coisas se mantiverem como estão até agora, dentro dos conformes.

À noite esteve aqui Pedro Malan, veio com Everardo [Maciel], os dois muito aflitos por causa dos ajustes salariais do pessoal da Receita. A turma da Fazenda é curiosa, é contrária a qualquer aumento de salário, mas quando diz respeito ao deles, ficam todos aflitos, é urgente, é urgente para a gente que recolhe impostos, para a gente que cobra impostos, da Procuradoria-Geral da Fazenda etc. [portanto,

---

* Em leilão realizado na Bolsa de Valores do Rio, as onze empresas regionais em que se dividira o Sistema Telebrás (telefonia fixa e banda A da móvel), além da Embratel, foram vendidas por R$ 22 bilhões, com ágio de 63,8%. Como de hábito nas privatizações, a advocacia do governo precisou derrubar várias liminares para garantir a realização do leilão. Milhares de manifestantes enfrentaram a polícia com paus e pedras durante quatro horas no centro da cidade. Houve quinze prisões e dezenas de feridos. Dentro da Bolsa, a telefonia fixa de São Paulo foi arrematada pela Telefónica (Espanha), em consórcio com RBS e a Portugal Telecom, entre outras; a Tele Centro Sul (regiões Sul e Centro-Oeste, Tocantins, Acre e Rondônia), pelo consórcio Solpart (Banco Opportunity, fundos de pensão Previ, Petros e Funcef, e Stet, subsidiária da Telecom Italia). A Tele Norte Leste (Rio de Janeiro e estados do Norte e Nordeste) ficou com a Andrade Gutierrez, o grupo La Fonte e quatro sócios minoritários. A norte-americana MCI levou a Embratel. Na telefonia celular, as oito empresas regionais da banda A tiveram ágio mínimo de 91% (Tele Centro Oeste, comprada pela brasileira Splice), chegando a 230% na companhia de Minas Gerais, Telemig Celular, comprada pelo Opportunity, fundos de pensão e a canadense Telpart. Os grupos Globo e RBS também participaram das aquisições. O PT entrou na Justiça para tentar anular o leilão.

** Candidato a presidente pelo extinto Prona (Partido de Reedificação da Ordem Nacional).

que são fundamentais para aumentar as receitas]. Dois pesos, duas medidas, com o Banco Central é a mesma coisa. Na verdade, não vieram para me pedir esse aumento, ele é até justo, mas porque outras categorias também estão muito maltratadas e a resistência da tecnocracia do governo é insuperável.

As taxas de juros continuam caindo, os juros primários são de 19,75%, uma das taxas mais baixas — acho que a mais baixa desde que assumi o governo. Mas há o efeito disso sobre os mercados, que continuam desaquecidos. Houve uma redução do IPI de automóveis, enfim, várias medidas, mas a gente percebe que a coisa vai lenta, apesar do impulso imenso que as privatizações devem dar pelo menos no ânimo das pessoas.

HOJE É DIA 3 DE AGOSTO. Recebi alguns governadores, o Albano Franco, recebi o candidato ao governo do Espírito Santo, o José Ignácio, todos os candidatos querem a mesma coisa, ou seja, têm alguma demanda para os seus governos e acham que o atendimento dela ajudaria a eleição. Os governadores que os apoiam sempre dizem que o governo não cumpriu isso, que não cumpriu aquilo, embora, geralmente, o governo federal tenha cumprido.

Na quinta-feira de manhã, dia 31, fui à Ordem dos Advogados do Brasil participar de um debate sobre questões jurídicas e a reforma do Judiciário, me ative mais aos temas técnicos.* Parece que o Lula e o Ciro fizeram lá um carnaval sobre privatização, mas não entraram nas questões técnicas.

Depois recebi o Ronaldo Cezar Coelho, interessado em chamar a atenção para um problema de transporte urbano no Rio de Janeiro, e também porque ele poderá vir a ser ministro do Desenvolvimento Urbano, vamos ver.

À tarde, recebi o Jaquito Bloch, diretor da Manchete. Estão interessados numa novela que querem que a Caixa Econômica financie. A Manchete o tempo todo quer recurso do governo.

Em seguida recebi o Osmar Zogbi,** que conheço há anos, para falar sobre os efeitos da quebra de um banco,*** com o que ele nada tem a ver.

Estive com Marcelo Alencar, outra conversa boa com ele, Marcelo é sempre compreensivo. Reclama de [falta de] recursos do governo do Rio de Janeiro.

No dia seguinte fui a Recife, Arraes estava no aeroporto com a cara um pouco emburrada por causa de uma troca de farpas, eu li nos jornais: frases agressivas minhas sobre ele, dele a meu respeito, as minhas não são verdadeiras, duvido que as dele sejam também. É sempre uma questão de tom. Mas o tratei muito bem,

---

* O presidente participou do ciclo de palestras com os candidatos presidenciais promovido pela OAB nacional.
** Presidente da Ripasa Papel e Celulose, vendida em 2004 aos grupos Suzano e Votorantim.
*** A família Zogbi era proprietária do Banco Zogbi, vendido ao Bradesco em 2003.

como sempre, e ele foi gentil. Depois foi embora, e seguimos para a BR-101, para ver uma obra importante.* Achei lenta a obra, enfim. Foram comigo dois candidatos, o Carlos Wilson e o Jarbas Vasconcelos. O Jarbas muito confiante na vitória e o Carlos Wilson meio sem jeito, falei com o pai dele, Wilson Campos, que é uma pessoa simpática, não é inteirado dos problemas, mas é simpático.

De lá, fomos de helicóptero a Ouricuri, uma cidadezinha de Pernambuco, longe, primeiro baixamos em Ouricuri, depois em Juazeiro do Norte. Em Ouricuri vi uma coisa interessante: uma adutora que faz a transposição de águas do São Francisco.** Pega água do São Francisco e vai por Pernambuco adiante, levando água de beber para as cidades, e vai terminar no Piauí; são cento e poucos quilômetros, eu creio, de adução de água. A população local extremamente simpática, não houve nenhuma mobilização, foi espontâneo, falei muito com todos eles, coisa que vivi depois também no Ceará, no Castanhão, quando estive com os operários, eles falando comigo com muita afetividade, com muita força por causa do real, pedindo para eu não deixar a inflação voltar. A pobreza tinha esse costume do Nordeste que me deixa arrepiado, de beijar a mão. Quando uma senhora pegou minha mão [para beijá-la], tentei pegar no rosto dela, passar minha mão na cabeça, num gesto de carinho.

À noite fui a Juazeiro, um comício grande, umas 20 mil pessoas pelo menos. Passei primeiro na capela*** onde está enterrado o Padre Cícero, como é o costume, foi a primeira vez que fiz algo assim. Claro, propicia uma série de gozações na imprensa, mas é um sinal de respeito à crença nordestina. O comício foi bem, não houve nenhum exagero, tudo tranquilo, jantar depois com dezenas de prefeitos, também agradável, num hotel.

No sábado de manhã, demos entrevista coletiva eu e o Tasso, também sem problemas, e de lá fomos a Crato. O prefeito de Crato é o Raimundo [Bezerra],**** que foi meu colega na Constituinte. É um homem direito, um médico, está com câncer no fígado, está muito magrinho. Um dos grandes problemas do município dele está na Saúde, questão de saneamento básico.

Fomos visitar uma fábrica da Grendene em Crato, uma fábrica impressionante, com 1200 empregados. Na Grendene estava o dono,***** me disse que eles já têm 12 mil trabalhadores no Ceará, estão mantendo no Rio Grande do Sul as áreas de design, de pesquisa, de comercialização, e a produção fica no Ceará. É muito inte-

---

* O presidente visitou as obras de duplicação da BR-101 entre os municípios de Cabo e Prazeres, na região metropolitana do Recife.
** O presidente inspecionou a construção de uma estação elevatória do Sistema Adutor do Oeste de Pernambuco.
*** Igreja de Nossa Senhora do Perpétuo Socorro.
**** PMDB.
***** Alexandre Grendene.

ressante isso, falei com os trabalhadores, mais trabalhadoras do que trabalhadores, muito amáveis também, felizes porque podem trabalhar na cidade deles, têm refeição a dois reais e não sei quantos centavos por mês, para ter almoço. Uma moça muito simpática, trabalhadora, disse que pagaria o meu se eu almoçasse lá com eles, foi muito agradável.

Depois longa viagem de helicóptero até Russas, onde houve um encontro com outros prefeitos da região;* e fomos ver o Tabuleiro de Russas,** uma obra impressionante, cem quilômetros de canais de irrigação. Levará uns dois anos, talvez, para ficar pronta e vai recuperar uma área imensa no vale do Jaguaribe. De lá fomos ao Castanhão.

Essa obra é ciclópica, gigantesca, três vezes maior do que Orós.*** Enfim, o governo está fazendo muita coisa hídrica no Nordeste.

Do Ceará fomos diretamente para São Paulo, não sem antes conversar no aeroporto com o Tasso e o *chairman* da Thyssen,**** aquela empresa de aço alemã que fundiu com a Krupp.***** O que eles propuseram? Fazer uma refinaria de petróleo em Fortaleza com recursos privados.****** Eles vão procurar o Duda no Rio, para pedir autorização. Essa é uma coisa importantíssima porque dirime dúvidas se será em Recife ou no Ceará que se localizará a refinaria.******* Se os pernambucanos quiserem, que façam uma refinaria também no Recife [com recursos privados]. Vai ser um baque para o Marco Maciel, que sempre quis que fosse em Recife, mas o que posso fazer? O dinamismo do Tasso não se compara com a inércia do Arraes. Ele está buscando recursos privados e não públicos. Então acho que foi uma coisa positiva.

Em São Paulo, à noite, estava cansadíssimo, dormi e ontem, domingo, dia 2 de agosto, de manhã, fiz um check-up. Aparentemente tudo bem, pressão um pouquinho mais elevada, porque não tomei o remédio que tomo para manter a pressão sob controle, por indicação do Arthur Ribeiro.******** Um pouco mais elevada, a máxima em 14, o que não chega a ser preocupante. E quanto ao resto, a ecografia foi perfeita, não tem nada, nem fígado, próstata, pulmão, tirei chapa, teste de esforço, tudo normal, tudo bem.

* A reunião ocorreu na Associação Atlética e Cultural de Russas.
** O presidente foi ao Distrito de Irrigação do Tabuleiro de Russas vistoriar as obras de transposição das águas do rio Banabuiú.
*** Açude no rio Jaguaribe inaugurado em 1961.
**** Hans Ulrich Gruber, diretor executivo do grupo Thyssen Rheinstahl.
***** A fusão se iniciara em fevereiro de 1998.
****** Refinaria do Nordeste (Renor), em Caucaia, projeto em parceria da Thyssen com o grupo Interoil, do Rio de Janeiro. A refinaria não chegou a ser construída.
******* Havia uma ferrenha disputa de incentivos fiscais entre Tasso Jereissati e Miguel Arraes para atrair a refinaria.
******** Médico particular de Fernando Henrique.

Lá em casa, à tarde, recebi primeiro o Eduardo Graeff, que foi rever comigo as provas do livro de diálogos com Mário Soares, estamos cortando pedaços que podem ser mais sensíveis a essa visão não sei se provinciana ou distorcida da nossa imprensa. Ela pega qualquer passagem minha para fazer um carnaval, como aconteceu com uma observação que fiz sem nenhuma maldade sobre o Chico [Buarque]. Eu disse apenas que acho o Chico menos criativo do que o Gil e o Caetano, emiti um juízo estético, que não tem nada de sério, porque nem sequer entendo de música, simplesmente me parece que... Bom, já fizeram um carnaval sobre quem apoia quem, quem não apoia. Eu sei lá se Caetano e Gil me apoiam, dei uma opinião sobre música, mas já fizeram um carnaval. Então tenho que ver tudo que eu faço, escrevo e digo, tenho que perder a espontaneidade, porque senão dá-se uma confusão imensa. O pior é que, mal comparando, sou de estilo tipo Sartre e Vinicius, ou seja, digo e faço tudo correndo, sai "da boca para a pena". Enfim, estamos fazendo a revisão.

Depois recebi o Mendonça de Barros e o Lara Resende para uma longa conversa sobre a privatização das teles. Como eu havia dito ao Mendonça, fui procurado por um primo meu que trabalha numa empresa que, por sua vez, trabalha para a empresa italiana Stet, competidora [nos leilões] das teles. Ele me alertara que havia uma articulação dos fundos de pensão para que essa Stet não ganhasse em uma área, para que eles [fundos] ganhassem com outros grupos que, segundo ele, não têm muita base técnica para montar uma operação grande no Brasil.* Alertei o Mendonça, que disse não haver perigo, que estavam apenas tentando estimular a competição. Ocorre que no jogo da competição esta empresa um tanto artificial, a Telemar,** ganhou do Rio de Janeiro para cima.

Então é uma coisa grave. [A Telemar] ganhou limpamente, porque os outros não puderam concorrer, não houve nenhum problema. [Ganhou] simplesmente porque a Bell South saiu [das concorrências], os espanhóis abandonaram [a concorrência da Telemar] e, em vez de irem para o Sul foram para São Paulo, onde ganharam. Resultado: os italianos tiveram que ir ao Sul e, quando ganharam no Sul, ficaram impedidos de concorrer no Rio de Janeiro. A oferta deles para o Rio de Janeiro era 1 bilhão acima da oferta de quem ganhou, mas não foi preciso ser lida porque, pelas regras do leilão, eles não podiam ganhar mais do que uma das áreas boas [da telefonia fixa]. Resultado: esse grupo [Telemar] ganhou.

---

* O alvo principal do Solpart (Opportunity, Stet [Telecom Italia] e fundos de pensão) no leilão da Telebrás era a Tele Norte Leste, mas o consórcio acabou levando a Tele Centro Sul. O Opportunity, de Daniel Dantas, que também participara da disputa pela Embratel, comprou a Telemig Celular e a Tele Norte Celular com outros sócios. Alegando a existência de um acordo de fidelidade com os italianos, o Opportunity entrou na Justiça para ter participação acionária na Tele Sul Celular, comprada pela Telecom Italia em sociedade com Globopar e Bradesco.

** Ex-Tele Norte Leste.

Eu disse ao Mendonça e ao André (aliás é a posição deles também) que, no caso, temos que ser linha dura, ou seja, apertar aquelas empresas [do consórcio Telemar]. Se ganharam, ganharam. Mas o financiamento do BNDES só irá condicionado por um controle grande do BNDES. Este vai ter de participar não só para controlar a gestão e fazer com que mais adiante algum operador de mais porte possa se associar, como também para, havendo lucro na venda a terceiros, o BNDES receber dividendos, porque senão essa gente vai ganhar um dinheirão com uma manobra muito fácil.

Foi desagradável, tanto mais porque envolve os fundos de pensão, basicamente a Previ, e também a seguradora do Banco do Brasil. Isso vai sempre cheirar a coisa suspeita, tenha sido ou não. Certamente não terá sido o motivo nem meu, nem do André, nem do Mendonça, mas é desagradável e temos que ficar alertas para essa questão [ou seja, de que o propósito não foi favorecer a Telemar]. Fechei totalmente com a posição deles, de que deve haver uma linha extradura. Não dá, por outro lado, para anular o leilão, porque vão dizer, primeiro, que não temos base legal para anular; segundo, que qualquer pressão maior, além de certo limite, é contra o capital nacional. A versão vai ser essa e não a de que estamos contra a pirataria eventual.

Voltei para Brasília ontem à noite, assistimos o Duda na televisão falando da Agência Nacional do Petróleo, depois tentei ver o reitor [José Henrique] Vilhena, o da UFRJ,* que ia dar uma entrevista ao Boris Casoy, mas dormi; a Ruth também, porque ninguém aguentava de cansaço.

---

* A reitoria da UFRJ fora ocupada em 7 de julho por estudantes que exigiam a nomeação do candidato a reitor mais votado na consulta à comunidade universitária realizada no final de abril, Aloísio Teixeira. José Henrique Vilhena, o candidato indicado pelo Ministério da Educação, fora o terceiro colocado da lista tríplice.

3 A 21 DE AGOSTO DE 1998

*Comícios e reuniões de campanha.
Vantagem nas pesquisas. Viagem ao Paraguai.
Crise na Rússia*

Hoje é quinta-feira, dia 6 de agosto, são nove e meia da noite.
 Na segunda-feira, dia 3, além de um despacho longo com Clóvis, gravação de rádio no Alvorada, e de televisão também, para o programa eleitoral.
 À tarde, reunião com Raimundo Brito e com o pessoal da diretoria da Aneel, que veio me trazer resultados da avaliação que fizeram, da Escelsa do Espírito Santo, distribuidora de energia elétrica.* Eles vão baixar o custo da eletricidade, mais ou menos 5% para os domésticos e 3% para os industriais. Isso é bom, porque mostra que a Aneel tem um sentido fiscalizador.
 Na terça-feira, dia 4, longas gravações com a DM9, depois tive a entrevista com a Irma Passoni** na Rede Vida, quase uma hora de gravação.
 Recebi Alfredo Campos,*** que veio com a notícia de que queria trabalhar na minha campanha em Minas.
 Depois do almoço recebi o pessoal da CGT, vários diretores, inclusive alguns antigos que eu não via fazia muito tempo, como o Hugo Peres, que hoje é assessor deles. Vieram hipotecar apoio e dizer que estão realmente dispostos ao diálogo com o governo na área trabalhista. Foi interessante, gostei do teor da conversa.
 Recebi o Mendonça de Barros com todo o pessoal que já tinha assinado os novos contratos de concessão,**** vários empresários estrangeiros.***** A Wilma Motta fez um discurso, um pouco fora do protocolo, porque ela não é do governo, e cobrou a destinação social dos recursos da venda das telecomunicações.
 Depois recebi o deputado Osvaldo Coelho, que veio insistir na necessidade de levarmos adiante os projetos hídricos do Nordeste. O Osvaldo é entusiasmado pe-

---

* A ex-estatal capixaba fora privatizada em julho de 1995.
** Ex-assessora especial do Ministério das Comunicações na gestão de Sérgio Motta e ex-deputada federal pelo PT-SP.
*** Ex-senador pelo PMDB-MG.
**** Cerimônia de transferência das concessões das teles privatizadas para os vencedores do leilão de 29 de julho.
***** Empresas estrangeiras vencedoras da privatização da telefonia, entre operadoras das plataformas fixa e celular: Telpart Telesystems (Canadá), Banco Bilbao Viscaya (Espanha), Iberdrola (Espanha), Telefónica (Espanha), Portugal Telecom, Italia Telecom, Itochu (Japão) e NTT Mobile (Japão). A Embratel foi comprada pela MCI (EUA).

las questões de irrigação, é um pernambucano desses de boa têmpera, que luta por seus objetivos.

Ainda no Palácio da Alvorada, recebi vários candidatos, o Dante de Oliveira, candidato a governador do Mato Grosso, o candidato a governador do Mato Grosso do Sul também, que se chama [Ricardo] Bacha* e que é secretário da Fazenda do Wilson Martins, fotografias, pedidos, essa coisa rotineira.

Ontem, quarta-feira, comecei com uma cerimônia de imposição de medalhas [da Ordem] do Mérito das Forças Armadas.

Recebi o Dornelles,** que veio dar conta de como as coisas avançam no Rio. Avançam bem.

Depois do almoço recebi o Joaquim Roriz, candidato ao governo do DF. Veio com os candidatos ao Senado*** e muito entusiasmado. Todos saem daqui e dão entrevistas, provocam ciúmes nos competidores, alguns também ligados a mim.

Em seguida, recebi o sr. [Sven-Christer] Nilsson, o presidente mundial da Ericsson. Conversa boa, ele entusiasmado, a fábrica daqui já está exportando 185 milhões de dólares e será uma das quatro fábricas que eles vão manter no resto do mundo, porque o Brasil vai ser realmente uma plataforma de exportação para eles.

Depois recebi o Zé Augusto Marques, da Abdib, que veio com um grupo bastante expressivo de produtores brasileiros, como o [José Luiz] Alquéres, diretor executivo da Bozano Simonsen, o Philippe Joubert, presidente da Alstom no Brasil,**** o Aldo Narcisi, presidente da Brastubo, além do Ralph Lima Terra e do Fernando Marques Lisboa, vice-presidentes executivos da Abdib. Vieram com uma proposta muito interessante de discutir o futuro do Brasil em termos de um projeto nacional, eles estão convencidos de que estamos virando uma página da história, eu também, foi realmente conversa de gente grande.

Jantei no Palácio do Jaburu com o [Olavo] Setúbal e com o Marco Maciel. Muito interessante. Setúbal sempre entusiasmado, agradeci o apoio que ele me tem dado, ele disse que é meu fã, que está lendo o meu livro e gostando muito, e ele tem uma visão bastante cosmopolita. Demonstrou alguma preocupação com a TR, tem razão, porque a TR levanta o piso da taxa de juros por causa da caderneta de poupança. Mostrou preocupação também com o contrabando, porque ele é produtor de produtos de eletrônica e de computação***** e sofre com a concorrência enorme

---

* PSDB.

** O ex-ministro da Indústria, do Comércio e do Turismo retornara à Câmara e se recandidatava à cadeira de deputado federal pelo PPB-RJ.

*** O deputado federal Augusto Carvalho (PPS, em coligação com PSDB, PTB e PFL) e o empresário Luiz Estevão (PMDB, em coligação com o PPB).

**** Então denominada GEC Alsthom.

***** O grupo Itaúsa possuía uma fábrica de computadores e componentes eletrônicos, a Itautec, vendida à japonesa Oki em 2013.

do contrabando, uma coisa violenta mesmo, temos que tomar medidas mais duras. Mas vamos esperar o próximo governo, porque isso implica a rearticulação de muita coisa no Brasil.

Setúbal sempre muito simpático, dona Daisy [Setúbal]* — Daisy, não a chamo mais de dona, fez oitenta anos, nem parece! O Setúbal tem 75, está mais cansado do que ela. Ele acha que a eleição está resolvida, demonstra sempre muita confiança no Brasil e está especialmente preocupado com o Japão, nós todos estamos.

Hoje, quinta-feira, comecei com a natação, depois gravação de programas de televisão.

Almocei no Alvorada, o Duda passou por aqui rapidamente, depois fui ao Palácio do Planalto, lançamento dos novos contratos da Petrobras com a ANP, um marco na história do Brasil, 397 contratos.** Isso vai render mais royalties para o país, para o governo brasileiro. Estavam o presidente e os diretores da ANP e da Petrobras, foi marcante nesse aspecto.

Depois disso, tive um ato com o ministro Amadeo, para dar início a medidas mais organizadas no intuito de melhorar as relações de trabalho, mudar a legislação trabalhista do Brasil.*** Elas ainda estão muito ao estilo do Getúlio e inspiradas no fascismo italiano. Amadeo fez um bom discurso, mencionei outras medidas que estamos tomando, voltamos a falar do tema do desemprego, da nossa disposição de enfrentá-lo.

Ontem ainda, recebi Ovídio de Ângelis, o ministro encarregado de Políticas Regionais, que me deu conta do que ele fez a respeito da enchente em Natal**** e também do conjunto dos trabalhos da seca. É um rapaz dinâmico.

Voltando ao dia de hoje, que foi mais ou menos calmo, fiquei lá despachando com uns e outros, recebendo pouca gente. O Aécio Neves só veio conversar um

---

* Mulher de Olavo Setúbal.
** A assinatura dos novos contratos de concessão para exploração, desenvolvimento e produção de petróleo e gás natural implementou a quebra do monopólio da Petrobras. A estatal ficou com 397 blocos dos 433 solicitados, entre bacias sedimentares terrestres e marítimas. A ANP liberou os 36 blocos restantes para empresas privadas.
*** O governo anunciou o envio de um pacote de medidas ao Congresso (uma MP e seis projetos de lei, entre outras propostas legislativas) para estimular a geração de empregos: regulamentação dos contratos de trabalho em tempo parcial (uma a cinco horas diárias), redução da contribuição do FGTS pelas empresas e criação da demissão temporária. Foram eliminados vinte artigos da Consolidação das Leis do Trabalho (CLT), decretada por Getúlio Vargas em 1943, inclusive o que permitia a intervenção federal em sindicatos.
**** Entre 29 e 30 de julho, chovera quase o dobro da média mensal na capital potiguar. Deslizamentos de terra e transbordamentos de córregos deixaram mais de 4 mil desabrigados. Houve sete mortes.

pouco, depois recebi o ministro Mauro César, falamos sobre mandarmos uma fragata, para termos presença na Guiné-Bissau.*

O Guterres me telefonou. Falou longamente sobre o Timor Leste, participou o que vem sendo feito, houve algum progresso, o Brasil está muito atento a essa matéria. Guterres me fez uma distinção ao me informar pessoal e diretamente dos avanços havidos em Timor Leste.**

Diga-se de passagem que nesses dias estive preocupado com o acordo entre Peru e Equador, falei com o presidente eleito do Equador, [Jamil] Mahuad, ele também manifestou preocupação. Quer que eu vá à sua posse.*** Falei com Fujimori, que confirmou que houve refrega lá, não exatamente refrega, mas rajadas de metralhadora. É um momento difícil, enquanto o novo presidente, Mahuad, não toma posse, ele não tem poder, e os setores militares do Equador não estão satisfeitos com o laudo.**** Estamos fazendo o possível para salvar a difícil pacificação entre os dois países.

Fora isso, algumas fofocas desagradáveis na *Tribuna da Imprensa*,***** porque elas podem ter repercussão fora de contexto. Ninguém sabe realmente a realidade das coisas e fazem ilações para me criticar ou me deixar encostado contra a parede. Na verdade, eu sei a base moral do que estou fazendo. Não é o que pensam.

Nada mais de importante a registrar, a não ser uma pasmaceira preocupante. As eleições se aproximam, não há campanha, o sentimento é de que vou ganhar, o Lula cada vez mais raivoso, pelo que me dizem, eu não o vejo, leio às vezes o que ele diz, coisa sem propósito, agora estão prometendo criar 12 milhões de empregos nos próximos quatro anos. Se isso fosse possível, teríamos que importar mão de obra, porque não teríamos gente para ocupar os 12 milhões de empregos. A falta de propósito dos números com os quais eles brincam... e com uma facilidade espantosa, é incrível.

O que me preocupa é a pasmaceira e o desespero do PT. Temos tentado evitar choques, estamos segurando a campanha, não há necessidade de fazer campanha ostensiva, porque isso irrita o adversário, eles sabem que vão perder, e podem

---

* Em 6 de junho de 1998, o presidente da Guiné-Bissau, João Bernardo Vieira, destituiu o chefe do Estado-Maior, general Ansumane Mané. No dia seguinte, as tropas leais a Mané deflagraram um golpe de Estado. Iniciou-se uma guerra civil. Em agosto de 1998, o Brasil e outros países da CPLP decidiram enviar observadores militares para fiscalizar um cessar-fogo estabelecido no final de julho. O conflito foi encerrado em maio de 1999, com a deposição de Vieira e seu exílio em Portugal.

** Portugal e Indonésia anunciaram o primeiro acordo para aumentar a autonomia política do Timor Leste, mediado pela ONU.

*** Mahuad foi empossado em 10 de agosto de 1998. Fernando Henrique não viajou ao Equador.

**** Levantamento geodésico da fronteira contestada, preparado pela missão de observadores militares dos países garantes.

***** Fundado por Carlos Lacerda em 1949, o diário carioca deixou de circular em papel em 2008.

perder mais do que as urnas; podem perder o prumo, e tenho medo de que isso dificulte o que eu gostaria de fazer no futuro, que é, de novo, um apelo a uma reorganização partidária. E a uma certa não diria conciliação, mas a um diálogo mais frutífero com todas as forças políticas do Brasil, incluindo aí o PT. Com o PDT não há o que fazer. É um partido já completamente perdido, arraigado a um passado ao qual já nem há mais sentido fazer referência. E o PSB é o partido do Arraes, não é um partido socialista, na verdade é um partido de caudilhos locais.

De qualquer maneira, é preocupante a situação geral do Brasil quando se vê que a reeleição parece ganha; mas só parece. Não sei o que vai acontecer, porque esse silêncio da sociedade diante das eleições é um tanto incômodo, ela só murmura nas pesquisas eleitorais.

HOJE É DOMINGO, 9 DE AGOSTO. Na sexta-feira, dia 7, gravei aqui, extensamente, no Alvorada. Depois me encontrei com o Eduardo Jorge, o Nizan Guanaes e o Rui Rodrigues,* para discutir estratégia de campanha, o programa eleitoral [da TV].

Almocei no Planalto. Encontrei o Zé Aníbal. Despachei com o Serra e com Weffort, rotinas administrativas. E, mais tarde, estive com embaixadores que vão para o exterior, entre eles o Flávio Perri.** À noite nada mais.

Ontem passei o dia trabalhando e descansando, nadei de manhã. Hoje também.

O balanço foi positivo, necessidade de continuar com as coisas mais ou menos de rotina, nada que tivesse mudado, porque está se vendo que a situação na Ásia continua inquieta, o Japão não resolve [a estagnação], ameaça de desvalorização da moeda chinesa, Hong Kong não se sabe, o caso Clinton está sendo usado também na Bolsa. Podem ocorrer confusões externas, embora, se passar o tempo, coisa de mais duas ou três semanas, não ocorrerá nada de mais grave. Mesmo que haja confusão externa, dificilmente afetará a eleição.

HOJE É TERÇA-FEIRA, DIA 11 DE AGOSTO, meia-noite.

Ontem, além dos despachos com Clóvis, gravei programas de rádio, recebi Jorge Bornhausen, que veio me falar sobre a preocupação dele com a situação do Marco Maciel, muito atacado pelo Arraes porque o Tasso conseguiu a refinaria [Renor] para o Ceará. Verdade que privada, mas de qualquer maneira a briga em Pernambuco está acirrada.

Depois do almoço, fui para o Palácio do Planalto sancionar a promoção *post-mortem* do procurador Pedro Jorge,*** assassinado em Pernambuco há alguns anos.

* Publicitário da DM9, coordenador do marketing televisivo da campanha.
** Perri foi designado para a chefia do consulado brasileiro em Nova York.
*** O procurador da República Pedro Jorge de Melo e Silva foi assassinado em 1982 por integrantes

Despachos de rotina, estive longamente com João Paulo dos Reis Velloso, que veio me falar sobre o fórum, sobre a questão de desenvolvimento, acompanhado do Roberto Cavalcanti [de Albuquerque]* e de Cláudio [Frischtak],** um rapaz interessante.

Recebi o Paulo Renato, falamos sobre o Rio de Janeiro, sobre a confusão da universidade [UFRJ]. A universidade me dá pena. Paulo me mostrou o panfleto de um candidato [da Universidade Federal] de Juiz de Fora, chamado Paulão [Paulo Ferreira Pinto],*** que se diz favorável "à universidade nacional e popular" e tem críticas acérrimas ao projeto privatizante do governo federal, porque cerceia a "autonomia da universidade"... e por aí vai. No Rio de Janeiro a confusão é grande, o reitor Vilhena não consegue se impor. Foi desalojado outra vez,**** é uma situação realmente patética. Ele disse hoje ao Vilmar, e repeti ao Pedro Parente (que estava aqui com o André Lara Resende), que deveríamos fazer como em Paris, onde criaram Vincennes e soltaram lá todo mundo que queria fazer a "universidade nacional e popular".*****

Ontem, ainda, o Mendonça veio me falar sobre as trapalhadas da Telemar e as possíveis soluções.****** Pediu que eu o recebesse hoje com o Ricardo Sérgio, porque ele não quer que este perceba o nosso espanto diante das manobras havidas no

---

da quadrilha do "escândalo da mandioca", que desviava dinheiro de empréstimos agrícolas da agência do Banco do Brasil em Floresta (PE).

* Diretor do Instituto Nacional de Altos Estudos, um dos organizadores do Fórum Nacional de Reis Velloso no BNDES.

** Economista e consultor do Banco Mundial.

*** Candidato a vice-reitor na chapa de Margarida Salomão, primeira colocada na consulta universitária realizada em 4 de agosto. Salomão foi indicada à reitoria da UFJF pelo ministro da Educação.

**** Depois de 45 dias de ocupação, a Justiça determinou a reintegração de posse da reitoria da UFRJ, na Cidade Universitária da ilha do Fundão. O prédio foi desocupado definitivamente em 21 de agosto.

***** O Centro Universitário Experimental de Vincennes foi criado em 1968 pelo ministro da Educação francês Edgar Faure, em atendimento à reivindicação estudantil de maior liberdade e autonomia universitária. Instalado no subúrbio de Saint-Denis, foi dissolvido em 1980 para integrar a Universidade Paris 8 Vincennes. Gilles Deleuze, Michel Foucault e Roland Barthes lecionaram em Vincennes nos anos 1960 e 1970.

****** O diretor da Área Internacional do Banco do Brasil concedera cartas de fiança a consórcios participantes do leilão da Telebrás, num total de R$ 3,3 bilhões, sem cumprir os requisitos da legislação. Os três consórcios liderados pelo Opportunity obtiveram garantias de 1,9 bilhão. O consórcio Solpart (Opportunity, Telecom Italia e fundos de pensão) — rival da Telemar (Andrade Gutierrez e grupo La Fonte na aquisição da Tele Norte Leste — teve fiança de 874 milhões. Três acionistas minoritários da Telemar, todos ligados ao La Fonte de Carlos Jereissati, conseguiram quase 1,5 bilhão. Entrementes, o anúncio de que o BNDES venderia sua parcela de 25% na Telemar, feito pelo ministro Mendonça de Barros, acirrava a rivalidade entre os consórcios de telefonia.

Banco do Brasil, para a montagem do consórcio ganho pela Telemar, a fim de evitar confusões e para que possamos acalmar a situação.

Conversei longamente com o Mendonça.

Hoje, terça-feira, recebi de manhã o Clésio Andrade, que veio, preocupado, comentar a situação de Minas, ele acha que o Hélio Garcia não vai apoiar o Eduardo Azeredo. Eu também acho que o Hélio vai ficar um pouco na moita. O Clésio acredita que dá para ganhar, se queixou do Eduardo, que não conversa política, o de sempre.

Depois recebi Amazonino, ele veio com Arthur Virgílio discutir o programa da minha visita a Manaus e Amazônia. Muito interessado no gás de Urucu* e na montagem de uma estrutura que permita ao governo do Amazonas participar do assunto, porque, segundo ele, o governo estadual tem o monopólio da distribuição do gás.

Recebi o Carlos Wilson, muito amável, não me vai criar dor de cabeça nenhuma, foi muito simpático. Ele sabe que provavelmente perde, mas está animado. Acho que ele perde, mas, de qualquer maneira, quer fazer um bom papel. Eu preferia que ele não fosse candidato, porque isso facilitaria [meu apoio ao Jarbas]. Ele tem suas razões, que não são muito lógicas, mas para ele são.

Depois o pastor [Nilson] Fanini** veio trazer o apoio dos protestantes.

Em seguida esteve aqui a executiva do PFL, que veio trazer sua colaboração ao programa de governo.

À tarde, cumprimentei os oficiais generais recém-nomeados, praticamente 100% dos generais foram nomeados por mim, o que mostra a rotatividade do comando no Brasil. Isso é bom, de certo ponto de vista, porque não estagna a carreira; renova. Tive depois um longo despacho com Waldeck Ornelas, que veio prestar contas do que está fazendo no Ministério da Previdência. Eu gosto dele, um ministro efetivo.

Até a hora do jantar o dia foi mais ou menos calmo. Despachei com uma porção de gente, rotina. Gravei programas de apoio a uns e outros.

Vim para o Palácio da Alvorada, onde recebi primeiro Mendonça com Ricardo Sérgio, pela razão já registrada, e agora acabaram de sair o Malan e o André Lara. Passamos em revista os problemas. Preocupação com a crise mundial que está estourando, o André, mais otimista, acha que o Brasil tem melhores condições de reagir, mas ninguém tem muita certeza de nada. André sempre muito inteligente, mostrando não só preocupação com a questão fiscal e previdenciária, mas também com o saneamento básico. Propõe a criação de um ministério, Malan disse que o Cutolo deveria ser o ministro. Eu comentei: "Não sei se ele tem condições de ficar com um ministério dessa amplitude. Gosto muito do Cutolo, mas quem sabe o André...". Eu quis motivar o André a ter uma posição ministerial, percebi que ele não fisgou; mas não desgostou da ideia.

---

* Projeto de utilização do gás natural da bacia do rio Urucu na geração de energia elétrica para o abastecimento da Região Norte.

** Pastor da Primeira Igreja Batista de Niterói e presidente da Aliança Batista Mundial.

Conversamos longamente até quase uma hora da manhã, agora vou dormir porque amanhã cedo levanto para fazer programa de televisão.

HOJE É QUINTA-FEIRA, DIA 13 DE AGOSTO, quase meia-noite.
Começamos por ontem. Fiz a gravação no estúdio novo da GW,* a imprensa teve acesso a tudo, fotografias, gravei, depois voltei para cá.

Recebi o senador Hugo Napoleão às três horas da tarde, para discutir a situação do Piauí.

Fui ao Planalto, e lá nada de novo. Recebi Moreira Franco e Rafael de Almeida Magalhães para discutir as ações administrativas do Rio e o pouco impacto que elas estão tendo. Por exemplo, assinei um decreto que alterou a distribuição de royalties da Petrobras,** isso vai dar algumas centenas de milhões de reais para o Rio de Janeiro, e ninguém nem soube. O BNDES também assinou um contrato para o aproveitamento do petróleo de Marlim,*** e também ninguém soube. Enfim, eles estão propondo que se faça alguma coisa mais explícita para chamar atenção disso.

Hoje foi um dia agitado. Comecei fazendo uma gravação. Ontem eu tinha recebido um telefonema do Fujimori dizendo que queria vir ao Brasil falar comigo. Fujimori sempre ardiloso, inteligente, o que ele queria, na verdade, eu vi hoje, era firmar o acordo que ficou estabelecido, pelos garantes do Protocolo do Rio de Janeiro (Brasil, Chile, Argentina e Estados Unidos), para separar as tropas do Equador e do Peru que estavam frente a frente. Veio hoje, isso me perturbou o dia todo. Eu tinha um almoço com os jovens premiados em concurso de matemáticas.**** Fiz o almoço, foi agradável.

Recebi Albano Franco, depois tive que cancelar o resto do programa, salvo a vinda do Serra com a sra. Zilda Arns,***** irmã de d. Paulo Arns, para assinarmos um convênio com a Pastoral da Criança, que faz um belo trabalho de controle da mortalidade infantil.

Também recebi a Wilma, antiga Wilma Maia, agora é Wilma de Faria, prefeita de Natal,****** acompanhada pelo senador Zé Agripino******* e pelo Geraldo Mello,

---

* Produtora de televisão em Brasília, contratada para as gravações do programa eleitoral de Fernando Henrique.
** Entre outras medidas relativas à cobrança de participações do governo no setor de gás e petróleo, o decreto nº 2705, de 3 de agosto de 1998, determina que parte das compensações financeiras (royalties) seja paga aos estados e municípios onde se localizam as bacias produtoras.
*** Campo petrolífero da Bacia de Campos, descoberto em 1985 a 100 quilômetros da costa do Rio de Janeiro.
**** XX Olimpíada Brasileira de Matemática, promovida pela Sociedade Brasileira de Matemática.
***** Presidente da Pastoral da Criança.
****** PSB.
******* Candidato ao governo potiguar pelo PFL.

uma aliança do PSB com o PFL, contra o senador Fernando Bezerra,* que é do PMDB e também é meu amigo. Situação difícil. Haviam tratado da questão da enchente que houve em Natal.

E nesse meio-tempo eu discutia com Fujimori e o Estado-Maior do Itamaraty (ou seja, Lampreia, o embaixador Canabrava e o Gelson Fonseca) a situação da fronteira. E vai para cá, vai para lá, telefonema daqui, telefonema para todo lado, para Lima a toda hora, para acertar, foram horas e horas de um regateio grande. Achei o Fujimori meio passado, porque ele veio dizer que estava tudo resolvido. Entretanto o chanceler dele, [Eduardo] Ferrero, que é muito contra o acordo, suponho que como alguns militares, criou dificuldades até a última hora. Fujimori foi ficando numa posição difícil, porque ele não tinha autoridade para dizer "Faça-se!". Foi graças à nossa pressão, da qual Fujimori se beneficiou, que conseguiu o acordo. Talvez por isso ele veio a Brasília. Acordo que não é de desmilitarização, mas que cria uma área sob observação da Momep,** que são as forças sob o comando do general brasileiro Plínio [Abreu] para separar os equatorianos dos peruanos.

Fujimori vai a Asunción no sábado, para a posse do [Raúl] Cubas, o novo presidente do Paraguai, e antes passará pela Argentina para falar com Menem. Fujimori disse que ficaria contente em conversar, em Asunción, com o presidente do Equador. Telefonei, então, ao [Jamil] Mahuad e disse isso a ele. Mauad, no começo, estava meio na dúvida, até que eu disse claramente que o Fujimori estava pedindo o encontro. Aí ele gostou. Falei em nome de Menem e do Frei, embora não tenha conversado com ambos, mas pedi para o chanceler dizer que ficaríamos muito contentes com a presença de Mahuad no Paraguai, o que seria um primeiro passo para uma relação entre o presidente do Peru e a nova direção do Equador. Tomara que dê certo. Falou-se à imprensa que talvez em setembro seja possível realizar o acordo [sobre a fronteira]. Seria maravilhoso, vamos ver.

Recebi o Clóvis para a rotina e também o Antônio Carlos, que veio fazer comentários sobre como ia campanha.

HOJE É SEXTA-FEIRA, 14 DE AGOSTO. Estou quase indo para o helicóptero, já se ouve o ruído dele. Vou a Asunción, para a posse de Cubas, o novo presidente do Paraguai, e lá tentar acertar com Menem as questões relativas a Peru e Equador, como ficou combinado no encontro com Fujimori.

Fiquei impressionado com a situação de quase abatimento em que se encontrava o Fujimori. De desmoralização pessoal. Eu o senti cansado, sem ânimo,

---

* Candidato ao Senado. O candidato do PMDB ao governo estadual foi Garibaldi Alves.
** Missão de Observadores Militares Equador-Peru, criada em março de 1995 pelos quatro países garantes do processo de paz.

porque não chegavam a um acordo e houve dificuldades para que os militares e a chancelaria aceitassem uma linha de demarcação de afastamento de tropas, uma coisa simples. Fiquei impressionado de ver que Fujimori não tem a autoridade que eu imaginava ele tivesse sobre a chancelaria e a tropa.

Hoje de manhã fui ao Maranhão* com a Roseana, o Sarney e outros senadores. Conversa amena. O Sarney cobrando de mim, discretamente, que eu não o chamei até hoje para discutir a política nacional, mas contente porque fui levar apoio à Roseana. Manifestação no aeroporto, discursos, Roseana muito abatida, magra. Ela é uma mulher enérgica, gosto dela, como já registrei. Isso ajudou, minha passagem pelo Maranhão já está feita. Voltei, descansei um pouco, fiz massagem, recebi Eduardo Jorge. Amanhã volto tarde da noite.

HOJE É DIA 21 DE AGOSTO, SEXTA-FEIRA, portanto passei bastante tempo sem registrar nada. Vamos recuperar.

Cheguei à noite em Asunción, na sexta-feira passada. O dia seguinte, sábado, houve a transmissão de posse do novo presidente, almoço na casa dele,** porém o mais importante não foi isso. Foi que nesse dia 15 tivemos o encontro com o presidente Mahuad, do Equador, que resultou em mais um empurrão na pacificação entre Equador e Peru. Também houve um encontro com Fujimori, que estava vindo da Argentina. Ele deu declarações na televisão muito positivas. Foi uma coisa boa.

Cheguei tarde da noite e já tive um encontro com Paulo Renato e com o Vilmar no domingo, para discutir de novo questões relativas ao programa da campanha eleitoral.

Antes conversei rapidamente com Pedro Malan sobre a situação econômica.

Na segunda-feira, dia 17, gravações no Alvorada. Depois do almoço, não houve praticamente nada, porque o presidente da Venezuela, que viria se encontrar comigo, não veio.

Estive com o Kandir depois dos despachos normais e fui a um encontro da Aneor, que é uma associação dos empresários de obras rodoviárias, no Memorial JK. De lá fui a São Paulo.

Nessa mesma noite, em São Paulo, resolvi ir ao jantar em homenagem ao Montoro.*** Lá houve um incidente desagradável. Fiz um discurso, falei do Mário, disse que iríamos ganhar juntos, levantei o braço dele, o do Montoro, fui muito carinhoso com Montoro, a festa estava muito agradável, mas o André Franco Mon-

---

* O presidente fez um comício eleitoral em São Luís.
** Mburuvichá Róga, residência oficial da presidência paraguaia.
*** Jantar de arrecadação de fundos para a candidatura de Franco Montoro ao Senado, num bufê em Higienópolis.

toro Filho,* o Andrezinho, resolveu cobrar os cartazes do Maluf comigo na cidade.** Eu disse a ele que ele tinha feito uma besteira, primeiro por ser um desrespeito comigo, falar depois de mim e em tom de cobrança; segundo, por ele ter feito um gol contra, pois os jornais só iriam falar disso. Eu tinha ido lá para mostrar o oposto [apoiar o Montoro e o Covas], e o significado político ia ser um desastre.

Apesar disso, no dia seguinte, eu e o Mário Covas fomos à Abia, que é a Associação Brasileira das Indústrias da Alimentação, inaugurar uma exposição deles no Anhembi.*** Fiz um discurso e mencionei a importância da reeleição do Mário, disse que ele tinha posto as finanças em ordem, que eu sozinho não consigo levar o Brasil adiante.

De lá fui ao Clube Monte Líbano para um almoço com mais de mil pessoas.**** Na verdade foi o Paulo Godoy quem organizou e também o presidente do Secovi, um rapaz simpático, [Ricardo] Yazbek. O Pitta e o Mário compareceram. Não falei nada de política, soube mais tarde que o Maluf não gostou da presença do Mário na área dele.***** Eu soube pelo Andrea Matarazzo. O almoço não foi organizado por nós. Isso é problema de brigas locais.

Situação em São Paulo: difícil, não se vê o Mário subir [nas pesquisas],****** embora eu ache ainda que há uma possibilidade de vitória, desde que ele se apresente com mais energia diante do eleitor, tal como ele é e não amarrado pela propaganda.

Aliás, nessa terça-feira, dia 18, entrou no ar o programa [eleitoral] de televisão, o nosso estava muito bom. Achei realmente que foi um belo programa, e muito melhor que os demais. Vamos ver se ele se mantém assim.

Pesquisas crescentemente positivas.*******

Voltei para Brasília na terça-feira à noite, com Ruth.

No dia seguinte, quarta-feira, rotina de novo. Gravação de rádio no Alvorada. Não pude almoçar porque tive uma tremenda intoxicação, sabe Deus causada pelo quê, vamos atribuir aos frutos do mar no almoço do Clube Monte Líbano; mas não

---

* Secretário de Planejamento do governo paulista.

** Outdoors espalhados pelo estado de São Paulo mostravam Fernando Henrique ao lado de Paulo Maluf (PPB).

*** I Salão Internacional das Indústrias da Alimentação, realizado no Pavilhão de Exposições do Anhembi.

**** Encontro com empresários da construção civil e do setor imobiliário, seguido de almoço oferecido pela Apeop.

***** Isto é, a colônia sírio-libanesa de São Paulo.

****** Segundo o Ibope, no início de agosto o governador tucano tinha 12% das intenções de voto, empatado com Marta Suplicy (PT). Maluf somava 22%, Francisco Rossi (PDT) liderava com 27% e Orestes Quércia (PMDB) aparecia com 7%.

******* Na pesquisa Ibope de 25 de julho, Fernando Henrique tinha 40%, contra 22% de Lula, 6% de Ciro Gomes e 3% de Enéas.

sei se foi só isso. O fato é que passei bastante mal, o dia inteiro de cama, mesmo assim me levantei para falar com [Antônio] Angarita,* que veio almoçar aqui com Sérgio Amaral e Vilmar. Para repetir ao Angarita meu empenho pela eleição do Mário, nossas perplexidades e preocupações.

No resto do dia, suspendemos todas as audiências, porque eu não tinha condições.

Ontem, quinta-feira, dia 20, aí sim, gravei no Alvorada, mas mudamos muitas coisas, para eu poder apenas gravar; preciso me recuperar. Foi praticamente suspensa a programação do dia 20. Passei o dia inteirinho aqui, cansado por causa da dor de barriga do dia anterior, mesmo assim gravei bastante. Depois recebi muita gente para discutir a seca do Nordeste, o orçamento do Ministério da Saúde, porque o Serra está ficando enlouquecedor, querendo mais recursos, e o pessoal do Planejamento não tem mais para dar. Enfim, um desfiado de questões.

Tive um encontro com Pedro Malan e com Pedro Parente, preocupados com a greve da Receita e loucos para dar um aumento ao pessoal da Receita. Até é justo, porque há muitos salários entre 4 mil e 5 mil, mas, entre os funcionários, são dos que mais ganham. Aproveitei para dizer que não são só esses [que ganham mal]. Temos que rever muitas coisas, porque a Fazenda sempre é dura, mas na hora que o calo dela aperta, sente a dificuldade em não dar aumento.

Além desse problema, também houve uma acusação ao Ricardo Sérgio, do Banco do Brasil, ele é o diretor para assuntos internacionais, de que ele teria beneficiado uma empresa da qual é sócio.** Falei com o [Paulo César] Ximenes ontem mesmo, que me disse que não é certo, que eles têm documentos que mostram que não é assim. Bom. Se for como diz o Ximenes, é uma complicação a menos.

Hoje, sexta-feira, tive um encontro de manhã com a Força Sindical junto com a CGT e com a Social-Democracia Sindical, SDS, que é controlada pelo Alemão, e Paulinho Pereira, da Força Sindical. Foi bem, um clima bom, positivo, levantaram as dúvidas deles, mas nos apoiando fortemente, com grande pressão mesmo. Muito positivo.

Agora à tarde, estou me preparando para ir a Ilhéus, na Bahia, e ainda vou gravar alguns programas de rádio.

Recebi o general Leonel e ele falou sobre o Ministério da Defesa, embora não fosse essa a razão pela qual veio, e sim para discutir o que viu no Peru. Em todo caso, revimos a questão do Ministério de Defesa, e agora vou para Ilhéus. Na volta registro o resto.

* Secretário de Governo de Mário Covas, professor da Fundação Getulio Vargas e amigo de Fernando Henrique.
** Ricardo Sérgio foi acusado de usar sua influência para convencer o fundo de pensão do Banco do Brasil a investir na construção de um edifício em São Paulo, realizada pela empreiteira de um sócio de sua consultoria.

Nota adicional. A situação econômica mundial complicou bastante.* Eu já tinha conversado hoje de manhã com Mendonça e com Gustavo Franco sobre a queda generalizada das bolsas na Europa, nos Estados Unidos, preocupação com a América Latina. É um quadro de recessão mesmo, que começa com esse pipoca aqui, pipoca ali, e de repente dá um frenesi. Isso vai ter um impacto brutal no mundo e no Brasil. Como estamos em véspera de eleição, barbas de molho.

* Em 17 de agosto de 1998, a Rússia declarou moratória das dívidas interna e externa e desvalorizou o rublo. O primeiro-ministro Serguei Kirienko caiu uma semana depois. Iniciava-se a fase mais aguda da crise financeira russa, que passou à história como "efeito vodca", em alusão à crise mexicana de 1994-95 ("efeito tequila"). Depois do colapso russo, o Brasil foi apelidado pelo mercado de "a bola da vez".

23 DE AGOSTO A 1º DE SETEMBRO DE 1998

Viagens à Bahia, ao Paraná e ao Rio de Janeiro. Agrava-se a crise russa

Hoje é domingo, 23 de agosto. Na sexta-feira, em Ilhéus, tudo muito bonito, bem organizado, as coisas normais de um comício.* Depois dormi na praia do Forte, num hotel muito simpático.

No dia seguinte de manhã, ontem, dei uma entrevista coletiva à imprensa. Almocei com Antônio Carlos, com o governador da Bahia e demais autoridades, e muita imprensa. Não pude ir à praia, o tempo não estava muito bom. À tarde fui até Salvador, à reunião da Juventude Liberal,** o discurso da Juventude Liberal, sobretudo o do neto do Antônio Carlos,*** é exatamente igual ao discurso de qualquer jovem do PSDB. Democracia, igualdade, essas coisas.

De lá fui à casa do governador, em Ondina,**** para trocar de roupa e tomar um banho. Todo mundo muito simpático. Estava a família do Antônio Carlos: a mulher dele,***** a viúva e os filhos do Luís Eduardo,****** e ainda o governador, o Paulo Souto, que é candidato ao Senado. Depois segui para um comício enorme em Paripe,******* perto de Inema, a praia onde fiquei mais de uma vez, na Base de Aratu.******** Muita gente do povo mesmo, muito simpático, tudo isso foi emocionante por causa da morte recente do Luís Eduardo, faz quatro meses. Tanto em Ilhéus como em Salvador, esse era o tema que comovia a população. Antônio Carlos é realmente o grande chefe da Bahia, todo mundo se refere a ele como tal, de várias formas e em geral carinhosamente. O povo delira com ele, e ele me trata sempre com fidalguia.

Voltei para Brasília, dormi.

Hoje, domingo, passei o dia discutindo o programa de governo com os chefes dos vários partidos, não preciso dizer quem são, Paulo Renato, [Carlos] Pacheco********* e Vilmar fizeram a apresentação, tudo bem-feito, interessante.

* O comício em Ilhéus marcou a reaproximação entre o PSDB e o PFL baianos, cujos líderes dividiram o palanque de Fernando Henrique.
** Juventude do PFL.
*** Antônio Carlos Magalhães Neto.
**** Palácio de Ondina, residência oficial do governo baiano.
***** Arlete Magalhães.
****** Michelle Magalhães, Carolina Magalhães, Luís Eduardo Magalhães Filho e Paula Magalhães.
******* São Tomé do Paripe, bairro soteropolitano.
******** O presidente e a família passaram o Réveillon de 1996 na Base Naval de Aratu.
********* Professor de economia da Unicamp e coordenador do programa de governo.

Recebi o pessoal da propaganda. Nizan queria discutir comigo e com a Ruth os programas. Ele não está gostando do tom um pouco complexo das respostas, quer adotar um tom mais popular.

Agora à noite acabei de ter uma reunião com a cúpula da área econômica: Pedro Malan, Gustavo Franco, Chico Lopes, Beto Mendonça, Luiz Carlos Mendonça e Clóvis. Não veio o André, porque ele estava meio estomagado depois de um artigo do Sarney sobre a Telemar, como se ele estivesse interessado em vender [a Telemar] para empresa de capital estrangeiro e não nacional.

Passamos em revista a situação mundial e brasileira. Há certa discordância, porque o Mendonça quer uma ação mais enérgica, uma operação de *swap*, para trocar títulos nossos, os *bradies bonds*, é assim que se chamam os títulos americanos, para mostrar que estamos com um cacife maior. Mas até o Chico Lopes acha que se piscar o olho vai dar a impressão de que não temos recursos. Malan ficou numa posição intermediária e Mendonça defendeu a posição dele sem muito empenho. Demonstrou empenho, isso sim, em levar adiante uma série de medidas que nós, na outra crise, já tínhamos pensado em adotar e que acabamos não adotando, que seria transformar os recebíveis de Itaipu em recursos do Tesouro, para utilizar as "polonetas".* Essa ideia, na verdade, é do Gustavo Franco, utilizar as nossas reservas de ouro e fazer um fundo para comprar progressivamente nossos títulos. Enfim, uma série de ideias criativas.

Amanhã, segunda-feira, eles vão ter que anunciar ao mercado certas medidas de redução de prazo mínimo de permanência para a entrada de capitais, com o objetivo de dificultar a saída desses capitais, e quem sabe até diminuição de imposto de renda para capitais de renda fixa — uma resposta "de mercado", como dizem, para reter capitais aqui. Isso mostra o nervosismo da equipe econômica ante a situação delicada.

Houve uma perda muito grande de valor dos nossos títulos da dívida externa e há realmente risco de uma nova corrida contra o real, embora a questão fundamental, já registrei aqui, com a qual muitos começam a concordar — acho que o Beto Mendonça vê isto claramente —, é que o quadro do mundo mudou e vamos ter que mudar as nossas políticas macroeconômicas. Tenho que postergar isso para depois das eleições. Não posso falar de mudança de políticas macroeconômicas agora, mas as questões relativas à defesa do real, isso tem que ser já. Vamos ver como o dia abre amanhã, mas será um dia de incerteza.

---

*Títulos da dívida polonesa adquiridos pelo Brasil entre 1977 e 1980, originados do débito polonês na balança comercial bilateral. O governo desejava antecipar o recebimento das "polonetas" com vencimento em 1999.

HOJE É DIA 25 DE AGOSTO, Dia do Soldado. Passei de manhã no Quartel-General [do Exército], cerimônia de homenagem ao Exército* com banda de música, bem-feita, bem organizada. Depois inauguramos o salão do Quartel-General, todo mundo simpático.

Passei o dia trabalhando. Hoje fiz a apresentação do novo plano para 1999/2002, a continuação do Brasil em Ação,** acho que foi bem apresentado, deu certo.

Vi o Lula muito nervoso, o Brizola atacando, atacando a política econômica, pedindo a demissão dos ministros da área econômica. Me deu a sensação de desespero. Dados da nova pesquisa confirmam a dianteira que temos sobre o Lula.*** Não gostei porque isso vai criar um clima pesado, o PT está perdendo o rumo.

Fora isso, a crise parece que, surpreendentemente, hoje amainou. Mas há preocupações, com certeza os alemães estão muito envolvidos na crise russa. Houve um boato de que os bancos alemães vão fazer um *swap* de 30 bilhões para resolver a questão da Rússia. Se for isso, será uma maravilha, mas não sei. A restruturação da dívida russa implica segurar os papéis, os títulos do mercado secundário, e isso implica uma limitação do setor financeiro que vai acabar bloqueando esse dinheirão e uma redução muito forte dos valores pagos pelos títulos. Enfim, há confusões.

No Brasil, a coisa não esteve ruim, porque os *bradies bonds*, que são títulos da dívida externa brasileira, os títulos da renegociação da dívida, voltaram a valorizar. Estavam em 54%, chegaram a 60%, no fim parece que caíram para 58% [do valor de face]. Assim está mais razoável. Conversei com Malan, ele também acha isso.

Vou voltar para casa e ver o debate do Mário Covas com os outros candidatos em São Paulo.****

HOJE É DIA 27 DE AGOSTO, UMA QUINTA-FEIRA. Ontem de manhã tive gravação, no Palácio da Alvorada, de mais um programa de televisão para a campanha.

À tarde foi a cerimônia de assinatura do acordo do Mercado Atacadista de Energia,***** fiz discurso, aproveitei para responder de alguma maneira àqueles que insistem em apregoar que o Brasil é a bola da vez. Mostrei confiança no país, enfim, representei o papel de presidente da República neste momento, mostrei que temos sustentado o país.

---

* Solenidade comemorativa do Dia do Soldado e entrega da Medalha do Pacificador, atribuída a civis e militares com serviços relevantes ao Exército.
** Reunião de avaliação do programa e lançamento de sua terceira fase, com investimentos previstos de R$ 4,8 bilhões no período 1999-2002.
*** Ibope de 17 de agosto: Fernando Henrique 44%, Lula 21% e Ciro 5%.
**** Primeiro debate na TV entre os postulantes ao governo paulista, pela Rede Bandeirantes.
***** Criado por 21 grandes empresas públicas e privadas do setor em articulação com a Aneel.

Voltei para casa e conversei com o Mendonça de Barros. Na segunda-feira eu havia decidido chamar o Beto Mendonça, o Chico Lopes e o André Lara Resende, porque está na hora (como fiz com André no passado, chamei-o para imaginar o Plano Real) de termos uma equipe que possa pensar em como sair da armadilha desses mercados que desabam, das taxas de juros altas e do câmbio que continua valorizado. Esse é o maior desafio pelo qual o governo vai passar logo depois das eleições. Vou pedir a esses três que trabalhem discretamente, mas estamos sentindo que é necessário ver o ar do mundo. A recessão está aí, as bolsas estão caindo.

Hoje elas desabaram.*

De manhã, voltei a chamar o Mendonça, que me disse que havia estado com o irmão dele, o Beto Mendonça, muito aflito, achando que é preciso ir mais depressa com as medidas que devem ser tomadas. Estamos organizando isso, mas não posso tomá-las sem que haja um rumo novo. Na verdade, preciso primeiro saber qual é o plano macroeconômico, depois vamos ver até mesmo quem é que pode cumprir esse plano.

Já registrei aqui que o Gustavo Franco está preocupado porque a mulher dele** dirige uma empreiteira — é do avô dela*** — que está em situação pré-falimentar.**** Conversei com Mendonça sobre isso também, porque uma falência agora seria bastante desagradável e o Gustavo, como uma pessoa de brio, me disse que se veria obrigado a sair do governo. Imaginem só o que significa o presidente do Banco Central sair na situação em que estamos.

Como se não faltassem problemas, tenho mais este.

Fora isso, telefonei ontem para Menem e agradeci o apoio aberto que ele me deu.***** Ele tem razão, está preocupado tanto quanto eu, como todos nós, com dificuldades eventuais do mercado no Mercosul. Acha que não se pode entregar isso ao Lula, é óbvio.

No jantar recebi o pessoal da Fiat, à frente o Roberto Vedovatto,****** que veio me dizer que vai abrir mais uma fábrica, de motores.******* No meio dessa confusão toda, achei uma bela notícia.

---

* A Bolsa de Moscou despencou 17,3%. Nas bolsas de Tóquio e Nova York, baixas de 3,04% e 4,2%, respectivamente. A Bolsa de São Paulo, com desvalorização de quase 30% no mês de agosto, caiu mais 9,94%. O governo decidiu zerar a alíquota do imposto de renda cobrado de investidores estrangeiros em renda fixa, antes fixada em 15%.
** Cristiana Laet.
*** Carlos Mafra de Laet.
**** As dificuldades financeiras da Erco Engenharia, presidida por Cristiana Laet, foram atribuídas pela empresa à inadimplência dos governos municipal e estadual do Rio, seus maiores clientes.
***** O presidente argentino declarou publicamente seu apoio à reeleição de Fernando Henrique.
****** Presidente da Fiat do Brasil.
******* A montadora italiana anunciou investimentos de R$ 270 milhões na construção de sua nova fábrica em São Carlos (SP).

Recebi o pessoal do [setor de] papel e celulose, reclamando porque estão sem caixa, sem capital. O setor deles está descapitalizado, eu já sabia.

Depois recebi o Steven Lukes, um inglês que eu conheço há muitos anos, mas que não via desde 1976. É um intelectual, veio com a mulher.* Quer almoçar comigo amanhã, o que será quase impossível.

Voltei aqui para o Palácio da Alvorada e agora estou esperando o Serra, que vai jantar comigo para discutir o quadro internacional e também a situação do Ministério da Saúde.

Vi o programa de televisão sobre saúde, achei bastante bom. Apesar de tudo, o Ibope mostrou agora que estou com 46 pontos e o Lula parece que com 23.** Somando tudo, tenho 14 pontos à frente, ou seja, cerca de 15 milhões de votos a mais do que todos os adversários juntos. Não sei o que vai acontecer, mas parece que tudo se encaminha nessa direção. Fico contente, melhor, porque temos que ter nossa atenção toda voltada para as dificuldades que existem mundo afora.

HOJE É SEGUNDA-FEIRA, 31 DE AGOSTO. Ainda bem que agosto está terminando, não foi fácil este mês. Vamos recomeçar a contar o que eu fiz nesses dias mal registrados.

Na sexta-feira fui ao Paraná, minha permanência lá foi rapidíssima, houve um show de Chitãozinho & Xororó.*** O Paraná vai me dar uma votação muito grande. Nada de extraordinário, falei com Álvaro, com Lerner, vamos fazer de conta que não estão na aliança, quando na verdade estão. Aliança branca.

De lá fui ao Rio de Janeiro, dormi no Laranjeiras e, no dia seguinte, sábado, dia 29, foi uma correria danada. Logo de manhã recebi os cineastas,**** que fizeram as reivindicações normais da categoria. Foi o [José] Prata que deu acesso deles a mim.

Depois disso fui à Firjan, onde o Eduardo Eugênio fez uma boa apresentação do programa de exportação de frutas, de fruticultura irrigada, no interior do Rio de Janeiro.***** Marcelo Alencar e vários prefeitos presentes. Vi o ex-deputado [Eduardo] Galil,****** eu não o conhecia, hoje ele é prefeito de uma cidade do Rio de

---

* Nina Stanger.
** Ibope de 25 de agosto: Fernando Henrique 46%, Lula 22% e Ciro 6%.
*** "Showmício" em Maringá animado pela dupla sertaneja. A prática de atrair público para comícios eleitorais com shows musicais foi proibida em 2006.
**** Entre cineastas e produtores, compareceram Luiz Carlos Barreto, Cacá Diegues, Paula Lavigne, Nelson Pereira dos Santos e Zelito Viana.
***** Apresentação do Programa de Fruticultura Norte-Noroeste Fluminense, financiado pelo BNDES.
****** PMDB.

Janeiro.* Fez rasgados elogios a mim, e foi esse mesmo Galil quem me denunciou no regime militar, na tribuna da Câmara;** depois ele foi lá e se penitenciou.

De lá partimos para o almoço no Iate Clube Jardim Guanabara, na ilha do Governador, com Roberto Campos,*** Cesar Maia e, naturalmente, o [prefeito] Conde, PFL e PPB, clima de festa, bem organizada, gritaria, Roberto Campos fez um discurso brilhante. Fora isso, nada a registrar salvo minha conversa com o Cesar Maia.

Cesar tem realmente planos para o Rio de Janeiro, tanto na segurança quanto na área financeira. Revi a minha ideia sobre a vitória do Garotinho, de que ela não seria tão grave; acho que será, sim, é melhor que ganhe o Cesar. O Cesar me disse que acha que a única maneira de ele ganhar será ir para o segundo turno e, para isso, o Luiz Paulo tem que crescer. Ele, em público, pediu apoio no comício da noite para Luiz Paulo, que na realidade era contra a ele, e pediu a mim que fosse enfático no apoio a Luiz Paulo.

Disso passamos para a ver o programa Favela-Bairro, da prefeitura do Rio. Começou com Cesar Maia, com apoio do BID, no Parque Royal, manifestação calorosa da população, umas 2 mil pessoas, favelados, agentes comunitários e tal. Boa coisa.

De lá fui para a casa do ministro da Aeronáutica na Base do Galeão, tomei um banho, contei ao Marcelo as conversas com o Cesar, e fomos para Nova Iguaçu.

Chegamos à noitinha a Nova Iguaçu, reunião com os três prefeitos da Baixada [Fluminense], o [Nelson] Bornier, que é prefeito de Nova Iguaçu**** pediu apoio em nome de todos, o Zito [José Camilo Zito Santos]***** e a viúva do Joca [Jorge Costa dos Santos],****** de Belford Roxo. Enfim, a política da Baixada está controlada pelo Marcelo Alencar. Todo mundo carinhoso com ele. Aliás, de manhã, os prefeitos também haviam sido.

Partimos para o comício. Comício grande, Netinho era um dos animadores, o outro era o conjunto Só pra Contrariar.******* Todos com camisa da minha campanha. Era um comício de um gênero diferente do de Maringá, com a população do nosso lado. Lá a população não está do lado de ninguém. Lógico, com o presidente da República lá... Na rua, sim, na rua estavam do meu lado, me pareceu. Mas no comício era aquela coisa de gritaria de crianças, de adolescentes. Mas tudo bem, o espetáculo foi rápido, fizemos um grande comício, não houve perturbação do PT,

---

* Trajano de Morais.
** Em 1968, o então deputado federal pela Arena denunciou Fernando Henrique e outros professores da USP e pediu sua prisão por subversão e comunismo.
*** Candidato ao Senado pelo PPB em coligação com o PFL e o PTB, mesma aliança da candidatura do pefelista Cesar Maia.
**** PSDB.
***** Prefeito de Duque de Caxias (PSDB).
****** Joca (PL) foi assassinado a tiros em julho de 1995 num suposto assalto no trânsito, na Zona Sul carioca.
******* A PM fluminense estimou o público do comício em 35 mil pessoas.

aliás o PT sumiu das ruas. Não há campanha, não há provocação, levei o governo todo sendo mordido nos calcanhares pela CUT, MST e PT. Agora, na campanha, não vi uma bandeira vermelha, uma provocação, sumiram das ruas, não sei o que aconteceu.

De lá voltei ao Palácio Laranjeiras, onde jantei com Paulo Henrique, Beatriz, Duda, as crianças mais umas amigas deles e da Ruth.

Depois encontrei Hélio Garcia e Paulo Paiva. Hélio Garcia me pareceu um pouco transtornado, não sei se havia tomado muito uísque no caminho. O fato é que repetia muito o que dizia, falando que só fará o que eu quiser e que eu preciso dizer o que quero. Eu disse: "Se Eduardo Azeredo se reeleger, creio que o caminho é mais equilibrado para Minas e para mim; Itamar não vai impulsionar Minas economicamente e vai me criar dificuldade.* Não estou me metendo em Minas, mas, se quiser saber, a minha opinião é essa". Ele repetia, repetia, e disse que tinha um plano. Insinuou que não quer ser candidato ao Senado, mas não foi claro. Quer que tudo seja resolvido no próximo fim de semana, o do Sete de Setembro. Meio enigmático, mas penso que vai largar a candidatura do Senado e talvez queira atrair, não sei se a Júnia Marise** ou quem seja para o lado do Eduardo Azeredo. Não sei bem qual é o plano dele, mas insistiu muito para voltarmos a conversar. O Paulo Paiva estava meio constrangido, porque a conversa não foi boa, o Hélio é uma pessoa inteligente, bastante ligado politicamente, e até afetivamente, a mim, mas não foi uma conversa, digamos, cartesiana.

No dia seguinte, ontem, domingo, dei de manhã entrevista para a TV Futura sobre educação, não sei como os candidatos sabem as coisas sobre educação, porque as perguntas são específicas. Foi uma longa entrevista. Depois me reuni com os reitores das dezoito universidades do Rio de Janeiro mais pesquisadores e presidentes de academias de ciências. Clima bom, aparentemente 80% ou 90% do meu lado, perguntas óbvias afetando o gerenciamento. Falou também o reitor da UFRJ, que eu não conhecia, o Vilhena, não me impressionou maiormente diante dos outros, creio até que foi mais modesta a apresentação dele do que dos outros. O reitor da Universidade do Estado do Rio de Janeiro*** me pareceu bom, foi quem presidiu a mesa. Depois várias pessoas manifestaram suas inquietações, eu dei um pouco a explicação relativa aos orçamentos, a coisa de sempre.

De lá fui para a casa do cardeal, d. Eugênio [Sales], gosto muito dele, o respeito, é muito inteligente. Estava lá o Humberto Mota e o Arthur Sendas**** com um monsenhor ligado à paróquia de São Judas Tadeu,***** que me deu a bênção de São Judas.

* Itamar Franco liderava as pesquisas com até dez pontos de vantagem sobre Eduardo Azeredo.
** Senadora (PDT-MG).
*** Antonio Celso Pereira, presidente do Fórum de Reitores das Universidades do Estado do Rio de Janeiro.
**** Presidente da Associação Comercial do Rio de Janeiro.
***** José Maria Vasconcelos, pároco da igreja de São Judas Tadeu, no Cosme Velho. Vasconcelos abençoara Fernando Henrique durante a campanha de 1994.

Depois tive uma entrevista com a imprensa, rápida, para desfazer intrigas que o *Jornal do Brasil** tinha feito sobre eu ter dito que o mundo de rico não é invejável. Falei no sentido de que não podíamos dar aos favelados, à favela-bairro, o conforto do Rio e que talvez o ideal nem fosse isso, mas uma vida digna. Foi esse o sentido, e já queriam me pegar dizendo que eu estava, sei lá, me pondo como rico; saí da armadilha. Depois fizeram várias perguntas alternativas sobre a questão de drogas, porque eu tinha dito [no Favela-Bairro] que não daria a mão a governadores ligados a drogas. Queriam que eu dissesse que havia algum candidato ao governo do Rio ligado a drogas, não é verdade, eu não disse isso.** Desmenti com energia, sei lá o que a imprensa vai fazer hoje.

Fui almoçar na casa do pai do Eduardo Eugênio Gouvêa Vieira,*** que, aliás, estava na França. Seu pai me telefonou, falei simpaticamente com ele, havia lá uns vinte empresários de peso. Fui com Bresser, que, antes ou depois, falaria sobre recursos para a campanha. Não toquei no assunto, obviamente, e de lá me retirei. Fui à casa do Paulo, depois à casa da Bia, lanchei lá, voltei direto tarde da noite.

Nesse meio-tempo, a crise continua. Crise grave. Sexta-feira foi difícil e acho que hoje será difícil também, porque haverá a decisão dos russos.**** A impressão é que a Duma russa não aceitará o jogo do novo primeiro-ministro indicado pelo Iéltsin. Vê-se que a situação é difícil. Li um artigo do [Paul] Krugman de duas páginas no *Estadão*, em que ele apela de novo para o controle de câmbio, que ele chama de plano B. Isso para a Ásia.

Li uma entrevista do Delfim hoje de manhã na *IstoÉ*, também inteligente, crítica. Ele quer que haja substituição das exportações, enfim, vê-se que se está formando alguma alternativa.

Nos jornais, intriga. Muito possivelmente o Mendonça e talvez o Serra deram com a língua nos dentes. O João Roberto [Marinho] me alertou de que havia rumores de mudança de Malan e Gustavo, coisa que contra-ataquei imediatamente. Nem era para se falar disso, qualquer especulação que se faça em privado não devia

---

* Segundo o jornal carioca, o presidente disse que "não dá para transformar todo mundo em rico, nem sei se vale a pena. Vida de rico, em geral, é muito chata".

** Na versão do JB, as frases de Fernando Henrique ao prometer ajuda federal no combate ao tráfico de drogas no estado foram: "Eu não posso dar as mãos a quem está ligado a drogas. Por sorte não é o caso do Rio de Janeiro, mas houve época em que houve penetração perigosa no Rio".

*** João Pedro Gouvêa Vieira, membro do conselho de administração do grupo Ipiranga.

**** O Parlamento russo discutia a decretação de um pacote heterodoxo, com reestatização de empresas privatizadas e aumento da emissão de moeda. A investidura do primeiro-ministro indicado, Viktor Chernomirdin, ainda estava pendente de aprovação. A Bolsa de Tóquio fechou no nível mais baixo em doze anos. O FMI confirmou a realização de uma reunião de emergência com ministros latino-americanos para debater medidas de proteção contra a crise mundial. No fim do dia, a Bolsa de São Paulo subiu 2%.

ir a público. E já estão públicas especulações sobre mudar A, B ou C, e de rumos. Alguém está dando com a língua nos dentes, isto é, forçando a barra.

Nesse meio-tempo, uma briga de grupos do BNDES com o Banco do Brasil. A onda começou a pegar em cima do Ricardo Sérgio, em cima do Ximenes, e por aí vai, tendo consequências. Nos jornais, cada um fala de um escândalo particular, isso vai render.* Quanto mais depressa passar o mês de setembro, melhor, porque o meu problema não é ganhar as eleições apenas; é manter a economia do Brasil nos trilhos.

Malan vai para o exterior,** insisti muito para que fosse. Hoje de manhã, acho que foi na *GloboNews*, houve um debate do Celso Pinto com o Joelmir Beting e com a Sônia Racy, só vi a parte final. Celso Pinto crítico: o governo não está tomando a situação a sério, não está dizendo que há crise... O governo não pode dizer que há crise, Sônia Racy, aliás, disse isso. O governo tem que tomar medidas, mas não pode criar pânico. Celso Pinto quer, como está na *Folha*, um jornalismo também escandaloso em vez de propriamente só informativo. Mas o Celso Pinto é bom. Joelmir Beting também botou água na fervura.

É inegável que existe tempestade no ar, isso me preocupa. Hoje também vai ser um dia difícil, daqui a pouco vou falar com o Fidel Castro, que está em Salvador com Antônio Carlos. Hoje à noite vai jantar aqui o [Andrés] Pastrana, presidente da Colômbia;*** ambos a caminho da África do Sul para a reunião dos Não Alinhados.****

HOJE É 1º DE SETEMBRO, TERÇA-FEIRA. Ontem falei com Fidel Castro, só para dar as boas-vindas ao Brasil, passou rapidamente pela Bahia, apenas uma noite, a caminho da África do Sul.

Gravei programa de propaganda eleitoral para a televisão, foi um dia bastante duro. As bolsas todas caíram, a de Nova York caiu muito,***** tive uma reunião preocupante com o Chico Lopes, o Beto Mendonça e o André Lara Resende. André tinha

---

* Começavam a aparecer matérias na imprensa sobre as lutas internas do governo nos antecedentes da privatização da Telebrás, segundo as quais o ministro das Comunicações e o presidente do BNDES teriam trabalhado pela participação do Previ no consórcio Solpart, em oposição ao presidente e ao diretor da área internacional do BB, supostamente favoráveis à Telemar.
** Isto é, para a reunião de emergência do FMI com ministros latino-americanos, marcada para 4 de setembro, em Washington. O presidente do Banco Central, Gustavo Franco, acompanhou Malan na viagem aos EUA.
*** Vencedor do segundo turno das eleições presidenciais colombianas, realizado em junho, Pastrana foi empossado em 7 de agosto.
**** XVII Conferência do Movimento dos Países Não Alinhados, em Durban.
***** Em 31 de agosto, o índice Dow Jones da Bolsa de Nova York sofreu sua segunda maior queda da história: 6,37%. O Parlamento russo se recusava a chancelar a nomeação do premiê interino Viktor Chernomirdin.

almoçado aqui, foi uma conversa difícil, porque a situação é preocupante. Contei que li o artigo do Paul Krugman propondo controle de câmbio, vimos o que aconteceria se isso fosse implementado. Qualquer tentativa de mudar a política atual vai significar em seguida inflação, perda de reservas e diminuição da atividade econômica. Ou seja, é melhor tentar resistir com a política atual por mais dura que ela seja, por mais difícil que seja essa resistência.*

Hoje, por sorte, a bolsa de Nova York subiu 2,14%. A de São Paulo subiu também, pelo menos até agora, são três da tarde, a do Rio de Janeiro também, um sinal positivo.** Isso não resolve nada, porque o problema é ver as reservas, que por enquanto estão muito elevadas, mas a gente tem a experiência de que elas podem se esvair. Não queremos que isso aconteça.

Com Pastrana, conversa mais social e a impressão de que ele não está dominando totalmente a situação na Colômbia. A situação do país é muito difícil e Pastrana está tentando negociar com os guerrilheiros.*** Não tive dele a impressão de já estar com o caminho firme e determinado. Quem sabe?

Hoje começa a Semana da Pátria, de manhã cedo parada militar, depois vim para cá cuidar de mim, cortar cabelo e nadar um pouco. Fora isso as preocupações, falo por telefone com um e outro.

Almocei com Eduardo Jorge para discutir questões da campanha. Ela segue normal, Lula está desesperado, falando da crise. Eles estão agarrados na crise como tábua de salvação, precisa ser muito inconsciente para imaginar que vale a pena ser presidente, sem experiência, com a crise do tamanho da que está se montando por aí. E eles ainda acirrando a crise. Realmente é insensatez eleitoreira.

Daqui a pouquinho vou ao Palácio do Planalto, mas não prevejo um dia muito agitado. A notícia das bolsas alivia um tanto as pressões.

Esqueci de registrar que também falei com Iglesias. Eu o vejo preocupado em geral com o mundo, querendo saber de notícias daqui, minhas, mas também sem nada que possa ajudar a esclarecer, até porque ninguém sabe mesmo como esclarecer.

O Clinton está na Rússia falando com Iéltsin e ao mesmo tempo às voltas com o caso sexual dele, e o Iéltsin com sua bebedeira, com as várias vodcas que dizem que ele toma. A Duma da Rússia recusa-se a nomear o primeiro-ministro, hoje mes-

---

* O dólar comercial fechou agosto cotado a R$ 1,17. No final do mês, o Brasil tinha R$ 60 bilhões em reservas internacionais.

** O Dow Jones subiu 3,8%. O índice Nasdaq, de empresas de alta tecnologia, ganhou 5,1%. A alta da Bolsa de São Paulo foi de 6,9% e, no Rio, de 5,9%. O bom humor dos mercados retornou parcialmente com a divulgação de dados animadores da economia norte-americana e com o compromisso do primeiro-ministro russo de honrar o pagamento de uma parcela da dívida externa do país com vencimento em setembro.

*** O novo governo colombiano manifestara disposição de abrir negociações de paz com as Forças Armadas Revolucionárias da Colômbia (Farc), oficialmente iniciadas em 1999.

mo insistiu em recusar. Falta liderança no mundo. Não posso falar muita coisa, porque vêm as eleições. Depois delas vou escolher um auditório para fazer alguma proposta mais construtiva.

Vejo que na França Jospin, ou quem seja, está se preparando para tomar a proposta do Tobin de um imposto sobre os fluxos de capitais.* A ideia é boa, mas quem vai pô-la em prática? Precisa haver uma reorganização do poder no mundo.

Quase meia-noite. Recebi o Malan para discutir o que fazer em Washington, na reunião que o FMI está convocando. Ele não gosta muito da ideia de que o Fundo vai dar caminhos. Tem razão, nós é que temos que cobrar o descaminho da globalização e a incapacidade do Fundo de resolver a crise. Do Fundo e, sobretudo, dos países do G7. Não tomam decisões, pensam que são um diretório do mundo e não chegam a sê-lo.

Fora isso, falei com Serra, que veio aqui. Eu disse claramente que essa divisão na equipe é muito ruim. Malan está convencido de que o Serra colocou nos jornais notícias da divisão da equipe. Não creio que o Serra tenha colocado de propósito, mas pode ter comentado. Tive informação do João Roberto Marinho de que o Mendonça e o Serra andaram fazendo isso. Eu disse [ao Serra e ao Malan] que agir assim é uma coisa contra o Brasil, não tem cabimento. Serra fez cara de paisagem. Espero que ele não tenha mesmo participado ativamente disso.

Também estranho que Malan esteja preocupado com esses detalhes, além de com a questão mais central. A camisa de força: voltou a falar da questão fiscal, voltei a insistir que o déficit deriva quase que exclusivamente da taxa de juros. Não adianta dizer que vamos fazer um grande corte, mesmo na Previdência, onde o déficit é de pouco menos de 1% do PIB. Ele diz que o custo excessivo do funcionalismo vai todo para o déficit. É! Mas no resultado primário, já contamos o pagamento do funcionalismo e sua Previdência também, e ainda assim temos superávit. Logo, embora seja verdade que o peso [da Previdência e do gasto com funcionários] seja grande, apesar disso conseguimos um superávit primário. O déficit provém do fato de termos uma taxa de juros extremamente elevada. Estão baixando, suponho que amanhã vai baixar um pouco mais, a despeito da situação internacional.

Li um artigo do [Rudiger] Dornbusch,** nada de especial. É sobre o meu segundo mandato, tem umas ideias meio confusas, faz umas comparações numéricas meio equivocadas sobre o Brasil. Não é por aí.

Fora isso, conversei com Vilmar sobre o governo, o Comunidade Solidária e o papel da Ruth no próximo mandato, nesse enlace com a sociedade civil.

---

* A taxa Tobin foi originalmente proposta pelo economista norte-americano James Tobin, prêmio Nobel de economia de 1981, como um instrumento de controle da volatilidade cambial através da regulação dos fluxos de capitais especulativos, principais agentes dos ataques a moedas nacionais.
** Economista alemão, professor do Massachusetts Institute of Technology (MIT).

4 A 10 DE SETEMBRO DE 1998

Programa de governo. Fuga de dólares. Visita de Fidel Castro. Ministério da Saúde

Hoje é sexta-feira, 4 de setembro. Fui à abertura das comemorações da Semana da Pátria, depois fiz um ato sobre a apropriação de bens de traficantes, uma medida provisória.*

Na quarta-feira, fiz as gravações de manhã cedo.

Participei da cerimônia da entrega de propostas no Fórum Nacional da Agricultura, havia muita vibração, foi uma coisa importante. Os jornais quase não noticiaram, mas é um grande acordo de vários segmentos da agricultura a respeito da política agrícola e agrária.

Depois recebi o Bill Rhodes, vice-presidente do Citibank, que veio com o vice-presidente do Citi na América Latina, Álvaro Souza. Bill Rhodes muito preocupado com a desorientação dos Estados Unidos, inclusive na área econômica, e também dizendo que precisamos estar preparados, porque as coisas não estão fáceis. Eles vão ampliar sua participação no Brasil, ele ia falar disso no briefing que daria em seguida.

Na quinta-feira, ontem, fiz o anúncio do programa do governo,** dei uma longa entrevista, mencionei a crise internacional. Todo mundo dizia para eu não falar disso, mas falei com tranquilidade dos obstáculos, do que vamos fazer, da nossa experiência. Disse que não queria misturar esse processo difícil para o Brasil com a questão eleitoreira, de campanha, porque seria um alarmismo não aceitável.

Recebi o Mauro Benevides*** e o prefeito de Fortaleza, Juraci Magalhães, do PMDB, um homem que tem comando. É já um senhor, teve câncer, está curado, aliás parecia bem-disposto mesmo, ambos vieram me apoiar. Claro, isso implica um desafio ao Tasso,**** porque o Tasso também me apoia, mas tem o Ciro. Em Fortaleza, segundo o prefeito, o Tasso não fez quase nada. Disse que basta o Tasso abraçar a causa, que ele, prefeito, ajudará. Vou falar com o Tasso para ver como se encaminha isso e perguntar se vale a pena ir a Fortaleza fazer um comício com o PMDB,***** pois não sei como ficaria o PSDB nesse caso.

---

* A MP 1713/98 deu nova redação ao artigo 34 da lei nº 6368, de 21 de outubro de 1976, para permitir o leilão de bens de indiciados por narcotráfico antes do julgamento, a critério do juiz.

** Intitulado "Avança Brasil — Mais quatro anos de desenvolvimento para todos", o programa de governo foi lançado na Academia de Tênis, clube de Brasília.

*** Ex-senador pemedebista.

**** Candidato à reeleição.

***** O candidato do PMDB ao governo cearense foi o ex-governador e deputado federal Luiz Gonzaga Mota.

Depois do almoço, recebi James Lacy, o presidente mundial do Rotary International. Aliás, à noite, fui à cerimônia do Rotary, umas quinhentas pessoas.*

Voltei para casa e hoje, sexta-feira, passei o dia gravando programas e trabalhando. E com muita preocupação. Por quê? Porque as bolsas, hoje, tiveram nova queda,** grande, além disso perdemos cerca de 2 bilhões de dólares de reservas.*** Estamos precisando tomar uma medida urgente sobre a taxa de juros, senão as reservas vão embora. Falei com Chico Lopes e ele vai fazer isso ainda esta noite.**** Pedi que o Sérgio Amaral dê um sinal disso, para que a população não seja surpreendida, embora o assunto não afete de imediato a população. Falei com Malan, que está nos Estados Unidos. Muito irritado, ele acha que os americanos têm que tomar providências mais enérgicas. Dizem que vão tomar, mas não têm tomado.

Esse pânico foi provocado agora pela Moody's uma agência de *rating* que rebaixou a classificação dos títulos soberanos [da dívida do governo], os do Brasil e os de vários países.***** É uma coisa louca, uma irresponsabilidade. Essa Moody's errou na Ásia, errou na Rússia e agora vai errar de novo. Está pensando que estamos na mesma situação e criando um mal-estar grande. Tudo isso torna muito difícil o manejo da economia, porque tem eleição e mandei fazer [as medidas necessárias], independente da eleição.

Os dados eleitorais são cada vez mais favoráveis. O Frias me telefonou, disse que no Datafolha que deve sair no domingo estou com 48 pontos percentuais e Lula 25, o Ciro com 7 e o outro [Enéas] com 3 ou 4. Ou seja, há uma diferença de muitos pontos na soma de todos eles. A mesma coisa no Ibope, a empresa que publicou outro dia que eu tinha baixado 2 pontos e Lula subido 3. Pelo *tracking*, que é uma forma de fazer pesquisa telefônica, ouvem-se todos os dias quinhentas pessoas e se faz a média de cada três dias. De fato tinha havido naquele dia [da pesquisa do Ibope] certa diminuição, pequena, mas voltou a subir, estou de novo com 46 pontos no Ibope, e creio que o Vox Populi vai dar uma diferença muito grande a meu favor, de 47 a 23.

---

* Sessão solene de instalação do 21º Instituto Rotário do Brasil, no Teatro Nacional, em Brasília.

** A Bolsa de São Paulo despencou 10% e o pregão foi interrompido pelo *circuit breaker*, mas a queda se ampliou para 13,6% após a reabertura dos negócios. No fechamento, as perdas ficaram em 6,13%.

*** O Banco Central gastou US$ 2,6 bilhões das reservas internacionais num único dia para conter o ataque especulativo ao real. As perdas cambiais já somavam 15 bilhões desde o início da crise russa, dos quais 6 bilhões nos quatro primeiros dias de setembro.

**** O governo aumentou de 25,75% para 29,75% a taxa de juros cobrada em transações de empréstimos de redesconto com outros bancos, a Tban. A taxa básica foi mantida em 19%.

***** O país foi rebaixado da nota B2 para CAA1, na categoria de mais alto risco de calote da dívida soberana. A Venezuela também foi rebaixada. A Moody's anunciou uma revisão das notas da Argentina e do México.

Então, desse ângulo as coisas vão bem. Parece difícil que não haja vitória no primeiro turno, e ela seria essencial, não só por mim. Para poder manejar a situação delicada que nós vamos enfrentar. Todo o esforço do último ano, de outubro para cá, vai ser parcialmente anulado, afetado por esse aumento da taxa de juros. E vamos ter que sair, a meu ver, dessa armadilha juros/câmbio. Li o texto de uma conferência que o [James] Tobin fez em abril no Banco Mundial, que o Serra me mandou, muito interessante, contra isso [câmbio fixo]. Ele é favorável ao câmbio flutuante, e nós sempre hesitamos em deixar o câmbio flutuar. Enquanto estávamos em boas condições, podíamos ter ousado mais. Agora não dá para fazer, vamos aguentar firme.

HOJE É 7 DE SETEMBRO, SEGUNDA-FEIRA, quase meia-noite.

Vou retomar o fio da meada. Sábado de manhã fui ao Amapá, Macapá, para participar de um comício e de um encontro com as lideranças locais. Os comícios cada vez menos importantes na campanha, mas politicamente foi bem. O Sarney estava querendo, ficou contente, não sei se ganhamos no Amapá, falta pouco, parece que sim.

Voltei correndo porque a Ruth tinha tido uma arritmia na véspera, Bia chegou aqui com as crianças e o Duda. Ficamos preocupados. Falei com o dr. Camarinha, que a examinou. Ele disse que ela tinha que reverter a arritmia. Enquanto eu estava em Macapá, ela foi para o Hospital das Forças Armadas e reverteu a arritmia. Na volta, fui direto ao hospital e de lá vim para casa.

Ontem, domingo fomos até a fazenda, eu, as crianças mais a Bia e o Duda. Luciana e Getúlio já estavam lá e, quando voltei, à noite, jantamos com Fidel Castro.

A conversa com Fidel foi longuíssima. Ele saiu daqui a uma hora da manhã, tendo chegado às oito da noite.* Conversou sozinho comigo por muito tempo. Preocupado com a situação mundial, preocupado com a Rússia, que ele considera um caso dramático. Disse que não se sabe o que vai acontecer lá, que um dia o general [Alexander] Lebed** toma conta, ninguém sabe o que ele pensa, dizem que é honesto. Fidel me disse que, nas bases de mísseis russos com ogivas atômicas, os oficiais não recebem salário há cinco meses. Ele conhece pessoalmente o Iéltsin, de muito tempo, e acha que aquilo vai de caos em caos.

Está preocupado também com a falta de direção do mundo. Fidel esteve com Iéltsin na África do Sul e me contou que ele acha que o Brasil tem que ir para o Conselho de Segurança. Fidel disse que lançou a ideia de haver dois ou três membros

---

* Depois de jantar com Fernando Henrique, Fidel Castro passou a madrugada em reunião com Lula e outros petistas num hotel de Brasília.

** Com discurso nacionalista e elogios a Pinochet, Lebed foi o terceiro colocado nas eleições presidenciais de 1996, nas quais Boris Iéltsin conquistou a reeleição. Em abril de 1998, Lebed — ex-secretário federal de Segurança — elegera-se governador de uma região administrativa (*krai*) na Sibéria.

da América Latina no conselho, para facilitar as coisas, para evitar a alternância, que ele considera uma coisa muito ruim; o Brasil também considera assim. Ele me estimulou a unir a América do Sul, disse que deveríamos juntar também o Caribe, ir à Jamaica, a Santo Domingo, ou seja, estava numa posição muito construtiva, vendo no Brasil uma possibilidade para fazer contraponto aos Estados Unidos. Fez comentários favoráveis ao Clinton, desesperado com a situação do Clinton lá, que vai de mal a pior, pode haver realmente impeachment, o que seria dramático.

Não há muita discrepância entre o que disse o Fidel e as coisas que estamos vendo por aqui. Ele hoje é uma pessoa madura, não sei se desiludido, mas, enfim, realista. Aliás, é hiper-realista. Acha que o Lula devia me apoiar depois das eleições, disse que ia ter uma palavra com o Lula, e ele sabe que vou ganhar as eleições. Não disse isso como quem está, digamos, aceitando e conformado com o fato; somente acha que será positivo para o Brasil. Falou bem do [Hugo] Chávez,* disse que ele vai ganhar na Venezuela, que é um homem de esquerda, que ele o conhece e que pode ajudar o Brasil na integração da América do Sul. Também falou bem, muito bem, do Pastrana, com quem esteve na África do Sul. Disse que ele é do Partido Conservador, mas é um homem inteligente, melhor para fazer as coisas do que ele imaginava.

Repeti várias vezes que estamos atentos ao que ocorre, o que eu faria por uma nova ordem no mundo.

Hoje, Dia da Pátria, de manhã fui ao desfile e depois voltamos ao Palácio da Alvorada para uma comemoração dos Direitos Humanos. Bonita, comovedora mesmo. A Olivia Byington cantou, cantou bem, o Hino da Independência. Entreguei títulos de propriedade a moradores de quilombos, falei das crianças que tiramos do trabalho penoso, enfim, várias coisas significativas.** Zé Gregori fez um bom discurso. Foi um ato singelo, mas muito tocante.

Depois conversei com d. Eugênio Sales. Fui ao Itamaraty para o beija-mão do corpo diplomático e para inaugurar uma bonita exposição organizada pela Bia Lessa com patrocínio da Fundação Armando Álvares Penteado.***

* Preso em 1992 por tentativa de golpe de Estado, o ex-tenente-coronel do Exército venezuelano fora anistiado em 1994 e, à frente do Movimento Quinta República, se tornara o candidato favorito às eleições presidenciais de dezembro de 1998.
** Na cerimônia organizada pela Secretaria Nacional de Direitos Humanos, intitulada "Direitos humanos: Novo nome da democracia", o presidente também assinou a demarcação de onze áreas indígenas e um decreto para a concessão de vistos provisórios a imigrantes ilegais no Brasil. Fernando Henrique anunciou o envio ao Congresso de um projeto de lei para reconhecer a jurisdição da Corte Interamericana de Direitos Humanos sobre o Brasil. Também foram condecoradas personalidades de destaque na área, como o cardeal-arcebispo do Rio, d. Eugênio Sales, o cantor Gilberto Gil e o sertanista Orlando Villas-Bôas.
*** A exposição Brasileiro que Nem Eu, que Nem Quem?, com concepção e curadoria de Bia Lessa,

Voltei para encontrar o Malan, o Paulo Paiva, o Pedro Parente, o Martus, o Clóvis, e tomar decisões sobre o dia de amanhã.* Estou muito preocupado. Falei pelo telefone com Gustavo Franco, que estava um pouco mais animado com o resultado de hoje das bolsas na Ásia e na Europa.** Aqui e nos Estados Unidos é feriado, lá Dia do Trabalho, aqui da Independência. Minha conversa com o pessoal do Malan foi no sentido de cortar mais o orçamento. Essa conversa está cansativa, desesperadora.

Eu encontrei o Joseph Safra na exposição no Itamaraty. Ele quer falar comigo, pedi que viesse aqui. Veio almoçar, estava extremamente pessimista, disse que não adianta mais aumentar juros, existe um pânico sem nenhuma razão objetiva, não há erro de nossa parte, mas há um pavor, e temos que tomar alguma medida para evitar que se remeta dinheiro para fora. Todo mundo está remetendo tudo que pode, porque há a sensação de que vamos centralizar o câmbio. Ele próprio sugeriu que criássemos um imposto de 20% no primeiro mês para as remessas ao exterior, que fosse decrescendo 1% mês a mês.

Ele é banqueiro. Disse que as ações do banco deles nos Estados Unidos, o Republic New York,*** caíram 50%, e que isso é assim em geral. Que as ações das telefônicas caíram muito e que há muita dificuldade para a renegociação de papéis. Todo mundo espera, portanto, um aperto grande. Foi o que ele me disse, e olha que ele é calmíssimo. Safra acha que devo falar com Clinton, que a única saída seria um sinal americano, o que é verdadeiro.

Eu não podia abrir todo o jogo com ele, mas acho bom ter conversas com o Fed [Federal Reserve]. Podíamos fazer um *swap* com os c-bonds, títulos da nossa dívida. Transmiti tudo isso ao Pedro Malan, que ficou aflito, disse que vai se informar e falar com o Stanley Fischer, do Fundo Monetário, depois me dirá alguma coisa.

Falei com o Mendonça de Barros e com André. Ambos são favoráveis à centralização do câmbio**** já, enquanto temos boas reservas. André me disse que acha que o Tintim [Demóstenes Pinho Neto], que mexe com câmbio no Banco Central,***** também é favorável e que o próprio Gustavo Franco vai mais nessa direção. Já o Chico Lopes, não. Chico quer resistir ou deixar [o câmbio] flutuar. André acha que

---

foi montada com milhares de fotografias 3x4 de anônimos e celebridades, inclusive políticos.

* As novas taxas de juros interbancários estrearam em 8 de setembro, mesmo dia do anúncio de um programa especial de estímulo à exportação.

** Hong Kong subiu 7,9% depois da divulgação de um pacote de medidas de estímulo econômico pelo governo local. Tóquio seguiu a alta chinesa e fechou com ganho de 5,3%. Londres e Frankfurt registraram altas de 3,8% e 2,1%, respectivamente.

*** Adquirido em 1999 pelo HSBC.

**** Concentração de todas as operações cambiais no Banco Central, medida de controle da entrada e saída de dólares do país.

***** Diretor da Área Externa do Banco Central.

flutuar agora seria um desastre. Eu também acho. A análise do Tobin é para situações normais, mas flutuar a moeda em tempo de crise seria mesmo desastrado.

Enfim, grande tensão, estamos vivendo dias de muita preocupação, pode ir tudo por água a baixo a partir do nada. A situação no Brasil não indica falta de controle, é simplesmente o reflexo da crise mundial, e o pânico se deu porque temos déficit de 7%.* Nas contas correntes é de 3,5%, o que não é nada. Segundo [o Tratado de] Maastricht, o teto de dívida nas contas correntes [dos países da União Europeia] deve ser de 3%. É muito mais pânico mesmo. E já sabemos o que acontece quando bate o pânico: um comportamento de manada, de horda. Enfim, é mais uma crise no mundo, e desta vez para valer.

HOJE É QUARTA-FEIRA, DIA 9 DE SETEMBRO. O dia de ontem foi um pouco mais calmo. De manhã Malan fez a apresentação das medidas de corte orçamentário.** Não pude assistir ao que ele disse, mas ele sempre fala direito. O efeito foi muito menos forte do que se imaginava, porque a Bolsa de São Paulo e as bolsas do mundo, na ignorância dos processos reais, querem mais sangue. Verdade que há promessa de corte de 4 bilhões. Mal sabem eles que não há mais onde cortar. Na verdade trata-se de um gesto que custa caro, já se viu que não tem efeito prático maior. Há um efeito na economia real, não na economia global, mas para o governo é negativo. Esse é o preço da nossa política de valorização do real. Não adianta chorar o leite derramado. Existe essa circularidade: o mercado acredita que o governo está na gastança e, na verdade, o que está havendo é uma supervalorização de juros. O governo corta, corta, corta, e isso não resolve, não se consegue estabilizar. Somos obrigados, de novo, a subir os juros. É o velho sistema capitalista em ação. O capital financeiro sugando o que pode. E nós tentando brigar para ver se avançamos na economia real.

Apesar disso, o dia de ontem foi um pouco melhor. Beto Mendonça fez a apresentação e eu fiz o discurso sobre as medidas para a exportação, que são boas e são fruto de um ano de trabalho. Assim como ocorreu com o Fórum Nacional da Agricultura, tratamos dos 55 principais ramos exportadores do Brasil. Estamos realmente organizando o Estado. Mas a crise está aí.

As bolsas, no exterior, em Nova York, subiram, porque o [Alan] Greenspan*** disse que não ficaria impassível diante da crise mundial. Isso foi entendido como se

---

* Marca atingida em maio de 1998. Em junho, o déficit subira para 7,65% do PIB. Os números de julho e agosto ainda não haviam sido publicados.

** O governo confirmou o corte de R$ 4 bilhões no orçamento da União e anunciou um plano de reforma fiscal para reduzir o déficit primário entre 1999 e 2000. Àquela altura, a saída de divisas do país somava US$ 19 bilhões.

*** Presidente do Federal Reserve.

ele fosse diminuir a taxa de juros. A bolsa de Nova York teve uma forte alta. A do Brasil foi patinando, acabou 0 a 0,* em função dessa onda de pessimismo que insiste em que o governo não foi suficientemente duro nos cortes. Imagine, o que mais eles queriam?

Acabo de ver na televisão que as bolsas da Ásia caíram em média 1%, as da Europa estão caindo 1%, nos Estados Unidos não se sabe ainda. Eliana Cardoso,** que é muito ácida, fez um comentário correto. Disse que é um equívoco comparar a situação do Brasil com outros países, mesmo com os da América Latina, porque nossa base tributária é 30% do PIB,*** enquanto nos outros países é 10%, 15%. Ou seja, o Estado brasileiro tem capacidade de pagamento.

Há um pânico sem base na realidade, todo mundo sabe disso, eu pelo menos sei, mas criou-se essa onda, em parte por causa do próprio governo, que ficou no nhe-nhe-nhem de que temos um problema fiscal grave. Temos um problema cambial sério e o problema de taxa de juros, que acompanha isso, leva ao nosso endividamento. Essa é a armadilha que precisamos desarmar, só que não podemos desarmá-la neste momento [de crise mundial].

O Serra me telefonou ontem para dizer que ele não concorda com os cortes na Saúde, porque ele terá que cortar dinheiro dos hospitais. Disse que não vai criar nenhum caso, mas que a partir de 4 de outubro está fora [do governo]. Fiquei indignado: "Serra, o Brasil está desmoronando e você está pensando no seu orçamento? E o orçamento geral? Aliás, nós preservamos Saúde e Educação. Será que você não percebe que há sinais de crise e que não é momento para isso?".

Olha, mesmo que ele não venha a cumprir essa "ameaça" — entre aspas —, me deixou realmente... não sei se furioso ou extremamente desgostoso e amargo. Serra põe o problema dele à frente de qualquer coisa. Ontem não era dia para dar uma notícia dessas pelo telefone, não era o dia para ter uma reação. No fundo é a mesma história de sempre, a desavença dele com a equipe econômica.

Chamei o Vilmar aqui para desabafar e disse: "Olha, Vilmar, o Serra está fazendo uma boa gestão no Ministério da Saúde, mas esse voluntarismo, que só vê o interesse dele, é terrível. Claro, ele vai dizer tudo que eu sei, que essa medida não vai adiantar nada. Não vai, mas fazer o que então? Deixar os dólares caírem fora?".

Bom, o fato é que a fuga de dólares diminuiu ontem, perdemos quase 500 milhões, comparados com os 2,6 bilhões da sexta-feira. Tomara que hoje a gente possa avançar um pouco mais nessa direção.

Enquanto isso, as eleições vão mornas, continua tudo igual, ontem cheguei a 50% e a uma diferença de 16 pontos, somados todos os demais. É até perigoso estar

---

* O índice Dow Jones da Bolsa de Nova York teve alta recorde em pontos, subindo 4,98%. O índice Bovespa da bolsa paulista fechou praticamente estável, a −0,3%.
** Assessora econômica do FMI e ex-assessora de Pedro Malan no Ministério da Fazenda.
*** A carga tributária global alcançou 29,6% do PIB no final de 1997, proporção mantida em 1998.

hoje num patamar tão elevado assim. É preciso ver como a gente leva isso até o dia 4 [de outubro], dia das eleições. Vou ter que tomar medidas de mais profundidade na política econômica. Claro, já estou inclinado nessa direção, mas não é assim, no calor da crise, nem com ameaças de demissão.

HOJE É 10 DE SETEMBRO, QUINTA-FEIRA. Ontem recebi uma carta do Serra cheia de números, dados, das dificuldades que o Ministério da Saúde vai enfrentar por causa das decisões de controle fiscal e dizendo que eu havia me comprometido, por escrito e espontaneamente, a ajudar as áreas da Saúde. Disse que não queria criar nenhum embaraço e deixava a meu critério o momento de ir embora.

Respondi, por escrito também, que ele não precisava me recordar de nada e que nunca ninguém tinha tido tanta verba na Saúde quanto ele, graças ao apoio total que eu lhe dava, contra tudo e contra todos. E que eu não fazia cortes porque queria, aliás preferiria não fazer e que tentaríamos cortar o menos possível, mas que diante das circunstâncias eu não tinha alternativa. Ninguém havia ainda me mostrado outra saída, nem mesmo aqueles que pensam do mesmo jeito que ele. Quis me referir aqui ao Mendonça e ao André (André pensa um pouco diferente). Não sei também o que ele, Serra, pensa, se quer que o câmbio flutue ou não. Acrescentei que a flutuação do câmbio [na crise] dá em Indonésia,* o controle de câmbio dá em Malásia** e que estamos tentando evitar Malásia e Indonésia, e, como não me dão nenhuma alternativa, achei melhor fazer um ajuste. E disse que eu esperava de um amigo e de um ministro que pelo menos não fizesse em público o que ele já tinha feito antes, colocar crítica nos jornais neste momento delicado. Nem me referi ao pedido de demissão dele, passei batido.

O dia foi tenso outra vez, houve fuga de dólares, menor do que na sexta-feira, cerca de 1 bilhão, falei com quem pude, com Mendonça, Malan, tentei examinar a situação com o Beto Mendonça, com o Clóvis. Ninguém sabe muito bem o que fazer: pular de trincheira em trincheira, mas qual será a última trincheira? Estamos passando por um dos momentos mais difíceis do governo.

Participei da cerimônia de premiação da logomarca Brasil 500 Anos,*** aproveitei para me referir aos temas habituais, defesa do real.

* A Indonésia adotou um regime de câmbio flutuante em agosto de 1997. Dias depois da liberação cambial, a rupia indonésia, até então atrelada ao dólar, atingiu a cotação mais baixa da história. O país foi obrigado a solicitar um empréstimo de us$ 23 bilhões de dólares ao FMI. Com a piora da crise interna, o ditador Suharto, no poder desde 1975, renunciou à Presidência em maio de 1998.
** O governo da Malásia optara pela fixação do câmbio e pelo controle de capitais para combater os efeitos da crise de 1997. O país entrou em recessão e o PIB despencou 6,2% em 1998.
*** O governo realizou um concurso nacional para a escolha da logomarca das comemorações ofi-

Recebi o embaixador das Nações Unidas, o embaixador [Walter] Franco,* que veio com o relatório de desenvolvimento humano, IDH, bom, positivo. Pela primeira vez se vê com clareza que o Brasil, depois do real, deu um salto efetivo em termos de saúde e de educação. É uma espécie de certificado de bom comportamento para tanta gente que diz que só lembro do econômico e não do social. Aproveitei para dizer que não era bem assim.

Estive com os evangélicos,** que vieram me dar apoio massivo, todos eles, uma coisa impressionante.

Paulo Tarso me telefonou de Washington, dizendo que considera a situação do Clinton gravíssima. Na Casa Branca falta comando e a própria Hillary (a Lúcia tem ligações) está furiosa com Clinton. Uma situação extremamente dramática e o desenlace deve ser renúncia ou impeachment. A renúncia seria rápido, impeachment é um processo longo, imagine os efeitos de tudo isso na vida econômica. A Rússia se desfazendo. Agora, oito horas da manhã, vejo na televisão que houve a revolução de [Ievguêni] Primakov.*** Conheço o Primakov, ele esteve aqui, é um homem inteligente, jeitoso, não acho que seja nenhum desastre, é um homem muito mais informado sobre o mundo também, me parece uma escolha mais razoável para a Rússia.

Pesquisas cada vez melhores. Ontem, atingi 50 pontos e o Lula 21, pesquisas do nosso *tracking*. Mas o que nos preocupa agora é a economia.

---

ciais do Descobrimento. Na ocasião, foi apresentado o trabalho vencedor, proposto pelo designer Luciano Ribas.

* Representante do PNUD no Brasil.
** Entre as lideranças evangélicas presentes na reunião, organizada pelo senador Iris Rezende, estiveram os pastores José Wellington (Assembleia de Deus, ministério Belém), Manoel Ferreira (Assembleia de Deus, ministério Madureira) e Nilson Fanini. Não houve representantes da Igreja Universal de Edir Macedo.
*** O chanceler de Boris Iéltsin foi confirmado novo primeiro-ministro da Rússia em 11 de setembro através de um acordo entre o Executivo e o Parlamento. A indicação de Viktor Chernomirdin fora rejeitada duas vezes pela Duma.

11 A 20 DE SETEMBRO DE 1998

Pânico e instabilidade nos mercados. Aumento dos juros. Conversas com Clinton e o FMI. Bastidores da privatização da Telebrás

Hoje é dia 11, sexta-feira, são onze e meia da manhã.

Ontem foi uma quinta-feira cinzenta, se não negra. As bolsas despencaram novamente, pressão sobre o real, sobre o câmbio, vendas maciças de dólares.* Nos Estados Unidos, más notícias, na Rússia ganhou Primakov como primeiro-ministro, mas a coisa também está difícil.

Primeiro uma descrição rápida do dia. De manhã, gravações. Recebi [João] Havelange** para almoçar. À tarde, fui despachar no Palácio do Planalto.

Há tensão o tempo todo. Decisões precisam ser tomadas. Chamei o Beto Mendonça e disse que não queria nenhuma decisão sem o meu conhecimento. Eles estavam muito aflitos. Falei com o André Lara e com o ministro Mendonça de Barros pelo telefone. Eles acham que temos que entrar no chamado plano B, ou seja, tomar alguma medida de centralização de câmbio. O que não se pode é deixar o câmbio flutuando, porque seria uma catástrofe para o país, com risco, inclusive, de inflação.

Jantei aqui com o Jovelino Mineiro e a Luciana, para discutir as coisas da nossa fazenda. Mais tarde chegou o ministro Mendonça, muito tenso, eu no telefone o tempo todo. Ana Tavares também extremamente nervosa, porque a imprensa está fazendo uma onda imensa. Dei uma declaração que combinei com Pedro Malan. Disse que era necessário haver apoio internacional, uma atitude mais aberta do mundo nessa matéria, e que era preciso entender que o mercado é parte do país, mas não pode se alimentar da predação dos bens públicos.

Perguntaram-me sobre os juros, respondi que eles tinham sido aumentados, que não acompanho isso no dia a dia, mas que achava que já tínhamos feito um movimento importante de aumento da taxa dos juros e que tudo tem limite. Mi-

---

* A Bolsa de Nova York caiu 3,3% com o recrudescimento dos problemas judiciais e políticos de Bill Clinton. A promotoria do caso Lewinsky entregou ao Congresso um relatório com acusações de perjúrio, abuso de poder e obstrução à Justiça que poderiam embasar um pedido de impeachment. A Bolsa de São Paulo teve queda de 15,8% (maior desvalorização desde o anúncio do Plano Collor, em 1990) e os títulos da dívida perderam 6% do valor de face, então em 52,5%. A perda de reservas somava US$ 22 bilhões desde meados de agosto. A moeda norte-americana subiu 4% no mercado paralelo. À noite, a área econômica do governo anunciou a elevação da Taxa de Assistência do Banco Central (Tban) de 29,75% para 49,75%.
** O presidente da Fifa foi condecorado com a Ordem Nacional do Mérito.

nhas declarações serviram para especulação. Malan mesmo ficou preocupado porque, diz ele, se não aumentarmos os juros, eles vão pressionar o câmbio. Mas a mensagem que eu queria dar ao país era que não se pode deixar a especulação solta. Fiz uma declaração contra os especuladores. De propósito.

Já no fim da noite, quando eu estava aqui conversando, Ana me telefonou, aflita. A Lillian Witte Fibe tinha informado que o teto da banda da taxa de juros fora ampliado para 49,75%, realmente eu não sabia. Procurei o Malan, que pediu para eu falar com o Gustavo Franco. Falei e Gustavo foi minucioso nas explicações. Minha dedução: houve uma reunião entre Malan, Pedro Parente e Beto Mendonça no Ministério da Fazenda. No Banco Central, o Gustavo abriu a possibilidade de medidas "não ortodoxas". O Pedro Malan apoiou. "Não ortodoxas" significaria dificultar a remessa de recursos para brasileiros residentes no exterior.

Chico Lopes disse que nesse caso se demitiria, porque era favorável a contornar a crise via mercado. Por isso a decisão de aumentar o limite da banda para 49,75%, que é altíssimo. O Gustavo então insistiu, o Pedro também, pelo telefone no caso do Pedro, que ele iria ver alguma medida heterodoxa. O Chico não aceitou, e nesse ponto acho que o Chico tem razão. Ou se faz uma coisa ou outra.

Tive uma conversa com o Gustavo. A proposta dele é ver o que ocorre hoje, sexta-feira, para avaliar se é possível contornar a crise via taxa de juros. Eu não acredito que seja possível. Se não for mesmo possível, no fim de semana tomaremos as medidas para fazer a centralização do câmbio. Claro que pouca gente pode saber disso.

Falei com André, mas não disse isso. Os dois Mendonça sabem, Gustavo, Pedro Malan. Falei com Clóvis agora de manhã, ele também já sabia, o Beto tinha contado. Malan me telefonou de novo para dizer que tinha recebido informações dos Estados Unidos e que ele fez uma pressão muito forte no [Robert] Rubin,* no Stanley Fischer e também no Camdessus. E tinha dado resultado. O Fundo Monetário soltará hoje uma notícia dizendo que Brasil, Argentina e México estão em boas condições, e que o G7 está disposto a apoiar essas economias. Se isso acontecer, é possível que haja uma luz no fim do túnel, ou pelo menos uma lanterna.

Antes de começar a gravar, recebi a informação de que o Camdessus quer falar comigo. Agora, neste instante, acabei de receber outra informação. Ele está numa reunião do Fundo Monetário e vai falar comigo hoje, às seis e meia da tarde; eu vou estar no meu apartamento em São Paulo. Não sei se será para me dizer que eles soltaram a nota ou que irão soltar só mais tarde.** Se soltarem só mais tarde, será de pouca valia. São momentos de grande tensão.

---

* Secretário do Tesouro norte-americano.
** O FMI expressou apoio às economias emergentes e ressaltou sua prontidão para oferecer auxílio financeiro a países em dificuldades.

Claro, a oposição se aproveita. Lula fez uma comparação, disse que sou o Zagallo escondendo o Ronaldo.* Não estou escondendo a crise. Não quero transformar a crise em problema eleitoreiro. É isso que tenho dito o tempo todo.

Saiu mais uma pesquisa do Ibope confirmando que estou subindo e o Lula continua caindo.** A situação agora é mais grave, provavelmente terei que falar ao país no domingo ou segunda-feira. Estamos no fio da navalha, na hora da verdade.

Eu não acreditava que o Fundo fosse tomar uma posição mais aberta em nosso favor, e quero ver que custo isso tem. Se mantiverem a palavra hoje, não teria sido preciso aumentar os juros. Acho que terminou a fase de acreditar que o mercado irá regenerar a situação. Nesse caso, vamos preservar nossas reservas, que até ontem à noite ainda estavam em 52 bilhões de dólares, o que dá uma margem folgada para modificações na política econômica.

Serão modificações profundas que vão afetar muita coisa e muita gente. Mas, em qualquer circunstância, seria muito pior deixar o câmbio flutuando ou então deixar que as divisas se esvaziassem completamente. Não temos alternativa [futura] a não ser flutuar o câmbio. Falei com Menem pelo telefone. Ele, claro, estava aflito, imaginando que nós vamos mexer na taxa de câmbio. Não vamos mexer na taxa de câmbio, porque isso arrasaria a Argentina e levaria o Mercosul para o buraco.

Ainda sexta-feira, 11 de setembro, agora são oito e meia da noite, já estou em São Paulo.

Depois do que já registrei aqui, falei pelo telefone com Rubin, o secretário do Tesouro dos Estados Unidos. Ele me reafirmou o interesse em ajudar o Brasil a sair dessa enrascada financeira. Fez elogios rasgados ao Pedro Malan, a mim, ao que fizemos. Reconheceu todos os esforços do governo. Disse que passou o dia de ontem discutindo até altas horas da noite com Larry Summers. Este acha que temos uma trajetória que, a mais longo prazo, não é sustentável, e que os mercados percebem isso. E que eles estavam dispostos a ajudar no que for necessário. Falou até mais fortemente: disse que os americanos fariam conosco a mesma coisa que fizeram com o México, dariam recursos.***

Normalmente, quando acontece isso, há sempre um comprometimento com o Fundo Monetário. Eu disse ao Rubin que somos racionais, não tenho nada contra o Fundo, mas que em momento eleitoral não podemos discutir essas questões com o Fundo. Além do mais, estamos tomando medidas que prescindem do Fundo, já

---

* Alusão à partida final da Copa do Mundo da França. As convulsões sofridas por Ronaldo antes do jogo foram ocultadas pela equipe técnica da seleção.
** Fernando Henrique 47%, Lula 23%, Ciro 6% e Enéas 4%.
*** Em janeiro de 1995, o México recebeu um resgate de US$ 50 bilhões do FMI, dos quais US$ 18 bilhões oferecidos pelos EUA, com apoio do G7.

estamos fazendo as coisas necessárias. E que seria bom termos uma conversa preliminar de gente nossa com gente do Tesouro [norte-americano], para que o Tesouro veja os esforços fiscais que estamos fazendo. Disse ainda que, na programação dos anos subsequentes, poderemos conversar com o Fundo. Entreabri, mas não abri a porta ao Fundo. Eu não quero. E não é só por causa das eleições; eu não quero estar amarrado.

Transmiti isso a Pedro Malan e pedi que ele entre em contato com Rubin, coisa que será feita. Um dos rapazes que trabalha no Ministério da Fazenda[*] — que irá mesmo aos Estados Unidos — vai conversar com o Tesouro de lá.

Recebi há pouco um longo telefonema do Camdessus, entusiasta. Recordou o acordo que fechamos quando eu [como ministro] fazia o Plano Real. Na renegociação da dívida não houve acordo, e sim apoio moral do Fundo. Ele insinuou que poderíamos fazer a mesma coisa agora, disse claramente que estão separando recursos e que não deixarão o Brasil cair. Mas acha que até dia 4 de outubro temos que tentar nos sustentar. Afirmou que torce para que tudo dê certo. Contou que soltarão hoje uma nota dizendo que o Fundo está disposto a nos ajudar financeiramente e os países mais importantes também, embora ele me tenha dito que no G7 há muita indecisão; não com relação a esse apoio, mas sobretudo com a situação americana, porque com a ameaça de impeachment o Clinton está se esvaindo.

Hoje Iglesias me telefonou. Repetiu a mesma coisa, com entusiasmo. Disse que tanto o Fundo quanto os americanos vão jogar pesado a nosso favor. E que ele, Iglesias, está espalhando isso para a imprensa.

Falei com Rui Mesquita há pouco, dei a entender tudo isso. O Rui tem sido muito correto, o jornal também. Vamos ver o que sai.

Daqui a pouco vou à Editora Abril para a comemoração dos trinta anos da revista *Veja*. Direi também algo sobre toda a situação.

HOJE É DOMINGO, 13 DE SETEMBRO. Como disse, fui ao jantar da Abril na sexta-feira. Fiz discurso, o [Roberto] Civita também, muita gente, fui muito aplaudido. Mencionei nossa capacidade de sair da crise. Estavam lá o Maluf e o Mário Covas, os jornais conseguiram me fotografar com um, com o outro, com os dois juntos. Na imprensa, dei bastante atenção ao Covas.

No dia seguinte, ontem, fui a Maceió, comício, todo mundo muito alegre porque dei força ao atual governador, Manoel Barros, o Mano, e ao Guilherme Palmeira, candidato ao Senado. Estavam também o Teotônio e o Renan Calheiros. Comício produzido, como todos os comícios, muitas bandeiras, foi na praia, tudo bonito, agradável, falaram bastante. Comício é sempre igual.

---

[*] Amaury Bier, secretário de Política Econômica.

Na volta, fui direito a Ibiúna, onde dormi. Passei o dia lá hoje. Recebi a informação de que haviam detonado uma torre de transmissão de Itaipu e que a segunda torre estava preparada para o mesmo.* Se a segunda tivesse sido atingida, as consequências seriam graves, haveria falta de luz. Alguns disseram que foi o MST, não acredito, não sei, mas esse tipo de atentado preocupa. Verdade que vai haver um leilão da Gerasul, pode ser que haja alguma ligação. De qualquer maneira, um atentado a dinamite numa torre de alta tensão é muito grave.

Fora isso, as dificuldades com a equipe econômica. Malan não quis que houvesse a reunião em São Paulo para discutir alternativas para a situação atual da crise. Entendo as razões dele, há que evitar que a imprensa fique em sobressalto. Mas vou notando certo agastamento, divisão na equipe, uns querendo se manter firme na direção do que já estamos fazendo, principalmente depois desse apoio, pelo menos verbal, do FMI e dos americanos. Outros, como o Mendonça, e acho que o Beto Mendonça também, em outra posição, a de que precisamos preparar já uma alternativa, alguma forma de centralização do câmbio. O Bacha tomou posição contra essa segunda alternativa, dizendo que é preciso manter a linha de coerência, o que abalou um pouco o André, que também estava na linha alternativa. Enfim, há essas incertezas neste momento.

Falei várias vezes pelo telefone com todos eles, inclusive hoje, e agora estou esperando o Malan chegar para conversarmos com mais calma. São dez e pouco da noite.

Quero registrar alguns comentários sobre a questão do Clinton nos Estados Unidos, a deplorável prestação de contas dele, com humilhação, sobre o caso Monica Lewinsky,** sobre a insensatez da sociedade americana de permitir uma invasão dessa magnitude na vida privada; qualquer ato fisiológico exposto em público é terrível. Só pode dar uma confusão imensa. Não tem sentido. Não é possível expor a esse ponto de humilhação e desmoralização uma pessoa que é o principal personagem da política americana. Hoje, em Ibiúna, Boris Fausto e Cinira almoçaram conosco, comentando desse jeito, como também o Lúcio Kowarick, que veio nos visitar rapidamente.

* Foram usados 25 quilos de dinamite na explosão de uma torre de transmissão de Furnas entre os municípios paranaenses de Iretama e Nova Tebas. Em 16 de setembro, com a torre reconstruída, a linha foi religada. No dia seguinte, nova bomba foi desarmada pela Polícia Federal em outra linha no Paraná. Os autores das bombas não foram descobertos.

** O relatório do promotor especial Kenneth Starr sobre o caso Lewinsky continha detalhes dos alegados dez encontros eróticos entre Clinton e a ex-estagiária da Casa Branca. Em 17 de agosto, o presidente dos EUA admitira em depoimento à Justiça ter mantido "relações físicas impróprias" com Lewinsky, o que até então negava. O vídeo do testemunho foi transmitido por todos os canais de televisão. Em 11 de setembro, Clinton pediu desculpas ao país durante um encontro com líderes religiosos na Casa Branca.

14 DE SETEMBRO, SEGUNDA-FEIRA, oito e meia da noite. O dia hoje foi melhor. As bolsas reagiram,* o Clinton fez um bom discurso dizendo que estava disposto a ajudar os países em dificuldade, inclusive os da América do Sul.** Colocou o quanto tinha de recursos para isso, e a fuga de reservas hoje caiu bastante. Foram apenas cerca de 600 milhões de dólares.***

Houve o leilão do Bemge, o Banco do Estado de Minas Gerais, com 85% de ágio, comprado pelo Banco Itaú.****

Agora à noite, vou me encontrar com oito industriais do Iedi. Chamei o Mendonça para vir aqui.

Participei de uma reunião da equipe econômica na sala do Clóvis. Pedi a união deles. Alertei para que não se iludissem com essas melhorias, que podem ser eventuais. Reafirmei que temos de estar preparados para as alternativas. Disse isso de propósito, porque sei que o pessoal mais ortodoxo não quer nem ouvir falar de alternativas. Eu também prefiro não tê-las.

Acabei de saber pela Luciana que o MST está preparando a invasão da nossa fazenda de Córrego da Ponte. Já tinha sabido pelo general Cardoso, só que não seria hoje. Pura provocação política. Eu preferia que a entrada deles fosse evitada, mas sei que a ineficiência da nossa polícia é grande. Sabe Deus o que vão fazer...*****

HOJE É 15 DE SETEMBRO, são nove horas da noite. O dia foi extraordinário. Por quê?

Hoje de manhã houve a venda da Gerasul a um grupo belga por quase 1 bilhão de reais.****** Além disso, notícias positivas que saíram pelo mundo, inclusive um pouco exageradas, dizendo que os Estados Unidos e o G7 vão apoiar os países em desenvolvimento. Resultado: a Bolsa estourou, a Bolsa de São Paulo subiu 18,7%.*******

---

* O índice da Bolsa de São Paulo saltou 7,8% e os títulos da dívida brasileira subiram 2%.
** Em discurso à Comissão de Relações Exteriores do Congresso, Clinton propôs a criação de um fundo mundial de emergência contra a crise e solicitou a aprovação de US$ 18 bilhões adicionais para a cota do país no FMI, a fim de socorrer os países latino-americanos em dificuldades.
*** A perda cambial em 14 de setembro foi de US$ 900 milhões.
**** O banco estadual foi vendido por R$ 583 milhões.
***** O governo mineiro enviou 150 PMs a Buritis para proteger a fazenda do presidente. O MST negou a intenção de ocupar a propriedade.
****** A Tractebel (única concorrente do leilão) pagou R$ 997,6 milhões (lance mínimo) por 50,1% das ações da geradora de energia desmembrada da Eletrosul.
******* Segunda maior alta em trinta anos. Os títulos da dívida brasileira subiram 6,3%. A imprensa noticiou no mesmo dia que o governo brasileiro estava em negociações com o FMI e os países ricos para receber um empréstimo preventivo. O mercado estimava que o pacote de ajuda externa poderia alcançar R$ 100 bilhões.

E a saída de dólares caiu para 350 milhões, sendo que, no comercial, houve um superávit de 100 milhões. Em tese, contivemos a situação mais nervosa da fuga de capitais. Tomara seja verdade mesmo e que isso dure um pouco mais.

Daqui a dois dias, ou seja, na quinta-feira, vamos ter a venda das empresas elétricas de São Paulo,* mais algum recurso deve entrar, o que é muito positivo. O clima mudou favoravelmente. Quanto à tentativa de invasão de minha fazenda em Minas, parece que havia mesmo um planejamento para invadir, mas houve reação da polícia, e não vão mais fazer coisa alguma lá. Claro que isso me desgastou um pouco. A gente fica dizendo que não houve nada, mas tivemos informação segura de que havia um planejamento de invasão.

O fato importante, claro, é que houve uma virada de clima, com um otimismo até exagerado. Os títulos do Brasil lá fora, os *bradies*, cresceram muito de valor. Havia muita especulação e agora houve uma mudança de ânimo. Isso ajuda muito.

Do ponto de vista eleitoral, tudo bem. O Frias acabou de me telefonar dizendo que amanhã sai o Datafolha com Covas praticamente empatado com [Francisco] Rossi, ambos com 18%,** e Maluf na frente com 27%, parece. Também aí as notícias são positivas. Vamos ver se é assim mesmo. Amanhã sai o Ibope e tenho 49 pontos. É muito alto.

Às seis e meia da noite, me telefonou o Clinton, me chamando, como ele sempre faz, de "Henrique"; acho que ele tem dificuldade de falar "Fernando". Eu o chamo de Bill. Conversa boa, eu disse que gostei muito do discurso dele, foi um jeito de exprimir minha simpatia. Não entrei em detalhes a propósito das dificuldades dele. Clinton contou que vai se operar, eu disse que a Ruth estaria nos Estados Unidos e provavelmente telefonaria para a Hillary. Clinton disse que a Hillary gostaria muito.

Ele queria saber como estou nas eleições. Eu disse que bem, que vou ganhar. Ele estava preocupado em saber se, neste momento, alguma negociação de apoio [financeiro ao Brasil] dos americanos ou do FMI me prejudicaria. Respondi que prefiro que seja mais adiante; não há nenhum problema, se houver necessidade o Brasil tem que ser ajudado. Acho que dá para receber [o apoio] sem maiores problemas. Eu disse: "Olha, se eu tiver algum problema, te telefono". "Por favor, me telefone, isso é muito importante", ele disse. No final me pediu que eu dissesse que o discurso dele ajudou, que isso seria bom para ele. Eu disse que certamente iria fazer isso e que mandaria uma carta informando que não assistiria à reunião do dia 21,*** por causa das eleições. Ele compreendeu, achou correto eu não ir. Acres-

---

* Empresa Bandeirante de Energia, resultante da divisão da Eletropaulo. A portuguesa EDP e a CPFL (controlada por Bradesco, Votorantim e Camargo Corrêa) adquiriram 75% das ações da empresa por R$ 1 bilhão, o preço mínimo.
** Francisco Rossi tinha 19%.
*** Abertura da LIII Assembleia Geral da ONU.

centei que mandaria uma carta pelo ministro das Relações Exteriores, destacando a importância do seu discurso no processo de reorganização solidária da economia internacional. A conversa foi longa e simpática.

HOJE É DIA 16 DE SETEMBRO, é meia-noite praticamente. O dia foi mais agitado porque as bolsas reagiram a uma declaração do Greenspan sobre a falta de coordenação entre os bancos centrais para baixar os juros.* Ele tinha razão. Os alemães disseram que não iam baixar, os japoneses já baixaram, o que não quer dizer que os americanos não baixem. Mas os mercados deram esses sinais agora. Isso provocou certa revoada. As bolsas abriram muito alto no Brasil, a do Rio caiu 2 pontos, a de São Paulo baixou 2 pontos, algo assim.**

Mais preocupante é que houve de novo certa perda de reservas. Cerca de 600 milhões de dólares saíram pelo câmbio flutuante [paralelo]. Isso me preocupa, já era para essa saída ter diminuído.

Conversei com Jader, que é o novo presidente do PMDB,*** eles querem uma relação verticalizada com ele, tudo bem.

O Serra foi me ver com cartas e documentos para mostrar o quanto vai ser cortado da área da Saúde. Já me disse que vai ter que avisar aos hospitais que eles não vão receber os recursos, ou seja, está discretamente fazendo pressão neste momento.

Claro que falei com Malan e com o Paulo Paiva para ver o que dá para fazer. O Serra insiste. Vai à imprensa, dá a impressão de que joga contra o governo. Ao ser assim me deixa sem alternativas senão pedir que ele saia. É ruim, muito ruim. Serra é bom ministro, mas a falta de solidariedade aos outros ministros pesa. Terceiros me dão detalhes de coisas com a imprensa e com empresários que são desagradáveis de serem sabidas por mim. Serra não é egoísta, mas autocentrado no que está fazendo.

Basta ler os artigos do Elio Gaspari, que são obviamente escritos por inspiração do Serra. Elio sabe das coisas de Brasília, mas sabe de longe e tem posição crítica. Claro, agora, na dificuldade, é fácil dizer que seria tudo diferente se tivesse sido feito dessa ou daquela maneira. Seria mesmo, só que o mundo não era este. Agora está ficando desta forma. Não é momento de fazer esse tipo de marola, só diminui a possibilidade de o Serra ter uma situação mais ativa [na área econômica do governo] numa próxima virada, que vai ter que haver. Não é só de paciência que se precisa; é mais do que isso.

* Em depoimento ao Congresso, Greenspan e Rubin citaram o Brasil como país estratégico para a estabilidade dos mercados mundiais.
** O índice carioca caiu 2,3% e o paulista, 2,1%.
*** Eleito em 15 de setembro por consenso das lideranças partidárias na convenção nacional para a escolha do novo diretório e da executiva.

Eu soube que o Barjas [Negri], secretário executivo do Ministério da Saúde, também quer ir embora. Estou cansado.

HOJE É DIA 18 DE SETEMBRO, SEXTA-FEIRA, quase meio-dia, estou me preparando para ir ao Amazonas. É mais um gesto simbólico, não vai acrescentar nada à campanha eleitoral, porque no Amazonas estou bem. Arthur Virgílio fez as pazes com Amazonino e forçaram bastante a minha ida ao estado.

Volto para Brasília e vou ao Rio de Janeiro. Amanhã é aniversário da Ruth, dia 19, estaremos no Rio. Amanhã, também, vou receber o Mário Soares, vamos lançar o nosso livro, que ficou bom.* Crítica para cá, crítica para lá, tudo na base da fofoca, como se o livro fizesse revelações. Nossa imprensa e mesmo a nossa intelectualidade preferem o pitoresco ao essencial.

Ontem fiz as gravações eleitorais aqui, recebi uma delegação dos Clubes da Melhor Idade, os mais velhos, veja só. À tarde recebi o Toyoda, dono da Toyota, que hoje vai inaugurar uma fábrica em Indaiatuba.

Vi uma exposição do brigadeiro Lôbo sobre o aeroporto do Rio de Janeiro, do Galeão.**

Falei com o Carlos Jereissati,*** irmão do Tasso. Está muito preocupado com as fofocas sobre a compra da Telemar. Contou a vida dele, recordou que foi meu vizinho, foi mesmo, moramos no mesmo prédio em São Paulo, na alameda Joaquim Eugênio de Lima. Na verdade, ele quis vir dizer que a Telemar não tem nada com os fundos de pensão, que a relação dele com os fundos não é de agora. Me explicou que os shopping centers têm a ver com fundos de pensão e com seguradoras, por isso na Telemar ele botou algumas seguradoras e fundos de pensão. Enfim, sabe Deus. O que ele quer mesmo é que a Bell South entre na Telemar. Isso não é comigo, eu disse que da minha parte não há problema, que ele tem que falar com a área econômica, com o ministro das Comunicações e com o BNDES.

Tive uma reunião com a Câmara de Comércio Exterior, porque vamos fazer algumas restrições às importações, dentro da lei e dos acordos internacionais. Neste momento de dificuldade, não podemos deixar as importações soltas como estão. Vamos fazer como os argentinos e os chilenos estão fazendo. A notícia nos jornais, que só saiu hoje, foi de propósito, diz que não haverá controle das importações. Naturalmente, à esquerda vão dizer "Tá vendo, nesse momento estão fechando"; eles não conhecem o jogo da realidade.

* O lançamento ocorreu no Real Gabinete Português de Leitura, no centro do Rio.
** Estavam em andamento as obras do segundo terminal de passageiros do aeroporto internacional do Rio, concluídas em julho de 1999.
*** Presidente do grupo La Fonte, acionista da Telemar.

Ontem a bolsa despencou por causa da declaração do Greenspan que já registrei. O Brasil fechou com 4 e qualquer coisa negativo,* mas no mundo todo foi assim, a fuga de capitais para o exterior diminuiu.** Malan está aflito, insistindo que devo fazer um pronunciamento para colocar os pingos nos is do controle fiscal. Vou fazer, mas não do jeito que eles querem, entrando em detalhes, com aquela ideologia da equipe econômica, que quer evitar vinculações no orçamento, porque esse é um detalhe que não cabe ao presidente.

Recebi o Serra, que já está mais razoável, mas insistindo, no seu estilo, que temos que liberar já as verbas do SUS. Disse que há um esquema chamado "prioridade invertida". Quer dizer, primeiro se libera o dinheiro menos importante, porque o mais importante o governo é obrigado a soltar. Ninguém nasceu ontem, nem eu, nem Martus, nem Malan, nem o Parente, para que venham nos dizer como a gente leva essa questão atendendo a uma legislação correta.

Ainda é dia 18, agora quase meia-noite. Estou no Rio de Janeiro.

Parece que o Paulo Renato e o Serra já resolveram a questão das contas de setembro de educação e saúde. Tomara. Fora isso, essa incerteza, vai e vem, vem e vai. Estou esperando uma ligação do Chirac. Temos momentos extremamente difíceis no mundo, em particular o nosso. Tudo que eu queria fazer rapidamente após as eleições eram mudanças na estrutura de governo, eventualmente mudar um ou outro ministro, pois agora ficou muito difícil com esse clima.

Neste momento, depois do que já registrei aqui hoje, falei com Chirac. Ele reafirmou seu entusiasmo com o Brasil, acredita que vamos superar as dificuldades, está feliz com meus resultados nas pesquisas, mandou muitas lembranças para a Ruth, por quem tem grande admiração, depois falou que a França vai apoiar o esforço do G7 para constituir um fundo de defesa contra as especulações. Disse ainda que vai mandar uma carta dizendo o que ele pensa a respeito disso. Vamos ver.

Fui até Manaus, viagem boa, embora para ir a Manaus e voltar ao Rio leve sete horas de avião. Em Manaus, um comício muito bom, clima positivo, tudo alegre, entrevistas, rotina das questões de campanha. Fiz discurso, defendi as reformas, disse que eu queria um voto também de confiança para as reformas, falei inclusive do ajuste fiscal, disse isso em público, no comício, para que depois da campanha não venham me dizer que eu não avisei o eleitorado antes.

Voltei imediatamente ao Rio, falei na televisão, amanhã teremos o lançamento do nosso livro, meu e de Mário Soares, chamado *Um diálogo em português*. Preciso também registrar que a Bolsa de São Paulo parece que fechou bem,*** Ma-

---

* São Paulo, −5,4%; Rio de Janeiro, −4,8%.
** Houve estabilidade no fluxo cambial pela primeira vez desde o início da crise russa.
*** Alta de 4,3%. O fluxo negativo de divisas foi de US$ 450 milhões.

lan falou comigo por telefone quando eu estava em Manaus. O dia foi mais calmo hoje, ainda bem.

HOJE É DIA 20 DE SETEMBRO, DOMINGO, estou de volta a Brasília. Ontem passamos o dia no Rio, jantamos na casa do Paulo porque era aniversário da Ruth, foi muito agradável.

Hoje recebi o Serpa de manhã, que me trouxe notícias inquietantes. Falou de gravações de telefonemas do BNDES. São conversas, parece, do André Lara com o Luiz Carlos Mendonça sobre a Telemar. Acontece que, por mais ingênuas que sejam as conversas, a depender do contexto em que apareçam, podem dar a sensação de que há manipulação. Isso foi feito sabe Deus por quem, e sabe Deus como o Serpa as tem. Mas o fato é que ele tem [as gravações], contou trechos de conversas, inclusive do próprio Mendonça comigo, e são verdadeiras. Não tem nada de comprometedor, porque estou apenas ouvindo, sempre tentando defender a existência do leilão, o interesse público, mas o fato de haver gravações no BNDES é complicado. Elas certamente foram feitas por alguns grupos competidores, mas na hora de publicar ninguém vai querer saber se é de um grupo ou de outro, eles caem em cima do governo. Isso me preocupou, e muito.

À tarde comuniquei o fato ao Malan e ao André, sem dar detalhes. O André já sabia da existência das gravações e até de telefonemas pessoais dele. Na volta, falei com o general Cardoso, sem dar detalhes também, vou conversar com ele com mais calma, porque o Estado está completamente desprotegido diante dessa possibilidade de usarem as teles para fazer gravações. Enfim, este mundo moderno é muito difícil nesse aspecto. O pior é que pode aparecer como gato o que é sapato. Nunca se sabe. O Malan quer que eu faça um pronunciamento ao país, assegurando que vamos promover cortes no orçamento; farei isso, até porque me parece que as coisas estão cada vez mais delicadas em termos de falta de confiança.

Agora à noite eu soube de um rumor. O Octavio Caraballo, que é da Bunge, me disse que o CEO do Crédit Suisse,* que comprou o Banco Garantia, estava jantando na casa dele e falou, aflitíssimo, sobre a situação do país, imaginando que vamos decretar moratória, temendo flutuação de câmbio, enfim, tudo que não queremos fazer. Eu disse a ele que nós não vamos [caminhar para a moratória]. Se os banqueiros começarem a achar isso e a retirar dinheiro, é uma *self-fulfilling prophecy*.** Transmiti essa opinião ao Malan agora à noite, e me preocupa, porque o nervosismo continua.

O André também me disse que acha que continua havendo certa indefinição, que o Chico Lopes está preocupado, há disputa, todo mundo no fundo está mis-

---

* Rainer Gut.
** "Profecia autorrealizável", em inglês.

turando a questão do próximo governo com questões mais teóricas. André não quer nem ficar no governo e disse que, conceitualmente, ele não chegou a entender certos argumentos que se colocam. Acha que são de base, ou de uma visão mais pessoal do que conceitual, enfim, quem vai ser ministro da Fazenda, quem vai ser presidente do Banco Central, essas coisas. Vejo que o clima está difícil, vou precisar ter muita energia esta semana toda para alcançarmos o fim dela sem nenhum desastre maior na área financeira.

23 A 29 DE SETEMBRO DE 1998

Discurso sobre a crise.
Reta final da campanha.
Câmbio e déficit

Hoje é quarta-feira, 23 de setembro, onze e meia da noite. Vamos recapitular. Desde segunda-feira fiquei quase o tempo todo envolvido com as questões da Bolsa e do câmbio, e com o discurso que farei para ver se conseguimos obter reação mais positiva, em nível internacional, que leve a uma saída da situação em que estamos.

Todos os dias há uma perda de cerca de 400 milhões de dólares, agora caiu um pouco.* No câmbio flutuante já caiu bastante, está em 60 milhões ou 100 milhões de dólares, mas no comercial estamos perdendo por aí. Fiquei preocupado com essa questão.

Não vou entrar em detalhes do discurso que foi preparado, mas eu o modifiquei bastante, houve opiniões do Gelson, do Vilmar Faria, do Sérgio Amaral e do pessoal [da equipe econômica], não sei quem preparou, creio que foram basicamente o Gustavo Franco e alguém sob a supervisão do Malan e do Amaury Bier.

Finalmente o discurso foi feito hoje, daqui a pouco volto ao tema.

Na segunda-feira nada de mais especial. Uma solenidade aqui no Palácio do Alvorada no Dia da Árvore, fiz um discurso sobre a questão ecológica, teve repercussão, havia representantes de países estrangeiros.

Um despacho com o almirante Mauro César, falei um pouco com ele sobre o Ministério da Defesa. Mauro claramente prefere um civil como ministro da Defesa e, como era de se esperar, reclamou também dos cortes.

Nesse meio-tempo, gravei programa de televisão e acompanhei, com menos aflição, o *tracking*, a pesquisa diária. Sobe, desce. Na que o Ibope publicou ontem, terça-feira, eu teria caído 2 pontos e o Lula subido 2. Agora a diferença entre mim e todos os outros candidatos é de 14 pontos.

Pelas informações que tive posteriormente, o *tracking* diário já estava mostrando que subi de novo. Isso não tem muita importância. Talvez, na realidade, e repito aqui o que ouvi ontem do Vilmar, nós estejamos da seguinte maneira: o Ciro num patamar de 10%, mais para baixo do que para cima; o Lula em 25%, mais para baixo do que para cima; e eu de 45%, talvez um pouco mais acima. É por aí. Isso dá garantia de vitória no primeiro turno. Mantido esse patamar, está tudo bem. O problema é mantê-lo.

As críticas estão se ampliando com a crise, temos que enfrentar este momento com muita tranquilidade.

---

* No dia anterior haviam saído US$ 530 milhões. As reservas cambiais estavam em US$ 45 bilhões.

Ontem, terça-feira, recebi o ministro Edward Amadeo. Tivemos uma boa discussão sobre as medidas a serem tomadas para contrabalançar os efeitos deletérios da situação econômica sobre o desemprego. Várias sugestões surgiram, todas razoáveis. Vamos ter que pensar nisso com mais energia porque no ano que vem [o desemprego] vai crescer.

À noite trabalhei até tarde no discurso. A Bia esteve aqui na segunda-feira, foi embora ontem e, mesmo assim, fiquei quase o tempo todo dedicado a essa questão. Falei muito pouco com ela e um pouco mais com a Ruth.

Hoje, quarta-feira, aproveitei o Prêmio de Qualidade do Governo Federal para fazer o discurso.* Eu não quis fazê-lo, como Malan propôs, em uma reunião ministerial, pois achei que assustaria o país. Foi bom. Por quê? Porque mandei avisar a imprensa e depois fiz um trabalho, por telefone, com algumas pessoas de influência nessa matéria, sobretudo com formadores de opinião. Malan fez o mesmo, Ana trabalhou com muito afinco. Era um discurso difícil, que deixou o pessoal da DM9 — que é excelente, Nizan Guanaes à frente — preocupado, porque eles têm medo de alguns temas em que entrei, sobretudo um eventual aumento de impostos. A repercussão, entretanto, foi de que tive coragem de falar coisas duras sendo candidato à reeleição. Espero que amanhã os jornais retratem isso.

Fora isso, tive uma reunião na Casa Civil com uma comissão de prefeitos que veio buscar maior participação deles na agenda nacional.** Aproveitei para fazer a choradeira sobre os cortes necessários. Depois me reuni com o diretor-geral da CBI, sr. [Adair] Turner, que estava muito animado com o Brasil, apesar de tudo.

Acabei de ter um encontro, agora à noite, com Clóvis e com o Beto Mendonça, para discutirmos o futuro. Beto sempre construtivo, mostrando as etapas do que temos que fazer. Ele é favorável a que eu mantenha a equipe econômica como está, porque isso é um sinal de confiança. Parece que não há alternativa, porque qualquer outro que viesse para cá agora seria uma confusão muito grande. Não tenho necessidade de mudar o governo de imediato; se eu ganhar a eleição no primeiro turno, posso jogar isso para janeiro do ano que vem. Eu disse ao Beto que precisamos, primeiro, dar sinais na área social, sobre os programas que vamos fazer, mostrar algumas atividades novas, e também na área de produção. Claro que a minha ideia será, nesse caso, colocar aí o irmão dele, o Luiz Carlos Mendonça, para ativar a produção; e também temos que saber o que fazer com o André. O Beto acha que o André é o único que pode substituir o Pedro, se o Pedro não puder ou não quiser ficar. Concordo, mas acho que o impulso do André é mais de ir embora do Brasil. Não sei.

* Em discurso na solenidade de entrega do prêmio, realizada no Palácio Itamaraty, o presidente explicou as medidas anticrise e reiterou seu compromisso com a disciplina fiscal. "O ajuste tem que ser um projeto nacional", afirmou.
** Audiência com representantes de seis associações municipalistas.

Com relação aos outros, se o Gustavo, por razões dele, não quiser permanecer, é mais fácil o Chico Lopes ficar no comando do Banco Central, pois nesta etapa não posso mudar a direção. Mas ficou claro, e para o Beto também, que precisamos quebrar esse círculo de ferro entre juros e câmbio. Não é hora de falar disso; contudo, no momento oportuno, que não pode demorar muito, eu falarei [sobre esta questão] com esse pessoal todo.

O discurso que fiz hoje teve uma repercussão muito forte.

Recebi uma mensagem do [Robert] Rubin, do Helmut Kohl, falei pelo telefone com [Jean] Chrétien, também com Iglesias [do BID], todos com uma reação muito positiva, e isso encoraja.* A Bolsa subiu muito,** o que não nos ilude. Continuamos achando que vai ser preciso algum reforço grande, inclusive de um guarda-chuva financeiro internacional. Mas isso nos dá convicção de que vamos chegar a 4 de outubro sem marolas maiores. O que já é importante. E mais: eu já disse ao país que virão por aí medidas de contenção de gasto muito fortes. Ou seja, não haverá, na expressão do Delfim, "estelionato eleitoral".*** Eu tenho feito as coisas com muita clareza. Acho que isso é o essencial a registrar.

Esqueci de dizer também que acabaram de sair daqui o Serra, o Pedro Malan e o Paulo Paiva. O Serra teve uma atitude muito brusca hoje à tarde com o Paulo Paiva, agora à noite foi mais cordato, estão discutindo o que fazer com a contenção dos gastos da Saúde, e aí fica um braço de ferro. Mas achei que houve uma reunião mais construtiva tanto da parte do Serra quanto da parte da equipe econômica.

HOJE É 24 DE SETEMBRO, QUINTA-FEIRA, são nove e meia da manhã. Já nadei, fiz exercícios, agora vou fazer uma gravação.

Passei rapidamente os olhos pelo *Globo*, pelo *Correio Braziliense* e pela *Gazeta Mercantil*. Repercussão do discurso em geral boa na área econômica. Não sei o que vai acontecer na área política. O Lula um pouco patético. Na televisão [na propaganda eleitoral], eles estão fazendo o Lula me imitar, ele com líderes mundiais, de gravata preta atrás de livros, com a bandeira nacional, ele apontando para mapas, como eu faço. Na falação, ele imita o Delfim. Diz que praticaremos estelionato eleitoral se houver realmente um pacote depois das eleições (eu disse que vai haver). Não percebem que é o contrário. Um pouco patético.

Agora uma reflexão ultrassecreta.

* Os presidentes do BID e do Banco Mundial publicaram notas de apoio ao discurso de Fernando Henrique.
** A Bolsa de São Paulo fechou com alta de 10,9%. Na do Rio, valorização de 9,2%.
*** A expressão, atribuída ao ex-ministro da Fazenda e ecoada pelos candidatos de oposição, se referia à possibilidade de Fernando Henrique baixar um pacote econômico de medidas impopulares logo depois das eleições, com arrocho salarial e aumento de impostos.

Há um ponto que os críticos não pegaram, só um ou outro economista percebeu. Tudo isso que eu digo — déficit fiscal e tudo mais — é um pouco meia verdade. Não que não exista déficit a ser combatido, mas a questão que nunca foi posta [pelo governo] é a cambial. A relação entre juros e câmbio, essa é a questão central. Tentei várias vezes, está registrado aqui, mexer nesse tema. Na hora H os economistas fogem da raia. Têm medo da flutuação e, pior ainda, claro, têm medo do câmbio centralizado, do "cone"* que discutimos lá atrás, em fevereiro do ano passado e de novo este ano. Não deram nem um passo, mantiveram a posição ortodoxa.

Estou convencido (conversei sobre isso com Beto Mendonça e com Clóvis ontem à noite) que lhes dei a última chance. Na primeira oportunidade de respirar que tivermos, vamos ter que mexer nisso também, porque não dá para manter o desequilíbrio de juros dessa forma, e jogar tudo nas costas do orçamento.

HOJE É SÁBADO, 26 DE SETEMBRO, estou me preparando para ir a Passo Fundo e Pelotas, no Rio Grande do Sul.

A situação econômica continua difícil. Houve a quebra de um fundo importante nos Estados Unidos, que estava alavancado mais de cinquenta vezes do seu capital.** Isso provocou um prejuízo de 3,5 bilhões de dólares nos Estados Unidos e uma desconfiança imensa pela falta de controle do sistema financeiro.

É real isso, há anos venho dizendo, e o Pedro Malan também já disse, o Fundo Monetário e outras instituições têm uma reação contrária a qualquer regulamentação. O BIS propôs várias medidas e os países não adotaram, não estão adotando. Ontem conversei com Luciano Martins, que me fez um resumo do que ele sabe dessas coisas todas, tem acompanhado muito e, de novo, são os mesmos problemas: falta regulamentação. Ele disse uma frase do Tobin à qual o Celso Furtado dá muita atenção e que acho que deve ser pensada mesmo, no sentido de que qualquer movimentação financeira deveria ser tributada, para se fazer um fundo para os países em desenvolvimento. Eu faria um pouco diferente: metade para os países em desenvolvimento e metade para fazer uma grande caixa de liquidez internacional, e seria fácil fazer.

Vou conversar com o pessoal daqui e acabar propondo isso.

Mas, voltando à situação atual, é difícil. Eu soube que a *Folha* pôs um editorial na primeira página, alarmista, no dia em que fiz o discurso, dizendo que tínhamos que apertar o cinto porque chegaram à conclusão de que o Brasil quebrou. O Brasil não quebrou; o mundo está quebrando. Mas isso não resolve, então chamei o Frias

---

* Formato gráfico da banda de variação cambial ampla.
** O Long-Term Capital Management, fundo de *hedge* altamente exposto a derivativos russos, precisou ser resgatado pelo Federal Reserve. Os ativos do fundo eram de US$ 100 bilhões, enquanto seu capital somava US$ 4,8 bilhões.

para jantar aqui amanhã, para conversar com ele, e talvez venha o Malan, porque se a *Folha* desata ela acaba pondo para quebrar.

Como contrapartida, as pesquisas eleitorais sobem sem cessar. Já passei dos 50%. E também uma notícia boa: o Mário Covas empatou com Rossi.* Telefonei para ele com uma alegria genuína. Sei que é difícil a negociação com os covistas, mas para nós é melhor que ganhe o Covas em São Paulo, porque ele é um homem direito e é do meu partido. Além disso, segura a peteca. Se ganhar Maluf, sei lá o que vai acontecer com São Paulo.

DOMINGO, 27 DE SETEMBRO, uma e meia da tarde. Como eu disse, fui ontem ao Rio Grande do Sul, para dois comícios. Passo Fundo e Pelotas. Os comícios são todos produzidos, várias bandeiras, muita gente jovem, não sei de que tipo de militância, e o resto devia ser gente recrutada pelo comitê. Do ponto de vista de espetáculo, tudo bem, discursos, acho que cumprimos as finalidades.

Ruth vai ao Chile, a uma reunião das primeiras-damas,** e Malan e eu devemos jantar com Frias hoje às oito e meia.

A *Folha* publicou a pesquisa, me deram 46 pontos, ao Lula 25, ao Ciro 9, aos outros não sei quanto, uma diferença de 8 pontos, ganho talvez no primeiro turno. Eles tiraram essa conclusão também. Dizem que, apesar do discurso de austeridade, ele não teria abalado [o resultado eleitoral]. Na verdade, caí dois pontos. Não é preocupante, está na margem de erro. O curioso é que a informação anterior que tínhamos tido da *Folha* era um pouco diferente. Claro que pode ter havido um ajustamento, por causa de uma pesquisa mais recente.

Os jornais deste domingo estão bem, nada de espetacular. Estou interessado em ver os resultados na Alemanha, se eleição do Schröder ou do Kohl. Acho que há uma chance de o Kohl permanecer, mas as pesquisas apontam Schröder.***

HOJE É TERÇA-FEIRA, DIA 29 DE SETEMBRO.

Tivemos de manhã encontro com Fujimori e com Mahuad, presidente do Equador. O encontro transcorreu bem, nós três juntos, eles têm um plano que não contei integralmente a ninguém. Pediram que eu não contasse. Eles já chegaram

---

* O Vox Populi divulgou levantamento com Mário Covas e Francisco Rossi empatados em 17% e Marta Suplicy com 15%. Maluf liderava com 32%.

** Encontro das primeiras-damas do continente, promovido em Santiago pela primeira-dama chilena, Marta Larraechea.

*** Nas eleições legislativas realizadas em 27 de setembro de 1998, os social-democratas de Gerhard Schröder conquistaram 41% dos votos, contra 35% dos democratas-cristãos do primeiro--ministro Helmut Kohl.

a um acordo sobre uma fórmula capaz de contemplar os dois países, aceitando a decisão jurídico-técnica dos profissionais membros dos países garantes: apenas na parte peruana haverá a concessão, a título de propriedade privada (em Tiwinza),* de uma área que será acessível aos equatorianos através de uma estrada carroçável de cinco metros de largura. Com isso, os dois poderão dizer que tiveram Tiwinza. Me pareceu um plano um pouco esfarrapado, mas como havia entusiasmo de parte a parte, tudo bem. Agora, esse acordo não se fará de forma direta. Eles pediram que os garantes, no caso coordenados por mim, proponham isso a eles.

Não contei a ninguém porque achei que a discussão ainda não estava madura e não quero vazamento. Eles me pediram para ter cuidado com vazamentos. Vão marcar uma reunião, talvez até em Washington. Eles querem que eu vá a Washington comunicar ao Clinton essa decisão depois que voltarmos da reunião do Porto,** em 17 ou 18 de outubro. Faríamos, então, outra reunião aqui em Brasília, na qual seria assinado o acordo com esse entendimento final. Quem insistiu muito em ir a Washington foi o Mahuad, porque ele acha que isso lhe daria mais espaço no Equador para aprovar essa fórmula. Vamos ver.

Os dois fizeram também uma proposta, que aceitei, de marcarmos um plano de retirada das minas que estão infestando a região. Isso no que diz respeito a Peru e Equador.

Agora à noite, acabei de ter uma longa reunião com Malan, Chico Lopes, Gustavo Franco, Clóvis mais o pessoal da área econômica, Pedro Parente, André Lara e Mendonça de Barros. Grandes discussões, estou registrando com dificuldade a reunião porque já é uma e meia da manhã e estou realmente cansado. Nós discutíamos o que fazer sobre o Fundo Monetário. André me fez um resumo das conversas dele nos Estados Unidos com o pessoal do Tesouro, do Fundo, e com os banqueiros. Todo mundo pessimista. Eles não conhecem a situação do Brasil e querem um ajuste fiscal de proporções enormes, que não são absolutamente factíveis. Resolvemos, no final, não restabelecer as negociações com o Fundo à moda antiga, mas tentar forçar a discussão com novas possibilidades, por exemplo a desse fundo [internacional] de emergência.

Não sei o que vai acontecer disso tudo. Eu disse que precisamos assumir uma posição altiva, porque afinal o Brasil tem capacidade de criar um embaraço enorme para o mundo, e que não há a menor condição de aceitarmos um desses acordos do Fundo Monetário em que eles pedem o impossível. Chico Lopes não quer acordo nenhum com o Fundo. Ele acha que vai ser só uma dor de cabeça, que teremos condições de resistir sozinhos. O André vai mais ou menos por aí, e o Pedro Malan fez uma proposta conciliatória, mas que implica também não aceitar as imposições do

---

* Localidade da região fronteiriça em disputa.
** VIII Reunião de Chefes de Estado e de Governo da Conferência Ibero-Americana, entre 16 e 19 de outubro, em Portugal.

Fundo. Ninguém defendeu propriamente uma posição diferente. Beto e Gustavo Franco também não. O Mendonça acha que precisa haver algum respaldo do Fundo, todos acham que precisaria, que seria ótimo para retomar o fluxo de capital.

Nós todos queremos jogar um pouco mais duro com o Fundo, e eu disse que estava disposto inclusive a ir aos Estados Unidos falar com os líderes do G7 e colocar a questão política na frente. Na verdade, a situação do Brasil ainda é razoavelmente boa, temos uns 45 bilhões de dólares de reserva. Embora estejam saindo trezentos, trezentos e poucos milhões por dia, ainda assim podemos resistir. E realmente o capital, digamos especulativo, já foi embora. Agora o dinheiro dos brasileiros é que parece querer ir embora. O André aventou a possibilidade de um fechamento disso, ou seja, um plano B [controle de capitais]. Com a reação imediata de alguns. Chico Lopes muito contra, também o próprio Gustavo Franco, mas está no ar a ideia de que, se essa coisa do Fundo não der certo e continuar havendo evasão, alguma atitude é preciso tomar. Chico Lopes prefere fazer [as mudanças] sem supervisão do Fundo. E quando o Gustavo disse que não tinha muita importância o nível de reservas, o Chico, o André e o Mendonça disseram que discordavam. Se for para fazer [alterações], temos que ter um nível de reservas alto. Com o que eu concordo.

3 A 9 DE OUTUBRO DE 1998

Reeleição no primeiro turno.
Negociações com o FMI.
Ajuste fiscal em preparo

Hoje é sábado, estamos no dia 3 de outubro, véspera da eleição. Vamos recapitular a semana a partir de terça-feira, dia 29. Primeiro os fatos, depois as interpretações.

Fatos, dia 29: gravações de manhã, depois recebi o Clésio Andrade, candidato a vice do Eduardo Azeredo, preocupado com Minas, novamente querendo meu apoio. Aécio Neves veio depois do almoço. Mesma coisa, porque o ministro dos Transportes, Eliseu Padilha, deu declarações fortes de apoio a Itamar, dizendo que ele tinha feito várias estradas.* Itamar aproveitou-se disso para desmentir o Eduardo Azeredo. Grande confusão em Minas. Então dei uma declaração, dizendo que o Eduardo foi um bom parceiro, que a estrada saiu do papel com ele.

Depois do almoço também recebi o Joseph Couri,** com um grupo representando a média e pequena empresa. Eles, na verdade, desejam participar do Sebrae. Mas me apoiaram fortemente.

Para minha surpresa, recebi o sr. Jan Kalff, presidente do ABN Amro Bank, que comprou o Banco Real. É holandês, está contentíssimo com a aquisição que fizeram, muito confiante no Brasil neste momento.

Depois disso recebi o Roberto Goto, um rapaz que escreveu um livro sério a respeito dos meus trabalhos. O título é *Para ler Fernando Henrique Cardoso*.*** Um japonês tímido e competente. Curioso, é professor secundário, fez pós-graduação na Unicamp e conhece bastante bem toda aquela vida de São Paulo.

Na quarta-feira, dia 30, gravei de manhã, no Palácio da Alvorada, os programas de televisão e de rádio, depois decolei para Curitiba, para o comício de encerramento da campanha. Um comício produzido, bonito, relativamente pouca gente, havia muita chuva, foi dentro de um galpão imenso e, pela televisão, foi extraordinário.**** Em comício não se diz muita coisa além do habitual. Claro, foi o último, apareceu

---

* O ministro pemedebista apareceu num programa eleitoral da coligação de Itamar Franco para atribuir a iniciativa da duplicação da Fernão Dias (BR-381) e outras obras rodoviárias ao ex-presidente. O contrato da duplicação da Fernão Dias, com financiamento do BID, fora assinado em 1993, mesmo ano em que o governo mineiro assumiu o gerenciamento das obras.
** Presidente do Sindicato da Micro e Pequena Indústria do Estado de São Paulo (Simpi).
*** São Paulo: Geração Editorial, 1998.
**** O comício aconteceu no Marumby Expocenter, centro de convenções no bairro de Lindoia.

até na CNN dando flashes e o efeito, nesse sentido, foi positivo. Voltei para Brasília, cheguei aqui tarde da noite.

Na quinta-feira, dia 1º de outubro, gravei de manhã, fui ao estúdio da GW lá no Lago Norte, porque foi o último programa [de TV para o horário eleitoral]. Ambiente muito agradável, todo o pessoal lá, foi uma gente extraordinária esse pessoal do Nizan Guanaes e do PC Bernardes [Paulo César Bernardes],* de muita competência profissional e entusiasmo. Voltei para casa, almocei com Jorge Gerdau, Paulo Henrique, Félix de Bulhões e a Ruth, para discutirmos as comemorações dos quinhentos anos [do Descobrimento]. O Gerdau tem ideias muito entusiasmadas sobre o Brasil.

Depois do almoço, fui ao Planalto e despachei com a Claudia Costin,** para dar a sensação que estamos trabalhando na questão administrativa.

Recebi o Lampreia, porque o Fujimori tinha me telefonado para dizer que queria antecipar o cronograma [de desarmamento] combinado aqui em Brasília.*** Ou seja, queria tentar fazer com que hoje, sábado, se chegasse a um entendimento em Nova York com Mahuad e, em vez de ir eu aos Estados Unidos para receber a proposta deles, que eu mandasse o Lampreia, adiantando assim a assinatura do acordo [de paz] para o dia 14 [de outubro].**** Explicou que fazia isso porque ele enfrentava resistências no Peru. Ocorre que hoje saiu nos jornais que o [Eduardo] Ferrero, o ministro das Relações Exteriores, se demitiu.***** A resistência devia ser dele ou de um grupo maior das Forças Armadas. Não sei, portanto, o que vai resultar disso. Chamei o Lampreia, contei o plano, e o que eu sabia dele, que já registrei aqui, para que estivéssemos preparados para uma realidade hostil.

O Vargas veio trazer um presente de aniversário para a Ruth, conversamos bastante e depois tivemos um jantar no Alvorada, com o Serra. A Ruth participou do jantar, depois fiquei sozinho com o Serra, voltamos aos temas mais construtivos. Ele tinha me dado um documento no qual faz uma crítica à maneira pela qual o Banco Central registra os déficits. Passei o documento para o Beto Mendonça avaliar. O Serra sempre achando que temos que mudar a política cambial; ele sabe que

---

* Publicitário da agência DM9, um dos autores do jingle da campanha de Fernando Henrique.

** Ministra da Administração e ex-secretária executiva da pasta, substituiu Luiz Carlos Bresser-Pereira, que deixara o ministério em junho para assumir a tesouraria da campanha à reeleição do presidente.

*** Em 28 de setembro, Fujimori e Mahuad se reuniram com Fernando Henrique Cardoso na Granja do Torto e concordaram em discutir a retirada das minas terrestres plantadas por ambos os lados na faixa fronteiriça.

**** Para amenizar as críticas internas, Equador e Peru desejavam que o Brasil e os outros países garantes assumissem a autoria da redação final do tratado de paz, que seria chancelado por ambos os lados da disputa sem a possibilidade de reclamações posteriores, para acelerar o processo diplomático.

***** Substituído por Fernando de Trazegnies.

não dá para fazer isso agora. Perguntou o que eu iria fazer com o ministério e eu respondi: "Agora nada. Com essa confusão em que nós estamos, tenho que manter a área econômica". E disse que isso estava mais do que claro. Ele acha que devemos nos preparar para mudanças importantes mais adiante. Não obstante, achei o Serra mais cooperativo.

Ontem, sexta-feira, tive despacho interno no Palácio da Alvorada, recebi o Clóvis, o Eduardo Jorge, o Eduardo Graeff e o Vilmar Faria, aí sim, para discutirmos mudanças no governo. Eu quis forçar uma mudança, quero pedir que eles tomem consciência para mudarmos a coordenação de governo, isso implica mudar o Palácio, e notei Eduardo Jorge um pouco inquieto com essa questão e que o Clóvis tem ideias próprias. Mas nada foi exposto por eles. Entretanto, é claro que vamos ter que fazer uma transformação, porque a coordenação não pode continuar como está na Casa Civil, sem que haja alguma coisa mais organizada. Eu não penso em tirar o Clóvis da Casa Civil, a menos que ele queira ser ministro do Planejamento e da Coordenação, como um ministro extraordinário, na Presidência. Aí eu poria alguém como o [Geraldo] Quintão na chefia da Casa Civil, para os despachos normais. Não sei, vamos ver. Ou o outro lá que trabalha com Clóvis, de quem não me lembro o nome agora,* que também é competente.

Depois do almoço, recebi Freitas Neto e o Waldeck Ornelas para falar sobre a Previdência e mostrar que estamos cuidando das reformas administrativas e previdenciárias, e da reforma tributária. Não sei, efetivamente, como isso vai poder se encaminhar, mas é obvio que vamos ter que avançar nessas reformas com mais rapidez.

Hoje, sábado, passei o dia arrumando roupa, papel, coisas do mesmo estilo, fui de manhã tirar fotos, claro que esses dias todos fui fotografado extensamente, porque todas as pesquisas estão apontando vitória no primeiro turno. A pesquisa da *Folha*, pelo que me disseram, sai amanhã e me dá 49%, eu creio, depois 26% [Lula], 10% [Ciro Gomes] e 3% [Enéas], portanto vitória no primeiro turno. A do Ibope — Montenegro me telefonou ontem à noite — a mesma coisa. Ele acha que 49 a 23 e a 9.** Já o Vox Populi disse que é 50% a 24% e creio 10%. Todos dão vitória no primeiro turno. Então, claro, está todo mundo me fotografando bastante. Há dúvidas sobre as eleições em São Paulo,*** também no Rio Grande do Sul, se é primeiro turno, se é segundo turno,**** e no Rio de Janeiro.***** Isso é o de menos. Acho que a eleição federal está ganha, efetivamente.

---

* Silvano Gianni, subchefe da Casa Civil da Presidência.
** A pesquisa Ibope divulgada na manhã do pleito mostrou Fernando Henrique com 49%, Lula com 24% e Ciro Gomes com 10%.
*** Indefinição sobre o candidato que enfrentaria o ex-prefeito de São Paulo no segundo turno: Maluf 31%; Rossi 18%; Covas 17%; e Marta 15% (Ibope).
**** Antônio Britto 44%; Olívio Dutra (PT) 34% (Ibope).
***** Anthony Garotinho 42%; Cesar Maia 31%; Luiz Paulo 14% (*JB*/UFF).

O que não está ganha é a batalha financeira. Passei esses dias muito mais preocupado com os mercados do que com a eleição. A Bolsa, ontem, subiu,* na quinta-feira foi uma queda generalizada no mundo,** um banco americano, ou melhor, um fundo americano altamente alavancado — emprestou cinquenta e até cem vezes mais do que o capital dele —, teve que receber um socorro de 3,5 bilhões de dólares, o que mostra a gravidade da coisa. As bolsas europeias caíram fortemente, Frankfurt caiu 5,6%, o que é absolutamente inusitado. O Greenspan diminuiu a taxa de juros em 0,25% nos Estados Unidos*** e mesmo assim não segurou esse nervosismo no mundo. As perdas são muito grandes nos mercados internacionais, sobretudo na Rússia. Fiquei sabendo que as pessoas que estão negociando os bônus, os *bradies*, da dívida externa brasileira, chamados c-bonds, não têm papéis para entregar, porque o Banco do Brasil dispõe da menor quantidade desses bônus, portanto não é possível que estejam em mãos de investidores privados. Essa gente vendeu a futuro, portanto estão torcendo para que o Brasil quebre, porque assim esses títulos caem e eles podem recomprar barato. Se não acontecer isso, eles vão ter que entregar os papéis, vão ter que comprar, os preços dos papéis vão subir e nós vamos ter que ganhar essa queda de braço. Eu fico pensando: se no cenário pequeno do Brasil dá para ver essas confusões, imagine no ângulo grande, nos Estados Unidos, quantos jogos de braço está havendo? Certamente o Deutsche Bank é quem está à frente da especulação contra o Brasil, mas não é o único banco que está fazendo isso.

Recebi relatos por escrito e detalhados do André Lara Resende, que esteve nos Estados Unidos na semana passada. Ele viu exatamente como estava o pulso dos banqueiros.

Hoje falei com Malan, que está negociando no Fundo Monetário. Ontem Clinton fez uma declaração muito boa, muito parecida com o que eu disse sobre a necessidade da criação de um fundo de contingência para proteger os países que estão em situação difícil, não só o Brasil, mas todos.**** Não estamos quebrados, recebemos agora cerca de 3,5 bilhões de dólares por causa da antecipação da Telefónica de España. Isso fez as nossas reservas voltarem para mais de 48 bilhões, o que melhora a nossa situação relativa.***** Semana que vem entra mais dinheiro.

* Alta de 5,6% na Bolsa do Rio e de 7,5% na de São Paulo.
** São Paulo e Rio caíram 9,6% e 9,1%, respectivamente. Londres, –3,1%; Paris, –5%; Tóquio, –1,6%; Nova York, –2,7%.
*** Em 29 de setembro, o Federal Reserve diminuíra de 5,5% para 5,25% a taxa de juros interbancários.
**** Clinton anunciara que a criação de um fundo internacional de emergência seria ponto central da reunião anual conjunta do Fundo e do Banco Mundial, realizada em Washington entre 29 de setembro e 8 de outubro de 1998.
***** Entraram US$ 3,8 bilhões em pagamentos pela privatização, perfazendo um saldo cambial diário de US$ 3,1 bilhões, o maior desde o início da crise russa.

Portanto não se trata de um país quebrado; é um país que está sofrendo um vendaval, como outros mais. É de outro tipo de ajuda que se necessita, não do programa de praxe do FMI. [Precisamos] de um programa novo e todos os países têm que se comprometer.

Creio que Clinton entendeu isso, o secretário do Tesouro americano, o Rubin, também, e espero que o Larry Summers também. Claro que o Camdessus vai falar pelo Fundo com mais resistência, porque a força do Fundo está em seu poder de impor regras.

Malan me telefonou há pouco e disse que já tinha ganho um ponto, que era o de o programa ser nosso, o que eles chamam de *ownership*: a propriedade do programa é do país e não do Fundo. Isso é bom, mas eles estão preocupados, porque gente do Fundo, um diretor importante, de pesquisas, um tal de [Michael] Mussa, declarou que o Brasil precisa mudar o regime cambial.* O Dornbusch havia dito que tínhamos que desvalorizar 30% e o Jeffrey Sachs acha que temos que fazer flutuar o câmbio.

Haverá eleição amanhã, eu devo ganhar bem, isso reforça nossa posição, mas segunda e terça-feira serão dias difíceis. Preciso que de Washington saia alguma decisão, algum encaminhamento mais firme de apoio das autoridades mundiais. Apoio concreto, e isso vai ser difícil, porque o Fundo tem um pensamento, o G7 tem outro, alguns países do G7, sobretudo a Alemanha, temem que se repita no Brasil o que aconteceu na Rússia, quando dinheiro público alemão, via Fundo, foi para a Rússia, recursos que garantiram a remessa para o exterior de recursos privados russos, ficando o governo da Rússia com a dívida. Claro que no Brasil impediríamos isso, mas ninguém sabe que temos essa posição firme, então há receio de todo lado. O nervosismo é muito grande.

Hoje falei por telefone com quem eu pude. Com Pedro Malan, Gustavo Franco, André Lara, Beto Mendonça, Pedro Parente, e estou preparando o que vou dizer na quarta-feira.** Até lá espero que superemos essa dificuldade.

Se superarmos, aí acho que o Brasil realmente dará uma prova de sua imensa resistência, mas não é fácil. Então esta é a maior preocupação: vamos ganhar as eleições e vou ganhar um tremendo abacaxi para descascar, que é manter o Brasil no rumo da estabilidade econômica e, mais adiante, na retomada do crescimento. Claro que a oposição está atacando sem parar, está no papel dela, mas acho que eles não têm nem noção do tamanho do buraco. O Lula diz que estou empurrando o Brasil, avançando para o abismo, mal sabe ele o tamanho do abismo e que estou fazendo de tudo para evitar esse abismo.

---

* O economista-chefe do FMI sugeriu uma desvalorização moderada do real como medida complementar de combate à crise.
** Alusão ao pronunciamento do presidente à nação para agradecer a vitória no primeiro turno e explicar o acordo com o FMI, àquela altura estimado pelo mercado em US$ 30 bilhões.

Em tempo, telefonei para Albert Hirschman, velho amigo, e para a Sarah [Hirschman].* A filha** deles está com câncer no cérebro, grave, e estávamos sem coragem de falar com eles. Eu tinha mandado uma carta, mas hoje achei melhor telefonar, porque sabia que eles iam ficar contentes. A Ruth está falando com eles agora. E assim foi, conversamos, eles perguntaram muito do Brasil, das eleições, troquei algumas ideias com Hirschman sobre a situação econômica, sem muitos detalhes. A essa altura ele, com mais de oitenta anos, tem alguma dificuldade de falar pelo telefone com o mesmo desembaraço com que fala pessoalmente. Ele ainda vai bem. Fiquei satisfeito de poder dar um abraço nesses amigos que estão longe, lá nos Estados Unidos.

HOJE É DIA 9 DE OUTUBRO, SEXTA-FEIRA, estou na restinga da Marambaia,*** tentando descansar, o tempo está chuvoso, não deu para ir à praia. Vamos recapitular toda esta semana.

Dia 4 de outubro, fomos a São Paulo votar.**** Tudo normal, almoçamos em casa e voltamos para Brasília.

À noite, a apuração dos resultados começou, certa inquietação porque a boca de urna dava 56% e os resultados iniciais davam pouco mais de 50, começou com perto de 51%, depois caiu para 50%, o Duda, sobretudo, estava muito aflito, o Parente também. Confesso que a certa altura me preocupei, porque estávamos em 50,17%, mas as pesquisas nossas também davam que o resultado seria entre 53% e 55%. Lavareda tinha dito isso, Eduardo Jorge também, aquele programa [de acompanhamento dos resultados eleitorais] do nosso comitê era por aí. Vilmar Faria e eu tínhamos calculado que seria mais realista, isso antes das eleições, projetamos os três patamares. O do Ciro ao redor de 10%, que ele não teria atingido, o Lula ao redor de 25%, que poderia atingir, e o meu ao redor de 45%. Pelas pesquisas, o Lula estava acima [desse patamar] e os outros dois abaixo.

No resultado final, deu-se que o Ciro teve 11%, Lula 31% e eu 53%.***** Houve erro, portanto, na avaliação dos votos do Lula. Foram mais expressivos do que imaginávamos. O Vilmar acreditava mais em 27% ou 28% para o Lula. De qualquer maneira,

---

* Mulher de Albert Hirschman.
** Lisa Hirschman Gourevitch.
*** O presidente e a família descansaram durante alguns dias na base de fuzileiros navais localizada na restinga.
**** O presidente votou num colégio estadual na avenida Indianópolis, zona sul da capital paulista.
***** Fernando Henrique teve 35,94 milhões de votos (53,1% dos votos válidos); Lula, 21,48 milhões (31,7%); Ciro Gomes, 7,43 milhões (11%); e Enéas Carneiro, 1,45 milhão (2,1%).

o resultado não surpreendeu. Não é fácil concorrer ao mandato pela segunda vez com essa votação enorme no Brasil todo.

Agora a imprensa vai especular, dizer que a votação foi menor do que se imaginava. Na realidade, comparada com a passada, ela foi praticamente a mesma. Foram 54%* na eleição anterior e agora 53%.

Isso posto, surpresa no Rio Grande do Sul, onde a diferença de votos do Britto para Olívio Dutra foi por uma margem muito pequena.** Surpresa em Goiás, onde não imaginei que o Iris fosse perder para o Perillo, que é do PSDB.*** No Rio o que me surpreendeu foi o empate entre mim e Lula, porque pensei que eu fosse perder.**** No Ceará nós três ficamos ao redor de 30%, com vitória para o Ciro;***** o Tasso se disse feliz com esse resultado. Acho que ele errou em não derrotar o Ciro lá, não por mim, mas por ele. Surpresas maiores eu creio que não ocorreram. Eduardo Azeredo em segundo lugar,****** uma surpresa, e o Covas também ficou em segundo, com uma pequena diferença da Marta.******* Dizem que o Maluf mandou o pessoal dele votar na Marta. É possível, porque Maluf me telefonou no dia da votação, muito eufórico, me cumprimentando e dizendo que era garantido que a Marta seria a competidora dele no segundo turno, até porque, disse, ela tem uma votação estrondosa no interior, maior que a do Mário. Só depois vim a entender o significado disso. É claro que ele deve ter influído para que alguns setores dele votassem na Marta, para garantir uma disputa [entre Maluf e Marta], em cujo caso meu apoio seria automático e ficaria muito mais fácil o Covas vencer. No segundo turno com Mário, já declarei em entrevista à Globo, há dois dias, que meu voto é do Mário e dei a razão: o Mário está fazendo o ajuste fiscal de que estamos precisando.

Segunda-feira passei o dia em casa, no Palácio da Alvorada, recebendo resultados de um lado e de outro, nada de mais extraordinário.

Na terça-feira, recebi o José Maria Monteiro,******** que veio em nome do Mário Covas para acertarmos o segundo turno.********* Acho que ele quer ficar no plano federal e não no estadual.

---

* Isto é, 54,3%, ou 34,35 milhões de votos.
** Olívio Dutra venceu Antônio Britto no primeiro turno (50,8% a 49,2% dos votos válidos).
*** Iris Rezende foi batido no primeiro turno por Marconi Perillo: 46,2% a 53,3%.
**** Fernando Henrique obteve 42,28% dos votos fluminenses, contra 42,32% de Lula. Anthony Garotinho e Cesar Maia passaram para o segundo turno com 46,9% e 34,3%, respectivamente.
***** Fernando Henrique 30,3%; Lula, 32,8%; Ciro Gomes, 34,2%. Tasso Jereissati foi reeleito com 62,7% dos votos válidos.
****** O governador de Minas teve 38,3% dos votos e passou para o segundo turno com Itamar Franco (44,3%).
******* Maluf liderou a votação paulista com 32,2%; Covas obteve 22,9% e Marta, 22,5%.
******** Coordenador da campanha de Mário Covas à reeleição e ex-presidente da Cosesp (Companhia de Seguros do Estado de São Paulo).
********* A segunda etapa das eleições foi realizada em 25 de outubro em treze estados.

Recebi o Jarbas Vasconcelos, que veio com Marco Maciel, Mendoncinha e Zé Jorge; tinham sido eleitos* e estavam muito contentes.

Na terça e na quarta, fiquei recebendo gente, sendo que a quarta-feira foi um dia terrível. Primeiro porque tive que antecipar a agenda. Recebi de manhã o Marco Maciel, o Jorge Bornhausen, que vieram conversar sobre o PFL. Recebi também outros para conversas normais, nada de extraordinário, perguntando como fazer no segundo turno aqui e ali. Recebi o Jarbas Vasconcelos, depois o Michel Temer, pela mesma razão, já tinha recebido o Antônio Carlos no dia anterior, e recebi o pessoal do PSDB, ou seja, o Teotônio com o Sérgio Machado e o Aécio Neves.

Todos contentes com os resultados das eleições, mas acho que o PMDB saiu um pouco decepcionado das urnas. Não fez tantos governadores e diminuiu a bancada.**

O PSDB teve um desempenho muito bom, ficou com uma bancada de cem deputados.*** E o PFL, que diziam teria uma votação esmagadora, não vai ter grande vantagem sobre o PSDB.**** Na verdade não sabemos se queremos ou não transformar o PSDB no maior partido da Câmara. Se quisermos, será fácil. Não sei se vale a pena, talvez não valha. Acho que temos que examinar o que vai acontecer com a reforma partidária.

Eu dizia que a quarta-feira foi extremamente agitada. Eu tinha recebido, na terça-feira, o Eduardo Azeredo, que fez uma pixotada. Me pediu para gravar uma coisa sobre ele, eu falei da eleição do primeiro turno. Pois ele anunciou à imprensa que eu tinha dado apoio a ele para o segundo turno. Resultado: o pessoal de Itamar ficou furioso, o Itamar também, claro, porque ele saiu na frente. Numa entrevista que dei na quarta-feira à noite na Globo, eu disse: Quero saber em quem votou o governador, ou melhor, o candidato Itamar Franco. Votou em mim? Apoiou meu plano de governo? Eu inverti o jogo, porque vai dar confusão em Minas.

O dia seguinte foi intenso. Primeiro porque recebi os presidentes do Equador e do Peru para as negociações das fronteiras, como já registrado. A velha rixa entre

---

* Vasconcelos, com Mendonça Filho como vice, foi eleito no primeiro turno com 64,1% dos votos, contra 26,4% do governador Miguel Arraes. O deputado pefelista José Jorge se elegeu ao Senado.
** Além da vitória parcial de Itamar Franco em Minas e da eleição de Jarbas Vasconcelos em Pernambuco, Joaquim Roriz foi ao segundo turno com Cristovam Buarque, no Distrito Federal; na Paraíba, José Maranhão foi reeleito com 80,2% dos votos; Mão Santa passou ao segundo turno contra Hugo Napoleão, no Piauí; Garibaldi Alves venceu no Rio Grande do Norte com 50,2% dos votos. Em 1998, o PMDB elegeu 73 deputados federais e doze senadores. Em 1994, o partido conquistara 107 cadeiras na Câmara e catorze no Senado (havia duas vagas por estado em disputa).
*** 99 tucanos foram eleitos, segunda maior bancada da Câmara — haviam sido 63 em 1994. No Senado, foram quatro vitórias, contra nove em 1994.
**** O PFL elegeu 105 deputados, a maior bancada da Câmara. Em 1994, conquistara 89 cadeiras. No Senado, o partido de ACM conquistou cinco cadeiras (onze em 1994).

eles está nos arranjos finais. Eles fizeram o acordo secreto em que está definida a linha de demarcação [das fronteiras], como é, como não é, quais são as condições. Entretanto querem que eu e os demais garantes, ou seja, o Menem, o Clinton e o Eduardo Frei, apresentemos essa proposta como se fosse nossa. Tudo bem. Falei com o Frei, falei com o Menem, falei com Clinton. O Clinton me disse que só os receberia depois de conversar comigo, para ver se a coisa está madura. Falei de novo com Clinton, disse que ele poderia recebê-los, eles devem ter sido recebidos hoje na Casa Branca.

Mas isso levou horas. Eles não iam embora, ficaram por lá [no Torto] um tempo imenso, e foi no dia, quarta-feira, em que fiz meu primeiro pronunciamento ao país [depois da reeleição]. Fiz de improviso, havia uma nota, mas fiz de improviso um longo pronunciamento, se eu pudesse corrigi-lo, eu corrigiria para publicar de maneira mais orgânica, mas aqui no Brasil é assim: o próprio presidente não teve nem tempo de escrever seu discurso. Não fosse eu ter sido professor tantos anos na vida, não teria sido capaz de falar de improviso com certa coerência. Teria sido um desastre.

Foi um discurso difícil, mas creio que teve um bom impacto.* Não nos mercados, porque eles queriam medidas de contenção. Ora! O discurso de alguém que acabou de se reeleger não pode ser de medidas de contenção! Isso é coisa para ministro da Fazenda. Isso é exploração dos mercados. Mas no geral acho que dei os sinais que precisava dar, de agradecimento, de abertura de diálogo, de preocupação com o social, de reorganização da produção, de austeridade. Muita austeridade.

Por trás disso existe o quê? Pedro Malan está nos Estados Unidos conversando o tempo todo com o Fundo Monetário e com o pessoal do G7, e me informando das coisas. A mim e ao Pedro Parente. E, aqui, eu conversando com o Pedro Parente e ao mesmo tempo com o pessoal do André Lara, com o Beto Mendonça. Ontem chamei o Chico Lopes porque as coisas estão complicadas do lado do Gustavo Franco. Razões pessoais.** Talvez o Gustavo saia. Não posso deixar o Banco Central numa indecisão neste momento, se Gustavo sair nomeio imediatamente o Chico Lopes [na presidência do BC]. Eu queria saber se ele aceitaria. Isso ontem. O Chico me disse que sim, com certa relutância, porque ele tem dúvidas quanto ao Malan. "Mas eu não vou mexer na área econômica neste momento, se você topar, vai para o Banco Central", eu disse. Agora, eu também penso em trazer para o governo o André Lara,

---

* O presidente agradeceu a votação recebida nas eleições de 4 de outubro e se declarou aberto ao diálogo com a oposição. Sobre a crise econômica, reiterou a disposição do governo em preservar a cotação do real e anunciou para o final de outubro a divulgação do pacote de ajuste fiscal no período 1999-2001. Além disso, Fernando Henrique divulgou a criação do Ministério da Produção, destinado a coordenar os programas federais de desenvolvimento industrial, agrícola e do setor de serviços.

** Isto é, os problemas financeiros da Erco Engenharia, dirigida pela mulher de Gustavo Franco.

já falei para ele vir para o Planejamento. Ele não quer, mas se eu forçar ele vem. Até que seria uma boa solução. Se o Gustavo pedir demissão, nomeio o Chico Lopes e o André Lara imediatamente para o Planejamento. Isso dará um reforço grande à área econômica do governo. Malan fica como uma espécie de diplomata financeiro, o que ele faz muito bem. É muito correto, muito competente e tenaz, como demonstrou agora mesmo nas negociações de Washington.

Em Washington a coisa andou difícil, porque o Fundo Monetário insistia, ou melhor, alguns grupos insistiam, sobretudo dos países do G7, que o Brasil tinha que mudar o regime cambial, para deixar o câmbio flutuar. Uns querem que flutue, outros que suba como em uma escada, mas rápida, e outros querem que se aumente a banda de deslizamento do câmbio. Isso é inconveniente neste momento. A gente deveria ter feito algo há mais tempo, está registrado aqui, nas minhas conversas com os economistas, e, em vez de fazerem o câmbio flutuar, eles é que flutuaram nessa matéria. Pois bem, agora não dá para fazer isso.

Insistimos muito e o Malan ganhou a parada. Hoje o Fundo Monetário divulgou — ontem, aliás, mas está nos jornais de hoje — um comunicado dizendo que nosso regime [cambial] é bom e que fica como está, que vamos pagar as dívidas e que não vamos impedir a saída de capitais.* Isso foi positivo, porque nos dá fôlego para fazermos o ajuste fiscal, que discuti ontem de manhã, quinta-feira. De novo. Precisei ter essa discussão cedo porque em seguida chegariam os presidentes do Equador e do Peru para continuarmos a infindável negociação deles.

Estou negociando, ao mesmo tempo, as pazes entre Equador e Peru, a posição do Brasil no Fundo Monetário, inclusive no que diz respeito à nova ordem mundial, e todo o jogo político aqui dentro para conseguir o ajuste.

Ontem de manhã, houve a primeira discussão efetiva sobre o ajuste. Eu tinha antecipado algumas coisas ao Michel Temer, ele passou para a imprensa, o que não foi mau, porque vai preparando o ambiente. Ele falou também com o Antônio Carlos, e eu disse pela televisão, à Globo, numa entrevista que dei ao William Bonner, algo sobre a CPMF. Fui avançando em alguns pontos, me comprometendo a não aumentar o imposto de renda, enfim, tocando em certos pontos com habilidade, para que depois não digam que não foram avisados. O ajuste é forte, precisamos de uns 25 bilhões de reais para chegar a metas que permitam a queda do endividamento crescente do Brasil. É óbvio que, se não tivermos êxito nesse processo, lá pelo fim do ano vamos ter que dar certo ajuste no tipo de câmbio e baixar drasticamente a taxa de juros. É insustentável a taxa de juros nesse nível, realmente insustentável para a economia do Brasil. Mas tenho que manejar isso com muita habilidade,

---

* O FMI anunciou que estudava a abertura de uma linha de crédito especial de até US$ 30 bilhões para o Brasil, com as condições de o país obter superávit primário entre 2,5% e 3% do PIB em 1999 e avançar nas reformas tributária, fiscal e previdenciária. No dia seguinte, o Banco Mundial acenou com uma ajuda de até US$ 7 bilhões.

muito cuidado, porque não é matéria para ser discutida em manchetes de jornal, e é muito fácil a oposição entrar em falatório e os economistas acadêmicos opinarem. Agir com responsabilidade nessa questão é um dever de todos nós.

Esses são os principais pontos; conversei sobre isso com muita gente, falei com Chirac, falei com o rei da Espanha, falei com o presidente da Espanha, o Aznar, com o presidente de Portugal, com todos os presidentes da América do Sul, que me telefonaram para me felicitar. E com Clinton longamente. Tenho cada vez melhor impressão dele. Conversamos detalhadamente, eu disse que era inaceitável para mim qualquer recurso que implicasse mexer em câmbio, ele compreendeu, e também que eu não podia aceitar um programa de austeridade que não fosse nosso, que tivesse vindo do FMI; temos relações com o FMI, que pode nos vigiar, como faz com todas as economias, ter os dados e criticar, mas não fazer as propostas. Cabe a nós fazê-las, e temos competência para isso. Clinton concordou. Pedi ajuda para que ele segurasse os mais afoitos do FMI, que vivem querendo impor regras que não são cabíveis, que não são passíveis de serem atendidas.

Enfim, estou só fazendo um resumo. Tive tanto trabalho esta semana, depois das eleições, que não consegui gravar meus registros habituais. Não consegui nem usufruir, digamos, os louros da vitória, se é que se pode falar em louros numa segunda vez. O fato é que tive que trabalhar duramente para enfrentar esse desafio brutal. Se nos sairmos bem, vamos marcar nossa posição no mundo de maneira definitiva como país competente, capaz, que tem liderança e condições de avançar e que na hora H conta com respaldo da população, ainda que sejam aplicadas medidas impopulares. Acho isso essencial

Agora estou aqui na praia com a Ruth e com o Paulo Henrique, daqui a pouco vão chegar os outros filhos, amanhã os netos, tomara faça um pouco de sol para a gente relaxar.

Esqueci de registrar que esta manhã, ainda aqui, me telefonou o Kofi Annan, secretário-geral das Nações Unidas, que tinha estado com o [Robert] Rubin, falando sobre o Brasil. Estava muito feliz, queria me felicitar pelas eleições. Ele é muito ativo, é um bom secretário-geral.

11 A 24 DE OUTUBRO DE 1998

Descanso na Bahia. Disputas políticas nos estados. Cúpula Ibero-Americana em Portugal

Hoje é domingo, 11 de outubro, estou na Bahia, em Aratu, na praia de Inema. Tentamos descansar em Angra dos Reis,* fomos para lá na quinta-feira, mas chovia muito, então na sexta-feira passei pelo Rio e vim para cá com todo o pessoal: Bia, Duda, Paulo Henrique, Helena, Joana, Ana Luisa, neta do Antônio Geraldo, Júlia e Pedro. Dias admiráveis, passeio no mar o tempo todo, acabei de falar pelo telefone com Antônio Carlos e com César Borges,** mas só para saudá-los, porque não vou ver ninguém. Ontem fomos ao Tempero da Dadá, no centro de Salvador. Jantei lá, ninguém viu, os jornalistas não fotografaram, foi muito bom. E hoje também um dia fantástico.

Vendo jornais, lendo notícias. Falei com o Pedro Malan, vou estar com ele amanhã à noite. Parece que as coisas melhoraram. Entrevista boa do Mendonça de Barros, entrevistas ruins do Serra e uma confusão da *Folha* em cima do Mendonça de Barros, negócio de quem paga diária de hotel.*** A do Serra foi ruim porque ele e o Bacha saíram falando que a CPMF não ajuda... que [os recursos] não são destinados à Saúde, quando na verdade são. Serra está querendo fazer guerrilha contra os cortes, não percebendo, ou mesmo percebendo, as dificuldades do momento, portanto não adianta argumentar.

Fora isso, fofocagem sobre as eleições, maldades de que eu estaria de mal com Britto, com o Tasso, por causa da votação no Ceará, mas eles fizeram o que puderam lá. Na verdade, a imprensa diz que eu tive *só* 53%, — a segunda vitória no primeiro turno, coisa nunca feita no Brasil! —, desta vez com mais votos [em números absolutos] do que na outra. A imprensa quer dar sempre a impressão de que ganha o petismo, e não é nem pelo petismo, mas para ter uma contraposição a mim. Eu não li o Janio de Freitas, nunca leio, mas o Duda leu, e lá diz que a maioria é voto nulo e branco, faz aquela confusão.**** Nunca ninguém teve tanto voto como eu no Brasil,

---

* O terreno da base naval pertence ao município de Mangaratiba.
** Governador reeleito da Bahia (PFL), com 69,9% dos votos válidos, Borges assumira o governo baiano com o licenciamento de Paulo Souto, eleito ao Senado.
*** A *Folha* publicou que as diárias de hotel de Mendonça de Barros, durante sua estada em Madri dias 6 e 7 de outubro, foram pagas pela Telefónica, o que o ministro negou. Mendonça viajara à Europa, num roteiro que também incluiu Paris e Roma, para visitar empresas do setor de telecomunicações e negociar a venda da participação do BNDES na Telemar.
**** 21,5% dos eleitores inscritos se abstiveram de votar no pleito de 1998; brancos e nulos somaram 18,7%. O total de votos não computados foi de 38,4 milhões, maior que a votação de Fernando Henrique.

proporcionalmente só o [Eurico Gaspar] Dutra teve um pouco mais, e naquela época o eleitorado era muito menor do que hoje.* Realmente o resultado foi bastante expressivo, erro amostral houve, mas o fato é que, diz agora a *Folha*, por causa da legislação eleitoral.** Não sei. Vilmar e eu sempre cogitamos uma proporção mais ou menos equivalente a essa que deu. Portanto não houve nenhuma surpresa, foi uma bela votação.

Agora, dá um pouco de mal-estar ver o Lula tão irado, dizendo que eu sou mentiroso, cínico e coisas desse tipo.*** Ele não é preparado, não se preparou estes anos todos para ser um líder nacional. Eu propus o entendimento, eles vêm com pedras na mão, vão se entusiasmar com a votação, que é a mesma de sempre, um pouco mais ou um pouco menos, acho que é a mesma do Lula com o Brizola, mas não percebem que daí não sai nada, porque é contra a marcha da História. É um pseudoesquerdismo, atrasado, e que nos obriga a ficar com esse pessoal todo, tipo Maluf, com quem eu preferia não estar. Mas o PT não abre a guarda, é aquela velha história das denúncias dos antigos comunistas contra os social-democratas. Os tempos agora são outros, mas a atitude é a mesma.

Hoje li uma boa resenha do José de Souza Martins**** sobre o meu livro com Roberto Pompeu. Boa resenha também do Fábio Wanderley e uma lamentável do Fábio [Konder] Comparato,***** que eu li pulando, porque ele cai na categoria, proposta pelo Martins, das pessoas que querem me criticar por razões políticas e me criticam como intelectual. Outros, por razões intelectuais, me criticam na política. O fato é que criticam assim nas duas pontas sem base. Há críticas com base. Tanto o Martins quanto o Fábio Wanderley fizeram. O Fábio Comparato, entretanto, é só mal-estar de petista, petismo que não é nem o petismo prático, militante.

Vi também alguma coisa interessante na parte de economia dos jornais. Se vê que houve uma possível superação da crise, vou fazer tudo para que isso ocorra mesmo. A participação de Malan nos Estados Unidos foi boa, os capitais podem começar a voltar ao Brasil e vamos ter que fazer esse ajuste, um ajuste duro mas necessário, porque o Brasil tem que sair dessa armadilha juros/câmbio.

---

* O marechal Dutra (PSD) obteve 55,4% dos votos válidos nas eleições presidenciais de 1945 (3,3 milhões de votos).

** O jornal paulistano atribuiu as diferenças entre as pesquisas Datafolha e os resultados finais das eleições ao emprego da urna eletrônica, iniciado em 1996. Em 1998, dois terços dos votos foram registrados eletronicamente. O PT acusara o instituto de manipular os números da última pesquisa em São Paulo para favorecer Mário Covas.

*** O candidato petista derrotado recusou a oferta de diálogo de Fernando Henrique e prometeu fazer-lhe oposição "implacável" durante o segundo mandato.

**** Professor de sociologia da USP.

***** Professor de direito da USP.

Não sei o que vai acontecer com o Gustavo, não conversamos, mas acho que os dias dele estão contados, não por mim, mas por ele próprio, tanto por razões de ordem pessoal como porque no fundo ele sabe que levou muito longe a turra contra a possibilidade de mudança no sistema de câmbio.

Mais cedo, mais tarde, vamos ter que mexer no câmbio, embora o Fundo Monetário tenha declarado, junto com Pedro Malan, que o regime cambial brasileiro é bom e não precisa mudar. Mas também tem um duplo sentido aí, que o regime nosso é flexível, portanto pode usar essa flexibilidade com mais vigor para ajustar o câmbio e, em consequência, a taxa de juros. Isso terá que ser feito nos próximos seis meses, é uma operação complexa, não se trata simplesmente de reajustar o câmbio. É necessário um ajustar fiscal primeiro, ajustar a receita, depois fortalecer as reservas e, simultaneamente, uma política monetária mais flexível, e mais flexível também na área de câmbio, ou seja, política de juros e uma desvalorização mais rápida. Pelo menos é o que eu penso neste momento. Vai ser difícil, mas vamos tentar fazer.

Como eu dizia há pouco, faltam quatro anos, ainda nem comecei o segundo mandato. Se ao menos a oposição percebesse que poderia ter um comportamento mais responsável, que não perderia nada com isso e que poderia, mais adiante, se cacifar para dar continuidade ao mandato... Mas não, eles tendem a insistir nessa linha mais boçal. Há exceções, o Cristovam Buarque é a exceção mais aberta. O próprio [José] Genoino, do jeito dele, tem certa falta de firmeza política, ele sabe o que é preciso fazer, ele diz mas depois não faz. Pelo menos dá um sinal. Espero que outros se juntem a esses sinais, para que possamos avançar mais. Quanto a Lula, não tenho mais esperança. Ele se apequenou, ficou realmente um político como outro qualquer.

HOJE É QUINTA-FEIRA, DIA 15 DE OUTUBRO, quase meia-noite, vou recapitular. Voltamos na segunda-feira da Bahia para Brasília, e à noite vimos um filme nacional chamado *Kenoma*.* Interessante, sobretudo pela fotografia.

Na terça-feira, dia 13, retomamos a rotina. Passei a manhã aqui, arrumando meus papéis e despachando com Clóvis.

Depois reuniões com o Pedro Malan, o Paulo Paiva, Vilmar e Eduardo Graeff, a respeito do que fazer com o futuro governo. Antes despachei com Malan, que me deu detalhes das reuniões de Washington. Quase tudo eu já sabia, ele havia me contado por telefone, alertei-o sobre a situação peculiar do Gustavo Franco na esfera privada. Isso pode complicar a vida do Gustavo. Malan disse que não sabia por que o Gustavo não falou com ele. Eu já o havia alertado. Malan está um pouco preocupado com o significado desse Ministério da Produção. Expliquei que a ideia

---

* Longa de 1998 dirigido por Eliane Caffé, com fotografia de Hugo Kovensky.

é minha, não é do Clóvis, quem está pensando no assunto e mantendo a ideia sou eu. No dia seguinte o Jorge Bornhausen* comentou sobre isso, acho que por razões ideológicas, com medo de que seja um ministério "para gastar".

À tarde, recebi o chanceler do Paraguai,** ele veio com o secretário do Planejamento,*** que me impressionou bem, é a segunda vez que eu o vejo. Visita de cordialidade, rotina, acertos entre Brasil e Paraguai sobre o combate ao contrabando, que parece, desta vez, mais sério por parte do Paraguai.****

No dia seguinte, quarta-feira, recebi de manhã, no Alvorada, o Ricardo Bacha, candidato a governador de Mato Grosso do Sul,***** gravei com ele.

E vi o Cesar Maia, ele um pouco desenxabido.

Depois o Esperidião Amin veio me agradecer o apoio, ele venceu em Santa Catarina, e bem.****** Eu lhe contei que tinha telefonado um pouco antes para o senador Kleinubing, que está com câncer na pleura, isso me penaliza, é um homem combativo.

À tarde, recebi o Raul Jungmann junto com o Everardo, da Receita Federal, para mostrar que houve certa desconcentração fundiária. Recebi o governador José Maranhão, da Paraíba, que veio representar a bancada, depois tive um jantar aqui no Palácio da Alvorada.

No jantar estavam a Danielle Ardaillon e a Silvana Goulart, que está organizando os meus papéis em São Paulo. Estivemos discutindo o que pretendem fazer com os meus arquivos e fui para a cama mais de meia-noite.

Hoje, quinta-feira, de manhã os despachos de rotina.

Tivemos a cerimônia de entrega de prêmio do Ministério de Educação,******* fiz discurso, voltei para cá, almocei com Tasso, preocupado com a perda de autonomia dos governadores no cenário da futura reforma tributária, por causa do fim da guerra fiscal. Queremos acabar com isso e ele é favorável a manter os incentivos para a indústria no Nordeste. Achei o Tasso excitado, falando da crise mundial. Embora no fundo ele tenha razão, respondi, e com tranquilidade, que o que ele propõe — uma mudança de atitude para um estilo mais social-democrático, ou

---

* Eleito senador pelo PFL-SC e novo presidente nacional do partido.

** Dido Florentín.

*** Gustavo Leite, secretário executivo do Planejamento, órgão vinculado à Presidência paraguaia.

**** Em comunicado conjunto, os chanceleres dos dois países também anunciaram conversações para regularizar a situação dos imigrantes brasileiros no Paraguai ("brasiguaios") e iniciar o projeto de uma segunda ponte binacional sobre o rio Paraná, nunca construída.

***** O tucano Bacha passara ao segundo turno contra Zeca (PT): 38,5% a 32,8% dos votos, respectivamente.

****** O pepebista venceu no primeiro turno com 58,9% dos votos.

******* Cerimônia de entrega do Prêmio Incentivo à Educação Fundamental e lançamento oficial dos Parâmetros Curriculares Nacionais da 5ª à 8ª séries (atuais 6º e 9º anos).

seja, de mais confiança no Estado e menos no mercado, sobretudo financeiro — não pode ser feito agora. Conversei com ele também sobre a Telemar, para me informar melhor das confusões que estão ocorrendo por lá. Depois fui ao Palácio do Planalto.

Lá recebi o Gustavo Krause, ele foi me cumprimentar, sempre inteligente, vai sair do governo, eu já sabia disso.

Recebi também o Sardenberg, num despacho da SAE, conversei um pouco sobre o Ministério da Defesa, ele propõe que seja de Defesa Nacional, acho uma boa ideia. Também conversamos sobre a conjuntura econômica.

Em seguida, recebi o William Rhodes, vice-presidente do Citibank, ele veio acompanhado de um senhor que parecia mais poderoso do que ele e que eu não conheço, chamado Sanford Weill,* e também do Alcides Amaral, presidente do Citibank no Brasil. Eu já vou voltar a esse tema.

Depois atendi o César Borges, governador reeleito da Bahia, com o Antônio Carlos. Conversamos um pouco sobre lideranças, questões políticas em geral e vim para casa já muito tarde. Pimenta da Veiga** veio me pedir um depoimento em favor de Eduardo Azeredo. Discutimos muito sobre a oportunidade ou não disso, a diferença é muito grande a favor do Itamar. Não tenho simpatia por ver Itamar governador, porque ele vai atrapalhar o Brasil e a mim, mas quero medir bem, em termos de efeito, se vale a pena eu falar. Conversei com Marcos Coimbra, que me disse que há uma chance [de o Eduardo ganhar] se eu participar.

Acabo de receber um texto proposto por eles, saído de uma conversa com o Paulo Paiva, que é mais cauteloso que o Pimenta sobre a minha participação. Eu disse ao Pimenta que preferia responder a uma pergunta em Portugal sobre o Eduardo Azeredo. Lá eu estaria mais à vontade para fazer a defesa da candidatura dele do que numa gravação específica.

Tive também problemas com o Eduardo Jorge e o Arruda brigando até pelos jornais. O Arruda, em vez de ficar calado depois de ter tido 18% dos votos aqui em Brasília, fez uma declaração contra o Roriz.*** Resultado: acabei gravando alguma coisa sobre o Roriz porque o Eduardo Jorge ficou transtornado com o fato de o Cristovam Buarque ter recebido uma comunicação do Sérgio Amaral — é verdade, ele mesmo me disse — de que, embora o PSDB fosse parte da campanha, eu não iria participar. Eduardo ficou fora de si, o que me levou a fazer a declaração; aliás, eu tinha que fazer mesmo, o Roriz é do PMDB e o PMDB me apoia. Fiz uma declaração

---

* Presidente do Travelers Group, cujo processo de fusão com o Citibank, anunciado em abril de 1998, se completou em outubro do mesmo ano e resultou na criação do Citigroup. Weill copresidia o novo grupo com John Reed, CEO do Citibank.
** Deputado federal eleito (PSDB-MG).
*** Cristovam Buarque teve 42,7% dos votos no primeiro turno; Joaquim Roriz 39,2%; e José Roberto Arruda 17,8%.

seca, mas fiz. Seca porque a confusão em Brasília é muito grande e vai ganhar o Cristovam.

A questão econômica amainou um pouco, mas continua preocupante. Os americanos, Bill Rhodes especialmente, estão muito preocupados com a secagem do dinheiro. Não há mais liquidez no sistema financeiro mundial, segundo eles, os bancos não estão emprestando. Houve algumas quebras de *hedge funds* nos Estados Unidos e eles acham que os bancos têm que voltar a emprestar para o Brasil. Eu digo: "Atuem por nós", e eles rebatem: "É, mas o governo tem que ser mais ativo, tem que explicar que medidas estão sendo tomadas". O Malan já tinha dito a eles, mas fica todo mundo na dúvida sobre se vamos mesmo tomar as medidas. Segundo eles, os próprios brasileiros estão na dúvida. Não sei qual a razão dessa dúvida, todo mundo sabe que eu vou fazer o que eu digo. O problema, certamente, é ver se o Congresso aprova; mas vai aprovar.

Houve uma notícia boa, o Federal Reserve baixou mais um pouco a taxa de juros nos Estados Unidos.* Resultado: todas as bolsas subiram. Isso mostra a preocupação dos americanos com a crise, que se tornou sistêmica. Ela é grande, é mundial mesmo. Aliás, o Bill Rhodes veio confirmar que a coisa é séria e geral e que o Brasil é, como dizem, inocente nessa questão. Está pagando um preço pelo que não fez.

A situação continua preocupante, como estou mostrando, mas vai avançando um pouco melhor no sentido de se constatar que a crise é uma questão global e que medidas globais tem que ser tomadas.

Quanto a nós, estamos tentando ajeitar nossos orçamentos a esse ajuste brutal de 25 bilhões de dólares. Acabei de falar pelo telefone com Pedro Malan, que não gosta de ouvir a palavra "ajuste"; prefere "responsabilidade fiscal" ou algo assim.

Falei pelo telefone com várias pessoas e arrumei as malas, porque amanhã viajo para Portugal. Agora vou dormir.

HOJE É SEGUNDA-FEIRA, DIA 19 DE OUTUBRO. Voltei há poucas horas da Europa. Vou relatar o que aconteceu lá, pelo menos dar a ordem das coisas na sequência do dia a dia.

Cheguei [a Portugal] na sexta-feira tarde da noite e lá fiquei sábado e domingo. Dois dias extremamente úteis e agitados. A reunião sobre a nova ordem mundial,** como os jornais registraram, foi muito interessante, na verdade foi sobre a crise na economia global. Fidel Castro fez um discurso em que elogiou o Brasil e a mim, di-

---

* A taxa interbancária foi baixada de 5,25% para 5%. A Bolsa de Nova York subiu 4,2%; São Paulo teve alta de 6,6%. No mesmo dia, o Congresso norte-americano aprovou o aumento de US$ 18 bilhões requisitado por Clinton para reforçar a cota dos EUA no FMI.

** A reunião de líderes da Conferência Ibero-Americana, no Porto, teve o tema "Os desafios da globalização e a integração regional", e foi realizada na Alfândega Nova (centro de convenções).

zendo que estamos quase sozinhos lutando para manter as coisas como devem ser e que achou que minha decisão de fazer o discurso que fiz, no dia 23 de setembro, antes das eleições, mostra talento político, competência, coragem, que são qualidades de liderança.

Tive encontros com vários presidentes. O primeiro foi com [Ernesto] Zedillo, muito aflito, no bom sentido, mostrando que a crise é geral, uma crise grande que pode afetar a economia de forma desastrosa se não forem tomadas medidas.

O Menem um pouco por fora de tudo, pensando na Argentina, achando que está tudo relativamente bem e que o Brasil vai se sair bem, que vamos seguir o mesmo caminho, enfim, uma atitude um pouco bovarista, flutuando um pouco, eu não diria irresponsavelmente, mas inconscientemente, sobre a fogueira que está ardendo.

A expressão "fogueira que está ardendo" foi usada pelo Zedillo para dizer que ou se faz alguma coisa, ou vamos arcar com as consequências da crise mundial, o que será tremendo para os nossos países, notadamente para o México, que depende da exportação, que está caindo, e da economia americana, porque o comércio do México é feito 80% com os Estados Unidos.

Ele nota, todos notamos, falta de liderança, falta de ação. Ele tinha estado com Tony Blair, a quem falou que tinha conversado comigo sobre o assunto, e o notou um pouco mais desperto para a questão. A análise geral é de que a Europa continua pouco ativa, o Japão mudo. Só os Estados Unidos despertaram para a situação mundial. O Clinton, o FED e o secretário do Tesouro, o Rubin.

Tive reuniões com o pessoal do Equador, já finalizamos o acordo. Informei ao Frei e ao Menem os detalhes do acordo fechado, que eles não conheciam. Equador e Peru nos passaram a carta resposta sobre o entendimento. Já estava tudo combinado, embora os documentos públicos dos dois países não devam registrar que os presidentes já chegaram a um acordo.

O entendimento parece razoável, mantém-se o laudo anterior, do Tratado do Rio de Janeiro, com as correções feitas pela comissão jurídico-técnica que analisou o assunto recentemente, com as concessões feitas por Fujimori no sentido de ceder um quilômetro quadrado da área de Tiwinza onde há um cemitério equatoriano dentro do Peru. A área será propriedade privada equatoriana. Isso vai ser anunciado como decisão nossa, quer dizer, minha, do Clinton, do Frei e do Menem nesta semana, e na segunda-feira eles devem vir todos a Brasília assinar o acordo.* Diga-se

---

* Seguindo o acordo bilateral secreto, os países garantes estabeleceram que o Peru exerce soberania sobre uma área fronteiriça de vinte quilômetros quadrados na região do rio Cenepa, incluindo os picos da cordilheira do Condor e a região de Tiwinza. Ao Equador foi concedido como propriedade privada um terreno de um quilômetro quadrado em Tiwinza, não expropriável e submetido à legislação peruana. Nascidos em Tiwinza continuaram a ser considerados peruanos. O Peru garantiu livre navegação pelo rio Marañón (Amazonas) e seus afluentes a embarcações equatorianas, como já estabelecido pelo Protocolo do Rio de Janeiro, de 1942.

de passagem que esqueci de telefonar para o Clinton. Vou ver se telefono amanhã, para colocar um ponto final nessa questão.

Isso foi importante, nos reunimos várias vezes, dei declarações à imprensa sobre o assunto, para Equador e Peru o acordo foi decisivo. Lançamos em Portugal a edição portuguesa do meu livro com Mário Soares,* presentes o [José] Saramago,** a Nélida Piñon e outras autoridades, inclusive o Guterres, presidente de Portugal, e o Jorge Sampaio. Foi uma festa boa, simpática. Além disso, tive um almoço sozinho com Guterres que foi muito bom.

O Guterres, repito o que tenho dito, é, a meu ver, dentre os líderes do mundo, um dos melhores. Se Portugal fosse um país mais forte, ele teria papel decisivo. Tem uma mente clara, é corajoso, sintético, tenho por ele enorme admiração. Ele disse com clareza que é preciso baixar a taxa de juros, que os europeus estão dormindo, que os ingleses não entenderam nada, que o Blair não está fazendo o que tem que fazer, que o Schröder está completamente perdido por estar às voltas com os verdes da Alemanha*** e que os franceses estão tratando de si. Enfim, uma visão pessimista da falta de liderança na Europa.

Para não falar do que acontece no Japão e nos Estados Unidos. Todos reconhecemos a importância do Clinton e as dificuldades pelas quais ele está passando,**** mesmo assim ele quer jogar conosco, com o Brasil, e tem jogado, muito. Achei que Fidel Castro, no resumo final que fez no encerramento da conferência (Fidel falou porque ele vai ser anfitrião na próxima reunião na Cúpula Ibero-Americana),***** foi injusto ao não dar relevo à participação e à contribuição do Guterres, que a meu ver foi decisiva.

O rei da Espanha também estava lá, assim como o Aznar, com quem conversei. Ele também tem uma visão sobre os acontecimentos, não propriamente sobre a arquitetura financeira mundial, mas sobre as ações específicas que ele sabe que devem ser tomadas. Ele as vem tomando e tem tido um papel muito positivo no decorrer dessa crise. Muitos encontros com presidentes e, no final, um jantar agradável. Era o aniversário do Lampreia, e no restaurante estava, por acaso, o presidente da Venezuela, Rafael Caldera, por quem tenho grande respeito; está com 82 anos. Também ali Menem com seu pessoal. Jantamos com os amigos do Lampreia e, de manhã, voltei para o Brasil.

---

* Lisboa: Gradiva, 1998.
** Saramago acabara de vencer o prêmio Nobel de Literatura, tornando-se o primeiro escritor de língua portuguesa a ser laureado com o Nobel.
*** O líder social-democrata alemão, vencedor das eleições parlamentares, enfrentava dificuldades para formar governo com os aliados do Partido Verde (Bündnis 90/Die Grünen).
**** Em 8 de outubro, a Comissão de Justiça da Câmara dos EUA autorizara a abertura de processo de impeachment contra Clinton.
***** A IX Cúpula da Conferência Ibero-Americana foi realizada em Havana em 15 e 16 de novembro de 1999.

Parece que a repercussão das coisas que eu disse em Portugal foi positiva.*

Quanto ao ajuste, ainda não recebi formalmente as medidas, apenas notas do Martus e do Sérgio Amaral. As coisas estão caminhando e é difícil saber o que vai acontecer daqui para a frente.

No plano internacional, as principais revistas puseram na capa nosso esforço. A *Time* falando do ajuste e a *Economist*, esta sim, com elogios grandes. A reação internacional da imprensa à minha reeleição foi louvada como uma janela por onde de repente entra a luz na confusão da nossa política nacional.

HOJE É QUINTA-FEIRA, 22 DE OUTUBRO, são quase três da tarde.

Na segunda-feira, dia da minha volta, falei pelo telefone extensamente com muitas pessoas, entre as quais Pedro Malan e Serra. Na terça de manhã, recebi o Pedro, que me prestou conta, em detalhe, dos encontros dele nos Estados Unidos e de como as coisas estavam andando no Brasil. Passei a manhã nesses preparativos do que viria a ser o ajuste fiscal. Pedro me deu um texto para ler, dizendo que era um primeiro rascunho do ajuste.

Comecei a ler, mas ele me telefonou de novo dizendo que me mandaria outro texto, coisa que fez no final da tarde. Nesse mesmo dia, pedi que o André Lara viesse aqui. Conversei bastante com ele, eu tinha combinado com Pedro de fazer isso, tentando incentivar o André a ficar mais próximo de Brasília. Eu queria que ele viesse para o governo, para o Ministério do Planejamento, mas ele prefere ser chefe da assessoria especial do presidente da República para assuntos econômicos. Eu disse que por mim tudo bem, mas que precisava ver se combinava com o que se deseja.

Depois chegaram o Eduardo Jorge e o Mendonça, para discutir o fechamento das contas de campanha. Conversei com Mendonça e André sobre a situação do Gustavo Franco por causa dos problemas dele, conversamos de novo sobre a organização do Ministério da Produção, sobre a vinda do André, que pelo jeito agora não quer nem ficar nessa posição. Mais tarde, à noitinha, recebi de novo o André e o Pedro no Planalto. Eles tinham passado o dia trabalhando no ajuste e fomos acompanhando sua evolução.

Na quarta-feira, ontem, dia 21, passei a manhã gravando no Palácio da Alvorada. Muita pressão para gravar para o Mário Covas, para o Britto, para o Albano Franco,** para não sei mais quem, confusão por toda parte, cada partido para quem não gravei reclama, sobretudo preocupações com São Paulo.

---

* Fernando Henrique destacou a necessidade de diminuir o déficit da Previdência e baixar as taxas de juros. O presidente também descartou aumentar o IRPF para o cumprimento do ajuste fiscal prescrito pelo FMI.

** O tucano Albano Franco disputava a reeleição com o pefelista João Alves.

No fim do dia, Antônio Carlos esteve aqui, veio meio irritado por causa de uma notinha que dizia que eu tinha dito a ele que gravaria primeiro para o Covas. Ora, posso gravar para quem eu quiser. No fundo, Antônio Carlos está preocupado — ele não disse isto — é com a vitória do Covas, que parece anunciada, embora eu ache cedo para anunciar, ainda pode haver empate.* A vitória do Covas fortalece as forças políticas em benefício do PSDB, e isso altera os planos [das eleições] de 2002; pode ser malícia minha, mas acho que tem algo disso na preocupação do PFL. Tanto assim que o próprio Bornhausen criticou o Ministério da Produção, o Antônio Carlos falou ontem do tucanato que estava atrapalhando, porque o Serra apoiou um pouco excessivamente o Cristovam Buarque em Brasília.

Serra sempre marca posição e também insistiu muito no apoio ao Covas em São Paulo. A Ruth gravou, eu gravei, falei para Antônio Carlos que eu tinha feito exatamente o que sempre disse ao Maluf que faria: que não iria esconder meu apoio ao Covas e que nunca fui cabo eleitoral de ninguém. A função de presidente da República me parece incompatível com essa posição, mas a opinião política do presidente tem que ser expressa. Sem, naturalmente, desmerecer quem quer que seja, muito menos aqueles próximos a nós na base política. Antônio Carlos acabou saindo daqui mais acomodado com a minha posição, até porque não tem outro jeito.

À tarde recebi o Marcelo Alencar, que veio discutir a privatização do Banerj do Rio de Janeiro e um pouco sobre política, sobre o futuro do PSDB.

Recebi o general Zenildo, com quem conversei sobre o Ministério da Defesa. Está claro que eles não querem um diplomata para ministro da Defesa, nenhum chefe de corporação. Na cabeça do Zenildo, como já passou pela minha, o nome mais apropriado seria o do Marco Maciel. Vamos ver se é viável constitucionalmente, não acho a ideia ruim.

Antes disso, de manhã, recebi o pessoal do Iedi, o encontro tinha sido marcado pelo [Paulo] Francini, mas ele não veio.** Quem veio foi o [Eugênio] Staub,*** juntamente com quatro ou cinco pessoas, a conversa foi amável. Ele me trouxe uma carta simpática do Cláudio Bardella, explicando por que não pôde vir. O Paulo Cunha me telefonou, enfim, estão em lua de mel por causa da questão do Ministério da Produção, que eles aprovam muito.

Fiz uma gravação apoiando o Britto no Rio Grande do Sul, soube hoje que não foi veiculada na integralidade, gravei de novo, aí sim para a propaganda direta dele.

---

* O governador paulista liderava pela primeira vez as pesquisas para o segundo turno. No Datafolha de 20 de outubro, a uma semana da votação, Covas ultrapassara Maluf. Tinha 45% das intenções de voto, quatro pontos à frente do rival pepebista.

** Os empresários entregaram ao presidente os resultados de um estudo para a formulação de uma nova política industrial.

*** Presidente do Iedi.

A situação do Britto me parece que está perdida,* mesmo assim gravei. Primeiro porque, politicamente, gosto do Britto; segundo, porque é importante que ele ganhe e, terceiro, porque ele é do PMDB.

Ontem jantei com quatro banqueiros: o Fernão Bracher, o Roberto Bornhausen, o [Alcides] Tápias, que já foi banqueiro** e hoje dirige o grupo Camargo Corrêa, e o presidente do Citibank, Alcides Amaral. Vieram conversar sobre a situação econômica, mas ninguém tinha nada de novo, só uma grande expectativa pelos cortes que vamos fazer. O pessoal que não é do governo pensa que dá para cortar tudo, eles querem sangue, então explico o que dá para fazer e o que não dá. Eles estão temerosos, embora as informações que tenho — conversei com Gustavo Franco ontem, conversei com Beto Mendonça — indiquem que estamos saindo do túnel escuro no que diz respeito à nossa capacidade de resistir a crises.

Mais uma vez estamos resistindo, a um custo alto, altíssimo, resistiremos, e isso vai também aumentando o respeito ao Brasil. É cedo para cantar vitória, mas os sinais são de que começamos a sair do sufoco da fuga de dólares e da inviabilidade do Brasil, embora por enquanto os bancos comerciais, no exterior e aqui, continuem pouco receptivos a financiamento comum das importações e exportações. Mas é uma questão de tempo, logo esses bancos voltam. Se operarmos bem o chamado ajuste fiscal e se o FMI, o Banco Mundial e o G7 apoiarem mesmo o Brasil com dezenas de bilhões de dólares, creio que teremos horizonte para poder baixar as taxas de juros logo em janeiro e começar a nova jornada com mais ânimo.

HOJE É SÁBADO, DIA 24 DE OUTUBRO. Vou gravar o que aconteceu na quinta-feira à noite, dia 22.

O Emílio Odebrecht jantou aqui, veio com preocupações, informações sobre a situação dos bancos no exterior, a própria empresa dele teve dificuldade de rolar suas dívidas lá fora, coisa que no passado não ocorria. Fora isso, reclamou da petroquímica, que não avança, o que é verdade, o BNDES faz uma barreira, não entendo bem por quê, deve haver realmente interesses cruzados.

Dei as explicações porque esse pessoal, e mesmo Emílio, que é bem informado, não tem ideia do orçamento público. Quando mostrei qual era a margem efetiva de manobra, o que podíamos e o que não podíamos fazer, ele propôs, e eu topei, que no domingo, amanhã, viesse aqui um grupo de cerca de quinze empresários para que eu desse a eles as informações corretas, de modo que não fiquem criticando o governo sem ter conhecimento da situação.

---

* Segundo o Ibope de 21 de outubro, o petista Olívio Dutra tinha 52%, contra 41% do governador Antônio Britto.
** Ex-vice-presidente executivo do Bradesco.

Ontem, sexta-feira, Dia do Aviador, fui à Aeronáutica para as cerimônias habituais desses momentos e voltei ao Palácio da Alvorada para fazer uma gravação para o Peru e o Equador, anunciando a proposta de pacificação que negociamos, de forma que na segunda-feira seja firmado, aqui em Brasília, o Tratado de Paz entre Equador e Peru com a presença do rei e da rainha da Espanha, de presidentes de países da América do Sul, o McLarty representando o Clinton, assim por diante.

Conversei rapidamente, depois do almoço, com Mendonça, que veio me informar das confusões que estão criando os que compraram a Telemar. Há uma briga entre o Banco do Brasil e o BNDES, uma sujeirada imensa, fitas gravadas e telefonemas, até telefonemas deles comigo, do André e do Mendonça comigo. Enfim, essa sujeirada da política econômica, da política empresarial, que não é diferente da política partidária. Muitas vezes tem até coisas piores.

Em seguida fui ao Palácio do Planalto, onde recebi o sr. James Harmon, presidente do Eximbank dos Estados Unidos. Me impressionou, uma pessoa simpática, informada, eu disse com franqueza que achava que, ao cortar linhas de crédito, o mundo está fazendo uma coisa errada, pedi que eles atuassem, ele disse que vai atuar. O Eximbank tem interesse em financiar exportações americanas e nós temos interesse em financiar exportações brasileiras. É sinal de que eles também estão preocupados com a crise econômica que está chegando aos Estados Unidos.

Depois recebi Amazonino Mendes, que veio com Gilberto Mestrinho, Arthur Virgílio e o secretário da Fazenda deles.* A conversa foi uma repetição das coisas que eles precisam, levaram um susto, quase perderam as eleições no Amazonas.**

Antes deles eu havia recebido o Luiz Felipe Lampreia, que veio com o Sebastião Rego Barros, futuro embaixador em Buenos Aires, posição agora invejável, porque é um belo local, importante para o Brasil. O Sebastião merece, ele trabalhou muito bem como secretário-geral do Ministério das Relações Exteriores.

Conversei com o Lampreia sobre uma carta que enviei ao Clinton protestando contra a discriminação do aço brasileiro feita pelos americanos. Os nossos produtores estão aflitos com isso, e com toda a razão. A carta que o Lampreia tinha recebido do embaixador americano é quase insolente. Então a carta do Lampreia, respondendo ao embaixador, foi no mesmo tom. A minha ao Clinton, não, mas cobrando o acesso do produto brasileiro ao mercado americano. Os americanos não se emendam, é a coisa de sempre, a gente tem que fazer esse jogo todo de relações próximas, mas na verdade nós e eles temos interesses que, a todo instante, se contrapõem, e o mínimo que temos que fazer é continuar a agir como temos agido, com firmeza e energia.

---

* Alfredo Paes.
** Mendes foi reeleito com 51,1% dos votos, batendo Eduardo Braga (PSL), que teve 47,7%. Mestrinho se elegeu senador com apenas 23 mil votos de vantagem em relação ao candidato petista. Arthur Virgílio se reelegeu deputado federal, com a segunda maior votação do estado.

Ainda ontem, à tarde, recebi aqui um grupo que vai mexer no ajuste fiscal: o Pedro Parente, o Martus, o Everardo Maciel e o ministro da Previdência, Ornelas (Malan estava no Rio conversando com [Stanley] Fischer). O aperto é penoso, realmente muito penoso, sobretudo na parte orçamentária, que tínhamos discutido no dia anterior com Martus e Paulo Paiva, onde programas importantes deverão ser suspensos ou atropelados. É uma situação inaceitável, mas temos que fazer. Como eu disse, agora é uma guerra e sair dessa crise implicará certamente baixa rápida da taxa de juros logo adiante, e repensar o que se faz com o câmbio.

Fora isso, anteontem, na quinta-feira, estive com Kandir, com Dornelles e com Ubiratan Aguiar. Todos me prestaram conta do que aconteceu nas eleições e do quadro atual, pois estão apreensivos com o futuro do governo e com o deles no governo.

Recebi o senador Arruda, preocupado porque entrou em choque profundo com Eduardo Jorge. Arruda perdeu a eleição, enfiou os pés pelas mãos, ele é esperto, é frio, veio dizer que errou, pedir desculpas. Na verdade queria conservar a posição de líder do governo no Senado, o que posso deixar até o fim dessa legislatura. Depois vamos ter que fazer uma revisão geral.

Quero, por fim, registrar minha preocupação crescente com a forma de comunicar esse ajuste fiscal ao país. Vou ter que entrar diretamente no assunto, Pedro Malan é bom comunicador, mas somos só dez, doze pessoas para fazer tudo no Brasil. É muito pesado e sei que as pessoas estão esgotadas.

26 DE OUTUBRO A 8 DE NOVEMBRO DE 1998

Segundo turno nos estados. Equador e Peru assinam a paz. Programa de Estabilização Fiscal

Hoje é 26 de outubro, segunda-feira, fui a São Paulo, voltamos ontem, eu e a Ruth. Jantamos na casa de [Olavo] Setúbal no sábado, fomos à exposição da Bienal no parque do Ibirapuera.* Tive uma longa conversa com Olavo e Roberto Setúbal sobre a situação internacional, o jantar foi para isso. Eles expuseram seus contatos com os banqueiros, as preocupações, que são conhecidas, o crédito está secando, poucas saídas, só que o Setúbal é favorável a que se crie algum obstáculo à importação. Ele acha que as exportações não reagem positivamente à desvalorização, ela tem um custo de longo prazo, e que as importações precisam ser freadas por outras vias. Ponderei as dificuldades da odisseia do Mercosul, que ele conhece, mas insiste nessa tese.

À tarde visitamos Mário Covas, nunca vi a rua tão favorável a mim como dessa vez em São Paulo, no momento da votação aplausos muito fortes. Voltamos para cá e à noite tive uma reunião com cerca de vinte grandes empresários brasileiros,** eu e Pedro Malan, para preparar o espírito deles para o que vem pela frente, sobretudo a necessidade de apoiarem nosso programa de controle fiscal, que não façam declarações desencontradas, botando a perder nossos esforços. Demos detalhes não do plano fiscal, porque isso não seria possível, mas da situação, do diagnóstico e do que pensamos fazer.

Hoje de manhã vi a confirmação dos resultados, que já se previam: Covas ganha esmagadoramente,*** Roriz passou à frente de todos e ganha de Cristovam.**** Bom politicamente e ruim administrativamente. Jader esperneia, diz que deixei o PSDB não ser correto com Roriz e com o Iris. Não é verdade. Se Roriz ganhou aqui, tem parte minha nisso. Embora até me dê certo problema de consciência, porque gravei com ele. O Serra fez declarações [favoráveis ao Cristovam] que foram usadas abundantemente e o Malan também, porque o Roriz disse que ia dar aumento de 28% [ao funcionalismo estadual]. Ganhou o Roriz, e ganhou com meu apoio.

Gravei para o Britto***** e não tomei posição no Pará****** nem em Goiás. O Iris não pediu, eu não queria que o Perillo fosse sequer candidato, mas ele ganhou por-

---

* A XIV Bienal de São Paulo fora aberta em 3 de outubro de 1998.
** Entre os presentes, Eduardo Eugênio Gouvêa Vieira, Horácio Lafer Piva (presidente eleito da Fiesp), Antônio Ermírio de Moraes, Jorge Gerdau e Emílio Odebrecht.
*** Covas 55,4%, Maluf 44,6%.
**** Roriz 51,7%, Cristovam 48,3%.
***** Olívio Dutra 50,8%, Antônio Britto 49,2%.
****** Almir Gabriel foi reeleito com 53,9% dos votos. Jader Barbalho obteve 46,1%.

que o povo cansou da oligarquia. O Jader está esperneando, não sei bem por quê, ele foi bastante apoiado pelo meu comitê de campanha. Não houve interferência minha no Pará, e o Almir ganhou porque o povo está com ele. É difícil as pessoas entenderem, as opiniões populares não se movem por indicações da cúpula nas eleições majoritárias. A intriga da cúpula dá impressão de que o povo vai atrás dos caminhos indicados pela cúpula. É engano, não é assim.

Declarações do Garotinho,* ele quer nomear o general [José] Siqueira, que já foi secretário em Alagoas, para consertar a Segurança, para ter uma ponte com o governo federal. Seguindo a tradição, a Firjan teria indicado o secretário da Fazenda: Ciro Gomes. Como Eduardo Eugênio Gouveia Vieira veio aqui ontem, disse como foi o Ciro como ministro da Fazenda: irresponsável. Enfim, isso é de menos.

Acabei de ouvir um comentário, aliás razoável, de [Luciano] Martins, dizendo que houve a eleição de oposicionistas nos estados,** mas que o governo sabe como lidar com eles, que eu respeito o governo federativo e democrático e que há boa disposição de muitos governadores. Isso é verdade, não só do Jorge Viana, mas do próprio Garotinho, e agora parece que também do Zeca do PT [José Orcírio Santos]. Estou disposto ao diálogo, enquanto o Lula, num tom arrogante, disse que o arrogante sou eu, que eu sou vaidoso, que menosprezo a oposição e que eles têm propostas. Como eu poderia fazer as propostas dele? Quer dizer, o povo vota nas minhas propostas, ele quer que eu cumpra as dele, e o arrogante sou eu! É extraordinário!

Acho que vamos ter problemas, e muitos, não, porém, com a oposição, e sim com os partidos da situação, por causa da crise que vamos enfrentar.

Por falar nisso, vou começar a escrever o que vou falar amanhã sobre a crise na mensagem pela televisão.

Hoje vêm a Brasília o rei e a rainha da Espanha, acompanhados de quatro ou cinco chefes de Estado da América do Sul, para assinarmos o acordo de paz entre Equador e Peru,*** um acontecimento histórico. No Brasil ninguém dá muita importância, mas na América Latina todos sabem que é histórico.

HOJE É QUINTA-FEIRA 29 DE OUTUBRO, são nove horas da noite.
Eu disse que na segunda-feira teríamos um encontro com os presidentes do Peru e do Equador, vieram também o do Chile, da Colômbia, da Bolívia, da Argen-

---

* O candidato pedetista bateu Cesar Maia por 58% a 42%.
** Governadores eleitos por partidos de oposição: João Capiberibe (PSB-AP), Olívio Dutra (PT-RS), Anthony Garotinho (PDT-RJ), Ronaldo Lessa (PSB-AL), Jorge Viana (PT-AC) e Zeca (PT-MS).
*** O documento, oficialmente intitulado Ata Presidencial de Brasília, passou à história como Tratado do Itamaraty.

tina, o rei e a rainha da Espanha.* A cerimônia foi de manhã, no Itamaraty, algo realmente marcante, comovente. O discurso do presidente do Equador, Mahuad, me emocionou, porque o avô dele foi combatente contra o Peru** e agora ele faz as pazes com o país. Eu assumi os riscos, o apoiei muito, eles disseram isso, e fizeram homenagens ao Brasil, à nossa ação pacificadora. Enfim, foi um dia grandioso. Depois vieram almoçar no Palácio da Alvorada.

Na segunda-feira, ainda, fiquei o tempo todo respondendo questões, estávamos nos preparando para a gravação, no dia seguinte, sobre o programa do ajuste fiscal.*** Falei o tempo todo por telefone com Malan, Pedro Parente e outros da equipe econômica.

À noite, jantamos aqui eu e a Ruth com o Nê e a Carmo. Só para discutir coisas nossas, nada de política.

Terça de manhã fui fazer a gravação. Gravei no Planalto, não ficou bom, o texto não foi feito por mim, comecei a escrever, mas mudaram, a área econômica tinha certas exigências, queriam que eu dissesse uma porção de coisas rapidamente, não gostei do que eu disse nem do modo como disse, mas, enfim, foi ao ar na terça-feira à noite.****

À tarde, recebi o Ovídio de Ângelis, ministro ligado ao Iris que já estava numa atitude de colaboração com o governo. Recebi a informação de que os líderes do PMDB resolveram esquecer as mágoas e seguir firmes conosco. Essa terça-feira foi um dia de muito trabalho para preparar o ajuste fiscal.

Ontem, quarta-feira, o Pedro Malan fez a apresentação do programa num café da manhã aqui com os líderes da Câmara e alguns ministros. Muita discussão, em geral uma atitude cooperativa dos líderes e dos partidos que me apoiam.

Falei da necessidade de uma conversa com a oposição, o Geddel imediatamente rechaçou, disse que não daria certo, que a oposição na verdade não quer isso, que ela funciona por conta própria. Foi um dia duro, sobretudo para o Pedro Malan, que se esfalfou para mostrar ao país o que é o ajuste fiscal. Ele disse o já esperado, que precisava aumentar a contribuição dos funcionários públicos, dos ativos e dos ina-

---

* Também estiveram presentes o presidente da OEA, César Gaviria, e o cardeal colombiano Darío Castrillón, representante do papa João Paulo II.

** Em seu discurso, o presidente equatoriano narrou as experiências de seu avô paterno, Jalil Mahuad, na linha de frente da guerra de 1941.

*** Oficialmente denominado Programa de Estabilização Fiscal.

**** Destinadas a gerar mais de R$ 28 bilhões de economia em 1999 e superávit primário de 2,8% nas contas públicas até 2001, as medidas de ajuste fiscal anunciadas incluíram aumentos de alíquota da CPMF, de 0,20% para 0,38%, e da Cofins, de 2% para 3%; cortes adicionais de R$ 8,7 bilhões no orçamento; e cobrança de contribuição previdenciária de aposentados e pensionistas. Entrementes, o montante final do pacote de ajuda do FMI, em fase final de negociações, era estimado pela imprensa em mais de US$ 40 bilhões.

tivos, embora o Brasil pense sempre que os inativos não podem pagar. Na verdade, eles consomem 20 bilhões de reais e são menos de 1 milhão de pessoas... os inativos da União são novecentos e poucos mil e eles contribuem com 2 bilhões, quer dizer, há 18 bilhões de reais pagos pelo povo e pelas empresas, para pagar as aposentadorias; é razoável que eles também contribuam com uma parte.

À tarde recebi o Medeiros e o Paulo Pereira, da Força Sindical. Antes eu conversara de manhã com Amadeo, o ministro do Trabalho. Pedi que ele estivesse presente, para tomarmos algumas medidas compensatórias em caso de qualquer dificuldade que haja pela frente. Amadeo me mostrou um gráfico bastante impressionante da possibilidade de aumento do desemprego. De qualquer modo, isso vai depender da taxa de crescimento, que, por sua vez, depende justamente da nossa capacidade de agora, nos próximos dias, mostrar ao mundo que somos capazes de fazer o ajuste fiscal, de o Fundo Monetário nos apoiar, como já apoiou, e também o Banco Mundial e o próprio governo americano. O Rubin fez uma declaração de apoio a mim e ao Brasil. Se tivermos sucesso nisso, poderemos baixar a taxa de juros rapidamente. Nesse caso o ano que vem não vai ser tão trágico quanto está sendo pintado.

Recebi o Fernando Bezerra, que veio trazer o ponto de vista dele, vai cooperar, foi reeleito senador pelo Rio Grande do Norte.*

E à noite fui encontrar os senadores na casa do Marco Maciel, juntamente com o Malan, o ministro da Previdência, o ministro da Administração e o ministro do Planejamento, para explicar de novo o plano de ajuste fiscal. Reação também boa dos senadores, razoável pelo menos, e de alguns deputados também. Há boas possibilidades de aprovação dessa matéria.

Hoje, quinta-feira, despachei com o Clóvis. Falei por telefone com Antônio Carlos.

Dizem que há em marcha uma chantagem parece que preparada pelo pessoal do Collor, alegando, com papéis e documentos, que o Sérgio Motta, eu, Mário Covas e o Serra temos uma conta nas Ilhas Cayman.** Para ser franco, não sei nem onde fica Cayman, que dirá ter conta lá. Já mandei a inteligência do governo investigar. Esse material foi oferecido para a *IstoÉ*. Agora eu soube pelo Antônio Carlos que ofereceram também ao *Diário Popular*, do Quércia, e ao Maluf. E o que fez o Maluf? No sábado, véspera das eleições, mandou as filhas dele*** irem falar com a Marta Suplicy com essa papelada. Marta parece que não acreditou, falou com o Serra, que falou com o Márcio Thomaz Bastos, advogado dele e também do PT, que também já sabia do assunto.

Antônio Carlos veio à tarde falar comigo, disse que tinha conversado com Maluf, o qual negou ter entregue ou mostrado esse material a quem quer que fosse,

---

* Bezerra batera o tucano Carlos Alberto de Sousa e o petista Hugo Manso.
** Os documentos falsificados sobre as supostas contas e empresas de fachada de tucanos no Caribe ficaram conhecidos como "dossiê Cayman".
*** Lígia e Lina Maluf.

que as filhas dele não foram à casa da Marta. Mas Marta esteve ontem à noite com Antônio Carlos e confirmou a história. Ou seja, uma chantagem, mais uma, e inverossímil. Eu, o Mário Covas, o Serra e o Sérgio Motta. É absurdo botar esses quatro juntos numa malandragem, nenhum de nós é capaz nem de imaginar uma coisa dessas. Envolve centenas de milhões, uma completa loucura. Mas o Brasil é um país tosco, preciso investigar, porque de repente surge aí outra pseudodenúncia.

Almocei com Paulo Renato, discuti a ideia dele da integração do ministério da Educação com o Ministério de Ciência e Tecnologia, ele trouxe outras sugestões mais, o Paulo é cooperativo.

Depois do almoço, o general Leonel despachou comigo e recebi também o general Fu [Chuan-yu], que é o chefão militar da República Popular da China.*

Ainda tive vários despachos de rotina e sem ser de rotina, assinei uma série de atos relativos ao ajuste fiscal, uns vão para o Congresso, outros são decretos, enfim, a vida normal.

Amanhã, sexta-feira, devo ter uma reunião com gente da área econômica, vamos começar a discutir a reorganização do governo. Certas coisas preocupam. Vou precisar mexer e vai ser difícil, com este clima ainda de incertezas econômicas. Mas não tem jeito. Acho até que vamos ter que mexer antes do que eu gostaria. Eu queria fazer isso depois das eleições, não agora com o ajuste, vamos ver. Se eu puder, mexo já em meados do próximo mês. O mais difícil é que eu quero fazer o Ministério da Produção e botar o Mendonça lá. O PFL já está chiando por causa disso, questão de espaço.

Fora isso, o clima ainda está pesado, a parte econômica continua também muito tensa no mundo todo. Clinton telefonou ontem para me felicitar pelos acordos entre Equador e Peru, conversou também sobre a situação econômica. Eu o notei um pouco mais aflito com o tal timing. Tive a sensação de que ele achou que uma ou duas semanas para termos o acordo com o Fundo Monetário, como eu disse que aconteceria, era um tempo alongado demais. Até corrigi, disse que neste fim de semana teríamos algumas informações, que eles iam mandar gente aqui. Depois eu soube que não, Pedro Parente é que vai lá, porque o programa foi feito por nós e não pelo Fundo. O Fundo é sempre renitente, ranzinza, vamos ver o que acontece. Mas notei o Clinton um pouco preocupado com isso, ele está sentindo que o mundo financeiro continua muito restritivo em relação ao Brasil. Clinton nos cumprimentou por termos feito um programa em tão breve espaço de tempo. Foi, como sempre, amável e solidário.

SEXTA-FEIRA, DIA 30 DE OUTUBRO, são três horas da tarde.

Hoje de manhã tive uma longa reunião com Malan, Paulo Paiva, Clóvis, Mendonça de Barros, Beto Mendonça e André Lara. Começamos a discutir a conformação do futuro governo. Repisei que eu queria fazer o Ministério da Produção, creio

---

* Chefe do Estado-Maior do Exército chinês.

que o Pedro Malan ficou mais desanuviado, passou a entender direito o que é isso, entra o BNDES e há um entrosamento com o Banco do Brasil. Não existe transferência de enormes poderes, como eles imaginavam, para o Ministério da Produção.

Discutimos muito sobre o Ministério de Orçamento e Gestão,* como fazer, quem ficará subordinado a quem, que grau de subordinação existirá entre a Fazenda e o Orçamento. Defini que André vai ser o meu assessor especial, juntamente com o Beto Mendonça. Vamos botar o Botafogo [José Botafogo Gonçalves] no lugar do Beto Mendonça, e faremos essa troca com certa rapidez.** O que me preocupa é a situação do Banco do Brasil, onde há rumores — não muito consistentes, mas que se repetem — de manipulação da seguradora do Banco do Brasil*** e dos fundos de pensão, do Previ.

Sempre se atribui ao governo isso ou aquilo. Na verdade são pessoas de hierarquia menor que eventualmente podem estar mexendo aqui e acolá de maneira não muito adequada, mas é melhor mudar logo tudo. Sugeri que nomeássemos o Sérgio de Freitas**** como presidente do Banco do Brasil. Não vejo o Sérgio de Freitas há muitos anos, mas é uma pessoa experiente e honrada. Precisamos ter alguém com experiência bancária para se articular com o Ministério da Produção.

Recebi o Lampreia, muito aflito, porque houve um equívoco e não colocaram os diplomatas como carreira típica de Estado. Briguinha corporativa, Lampreia tinha razão, corrigimos, eles vão mudar na PEC.*****

Depois recebi Mário Covas. Conversa boa, longa. Ele também falou sobre esses papéis que estariam circulando por aí. Imagina só: uma associação minha com ele, com Sérgio Motta, coitado, já morto, e com o Serra. Não sei se isso é coisa do Gilberto Miranda, Maluf, Collor, por aí.****** Como eu, o Mário não está dando muita bola para o assunto, que não tem nenhum fundamento. O que valeu foi a nossa conversa política, que foi coincidente. Ele também vê, como eu, que temos que dar um sinal sensível de queda da taxa de juros para reanimar a economia e as esperanças.

* Nova nomenclatura do Ministério do Planejamento.
** Gonçalves foi indicado para o Ministério da Indústria, do Comércio e do Turismo.
*** Brasil Veículos e Aliança do Brasil.
**** Vice-presidente do grupo Itaúsa e ex-diretor da Área Internacional do Banco Central no governo Sarney.
***** As carreiras típicas de Estado são exercidas por diplomatas, militares, fiscais, administradores civis, promotores, procuradores, defensores públicos, policiais e agentes de inteligência. Trata-se aqui da PEC 173/95, da reforma administrativa, convertida na Emenda Constitucional nº 19, de 4 de junho de 1998.
****** Segundo a investigação do dossiê Cayman, o senador Gilberto Miranda intermediou a venda dos documentos, forjados por dois brasileiros residentes nos EUA, ao irmão do ex-presidente Collor, o empresário Leopoldo Collor, que os revendeu a Paulo Maluf. A transação teria envolvido US$ 10 milhões.

Precisamos fazer força para aprovar o ajuste fiscal, temos que ampliar o diálogo com a oposição.

Eu disse que me parece que o meu governo vai ter duas metades. A primeira metade, nos primeiros anos, um pouco na mesma. Na segunda, queiramos ou não o PFL vai se lançar um pouco mais contra porque vai ter candidato próprio, não acho também que o PT deixe de ter o seu candidato, então vamos ter três blocos. No nosso, PSDB, vamos tentar ficar com o PMDB, com pedacinhos do PTB, do PPB, eventualmente do PSB e também, do antigo Partidão, o PPS. Aliás, ontem à noite esteve aqui o Roberto Freire, veio com Raul Jungmann, conversamos muito. O que o Roberto quer é aumentar a bancada dele,* com mais uns dois deputados para ter liderança,** mas está disposto ao diálogo. Falamos, como sempre, com muita franqueza, fiz algumas restrições ao estilo do Ciro, ele sabe que eu as tenho, desde o início, mesmo assim a política não me permite distinções que impeçam um diálogo, se for construtivo para o país e para os nossos interesses, meus e do partido.

Acho que foi bom. A conversa com Mário mostra isso. Ele é maduro, um político seguro. Inevitavelmente, daqui para a frente, vai assumir uma posição cada vez mais central no PSDB e mesmo no jogo político brasileiro, porque ninguém vai tirar da minha cabeça nem da dele que ele é o virtual candidato à Presidência da República. Tem todas as condições para isso. Se será ou não, só Deus sabe. Mas estarei aqui para ajudá-lo no que for melhor para o PSDB e, sobretudo, para o Brasil. Neste momento não vejo outro nome para dirigir o Brasil nos dias de hoje — nem o Serra nem o Tasso, que talvez sejam até mais bem qualificados do que o Mário; mas não creio que eles tenham um cacife político equivalente ao do Mário.

Daqui a pouco vou tomar um helicóptero, vou a Ibiúna. Espero que faça bom tempo porque segunda-feira é feriado, Dia de Finados. Não vou gravar nada, eu quero descansar.

HOJE É QUARTA-FEIRA, 4 DE NOVEMBRO. Dia glorioso e, por outro lado, preocupante. Já explico por quê.

Como disse, fui a Ibiúna, descansei bastante, não houve nenhuma conversa política de maior monta, salvo um encontro com Bresser, como sempre simpático, ele gostaria de continuar no governo. Me disse que eu deveria manter o Malan, mas que o André seria a alternativa, embora ele, Bresser, também pudesse ocupar a pasta da Fazenda. Na verdade, me pareceu que ele deseja é uma secretaria junto à Presidência da República. Bresser sempre critica a forma como está organizada a Presidência, especialmente a do ocupante da Casa Civil.

---

* Coligado ao PSD, o PPS elegeu três deputados federais em 1998.
** Partidos e blocos com cinco ou mais cadeiras na Câmara têm direito a indicar um líder de bancada.

Mas foi uma conversa amena, sem mais, depois uma conversa com os amigos, na casa do Carlos Lemos,* coisas que ajudam a contrabalançar o cotidiano árido da Presidência.

Voltei na segunda-feira à noite e me encontrei com Pedro Malan para falarmos da situação econômica, o que tem avançado, as pré-negociações com o Fundo Monetário.

Tive uma longa conversa com Eduardo Jorge a respeito do seu futuro. Ele mesmo se excluiu do governo. No fim disse que poderia voltar à Secretaria-Geral da Presidência. Eu disse: "Olha, é uma má opção, não faz mais sentido. Acho que você devia ficar na posição em que se realizasse em termos da sua capacidade de executar as coisas, e não de ser apenas um assessor extraordinário como você é". Ele me disse que não é esse o seu temperamento, que prefere que não se incomodem com ele, não precisa se sentir realizado no que faz, que ele gosta de ver a influência construtiva que ele possa ter na ação de terceiros. Disse: "Vou examinar a possibilidade de uma dessas secretarias que estamos imaginando criar". Disse também que não tem condições para ser ministro, que ele não gosta de se comunicar com a opinião pública, com a imprensa etc.

Eduardo é um colaborador eficaz e leal que saiu do governo, como já registrei aqui, por suas próprias razões, e agora me parece que quer voltar. É uma pessoa útil, além de ter as qualidades que já referi.

Com o Malan também conversei sobre o Gustavo Franco, sobre as dificuldades da mulher dele na área empresarial, que o governo não pode resolver. Isso me preocupa, porque pode acontecer um problema com a empresa, quer dizer, falta de recursos, nada irregular. Mas, sendo ele presidente do Banco Central, isso nos cria um embaraço imenso. Ele pode vir a ser obrigado a sair do governo neste momento difícil. Isso foi na segunda-feira à noite.

Ontem, terça-feira, dediquei o dia a conversar com alguns parlamentares, para reorganizar a área política. Além disso, houve um incidente grave com a Colômbia, que entrou em Querari, uma localidade brasileira, na fronteira. Militares colombianos estavam lutando contra os guerrilheiros que tinham tomado a capital da província, inclusive o aeroporto.** Parece que eles receberam a autorização de um oficial subalterno do Ministério da Aeronáutica, que depois foi cancelada. Os colombianos entraram com helicópteros. Isso nos deixou bastante irritados. Resolvemos, com o alto-comando e com o Ministério das Relações Exteriores, enviar uma

---

* Arquiteto, amigo pessoal de Fernando Henrique e seu vizinho de sítio em Ibiúna.

** Em 1º de novembro de 1998, várias frentes das Farc tomaram o controle de Mitú, capital do departamento colombiano de Vaupés, a 45 quilômetros da fronteira brasileira. O país vizinho pediu autorização de pouso para nove aviões e seis helicópteros na pista do batalhão de fronteira de Querari durante o contra-ataque à guerrilha e a retirada dos mais de cem mortos e centenas de feridos. O Exército colombiano retomou o controle de Mitú em 4 de novembro.

nota de protesto, chamamos o embaixador [brasileiro]* e entendemos que, apenas por razões humanitárias — havia mortos e feridos —, eles poderiam permanecer lá até hoje, até certa hora da tarde.

Hoje à tarde, quarta-feira, recebi a informação de que o presidente Pastrana queria falar comigo. O Lampreia me disse que eles pediam mais três dias de permanência no aeroporto. Mas não. Pastrana revelou que eles já tinham conseguido recapturar o aeroporto [de Mitú], ele apenas queria me agradecer por terem utilizado o nosso. Tivemos muita preocupação em manter a posição de não ingerência do Brasil nos assuntos internos da Colômbia, que teria como consequência generalizar a guerrilha, quem sabe com o narcotráfico vindo para o lado de cá. Embora possamos ser solidários com a necessidade de segurar o narcotráfico, não podemos usar bases brasileiras para esse fim, porque implica uma espécie de beligerância em relação a um setor interno da Colômbia.

Por essa razão passamos boa parte da manhã de ontem nesse tipo de conversa com os militares.

Depois recebi o Padilha para discutir a questão política do Itamar, que vai ser um espinho o tempo todo. Acabo de ver na televisão o Itamar com o PT dizendo que a reforma fiscal começa baixando a taxa de juros. Eles não entendem que a taxa de juros só baixa se fizermos a reforma fiscal. Não é o ovo e a galinha, não. Aqui tem causa e efeito. Mas na cabeça de Itamar isso é detalhe. Se ele me irritar mais, serei obrigado a dar-lhe uma chamada e o farei.

Jantei com o Serra aqui e conversamos amistosamente sobre questões nossas, pessoais, mas sobretudo sobre o ministério e essas chantagens que há por aí de Maluf e de gente que diz ter "informações" sobre contas no exterior do Serra, minhas, do Mário, coisa absolutamente inverídica. E também falamos dos grampos, da Telemar. Enfim essa sujeira lateral à política brasileira. Ainda bem que é lateral, neste caso, pelo menos, é totalmente falso.

Isso é o que me recordo de mais significativo a registrar, fora receber gente no Palácio do Planalto a tarde toda. Estou preocupado, sobretudo, com a votação de hoje.**

Recebi hoje o governador eleito do Rio de Janeiro, o Garotinho. Foi uma conversa agradável, simpática, ele se mostrando de uma esquerda mais moderna e me pareceu uma pessoa mais informada do que eu podia imaginar, vendo a crônica de longe. Contou que foi do Partidão, depois do PT, depois do PDT, mas que não tem ligação direta com Brizola. Está preocupado com o ajuste fiscal, eu também, falei que precisamos enfrentar a reforma da Previdência, ele concordou. Não sei que declarações ele terá dado depois que falou comigo, mas foi bom, porque hoje

---

* Marcus de Vicenzi foi convocado a Brasília em protesto pela invasão colombiana.
** Continuidade da votação de destaques da reforma da Previdência, cuja tramitação estava parada desde julho.

saiu na televisão ele aqui no palácio, feliz, rindo e agradecendo, e o Itamar do outro lado, com o pessoal do PT. Quero ver como ele vai governar Minas com essa visão.

Almocei com Mendonça para conversar sobre o Ministério da Produção e para dar ciência a ele das confusões sobre a Telemar. A Abin, o serviço de informação brasileiro, comunicou a existência de escutas telefônicas relativas à negociação de consórcios para a compra da Telemar e de outras empresas de telecomunicações. Não é nada grave, mas, tirado do contexto, pode dar impressão de que o ministro Mendonça está manobrando em favor de algum setor privado, quando na verdade está incentivando a formação de mais de um consórcio, para que o governo possa vender melhor as empresas. Expliquei, dei as informações pertinentes ao Mendonça. Conversei muito com ele sobre a situação geral e sobre o Ministério da Produção.

Em seguida, juntos, recebemos o Eduardo Jorge. Antes eu tinha recebido para almoçar o Eduardo Jorge, o Bresser, o [Adroaldo] Wolf e o Egydio [Bianchi],* que vieram me fazer a prestação de contas da campanha. Agradeci o empenho deles na condução do comitê financeiro da campanha. O Eduardo Jorge veio falar também com o Mendonça e comigo sobre os restos a pagar, que ficaram por conta do PSDB, que absorverá certa dívida da campanha.

Depois passei em revista a tropa, porque houve mudança de guarda dos palácios presidenciais. Fiquei muito tenso com a à votação da Previdência. Ganhamos** espetacularmente, e agora à noite tivemos uma demonstração sólida de apoio da base do governo, um sinal muito positivo para os avanços que precisamos para a reforma fiscal. Foi muito positivo, a reforma da Previdência se encerrou, digamos com muita força política. Com mais votos do que em qualquer outro momento.

No final do dia, Clóvis me informou — o Eduardo Jorge foi quem contou a ele — que o Serra estava distribuindo à imprensa uma nota com uma crítica aos gastos da Saúde e da Educação. Recebi a nota. Serra compara gastos com PIB. Ora, o Tesouro não tem nada a ver diretamente com PIB. O Serra manda uma nota do ministério e depois reclama que não houve aumento de gastos da Saúde nem da Educação no meu governo e que a CPMF foi desviada da sua finalidade principal. Fiquei irritado, tentei falar com ele, estava em São Paulo, tentei falar com o Barjas, não me respondeu. Chamei o Martus, mandei que respondesse tecnicamente à nota.

Agora à noite conversei com várias pessoas, inclusive com o Vilmar Faria. Ele falou com Serra, que disse que a nota tinha vazado, que era uma nota mais técnica, que os dados eram conhecidos. Pretendeu que não era nada.

* Assessores de Bresser-Pereira na tesouraria da campanha à reeleição.

** O governo venceu por 343 a 125 a votação de um DVS proposto pela oposição para proibir a criação de fundos de previdência complementar para a aposentadoria de servidores públicos com salários acima de R$ 1200.

HOJE É DIA 6 DE NOVEMBRO, SEXTA-FEIRA. Vou registrar o que aconteceu ontem.

De manhã fui a uma solenidade da Medalha do Mérito Cultural,* fiz um discurso em que, segundo os jornais, me comparei a José Bonifácio [de Andrada e Silva]. Não é nada disso. Apenas citei uma passagem do Sérgio Buarque, de que eu gosto muito, na qual ele diz que no Brasil não temos um pensamento conservador, mas atrasado. Disse isso, retomando um texto que o Weffort tinha citado, muito bonito, e o utilizei como mote.

Depois vim para o Palácio da Alvorada almoçar, sempre preocupado com a nota que o Serra havia emitido. Falei com ele por telefone e ele disse que daria uma entrevista para desfazer a impressão que havia sido criada. E que tinha ficado nítida na quarta-feira à noite, nos debates na Câmara, precisava ser desfeita. O PT ficou eufórico com a nota da assessoria econômica e disse que o Serra tinha se demitido. Insisti que ele precisa acabar com essa impressão, porque ela prejudicava o governo nas votações.

No dia em que ele jantou aqui, ele disse que iria ao Congresso e convocou o Paulo Renato para uma reunião, na tentativa de ver se havia algum recurso adicional, por meio de imposto, para cobrir eventuais cortes na Saúde e na Educação. Cortes, aliás, que ele nem sabia se iam existir, não se sabe realmente o que aconteceu nesses cortes da Saúde, nem eu sei. O Martus está fazendo das tripas coração para evitar cortes. Serra não me falou sobre nenhuma nota, nem eu iria concordar que ele fosse fazer uma nota contra o governo.

Ele queria dar uma entrevista coletiva, eu disse que seria melhor uma nota. Depois do almoço, ele me telefonou, eu já estava no Palácio do Planalto, dizendo que ia dar a entrevista e cuidar, como aliás cuidou, de não deixar que houvesse exploração de suas palavras. Nessa entrevista ele declarou que os dados da nota eram conhecidos, estavam disponíveis no computador, no Siafi, e que não eram do ministério nem dele. Dados há por todo lado, a interpretação é que é o problema, e também as comparações. Mas recuou de forma suficiente a não haver aborrecimentos maiores, salvo esses que já mencionei.

Recebi o presidente** e o vice*** da General Motors [do Brasil]. Eles vieram me comunicar que fecharam um grande contrato de exportação para a China, que é a coisa mais cobiçada pelo mercado automobilístico mundial, e que será a General Motors do Brasil quem vai exportar.

Mais tarde fui à inauguração da sede da Anatel, um edifício tem o nome do Luís Eduardo, o outro o nome do Sérgio Motta. A Wilma Motta estava lá, a Michelle Magalhães e o Antônio Carlos também, foi uma festa emotiva. E voltei para casa.

---

* Ariano Suassuna, Altamiro Carrilho e Cacá Diegues estiveram entre os condecorados de 1998.
** Frederick Henderson.
*** André Beer.

Encontrei-me com o André Lara Resende, conversei bastante a respeito das famosas fitas, das gravações das conversas telefônicas. Um grupo teria grudado um grampo no telefone da presidência do BNDES. A informação que me foi dada pelo Sérgio Andrade* é de que tais fitas teriam sido gravadas pelo Eduardo Cunha,** um antigo presidente da Telerj no tempo do Collor e muito ligado também ao Serpa. É possível que o Serpa tenha andado mexendo com a Telemar. Não sei. Não quero fazer afirmações sobre qualquer dos dois que não tenham base.

O fato é que essas gravações, ouvidas por quem entende do assunto, como eu já disse, não têm nada de grave. São simplesmente a tentativa do Mendonça e do André de criarem um consórcio para competir na disputa do leilão de privatização. Fora de contexto pode parecer grave. Até porque o BNDES [depois do leilão] fez uma interferência para evitar que a Telemar ficasse com grupos vencedores sem suficiente capitalização ou base tecnológica.

O BNDES fez a intervenção [e ficou com cerca de 25% das ações da Telemar]. Havia, na época do leilão, outra briga entre os italianos [Telecom Italia] e o resto do grupo que tentava controlar a Telemar, no qual há alguns investidores americanos da Bell South.*** E o grupo que hoje controla não quer leilão [para a venda da parte que ficou com o BNDES], porque isso elevaria o preço, daria um ágio para o BNDES, que vai vender a sua parte. E eles acham que não deveria ser assim. Não sei. Já há confusão sobre o modo de vender a parte do BNDES no TCU.

Isso tudo vai sair nas revistas deste fim de semana, junto com a chantagem à qual me referi, sobre a suposta conta que o Covas, eu, o Serra e o Serjão teríamos nas Ilhas Cayman. É bom que saia, que estoure logo, porque não tem o menor fundamento. Mas de qualquer maneira vai dar dor de cabeça, especialmente a questão das gravações. Some-se a isso tudo o comportamento desnecessário do Serra e teremos um fim de semana bem quente nas revistas.

Na conversa de ontem à noite com o André, passou-se em revista o assunto, mas o principal não foi nada disso, e sim a definição da posição dele no governo e algumas sugestões de encaminhamento. Quem sabe tirar o Gustavo Franco de onde está para ele poder resolver seus problemas familiares e, em seguida, talvez colocá-lo no Banco do Brasil ou na Petrobras. É possível. Vamos ver. O André também conversou sobre a necessidade de revermos a política de juros e, eventualmente, a de câmbio.

Hoje passei a manhã toda, das nove à uma hora, reunido com o mesmo grupo que esteve aqui na semana passada, discutindo o novo perfil do governo. Definimos melhor como seria o Ministério da Produção, o Malan presente, houve concordân-

---

* Presidente do grupo Andrade Gutierrez.
** Ex-presidente da Telerj e ex-candidato a deputado estadual pelo PPB-RJ.
*** Na verdade, a empresa norte-americana se retirou da disputa pela telefonia fixa às vésperas do leilão.

cias. Definimos a Secretaria de Planejamento, não se sabe muito bem o que fazer com a Secretaria de Administração e Orçamento, mas avançamos bastante nessa redefinição, e até alguns nomes foram aventados. Falamos da possibilidade do Paulo Paiva ir para a Petrobras. Foi o Clóvis quem sugeriu, Paulo se entusiasmou, todos os outros também, porque o Pio Borges, atual vice-presidente do BNDES, poderia ir como vice-presidente. Isso resolveria várias questões. Não sei se vai dar certo.

Ponderei que não podemos botar só paulistas no BNDES, e eles propuseram o [Rodolfo] Tourinho, que é da Bahia,* e que é bom, mas é muita gente da Bahia também. Só se eu fizesse realmente essa troca na Petrobras. Sugeri o nome do Paulo Cunha para presidente do conselho de administração da Petrobras, que é uma coisa vistosa, de importância, e ele, com a experiência que tem, pode ajudar.

Enfim, começamos a desenhar o perfil do futuro governo nessas áreas e nessas matérias. Vi o André muito cooperativo. Falei com ele para que se prepare, porque de repente pode ser que precise assumir posições mais adiante, no Banco Central ou no Ministério da Fazenda. Me parece que ele está preparado, se nenhum acidente ocorrer, para assumir.

Hoje à tarde, me procurou também o Roberto Civita, que está interessado na compra da Manchete. Isso me pareceu bom, porque ele pode pagar a dívida da empresa, são quase 500 mil dólares, em cinco anos, seria melhor do que nada. Já comuniquei ao Mendonça, que deve atuar nessa área.

Estou ditando essas notas e esperando a Ruth, que vai chegar de Pernambuco, para jantarmos. Trabalhei bastante hoje, recebi o Dante de Oliveira,** conversamos muito, conversei com vários personagens do governo, com empresários, mexi nos meus papéis e agora preciso descansar.

HOJE É DOMINGO, 8 DE NOVEMBRO, uma hora da tarde.
Ontem passei o dia aqui, almocei com Gilberto Gil e com a Ruth. Discutimos bastante o que fazer com o meio ambiente. O Gil eventualmente pode ser ministro do Meio Ambiente. Ele gosta do nome do [Alfredo] Sirkis*** e do Fabio Feldmann. Vou ter que enfrentar essa questão porque, em termos específicos, não fizemos nada nessa área.

Antes de chegar o Gilberto Gil, fiquei aqui nadando e fazendo exercícios.

Recebi o Pedro Malan, conversei sobre o que está acontecendo no Fundo Monetário, ele não me deu muitos detalhes, mas parece que vai avançando a negociação com o Fundo e o G7, talvez cheguemos a 40 bilhões de dólares. Eu

---

* Secretário da Fazenda do governo baiano e ex-senador pefelista.
** Reeleito em primeiro turno ao governo mato-grossense, com 54% dos votos.
*** Ex-candidato ao governo fluminense pelo Partido Verde e secretário executivo da Fundação Movimento OndAzul, ONG ambiental presidida por Gilberto Gil.

disse a Pedro Malan que era preciso começar a pensar com mais seriedade nas mudanças econômicas que vamos fazer. Na verdade nada mudou na área econômica. Para o Banco do Brasil eu tinha citado o Sérgio de Freitas, achei que talvez pudesse ser o próprio Gustavo Franco, o Pedro me falou da Petrobras para o Gustavo, acho até mais razoável do que o Paulo Paiva. Não sei. Em todo caso a conversa foi essa.

Depois do almoço, recebi primeiro o Serra. Veio com revistas que falavam de várias coisas,* da crise a propósito da nota que ele deu, com críticas sobre os gastos da Saúde e da Educação, e também das chantagens tanto das fitas gravadas no BNDES quanto da suposta conta que teríamos nas Ilhas Cayman, eu, o Mário, o Serra e o Sérgio,** esta, uma chantagem absoluta. Em relação a isso, as coisas evoluíram bem. Li agora, hoje de manhã, a coluna do Elio Gaspari, que explica tudo. Ele publica o material de que dispõe, que imagino tenha sido dado a ele pelo Serra, e que desmistifica essas coisas todas. Aliás, o Gaspari publicou as coisas como "chantagem", que é o que são.

Na conversa com o Serra, voltamos à discussão do assunto que interessa a ele: vai continuar ministro no ano que vem.

Para desanuviar a barra dele, mostrou um editorial que eu não tinha lido, no *Estado de S. Paulo*, cujo título é "Deslealdade se pune com demissão", qualquer coisa assim; é ruim para ele, porque há sempre essa visão simplista na mídia. Eu tenho que fazer uma análise do custo/benefício de tirar o Serra agora. Haveria um custo para mim, porque iria parecer que estou tirando recursos da Saúde, e um custo para o país, porque Serra é um bom ministro.

O benefício seria apenas uma aparência de autoridade intocada. Não gosto desse tipo de abordagem, que é mais próximo ao estilo do Antônio Carlos e do próprio Serra do que do meu. Não tenho essa visão do poder que demite, nomeia. Devo ter objetivos nacionais, que tento alcançar até à custa da minha própria imagem aparente. Ligo pouco para isso, talvez a minha vaidade seja tão grande, eu tenha tanta confiança em mim mesmo, que não ligue para as aparências disso ou daquilo. Esse é o lado negativo de ver o que eu faço. O positivo é dizer que tenho responsabilidade com o país e não vou ceder a fofoquinhas daqui e de lá.

* *Veja* publicou matéria de capa sobre o dossiê Cayman e o grampo do BNDES na edição de quarta-feira, 18 de novembro, que começou a circular no fim de semana anterior, com a chamada "Tucanos na mira" e o título "Fitas, papéis e crise". Nesta passagem se trata da revista *Época*, a primeira a noticiar os dois casos dias antes.
** Segundo *Veja*, as supostas contas em Cayman teriam saldo de US$ 368 milhões. A revista também publicou a transcrição de trechos de diálogos telefônicos grampeados, cujos principais personagens foram o ministro das Comunicações, o presidente e o vice-presidente do BNDES, o diretor da Área Internacional do Banco do Brasil e o presidente da Previ (Jair Bilachi), além de Pérsio Arida, sócio e diretor do Opportunity.

Quanto ao Serra, disse que eu havia falado com o Frias, que tinha me contado que ele, Serra, telefonara para a *Folha* pedindo destaque para a tal nota, mas não aprofundei, porque não quero agravar as coisas.

Mais tarde recebi o Vilmar e o Gelson, para discutirmos a organização da Presidência. Falamos também sobre o Ministério da Ciência e Tecnologia. Não se consegue chegar a um nome razoável, não é fácil, mas é preciso; assim é mais simples do que a reorganização da Presidência.

Hoje de manhã, domingo, mal li os jornais e passei a receber telefonemas. Quero ter uma longa conversa com Eduardo Jorge sobre as coisas e também sobre o Serra, que me telefonou. Está aflito. Provavelmente assustou-se com o fato de ter saído nos jornais que seu nome estava metido nessas coisas; não do grampo dos telefones do BNDES, mas ligado a um dos lados da briga.* Serra dá sinais de recomendar calma e de não fazer guerra com Mendonça. É essa futrica permanente da política brasileira, eu agora estou aparecendo como se tivesse algo a ver com esses complôs horríveis, nojentos, de grampos, por terem gravado uma conversa minha com o André.

Ainda bem que o Elio Gaspari fez um artigo bastante bom sobre o assunto, elogiou o Lula, no que tem razão. O PT nessa hora não faz coro, não é um partido de fazer chantagem. O Lula, especialmente, não é. Tanto que sempre o defendi como pessoa íntegra. Esse é o meu juízo sobre ele.

Creio que estamos saindo da tempestade da crise, acho que, se conseguirmos agir com energia, vamos superá-la. Vamos ter que desarmar a armadilha dos juros altos, ainda que a baixa se reflita no câmbio. Temos que mexer em alguma coisa, não em termos de uma desvalorização acelerada, mas de algum deslizamento mais rápido do valor do real na banda de flutuação, quem sabe.

---

* A imprensa associou o ministro da Saúde aos partidários do grupo Opportunity na privatização da Telebrás.

10 A 22 DE NOVEMBRO DE 1998

Grampos do BNDES e dossiê Cayman. Os irmãos Mendonça de Barros e André Lara Resende se demitem

Hoje é terça-feira, dia 10 de novembro, são nove e meia da manhã.
    Ontem de manhã tive uma longa conversa por telefone com Gustavo Franco. Ele estava na Suíça, na reunião do BIS, na Basileia, me contou que estavam lá o presidente do Banco Central da Alemanha,* o Greenspan, presidente do Federal Reserve, o presidente do Banque de France,** e por aí vai. Juntamente com banqueiros e também com Soros e outros grandes financistas.*** Pelo que entendi, Gustavo tinha a impressão de que ele e o representante do México**** estavam basicamente lá para que os banqueiros os ouvissem, especialmente ao Brasil, para que os brasileiros percebessem o grau de incerteza e de desconfiança que existe na nossa capacidade de fazer o ajuste fiscal. E que se os bancos privados estavam ansiosos para que os do G7, agora são G10,***** anunciassem o apoio, estes estavam querendo que os bancos privados participassem do jogo e assumissem suas responsabilidades. Ou seja, queriam basicamente forçar o Brasil a perceber que precisamos fazer o ajuste fiscal. Foi a sensação que eu tive.
    À noite falei com Pedro Malan, que confirmou isso, disse que os bancos privados estavam mais preocupados em acreditar que ia sair apoio [dos governos]. E o G10 não tomou essa decisão forte. Malan falou com o pessoal do Fundo Monetário, com Camdessus, com Stanley Fischer, que estava na Austrália, com o Larry Summers, que é o segundo do Tesouro americano, e disse que dessa conversa resultou um apoio ao Brasil, sobre o qual os americanos estão decididos, mas ainda assim querem forçar o G10 a anunciá-lo junto com o Fundo Monetário. É algo da ordem de 40 bilhões mais ou menos. O Malan explicou que temos pressa, porque ele quer fazer um *road-show* e, enquanto não for decidido, ele não pode. Enfim, momentos de grande incerteza.
    Enquanto isso, a chantagem das fitas telefônicas e dos documentos segue rolando. O PT, agora mais malandro, quer que a Comissão de Fiscalização e Controle

---

* Deutsche Bundesbank, presidido por Hans Tietmeyer.
** Jean-Claude Trichet.
*** Entre as instituições privadas representadas na reunião, Citibank, BNP Paribas, Merrill Lynch e Credit Suisse.
**** Guillermo Ortiz, presidente do Banco de México.
***** A despeito da sigla, é o grupo formado pelos presidentes dos bancos centrais de onze países ricos, os do G7 mais Bélgica, Holanda, Suécia e Suíça.

[da Câmara] peça as fitas que a Abin teria do grampo do BNDES. E a Tereza Cruvinel, que sempre ouve mais o PT, a dizer que o governo passou para a defensiva porque devia falar com o Ministério Público. Ora, o governo não tem que se utilizar do Ministério Público, não cabe; o Ministério Público tem o papel de denunciar. Tem que haver uma investigação, não se sabe nada sobre quem fez, quem não fez. Nós somos as vítimas, e não agentes dessa montagem.

O Brizola, com a sua sem-vergonhice habitual, já inventou outra coisa, que teria visto um dossiê da Espanha segundo o qual, na época da venda das teles, eu remetia dinheiro para as Ilhas Cayman. Mentira do Brizola! Mas cada um vai puxando a brasa para a sua sardinha, uma coisa podre, que cheira mal. Sem falar do Maluf, que fez o que fez na véspera da eleição em São Paulo, tentando envolver o PT nessa questão do dossiê Cayman.

O lado podre da política de vez em quando vem à tona. Dessa vez, veio. É tudo chantagem, mas aparece como se fosse uma coisa que devesse ser levada a sério. E isso dificulta a nossa ação em prol do equilíbrio fiscal, imprescindível neste momento.

Fora isso, reuniões com a equipe econômica sobre o orçamento, os cortes, depois reunião para gerenciar a apresentação do orçamento, e por aí vai este pesado dia a dia desses tempos.

HOJE É QUARTA-FEIRA, 11 DE NOVEMBRO. Ontem recebi embaixadores, credenciais e tal. Recebi o senador Joe Lieberman, do Partido Democrata,* com quem tive uma boa conversa, um homem inteligente, veio ver se realmente o Brasil vai aprovar o ajuste fiscal e sentir o clima do país.

Em seguida almocei na casa do Michel Temer com Antônio Carlos e com o Celso de Mello, presidente do Supremo Tribunal Federal. A discussão foi a respeito do teto [do funcionalismo], eu sou partidário de um teto mais baixo, mas já vi que a média vai dar uns 12700 reais, que é o que os outros poderes querem.

Na verdade, a minha preocupação agora é com o subteto nos estados, uma fórmula um pouco especiosa que o Celso de Mello acha que pode valer. E também com os chamados "direitos adquiridos", realmente um golpe contra o Tesouro. Os privilégios estão de tal maneira garantidos pela Constituição, que quem quiser igualar mais a sociedade brasileira vai ter que mudar radicalmente o texto constitucional.

Recebi o Zé Ignácio,** recebi os senadores do Espírito Santo, recebi um rapaz, Roberto Montes de Souza, que veio com Mendonça de Barros, ele foi nomea-

---

* Pelo estado de Connecticut.
** O tucano foi eleito ao governo capixaba no primeiro turno, com 61,3% dos votos.

do para a União Internacional de Telecomunicações.* Recebi o governador do Maranhão.** Todos os governadores agora vêm reclamar, estão saneando seus estados, precisam fazer certo esforço para consolidar essas medidas, na verdade é muito mais uma choradeira em torno do fato do que o desejo de obter mais recursos.

À noite, depois de trabalhar intensamente no Planalto, vim para cá e jantei com Beto Mendonça, Luiz Carlos Mendonça e André Lara Resende, para discutirmos a Telerj e os chamados grampos. Eu disse que não tem sentido essa guerra com o Banco do Brasil, que era preciso chegar a um entendimento. No caso, o melhor para nós é seguir a decisão do TCU,*** embora eu tenha a certeza que tanto o Mendonça quanto o André estão agindo da melhor maneira para salvar duas coisas: primeiro, obter os maiores recursos possíveis para o Tesouro; segundo, criar condições técnico-operacionais para que a Telemar funcione. Mas às vezes não é o que parece, então é melhor seguir o que o Tribunal de Contas decidir, embora eu saiba que o TCU é, digamos, influenciado por gente ligada ao grupo que ganhou o controle da Telemar.

Além disso, discutimos de novo a situação geral do Brasil e a ideia de que é preciso evitar que se durma nos louros se a crise passar, porque teremos adiante o ajuste fiscal e também que acertar o câmbio para que os juros possam realmente baixar.

Hoje de manhã, recebi o general Cardoso para discutir a questão dos grampos, que está se avolumando. Parece que o criminoso sou eu, talvez não só eu, mas nós todos. Marta Suplicy disse que o governo tem que investigar, que ninguém está livre de suspeita, essas besteiradas que ganham ares de verdade quando se fala do caso. O Cardoso veio com a ponderação, que eu acho certa, de que devemos passar isso para a Polícia Federal, para o Ministério da Justiça. Mendonça e André já tinham combinado comigo ontem que vão levar o caso para o Ministério Público, para que se vá mais fundo na apuração.

---

* Secretário executivo da Comissão Interamericana de Telecomunicações, Souza fora eleito ao cargo de vice-secretário-geral da UIT, organização vinculada à ONU.

** José Reinaldo Tavares (PFL) assumirá o governo maranhense com a licença médica da titular, Roseana Sarney, reeleita com 66% dos votos no primeiro turno.

*** O Tribunal de Contas da União ainda avaliava as supostas irregularidades na privatização da Telebrás e a participação dos bancos estatais no processo. A sentença foi proferida em 15 de dezembro de 1998. Os técnicos do tribunal concluíram que o BNDES não detinha autorização legal para participar do consórcio Telemar sem divulgação pública prévia — a compra de 25% das ações da Tele Norte Leste fora realizada depois do leilão de 29 de julho. O TCU recomendou que futuras ações do BNDES na privatização de estatais fossem precedidas de ampla publicidade. Ainda segundo o tribunal, o Banco do Brasil deveria esclarecer a atuação de seus funcionários durante a formação dos consórcios.

Paulo Renato me telefonou agora, disse que soube pela Joyce Pascowitch* que vai estourar uma bomba sobre uns papéis que a filha do Sérgio, a Juliana [Motta], teria deixado na Bahia quando ela foi detida lá [por infrações menores]. Não consegui saber do que se tratava, parece que são papéis sobre o Laranja Azeda, um sítio do Sérgio.** Agora começam a crescer especulações para lá, para cá e acolá.

Estive também com o Madeira, que me detalhou o que está avançando no Congresso nos nossos projetos, contou o que estão fazendo a respeito do ajuste fiscal.

Fora isso, só esse clima meio pantanoso em que nos meteram. Vamos ter que sair disso dando berro, porque não tem cabimento passar a impressão de que existe algo de podre, quando podridão é a armação que estão fazendo. Tenho absoluta certeza de que eu, Mário Covas e Serra, os envolvidos na trama, não temos nada a ver com tal coisa. Entretanto, temos que estar atentos, porque a maldade está em toda parte.

HOJE É 12 DE NOVEMBRO, QUINTA-FEIRA, são dez e meia da manhã.

A confusão continua nos jornais, um pouco menos intensa, porque mandei todo o material [dos grampos] para a Procuradoria-Geral da República e para a Polícia Federal. Só neste país maluco se consegue criar tanto barulho do nada.

Falei com Pedro Malan ontem à noite, ele queria me avisar que as negociações com o Fundo Monetário estão terminadas e que eu lesse os documentos. Eu li. Na verdade, é uma repetição de tudo que já dissemos aqui, não vi nada chocante, e eles foram prudentes nos prazos para a realização do programa de ajuste fiscal. Há ainda um probleminha com o G10-G11, mas acho que amanhã o acordo será anunciado ao Brasil. E positivamente.

Por outro lado, o Gustavo Franco me telefonou para explicar com detalhes a mexida que eles fizeram nos juros, com o objetivo de realmente baixar, daqui por diante, generosamente, a taxa.*** Isso vai, espero eu, desanuviar o clima.

O Congresso continua votando, e bem. Ontem aprovou quatro medidas provisórias relativas ao ajuste fiscal.**** Não fosse essa chantagem no ar, o resto estaria bem.

* Colunista social da *Folha de S.Paulo*.
** Localizado em Itu (SP).
*** A taxa interbancária (Tban) caiu de 49,75% para 42,75%.
**** Das quatro MPs aprovadas pela Câmara, três tinham relação direta com o ajuste fiscal: a MP 1721/98, convertida na lei nº 9703, de 17 de novembro de 1998, sobre a utilização pelo Tesouro Nacional de depósitos judiciais devidos à União; a MP 1724/98, convertida na lei nº 9718, de 27 de novembro de 1998, que estendeu a cobrança de PIS e Cofins a instituições financeiras, seguradoras e fundos de capitalização e previdência privada; e a MP 1722/98, convertida na lei nº 9704, de 17 de novembro de 1998, sobre a atuação da Advocacia-Geral da União na apuração de desvios cometidos por servidores públicos.

Ainda sobre ontem, recebi o príncipe Albert de Mônaco, visita meramente formal. Recebi também o diretor-presidente da Mercedes-Benz do Brasil, chama-se Ben van Schaik, é holandês e veio anunciar que estão exportando bastante, vão exportar mais, a fábrica de Juiz de Fora já começou a funcionar, e ele continua acreditando no país.

Depois recebi Roseana Sarney com o Jorginho Murad, para discutir os problemas do Maranhão, que são sempre os mesmos, precisam de mais recursos federais e têm medo da reforma fiscal que vem aí. Logo em seguida recebi a bancada governista do Maranhão, que veio simplesmente para me saudar. Elegeu catorze deputados e tem os três senadores.* É forte.

HOJE É SÁBADO, 14 DE NOVEMBRO, são sete e meia da noite.

Ontem, sexta-feira, fui ao Rio de Janeiro participar da solenidade de encerramento do curso da Escola Superior de Guerra, cerca de seiscentos militares das mais altas patentes.** Fiz uma palestra sobre o Brasil, falei até emotivamente, por causa da solidariedade que os militares têm dado a mim nesses quatro anos de governo.

Logo na entrada, fiz uma declaração muito forte sobre as chantagens que estão por aí.*** Hoje vi os jornais dizendo que eu tinha estudado, preparado a minha fala. Não estudei nada, não sabia nem se faria na entrada ou na saída. Resolvi falar de improviso na hora, falei com indignação, que é o meu sentimento, sobre a inversão de papéis que está ocorrendo aqui.

Em seguida almocei com Luciano Martins, que vai ser nomeado embaixador em Cuba. Tive uma reunião com uns trinta, quarenta membros do Fórum do Velloso, intelectuais, duas horas de bom debate.**** Depois fui ver Marcelo Alencar, com os deputados e com o prefeito do Rio de Janeiro.***** No fundo era uma homenagem ao Marcelo, disseram que seria uma homenagem a mim.

De lá vim para Brasília.

Quando cheguei, Giannotti e Regina [Meyer] estavam aqui. Tarde da noite Ana me telefonou dizendo que a *Folha* iria publicar mais um desses episódios, não sei, uma carta, mais um documento falso, e que eles queriam minha opinião. Dei também um esbregue e telefonei para Otavinho.

* João Alberto (PMDB, recém-eleito), Edison Lobão (PFL) e Alexandre Costa (PFL).
** A cerimônia foi realizada na Escola Naval, na ilha de Villegagnon.
*** "Peço aos senhores [jornalistas] que não ousem me perguntar sobre o que não deve ser pensado e muito menos respondido por alguém que tem dignidade e tem decência como eu", afirmou o presidente no início da entrevista à imprensa, na qual rebateu as acusações contidas no dossiê Cayman.
**** No Palácio Laranjeiras.
***** No Palácio Guanabara.

Fui bastante incisivo com Otavinho: "Como é que vocês querem que eu me defenda se ninguém acusa? Vocês continuam, dizem que os papéis não têm comprovação, mas publicam, provocando uma onda crescente que só vai minar a autoridade do presidente da República, sem proveito para o Brasil. É um prejuízo, sobretudo para o país. Por que fazer isso? Eu não entendo. Realmente não entendo qual é a sua lógica e a sua neutralidade! Isso não é neutralidade! Mesmo que você diga que o papel é falso, o que aparece é que estou sendo, juntamente com Mário e com Serra, acusado de ter uma conta no exterior. Você acredita que eu tenho? Se você acreditar, peça o meu impeachment. Ora, se não acredita por que continuar isso?". Enfim, foi mais um desabafo com Otavinho.

Hoje fui para a fazenda. Descansei um pouco com a família. Li a *Folha*, que estava numa linha mais equilibrada, desmistificando os papéis. Minha fala foi muito forte e reproduzida por todos os jornais. Agora o *Globo* no editorial: "Por que não falou antes?". Antes do quê? Pensam que o presidente da República a cada boato que aparece sai para se explicar? Não é assim!

Eu falei na primeira oportunidade que tive, num encontro público. Em relação aos jornalistas, imaginei que o Brasil tivesse maturidade suficiente para desqualificar as aleivosias. Fiz uma referência àqueles que tinham sido expulsos da vida pública. Não falei diretamente do Collor, embora o senador Djalma Falcão[*] tenha dito que o Collor também o procurou, não queria acusá-lo, não tinha uma testemunha direta. Estava pensando mais no Lafayette Coutinho,[**] no Cláudio Humberto,[***] nessa gente. Mas o Collor vestiu a carapuça, saiu dizendo que o rei está nu, que nos próximos três meses ele vai me desmascarar. Acho que ele pode estar por trás dessa fabricação.

E mais: agora apareceu um tal de pastor Caio Fábio, do Rio de Janeiro. Foi o primeiro que andou com esse dossiê, procurando "comprador". Procurou até o Eduardo Jorge. Marcelo Alencar me disse que esse homem está envolvido em lavagem de dinheiro. Não sei.

Isso posto, agora à tarde mais um problema. Eduardo Jorge, ontem à noite, conversou com Expedito [Filho], da *Veja*. Falei longamente com Otavio, da *Folha*, dei todas as informações que eu tinha para esclarecer esses casos detalhadamente. Não obstante, parece que a *Veja* cismou que o Mendonça (não sei, não li a *Veja*, ainda não a recebi) teve um diálogo com Pérsio Arida,[****] no qual diz que ia fazer o Banco do Brasil assinar uma carta de fiança para os italianos. Soube que a Globo ia botar a fala dele dizendo essas coisas na televisão, porque ela obteve a fita. As cartas de fiança do Banco do Brasil serviam apenas para garantir que o concorrente seria

---

[*] PMDB-AL, suplente de Renan Calheiros.
[**] Ex-presidente do Banco do Brasil no governo Collor.
[***] Ex-porta-voz da Presidência no governo Collor.
[****] Então diretor do Opportunity, que ofertava no leilão.

solvável. Mendonça queria aumentar o número de concorrentes, daí pedir que o Banco do Brasil desse garantia a mais de um concorrente.

Resultado: telefonei para o Roberto Irineu, não falei nada sobre o assunto, nem ele comigo, porém mais tarde Mendonça me telefonou e pedi que ele entrasse em contato com Roberto Irineu para esclarecer o que tivesse que ser esclarecido. Roberto Irineu quer que ele fale, grave na Globo, acho bom. Não há coisa errada, se for engano ou má-fé ele desfaz.

Assim passam esses dias em que fechamos o acordo com o Fundo.* O anúncio foi feito ontem, com pompa, o próprio Clinton dizendo que o fortalecimento do Brasil é bom para os Estados Unidos e para o mundo. Todo mundo apoiando, e a nossa imprensa mergulhada em papéis falsos, em fitas ilegais e não vendo o problema principal do Brasil. É realmente espantoso.

De bom, só uma declaração do Lula hoje, pela primeira vez dizendo que está disposto a conversar comigo, é só eu telefonar, que é preciso ter uma agenda sobre o Brasil, que ele tem muitas ideias. Vamos ver.

Agora vou jantar com o pessoal que está aqui, e talvez venha o Paulo Renato.

Houve tentativas do Menem de falar comigo, não deu para eu atender, e foi bom, porque ele queria que o Brasil apoiasse, ao lado da Argentina, Uruguai, Paraguai, Bolívia e Chile, algo contra o princípio da extraterritorialidade, na prática uma defesa do [Augusto] Pinochet.** Mandei dizer pela chancelaria que o Brasil considerava inoportuno, embora o princípio esteja certo, mas inoportuno agora, porque teria cheiro de defesa do Pinochet.

Recebi informação pelo Lampreia, via Madeleine Albright, de que os americanos se preparam para atacar o Iraque e querem que o Brasil tenha uma posição compreensiva. Andei vendo com o Lampreia o que isso significa. Parece que desta vez nem o Kofi Annan, nem a China, nem a França, nem a Rússia estão dispostos a apoiar o Iraque. Da outra vez, o Brasil teve uma posição, digamos, moderada junto

---

* O acordo final foi de US$ 41,5 bilhões, dos quais US$ 29 bilhões disponíveis em até três meses: 18 bilhões do FMI; US$ 4,5 bilhões do BID e a mesma quantia do Banco Mundial; e US$ 14,5 bilhões em linhas de crédito do BIS com garantia dos bancos centrais do G10. Além da redução do déficit fiscal por meio de superávit primário, o Brasil se comprometeu a ampliar gradualmente a banda de variação cambial e a não adotar medidas protecionistas ou de restrição às importações.

** O ex-ditador chileno encontrava-se detido em Londres desde 17 de outubro por determinação da Justiça espanhola, que o processava por crimes de lesa-humanidade cometidos contra cidadãos do país na década de 1970. A prisão causou um impasse diplomático que durou até março de 2000, quando Pinochet foi libertado por supostas razões de saúde e retornou ao Chile. Menem pretendia angariar apoio brasileiro para condenar a aplicação do princípio da extraterritorialidade — segundo o qual, em certas situações, as leis de determinado país podem ser aplicadas a crimes cometidos fora de seu território nacional — pelo juiz espanhol do caso, Baltasar Garzón, amparada em convenções da União Europeia.

com a França e com a Rússia. Agora parece que não há mais base para isso, porque Saddam Hussein não para de fazer besteira no Iraque* e os americanos, mais cedo ou mais tarde, vão bombardear. Claro que o Brasil não vai apoiar mandando tropas, mas também não pode ficar cego à violação da ordem internacional.

HOJE É TERÇA-FEIRA, 17 DE NOVEMBRO, uma hora da tarde.
 Passei o fim de semana na fazenda com a Ruth, a Regina e o Giannotti. No domingo fui a Pirenópolis visitar o Sérgio Amaral com o pessoal que já mencionei, vários embaixadores, tudo muito bem. À noite me encontrei com o Serra, repetição dos problemas que o afligem e que talvez, até certo ponto, nos aflijam também.
 No sábado, falei com Otavio Frias Filho para reclamar novamente da *Folha*. No domingo, Frias pai me telefonou me dando razão, naquele estilo dele, vamos ver se a *Folha* melhora.
 Ontem, segunda-feira de manhã, tive gravação de rádio. Despachei com o Eduardo Jorge e com Clóvis. Com Eduardo Jorge questões de final da campanha e, com Clóvis, o despacho da reforma ministerial.
 Depois estive com Jader Barbalho, que veio falar dos famosos grampos. O Jader estava preocupado, expliquei tudo direitinho a ele. Isso vai num crescendo, a questão do grampo parece estar substituindo os dossiês falsos lá da turma do Collor. O próprio Collor anda passando recibo, acabei de ver uma entrevista dele à *Gazeta Mercantil* dizendo que estou nervoso. Me meteu no fogo e agora está feliz, botou esse Cláudio Humberto para dizer inverdades sobre contas do Sérgio, sobre a Kroll.** Parece que a Kroll recruta gente que foi da CIA. É uma confusão danada, e tudo falso.
 As notícias do exterior são boas, estamos restabelecendo confiança lá fora. A repercussão do acordo com o Fundo foi boa. Nem houve grande gritaria no Brasil, perceberam que era positivo.
 Depois do, recebi o Geraldo Mello, sempre inteligente e prestativo.
 Em seguida, Sérgio Machado veio falar sobre reforma política.*** Junto com ele, alguns líderes do governo vieram discutir o que fazer sobre os grampos. Eles não querem que o Mendonça deponha no Senado. Como eu devo ter registrado, falei com o Roberto Irineu sobre a notícia do grampo que saiu na *Veja*. O Roberto já estava preocupado, achando que haveria algum comprometimento por causa da con-

---
* O ditador iraquiano se recusava a cumprir o acordo estabelecido com a ONU para o livre acesso de inspetores de armas a palácios e instalações militares.
** Segundo Collor, a empresa norte-americana de assessoria de risco e investigação privada teria participado da falsificação do dossiê Cayman.
*** O líder tucano no Senado era relator da comissão especial sobre as diversas PECs relativas à reforma político-partidária em tramitação.

versa com o Pérsio, mas o Mendonça deu declarações boas no *Jornal Nacional*, explicando que era uma técnica de negociação, nada mais. Isso do grampo vai crescer.

À tarde ainda recebi Orleir Cameli. Não tenho dele a impressão que todo mundo tem, acho que o Cameli está no limite da impunidade. Ele mistura um pouco de tudo, é um homem, digamos, de faroeste, mas não me passa a impressão que a imprensa transmite, de uma espécie de bandidagem permanente. Não tenho como julgar, mas é a minha sensação.

À noite tive uma longa conversa com o André Lara Resende, que, aliás, dormiu aqui. Hoje de manhã conversamos de novo. Repassamos tudo, a questão do BNDES, o comportamento havido, as desconfianças sobre quem grampeou e quem não grampeou. Poderia até ser alguma secretária da presidência do BNDES. Parece que os grampos têm um tipo de ligação que não pode ser feita pela central da Telerj — sabe Deus o que é isso. Insisti com André e tenho dito também ao Mendonça: temos que nos concentrar no principal, que é demonstrar a lisura da ação deles na defesa da base técnica das novas operadoras, a lisura financeira adequada, e o leilão é quem decide quem leva a Telemar. Se um ganha e outro perde, não é problema do governo.

Não devemos entrar na discussão do grampo. Grampo é porcaria. Quando se destampa a lata do lixo, aparece podridão. Então não se deve discutir se fulano ou beltrano disse isso ou aquilo, quem grampeou, quem não grampeou, deixa isso com a polícia.

Hoje de manhã, além dessa conversa com André, fiz a minha natação e minha hidroginástica. Voltei para o trabalho, recebi embaixadores, despachei com o Renan Calheiros, pedi ao Renan que não ficasse numa posição de destaque nessa coisa do inquérito [sobre o dossiê Cayman]. Como ele foi, no passado, líder do Collor, embora tenha rompido, e rompeu mesmo, podem explorar isso. Discutimos as questões administrativas do ministério e a reforma do Judiciário. Agora vou almoçar com o Zé Gregori, o Sérgio Amaral e o Paulo Sérgio Pinheiro.

Já é meia-noite, quero acrescentar ao que anotei sobre o dia de hoje, terça-feira, que recebi o ex-presidente do México, Luis Echeverría. Conversa agradável, um homem ainda muito disposto, conversamos sobre o que está acontecendo em seu país.

Recebi o Tasso para discutir a situação criada com essa confusão com a imprensa, a coisa da Telemar. O Tasso está muito aflito, não em defesa do irmão [Carlos Jereissati], mas em defesa da ordem pública, do governo. Esse aspecto de desordem, esse cheiro de lama que começou a existir, ele tem razão. Embora não sejamos nós os responsáveis pela lama, ela está aí.

Tive uma grande satisfação. O Lula me telefonou. Eu tinha telefonado para a casa dele umas duas ou três vezes, não o encontrei, deixei meu telefone direto com o filho dele, e o Lula telefonou. Tivemos uma conversa simpática. Eu disse que fazia muito tempo que eu queria falar com ele, ele disse que também queria, que tínhamos de dar um basta nessas confusões, que essas investigações têm que ir para o lado certo, que é em cima do Maluf e não em cima de nós.

Agradeci a ele, disse que seu comportamento era muito digno. Ele disse que acha importante que nós dois conversemos primeiro sozinhos, discretamente, e ficou de ver quando e onde poderia ser essa conversa, se em São Paulo. Falei que em São Paulo a imprensa vai atrás de mim, que o lugar mais seguro é aqui no Alvorada. Percebi que seria bom dizer, e fiz isto, que ele podia vir com Cristovam, em quem confio. Ele concordou. Eu disse: "Vamos conversar, porque não adianta fazer uma agenda pública se não tivermos minimamente algum acerto sobre o que e como pode ser. Para não termos uma frustração a mais nos encontros do PT com o governo". Lula concordou. Realmente fiquei contente. Acho que esse foi o fato de hoje que eu queria registrar com mais ênfase.

HOJE É SÁBADO, 21 DE NOVEMBRO. De quarta-feira para cá, muita coisa aconteceu. Vamos começar pela quarta-feira. Primeiro a rotina, depois o que não é rotina.

De manhã, reunião com Paulo Paiva sobre o orçamento, uma porção de alternativas também para a organização do governo. Fizemos uma reunião nesse sentido com a equipe da Presidência. Assinei no Planalto uma autorização da Agência Nacional do Petróleo para a construção da refinaria no Ceará.

Depois do almoço, tive a solenidade de entrega, pela Torre do Tombo,* de uma réplica da Carta de Pero Vaz de Caminha. Despachei com os ministros militares a respeito de promoções e recebi o ministro Amadeo, conversamos sobre o que fazer com o Sebrae. Há o desejo do Humberto Mota de ir para a presidência do Sebrae, Fernando Bezerra prefere manter quem está lá, que é o [Pio] Guerra, vamos ver, acho que o PFL dá cobertura ao Humberto Mota, falei com Jorge Bornhausen e assim é.

Mais tarde, à noite, longa conversa com todo esse pessoal com quem tenho discutido o *affair* Mendonça. Falei várias vezes com Mendonça pelo telefone na quarta-feira. Ele estava nos Estados Unidos.

Na quinta-feira, dia 19, tive um encontro de manhã no Palácio da Alvorada com o Carlos Átila.** Veio aqui porque foi ele quem pediu vistas no Tribunal de Contas sobre a questão do BNDES. Átila teve uma conversa muito positiva, é um homem ponderado, está fazendo o que deve ser feito.

Fui à solenidade do Dia da Bandeira, na praça dos Três Poderes, com os ministros militares. Na volta nos reunimos para tratar do Ministério da Defesa e assinei

---

* O Arquivo Nacional da Torre do Tombo é o principal acervo português de documentos históricos do Brasil Colônia.

** Ministro do TCU.

uma lei complementar para a criação do ministério.* Achei os ministros com o semblante carregado. Não estavam contentes, embora as informações que recebi do Clóvis tenham sido de outra natureza. Houve convergência, mas não me pareceu tanta alegria assim. Depois conversei com Sardenberg, que também estava na reunião e me disse que ele e o Clóvis, mais este do que ele, cederam muito e que não via razão para os ministros se preocuparem. A preocupação tem a ver, naturalmente, com esse fato histórico e importante que é a criação do Ministério da Defesa para substituir os ministérios militares. Tem a ver com a dúvida sobre quem será o ministro — eu ainda não sei — e provavelmente com o destino pessoal de cada um dos atuais ministros.

Em seguida, almocei no Palácio da Alvorada e tive uma reunião com Eliseu Padilha, ministro dos Transportes, Paulo Paiva e Pedro Parente, para discutirmos o orçamento do Ministério dos Transportes e o imposto verde.** Ficou bem claro que o PMDB não digo que condicione, mas se motivará na votação da CPMF e das mudanças do regimento se houver uma aprovação desse tributo que garanta recursos ao Ministério dos Transportes e um programa mais ambicioso de infraestrutura. Claro que os outros partidos vão reagir, vão imaginar que o poder político do PMDB aumenta em razão disso. Na conversa que tive nessa mesma quinta-feira, no fim do dia, com Antônio Carlos, ficou claro que ele vê com preocupação o imposto por essas razões.

Já ontem, sexta-feira, transmiti minha impressão ao Padilha e disse que ele deveria discutir com o representante do PFL e do PSDB o modo de viabilizar o imposto verde, que é um aumento do preço da gasolina especificamente para o fundo rodoviário.

Depois do almoço, início de trabalhos do Mercosul, recebi o pessoal numa cerimônia pública e fui à Confederação Nacional do Comércio,*** onde fiz um discurso entusiasmado sobre o Brasil, para aliviar um pouco o clima pesado. O clima estava pesado porque estavam lá os líderes do PMDB, Michel Temer e Geddel; este havia feito uma crítica ao Mendonça e eu reagi, como vou relatar com detalhes daqui a pouco.

A manhã de ontem foi atribulada, além dos despachos normais, recebi o [Fernando] Gasparian e depois o Odelmo Leão, que veio hipotecar irrestrita solidariedade.

Antes do almoço, esteve aqui a rainha Silvia, da Suécia, e recebi o Serra para almoçar. Conversamos muito sobre os temas em jogo, o dossiê Cayman e outras falsidades mais sobre o grampo do BNDES.

* O presidente assinou o projeto de lei que deu origem à lei complementar nº 97, de 9 de junho de 1999.
** Dentro do Programa de Estabilização Fiscal, o governo reativou a proposta de criação de um "imposto verde" incidente sobre a gasolina para estimular a produção de álcool combustível, menos poluente, e financiar a manutenção da infraestrutura federal de transportes.
*** Solenidade de posse da diretoria e do conselho fiscal da entidade.

Esqueci de registrar que na quarta-feira almocei com a Wilma Motta, que está preocupada por causa do dossiê, que ela não entende bem. Ela disse que o Serjão nunca teve nenhuma conta em Cayman, que isso tudo é conversa, mas está preocupada, porque ficam falando até no nome dela. Alguém teria dito que ela recebeu parte do dossiê e ela diz que não recebeu nada.

Retomando... Ontem, depois do almoço, recebi Eduardo Duhalde, governador da província de Buenos Aires e candidato à sucessão do Menem. Fiquei até tarde com os despachos de rotina.

Voltei para o Alvorada à noite, havia uma aluna da Ruth chamada Cátia [Aida Silva], que está aqui estes dias, e mal aguentei uma conversa depois do jantar, de tanto cansaço. Por que todo esse cansaço? Porque na quinta-feira o [Luiz Carlos] Mendonça voltou dos Estados Unidos e fez uma exposição no Senado, como está registrado em toda parte.*

Na quarta eu havia falado várias vezes com ele. Pedi que não desse declarações, para não acirrar mais o clima tenso, ele chamando o José Saad** de ladrão, coisa que não é comprovável e só complica as coisas. Mendonça fez uma exposição (soube apenas fragmentos dela) no seu estilo, com franqueza, respondendo às questões. Vê-se que ele fez o melhor que pôde para valorizar o patrimônio público, agiu com competência, mas não necessariamente de modo a satisfazer as regras que existem na cabeça de alguns sobre como deva ser a ação do governo num leilão.

Eles se esquecem que quem decide, quem julga, é o leilão, ou seja, o maior valor ofertado, e não o governo. O papel do governo no leilão é incentivar as partes, para que compitam. Quem pagar mais é que vai ganhar. Não pode haver interferência do governo no sentido de favorecer um ou outro. Pode haver, como disse o Mendonça, uma torcida, mas não influência no resultado. Todo o governo torceu para o Antônio Ermírio no caso da Vale do Rio Doce e ganhou o outro competidor, que era o Benjamin Steinbruch. A mesma coisa aconteceu com a Telemar ganhando o leilão.

Mendonça também colocou muito bem outra questão. A publicação de fragmentos dos grampos apareceu primeiro na *Época*, essa nova revista, depois, com mais estardalhaço, na *Veja*. A publicação foi feita de forma maliciosa, foram publicados alguns trechos apenas, não sei sequer se as fitas são as mesmas, fala-se em muitas fitas gravadas. Mendonça mostrou, com muita competência, que tudo isso apareceu não a respeito do leilão, mas do pós-leilão, quando o BNDES, enquanto agência financiadora, impunha exigências a um dos grupos, o vencedor, para que o BNDES pudesse financiar, queria que os grupos se comprometessem a certos atos.

---

* O ministro das Comunicações depôs ao plenário do Senado sobre o caso dos grampos do BNDES durante mais de quatro horas. A oposição iniciará a colheita de assinaturas para criar uma CPI.

** Senador (PMDB-GO), suplente de Iris Rezende.

Por exemplo, não aceitando a nomeação do [José] Brafman* para presidente da Telemar e colocando um técnico, o [Ércio] Zilli, e por aí vai.

Não obstante, tudo isso foi criando um clima negativo. No debate no Senado, alguns foram muito agressivos. Não achei o [José Eduardo] Dutra,** líder do PT, agressivo, mas o Requião e, sobretudo, o Pedro Simon, sim. O Pedro Simon foi mortal, foi hábil na colocação, deixou o Mendonça preocupado ao se referir ao Ricupero, que, por menos, segundo ele, teve que se demitir. Citou o Eliseu Resende,*** esquecendo-se que, no caso do Mendonça, não houve nada que se possa dizer que está errado. Houve um estilo de comportamento. O que está errado é o palavreado, e disso o próprio Mendonça se desculpou, mas esse palavreado é privado. O que está realmente errado é o grampo, mas as coisas vão sempre se invertendo.

No fim de depoimento, como já registrei aqui, o Antônio Carlos veio falar comigo. Pensei que ia me dizer que o Mendonça não podia mais permanecer ministro, que não iria resistir. Contudo, o Antônio Carlos foi hábil, só no finalzinho é que comentou: "Algum sangue vai ter que ser vertido". Não foi uma posição fechada contra.

Pelos relatos dele, o PSDB e também a maioria não defenderam o Mendonça com energia. Por outros relatos, tem-se a impressão de que Antônio Carlos estava lambendo os beiços de felicidade com a fritura do Mendonça no plenário do Senado. Não sei. O Antônio Carlos disse que chamou o Élcio [Álvares] e pediu que o Élcio, que é o líder da maioria, contestasse o Simon, que havia dito que o Senado queria "unanimemente" a renúncia do Mendonça. O Élcio prometeu fazer isso, mas não fez. Então ele chamou o Sérgio Machado, para que pedisse a palavra pela ordem, e colocasse os pingo nos is, dizendo que não tinha sido a imensa maioria, que ele não concordava.

O fato foi que Antônio Carlos mostrou outra vez a sua prestança, e mais: disse que Gilberto Miranda lhe mostrara um documento que, segundo Gilberto, era o documento de que eu precisava — um contrato entre o pastor Caio Fábio e os que fizeram a chantagem do dossiê Cayman. Com isso fica comprovado que a papelada é falsa.

Antônio Carlos disse que não quis dar muita bola ao Gilberto Miranda, não pegou o documento, acha que o Gilberto está querendo prestar um favor. Disse ao Gilberto que tomasse cuidado, porque deixaria de ser senador dentro de setenta dias e que eu estava com muita gana dele, que tinha mandado segui-lo pelos Es-

---

* Empresário carioca ligado ao grupo La Fonte. Os vencedores do leilão da Tele Norte Leste foram qualificados de "rataiada" por Mendonça de Barros numa das conversas telefônicas publicadas.
** Senador (PT-SE).
*** O deputado pefelista antecedera Fernando Henrique no Ministério da Fazenda em 1993. Então senador por Minas Gerais, Resende ocupou o cargo durante pouco mais de dois meses.

tados Unidos, onde ele esteve agora. Eu não mandei seguir ninguém, mas, enfim, parece que ele se assustou com as palavras de Antônio Carlos.

Isso pelo lado da sujeira do dossiê. Pelo lado do grampo, as coisas continuaram. A revista *CartaCapital* publicou trechos, nunca sai na íntegra. Parece que nesse fim de semana, amanhã, vai sair outro conjunto de informações, dessa vez na íntegra, na revista *Época*, e parece que na íntegra se vê que o Mendonça não favoreceu ninguém.

Imagina a dificuldade de tudo isso. Falei ontem com Mendonça pelo telefone. Estava bastante abalado, mas disposto a ficar, me pareceu. Disse que André está muito preocupado, não falei com André. Hoje de manhã eu soube pelo Antônio Carlos que Mendonça, em conversa telefônica com ele, Antônio Carlos, mencionou que o André disse que o Eduardo Jorge é quem tinha passado as fitas para a *Veja* e que quem disse isso ao André foi o próprio Roberto Civita. O Eduardo não terá feito nada desleal, tenho certeza, já falei com ele. Eduardo vai explicar a eles que preocupação possa ter tido nesse episódio. Eduardo procurou o tempo todo, com ou sem êxito, dar os argumentos de defesa do Mendonça e do André. Mas a futrica continua braba.

Hoje de manhã me reuni com Paulo Renato, Vilmar e quatro ou cinco técnicos de Educação. Ruth estava presente, passamos em revista os programas do Ministério de Educação e também o que está acontecendo no Ministério de Ciência e Tecnologia. Paulo Renato propõe a fusão dos dois ministérios, coisa de que o Vargas não gosta. Mas pelo menos me distraí, saí dessa imundície que está envenenando tudo num momento em que o Brasil precisa é de energia para outras coisas.

Na quinta-feira, telefonei ao Michel Temer e ao Eliseu Padilha para dizer que não é possível esta atitude, gente do PMDB estar o tempo todo minando o governo e o Mendonça; assim eu não teria condições de defendê-los quando o PSDB os atacasse, eu disse, e que aquilo punha tudo a perigo, até mesmo a eleição do Michel. Michel contou ao líder do PMDB na Câmara [Geddel Vieira Lima], o qual ficou furioso e deu uma declaração contra o Mendonça.

Nessa mesma noite, chamei o pessoal do PSDB e disse, sobretudo ao Teotônio: "Vá procurar o Jader", que também tinha dado uma declaração meio ambígua, "e diga a ele que não queremos guerra, que precisamos de entendimento, que tudo seja feito, digamos, dentro das normas e com jeito, porque senão isso arrebenta tudo. Não temos condições, a esta altura, de criar maiores dificuldades uns para os outros". Ontem o Teotônio fez isso. E o que hoje está nos jornais é que eu exijo uma porção de coisas do PMDB. O Padilha já me telefonou, resultado: esta semana vamos perder tempo de novo para pacificar a chamada base de sustentação do governo.

É patético: um presidente que ganha a reeleição no primeiro turno, um governo que ultrapassa as dificuldades econômicas e está saindo do buraco com galhardia se vê obrigado a chafurdar na lama de um dossiê falso, mais grampos, mais futricas entre partidos, pela expectativa de participação num ministério. É realmente de amargar.

DOMINGO, 22 DE NOVEMBRO, quase meia-noite. Hoje o dia foi tão tenso quanto os outros. Ontem Vilmar jantou aqui com Maria Helena e Bibia, eu e Ruth. Li os jornais, revistas e vi as matérias sobre os grampos. Não há quem aguente. Até na internet puseram diálogos, puseram na *GloboNews*.

Estive pensando no Celso Lafer para Indústria e Comércio, Serra sugeriu Antônio Ermírio. Passamos em revista todos os episódios, eu disse que era importantíssimo gravar dia por dia o que aconteceu, para que não haja amanhã, no futuro, alguma dúvida sobre o porquê da renúncia do Mendonça, como se fosse por causa de alegadas e falsas malandragens.

Eu já tinha falado com Malan, que estava em Paris; agora à noite ele me telefonou de Londres, disse que conversou com o Mendonça e com o André, que vieram me ver para pedir demissão. O problema é que eles não aguentam mais, não só pelo lado pessoal, das famílias, mas também pela falta de reação da sociedade diante do grampo. Malan pediu que Mendonça e André não se demitissem. Não adiantou.*

Escrevi uma nota, que passei agora por telefone para Ana. Tive uma ideia e eles toparam. Daqui a três semanas vou nomear o Mendonça presidente da Petrobras e o André e o Pérsio para a assessoria econômica da República. Isso é fundamental para que em janeiro possamos fazer as transformações na política cambial, na política de juros, porque sem eles é muito difícil.

Cederam. Acharam boa ideia a nomeação do Mendonça para a Petrobras. Eu disse: "A condição é uma só, que fiquemos totalmente calados até que isso ocorra". Tomara que seja possível. Foi a única solução que encontrei, mas, de qualquer maneira, é uma distorção.

Sugeriram que eu nomeasse para a Indústria e Comércio o [Stefan] Salej, que é o presidente da Federação das Indústrias do Estado de Minas Gerais — todo mundo tem boa impressão dele —, e para o BNDES o Andrea Matarazzo. É uma solução, vamos ver.

---

* Em solidariedade ao irmão, José Roberto Mendonça de Barros se demitiu da Câmara de Comércio Exterior.

26 DE NOVEMBRO A 3 DE DEZEMBRO DE 1998

Visita do premiê holandês.
Formulação do novo ministério.
Derrota na votação do ajuste fiscal

Hoje é quinta-feira, dia 26 de novembro, só o fato de eu não registrar nada desde domingo já mostra o quão agitados foram esses dias. Vamos tentar recapitular.

Na segunda-feira, dia 23, fui até a fronteira do Brasil com a Venezuela, numa localidade chamada Pacaraima, e de lá para Santa Elena de Uairén, na Venezuela, inaugurar a BR-174.*

No avião estavam Padilha, o general Zenildo, Sérgio Amaral, também o Sardenberg, fomos conversando sobre os acontecimentos, como é inevitável. Eu, de alguma maneira, abri o coração, para reclamar de que uma pessoa como o Simon, por histrionismo, põe na mesa de negociação a demissão do pessoal que estava no BNDES e no Ministério de Comunicações. Certamente o Simon estaria mais de acordo com a política do Mendonça do que com a do Malan, não obstante o Simon, por histrionismo, ajuda a derrubar o Mendonça.

Naquela altura já se sabia das demissões, pois na segunda-feira de manhã a Ana fez circular minha nota, aceitando a saída deles. Na Venezuela, falei pela televisão e desabafei. Disse que o que estava acontecendo era um absurdo, uma fala bastante ríspida. Voltei para Brasília, cheguei aqui tarde da noite, mesmo assim foi impossível não conversar. Clóvis estava me esperando, passamos em revista as coisas, os telefonemas também, e aí começou uma nova fofocagem. A de que teria sido mesmo o Eduardo Jorge quem entregou as fitas à revista *Veja*.**

O patético disso é que tanto faz. Na verdade, o que saiu na revista *Veja* já tinha saído em tudo que é revista. Dois ou três dias antes da *Veja*, a *CartaCapital* havia publicado os diálogos na íntegra, ou quase na íntegra. Não se sabe quem são os autores dessas gravações nem o contexto dos diálogos. Nesse sentido, Pérsio Arida, no jornal *O Estado de S. Paulo*, escreveu um artigo bastante claro sobre a matéria, e vê-se que é possível que haja um pedaço do diálogo sem a resposta. O diálogo pode ter sido montado, sabe Deus quantas fitas há.

Não obstante, os nossos próprios passaram a buscar quem entregou a fita a

---

* O presidente inaugurou a pavimentação dos 975 quilômetros da rodovia federal em Pacaraima (RR). Em Santa Elena de Uairén, do outro lado da fronteira, Rafael Caldera ofereceu um almoço à comitiva brasileira.
** A hipótese foi aventada em 24 de novembro pelo diretor de redação de *CartaCapital*, Mino Carta, em entrevista no *talk show* de Jô Soares, transmitido pelo SBT.

quem. Como se não fosse uma coisa óbvia que essas fitas estão percorrendo já há algum tempo o *bas-fond* da política. Evidentemente elas saíram de quem as gravou. Não quero saber, provavelmente vieram do grupo ligado à Telemar. O importante é que já tinham sido divulgadas e a imprensa em cima, para quê? Para comprometer outros membros do governo nesse estrago que já começou.

É uma época de caça às bruxas.

Independentemente disso, na terça-feira de manhã, dia 24, chamei aqui os líderes do PMDB, do PSDB e do PFL.* Eu havia convocado essa reunião para servir de sustentação ao Mendonça, mas na verdade houve outra coisa, porque eles já tinham caído.** Discutimos os episódios. Relatei minuciosamente como surgiu a ideia do ministério dito da Produção, a razão de o Mendonça ir para esse ministério, que o André e o Mendonça não queriam outra coisa senão sair do governo, que eu é que estava me esforçando, me esfalfando mesmo, para que eles ficassem, porque preciso do cérebro deles. Reiterei que lamentava todo o ocorrido e que não havia razões para os partidos estarem agora numa brigalhada infinita, até porque o PSDB acusava o PMDB, e não sem razão, de que os líderes do PMDB foram pedir a cabeça dos homens do governo.

Os líderes se explicaram, o Jader é inteligente, disse que fez aquilo para evitar uma CPI. Eu sei que a razão do líder na Câmara [Geddel Vieira Lima] foi outra; ele ficou assustado quando soube que eu tinha telefonado para o Michel Temer dizendo que, do jeito que as coisas estavam, iam [o PSDB] pedir a cabeça dos outros e a dele [Michel].

Confusão em cima de confusão, mas a reação deles — eram umas catorze pessoas — foi positiva, e o que eu queria aconteceu. Ou seja, no dia seguinte, ontem, votaram os projetos do ajuste institucional; não houve, portanto, paralisação.***

Nesse mesmo dia, terça-feira 24, recebi as credenciais de embaixadores. Em seguida tive um encontro no Alvorada com a bancada dos novos deputados do PMDB, uns quarenta, toquei discurso em cima deles. Depois fui a uma solenidade da SAE, um seminário sobre o Projeto Brasil 2020: Visões Estratégicas para um Cenário Desejável.****

Nesse contexto, falei sobre a reforma política. Resultado: fiz comentários sobre o que me parece óbvio. No mundo contemporâneo, a política depende da mídia, quem não souber lidar com a mídia está perdido, parece até que dei um exemplo

---

* Compareceram os presidentes nacionais dos três partidos e seus líderes na Câmara e no Senado.
** Isto é, Luiz Carlos Mendonça de Barros, José Roberto Mendonça de Barros e André Lara Resende.
*** O Congresso aprovou quatro MPs relativas à concessão de auxílio previdenciário a idosos carentes, à contratação de mão de obra portuária e à alíquota de exportação de cigarros e bebidas, além de alterações no recolhimento de PIS-Pasep.
**** O estudo da Secretaria de Assuntos Estratégicos traçou três cenários para a situação do Brasil em 2020, batizados com palavras em tupi, do mais otimista (Brasil Abatiapé, potência mundial) ao mais pessimista (Brasil Caaetê, empobrecido e fragmentado política e socialmente).

disso, porque nesse dia me saí muito mal com a mídia, porque eu ousei, imagine só, que horror, dizer que na sociedade contemporânea há muitos atores legítimos do jogo político. Não são só os partidos, mas as ONGs, os sindicatos, as igrejas e a mídia. Ela é fundamental, só que precisa tomar consciência de sua força política. Ela não é neutra, ela tem participação política, portanto cabe começar a discutir o que pode e o que não pode ser dito pela mídia. Frisei ainda que isso não podia se dar em termos de censura, e sim de autorregulação. Não foi a expressão que usei, mas era o sentido da frase, do meu pensamento.*

Resultado: ontem e hoje de novo, tanto *O Globo* quanto o *Estadão* vieram com editoriais dizendo que eu escorreguei, que errei. Quando se toca no poder da mídia, eles imediatamente gritam, como se o que se está pedindo fosse censura, quando o que se pede é um código de ética feito por eles próprios e decência nas investigações feitas pela mídia. Antes de começar a acusar, tem que investigar mais a fundo, para ter pelos menos indícios veementes de verdade, e não o primeiro sinal de alguma possível patifaria, sem dizer que os patifes são tais e tais.

Aliás, o Alberto Dines, em sua nota na internet,** disse coisas muito parecidas com as que estou dizendo aqui.

Afora isso, na mesma terça-feira recebi o Jarbas Vasconcelos para discutir o futuro de Pernambuco e pedir que ele me ajudasse também no PMDB. Veio Dornelles, ele quer manter o PPB, pode voltar para o governo, insistiu muito que agora se tem que fazer o Ministério da Produção e designar um tucano, podia ser o Serra ou Paulo Renato, ou não sei mais quem. Conversei com ele com muita satisfação, não entrei nesses detalhes.

Me abstenho de dizer quem veio ou quem não veio aqui e acolá porque nesses dias falei com bastante gente, houve muitos encontros de bastidores, mas sempre com os mesmos personagens. Clóvis, Serra vieram uma porção de vezes, o Serra propondo que eu o tire e o ponha em outro lugar, o Clóvis novamente com dúvidas sobre onde alocar Serra, enfim, um ambiente nada agradável.

Quarta-feira, dia 25 de novembro, ontem, comecei o dia recebendo o primeiro-ministro dos Países Baixos, Wim Kok. Homem extraordinário, inteligente, uma discussão sobre a situação do Brasil, da Holanda e do mundo, assinamos alguns atos.***

---

* Na versão do *JB*, em seu discurso na abertura do seminário Brasil 2020 Fernando Henrique disse que "os que movem a mídia não sabem o poder que têm. Ou, se sabem, não trazem consigo a responsabilidade desse poder. [...] É como se não tivessem poder. Como se fossem neutros. Mas eles não são neutros. Nada é neutro no mundo político. [...] Isso tudo deve ser pensado, não em termos de limitação, de censura, mas em termos de consciência".

** No sítio do Observatório da Imprensa.

*** O premiê Kok veio ao Brasil acompanhado de uma comitiva de oitenta empresários. Foi a primeira visita oficial de um chefe de governo holandês ao país.

Depois fui sancionar um projeto sobre penas alternativas, que é uma coisa também importante, discursei.*

Recebi uma delegação de procuradores do Ministério Público das Américas.** À tarde, tive uma reunião com o Movimento Nacional de Meninos e Meninas de Rua.*** Recebi o ministro Ovídio e fui ao jantar oferecido pelo primeiro-ministro da Holanda. Conversei bastante com a senhora dele,**** muito inteligente e simpática.

Foi um dia grato pela presença do primeiro-ministro holandês e pelo modo como ele encara as coisas, muito semelhante ao meu. O rapaz da *Veja*, o [André] Petry, se aproximou e ouviu nossa conversa: o primeiro-ministro falava sobre a relação entre o poder e a mídia, o mesmo que eu disse na reunião que tivemos, parecia até de encomenda.

Por outro lado, no decorrer do dia muita tensão. Sobretudo a suspeita de que o Eduardo Jorge teria passado fitas para a *Veja* provoca um nervosismo muito grande no palácio e na imprensa. O próprio Eduardo está muito perturbado com isso; ele não decide se fica no governo ou se vai embora. Criou-se ao seu redor uma espécie de fantasmagoria de que ele é o "homem da KGB,***** da Interpol". Seu estilo de tudo muito secreto passa a impressão de que há alguma coisa de muito grave, quando na verdade não há.

No fim do dia, o Duda e o Paulo Henrique estiveram aqui, conversamos muito sobre todos esses episódios, juntamente com a Ruth, depois tomamos nossos bons vinhos e jantamos bem. Eles foram embora hoje.

Hoje, quinta-feira, foi um dia mais calmo. Primeiro resolvi o problema da aflição de governadores que querem recursos aqui e acolá.

Depois fui despachar com o pessoal do Prêmio de Qualidade, fiz um discurso.****** Recebi rapidamente o ministro da Agricultura, que tem boas notícias sobre a safra.

Voltei para casa, almocei com os professores de língua indígena,******* foi muito interessante, umas quinze, vinte pessoas, mais ameno do que o habitual.

---

* O presidente sancionou a lei nº 9714, de 25 de novembro de 1998, que modificou sete artigos do Código Penal para permitir, em certos casos, a conversão de sentenças de prisão inferiores a quatro anos em penas alternativas, como a prestação de serviços comunitários.

** O presidente recebeu uma delegação do X Congresso Interamericano do Ministério Público, que reuniu os chefes de ministérios públicos de todos os países das Américas entre 20 e 30 de novembro de 1998, em Brasília.

*** A entidade realizava um encontro nacional em Brasília.

**** Rita Kok-Roukema.

***** Comitê de Segurança do Estado, principal agência de inteligência da antiga União Soviética, extinta em 1991.

****** Cerimônia de entrega do Prêmio Nacional de Qualidade.

******* O presidente recebeu vinte integrantes do Comitê Nacional de Educação Escolar Indígena do Ministério da Educação, que encerrava um congresso de educadores indígenas em Brasília.

Fui ao palácio e recebi o governador do Rio Grande do Norte; eles querem uma participação [investimentos] na Petrobras.

Também recebi alguns senadores, [Leomar] Quintanilha* e Fernando Bezerra. Devo dizer que o senador Suassuna também se apresentou anteontem a mim para dizer que iria ser candidato a líder [do PMDB]. Enfim, a rotina da vida presidencial. Depois disso tudo e dos despachos com o Clóvis, com a Ana e com o Sérgio Amaral, fui a um Te Deum,** na catedral de Brasília, de onde estou voltando agora. Me parece que as coisas se acalmaram.

Nesse meio-tempo, pediu demissão o Ricardo Sérgio, diretor da Área Internacional do Banco do Brasil, pilhado nos grampos. Como se fosse pecado ter ajudado na formação de alguns consórcios. Começou aquela pontaria da mídia em cima dele, uma pontaria que não é certeira, é oblíqua, não sei bem como dizer, e ele caiu fora para evitar mais confusão. Tudo isso deixou o Serra preocupado, porque foi ele quem trouxe o Ricardo Sérgio. Serra fica sempre aflito quando essas pessoas são suspeitas de alguma coisa que não se sabe se elas fizeram. Fica com receio de que isso abale a honorabilidade dele.

Novas fofocas, agora de que haverá na *Veja* confusões sobre a compra da Vale do Rio Doce pelo Benjamin Steinbruch. Quem me contou foi o Paulo Henrique. Não tenho nada a ver com isso, o governo não se meteu da forma que eles imaginam, a não ser na tentativa de privatização. Na Vale do Rio Doce, a nossa torcida era pelo Antônio Ermírio e ganhou o Benjamin Steinbruch. Agora é gravíssimo ter preferências. Mendonça disse isso no plenário do Senado e a declaração se virou contra ele como um bumerangue. Quando a época é de vacas magras, não há muito que fazer; melhor ficar mais encolhido e deixar que a onda passe. Parece que começa a passar. Tomara.

Passe ou não passe, minhas responsabilidades são com o Brasil. Hoje vou jantar com Malan, vamos dar um balanço da viagem dele ao exterior, e depois, sobre o que fazer em relação ao preenchimento das vagas aqui no Brasil.

HOJE É SÁBADO, 28 DE NOVEMBRO, são dez horas da manhã.

Jantei com Malan na quinta passada, conversa muito boa como sempre. Malan e eu nos entendemos. Temos um estilo parecido. Ele é mais reservado do que eu, mas tão hábil quanto; parece não ser, tem esse jeito de chinês, de ficar olhando calado, e é muito tinhoso. Persegue objetivos, por exemplo, ele conduziu a negociação da dívida de maneira extraordinária, talvez tenha sido o melhor acordo de um país com o Fundo Monetário Internacional. Ele é extraordinário, um grande diplomata das finanças brasileiras. Sabe das coisas. Há muita maldade por aqui porque o Ma-

---

* PPB-TO.
** Celebração do Dia Nacional de Ação de Graças.

lan não fala, fica olhando, é prudente, é menos audacioso na formulação, muitos disparam que é incompetente. Imagine, se não fosse o Malan a quantas andaríamos a esta altura! É essa habilidade dele, seu empenho, essa dedicação de servidor público que têm permitido ao Brasil avançar nessa área com credibilidade.

Discutimos tudo. Malan concordou com o Celso Lafer na Indústria e Comércio. É um bom nome. Ontem de manhã, conversei com o Gelson, que é amigo do Celso, quando ele veio despachar aqui no Alvorada. Parece que o Celso não deseja isso, não é do seu temperamento. Eu preferia — e disse isto a Malan — colocar o Celso como ministro da Defesa. Não comentei com ninguém, só estou dizendo agora. É um homem ilibado que pode organizar bem o ministério da indústria e produção, mas acho que não tem elã para esse ministério. Sugeri ao Malan a Maria Silvia Bastos. Eu não a conheço, não sei sequer se tem horas de voo para ser ministra. Malan gosta dela.

Mencionei o nome do Calabi e do Andrea [Matarazzo], para ver a reação dele. Mas o Malan está preocupado é com o Gustavo Franco. Ele sabe, como eu também, que o Gustavo já alcançou o limite da possibilidade de continuar na presidência do Banco Central e quer deslocar o Gustavo com dignidade. Malan pensou na Petrobras, eu não vejo o Gustavo na Petrobras, acho que vai despertar reações nos tradicionalistas, que vão imaginar que ele vai vender a empresa. Vejo o Gustavo melhor no Banco do Brasil. Ali poderia fazer um bom trabalho, realmente eficaz, ele é um formulador. Eu disse então: "Por que o Gustavo não vem para um Ministério do Planejamento reformulado, para ficar perto de você?". Parece ao Malan que o Gustavo não sentiria nisso um desafio intelectual. Tenho vontade de chamar Gustavo e conversar com ele. Vou fazer isso.

Malan me deu sua visão do que está acontecendo no Fundo Monetário, das dificuldades, da ranhetice. Eu tinha sabido da irritação do Chico Lopes com a carta de uma senhora italiana, [Teresa] Ter-Minassian, do Fundo,* sobre a velocidade da queda de juros. Ela reclamou que estávamos derrubando os juros muito depressa, chegou a propor que no acordo do Fundo se combinasse uma trajetória de queda definida. Malan me disse que superou isso, que conversou com Rubin até tarde da noite, chegou a ser duro com ele, que não sabe das coisas daqui e tem medo de que a gente use o dinheiro do Fundo como ponte para mandar recursos de brasileiros para fora. São preconceitos baseados muitas vezes em suspeitas que não têm fundamento aqui.

Ontem, sexta-feira, meu dia foi bem mais calmo. Tomei café da manhã com o ministro Ribeiro, do Superior Tribunal de Justiça, e discutimos as reformas do Judiciário. É um homem bastante falante, me parece com boas intenções. Alguns dizem

---

* Vice-diretora do Departamento do Hemisfério Ocidental do FMI e chefe das negociações com o Brasil.

que é corporativista. Não o senti assim. Pareceu-me uma pessoa que está querendo alterar as coisas no Judiciário, tem experiência e uma ponta de competição com o Supremo Tribunal, que por sua vez também tem lá seus problemas. O Supremo quis abarcar tudo e agora está com dificuldades, porque ele deveria ter sido restringido, na Constituinte, a ser uma Corte constitucional.

Além disso, de manhã fiz uma exposição sobre drogas no Colégio Militar,* acabou sendo de improviso porque imaginei que fosse só uma sessão. Mas não, tive que fazer realmente uma conferência.

Voltei para cá e recebi Antônio Carlos Magalhães só para passar em revista os acontecimentos da semana, embora os jornais vão dizer que [nos encontramos] foi para isso e aquilo. Os jornais agora inventaram que vou criar três superministérios, para cada um dos grandes partidos que me apoiam. Tudo conversa, não discuti nada disso com ninguém, e superministérios nem penso fazê-los.

No final da manhã, ainda recebi o Gelson Fonseca e depois saí correndo para assistir a uma solenidade da área de Saúde com o Serra, a respeito de uma campanha para as mulheres fazerem exame de colo do útero, papanicolau,** uma coisa importante que eu quis prestigiar, e também para dizer que o Serra tem sido um bom ministro.

Recebi o Celso Pitta a pedido do Mário Covas. Pitta falou pouco da situação política, se disse afastado de Maluf, mas falou bastante sobre a situação do endividamento de São Paulo, tanto da dívida mobiliária quanto da consolidada em contratos. E também que não tem dinheiro para pagar o décimo terceiro salário. O de sempre. Embora pareça ter feito esforço grande para pôr São Paulo em ordem.

Depois, recebi o Alan Belda, presidente da Alcoa em nível mundial.*** Um homem entusiasmado, entusiasmante, eu até disse que se ele quisesse ser ministro da Produção, estava convidado. Tem muitas ideias, acha que o Brasil está no momento de buscar recursos fora, uma coisa bastante positiva.

No fim do dia, recebi d. Jayme Chemello, presidente da CNBB, com d. Damasceno e com o arcebispo de João Pessoa, [Marcelo] Carvalheira. Boa conversa. Eles vieram falar sobre a Previdência, têm medo de que os ajustes acabem com a isenção de impostos para as entidades católicas, as filantrópicas e as igrejas. Eu disse que estava vendo isso só de longe, que não tinha chegado a mim esse tipo de informação, haviam dito a eles que eu tinha assinado ontem a lei, não é verdade. Eles se propuseram a ter um encontro comigo, num caminho de cooperação. D. Chemello foi claro nisso, eu disse que achava excelente e ficamos de marcar um jantar no Alvorada para o dia 14 ou 17 de dezembro, quando haverá uma nova reunião deles em

---

* Abertura do I Fórum Nacional Antidrogas no auditório do Colégio Militar de Brasília.
** Cerimônia de apresentação dos resultados da primeira etapa do Programa Nacional de Controle do Câncer do Colo do Útero.
*** *Chief Operating Officer.*

Brasília, para conversarmos um pouco mais sobre a relação entre governo e Igreja. Achei realmente muito bom.

Diga-se de passagem que o Lula deu a conhecer à imprensa que eu havia telefonado para ele. Não achei mal que o fizesse, é até bom, agradeci a posição dele, correta nesses acontecimentos todos.

Isso posto, vim para o Alvorada, onde jantei com Albert Fishlow,* Sérgio Amaral, e o [Marcos] Caramuru, assessor econômico do Ministério da Fazenda.** Fishlow apoia totalmente a política brasileira, acha que temos uma segunda e última chance de recuperação definitiva da nossa credibilidade, mas, em relação à taxa de câmbio, foi muito explícito em que devemos mantê-la. Mostrou-se muito entusiasmado com as reformas que estamos fazendo.

Ainda recebi, antes de dormir, o Eduardo Jorge com o Andrea Matarazzo, para discutir as dívidas finais da campanha que o PSDB assumirá.

DOMINGO, 29 DE NOVEMBRO. Ontem recebi longamente o Sérgio Moreira. Veio conversar sobre a Sudene, sobre o que fazer com as agências do Nordeste. Tive a ideia de pô-lo no Sebrae. Acho uma boa posição, ele tem experiência, é o atual superintendente da Sudene, só que há o problema de quem colocar na Sudene. Ficamos de pensar. Não sei qual vai ser a reação dos demais da área do governo ao Sérgio Moreira no Sebrae. Eu também disse a ele que, se Eduardo Jorge quiser ir para o Sebrae, irá.

Muita angústia com todo esse momento. Vejo Ana Tavares preocupada com a situação do Eduardo, Eduardo Graeff também. Eduardo está sendo injustiçado, mas é do estilo dele provocar raios. Como eu disse ao Graeff, mesmo quando o Eduardo está contente, sua cara é de descontentamento, e as pessoas pensam que ele é ranzinza. Não é e está sendo perseguido.

O Luís Carlos Santos veio à noite aqui, trazido por um assessor do Arruda, o Fernando [Lemos]. Segundo ele, existem mais papéis relativos ao famoso dossiê Cayman, os quais teriam sido fruto de uma conspiração para derrubar o real, com o objetivo de, através do Sérgio Motta, que teria contas lá fora, incriminar o governo. Eu disse: "Bom, o Sérgio foi a vida toda empresário, e os empresários normalmente têm contas. Só posso garantir uma coisa: nem eu, seguramente, nem o Covas nem o Serra temos qualquer conta que não esteja declarada no imposto de renda. Tenho certeza disso".

Não obstante, há uma conspiração, ainda que sem nenhuma base. Pelos dados de Luís Carlos, uma imensa quantidade de dinheiro já teria sido gasta na montagem desse dossiê com o objetivo de provocar uma crise no Brasil. Vamos ver do que se trata realmente.

---

* Economista norte-americano, professor das universidades da Califórnia (Berkeley) e Columbia.
** Secretário de Assuntos Internacionais do Ministério da Fazenda.

Hoje, domingo, vou receber Fernando Pedreira na hora do almoço e, antes, o ministro dos Transportes. Estou vendo aqui os jornais e sobretudo a revista *IstoÉ* com uma capa estapafúrdia, dizendo: "Quem manda no Brasil?", para sugerir que é o Antônio Carlos que manda. Enfim, especulações sobre as consequências das demissões, o baque no governo... Continuamos aqui no rescaldo da maré baixa.

Estou pouco ligando para as preocupações dos jornalistas sobre quem manda e quem não manda, qual o ministério. Vou conduzir a política como sempre fiz, como todo mundo sabe. Não posso cair nas provocações, romper com Antônio Carlos ou provocá-lo à toa, nem ele também deixar que espalhem mais inverdades, porque a imprensa faz o jogo dele. Sua força é imensa [do Antônio Carlos no Senado] e eu tenho que levar a bom termo as votações no Congresso.

A única coisa que a imprensa em geral não percebe — alguns percebem — é que eu tenho objetivos que são para o Brasil. Um programa. Isso é o que me motiva e, se eu me deixar mover por essa futrica permanente, vou me amargar e deixarei de fazer o que preciso. Como disse o Fishlow, é a segunda chance que o Brasil tem, e essa é definitiva; ou aprumamos, ou vamos ter que amargar por muito tempo. Precisamos fazer de tudo para aprumar o país.

Acabo de conversar com Mendonça de Barros, que está na praia do Guarujá. Ele deu uma entrevista muito boa a *O Estado de S. Paulo*, explicando o que estamos pensando para o Ministério da Produção, que ele não é contra a Fazenda, e sim uma afinação com ela, um entendimento. Ele também mostrou o tamanho do rombo no casco do navio, no Brasil, com a crise dos grampos.

Conversei com ele também sobre nomes para o BNDES. De todos que apareceram por aí, eu e Malan ainda ontem falamos desta moça, a Maria Silvia, presidente da CSN, me parece que tem características positivas. Outro seria o Luiz [Orenstein]* para a diretoria do BNDES. O Mendonça concordou comigo. Meu problema é o seguinte: escolher uma diretoria, sobretudo o presidente, que não seja vista como jogada política e que, por outro lado, não se submeta também à inércia burocrática. Esse o xis da questão. Para quem pensa no Brasil, esse é o problema que tenho que resolver.

HOJE É 1º DE DEZEMBRO, TERÇA-FEIRA, são nove horas da manhã.
Ontem foi um dia dos mais normais, embora como sempre, trabalhoso. Jantei aqui com o Giannotti, Elza Berquó,** Alessandra Herrera, o Gesner [Oliveira]*** e sua mulher. Aí conversamos mais soltamente sobre universidade.

* Diretor do Banco Opportunity.
** Professora da USP e presidente da Comissão Nacional de População e Desenvolvimento.
*** Presidente do Cade.

À tarde participei da premiação de cientistas brasileiros,* discursos do [César] Lattes,** do [Eduardo] Krieger*** e meu. Curiosamente o discurso mais crítico deve ter sido o meu, os outros foram mais sobre realizações na área de ciência e tecnologia.

Recebi o antigo embaixador da Argentina no Brasil, [José] Manuel de la Sota, que agora é candidato a presidente da província de Córdoba.

No fim do dia, discuti com Waldeck Ornelas, ministro da Previdência, e com Clóvis Carvalho, as últimas regulamentações necessárias para a aprovação da redação final da lei que altera a Previdência Social. Algumas coisas difíceis, por exemplo começarmos a cobrar das chamadas instituições filantrópicas o pagamento relativo aos seus funcionários. Muitas não são nem filantrópicas e não pagam nada. Isso vai gerar uma gritaria enorme no plenário, agora há muita agitação, pode até prejudicar a votação de outras medidas provisórias. Fora isso, Serra e Antônio Carlos às turras, o PSDB fingindo que é fortão, "exigindo" — exigindo!, imagine só — que eu nomeie o ministro da Produção. Claro que vou fazer, já disse que vou, mas botar quem? Quem for útil para esse ministério. Isso só debilita o poder do presidente, porque fica parecendo que estou agindo sob pressão. É tudo que eles mais gostam.

Mário Covas protestando contra a política de juros altos e a Lei Kandir, essas coisas. Primeiro consiga os votos para chegar aqui, depois a competência para entender a política macroeconômica e depois baixe os juros. É curioso. O Mário estava praticamente derrotado, ganhou por um triz, eu ajudei bastante e, agora, está querendo liderar a ida do PSDB para uma posição mais crítica. Crítica a quem? A mim? E o Serra entrou, precipitando uma luta desnecessária. Nem começou o segundo mandato e já estão aí com esses arroubos entre PFL e PSDB para a demarcação de território. É muito tosca a política brasileira.

Ontem houve um incidente desagradável com a Ruth no Rio.**** A Ruth não gosta de segurança, esses jovens do PSTU ou outra organização meio acelerada dessas, a dizer que Collor já caiu e que eu também posso cair, andaram a me chamar de vagabundo, dizendo que queremos privatizar o ensino, e a Ruth, coitada, que não tem nada com isso, com muita dignidade, suportando essas pressões sem sentido.

* Cerimônia de entrega do prêmio Almirante Álvaro Alberto de Ciência e Tecnologia. Na ocasião, Fernando Henrique assinou um decreto para destinar 25% dos royalties do petróleo a pesquisas no setor petrolífero.
** Professor da Unicamp, pioneiro da física quântica no Brasil.
*** Professor de medicina da USP, um dos agraciados. Maria Isaura Pereira de Queiroz, professora de sociologia da USP, também recebeu o prêmio.
**** A primeira-dama discursava numa cerimônia de assinatura de convênios do programa Universidade Solidária, no auditório do Centro de Ciências Humanas da Uni-Rio, quando foi interrompida por estudantes que protestavam contra o governo federal aos gritos de "Educação não se discute, privatiza a dona Ruth".

Logo outra preocupação. A imprensa continua na marcação de Eduardo Jorge, e a Ana Tavares muito irritada com ele, se achando traída pelo Eduardo de alguma maneira na boa-fé dela, como se a imprensa tivesse razão. Por mais que eu diga que Eduardo não fez nada errado, ela teme que eu o esteja encobrindo. Eduardo realmente tem esse jeito soturno, mas não teve nenhuma ingerência nos fundos de pensão para obter resultados pessoais ou políticos. Se houve aconselhamento aqui e ali, foi apenas para evitar, precisamente, desmandos. Eduardo se expõe, ele gosta de ter um poder nas sombras, e isso tem um preço, dá a impressão de que ele está operando abaixo da linha. Não está.

A registrar ainda: falei com Olavo Setúbal e com Paulo Cunha sobre o Ministério da Produção. O nome do Celso Lafer é respeitado, mas não é visto como adequado, por não ser um homem exatamente de "romper", como um deles me disse. O que eles querem mesmo é um Mendonça. Eu também gostaria. Se for possível, quem sabe? E as pessoas ficam nesse ar de briga política, parece que é uma tremenda briga, quando na verdade há uma escassez total de pessoas competentes seja de que partido for ou sem partido. Estou me inclinando a botar Maria Silvia como presidente do BNDES. As opiniões de todos são convergentes nessa direção.

HOJE É QUINTA-FEIRA, 3 DE DEZEMBRO, quase meia-noite.
Na terça-feira, abri o seminário no Itamaraty sobre a reforma da Previdência.* Falei en passant que as mulheres são mais longevas do que os homens, se aposentam mais cedo, o que gera um problema de natureza atuarial. Não critiquei, não comentei nada, apenas mencionei. No dia seguinte na imprensa: eu sou contra as mulheres, sou antifeminista, as deputadas se declarando contra o meu machismo, enfim, uma coisa inacreditável. Telefonei para Yeda Crusius, que aliás me defendeu, e para a Maria Elvira, do PMDB de Minas, mas nenhuma delas tinha lido o que eu disse nem ouvido. Apenas uma jornalista falou que eu atacara as mulheres. O que não é verdadeiro. Por aí vai o nosso dia a dia.

Recebi no Palácio da Alvorada o Olavo Batista [Filho], um advogado muito bom, para conversar sobre o episódio dos papéis falsos, o que ele acha, o que não acha. Ele deu algumas sugestões, na verdade ninguém está levando mais a sério esta patacoada do Collor, que foi realmente o incentivador.

Depois tive uma reunião com os líderes da Câmara dos Deputados e do Senado a respeito do ajuste fiscal e da reforma da Previdência. Ambiente pesado, difícil, cumprimentei os mais respeitosos, mas notei certo mal-estar na liderança. Não entendi por quê; atribui às brigas entre os partidos.

* Seminário Internacional sobre a Reforma da Previdência, no auditório do Palácio Itamaraty.

Recebi o ministro Homero Santos, presidente do Tribunal de Contas, que veio se despedir de mim e apresentar o novo presidente do Tribunal, o ex-senador de Goiás que foi meu colega e agora está no Tribunal.*

Cheguei aqui em casa bastante cansado, porque fiquei trabalhando até tarde da noite.

A quarta-feira, ontem, foi um dia difícil. Além dos despachos normais, votação no Congresso e, ao final, derrota do governo.** Bem que eu havia previsto, está registrado aqui. A junção de várias medidas provisórias que mexem com muita gente mais uma descoordenação na base governista resultaram na derrota da cobrança de uma contribuição dos aposentados e pensionistas. Isso no Brasil é tabu. E como a coisa ficou mal redigida, foi junto a contribuição dos que estão em atividade e que também deveriam cooperar para a sua própria Previdência. Foi ruim, pela repercussão inevitável.

No fim da reunião, vários líderes mais Antônio Carlos foram ao Palácio do Planalto, todos queixosos, eu também, e querendo, como eu, obter algum tipo de recuperação do ocorrido com novas votações. Por outro lado, deve haver também uma punição, digamos assim, aos que são da base do governo e votaram contra, estão cheios de cargos e posições no governo, emendas parlamentares e tal. Vamos ter que reduzir tudo isso, até porque não há dinheiro, a começar pelos mais rebeldes. Uma rebeldia sem sentido.

A derrota foi grande porque tem efeitos psicológicos. Ontem fiquei até quase meia-noite no telefone falando com uns e outros e hoje ocorreu o que estava claro [que iria acontecer]: as bolsas despencaram, as taxas de juros futuro subiram e o ambiente se mostrou bastante pessimista.*** Isso no mesmo dia em que o Fundo Monetário aprovou o empréstimo para o Brasil. Em vez de ter um efeito positivo, teve um efeito negativo graças à irresponsabilidade da Câmara. Não vai ser fácil reanimar essa gente toda.

Hoje, quinta-feira, tive uma reunião com Clóvis e outra com Eduardo Jorge. Problema: demissão do Jair Bilachi, presidente da Previ. Eu não o conheço, todas as opiniões são favoráveis a ele. Ocorre que na véspera o Ximenes procurou o Clóvis, querendo a demissão dele, porque o clima estava pesado, e os dois vieram falar comigo. Eu disse: "Tudo bem, se vocês acham isso, mas tem que sair

---

* Iram Saraiva.
** Os deputados derrubaram por 205 a 187 (com sete abstenções) a MP 1723/98, integrante do ajuste fiscal, que criava a contribuição previdenciária de servidores federais inativos e aumentava as alíquotas cobradas dos funcionários da ativa. O governo estimou perder uma receita de R$ 4,8 bilhões, dos R$ 28 bilhões de economia previstos no acordo com o FMI para 1999.
*** A Bolsa de São Paulo caiu 9,7%, enquanto a Taxa de Juros de Longo Prazo (TJLP) saltou de 10% para 18% ao ano. Os títulos da dívida brasileira caíram 3,5%.

também o Bosco [João Bosco Madeiro],* que, este sim, é malfalado". Não sei se procede, mas é malfalado, enquanto sobre o Jair Bilachi nunca ouvi nada de desabonador.**

Quando ontem à noite, quarta-feira, o Eduardo Jorge soube disso, telefonou bastante irritado, porque acha que tirar o Jair é uma injustiça, "uma indignidade" foi a expressão dele. Então, hoje de manhã chamei Eduardo e Clóvis aqui para conversarmos sobre o assunto. Clóvis é mais distante, não vê outro jeito senão demitir, pela segurança do governo, embora não haja nada que desabone o Jair.

Almocei com Antônio Carlos, Malan e os líderes para discutir o acordo com o Fundo. Falei também com Gustavo Franco, ponderei que teria havido posições de defesa da instituição feitas pelo Jair, defesa dos fundos contra outras pessoas que teriam recebido propinas, nunca se sabe essas coisas. Eu disse para Malan agora limpar todo mundo. Na hora do almoço, quando se falou disso, eu defendi o Jair Bilachi. Resultado: agora à noite, o Antônio Carlos telefonou para Eduardo Jorge querendo entender como é que eu tinha defendido [o Jair] e ele tinha caído. Mal sabia ele que àquela altura eu ainda estava tentando falar com Malan para convencê-lo. Mas o ministro da Fazenda é o Malan, e ele também estava convencido, como o Clóvis, de que era melhor tirar o Jair. Eu não vou assumir a responsabilidade de manter alguém que nem sequer conheço.

Antes disso, tivemos uma reunião com Paulo Paiva e outros técnicos para discutir a Lei de Responsabilidade Fiscal.***

E depois do almoço tive um encontro no Alvorada com o Paulo Cunha, que veio me trazer vários nomes interessantes para várias posições no governo. Paulo Cunha agiu com critério.

Depois disso, rotina, rotina, senador Pedro Piva e uma longa conversa com Jader sobre a situação atual. Jader disse que eu não tinha razão para me queixar porque o Congresso cedeu tudo para o governo, que a história vai registrar — é verdade — que nunca houve tantas aprovações do Congresso e que o que aconteceu ontem tinha sido um acidente. O Jader pode carecer de algumas características, mas juízo político ele tem. Há necessidade de azeitar os [choques de interesse]. Entendi o jogo. Eu disse: "Vamos começar a discutir a formação do ministério, eu quero tê-lo até o dia 10 de janeiro".

Tive uma reunião penosa com o Serra e o Malan, os assessores e o Paulo Paiva, para acertarmos a questão da Saúde. O Serra sempre fazendo pressão, mas conse-

---

* Diretor de investimentos da Previ.
** Bosco e Bilachi foram exonerados no mesmo dia, acusados de improbidade nos casos da privatização das teles e da falência da construtora Encol.
*** Parte do compromisso fiscal assumido pelo Brasil no acordo com o FMI, a lei complementar nº 101 foi promulgada em maio de 2000.

guiu resultados, porque ele raciocina com clareza e defende os interesses da Saúde com muito vigor.

De lá vim para o Palácio da Alvorada com Pedro Malan, jantamos juntos e agora estou aqui deitado. Arrumei a mala porque amanhã vou a Curitiba e depois à Marambaia, com a Ruth, a Bia e as crianças.

5 A 12 DE DEZEMBRO DE 1998

Ainda os grampos do BNDES.
Reunião do Mercosul no Rio. Encontro com Lula

Hoje é sábado, dia 5 de dezembro. Estou na Marambaia com a Ruth, a Bia, o Pedro, a Júlia e uma amiga dela chamada Helena.

Dia de chuva. Mesmo assim, de manhã passeamos de lancha pela baía de Sepetiba. Passei o resto do dia lendo jornais, documentos. Documentos do FMI relativos ao Brasil, documentos que cada representante do *board* apresenta e que não são difundidos. Muitos deles têm dúvidas quanto à sustentabilidade do nosso regime de câmbio, outros quanto à nossa capacidade de implementação das medidas que estão sendo elaboradas pelo Congresso, ou mesmo que o Congresso as aprove. É claro que a decisão do Congresso da última quarta-feira foi desafortunada. Lançou dúvida, de novo, sobre a capacidade do governo de controlar o parlamento e de levar adiante um programa tão ambicioso de reformas fiscais. Embora isso seja contornável, o primeiro impacto foi negativo. Espero que o Congresso tire lições do que aconteceu. Não sei se tira.

Li tudo da imprensa. Continua com o tom de sempre, mal sai uma hipótese negativa ela logo ganha um enorme apelo. Por exemplo, dizem que teria havido, nos documentos do Fundo, referência ao compromisso de termos um superávit de exportações de 2 bilhões no próximo ano. Algum analista então diz que isso significa que o regime cambial vai mudar, e logo começa outra vez a discussão sobre essa questão.

Houve boa repercussão do que eu disse no Paraná na inauguração da fábrica da Renault.* Vi a repercussão nas televisões, coisa que raramente faço, ontem à noite. E todos os jornais reproduziram razoavelmente bem. O *Estadão*, como sempre o melhor de todos, fez um editorial sobre o que aconteceu, sobre o Ministério da Produção, e pôs os pingos nos is. Percebe o que eu penso fazer com esse ministério, que não tem nada a ver com as fantasmagorias criadas em torno dele, como se fosse luta do PFL com o PSDB para afastar o poder de Malan, essas coisas que vão imaginando sem cessar.

Fiquei aqui a matutar o que fazer. Conversei longamente ontem, antes de vir para a Marambaia, com o Mendonça de Barros, que foi à Base Aérea [do Galeão]. Passamos em revista tudo: nomes, muitos nomes bons, que já haviam sido trazidos a mim pelo Paulo Cunha. Revisamos vários. O Mendonça gostou muito dos nomes que o Paulo Cunha apresentou, ele conhece alguns, está em contato com essa gente.

---
* Em São José dos Pinhais, região metropolitana de Curitiba.

Tenho que fazer um ministério que surpreenda o país, pelo menos por ser um ministério de gente nova, que leve as coisas para a frente. O tom da imprensa é que o governo novo já começa velho, que vai ser o mesmo de sempre, que estamos numa maré de críticas, isso é avassalador. Como a situação socioeconômica continua negativa, é claro que tudo isso tem logo uma tradução mais tremebunda do que seria o razoável. Mas é um fato e vou ter que me contrapor a esse fato tomando decisões firmes e surpreendentes. Já tenho mais claro na cabeça como compor o ministério, e agora vou enfrentar a questão.

Amanhã espero ficar por aqui, estamos torcendo para que tenha sol. Duvido um pouco, porque o tempo encobriu, o que é uma pena, todos os prognósticos eram positivos. Mas parece que prognóstico meteorológico da CNN ou os nossos têm o mesmo valor dos prognósticos políticos ou econômicos. Valem muito pouco; só depois é que a gente sabe realmente o que aconteceu.

Vejo também certo cansaço no sistema político, nos grupos políticos. Acho que eles levaram um susto com o que fizeram, e aqui me refiro à base aliada do governo. Com aliados como os que eu tenho, só mesmo com muito empenho, quase milagre, a gente consegue fazer o Brasil avançar. É a força do país! O que eu disse em Curitiba sobre a participação ativa do Brasil na globalização, sobre as chances efetivas que temos, é o que eu penso.

Na ida a Curitiba, conversei muito com Botafogo, nosso ministro da Indústria e Comércio. Ele tem noção das coisas, disse que, no caso da indústria automobilística, a última plataforma a ser feita é a do Mercosul. Comentou que a indústria está esgotada — ou pelo menos essa etapa da indústria — e que eles estão investindo firme aqui porque, primeiro, creem que o mercado do Mercosul é poderoso; segundo, porque daqui dá para exportar para o resto da América do Sul. E talvez para outros países.

Esses automóveis que estão sendo construídos agora são *world pattern*, como eles dizem, e isso é importante, significa que há uma incorporação tecnológica; no começo ela é feita através da vinda das empresas fornecedoras de autopartes, elas próprias são multinacionais, mas transferem tecnologia, e é preciso fazer com que algum setor brasileiro possa ser — e está sendo — incorporado a esse processo. Claro que outros vão morrer. A dureza da vida econômica é essa. Na competição, alguns setores morrem. O mesmo vale para o leite, por exemplo. Recebi uma carta da deputada Maria Elvira protestando que o produtor de leite brasileiro não tem como competir com o leite da Argentina, e acusando a Argentina de estar importando leite para vender aqui a preço de *dumping*. Isso nunca foi comprovado.

O fato é que a competição existe, alguns setores vão desaparecer e outros vão surgir. Marx já mostrava isso com clareza no século XIX, é só ver o mesmo fenômeno no século XX. Na etapa atual de globalização da produção e do sistema capitalista de acumulação, é ao que estamos assistindo. Não havendo alternativa, como não há, ocorre uma crise total da esquerda, porque neste momento histórico ela não tem modelos possíveis para substituir o capitalismo. Vamos ter que resolver da melhor maneira nossas aflições, buscar uma posição melhor para o país e para a população. Esse é um grande empenho.

HOJE É TERÇA-FEIRA, DIA 8 DE DEZEMBRO. Ontem, segunda-feira, fui de manhã ao Itamaraty inaugurar a nova sede do Instituto Rio Branco.

Depois vim para casa, almocei, recebi o Max Feffer, falei com Lampreia e Sebastião Rego Barros sobre a situação do Chile, sobre o Pinochet, porque o Frei vem aqui. Sou contrário a que apoiemos o Pinochet, mas a situação, digamos, de equilíbrio internacional também é delicada. A detenção do Pinochet em Londres, em resposta ao pedido de extradição feito por um juiz espanhol, levanta questões complexas de justiça internacional. A coisa está complicada. Vamos ver o que se consegue fazer no Rio de Janeiro, que tipo de declaração cabe dar sobre o assunto.

Tempo de vacas magras para a Argentina. Na questão do Mercosul, temos dois contenciosos: o dos automóveis é mais fácil de resolver, porque há uma conexão muito grande entre as empresas do Brasil e da Argentina, que são as mesmas multinacionais. No caso do açúcar, é mais difícil. O açúcar da Argentina e o do Nordeste do Brasil não têm condição de competir com o açúcar de São Paulo. Os argentinos se defendem. Esses são os problemas que se avizinham para a nossa conversa sobre o Mercosul amanhã e depois, no Rio de janeiro.

O acordo com o FMI, com os bancos internacionais e com os países do G10 e G11 já foi entregue ao Senado, Pedro Malan faz uma exposição lá. Acabei de falar com Élcio Álvares, tenho que passar o dia monitorando o que vão fazer com isso.

Também telefonei ao Michel Temer ontem, para monitorar esse assunto com ele. Está em curso um movimento na Câmara, claro que da oposição, mas sempre com assessores dando sustentação, no sentido de ser preciso a Câmara aprovar os acordos, o que é um absurdo, completamente contra a letra e o espírito da Constituição. Mas é só para criar tumulto. Isso no que diz respeito a esse front.

Quanto aos outros fronts, no que toca ao trabalho sujo de grampos e dossiês e toda essa porcaria, até que estão calmos. Mas ficou um mal-estar. A Ana Tavares está absolutamente possuída de preocupação com Eduardo Jorge, teme porque dizem que ele possa ter feito isso ou aquilo, mas não consegue dizer o que Eduardo terá feito de errado. A não ser "ter a impressão que", mas nada concreto. Tenho conversado com Eduardo, eu o vejo aflito. As condições para ele voltar ao governo são cada vez mais limitadas e acho que Eduardo percebe isso.

Seria mais prudente para ele e para o governo se ele fosse para o BID nos Estados Unidos. Eduardo é um servidor leal, ser acusado de manipulador de fundos de pensão, coisa que ele nunca foi, não é correto. Eventualmente pode ter conversado com um ou outro diretor para obter uma informação ou para saber se estava havendo alguma patifaria. De fato não temos o controle dos fundos, porque eles não são estatais; eles são dos funcionários e das instituições. É sempre um calcanhar de aquiles.

Também tive uma informação, dada pelo Paulo Slander — ele conhece essa coisa, foi presidente da telefônica de Minas Gerais [Telemig] —, de que os grampos teriam sido feitos pelo Eduardo Cunha, mas não há provas. Ele acha que a montagem toda dessa operação relativa à compra da Telemar foi feita pelo Jorge Serpa. Nunca imaginei que o Serpa estivesse metido nisso. Metido na compra poderia estar, mas a esse ponto é que eu não sei. Não creio ser verdade que ele seja o principal articulador.

O Paulo Slander também disse que nós desarticulamos o esquema ao tirar o Bosco e o Ricardo Sérgio. Não creio que houvesse esquema. Segundo Paulo Slander, haveria até mesmo propinas envolvidas na questão da Telemar. Fácil falar, difícil provar, entra por um ouvido, sai pelo outro, mas eu fico olhando para ver efetivamente o que aconteceu.

Transmiti isso ao Clóvis, que repudiou imediatamente, com energia, qualquer hipótese de que o Ricardo Sérgio estivesse metido em algo semelhante. Concordo, mas com o Clóvis tem uma dose de boa-fé muito grande, acho que é preciso olhar com calma, sem levantar de público nenhuma dúvida sobre o que tenha ocorrido. Mas preciso ir me certificando sobre quem fez isso, quem fez aquilo, para evitar que as pessoas possam montar esquemas nas nossas barbas. Temos certa dose de ingenuidade nessa matéria.

No rescaldo da derrota da medida provisória sobre contribuição de inativos, amanhã vamos ter a votação sobre as entidades filantrópicas, chamadas "pilantrópicas", ou seja, de falsa filantropia, que estão isentas da contribuição previdenciária.* Suponho que amanhã o Congresso vote, porque se assustou com a reação forte do ato impensado de recusar essa medida. Analisando com mais calma, houve erro do governo na condução do processo de apresentação dessa medida na Câmara. Não temos muitas pessoas capazes de explicar ao plenário, com vigor e conhecimento de causa, do que se trata, e que enfrentem o plenário.

No meio disso tudo, uma coisa que me deixou realmente muito triste: Mário Covas está com câncer na bexiga. Falei com o Dalton Chamon, médico do Incor. Ele me disse que as chances de uma sobrevida saudável são mínimas, que sobrevida ele terá, mas que a qualidade de vida decai muito. Tive muita pena do Mário. Falei com ele por telefone, lá da Marambaia, ele estava com o ânimo forte. Isso é muito ruim para ele, naturalmente, para os amigos, para nós, para a família, e também politicamente. Ele era o esteio do PSDB para uma arrancada em 2002.

---

* A MP 1729/98, aprovada em votação simbólica, foi convertida na lei nº 9732, de 11 de dezembro de 1998. A nova norma endureceu as regras para concessão de isenções previdenciárias a entidades do setor de filantropia. A arrecadação adicional prevista era de R$ 1,4 bilhão.

As coisas vão se complicando. Sobra o Tasso, o Serra, quem sabe o Paulo Renato, e olhe lá. Tasso está nos Estados Unidos, fazendo exame nas coronárias. O Serra tem as dificuldades de estilo já registradas tantas vezes aqui. E o Paulo Renato não tem densidade política para assumir uma candidatura majoritária. Esse é o quadro do PSDB, que, nesse caso, passou a se aproximar do quadro de outros partidos. Fica mais forte, até mesmo como candidatura, uma do PMDB, se o Itamar for candidato, e há sempre o Lula.

Acho que o Lula provavelmente vai se apresentar de novo, chegará o momento em que ele ganha. Não é nenhuma catástrofe. Aliás, estou chamando o Lula, creio que virá na quinta-feira. Ninguém sabe [que ele vem], mas sabemos como é isso de ninguém saber no Brasil: todo mundo vai saber. Estou fazendo isso de caso pensado, porque acho que temos que dialogar mais intensamente pelo presente e pelo futuro.

HOJE É SÁBADO, 12 DE DEZEMBRO. Acabo de chegar da minha diplomação como presidente reeleito do Brasil. Vamos recapitular.

Passei a quarta e quinta-feira no Rio de Janeiro.

Na quarta-feira, encontro bilateral com o Chile.* Longas conversas com o Frei e com o chanceler, José Miguel Insulza.

Conversas difíceis, porque o Chile está muito humilhado com a história do Pinochet. De fato, o comportamento anglo-espanhol seria diferente com um país europeu, por exemplo Sérvia ou Croácia. Por outro lado, Pinochet é o responsável por atrocidades inacreditáveis. Por isso foi tão difícil. E ainda mais porque tanto o Insulza quanto o Frei foram vítimas do regime de Pinochet — mais o Insulza do que o Frei. De qualquer maneira, ele estava muito emocional e com medo de que o Brasil fizesse jogo duplo. Fingir que apoiava a declaração do Mercosul, que defende o princípio da não intervenção, mas, ao mesmo tempo, tirar o corpo, dizendo-se obrigado a isso.

Eu garanti que não seria assim. E de fato, no dia seguinte, quinta-feira, na coletiva que demos, expus minha posição com clareza: o horror que tenho ao Pinochet e a regimes autoritários e a necessidade de que se crie um Tribunal Penal Internacional, para evitar que haja arbítrio de alguma potência dessas que gostam de dar lições aos outros. Na Espanha, país de Franco, não houve nada com os franquistas que lá estão. No Chile de Frei, são as vítimas do Pinochet que vão pagar o preço do pinochetismo. O Pinochet está preso e quem tem de defendê-lo é o Frei... À parte tudo isso, o restante dos encontros com o Chile foi pacífico. Depois tivemos o cerimonial do almoço.

Ainda na quarta-feira, fui para o Laranjeiras, dei audiência a uma senhora que é escultora na Espanha** e também a Marcílio [Marques] Moreira,*** que levou um

---

* Reunião bilateral no âmbito da XV Reunião do Conselho do Mercado Comum (Mercosul).
** Yolanda d'Augsbourg.
*** Embaixador e ex-ministro da Fazenda no governo Collor.

grupo que fez uma pesquisa mostrando que o Brasil vem depois dos Estados Unidos em termos de atração de investimentos estrangeiros, apesar de toda esta crise.

Depois fui à cerimônia de comemoração dos cinquenta anos dos Direitos Humanos.* Fiz um discurso forte, mencionei, com muita satisfação, o José Gregori, que recebeu uma homenagem importante nas Nações Unidas.**

Jantei no Laranjeiras com o Paulo Henrique, o Duda e o Rafael de Almeida Magalhães. Jantar bom, até porque me sugeriram vários nomes para as funções de governo, alguns sobre os quais eu já tinha conversado ou venho conversando. Uma sugestão, no dia seguinte, foi botar o Lampreia como presidente da Petrobras. Lampreia tem peso para isso. Mas ele não quer e eu não insisto, para ele não ter a impressão equivocada de que quero afastá-lo do Itamaraty, coisa que não é certa.

Nesse meio-tempo, eu já tinha falado com Antônio Carlos sobre o afastamento do Paulo Tarso de Washington. Ele é um grande embaixador, mas está lá há mais de cinco anos e não quero quebrar o princípio.*** Na conversa, ofereci Roma. Me disse o Antônio Carlos que, depois de rasgar duas cartas, Paulo Tarso acabou aceitando Roma. Duas cartas rasgadas por indignação, porque ele não queria aceitar. Acha que a República deve ao embaixador, mas vai para Roma. Isso vai frustrar o Zoza Médicis, o embaixador que estava cotado para ir à Itália, boa gente. Mas paciência. Questões de Estado. Vou mandar para Washington o Rubens Barbosa e, para o lugar do Rubens [em Londres], o Sérgio Amaral. Já comuniquei ao Sérgio.

A reunião com os presidentes do Mercosul, no dia seguinte, quinta-feira, foi na Firjan. Reunião tranquila, conversei com o Menem sobre questões entre Brasil e Argentina. Chegamos a um acordo na questão automobilística, avançamos um pouco na do açúcar e não reclamei do que devia ter reclamado: sobre a Argentina ter feito um acordo com o México, contrariando o espírito do Mercosul.**** Demos as devidas entrevistas coletivas, fomos à inauguração de uma exposição belíssima chamada *O Retorno dos Anjos*,***** com anjos barrocos bolivianos realmente extraordinários de antes e depois do século XVII.

Tivemos também um almoço muito bonito, discursos para lá, discursos para cá, cerimônia de lançamento do livro *Argentina-Brasil*,****** resultado de duas

---

* Cerimônia de entrega do Prêmio Diretos Humanos e comemoração do cinquentenário da Declaração Universal dos Direitos Humanos.
** O secretário nacional de Direitos Humanos recebeu o Prêmio Internacional de Direitos Humanos da ONU. Foi o primeiro brasileiro a merecer a distinção.
*** Isto é, a rotatividade dos cargos diplomáticos.
**** O país platino fechara um acordo de preferências tarifárias com o México, para facilitar o ingresso de seus produtos no Nafta.
***** No Museu Nacional de Belas Artes, centro do Rio.
****** Luiz Felipe de Seixas Corrêa e Rosendo Fraga. *Argentina-Brasil: Centenario de 2 visitas*. Buenos Aires: Editorial Centro de Estudios Unión para la Nueva Mayoría, 1998.

visitas, do presidente Campos Sales à Argentina e do presidente [Julio] Roca ao Brasil. Na entrevista, a imprensa fazendo as mesmas perguntas de sempre, irritantes, mas no final deu certo.*

E voltei para Brasília.

Em Brasília, precisei atrasar o encontro com Lula. A certa hora, o Cristovam telefonou para a Fátima [Borges], minha secretária, depois eu é que telefonei para ele, para dizer que estava numa reunião e que iria me atrasar. Falei com o Lula, o Lula quis marcar no dia seguinte, sexta-feira, eu disse que não podia, porque iria a São Paulo visitar o Covas, e pedi para falar com o Lula: "Olha, Lula, se você puder vir hoje, é melhor, eu fico até tarde da noite aqui. Senão, amanhã tomamos um café da manhã". Para minha alegria, ele veio na quinta-feira, chegou ao Alvorada lá pelas dez da noite e daqui saiu mais ou menos a uma hora da manhã.

Reatamos uma conversa como se nos tivéssemos visto na véspera. Com muita facilidade. Lula estava bem-disposto, elegante, mais bonito, com o pensamento solto. Se Lula tivesse mais contato com os problemas reais do país e com gente capaz de dizer coisas diferentes daquilo que ele ouve (penso que deve achar a mesma coisa de mim), teria outro desempenho no Brasil. Pena que Lula esteja tão bloqueado pelas ideias antigas, sobretudo pelo brizolismo. Aliás, mencionei isso a ele.

Ele gosta do Brizola porque o Brizola é uma pessoa boa. Na campanha tudo bem, mas as ideias do Brizola são velhas. Mencionei as declarações dele de volta ao varguismo e Lula disse:

"Pois é, e eu, que nunca fui varguista..."

"Pois é, você era melhor quando não era varguista."

Depois falou sobre o Fundo Monetário, perguntou qual é o jogo do Fundo. Expliquei uma porção de coisas, contei conversas minhas com Clinton, qual é a situação do Brasil hoje. Eu disse: "Lula, eu não quero nada de você, a não ser que estejamos abertos para o imprevisível". Assinalei que o importante era que não fechássemos as portas, porque em política o imprevisível sempre podia acontecer. Repeti uma frase que eu usava antigamente: "Quando se pensa que vai ocorrer o inevitável, acontece o inesperado". E que seria bom que pessoas como nós pudéssemos conversar, se fosse o caso.

Lula mencionou a possibilidade de termos um diálogo a partir de uma agenda com pontos a ver com o PT. Eu disse que tudo bem, mas que se isso viesse a público ia dar mau resultado. E expliquei: "Acho que é possível até trabalharmos para isso, mas primeiro é melhor pegarmos duas pessoas do seu lado, duas do meu, e começarmos a discutir mais discretamente alguns pontos, até que nos enfronhemos um pouco mais sobre as coisas e vermos se é mais para cá ou mais para lá". Curiosamente Lula tem pouca informação concreta. Em relação, por exemplo, às

---

* O almoço, o lançamento do livro e a coletiva de imprensa ocorreram no Museu Nacional de Belas Artes.

políticas sociais, ele propõe o que o Comunidade Solidária está fazendo. Acho que ele não sabe, não registra, o que o governo faz, como se não existisse. Mas, à parte isso, ele continua sendo uma pessoa viva, interessada e com uma integridade básica, me parece.

Sei que deve ter custado a ele tomar a decisão de vir aqui, porque a bancada se opôs. Mesmo um homem como Genoino se opôs. Então, se vê que o fundamentalismo no PT é muito grande e que a tendência — aliás, apontada pela própria senadora Marina Silva, como eu li num jornal e até falei com ele sobre isto — de o PT querer ter o monopólio do poder é verdadeira. O PT não aceita outros, na prática não aceita alianças. Mas o Lula me pareceu aberto. Acho que foi um passo importante.

Para mim, o que me marcou foi o gesto. O Lula vir até aqui, o modo como conversamos, como pessoas que se respeitam. Eu disse que gostava dele, tanto assim que nunca assisti a seus programas de televisão na campanha eleitoral, porque não queria ter raiva pelas coisas que ele dissesse de mim. Trata-se, naturalmente, de pessoas maduras; foi muito mais um encontro de pessoas do que de partidos.

Na sexta-feira, ontem, fiquei de manhã no palácio, apenas com reuniões com Clóvis e com Eduardo Graeff, para discutir um pouco mais a formação do governo, as dúvidas sobre se ponho o Scalco ou se ponho o Pimenta como secretário de governo. Coisas desse tipo, que depois saem no jornal como se eu tivesse decidido por pressão do partido tal ou qual, quando na verdade não é bem assim.

Tive que cortar uma afirmação do Bornhausen de que iria privatizar a Caixa Econômica, o Banco do Brasil e a Petrobras. Isso nunca foi discutido comigo. É ideia dele e não está na agenda nem é conveniente. O Antônio Carlos, que me esperou no aeroporto quando voltei do Rio, falou sobre a convocação extraordinária do Congresso, aí é briga dele com o Michel, e teve razão o Antônio Carlos de dizer que será inútil convocar o Congresso antes de janeiro; o pessoal não vai ficar aqui mesmo.

Vencemos a votação de uma medida provisória importante sobre filantropia, as coisas estão avançando.

Depois dessa conversa com os já mencionados, conversei com o Seligman a respeito do processo que a Polícia Federal está abrindo sobre esse dossiê Cayman. O Seligman tem ligação e conhecimento lá com o ministro e com o diretor da Polícia Federal [Vicente Chelotti]. Não quero conversar com o chefe da polícia, porque vão pensar que estamos manipulando. Ele me deu algumas informações. As coisas estão avançando razoavelmente na direção de se chegar a um resultado positivo sobre essa montagem do dossiê Cayman.

Almocei com o Britto, governador do Rio Grande do Sul derrotado nas eleições. O Britto estava muito caído, preocupantemente caído. Soube que tinha se separado da mulher.* Acredito que esse fato o abateu mais do que a derrota. Tinha estado

* Wólia Manso.

aqui na véspera com o Cristovam Buarque, que está bem, não está com um sentimento de derrota assim acachapante. Britto vai para a Espanha, disse que na volta, se eu quiser, fala comigo. Ele é uma pessoa de valor, pode ser aproveitado no governo. Acha que o PMDB continua sendo uma confederação, na qual os principais candidatos são o Itamar e o Sarney. Isso vai dar confusão, e o Britto vai sobrar. Mas não sei se ele vem para o PSDB.

Em seguida, fui a uma solenidade no Palácio do Planalto, sobre a demarcação de terras indígenas,* meu governo foi o que mais demarcou terras indígenas. Apesar das críticas ferozes dos antropólogos ao Jobim no início do governo,** temos avançado muito na homologação e demarcação de terras indígenas.

Fui visitar o Mário Covas.
Na ida a São Paulo, levei um susto tremendo ainda no avião. A Ruth me telefonou, ela estava no Centro de Diagnóstico por Imagem do [Hospital] Oswaldo Cruz.*** A Bia estava fazendo exame para saber se havia algum problema com a operação das tireoides, precisavam ver se ela tinha células cancerosas no corpo. A Ruth disse que o iodo radioativo tinha detectado um ponto entre a bexiga e o intestino que podia ter vindo das células da tireoide. Ruth não ia poder voltar comigo para Brasília. O primeiro diagnóstico fora de câncer na bexiga.

Encontrei o Covas muito bem-disposto, muito mesmo. Está gordo, mas com energia, gostei de vê-lo. Me disse que o prognóstico dele era tão ruim que quando disseram que ele não tinha câncer nos ossos, mas "só", imagina, na bexiga, foi um alívio. Vai retirar a próstata e a bexiga na segunda-feira, eles vão fazer uma reconstrução de bexiga, sabe lá Deus o que vai acontecer, mas tem uma boa chance de sobrevida com relativa qualidade de vida.

Conversei com Mário sobre várias coisas. Ele também acha que é melhor trazer o Scalco do que o Pimenta. Ele gosta do Pimenta, como eu, mas o Pimenta é presidente do PSDB.**** Não tem nomes para o Ministério da Produção, andou pensando, também não conseguiu achar. Eu disse: "Está vendo? Vão ficar dizendo que é o partido tal ou qual que está indicando, mas o que não existe são pessoas".

Na saída, dei declarações à imprensa sobre a situação do Covas, que achei boa, sobre o meu encontro com Lula, fui para casa e jantei com a Ruth.

Ainda bem que, quando cheguei lá, a Ruth já tinha uma posição mais aliviada quanto à Bia. Me deu detalhes do assunto. E quando eu estava voltando para o aero-

---

* O presidente assinou a demarcação de 22 novas áreas indígenas e homologou outras treze em sete estados do país, num total de 14,6 milhões de hectares.
** Alusão ao decreto nº 1775, de 8 de janeiro de 1996.
*** Hospital na região central de São Paulo.
**** Pimenta da Veiga fora eleito à presidência nacional do PSDB em sucessão a Teotônio Vilela Filho.

porto — a Ruth não foi, ia ficar com a Bia — recebi outro telefonema dela, dizendo que os médicos resolveram suspender a busca de qualquer coisa, estão certos de que a Bia não tem nada. Há simplesmente um ponto que é inexplicável para uma célula da tireoide. Somente para tirar a dúvida, irão injetar iodo radioativo para que esse iodo localize no corpo uma célula qualquer da tireoide e elimine qualquer dúvida. A Bia está muito enfraquecida, mas bem. Isso me deixou bastante aliviado. Consegui voltar para Brasília menos tenso.

Michel Temer veio comigo no avião, ele sugeriu o Beto Mendonça para ministro da Produção, o que não é má ideia. Mas acho que o Beto não topa.

Cheguei aqui, falei com a médica da Bia, dra. Adelaide [Maria Adelaide Albergaria Pereira], e com a nossa sobrinha, que também é médica, a Fernanda [Boueri]. Todos me disseram a mesma coisa, Adelaide me deu detalhes, dormi mais aliviado.

Hoje de manhã fui à diplomação, li o discurso que o Gelson tinha escrito, ficou excelente. O mérito é do Gelson, não meu.

Voltei para casa e agora estou à espera dos encontros que vou ter com o Antônio Carlos, com o Jader e, entre hoje e amanhã, com dirigentes do PSDB, do Partido Verde, enfim, é a formação do novo governo em marcha.

Ainda é sábado, dia 12, agora são nove e meia da noite.

Tive um encontro longo e simpático com Antônio Carlos. Ele quer trocar o Raimundo Brito pelo [Rodolfo] Tourinho. Eu já tinha percebido. Ele não quer dizer ao Raimundo, mas é isso. Quanto ao Waldeck Ornelas, fica onde está, na Previdência. Em seguida, conversamos sobre outros ministérios, fui abrindo aos poucos o jogo, para ver a reação. Ele tem o pressentimento de que o Sarney vai querer colocar o Zequinha [José Sarney Filho] no Meio Ambiente. Também acho.

Tenho encontro amanhã com os Verdes, Antônio Carlos já sabia, porque a mulher do [Gilberto] Gil* o procurou. Ela é muito contra [o Zequinha], acho que os Verdes vão querer colocar outros nomes, vão embolar esse ministério. Roseana não me abriu o jogo, ou ela não sabe ou não quis me dizer.

Falei com o Luiz Orenstein, que eu não conheço, pedi que venha aqui, assim como pedi a várias pessoas. Aí formo um juízo e vejo quem vai para onde.

Antônio Carlos é favorável — depois que eu disse a ele — a que Pedro Parente vá para o Banco do Brasil. Vendo bem as coisas, acho que não é má solução. Pedro Parente é homem de confiança, pode ajudar o Banco. Só que isso quebra a perna do Pedro Malan. Sem o Pedro Parente, não sei como o Malan vai funcionar.

Voltando à conversa com Antônio Carlos, contei sobre o encontro com Lula.

A esse propósito, Cristovam Buarque me telefonou para saber minha reação. Ele disse que a do Lula foi muito positiva, eu disse que também gostei bastante.

* Flora Gil.

É provável que todas as notícias que saíram no jornal tenham sido postas por ele, Cristovam, estão levemente distorcidas, parece que o Lula disse, fez e aconteceu. A conversa foi de outra natureza, muito mais de amizade do que de reclamar disso ou daquilo. Eu também não reclamei. Se eu for atrás do que leio na imprensa, eu já não sou mais nada! Não mando no país, estou espremido na parede, os partidos me oprimem, e na verdade as coisas não são dessa maneira. Mas é o jogo. Por que eu não sei.

Augusto Franco veio aqui para se encontrar e conversar com a Ruth. Está muito desanimado com essa nova convocação partidária de Terceira Via que ele está acompanhando, a coisa parece confusa, mas é interessante, sacode um pouco a poeira. Estamos precisando sacudir também aqui no Brasil.

Falei no telefone com a Bia, com a Luciana também e com o Paulo. Os dois estão na Bahia, embora em lugares diferentes. A Luciana está na Base de Aratu e o Paulo num hotel, não sei qual, com a nova namorada.* A Ruth falou com ela, tem simpatia pela moça, eu a conheço muito superficialmente.

Fui ao jantar em homenagem ao Sebastião Rego Barros e à Tite, que vão para a embaixada na Argentina. Diga-se de passagem que o Paulo Tarso, depois de certa relutância, como eu disse, parece que agora está contente de ir para Roma. Amanhã telefono para cumprimentá-lo e dizer que estará bem em Roma. E o Rubens vai ficar feliz de ir para Washington.

O Rubens é um trabalhador incansável. Não tem o charme dos embaixadores do tipo do Paulo Tarso, ou do nosso embaixador em Paris, Marcos Azambuja, mas é um bom embaixador, um lutador, merece ir para Washington. Em Washington não basta ter o resplendor que se tem em Paris ou mesmo em Buenos Aires e na Inglaterra, onde o acesso é mais fácil. Washington é uma capital burocrática, o Azambuja morreria de tédio lá, mas o Rubens é um trabalhador que vai se entender bem com o segundo escalão do governo Clinton. Nas relações entre Brasil e Estados Unidos hoje, o primeiro escalão trata comigo, com o Lampreia e com o Malan, nós temos muito acesso. Os embaixadores ficam um pouco na área mais técnica, sobretudo agora nos Estados Unidos. Rubens é muito bom para lutar contra as tarifas aduaneiras e tudo mais, creio que pode ser um bom embaixador.

---

* Evangelina Seiler.

14 A 20 DE DEZEMBRO DE 1998

Formação do ministério. Visita de Hugo Chávez. Dificuldades com Eduardo Jorge

Hoje é segunda-feira, 14 de dezembro, são dez horas da manhã. Ontem foi um dia de grande agitação. Recebi aqui desde o Paulo Paiva, as lideranças do PSDB, mais o Teotônio, até o Padilha, o Jader e o Partido Verde, Gilberto Gil etc. Sempre ao redor da questão do ministério.

O PSDB forçando um pouco a mão, porque a bancada não tem representante seu. Eu disse: "Basta nomear e vocês vão dizer que não é representante da bancada". Aconteceu isso com Kandir. Eles acham que o Serra e o Paulo Renato não cumprem o papel do Serjão. Ninguém cumpre o papel do Serjão. Eu disse que ia nomear ou o Pimenta ou o Scalco para a articulação, como secretário de governo. Resultado: já está nos jornais que vai ser o Scalco, que é do PSDB. Eu tinha dito que o problema todo é nomear alguém que não seja percebido pelos outros como alguém para fazer a política do PSDB. Já fizeram um estrago nessa matéria.

O Jader, o que ele quer? Manter. Manter o que tem e pouca mudança no governo. Quanto menos mudança, para ele é melhor. E preocupação com o segundo escalão. Se vou mexer já, Petrobras, Banco do Brasil... Eu disse que a Petrobras, sim, eu iria mudar. Banco do Brasil, o Ximenes quer ir embora e não dei mais detalhes. Ele quer manter a Secretaria de Políticas Regionais, para não mexer no equilíbrio de forças no PMDB. Acha, e eu concordo, que criar a Secretaria de Desenvolvimento Urbano agora vai trazer confusão. No que diz respeito ao Ministério da Produção, Jader sugeriu um nome de que eu gostei: Indústria, Comércio e Desenvolvimento.* Acho que fica bom e ponho quem eu quiser, claro. Ele discutiu com mais amplitude sobre Minas. A dificuldade de ter uma representação mineira no governo. É real. Está difícil ter mineiros no governo e é importante tê-los.

Até pensei em colocar o Pimenta no Ministério das Comunicações se eu conseguir passar a Dornelles a ideia de ele ir para Esporte e Turismo. Quem sabe eu possa fazer isso? Quem sabe possa pôr o Andrea Matarazzo no lugar do Sérgio Amaral? A ida do Rubens para Washington abre Londres, e vai o Sérgio Amaral para Londres. Começamos a delinear o novo governo.

Hoje eu janto com Paulo Renato e Vilmar para discutir Educação e Ciência e Tecnologia. Lembrei da Yeda Crusius para Ciência e Tecnologia.

---

* A nova pasta foi batizada de Ministério do Desenvolvimento, Indústria e Comércio e sucedeu o Ministério da Indústria, do Comércio e do Turismo. A área de turismo passou à alçada do novo Ministério do Esporte e Turismo.

Depois vou receber a Maria Silvia Bastos, para ver qual é o seu alcance, onde ela pode funcionar melhor. Estou aqui por causa disso.

As preocupações com a Bia diminuíram, ela está bem, mesmo assim é sempre um pontinho desagradável. Ela vai ter que fazer de novo essas aplicações de iodo irradiado, para evitar qualquer problema futuro. Agora vou receber o Clóvis e entrar na rotina de sempre.

HOJE É SÁBADO, DIA 19 DE DEZEMBRO. A semana passou rápida e tumultuada. Muito tumultuada. Cheguei ao limite do meu cansaço. Vou tentar rememorar.

Na terça-feira, dia 15, recebi de manhã o Goldman, sempre com boas ideias, e discutimos coisas do Ministério dos Transportes.

Almocei com o presidente eleito da Venezuela,* é o famoso Hugo Chávez, que tentou dar um golpe alguns anos atrás. Vitória esmagadora.** Chegou aqui muito simpático. Ele, como já registrei, é visto com bons olhos pelo Fidel Castro, veio com disposição de ajudar o Brasil, acha que a Venezuela tem que entrar no Mercosul. Quer que a Petrobras e a PDVSA*** funcionem em conjunto. Enfim, veio com os melhores propósitos de ampliar o relacionamento entre Venezuela e Brasil. Ele tem muitas ilusões sobre o que pode ser feito na Venezuela, acha que vai convocar uma Constituinte, se não cederem ao que deseja. Diz que os partidos tradicionais, tanto a Ação Democrática quanto a Democracia Cristã,**** fracassaram, acabaram. Isso é verdade. Ele tem o apoio do MAS, um movimento na área do socialismo.***** Chavez já é um senhor, mas cheio de energia, um coronelão simpático.

Um ministro que veio com ele, não guardei o nome,****** me pareceu mais ponderado, também preocupado porque o preço do barril de petróleo foi a sete dólares, o que para a Venezuela é uma catástrofe. Por outro lado, ele acredita que a Venezuela tem condição de ajustar o câmbio, ele quer uma faixa larga, e depois tornar o câmbio fixo. Eu disse que valia a pena conversar com os brasileiros, que têm experiência nisso. Alguns conhecem a Venezuela, como é o caso do Pérsio, acho que o Gustavo Loyola também, não sei quem mais andou por lá.

---

* O Brasil foi o primeiro destino de Chávez em seu tour pela América Latina depois da vitória eleitoral.
** Chávez obteve 56% dos votos no pleito venezuelano, realizado em turno único em 6 de dezembro de 1998, contra 36% do segundo colocado, o socialista-cristão Henrique Salas.
*** Estatal petrolífera da Venezuela.
**** Comitê de Organización Política Electoral Independiente (Copei). Os dois partidos se revezaram durante décadas na presidência venezuelana.
***** Movimiento al Socialismo, ligado à social-democracia.
****** Alí Rodríguez, futuro ministro do Petróleo.

Isso é matéria delicada, não dá para fazer assim sem maiores estudos. Estavam confiantes, como todos os recém-eleitos. Os que são reeleitos sabem que as coisas são mais difíceis.

Recebi o pessoal de uma empresa japonesa e o Emilio Ybarra, presidente mundial do Banco Bilbao Viscaya. Muito entusiasmado, comprou aqui o Excel Econômico, grandes conversas sobre o Brasil.

Dei medalhas a soldados que se distinguiram pela bravura.

Jantei com o Serra, conversamos longamente, repassamos os ministérios. Serra insistiu nos pontos em que sempre insiste, mas nada avançou no que diz respeito ao que chamei de Ministério do Desenvolvimento, Indústria e Comércio.*

No dia seguinte, quarta-feira, depois dos despachos habituais, voltamos a discutir as composições ministeriais. Fui à solenidade dos quinhentos anos na Confederação Nacional da Indústria, fiz um discurso entusiasmado mas duro, porque o Horácio Lafer Piva tinha feito declarações um pouco desorientadas e, como sempre, cobrando que se baixem os juros.** Eu disse: "Muito bem baixar os juros, mas precisa haver condições econômicas gerais no Brasil; por mim eu baixaria os juros imediatamente. Quem não quer baixar? Isso depende de condições objetivas. Vamos votar questões importantes no Congresso e eu fico", eu não disse bem isto, "como um gladiador na arena e todo mundo do lado de fora levanta o dedo se eu ganho e baixa se eu perco. Eu quero que estejam juntos comigo, lutando contra os leões que representam o atraso, que estão impedindo as reformas". Enfim, fiz lá minhas arengas sobre essa matéria.

O Antônio Ermírio de Moraes fez um discurso muito bom. Felix de Bulhões também. Depois vim almoçar aqui com o Malan. Estamos preocupados com Gustavo Franco, não sabemos bem o que fazer, como é que o Gustavo vai reagir à proposta de ir para o ministério, ele poderá reagir mal. É difícil mexer no Gustavo agora.

Por outro lado, sei que Chico Lopes gostaria de ser presidente do Banco Central. O Gustavo está cansado, mas ele é o símbolo desta política. Todo mundo critica a política de câmbio e juros, mas não se faz outra. Conversei com Malan sobre isso e sobre nomes para os ministérios.

* A nova nomenclatura do projetado Ministério da Produção foi anunciada no dia seguinte, durante a reunião do Conselho Empresarial Brasil 500 Anos. Na mesma ocasião, na sede da CNI, também ocorreu o lançamento da Declaração de Princípios da Indústria para o Desenvolvimento Sustentável.

** Fernando Henrique rebateu as críticas do empresariado à equipe econômica e à política de juros e câmbio do governo: "Só os ilusos imaginam que, num governo que é eleito e tem apoio congressual, sejam possíveis definições cruciais sem que elas signifiquem a vontade do presidente. A vontade do presidente está por trás das decisões. Portanto, as críticas que forem dirigidas às políticas do governo são, ipso facto, e disso não me queixo, dirigidas a mim, porque a responsabilidade é minha".

Daqui fui ao Palácio do Planalto. Recebi um grupo de investidores estrangeiros, quem está comandando isso é o Joel Korn,* cada um expôs seus problemas, onde avançamos e não avançamos.

Sancionei leis** e depois fui a uma homenagem a experiências inovadoras na gestão da administração pública.

Recebi o Jorge Bornhausen, ele veio muito assustado, porque Antônio Carlos disse a todo mundo que já tinha resolvido comigo quem seriam os ministros da Bahia. Essa comunicação direta comigo deixou o Jorge preocupado e mais ainda o Marco Maciel, porque não há nenhum pernambucano. O Jorge me disse que o Marco estava magoado. Na verdade, Antônio Carlos veio aqui e disse o que quis. Ele quer trocar o Raimundo Brito, foi indicação dele, eu preferia mantê-lo. Eles — quer dizer, o PFL — queriam trocar o Waldeck Ornelas. Querem um ministério mais apetitoso do que o da Previdência, que não tem charme, segundo eles. Acho que o Ornelas é bom.

À parte isso, tive um jantar muito interessante nesse dia com a CNBB e definido por um deles como "histórico". Porque nunca a CNBB tinha jantado com um presidente da República. Vieram d. Chemello, que é o presidente, d. Damasceno, o secretário-geral, d. Carvalheira, o arcebispo de João Pessoa, o cardeal de Belo Horizonte*** e o cardeal de Brasília. Os dois últimos são de moderados a conservadores. Homens educados. Todos, aliás. Gosto de d. Chemello, é um homem mais franco do que d. Lucas, coloca as questões e, na verdade, foi o primeiro que rompeu a barreira. Conversamos sobre muitas coisas, contei o que penso do Brasil, do mundo. Falei bastante, eles também. Dissemos que mais adiante teremos que estabelecer algumas linhas de trabalho conjunto.

Eu estava muito cansado quando subi para encontrar a Ruth, que chegava de São Paulo, nós sempre preocupados com a Bia. Embora saibamos que não há nada de mais grave, sempre fica uma apreensão.

No dia seguinte, quinta-feira, dia 17, fui ao Clube Naval tomar um café da manhã com os oficiais-generais. Fui de lancha,**** lá chegando o Mauro César fez um discurso de que eu gostei muito. Ontem, na imprensa, parecia que era tudo uma briga dele comigo, porque disse que os oficiais não são autômatos, podem criticar, que nem tudo é unânime, mas depois que se toma uma decisão eles têm lealdade.***** Isso foi dito como uma dissensão sobre o Ministério da Defesa.

* Presidente da Câmara Americana de Comércio para o Brasil (Amcham) e coordenador do Grupo de Investidores Estrangeiros (GIE).
** Entre as leis sancionadas, a lei nº 9755/98, que criou um sítio do TCU na internet para a divulgação dos dados orçamentários da União, estados e municípios.
*** D. Serafim Fernandes de Araújo.
**** O Clube Naval se localiza às margens do lago Paranoá, em Brasília. O presidente navegou na fragata *Amazonas*.
***** As palavras do ministro da Marinha sobre a criação do Ministério da Defesa, a ser efetivada

Eles têm lá o ponto de vista deles, o que eu acho natural. Gosto do ministro da Marinha, é um homem inteligente. Ele pode ser um tanto insistente nos seus pontos de vista, mas me parece corajoso e leal. Elogiei sinceramente o seu discurso, fiz também um discurso em termos altos. E a imprensa ontem publicou como se houvesse uma tensão que eu não notei. Nesse café da manhã conversei com Zenildo, eu disse que gostaria que ele fosse aproveitado em alguma coisa, ele é ótimo. Ele disse que ia ao Rio e que queria passar o comando no dia 29, alguma coisa assim, para o mais antigo, que é o sucessor dele e que será no futuro o comandante do Exército.*

Ainda recebi os oficiais-generais recém promovidos. Todos os oficiais-generais foram promovidos por mim. Houve uma renovação de 100% em quatro anos.

Voltei para cá, almocei com o Tasso, que está muito preocupado com a falta de rumo na política geral e no país, no governo, em tudo. Ele não vê um caminho mais claro. Queria que eu me encontrasse com o Mangabeira Unger. Eu até li um artigo do Mangabeira Unger na *CartaCapital* e achei interessante. O Sérgio Amaral esteve com o Mangabeira Unger e achou-o ingênuo. Marquei um encontro, que aconteceu ontem e que vou relatar na hora apropriada.

Fui ao Palácio do Planalto sancionar mais uma lei.** Tive uma reunião do Conselho Nacional de Ciência e Tecnologia com Vargas e vários cientistas, eu estava muito cansado e não tirei o proveito que poderia da reunião.

Continuei nessa mesma lenga-lenga de despachos, preocupações, nomeações. O PTB. Vários falaram comigo. Eles querem um ministério. Eu disse que só se fosse para o Paulo Paiva. O Paulo Paiva prefere ir para um órgão da administração a ficar no Ministério [do Orçamento e Gestão], mas eles são insistentes sobre um ministério, acham que é o que dá status. Não sei nem se têm razão. Tenho implicância com isso de status.

Jantei com o Pedro Malan e com a Ruth. Fiquei conversando com o Pedro até tarde, remoendo os mesmos temas. O Pedro teve a sensação de que havia colocado certa dúvida numa eventual nomeação do Calabi para o Ministério do Desenvolvimento. Me disse que não é tanto assim, a preocupação dele é com as leituras que venham a ser feitas, como se fosse um polo antipolítica econômica, por causa da ligação do Calabi com o Serra. De novo passamos em revista tudo, a possibilidade ou não de nomear o Mendonça, fico com vontade, mas sempre hesitando. Mandei o Paulo Renato sondar algumas fontes de informação, consultar os donos de veículos de imprensa sobre a reação a isso.

---

em 1º de janeiro de 1999, foram: "Não copiamos soluções, porém comparamos vantagens e desvantagens. Não seguimos modismos, contudo entendemos a importância de acompanharmos a moda".

* General Gleuber Vieira.

** Lei nº 9756, de 17 de dezembro de 1998, que alterou artigos do Código de Processo Civil sobre o processamento de recursos no âmbito dos tribunais.

E no dia seguinte, sexta-feira 18, ontem, fui até a fronteira de Minas com São Paulo inaugurar mais uma usina elétrica em Igarapava.* Fiz um discurso exaltando Eduardo Azeredo e todos leram como se fosse algo contra o Itamar, embora não me tenha referido a ele.

De lá fui à Bahia, homenagem ao Luís Eduardo.** Discursos emocionados, avião cheio de deputados, senadores, não pude nem descansar nem conversar. Ainda assim fui despachando com uns e outros no caminho.

O Aécio Neves me colocou as pretensões da bancada, de ter um ministério, se possível para ele, mesmo que seja o de Juventude e Turismo. Enfim, cada um que eu encontro quer um pedacinho a mais de poder.

Cheguei aqui muito cansado. Ainda assim recebi tarde da noite, eram mais de dez horas, o Tasso acompanhado de Mangabeira Unger. Tivemos uma discussão até uma hora da manhã. O Mangabeira acho que ficou um pouco não diria perplexo, mas surpreso de eu defender as posições do governo, mostrando que fizemos uma porção de coisas. Imagino que ele nem soubesse o que temos feito com muito empenho.

Eu disse que era errado pensar que aqui só se fez a estabilização; nós também demos as bases para o desenvolvimento. Já o crescimento depende de uma política econômica de outro tipo, que na nossa condição é muito difícil. Usei uma expressão de que ele gostou. Eu disse que o problema não é de base social. A base tem que ser inventada. E que só se inventa a base com um projeto. "Foi o que eu fiz com o Plano Real e nesses anos que venho dirigindo o Brasil", eu disse. "Acho razoável que se diga que agora precisamos renovar o projeto ou rever o projeto, mas é preciso ter um projeto. Eu não vejo que exista um projeto alternativo."

Ele gosta muito do [Joseph] Stiglitz, eu também, que é vice-presidente do Banco Mundial. Passamos em revista os teóricos que falam sobre política econômica internacional. Ele me pareceu bem mais maduro do que na última vez que nos encontramos, sabe das coisas, embora, naturalmente, seja um teórico. Então, por exemplo, quando falamos da política tributária, ele está totalmente de acordo com o IVA, o imposto de venda que se cobra do consumidor.*** O Tasso, que estava presente, reagiu. Ele olha impostos como governador de Estado, não quer o IVA porque, no fundo, limita a liberdade de ele fazer a guerra fiscal.

Mangabeira ficou horrorizado de ver o Tasso defendendo a guerra fiscal e me incitou a fazer como o Roosevelt. "Qual Roosevelt?", perguntei. Porque o Roosevelt teve vários momentos. Ele disse que eu precisava ter uma proposta forte. "Sim, tudo bem, mas qual?" Acho que hoje temos um mundo com muito menos liberda-

---

* Usina Hidrelétrica de Igarapava (210 MW), no rio Grande, controlada pela Cemig e pelo grupo Votorantim.
** Inauguração do Memorial Deputado Luís Eduardo Magalhães, em Salvador.
*** O governo discutia a criação de um imposto federal único para substituir o ICMS e outros impostos estaduais incidentes sobre a venda de mercadorias no varejo.

des que o mundo do Roosevelt. Agora existe globalização, as limitações são grandes e acho que, enquanto não transpusermos o Rubicão dessa situação em que o Brasil está, com uma dependência muito grande de capital externo, será difícil avançar com mais firmeza [no sentido de políticas econômicas alternativas ao *mainstream*].

Não obstante, devemos realmente preparar ideias... É o que tenho tentado, manter as ideias do desenvolvimento. Isso tudo é estigma da política que chamam de monetarista. Mangabeira fez uma distinção entre a política que ele chama de financista e a produtivista, dizendo sempre que é preciso evitar o monetarismo prevalecente e também o lobby dos industriais que se queixam. Ele é muito entusiasmado com a Fiesp, sem saber que a Fiesp também é um lobby, querem juros baixos e dinheiro abundante para eles e, se possível, proteção. Nem todos são assim.

Quando se esprime para ver o que seria uma política diferente, é difícil. O que se precisa mesmo é baixar a taxa de juros, isso é óbvio. Como baixá-la, eis o xis da questão.

Hoje, sábado, também foi um dia bastante agitado. Fiz exercícios, sábado faço mais exercícios na piscina, e fiz bastante.

Depois veio o Paulo Renato, que me deu conta da reação do Rui Mesquita, do Frias e do Zé Roberto Marinho sobre o Mendonça. O Rui é favorável, os outros dois restritivos, e bastante, sobre a volta do Mendonça via Ministério do Desenvolvimento. Todos pessimistas, principalmente o Frias e o Rui. É verdade que o clima é mesmo de pessimismo. Isso não se resolve com palavras, mas com mudanças na situação econômica objetiva. É um clima muito pesado para um início de segundo mandato. Realmente a reeleição até agora tem sido apenas um pesadelo para mim, sem grande proveito para o país.

Estou muito cansado, muito isolado, não no sentido de não falar com as pessoas, mas as decisões têm que ser minhas e não há outro jeito neste momento. Os partidos querendo engolir o governo e o governo tendo que ser firme, inclusive da maneira que fui hoje em público, dizendo que os ministros estão aí nomeados, os partidos também, mas para fazer o ajuste fiscal. Isso é imprescindível, requer uma mudança no regimento da Câmara, do contrário a CPMF não vai sair nunca; a maioria tem que agir coesamente, senão do que adianta tomar parte no governo?

Depois do Paulo Renato, recebi de novo o Jorge Bornhausen e o Marco Maciel, repetiram-se sugestões. O Marco Maciel é um sujeito correto, pensa no Brasil, disse que gostaria de um governo com cara nova. Respondi que eu também, mas como fazê-lo? Aí o Jorge jogou a responsabilidade no PMDB, embora dissesse que o PFL também tem sua parte, falou da questão regional, o de sempre. O Marco Maciel sugeriu o nome do Emílio Carazzai,[*] um homem bom, que ele acha podia ser presidente da Caixa, por exemplo, em vez de ter um ministério. O Nordeste já ficaria mais aliviado.

---

[*] Empresário paranaense radicado em Pernambuco, presidente do grupo Bompreço.

De manhã cedo recebi um telefonema do Jaime Lerner, eu tinha dito ao Jaime que ia trazer o Scalco. Ele disse que o Scalco era nacional, que eles querem outro. Provavelmente — eu não disse a ele — o Jorge poderá ir para Itaipu, o Jorge mesmo me disse. Eu disse que tirava o Scalco de lá, mas alguém ia querer Itaipu. Temos que ver o que fazer com Itaipu. No futuro talvez eu possa botar o João Elísio [Ferraz de Campos]* em Itaipu, e isso me livra de ter que pôr o [Rafael] Greca no Ministério de Desenvolvimento Urbano. Não pelo Greca, mas porque acho, como já disse, prematuro fazer agora um Ministério de Desenvolvimento Urbano.

O PFL não engoliu a manobra do Sarney com a questão do Zequinha, sustentado pela Roseana. Ela falou comigo por telefone há pouco, dizendo o seguinte: que se o Zequinha for nomeado sem o apoio efetivo do PFL, eles se sentem desligados do PFL e farão o que eu quiser, irão para o partido que eu quiser. As coisas avançam nessa direção de me dar mais força, apesar do que a imprensa possa dizer ou do que a opinião pública capte.

Diga-se de passagem: os meus amigos estão mais felizes por causa do encontro que tive com Lula — não são sabedores do encontro com a CNBB —, mas que estou seguindo novas táticas para mostrar ao PFL que tenho para onde ir. Tudo isso é um jogo de espelhos, a política real não passa por aí. Mas eles pensam que passa, porque é o que sai na imprensa e todos imaginam que estou morrendo de medo do PFL, quando estou morrendo de medo é da falta de gente capaz de levar adiante uma política. Como disse o Mangabeira na conversa que tivemos: o problema não é ter ideias, mas como as ideias viram ação. E para elas virarem ação é preciso não só definir políticas, mas ter pessoas que as incorporem e instituições que deem sustentação às pessoas. É isso que está faltando para mudar o curso das coisas.

O que eu tinha montado na cabeça contava com Mendonça, o André, o Beto e o Chico Lopes. O plano foi bombardeado pela irresponsabilidade de um conjunto de fatores e também deles próprios, que em algum momento foram um pouco ligeiros nas afirmações que fizeram.

Depois dessa conversa, recebi o Serra, repassamos tudo até as quatro da tarde. As conversas se repetem, as pessoas não têm muitas ideias novas, nem eu. Na verdade, sugeri o Goldman para o Ministério do Desenvolvimento. Serra ficou um pouco perplexo, mas depois até que encaixou [a possibilidade].

Voltei a falar com Eduardo Jorge e disse a mesma coisa [sobre o Goldman], o Eduardo ficou mais perplexo do que o Serra, pensando como é que os empresários vão encarar um comunista. Eu não vejo assim. Se o Goldman tiver boa aceitação dos empresários, pode ser ele. Acho que terá, mas não sei. Não fechamos questão. Falei também com Bresser, que me mandou um fax com uma sugestão que não

---

* Presidente da Federação Nacional das Empresas de Seguros Privados e de Capitalização (Fenaseg) e ex-vice-governador do Paraná, ligado ao ex-ministro da Agricultura, José Eduardo Andrade Vieira.

seria ruim: Roberto Giannetti da Fonseca.* Vou sondar a possibilidade de o Roberto assumir essa posição.

Malan insiste em nomear a Maria Silvia Bastos para o BNDES. O Bresser a prefere, e eu também gosto. Por ser mulher, ela teria uma vantagem simbólica, mas ainda prefiro a nomeação desse rapaz do Pão de Açúcar, Luiz Antônio Oliveira.**

Recebi o Gelson para discutir o discurso de posse, falar das questões do Itamaraty, repassar o que está por aí, a Guerra do Golfo,*** que é uma coisa escandalosa. Nesse meio-tempo, a Câmara votou o impeachment do Clinton, por causa da história da Monica Lewinsky; com isso a situação americana se complica muito.**** É um mundo esquizofrênico, de uma só potência, de uma só economia de mercado, a potência está sendo dirigida de maneira aloprada, as instituições representativas dando um golpe no presidente eleito pelo povo americano, as bombas caindo sobre o povo iraquiano, e o mundo assistindo ao bombardeio pela televisão como se fosse de brincadeira, tudo colorido com a trágica beleza da morte — embora as mortes pareçam ser poucas, por causa das bombas de alta precisão; os alvos são atingidos de uma forma quase tecnicamente perfeita, com o mínimo de sangue. É o que dizem os jornais e a televisão, não sei se é verdade.

De qualquer forma, é um mundo que não pode continuar. Eu até disse ao Gelson que no discurso temos que protestar contra isso, porque passou de todos os limites a existência desse tipo de ação automática na direção da insensatez.

Depois dessa história, ainda fiquei trabalhando, despachando papéis, foi o último despacho do dia. Agora estou aqui deitado, menos cansado do que nos outros dias, mas ainda assim sem ter resolvido as questões fundamentais da organização do ministério.

HOJE É DOMINGO, 20 DE DEZEMBRO. Nada mais de novo, só quero registrar minha ansiedade, angústia e dificuldade para lidar com a situação do Eduardo Jorge.

Eduardo foi, durante todos esses anos, um colaborador incansável. Nos últimos meses, entrou em parafuso. Por várias razões. Disse que queria sair do governo. A crítica a ele é constante, na mídia ele aparece desfigurado, como se fosse uma pessoa que manipula até mesmo os fundos de pensão, coisa que não é verdadeira.

* Empresário do setor de exportações.
** Presidente do grupo Pão de Açúcar.
*** Aeronaves norte-americanas e britânicas bombardearam centenas de alvos no Iraque, sobretudo em Bagdá, durante os quatro dias da Operação Raposa do Deserto (16 a 19 de dezembro de 1998).
**** O plenário da Câmara aprovou o impeachment de Clinton em 19 de dezembro de 1998. O presidente norte-americano, que permaneceu no cargo, foi absolvido pelo Senado dois meses depois.

Por outro lado, tem também a questão burocrática. Ele gosta de ter pessoas aqui e ali ligadas a ele e parece duro em certos momentos. Isso cria resistências. A lógica da política indica que ele não deva voltar para o governo.

Ele acabou de me telefonar, são nove da manhã, para dizer que, se eu quiser, ele volta por seis meses para a Secretaria-Geral, porque é melhor não mexer na Presidência. Isso pode dar a sensação de que não muda nada, que é um mesmismo. Agora é um pouco tarde, vou fazer essa mudança depois de amanhã. Não fazê-la é uma coisa complicada para mim. Como será recebida? Também de maneira ruim. Eduardo precisará ter alguma flexibilidade.

Ofereci a ele a presidência do Sebrae, não quer. Ir para o exterior? Ele não sabe se a família quer. Ficar nos conselhos de administração de algumas empresas, Petrobras ou BNDES, há mil coisas que ele pode fazer.

Por outro lado, é pessoa da minha confiança, que atua discretamente, eficientemente, mas não pode ser percebido como eminência parda; por aí ele está perdido. Ficar como secretário-geral, com o título, mas sem nada para fazer na Secretaria, porque vamos esvaziando as coisas, é um malabarismo. Vão atribuir de novo a ele poderes de que ele não dispõe ou ligações perigosas comigo que não são verdadeiras.

Ele está muito tenso, com vontade de perseguir seus algozes, situação difícil. Em relação ao Arruda, ele está certo. Arruda, ultimamente não tem sido lá essas coisas em matéria de comportamento político e ético com ele, Eduardo. Essa situação me deixa muito aborrecido. Por ver um companheiro na situação em que está e por me ver em uma situação que eu não posso aceitar. É bem difícil.

21 DE DEZEMBRO DE 1998 A 1º DE JANEIRO DE 1999

Mais discussões sobre o futuro ministério.
Gustavo Franco, demissionário.
Preparativos para a posse do segundo mandato

Madrugada do dia 21, segunda-feira. Passei o domingo trabalhando nas articulações do ministério. Recebi Scalco. Antes, na verdade, recebi o Malan. Discuti com ele as várias possibilidades de pessoal para a área do Ministério do Desenvolvimento, Indústria e Comércio. Não se sabe muito. Ou o Celso Lafer, se possível com Calabi como secretário executivo. Ou quem sabe o Pedro Parente. Sugeri até o Goldman.

Depois chegaram, juntos, o Paulo Renato e Vilmar. Discutimos Ciência e Tecnologia. Mesma coisa. Ou vai o Goldman, ou talvez alguém de Minas, o reitor da universidade de Minas,* ou o [José Fernando] Perez, que é da Fapesp.** Não se foi muito além dessa conversa.

Mais tarde, recebi o Sardenberg, pessoa de quem gosto, homem ponderado, ele seria um bom ministro da Defesa, os militares não querem. Querem Élcio Álvares, porque é mais negociador e eles vão ter mais margem de manobra.

Recebi agora à noite o Malan de novo, Eduardo Jorge, Clóvis, Eduardo Graeff e Vilmar Faria. Fomos vendo o que falta e o que não falta. Avançamos em muitas coisas. Os nomes vão ser surpreendentes. Falei por telefone com Scalco, que estava com Lerner. O Lerner quer que venha o Greca, mesmo que seja para Esporte e Turismo. É uma boa solução. A imprensa não vai gostar muito de início, por causa do estilo do Greca, mas é uma pessoa de talento. Acho que vai ser uma experiência interessante para o Brasil.

Sempre fui favorável a um Ministério do Turismo. O PFL não vai gostar, eles queriam Desenvolvimento Urbano, ou algo assim, e ganharam Esporte e Turismo. É o que o Greca quer ou pode. Para o Greca e para o próprio Jaime Lerner, acho bem. Eu tinha convidado o Cássio Taniguchi, o prefeito de Curitiba,*** falei com ele hoje, ao lado do Lerner, para que ele venha para Desenvolvimento Urbano, mas ele não pode deixar a prefeitura, e o próprio [Lerner] entende que o Greca não é para esse tipo de ministério. É mais para Ministério da Cultura ou Esporte e Turismo.

Resta agora o problema de Pernambuco. O Carazzai, de quem o Marco Maciel gosta, parece uma pessoa correta, ele pode ir para o Banco do Brasil ou, quem sabe, para o Ministério da Irrigação. Há margem de manobra ainda para isso.

---

* Francisco de Sá Barreto, reitor da UFMG.
** Diretor científico da fundação paulista.
*** Pelo PFL.

Muita discussão tensa, porque o Clóvis, e eu também, defende que os secretários de Estado tenham um status intermediário, não chegariam a ter o status de ministro. Como Zé Gregori, que é secretário nacional de Direitos Humanos, e assim vai.

Parece que Dornelles quer mesmo o Trabalho, já estamos reforçando o Ministério do Trabalho com um secretário executivo, que seria o Seligman. As coisas estão avançando, ainda falta fechar alguns nomes, e vai haver muita surpresa, não sei se boa, do ponto de vista da opinião pública. Pelo menos vão ver que vamos modificar muito.

Chamei o Pimenta, ele vem aqui hoje. Quem sabe seja o secretário de Governo? Nesse caso tem que ser ministro.

Insisti com o PTB que tinha que ser o Paulo Paiva. Ele continuaria no Ministério do Planejamento até março, quando iria para o BID como vice-presidente. As coisas vão tomando outra feição.

QUARTA-FEIRA, 23 DE DEZEMBRO, sete e meia da manhã. Terminei a última gravação dizendo que as coisas estavam avançando. Na segunda-feira de manhã, avançaram bastante. Ou seja, tive uma longa conversa com o Pimenta no Alvorada e o convenci de que ele pode ser a pessoa para substituir o Scalco. Foi difícil, porque o Scalco não topou [a secretaria de Governo], todo mundo sabe que a primeira opção foi o Scalco, mas o Pimenta é uma pessoa com quem sempre me entendi bem. Fez as perguntas normais, eu não soube responder todas, há sempre o problema da estrutura do Palácio, ele, como eu disse, tem que ser ministro. Perguntou-me sobre como levar isso ao Itamar. Eu disse que não vou hostilizar o Itamar, mas que também não tenho razões para agradá-lo. Vamos dançar conforme a música, depende um pouco do comportamento dele. Provavelmente ele está lá organizando um polo, vai ser candidato.

Almocei com João Roberto Marinho para conversar sobre a sustentação do governo em termos de mídia, e também para saber como estão as coisas nessa área, que é conturbada. Há muita competição, o *Jornal do Brasil* vai mal, Manchete vai mal, Bandeirantes vai mal, as coisas não estão fáceis. Eu quis sentir pelo lado dos Marinho e também saber da participação deles nas telecomunicações e sobre a Telemar. Em relação à Telemar ele foi taxativo: não entra.*

Em seguida, fui a uma solenidade de meta da reforma agrária com o Raul Jungmann e com os ministros mais próximos à área.** Entregamos o título do centésimo milésimo assentado este ano, sendo que ultrapassamos a meta das 280 mil famílias assentadas em quatro anos. Isso se deve em grande parte ao Raul e lhe fiz

---

* Alusão ao plano de venda da participação de 25% do BNDES na Telemar.
** Apresentação do relatório sobre metas da reforma agrária executadas em 1998.

os elogios devidos. Claro que o Seligman é um bom organizador, mas a luta política foi do Raul. Até o núncio estava presente, mostrando como a Igreja católica vem apoiando as coisas que estamos fazendo. Pelo menos a Igreja ligada ao papa.

Recebi alunos de alfabetização — imagina que havia funcionários da Presidência analfabetos! — e outros que estão se capacitando. Então há um movimento dentro da própria Presidência e fui cumprimentá-los. Passei o resto do dia recebendo pessoas e discutindo.

Primeiro estive com Dornelles, que quer ser ministro das Comunicações ou do Trabalho. Talvez mais do Trabalho, ainda não tenho certeza e o deixei um pouco na dúvida. Na verdade, até aquela altura eu pensava em colocar o Andrea Matarazzo nas Comunicações e o Dornelles no Trabalho. Ele sempre muito hábil na conversa, sabe que temos que controlar o PPB para que fique conosco, e assim me parece que será.

Recebi também o Lampreia, para despachar as promoções do Itamaraty e discutir nossa política externa. Em relação ao bombardeio de Bagdá, Lampreia estava preocupado, e mesmo contrariado, porque a Globo disse que tínhamos apoiado o bombardeio, o que não é verdade. Nós lamentamos o bombardeio e concitamos o Saddam a fazer o que deve fazer, que é cumprir as exigências das Nações Unidas, mas obviamente houve um enfraquecimento imenso das Nações Unidas. Os americanos demonstram não estar preocupados com qualquer outra coisa que não seja a força, os ingleses se aliam incondicionalmente e o mundo assiste, estarrecido, ao bombardeio de Bagdá e à violação de princípios de ação legítima na área internacional. Para os realistas, como Kissinger, na verdade a força é a verdadeira lei da ordem internacional. O mais patético é que, nesse meio-tempo, o Clinton enfrentou uma votação de impeachment no Congresso americano.

O presidente do país mais poderoso do mundo no que diz respeito a tudo que é regra está sendo vítima de uma espécie de golpe parlamentar dos republicanos, que não querem que ele permaneça no poder. E o fato ainda mais curioso é que, depois do impeachment, a popularidade do Clinton subiu seis pontos! Quer dizer, o mundo está numa situação extraordinariamente delicada. É uma espécie de Nova Roma, um mundo onde só existe um poder, mas já na fase de Nero, em que as catedrais, simbolicamente falando, estão pegando fogo, os próprios pilares da democracia americana.

E tudo isso, essa invasão de privacidade, essa hipocrisia absoluta de um puritanismo que não existe nos Estados Unidos, no momento em que, como diz o teórico da Terceira Via, Anthony Giddens, a família monogâmica deixou de existir. Todo mundo se casa várias vezes, os filhos são filhos de pais diferentes, convivem de outra forma. Os políticos americanos parece que estão brandindo a bandeira de uma moral monogâmica antiga, que não prevalece mais na sociedade. É impressionante, e isso no mesmo tempo em que os meios de comunicação transformam tudo em fato público e instantâneo. Onde vamos parar, não sei.

Comentei com Lampreia que, de repente, vamos voltar à ideia de que precisamos de uma força moral para botar ordem no mundo. Ele ponderou: "Pois é, como Wilson pensou depois da Primeira Guerra Mundial; e deu no que deu com a Liga das Nações.* As Nações Unidas estão começando a se transformar um pouco em Liga das Nações".

O reflexo disso não é assim tão geral sobre a política nacional. Aqui no Brasil, de novo, vê-se a movimentação opositora, da Fiesp, estampada nos jornais, agora aliada à CUT e ao PT. Aliada por circunstância, contra os juros altos e o desemprego, como se alguém fosse a favor de desemprego e de juros altos. A insensatez se encontra por toda parte. Parece que estamos com uma marcha movida pela insensatez tanto no Brasil como no mundo.

Isso foi na segunda-feira, dia 21. Cheguei tarde para jantar, a Ruth já estava aqui com as crianças. Jantamos, veio também o Pedro Malan e passamos em revista uma vez mais as nossas dificuldades, que são muitas e que iriam explodir de forma quase patética, no dia seguinte, terça-feira, que foi ontem.

Vamos ao registro do que aconteceu ontem na reta final da organização do ministério. Eu tinha telefonado na véspera para o Celso Lafer, porque cheguei à conclusão de que ele é quem reúne, na média, as melhores condições para o cargo de ministro do Desenvolvimento, Indústria e Comércio, ministério que foi uma invenção para o Mendonça e que vai acabar tendo outra feição. Chamei o Celso para vir aqui ontem de manhã.

Antes veio o Israel Vargas, que é meu amigo, conversamos. Ele me pareceu um pouco aflito. Eu disse: "Você vai para a Unesco".

Ele respondeu: "Não vou, porque os amigos do Itamar vão começar a me bombardear".

"Não, vai, sim. Você fica mais um ano no Brasil e depois vai. Enquanto isso, você fica no Conselho Nacional de Ciência e Tecnologia, com um cargo especial qualquer, e vai ajudando o novo ministro."

Eu queria o Goldman, o Israel Vargas sugeriu o Perez, da Fapesp.

Em seguida, chegou o Celso Lafer, logo depois o Pedro Malan. Convidei o Celso, que aceitou, e começamos a discutir a composição do novo ministério. O que fazer com o BNDES. Celso almoçou comigo e com a Ruth. Antes chegou o Edward Amadeo. Conversei com ele juntamente com Pedro Malan. Eu disse ao Amadeo que possivelmente teria que nomear alguém no Ministério do Trabalho e, nesse caso, queria que ele fosse para o Ministério do Planejamento, posto estratégico para controlar o Ipea, o IBGE e a parte de planejamento de longo prazo. Ele topou. Perde o título de ministro, passa a ser secretário de Estado e vem para a Presidência da

---

* Organismo internacional antecessor da ONU, criado em 1920 a partir de uma proposta do presidente Woodrow Wilson e extinto em 1946. A Liga das Nações foi criticada por sua pequena representatividade e pela incapacidade de prevenir a Segunda Guerra Mundial.

República.* Esse título de ministro é só para amor-próprio, mas as pessoas gostam. Ele foi correto e aceitou.

Fui para o Alvorada, haveria uma festa de Natal e eu preocupado porque o Pedro Malan voltou depois do almoço para me contar que o Chico Lopes o procurara para dizer que ou ele, Chico Lopes, ficava como presidente do Banco Central, ou iria embora. Isso criava uma crise, para o Malan era fatal, por causa da ligação dele com o Gustavo Franco. Eu disse para o Pedro conversar com o Gustavo naquela tarde mesmo, ontem. E assim foi feito.

Depois que terminou a festa de Natal dos funcionários do palácio [do Alvorada], uma festa sempre simpática, com muita animação, fui ao Palácio do Planalto e comecei a telefonar. Falei com o Jader, que insinuou a possibilidade de mais um ministério para o PMDB. Eu não tinha dito nada, mas já estava na minha cabeça (o Clóvis, o Eduardo Jorge e o Eduardo Graeff sabem disso) criar um Ministério da Irrigação, que seria preenchido por indicação dos líderes e representaria a outra parte do ministério do Meio Ambiente [e Recursos Hídricos].

Uma parte do Ministério do Meio Ambiente iria para o PFL — a esse respeito telefonei ontem mesmo para o Zeca Sarney — e a outra parte, Recursos Hídricos, iria para outro ministério. Eu imaginava que o PMDB fosse reclamar, já tinha até escolhido Carlos Melles, do PMDB de Minas Gerais, uma pessoa independente, que colaborou muito no Fórum da Agricultura. Perguntei ao Jader, ele nem o conhece. Fiquei com essa coisa na cabeça e ainda hoje vou ver se concretizo ou não.

O Jader não gostou da história do Scalco não ir para a Secretaria de Governo. Acha que o Pimenta vai partidarizar, o que criará dificuldade no trabalho de coordenação, porque os outros vão ver o Pimenta como uma penetração do PSDB. Isso é verdade. Essa foi uma das razões pelas quais eu tinha colocado lá o Scalco.

Telefonei ao Raimundo Brito para saber se Antônio Carlos tinha falado com ele sobre o ministério. Antônio Carlos não falou. Eu disse: "Brito, você me desculpe, mas estou vendo pela televisão que vai ser o Tourinho, que eu nem conheço, por isso estou me sentindo contrariado e vou telefonar para Antônio Carlos". Telefonei e ele se fez de morto: "Não, não, não falei com ele", e tal etc., "mas tenho compromisso com o Tourinho, o senhor pode dizer a ele". Bom, então vou telefonar ao Raimundo e dizer isso.

Nesse meio-tempo o Antônio Carlos me falou também do Pimenta. Como sei que o Jader foi à Bahia, eles já devem ter transado alguma coisa contra Pimenta. Não comentei com ninguém, mas fiquei com o assunto na cabeça e com a experiência do Mendonça presente. Quando PMDB e PFL se unem, é para enrolar o PSDB no Congresso e no Senado. Fiquei temeroso de que o Pimenta fosse objeto de uma fritura dessa natureza. Vou ter que me precaver contra mais essa aliança espúria do

---

* Amadeo acabaria sendo nomeado secretário de Política Econômica do Ministério da Fazenda.

Jader com o Antônio Carlos, que tem a ver com o domínio do Senado e com uma luta contra o Marco Maciel e o Jorge Bornhausen.

Falei também com Marco Maciel, sobre o Emílio Carazzai quem sabe na Irrigação. Não notei Marco Maciel muito entusiasmado com essa possibilidade, porque o Carazzai é mais um técnico de finanças. Ele insistiu que eu nomeasse um parlamentar do PFL e desse ao PMDB o Ministério de Desenvolvimento Urbano, para compensar o PMDB, o que complica muito a situação.

Continuo com esse problema.

Recebi o Pedro Malan com o Gustavo Franco. Conversa dificílima, Gustavo tensíssimo. Ele tem sido um colaborador fantástico, me disse — e é verdade — que é o único da turma antiga que permaneceu no governo. Todos que fizeram o Real foram embora. O Gustavo está vinculado a uma concepção de câmbio complicada, que é essa coisa da banda estreita e deslizar na desvalorização. Acho que ele não tem condições de mudar e existe uma urgência por mudança. Vejo a coisa se complicando. Propus a ele que, se saísse, viria para o ministério extraordinário de Reforma Tributária e Previdenciária; esta última [área] é fundamental e ele seria competente para fazê-la. Ele não se sentiu muito motivado. O Gustavo continua com problemas pessoais relativos à empresa de sua mulher, muitas dificuldades. Me preocupo, porque esses problemas não foram resolvidos, e, por outro lado, ele lembrou que estamos entrando num momento difícil. A recusa, no Congresso, da questão dos aposentados cria um clima de insegurança lá fora, dando a sensação de que o governo não tem força para o ajuste fiscal.

O Gustavo disse que imagina que, lá para fevereiro, possa haver a possibilidade de ataque contra o real e, nesse caso, ele saberia iniciar os planos alternativos B-1, B-2, ou o que fosse, mas não daria garantias de continuidade. Isso me preocupou. Eu disse ao Malan e ao Gustavo que era melhor eu conversar com o Chico Lopes, e, efetivamente, o chamei, sozinho.

O Chico me disse que a questão dele não é ser presidente do Banco Central; é que o Gustavo não o deixa mexer em nada, e que é preciso mexer. Acha que estamos indo para um desastre. O câmbio vai estourar e que, quando flutuar, será tarde. Ou seja, vai ser uma complicação grande. Que a questão é de decisão e que ele está disposto a mudar. Não a desvalorizar, ao contrário; desvalorizar menos, a baixar drasticamente a taxa de juros etc.

Chamei de novo o Malan e, na frente do Chico, expliquei que a questão ali não tinha a ver com pessoas nem com quem ia ser presidente [do BC]; que era sobre políticas, uma decisão técnica, e que ele ia ter que opinar. O Pedro ficou muito incomodado e propôs que Chico Lopes e ele jantassem juntos ontem mesmo.

Diante dessa situação, acho melhor, por mais difícil que seja, precipitar a mudança, colocar o Chico Lopes no BC, assumir o risco de um ataque agora, quando ainda estamos numa situação boa, do que entrarmos em parafuso. Isso foi no meio dessa confusão toda, eu montando o ministério.

Fiquei pensando com os meus botões e resolvi chamar o Pimenta, para dizer a ele que o melhor é ele ir para o Ministério das Comunicações, para podermos fazer como eu fiz com Serjão: jogarmos em dupla, eu e ele, mas com ele no Ministério das Comunicações, porque lá ele tem uma estrutura real de poder. Não falei sobre a reação dos outros partidos, mas ele percebeu, porque é inteligente. Primeiro levou um choque, depois foi assimilando a ideia. Eu disse que vou lhe dar todo o apoio, coisa que farei, até mesmo ao anunciar essa mudança. Convidei-o a ir a São Paulo hoje comigo, para visitar o Mário Covas, assim damos um sinal da nossa ligação. Vou articular a questão política de outra maneira, mas vamos ter que fazer. Pimenta vai ser parte fundamental disso.

Nesse meio-tempo, o Vilmar e o Paulo Renato fizeram vários contatos, para ver um nome para o Ministério de Ciência e Tecnologia. Fixaram-se no reitor de Minas, o qual não se mostrou muito interessado. O Paulo Renato não quer o Perez, e o Vilmar acha o Perez com uma visão muito paulista; o Paulo Renato deve ter algumas diferenças de visão com o Perez. Resultado: resolvi convidar o Luiz Carlos Bresser, até porque recebi uma informação da Gilda Portugal Gouvêa de que o Bresser não queria saber do Banco do Brasil por nada neste mundo. E o Bresser tem sido um companheiro leal. Tenho lido seus trabalhos, ele é inteligente, foi marginalizado porque tanto o Eduardo Jorge quanto o Clóvis têm visões diferentes das dele sobre a administração pública e se opuseram às suas ideias. Bloquearam muito o Bresser. Chamei o Bresser, que ficou eufórico para ser ministro de Ciência e Tecnologia.

O governo, então, está quase todo composto. Vamos anunciá-lo. Só há alguns problemas. Temos que ver se o Clóvis falou com Ornelas. Eu quero trazer a Wanda Engel para ser secretária de Estado de Assistência Social, com status de ministro, o que dá uma força maior à sua secretaria, embora vinculada à Previdência. Imaginei também que seria possível colocar o Andrea Matarazzo como secretário de Estado de Comunicação, com outro título. O problema é que Sérgio Amaral não está aqui, nem ficou sabendo disso, embora eu já tenha antecipado ao Celso Lafer que o Sérgio Amaral tem ideias sobre uma agência de investidores externos, e que ele poderia organizar essa agência no ministério dele, Celso Lafer, enquanto não vai para Londres. Para Washington irá o Rubens Barbosa.

Vê-se como é surpreendente a formação de um ministério. Os que acompanharem o meu relato aqui no dia a dia verão como as coisas mudam em função de muitos fatores, entre os quais o político; mas às vezes ele não é o predominante. Na maior parte dos ministérios, não foi o predominante. Tento salvar, por um lado, meus compromissos com certo rumo para o Brasil e, por outro lado, tenho que atender a reivindicações partidárias, e até mesmo a considerações pessoais.

Nesse item, quero fazer uma referência ao Sardenberg. Ele não está satisfeito com a proposta do Clóvis, que extingue a SAE. Conversou de novo com Clóvis e voltou à minha sala, acho que não quer ficar na secretaria dessa maneira. Abri a perspectiva de ele ser nomeado para Genebra, mas ele não se entusiasmou, disse que não, porque não é a sua área. Na conversa imaginei que Sardenberg, então, podia cooperar na formação desse ministério que quero criar, o da Integração Nacional. Ele gostou.

À noite, depois que foi designado o Luiz Carlos Bresser, falei com Clóvis, que viu a impossibilidade de passar certas áreas estratégicas da SAE para o Bresser, na Ciência e Tecnologia, porque haveria maiores dificuldades de gestão. Temos de fato muitas preocupações nessa área, quero discutir com ele o que fazer com a Lei de Informática,* o que fazer com o CNPq, com o relacionamento com o Ministério da Educação, o que fazer com a Finep... Enfim, muitos problemas.

Hoje acordei muito cedo, às seis da manhã, não são nem oito agora. Acabei concluindo o seguinte: é melhor que fique o Sardenberg. Fiquei pensando que talvez eu pudesse criar um Ministério Extraordinário para Projetos Especiais e pôr o Sardenberg como coordenador desses projetos especiais, entre os quais eu colocaria a questão da divisão territorial e, portanto, a semente de um Ministério da Integração Nacional.

Como se vê, a política tem um dinamismo extraordinário que faz dela ao mesmo tempo encantadora e atormentadora. E fatigosa. Hoje estou exausto. Foram dias e dias e dias não de negociação nos termos que os jornais publicam e pensam, mas de preocupação, de imaginação, de tentativa de solução de impasses, de visão de futuro, de aborrecimentos, de necessidade de cortar pessoas de quem gosto... Confesso que nunca estive tão exausto como agora. Mas vamos em frente.

Daqui a pouco vou anunciar o ministério.** Vou ter que ver se cola essa nomeação do Carlos Melles e se o Andrea Matarazzo aceita essa nova função, que acho importante; ele talvez tenha ambições maiores, pode não querer.

Irei a São Paulo, acho que vejo o Mário Covas hoje mesmo, vou para casa e janto com André Lara Resende, talvez com Mendonça. Quero trazer de volta a Bia, que está na fase final dos exames. Por enquanto tudo muito bem, e ainda bem, senão seria, aí sim, dramático para todos nós, para ela e para mim. Ela está bem, parece que, depois da extração da tireoide, não teve nenhum outro sintoma que possa

---

* Lei nº 10 176, de 11 de janeiro de 2001, cujo projeto estava em preparação.
** Novos ministros e secretários de Estado com status ministerial: Andrea Matarazzo (Comunicação Social); Celso Lafer (Desenvolvimento, Indústria e Comércio); Élcio Álvares (Defesa); Francisco Dornelles (Trabalho e Emprego); Luiz Carlos Bresser-Pereira (Ciência e Tecnologia); Paulo Paiva (Orçamento e Gestão, ex-Planejamento); Pimenta da Veiga (Comunicações); Rafael Greca (Esporte e Turismo); Rodolfo Tourinho (Minas e Energia); Sarney Filho (Meio Ambiente); e Wanda Engel (Assistência Social). Foram mantidos os titulares das pastas de Agricultura, Cultura, Educação, Fazenda, Justiça, Reforma Agrária, Saúde e Transportes, além do Banco Central.

gerar preocupação. Mas a gente sempre fica com uma ponta de ansiedade até a conclusão de todos os exames.

Hoje voltei a imaginar o Mendonça presidente da Petrobras. Fico irritado de não dar uma resposta à altura contra essa canalhice vigente no Brasil, e também porque já sei, quase em detalhe, o que foi aquele grampo [do BNDES]. Infelizmente o que eu sei não é transmissível, porque não há provas, mas há envolvimento até mesmo do serviço de informações [SSI e Abin] — o general Cardoso não sabe disso — com aquele Eduardo Cunha e venda desse material ao interessado, que depois o usou para fazer o estrago que fez.

Na verdade, na história do grampo, o "porão" está aí na ativa, ex-funcionários, ex-arapongas,* e o que mais me preocupa um é araponga atual.

A Polícia Federal está morrendo de medo, porque são coisas graves, mas, no momento oportuno, isso que foi descoberto vai passar para o serviço de inteligência e tenho certeza que o general Cardoso tomará medidas duras, embora os riscos, até de vida, sejam grandes quando se entra nesta podridão policialesca.

BEM, HOJE É DIA 25, SEXTA-FEIRA, NATAL. Vamos retomar desde anteontem, dia 23.

Depois do que eu gravei aqui, houve acontecimentos surpreendentes. Primeiro, o Clóvis me telefonou dizendo que o Carlos Melles, que eu queria botar para cuidar dos Recursos Hídricos, é do PFL e não do PMDB. Eu já havia falado sobre ele com o Jader na véspera.

Em seguida o Jader me telefonou, propondo que em vez de colocar o Carlos Melles, como eu queria alguém de Minas que colocasse Moreira Franco, assim os mineiros também aceitariam, inclusive o vice-governador de Minas.** Eu disse que era difícil para mim e não dei as razões. Fiquei pensando. Em seguida, telefonei para o Jader e falei: "Olha, Jader, eu não posso botar o Moreira Franco, porque tenho muitos companheiros que também perderam eleições, não foi só o Moreira que perdeu. Se eu puser um, por que não outro?". E aproveitei para dizer ao Jader que ia colocar Pimenta nas Comunicações.

Eu sabia que o Jader era um dos que estavam engasgados com isso de ter alguém do PSDB diretamente no palácio, manobrando a parte de articulação política. Eu já tinha decidido não colocar o Pimenta no palácio, não por causa do Jader, mas porque vi que haveria problemas de divisão de área no palácio. O próprio Eduardo Graeff não estava cômodo. Por outro lado, também achei que o Pimenta iria ser vítima de um bombardeio e me lembrei que o Serjão articulava tudo a partir do

---

* Apelido dos agentes de espionagem ligados ao Serviço Nacional de Informações (SNI), criado em 1964.

** Newton Cardoso, vice-governador eleito (PMDB).

Ministério das Comunicações, que hoje dá poder mas também dá tempo para a pessoa trabalhar.

Chamei o Pimenta e disse isso a ele. Já tinha dito quando falei com Jader. O Pimenta já tinha aceito, embora preocupado. Eu disse, com toda a clareza, que iria prestigiá-lo, como de fato fiz quando apresentei o ministério.

Depois, telefonei para Wanda Engel, que aceitou ser secretária de Assistência Social, que nada mais é do que o lugar ocupado pela Lúcia Vânia, só que agora com status de Secretaria de Estado. Engel é independente, vem do Rio de Janeiro, trabalhou com Cesar Maia. Isso, digamos, dá um sinal para o PFL, embora ela seja uma pessoa mais ligada ao PSDB, com ideias afins às da área do Comunidade Solidária.

Fui para o palácio e ficamos acertando os detalhes finais. Resolvi a questão do Sardenberg, ele vai ser ministro extraordinário de Projetos Especiais. Ir para Genebra não cabe no seu horizonte e eu não queria perder o Sardenberg, que é uma pessoa correta. O Clóvis engoliu em seco, mas não tinha jeito. Ainda vou ter que dar outra definição, porque o Clóvis quer tirar de lá a área relativa à futurologia. No papel fica mais bonito dizer que isso tudo sai porque seria do Ministério do Planejamento. Na prática, não; o Sardenberg tem interesse por esse planejamento de cenários alternativos. Na outra semana, vou fazer um ordenamento das funções do Ministério de Projetos Especiais, em que se enquadra esse projeto de cenários alternativos que o Sardenberg quer.

Feitos esses acertos, fiz a apresentação do ministério, um pouco desordenadamente, com certa *nonchalance*, mas que não caiu mal na televisão, pelo que me disseram.

Em seguida respondi às perguntas com muita clareza, inclusive sobre a articulação política para Pimenta.* Disse também, com firmeza, que estou cansado desse relacionamento muito picadinho com o Congresso e que os partidos que têm ministros são responsáveis pelas votações das matérias de interesse nacional, a primeira das quais é o ajuste fiscal. Essa afirmação pegou bem no dia seguinte nos jornais.

Terminado isso, fui a São Paulo, depois de passar aqui no Alvorada para almoçar. Levei dois amiguinhos da Júlia e do Pedro; são, aliás, sobrinhos de Luís Carlos Santos, e fui no avião com Pimenta, Clóvis e Vilmar. Vilmar preocupado porque Luiz Carlos Bresser tinha se precipitado nessa coisa de secretários executivos que não são do agrado nosso, mas, enfim, o Bresser recuou nisso. Ele vai dar trabalho, é imaginativo, mas se precipita muito.

Chegamos a São Paulo e fui com Pimenta visitar o Mário Covas. Encontrei Covas bem-disposto, estava vendo o jogo do Corinthians contra o Cruzeiro,** Pimenta torce pelo Cruzeiro, e nós dois pelo Corinthians, embora Mário seja santista.

---

* Foi extinta a pasta de Coordenação Política, até então ocupada por Luís Carlos Santos.

** Último jogo da final do Campeonato Brasileiro: Corinthians 2 x 0 Cruzeiro. O time paulista precisava apenas de um empate para vencer o torneio.

De lá fui para casa, onde tive a satisfação de receber Bia e Duda. Os exames tinham sido todos feitos e a Bia não tem nada que preocupe, foi um falso alarme.

À noite recebi o André Lara. Conversa longuíssima e muito preocupante. Como registrei, o Malan estava aflito por causa da dicotomia entre o Gustavo Franco e o Chico Lopes. O André não tem dúvida de que é preciso avançar, dar o controle ao Chico Lopes. André é pessimista com o conjunto da situação econômica e também com as dificuldades da mudança no câmbio. Ele é favorável, me pareceu, a alguma coisa mais audaciosa do que simplesmente um cone para alargar a banda. Quer uma desvalorização enquanto estamos com os juros altos, e temos bastantes reservas. Foi a minha sensação.

Conversei com o André com franqueza, como sempre faço. Ele é brilhante. Tinha estado com Celso Lafer, com Mendonça e com Beto Mendonça, que dão alguma ajuda a ele. Celso Lafer veio com o nome do Dupas para presidente do BNDES. O Celso sabe que tenho algumas reservas. O André também, as mesmas que eu e que todos têm. É que o Dupas é um pouco retórico e o Celso Lafer não é propriamente de empurrar as coisas, é mais de formular. E com o Dupas, uma pessoa de mente dificultosa, embora inteligente e correto, não creio que forme uma boa dupla para o BNDES. Insisti no nome do Orenstein.* Isso foi até tarde da noite.

Ontem de manhã, em São Paulo, Lula me telefonou, muito amigável, mas com uma questão difícil: a dos sequestradores do Abílio Diniz, presos em São Paulo e que estão em greve de fome. A esse respeito também tinha me telefonado o Iberê [Bandeira de Mello], que é advogado deles, um homem que eu conheço, bom advogado dos direitos humanos, nome do PSDB. Ele se disse desesperado, porque acha que ou eu determino a expulsão deles do país, ou eles podem mesmo morrer na cadeia.

Telefonei para Renan, telefonei para Zé Gregori, todos têm uma ponta de resistência em expulsar, porque a Justiça baixou as penas, nós estamos negociando no Congresso um tratado de extradição de prisioneiros [com o Chile e a Argentina], então fica difícil fazer a expulsão, porque há muitos prisioneiros estrangeiros, alguns até com penas menos graves do que essa de sequestro.

A população brasileira tem horror a sequestro, está ameaçada de sequestro a toda hora, como é que eu vou expulsar? Por outro lado, eles podem morrer. O Zé Gregori me acalmou num certo sentido, dizendo que haveria possibilidade de eles resistirem mais, que o pessoal do hospital iria tomar algumas medidas.

De fato, houve medidas. A Justiça mandou que eles fossem alimentados à força, coisa que vi pela televisão que foi feita. Dei declarações dizendo que era preciso

---

* O presidente interino do BNDES, Pio Borges, foi confirmado no cargo.

acelerar a aprovação desse tratado de extradição de presos, mas ainda estou aflito com essa questão.

Lula foi correto, disse que, se eu concordasse com a expulsão, ele podia me ajudar a dividir a responsabilidade. Achei bom, porque não sei se não vamos mesmo ter que fazer isso daqui a pouco, se as coisas se complicarem ainda mais.

Voltei para Brasília, e daí por diante foram apenas festejos natalinos. Ainda fiz uma declaração em São Paulo sobre Eduardo Jorge. Não fiz na apresentação do ministério, não cabia, não tinha como entrar nesse assunto, quase brasiliense, da briga dele com Arruda e com o PSDB daqui em torno do apoio ao Roriz ou apoio ao Cristovam. Na realidade, o Eduardo apoiou o Roriz por razões políticas, mas parte do PSDB ficou contra. Eduardo se queimou, crucificaram-no, acho que já registrei tudo isso.

Reclamou para a Ana que eu não tinha me referido a ele na entrevista coletiva sobre o ministério, até pensei que ele estivesse no exterior, mas não estava. Ontem, antes de vir para cá, fiz a referência, e hoje, me disse a Ana, as referências foram reproduzidas pelo Boris Casoy. Isso deve acalmá-lo, e com razão. Eduardo precisa ser prestigiado nesse momento difícil de sua vida, em que ele deixa o governo e há essa enxurrada de intrigas maldosas.

Nada mais a registrar nesses dias finalmente de paz.

HOJE É DOMINGO, 27 DE DEZEMBRO. O dia de ontem transcorreu calmo. No fim do dia, Lampreia veio nos visitar, conversamos um pouco sobre Rubens Barbosa. O Itamaraty não quer que ele vá para Washington, mas eu vou colocá-lo lá. Durante os anos da ditadura, o Rubens foi muito ligado a nós, ligado ao Montoro, a mim, ele merece ir para lá. Embora não tenha o estilo itamaratiano, é um embaixador que trabalha bastante.

Fiquei aqui lendo, relendo, como faço sempre, *Um estadista do Império*, do [Joaquim] Nabuco, para me inspirar para o discurso da posse. Eu me lembro que uma vez li o Lévi-Strauss dizer que sempre que ele ia escrever alguma coisa ele relia *O 18 Brumário de Luís Bonaparte*, de Marx. Mal comparando, naturalmente, eu gosto de reler *Um estadista do Império*.

Ontem também li aquela antologia antiga do Djacir Menezes sobre o Brasil que os brasileiros pensaram* e ainda um texto muito interessante do Gilberto Amado.** Li quase todo o livro — é enorme, são excertos de vários autores —, mas gostei mesmo foi de um texto do Gilberto Amado e um de Justiniano José da Rocha,*** que foi deputado e jornalista.

---

* *O Brasil no pensamento brasileiro* (1957).
** "As instituições políticas e o meio social no Brasil."
*** "Caramurus, reação monárquica e demagogia."

Hoje a *Folha* está no auge da glória, porque diz que minha popularidade caiu depois das eleições.* Na verdade não é a popularidade, é a avaliação do governo. Eles misturam os conceitos e fazem isso para mostrar que as coisas vão mal. Pessimismo na economia, pessimismo na política. É a alma dos Frias, um com malícia, o filho, outro metafisicamente pessimista, o pai. Ambos inteligentes. Também falam do dossiê Cayman e dos grampos [do BNDES], dizendo que a maior parte da população acredita que haja um fundo de verdade, ou até mesmo que é verdadeiro, e que as denúncias devem ser apuradas. O dossiê Cayman é de uma falsidade total e ainda há quem acredite que possa ter base.

HOJE É SEGUNDA-FEIRA, 28 DE DEZEMBRO.

Malan esteve comigo ontem. Conversamos longamente, ele está preocupado, esteve com Chico Lopes e também com o Gustavo. Chico Lopes continua insistindo que precisa assumir o Banco para poder fazer as modificações que acha importantes no regime cambial. Malan disse que conversou mais em profundidade com ele e não viu ainda com clareza quais seriam essas modificações e que não há tanta divergência entre os dois, entre Gustavo e Chico Lopes.

A essa altura, me telefonou o André Lara Resende, porque eu havia deixado um recado para ele. Estava com Lafer. O Celso Lafer propôs Roberto Macedo como secretário executivo do ministério, mas Roberto Macedo** está afastado de Brasília. Sugeri o [José Paulo] Silveira, que toca o programa Brasil em Ação. Vamos ver o que falarei com o Celso hoje. Se eu não falar, Malan fala com ele.

O André me disse que tinha outra ideia, colocar o Gustavo no BNDES, achei boa a sugestão, porque o Gustavo sai do Banco Central sem dor. Hoje de manhã falei sobre isso com o Clóvis, repassei a ele as coisas. Ele lembrou, com razão, que há resistências ao Gustavo, que os industriais brasileiros vão achar que, com essa nomeação, agora é que o BNDES não vai atendê-los, pois são prevenidos contra o Gustavo.

Estamos entre essa alternativa ou Dyonísio Carneiro, com quem estive só uma vez só, mas gosto dos artigos dele que li. Ou Orenstein, que Celso Lafer acha ainda um pouco jovem — é possível que seja mesmo.

Telefonemas habituais, Sarney muito alegre porque o filho foi nomeado ministro. Eu me preocupo com Marco Maciel, porque ele recebeu mais um golpe: a mudança dos Recursos Hídricos, que iam ficar na Secretaria de Políticas Regionais, que está com o PMDB. Pedi ao Clóvis que telefonasse para o Marco e dissesse que o secretário de Recursos Hídricos, assim como o [superintendente] da

---

* Segundo pesquisa Datafolha realizada nos dias 10 e 11 de dezembro, a aprovação do governo caíra de 42% (setembro de 1998) para 35%, fato anunciado em manchete de capa pelo diário paulistano.

** Economista, presidente da Associação Nacional de Fabricantes de Produtos Eletroeletrônicos (Eletros) e membro do Conselho de Política Econômica da CNI.

Sudene, vão ser designados numa combinação entre ele e o Jarbas Vasconcelos. Jarbas foi eleito governador de Pernambuco, é meu amigo, homem sério, é do PMDB. Tenho que tapar um buraco aqui, outro acolá, mas no geral a composição do ministério ficou boa.

Ontem revi um filme de que gosto imensamente, *O jardim dos Finzi-Contini*,* uma maravilha de filme sobre a perseguição dos judeus na Itália. Depois vi, na televisão, o terceiro ato da *Tosca*, cantado pelo [Luciano] Pavarotti. Eu estava já quase dormindo, e gostei. Gosto de ópera até hoje.

Mudei bastante o discurso de posse, tinham me preparado algumas sugestões, falei com Georges Lamazière, para que ele mexesse no texto.

Continuo atormentado pela questão dos prisioneiros políticos. Políticos, não! Aqueles que sequestraram o Abílio. O Zé Gregori está tentando dar uma solução, juntamente com o Renan. Lampreia é contra, tem razão, porque remetê-los para o Chile ou para a Argentina antes do tratado ser assinado é complicado. Eles estão fazendo uma forte pressão, ameaçando morrer. Todo mundo é contra que eu os indulte, mas na hora em que um deles morrer vão botar a culpa em mim. É um problema delicadíssimo e eu não gostaria de ter um cadáver nas minhas costas. Não tenho nada a ver nem com o sequestro nem com a condenação, mas no Brasil é assim. Talvez seja assim no mundo. Vou continuar discutindo a remontagem do governo com alguns dos novos ministros, mas com calma.

André me telefonou de novo para dizer que talvez seja possível uma coisa mais branda no Banco Central. O Chico Lopes disse a ele que tem algumas sugestões e acha que pode começar a implementá-las agora que o Gustavo está fora, de férias, quem sabe seja uma solução. Vamos tentar tudo, porque é delicadíssimo mexer no câmbio, não é nem uma mexida profunda, é um ajuste na política cambial, mas as expectativas de especulação existem sempre. Esse é o problema que mais me preocupa o tempo todo.

Estou mudando os ministérios, apreensivo com o câmbio** e, ao mesmo tempo, aborrecido com essa questão de presos em greve de fome. E a imprensa pensa que estou preocupado com a guerra entre os partidos.

Falei bastante com Georges Lamazière sobre os partidos. É curioso, em *Um estadista do Império* há o seguinte: no passado havia partidos, mas eles não tinham nada a ver com o meio social, para usar a expressão do Gilberto Amado. O meio social era atrasado e as instituições eram "avançadas", ou seja, cópias da Inglaterra com pitadas de França. Depois veio a República e fizeram uma construção americana. As instituições continuam aparentemente avançadas: legislação trabalhista e tudo mais. E o meio social atrasado.

---

* Longa-metragem de 1970 dirigido por Vittorio de Sica, baseado no romance de Giorgio Bassani.
** Em 27 de dezembro de 1998, o dólar era cotado a R$ 1,20.

Agora é o contrário. O chamado meio social deu um salto imenso. O Brasil hoje é uma poliarquia, todo mundo toma decisões. Temos, como eu repito sempre, uma estrutura americana, não europeia. Existe muito dinamismo: mobilidade geográfica, mobilidade social, capacidade de tomar decisão independentemente das decisões de governo. A sociedade vai se vertebrando, e se vertebrando fora do Estado. Antigamente, à la [Raymundo] Faoro ou [Francisco] Oliveira Viana, o Estado vertebrava tudo. Agora não, é o contrário. Não que o Estado não vertebre alguma coisa; ele vertebra. Mas o fato é que a sociedade vai se vertebrando por conta própria e é uma vertebração flexível, de geometria variável.

E os partidos ficaram de novo fora do esquadro. No passado, no Império, porque não correspondiam a nada, a não ser a ideias. Eram grupos, setores, blocos da elite. Agora é o contrário. Os partidos não representam mais nem ideias nem o meio social, que avança por si mesmo. Ficaram meio emparedados e, não obstante, têm peso institucional. Como digo sempre, temos um parlamento forte, embora os partidos sejam fracos. É uma situação muito curiosa. O presidente é eleito pelo povo, os deputados também, sem passar pela questão partidária. E as instituições ficaram uma casca, que não é frágil porque estão enraizadas, têm poder legal, mas não têm mais ressonância, ou têm muito pequena, e menos ainda consonância com o meio social, que avançou muito.

É essa a situação que estamos vivendo. E eu no meio disso, sabendo que preciso comportar-me de modo exemplar, sabendo que é preciso simbolizar, sabendo que é preciso contemplar os partidos, mas, principalmente, atender à população, que tem demandas que se expressam de outra maneira. E nada disso pode ser dito por mim como presidente, nem mesmo no meu discurso de posse. Se eu disser, o mundo vem abaixo.

HOJE É 30 DE DEZEMBRO, QUARTA-FEIRA. Ontem foi um dia superagitado, como têm sido todos esses.

Logo após termos, eu e a Ruth, feito os nossos exercícios matinais na piscina, recebi o Clóvis. Nesse meio-tempo, telefonemas tanto do Malan quanto do André sobre a evolução da questão do Banco Central. Volto a ela daqui a pouco.

Depois de contar ao Clóvis as várias evoluções havidas e de mexer aqui e ali na estrutura do ministério, não das pessoas, recebi o novo ministro da Defesa, Élcio Álvares, junto com o general Cardoso e o Clóvis, para discutirmos o que fazer com os ministros militares. O almirante Mauro César tinha mostrado a mim a conveniência da nomeação de um ministério interino nas Forças Armadas. Me parece que ele próprio gostaria de permanecer e que depois passaria à condição de comandante da Marinha. Embora eu lhe tenha apreço, até porque é um homem inteligente e dos mais capazes, isso é difícil e provavelmente dificultará a tramitação de todo o processo no Congresso, porque o almirante Mauro César tem ideias próprias sobre o Ministério da Defesa e é insistente.

O Élcio entendeu a situação. Expliquei que era importante nomear um novo chefe do Estado-Maior da Defesa, que será figura central, se possível. Terá que ser um da Aeronáutica, o brigadeiro [William] Oliveira, apesar de que o brigadeiro é muito "moderno", como eles dizem, foi recentemente promovido à quarta estrela, mas ele entendeu. O general Cardoso opinou que na Marinha talvez fosse melhor, em vez do almirante [Sérgio] Chagas Teles, nomear o almirante [Carlos Edmundo] Lacerda. Isso também não é lá dentro dos hábitos, porque o Chagas Teles é mais antigo do que o Lacerda. Mas é possível. O general Gleuber [Vieira], por exemplo, não é o mais antigo do Exército e o general Zenildo vai passar o comando para ele.*

Discutimos bastante essa questão do interinado. O Clóvis insistiu que era melhor se os ministros fossem interinos. O general Cardoso não vê dificuldades nisso.

No almoço que tive com os atuais ex-ministros, vi que há dificuldades com o interinado não só na Marinha, mas na Aeronáutica também. Eu acho melhor nomear ministros e não interinos, com a condição de que sejam nomeados comandantes em seguida. Já é muito difícil, muito traumático para eles a mudança dos ministérios antigos para Ministério da Defesa; não acho que se deva criar dificuldades adicionais com a questão de interino ou de permanente.

Foi um almoço, digamos, difícil. Falei muito, expliquei o que faço, o que não faço, só no final é que entrei na questão que interessava a eles, a dos ministérios militares. Anunciei ao Zenildo que já está decidido: ele vai para o Rio** e passa para o Gleuber. Achei os outros dois constrangidos. O Lôbo já tinha sido informado pelo Cardoso, eu ainda não sabia sobre o brigadeiro Oliveira, isso o deixou preocupado. Ele gosta do Oliveira, mas acha que é muito moderno e indicou o brigadeiro [Walter] Bauer. O da Marinha não indica ninguém, já me tinha dito antes que não era candidato, mas também não indica ninguém. Expliquei que íamos fazer a mudança e que o Élcio ia começar a falar com eles sobre a nomeação dos comandos.

De lá fui ao Palácio do Planalto e recebi gente incessantemente.

Recebi uma prestação de contas da área energética do Raimundo Brito,*** fiz discurso, eles também fizeram. Estava lá o Emílio Odebrecht, que falou comigo rapidamente para contar a conversa que tinha tido com Antônio Carlos. Ele e Antônio Carlos nunca se entenderam muito bem. Segundo ele, Antônio Carlos sempre mostrando um poderio muito grande sobre o governo, que na verdade está muito mais nas manchetes do que na realidade. Mas é o que ele pensa. Diz que Antônio Carlos é muito cheio de si e muito confiante, que vai dominar a crise dentro do PFL.

---

* O general Vieira, o almirante Chagas Teles e o brigadeiro Walter Bauer ocuparam interinamente as pastas militares durante o período de transição até a criação legal do Ministério da Defesa, pela sanção da lei complementar nº 97, de 9 de junho de 1999.
** O general Zenildo de Lucena passou a integrar o conselho de administração da Petrobras.
*** Cerimônia de anúncio do cumprimento de metas do Ministério de Minas e Energia.

Recebi outras pessoas, sempre para discutir a formação do ministério. Recebi o Celso Lafer, grandes incertezas sobre quem vai para cá, quem vai para lá, não conseguimos definir ainda quem vai para o BNDES.*

Nesse meio-tempo, o Malan me telefonou dizendo que achava que o Calabi podia ser mesmo um bom nome para o Banco do Brasil. Então chamamos o Calabi aqui e ontem à noite, quase meia-noite, o Malan me telefonou para dizer que o Calabi aceitou e vai ser nomeado. Será surpreendente, mas acho que é bom.

O Celso ainda não afinou direito a viola, ainda não sabe quem ou quais serão seus colaboradores no Ministério do Desenvolvimento, mas já percebeu que precisa colocar fazedores tanto na secretaria executiva quanto no BNDES. Celso é uma pessoa que tem os pés no chão, embora possa parecer rebuscado na forma. É uma pessoa inteligente e não é do gênero maria vai com as outras. Ele quer participar da equipe econômica e acho que deve participar.

Mas o momento mais difícil que tive foi com Chico Lopes e com Malan. O Chico tem um problema para levar adiante a mudança cambial. Ele quer ampliar a banda, fazer uma flutuação um pouco maior, o que implica uma possibilidade de desvalorização, mas também em poder flexibilizar a taxa de juros. Acho que pode baixar até 15%, o que seria um extraordinário alívio no Brasil.** Ele também perguntou sobre o Gustavo, eu disse ao Malan, tenho muita consideração pelo Gustavo, você também, mas entre nós há o Brasil, e nesse momento não se pode hesitar por causa de pessoas.

É preciso fazer a mudança, já perdemos várias oportunidades e agora não dá para perder mais essa. E o Chico só faz se for ele o operador da mudança. Operador no sentido prático e também, no futuro, presidente do Banco Central. Esse é o impasse. Sugeri ao Malan que chamasse o Gustavo e falasse com ele com clareza. Não dá para que as coisas não mudem em função das posições do Gustavo.

Hoje mesmo tem um artigo do Delfim muito áspero mas verdadeiro. De que um plano brilhante como o Real está encalacrado devido à política cambial. Isso é verdade, hoje está claro que é assim.

Não vou mais permitir que as coisas continuem desse modo. Claro, temos que ir com jeito, porque o Pedro Malan é o sustentáculo de todo o nosso sistema no exterior e ele também dá um grande equilíbrio aqui dentro, mas o Pedro vai ter que assimilar a marginalização do Gustavo nas decisões, ou mesmo a saída dele do Banco Central. Há momentos em que saídas são importantes.

Passei boa parte da noite tentando convencer o Andrea Matarazzo a aceitar a Secretaria de Comunicação Social. Andrea diz que se não for ministro não dá,

---

* O BNDES, o IBGE, o Ipea, a Secretaria de Políticas Regionais e as superintendências de desenvolvimento (Sudene, Sudam, Sudeco) haviam sido transferidos do Ministério do Planejamento (Orçamento e Gestão) para o novo Ministério do Desenvolvimento.
** A taxa de longo prazo foi reduzida de 18% para 12,8%.

porque não terá condição de operar. É um pouco vaidade, um pouco verdade, um pouco ilusão. Enfim, não se faz tudo que se quer. Vamos ter que arranjar outra solução para esse ministério.

Continuo lidando com a questão dos presos em greve de fome. O Renan e o Zé Gregori estão empenhados na transferência dos prisioneiros, e o Celso de Mello, pelo que me disseram, bem mais reticente. Isso pode dar confusão, e a opinião pública vai ser manipulada. Ninguém quer que eles sejam liberados, nem eu. Transferidos, concordo. Agora, se morre um, aí todos vão achar que é culpa do governo. A Justiça tem sido muito esperta em não tomar suas decisões. A questão está politizada e, como a imprensa não tem muito o que informar neste fim de ano, está dando um relevo extraordinário à greve de fome dos presos. Ela dura quarenta dias, eles correm realmente risco de vida, e eu não quero um cadáver nas minhas contas. É preciso fazer alguma coisa.

Vejo hoje nos jornais que dizem que já tenho informações sobre o grampo. Eu não tenho nenhuma informação oficial. O Milton Seligman me disse qualquer coisa sobre quem seriam os responsáveis. A polícia não me informou nada, nem o Ministério da Justiça pode falar baseada no disse que disse de alguém que não é diretamente encarregado da investigação. Não obstante, já há até um editorial do *Jornal do Brasil* cobrando transparência, que o governo, que eu, diga quem são as pessoas. Não se pode dizer, não se tem base objetiva para isso, nenhuma informação sequer do Ministério da Justiça. Vou tratar de ver isso hoje.

Problemas no Sebrae, o pessoal da Confederação Nacional da Indústria se sentiu ofendido porque ontem não foi nomeado alguém indicado pelo senador Bezerra, um sobrinho dele, e que foi nomeado outro, de Santa Catarina.* Ao mesmo tempo, foi nomeada a Maria Delith, que aparece como irmã do Eduardo Jorge e não por seus próprios méritos. Ela é secretária executiva do ministério da Cultura.** No que diz respeito a Eduardo Jorge, futricas de todos os lados, é muito difícil. O Eduardo é o último a saber dessas dificuldades, que são grandes.

Em suma, neste fim de ano, em vez de descansar, além de pensar no que vou dizer no meu discurso estou tentando, numa situação de quase no isolamento, ver se acerto as mil posições que é preciso acertar no Brasil. Nunca passei por uma situação, digamos, tão penosa no meu dia a dia de trabalho. Muito trabalho, a cabeça fervendo, com mil soluções que invento para lá e para cá, e também com mil dificuldades. No centro de tudo, encontra-se sem dúvida a política econômica, que não está ajustada. O resto vai aos trancos e barrancos, mas vai.

Disse aos trancos e barrancos porque neste momento a angústia é muito grande. Ontem me procurou, aflito, o Paulo Renato. Disse que o Clóvis e o Malan estão

---

* Sérgio Moreira foi indicado para diretor-presidente do Sebrae. O presidente do PFL, Jorge Bornhausen, apadrinhou a indicação de Vinicius Lummertz para a diretoria técnica do órgão.
** Maria Delith Balaban foi indicada para diretoria de Administração e Finanças do Sebrae.

aumentando muito o espaço deles no governo. Eu perguntei: "Aumentando como? Eles têm o espaço deles e vocês também têm o seu".

"Não. Para que nomear o Edward Amadeo como secretário de Planejamento? O Vilmar podia tomar conta do IBGE e do Ipea."

"O Vilmar nunca quis ter funções executivas, sempre me disse o contrário, eu vou nomeá-lo chefe da minha assessoria, só que ele vai viajar. Nesse momento Vilmar está indo para Berkeley. Então como é que eu faço?"

Uma fogueira de vaidades por espaços.

O Paulo Renato, nesse momento, ficou um tanto aflito: "Não, nós até por cuidado não estamos te pressionando".

Não estão me pressionando, me deram sugestões, aliás muitas e boas. Mas enquanto não se acomodam as camadas tectônicas, cada um sente o seu status ameaçado, eles não veem que cada um deles tem um império para cuidar e, sobretudo, que os problemas do país e do povo são os que devem nos preocupar. Paulo Renato, aliás, se preocupa, mas chega um momento em que se perde o pé, e, claro, todos querem ter um pé no palácio. Entendo isso, mas não dá para ter todo mundo com um pé no palácio. Isso deriva dessa confusão entre partido político, relações pessoais e posições de governo. Nós todos somos amigos, nós todos somos do PSDB, nós todos somos do governo, nós nos amamos e nos odiamos simultaneamente.

HOJE É 1º DE JANEIRO DE 1999, SEXTA-FEIRA, são duas da tarde. Estou a poucas horas da cerimônia de posse do meu segundo mandato.

Anteontem ainda tive problemas. O ministro da Marinha, Mauro César, insistia em continuar no ministério e assumir depois o comando da Marinha. Ele não disse isso claramente. Mas me disse, na conversa que tivemos uns dias atrás, que ele não indicaria ninguém, que não se candidatava nem deixava de aceitar se fosse ele o escolhido. Eu disse que até o fim do ano diria quem era o escolhido. Depois houve aquele almoço, aqui no Alvorada, com todos os ministros militares mais o general Cardoso. Almoço difícil, mas ficou claro que eu iria indicar o comandante, e havia a questão de se o ministro de cada arma seria interino ou não.

No dia seguinte, reunião com o general Cardoso, o Clóvis e o Élcio Álvares. Conversamos, eu levantei a questão do interinado, disse que de minha parte não havia nenhuma dificuldade em nomear ministros efetivos, desde que eles soubessem que num tempo definido passariam a ser comandantes das Forças. Assim foi decidido. Eu disse ao Élcio Álvares que procurasse cada um dos atuais ministros para definir os comandantes, embora já soubéssemos quais seriam. Do Exército seria o general Gleuber, a quem o general Zenildo tinha transmitido o comando, e da Aeronáutica seria o brigadeiro Bauer. Na Marinha tínhamos que ver quem. O general Cardoso achava melhor o almirante Lacerda. Está bem. Embora isso signifique dar uma carona ao almirante Chagas Teles. Mas acho que não é preciso tanta antiguidade para tais funções. E o nome do brigadeiro Oliveira para o Estado-Maior da Defesa, porque caberá à Aeronáutica essa indicação. Oliveira foi muito recentemente promovido a quatro estrelas. Cardoso acha que isso não tem muita importância, depois eu soube que ele sondou o Lélio [Lôbo], e o Lélio acredita que é cedo demais para Oliveira. Em todo caso ficamos de ver isso melhor.

Anteontem o Cardoso e o Élcio chegaram aflitos para conversar a respeito desse assunto com o Mauro César, que se manteve na posição de não indicar ninguém. O Cardoso telefonou para o Lacerda, para ver se ele aceitaria. O Lacerda foi ríspido e disse que a Marinha respeita a antiguidade. Eu não gostei. Achei que podia ser até mesmo uma espécie de tentativa do ministro Mauro César de criar um impasse. Depois verificamos que não. Eu disse ao Élcio que insistisse e que falasse então com Chagas Teles. O Chagas Teles recebeu o Élcio juntamente com o almirante Lacerda, ambos muito amáveis e simpáticos. Ou seja: provavelmente o Lacerda respondeu que não pelo telefone, na frente do Mauro César. Do mesmo jeito, não gostei.

Na primeira oportunidade, passo para a reserva o almirante Lacerda, que era até o mais simpático deles, era o homem que imaginávamos que podia vir a ser ministro. Mas vejo que Mauro deixou raízes de uma atitude altaneira demais. E, olha, ministro quem nomeia sou eu. Ministro militar, mais ainda. Sou o comandante supremo e disse isso com todas as letras ao general Cardoso e ao Élcio. Eu estava realmente possuído de indignação cívica, porque achei um desaforo; nem me dirigi mais ao Mauro César. Mandei que o Élcio dissesse a ele que não seria o ministro.

Enviei uma carta aos ministros e ao Mauro César, não coloquei a palavra de agradecimento à lealdade dele, porque acho que, no final, ele foi além do limite em sua insistência. Ele é sem dúvida o mais competente, mas nessa coisa militar um dos atos importantes do Castello Branco foi evitar, via renovação, os caudilhos militares.* Não seria eu, um civil, que iria agora perpetuar caudilhos à frente dos comandos. Por isso achei importante tirar, como tirei, o Mauro César do Ministério da Marinha.

As coisas são tão complexas que ontem me telefonou Max Feffer, preocupado e querendo indicar o Jobert, que é um militar, quase civil, segundo ele, para ministro da Defesa. O Roberto Jobert trabalha com Max Feffer. Eu disse: "Max, não há problema nenhum, ninguém está rejeitando o Élcio". Os jornais deram a impressão de que havia uma rejeição ao Élcio. Não havia nada disso. O que há é a vontade do Mauro César de ficar no Ministério da Marinha e, ato contínuo, de criar dificuldades para a criação do Ministério da Defesa, entre as quais fazer passar no Congresso o status de ministro aos comandantes das Forças.

Essa questão de status de ministro é enlouquecedora. O próprio general Cardoso, pelo que me disse o Clóvis, ficou sem jeito por não ter mais esse status, embora

---

* Em 1965, o presidente Castello Branco decretou uma reforma estrutural nas Forças Armadas para aumentar a rotatividade das altas patentes e postos de comando.

ele seja o chefe da Casa Militar, que é um título mais importante do que ministro. Na minha cabeça, ministro é quem tem ministério. Quem é chefe da Casa Militar e da Casa Civil não é ministro, mas tem uma posição até de maior relevo, por estar em contato direto com a Presidência da República e comigo.

Anteontem, ainda falei à noite, por telefone, com o Rubin. Estava apreensivo, disse que em Nova York os homens das grandes empresas mostraram-se preocupados com o Brasil. Tudo por causa da votação perdida no Congresso, que deu a sensação que o governo não controla mais o Congresso e que não conseguirá aprovar o ajuste fiscal. Estão completamente equivocados, eu disse a ele. Ele sabe, mas são os tais sinais do mercado. Rubin disse que seria bom que houvesse uma notícia positiva. Positiva para eles é a aceleração da privatização. Qualquer coisa assim. Respondi que já tínhamos tomado as medidas duras [para o ajuste fiscal] e que era descabido cobrar de mim, na véspera da posse, como ele cobrou, o imposto do cheque [a CPMF].* É preciso ter muita convicção para fazer as coisas como elas estão sendo feitas, e não esmorecer, porque senão vem qualquer demagogo, dá aumentos com consequências negativas, provocando a desorganização da economia. A preocupação externa continua grande.

Ontem me telefonou o Camdessus. Amabilíssimo, dizendo que confia e que eu tenho o apoio dele, mas sei que telefonou com a mesma preocupação [do Rubin]. Eu me antecipei e disse qual era o cronograma de aprovação das matérias no Congresso, para que ele não tenha ilusão. O imposto sobre o cheque [CPMF] não vai passar antes de março, fim de março, e se tivermos sorte vamos recuperar a contribuição de inativos. Também falei que no dia 7 de janeiro provavelmente o imposto sobre o cheque começará a ser votado e que vamos ter controle sobre a maioria.

Malan deve trazer aqui, no domingo à noite, o Gustavo Franco. Vou ter uma conversa muito franca com os dois. Chegou ao fim a tentativa de manter a política cambial sem mexer absolutamente em nada, como Gustavo tem feito há quatro anos. Acho que o Malan precisa pensar bem, porque ele não tem o direito de submeter o Brasil a maiores dificuldades em virtude de uma visão que hoje é muito especificamente do Gustavo. O Malan, por mais que tenha, como eu tenho, compromissos éticos com o Gustavo, porque apoiou essa política, como eu também, deve entender que chegou o momento de mudar.

E vamos ter de mudar com muito jeito, porque não é mudar do dia para a noite, nem mudar tudo. É ampliar a banda de variação, de flutuação do câmbio. Isso permitirá baixar mais depressa a taxa de juros, condição sine qua non para que a gente possa seguir em frente. Eu já disse ao Malan. Daqui a pouco, isso tudo estoura pela pressão de todo mundo contra a taxa de juros, e aí a questão política fica impossível de ser sustentada.

* Isto é, a aprovação do aumento da alíquota do imposto, medida prevista pelo Programa de Estabilização Fiscal.

Ontem, dia 31, também esteve aqui o Cristovam Buarque. Fez questão que o último gesto de seu governo, ato e gesto, fosse uma visita a mim, para declarar que, embora na oposição, ia fazer propostas, ia ter uma posição construtiva.

Na frente dele, telefonei ao Lula sob o pretexto de que queria falar da transferência dos sequestradores para os seus respectivos países. Na realidade, falei com Lula mais sobre o ano novo, foi uma coisa positiva.

Quanto aos sequestradores, chegamos ao limite. O Zé Gregori e o Renan inventaram um caminho, fazer a vigência do tratado de extradição antes do congresso aprová-lo. Caminho discutível do ponto de vista constitucional, mas que resolveu o impasse político. Eles suspenderam a greve de fome e eu posso começar o novo mandato sem a ameaça de alguém morrer.

Os procuradores de São Paulo pediram ao [Luiz Antônio] Marrey, que é o procurador-geral de São Paulo, que fizesse uma representação ao Supremo. Marrey fez. Zé Gregori e Renan preferiam que não fizesse. Eu achei que devia fazer. Agora está na mão do Supremo. Foi distribuído para Pertence, que dirá se é constitucional ou não. Se for, fazemos a transferência com tranquilidade. Se for inconstitucional, o governo terá esgotado todas as medidas possíveis para evitar que haja uma morte no começo do ano e, se não conseguir, paciência. Não queremos que eles morram, mas a verdade é que esses sequestradores agem como se ainda estivessem no tempo da guerrilha.

Esses foram os principais fatos a registrar. Passei o resto do dia revendo tanto o discurso de posse, que farei hoje, quanto o que farei na segunda-feira no almoço no Itamaraty para uns poucos presidentes estrangeiros que, por conta própria, virão aqui. Pedi ao Gelson que escrevesse um discurso mais afirmativo tanto sobre os malefícios da globalização como sobre os malefícios da ação unilateral dos Estados Unidos na questão mundial, sobretudo na do Iraque. O Gelson fez, eu mudei um pouco o tom. E o discurso de posse vai ser menos, digamos, de glorificação do que fizemos e mais preocupado com o que acontecerá no futuro.

A família está toda aqui, desse ponto de vista esses dias têm sido muito agradáveis, muito alegres.

ÍNDICE REMISSIVO

ABC Paulista, 118, 128, 422n, 424n, 468n, 605
ABCZ (Associação Brasileira dos Criadores de Zebu), 177-8
Abdib (Associação Brasileira da Infraestrutura e Indústrias de Base), 663
Abia (Associação Brasileiras das Indústrias da Alimentação), 672
Abi-Ackel, Ibrahim, 206
Abin (Agência Brasileira de Inteligência), 212, 747, 754, 811
Abinee (Associação Brasileira da Indústria Elétrica e Eletrônica), 201
ABN Amro Bank, 631, 714
aborto, questão do, 343, 345, 515
Abraão (Ilha Grande), 372
Abrahão, Benjamin, 302
Abranches, Sérgio, 225, 376, 640
Abrão, Pedrinho, 578, 642
Abreu, Antônio, 157n
Abreu, Cláudia, 323
Abreu, Plínio, 670
Abril, Editora, 294n, 698
Academia Brasileira de Letras, 156, 263
Academia de Ciências do Terceiro Mundo, 311-2
ACM ver Magalhães, Antônio Carlos
Acre, 37, 63, 186, 188, 193, 205, 220-1, 326, 364, 656
Acreúna, 578
açúcar, 40, 784, 787
Adesg (Associação dos Diplomados da Escola Superior de Guerra), 234
ADR (American Depositary Receipt), 143
Adutora Sertão Central Cabugi, 130n
Advocacia-Geral da União ver AGU
Advogado do diabo, O (filme), 644
Aeronáutica, 132n, 137, 248, 309, 352, 360, 362-3, 402, 428, 432, 488, 514, 523, 655, 680, 736, 745, 818, 821, 822; *ver também* FAB (Força Aérea Brasileira)
aeroporto de Congonhas, 327
aeroporto de Fortaleza, 487
aeroporto de Mitú, 746
aeroporto de São Luís, 486n
aeroporto do Rio de Janeiro, 703
Aérospatiale, 120n
AES Corporation, 370n
Affonso, Almino, 214, 449

AFL-CIO (American Federation of Labor and Congress of Industrial Organizations), 476
África, 94, 221, 404, 411, 421, 583, 650, 653
África do Sul, 83, 238, 316, 583, 650, 653, 683, 688-9
Agência Brasileira de Telecomunicações, 96n
Agência de Desenvolvimento Tietê-Paraná, 602
Agência Nacional do Petróleo *ver* ANP
ágio, 184, 220, 253, 374-5, 377, 398, 420, 480, 652, 656, 700, 749
Agnelli, Gianni, 91-2, 347
Agnese, Ricardo Fayad, general, 512-3, 535
agricultura/agricultores, 30, 89, 121, 142n, 146, 153, 233, 281, 329, 357, 359, 365, 373, 377, 417, 571, 583, 607, 615, 639, 667, 686, 722; *ver também* reforma agrária
Agripino, Zé *ver* Maia, José Agripino
Agrishow 97, 177n
AGU (Advocacia-Geral da União), 225, 489, 756
Aguiar, Ubiratan, 737
Ahtisaari, Eeva, 106n
Ahtisaari, Martti, 106
Air Touch, 299n
Airbus, aviões, 237
Airlie, conde de, 414
Akihito, imperador do Japão, 168n, 218-9
Aladi (Associação Latino-Americana de Integração), 180n, 181, 298, 429-30
Alagoas, 50, 60, 127, 208-9, 211, 216-7, 220, 247, 259-62, 300, 307, 358, 434, 439, 488, 491-2, 531-2, 544, 566, 591, 652, 739
Alarcón, Fabián, 463n, 548, 580, 587, 595-6, 606
Albernaz, Nion, 209, 648
Albert de Mônaco, príncipe, 757
Alberti, Giorgio, 92
Albright, Madeleine, 463, 548, 606, 759
Albuquerque, Benedito Francisco de, d., 567
Albuquerque, Carlos César, 32n, 62, 175, 187, 471, 505, 512, 514-5, 518
Albuquerque, Roberto Cavalcanti de, 667
Albuquerque, Valéria Medeiros de, 184n
Alca (Área de Livre Comércio das Américas), 90, 110, 120, 135-6, 166, 181, 185-6, 190, 192-3, 233, 253, 291-2, 297-8, 329, 351-2, 354, 356, 477, 541
Alcan, 167
Alcântara, base de (Maranhão), 360
Alcântara, Lúcio, 315, 487n, 540

Alckmin, Geraldo, 512, 594
Alcoa, 774
Alcomira, Usina, 40n
álcool, 40, 165, 235-6, 613, 763
Aldemir, José, 50n
Alegrett, Cristina de, 335n
Alegrett, Sebastián, 335
Aleluia, José Carlos, 565
Alemán, Arnoldo, 382n
Alemanha, 179, 236n, 238, 344, 348, 417, 503, 523, 554, 566n, 583, 585, 588, 650, 711, 718, 732, 753
Alencar, Marcelo, 32, 50, 80, 116, 121, 127, 135, 172, 186, 207, 222, 262-4, 279, 285, 312, 316, 324-5, 341, 371, 411, 438, 445, 464-5, 480, 510, 560, 563, 572-3, 614, 620, 638, 657, 679-80, 734, 757-8
Alencar, Marco Aurélio, 186n
Alencar, Maurício Nunes de, 638
Alfonsín, Raúl, 68, 75, 77, 460, 628
algodão, 129, 578
Alkmin, Gustavo, 570n
Allende Bussi, Isabel, 249, 464, 552
Allende, Salvador, 249n, 340, 464
Allende, Tencha, 340
Almeida, Guilherme de, 106
Almeida, João, 56, 100-1
Almeida, Luciano Mendes de, d., 143, 158-9
Almeida, Maria Hermínia Tavares de, 534
Alpes suíços, 585
Alstom, 663
Altamira, 95, 612-3
altar de São Pedro (Vaticano), 94
Althusser, Louis, 140
Alvares, Élcio, 256
Álvares, Élcio, 61, 85, 205, 276n, 315, 324, 408, 502, 631, 641, 765, 784, 803, 810, 817, 821
Álvarez, Chacho, 126
Alves, Cosette, 156
Alves, Garibaldi, 42, 174n, 318, 329, 489, 670, 721
Alves, Henrique, 42, 50, 431, 489
Alves, João, 474n, 593, 733
Alves, José Carlos Moreira, 301, 390, 472
Alvorada, Palácio da, 30, 35, 40, 43, 45, 48, 55-6, 59, 60, 62, 68, 71, 74-5, 83, 98, 116, 119, 125, 127-30, 137, 139, 143, 150, 153, 155-6, 159, 165, 187, 193, 198, 203, 210, 225-7, 233, 239, 242-3, 245-9, 253, 255-6, 259, 268, 281, 285, 289-90, 292, 294-6, 299-300, 302-3, 306, 309, 311, 314, 316-8, 321, 325, 329-30, 333-4, 348-50, 353-4, 356, 371, 376, 378, 398, 409, 422, 433-4, 437, 459, 464, 483, 489-91, 495, 498, 503, 508-9, 519-21, 526, 530, 538, 544, 560, 563, 566, 576, 578,
580, 589, 592, 595, 600, 608, 610, 613-5, 619, 634-7, 640, 646, 652, 662-4, 666, 668, 671-3, 677, 679, 689, 707, 714-6, 720, 728, 733, 736, 740, 748, 762-4, 769, 773-5, 778, 780-1, 788, 804, 807, 812, 821
Amadeo, Edward, 129-30, 325, 535-6, 581, 640, 708, 821
Amado, Gilberto, 814, 816
Amado, Jorge, 119
Amapá, 37, 74, 307, 360-1, 398, 403, 405-6, 427, 498, 619, 688
Amaral, Alcides, 729, 735
Amaral, Sérgio, 57n, 73, 101, 103, 105, 110, 193, 206, 220, 228, 243-4, 250, 263-4, 267, 269, 306, 311, 338, 346, 362-3, 366-7, 371, 395, 463, 480, 487, 489, 504, 506, 513, 519, 530, 545, 590, 636, 673, 687, 707, 729, 733, 760-1, 768, 772, 775, 787, 793, 797, 809
Amaro, Rolim, 176
Amazonas, 104, 116-7, 152, 154, 155, 186n, 215n, 233, 328, 411, 420, 474, 483, 593, 610, 668, 703, 731, 736, 796
Amazonas, rio, 405
Amazônia, 95, 309, 449, 478, 499, 543, 564, 650, 668
Amazônia: Expansão do capitalismo (Cardoso & Müller), 449n
Amcham (Câmara Americana de Comércio para o Brasil), 796n
América Central, 90, 136, 298, 319, 480
América do Norte, 77n
América do Sul, 16, 90, 110-1, 238, 298, 342, 430-1, 548, 554, 580, 604, 689, 700, 724, 736, 739, 783
América Latina, 16, 121, 149, 205, 210, 235-6, 249, 253, 281, 298, 300, 320, 355, 404, 413, 421, 430, 493, 503, 525, 547, 550, 554, 583, 604, 606, 628, 674, 686, 689, 692, 739, 794
American Airlines, 176
Americel, 220n, 246
Amin, Ângela, 86, 224
Amin, Esperidião, 38-9, 41-2, 60, 86, 118, 127, 217, 224, 240, 263, 293, 308, 327, 490, 520, 530, 593, 624, 636, 728
Amor a Roma (Arinos), 90
Amorim, Celso, 497
Amorim, Jaime, 577
Amorim, Paulo Henrique, 95-6, 99, 109
"Análise da conjuntura sócio-econômico-política brasileira" (Abreu & Lesbaupin), 157n
Anamatra (Associação Nacional dos Magistrados da Justiça do Trabalho), 570

ÍNDICE REMISSIVO 827

Anatel (Agência Nacional de Telecomunicações), 96, 317, 377, 508, 538, 597, 652, 748
Anchieta, José de, padre, 212, 222
Andrade Gutierrez, grupo, 578n, 656, 667n, 749n
Andrade, Clésio, 58, 513-4, 601-2, 621, 625, 668, 714
Andrade, Evandro Carlos de, 318
Andrade, Oswald de, 106
Andrade, Paes de, 36, 41, 48, 85, 87, 334, 391, 484, 504, 517, 543, 560-1, 602, 625
Andrade, Sérgio, 749
Andrew, príncipe, 419
Aneel (Agência Nacional de Energia Elétrica), 220, 294, 498, 662, 677
Aneor (Associação Nacional das Empresas de Obras Rodoviárias), 671
Angarita, Antônio, 673
Ângelis, Ovídio de, 565, 642, 664, 740
Angicos, 130
Anglo American, 112, 135, 169, 434
Angola, 83n
Angra dos Reis, 80, 262, 448, 452, 725
Aníbal, José, 50, 55, 57, 77, 101-2, 106-7, 114-5, 150, 171, 203, 208, 211, 225, 239, 269, 325, 399, 411, 498, 516, 666
Anistia Internacional, 94n
Anízio, Romel, 225
Annan, Kofi, 237, 495, 497-9, 633, 644-5, 724, 759
ANP (Agência Nacional do Petróleo, Gás Natural e Biocombustíveis), 119, 132, 138, 141, 164, 283, 344, 412n, 426, 429, 433, 445, 460, 465, 578, 661, 664
Ansumane Mané, general, 665n
Antártica, 652-3
Antilhas, 298
Antônio Geraldo (irmão de FHC) ver Cardoso, Antônio Geraldo
Anvisa (Agência Nacional de Vigilância Sanitária), 651n
Aparecida (SP), 529, 595
Apec (Cooperação Econômica Ásia-Pacífico), 338n
Apeop (Associação Paulista dos Empresários de Obras Públicas), 641, 672n
Apolinário, Carlos, 250, 302n, 326n
aposentados, 43, 100, 143, 150, 160n, 176, 232, 256, 296, 392, 401, 426, 467, 482, 544, 740, 779, 808
aprovação do governo, índices de, 202, 240, 470, 697, 815n
Aracaju, 474, 486
Aracruz, 523, 529

Arafat, Yasser, 157n
Aranha, Oswaldo, 90
Arantes, Paulo, 39
Arapiraca, 492
Araraquara, 31, 140
Araújo, Frederico, 499, 555
Araújo, João, 373
Araújo, Lucinha, 373
Araújo, Serafim Fernandes de, d., 529, 796n
Ardaillon, Danielle, 293, 394, 728
Ardanza, José Antonio, 529n
área social, 59, 130, 200, 206, 236, 249, 306, 347, 443, 456, 516, 708
Arenas, Adriana, 322
Argentina, 68, 77, 86, 110, 118, 126, 128-9, 169-70, 178n, 230, 238, 249, 255, 281, 287, 297-8, 300, 329, 332, 337, 341, 348, 352, 354-5, 356n, 357, 369, 374, 381, 383, 385-7, 423, 454, 460-1, 479, 587, 604-6, 635, 651, 653, 669-71, 687, 696-7, 731, 759, 777, 783-4, 787-8, 792, 813, 816
Argentina-Brasil: Centenario de 2 visitas (Corrêa & Fraga), 787
Arida, Pérsio, 107-8, 145, 213-4, 561, 751, 758, 761, 767-8, 794
Arinos, Afonso, 90
Arns, Paulo Evaristo, d., 29, 212, 216, 222, 226, 539, 542, 556, 560, 669
Arns, Zilda, 669
Aron, Raymond, 447
Arouca, Sérgio, 304
Around the Cragged Hill (Kennan), 272
Arpa (Áreas Protegidas da Amazônia), 564n
Arraes, Miguel, 66-7, 127, 247, 261, 270, 315, 321, 335, 347, 349, 396, 447, 451, 466, 490, 491-2, 647, 657, 659, 666, 721
Arruda, José Roberto, 62-3, 67, 77, 81, 113-4, 163, 195-6, 205, 212, 256, 291, 299, 311, 321, 323, 347, 397, 408-10, 453, 607, 614, 729, 737, 775, 802, 814
Arte plumária dos índios Kaapor (Ribeiro), 98n
Arteaga, Rosalía, 548n
Asea Brown Boveri, 348
Asean (Association of Southeast Asian Nations), 59
Ásia, 118n, 121, 257, 298, 341, 366, 381, 387-9, 391, 398, 404, 406, 421, 424, 430, 435, 443, 454, 461, 463, 465, 477-8, 582-3, 593-4, 603, 617-8, 666, 682, 687, 690, 692
Asia Motors, 285
Aspen, 138
Assembleia de Deus, 326, 337, 694n
Assembleia Geral das Nações Unidas, 234

Associação Atlética do Banco do Brasil, 365
Associação de Comércio Exterior do Brasil, 400n
Associação dos Magistrados Brasileiros, 289
Associação Internacional de Sociologia, 608n
Assumpção, Regina, 524
Assunção (Paraguai), 170, 232-3, 297, 670-1
Atenas, 116n
Átila, Carlos, 762
Auden, W. H., 634
Auditório Nereu Ramos, 626
Autobiografia (Federico Sanchez), 445
automobilísticas, indústrias, 115, 118, 170, 376, 468, 639, 783, 787
Autossubversão: Teorias consagradas em xeque (Hirschman), 65n
Avantel, consórcio, 299n, 471n
Avelino, Pauderney, 90, 104
Avillez, Maria João, 197
aviões, 66-7, 69, 95, 151, 176, 192-3, 222-3, 239, 244, 248, 255, 275, 286-7, 319-20, 325, 328, 337, 338, 340-2, 346, 355, 373, 380, 400-1, 404-5, 423, 428, 432, 438, 480, 485-6, 488, 491, 523-4, 537, 555, 576, 585, 594, 605-7, 610, 624, 648, 704, 745, 768, 790-1, 798, 812
Ayala, José, 158, 548
Ayling, Robert, 413n
Aylwyn, Patricio, 249
Azambuja, Marcos, 255, 271, 443, 447, 792
Azeredo, Beatriz, 534
Azeredo, Eduardo, 40, 50, 84, 115, 146, 163, 172, 193, 234-5, 239-40, 242-4, 248, 250-2, 305, 328, 333-4, 387, 427, 464, 484, 508, 514, 524, 592, 597-8, 601, 609, 616, 620-1, 623, 625, 627, 637, 645, 681, 714, 720-1, 729, 798
Azevedo, Maria Emília Mello de, 609
Aznar, José María, 91, 161-2, 239, 381-2, 554-5, 581, 586, 724, 732

Bacelar, João Carlos, 225
Bacha, Edmar, 107-8, 228, 246, 561, 663, 699, 725, 728
Bagdá, 495, 497, 801, 805
Bahia, 31, 33, 35-7, 104, 168, 172, 192, 222, 228, 240, 242, 254-5, 260, 263, 279, 283, 285, 311, 316, 336, 353, 372, 396, 407, 450, 469, 501-2, 509, 555-7, 560, 562, 568, 571, 573, 644, 650-1, 655, 673, 675, 683, 725, 727, 729, 750, 756, 792, 796, 798, 807
Bahía Blanca (Argentina), 337
Baía de Todos os Santos, 222
Baiano, Nilton, 63

Baile perfumado, O (filme), 302n
Balaban, Maria Delith, 164, 820
balança comercial, 129, 134, 179, 676
balança de pagamentos, 12, 129, 367
Balbinotti, Odílio, 154
Balladares, Ernesto, 89n
Baltar, Amelita, 128
Bambino *ver* Barros, Sebastião Rego
bancada ruralista, 78
Banco Bamerindus, 72, 85, 112, 115, 124, 131, 136-7, 293, 358-9
Banco Bilbao Viscaya, 415, 639, 662, 795
Banco Boavista, 287, 348
Banco Bradesco, 213, 252, 287, 370n, 543, 639, 657, 660, 701, 735
Banco Central, 72, 76, 84-5, 104, 107-8, 112, 114-5, 131-2, 134, 136-8, 178-9, 181, 187n, 226, 228, 244, 246, 254, 256-7, 274-5, 287, 369-70, 377-8, 380, 383, 385, 387, 424, 434, 462, 468-9, 571, 597, 631, 639, 649, 657, 683, 687n, 690, 695-6, 706, 709, 715, 722, 743, 745, 750, 753, 773, 795, 807-8, 810, 815-7, 819
Banco da Basileia *ver* BIS (Bank for International Settlements)
Banco da Inglaterra, 415
Banco da Terra (programa de financiamento da reforma agrária), 161, 164, 178, 188, 565, 607
Banco de México, 753n
Banco de Tóquio, 126
Banco do Brasil, 139, 144, 250, 284-5, 309, 365, 383, 490n, 504, 542, 616, 630, 661, 667-8, 673, 683, 717, 736, 743, 749, 751, 755, 758-9, 772-3, 789, 791, 793, 803, 809, 819
Banco do Nordeste do Brasil *ver* BNB
Banco Econômico, 129, 228, 468-9, 562
Banco Excel, 129
Banco Garantia, 369, 705
Banco Itaú, 73, 81, 121n, 246n, 337n, 639, 700
Banco Matrix, 369
Banco Meridional, 420
Banco Mundial, 124-5, 127, 251, 381, 564, 646, 667, 688, 709, 717, 735, 741, 759, 798
Banco Nacional, 132, 288, 611, 631, 644
Banco Nacional de Desenvolvimento Econômico e Social *ver* BNDES
Banco Pactual, 369
Banco Real, 631, 633, 639, 714
Banco Safra, 112, 253, 300, 452n
Banco Santander, 137n, 629, 631
Banco Unibanco, 81, 268, 299, 631, 639
Banco Vetor, 118, 138
Banco Zogbi, 657n

banda A de celulares, 137n, 344, 364, 471, 632, 656
banda B de celulares, 137, 143, 220, 246, 248, 252-3, 283, 299-300, 471, 509, 641
Bandeirantes (TV) Rede Bandeirantes, 95
Bandeirantes, Palácio dos, 319, 337, 464
Banerj (Banco do Estado do Rio de Janeiro), 121, 137, 246, 734
Banespa (Banco do Estado de São Paulo S.A.), 137, 171, 173, 287, 437, 629, 640
Banfort (Banco de Fortaleza S.A.), 114
Bangu III (presídio de alta segurança), 263
Bank of America, 152
BankBoston, 520
Bankers Trust, 387
Banque de France, 753
Banque Nationale Suisse, 475n
banqueiros, 136-7, 228, 293, 473, 639, 690, 705, 712, 717, 735, 738, 753
Banzer, Hugo, 429, 546
Barbalho, Alcione, 46
Barbalho, Jader, 40, 45-6, 61, 154, 157, 185, 220, 232, 462, 467, 484, 561, 578, 614, 620, 636, 738, 760
Barbas, Carmen Valente, 526
Barbosa, Carlos Alberto Leite, 118, 235, 334
Barbosa, Maria Inês, 90
Barbosa, Rubens, 89-90, 133, 135, 245, 570, 787, 809, 814
Barbosa, Rui, 589
Bardella, Cláudio, 153, 734
Barelli, Walter, 145
Barjas, Negri, 176, 185, 471, 703, 747
Barradas, Luiz Roberto, 530, 536-7
Barrès, Maurice, 443
Barreto, Francisco de Sá, 803n
Barreto, Jackson, 474, 512
Barreto, Luiz Carlos, 376n, 679n
Barros, José Roberto Mendonça de, 108, 134, 151, 186, 210, 213, 222, 254, 274, 283, 287-8, 294, 329, 368, 370, 376, 389, 392, 395, 427, 438, 454, 457, 486, 509, 521, 631, 639, 676, 678, 683, 691, 693, 695-6, 708, 710, 715, 718, 722, 735, 742-3, 753, 755, 767, 769, 791, 813
Barros, Luiz Carlos Mendonça de, 67, 129, 157, 160, 174, 182, 188, 268, 370, 383, 391, 395, 427, 468, 538, 541, 632, 639, 652, 660, 676, 696, 705, 708, 753, 755, 764, 769, 775-6
Barros, Manoel Gomes, 260
Barros, Maria Cristina Rego, 300, 792
Barros, Ricardo Paes de, 309
Barros, Sebastião Rego, 118, 125, 185, 227, 300, 334-5, 480, 508, 599, 736, 784, 792

Barshefsky, Charlene, 193
Base Aérea de Santa Cruz, 80
Basileia (Suíça), 418, 753
Basílica de Nossa Senhora Aparecida, 529n
Basílica de São Pedro (Vaticano), 94
Bastide, Roger, 31-3, 35, 139-40, 366, 372
Bastos, Márcio Thomaz, 741
Basulto, José, 355n
Batista Filho, Olavo, 312, 467, 512, 778
Batista, Eliezer, 260, 325, 350
Batman & Robin (filme), 292
Baviera, 113
BC *ver* Banco Central
Beagle, estreito de, 653
Beatrix, rainha da Holanda, 507n
Bebeto (jogador), 614n, 621, 633n, 645
Beer, André, 748n
Belda, Alan, 774
Belém (PA), 155n, 589n, 613
Belém, Raul, 42, 480, 648-9
Belford Roxo, 680
Bélgica, 753
Bell Canada, 220n, 246
Bell South, 253, 300, 660, 703, 749
Bell, Peter, 227
Belluzzo, Luiz Gonzaga, 582
Belo Horizonte, 120, 145, 150, 192, 194, 200, 281, 425-7, 529, 597, 625, 645, 649, 796
Bemge (Banco do Estado de Minas Gerais S.A.), 700
Benevides, Mauro, 686
Benson, Dresdner Kleinwort, 125
Bentes, Asdrúbal, 78
Beraba, Marcelo, 212
Berard Filho, Daniel, 262
Berger, Sandy, 603
Berlin, Isaiah, 586-7
Berna, 473, 475-6
Bernabè, Franco, 91
Bernardes, Paulo César, 715
Bernardino, Angélico, d., 306
Berquó, Elza, 776
Bethell, Leslie, 415
Beting, Joelmir, 683
Betinho *ver* Souza, Herbert de
Betti, Paulo, 323
Bezerra, Carlos, 62, 474, 649
Bezerra, Fernando, 77, 84, 104, 150, 211, 245, 306, 318, 361, 376, 490, 522, 614, 670, 741, 762, 772
Bezerra, Raimundo, 658
Bezerra, Zilá, 186n, 214

Bia (filha de FHC) *ver* Cardoso, Beatriz
Bianchi, Egydio, 747
Bianco, José, 197, 358n, 599
Bibia *ver* Gregori, Maria Filomena
Bicudo, Hélio, 242
BID (Banco Interamericano de Desenvolvimento), 178n, 255, 339, 518, 552, 606, 609, 651, 680, 709, 714, 759, 784, 804
Biehl, Hugo, 60
Bier, Amaury, 304, 454, 509, 698, 707
Bilachi, Jair, 751, 779-80
BIS (Bank for International Settlements), 418, 710, 753, 759n
Bittar, Rosângela, 461
BJP (Bharatiya Janata Party), 568
Blair, Tony, 16, 237, 245, 268, 393, 404, 414, 417-9, 439, 503, 547, 549-51, 570, 581, 583-5, 603, 605, 636, 650, 731
Blaser, Fritz, 370n
BM&F (Bolsa de Mercadorias e Futuros de São Paulo), 383, 385
BNB (Banco do Nordeste do Brasil), 254, 559, 571
BNDES (Banco Nacional de Desenvolvimento Econômico e Social), 14, 67, 83, 107, 129, 148, 152, 154, 157, 160-1, 173, 184, 214, 259, 279, 290, 307-8, 358, 374-5, 396, 427, 434-5, 468-9, 478, 490-1, 493, 499, 501, 506, 508, 512, 534, 545, 561, 564, 570-1, 575, 577, 593, 616, 626, 642, 661, 667, 669, 679, 683, 703, 705, 725, 735-6, 743, 749-55, 761-4, 767-8, 776, 778, 782, 801-2, 804, 806, 811, 813, 815, 819
Boa Sorte, fazenda (Paraná), 489n
Boa Vista, 155, 308n
Boa Vista, Palácio, 271
Bobbio, Norberto, 60, 229
Boechat, Ricardo, 54
Boeninger, Edgardo, 59
Boff, Leonardo, 342
Bogo, Vicente, 357n, 489n, 519
Bogotá, 248, 380, 547
Bolaffi, Clélia, 124
Bolaffi, Gabriel, 124, 497
Bolívia, 270-1, 273, 342, 408, 429-30, 509, 546, 739, 759
Bolonha, 92, 97
Bolonha, Universidade de, 59-60, 91-2
Bolsa de Frankfurt, 690n, 717
Bolsa de Hong Kong, 364n, 367n, 374-6, 385-6, 690n
Bolsa de Londres, 717n
Bolsa de Moscou, 678n
Bolsa de Nova York, 356, 367n, 368, 374n, 375-6, 386-7, 594, 678n, 683n, 684n, 692, 695n, 717n, 730n

Bolsa de Paris, 717
Bolsa de São Paulo, 367n, 369n, 376, 377, 390, 403, 404n, 592, 617n, 678n, 682n, 684n, 687n, 691n, 695, 700, 704, 709n, 717n, 730n, 779n
Bolsa de Tóquio, 404, 678n, 682, 690, 717n
Bolsa do Rio de Janeiro, 169, 246n, 377, 390, 656, 717n
Bolsonaro, Jair, 224, 294
Bom Dia Brasil (noticiário de TV), 54, 274, 358
Bombardier (fábrica de aviões canadense), 255, 466, 512, 547
Bombril, 91
Bonaparte, Napoleão, 216
Bondevik, Kjell, 584n
Bonenberger, Ênio, 162
Bonfim, Fernando, 215n
Bonner, William, 723
Borges, César, 725, 729
Borges, Fátima, 788
Borges, Pio, 279, 750, 813
Borja, Jordi, 525
Bornhausen, Jorge, 51, 53, 55, 58, 63-4, 68, 72, 216, 234, 268, 302, 327, 490-1, 509, 521, 526, 528-30, 532-3, 559-60, 563, 578, 593, 614-5, 619, 621, 624-5, 633, 666, 721, 728, 734-5, 762, 789, 796, 799, 808, 820
Bornhausen, Paulo, 96
Bornier, Nelson, 680
Bosch, 348n
Botella Serrano, Ana María, 161
Bouchard, Lucien, 167n
Boueri, Fernanda, 552, 791
Bowen, Anthony, 416n
Bozano Simonsen, 663
BR-101 (rodovia), 624, 658
BR-116 (rodovia), 123
BR-174 (rodovia), 155n, 768
Brady, Nicholas, 386n
Brafman, José, 765
Brandão, Lázaro, 639
Brant, Roberto, 57, 163, 171, 408-10, 510
Brasil 500 Anos, logomarca, 693
Brasil em Ação (plano de metas econômicas), 36, 78, 287, 289, 309, 363, 454, 507, 645, 677, 815
Brasil no pensamento brasileiro, O (Menezes), 814n
Brasil: De Getúlio a Castello (Skidmore), 582
Brasil: De Vargas a Fernando Henrique. Conflito de paradigmas (Mascarenhas), 33, 35
Brasileiro, Silas, 103, 365
Brasília, 13, 30, 31, 33, 38, 54, 59-60, 67, 70, 81-2, 98, 105, 124, 141-3, 149-50, 155, 159-60, 165-

ÍNDICE REMISSIVO 831

6, 170, 191n, 193, 195, 199, 211, 219, 222, 225, 230, 232-3, 242-3, 245-7, 253-5, 263, 272, 275, 287, 288, 295, 304-5, 309, 312, 318, 338, 345-6, 348-9, 362, 373, 397, 402, 404, 437, 438, 445, 448, 450-1, 459, 463-4, 485, 488, 492-4, 498, 502, 510, 513, 538, 540, 544, 553-4, 556, 558, 561, 565, 569, 571, 573-4, 580, 587, 589, 595, 600, 610-1, 613-4, 619, 621, 624, 626, 634-5, 637, 642, 645, 651, 653-4, 661, 669-70, 672, 675, 686-8, 702-3, 705, 712, 715, 719, 727, 729-31, 733-4, 736, 739, 746, 757, 768, 771n, 772, 775, 788, 790-1, 796, 814-5
Braskem, 571n
Brasmarket, 592
Brastubo, 663
Bray (Inglaterra), 90
Brésil et le monde, pour une histoire des relations internationales des puissances émergentes, Le (org. Cervo et al.), 573n
Bresser-Pereira, Luiz Carlos, 128, 138, 156, 212, 225, 247, 301, 467, 472, 524, 525, 529, 614, 619, 630, 682, 715, 744, 747, 800-1, 809-10, 812
Brígido, Chicão, 186n, 214
Brindeiro, Geraldo, 176, 243, 284
British Airways, 413
British Petroleum, 415, 523
Brito, Bartolomeu, 646
Brito, José Antônio Nascimento, 80, 86, 199-200, 332
Brito, Raimundo, 52, 86, 209, 247, 283, 285, 319, 337, 433, 468, 571, 662, 791, 796, 807, 818
Brittan, Leon, 89, 146, 476
Britto, Antônio, 47-8, 70, 84, 86, 105, 121, 154, 174n, 182, 187-8, 256, 261, 267, 285, 303, 357, 423, 519, 525-7, 533, 561, 570, 611, 622, 624, 649, 655, 716, 720, 725, 733-5, 738, 789-90
Brizola, Leonel, 98, 99n, 117, 288, 292, 350, 361-2, 435, 444, 451, 611, 616, 643, 656, 677, 726, 746, 754, 788
Brooke, Alan, 413, 418
Brooke, Basil, 418n
Brooke, John, 418n
Brookeborough, visconde de, 413-4, 418
Bruce, James, 251
Brufau, Antonio, 394n
Bruguera, Sergi, 223n
Brundtland, Gro, 239
Bruxas de Salem, As (filme), 155
Bruxelas, 141, 506
Buaiz, Vitor, 276, 300, 447
Buarque, Chico, 660
Buarque, Cristovam, 101, 105, 110-1, 128, 150, 165, 250, 289, 335, 347, 349, 395, 437, 447, 616, 721, 727, 729-30, 734, 738, 762, 788, 790-2, 814, 824
Buarque, Gladys, 128
Bucaram, Abdalá, 548n
Buenos Aires, 116n, 118, 178, 518, 548, 587, 736, 764, 792
Bulgária, 584
Bulhões, Felix de, 240, 433, 795
Bunge, 329, 705
Buritis, 29, 305, 449, 459, 626, 700
Burma (Myanmar), 568
burocracia, 32, 138, 450, 453, 472, 569, 579, 585, 604
Bush, George, 259, 640
Bustani, José Maurício, 224

Cabral, Bernardo, 104, 483
Cabral, Paulo, 288
Cabral, Pedro Álvares, 589
Cachemira, região da, 604n
Cade (Conselho Administrativo de Defesa Econômica), 336, 776n
Cadin (Cadastro Informativo de Créditos Não Quitados do Setor Público Federal), 626
Caemi, 125-6, 427
Café Filho, 545n
Cafeteira, Epitácio, 263, 614
Cafu (jogador), 607n
Cafu *ver* Caldeira, Jorge
Cafundó: A África no Brasil (Fry & Vogt), 140n
Caic (Centro de Atenção Integral à Criança), 244
Caiena, 404-5
Caio Fábio, pastor, 758, 765
Caixa Econômica, 144, 506-7, 512, 517, 609, 657, 789
Calabi, Andrea, 773, 797, 803, 819
Caldeira, Jorge, 273-4
Caldera, Rafael, 75, 155, 550, 732, 768
Calheiros, Renan, 157, 208, 211, 307, 492, 530-3, 535-6, 561, 565-6, 609, 698, 758, 761, 813, 816, 820, 824
Califórnia, 152, 775
Calmon, Ângelo *ver* Sá, Ângelo Calmon de
Camaçari, 285, 468
Câmara de Comércio Brasil-Japão, 130
Câmara de Comércio Britânica, 378n
Câmara de Comércio Exterior, 110n, 509, 703, 767
Câmara de Comércio Latino-Americana, 475n
Câmara de Política Econômica, 425
Câmara de Relações Exteriores e Defesa Nacional, 208-9, 428

Câmara dos Deputados, 14, 16, 30, 33, 35, 37, 40-1, 43-4, 48, 50-3, 55-6, 58, 63-5, 69, 71-2, 74-5, 77-8, 80, 82, 84, 102, 105, 107, 109, 112, 114-5, 117, 119, 126-8, 132, 133n, 142, 146, 148, 153n, 157-8, 167, 178, 182, 184, 188n, 189, 191n, 194n, 195n, 199, 201n, 203, 204-8, 210-1, 213, 221, 224, 233, 239-40, 243n, 252n, 255n, 269, 290, 295-6, 302n, 303, 315, 322, 324, 340, 343, 362-3, 376, 388n, 397, 406, 425n, 431, 451, 455, 463n, 466-7, 474-5, 481, 486, 491-2, 505, 531n, 533n, 538, 542, 559, 563, 569, 578n, 615n, 627, 630n, 663n, 680, 721, 732n, 740, 744n, 748, 754, 756n, 766n, 769, 778-9, 784-5, 799, 801
Câmara dos Estados Unidos, 133, 292, 801
Câmara dos Lordes (Inglaterra), 418
Câmara Latino-Americana na Suíça, 475
Camargo Corrêa, grupo, 213n, 299, 370, 615, 701, 735
Camargo, Afonso, 368
Camargo, Aspásia, 235-6, 308, 309, 312, 348
Camargo, José Márcio, 309-10, 325
Camargo, Paulo Tonet, 232n
Camargo, Procópio Ferreira de, 449
Camarinha, Roberto, 555, 688
Camata, Gerson, 90, 226, 276n, 333, 508, 519, 631
Camata, Rita, 333
câmbio, 11, 16, 100, 108, 129, 134, 151, 153, 156, 179, 181n, 187, 213, 246, 257, 280, 286-7, 374, 385, 392, 407, 424, 432, 443, 457, 468, 535, 576, 581, 617, 637, 646, 678, 682, 684, 688, 690, 693, 695-7, 699, 702, 705, 707, 709-10, 718, 723-4, 726-7, 737, 749, 752, 755, 775, 782, 794-5, 808, 813, 816, 823
Cambridge, Universidade de, 416-7
Camdessus, Michel, 380-1, 422, 518, 617, 696, 698, 718, 753, 823
Cameli, Orleir, 37, 186-8, 202, 221, 326, 761
Caminha, Pero Vaz de, 762
Caminhos diplomáticos (Flecha de Lima), 294n
Camp David (Maryland), 602-3, 605
Campanha Bicicleta Brasil — Pedalar é um Direito, 469n
Campelo, Valmir, 243
Campidoglio (Roma), 97
Campinas, 214, 400-1, 582
Campo de Marte (São Paulo), 337-8
Campos de Jordão, 270-1
Campos, Alfredo, 662
Campos, Cidinha, 177
Campos, Júlio, 474, 649
Campos, Neudo, 60, 308
Campos, Roberto, 294, 317, 680

Campos, Siqueira, 43, 79, 116
Campos, Wilson, 36, 41, 44, 46, 81, 651, 658
Canabrava, Ivan, 479, 587
Canadá, 77n, 162, 165-7, 171, 236, 338, 460, 463-4, 466, 512, 539, 547, 551, 566n, 584n, 635, 662
Candido, Antonio, 177, 654
candomblé, 31, 35, 139-40, 366, 372
Candomblé de Bahia, Le (Bastide), 31, 35, 366, 372
Canedo, Pedro, 63
Cantanhêde, Eliane, 243, 256, 557
Canudos (filme), 322-3
Capela Paulina (Vaticano), 94
Capela Sistina (Vaticano), 94
Capes (Coordenação de Aperfeiçoamento de Pessoal de Nível Superior), 149, 493
Capiberibe, Raquel, 405
capitalismo, 60, 93, 159, 364, 371, 380, 382, 392, 436-7, 784
Capitalismo ben temperato, Il (Prodi), 60n
Capitalismo e escravidão no Brasil Meridional (Fernando Henrique Cardoso), 31n, 589
Capivari de Baixo, 86n
Caraballo, Octavio, 329, 705
Carajás, 83n
Caramuru, Marcos, 775
"Caramurus, reação monárquica e demagogia" (Rocha), 814n
Carandiru, Casa de Detenção do, 539
Carazzai, Emílio, 799, 808
Cárdenas, Jorge, 380n
Cardoso, Alberto, general, 60, 137, 141, 191, 212, 239, 260-1, 270, 274-5, 277, 282, 296, 304, 309, 379, 392, 423, 428, 432, 462, 488-9, 535, 541, 547, 602, 611, 649, 652, 700, 705, 755, 811, 817-8, 821-2
Cardoso, Andreia (sobrinha de FHC), 44, 294
Cardoso, Andreia Viana (sobrinha-neta de FHC), 343n
Cardoso, Antônio Geraldo (irmão de FHC), 232, 294, 725
Cardoso, Beatriz (filha de FHC), 122, 124, 131, 134, 139, 148-9, 177, 216-7, 255, 262, 273, 286-7, 309, 327, 345, 347-8, 356, 393, 401, 439, 444, 497-8, 505, 526, 540, 566, 595, 629, 636, 681-2, 688, 708, 725, 781-2, 790-2, 794, 796, 810, 813
Cardoso, Carlos (tio de FHC), 252-4
Cardoso, Carlos Eduardo, 343
Cardoso Filho, Carlos Joaquim Inácio (primo de FHC), 253, 262
Cardoso, Dulcídio do Espírito Santo, 254
Cardoso, Eliana, 692
Cardoso, Helena (neta de FHC), 81, 139, 253, 255, 410, 427, 497, 554, 557, 725

ÍNDICE REMISSIVO 833

Cardoso, Ivan Espírito Santo (primo de FHC), 510
Cardoso, Joana (neta de FHC), 81, 139, 253, 255, 410, 427, 497, 554, 557, 725
Cardoso, Joaquim Inácio Batista, marechal (avô de FHC), 600
Cardoso, Leônidas, general (pai de FHC), 97, 106, 252-3
Cardoso, Luciana (filha de FHC), 30-2, 34, 81, 112, 139, 211, 243, 311, 327, 359, 439, 464, 574, 610, 654, 688, 695, 700, 792
Cardoso, Maria (tia de FHC), 253
Cardoso, Maria Leonor Bastos (prima de FHC), 90
Cardoso, Newton, 51, 56, 58-9, 61, 68, 74, 78, 84, 194, 251-2, 288, 514, 593, 597-8, 609, 620-1, 627, 811
Cardoso, Paulo Henrique (filho de FHC), 33, 81, 139, 218, 262, 277, 290-1, 311, 327, 337, 393-4, 410, 412, 439, 449, 497, 540, 554, 557, 575, 601, 611, 681, 715, 724-5, 771-2, 787
Cardoso, Ruth, 31-5, 39, 47, 58, 61, 70, 81-2, 93-4, 96-7, 106, 118, 122, 125, 128, 131, 134, 139-40, 144, 147, 149, 177, 180-1, 187, 199, 216-22, 227-8, 243, 245-7, 250, 255, 263, 273, 275, 281, 286-7, 290, 292, 294-5, 299-301, 306, 308, 311-3, 327, 333, 335-6, 343, 345, 347, 350, 352-3, 356, 359, 363, 391, 394-7, 400, 408, 412-4, 417, 421, 437, 439, 444, 449, 459, 469, 488, 491, 497, 499-501, 505, 511-2, 516, 526, 534-5, 540, 545, 550, 552, 555-7, 560, 562, 566, 568, 571-2, 574, 577, 591, 594, 601-3, 606-7, 610-2, 624, 626, 636-7, 639, 641-2, 644, 651, 653-5, 661, 672, 676, 681, 685, 688, 701, 703-5, 708, 711, 715, 719, 724, 734, 738, 740, 750, 760, 764, 766-7, 771, 777, 781-2, 790-2, 796-7, 806, 817
Caribe, 136, 298, 551, 583, 689, 741
Carlos Nelson, 50n
Carlos Wilson, 81, 85, 247, 284, 315, 491-2, 529, 646-7, 651, 658, 668
Carmópolis, 248
Carmute ver Sousa, Maria do Carmo Campelo de
Carnaval, 84n, 85, 95, 105, 497
Carneiro, Dionísio, 129
Carneiro, Dyonísio, 815
Carneiro, Enéas, 656, 672, 687, 697, 716, 719
Carneiro, João Geraldo Piquet, 291, 433
Carrilho, Altamiro, 748n
Carrió, Elisa, 604n, 605
Carta a El-Rei D. Manuel (Pero Vaz de Caminha), 762
Carta, Mino, 768n
CartaCapital (revista), 766, 768, 797

Cartagena, 378-80
Carter, Jimmy, 62, 77
Carter, Rosalynn, 62
Cartola, 563
Caruaru, 492n
Carvalho, Augusto, 120, 663
Carvalho, Beth, 162
Carvalho, Célio Benevides de, 176
Carvalho, Clóvis, 30, 72-3, 83, 85-6, 89, 96, 122, 124, 132, 183-4, 186, 221, 226, 241, 246, 256, 258, 260, 263, 270, 282, 291, 307, 310, 325, 337, 358-9, 362-3, 365, 369, 373, 376, 378-9, 382, 388-91, 394-5, 402, 408-9, 425-9, 431, 433, 438, 468, 493, 498, 504, 517-8, 521-2, 530, 533, 537-8, 544, 557, 564, 591, 614, 624, 627, 629, 631, 639, 654, 662, 666, 670, 676, 690, 693, 696, 700, 708, 710, 712, 716, 727-8, 741-2, 747, 750, 760, 763, 768, 770, 772, 777, 779-80, 785, 789, 794, 803-4, 807, 809-12, 815, 817-8, 820-2
Carvalho, Olavo Monteiro de, 348
Carvalhosa, Modesto, 99, 100
Casa Branca (Washington D.C.), 477, 549, 634, 694, 699, 722
Casa Civil, 65, 99, 141-2, 144, 209, 270, 455-6, 708, 716, 744, 823
Casa da Cidadania (Rio de Janeiro), 311n
Casa del Fuerte de San Juan de Manzanillo (Cartagena), 380n
Casa en la arena, Una (Neruda), 359n
Casa Militar, 547, 823
Casoy, Boris, 105, 274, 301, 365-6, 595, 599, 661, 814
Cassiani, Steve, 578n
Castanhão, açude do (Fortaleza), 578n, 642, 658-9
Castello Branco, Humberto de Alencar, marechal, 428, 450n, 488, 822
Castells, Manuel, 525
Castelo Rá-Tim-Bum (programa de TV), 311
Castilho, José, 80n
Castro, Antônio Barros de, 129, 454
Castro, Célio de, 145, 150, 427, 625, 649
Castro, Danilo de, 144
Castro, Eugénia Melo e, 33
Castro, Fidel, 16, 93, 119-20, 227, 355, 382, 549, 551, 554, 558, 583-5, 605, 683, 686, 688-9, 730, 732, 794
Castro, José de, 527, 648-9
Castro, Maria Helena, 368
Castro, Reginaldo de, 530
Catalunha, 518
Catão, Fernando, 55, 102, 263, 300, 326, 349, 395

Catedral de Brasília, 772
Cavalcanti, Severino, 63, 189, 303
Cavallo, Domingo, 383, 460
Caxias do Sul, 433n
Caymmi, Nana, 35
Cazaquistão, 479
Cazuza, 373
CBI (Confederation of British Industry), 413, 419, 708
CBN (Central Brasileira de Notícias), 162, 347, 601
CBS (Columbia Broadcasting System), 347
CCJ (Comissão de Constituição e Justiça), 126-7, 192, 206, 221n, 259, 269, 343, 406, 425, 463
CDS-PP (Centro Democrático Social — Partido Popular), 293
Ceal (Conselho Empresarial da América Latina), 253, 309, 312n
Ceará, 50, 124, 251, 275, 277, 300, 305, 321-2, 346, 362, 407, 464, 486-9, 502, 507, 517, 541, 567, 573, 578, 600, 637, 638, 642, 656, 658-9, 666, 720, 725, 762
Cebrap (Centro Brasileiro de Análise e Planejamento), 136, 449-50, 497, 581
Ceei (Centro Empresarial de Estudos Internacionais), 309n
CEI (Centro de Educação Integral), 262
Celpe (Companhia Energética de Pernambuco), 491
Ceme (Central de Medicamentos), 175, 197
Cemex (empresa de cimento do México), 283
Cenepa, Guerra de (Equador-Peru), 158n, 580, 587, 731
Centro Agrícola de Rolândia, 619n
Centro de Apoio ao Romeiro (Aparecida), 529n, 595
Centro de Excelência em Produção de Petróleo em Águas Profundas da Petrobras, 64n
Cepal (Comissão Econômica da ONU para a América Latina e o Caribe), 149, 151, 248, 249n, 302n, 340, 364, 367, 552n
Cepisa (Companhia Energética do Piauí), 301, 564
Cerimonial da Presidência, 34n, 139n, 165n
Cerj (Companhia de Eletricidade do Rio de Janeiro), 480, 482n
Ceron (Centrais Elétricas de Rondônia), 359
CERR (Companhia Energética de Roraima), 62n
Cesp (Companhia Energética de São Paulo), 213, 303
CGT (Confederação Geral dos Trabalhadores), 43, 662, 673
Chagas, Carlos, 427

Chamon, Dalton, 785
Charles, príncipe de Gales, 419
Chaurasia, Hariprasad, 568n
Chaves, João Pacheco e, 450-1
Chaves, José, 491
Chávez, Hugo, 689, 793-4
Chelotti, Vicente, 34, 379, 789
Chelsea (clube de futebol), 416
Chemello, Jayme, d., 343n, 622, 774, 796
Chernomirdin, Viktor, 237n, 682-3n, 694n
Chicago, Universidade de, 377
Chico Lopes ver Lopes, Francisco
Chile, 59, 111, 166, 233, 249, 280, 287, 302, 319, 331, 338, 339-40, 341-2, 355, 377, 456, 461, 464, 539, 544, 546, 548-9, 551-2, 574, 587, 624, 626, 653, 669, 711, 739, 759, 784, 786, 813, 816
Chilectra, consórcio, 480n
China, 90, 136, 159, 210, 336n, 342, 381-2, 418, 421-2, 424, 444, 454, 478, 572, 576, 585, 603, 617, 742, 748, 759
Chipre, 408
Chirac, Jacques, 16, 91, 101, 118-21, 122, 237, 268, 281, 298, 403-5, 418, 487, 495, 497, 516, 550, 606, 704, 724
Chitãozinho & Xororó, 679
Chohfi, Osmar, 47
Chrétien, Jean, 166, 463-4, 466, 547, 550-1, 584n, 709
Churchill, Winston, 414, 586-7, 633
CIA (Central Intelligence Agency), 541, 760
Cica, 91
Cícero, Padre, 658
Cidade do Cabo, 116n
Cieps (Centros Integrados de Educação Pública), 98n
Cignachi, Wilson, 78
Cimi (Conselho Indigenista Missionário), 94, 295
Cindacta (Centro Integrado de Defesa Aérea e Controle de Tráfego Aéreo), 120
Cineasta da selva, O (filme), 499
Cingapura, 238n, 369, 391, 584n
Cintra, Antônio Octávio, 69
CIOSL (Confederação Internacional das Organizações Sindicais Livres), 192
CIP (Congregação Israelita Paulista), 151n
Círculo de Montevidéu, 493, 518, 520, 549
Cirio (grupo italiano), 91n
Citibank, 220n, 434n, 686, 729, 735, 753
Citicorp, 131
City de Londres, 416
Ciudad del Este, 354, 423

ÍNDICE REMISSIVO 835

Civita, Roberto, 294, 698, 750, 766
classe média, 165, 222, 400, 410, 419, 428-9, 545-6
Cláudio Humberto, 758, 760
Clerot, José Luiz, 185
Clinton, Bill, 16, 110-1, 120, 125, 166, 227, 234, 236, 255, 308, 312, 338, 340-1, 347, 350-7, 359-61, 364, 374, 379, 382, 413, 417, 420-3, 460, 463, 477, 503, 515, 548-51, 554, 558, 581, 583-5, 591, 602-3, 605-6, 640, 650, 666, 684, 689-90, 694-5, 698-701, 712, 717-8, 722, 724, 730-2, 736, 742, 759, 788, 792, 801, 805
Clinton, Hillary, 354, 549-50, 583, 603, 605, 694, 701
CLT (Consolidação das Leis do Trabalho), 664n
Clube das Nações (Brasília), 232
Clube Monte Líbano (São Paulo), 672
Clube Naval (Brasília), 796
Clubes da Melhor Idade, 703
CNBB (Conferência Nacional dos Bispos do Brasil), 143, 151, 156-8, 173, 203-4, 225-6, 310, 343, 529, 552, 563, 622-3, 774, 796, 800
CNE (Conselho Nacional de Educação), 301n
CNI (Confederação Nacional da Indústria), 245, 522, 614, 795, 815, 820
CNN (Cable News Network), 126, 347, 367, 399, 471, 715, 783
CNPq (Conselho Nacional de Desenvolvimento Científico e Tecnológico), 270n, 401n, 810
CNS (Conselho Nacional de Saúde), 83
CNT (Confederação Nacional do Transporte), 244, 513
Codevasf (Companhia de Desenvolvimento dos Vales do São Francisco e do Parnaíba), 336
Código de Trânsito Brasileiro, 329n
Código Penal, 343n, 771n
Coelho, Lúdio, 326
Coelho, Nilo, 242, 327, 331, 336
Coelho, Osvaldo, 248, 662
Coelho, Ronaldo Cezar, 116, 315, 396, 401, 408-10, 510, 657
Cohn-Benedict, Daniel, 652-3
Coimbra, Marcos, 590, 616, 729
Coimbra, Universidade de, 225
Coisa de louco! (Massa & Junqueira), 634n
Colaço, João, 66
Colégio Militar de Brasília, 774
Collor, Fernando *ver* Mello, Fernando Collor de
Collor, Theresa, 393
Colômbia, 319, 341, 354-5, 372, 378-80, 430, 547, 604, 683-4, 739, 745-6
Comar (Comando Aéreo Regional), 352

comércio internacional, 356
Comissão de Assuntos Econômicos, 82n, 199n
Comissão de Constituição e Justiça *ver* CCJ
Comissão de Relações Exteriores, 111, 361, 700
Comissão Especial para Apuração de Patrimônios Nazistas, 151n
Comissão Mista de Orçamento, 194n, 330n
Comissão Nacional das Organizações Sindicais Livres nas Américas, 193
Comissão Nacional do V Centenário do Descobrimento do Brasil, 223n
Comissário de Relações Exteriores da Comissão Europeia, 89n
commodities, 12, 430
Companhia das Letras, 646
Companhia Energética do Ceará, 487
Companhia Nacional de Álcalis, 131
Companhia Rio-Grandense de Telecomunicações, 40n
Companhia Siderúrgica Nacional *ver* CSN
Companhia Suzano de Papel e Celulose, 319n
Compaq, 256
Comparato, Fábio Konder, 726
Comprehensive Nuclear-Test-Ban Treaty, 645n
Comunicação Social, 60, 186, 810, 819
Comunidade dos Países de Língua Portuguesa *ver* CPLP
Comunidade Solidária, Programa, 32, 56, 81, 125, 131, 159, 196, 222, 245, 275-6, 307, 352, 421, 433, 488, 534, 563, 566, 573, 650, 685, 789, 812
comunismo, 342, 451, 680
Conab (Companhia Nacional de Abastecimento), 365, 520, 533, 563
Conadep (Comisión Nacional sobre la Desaparición de Personas), 126n
Conde, Luís Paulo, 80, 116, 224, 279
Cone Sul, 90, 178, 548
Conepar (Companhia Nordeste de Participações), 469, 571
Confederação de Indústria da Suíça, 370
Confederação Helvética, 584
Confederação Nacional da Indústria *ver* CNI
Confederação Nacional do Comércio, 763
Confederação Nacional do Transporte, 58
Conferência da OIT sobre o Trabalho Infantil, 359n
Conferência Internacional de Aviação, 575
Conferência Internacional sobre Trabalho Infantil, 115n
Conferência Latino-Americana sobre Desenvolvimento Sustentável e de Competitividade, 328n

Conferência Mundial sobre o Homem e o Meio Ambiente (1972), 127n
Confindustria (Confederazione Generale dell'Industria Italiana), 90
Congregação dos Bispos (Roma), 623
Congresso Brasileiro de Cooperativismo, 377
Congresso da Índia, 568
Congresso de Chile, 551
Congresso do Equador, 548
Congresso do Uruguai, 181
Congresso dos Estados Unidos, 110n, 493n, 551, 605, 730n, 805
Congresso Interamericano do Ministério Público, 771n
Congresso Mineiro de Municípios, 645n
Congresso Mundial das Assembleias de Deus, 337
Congresso Nacional, 13-5, 29-30, 44-5, 49, 51, 54, 56, 58, 62, 64-5, 68-70, 93, 96, 100, 102, 109, 113, 114n, 115n, 119, 121, 126, 142, 164, 166-8, 171-2, 182-6, 188-9, 191n, 194, 196-7, 200, 203-7, 209-11, 215-7, 227, 232-3, 236, 239-40, 245, 254, 257, 259-61, 265-6, 269, 278n, 282n, 284, 291, 294, 297, 303, 330, 332, 338, 343, 351, 353, 361-2, 367-8, 384-5, 388-90, 391n, 394, 396, 402-3, 406, 408-9, 419-20, 422, 426, 439, 448, 452, 455, 463, 472, 477-8, 482, 486, 491, 493-4, 505, 507, 516, 521, 542, 556, 569-70, 579, 592, 599, 615-6, 619, 622, 630, 654-5, 664n, 689n, 695, 730, 742, 748, 756, 769n, 776, 779-80, 782, 785, 789, 795, 807-8, 812-3, 817, 822-4
Congresso Nacional do Povo (China), 576
Conic (Conselho Nacional de Igrejas Cristãs do Brasil), 303
Conselho de Cooperação Econômica do Pacífico, 59
Conselho de Segurança, 16, 268, 281, 297-8, 314, 316, 329, 340, 355, 485, 495, 497, 569, 644, 688
Conselho Empresarial Brasil 500 Anos, 795n
Conselho Empresarial Brasileiro para o Desenvolvimento Sustentável, 433
Conselho Federal de Educação, 291
Conselho Interministerial do Açúcar e do Álcool, 295
Conselho Monetário Nacional, 431, 649
Conselho Nacional Antidrogas, 619n
Conselho Nacional de Desestatização, 83n
Conselho Nacional de Igrejas Cristãs do Brasil, 303n
Conselho Nacional de Saúde ver CNS
Consídera, Cláudio, 310
Constituição brasileira, 13, 103, 108-9, 127, 167, 192, 206, 209-10, 214-6, 259-60, 269, 278n,
285, 304, 343, 350, 395, 406, 417, 425, 455, 463, 493, 570, 754, 784
construção civil, 295, 373, 375, 398, 609, 672
Contag (Confederação Nacional dos Trabalhadores na Agricultura), 120, 127, 191, 329, 565-6
Contagem (MG), 51n
Conti, Mario Sergio, 294, 337-8, 350
Copa do Mundo (1998), 282n, 343, 603, 607, 614, 621, 624, 626, 633, 635, 636, 644, 697
Copei (Comité de Organización Política Electoral Independiente), 794n
Copene (Companhia Petroquímica do Nordeste), 571n
Copesul, 370n
Copom (Comitê de Política Monetária do Banco Central), 398, 424, 623
Cordeiro, Paulo, 326
cordilheira do Condor, 587, 731
Córdoba (Argentina), 777
Coreia do Norte, 210n
Coreia do Sul, 257n, 387, 395, 398, 403, 426, 430, 437-8
Coremas (PB), 648
Corinthians (time de futebol), 812
Corrêa, Luiz Felipe de Seixas, 135, 787n
Corrêa, Maurício, 87, 103, 256, 291, 299, 303, 321
Corrêa, Villas-Bôas, 87
Córrego da Ponte, fazenda (Minas Gerais), 29n, 305, 700
Correio Braziliense, 481, 623, 709
Correios (Empresa de Correios e Telégrafos), 253, 320, 327, 501
Corumbá, 270-1, 273, 546, 610
Cosesp (Companhia de Seguros do Estado de São Paulo), 720n
Cosipa (Companhia Siderúrgica Paulista), 157
Costa do Marfim, 584n
Costa Rica, 328-9
Costa, Hélio, 328, 334, 625
Costa, José Wellington Bezerra da, 338n, 694n
Costa, Lúcio, 376n
Costa, Mauro Ricardo, 155, 190n, 247
Costin, Claudia, 715
Coteminas, 513n
Cotti, Flavio, 475, 584n
Council of The Americas e da Americas Society, 606
Couri, Joseph, 714
Coutinho, Lafayette, 758
Covas, Lila Florinda, 271
Covas, Mário, 14, 17, 50, 81, 115, 122, 143, 147, 149, 157, 164, 172, 207, 230, 234, 265, 270-2, 285-6,

305, 316, 318-21, 323-5, 327, 331, 337, 340, 345, 348, 387, 399, 402-3, 411, 420, 422, 425-6, 429-30, 433, 435, 439, 446, 451, 453, 455, 459, 462, 464-6, 474, 493, 512, 524-5, 557-8, 563, 628, 672-3, 677, 711, 720, 726, 733, 738, 741-3, 756, 774, 777, 785, 790, 809-10, 812
CPFL (Companhia Paulista de Força e Luz), 213, 370, 374, 377, 701
CPI (Comissão Parlamentar de Inquérito), 76, 108, 114, 127, 133, 149, 199-201, 203-4, 206, 214-5, 234, 293, 764, 769
CPLP (Comunidade dos Países de Língua Portuguesa), 250, 334n, 481, 491, 585, 648, 665n
CPMF (Contribuição Provisória sobre Movimentação Financeira), 32, 388, 471, 505, 530, 542, 559, 627, 630, 639, 723, 725, 740, 747, 763, 799, 823
CPT (Comissão Pastoral da Terra), 162, 286
Cragnotti & Partners, 91n
Cragnotti, Sergio, 91n
Crandall, Robert, 176n
Crato, 658
Creden (Câmara de Relações Exteriores e Defesa Nacional), 523
Crédit Commercial de France (banco), 101
Crédit Suisse, 475, 705, 753
crise asiática, 257n, 264n, 354, 366, 372, 381, 385, 391, 394, 429, 483, 606
crise econômica, 14-5, 391, 722, 736
crise mexicana, 381n, 674n
Cristalândia, 162n
Croácia, 72, 786
Crozier, Cristina, 322
Crozier, Michel, 322
CRT (Companhia Rio-grandense de Telecomunicações), 40
Crusius, Yeda, 300, 778, 793
Cruvinel, Tereza, 127, 135, 243, 361, 410-1, 537, 590, 623, 754
Cruz, Alberico de Souza, 498
Cruz, Valdo, 474, 623
CSN (Companhia Siderúrgica Nacional), 112, 125, 157, 160, 184, 503, 519, 776
CTA (Centro Técnico Aeroespacial), 360n
CTBT (Comprehensive Nuclear-Test-Ban Treaty), 645
CTEEP (Companhia de Transmissão de Energia Elétrica Paulista), 543n
Cuba, 37, 93, 118-20, 210, 227, 298n, 355, 382, 547, 549, 551-2, 554, 558, 563, 581, 584-5, 601, 605, 757
Cubas Grau, Raúl, 593, 670

Cumbre Regional para el Desarrollo Politico y los Principios Democráticos (Unesco), 247
Cunha, Eduardo, 749, 785, 811
Cunha, Fernando, 648
Cunha, Paulo, 153, 164, 285-6, 734, 750, 778, 780, 782
Cúpula das Américas, 90, 120, 477, 529, 548, 551
Cúpula Ibero-Americana, 378, 725, 732
Cúpula Latino-Americana e Europeia, 606
Cúpula Mundial sobre Desenvolvimento Social, 149n
Curema-Mãe d'Água, açudes (Corema), 648
Curitiba, 336, 459, 714, 781-3, 803
Curvelo, 248
CUT (Central Única dos Trabalhadores), 83, 86, 115, 122-3, 127, 155, 193, 271, 275, 325, 365, 422-3, 425-7, 430, 432, 467, 486, 536, 681, 806
Cutolo, Sérgio ver Santos, Sérgio Cutolo dos
CVM (Comissão de Valores Mobiliários), 143

d'Augsbourg, Yolanda, 786n
d'Ávila, Roberto, 552n
D'Ávila, Roberto, 345
DAC (Departamento de Aviação Civil), 488
Daedalus (revista), 545
Daimler-Benz, 110
Dallari, Dalmo, 176, 277-8
Damasceno, José Vicente, 305n
Damasceno, Raymundo, d., 310, 343-4, 774, 796
DaMatta, Roberto, 251
Dammerman, Dennis, 348n
Dantas, Daniel, 660
DAS (Cargos de Direção e Assessoramento Superior), 150
Datafolha, 511, 595, 597, 601, 687, 701, 726, 734, 815
Dauster, Jorio, 135, 138, 141
Davos, 320n, 473, 475-6; *ver também* Fórum Econômico Mundial (Davos)
de la Madrid, Miguel, 249
de la Sota, José Manuel, 777
De senectute ver *Tempo da memória. De senectute e outros escritos autobiográficos, O* (Bobbio)
Declaração Universal dos Direitos Humanos, 787
Déda, Marcelo, 133
déficit da Previdência, 576
déficit fiscal, 576
Deisi (Maria de Lourdes Castro Dolzani), 106
del Picchia, Menotti, 106
Delamuraz, Jean-Pascal, 475n

Delfim Netto, Antônio, 32, 38-9, 42, 100, 520, 682, 709, 819
Delgado, Tarcísio, 84, 641
democracia, 16, 44-5, 58-9, 70, 86, 96, 109, 116-7, 123, 217, 229, 354, 393, 448, 477-8, 480, 493, 511, 515, 551, 563, 605, 689, 794, 805
Democracia para mudar – 30 horas de entrevista (Fernando Henrique Cardoso), 228n
Deng Xiaoping, 603
dentistas brasileiros (em Portugal), 269, 313
Depen (Departamento Penitenciário Nacional), 232n
desburocratização, 36
desemprego, 219, 289, 386, 422, 445, 476, 504, 506, 510, 605, 612-3, 641, 664, 708, 741, 806
Deutsche Bank, 387n, 717
Deutsche Bundesbank, 753n
18 Brumário de Luís Bonaparte, O (Marx), 814
Di Cavalcanti, 339-40
Di Tella, Guido, 128
Dia da Árvore, 707
Dia da Bandeira, 398, 762
Dia do Aviador, 362, 736
Dia do Soldado, 444, 677
Dia Internacional da Mulher, 116
Dia Mundial da Luta contra o Analfabetismo, 312
Dia Nacional da Consciência Negra, 398n
Dia Nacional de Ação de Graças, 408, 772
Dia, O, 638
Diadema, 149n
Diário de S. Paulo, 600n
Diário Oficial, 116
Diário Popular, 600, 633, 638, 741
Dias, Álvaro, 54, 154, 168, 172, 288, 521, 608, 624, 636
Dias, Aparecido José, d., 94n
Dias, Márcio, 255, 462, 495
Dias, Marluce, 577
Dias, Osmar, 104, 172
"Diccionário de bolso do Almanaque Philosophico Zero à Esquerda", 39n
Didá Banda Feminina, 353n
Dieese (Departamento Intersindical de Estatística e Estudos Socioeconômicos), 468
Diegues, Cacá, 80, 679n, 748n
Dinamarca, 43, 149, 633
Dines, Alberto, 770
Diniz, Abílio, 166, 539, 542, 813
Diniz, Fernando, 74, 84, 193
Diouf, Jacques, 133
Dirceu, José, 29, 116, 306, 328

direita política, 116-7, 145, 229, 245, 257, 266, 335, 344, 393, 417, 435, 452, 466, 549-51, 556, 581, 586
direitos humanos, 62, 126, 151, 263, 277, 310, 311, 450, 542, 563, 813
Distrito Federal, 101, 182, 191, 256, 289, 299, 321, 358, 721
ditadura militar (1964-85), 16, 63, 212, 266n, 294n, 449-50, 553n, 680, 814
dívida externa, 108, 152n, 221, 386, 479, 618, 676-7, 684, 717
DM9 (agência de publicidade), 186n, 199, 279, 399, 489, 662, 666, 708, 715
DNER (Departamento Nacional de Estradas de Rodagem), 84, 252-3, 265, 334
Dnocs (Departamento Nacional de Obras Contra as Secas), 571n
Dobbs, Lou, 126, 399n
Dolzani, Maria de Lourdes Castro, 106n
Domingues, Manuel Pelino, 589n
Dominium Energy, 578
Donato, Artur, 614
Donzelli, Carmine, 443n
Dops (Departamento de Ordem Política e Social), 42
Doria Jr., João, 289
Dornbusch, Rudiger, 685, 718
Dornelles, Francisco, 73, 76, 78, 118, 130, 136, 214, 219, 233, 263, 293, 363, 490, 495, 520, 563, 572, 601, 663, 737, 770, 793, 804-5, 810
Dossiê Brasil: As histórias por trás da história recente do país (Moraes Neto), 444n
Dossiê Cayman, 14, 741, 743, 751, 753-4, 757, 760, 761, 763, 765, 775, 789, 815
Dourados (MS), 326
Dow Chemical, 337, 571
Dow Jones, índice (Bolsa de Nova York), 683n, 684n, 692n
Draibe, Sônia, 534
Dreifuss, Ruth, 475n
Dresden (banco alemão), 179
Drnovšek, Janez, 584n
Drucker, Peter, 443
Drummond, June, 470
Drummond, Toninho, 373, 608, 612, 629
Duda *ver* Zylbersztajn, David
Duncan, Daniel, 584n
Dunga (jogador), 645
Dupas, Gilberto, 129, 283, 640, 813
Dupeyrat, Alexandre, 527
Duque de Caxias (RJ), 213, 319n, 680n
Durán, Luisa, 280

ÍNDICE REMISSIVO 839

Durante, Mauro, 501
Durão, Luiz, 73
Durban, 683n
Durham, Eunice Ribeiro, 149
Durkheim, Émile, 35
Dutra, Eurico Gaspar, general, 726
Dutra, José Eduardo, 765
Dutra, Olívio, 716n, 720, 735, 738-9
DVS (Destaque de Votação em Separado), 183-4, 292, 467, 569, 599, 747

EBC (Empresa Brasileira de Comunicação), 30n
Echeverría, Luis, 761
ECO-92 (Conferência das Nações Unidas sobre o Ambiente e o Desenvolvimento), 127n, 234n
Econcel, empreiteira, 215n
Economiesuisse, 475n
Economist, The, 476, 733
EDF (Électricité de France), 478, 487
Eduardo Jorge *ver* Pereira, Eduardo Jorge Caldas
Edward, príncipe, 419
Efeito Tequila (da crise mexicana), 381n, 674n
El Niño (fenômeno climático), 326, 353, 523-4, 529, 596n
El Salvador, 539
eletricidade *ver* energia elétrica
Eletrobrás (Centrais Elétricas Brasileiras S.A.), 301, 564
Eletronorte (Centrais Elétricas do Norte do Brasil S.A.), 62, 74, 78, 95, 520, 613
Eletros (Associação Nacional de Fabricantes de Produtos Eletroeletrônicos), 815n
Elf (empresa francesa de petróleo), 271
Elia, Rui da Fonseca, almirante, 276
Elisabeth II, rainha da Inglaterra, 413-6, 418-9, 439
Elizabeth de Snowdon, condessa (rainha-mãe da Inglaterra), 414n
Emater (Empresa de Assistência Técnica e Extensão Rural), 357
Embraer (Empresa Brasileira de Aeronáutica S.A.), 121, 176, 237, 255, 374, 466, 512, 547
Embrapa (Empresa Brasileira de Pesquisa Agropecuária), 189, 248, 591
Embratel (Empresa Brasileira de Telecomunicações S.A.), 364, 632, 656, 660, 662
emendas constitucionais, 183n
Emfa (Estado-Maior das Forças Armadas), 145, 174n, 347
Emirados Árabes, 133, 139
empreiteiras, 215, 260, 299, 308, 532
Empresa Elétrica do Paraná, 480n
enchentes, 33, 40, 78, 460, 664, 670

Encontro Mundial de Entidades Jornalísticas, 86n
Encontro Mundial do Papa com as Famílias, 340n
Encontro Nacional dos Interlocutores do Comunidade Solidária, 563
Endesa, grupo, 480n, 487n
Enéas *ver* Carneiro, Enéas
energia elétrica, 62, 95, 358-9, 397, 492, 543, 573, 586, 610, 641, 662, 668
Engel, Wanda, 810, 812
Engels, Friedrich, 503n
Ensinar a ler e escrever: Análise de uma competência pedagógica (Beatriz Cardoso), 348n
ensino técnico, 113
ensino universitário/superior, 113, 149
Envie de politique, Une (Cohn-Benedict), 652
Época (revista), 751n, 764, 766
Equador, 16, 158, 236, 265, 430, 463, 469, 471, 477, 547-8, 551, 568, 580, 587, 591, 595-6, 599, 606, 644, 665, 669-71, 711-2, 715, 721, 723, 731-2, 736, 738-40, 742
equipe econômica, 82, 100, 130, 134, 143, 156, 236, 276, 283, 330, 374-5, 383, 430-1, 576, 676, 692, 699-700, 704, 707-9, 740, 754, 795, 819
Ericsson, grupo, 205, 663
Eris, Ibrahim, 134, 179, 186, 369
Errázuriz, Maximiano, 544n
Escelsa (Espírito Santo Centrais Elétricas S.A.), 276n, 662
Escobar, Ruth, 333, 398, 510
Escócia, 343n, 607
Escola Naval (Rio de Janeiro), 428
Escorel, Ana Luisa, 654
ESG (Escola Superior de Guerra), 234, 402, 630, 757
Eslovênia, 584n
Espanha, 40, 91, 135, 161-2, 251, 269, 287, 381, 394, 446, 453, 518-9, 529, 553-5, 558, 579-83, 586, 588, 629, 656, 662, 724, 732, 736, 739-40, 754, 786, 790
Espírito Santo, 63, 73, 79, 127, 226-7, 254, 276, 300, 333, 358, 364, 492, 508, 519, 627, 631, 657, 662, 754
Espírito Santo, grupo (Portugal), 347
esquerda política, 32, 60, 66, 101, 117, 120, 145, 158, 171, 173, 181-2, 192-3, 201, 245, 257, 264, 306, 313, 317, 335, 345, 347, 349-50, 436, 451, 466, 469, 503, 553, 577, 595, 637, 643, 689, 703, 746, 783
Estadista do Império, Um (Nabuco), 814, 816
Estado de S. Paulo, O, 52n, 76n, 96, 113, 149, 194-5, 243, 248, 253-4, 317, 352n, 383, 393, 430, 499,

505, 525, 531, 595, 612, 646, 682, 751, 770, 768, 782
Estado-Maior das Forças Armadas *ver* Emfa
Estados Unidos, 37, 62, 77, 90, 110, 119-21, 129, 135, 144, 166, 168, 178, 181, 186, 210, 234, 237, 239, 251, 259, 263, 265, 289, 292, 321, 326, 329, 332, 338, 341-2, 352, 355-6, 361, 368, 371, 373-4, 379, 382, 392, 411, 421, 431, 435, 438, 444, 460, 463, 471, 476-7, 484-5, 489, 503, 514-6, 526, 543n, 544, 545, 548-51, 558, 581, 584-5, 593, 602-4, 633-4, 655, 669, 674, 686-7, 689-90, 692, 695-8, 700-1, 710, 712-3, 715, 717, 719, 722, 726, 730-3, 736, 759, 762, 764-6, 784, 786-7, 792, 805, 824
Estocolmo, 116n, 127
Etchegaray, Roger, cardeal, 94
Etter, Christoph, 475
Eucatex, 230
Eugênio, d. *ver* Sales, Eugênio, d.
Eunápolis, 336n
Europa, 86, 89, 110-1, 120, 126, 136, 146, 207, 236-8, 289, 298, 319, 344, 363, 381, 417, 430, 439, 445, 449, 493, 503, 548, 554, 583, 585-6, 603-5, 624, 626, 636, 652, 674, 690, 692, 725, 730-2; *ver também* União Europeia
Euvaldo, Célia, 205
evangélicos, 268, 329, 607, 694
Executivo *ver* Poder Executivo
Exército, 114, 132n, 137, 239-40, 260-1, 275, 281, 304, 309, 351, 402, 431, 444, 535, 548, 634, 677, 689, 742, 745, 797, 818, 821
Eximbank, 154, 736
Expedito Filho, 758
exportações, 11-2, 73, 78, 89, 100, 130-1, 155, 232, 256, 265, 276, 313, 373, 376, 389, 398, 403, 424, 663, 679, 682, 690-1, 731, 735-6, 738, 748, 769, 782, 801
Expozebu, 177n, 569n
Exxon, 578

FAB (Força Aérea Brasileira), 248n, 362n, 444n; *ver também* Aeronáutica
Faingold, Hugo, 493
Falcão, Djalma, 758
Falcão, Joaquim, 433
Falcão, José, d., 225
Fanini, Nilson, 668, 694n
FAO (Organização das Nações Unidas para Alimentação e Agricultura), 133, 165, 220
Faoro, Raymundo, 481, 817
Fapesp (Fundação de Amparo à Pesquisa do Estado de São Paulo), 803, 806

Farc (Forças Armadas Revolucionárias da Colômbia), 684n, 745n
Faria, Aloysio, 631n, 639
Faria, Tales, 135, 410, 522, 531, 597
Faria, Vilmar, 59, 62, 96, 131, 149, 152, 200, 210, 213, 220, 222, 243, 281-2, 288, 301, 309, 347, 365, 368, 471, 474, 491, 498, 500, 504-5, 516-8, 535, 545, 559, 579, 633, 635-6, 650, 667, 671, 673, 675, 685, 692, 707, 716, 719, 726-7, 747, 752, 766-7, 793, 803, 809, 812, 821
Faria, Wilma de, 669
Farias, PC, 125, 185, 546
fascismo italiano, 359, 664
FAT (Fundo de Amparo ao Trabalhado), 349, 403, 493, 534
Fausto, Boris, 164, 166, 273, 497, 618, 699
Fausto, Cinira, 273, 497, 618, 699
Fayad, general *ver* Agnese, Ricardo Fayad, general
Febraban (Federação Brasileira de Bancos), 608, 639
FED (Federal Reserve), 367, 435, 690-1, 710, 717, 730-1, 753
Federação do Comércio de Combustíveis, 490
Federação Internacional de Jornalistas, 376n
Federação Nacional dos Jornalistas, 376n
FEF (Fundo de Estabilização Fiscal), 108, 114, 124, 167, 170, 194, 226, 232-3, 240, 251, 254, 257-9, 288, 307, 397
Feffer, Max, 319, 784, 822
Feghali, Jandira, 177
Feingold, Daniel, 300
Feira Nacional da Agricultura Irrigada, 335n
Feira Nacional da Soja, 489n
Feldmann, Fabio, 459, 466, 750
Felipe, José Saraiva, 495
Fenaseg (Federação Nacional das Empresas de Seguros Privados e de Capitalização), 800n
Fenasoja (Feira Nacional da Soja), 489
Fepasa (Ferrovia Paulista S.A.), 594
Fernandes, Emanuel, 271
Fernandes, Emília, 284
Fernandes, Florestan, 31
Fernando de Noronha, 29, 39
Fernando Henrique Cardoso e a reconstrução da democracia no Brasil (Goertzel), 497n
Fernando Henrique Cardoso: O Brasil do possível (Leoni), 66n
Fernão Dias, rodovia, 249n, 524, 714
Ferreira Filho, Albérico, 74
Ferreira, Aloysio Nunes, 35, 49, 119, 126, 152-3, 182, 184, 188, 192, 211, 218-9, 225, 244, 310, 504, 565, 651

ÍNDICE REMISSIVO   841

Ferreira, Carlos Eduardo Moreira, 312, 430
Ferreira, José Ignácio, 226, 252, 276n, 657
Ferreira, Manoel, 694n
Ferreira, Oliveiros, 225
Ferrero, Eduardo, 670, 715
Ferrignac (Inácio da Costa Ferreira), 106
Ferronorte (Ferrovia Norte Brasil), 286, 594
FGTS (Fundo de Garantia por Tempo de Serviço), 108, 493, 664
Fiat, 91-2, 346-7, 678
Fiej (Associação Mundial de Jornais), 86n
Fiesp (Federação das Indústrias do Estado de São Paulo), 80, 121, 312, 387, 738, 799, 806
Fifa (Federação Internacional de Futebol), 282n, 695n
Filgueiras, Lelé, 98
Financial Times, 476
Finep (Financiadora de Estudos e Projetos), 810
Fingerl, Eduardo, 468
Finlândia, 106, 108
Fiori, Otaviano de, 164, 185
Firjan (Federação das Indústrias do Rio de Janeiro), 80, 324, 400, 421, 615, 679, 739, 787
Fischer, Stanley, 369, 380, 394, 617-8, 690, 696, 737, 753
Fishlow, Albert, 775-6
fisiologismo, 213
FitzRoy, Fortune, Lady, 413n
Flamengo, aterro do, 345
Fleury, Paulo, 376
Florença, 503n, 650n
Florentín, Dido, 433, 728
Flores, Carlos Roberto, 480
Flores, Mário César, almirante, 248, 344
Flores, Murilo, 248, 365
Florestas: Páginas de memórias, As (Schmidt), 359n
Florianópolis, 31
Flórida, 356
fluxo de capitais, 11
FM (Frequência Modulada), 137
FMI (Fundo Monetário Internacional), 16, 251, 258n, 369, 380-1, 403, 422, 430, 438, 503, 518, 617, 682-3, 685, 690, 692-3, 695-7, 699-701, 712, 714, 717-8, 722-4, 727, 730, 733, 735, 740-2, 745, 753, 756, 759, 772-3, 779-80, 782, 784, 788
Fogaça, José, 84, 105, 126-7, 182-3, 303, 528, 531
Fokker, aviões, 176
Folha de S.Paulo, 29, 39, 52, 78-9, 96, 116, 147, 149, 167, 186n, 187-8, 190n, 191-3, 195, 198, 200-2, 206, 222, 277, 302, 306, 317, 321, 358, 363, 374, 444-5, 474, 504, 511, 537, 557, 574, 581, 595, 598,

609, 611, 618-9, 628, 643, 683, 710-1, 716, 725-6, 752, 756n, 757-8, 760, 815
Folz, Jean, 469
Fonseca, Gelson, 60, 103, 125, 131, 155, 224, 247, 251, 255, 297, 300, 318, 338, 341, 354, 367, 380, 452, 454, 459, 463, 466, 471, 497, 499, 508, 526, 545, 548, 558, 587, 596, 636, 670, 707, 752, 773-4, 791, 801, 824
Fonseca, Roberto Giannetti da, 801
Fontoura, Fernando, 456n
Força Aérea Brasileira *ver* FAB
Força Sindical, 43, 115, 122, 289, 290, 336-8, 422, 425-6, 467, 653, 673, 741
Ford, 122-3, 319, 581
Fortaleza (CE), 85, 484-5, 487-8, 567, 642, 659, 686
Fortaleza de São José (Macapá), 405
Forte de Copacabana, 439
Fortes, Heráclito, 63
Fortes, Márcio, 341, 411, 621
Fortunati, José, 86
Fórum Econômico Mundial (Davos), 320, 473n, 476n, 478
Fórum Nacional da Agricultura, 686
Fórum Nacional da Construção Pesada, 289
Fórum Paralelo Nossa América, 193
Fórum TEC 97, 201n
Fourtou, Jean-René, 348n
Foxley, Alejandro, 552
Fraga, Armínio, 134, 370, 437
Fraga, Manuel, 512, 555
Fraga, Rosendo, 787n
Fragoso Pires, grupo, 131
França, 31, 66, 118-20, 139, 144, 166, 210, 223, 236n, 237, 269, 281, 282n, 343, 375, 405, 411, 414n, 443, 447, 478, 495, 497-8, 503, 554, 586, 607-8, 637, 642, 644, 652, 682, 685, 697n, 704, 759, 760, 816
Francini, Paulo, 153, 734
Franco, Albano, 50, 133n, 224, 255, 265, 300-1, 326, 474, 486, 512, 593, 657, 669, 733
Franco, Augusto, 421, 792
Franco, Augusto de, 566
Franco, Georgiana, 484
Franco, Gustavo, 104, 179, 181, 226, 246, 254, 257, 274-5, 279-80, 287, 294, 318, 368-70, 386-7, 389, 391, 436, 457, 468, 561, 631, 639, 674, 676, 678, 683, 690, 696, 707, 712-3, 718, 722, 727, 733, 735, 745, 749, 751, 756, 773, 780, 795, 803, 807-8, 813, 823
Franco, Itamar, 14, 41-2, 75, 87, 118, 127, 133-4, 141, 144-6, 163, 217, 234-6, 239, 244, 248, 250, 256, 271, 284, 288, 299, 306, 310, 315-6, 321, 328,

330, 333-5, 342, 361, 374, 391, 393, 406, 409-10, 464, 467, 470, 480-2, 484-6, 495, 499-501, 505-8, 511-5, 517, 525-8, 530, 543-4, 548, 561, 592-3, 597-9, 601, 609, 616, 618-23, 625-7, 631, 633, 637, 641, 645, 648-9, 681, 714, 720-1, 729, 746-7, 786, 790, 798, 804, 806
Franco, Maria Sílvia de Carvalho, 228
Franco, Walter, 694
Franco, Wellington Moreira, 49, 54, 105, 142, 150, 188-9, 292, 401, 411, 521, 523, 565, 621, 669, 811
Frazão, Armando, 47
Frechette, Miles, 379-80
Frei, Eduardo, 233, 249n, 340, 551, 722
Freire, Ana Maria Araújo, 177n
Freire, Elza Maia, 177
Freire, Paulo, 177-8
Freire, Roberto, 42, 60, 66, 245, 315, 466, 469, 744
Freitas Neto, Antônio, 533, 544, 716
Freitas, Antônio Chagas, 638
Freitas, Rose de, 49-50, 68, 73, 185, 204, 492, 641
Freitas, Sérgio de, 743, 751
Frente Ampla do Uruguai, 248
Frente Parlamentar do Cooperativismo, 242
Frepaso (Frente País Solidario — Argentina), 126, 332
Frering, Guilherme, 125-6, 427
Frering, Mário, 427
Frias Filho, Otávio, 277, 757-8, 760
Frischtak, Cláudio, 667
Fritsch, Winston, 125, 417
Fry, Peter, 140, 221
Fu Chuan-yu, general, 742
Fuentes, Carlos, 280-1
Fujimori, Alberto, 89-90, 168, 201, 547-8, 579v80, 587, 591, 596, 606, 665, 669-71, 711, 715, 731
Funai (Fundação Nacional do Índio), 330
Funasa (Fundação Nacional de Saúde), 613, 641
funcionalismo público, 101-2, 208, 212, 224, 260, 276, 316, 384, 529, 541, 546, 616, 685, 738, 754
Fundação Armando Álvares Penteado, 225, 689
Fundação Getulio Vargas, 284n, 400n, 673n
Fundação João Pinheiro, 516
Fundação Luso-Brasileira, 302
Fundação Pan-Americana de Desenvolvimento, 186, 190
Fundação Rei Balduíno (Bélgica), 30n
Fundación Felipe Herrera, 552
Fundeb (Fundo de Manutenção e Desenvolvimento da Educação Básica e de Valorização dos Profissionais da Educação), 196n
Fundef (Fundo de Manutenção e Desenvolvimento do Ensino Fundamental e de Valorização do Magistério), 196n, 279n
Fundo de Educação, 438
Fundo Monetário Internacional ver FMI
Fundo Social de Emergência, 108, 226n, 388
FUP (Federação Única dos Petroleiros), 162n
furacão Lili (1996), 118
Furet, François, 322
Furno, Carlo, d., 94
Furtado, Celso, 98, 156, 572, 710
futebol, jogos de ver Copa do Mundo (1998)

G10 (Grupo dos Dez), 753, 756, 759, 784
G15 (Grupo dos Quinze), 404
G7 (Grupo dos Sete), 404-5, 417-8, 685, 696-8, 700, 704, 713, 718, 722-3, 735, 750, 753
G77 (Grupo dos 77), 421, 424
G8 (Grupo dos Oito), 236
Gabbeh (filme), 291n
Gabeira, Fernando, 42
Gabriel, Almir, 50, 226, 264-5, 462, 520, 613, 654, 738
Galassi, Virgílio, 637
Galbraith, John Kenneth, 392
Galdino, índio ver Santos, Galdino Jesus dos
Galícia, 512, 555
Gall, Norman, 310
Galvão Filho, Orlando, 344
Galvão, Ilmar, 243, 303
Gama, Benito, 106, 107, 218, 338
Gama, Jaime, 491
Gama, João Augusto, 474n
Gandhi, Mahatma, 568
Gandhi, Rajiv, 568n
Gandhi, Sonia, 568
GAP (Grupo de Análise e Pesquisa), 103n
Garabi, usina de (Argentina), 86n
Garcia, Hélio, 334, 434, 508, 524, 592, 619-21, 631, 648, 668, 681
Garotinho, Anthony, 560, 680, 716, 720, 739, 746
Garretón, Manuel, 249
Garzón, Baltasar, 759n
Gasbol (Gasoduto Brasil-Bolívia), 271n, 273n
gasolina, 235, 763
Gaspari, Elio, 190, 574, 702, 751-2
Gasparian, Dalva, 335
Gasparian, Fernando, 103, 262, 335, 450, 646, 763
GATT (General Agreement on Tariffs and Trade), 583n
Gaviria, César, 186, 190, 740
Gazeta Mercantil, 234, 238, 358, 494, 626, 709, 760

Gazeta Wyborcza (jornal polonês), 579n
GDF (Governo do Distrito Federal), 289
Geia (Grupo Executivo da Indústria Automobilística), 468n
Geisel, Ernesto, general, 192, 228, 444, 449-50
Genebra, 115, 238, 242, 555, 583, 586, 626, 810, 812
Genoino, José, 109, 727, 789
Genro, Tarso, 145
George VI, rei da Inglaterra, 414n
George, Edward, 415n
Georgetown, 405
Gephardt, Richard, 292
Geraldo Walter, 186, 220, 399
Gerasul (Centrais Geradoras do Sul do Brasil), 578n, 699-700
Gerdau, grupo, 216n, 270n
Gerdau, Jorge *ver* Johannpeter, Jorge Gerdau
Gerstner Jr., Louis, 476n
Giannotti, José Arthur, 39, 96, 99-100, 109, 119, 148-9, 176-7, 223, 273, 288, 301-2, 429, 497, 525, 618, 757, 760, 776
Giddens, Anthony, 245, 415, 476, 549-50, 636, 805
Gide, André, 443
GIE (Grupo de Investidores Estrangeiros), 796n
Giglio, Celso, 512
Gigliotti, Yvone, 47
Gil, Flora, 791
Gil, Gilberto, 660, 689n, 750, 791, 793
Gilda (irmã de FHC) *ver* Oliveira, Gilda Cardoso de
Ginásio Nilson Nelson, 626
Giomi, Waldemar, 290, 304
Giornata particolare, Una (filme), 359
Gismonti, Egberto, 167
Gladstone, William Ewart, 415
globalização, 16, 52, 170, 247, 431, 476, 493n, 506, 618, 685, 730, 783, 799, 824
Globo (TV) *ver* Rede Globo
Globo, O, 46, 80, 218n, 243, 318, 332, 343, 351, 353, 361, 384, 459, 522, 577, 597, 612, 629, 758, 770
GloboNews (noticiário de TV), 230-1, 437, 612, 683, 767
Gloucester, duque de, 416, 419
Gloucester, duquesa de, 416, 419
GM (General Motors), 124, 624, 748
Godoy, Paulo, 154, 289, 509, 641, 672
Goertzel, Ted, 497, 591
Goes Filho, Synesio Sampaio, 248, 586
Goh Chok Tong, 238, 584n
Goiânia, 209, 398, 578, 648
Goiás, 40, 48, 63, 69, 105, 204, 209, 240, 289, 294, 522, 571, 578, 610, 648, 720, 738, 779

Goldenstein, Lídia, 148, 177, 273, 376
Goldman Sachs (banco), 221n, 437n, 476
Goldman, Alberto, 95, 96, 203n, 451
Goldman, Márcio, 139
Golfo, Guerra do, 485n, 801n
Gomes, Ciro, 300, 305-6, 315, 321-3, 330, 346, 354, 360-1, 391, 393, 466, 469-70, 481, 511, 589, 599, 601, 616, 629, 642, 652, 656, 672, 686, 711, 716, 719-20, 739, 744
Gomes, Henriqueta, 449
Gomes, José Euclides Ferreira, 642n
Gomes, Pedro, 449
Gomes, Severo, 165, 448-9
Gonçalves, João Batista, 169n
Gonçalves, José Botafogo, 520, 743
Gonçalves, Leônidas Pires, general, 344
Gonçalves, Olívio, 274
Göncz, Árpád, 147
Gontijo, Wander, 558
González, Felipe, 91, 268-9, 445-6
Gonzalez, Luiz, 399
Gorbatchóv, Mikhail, 477-8
Gordillo, Alejandro, 158n
Gore, Al, 237, 421, 550
Goto, Roberto, 714
Goulart, João, 98-9, 194, 210, 260, 444
Graeff, Eduardo, 65, 115, 148, 245, 290, 293, 304, 474, 526, 538, 540, 542, 545, 562, 569, 591, 607, 614, 627, 646, 660, 716, 727, 775, 789, 803, 807, 811
Grafton, duquesa de, 413-4
Grande Prêmio Ayrton Senna de Jornalismo, 129n
Granillo, Raúl, 238n, 329
Granja do Torto, 81, 306, 350, 434, 509-10, 518, 520, 715
Gravataí, 124, 624
Graziano, Francisco, 34n, 132, 137-8, 629
Greca, Rafael, 336, 800, 803, 810
Greenspan, Alan, 367, 691, 702, 704, 717, 753
Gregori, José, 34, 48, 52, 118, 126, 151, 196, 200, 225, 246, 277, 282, 328, 335, 341, 400, 471-2, 497, 530, 535, 539, 541-2, 555, 560, 595, 642, 644, 689, 761, 787, 804, 813, 816, 820, 824
Gregori, Maria Filomena, 255, 400, 767
Gregori, Maria Helena, 48, 93, 118, 255, 497, 535, 560, 610, 653, 767
Grendene (fábrica), 658
Grendene, Alexandre, 658n
greves, 116, 157, 208, 251, 260, 320, 424, 477, 539, 559-60, 579, 588, 593, 602, 610, 621-2, 629, 635, 673, 813, 816, 820, 824

Grinstein, Keith, 494n
Grito da Terra, 127, 191n
Grito dos Excluídos, 310
Groisman, Serginho, 515
Grossi, Esther, 504
Gruber, Hans Ulrich, 659n
Grupo Consultivo Internacional de Pesquisa Agrícola, 591n
Grupo do Rio (Reunião de Chefes de Estado e de Governo do Mecanismo Permanente de Consulta e Concertação Política), 297-8
Grupos de Onze Companheiros, 99
Guamaré, 130
Guanaes, Nizan, 199, 260, 279, 399, 489, 578-9, 591, 601, 612, 614, 641, 666, 676, 708, 715
Guelar, Diego, 128
Guerra Fria, 477n, 583n
Guerra, Alfonso, 445
Guerra, Pio, 762
Guerreiro, Renato, 538n
Guiana Francesa, 391, 404
Guildhall (Londres), 416
Guimarães, Ulysses, 207, 278, 436, 448, 450-1
Guiné-Bissau, 253-4, 665
Guri-Macaguá, linhão, 155n
Gusmão, Roberto, 262
Gusmão, Tarsis, 262
Gut, Rainer, 705n
Gutemberg, Luiz, 546
Guterres, António, 236-7, 262-3, 268-9, 313-4, 381, 382, 549, 583, 585-6, 603, 665, 732

Hafers, Luiz, 615
Hahn, Rainer, 348
Haiti, 248
Hakim, Peter, 227
Halliday, Fred, 415
Hannecker, Marta, 140
Hargreaves, Henrique, 144, 501, 525, 527-8, 593, 597-8, 619, 625-6, 633, 637
Hargreaves, Ruth, 500, 527
Hariri, Rafic, 307n
Harmon, James, 736
Harrington, Anthony, 640n
Harrison, Lawrence E., 277n
Hartung, Paulo, 161, 163, 226, 284, 333, 508, 627, 641
Harvard, Universidade, 306, 392n, 635
Hashimoto, Ryutaro, 584n, 604
Havelange, João, 282, 343, 348, 695
Hebraica, Clube (São Paulo), 402
Helena (neta de FHC) *ver* Cardoso, Helena

Helibrás, 120
Heloísa Helena, 492
Henderson, Frederick, 748n
Henriksen, Birgitte, 416n
Heráclito, Chico, 66
Heráclito, Ricardo, 66-7
Herança Barroca (mostra cultural no Itamaraty), 310
Hermanos al Rescate, 355n, 585n
Hermes, Heriberto, d., 162n
Herrera, Alejandra, 156, 366, 543
Herskowitz, Melville, 140
Herzog, Roman, 588n
Heslander, Paulo, 102, 524
Hewlett-Packard (HP), 256n
Hilst, Hilda, 376
Hingel, Murílio, 144
Hino da Independência, 689
Hino Nacional, 416, 637
Hiramatsu, Morihiko, 347n
Hirschman, Albert O., 65, 443, 719
Hobsbawm, Eric, 415
Hokkaido Takushoku Bank, 403n
Holanda, 92n, 507, 635, 637, 753, 770-1
Holanda, Sérgio Buarque de, 171, 748
Holocausto, vítimas do, 476
Homonay, Yara, 449
Honda, 346
Honduras, 480n
Hong Kong, 346, 364-7, 369, 381, 386, 585-6, 603n, 617, 666
Honig, Chaim, 544
hospitais, 78, 301, 343, 515, 641, 692, 702
Hospital Albert Einstein (São Paulo), 538, 540, 546
Hospital Oswaldo Cruz (São Paulo), 790
Hospital Sarah Kubitschek (Belo Horizonte), 97, 193-4, 295, 437
HSBC (Hong Kong and Shanghai Bank), 72, 112, 116, 131, 137, 359n, 413, 690
HSWMS *Karlskrona*, caça-minas sueco, 29n
Hughes, Patrick, general, 543n
Hugo, Victor, 216
Human Rights Watch, 325
Hummes, Cláudio, d., 488
Hungria, 146-7
Hussein, Saddam, 485-6, 497, 760
Hutton, Will, 636
Hyundai, 260, 285n

Iate Clube Jardim Guanabara, 680
Ibama (Instituto Brasileiro do Meio Ambiente e dos Recursos Naturais Renováveis), 637

ÍNDICE REMISSIVO 845

IBGE (Instituto Brasileiro de Geografia e Estatística), 504, 806, 819, 821
Ibiúna, 124, 148, 272-4, 401, 438-9, 472, 497-8, 539-41, 699, 744-5
Ibope, 202, 240, 470, 522, 589-91, 600-2, 608, 623, 644, 656, 672, 677, 679, 687, 697, 701, 707, 716, 735
Ibrades (Instituto Brasileiro de Desenvolvimento Social), 157n, 225n
Icao (Organização da Aviação Civil Internacional), 575n
ICMS (Imposto sobre Circulação de Mercadorias e Serviços), 265, 276, 279, 294, 305, 323, 346, 402-3, 493, 798
Idesp (Instituto de Estudos Econômicos, Sociais e Políticos de São Paulo), 450n
IDH (Índice de Desenvolvimento Humano), 514, 516, 694
IEA-USP (Instituto de Estudos Avançados da Universidade de São Paulo), 129
Iedi (Instituto de Estudos para o Desenvolvimento Industrial), 153n, 286, 700, 734
Iéltsin, Boris, 91, 237, 477, 604, 617, 682, 684, 688, 694
Igarapava, 798
Iglesias, Enrique, 255, 339, 369, 385, 429, 518
Igreja Católica, 93, 105, 113, 143, 156-7, 159, 203-4, 310, 342, 344, 379, 471, 473, 523, 547, 552, 563, 567, 575, 658, 775, 805
Igreja Luterana do Brasil, 303
Igreja Universal do Reino de Deus, 607
igrejas evangélicas, 268
Ilam (Instituto Latino-Americano), 300n
Ilha Grande, 372
Ilhas Cayman, 741, 749, 751, 754
Ilhéus, 651, 673, 675
importações, 12, 129, 134-5, 151, 153-4, 169-70, 180-1, 191, 313, 355, 375-6, 384-5, 417, 424, 454, 569, 703, 735, 738, 759
imposto de renda, 378, 388-91, 395, 401, 403, 408-9, 678, 723, 775
imposto sindical, 115
Inae (Instituto Nacional de Altos Estudos), 259n
Inam (Programa Nacional de Incentivo ao Aleitamento Materno), 175
Incor (Instituto do Coração da Universidade de São Paulo), 785
Incra (Instituto Nacional de Colonização e Reforma Agrária), 34n, 132-3, 161, 163, 196, 205, 281, 284, 305, 314, 392, 423, 472, 483, 489
Indaiatuba, 151n, 348n, 703
Índia, 90, 136, 149, 210, 342, 392, 418, 421-2, 424, 568-9, 584-6, 604, 606

Indianópolis, 365, 719
índios/indígenas, 94-5, 98, 104, 191n, 295, 342, 375, 523, 529, 689, 771, 790
Indonésia, 90, 257, 314n, 381, 478, 606, 665n, 693
indústrias/industrialização, 90, 92, 115, 118, 127, 136, 154, 214, 273, 283, 285, 376, 430, 468-9, 571, 728, 773, 783
inflação, 12, 16, 102-3, 144, 284, 457, 458, 613, 628, 643-4, 658, 684, 695
Infraero (Empresa Brasileira de Infraestrutura Aeroportuária), 352, 488
Inglaterra, 59, 89, 236n, 238, 359, 378, 393, 409, 413-7, 419-20, 439, 444, 503, 570, 582, 585, 650, 792, 816
Inimigo íntimo (filme), 218
Inocêncio X, papa, 90n
Inpe (Instituto Nacional de Pesquisas Espaciais), 596
INSS, 268
"Instituições políticas e o meio social no Brasil, As" (Gilberto Amado), 814n
Institute for International Economics, 549n, 646n
Instituto Fernand Braudel de Economia Mundial, 310
Instituto Internacional da Língua Portuguesa, 334n
Instituto Liberal (revista), 268
Instituto Rio Branco, 159n, 506, 607, 784
Insulza, José Miguel, 287, 552, 786
InterAction Council, 566, 574n
Inter-American Dialogue, 227
Internacional Socialista, 551, 584
internet, 16, 767, 770, 796
Interpol (International Criminal Police Organization), 771
IOF (Imposto sobre Operações Financeiras), 179, 631, 639
Ipea (Instituto de Pesquisa Econômica Aplicada), 309n, 310, 394, 454, 545, 806, 819, 821
IPI (Imposto sobre Produtos Industrializados), 657
Ipiranga, grupo, 164, 341, 357, 370, 682
IPTU (Imposto Predial e Territorial Urbano), 75
Iquitos, 478
Irã, 210, 604
Iraque, 16, 485-6, 494-5, 497-9, 759-60, 801, 824
IRI (Istituto per la Ricostruzione Industriale), 92
Irlanda do Norte, 418n
irrigação, questão da, 192, 336, 648, 659, 663
Isabel (neta de FHC) *ver* Vaz, Isabel Cardoso
Iseb (Instituto Superior de Estudos Brasileiros), 545

Israel, 157, 210n, 312-3, 445, 452
IstoÉ, 43, 45, 223, 307, 499, 525, 527-8, 592, 619, 682, 741, 776
Itá, 86n
ITA (Instituto Tecnológico de Aeronáutica), 68, 104, 307, 428-9, 511, 590, 752
Itacoatiara, 155n
Itacuruçá, 448
Itaici, 151, 156
Itaipava, 281
Itaipu Binacional (usina hidrelétrica), 37, 233, 461-2, 518, 519, 608, 676, 699, 800
Itália, 59-60, 87, 89-93, 105, 111, 235, 236n, 347, 359, 467, 470, 497, 503, 554, 586, 787, 816
Itamaraty, 72-3, 82, 104, 106, 118, 121, 152, 159, 162, 219, 224, 235, 242, 255, 269, 280, 308, 310-1, 313, 328, 353-4, 361, 413, 417, 421-2, 456, 463, 479, 495, 499, 503, 506, 520, 558, 568, 591, 596, 599, 615-6, 645, 650, 670, 689-90, 708, 739-40, 778, 784, 787, 801, 805, 814, 824; *ver também* Ministério das Relações Exteriores
Itapira, 310
Itaquatiara, 155
ITR (Imposto Territorial Rural), 162-3
IVA (Imposto sobre Valor Agregado), 798

J. P. Morgan (banco), 115, 221n
Jabor, Arnaldo, 39, 80, 209, 222, 228
Jaburu, Palácio do, 526, 528, 663
Jagland, Thorbjørn, 238n
Jaguaribe, Hélio, 98, 341, 588
Jaguariúna, 256n
Jaíba, 192
Jales, 143
James, Edison, 584n
Jango *ver* Goulart, João
Japan Steel, 130
Japão, 130, 168, 218, 220, 236n, 347, 379, 381, 386-7, 396, 398, 403, 406-7, 430, 437, 443, 454, 461, 478, 524, 570, 584n, 585, 586, 604, 612, 649, 662, 664, 666, 731-2
Jardim dos Finzi-Contini, O (filme), 816
Jassán, Elías, 238, 460
Jatene, Adib, 32, 544
Jayakumar, Shunmugam, 391
JB *ver Jornal do Brasil*
Je Suis l'Empereur du Brésil (Soublin), 218, 222
Jenkins, Roy, Lord, 415
Jereissati, Tasso, 35, 50, 84-5, 107, 109, 114, 124, 154, 172, 185, 220, 226, 231-2, 252, 265-6, 270, 273, 275, 285, 305, 318, 322-3, 326, 328, 331-2, 345-7, 371, 387, 407-8, 412, 432, 453, 462, 464, 487-8, 502, 513, 517, 521, 553, 559, 563-5, 567, 588, 590-1, 600, 612, 614, 642, 658-9, 666-7, 686, 703, 720, 725, 728, 744, 761, 786, 797-8
Jesus Filho, José de, 522
Jiang Zemin, 16, 603
Joana (neta de FHC) *ver* Cardoso, Joana
João Daniel, 133n
João Paulo II, papa, 92, 340, 740
João Pessoa, 130n, 648, 774, 796
João VI, d., 314
Jobert, Roberto, 822
Jobim, Nelson, 34, 54, 60, 75, 94-5, 104, 116, 125-6, 147, 151, 155, 165, 184, 267, 282, 303, 321, 326, 545, 790
Johannpeter, Jorge Gerdau, 216, 245, 370, 376n, 615, 715, 738
Joinville, 118, 490, 494, 624-5
Jordão, Fátima, 371
Jorge Lacerda, termelétrica (Santa Catarina), 86
Jornal da Globo (noticiário de TV), 358, 562
Jornal de Brasília, 374, 546
Jornal do Brasil, 67, 80, 87, 96, 99, 102, 119, 191n, 199, 206, 212, 215, 225, 228, 231, 280n, 289, 301, 317, 323n, 332, 351, 461, 483, 492, 500, 537, 560, 572, 585, 616, 682, 716, 770, 804, 820
Jornal Nacional (noticiário de TV), 231, 420, 623, 761
Jornalistas Amigos da Criança, 350
Josa *ver* Brito, José Antônio Nascimento
José Jorge, 55, 268, 308, 395, 721
José Lourenço, 295, 560n
Jospin, Lionel, 236, 411, 417, 447, 478, 503, 554, 581, 650, 685
Joubert, Philippe, 663
Juan Carlos I, rei da Espanha, 554-5
Juazeiro, 335-6, 658
Jucá, Romero, 74, 308, 455
Jucá, Teresa, 308
Judiciário *ver* Poder Judiciário
Juiz de Fora, 84n, 277, 641, 667, 757
Júlia (neta de FHC) *ver* Zylbersztajn, Júlia Cardoso
Júlio César, imperador romano, 416
Julliard, Jacques, 127
Jungmann, Raul, 60-1, 105, 127-8, 132-3, 141-2, 151-2, 160, 163, 178, 188, 284, 302n, 314-5, 335, 397, 469, 471, 489, 493, 498, 500, 547, 552, 565, 613, 728, 744, 804-5
Jupiá, eclusa de, 453-4
juros, 11-2, 108, 264, 286-7, 364, 366, 370, 372-3, 378, 380, 384, 392, 398, 401, 404, 407-8, 422, 424, 426, 430, 432, 437, 446, 461-2, 465, 468, 482, 535, 543, 576, 592, 594, 615, 618, 623, 631-

ÍNDICE REMISSIVO 847

2, 637, 639-40, 657, 663, 678, 685, 687-8, 690-2, 695-7, 702, 709-10, 717, 723, 726-7, 730, 732-3, 735, 737, 741, 743, 746, 749, 752, 755-6, 767, 773, 777, 779, 795, 799, 806, 808, 813, 819, 823
Juventude Liberal, 675

Kalff, Jan, 714
Kandir, Antônio, 36, 55, 83, 112, 122, 130, 136, 153, 190-1, 203, 226, 233, 247, 283, 287, 290, 292, 304, 306-7, 310, 346, 349-50, 369, 378, 383, 385, 388, 402, 408-9, 426, 436, 454, 468, 496, 509, 569, 601, 671, 737, 793
Kapeller, Pedro Jack, 427
Keidanren, 130, 570
Kennan, George, 272
Kennedy, Edward, 292
Kennedy Jr., Edward, 292
Kenoma (filme), 727
Kent, duque de (irmão de Elizabeth II), 419
Kent, Michael de, príncipe (primo de Elizabeth II), 419
Keynes, John Maynard, 375
KGB (Komitet Gosudarstvennoy Bezopasnosti), 771
Khatami, Mohammad, 604n
King's College (Cambridge), 416
Kirchheim, Humberto, 303
Kirienko, Serguei, 617, 674
Kissinger, Henry, 347-8, 406, 805
Klabin, Daniel, 312
Klein, Odacir, 50, 250
Kleinubing, Vilson, 61, 118, 127, 224, 308, 348, 728
Knopfli, Francisco, 408n
Kohl, Helmut, 91, 237-8, 417, 550, 554, 583, 585, 588, 603, 709, 711
Kok, Wim, 770
Kok-Roukema, Rita, 771n
Koller, Arnold, 475n
Korn, Joel, 796
Kornbluh, Joyce Campos, 542
Kowarick, Lúcio, 273, 699
Kraemer, Eleonora, 586
Kramer, Dora, 87, 119, 148, 200, 206, 208, 212, 243, 316-7, 327, 345, 353, 407, 461, 552, 623
Kramplová, Zdenka, 529n
Krause, Gustavo, 136, 302n, 326, 528, 564, 621, 729
Krieger, Eduardo, 777
krikati, índios, 95, 104
Kroll, 760
Kruchev, Nikita, 229
Krugman, Paul, 535, 682, 684

Krupp, 659
Kubitschek, Juscelino, 164, 391, 481, 648
Kuerten, Gustavo, 223n
Kulhánek, Vratislav, 240n
Kuwait, 428n
Kwaśniewski, Alexander, 477

La Niña (fenômeno climático), 596
Labour Party (Inglaterra), 503
Lacerda, Carlos, 223, 266, 665n
Lacerda, Carlos Edmundo, almirante, 818
Lacerda, José Carlos, 213
Lacombe, Américo Lourenço, 171, 173, 176
Lacy, James, 687
Laet, Carlos Mafra de, 678n
Laet, Cristiana, 678n
Lafer, Celso, 34, 39, 135, 300, 341, 467, 545, 585, 587-8, 738, 767, 773, 778, 795, 803, 806, 809-10, 813, 815, 819
Lafontaine, Oskar, 417, 650
Lagos, Ricardo, 280, 340
Lalonde, Marc, 512
Lamazière, Georges, 244, 816
Lamont, Christine, 166n, 539
Lamounier, Bolívar, 450, 640
Lampião (Virgulino Ferreira), 302
Lampreia, Lenir, 47, 93, 445, 505, 555
Lampreia, Luiz Felipe, 47, 58, 118, 130, 135, 141, 166, 181, 185-6, 209, 235, 250, 263, 281, 291, 309, 312, 334, 338, 351, 356, 359, 380-2, 404, 422, 434, 445, 452, 459, 462-3, 466, 476, 485, 497, 505, 508, 548, 550-1, 555, 558, 563, 584, 600, 606, 626, 651, 670, 715, 732, 736, 743, 746, 759, 784, 787, 792, 805-6, 814, 816
Laranja Azeda (sítio de Sérgio Motta), 756
Laranjeiras, Palácio, 169, 262-4, 279, 312, 341-2, 427, 626, 679, 681, 757, 786-7
Larraechea, Marta, 711n
Latin Finance (revista), 251
Lattes, César, 777
Lauandos, Sílvia, 31
Lausanne, 116
Lavalas, partido (Haiti), 248
Lavareda, Antonio, 371, 578, 588, 614, 719
Lavigne, Paula, 679n
LDB (Lei de Diretrizes e Bases da Educação), 93n, 98n
LDO (Lei de Diretrizes Orçamentárias), 496, 509
Leão, João, 36, 651
Leão, Odelmo, 193, 409, 615, 637-8, 763
Lebed, Alexander, general, 688
LeBlanc, Roméo, 460n, 463

Legislativo *ver* Poder Legislativo
Legitimidade e outras questões internacionais: Poder e ética entre as nações, A (Fonseca), 497n
Lehman, David, 417
Lei Ambiental, 268, 329
Lei de Diretrizes Orçamentárias *ver* LDO
Lei de Incentivo à Cultura, 331n
Lei de Responsabilidade Fiscal, 780
Lei do Passe Livre (Lei Pelé), 282, 343, 425, 517, 520
Lei do Petróleo, 119, 121, 199, 221, 283
Lei Eleitoral, 188-9, 250, 286, 287, 302, 303, 315, 324, 326, 330-1, 613, 627, 630
Lei Geral de Telecomunicações, 96, 257, 259, 267
Lei Helms-Burton (Estados Unidos), 585
Lei Kandir, 265n, 323, 403n, 777
Lei Rouanet, 331
Leirner, Adolfo, 273
Leitão, Miriam, 127, 437, 612
Lemos, Carlos, 745
Lemos, Fernando, 324, 775
Lemus, Silvia, 280
Leonel, Benedito, general, 174, 297, 309, 645, 673, 742
Lerner, Adolfo, 148
Lerner, Jaime, 87, 154, 168, 172, 174, 223, 287-8, 292, 336, 453, 521, 608, 619, 627, 636, 638, 679, 800, 803
Lesbaupin, Ivo, 157n
Lessa, Bia, 689
Lessa, Ronaldo, 492, 566, 739
Leste Europeu, 147n
Leuenberg, Andres, 475
Leuenberger, Moritz, 475n
Lévi-Strauss, Claude, 140, 814
Levitsky, Melvyn, 178, 351, 640
Lewinsky, Monica, 477, 695, 699, 801
Líbano, 113n, 307-8, 312-3, 672
Líbia, 210
Liderança Interamericana, prêmio da, 186
Lieberman, Joe, 754
Liga das Nações, 806
Light, 377, 478, 480, 482n, 487, 503, 543n
Lima (Peru), 168n
Lima, Antonio Augusto Dayrell de, 422
Lima, Arthur Moreira, 272
Lima, Fernando Barbosa, 427
Lima, Geddel Vieira, 49, 100, 105, 150, 154, 157, 170, 232, 240, 252, 259, 263, 267, 285-6, 349, 407, 474, 504, 513, 593, 597, 618, 626, 646, 740, 763, 766, 769
Lima, Haroldo, 231

Lima, Lúcia Flecha de, 235
Lima, Luiz Fernando Cirne, 370
Lima, Marcos, 495n
Lima, Maria, 361
Lima, Osmir, 186n
Lima, Paulo de Tarso Flecha de, 121, 135, 214, 235, 255, 294, 422, 460, 603, 651, 694, 787, 792
Lima, Ronaldo Cunha, 49, 55, 60, 84, 495, 499, 501, 627
"Link into Latin America" (conferência britânica), 89n
liquidez internacional, 12, 710
Lira, Benedito de, 60
Lira, Fernando, 523
Lira, Raimundo, 648
Lisboa, 217, 302n, 313, 491, 555, 583, 586-7, 600, 663
Liu Huaqing, 154n
livre-comércio, 242, 547
Lloyds Bank, 378
Lobão, Edison, 310, 536, 757
Lobato, Monteiro, 542
Lôbo, Cristiana, 76, 243n, 623
Lôbo, Lélio, brigadeiro, 132n, 209, 297, 363, 428, 432, 488, 703, 818, 822
Lobo, Teresa, 534
London School of Economics, 245n, 415
Londres, 59, 87, 89-90, 236, 411, 415-7, 419, 476, 690, 759, 767, 784, 787, 793, 809
Longo, coronel, 261-2
Lopes, Francisco, 187, 226, 246, 274, 275, 280, 294, 384, 389, 454, 457, 576, 631, 639, 676, 678, 683, 687, 690, 696, 705, 709, 712-3, 722-3, 773, 795, 800, 807-8, 813, 815-6, 819
Lopes, Juarez Brandão, 106, 281, 449, 472
Lorscheider, Aloísio, d., 529, 595
Louis Napoléon revisité (Minc), 216
Lowenthal, Abe, 227
Loyola, Gustavo, 84-5, 104, 108, 134, 137, 178-9, 226, 233, 246, 254, 274-5, 794
Lucas, d. *ver* Neves, Lucas Moreira, d.
Lucas, Luiz Paulo Vellozo, 333, 508, 641
Lucena, Humberto, 49, 227, 308, 495, 501, 541
Lucena, Zenildo de, general, 83, 132n, 261, 275, 297, 317, 323, 363, 433, 489, 522, 652, 734, 768, 797, 818, 821
Lúcia Vânia, 350, 492, 812
Luciana (filha de FHC) *ver* Cardoso, Luciana
Luciano, d. *ver* Almeida, Luciano Mendes de, d.
Lukes, Steven, 679
Lula *ver* Silva, Luiz Inácio Lula da

ÍNDICE REMISSIVO 849

Maastricht *ver* Tratado de Maastricht
Mabel, Sandro, 59, 196, 646
Macapá, 109, 404-5, 688
Macau (RN), 130*n*
Macedo, Ronaldo, 497
Maceió, 125, 260, 492, 698
Machado, Alexandre, 243
Machado, Lourival Gomes, 171*n*
Machado, Sérgio, 50, 62, 77, 81-2, 107, 113, 153, 205, 213, 256, 324, 346, 422, 487*n*, 489, 721, 760, 765
Machado, Vera, 118
Maciel, Antônio, 433
Maciel, Everardo, 201, 202, 395, 656, 728, 737
Maciel, Marco, 13, 47, 51-3, 55, 63-4, 66, 68, 72, 95, 98, 168, 170, 174, 176, 184, 188, 208, 210, 222, 239, 250-1, 287-8, 296, 300, 302, 309, 381-2, 407, 431, 467, 480, 521, 526, 528-9, 532-3, 557, 560, 562, 580, 592, 614, 619-21, 651, 659, 663, 666, 721, 734, 741, 799, 803, 808, 815
maçonaria, 621
Madeira, Arnaldo, 114, 171, 402, 406, 569
Madeira, Luiz Carlos, 545
Madeira, Sebastião, 614
Madeira-Amazonas, hidrovia, 155*n*
Madri, 518-9, 555, 581-2, 725
Magalhães Júnior, Jutahy, 316
Magalhães, Antônio Carlos, 14, 35-8, 44, 51, 53, 56, 58-9, 61, 63, 68, 77, 80-2, 100, 168, 171-2, 185, 187-8, 190, 192, 195-6, 212, 214, 217, 222, 230, 239, 250, 252, 261, 264, 267, 278, 285, 293, 315-6, 332, 337, 351, 353, 359, 361, 363, 368, 371, 373, 386, 388, 390, 395, 400-1, 403, 407-10, 432, 452, 467, 474, 480, 482-3, 490, 497, 502, 506, 509, 521, 533, 537, 541, 553-6, 560, 562, 565, 576, 580, 593, 598, 608, 612, 614, 651, 670, 675, 721, 723, 725, 734, 741-2, 748, 751, 754, 763, 765-6, 774, 776-7, 779-80, 787, 789, 791, 796, 807-8, 818
Magalhães, Carolina, 675*n*
Magalhães, estreito de, 653
Magalhães, João, 625
Magalhães, Juraci, 85*n*, 487, 517, 686
Magalhães, Luís Eduardo, 16, 30, 35-7, 42, 44, 53-6, 58, 61, 63-4, 68, 72, 76, 82, 95, 115, 148, 150, 152, 168, 172, 182, 188, 192, 199, 203, 208, 211-4, 217-8, 221, 224-5, 231-2, 239-40, 245, 250, 263, 269, 285, 287, 292, 302, 304, 315, 317, 326, 330, 332, 375, 388, 390, 396, 402-3, 408-10, 420, 422, 466, 474, 490, 501-2, 509, 519, 521, 529, 532, 538, 553-7, 562, 565, 580, 582, 675, 748, 798
Magalhães Filho, Luís Eduardo, 675

Magalhães, Michelle, 675*n*, 748
Magalhães, Paula, 675*n*
Magalhães, Rafael de Almeida, 80, 222, 260, 262, 319, 325, 330, 337, 350, 510, 624, 669, 787
Magalhães, Roberto, 66, 115, 300
Magella, professor, 437
Mahuad, Jamil, 548*n*, 665*n*, 670-1, 711-2, 715, 740
Maia, Cesar, 135, 222, 361, 362, 490, 560, 572, 620-1, 653, 680, 716, 728, 739, 812
Maia, João, 186*n*, 188, 204
Maia, José Agripino, 197, 242, 318, 329, 669
Malan, Catarina, 139, 555
Malan, Cecília, 33*n*
Malan, Pedro, 32-3, 35, 45, 83-5, 87, 100, 104, 108, 114, 118, 120, 130, 134, 136, 138-9, 170, 181, 183-4, 217-8, 226, 228, 233, 244, 246, 249, 253-4, 263, 273-5, 280, 289, 294, 310, 312-3, 322-3, 349, 352, 364-70, 373, 380-1, 385, 387-9, 395, 408-9, 426-7, 436, 438, 445, 454, 457-9, 462, 468, 478, 503, 517, 520-1, 535, 555, 561, 564, 581, 609, 611, 617-8, 626, 630, 638-9, 646, 651, 655-6, 668, 671, 673, 676-7, 682, 683, 685, 687, 690-3, 695-9, 702, 704-5, 707-12, 717-8, 722-3, 725-7, 730, 733, 737-8, 740-5, 749-51, 753, 756, 767-8, 772-3, 776, 780-2, 784, 791, 792, 795, 797, 801, 803, 806-8, 813, 815, 817, 819-20, 823
Malan Filho, Pedro, 139
Malásia, 257*n*, 381, 404, 693
Maldaner, Casildo, 308
Malha Tereza Cristina (ferroviária), 73
Malta, Dacio, 459, 629
Maluf, Lígia, 741*n*
Maluf, Lina, 741*n*
Maluf, Paulo, 30, 32, 37-9, 42, 58, 60, 63, 65, 73, 76, 84, 87, 117, 121, 127, 133, 138-9, 145, 189, 201, 204, 206, 214, 217, 224, 230-2, 234, 247, 279, 284, 293, 302, 313, 316, 318, 323, 352, 361-3, 373-4, 377, 400-2, 435, 446-7, 451, 453, 455, 459, 466, 473, 490, 509, 511, 515, 520, 619-20, 628, 672, 698, 701, 711, 716, 720, 726, 734, 738, 741, 743, 746, 754, 762, 774
Maluly Neto, Jorge, 40, 325, 613-4
Maluly, Mônica, 325
Manaus, 95, 155, 233, 309, 378, 411, 423, 478, 516, 668, 704-5
Manchete (revista), 427
Manchete (TV) *ver* Rede Manchete
Mandela, Nelson, 16, 583-4, 642, 645, 648, 650-1, 653
Mandelli, Luiz Carlos, 433
Mandelson, Peter, 417, 636, 650
Mangaratiba, 372, 448, 725

Mangueira, morro da (Rio de Janeiro), 351
Mannheim, Karl, 472n
Manso, Hugo, 741n
Manso, Wólia, 789n
Mão Santa, Francisco, 174n, 301, 564, 721
Mãos à obra, Brasil (programa de governo de FHC), 246
Maquiavel, Nicolau, 574
Maracanã, Estádio do, 340n, 345
Marambaia, 427, 438-9, 443, 445, 448, 719, 781-2, 785
Maranhão, 55, 74, 95, 124, 185, 233, 307-8, 328, 360, 486, 498, 536, 614, 628, 671, 755, 757
Maranhão, José, 55, 174, 285, 300, 330, 431, 499, 627, 648, 721, 728
Marcha da Terra do MST, 105n, 110n, 159n
Marco Aurélio, imperador romano, 96
Margaret, princesa da Inglaterra, 414n, 419
Margarita, ilha (Venezuela), 378, 380, 382, 558
Maria Abadia, 321, 323
Maria Creuza, 653
Maria Elvira, 50, 59, 778, 783
Marie Christine, princesa, 419
Marilena (PR), 489n
Marília Gabriela, 329, 350
Marín, Manuel, 319, 429
Marinha, 103, 132n, 154, 197, 222, 224, 231, 245, 248, 262, 276-7, 281-2, 309, 363, 373, 379, 402, 428-9, 432, 444, 448, 480, 488, 522, 576, 610, 653-4, 796, 797, 817-8, 821-2
Marinho Neto, Roberto, 373
Marinho, Gisela, 373n
Marinho, João Roberto, 318, 373, 510, 577, 597-8, 608, 612, 629, 682, 685, 804
Marinho, Josafá, 101
Marinho, José Roberto, 80, 555, 629, 799
Marinho, Karen, 373n
Marinho, Lily, 262
Marinho, Luiz, 422, 432, 467
Marinho, Roberto, 119, 199, 262, 276, 312
Marinho, Roberto Irineu, 80, 198, 201, 245, 373, 759-60
Mário Soares: Ditadura e revolução (Avillez), 197n
Marques, Maria Silvia Bastos, 519-20, 794, 801
Marques, Rui Oliveira, 399
Marrey, Luiz Antônio, 824
Marrocos, 584, 588, 614
Martes, Ana Cristina, 497
Martínez, Gutenberg, 340n
Martins, Amilcar, 235n
Martins, Franklin, 142, 384, 627

Martins, Jaime, 60, 504
Martins, José de Souza, 726
Martins, Lila Brasília Byington Egydio, 148
Martins, Luciano, 103, 119, 129, 135, 247, 283, 317-8, 321, 367, 454, 463, 510, 545, 558, 601, 646, 710, 757
Martins, Paulo Egydio, 148
Martins, Wilson, 174n, 178, 271, 663
Marx, Karl, 149, 216, 223, 392, 783, 814
marxismo, 39, 342, 503
Marzagão, Augusto, 250, 506
MAS (Movimento al Socialismo), 794
Mascarenhas, Eduardo, 33, 35, 174
Mascaro, Amauri, 325
Massa, Carlos, 634
Matarazzo, Andrea, 479, 572, 575, 654, 672, 767, 773, 775, 793, 805, 809-10, 819
Matarazzo, Francesco, 575n
Matarazzo, Giannicola Carmine, 575n
Mato Grosso, 78, 158, 251, 261, 271, 286, 358, 474, 613, 624, 641, 649, 663
Mato Grosso do Sul, 178, 271, 397, 398, 434, 594, 728
Mattar, Hélio, 433
Mattos, Rubem Belfort, 59
Mauá, barão de, 273
Mauad, Jamil, 596, 670
Mauch, Cláudio, 131
Maucher, Helmut, 476n
Maurício (professor de natação), 437
Mauro, Gilmar, 162
Mayor, Lord, 416
Mazzucchelli, Frederico, 450
Mbeki, Thabo, 238, 316
McCaffrey, Barry, general, 379, 392, 546
McLarty, Thomas, 236, 338, 341, 477, 603, 736
MEC *ver* Ministério da Educação
Medalha do Mérito Cultural, 748
Medeiros, José Artur Denot, 429
Medeiros, Luiz Antônio, 43, 122, 295, 338, 467, 654, 741
Medeiros, Thera Regouin Denot, 429
Médici, Emílio Garrastazu, general, 638n
Médicis, Adriana, 653
Médicis, João Augusto de, 336, 787
Medina, Paulo, 289
Meijide, Graciela, 126
Meirelles, Henrique, 520
Meirelles, Serafim, 411n
Mejía, María Emma, 547
Mellão Neto, João, 127
Melles, Carlos, 103, 242, 807, 810-1

ÍNDICE REMISSIVO 851

Mello Neto, João Cabral de, 447
Mello, Celso de, 88, 225, 261, 296, 301, 316, 332, 351, 390, 754, 820
Mello, Evaldo Cabral de, 447
Mello, Fernando Collor de, 57, 88, 101, 125, 127, 134, 185, 225, 244, 248, 315, 322, 341, 360, 361, 393, 437, 439, 454, 468, 531, 535-6, 540, 566, 695, 741, 743, 749, 758, 760-1, 777-8, 786
Mello, Geraldo, 318, 329, 431, 490, 669, 760
Mello, Hélio Campos, 499
Mello, Marco Aurélio, 88, 103, 170, 225, 299, 303, 316
Mello, Sandra de Santis, 295n
Melo, Antônio Braz, 326n
Melo, Atílio Régis de, 399n
Mendes, Amazonino, 104, 116, 155, 186-8, 190, 215, 233, 247, 378, 411, 423, 483, 593, 668, 703, 736
Mendes, Armando Clóvis, 215n
Mendes, José Olavo, 177n
Mendes, Narciso, 200n, 201, 204
Mendonça, José Roberto ver Barros, José Roberto Mendonça de
Mendonça, Luiz Carlos ver Barros, Luiz Carlos Mendonça de
Menem Junior, Carlos, 461
Menem, Carlos, 68, 128, 169-70, 212, 230, 238, 281, 298, 329, 341, 354-5, 381, 383n, 385-7, 423, 429, 460-1, 604, 653, 670, 678, 697, 722, 731-2, 759, 764, 787
Menezes, Djacir, 814
Menicucci, José Roberto, 251n
mercado interno, 129, 283, 375
Mercedes-Benz, 757
Mercosul (Mercado Comum do Sul), 16, 77, 89, 110, 118, 120, 135, 166, 169-70, 181, 233, 237-8, 281, 287, 291, 297, 298, 319, 329, 332, 351, 354-6, 385, 427, 429-30, 454, 462, 475, 479, 548, 581, 583, 585, 617, 628, 648, 651-3, 678, 697, 738, 763, 782-4, 786-7, 794
Mercurio, El (jornal chileno), 331
Mercury, Daniela, 33, 311
Mesquita Neto, Francisco, 238
Mesquita, Fernando César, 29, 70
Mesquita, Rui, 352, 698, 799
Metropolitan Museum of Art, The (Nova York), 236
México, 77, 105, 249, 281, 283, 297-8, 369, 377, 381, 384, 430, 461, 479, 593, 687, 696-7, 731, 753, 761, 787
Meyer, Luiz, 122, 148, 176, 327, 525, 618
Meyer, Regina, 122, 148, 757

Miami, 14, 120, 231
Michelangelo, 94
Michiko, imperatriz do Japão, 218, 219
Michnick, Adam, 579
mídias sociais, 15
Miguel Jorge, 425
Minas Gerais, 33, 40, 50, 60, 78, 120, 163, 192, 235, 239, 243, 248, 253, 271, 334, 361-2, 364-5, 373, 428, 464, 478, 480, 482, 499, 513, 517, 524, 533, 543, 598, 600-1, 615, 621, 625, 656, 700, 765, 767, 785, 807, 811
Minc, Alain, 216
Mineiro, Carmo Sodré, 218
Mineiro, Jovelino, 112, 218n, 287, 291, 348, 359, 591, 626, 695, 740
Mineiro, Luiz Gonzaga, 105
Ministério da Ação Social, 316n
Ministério da Aeronáutica, 352, 363n, 488, 514, 655, 680, 745
Ministério da Agricultura, 72, 132, 138, 284, 310, 365, 450, 520, 524, 534-6, 608, 615, 771, 800
Ministério da Ciência e Tecnologia, 69n, 576, 742, 752, 766, 793, 809-10
Ministério da Coordenação Política, 532
Ministério da Cultura, 55n, 164, 223n, 398, 445, 497, 803, 820
Ministério da Defesa, 248, 277, 282, 309, 362, 433, 673, 707, 729, 734, 762-3, 773, 796, 803, 817-8, 822
Ministério da Educação, 48n, 113, 130n, 132, 149n, 154n, 196, 244, 312n, 368, 490, 545, 642, 661, 728, 766, 771, 810
Ministério da Fazenda, 107-8, 122, 125, 136, 138, 144, 246n, 264, 315, 321, 366, 409, 417, 438, 479, 552, 613, 655, 692, 696, 698, 706, 709, 722, 739, 750, 765, 775, 780, 786, 807
Ministério da Indústria, do Comércio e do Turismo, 118, 154, 280, 433, 743, 793
Ministério da Integração Regional, 300n
Ministério da Irrigação, 803, 807
Ministério da Justiça, 34, 35, 60, 84, 87n, 91, 116, 138, 142, 151, 165, 178, 182, 184, 196, 209, 220, 232, 282, 285, 329, 336, 341, 350, 394, 522, 526-7, 530, 531, 565, 642n, 755, 820
Ministério da Marinha, 103, 197, 224, 248, 276, 277, 281-2, 432, 444, 480, 522, 576, 796, 821-2
Ministério da Previdência Social, 43n, 350, 533
Ministério da Produção, 722, 727, 733-4, 742-3, 747, 749, 769-70, 776, 778, 790, 793, 795
Ministério da Reforma Agrária, 552
Ministério da Saúde, 32, 62, 84, 128, 175-6, 187, 220, 224, 301, 317, 365n, 376, 400, 434, 455,

457, 489, 491, 505, 506, 508, 512, 514, 516-7, 527, 530, 559, 630, 641-2, 651, 655, 673, 679, 686, 692-3, 703, 752
Ministério das Comunicações, 113, 147, 156, 199, 201, 207, 220, 257, 265-6, 427, 465, 525, 543, 546, 561, 564, 570-1, 593, 639, 652, 662, 683, 703, 751, 764, 793, 805, 809, 812
Ministério das Relações Exteriores, 138, 152, 178, 218, 280, 548, 552, 702, 715, 736, 745
Ministério de Desenvolvimento Urbano, 315, 500, 521, 800, 808
Ministério de Minas e Energia, 468, 810, 818
Ministério de Orçamento e Gestão, 743
Ministério do Desenvolvimento, Indústria e Comércio, 793, 795, 803
Ministério do Exército, 344n, 513n
Ministério do Meio Ambiente, 136n, 236n, 308, 422, 544, 750, 807
Ministério do Planejamento, 191, 259n, 290, 294, 304, 315, 457, 500, 508-9, 530, 569, 593, 609, 639, 716, 733, 743, 806, 819
Ministério do Trabalho, 73, 96, 115, 145, 242, 296, 337, 359, 467, 472, 500, 508, 518-20, 524, 528, 533-6, 581, 741, 804, 806
Ministério do Turismo, 67, 803
Ministério dos Esportes, 282n, 416
Ministério dos Transportes, 35, 40, 51, 58-9, 84, 104, 138, 150, 194, 213, 267, 306, 317, 326, 348, 370, 490, 495, 504, 530, 565, 608-9, 714, 763, 776, 794
Ministério Extraordinário para a Reforma Institucional, 532-3, 544
Ministério Público, 295n, 499, 754-5, 771
Ministro do Exército, 83n
Miranda, Aloysio, 44, 294
Miranda, Gilberto, 37, 131, 190n, 743, 765
Miranda, Mauro, 289, 615
Miranda, Usina Hidrelétrica de (Indianópolis), 365n
Mirandópolis, 40n
Mirin ver Ministério Extraordinário para a Reforma Institucional
Miss Cyclone (Maria de Lourdes Castro Dolzani), 106
MIT (Massachusetts Institute of Technology), 685n
Mitterrand, François, 414, 550
Miyaguti, Aldo, major, 428, 526
MNA (Movimento dos Países Não Alinhados), 583n
Moco, Marcolino, 250
Mohamad, Mahathir, 381, 404, 418

Mohammed, Sidi, príncipe do Marrocos, 584n, 588n
Molina, Sergio, 249
Momep (Missão de Observadores Militares Equador-Peru), 670
Monaco, Fabio Roversi, 91n
Monduzzi, Dino, 94n
Monet, Claude, 121
Moneyline (programa de TV norte-americano), 399n
Monforte, Carlos, 264n
Monsanto, 476
Monteiro (PB), 648
Monteiro, José Maria, 720
Monteiro, Manuel, 293
Montenegro, Carlos Augusto, 202, 522
Montenegro, Gonzalo, 408
Montes Altos, 95
Montesquieu, Charles-Louis de Secondat, barão de, 149
Montevidéu, 180n, 181, 429-30, 493, 518, 520, 549
Montoro Filho, André Franco, 671-2
Montoro, Franco, 57, 63-4, 68, 72, 81, 109, 244, 258, 300, 397, 436, 450, 622, 671-2, 814
Moody's, 687
Moraes Neto, Geneton, 444n
Moraes, Antônio Ermírio de, 52, 83, 125, 156, 157, 160, 169, 330, 369, 433, 738, 767, 772, 795
Moraes, José Ermírio de, 83, 376n, 434
Moraes, Vinicius de, 336
Morais, Djalma, 525
Morale secrète de l'économiste, La (Hirschman), 443n
Morandi, Giorgio, 97
Moreira, Heloiza Camargos, 454
Moreira, Marcílio Marques, 786
Moreira, Marie Hélène, 359, 505
Moreira, Sérgio, 309, 559, 565, 567, 571, 577-8, 597, 642, 775, 820
Morelenbaum, Jacques, 336
Moreno, Jorge Bastos, 138, 349
Morgan, Hugh, 126
Morhy, Lauro, 643n
mortalidade infantil, 514, 669
Mosconi, Carlos, 57, 107, 114
Mossoró, 130
Mota, Humberto, 224-5, 681, 762
Motta, Juliana, 756
Motta, Renata, 563
Motta, Sérgio, 14, 16, 29-30, 35, 37-8, 43-4, 47-8, 51, 53-6, 58, 64-5, 67, 72, 77, 81-2, 85-7, 95, 101-2, 107, 109, 112, 114-5, 121, 124, 131, 141-4, 146-7,

150-1, 153-4, 156, 167-8, 170-2, 178, 182, 185, 188, 191, 193-4, 197, 199-200, 202, 204, 206, 208, 212, 214, 216, 218, 220, 223, 231, 244, 246-7, 250, 252-3, 257, 259, 263-5, 267-70, 281-4, 288, 291-2, 299-300, 305-7, 317-8, 320, 323, 326-7, 329, 331-2, 345-6, 352, 364, 366, 402-3, 407, 420, 425, 432, 453, 459, 462, 464, 471, 474, 479-80, 482, 489, 495, 500, 502, 513-6, 526, 529, 537-40, 546, 552-3, 556-9, 562-5, 575, 641, 652, 656, 662, 741-3, 748-9, 756, 764, 775, 793, 809, 811
Motta, Wilma, 538, 540, 546, 552, 563, 565, 662, 748, 764
Moura Jr., João, 634
Movimento Revolucionário Tupac Amaru, 168
Movimiento de Izquierda Revolucionaria, 539
MP (Medida Provisória), 118n, 126, 134, 136, 151n, 170, 184n, 212n, 278, 330, 331n, 391, 408, 419n, 426, 481, 493, 506, 576n, 619n, 622, 626, 655, 664n, 686, 756n, 779n, 785, 789
Mr. Magoo (filme), 633
MR-8 (Movimento Revolucionário Oito de Outubro), 505
MST (Movimento dos Trabalhadores Rurais Sem Terra), 13, 30, 96, 105, 110, 119-20, 123, 128, 133, 137-8, 142, 151, 152, 159-62, 164, 168-9, 177, 183, 191, 199, 204, 264, 271, 275, 295, 328, 365, 489, 498, 563, 567, 571-3, 577, 595, 602, 624, 681, 699-700
muçulmanos, 381, 404
Mulcahy, Jânio John Quadros, 444
Müller, Geraldo, 449n
multinacionais, 129, 427, 783-4
Mundo em português: Um diálogo, O (Cardoso & Soares), 144n, 197, 322n, 325n, 498, 535, 540, 646, 660, 703, 704, 732
Munhoz, José Antônio Barros, 310
Muñoz, Heraldo, 464n
Murad, Jorge, 60, 306, 607, 757
Muse, Martha, 606
Museo Nacional de Bellas Artes (Chile), 339n
Museu de Arte Contemporânea de Niterói, 345n
Museu do Índio (Rio de Janeiro), 97
Museu do Prado (Espanha), 583
Mussa, Michael, 718

Nabor Júnior, 59
Nabuco, Joaquim, 67n, 814
nacionalismo, 145, 503
Nações Unidas *ver* ONU (Organização das Nações Unidas)
Nafta (North America Free Trade Agreement), 77, 110-1, 298, 319, 356, 430, 787

Nahoum, Fábio, 138, 139
Nakauchi, Isao, 443n
Namíbia, 106, 197
Nanterre, 443, 652
Napoleão, Hugo, 199, 242, 359, 533, 669, 721
Napolitano, Giorgio, 91
Narayanan, Kocheril Raman, 568
Narayanan, Usha, 568n
Narcisi, Aldo, 663
narcotráfico, 319, 328, 341, 355, 378-9, 392, 417, 544, 549, 640, 686, 746
Nardes, Augusto, 326
Nascimento, Weslley do, 634
Nassif, Luís, 138
natação, 35, 83, 217, 249, 289, 295, 336, 379, 572, 664, 761
Natal (RN), 130, 664, 669-70
Natal de 1996, 438
Natal de 1997, 437-8
Natal de 1998, 807, 814
Natal, João, 50n
National Security Advisor., 603n
Naville, Pierre, 322
Naya, Sérgio, 499n, 504, 506, 542
Nazarbayev, Nursultan, 479n
Nê *ver* Mineiro, Jovelino
NEC Corporation, 199
Negromonte, Mário, 36, 651
Nehru, Jawaharlal, 568
Nelson, Anthony, 89n
neoliberalismo, 61, 156, 159, 181, 249, 306, 448, 472, 493, 502, 613, 646n
Neri, Marcelo, 309
Neruda, Pablo, 359, 654
Nestlé, 475-6
Netanyahu, Benjamin, 445, 452
Netto, José Paulo, 566
Netto, Marcelo, 349, 634
Neue Zürcher Zeitung, 476
Neuma, dona (da Mangueira), 351
Neves, Aécio, 57, 95, 107, 109, 112, 114-5, 127, 160, 163, 208, 211-3, 240, 251, 323, 346, 373, 401, 422, 504, 506, 521, 530, 557, 664, 714, 721, 798
Neves, Carlos Augusto Santos, 255
Neves, João, 404
Neves, Lucas Moreira, d., 147, 151, 203, 225, 267, 343, 523, 529, 552, 622-3, 796
Neves, Tancredo, 450-1, 586
New Britain: My Vision of a Young Country (Tony Blair), 393n, 419
Newsweek (revista), 439
Nextel, 494

Nicarágua, 382
Nichols, Richard, 416n
Nicolaides, Andros, 408n
Niemeyer, Oscar, 98, 345
Nilsson, Sven-Christer, 663
Nishiya, Edna, 177
Niterói, 315, 345, 668
Nóbrega, Maílson da, 246, 254, 433, 640
Noè, Virgilio, 94n
Nogueira, Maria Teresa, 279
Noruega, 238-9, 359, 584n, 621
Nouvel Observateur, Le (jornal), 127
Nova Iguaçu, 680
Nova York, 178-9, 235n, 356, 367n, 370, 374n, 376-7, 386-8, 415, 454, 463, 467, 484, 594, 606, 666, 678n, 683, 684n, 691, 692, 695n, 715, 730n, 823
Nussenzveig, Ruth, 544
Nussenzveig, Victor, 544

OAB (Ordem dos Advogados do Brasil), 481, 530, 657
Obuchi, Keizo, 619
Oceania, 118n, 314n, 421n
Odebrecht, Emílio, 134, 312, 338, 427, 455, 615, 735, 738, 818
Odebrecht, grupo, 56, 134, 299, 305, 319, 321, 325, 336-7, 341, 370n, 469n, 471, 571
OEA (Organização dos Estados Americanos), 144, 146, 186, 235, 242, 271, 334, 484, 500, 740
Offe, Claus, 525
Ogi, Adolf, 475n
Ogilvy, David, Sir, 414n
Ohga, Norio, 130
Oiapoque, 404-5
OIT (Organização Internacional do Trabalho), 115, 238, 242, 302
Okuda, Hiroshi, 348
Olimpíada Brasileira de Matemática, 669n
Olimpíadas, 116
Olinda restaurada: Guerra e açúcar no Nordeste 1630-1654 (Mello), 447n
Oliva, José Luiz Villaça, major, 555
Oliveira, Dalva de, 33, 35
Oliveira, Dante de, 158, 271, 289, 474n, 624, 663, 750
Oliveira, Eunício, 517n
Oliveira, Francisco de, 99, 450
Oliveira, Gesner, 776
Oliveira, Gilda Cardoso de (irmã de FHC), 70, 199, 211, 330, 466, 635, 643, 654
Oliveira, Inocêncio de, 55, 67, 87, 90, 101-2, 136, 160, 240, 250, 533, 536, 559-61, 564, 565, 600-1
Oliveira, José Aparecido de, 57, 146, 334-5, 480-1, 491, 506, 511, 526-8, 537, 543, 648
Oliveira, Luís Roberto Cardoso de (sobrinho de FHC), 330, 635
Oliveira, Luiz Antônio, 801
Oliveira, Marcos Antônio de, brigadeiro, 818, 822
Oliveira, Marta Kohl de, 348n
Oliveira, Octavio Frias de, 192n, 598, 760
Oliveira, Ricardo Sérgio de, 139, 667, 673, 683, 772, 785
Oliveira, Roberto Cardoso de (cunhado de FHC), 70, 97, 211, 643, 654
Oliveira, Roque, 274
Oliveira, Rosiska Darcy de, 116
Oliveira, William, brigadeiro, 818
OMC (Organização Mundial do Comércio), 356, 417, 466, 506, 512, 583-4, 651
OMS (Organização Mundial da Saúde), 239
ONGs (Organizações Não Governamentais), 125, 295, 415, 523, 770
ONU (Organização das Nações Unidas), 16, 106, 127, 230, 234, 237, 239, 268, 298, 314, 379, 421, 433, 485-6, 497-8, 514, 518, 549, 584, 603, 606, 626, 644-5, 650, 665, 694, 701, 724, 755, 760, 787, 805-6
Opas (Organização Pan-Americana de Saúde), 518
Opertti, Didier, 520
opinião pública, 13, 15, 42, 46, 112, 146, 158, 179, 186, 215, 296, 316, 356, 385, 503, 541-2, 618, 634, 800, 804, 820
Ópio, Guerra do (China), 603
Opportunity, 213, 220, 377, 656, 660, 667, 751-2, 758, 776
Orange, príncipe de, 507
Orçamento da União, 79, 532, 578, 691
Ordem da Associação dos Magistrados, 289
Ordem de Malta, 47
Ordem do Cruzeiro do Sul, 75, 281
Ordem do Império Britânico, 416
Ordem do Mérito Cultural, 376
Ordem do Mérito das Forças Armadas, 663
Ordem do Mérito Militar, 164
Ordem do Mérito Naval, 224
Ordem Piana, 92
Order of the Bath, 416
Orenstein, Luiz, 776, 791, 813, 815
Organização Jaime Câmara, 69
Organização Pan-Americana de Saúde, 376
Oriente Médio, 494

ÍNDICE REMISSIVO 855

Orit (Organização Regional Interamericana de Trabalhadores), 192
Oriximiná, quilombo de (Pará), 399n
Ornelas, Waldeck, 403, 532-3, 668, 716, 737, 777, 791, 796
Orós, açude (CE), 659
Ortega, Edson, 609
Ortiz, Guillermo, 753n
Osasco, 512, 622
Oslo, 359
Osório Adriano, 321, 323
Otan (Organização do Tratado do Atlântico Norte), 281
Otavinho ver Frias Filho, Otávio
Ouricuri, 658
Overbeek, Winfridus, padre, 523n
Oviedo, Lino, general, 236n, 341, 354, 429, 461, 462, 480, 494-5, 546, 593n
Oxford, Universidade de, 415
Oxiteno, 285

Paciente inglês, O (filme), 250
Pacino, Al, 327, 507
Pacotaço da Paz, 151
Pacto Andino, 430, 548
PADCT (Programa de Apoio ao Desenvolvimento Científico e Tecnológico), 511n
Padilha, Eliseu, 105, 150, 167, 170, 178, 182-4, 187, 190, 192, 195-6, 198, 207, 213, 240, 259, 282, 292, 348-9, 361, 407, 490, 495, 522-7, 531, 544, 557, 560-1, 593, 597-8, 609, 614, 616, 618-20, 622, 626, 631, 714, 746, 763, 766, 768, 793
Padrão, Ana Paula, 349
Paes, Alfredo, 736n
Paes, José Paulo, 634
País, El (jornal espanhol), 554
Países Baixos ver Holanda
Paism (Programa de Assistência Integral à Saúde da Mulher), 187
Paiva, Paulo, 43, 96, 105, 115, 124, 149, 242-3, 289, 309, 325, 334, 359, 422, 425-6, 432, 482, 484, 500, 508, 509, 517, 519, 524, 528, 535, 564, 592, 598, 609, 611, 619-21, 631, 639, 681, 690, 702, 709, 727, 729, 737, 742, 750-1, 762-3, 780, 797, 804, 810
Paixão, Eustáquio, 78
Palace II, edifício (Rio de Janeiro), 499n, 506
Palácio de Cristal (Petrópolis), 510
Palácio de El Pardo (Espanha), 555, 581
Palácio de la Moncloa (Espanha), 555
Palácio de la Moneda (Chile), 549
Palácio de la Zarzuela (Espanha), 555

Palácio do Trabalhador (Sede da Força Sindical de São Paulo), 336
Palácio Errázuriz (Chile), 544n
Palazzo Pamphili (Roma), 90-1, 97
Palma, Eduardo Rodrigues, 649
Palma, Manoel Rodrigues, 90
Palmeira, Guilherme, 208n, 211, 216, 221, 268, 492, 532, 544, 566, 652, 698
Palmeiras, Estádio do, 91n
Palop (Países Africanos de Língua Oficial Portuguesa), 481
Panamá, 89, 90
Pan-American Dream, The (Harrison), 277
Pantanal, 271
Pão de Açúcar, grupo, 225n, 801
Paquistão, 210, 604, 606
Pará, 46, 50, 61, 78, 83n, 226, 265, 350, 352, 399, 420, 427, 449, 522, 527, 531, 561, 612-3, 738-9
Para ler Fernando Henrique Cardoso (Goto), 714
Paraguai, 16, 178, 231-3, 236, 255, 291, 297, 336, 341, 354, 357, 423, 429, 433, 444, 461, 462, 463, 477, 480, 493, 495, 546, 593, 662, 670, 728, 759
Paraguai, rio, 178
Paraíba, 55, 75, 130, 261, 285, 300, 308, 330, 395, 431, 495, 499, 507, 541, 627, 648, 655, 721, 728
Paramaribo, 405
Paraná, 54, 104, 168, 172, 178, 233, 292, 336, 359, 435, 453, 480n, 488-9, 494, 507, 516, 519, 521, 602, 608, 609, 619, 627, 636, 638, 675, 679, 699, 782, 800
Paraná, rio, 453n, 610n, 728n
Parente, Pedro, 125, 136, 211, 261, 289, 296, 368, 370, 373, 388-90, 395, 403, 408-9, 457, 518, 630, 639, 667, 673, 690, 696, 712, 718, 722, 737, 740, 742, 763, 791, 803
Paris, 90, 118, 217-8, 237, 271, 334, 343, 359, 380, 516, 573, 606, 644, 667, 725, 767, 792
Paris 8 Vincennes, Universidade, 667
Paris X, Universidade, 443n
Paris-Sorbonne, Universidade de, 573n
Park, B. J., 260
Parmalat, 91
Partenopea (restaurante de Brasília), 82
Partido Colorado (Paraguai), 429
Partido Democrata (Estados Unidos), 292, 550, 754
Partido Liberal (Paraguai), 429
Partido Popular de Portugal ver CDS-PP (Centro Democrático Social — Partido Popular)
Partido Socialista francês, 503
Pascale, Ernesto, 91
Pascowitch, Joyce, 756

Paso de Los Libres, 423
Passarinho, Aldir, 645
Passarinho, Jarbas, 350, 613-4
Passarinho, Ronaldo, 350n
Passoni, Irma, 662
Pastoral da Criança, 669
Pastoral da Terra ver CPT (Comissão Pastoral da Terra)
Pastoral Social, 143
Pastore, José, 614
Pastrana, Andrés, 547, 683-4, 689, 746
pataxó, índio, 165, 166, 295
Patos (PB), 648
Patriota, Gonzaga, 66
Patrus, Agostinho, 32, 625
Paubrasil (empresa), 131
Paulinho da Força ver Silva, Paulo Pereira da
Paulínia, 305, 319n, 336n, 337
Paulo Henrique (filho de FHC) ver Cardoso, Paulo Henrique
Paulo, d. ver Arns, Paulo Evaristo, d.
Pavan, Crodowaldo, 401
Pavarotti, Luciano, 816
Paz e Terra, Editora, 103n
Pazzianoto, Almir, 331, 512, 520
PCDOB (Partido Comunista do Brasil), 86, 117, 170, 181, 231, 255, 275, 553, 652
PDS (Partito Democratico della Sinistra), 91
PDT (Partido Democrático Trabalhista), 98, 143
PDVSA (Petróleos de Venezuela S.A.), 794
PEC (Proposta de Emenda Constitucional), 52, 73, 103, 119, 143, 167, 192, 197, 221, 304, 317, 362, 397, 403, 455, 474, 486, 491, 569-70, 576, 599, 743
Pecly, Valter, 139, 227, 308, 312, 352, 359, 499, 505, 555
Pedrassani, Ermes, 296
Pedregal, Carlos, 251, 324, 425
Pedreira, Fernando, 262, 776
Pedro (neto de FHC) ver Zylbersztajn, Pedro Cardoso
Pedro II, d., 222, 277
Pedrosa, Vera, 259, 535
Pedrossian, Pedro, 434, 641
Pegado, Canindé, 43
Peixoto, Celina do Amaral, 324-5, 433, 535, 536, 621
Peixoto, Ernâni do Amaral, 450
Pelé, 282, 348, 414, 416, 520, 650
Pelotas, 343, 622, 710-1
Pepetela (Artur Carlos Maurício Pestana dos Santos), 311

Pereira, Antonio Celso, 681n
Pereira, Arnaldo Leite, 145, 325
Pereira, Eduardo Jorge Caldas, 35, 49, 63, 65, 73, 75, 78, 96, 101, 115, 124, 137-8, 167-8, 182-3, 185, 198, 203, 212, 227, 233, 243, 245, 252, 263, 276, 282, 289-91, 301, 304, 308, 316, 324-6, 347, 365-6, 370, 377, 388, 397, 408-9, 411, 420, 462, 468, 489, 493, 498, 510, 513-4, 517-8, 521-2, 531, 532, 538, 540, 542, 559, 566, 572, 578, 588, 590-1, 595, 600, 607-9, 614, 619-20, 626, 628, 630, 641, 649, 666, 671, 684, 716, 719, 729, 733, 737, 745, 747, 752, 758, 760, 766, 768, 771, 775, 778-80, 784, 793, 800-1, 803, 807, 809, 814, 820
Pereira, Francelino, 192, 464, 533, 621
Pereira, Heraldo, 105
Pereira, José Luiz Portella, 59, 141, 154, 196, 213, 240, 292, 370, 530, 534, 544, 565, 571
Pereira, Lídice Caldas, 365, 366
Pereira, Maria Adelaide Albergaria, 791
Pereira, Mário, 494, 507, 519
Pereira, Mauro César, almirante, 103n, 132n, 230, 231, 277, 282, 297, 428, 432-3, 445, 654, 665, 707, 796, 817, 821, 822
Pereira, Merval, 318
Peres, Hugo, 662
Peres, Jefferson, 155, 432, 474, 481
Peres, Shimon, 157
Perez, José Fernando, 803
Perfeito cozinheiro das almas deste mundo, O (Oswald de Andrade), 106
Perfume de mulher (filme), 327
Pericás, Bernardo, 480
Perillo, Marconi, 209, 646, 648, 720
Perim, Ronaldo, 74, 84
Pernambuco, 54, 63, 66, 67, 124, 246, 268, 274, 289, 300, 302, 314, 328, 333, 434, 469, 490-1, 493, 521, 529, 566, 577, 588, 647, 656, 658, 666, 721, 750, 770, 803, 816
Perri, Flávio, 666
Pertence, Sepúlveda, 34, 108, 168, 225
Pertence, Suely, 108
Peru, 16, 89, 144, 158, 168, 201, 215, 236, 265, 341-2, 355, 430, 463, 469, 471, 477, 546, 547-8, 551, 568, 579, 587, 595-6, 599, 606, 644, 665, 669-71, 673, 712, 715, 721, 723, 731-2, 736, 738-40, 742
Pessoa, Sílvio, 491
PET (Programa Especial de Treinamento), 493
Petersen, Niels Helveg, 43n
Petrobras (Petróleo Brasileiro S.A.), 64, 127, 134-5, 164, 273, 283, 294, 305, 319, 321, 325-6, 336, 341, 344, 365-6, 371-2, 411-2, 468, 578, 613, 664,

669, 749-51, 767, 772-3, 787, 789, 793-4, 802, 811, 818
petróleo, 91, 119, 129-30, 135, 153, 164, 215, 221, 271, 283, 294, 345, 366, 412, 433, 468, 494, 498, 578, 659, 664, 669, 777, 794
Petrolina, 67, 335-6
Petrópolis, 78, 80-1, 510, 512n
Petrusewicz, Marta, 443n
Peugeot-Citroën, 469
Pfeiffer, Eckhard, 256n
Pfizer, 522
PFL (Partido da Frente Liberal), 36-8, 40, 42-4, 48-9, 51-2, 54-6, 60-1, 63, 65-6, 72, 74, 76, 80, 84, 86, 90, 96, 98, 101, 103-4, 106-7, 115, 127, 131, 135, 160, 168, 186n, 192, 195, 197-9, 204, 208, 211, 214, 216, 221-2, 231, 234, 240, 247-8, 257, 263, 273, 287-8, 292, 302, 308, 310, 314, 321, 324-8, 335-6, 357-8, 373, 375, 395, 398, 401, 403, 407-8, 410, 425, 431-2, 456, 464, 466, 472-4, 483, 490-2, 504, 508-9, 511-3, 521, 526, 530, 532-3, 535-6, 559-60, 565, 572, 592-3, 597, 599, 601, 607, 613, 619-21, 623, 625, 627-8, 649, 651, 663, 668-70, 675, 680, 721, 725, 728, 734, 742, 744, 755, 757, 762-3, 769, 777, 782, 796, 799-800, 803, 807-8, 811-2, 818, 820
Philip, príncipe (duque de Edimburgo), 413, 416, 419
Piauhylino, Luiz, 529
Piauí, 300, 301, 358, 498, 533, 536, 564, 658, 669, 721
Piazza Navona (Roma), 90
Piazzolla, Astor, 272
PIB (Produto Interno Bruto), 286, 385, 482, 543, 554, 573, 576, 685, 691-3, 723, 747
Picinguaba, praia de, 449
Pierer, Heinrich von, 520n
Pierre-Charles, Gérard, 248
Pierucci, Flávio, 221
Pinheiro, Paulo Sérgio, 225, 640, 761
Pinho Neto, Demósthenes, 690
Pinho, Demóstenes Madureira de, 424
Pinochet, Augusto, general, 544n, 688n, 759, 784, 786
Piñon, Nélida, 263, 732
Pinotti, José Aristodemo, 133, 187, 244
Pintassilgo, Maria de Lourdes, 394
Pinto, Ana Lúcia Magalhães, 33, 174, 218, 262, 327, 394n, 427, 611
Pinto, Aníbal, 552
Pinto, Celso, 280, 683
Pinto, Francisco, 370
Pinto, Paulo Ferreira, 667

Pio IX, papa, 92
Pirapora, 434
Pirassununga, 373
Pirenópolis, 366, 760
Pires, Emerson, 357n
Pires, Olavo, 357
Pirret, David, 333n
Pitta, Celso, 84, 121, 127, 234, 313, 399, 402, 435, 439, 447, 453, 650, 672, 774
Piva, Pedro, 61, 75, 562, 780
Pizzatto, Luciano, 90
Planalto, Palácio do, 30, 37, 40, 49-50, 54, 59, 72-4, 82-3, 86-7, 99-102, 107, 109, 133, 136, 152, 158-9, 162, 188, 190, 205, 213, 217-9, 224, 230, 243, 245-6, 248, 253, 260, 268, 270, 281, 289, 292-5, 302, 306, 313, 319, 323, 325, 328-9, 333, 341, 346-7, 349, 362, 365, 370, 376, 385, 391, 394, 398-9, 408, 427, 438, 484, 498, 504, 519, 522, 527, 531-2, 569, 573, 591, 596, 601, 607, 622, 638, 642, 644-6, 648-9, 651, 664, 666, 669, 684, 695, 715, 729, 733, 736, 740, 746, 748, 755, 762, 779, 790, 796-7, 807, 818
Plano Brady, 386n, 479n
Plano Collor II, 378n
Plano Cruzado, 307, 478, 618, 628
Plano Cruzado II, 478
Plano de Recuperação com Modernização e Diversificação do Polo Sisaleiro, 255
Plano de Safra 1998-99, 615n
Plano Real, 11, 13, 87, 100, 102, 107-8, 125-6, 171, 217, 232, 284, 307, 315, 370, 381, 526, 561, 618, 630-1, 633, 643, 678, 698, 798
PM ver Polícia Militar
PMDB (Partido do Movimento Democrático Brasileiro), 29, 35-8, 40-66, 68-70, 72, 74, 76-8, 84-7, 90, 95, 99-101, 103, 105, 107, 111, 113, 116, 121, 133, 142-3, 147, 154, 157, 165, 167-8, 170-4, 178, 182, 185-7, 192-3, 195, 196, 198, 208-9, 211, 217, 223, 226-7, 232, 244, 246-7, 250-2, 257, 259, 263, 270, 285-6, 288-9, 295, 299, 301-3, 306, 308, 310, 324-6, 328, 330, 333-4, 349, 357-8, 360-3, 373, 376, 387, 397-8, 403, 407, 425, 436, 447, 449-51, 453, 455, 462, 466-7, 470-2, 474, 482, 484, 487, 489-91, 494-5, 498-502, 504-7, 511-3, 517, 519, 522-3, 527-8, 530-4, 543-5, 554, 560-1, 578, 592-3, 597, 599-600, 609, 616-20, 622, 623, 625-8, 631, 637, 638, 641, 646, 649, 658, 662-3, 670, 672, 679, 686, 702, 721, 729, 735, 740, 744, 757-8, 763-4, 766, 769-70, 772, 778, 786, 790, 793, 799, 807-8, 811, 815-6
PNBE (Pensamento Nacional das Bases Empresariais), 433n

PNUD (Programa das Nações Unidas para o Desenvolvimento), 514
Poder Executivo, 13, 44, 103, 105, 108-9, 119, 143, 183, 194, 203-4, 242, 278, 433, 468, 493n, 616, 694
Poder Judiciário, 108, 143, 176, 183, 261-2, 303, 529, 657, 761, 773-4
Poder Legislativo, 119, 143, 171, 183, 194, 315, 529
Polícia Civil, 239, 251, 275
Polícia Federal, 34, 157, 328, 351, 353, 379, 523, 699, 755, 756, 789, 811
Polícia Militar, 149n, 191, 239, 240, 243, 275, 310, 486, 680
política cambial, 16, 294, 389, 715, 767, 816, 819
política econômica, 11-2, 413, 476, 677, 693, 697, 736, 798, 820
política monetária, 14, 294, 398, 727
Política Nacional Antidrogas, 547n, 619n
Polo Gás-Químico (Duque de Caxias), 262, 319n, 337
Polônia, 72, 477, 579
Pompeu, Roberto *ver* Toledo, Roberto Pompeu de
Pont, Raul, 86n
Pontal do Paranapanema, 61
Ponte, Luiz Roberto, 295
Pontes, Marcelo, 200, 225, 461
Pontes, Ulisses, 498n
Poppovic, Malak, 177, 535
Poppovic, Pedro Paulo, 48, 106, 177, 497, 614
populismo, 16, 145
Portella, José Luiz *ver* Pereira, José Luiz Portella
Porto Alegre, 31, 86, 145, 357, 423, 444, 447, 624, 649
Porto Real (RJ), 469n
Porto Velho, 155
Porto, Arlindo, 78, 105, 115, 132, 138, 248, 334, 357, 365, 508, 520, 524, 528, 533-6
Portugal, 47, 91, 197, 201, 216, 220, 236, 262-3, 268-9, 293, 302, 307, 310-1, 313-4, 347, 394, 408, 491, 500, 525, 549, 581, 585-8, 642, 656, 662, 665, 712, 724, 725, 729-30, 732, 733, 809
Portugal, Murilo, 125
"Possessão e a construção ritual da pessoa no candomblé, A" (Goldman), 139n
PPB (Partido Progressista Brasileiro), 37, 43, 54, 60, 63, 73, 76, 78, 84, 90, 104, 107, 175, 182, 189, 193, 206, 224-5, 230, 263, 293-5, 302, 324, 326-7, 357, 363, 373, 490-1, 520-1, 533, 601, 614, 619-20, 625, 627-8, 637, 648, 663, 672, 680, 744, 749, 770, 772, 805
PPS (Partido Popular Socialista), 42, 120, 257, 304-5,
315, 329, 335, 360, 466, 469, 483, 493, 576, 582, 589, 614, 616, 627, 629, 652, 663, 744
praça de São Pedro (Vaticano), 94
Praça dos Três Poderes (Brasília), 306, 762
Prado, Lúcia, 614
Prado, Sérgio, 614
Prata, José, 538, 543, 679
precatórios, 76, 84, 86, 104, 108, 121, 131, 138, 209, 234, 247, 313, 499
Prêmio Camões, 311
Prêmio de Qualidade do Governo Federal, 708, 771
Prêmio Jovem Cientista, 270n
Prêmio Nacional de Direitos Humanos, 424
Prêmio Nacional de Qualidade, 397n, 771n
Prêmio Rainha Fabiola (Bélgica), 30
Presidents as Candidates: Inside the White House for the Presidential Campaign (Tenpas), 633
Prestes Filho, Luiz Carlos, 164
Prestes, Luiz Carlos, 164-5
Prestes, Maria, 164
Prestes, Mariana, 164
Previ (Caixa de Previdência dos Funcionários do Banco do Brasil), 285, 656, 661, 683, 743, 751, 779-80
Previdência Social, 92, 108, 241, 252, 359, 406, 438, 457, 513, 533, 570, 576, 592, 606, 616, 685, 777
Priante, José, 61
Primakov, Ievguêni, 694-5
Príncipe, O (Maquiavel), 574n
privatizações, 14-5, 83, 85, 96, 105, 112, 121, 157, 159, 169-70, 177, 183-4, 194, 213, 246n, 259, 262, 276, 279, 289, 303, 349, 358-9, 364, 370, 374-5, 378-9, 397, 420, 428, 437, 465, 472, 478, 480-1, 482n, 487, 490-1, 538, 539, 541-3, 564, 578, 593, 632, 646n, 656, 657, 660, 662, 683, 695, 717, 734, 749, 752, 755, 772, 780, 823
Proálcool (Programa Nacional do Álcool), 235n
Proarco (Programa de Prevenção e Controle das Queimadas e Incêndios Florestais no Arco do Desflorestamento), 637n
Procera (Programa de Crédito Especial para a Reforma Agrária), 142
Procuradoria-Geral da Fazenda, 656
Prodi, Romano, 60, 92, 239, 347, 503, 549, 551, 585-6, 650
Proença, Maitê, 80
Proer (Programa de Estímulo à Reestruturação e ao Fortalecimento do Sistema Financeiro Nacional), 12, 103n, 162, 228, 396, 582, 618

ÍNDICE REMISSIVO **859**

Proger (Programa de Geração de Emprego e Renda), 142, 611
Programa de Apoio e Desenvolvimento da Fruticultura Irrigada do Nordeste, 335n
Programa de Assistência Integral à Saúde da Mulher ver Paism
Programa de Complementação de Renda Familiar, 600n
Programa de Desenvolvimento da Ovinocaprinocultura no Estado da Bahia, 255
Programa de Erradicação do Trabalho Infantil na Zona da Mata, 491
Programa de Estabilização Fiscal, 738, 740, 763, 823n
Programa Livre (programa de TV), 515n
Programa Mão Amiga, 492
Programa Nacional de Direitos Humanos, 187
Projeto Nordeste de Educação Básica, 130n
Prona (Partido de Reedificação da Ordem Nacional), 656n
Pronaf (Programa Nacional de Agricultura Familiar), 142, 233, 248, 284, 472
propaganda política, 331
protecionismo, 121, 450
Protocolo de Quioto (1997), 379, 413, 421, 423
Protocolo de Ushuaia, 653n
provincianismo, 269
Próximo passo: Uma alternativa prática ao neoliberalismo, O (Gomes & Unger), 306n
PSB (Partido Socialista Brasileiro), 37, 66, 145, 261, 276, 300, 305, 315, 404-5, 492, 529, 566, 652, 666, 669-70, 739, 744
PSC (Partido Social Cristão), 225n
PSD (Partido Social Democrático), 274n, 292, 620, 628, 726, 744
PSDB (Partido da Social Democracia Brasileira), 13, 15, 33, 36, 38, 41, 43-4, 46, 48-52, 56-7, 61-3, 65, 69-70, 72-3, 77-8, 80-2, 95, 101-2, 104-7, 109, 111-6, 120, 133, 135, 144, 148, 153-5, 158, 160, 168, 172, 174, 178, 184, 191, 199, 203, 209, 211-4, 223-4, 226, 230, 232, 234, 242, 244-5, 250, 256-8, 263, 265-6, 269, 271, 273, 287-8, 290, 295, 299-300, 302, 305, 308, 315-6, 318, 321, 323-7, 329, 331, 333, 335, 340, 346, 357, 362, 373, 397-9, 401-4, 407-8, 410, 420, 422-3, 425, 427, 431, 435-6, 447, 451, 453, 455, 462, 464-6, 472, 474, 487, 490, 509, 517, 525, 529, 531, 539-40, 550, 558-9, 561, 564, 566, 569, 572, 588-90, 592, 599, 607, 614, 619-21, 623, 627-8, 636, 641, 646, 647-8, 651, 663, 675, 680, 686, 720-1, 729, 734, 738, 744, 747, 763, 765-6, 769, 775, 777, 782, 785-6, 790-1, 793, 807, 811-4, 821

PSOE (Partido Socialista Obrero Español), 445n
PSTU (Partido Socialista dos Trabalhadores Unificado), 86, 170, 177, 275, 405, 423, 777
PT (Partido dos Trabalhadores), 32, 57, 63, 66, 74, 80, 83, 86, 101, 105, 109-12, 116-7, 120, 133, 143, 145, 148, 150, 165, 170, 177, 181, 184, 194, 214, 226, 242, 255, 261, 264, 267, 269, 276, 295, 300, 305, 310, 323, 328, 335, 347, 350, 395, 400, 447, 451, 466, 492, 504, 519, 535, 539, 553, 560, 566-7, 571, 605, 624, 626, 637, 643, 650, 652, 656, 662, 665-6, 672, 677, 680-1, 716, 726, 728, 739, 741, 744, 746-8, 752-4, 762, 765, 788-9, 806
PTB (Partido Trabalhista Brasileiro), 72n, 76, 78, 90, 102, 104-5, 154, 193, 243, 326, 333, 357, 362, 365, 368, 433, 434, 444, 466, 520, 524, 534, 536, 578, 597, 620, 622, 624, 627-9, 636, 641, 649, 663, 680, 744, 797, 804
PUC (Pontifícia Universidade Católica), 129n, 134, 310, 393, 561
Puerto Suárez (Bolívia), 270, 546
Puerto Williams (Chile), 653
Pujol, Jordi, 518
Purves, William, 288n

Quadros, Ciro de, 376n
Quadros, Jânio, 194, 444, 481
Quadros, Juarez, 538n
Québec, 166, 167, 551
Queiroz, Maria Isaura Pereira de, 31, 140, 777n
Quércia, Orestes, 63, 81, 85, 133, 244, 397, 401, 451, 501, 505, 560, 582, 600, 633, 638, 672, 741
quilombos, remanescentes de, 399
Quinan, Onofre, 325
Quintanilha, Leomar, 772
Quintão, Geraldo, 173, 281, 303, 434, 646, 716
Quintella, Wilson, 602
Quioto, 379, 421-2; ver também Protocolo de Quioto
Quirinale, Palazzo del (Roma), 91, 97
Quirino, Célia Galvão, 124

Rabin, Yitzhak, 157n
Racy, Sônia, 683
Raet (Regime de Administração Especial Temporária), 131
Rainha, José, 162, 295, 296, 577
Rainhas da Uva (Festa Nacional da Uva), 433
Ramos, Arthur, 140
Ramqvist, Lars, 205
Rao, Vicente, 106
Rapisarda, Alfio, 552n
Ratinho ver Massa, Carlos

Raupp, Valdir, 174n, 197, 357-8, 599
Raytheon, 374
reacionarismo, 32
Receita Federal, 201-2, 231, 331, 607, 656, 673, 728
Recife, 66-7, 115, 246n, 300, 492, 508, 657-9
recursos hídricos, questão dos, 40
Rede Bandeirantes, 95, 138, 332, 495n, 677, 804
Rede Globo, 133, 149, 199, 230-1, 245, 252, 264, 276, 299, 307n, 318, 349, 364, 562, 577, 596, 602, 607-8, 629, 721, 723, 758-9, 805
Rede Manchete, 519, 626, 657
Rede Vida, 662
Reed, John, 729n
reeleição, 12, 14-5, 29, 31, 34-8, 40-52, 54, 57-8, 60-2, 64, 66, 69-82, 85-7, 95, 99-100, 102, 105-7, 109, 113, 156, 168, 180, 183, 185-9, 191-2, 196-7, 200, 202, 205-6, 208, 216-21, 227, 234, 242, 244, 246, 266, 286, 297, 302, 303, 324, 330, 338, 339, 347, 349, 362, 406, 411, 423, 432, 446, 465, 470, 473-4, 483, 486, 496, 505, 521, 525, 558, 561, 573, 584, 593, 595, 602, 605, 614, 619, 624, 627-8, 634, 636, 649, 651, 653, 666, 672, 678, 686, 688, 708, 715, 720, 722, 733, 747, 766, 799
referendum, 30, 38, 42, 57, 60, 63-5, 69-70, 72, 167
reforma administrativa, 82, 127-8, 132, 142-3, 146, 148, 150, 152, 158, 160, 174, 180, 183, 189, 194, 219, 224-5, 251-2, 330, 362, 363, 388, 391, 395-8, 406, 431, 455, 463, 467, 474, 490, 541, 576, 743
reforma agrária, 29, 78, 96, 97, 105, 123, 141-2, 152, 154, 161-3, 169, 178, 284, 303, 472-3, 498, 547, 552, 613, 804
reforma constitucional, 362, 493
reforma da Previdência, 107, 122, 215, 227, 232, 256, 258-9, 269, 292, 296, 301, 316, 332, 359, 394, 406, 413, 425, 455, 463, 467, 484, 486, 490-1, 507, 516, 534, 569, 570, 576-7, 579, 746, 747, 778
reforma do Estado, 433, 497, 525
reforma fiscal, 747
reforma tributária, 286, 632, 716, 728
Reforsus (Projeto Reforço à Reorganização do Sistema Único de Saúde), 78, 301
regime militar ver ditadura militar (1964-85)
Régis Bittencourt (rodovia), 123n
Reino Unido, 210, 236n, 238, 359, 584, 603
Renault, 782
renda mínima, programa de, 348-9, 365, 597, 600
Rennó, Joel, 344, 460
Renor (Refinaria do Nordeste), 659n, 666

Republic New York (banco), 690
República Dominicana, 72, 456, 584n
República Eslovaca, 529
República Tcheca, 147n
República Tcheca, 570
Requião, Maurício, 455
Requião, Roberto, 104, 133, 138-9, 293, 397, 455, 456, 484, 501, 505, 507, 521, 619, 638, 765
Resende, André Lara, 108, 145, 179, 274, 280, 359-60, 367, 370, 376, 393-5, 438, 457-8, 496, 521, 561, 564-5, 570, 576, 592, 593, 660, 667-8, 678, 683, 693, 695, 705, 712-3, 717-8, 722-3, 733, 742, 749-50, 753, 755, 761, 769, 810, 813, 815
Resende, Eliseu, 119n, 132, 138, 219, 765
Reunião da Conferência Internacional do Trabalho, 242n
Reunião das Américas, 190
Reyna, José Luis, 377
Rezende, Iris, 35, 36, 49, 51, 61, 63, 68-70, 77, 81, 84, 105, 187-8, 190, 192, 195, 203, 205, 220, 243, 259-60, 263, 277, 287, 294, 324, 349, 397, 498, 522, 529, 646, 694n, 720, 738, 740, 764
Rezende, Marisa, 323n
Rezende, Sérgio, 323
Rezende, Zaire, 637
RFFSA (Rede Ferroviária Federal), 73n, 175n
Rhodes, Bill, 434, 686, 730
Rhodes, William, 729
Ribas, Luciano, 694
Ribeirão Preto, 177, 613-4
Ribeiro, Antônio de Pádua, 523
Ribeiro, Arthur, 659
Ribeiro, Berta Gleizer, 97, 98
Ribeiro, Darcy, 97-8, 101
Ribeiro, Euler, 483
Ribeiro, Jabes, 651
Ribeiro, Pádua, 530
Ribeiro, René, 140
Ribeiro, Zulaiê Cobra, 109, 113, 325, 397
Ricardo III — Um ensaio (filme), 507
Richa, José, 168, 172, 223, 273, 305, 459, 516-7, 590
Richard, príncipe (duque de Gloucester), 416n
Richardson, Bill, 485-6, 494, 518
Ricupero, Rubens, 264, 315, 321n, 526, 631, 765
Ridder, Andrée de, 495
Rifkind, Malcolm, 89
Rigotto, Germano, 40, 303, 433, 569
Rio de Janeiro, 33, 50, 78, 80, 97-8, 121, 124, 127, 129, 131, 135, 139, 169, 177, 184n, 186, 224, 232, 252, 260-2, 267, 277, 281n, 284, 299n, 309, 311, 337, 340, 341n, 343, 348-9, 362, 364, 370, 372-3, 393, 400, 402, 411, 426-7, 438, 443-5, 454,

469, 480, 483, 487, 490, 499, 505, 508, 510, 521, 560, 564, 566, 572, 575, 579, 583, 588, 606, 613, 626, 638, 641, 644, 650, 656, 657, 659-60, 667, 669, 675, 679-82, 684, 703-4, 716, 731, 734, 746, 757-8, 784, 786, 812
Rio Grande do Norte, 128, 130-1, 300, 318, 328-9, 377, 431, 489, 541, 721, 741, 772
Rio Grande do Sul, 31, 40, 47, 73, 78, 84, 86, 180n, 187, 256, 284, 303, 337, 349, 356, 357, 423-4, 433, 444, 509, 519-20, 525, 570, 609, 611, 622, 624, 655, 658, 710-1, 716, 720, 734, 789
Rio, Paulo Pires do, 90
Rio+5 (conferência), 127
Riskallah, Alfredo, 371n
Rivaldo (jogador), 614n, 633n
Robaina, Roberto, 118, 382, 563
Roca, Julio, 788
Rocard, Michel, 411
Rocha, Justiniano José da, 814
Rocha, Luiz Paulo Corrêa da, 572n
Roche, 370
Rockefeller, David, 606
Rodrigues, Carlos, 607
Rodrigues, Fernando, 186, 191
Rodrigues, Leôncio Martins, 273
Rodrigues, Newton, general, 217, 559
Rodrigues, Nina, 140
Rodrigues, Ricardo, 401
Rodrigues, Rui, 666
Rodrigues, Virgínia, 353n
Rodríguez, Alí, 794n
Rohee, Clement, 300n
Roma, 90, 92, 96-7, 116n, 165, 235, 622, 623, 725, 787, 792, 805
Romero, Sergio, 340n
Romeu e Julieta (Shakespeare), 535
Ronaldo (jogador), 614n, 645, 697
Rondônia, 78, 148, 155, 197, 220, 357-9, 364, 599, 646, 656
Rondonópolis, 78
Roosevelt, Franklin Delano, 587, 798-9
Roraima, 60, 62, 74-5, 94, 148, 152, 155, 206, 308, 328, 523, 549, 564, 589, 596
Roriz, Joaquim, 182, 192, 196, 204, 291, 397, 453, 663, 721, 729, 738, 814
Rosa, Feu, 120, 268
Rosa, Hélio, 113
Rosário do Sul, 356
Rosenberg, Luis Paulo, 369
Rossi, Clóvis, 277
Rossi, Francisco, 672, 701, 711
Rostov, Ivan, 584n

Rotary International, 687
Rubin, Robert, 696-8, 702, 709, 718, 724, 731, 741, 773, 823
Ruiz-Gallardón, Alberto, 518
Rusconi, Claudia, 443n
Russas (CE), 659
Rússia, 136, 147n, 210, 236n, 237, 380, 405, 476-8, 497, 586, 592, 604, 617, 662, 674, 677, 684, 687-8, 694-5, 717, 718, 759-60
Rutelli, Francesco, 96n
Ruth (primeira-dama) *ver* Cardoso, Ruth

Sá, Ângelo Calmon de, 228, 468, 571, 639
Saad, João, 495
Saad, José, 764
Sachs, Ignacy, 287
Sachs, Jeffrey, 718
SAE (Secretaria de Assuntos Estratégicos), 135, 209, 729, 769, 809-10
Safatle, Claudia, 200, 212, 461
Safra, Joseph, 376n, 452, 690
safras agrícolas, 615, 771
Saint-Georges-de-l'Oyapock (Guiana Francesa), 404
Saito, Eishiro, 130
Sala, Oscar, 401
Salamanca, Universidade de, 519n, 555
salário mínimo, 158, 170, 175, 310, 366, 600n, 643
Saldanha, Alcides, 40n
Salej, Stefan, 767
Sales, Campos, 788
Sales, Eugênio, d., 343, 345, 681, 689
Salgado, Ricardo do Espírito Santo, 347
Salgueiro (Pernambuco), 67
Salles, Antônio Moreira, 81
Salles, Pedro Moreira, 81, 302, 631, 633
Salles, Walter Moreira, 119
Salobo Metais, 434
Salomão, Margarida, 667n
Salvador (BA), 147n, 222n, 255, 285, 336, 555, 571-2, 622n, 650n, 675, 683, 725, 798
Sampaio, César, 607, 626
Sampaio, Jorge, 91, 307, 310-1, 313-4, 381-2, 588-9, 732
Sampaio, Leandro, 80, 510
Sampaio, Plínio de Arruda, 328
Samper, Ernesto, 319, 341, 378-80, 547
Sánchez de Lozada, Gonzalo, 271, 429n
Sanchez, Federico, 445
Sancho, José Afonso, 114
Sandoval, Luiz, 636
saneamento, 271, 375, 446, 518, 602, 658, 668

Sanguinetti, Julio, 75, 180-1, 356-7, 429, 480, 493, 518-9, 550-1, 653
Santa Catarina, 31, 47, 60, 73, 86, 108, 114, 118, 127, 234, 247, 308, 395, 490, 499, 501, 507, 530, 600, 610, 616, 624, 728, 820
Santa Cruz de la Sierra (Bolívia), 546n
Santa Fé do Sul, 286
Santa Maria (RS), 356
Santana, Carlos, 80, 400
Santana, Jayme, 107, 109, 113-5, 614
Santarém, 589
Santayana, Mauro, 527
Santer, Jacques, 584n
Santiago do Chile, 338n, 456, 477, 541, 544, 548, 551-2, 563, 711n
Santiago, Ronivon, 186n, 204
Santo André, 488
Santos, Alexandre, 78
Santos, Antônio dos, 216
Santos, Boaventura, 525
Santos, Flávia Gomes dos, 165n
Santos, Galdino Jesus dos, 165n, 295-6
Santos, Homero, 331, 779
Santos, Jorge Costa dos, 680
Santos, José Camilo Zito, 213, 680
Santos, José Orcírio, 739
Santos, Júlio César Gomes dos, 34n, 165
Santos, Luís Carlos, 37-8, 40-1, 43, 45, 47-9, 56, 78, 101, 133, 139, 142, 148, 204, 206, 208, 211, 214, 220-1, 225, 231, 244-5, 259, 270n, 288, 303, 363, 455, 490, 532, 775, 812
Santos, Manoel José dos, 566
Santos, Nelson Pereira dos, 679n
Santos, Roberto, 104, 242, 396
Santos, Sérgio Cutolo dos, 517-8, 521, 668
Santos, Silvino, 499n
Santos, Silvio, 636
Santos, Wanderley Guilherme dos, 62, 69
São Bernardo do Campo, 122-4, 214, 422, 425, 432, 468
São Borja (RS), 423
São Carlos, 425, 678
São Francisco, rio, 67, 102, 333, 487, 658
São Gonçalo, 315
São José dos Campos, 121n, 205, 214, 271, 428, 450
São Judas Tadeu, paróquia de (Riode Janeiro), 681
São Luís, 307n, 486n, 671
São Paulo, 31-2, 35, 50, 77, 81, 84, 86, 91, 99, 105, 107, 113, 120-3, 129, 132, 137-8, 140, 148-9, 152, 167, 171, 173, 175-7, 185-6, 199, 201, 207, 213, 218, 222, 230, 232, 244, 249, 252-3, 257n, 263, 271-4, 278-9, 283, 286, 288-9, 294, 299-301, 303, 306n, 309-11, 313, 318-20, 323-8, 336, 338, 345, 347-9, 352, 359, 361-2, 364, 367-8, 370-1, 373, 387, 389, 397, 399-400, 402-3, 408-9, 420, 426, 429, 432, 435-9, 446-7, 449-51, 453, 455-6, 459, 463-5, 469, 471, 474, 493, 499, 502, 509, 511-2, 517, 520, 524-6, 530, 538-9, 542-3, 545, 553, 574, 591, 594, 612-5, 617-8, 622, 628-9, 636, 641, 653-4, 656, 659-60, 671-3, 677, 684, 696-7, 699-703, 711, 714, 716, 719-20, 726, 728, 733-4, 738, 747, 754, 762, 774, 784, 788, 790, 796, 809-10, 812-4, 824
Sapena, Raúl, 494n
Saraiva, Iram, 779n
Saramago, José, 732
Sardenberg, Ronaldo, 135, 209-10, 279, 360, 362, 433, 593, 729, 763, 768, 803, 809-10, 812
Sarney, José, 16, 29, 36, 38, 40-1, 43-9, 51-3, 57-8, 60, 63-4, 67-70, 72, 74-5, 84, 104, 111, 127, 134, 157, 188, 190, 196, 211, 218n, 246n, 259-60, 262, 271, 284, 286, 293, 305-7, 330-1, 342, 344n, 360-1, 386, 391, 393, 398, 403-6, 420, 452, 459, 468, 470, 478, 481-2, 484-6, 495, 498, 500, 502, 511, 531, 553, 557, 561, 566, 614, 618-9, 626, 628, 631, 643, 671, 676, 688, 743, 790-1, 800, 807, 815
Sarney Filho, José, 74n, 307, 791, 810
Sarney, Roseana, 32, 38, 49-50, 57, 60, 67-9, 74, 95, 104, 124, 226, 232-3, 285, 306-7, 330, 360, 406, 486, 561, 614, 623, 628, 631, 643, 654, 671, 755, 757, 791, 800
Sartre, Jean-Paul, 443, 447, 660
Saudações de Federico Sanchez (Semprún), 445
Sayad, João, 156
SBT (Sistema Brasileiro de Televisão), 29, 105, 329, 332, 515, 595, 636, 768
Scalco, Euclides, 37, 114, 148, 288, 461, 516, 518-20, 538, 540, 559, 590, 608, 614, 619, 627, 636, 789-90, 793, 800, 803-4, 807
Scalfaro, Marianna, 91n
Scalfaro, Oscar Luigi, 91
Scheinkman, Alexandre, 377
Schettino, Francisco, 83
Schmidt, Augusto Frederico, 359, 364
Schmidt, Helmut, 566n
Schrempp, Jürgen, 110
Schröder, Gerhard, 417, 503, 554, 583, 585, 603, 650, 711, 732
Schwab, Klaus, 320
Schwarcz, Luiz, 646
Schwarz, Grécia, 124, 176
Schwarz, Roberto, 39, 124, 176-7, 497
Scola, Ettore, 359

ÍNDICE REMISSIVO 863

SDE (Secretaria de Direito Econômico), 336
SDS (Social-Democracia Sindical), 673
Sebrae (Serviço Brasileiro de Apoio às Micro e Pequenas Empresas), 501, 714, 762, 775, 802, 820
secas no Nordeste, 529, 541, 554, 562-3, 565, 567, 571-3, 576-7, 579, 589-90, 597, 599, 601, 607, 612, 642, 664, 673, 730
Secom (Secretaria de Comunicação Social da Presidência), 186n, 638n, 819n
Secovi (Sindicato das Empresas de Compra, Venda, Locação e Administração de Imóveis Residenciais e Comerciais de São Paulo), 672
Secretaria de Planejamento, 750
Secretaria de Políticas Regionais, 150, 157, 793, 815, 819
Secretaria Especial de Direitos Humanos, 126
Secretaria Nacional Antidrogas, 547n, 619n, 649
Secretaria Nacional de Direitos Humanos, 151, 530, 689
Šedivý, Jaroslav, 570n
Segall, Beatriz, 119
Seiler, Evangelina, 792n
Seixas, Luiz Carlos Sigmaringa, 184
Seleme, Ascânio, 218
Selic (Sistema Especial de Liquidação e de Custódia), 370n
Seligman, Milton, 34, 165, 196, 205, 284, 314, 498, 500, 789, 804-5, 820
Semana da Pátria, 306, 684, 686
Seminário de Reforma Agrária, Desenvolvimento e Cidadania, 152
Semprún, Jorge, 445-6
Senado, 30-1, 35, 38, 41, 44, 48-53, 56, 58, 60-1, 63-4, 69-70, 76-7, 80, 82, 84-5, 98, 100-1, 105, 107, 111-3, 119, 124, 126-8, 131, 157, 164, 172, 178, 182, 184, 192, 194, 197, 199, 205, 208, 211, 216, 221, 227, 230, 232-3, 239, 241, 243, 255-9, 263, 268-9, 275, 287, 292, 296, 303, 313, 315-8, 324, 331-2, 334, 340, 349, 352-3, 361, 376, 396-7, 401, 406-7, 417, 425, 431, 449, 451, 455-6, 462-3, 467, 474-5, 481, 484, 489-92, 501-2, 508, 521, 524, 533, 541, 558, 576, 583, 592-3, 608, 620-1, 624-5, 627, 631, 636, 638, 641, 648-9, 663, 670-1, 675, 680-1, 698, 721, 725, 737, 760, 764-5, 769, 772, 776, 778, 784, 807-8
Senado dos Estados Unidos, 801n
Senhor X (Narciso Mendes), 186n, 200, 202
Senna, Viviane, 129
Sepetiba, 78, 80, 325, 347, 350, 626, 782
Sepurb (Secretaria de Política Urbana), 518, 609
Sergipe, 50, 133, 137, 224, 254, 283, 300, 420, 434, 486, 492, 512, 593

Serjão *ver* Motta, Sérgio
Serpa, Horacio, 547n
Serpa, Jorge, 344, 364, 600, 785
Serra da Mesa, usina de (rio Tocantins), 610
Serra Pelada, 83n
Serra, José, 14, 41-2, 54, 61, 76-7, 82, 86, 97, 104, 107, 113, 123-4, 128, 133-4, 137-9, 150-1, 153, 182, 186, 188, 190, 199, 223, 231, 247-8, 254, 264, 270, 275, 280, 317-9, 323-4, 337, 374-5, 378, 392, 399, 406-7, 431, 436, 443, 455-6, 471-2, 481, 491, 500, 502, 505-6, 508, 510, 512, 514-8, 527, 530, 534, 536-8, 542, 545, 559-62, 564, 595, 598, 601, 607, 609, 613-4, 618, 623, 627, 630, 638, 641, 649, 651, 655, 666, 669, 673, 679, 682, 685, 688, 692-3, 702, 704, 709, 715-6, 725, 734, 738, 741-4, 746-9, 751-2, 760, 763, 770, 772, 774-5, 777, 780, 786, 793, 795, 797, 800
Sesi (Serviço Social da Indústria), 522
Sete de Setembro, 311, 314, 332
setor privado, 43, 137, 180, 398, 467, 618, 747
setor público, 227, 426
Setúbal, Daisy, 664
Setúbal, Olavo, 73, 119, 136-7, 294, 381-2, 386-7, 639, 663-4, 738, 778
Sfeir, Nasrallah Boutros, 113
Shakespeare, William, 535
Shalikashvili, John, general, 265
Shapiro, Robert, 476
Shell, 333
Siafi (Sistema Integrado de Administração Financeira), 748
Sibéria, 688n
Siècle des intellectuels, Le (Winock), 443n, 447
Silva, Alberto Carvalho da, 401, 544
Silva, Aldo Lins e, 165
Silva, Benedita da, 80, 560, 650
Silva, Cátia Aida, 764
Silva, Cylon Gonçalves da, 401
Silva, Evandro Lins e, 481
Silva, Francisco Manuel Barroso da, almirante, 610
Silva, Guilherme, 365n
Silva, José Alencar Gomes da, 513, 543-4, 627
Silva, José Bonifácio de Andrada e, 748
Silva, Luiz Inácio Lula da, 17, 29, 32, 96, 110, 116-7, 145, 150, 159, 183, 214-5, 264, 283, 290, 335, 347, 451, 466, 470n, 488, 511, 523, 539, 559, 567n, 588-9, 592, 594-5, 597-9, 601-2, 605, 607-8, 611, 616, 618, 623, 625, 627, 632, 637, 643, 649, 652-4, 656-7, 665, 672, 677-9, 684, 687-9, 694, 697, 707, 709, 711, 716, 718-20, 726-7, 739, 752, 759, 761-2, 775, 782, 786, 788-92, 800, 813-4, 824

Silva, Marina, 110, 288, 474, 789
Silva, Marlênio, 188
Silva, Paulo Pereira da, 43, 122, 422, 467, 673
Silva, Pedro Jorge de Melo e, 666
Silva, Vicente Paulo da, 94, 122-3, 127-8, 192-3, 476, 486, 632, 650
Silveira, Luís Henrique da, 490, 494, 624
Silveira, Roberto, 345
Simon, Pedro, 99, 216, 221-2, 303, 765
Simpi (Sindicato da Micro e Pequena Indústria do Estado de São Paulo), 714n
sinagoga de Recife, 508
Síncroton, 400-2
sindicalismo, 451, 467
Sindicato dos Metalúrgicos de São Bernardo do Campo, 467
Sindicato dos Metalúrgicos de São Paulo, 43n, 122n, 432n
Sindicato dos Metalúrgicos do ABC Paulista, 468n
Singer, Melanie Berezovsky, 148
Singer, Paul, 148, 450, 640
Siqueira, José, general, 739
Siqueira, Wolney, 84
Sirkis, Alfredo, 750
Sirotsky, Nelson, 40
sistema bancário, 367, 394, 430
sistema cambial, 179
sistema financeiro, 108, 136-7, 228, 639, 710, 730
Sistema Mirante de Comunicação, 307n
sistema político, 70, 96, 141, 166, 173, 184, 189, 192, 214, 457, 604, 783
Sivam (Sistema de Vigilância da Amazônia), 34n, 76, 165, 269, 374
Skidmore, Thomas, 581-2
Skoda, 240
Slander, Paulo, 785
SNI (Serviço Nacional de Informações), 811n
Só pra Contrariar (conjunto), 680
Soares, Jô, 768n
Soares, Mário, 91, 144, 197, 262, 313-4, 322-3, 325, 327, 498, 535, 540, 588-9, 646, 660, 703-4, 732
Sobel, Henry, 151
socialismo, 93, 794
Sociedade Rural Brasileira, 615n
Società Sportiva Palestra Italia, 91n
Sodano, Angelo, cardeal, 93-4
Sodré, Abreu, 218
Sofía, rainha da Espanha, 554-5
Sofofa (Sociedad de Fomento Fabril do Chile), 340n
Sola, Lourdes, 273, 433

Solari, Malucha, 552
Solchaga, Carlos, 446
Solidariedade, sindicato (Polônia), 477n, 579n
Sonntag, Heinz, 249
Sony, 130
Soros, George, 476, 753
SOS Mata Atlântica, 600
Soublin, Jean, 218, 222
Sousa, Carlos Alberto de, 741n
Sousa, Edson Machado de, 149n
Sousa, Maria do Carmo Campelo de, 124, 273, 343, 429
Sousa, Mário Sérgio, capitão, 372
Souto, Paulo, 240n, 255, 285, 675, 725
Souza, Carlos Alberto Alves de, 476
Souza, Gilda de Mello e, 31, 654
Souza, Giovanna, 47
Souza, Herbert de, 286
Souza, Paulo Renato Costa, 37, 47, 50, 68-9, 93, 112-3, 125, 133, 144, 149, 154-6, 187, 193, 196, 200, 206, 244, 280-2, 286, 290, 301-2, 309, 312, 321, 323, 330, 347, 368, 373, 383, 421, 428, 471, 487, 490, 500, 504-5, 512, 515-6, 518-9, 525, 540, 559, 588, 593, 595, 598, 607, 610, 614, 621-2, 624, 629, 635-6, 651, 654, 667, 671, 675, 704, 742, 748, 756, 759, 766, 770, 786, 793, 797, 799, 803, 809, 820-1
Souza, Romildo Bueno de, 174
Spencer, David, 166n, 539
Sperotto, Carlos, 357n
Spis, Antônio Carlos, 162
SSI (Subsecretaria de Inteligência), 345n, 811
Stanford, Universidade, 149
State of the Union (Governo dos Estados Unidos), 493
State to Come, The (Hutton), 636n
State We're in: Why Britain Is in Crisis and How to Overcome It, The (Hutton), 636n
Staub, Eugênio, 153, 286, 734
Stédile, João Pedro, 29, 128, 162, 207, 275, 286
Steere, William, 522
Stefanini, Vera Dulce Cardoso, 330
Steinbruch, Benjamin, 112, 169, 184n, 213, 434, 503, 764, 772
Stepan, Alfred, 415
Stephanes, Reinhold, 43, 124, 136, 252, 288, 533, 577
Stet (Società Finanziaria Telefonica), 91, 252, 656, 660
STF (Supremo Tribunal Federal), 87n, 101-2, 116, 151, 160, 170, 184, 225, 234, 278, 301, 321, 332, 654, 754

ÍNDICE REMISSIVO 865

Stiglitz, Joseph, 646, 798
STJ (Superior Tribunal de Justiça), 169, 171, 173, 176, 243, 299, 471, 523, 530, 645, 773
Stoklos, Denise, 336
Stora (empresa sueca), 336
Strauss-Kahn, Dominique, 478
Stroessner, Alfredo, 444
Suassuna, Ariano, 748n
Suassuna, Ney, 330, 501, 648, 655
Sudam (Superintendência do Desenvolvimento da Amazônia), 819
Sudeco (Superintendência do Desenvolvimento do Centro-Oeste), 819
Sudene (Superintendência do Desenvolvimento do Nordeste), 217, 219, 333, 559, 565, 571, 578, 597, 775, 816, 819
Suécia, 511, 753, 763
Suframa (Superintendência da Zona Franca de Manaus), 155, 188, 190-1, 245, 247
Suga, Yoshiuki, 130n
Suíça, 116, 320, 370, 418, 471, 473, 475-6, 478, 523, 581, 585, 753
Summers, Larry, 478-9, 697, 718, 753
Sunkel, Osvaldo, 249, 339-40
Suplicy, Eduardo, 348, 449
Suplicy, Marta, 672n, 711n, 720, 741-2, 755
Suriname, 100-2
Suruagy, Divaldo, 174n, 208-9, 211, 216, 566
SUS (Sistema Único de Saúde), 83, 305, 365n, 434, 623, 630, 641, 704
Susep (Superintendência de Seguros Privados), 655
Sutherland, Peter, 476, 523
Suzano Petroquímica, 319n
Swatch, 475
Sweeney, John, 476
Sygma Corporation, 129
Szajman, Abram, 278

Tabuleiro de Russas, sistema de irrigação, 659
Taffarel (jogador), 636-7
Tailândia, 257n, 258
Takagaki, Tasuku, 126
Taniguchi, Cássio, 803
Tanzi, Calisto, 91n
Tapajós, Eduardo, 451
Tápias, Alcides, 615, 735
Tavares, Ana, 31, 68, 127, 132, 156, 185, 223, 230, 272, 289, 304, 361, 451, 555, 643, 695, 775, 778, 784
Tavares, José Reinaldo, 755n
Tavares, Martus, 290, 304, 509, 530, 690, 704, 733, 737, 747-8

Távola, Artur da, 262
taxa de câmbio *ver* câmbio
taxa de juros *ver* juros
taxa interbancária *ver* Tban (Taxa de Assistência do Banco Central)
taxa Tobin, 685n
Tban (Taxa de Assistência do Banco Central), 730n, 756n
TBC (Taxa Básica do Banco Central), 370n
TCU *ver* Tribunal de Contas da União
Team Canada, 464
Teatro Quitandinha (Rio de Janeiro), 80
Teberosky, Ana, 348n
Tebet, Ramez, 178, 252, 525, 531
Teixeira, Aloísio, 661n
Teixeira, Miro, 57, 64, 349, 360
Teixeira, Roberto, 214n, 253, 291, 312
Tejuçuoca, 567n
Telamazon (Telecomunicações do Amazonas), 411n
Tele Centro Sul, 656, 660n
Tele Norte Celular, 660n
Tele Norte Leste, 660n, 667, 755, 765
Tele Sul Celular, 660n
Telebrás (Telecomunicações Brasileiras S.A.), 96, 137, 143, 201, 364, 371, 411n, 538, 597, 632, 648, 656, 660, 667, 683, 695, 752, 755
Telecom Italia, 656, 660, 667, 749
telecomunicações, 14, 137, 143, 151, 154, 199, 260, 283, 344, 364, 602, 662, 725, 747, 804
telefonia, 40, 44, 47, 137, 143, 156, 199, 203, 220, 256-7, 300, 332, 364, 366, 507, 571, 586, 597, 641, 656, 660, 662, 667, 749
Telefónica, 40, 656, 662, 717, 725
Telemar (Ex-Tele Norte Leste), 660-1, 667-8, 676, 683, 703, 705, 725, 729, 736, 746-7, 749, 755, 761, 764-5, 769, 785, 804
Telemig (Telecomunicações do Estado de Minas Gerais S.A.), 656, 660, 785
Telepar (Telecomunicações do Paraná S.A.), 507
Telerj (Telecomunicações do Estado do Rio de Janeiro S.A.), 749, 755, 761
Teles, Sérgio Chagas, almirante, 818
Telesystem, 220n
Telet, grupo, 252, 299
Telles, Goffredo da Silva, 176
Telles, Lygia Fagundes, 119
Temer, Michel, 35-7, 41, 43-4, 48-9, 51, 54, 56, 58-9, 61, 63-5, 69, 72, 74-6, 80, 82, 84-5, 107, 141, 143, 150, 154, 167, 170-1, 178, 180, 183, 187, 192, 206, 232, 244, 259, 261, 263, 283, 349, 363, 388, 390, 407, 431, 452, 455, 463, 467, 480, 482, 504, 522,

525, 557, 580, 627, 646, 721, 723, 754, 763, 766, 769, 784, 789, 791
Tempero da Dadá (restaurante de Salvador), 725
Tempo da memória. De senectute e outros escritos autobiográficos, O (Bobbio), 60, 229
Tenpas, Kathryn D., 633
Teologia da Libertação, 342
Terceira Via, projeto da, 550, 584, 603, 636, 650, 792, 805
Ter-Minassian, Teresa, 773
Terra do Fogo, 652
Terra, Ralph Lima, 663
Tesouro Nacional, 32, 122, 125n, 176, 260, 262, 308, 468, 482, 576, 676, 747, 754-5, 756n
Thame, Antônio Carlos Mendes, 432, 435, 453
Thatcher, Margaret, 414
Thyssen, 659
Tietmeyer, Hans, 753
Time (revista), 230, 733
Timor Leste, 314, 665
Titanic (filme), 610
Tite *ver* Barros, Maria Cristina Rego
Tito, Ronan, 530
títulos públicos, 76n, 378
Tiwinza, 712, 731
TJLP (Taxa de Juros de Longo Prazo), 779n
TNP (Tratado de Não Proliferação de Armas Nucleares), 209-10, 233-4, 236, 584, 645
Tobin, James, 685, 688, 691, 710
Tocantins, 43, 79, 116, 195, 220, 333, 610, 613, 656
Tocantins, rio, 520, 610
Toda Criança na Escola, Programa, 333, 487
Toledo, Roberto Pompeu de, 300, 304, 306, 314, 366, 368, 372, 388, 391, 394, 398, 466, 526, 536, 540, 573, 726
Tóquio, 422
Torre do Tombo (Lisboa), 762
Tortura Nunca Mais, Grupo, 512
Tosca (ópera de Puccini), 816
Touraine, Alain, 66, 317-8, 320-2, 447
Touraine, Marisol, 322
Tourinho, Rodolfo, 750, 791, 810
Toyoda, Soichiro, 130, 703
Toyota, 128, 130, 348, 703
TR (Taxa Referencial), 378, 406, 431, 663
trabalho infantil, 66, 242, 311, 585
Tractebel, 377n, 578n, 700n
tráfico de drogas, 423
Tramo-Oeste, linhão, 95, 613
Tranchesi, Bernardino, 538, 540
Transamazônica, rodovia, 613
Transnordestina, 66-7, 492

Transporte humano — Cidades com qualidade de vida (Associação Nacional de Transportes Públicos), 209n
Tratado de Maastricht, 92, 237, 586, 691
Tratado de Não Proliferação de Armas Nucleares *ver* TNP
Tratado para a Proscrição de Armas Nucleares na América Latina, 210n
Trazegnies, Fernando de, 715n
Tribunal de Contas da União, 76, 243, 302, 331, 501, 749, 755, 762, 779, 796n
Tribunal Regional Eleitoral, 350
Tribunal Superior do Trabalho, 296, 331n
Tribunal Superior Eleitoral, 227n, 243
Trichet, Jean-Claude, 753
Troisgros, Claude, 80
Trótski, Leon, 322
Trovão, Marco, 276
Trudeau, Pierre, 566
TSE *ver* Tribunal Superior Eleitoral
TST *ver* Tribunal Superior do Trabalho
Tsukada, Chihiro, 649
Tubarão, porto de (ES), 127
Tubarão, usina de (SC), 645
Tucanos (aviões), 120, 374
Tucuruí, 95, 520, 612-3
Tudela, Francisco, 158n
Tuma, Robson, 42
Tuma, Romeu, 42, 113, 231, 473, 562, 576, 607
Turner, Adair, 413n, 708
Turra, Francisco, 365, 520
TV Câmara, 505
TV Senado, 489
TVE (TV Educativa), 243, 554

Ubatuba, 449n, 498n
Uberaba, 177-8, 569
Uberlândia, 365, 637
UCR (Unión Cívica Radical), 332, 604
UDN (União Democrática Nacional), 210, 266, 335
Uerj (Universidade do Estado do Rio de Janeiro), 588n, 681n
UFRJ (Universidade Federal do Rio de Janeiro), 129, 661, 667, 681
UHF (Ultra High Frequency), 638
UIT (União Internacional de Telecomunicações), 755n
Última Hora, 638
Ultra, grupo, 153n, 285n, 319, 337n, 469n
umbanda, 31, 140
UnB (Universidade de Brasília), 98, 245, 622, 635, 643

ÍNDICE REMISSIVO 867

UNE (União Nacional dos Estudantes), 36, 52, 150, 171, 456, 602
Unesco (Organização das Nações Unidas para a Educação, a Ciência e a Cultura), 247, 249-50, 262n, 311, 322, 429, 579n, 806
Unger, Roberto Mangabeira, 306, 797-8
União Europeia, 30, 89, 92n, 135-6, 238, 281, 298-9, 319, 475, 581, 583, 586, 691, 759; ver também Europa
União Soviética, 476-7, 771
Unica (União da Indústria de Cana-de-Açúcar), 614n
Unicamp (Universidade Estadual de Campinas), 401n, 450n, 534n, 582n, 675n, 714, 777n
Unilever, 91n
Union Patronale Suisse, 370n
Urbano, Francisco, 120, 329
Uruguai, 75, 178-81, 248, 355, 356n, 357, 423, 429, 493, 519-20, 583, 759
Uruguaiana, 357, 423
URV (Unidade Real de Valor), 145
Ushuaia, 651-3
USP (Universidade de São Paulo), 31n, 98, 99n, 159, 176, 221n, 225, 348n, 401n, 497, 534, 544, 614, 680, 726n, 776-7
USTR (United States Trade Representative), 193
UTI (Unidade de Terapia Intensiva), 538-9, 546, 553

Vacarezza, Cândido, 32
Vajpayee, A. B., 568n
Valdés Morel, Aurelio, 544n
Valdés, Gabriel, 544
Valdivieso, César, 158
Vale do Ribeira, 123
Vale do Rio Doce, 83, 105, 112, 125-7, 130, 135, 144, 157, 159-60, 169, 173, 175-6, 178, 182, 185-6, 200, 203, 222, 260, 434, 503, 764, 772
Valentini, Demétrio, d., 143, 162, 286
Valparaíso, 551
Van Parijs, Philippe, 349
Van Schaik, Ben, 757
Van Straaten, Werenfried, padre, 344n
Vanessa Felipe, 186
Vargas, Beth, 642
Vargas, Getúlio, 33, 35, 194, 266, 582, 664
Vargas, Israel, 69, 138, 312, 511, 544, 622, 806
Vargas, João Luiz, 86n
Varsóvia, 579
Vasconcellos, Gilberto, 277
Vasconcelos, Jarbas, 246, 315, 491-2, 576, 646, 658, 721, 770, 816
Vasconcelos, José Maria, padre, 681n
Vasconcelos, Luiz, 629
Vaticano, 92n, 93-5, 226, 575, 622
Vaz, Getúlio, 81, 139, 211, 291, 359, 411, 654, 688
Vaz, Isabel Cardoso (neta de FHC), 31-2, 81, 112, 139, 255, 359, 437, 654
Vaz, Leo, 106
Vázquez, Tabaré, 248
VBC, consórcio, 213n, 370n, 377n
Vedovatto, Roberto, 678
Védrine, Hubert, 237
Vegas, Jorge Hugo Herrera, 300n
Veiga, Pimenta da, 57, 109, 163-4, 328, 365, 484, 517, 729, 790, 810
Veja, 190, 263-5, 294n, 300, 304, 306-7, 314, 316-7, 323, 330, 337-8, 350, 363, 372, 390, 393, 410, 434, 447, 459, 482, 498, 547, 601, 698, 751n, 758, 760, 764, 766, 768, 771-2
Velho, Gilberto, 118, 279
Velho: A história de Luís Carlos Prestes, O (filme), 164n
Velloso, Carlos, 390, 645
Velloso, João Paulo dos Reis, 259, 545, 667
Velloso, Raul, 108, 151, 187
Veloso, Caetano, 660
Venezuela, 62, 74-5, 155, 249, 335, 355, 372, 378, 430, 434, 550, 589-96, 604, 671, 687, 689, 732, 768, 794
Ventura Filho, Altino, 608n
Ventura, Zuenir, 589-90
Veracruz Florestal, 336n
Veras, Beni, 61, 107, 124, 215, 256, 269, 315, 332, 487n
Veras, Manuel, 346n
Vermeulen, Jean-Luc, 271
Viana, Francisco Oliveira, 817
Viana, Prisco, 63, 65, 81, 85
Viana, Zelito, 679n
Vicente, Marcus, 295
Vicentinho ver Silva, Vicente Paulo da
Vicenzi, Marcus de, 746
Vidigal, Edson, 243n
Vieira, Eduardo Eugênio Gouvêa, 80, 164, 319, 325, 338, 341, 400, 510, 615, 621, 679, 682, 738-9
Vieira, Gleuber, general, 797n, 818, 821
Vieira, João Bernardo, 253, 665
Vieira, João Pedro Gouvêa, 164, 682
Vieira, José Eduardo de Andrade, 72, 85, 112, 131-2, 136, 292-3, 358-9, 433-4, 533, 536, 597, 609, 622, 624n, 629, 800n
Vieira, Paulo Afonso, 86, 114, 174n, 234, 308, 331, 499

Vietnã, Guerra do, 149, 550
Vigilância Sanitária, 651
Vilaça, Marcos, 75-6, 156, 302n, 376n
Vilela Filho, Teotônio, 50-1, 72, 114, 208, 212, 269, 290, 295, 305, 308, 323, 327-8, 331, 403, 410, 420, 422, 425, 451, 464, 483, 492, 509, 512, 521, 531-2, 544, 559, 566, 590, 614-5, 652, 698, 721, 766, 790, 793
Vilela, Maguito, 40, 47, 174, 240, 294, 565
Vilhena, José Henrique, 661
Villa-Lobos, Heitor, 167
Villas-Bôas, Orlando, 689n
Villiger, Kaspar, 475n
Virgílio, Arthur, 41, 116, 155, 183, 233, 245, 378, 411, 423, 425, 483, 525, 593, 651, 668, 703, 736
Vitória (ES), 127, 161, 275-6, 333, 391, 413, 508
Vivanco, José Miguel, 324-5
VLS (Veículo Lançador de Satélites), 360, 374
Vogt, Carlos, 140n
Volkswagen, 391, 422, 424-6, 432
Vorort (União Suíça do Comércio e da Indústria), 475
Votorantim, 112, 135, 156-7, 213, 369-70, 543, 657, 701, 798
Vox Populi, 579, 588, 590, 592, 601-2, 616, 623, 637, 687, 711, 716

Wainer, Samuel, 638n
Wanderer, Werner, 103
Wanderley, Fábio, 62, 69-70, 225, 726
Warner, Douglas, 115
Washington, D.C, 121, 235, 238, 334, 369, 477, 500, 581, 605, 646, 683, 685, 694, 712, 717-8, 723, 727, 787, 792-3, 809, 814
Wasmosy, Juan Carlos, 178, 236n, 255, 296, 336, 429, 433, 461-2, 480, 494, 653
Weber, Max, 277, 302, 340, 537
Wedekin, Nelson, 308, 499
Weffort, Francisco, 55, 110, 178, 245, 280, 318, 331, 338, 366, 376, 398, 450, 508, 510, 535, 542, 545, 635, 666, 748
Weill, Sanford, 729
Werneck, Rogério, 134, 393
West View (restaurante de Nova York), 236
Western Mining Corporation, 126
White Martins, 240n
Wijdenbosch, Jules Albert, 100
Wilheim, Jorge, 433
Wilker, José, 323
Willem-Alexander, príncipe de Orange-Nassau, 507n
Williamson, John, 646n

Wilson, Woodrow, 806n
Winock, Michel, 443n
"Winston Churchill em 1940" (Berlin), 586
Wipf, Hansruedi, 370n
Witte Fibe, Lilian, 230, 350, 696
Wolf, Adroaldo, 747
Wolfensohn, James, 125
Woodrow Wilson International Center for Scholars, 581n
WWF (World Wildlife Fund/World Wide Fund for Nature), 564

Xavier, Fernando, 538n
Xico ver Graziano, Francisco
Ximenes, Paulo César, 504, 542, 673, 683, 779, 793
Xingó, usina hidroelétrica de (rio São Francisco), 333

Yamaichi Securities, 403n
Yazbek, Ricardo, 672
Ybarra, Emilio, 415n, 795
Yom Kippur, dia do, 310
Yoma, Zulema, 461

Zagallo, Mário, 607n, 645, 697
Zaghen, Paolo, 179, 246
Zambrano, Lorenzo, 283
Zancaner, Orlando, 171, 173
Zannotti, Francesca, 91
Zé Aparecido ver Oliveira, José Aparecido de
Zé Jorge ver José Jorge
zebus, 569
Zedillo, Ernesto, 297, 381, 731
Zeitlin, Michael, 420
Zeng Qinghong, 603
Zero Hora, 589
Zilli, Ércio, 765
Zito ver Santos, José Camilo Zito
Zogbi, Osmar, 657
Zona da Mata pernambucana, 491
Zona Franca de Manaus, 233, 247, 411
Zumbi dos Palmares, 398
Zurique, 473, 475-6
Zylbersztajn, David, 122, 124, 139, 148-9, 177, 255, 273, 275, 279, 287, 294, 311, 316, 337, 345, 375, 426, 429, 433, 437, 439, 443-5, 453, 460, 465, 498, 505, 566, 579, 595, 659, 661, 664, 681, 688, 719, 725, 771, 787, 813
Zylbersztajn, Júlia Cardoso (neta de FHC), 139, 262, 287, 437, 497, 725, 782, 812
Zylbersztajn, Pedro Cardoso (neto de FHC), 139, 253, 255, 263, 343, 437, 812

SOBRE O AUTOR

FERNANDO HENRIQUE CARDOSO nasceu no Rio de Janeiro, em 1931. Sociólogo formado pela Universidade de São Paulo, foi professor catedrático de ciência política e hoje é professor emérito da USP. Ensinou também nas universidades de Santiago, da Califórnia em Stanford e em Berkeley, de Cambridge, de Paris-Nanterre e no Collège de France. Foi senador pelo estado de São Paulo e, entre 1992 e 1994, ministro das Relações Exteriores e da Fazenda. Presidiu o Brasil entre 1995 e 2002. É presidente de honra do Diretório Nacional do PSDB, partido que ajudou a fundar.

1ª EDIÇÃO [2016] 6 reimpressões

ESTA OBRA FOI COMPOSTA NA FONTE THE ANTIQUA E IMPRESSA EM OFSETE
PELA GEOGRÁFICA SOBRE PAPEL PÓLEN SOFT DA SUZANO PAPEL E CELULOSE
PARA A EDITORA SCHWARCZ EM MAIO DE 2016